브랜드만족
1위
박문각

2025

대비 최신판

박문각
공무원
기출문제

정인영 쎄르파 헌법

정인영 편저

단원별 기출문제

헌법 기출문제의 정석
공무원·경찰 및 승진시험 대비 최적화

동영상 강의 www.pmg.co.kr

박문각

이 책의 머리말

안녕하세요.

2025년을 준비해야 하는 정리의 시간이 점점 다가오고 있습니다. 그리하여 헌법을 준비하는 수험생들을 위해 2025년 대비 헌법 기출문제를 정리하여 출간하게 되었습니다.

기존에 미흡하거나 판례가 변경되어 바뀐 문제 또는 개정 법률에 근거하여 바뀐 문제들을 현행 헌법에 맞춰 올바르게 해설하였습니다. 무엇보다 지문 하나하나에 꼼꼼한 해설을 지향하였습니다. 또한 중복된 지문을 최대한 고려하여, 최근 기출되었으나 반복되는 지문이나 단순 반복되는 지문은 최대한 걸러 내려고 노력하였습니다.

최우선은 수험생 여러분들의 학습에 도움이 되도록 준비하였습니다. 이 교재가 여러분의 합격에 많은 도움이 되길 바라며....

정인영 강사가 올립니다. 감사합니다.

2024년 9월

정인영

CONTENTS

이 책의 차례

정인영 쎄르파 헌법

합격까지 박문각

Part

01

헌법일반이론

CHAPTER

01 헌법과 헌법학

1 헌법의 의의와 해석

01 헌법의 최고규범성에 관한 설명으로 가장 적절하지 않은 것은? 2016 경찰 승진

① 헌법에 일반적 법률유보조항을 두는 것은 헌법의 최고규범성을 유지하기 위한 것이다.
② 헌법의 최고규범성과 경성헌법성은 관련되어 있다.
③ 위헌법률심사제도는 헌법의 최고규범성을 관철하기 위한 제도이다.
④ 현행헌법은 헌법의 최고법조항을 직접 명문으로 규정하고 있지는 않다.

지문분석 **난이도** □□■ **하** | **정답** ① | **키워드** 헌법의 규범적 성질 | **출제유형** 이론

① 【X】, ④ 【O】 최고규범성을 확보하는 방법의 하나로서 헌법은 법률보다 상위의 효력을 가진다고 규정한 최고법 조항을 직접 헌법에 규정하는 방법이 있다. 헌법의 하위 규범인 법률의 일종인 일반적 법률유보로 모든 헌법상 기본권을 약화시킨다면 헌법이 보장하는 기본권의 효력이 약화될 수 있고, 따라서 최고규범성도 약화될 수 있다.
② 【O】 헌법개정절차의 난이에 따라 경성헌법과 연성헌법으로 나눌 수 있으며, 경성헌법은 헌법의 개정절차가 법률의 개정절차보다 까다로운 절차를 요구한다.
③ 【O】 국가의 중요법원으로 법률에 대한 위헌법률심사(헌법 제111조 제1항)를 인정하므로 헌법이 최고법으로써 지위를 인정하고 있다.

02 관습헌법에 대한 설명으로 가장 적절하지 않은 것은? (다툼이 있는 경우 헌법재판소 판례에 의함) 2022 경찰 간부

① 관습헌법은 주권자인 국민에 의하여 유효한 헌법규범으로 인정되는 동안에만 존속한다.
② 관습헌법규범은 헌법전에 그에 상반하는 법규범을 첨가함에 의하여 폐지하게 된다.
③ 국민은 성문헌법의 제·개정에는 직접 참여하지만, 헌법전에 포함되지 아니한 헌법사항을 필요에 따라 관습의 형태로 직접 형성할 수 없다.
④ 관습헌법은 성문헌법과 동등한 효력을 가지며, 형식적 헌법전에는 기재되지 않은 사항이라도 이를 불문헌법 내지 관습헌법으로 인정할 소지가 있다.

지문분석 **난이도** □□■ **하** | **정답** ③ | **키워드** 관습헌법의 성질 | **출제유형** 판례

① 【O】 관습헌법은 주권자인 국민에 의하여 유효한 헌법규범으로 인정되는 동안에만 존속하는 것이며, 관습법의 존속요건의 하나인 국민적 합의성이 소멸되면 관습헌법으로서의 법적 효력도 상실하게 된다(헌재 2004.10.21. 2004헌마554 등).

② 【O】 어느 법규범이 관습헌법으로 인정된다면 그 개정가능성을 가지게 된다. 관습헌법도 헌법의 일부로서 성문헌법의 경우와 동일한 효력을 가지기 때문에 그 법규범은 최소한 헌법 제130조에 의거한 헌법개정의 방법에 의하여만 개정될 수 있다. 다만 이 경우 관습헌법규범은 헌법전에 그에 상반하는 법규범을 첨가함에 의하여 폐지하게 되는 점에서, 헌법전으로부터 관계되는 헌법조항을 삭제함으로써 폐지되는 성문헌법규범과는 구분된다(헌재 2004.10.21. 2004헌마554 등).

③ 【X】 헌법 제1조 제2항은 '대한민국의 주권은 국민에게 있고, 모든 권력은 국민으로부터 나온다.'고 규정한다. 이와 같이 국민이 대한민국의 주권자이며, 국민은 최고의 헌법제정권력이기 때문에 성문헌법의 제·개정에 참여할 뿐만 아니라 헌법전에 포함되지 아니한 헌법사항을 필요에 따라 관습의 형태로 직접 형성할 수 있다(헌재 2004.10.21. 2004헌마554 등).

④ 【O】 관습헌법도 성문헌법과 마찬가지로 주권자인 국민의 헌법적 결단의 의사의 표현이며 성문헌법과 동등한 효력을 가진다고 보아야 한다. 우리나라는 성문헌법을 가진 나라로서 기본적으로 우리 헌법전이 헌법의 법원이 된다. 그러나 성문헌법이라고 하여도 그 속에 모든 헌법사항을 빠짐없이 완전히 규율하는 것은 불가능하고 또한 헌법은 국가의 기본법으로서 간결성과 함축성을 추구하기 때문에 형식적 헌법전에는 기재되지 아니한 사항이라도 이를 불문헌법 내지 관습헌법으로 인정할 소지가 있다(헌재 2004.10.21. 2004헌마554 등).

03 **헌법의 개념에 관한 설명으로 가장 적절하지 않은 것은?** (다툼이 있는 경우 판례에 의함) 2023 경찰 1차

① 관습헌법도 성문헌법과 마찬가지로 주권자인 국민의 헌법적 결단의 의사 표현이고 성문헌법과 동등한 효력을 가지며, 관습헌법의 요건들은 그 성립의 요건일 뿐 효력 유지의 요건은 아니다.

② 관습헌법이 성립하기 위하여서는 관습이 성립하는 사항이 단지 법률로 정할 사항이 아니라 반드시 헌법에 의하여 규율되어 법률에 대하여 효력상 우위를 가져야 할 만큼 헌법적으로 중요한 기본적 사항이 되어야 한다.

③ 일반적인 헌법사항 중 과연 어디까지가 기본적이고 핵심적인 헌법사항에 해당하는지 여부는 일반추상적인 기준을 설정하여 재단할 수는 없고, 개별적 문제사항에서 헌법적 원칙성과 중요성 및 헌법원리를 통하여 평가하는 구체적 판단에 의하여 확정하여야 한다.

④ 성문헌법이라고 하여도 그 속에 모든 헌법사항을 빠짐없이 완전히 규율하는 것은 불가능하고 또한 헌법은 국가의 기본법으로서 간결성과 함축성을 추구하기 때문에 형식적 헌법전에는 기재되지 아니한 사항이라도 이를 불문헌법 내지 관습헌법으로 인정할 소지가 있다.

지문분석 **난이도** □■■ **중** | **정답** ① | **키워드** 헌법의 개념과 종류 | **출제유형** 판례

① 【X】 관습헌법은 주권자인 국민에 의하여 유효한 헌법규범으로 인정되는 동안에만 존속하는 것이며, 관습법의 존속요건의 하나인 국민적 합의성이 소멸되면 관습헌법으로서의 법적 효력도 상실하게 된다(헌재 2004.10.21. 2004헌마554 등).

② 【O】 관습헌법도 성문헌법과 마찬가지로 주권자인 국민의 헌법적 결단의 의사의 표현이며 성문헌법과 동등한 효력을 가진다고 보아야 한다. 우리나라는 성문헌법을 가진 나라로서 기본적으로 우리 헌법전이 헌법의 법원이 된다. 그러나 성문헌법이라고 하여도 그 속에 모든 헌법사항을 빠짐없이 완전히 규율하는 것은 불가능하고 또한 헌법은 국가의 기본법으로서 간결성과 함축성을 추구하기 때문에 형식적 헌법전에는 기재되지 아니한 사항이라도 이를 불문헌법 내지 관습헌법으로 인정할 소지가 있다(헌재 2004.10.21. 2004헌마554 등).

③ 【O】 관습헌법이 성립하기 위하여서는 관습이 성립하는 사항이 단지 법률로 정할 사항이 아니라 반드시 헌법에 의하여 규율되어 법률에 대하여 효력상 우위를 가져야 할 만큼 헌법적으로 중요한 기본적 사항이 되어야 한다. 일반적으로 실질적인 헌법사항이라고 함은 널리 국가의 조직에 관한 사항이나 국가기관의 권한 구성에 관한 사항 혹은 개인의 국가권력에 대한 지위를 포함하여 말하는 것이지만, 관습헌법은 이와 같은 일반적인 헌법사항에 해당하는 내용 중에서도 특히 국가의 기본적이고 핵심적인 사항으로서 법률에 의하여 규율하는 것이 적합하지 아니한 사항을 대상으로 한다. 일반적인 헌법사항 중 과연 어디까지가 이러한 기본적이고 핵심적인 헌법사항에 해당하는지 여부는 일반추상적인 기준을 설정하여 재단할 수는 없고, 개별적 문제사항에서 헌법적 원칙성과 중요성 및 헌법원리를 통하여 평가하는 구체적 판단에 의하여 확정하여야 한다(헌재 2004.10.21. 2004헌마554 등).

요 건	내 용
헌법적 사항일 것	헌법에 의하여 규율되어 법률에 대하여 효력상 우위를 가져야 할 만큼 헌법적으로 중요한 사항이어야 한다.
관행의 존재	헌법사항에 관하여 관행이 존재하고 그 관행이 상당한 기간 동안 반복 내지 계속되어야 하며(계속·반복성), 그 중간에 반대되는 관행이 이루어져서는 아니 되고(항상성), 명확한 내용을 가진 것이어야 한다(명확성).
국민적 합의	헌법관습으로서 국민들의 폭넓은 합의(Consensus)를 얻으므로서 강제력을 가진다고 믿고 있어야 한다.
소극적 요건	헌법의 명문에 반하지 아니할 것을 말한다.

④ 【O】 헌법 제1조 제2항은 '대한민국의 주권은 국민에게 있고, 모든 권력은 국민으로부터 나온다.'고 규정한다. 이와 같이 국민이 대한민국의 주권자이며, 국민은 최고의 헌법제정권력이기 때문에 성문헌법의 제·개정에 참여할 뿐만 아니라 헌법전에 포함되지 아니한 헌법사항을 필요에 따라 관습의 형태로 직접 형성할 수 있다(헌재 2004.10.21. 2004헌마554 등).

04 **관습헌법에 관한 설명 중 가장 적절하지 <u>않은</u> 것은?** (다툼이 있는 경우 판례에 의함) 2022 경찰 승진

① 우리나라는 성문헌법을 가진 나라로서 기본적으로 우리 헌법전이 헌법의 법원(法源)이 된다.

② 성문헌법이라고 하여도 그 속에 모든 헌법사항을 빠짐없이 완전히 규율하는 것은 불가능하고 또한 헌법은 국가의 기본법으로서 간결성과 함축성을 추구하기 때문에 형식적 헌법전에는 기재되지 아니한 사항이라도 이를 불문헌법 내지 관습헌법으로 인정할 소지가 있다.

③ 관습헌법도 성문헌법과 마찬가지로 주권자인 국민의 헌법적 결단의 의사표현이나, 성문헌법과 동등한 효력을 가진다고 볼 수는 없고, 보충적으로 효력을 가진다고 보아야 한다.

④ 헌법 제1조 제2항에 따라 국민이 대한민국의 주권자이며, 국민은 최고의 헌법제정권력이기 때문에 성문헌법의 제·개정에 참여할 뿐만 아니라 헌법전에 포함되지 아니한 헌법사항을 필요에 따라 관습의 형태로 직접 형성할 수 있다.

지문분석 **난이도** □■■ 중 | **정답** ③ | **키워드** 헌법의 종류 | **출제유형** 판례

① 【O】, ② 【O】 우리나라는 성문헌법을 가진 나라로서 기본적으로 우리 헌법전(憲法典)이 헌법의 법원(法源)이 된다. 그러나 성문헌법이라고 하여도 그 속에 모든 헌법사항을 빠짐없이 완전히 규율하는 것은 불가능하고 또한 헌법은 국가의 기본법으로서 간결성과 함축성을 추구하기 때문에 형식적 헌법전에는 기재되지 아니한 사항이라도 이를 불문헌법(不文憲法) 내지 관습헌법으로 인정할 소지가 있다(헌재 2004.10.21. 2004헌마554).
③ 【X】, ④ 【O】 헌법 제1조 제2항은 '대한민국의 주권은 국민에게 있고, 모든 권력은 국민으로부터 나온다.'고 규정한다. 이와 같이 국민이 대한민국의 주권자이며, 국민은 최고의 헌법제정권력이기 때문에 성문헌법의 제·개정에 참여할 뿐만 아니라 헌법전에 포함되지 아니한 헌법사항을 필요에 따라 관습의 형태로 직접 형성할 수 있다. 그렇다면 관습헌법도 성문헌법과 마찬가지로 주권자인 국민의 헌법적 결단의 의사의 표현이며 성문헌법과 동등한 효력을 가진다고 보아야 한다(헌재 2004.10.21. 2004헌마554).

PART · 01

05 **헌법해석 및 헌법합치적 법률해석에 대한 설명으로 가장 적절하지 <u>않은</u> 것은?** (다툼이 있는 경우 헌법재판소 판례에 의함) 2022 경찰 간부

① 헌법정신에 맞도록 법률의 내용을 해석·보충하거나 정정하는 '헌법합치적 법률해석'은 '유효한' 법률조항의 의미나 문구를 대상으로 하는 것이므로 입법의 공백을 방지하기 위하여 실효된 법률 조항을 유효한 것으로 해석하는 결과에 이르는 것은 '헌법합치적 법률해석'을 이유로도 정당화될 수 없다.
② 통일정신, 국민주권원리 등은 우리나라 헌법의 연혁적·이념적 기초로서 헌법이나 법률해석에서의 해석기준으로 작용한다고 할 수 있으나, 그에 기하여 곧바로 국민의 개별적 기본권성을 도출해내기는 어렵다.
③ 헌법재판소의 헌법해석은 헌법이 내포하고 있는 특정한 가치를 탐색·확인하고 이를 규범적으로 관철하는 작업인 점에 비추어, 헌법재판소가 행하는 구체적 규범통제의 심사기준은 원칙적으로 법률제정 당시에 규범적 효력을 가지는 헌법이다.
④ 헌법 제8조 제1항은 정당설립의 자유, 정당조직의 자유, 정당활동의 자유를 포괄하는 정당의 자유를 보장하는 규정이므로 정당의 자유의 주체는 정당을 설립하려는 개개인과 이를 통해 조직된 정당이다.

지문분석 **난이도** □■■ 중 | **정답** ③ | **키워드** 헌법해석과 합헌적 법률해석 | **출제유형** 이론

① 【O】 헌법정신에 맞도록 법률의 내용을 해석·보충하거나 정정하는 '헌법합치적 법률해석' 역시 '유효한' 법률조항의 의미나 문구를 대상으로 하는 것이지, 이를 넘어 이미 실효된 법률조항을 대상으로 하여 헌법합치적인 법률해석을 할 수는 없는 것이어서, 유효하지 않은 법률조항을 유효한 것으로 해석하는 결과에 이르는 것은 '헌법합치적 법률해석'을 이유로도 정당화될 수 없다할 것이다(헌재 2012.05.31. 2009헌바123 등).
② 【O】 통일정신, 국민주권원리 등은 우리나라 헌법의 연혁적·이념적 기초로서 헌법이나 법률해석에서의 해석기준으로 작용한다고 할 수 있지만 그에 기하여 곧바로 국민의 개별적 기본권성을 도출해내기는 어려우며, 헌법전문에 기재된 대한민국 임시정부의 법통을 계승하는 부분에 위배된다는 점이 청구인들의 법적지위에 현실적이고 구체적인 영향을 미친다고 볼 수도 없다(헌재 2008.11.27. 2008헌마517).
③ 【X】 헌법재판소의 헌법 해석은 헌법이 내포하고 있는 특정한 가치를 탐색·확인하고 이를 규범적으로 관철하는 작업이므로, 헌법재판소가 행하는 구체적 규범통제의 심사기준은 원칙적으로 헌법재판을 할 당시에 규범적 효력을 가지는 헌법이라 할 것이다. 그러므로 이 사건 긴급조치들의 위헌성을 심사하는 준거규범은 유신헌법이 아니라 현행헌법이라고 봄이 타당하다(헌재 2013.03.21. 2010헌바132 등).
④ 【O】 헌법 제8조 제1항은 정당설립의 자유, 정당조직의 자유, 정당활동의 자유 등을 포괄하는 정당의 자유를 보장하고 있다. 이러한 정당의 자유는 국민이 개인적으로 갖는 기본권일 뿐만 아니라, 단체로서의 정당이 가지는 기본권이기도 하다(헌재 2004.12.16. 2004헌마456).

06 헌법해석 및 합헌적 법률해석에 관한 설명 중 가장 적절한 것은? (다툼이 있는 경우 판례에 의함)

2020 경찰 승진

① 입법권자가 그 법률의 제정으로써 추구하고자 하는 입법자의 명백한 의지와 입법의 목적을 헛되게 하는 내용으로 법률조항을 해석할 수 없다는 '법 목적에 따른 한계'는 사법적 헌법해석기관에 의한 최종적 헌법해석권을 형해화 할 수 있으므로 인정될 수 없다.

② 합헌적 법률해석은 헌법재판소가 헌법과 법률을 해석 적용함에 있어서 입법자의 입법취지대로 해석하여야 한다는 것으로 민주주의와 권력분립원칙의 관점에서 입법자의 입법권에 대한 존중과 규범유지의 원칙에 의하여 정당화된다.

③ 헌법의 기본원리는 헌법의 이념적 기초인 동시에 헌법을 지배하는 지도원리로서 입법이나 정책결정의 방향을 제시하며, 구체적 기본권을 도출하는 근거가 되고 기본권의 해석 및 기본권제한입법의 합헌성 심사에 있어 해석기준의 하나로 작용한다.

④ 헌법해석상 특정인에게 구체적인 기본권이 생겨 이를 보장하기 위한 국가의 행위의무 내지 보호의무가 발생하였음이 명백함에도 불구하고 입법자가 아무런 입법조치를 취하지 아니한 경우에는 입법자에게 입법의무가 인정된다.

지문분석 **난이도** □■■ **중** | **정답** ④ | **키워드** 헌법해석과 합헌적 법률해석 | **출제유형** 판례

① **[X]** 법률 또는 법률의 위 조항은 원칙적으로 가능한 범위 안에서 합헌적으로 해석함이 마땅하나 그 해석은 법의 문구와 목적에 따른 한계가 있다. 즉, 법률의 조항의 문구가 간직하고 있는 말의 뜻을 넘어서 말의 뜻이 완전히 다른 의미로 변질되지 아니하는 범위 내이어야 한다는 문의적 한계와 입법권자가 그 법률의 제정으로써 추구하고자 하는 입법자의 명백한 의지와 입법의 목적을 헛되게 하는 내용으로 해석할 수 없다는 법목적에 따른 한계가 바로 그것이다(헌재 1989.07.14. 88헌가5 등).

② **[X]** 법률의 합헌적 해석은 헌법의 최고규범성에서 나오는 법질서의 통일성에 바탕을 두고, 법률이 헌법에 조화하여 해석될 수 있는 경우에는 위헌으로 판단하여서는 아니 된다는 것을 뜻하는 것으로서 권력분립과 입법권을 존중하는 정신에 그 뿌리를 두고 있다. 따라서 법률 또는 법률의 위 조항은 원칙적으로 가능한 범위 안에서 합헌적으로 해석함이 마땅하나 그 해석은 법의 문구와 목적에 따른 한계가 있다(헌재 1989.07.14. 88헌가5 등).

③ **[X]** 헌법의 기본원리는 헌법의 이념적 기초인 동시에 헌법을 지배하는 지도원리로서 입법이나 정책결정의 방향을 제시하며 공무원을 비롯한 모든 국민·국가기관이 헌법을 존중하고 수호하도록 하는 지침이 되며, 구체적 기본권을 도출하는 근거로 될 수는 없으나 기본권의 해석 및 기본권제한입법의 합헌성 심사에 있어 해석기준의 하나로서 작용한다(헌재 1996.04.25. 92헌바47).

④ **[O]** 헌법에서 기본권보장을 위하여 법령에 명시적인 입법위임을 하였음에도 불구하고 입법자가 이를 이행하지 아니한 경우 이거나, 헌법해석상 특정인에게 구체적인 기본권이 생겨 이를 보장하기 위한 국가의 행위의무 내지 보호의무가 발생하였음이 명백함에도 불구하고 입법자가 아무런 입법조치를 취하지 아니한 경우에 한하여 입법자에게 입법의무를 인정한다고 할 것이다(헌재 2003.06.26. 2000헌마509).

07 합법적 법률해석에 관한 설명 중 가장 적절한 것은? (다툼이 있는 경우 판례에 의함) 2023 경찰 승진

① 합헌적 법률해석은 헌법해석의 일종으로 민주주의와 권력분립원칙의 관점에서 입법자의 입법권에 대한 존중과 규범유지의 원칙에 의하여 정당화된다.

② 헌법의 기본원리는 헌법의 이념적 기초인 동시에 헌법을 지배하는 지도원리로서 입법이나 정책결정의 방향을 제시하며 공무원을 비롯한 모든 국민·국가기관이 헌법을 존중하고 수호하도록 하는 지침이 되며, 구체적 기본권을 도출하는 근거로 될 수는 있으나 기본권의 해석 및 기본권제한입법의 합헌성 심사에 있어 해석 기준의 하나로서 작용하지는 못한다.

③ 헌법정신에 맞도록 법률의 내용을 해석·보충하거나 정정하는 '헌법합치적 법률해석' 역시 '유효한' 법률조항의 의미나 문구를 대상으로 하는 것이지, 이를 넘어 이미 실효된 법률조항을 대상으로 하여 헌법합치적인 법률해석을 할 수는 없는 것이어서, 유효하지 않은 법률조항을 유효한 것으로 해석하는 결과에 이르는 것은 '헌법합치적 법률해석'을 이유로도 정당화될 수 없다.

④ 헌법은 전문과 각 개별조항이 서로 밀접한 관련을 맺으면서 하나의 통일된 가치 체계를 이루고 있는 것으로서, 헌법의 제규정 가운데는 헌법의 근본가치를 보다 추상적으로 선언한 것도 있고 이를 보다 구체적으로 표현한 것도 있을 수 있으나, 이념적·논리적으로는 규범상호간의 우열을 인정할 수는 없다.

지문분석 난이도 □■■ 중 | **정답** ③ | **키워드** 헌법해석과 합헌적 법률해석 | **출제유형** 이론, 판례

① 【X】 합헌적 법률해석은 '법률'이 다의적이고 그 어의의 테두리 안에서 여러 가지 해석이 가능할 때에는 헌법에 합치되는 해석을 택해야 한다는 원리로써 헌법합치적 법률해석이 법률합차적 헌법해석이 되어서는 안된다.

② 【X】 헌법의 기본원리는 헌법의 이념적 기초인 동시에 헌법을 지배하는 지도원리로서 입법이나 정책결정의 방향을 제시하며 공무원을 비롯한 모든 국민·국가기관이 헌법을 존중하고 수호하도록 하는 지침이 되며, 구체적 기본권을 도출하는 근거로 될 수는 없으나 기본권의 해석 및 기본권제한입법의 합헌성 심사에 있어 해석기준의 하나로서 작용한다(헌재 1996.04.25. 92헌바47).

③ 【O】 형벌조항이나 조세관련 법규를 해석함에 있어서, '유효한' 법률조항의 불명확한 의미를 논리적·체계적 해석을 통해 합리적으로 보충하는 데에서 더 나아가, 해석을 통하여 전혀 새로운 법률상의 근거를 만들어 내거나, 기존에는 존재하였으나 실효되어 더 이상 존재한다고 볼 수 없는 법률조항을 여전히 '유효한' 것으로 해석한다면, 이는 법률해석의 한계를 벗어나는 것으로서, '법률의 부존재'로 말미암아 형벌의 부과나 과세의 근거가 될 수 없는 것을 법률해석을 통하여 이를 창설해 내는 일종의 '입법행위'에 해당하므로 헌법상의 권력분립원칙에 반할 뿐만 아니라 죄형법정주의, 조세법률주의의 원칙에도 반하는 것이다. 또한 헌법정신에 맞도록 법률의 내용을 해석·보충하거나 정정하는 '헌법합치적 법률해석' 역시 '유효한' 법률조항의 의미나 문구를 대상으로 하는 것이지, 이를 넘어 이미 실효된 법률조항을 대상으로 하여 헌법합치적인 법률해석을 할 수는 없는 것이어서, 유효하지 않은 법률조항을 유효한 것으로 해석하는 결과에 이르는 것은 '헌법합치적 법률해석'을 이유로도 정당화될 수 없다 할 것이다(헌재 2012.05.31. 2009헌바123).

④ 【X】 헌법은 전문과 각 개별조항이 서로 밀접한 관련을 맺으면서 하나의 통일된 가치체계를 이루고 있는 것으로서, 헌법의 제규정 가운데는 헌법의 근본가치를 보다 추상적으로 선언한 것도 있고, 이를 보다 구체적으로 표현한 것도 있으므로 이념적·논리적으로는 헌법규범상호간의 우열을 인정할 수 있는 것이 사실이다(헌재 1996.06.13. 94헌바20).

08 합헌적 법률해석에 대한 설명으로 가장 적절하지 않은 것은? (다툼이 있는 경우 판례에 의함)

2018 경찰승진

① 어떤 법률의 개념이 다의적이고 그 어의의 테두리 안에서 여러 가지 해석이 가능할 때, 헌법을 최고법규로 하는 통일적인 법질서의 형성을 위하여 헌법에 합치되는 해석, 즉 합헌적인 해석을 택하여야 하며, 이에 의하여 위헌적인 결과가 될 해석은 배제하면서 합헌적이고 긍정적인 면은 살려야 한다는 것이 헌법의 일반법리이다.

② 헌법정신에 맞도록 법률의 내용을 해석·보충하거나 정정하는 '헌법합치적 법률해석' 역시 '유효한' 법률조항의 의미나 문구를 대상으로 하는 것이지, 이를 넘어 이미 실효된 법률조항을 대상으로 하여 헌법합치적인 법률해석을 할 수는 없는 것이어서, 유효하지 않은 법률조항을 유효한 것으로 해석하는 결과에 이르는 것은 '헌법합치적 법률해석'을 이유로도 정당화될 수 없다.

③ 「군인사법」 제48조 제4항 후단의 '무죄의 선고를 받은 때'의 의미와 관련하여, 형식상 무죄판결뿐 아니라 공소기각재판을 받았다 하더라도 그와 같은 공소기각의 사유가 없었더라면 무죄가 선고될 현저한 사유가 있는 이른바 내용상 무죄재판의 경우도 이에 포함된다고 해석하는 것은 법률의 문의적 한계를 벗어난 것으로서 합헌적 법률해석에 부합하지 아니한다.

④ 대법원은 한정위헌 결정에 표현되어 있는 헌법재판소의 법률해석에 관한 견해는 법률의 의미·내용과 그 적용범위에 관한 헌법재판소의 견해를 일응 표명한 데 불과하므로, 법원에 전속되어 있는 법령의 해석·적용 권한에 대하여 어떠한 영향을 미치거나 기속력도 가질 수 없다는 입장이다.

지문분석 **난이도** □■■ 중 | **정답** ③ | **키워드** 합헌적 법률해석 | **출제유형** 판례

① 【O】 어떤 법률의 개념이 다의적이고 그 어의의 테두리 안에서 여러 가지 해석이 가능할 때, 헌법을 최고법규로 하는 통일적인 법질서의 형성을 위하여 헌법에 합치되는 해석, 즉 합헌적인 해석을 택하여야 하며, 이에 의하여 위헌적인 결과가 될 해석은 배제하면서 합헌적이고 긍정적인 면은 살려야 한다는 것이 헌법의 일반법리이다(헌재 1990.04.02. 89헌가113).

② 【O】 과세요건법정주의 및 과세요건 명확주의를 포함하는 조세법률주의가 지배하는 조세법의 영역에서는 경과규정의 미비라는 명백한 입법의 공백을 방지하고 형평성의 왜곡을 시정하는 것은 원칙적으로 입법자의 권한이고 책임이지 법문의 한계 안에서 법률을 해석·적용하는 법원이나 과세관청의 몫은 아니다. 뿐만 아니라 구체적 타당성을 이유로 법률에 대한 유추해석 내지 보충적 해석을 하는 것도 어디까지나 '유효한' 법률조항을 대상으로 할 수 있는 것이지 이미 '실효된' 법률조항은 그러한 해석의 대상이 될 수 없다. 따라서 관련 당사자가 공평에 반하는 이익을 얻을 가능성이 있다 하여 이미 실효된 법률조항을 유효한 것으로 해석하여 과세의 근거로 삼는 것은 과세근거의 창설을 국회가 제정하는 법률에 맡기고 있는 헌법상 권력분립원칙과 조세법률주의의 원칙에 반한다(헌재 2012.05.31. 2009헌바123·126).

③ 【X】 「군인사법」 제48조 제4항 후단의 '무죄의 선고를 받은 때'의 의미와 관련하여, 형식상 무죄판결뿐 아니라 공소기각재판을 받았다 하더라도 그와 같은 공소기각의 사유가 없었더라면 무죄가 선고될 현저한 사유가 있는 이른바 내용상 무죄재판의 경우도 이에 포함된다고 확대 해석함이 법률의 문의적 한계 내의 합헌적 법률해석에 부합한다(대판 2004.08.20. 2004다22377).

④ 【O】 헌법재판소의 한정위헌 결정의 의미 및 그 기속력: 헌법재판소의 결정이 그 주문에서 당해 법률이나 법률조항의 전부 또는 일부에 대하여 위헌 결정을 선고함으로써 그 효력을 상실시켜 법률이나 법률조항이 폐지되는 것과 같은 결과를 가져온 것이 아니라 그에 대하여 특정의 해석기준을 제시하면서 그러한 해석에 한하여 위헌임을 선언하는, 이른바 한정위헌 결정의 경우에는 헌법재판소의 결정에 불구하고 법률이나 법률조항은 그 문언이 전혀 달라지지 않은 채 그냥 존속하고 있는 것이므로 이와 같이 법률이나 법률조항의 문언이 변경되지 아니한 이상 이러한 한정위헌 결정은 법률 또는 법률조항의 의미, 내용과 그 적용범위를 정하는 법률해석이라고 이해하지 않을 수 없다. 그런데 구체적 사건에 있어서 당해 법률 또는 법률조항의 의미·내용과 적용범위가 어떠한 것인지를 정하는 권한 곧 법령의 해석·적용 권한은 바로 사법권의 본질적 내용을 이루는 것으로서, 전적으로 대법원을 최고법원으로 하는 법원에 전속한다. 이러한 법리는 우리 헌법에 규정된 국가권력분립구조의 기본원리와 대법원을 최고법원으로 규정한 헌법의 정신으로부터 당연히 도출되는 이치로서, 만일 법원의 이러한 권한이 훼손된다면 이는 헌법 제101조는 물론이요, 어떤 국가기관으로부터도 간섭받지 않고 오직 헌법과 법률에 의하여 그 양심에 따라 독립하여 심판하도록 사법권 독립을 보장한 헌법 제103조에도 위반되는 결과를 초래한다. 그러므로 한정위헌 결정에 표현되어 있는 헌법재판소의 법률해석에 관한 견해는 법률의 의미·내용과 그 적용범위에 관한 헌법재판소의 견해를 일응 표명한 데 불과하여 이와 같이 법원에 전속되어 있는 법령의 해석·적용 권한에 대하여 어떠한 영향을 미치거나 기속력도 가질 수 없다(대판 1996.04.09. 95누11405).

	합헌적 법률해석	규범통제
기능	해석기준	통제심사기준(저촉기준)
목적	법률의 효력을 지속시키려는 제도적 표현	헌법의 효력을 지키려는 제도적 표현
헌법적 근거	별도의 명시적 규정이 없어도 헌법의 최고규범성만으로 가능하다.	헌법의 최고규범성+별도의 명시적 규정 필요(헌법 제111조 제1항 제1호)

09 **헌법해석과 합헌적 법률해석에 관한 설명으로 옳지 않은 것은?** (다툼이 있는 경우 헌법재판소 판례에 의함) 2023 소방 간부

① 헌법 제12조 제4항 본문에 규정된 '구속'을 형사절차상 구속뿐 아니라 행정절차상 구속까지 의미하는 것으로 해석하는 것은 문언해석의 한계를 넘는 것이다.

② 일반 응시자의 공무담임권과의 관계를 고려할 때 헌법 제32조 제6항의 문언은 엄격하게 해석할 필요가 있고, 위 조항에 따라 우선적인 근로의 기회를 부여받는 대상자는 '국가유공자', '상이군경', 그리고 '전몰군경의 유가족'이라고 보아야 한다.

③ 합헌적 법률해석은 법률에 대한 특정한 해석방법을 위헌적인 것으로 배제함으로써 실질적으로 '해석에 의한 법률의 부분적 폐지'를 의미하므로, 법률에 대하여 실질적인 일부위헌선언을 함으로써 법률을 수정하는 권한은 규범통제에 관한 독점적인 권한을 부여받은 헌법재판소에 유보되어야 한다.

④ 합헌적 법률해석은 어디까지나 법률조항의 문언과 목적에 비추어 가능한 범위 안에서의 해석을 전제로 하는 것이고, 법률조항의 문구 및 그로부터 추단되는 입법자의 명백한 의사에도 불구하고 문언상 가능한 해석의 범위를 넘어 다른 의미로 해석할 수는 없다.

⑤ 종업원의 위반행위에 대하여 양벌조항으로서 개인인 영업주에게도 동일하게 처벌하도록 규정하고 있는 규정에 「보건범죄단속에 관한 특별조치법」그 문언상 명백한 의미와 달리 '종업원의 범죄행위에 대해 영업주의 선임감독상의 과실 (기타 영업주의 귀책사유) 이 인정되는 경우'라는 요건을 추가하여 해석하는 것은 문언상 가능한 범위를 넘어서는 해석으로서 허용되지 않는다.

지문분석 **난이도** □■■ **중** | **정답** ① | **키워드** 헌법해석과 합헌적 법률해석 | **출제유형** 판례

① 【X】 적법절차의 원칙은 헌법조항에 규정된 형사절차상의 제한된 범위 내에서만 적용되는 것이 아니라 국가작용으로서 기본권 제한과 관련되든 관련되지 않든 모든 입법작용 및 행정작용에도 광범위하게 적용된다고 해석하여야 할 것이다(헌재 1992.12.24. 92헌가8).

② 【O】 헌법 제32조 제6항의 대상자는 조문의 문리해석대로 '국가유공자', '상이군경', 그리고 '전몰군경의 유가족'이라고 봄이 상당하다(헌재 2006.02.23. 2004헌마675).

③ 【O】 합헌적 법률해석은 법률의 효력에 관한 문제, 즉 헌법적으로 문제가 있는 법률을 합헌적인 것으로 그 효력을 유지시킬 수 있는가, 이로써 법률에 대한 위헌선언이 방지될 수 있는가에 그 핵심이 있다는 점에서, 합헌적 법률해석을 할 권한은 규범통제권한의 부수적 권한이다. 합헌적 법률해석은 법률에 대한 특정한 해석방법을 위헌적인 것으로 배제함으로써 실질적으로 '해석에 의한 법률의 부분적 폐지'를 의미하므로, 법률에 대하여 실질적인 일부위헌선언을 함으로써 법률을 수정하는 권한은 규범통제에 관한 독점적인 권한을 부여받은 헌법재판소에 유보되어야 한다. 물론 사법기능을 담당하는 국가기관은 가능한 한 입법자의 입법권을 존중하여 입법자가 제정한 규범이 계속 존속하고 효력이 유지될 수 있도록 해석해야 한다는 점에서, 합헌적 법률해석은 헌법재판소뿐이 아니라 법원에 부과된 의무이지만, 헌법상의 권력분립원칙에 비추어 볼 때 법률의 구속을 받는 법집행기관인 법원이 스스로 법률을 수정할 권한은 합헌적 법률해석에 관한 헌법재판소의 최종적인 결정권에 의하여 제한되고 통제되어야 함은 당연하다. 법원이 헌법재판소와 동등하게 최종적인 합헌적 법률해석권을 가지고 있다는 주장은, 법원도 합헌적 법률해석에 의하여 실질적으로 수반되는 입법작용에 대한 수정권한을 가지고 있다는 것을 의미하는데, 이는 '법원은 법률의 구속을 받는다'는 헌법상의 권력분립질서에 정면으로 위반되는 것이다(헌재 2003.02.11. 2001헌마386).

④ 【O】 이 사건 법률조항을 '영업주가 종업원 등에 대한 선임감독상의 주의의무를 위반한 과실 기타 영업주의 귀책사유가 있는 경우에만 처벌하도록 규정한 것'으로 해석함으로써 책임주의에 합치되도록 합헌적 법률해석을 할 수 있는지가 문제될 수 있으나, 합헌적 법률해석은 어디까지나 법률조항의 문언과 목적에 비추어 가능한 범위 안에서의 해석을 전제로 하는 것이므로 위와 같은 해석은 문언상 가능한 범위를 넘어서는 해석으로서 허용되지 않는다고 보아야 한다(헌재 2009.07.30. 2008헌가10).

⑤ 【O】 이 사건 법률조항은 영업주가 고용한 종업원 등이 그 업무와 관련하여 위반행위를 한 경우에, 그와 같은 종업원 등의 범죄행위에 대해 영업주가 비난받을 만한 행위가 있었는지 여부와는 전혀 관계없이 종업원 등의 범죄행위가 있으면 자동적으로 영업주도 처벌하도록 규정하고 있다. 한편, 이 사건 법률조항을 '영업주가 종업원 등에 대한 선임감독상의 주의의무를 위반한 과실 기타 영업주의 귀책사유가 있는 경우에만 처벌하도록 규정한 것'으로 해석할 수 있는지가 문제될 수 있으나, 합헌적 법률해석은 법률조항의 문언과 목적에 비추어 가능한 범위 안에서의 해석을 전제로 하는 것이므로 위와 같은 해석은 허용되지 않는다. 결국, 이 사건 법률조항은 아무런 비난받을 만한 행위를 한 바 없는 자에 대해서까지, 다른 사람의 범죄행위를 이유로 처벌하는 것으로서 형벌에 관한 책임주의에 반하므로 헌법에 위반된다(헌재 2009.07.30. 2008헌가10).

10 **헌법해석과 합헌적 법률해석에 관한 설명으로 가장 적절하지 않은 것은?** (다툼이 있는 경우 판례에 의함) 2024 경찰 1차

① 헌법의 해석은 헌법이 담고 추구하는 이상과 이념에 따른 역사적, 사회적 요구를 올바르게 수용하여 헌법적 방향을 제시하는 헌법의 창조적 기능을 수행하여 국민적 욕구와 의식에 알맞는 실질적 국민주권의 실현을 보장하는 것이어야 한다.

② 현행헌법 제12조에서 종래의 '구금'을 '구속'으로 바꾼 것은 신체의 자유의 보장 범위를 구금된 사람뿐 아니라 구인된 사람에게까지 넓히기 위한 것으로 해석하는 것이 타당하다.

③ 법률 또는 법률 조항은 원칙적으로 가능한 범위 안에서 합헌적으로 해석하여야 하나 그 해석은 문의적 한계와 법목적에 따른 한계가 있다. 이러한 한계를 벗어난 합헌적 해석은 그것이 바로 실질적 의미에서의 입법작용을 뜻하게 되어 결과적으로 입법권자의 입법권을 침해하는 것이 된다.

④ 조세법률주의가 지배하는 조세법의 영역에서 경과규정의 미비라는 명백한 입법의 공백을 방지하고 형평성의 왜곡을 시정하기 위해 실효된 법률조항을 유효한 것으로 해석하는 것은 헌법정신에 맞도록 법률의 내용을 해석·보충하거나 정정하는 '헌법합치적 법률해석'에 따른 해석이다.

지문분석 **난이도** □■■ **중** | **정답** ④ | **키워드** 헌법해석과 합헌적 법률해석 | **출제유형** 판례

① 【O】 헌법의 해석은 헌법이 담고 추구하는 이상과 이념에 따른 역사적, 사회적 요구를 올바르게 수용하여 헌법적 방향을 제시하는 헌법의 창조적 기능을 수행하여 국민적 욕구와 의식에 알맞는 실질적 국민주권의 실현을 보장하는 것이어야 한다. 그러므로 헌법의 해석과 헌법의 적용이 우리 헌법이 지향하고 추구하는 방향에 부합하는 것이 아닐 때에는, 헌법적용의 방향제시와 헌법적 지도로써 정치적 불안과 사회적 혼란을 막는 가치관을 설정하여야 한다(헌재 1989.09.08. 88헌가6).

② 【O】 우리 헌법은 제헌 헌법 이래 신체의 자유를 보장하는 규정을 두었는데, 원래 '구금'이라는 용어를 사용해 오다가 현행헌법 개정시에 이를 '구속'이라는 용어로 바꾸었다. 현행헌법 개정시에 종전의 '구금'을 '구속'으로 바꾼 이유를 정확히 확인할 수 있는 자료를 찾기는 어렵다. 다만 '국민의 신체와 생명에 대한 보호를 강화'하는 것이 현행헌법의 주요 개정이유임을 고려하면, 현행헌법이 종래의 '구금'을 '구속'으로 바꾼 것은 헌법 제12조에 규정된 신체의 자유의 보장 범위를 구금된 사람뿐 아니라 구인된 사람에게까지 넓히기 위한 것으로 해석하는 것이 타당하다(헌재 2018.05.31. 2014헌마346).

③ 【O】 법률 또는 법률의 위 조항은 원칙적으로 가능한 범위안에서 합헌적으로 해석함이 마땅하나 그 해석은 법의 문구와 목적에 따른 한계가 있다. 즉, 법률의 조항의 문구가 간직하고 있는 말의 뜻을 넘어서 말의 뜻이 완전히 다른 의미로 변질되지 아니하는 범위 내이어야 한다는 문의적 한계와 입법권자가 그 법률의 제정으로써 추구하고자 하는 입법자의 명백한 의지와 입법의 목적을 헛되게 하는 내용으로 해석할 수 없다는 법목적에 따른 한계가 바로 그것이다. 왜냐하면, 그러한 범위를 벗어난 합헌적 해석은 그것이 바로 실질적 의미에서의 입법작용을 뜻하게 되어 결과적으로 입법권자의 입법권을 침해하는 것이 되기 때문이다(헌재 1989.07.14. 88헌가5 등).

④ 【X】 과세요건법정주의 및 과세요건명확주의를 포함하는 조세법률주의가 지배하는 조세법의 영역에서는 경과규정의 미비라는 명백한 입법의 공백을 방지하고 형평성의 왜곡을 시정하는 것은 원칙적으로 입법자의 권한이고 책임이지, 법률조항의 법문의 한계 안에서 법률을 해석·적용하여야 하는 법원이나 과세관청의 몫은 아니라 할 것이다. 헌법정신에 맞도록 법률의 내용을 해석·보충하거나 정정하는 '헌법합치적 법률해석' 역시 '유효한' 법률조항의 의미나 문구를 대상으로 하는 것이지, 이를 넘어 이미 실효된 법률조항을 대상으로 하여 헌법합치적인 법률해석을 할 수는 없는 것이어서, 유효하지 않은 법률조항을 유효한 것으로 해석하는 결과에 이르는 것은 '헌법합치적 법률해석'을 이유로도 정당화될 수 없다 할 것이다(헌재 2012.05.31. 2009헌바123 등).

2 헌법의 제정 · 개정과 변천

01 헌법변천에 대한 설명으로 옳지 않은 것은? 2015 지방직 7급

① 헌법변천은 실정 헌법의 조문은 그대로 존속하는 상태에서 그 의미 또는 내용이 실질적으로 변화하는 것을 의미한다.

② 미국 연방대법원의 위헌법률심사권이나 일본의 자위대를 통한 전력 보유는 헌법변천의 예로 설명될 수 있다.

③ 경성헌법의 원리를 중시하면 헌법변천은 헌법해석과 헌법개정의 한계를 초월할 수 있다.

④ 헌법변천을 한계 없이 인정할 경우 사실상 관철된 헌법현실 또는 심지어 위헌적인 헌법현실이 정당화되는 결과가 발생된다.

지문분석 **난이도** □□■ **하** | **정답** ③ | **키워드** 헌법의 변천 | **출제유형** 이론

① 【O】 헌법개정은 정해진 헌법상의 절차를 통하여 의식적으로 행하는 헌법의 변경이지만, 이러한 헌법개정의 절차를 통한 헌법변경에 의하지 않고 내용이 더 보충되거나 의미가 변경된 경우와 같이 헌법규범의 내용에 변경을 가져오는 경우가 있는데, 이를 통상 헌법변천이라고 한다.

② 【O】 미국의 위헌법률심판, 우리나라 제1 · 2차 개정헌법의 양원제 체택에도 불구하고 단원제 운영, 일본의 평화헌법에 대한 자위대보유)

③ 【X】 헌법변천은 무제한 허용될 수 없다. 헌법변천은 헌법의 기본이념에 어긋날 수 없다.

④ 【O】 헌법의 변천을 부정하는 입장에서는 종래 헌법변천의 개념을 인정할 필요가 있다고 한 영역에서는 헌법해석을 통하여 필요한 문제를 해결할 수 있으므로 헌법해석을 인정하는 한 헌법변천이라는 개념은 인정할 필요가 없다. 그런데 이러한 헌법해석을 통한 헌법규범의 의미변화를 인정하더라도, 해석의 한계를 넘어 헌법규범의 의미를 변질시킬 수는 없다. 따라서 헌법해석을 통한 헌법의 의미변화는 헌법개정의 단계까지 나아갈 필요가 없는 범위 내에서만 허용된다.

02 헌법개정에 관한 현행헌법의 규정 중 빈 칸에 들어갈 내용을 바르게 나열한 것은? 2022 경찰 승진

> ㉠ 헌법개정은 국회재적의원 (A) 또는 대통령의 발의로 제안된다.
> ㉡ 제안된 헌법개정안은 대통령이 (B)일 이상의 기간 이를 공고하여야 한다.
> ㉢ 국회는 헌법개정안이 공고된 날로부터 60일 이내에 의결하여야 하며, 국회의 의결은 (C) (D) 이상의 찬성을 얻어야 한다.
> ㉣ 헌법개정안은 국회가 의결한 후 (E)일 이내에 국민투표에 붙여 국회의원선거권자 과반수의 투표와 투표자 과반수의 찬성을 얻어야 한다.

① A: 과반수, B: 20, C: 재적의원, D: 3분의 2, E: 30

② A: 과반수, B: 20, C: 출석의원, D: 과반수, E: 60

③ A: 2/3 이상, B: 10, C: 출석의원, D: 과반수, E: 30

④ A: 2/3 이상, B: 10, C: 재적의원, D: 3분의 2, E: 6

지문분석 **난이도** □□■ 하 | **정답** ① | **키워드** 헌법의 개정 | **출제유형** 조문

▶ **헌법개정절차**

제 안		공 고(대통령)		의 결(국회)		확 정(국민투표)		공 포(대통령)
국회 재적의원 과반수 또는 대통령	⇨	20일 이상	⇨	60일 이내 재적의원 2/3 이상(기명투표)	⇨	30일 이내 국회의원선거권자 과반수 투표, 투표자 과반수 찬성	⇨	즉시 공포

【A】 과반수 : 헌법 제128조 ① 헌법개정은 국회재적의원 (과반수) 또는 대통령의 발의로 제안된다. ② 대통령의 임기연장 또는 중임변경을 위한 헌법개정은 그 헌법개정 제안 당시의 대통령에 대하여는 효력이 없다.

【B】 20 : 헌법 제129조 제안된 헌법개정안은 대통령이 (20)일 이상의 기간 이를 공고하여야 한다.

【C】 재적의원, 【D】 3분의 2 : 헌법 제130조 ① 국회는 헌법개정안이 공고된 날로부터 60일 이내에 의결하여야 하며, 국회의 의결은 (재적의원) (3분의 2) 이상의 찬성을 얻어야 한다.

【E】 30 : 헌법 제130조 ② 헌법개정안은 국회가 의결한 후 (30)일 이내에 국민투표에 붙여 국회의원선거권자 과반수의 투표와 투표자 과반수의 찬성을 얻어야 한다.

03 **헌법개정에 관한 설명으로 가장 적절하지 않은 것은?** (다툼이 있는 경우 판례에 의함) 2016 경찰 승진

① 헌법은 하나의 통일된 가치체계를 이루고 있기 때문에 헌법 규범 상호간에는 이념적·논리적 가치의 우열과 효력상 우열은 인정되지 아니한다.

② 위헌심사의 대상이 되는 법률은 국회의 의결을 거친 형식적 의미의 법률을 의미하는 것이므로 헌법의 개별 규정자체는 헌법소원에 의한 위헌심사의 대상이 될 수 없다.

③ 관습헌법도 헌법의 일부로서 성문헌법의 경우와 동일한 효력을 가지기 때문에 그 법규범은 헌법 개정의 방법에 의하여만 개정될 수 있다.

④ 헌법상 헌법개정안에 대한 국회의 의결은 헌법개정안이 공고된 날로부터 60일 이내에 하여야 하며 재적의원 3분의 2 이상의 찬성을 얻어야 한다.

지문분석 **난이도** □■■ 중 | **정답** ① | **키워드** 헌법의 개정 | **출제유형** 판례 및 조문

① 【X】 헌법은 전문과 단순한 개별항의 상호관련성이 없는 집합에 지나지 않는 것이 아니고 하나의 통일된 가치체계를 이루고 있으며 헌법의 제규정 가운데는 법의 근본가치를 보다 추상적으로 선언한 것도 있고 이를 보다 구체적으로 표현한 것도 있으므로, 이념적·논리적으로는 헌법규범 상호간의 가치의 우열을 인정할 수 있을 것이다(헌재 1996.06.13. 94헌바20).

② 【O】 헌법 제111조 제1항 제1호, 제5호 및 「헌법재판소법」 제41조 제1항, 제68조 제2항은 위헌심사의 대상이 되는 규범을 '법률'로 명시하고 있으며, 여기서 '법률'이라고 함은 국회의 의결을 거쳐 제정된 이른바 형식적 의미의 법률을 의미하므로 헌법의 개별규정 자체는 헌법소원에 의한 위헌심사의 대상이 아니다(헌재 1996.06.13. 94헌바20).

③ 【O】 관습헌법도 헌법의 일부로서 성문헌법의 경우와 동일한 효력을 가지기 때문에 그 법규범은 최소한 헌법 제130조에 의거한 헌법개정의 방법에 의하여만 개정될 수 있다(헌재 2004.10.21. 2004헌마554).

④ 【O】 국회는 헌법개정안이 공고된 날로부터 60일 이내에 의결하여야 하며, 국회의 의결은 재적의원 3분의 2 이상의 찬성을 얻어야 한다(헌법 제130조 제1항).

04 현행헌법상 헌법개정에 대한 설명으로 옳지 않은 것을 모두 고른 것은? (다툼이 있는 경우 판례에 의함)

2017 경찰 승진

> ㉠ 제안된 헌법개정안은 대통령이 30일 이상의 기간 이를 공고하여야 한다.
> ㉡ 헌법개정안은 대통령이 공고한 후 30일 이내에 국민투표에 붙여 국회의원 선거권자 과반수의 투표와 투표자 과반수의 찬성을 얻어야 한다.
> ㉢ 국민투표의 효력에 관하여 이의가 있는 투표인은 투표인 10만인 이상의 찬성을 얻어 국회의장을 피고로 하여 투표일로부터 20일 이내에 대법원에 제소할 수 있다.
> ㉣ 헌법재판소는 헌법의 개별규정에 대하여 위헌심사를 함에 있어 헌법개정한계론을 원용하는 태도를 보이고 있다.

① ㉠, ㉣
② ㉠, ㉡, ㉢
③ ㉡, ㉢, ㉣
④ ㉠, ㉡, ㉢, ㉣

지문분석 **난이도** □■■ 중 | **정답** ④ | **키워드** 헌법의 개정 | **출제유형** 판례 및 조문

㉠ 【X】 제안된 헌법개정안은 대통령이 20일 이상의 기간 이를 공고하여야 한다(헌법 제129조).
㉡ 【X】 헌법개정안은 국회가 의결한 후 30일 이내에 국민투표에 붙여 국회의원선거권자 과반수의 투표와 투표자 과반수의 찬성을 얻어야 한다(헌법 제130조 제2항).
㉢ 【X】 국민투표의 효력에 관하여 이의가 있는 투표인은 투표인 10만인 이상의 찬성을 얻어 중앙선거관리위원회위원장을 피고로 하여 투표일로부터 20일 이내에 대법원에 제소할 수 있다(「국민투표법」 제92조).
㉣ 【X】 우리 헌법의 각 개별규정 가운데 무엇이 헌법제정규정이고 무엇이 헌법개정규정인지를 구분하는 것이 가능하지 아니할 뿐 아니라, 각 개별규정에 그 효력상의 차이를 인정하여야 할 형식적인 이유를 찾을 수 없다. 이러한 점과 앞에서 검토한 현행헌법 및 「헌법재판소법」의 명문의 규정취지에 비추어, 헌법제정권과 헌법개정권의 구별론이나 헌법개정한계론은 그 자체로서의 이론적 타당성 여부와 상관없이 우리 헌법재판소가 헌법의 개별규정에 대하여 위헌심사를 할 수 있다는 논거로 원용될 수 있는 것이 아니다(헌재 1995.12.28. 95헌바3).

05 헌법개정에 대한 설명으로 옳지 않은 것만을 모두 고르면? (다툼이 있는 경우 판례에 의함)

2024 비상계획관 상반기

> ㄱ. 헌법 전문(前文)은 '… 1948년 7월 12일에 제정되고 9차에 걸쳐 개정된 헌법을 이제 국회의 의결을 거쳐 국민투표에 의하여 개정한다.'라고 하여 국민투표를 통하여 헌법을 개정하였다는 것을 명시하고 있다.
> ㄴ. 1972년 개정헌법이 처음으로 국민투표를 거쳐서 개정된 헌법이다.
> ㄷ. 우리 헌법의 경우 헌법 제10장 제128조 내지 제130조는 일반 법률의 개정 절차와는 다른 엄격한 헌법개정절차를 정하고 있으며, 동 헌법개정 절차의 대상을 단지 '헌법'이라고만 하고 있으므로, 관습헌법도 헌법에 해당하는 이상 여기서 말하는 헌법개정의 대상인 헌법에 포함된다고 보아야 한다.
> ㄹ. 헌법은 '헌법개정안은 국회가 의결한 후 30일 이내에 국민투표에 붙여 대통령선거권자 과반수의 투표와 투표자 과반수의 찬성을 얻어야 한다'고 규정하고 있다.

① ㄱ, ㄷ
② ㄴ, ㄹ
③ ㄱ, ㄴ, ㄹ
④ ㄱ, ㄴ, ㄷ, ㄹ

지문분석 **난이도** □■■ 중 | **정답** ③ | **키워드** 헌법의 개정 | **출제유형** 조문 및 판례

ㄱ 【X】

> 유구한 역사와 전통에 빛나는 우리 대한국민은 3·1 운동으로 건립된 대한민국 임시정부의 법통과 불의에 항거한 4·19 민주이념을 계승하고, 조국의 민주개혁과 평화적 통일의 사명에 입각하여 정의·인도와 동포애로써 민족의 단결을 공고히 하고, 모든 사회적 폐습과 불의를 타파하며, 자율과 조화를 바탕으로 자유민주적 기본질서를 더욱 확고히 하여 정치·경제·사회·문화의 모든 영역에 있어서 각인의 기회를 균등히 하고, 능력을 최고도로 발휘하게 하며, 자유와 권리에 따르는 책임과 의무를 완수하게 하여, 안으로는 국민생활의 균등한 향상을 기하고 밖으로는 항구적인 세계평화와 인류공영에 이바지함으로써 우리들과 우리들의 자손의 안전과 자유와 행복을 영원히 확보할 것을 다짐하면서 1948년 7월에 12일에 제정되고 8차에 걸쳐 개정된 헌법을 이제 국회의 의결을 거쳐 국민투표에 의하여 개정한다.

ㄴ 【X】

		제안자			공고	국회의결	국민투표
		대통령	국 회	국 민			
제헌헌법	1948년 7월 12일	대통령	재적 1/3	×	30일	재적 2/3	×
제1공화국 헌법	1차(1952년)	대통령	민의원(참의원) 재적 1/3	×	30일	양원 각 재적 2/3	×
	2차(1954년)	대통령	민의원(참의원) 재적 1/3	민의원 선거권자 50만 명	30일	양원 각 재적 2/3	×
제2공화국 헌법	3차(1960년 6월)	대통령	민의원(참의원) 재적 1/3	민의원 선거권자 50만 명	30일	양원 각 재적 2/3	×
	4차(1960년 11월)						
제3공화국 헌법	5차(1962년)	×	재적 1/3	국회의원 선거권자 50만 명	30일	재적 2/3	○
	6차(1969년)						
제4공화국 헌법	7차(1972년)	대통령 제안시 국민투표(헌법 개정의 이원화)	재적 과반수	×	20일	국회의원이 제안시 통일주체국민회의에서 결정	○
제5공화국 헌법	8차(1980년)	대통령	재적 과반수	×	20일	재적 2/3	○
현행헌법	9차(1987년)	대통령	재적 과반수	×	20일	재적 2/3(기명)	과투 투과

ㄷ 【O】 우리 헌법재판소는 서울이 수도라는 관습헌법을 헌법 개정절차 없이 법률개정 방법으로 변경하는 것은 헌법 제130조(헌법 제72조 ×)의 국민투표권 침해라고 한다(헌재 2004.10.21. 2004헌마554).

ㄹ 【X】 헌법 제130조 제2항 헌법개정안은 국회가 의결한 후 30일 이내에 국민투표에 붙여 국회의원선거권자 과반수의 투표와 투표자 과반수의 찬성을 얻어야 한다.

06 헌법개정에 관한 설명으로 가장 적절하지 않은 것은? 2023 경찰 1차

① 헌법개정의 발의는 국회재적의원 과반수 또는 대통령에 의해 행해지며, 대통령의 임기연장 또는 중임변경을 위한 헌법개정은 그 헌법개정 제안 당시의 대통령에 대하여는 효력이 없다.
② 국회는 헌법개정안의 공고기간이 만료된 날로부터 60일 이내에 의결하여야 하며 국회의 의결은 재적의원 3분의 2 이상의 찬성을 얻어야 한다.
③ 헌법개정안은 국회가 의결한 후 30일 이내에 국민투표에 붙여 국회의원선거권자 과반수의 투표와 투표자 과반수의 찬성을 얻어야 한다.
④ 국민투표의 효력에 관하여 이의가 있는 투표인은 투표인 10만인 이상의 찬성을 얻어 중앙선거관리위원회위원장을 피고로 하여 투표일로부터 20일 이내에 대법원에 제소할 수 있다.

지문분석 **난이도** □□■ **하** | **정답** ② | **키워드** 헌법의 개정 | **출제유형** 조문

① 【O】 헌법 제128조 ① 헌법개정은 국회재적의원 (과반수) 또는 대통령의 발의로 제안된다. ② 대통령의 임기연장 또는 중임변경을 위한 헌법개정은 그 헌법개정 제안 당시의 대통령에 대하여는 효력이 없다.
② 【X】 헌법 제130조 ① 국회는 헌법개정안이 공고된 날로부터 60일 이내에 의결하여야 하며, 국회의 의결은 (재적의원) (3분의 2) 이상의 찬성을 얻어야 한다.
③ 【O】 헌법 제130조 ② 헌법개정안은 국회가 의결한 후 (30)일 이내에 국민투표에 붙여 국회의원선거권자 과반수의 투표와 투표자 과반수의 찬성을 얻어야 한다.
④ 【O】「국민투표법」 제92조(국민투표무효의 소송) 국민투표의 효력에 관하여 이의가 있는 투표인은 투표인 10만인 이상의 찬성을 얻어 중앙선거관리위원회위원장을 피고로 하여 투표일로부터 20일 이내에 대법원에 제소할 수 있다.

07 헌법개정에 대한 설명으로 옳은 것은? (다툼이 있는 경우 판례에 의함) 2024 입법고시

① 국회는 헌법개정안을 20일 이상 공고하여야 한다.
② 국회는 헌법개정안이 공고된 날로부터 90일 이내에 의결하여야 한다.
③ 헌법개정안은 국회가 의결한 후 30일 이내에 국민투표에 붙여 국회의원선거권자 과반수의 투표와 투표자 과반수의 찬성을 얻어야 한다.
④ 대통령의 임기연장 또는 중임변경을 위한 헌법개정은 그 헌법개정제안 당시의 대통령에 대해서는 효력이 없다는 헌법조항은 제9차 개정헌법에 처음 규정되었다.
⑤ 헌법의 각 개별규정 가운데 무엇이 헌법제정규정이고 무엇이 헌법개정규정인지를 구분하는 것이 가능할 뿐만 아니라, 그 효력상의 차이도 인정할 수 있다.

지문분석 **난이도** □■■ **중** | **정답** ③ | **키워드** 헌법의 개정 | **출제유형** 조문 및 판례

① 【X】 헌법 제129조 제안된 헌법개정안은 대통령이 20일 이상의 기간 이를 공고하여야 한다.
② 【X】 헌법 제130조 ① 국회는 헌법개정안이 공고된 날로부터 60일 이내에 의결하여야 하며, 국회의 의결은 재적의원 3분의 2 이상의 찬성을 얻어야 한다.
③ 【O】 헌법 제130조 ② 헌법개정안은 국회가 의결한 후 30일 이내에 국민투표에 붙여 국회의원선거권자 과반수의 투표와 투표자 과반수의 찬성을 얻어야 한다.
④ 【X】 제8차 개정헌법(1980년) 제129조 ② 대통령의 임기연장 또는 중임변경을 위한 헌법개정은 그 헌법개정제안 당시의 대통령에 대하여는 효력이 없다.
⑤ 【X】 우리나라의 헌법은 제헌헌법이 초대국회에 의하여 제정된 반면 그후의 제5차, 제7차, 제8차 및 현행의 제9차 헌법 개정에 있어서는 국민투표를 거친 바 있고, 그간 각 헌법의 개정절차조항 자체가 여러 번 개정된 적이 있으며, 형식적으로도 부분개정이 아니라 전문까지를 포함한 전면개정이 이루어졌던 점과 우리의 현행헌법이 독일기본법 제79조 제3항과 같은 헌법개정의 한계에 관한 규정을 두고 있지 아니하고, 독일기본법 제79조 제1항 제1문과 같이 헌법의 개정을 법률의 형식으로 하도록 규정하고 있지도 아니한 점 등을 감안할 때, 우리 헌법의 각 개별규정 가운데 무엇이 헌법제정규정이고 무엇이 헌법개정규정인지를 구분하는 것이 가능하지 아니할 뿐 아니라, 각 개별규정에 그 효력상의 차이를 인정하여야 할 형식적인 이유를 찾을 수 없다(헌재 1995.12.28. 95헌바3).

08 **헌법의 제 · 개정에 대한 설명으로 가장 적절하지 <u>않은</u> 것은?** (다툼이 있는 경우 헌법재판소 판례에 의함) 2025 경찰 간부

① 우리 헌법의 각 개별규정 가운데 무엇이 헌법제정규정이고 무엇이 헌법개정규정인지를 구분하는 것이 가능하지 아니할 뿐 아니라, 각 개별규정에 그 효력상의 차이를 인정하여야 할 형식적인 이유를 찾을 수 없다.
② 성문헌법의 개정은 헌법의 조문이나 문구의 명시적이고 직접적인 변경을 내용으로 하는 헌법개정안의 제출에 의하여야 하고, 하위규범인 법률의 형식으로 일반적인 입법절차에 의하여 개정될 수는 없다.
③ 대법원은 헌법개정에 관한 국민투표에 관하여 「국민투표법」 또는 「국민투표법」에 의하여 발하는 명령에 위반하는 사실이 있는 경우라도 국민투표의 결과에 영향이 미쳤다고 인정하는 때에 한하여 국민투표 무효의 판결을 하여야 하며, 국민투표의 일부의 무효를 판결할 수는 없다.
④ 헌법개정에 관한 국민투표의 효력에 관하여 이의가 있는 투표인은 투표인 10만인 이상의 찬성을 얻어 중앙선거관리위원회위원장을 피고로 하여 투표일로부터 20일 이내에 대법원에 제소할 수 있다.

지문분석 **난이도** ■■■ **상** | **정답** ③ | **키워드** 헌법의 개정과 국민투표 소송 | **출제유형** 판례와 조문

① 【O】 우리나라의 헌법은 제헌헌법이 초대국회에 의하여 제정된 반면 그 후의 제5차, 제7차, 제8차 및 현행의 제9차 헌법 개정에 있어서는 국민투표를 거친 바 있고, 그간 각 헌법의 개정절차조항 자체가 여러 번 개정된 적이 있으며, 형식적으로도 부분개정이 아니라 전문까지를 포함한 전면개정이 이루어졌던 점과 우리의 현행 헌법이 독일기본법 제79조 제3항과 같은 헌법개정의 한계에 관한 규정을 두고 있지 아니하고, 독일기본법 제79조 제1항 제1문과 같이 헌법의 개정을 법률의 형식으로 하도록 규정하고 있지도 아니한 점 등을 감안할 때, 우리 헌법의 각 개별규정 가운데 무엇이 헌법제정규정이고 무엇이 헌법개정규정인지를 구분하는 것이 가능하지 아니할 뿐 아니라, 각 개별규정에 그 효력상의 차이를 인정하여야 할 형식적인 이유를 찾을 수 없다(헌재 1995.12.28. 95헌바3).

② 【O】 성문헌법의 개정은 헌법의 조문이나 문구의 명시적이고 직접적인 변경을 내용으로 하는 헌법개정안의 제출에 의하여야 하고, 하위규범인 법률의 형식으로, 일반적인 입법절차에 의하여 개정될 수는 없다(헌재 2013.11.28. 2012헌마166).

③ 【X】 「국민투표법」 제93조(국민투표무효의 판결) 대법원은 제92조의 규정에 의한 소송에 있어서 국민투표에 관하여 이 법 또는 이 법에 의하여 발하는 명령에 위반하는 사실이 있는 경우라도 국민투표의 결과에 영향이 미쳤다고 인정하는 때에 한하여 국민투표의 전부 또는 일부의 무효를 판결한다.

④ 【O】 「국민투표법」 제92조(국민투표무효의 소송) 국민투표의 효력에 관하여 이의가 있는 투표인은 투표인 10만인 이상의 찬성을 얻어 중앙선거관리위원회위원장을 피고로 하여 투표일로부터 20일 이내에 대법원에 제소할 수 있다.

09 현행헌법상 헌법개정에 대한 설명으로 가장 적절한 것은? 2021 경찰 승진

① 제안된 헌법개정안은 대통령이 30일 이상의 기간 이를 공고하여야 한다.

② 국회는 헌법개정안이 공고된 날로부터 60일 이내에 의결하여야 하며, 국회의 의결은 재적의원 3분의 2 이상의 찬성을 얻어야 한다.

③ 헌법개정안은 국회가 의결한 후 20일 이내에 국민투표에 붙여 국회의원 선거권자 과반수의 투표와 투표자 과반수의 찬성을 얻어야 한다.

④ 대통령의 임기연장 또는 중임변경을 위한 헌법개정은 그 헌법개정 제안 당시의 대통령에 대하여도 효력이 있다.

지문분석 **난이도** □□■ **하** | **정답** ② | **키워드** 헌법의 개정 | **출제유형** 조문

① 【X】 제안된 헌법개정안은 대통령이 20일 이상의 기간 이를 공고하여야 한다(헌법 제129조).

② 【O】 국회는 헌법개정안이 공고된 날로부터 60일 이내에 의결하여야 하며, 국회의 의결은 재적의원 3분의 2 이상의 찬성을 얻어야 한다(헌법 제130조 제1항).

③ 【X】 헌법개정안은 국회가 의결한 후 30일 이내에 국민투표에 붙여 국회의원선거권자 과반수의 투표와 투표자 과반수의 찬성을 얻어야 한다(헌법 제130조 제2항).

④ 【X】 대통령의 임기연장 또는 중임변경을 위한 헌법개정은 그 헌법개정 제안 당시의 대통령에 대하여는 효력이 없다(헌법 제128조 제2항).

10 헌법의 제정과 개정에 관한 설명으로 가장 적절한 것은? (다툼이 있는 경우 판례에 의함) 2024 경찰 1차

① 헌법을 개정하는 것은 주권자인 국민이 보유하는 가장 기본적인 권리로서 가장 강력하게 보호되어야 할 권리 중의 권리이지만, 헌법을 폐지하고 다른 내용의 헌법을 모색하는 것은 국민에게 허용되지 않는 권리이다.

② 헌법개정안은 국회에서 재적의원 3분의 2 이상의 찬성에 따른 국회의 의결을 거친 다음 국민투표에서 국회의원선거권자 과반수의 찬성을 얻어 확정된다.

③ 헌법의 제규정 가운데는 헌법의 근본가치를 보다 추상적으로 선언한 것도 있고, 이를 보다 구체적으로 표현한 것도 있어서 이념적·논리적으로는 규범 상호간의 우열을 인정할 수 있으므로, 우리 헌법의 각 개별규정 가운데 무엇이 헌법제정규정이고 무엇이 헌법개정규정인지를 구분하는 것이 가능할 뿐 아니라, 각 개별규정에 그 효력상의 차이를 인정할 수도 있다.

④ 우리 헌법은 제128조 내지 제130조에서 일반 법률의 개정절차와는 다른 엄격한 헌법개정절차를 정하고 있으며 헌법개정절차의 대상을 단지 '헌법'이라고만 하고 있으므로, 관습헌법도 헌법에 해당하는 이상 여기서 말하는 헌법개정의 대상인 헌법에 포함된다고 보아야 한다.

지문분석 **난이도** □■■ **중** | **정답** ④ | **키워드** 헌법의 개정 | **출제유형** 헌법조문(법령)의 내용

① 【X】 헌법을 개정하거나 폐지하고 다른 내용의 헌법을 모색하는 것은 주권자인 국민이 보유하는 가장 기본적인 권리로서, 가장 강력하게 보호되어야 할 권리 중의 권리에 해당한다. 무릇 집권세력의 정책과 도덕성, 혹은 정당성에 대하여 정치적인 반대의사를 표시하는 것은 헌법이 보장하는 정치적 자유의 가장 핵심적인 부분이기 때문이다(헌재 2013.03.21. 2010헌바132 등).

② 【X】 헌법 제130조 ① 국회는 헌법개정안이 공고된 날로부터 60일 이내에 의결하여야 하며, 국회의 의결은 재적의원 3분의 2 이상의 찬성을 얻어야 한다. ② 헌법개정안은 국회가 의결한 후 30일 이내에 국민투표에 붙여 국회의원선거권자 과반수의 투표와 투표자 과반수의 찬성을 얻어야 한다. ③ 헌법개정안이 제2항의 찬성을 얻은 때에는 헌법개정은 확정되며, 대통령은 즉시 이를 공포하여야 한다.

③ 【X】 우리 헌법의 각 개별규정 가운데 무엇이 헌법제정규정이고 무엇이 헌법개정규정인지를 구분하는 것이 가능하지 아니할 뿐 아니라, 각 개별규정에 그 효력상의 차이를 인정하여야 할 형식적인 이유를 찾을 수 없다. 물론 헌법은 전문과 단순한 개별조항의 상호관련성이 없는 집합에 지나지 않는 것이 아니고 하나의 통일된 가치체계를 이루고 있는 것이므로, 헌법의 전문과 각 개별규정은 서로 밀접한 관련을 맺고 있고, 따라서 헌법의 제규정 가운데는 헌법의 근본가치를 보다 추상적으로 선언한 것도 있고, 이를 보다 구체적으로 표현한 것도 있어서 이념적·논리적으로는 규범 상호간의 우열을 인정할 수 있는 것이 사실이다(헌재 1995.12.28. 95헌바3).

④ 【O】 우리 헌법의 경우 헌법 제10장 제128조 내지 제130조는 일반 법률의 개정절차와는 다른 엄격한 헌법개정절차를 정하고 있으며, 동 헌법개정절차의 대상을 단지 '헌법'이라고만 하고 있다. 따라서 관습헌법도 헌법에 해당하는 이상 여기서 말하는 헌법개정의 대상인 헌법에 포함된다고 보아야 한다(헌재 2004.10.21. 2004헌마554 등).

11 헌법개정의 변천사에 대한 설명으로 옳지 않은 것은? 2019 지방직 7급

① 1962년 헌법 및 1969년 헌법은 대통령뿐만 아니라 국회의원선거권자 50만 인 이상의 국민에게도 헌법개정의 제안을 인정하였다.
② 1954년 헌법, 1960년 6월 헌법 및 1960년 11월 헌법에서는 일부 조항의 개정을 금지하는 규정을 둔 바 있다.
③ 1962년 헌법은 국가재건최고회의의 의결을 거쳐 국민투표로 확정되었다.
④ 헌법개정의 제안에 국회재적의원 과반수의 발의가 요구된 것은 1972년 헌법부터이다.

지문분석 **난이도** □□■ **하** | **정답** ① | **키워드** 헌법개정 헌정사 | **출제유형** 조문

① 【X】 제5차 개정헌법(1962년) · 제6차 개정헌법(1969년) 제119조 제1항은 '헌법개정의 제안은 국회의 재적의원 3분의 1 이상 또는 국회의원선거권자 50만 인 이상의 찬성으로써 한다.'고 규정되어 있었으나, 유일하게 3공화국(제5차 · 제6차 개정)헌법은 대통령에게 헌법개정 제안권을 인정하지 않았다.
② 【O】 제2차 개정헌법(1954년) · 제3차 개정헌법(1960년 6월) · 제4차 개정헌법(1960년 11월) 제98조 제6항에 '제1조, 제2조와 제7조의2의 규정은 개폐할 수 없다.'는 규정이 있었다.

> 제1조 대한민국은 민주공화국이다.
> 제2조 대한민국의 주권은 국민에게 있고 모든 권력은 국민으로부터 나온다.
> 제7조의2 대한민국의 주권의 제약 또는 영토의 변경을 가져올 국가안위에 관한 중대 사항은 국회의 가결을 거친 후에 국민투표에 부하여 민의원의원선거권자 3분지 2 이상의 투표와 유효투표 3분지 2 이상의 찬성을 얻어야 한다.
> 전항의 국민투표의 발의는 국회의 가결이 있은 후 1개월 이내에 민의원의원선거권자 50만인 이상의 찬성으로써 한다.
> 국민투표에서 찬성을 얻지 못한 때에는 제1항의 국회의 가결사항은 소급하여 효력을 상실한다.
> 국민투표의 절차에 관한 사항은 법률로써 정한다.

③ 【O】 제5차 개정헌법은 제2공화국 헌법개정절차에 의하지 않고 「국가재건비상조치법」에 따라 헌법을 개정하기로 하여, 제5차 개정헌법안은 국가재건최고회의의 의결을 거쳐 국민투표에 의하여 확정되고, 1962년 12월 26일에 공포되었다.
④ 【O】 제7차 개정헌법(1972년) 제124조 제1항에서 '헌법의 개정은 대통령 또는 국회재적의원 과반수의 발의로 제안된다.'고 규정하였고, 제헌헌법에서부터 국회재적의원 3분의 1의 발의가 요구되었으나 제7차 개정헌법에서 과반수로 상향되었다.

12 헌법개정에 대한 설명으로 옳지 않은 것은? 2020 국가직 7급

① 헌법의 안정성과 헌법에 대한 존중이라는 요청 때문에 우리 헌법의 개정은 제한적으로 인정되며, 일반 법률과는 다른 엄격한 요건과 절차가 요구된다.
② 1차 헌법개정은 정부안과 야당안을 발췌 · 절충한 개헌안을 대상으로 하여 헌법개정절차인 공고절차를 그대로 따랐다.
③ 1972년 개정헌법에 따르면, 대통령이 제안한 헌법개정안은 국회의 의결을 거치지 않고 국민투표를 통하여 확정된다.
④ 헌법개정안은 국회가 의결한 후 30일 이내에 국민투표에 부쳐 국회의원선거권자 과반수의 투표와 투표자 과반수의 찬성을 얻어야 하고, 이 찬성을 얻은 때에 헌법개정은 확정되며, 대통령은 즉시 이를 공포하여야 한다.

지문분석 **난이도** □■■ 중 | **정답** ② | **키워드** 헌법의 개정 | **출제유형** 조문

▶ **헌법 개정절차**

		제안자			공고	국회의결	국민투표
		대통령	국 회	국 민			
제헌헌법	1948년 7월 12일	대통령	재적 1/3	×	30일	재적 2/3	×
제1공화국 헌법	1차(1952년)	대통령	민의원(참의원) 재적 1/3	×	30일	양원 각 재적 2/3	×
	2차(1954년)	대통령	민의원(참의원) 재적 1/3	민의원 선거권자 50만 명	30일	양원 각 재적 2/3	×
제2공화국 헌법	3차(1960년 6월) 4차(1960년 11월)	대통령	민의원(참의원) 재적 1/3	민의원 선거권자 50만 명	30일	양원 각 재적 2/3	×
제3공화국 헌법	5차(1962년) 6차(1969년)	×	재적 1/3	국회의원 선거권자 50만 명	30일	재적 2/3	○
제4공화국 헌법	7차(1972년)	대통령 제안시 국민투표(헌법 개정의 이원화)	재적 과반수	×	20일	국회의원이 제안시 통일주체국민회의에서 결정	○
제5공화국 헌법	8차(1980년)	대통령	재적 과반수	×	20일	재적 2/3	○
현행헌법	9차(1987년)	대통령	재적 과반수	×	20일	재적 2/3(기명)	과투 투과

① 【O】 경성헌법은 헌법의 개정을 일반 법률의 제정·개정절차보다 더 어렵게 만든 헌법이다. 이러한 특별절차는 그 자체가 헌법의 연속성과 국민적 합의에 기초한 헌법의 개정이 가지는 중요성을 강조하는 것이다. 우리 헌법 제10장 헌법개정에서는 엄격한 경성헌법 원리에 따라 헌법개정은 주권자인 국민이 개입한 국민투표를 통하여서만 가능하도록 규정하고 있다.

② 【X】 1952년 정부 측의 대통령직선제 개헌안과 야당 측의 국무원 불신임개헌안이 절충된 소위 '발췌개헌안'은 비상계엄이 선포되고 국회가 완전히 포위된 상태에서 국회의원의 자유로운 토론이 원천 봉쇄된 가운데 기립투표로 통과되었다. 이 헌법안은 정부안과 야당안이 각기 공고된 가운데 그 둘을 발췌·절충시킨 개헌안으로서, 이는 헌법에 명시된 헌법개정절차의 하나인 공고절차를 생략한 절차적 정의의 원리에 위배되는 위헌적인 헌법개정이다.

③ 【O】 제7차 개정헌법(1972년)은 헌법개정을 이원화하여 대통령이 제안한 헌법개정안은 국회의 의결 없이 바로 국민투표에 회부하여 확정하였고, 국회의원이 제안한 헌법개정안은 국회의 의결을 거쳐 통일주체국민회의에서 의결하도록 하였다.

> 제124조 ② 대통령이 제안한 헌법개정안은 국민투표로 확정되며, 국회의원이 제안한 헌법개정안은 국회의 의결을 거쳐 통일주체국민회의의 의결로 확정된다.

④ 【O】 헌법개정안은 국회가 의결한 후 30일 이내에 국민투표에 붙여 국회의원 선거권자 과반수의 투표와 투표자 과반수의 찬성을 얻어야 한다(헌법 제130조 제2항). 헌법개정안이 제2항의 찬성을 얻은 때에는 헌법개정은 확정되며, 대통령은 즉시 이를 공포하여야 한다(동조 제3항).

3 헌법의 보장

01 헌법의 수호와 관련된 다음 설명 중 가장 적절하지 않은 것은? (다툼이 있는 경우 판례에 의함)

2015 경찰 승진

① 사전예방적 헌법수호 제도에는 헌법의 최고법규성 선언, 경성헌법성, 위헌법률심사제, 위헌정당해산제도 등이 있다.

② 방어적 민주주의의 실현수단으로 위헌정당해산제도는 1960년 제3차 개정헌법에 최초로 규정되었으나, 기본권실효제도는 채택되지 않았다.

③ 대법원은 저항권이 실정법에 근거를 두지 못하고 오직 자연법에만 근거하고 있는 한, 법관은 이를 재판규범으로 원용할 수 없다고 판시하였다.

④ 헌법재판소는 「국회법」 소정의 협의 없는 개의시간 변경과 회의 일시를 통지하지 아니한 입법과정의 하자는 저항권의 대상이 아니라고 판시하였다.

지문분석 **난이도** □■■ 중 | **정답** ① | **키워드** 헌법의 수호 | **출제유형** 판례 및 이론

▶ 헌법수호의 유형

사전 예방적 방법	사후 교정적 방법	
	상향적 침해에 대한 수호	하향적 침해에 대한 수호
• 합리적인 정당정치의 구현 • 선거민에 의한 국정 통제 • 국민의 호헌의식 고양 • 국가권력 분립 • 헌법개정의 곤란성 • 공무원의 정치적 중립성 • 방어적 민주주의 채택	• 위헌정당강제해산제도 • 기본권 실효제도(독일, 우리나라는 채택하지 않음, 다만 법률상 「형법」 또는 국가보안법으로 해결하고 있다.)	• 위헌법률심사제 • 탄핵제도 • 공무원책임제 • 국회의 긴급명령 등에 대한 국회 승인권 • 각료해임건의 및 의결제도

① 【X】 위헌법률심사제와 위헌정당해산제도는 사후적 헌법수호제도에 해당한다.

② 【O】 독일의 기본권실효제도를 우리나라는 도입하지 않았다. 다만 60년 3차 개헌에서 정당제도가 헌법에 유입되었다.

③ 【O】 현대 입헌 자유민주주의 국가의 헌법이론상 자연법에서 우러나온 자연권으로서의 소위 저항권이 헌법 기타 실정법에 규정되어 있는 없든 간에 엄존하는 권리로 인정되어야 한다는 논지가 시인된다 하더라도 그 저항권이 실정법에 근거를 두지 못하고 오직 자연법에만 근거하고 있는 한 법관은 이를 재판규범으로 원용할 수 없다(대판 1980.05.20. 80도306).

④ 【O】 저항권은 국가권력에 의하여 헌법의 기본원리에 대한 중대한 침해가 행하여지고 그 침해가 헌법의 존재 자체를 부인하는 것으로서 다른 합법적인 구제수단으로는 목적을 달성할 수 없을 때에 국민이 자기의 권리·자유를 지키기 위하여 실력으로 저항하는 권리이므로, 「국회법」 소정의 협의 없는 개의시간의 변경과 회의일시를 통지하지 아니한 입법과정의 하자는 저항권 행사의 대상이 되지 아니한다(헌재 1997.09.25. 97헌가4).

02 헌법의 보장 혹은 보호와 관련된 설명이다. 가장 적절하지 않은 것은? (다툼이 있는 경우 판례에 의함)

2016 경찰 승진

① 방어적 민주주의는 민주주의의 자기방어적인 성격을 갖는 것으로서 가치상대주의 내지 다원주의에 대한 한계로서 인정될 것이다.

② 헌법재판소는 「국회법」 소정의 협의 없는 개의시간의 변경과 회의일시를 통지하지 아니한 입법과정의 하자는 저항권 행사의 대상이 아니라고 판시하고 있다.

③ 대법원은 낙선운동을 저항권의 한 형태로 인정하고 있다.

④ 방어적 민주주의를 위한 장치로 위헌정당해산제도와 기본권실효제도를 들 수 있는데 이 중 우리는 독일과 달리 위헌정당해산제도만을 도입하고 있다.

지문분석 **난이도** □□■ **하** | **정답** ③ | **키워드** 헌법의 보장과 보호 | **출제유형** 판례 및 이론

① 【O】 우리 헌법재판소는 위헌정당 강제해산사건(헌재 2014.12.19. 2013헌다1)에서 방어적 민주주의를 인정하여 가치지향적, 가치구속적 민주주의를 인정하여 상대적 민주주의의 한계로써 그 기능을 인정하고 있다.

② 【O】 저항권의 최종적인 주체로써 국민, 외국인, 법인뿐만이 아니라 정당도 가능하다. 다만 국가기관은 저항권의 주체가 될 수 없다.

③ 【X】 피고인들이 확성장치 사용, 연설회 개최, 불법행렬, 서명날인운동, 선거운동기간 전 집회 개최 등의 방법으로 특정 후보자에 대한 낙선운동을 함으로써 「공직선거법」에 의한 선거운동제한 규정을 위반한 피고인들의 이 사건 「공직선거법」 위반의 각 행위는 위법한 행위로서 허용될 수 없는 것이고, 피고인들의 위 각 행위가 피고인들이 주장하듯이 시민불복종운동으로서 헌법상의 기본권 행사 범위 내에 속하는 정당행위이거나 「형법」상 사회상규에 위반되지 아니하는 정당행위 또는 긴급피난의 요건을 갖춘 행위로 볼 수는 없다 할 것이다(대판 2004.04.27. 2002도315).

▶ **저항권과 비교**

국가긴급권	대통령이나 국가기관이 주체가 되어 국가의 안보와 존립을 유지할 목적으로 행사
혁명권	현행헌법질서를 부정하고 새로운 헌법질서를 형성하는 것을 말한다. 따라서 국민이 주체가 되어 기존질서에 반하는 수단을 사용할 수 있다.
쿠데타	지배계급 내의 일부세력이 무력 등의 비합법적인 수단으로 정권을 탈취하는 기습적인 정치활동
시민불복종	양심상 부정의하다고 확신하는 법이나 정책을 개선할 목적으로 법을 위반하여 비폭력적인 방법으로 행하는 공적·집단적 정치 행위로써 표현의 자유나 집회의 자유, 단체행동권 등의 과격한 또는 불법적 행사를 의미한다. 또한 보충성은 불요하다. 다만 불법 혹은 폭력적 수단의 사용 시에는 위법성이 조각되지 않는다.

④ 【O】 우리나라 헌법은 제8조 제4항에 위헌정당해산제로만 규정하고 있다.

03 **저항권에 대한 설명으로 가장 적절하지 않은 것은?** (다툼이 있는 경우 판례에 의함) 2018 경찰 승진

① 헌법재판소는 저항권이란 국가권력에 의하여 헌법의 기본원리에 대한 중대한 침해가 행하여지고 그 침해가 헌법의 존재 자체를 부인하는 것으로서 다른 합법적인 구제수단으로는 목적을 달성할 수 없을 때에 국민이 자기의 권리·자유를 지키기 위하여 실력으로 저항하는 권리라고 개념정의하고 있다.

② 1948년 이래 우리 헌법에는 저항권을 인정하는 명문규정이 없다.

③ 「국회법」 소정의 협의 없는 개의시간의 변경과 회의일시를 통지하지 아니한 입법과정의 하자는 저항권 행사의 대상이 되지 아니한다.

④ 대법원은 저항권을 일종의 자연법상의 권리로서 인정할 수 있고, 이러한 저항권이 인정된다면 재판규범으로서의 기능을 배제할 근거가 없다는 입장이다.

지문분석 **난이도** □■■ 중 | **정답** ④ | **키워드** 저항권 | **출제유형** 판례

①, ② 【O】 우리 헌법은 저항권을 명문으로 규정하고 있지 아니하나, 저항권은 국가권력에 의하여 헌법의 기본원리에 대한 중대한 침해가 행하여지고 그 침해가 헌법의 존재 자체를 부인하는 것으로서 다른 합법적인 구제수단으로는 목적을 달성할 수 없을 때에 국민이 자기의 권리·자유를 지키기 위하여 실력으로 저항하는 권리(헌재 1997.09.25. 97헌가4)로서 헌법의 본질과 헌법이 정하고 있는 기본권의 보장 및 국가의 본질과 역할에서 자연적으로 도출된다(헌재 2014.12.19. 2013헌다1).

③ 【O】 입법과정의 하자는 저항권 행사의 대상이 되지 아니한다. 저항권은 국가권력에 의하여 헌법의 기본원리에 대한 중대한 침해가 행하여지고 그 침해가 헌법의 존재자체를 부인하는 것으로 다른 합법적인 구제수단으로서는 목적을 달성할 수 없을 때에 국민이 자기의 권리와 자유를 지키기 위하여 실력으로 저항하는 권리이기 때문이다(헌재 1997.09.25. 97헌가4).

④ 【X】 저항권이 실정법에 근거를 두지 못하고 오직 자연법에만 근거하고 있는 한 법관은 이를 재판규범으로 원용할 수 없다고 할 것인바, 헌법 및 법률에 저항권에 관하여 아무런 규정 없는 우리나라의 현 단계에서는 저항권이론을 재판의 근거규범으로 채용, 적용할 수 없다(대판 1980.05.20. 80도306).

CHAPTER 02

대한민국 헌법총설

1 대한민국 헌정사

개정헌법	내 용
건국헌법 (1948년 7월 12일 제정)	**국민투표 없이 제헌의회 의결로 확정(쉬예스식 방법)** • 전문 : 10장(9장 경제의 장, 10장 재정의 장), 제103조로 구성 • 단원제 국회, 의원내각제 요소를 가미한 대통령제(국무총리와 부통령이 같이 헌법에 규정됨), 영토조항 두고, 통일조항 없음 • 통제경제 자연자원의 원칙적 국유화와 공공성을 띤 기업의 원칙적 국 · 공영제, 공공필요에 의한 사기업의 국 · 공유화, 통제경제가 강화된 헌법 • 근로자의 이익분배균점권, 생활무능력자 보호, 혼인과 가족의 국가보호 • 헌법위원회의 위헌법률심사권, 탄핵재판소의 탄핵심사권
제1차 헌법개정 (발췌개헌) (1952년 제1공화국)	**여 · 야당 개헌안을 가미한 발췌개헌의 형태** • 대통령과 부통령의 직선제 • 양원제 국회(실시는 ×), 국회의 국무원불신임제 • 국무총리의 국무위원임명제청권 **위헌적 요소** • 일사부재의 원칙 위배, 국회공고와 독회절차 생략, 의결의 강제
제2차 헌법개정 (4사5입)(1954)	• 초대대통령의 중임제한 철폐, 국무총리제 폐지, 국무원연대책임제 폐지 • 주권제약 또는 영토변경시 국민투표제 도입 • 자유시장경제체제 도입 • 헌법개정의 국민발안제(2차~6차)와 헌법개정한계 명시(국민주권, 민주공화국, 국민주권, 주권제한 및 영토변경의 국민투표 : 2차~4차) • 특별법원(군법회의)에 대한 헌법상 근거 명시 **위헌적 요소** • 초대대통령에 한하여 무제한 입후보허용은 평등원칙 위배, 가부동수인 경우 부결로 간주해야 함에도 가결로 번복한 것은 소수자 보호정신에 위배
제3차 헌법개정 (1960년 제2공화국)	**4 · 19 혁명 후 국회에서 개정** • 기본권의 확대 · 강화, 언론 · 출판 · 집회 · 결사의 자유에 대한 허가 · 검열금지, 기본권의 본질적 내용의 침해금지조항 신설 • 의원내각제, 정당조항신설, 공무원의 신분과 정치적 중립보장 • 가예산제 폐지, 준예산제, 헌법재판소 최초 규정 • 중앙선거관리위원회의 헌법기관화, 대법원장 · 대법관의 선거제
제4차 헌법개정 (1960년)	• 3 · 15 부정선거의 주모자들과 4 · 19 혁명 당시 살상행위자 처벌의 헌법적 근거를 부칙에 둠

제5차 헌법개정 (1962년 제3공화국)	**「국가재건비상조치법」에 근거 국민투표로 확정** • 극단적 정당국가로 인한 합당 · 제명이외 당적 변경 및 해산 시 의원직 상실, 무소속의 국회의원 · 대통령 출마금지 • 인간의 존엄과 가치, 인간다운 생활할 권리, 직업의 자유, 거주이전의 자유, 종교의 자유에 관한 규정이 신설되었다. • 단원제 국회, 대통령제, 법관추천위원회 설치 • 헌법재판소 폐지, 법원의 위헌법률심사권, 탄핵심판위원회의 탄핵심판권
제6차 헌법개정 (1969년 3선 개헌)	**국회의결과 국민투표를 통해 개정** • 대통령의 연임을 3기로 한정, 대통령에 대한 탄핵소추 발의와 의결정족수 가중 국회의원 정수 증원
제7차 헌법개정 (1972년 유신헌법, 제4공화국)	**10 · 17 비상조치로 국회해산 · 정치활동금지, 국민투표로 확정** • 대통령권한 강화, 중임 · 연임제한규정 폐지, 국회 해산권과 국회의원 정수 1/3추천권, 법관임명권, 국회의 동의나 승인을 필요로 하지 않는 긴급조치권 • 국회권한축소, 국정감사권 폐지, 연회기를 150일 이내로 단축 • 법원권한축소, 징계처분을 법관파면사유로 규정 • 기본권 약화, 본질적 내용침해금지조항 삭제, 기본권제한사유로 국가안전보장 추가, 구속적부심사제도 폐지, 군인 · 군무원의 등의 이중배상청구금지 신설 • 헌법개정 이원화, 대통령이 제안한 경우 국민투표로 확정, 국회가 제안한 경우 통일주체국민회에서 확정 • 주권행사방법규정, 대한민국주권은 국민에게 있고 국민은 그 대표자나 국민투표에 의하여 주권을 행사
제8차 헌법개정 (1980년. 제5공화국)	**1979. 10. 26. 사태, 12. 12 사태, 1980. 5. 17. 전국계엄확대** • 국가보위비상대책위원회설치, 국회활동정지, 국회의결 없이 국민투표로 확정 • 기본권 신설 : 행복추구권, 연좌제금지, 사생활 비밀과 자유의 불가침, 환경권, 적정임금조항, 무죄추정의 원칙 • 대통령 임기조항의 개정변경금지, 국정조사권신설 · 정당보조금지급, 대법원장의 일반 법관임명권 • 독과점의 규제와 조정, 소비자보호, 종소기업육성보호 • 전통문화의 창달
제9차 헌법개정 (1987년. 제6공화국)	**국회개헌특별위원회 개정안, 국회의결과 국민투표로 확정** • 기본권 신설, 범죄피해자국가구조청구권, 최저임금제, 적법절차원칙, 6대 환경정책 기본법 신설, 재판절차진술권, 구속이유 등 고제제도, 모성보호, 대학의 자율성 • 대한민국 임시정부의 법통계승 • 국군의 정치적 중립성, 정당의 목적도 민주적일 것 • 대통령, 직선제, 국회해산권 · 비상조치권 삭제, 대통령 후보자의 거주조항 삭제 • 국무위원에 대한 해임 의결권을 해임 건의권으로 변경 • 국회권한 강화를 위하여 국정감사권 부활, 정기회기 연장, 연회기 일수 제한 삭제

01 우리나라 헌정사에 대한 설명으로 가장 적절하지 않은 것은? 2021 경찰 승진

① 제헌헌법(1948년)에서는 영리를 목적으로 하는 사기업 근로자의 이익분배균점권, 생활무능력자의 보호를 명시하였다.
② 제2차 개정헌법(1954년)에서는 주권의 제약 또는 영토의 변경을 가져올 국가안위에 관한 중대사항은 국회의 가결을 거친 후 국민투표에 붙여 결정하도록 하였다.
③ 제7차 개정헌법(1972년)에서는 대통령에게 국회의원 정수의 2분의 1의 추천권을 부여하였다.
④ 제8차 개정헌법(1980년)에서는 깨끗한 환경에서 생활할 권리인 환경권을 처음으로 규정하였다.

지문분석 **난이도** □□■ **하** | **정답** ③ | **키워드** 헌정사 | **출제유형** 조문

① 【O】 근로자의 단결, 단체교섭과 단체행동의 자유는 법률의 범위 내에서 보장된다. 영리를 목적으로 하는 사기업에 있어서는 근로자는 법률의 정하는 바에 의하여 이익의 분배에 균점할 권리가 있다[제헌헌법(1948년) 제18조)]. 노령, 질병 기타 근로능력의 상실로 인하여 생활유지의 능력이 없는 자는 법률의 정하는 바에 의하여 국가의 보호를 받는다(제19조).
② 【O】 대한민국의 주권의 제약 또는 영토의 변경을 가져올 국가안위에 관한 중대 사항은 국회의 가결을 거친 후에 국민투표에 부하여 민의원의원선거권자 3분지 2 이상의 투표와 유효투표 3분지 2 이상의 찬성을 얻어야 한다[제2차 개정헌법(1954년) 제7조의2].
③ 【X】 통일주체국민회의는 국회의원 정수의 3분의 1에 해당하는 수의 국회의원을 선거한다[제7차 개정헌법(1972년) 제40조 제1항]. 제1항의 국회의원의 후보자는 대통령이 일괄 추천하며, 후보자 전체에 대한 찬반을 투표에 붙여 재적대의원 과반수의 출석과 출석대의원 과반수의 찬성으로 당선을 결정한다(제2항).
④ 【O】 모든 국민은 깨끗한 환경에서 생활할 권리를 가지며, 국가와 국민은 환경보전을 위하여 노력하여야 한다[제8차 개정헌법(1980년) 제33조].

02 헌법에서 처음 명문으로 규정한 시기가 같은 개별 기본권끼리 묶이지 않은 것은?

2024 경찰 2차

① 1948년 헌법: 양심의 자유 - 근로자의 이익분배균점권 - 공무원 파면청구권
② 1962년 헌법: 인간으로서의 존엄과 가치 - 직업선택의 자유 - 인간다운 생활을 할 권리
③ 1980년 헌법: 행복추구권 - 사생활의 비밀과 자유 - 환경권
④ 1987년 헌법: 사상의 자유 - 형사피해자의 재판절차상 진술권 - 범죄피해자구조청구권

지문분석 **난이도** ■■■ 상 | **정답** ④ | **키워드** 헌정사 | **출제유형** 조문 및 판례

① 【O】

> 제헌헌법(1948년)
> 제12조 모든 국민은 신앙과 양심의 자유를 가진다.
> 제18조 근로자의 단결, 단체교섭과 단체행동의 자유는 법률의 범위 내에서 보장된다.
> 영리를 목적으로 하는 사기업에 있어서는 근로자는 법률의 정하는 바에 의하여 이익의 분배에 균점할 권리가 있다.
> 제27조 공무원은 주권을 가진 국민의 수임자이며 언제든지 국민에 대하여 책임을 진다. 국민은 불법행위를 한 공무원의 파면을 청원할 권리가 있다.

② 【O】

> 제5차 개정헌법(1962년)
> 제8조 모든 국민은 인간으로서의 존엄과 가치를 가지며, 이를 위하여 국가는 국민의 기본적 인권을 최대한으로 보장할 의무를 진다.
> 제13조 모든 국민은 직업선택의 자유를 가진다.
> 제30조 ① 모든 국민은 인간다운 생활을 할 권리를 가진다.

③ 【O】

> 제8차 개정헌법(1980년)
> 제9조 모든 국민은 인간으로서의 존엄과 가치를 가지며, 행복을 추구할 권리를 가진다. 국가는 개인이 가지는 불가침의 기본적 인권을 확인하고 이를 보장할 의무를 진다.
> 제16조 모든 국민은 사생활의 비밀과 자유를 침해받지 아니한다.
> 제33조 모든 국민은 깨끗한 환경에서 생활할 권리를 가지며, 국가와 국민은 환경보전을 위하여 노력하여야 한다.

④ 【X】 제9차 개정헌법(1987년) 제27조 제5항 형사피해자의 재판절차진술권과 제30조 범죄피해자구조청구권은 현행헌법에 처음 명문으로 규정되었다. 『국가보안법』 제7조 제5항에서 이적표현물 소지행위를 처벌하는 것은 국가의 존립·안전이나 자유민주적 기본질서를 위태롭게 하는 행위를 할 목적으로 소지행위에 이른 경우로 제한하고 있으며 이러한 목적을 가진 소지행위는 그 표현물의 이적내용에 대한 전파가능성을 배제하기 어렵고 소지행위 자체도 역시 제작·수입행위 등과 같이 국가의 존립·안전에 대한 위험성이 있다고 할 것이다. 한편, 이러한 위험성을 갖지 아니한 행위 즉, 단순한 학문연구나 순수 예술활동의 목적으로 이적표현물을 소지·보관하는 경우에는 국가보안법 제7조 제5항이 적용되지 않으므로(대법원 1993.02.09. 선고 92도1711 판결, 1994.09.09. 선고 94도135 판결 등 참조) 『국가보안법』 제7조 제5항에서 이적표현물의 소지행위를 처벌하는 것이 양심 또는 사상의 자유를 본질적으로 침해하는 것은 아니라고 할 것이다(헌재 2004.08.26. 2003헌바85등).

03 역대 헌법에 대한 설명으로 옳지 않은 것은? 2020 국가직 7급

① 1948년 제헌헌법에서 국회의원의 임기와 국회에서 선거되는 대통령의 임기는 모두 4년으로 규정되었다.

② 1962년 개정헌법은 국회 재적의원 3분의 1 이상 또는 국회의원선거권자 50만 인 이상의 찬성으로 헌법개정의 제안을 하도록 규정함으로써, 1948년 헌법부터 유지되고 있던 대통령의 헌법개정 제안권을 삭제했다.

③ 1980년 개정헌법은 행복추구권, 친족의 행위로 인하여 불이익한 처우의 금지 및 범죄피해자구조 청구권을 새로 도입하였다.

④ 1987년 개정헌법은 여야합의에 의해 제안된 헌법개정안을 국회가 의결한 후 국민투표로 확정된 것이다.

지문분석 **난이도** □□■ 하 | **정답** ③ | **키워드** 헌정사 | **출제유형** 조문

① 【O】 국회의원의 임기는 4년으로 한다[제헌헌법(1948년) 제33조]. 대통령과 부통령의 임기는 4년으로 한다. 단, 재선에 의하여 1차중임할 수 있다. 부통령은 대통령재임 중 재임한다(제55조).

② 【O】 헌법개정의 제안은 국회의 재적의원 3분의 1 이상 또는 국회의원선거권자 50만 인 이상의 찬성으로써 한다[제5차 개정헌법(1962년) · 제6차 개정헌법(1969년) 제119조 제1항].

③ 【X】 1980년 제5공화국 헌법에서 행복추구권과 연좌제금지를 최초로 규정하였으나, 범죄피해자구조청구권은 현행헌법인 1987년 헌법에서 최초로 규정되었다.

④ 【O】 현행헌법은 여야합의에 의하여 8인 정치회담에서 성안한 대통령직선제를 중심으로 하는 헌법개정안이 국회 발의 · 의결을 거쳐 1987년 10월 27일에 국민투표를 통하여 확정됨으로써 성립되었다. 이 헌법은 헌법에 마련된 개정절차에 따라 여야합의에 따라 만들어진 전면적인 헌법개정이다.

04 한국헌정사에 대한 설명 중 가장 적절하지 않은 것은? 2019 경찰 승진

① 건국헌법은 임기 4년의 대통령과 부통령을 1차에 한하여 중임할 수 있도록 하였고, 대통령과 부통령을 국회에서 무기명투표로써 각각 선거하도록 규정하였다.

② 1960년 제3차 개정헌법에서 정당조항을 신설하였고, 1962년 제5차 개정헌법은 대통령과 국회의원의 입후보에 소속정당의 추천을 받도록 규정하였다.

③ 1962년 제5차 개정헌법은 인간으로서의 존엄과 가치 조항을 신설하고, 위헌법률심사권을 법원의 권한으로 규정하였다.

④ 1987년 제9차 개정헌법에서 환경권을 최초로 규정하였다.

지문분석 **난이도** □■■ 중 | **정답** ④ | **키워드** 헌정사 | **출제유형** 조문

④ 【X】 환경권을 최초로 규정한 것은 1980년 제8차 개헌이며, 제9차 개헌에서는 환경권의 내용과 행사를 최초로 규정하였다.

05 대한민국 헌정사에 대한 설명으로 옳은 것만을 모두 고른 것은? 2016 국가직 7급

ㄱ. 1948년 헌법은 평등권, 신체의 자유 및 직업의 자유를 비롯한 고전적 기본권을 보장하였을 뿐만 아니라, 근로 3권과 사기업에 있어서 근로자의 이익분배균점권, 생활무능력자의 보호, 혼인의 순결과 가족의 건강의 특별한 보호 등 일련의 사회적 기본권까지 규정하여 사회주의적 요소를 가미하였다.

ㄴ. 1954년 헌법개정안에 대한 표결결과 민의원 재적의원 203명 중 135명이 찬성하여 헌법개정에 필요한 의결정족수인 3분의 2이상의 찬성이라는 기준에 한 표가 모자랐지만 이른바 사사오입(四捨五入)이라는 계산법을 적용하여 부결선포를 번복하고 가결로 선포하였다.

ㄷ. 1954년 헌법에서는 대통령, 민의원 또는 참의원의 재적의원 3분의 1이상 또는 민의원 의원선거권자 50만 인 이상의 찬성으로 헌법개정을 제안할 수 있도록 하였으며, 1960년 제3차 헌법개정에서 선거의 공정한 관리를 위하여 독립된 헌법기관으로서 중앙선거관리위원회를 처음 규정하였다.

ㄹ. 1962년 헌법은 인간의 존엄성에 관한 규정을, 1980년 헌법은 국가가 근로자의 적정임금의 보장에 노력하여야 할 의무와 환경권을, 그리고 현행헌법인 1987년 헌법은 국가가 최저임금제를 시행할 의무를 규정하였다.

① ㄱ ② ㄴ, ㄷ ③ ㄴ, ㄹ ④ ㄴ, ㄷ, ㄹ

지문분석 **난이도** □□■ 하 | **정답** ④ | **키워드** 헌정사 | **출제유형** 조문

ㄱ 【X】 제5차 개헌에서 직업선택의 자유가 처음 규정되었다.

06 대한민국 헌정사에 대한 설명으로 옳지 않은 것은? 2016 국회직 8급

① 1948년 헌법은 근로3권과 사기업에 있어서 근로자의 이익분배균점권, 생활무능력자의 보호, 가족보호 등 다양한 사회적 기본권을 규정하였다.

② 1952년 제1차 헌법개정은 사전공고절차를 결여하였음은 물론 독회·토론도 없이 의결한 점에서, 1954년 제2차 헌법개정은 의결정족수의 미달인 점에서, 1962년 제5차 헌법개정은 민의원 및 참의원에서의 의결을 거치지 않은 채 「국가재건비상조치법」상의 국민투표로만 개정하였다는 점에서 모두 위헌적인 요소를 가지고 있다.

③ 1960년 제3차 헌법개정에서 선거의 공정한 관리를 위하여 독립된 헌법기관인 중앙선거관리위원회 및 각급 선거관리위원회를 처음 규정하였다.

④ 1962년 헌법은 인간의 존엄성에 관한 규정을, 1980년 헌법은 국가가 근로자의 적정임금의 보장에 노력하여야 할 의무와 환경권을, 1987년 헌법은 국가가 최저임금제를 시행할 의무를 처음으로 규정하였다.

⑤ 1987년 헌법전문에서는 불의에 항거한 4·19 민주이념을 계승하도록 처음으로 규정하였다.

지문분석 **난이도** □■■ 중 | **정답** ③ | **키워드** 헌정사 | **출제유형** 조문

③ 【X】 중앙선거관리위원회는 제3차 개헌에서 최초로 규정되었고, 선거관리위원회는 제5차 개헌에서 최초로 규정되었다.

07 대한민국 헌법 제정과 개정에 대한 설명으로 가장 적절하지 않은 것은? (다툼이 있는 경우 판례에 의함)

2023 경찰 간부

① 1948년 제헌헌법에서 대한민국의 경제질서는 모든 국민에게 생활의 기본적 수요를 충족할 수 있게 하는 사회정의의 실현과 균형 있는 국민경제의 발전을 기함을 기본으로 하며, 각인의 경제상 자유는 이 한계 내에서 보장된다고 규정하였다.

② 제3차 헌법개정(1960년 6월 헌법)에서는 대한민국의 주권의 제약 또는 영토의 변경을 가져올 국가안위에 관한 중대사항은 국회의 가결을 거친 후에 국민투표에 부하여 민의원의원 선거권자 3분지 2이상의 투표와 유효투표 3분지 2이상의 찬성을 얻어야 한다고 처음으로 규정하였다.

③ 제5차 헌법개정(1962년 헌법)에서 국회의원은 임기 중 당적을 이탈하거나 변경한 때 또는 소속 정당이 해산된 때에는 그 자격을 상실하나, 합당 또는 제명으로 소속이 달라지는 경우에는 예외로 하도록 규정하였다.

④ 제7차 헌법개정(1972년 헌법)에서는 조국의 평화적 통일을 추진하기 위하여 온 국민의 총의에 의한 국민적 조직체로서 조국통일의 신성한 사명을 가진 국민의 주권적 수임기관으로서 통일주체국민회의를 설치하였다.

지문분석 **난이도** □■■ **중** | **정답** ② | **키워드** 헌정사 | **출제유형** 조문

① **【O】** 제헌헌법(1948년) 제84조 대한민국의 경제질서는 모든 국민에게 생활의 기본적 수요를 충족할 수 있게 하는 사회정의의 실현과 균형 있는 국민경제의 발전을 기함을 기본으로 삼는다. 각인의 경제상 자유는 이 한계 내에서 보장된다.

② **【X】** 제2차 개정헌법(1954년) 제7조의2 대한민국의 주권의 제약 또는 영토의 변경을 가져올 국가안위에 관한 중대사항은 국회의 가결을 거친 후에 국민투표에 부하여 민의원 의원선거권자 3분지 2 이상의 투표와 유효투표 3분지 2 이상의 찬성을 얻어야 한다. 전항의 국민투표의 발의는 국회의 가결이 있은 후 1개월 이내에 민의원 의원선거권자 50만인 이상의 찬성으로써 한다. 국민투표에서 찬성을 얻지 못할 때에는 제1항의 국회의 가결사항은 소급하여 효력을 상실한다. 국민투표의 절차에 관한 사항은 법률로써 정한다.

③ **【O】** 제5차 개정헌법(1962년) 제38조 국회의원은 임기중 당적을 이탈하거나 변경한 때 또는 소속정당이 해산된 때에는 그 자격이 상실된다. 다만, 합당 또는 제명으로 소속이 달라지는 경우에는 예외로 한다.

④ **【O】** 제7차 개정헌법(1972년) 제35조 통일주체국민회의는 조국의 평화적 통일을 추진하기 위한 온 국민의 총의에 의한 국민적 조직체로서 조국통일의 신성한 사명을 가진 국민의 주권적 수임기관이다.

08 **1962년의 제5차 개정 헌법의 내용으로 옳은 것만을 〈보기〉에서 모두 고르면?** 2023 국회직 9급

> ㄱ. 헌법부칙에 반민주행위자처벌을 위한 소급입법의 근거 마련
> ㄴ. 인간의 존엄과 가치 조항 신설
> ㄷ. 간접선거에 의한 임기 6년의 대통령제
> ㄹ. 기본권 제한의 사유로 국가안전보장 추가

① ㄴ ② ㄹ ③ ㄱ, ㄷ
④ ㄴ, ㄹ ⑤ ㄱ, ㄴ, ㄷ

지문분석 **난이도** □■■ **중** | **정답** ① | **키워드** 헌정사 | **출제유형** 조문

ㄱ **[X]** 제4차 개정헌법(1960년) 헌법 부칙 이 헌법 시행당시의 국회는 단기 4293년 3월 15일에 실시된 대통령, 부통령선거에 관련하여 부정행위를 한 자와 그 부정행위에 항의하는 국민에 대하여 살상 기타의 부정행위를 한 자를 처벌 또는 단기 4293년 4월 26일 이전에 특정지위에 있음을 이용하여 현저한 반민주행위를 한 자의 공민권을 제한하기 위한 특별법을 제정할 수 있으며 단기 4293년 4월 26일 이전에 지위 또는 권력을 이용하여 부정한 방법으로 재산을 축적한 자에 대한 행정상 또는 형사상의 처리를 하기 위하여 특별법을 제정할 수 있다.

ㄴ **[O]** 제5차 개정헌법(1962년) 제8조 모든 국민은 인간으로서의 존엄과 가치를 가지며, 이를 위하여 국가는 국민의 기본적 인권을 최대한으로 보장할 의무를 진다.

ㄷ **[X]**

> 제5차 개정헌법(1962년) 제64조 제1항 대통령은 국민의 보통·평등·직접·비밀선거에 의하여 선출한다. 다만, 대통령이 궐위된 경우에 잔임 기간이 2년 미만인 때에는 국회에서 선거한다.
> 제5차 개정헌법(1962년) 제69조 제1항 대통령의 임기는 4년으로 한다.
> 제7차 개정헌법(1972년) 제45조 제1항 대통령의 임기가 만료되는 때에는 통일주체국민회의는 늦어도 임기 만료 30일 전에 후임자를 선거한다.
> 제7차 개정헌법(1972년) 제47조 대통령의 임기는 6년으로 한다.

ㄹ **[X]** 제7차 개정헌법(1972년) 제32조 제2항 국민의 자유와 권리를 제한하는 법률의 제정은 국가안전보장·질서유지 또는 공공복리를 위하여 필요한 경우에 한한다.

09 우리 헌법사에 대한 설명으로 가장 적절한 것은? 2022 경찰 간부

① 1948년 제헌헌법은 대통령, 부통령, 국무총리를 모두 두었으며 대통령 궐위시 부통령이 지위를 승계한다고 규정하였다.

② 1952년 제1차 개정헌법은 국회의 양원제를 규정하여 민의원과 참의원이 운영되었으며 국무위원에 대한 개별적 불신임제를 채택하였다.

③ 1960년 제3차 개정헌법은 기본권의 본질적 내용 침해금지 조항을 신설하였으며 선거권 연령을 법률로 위임하지 않고 헌법에서 직접 규정하였다.

④ 1972년 제7차 개정헌법은 대통령이 제안한 헌법개정안이 통일주체국민회의의 의결로 확정하도록 규정하였고 대통령에게 국회의원 정수 3분의 2의 추천권을 부여하였다.

지문분석 **난이도** □□■ **하** | **정답** ③ | **키워드** 헌정사 | **출제유형** 조문

① 【X】 제헌헌법(1948년) 제53조 대통령과 부통령은 국회에서 무기명투표로써 각각 선거한다. 제56조 대통령 또는 부통령이 궐위된 때에는 즉시 그 후임자를 선거한다. 제69조 국무총리는 대통령이 임명하고 국회의 승인을 얻어야 한다. 국회의원총선거후 신국회가 개회되었을 때에는 국무총리임명에 대한 승인을 다시 얻어야 한다.

② 【X】 제1차 개정헌법(1952년) 제31조 국회는 민의원과 참의원으로써 구성한다. 제70조의2 민의원에서 국무원불신임결의를 하였거나 민의원의원총선거후 최초에 집회된 민의원에서 신임결의를 얻지 못한 때에는 국무원은 총사직을 하여야 한다. 제2차 개정헌법(1954년) 제70조의2 민의원에서 국무위원에 대하여 불신임결의를 하였을 때에는 당해 국무위원은 즉시 사직하여야 한다.

③ 【O】 제3차 개정헌법(1960년) 제25조 모든 국민은 20세에 달하면 법률의 정하는 바에 의하여 공무원을 선거할 권리가 있다. 제28조 ② 국민의 모든 자유와 권리는 질서유지와 공공복리를 위하여 필요한 경우에 한하여 법률로써 제한할 수 있다. 단, 그 제한은 자유와 권리의 본질적인 내용을 훼손하여서는 아니되며 언론, 출판에 대한 허가나 검열과 집회, 결사에 대한 허가를 규정할 수 없다.

④ 【X】 제7차 개정헌법(1972년) 제124조 ② 대통령이 제안한 헌법개정안은 국민투표로 확정되며, 국회의원이 제안한 헌법개정안은 국회의 의결을 거쳐 통일주체국민회의의 의결로 확정된다. 제40조 ① 통일주체국민회의는 국회의원 정수의 3분의 1에 해당하는 수의 국회의원을 선거한다. ② 제1항의 국회의원의 후보자는 대통령이 일괄 추천하며, 후보자 전체에 대한 찬반을 투표에 붙여 재적대의원 과반수의 출석과 출석대의원 과반수의 찬성으로 당선을 결정한다.

10 헌정사에서 헌법재판제도에 대한 설명으로 옳지 <u>않은</u> 것은? 2017 비상계획관 상반기

① 1948년 헌법의 헌법위원회는 5인의 대법관과 5인의 국회의원으로 구성 되며 위원장은 호선으로 선출하였고, 그 권한은 위헌법률심사에 한정 되어 있었다.

② 1960년 제3차 개정헌법은 헌법재판소를 두고, 위헌법률심사·국가기관 간의 권한쟁의·정당해산·탄핵재판·대통령 선거소송 등을 관장하도록 하였다.

③ 1962년 제5차 개정헌법은 대법원에 위헌법률심판과 정당해산심판의 권한을 부여하였으며, 탄핵심판위원회를 별도로 두었다.

④ 1972년 제7차 개정헌법은 헌법위원회를 설치하여 위헌법률심판, 탄핵 심판, 정당해산심판을 관할하게 하였지만 헌법소원심판은 도입하지 않았다.

지문분석 **난이도** □□■ **하** | **정답** ① | **키워드** 헌정사 | **출제유형** 조문

① 【X】 1948년 헌법의 헌법위원회는 부통령을 위원장으로 하였다.

11 한국 헌정사에 대한 설명 중 가장 적절하지 않은 것은? 2018 경정 승진

① 건국헌법은 임기 4년의 대통령과 부통령을 1차에 한하여 중임할 수 있도록 하였고, 대통령과 부통령을 국회에서 무기명투표로써 각각 선거하도록 규정하였다.

② 1960년 제3차 개정헌법에서 정당조항을 신설하였고, 1962년 제5차 개정헌법은 대통령과 국회의원의 입후보에 소속정당의 추천을 받도록 규정하였다.

③ 1962년 제5차 개정헌법은 인간으로서의 존엄과 가치 조항을 신설하고, 위헌법률심사권을 법원의 권한으로 규정하였다.

④ 1987년 제9차 개정헌법에서 환경권을 최초로 규정하였다.

지문분석 **난이도** □□■ **하** | **정답** ④ | **키워드** 헌정사 | **출제유형** 조문

① 【O】 건국헌법은 대통령과 부통령을 임기4년으로 국회에서 간접선거를 통해 선출하며 1차에 한하여 중임할 수 있도록 하였다. 건국헌법 제53조는 국회에서 대통령 및 부통령을 선출하게 함으로써 의원내각제의 총리의 선출과 같은 형식을 취하고 있다.

② 【O】 건국헌법에서는 정당에 관한 규정은 없었으나 「국회법」에서 정당을 인정하였고, 1960년 헌법에서 처음으로 정당에 관한 명문 규정을 두었다. 또한 1962년 헌법 정당의 추천을 받아야만 대통령선거와 국회의원선거에 입후보할 수 있도록 제한하고 국회의원의 당적이탈 · 변경 또는 정당해산시 의원직을 상실하도록 규정하여 정당정치 제도를 강화하였다.

③ 【O】 1962년 제5차 개정헌법은 헌법재판소를 폐지하고 법원에 위헌법률심사권을 부여하였으며, 인간으로서의 존엄과 가치 조항을 신설하였다.

④ 【X】 제5공화국 헌법은 기본권규정이 어느 정도 회복되었으며 행복추구권, 사생활의 비밀과 자유, 연좌제금지, 쾌적한 환경권, 적정임금조항, 형사피고인의 무죄추정, 평생교육에 관한 권리를 신설하였다.

12 헌정사에 대한 설명으로 옳은 것만을 〈보기〉에서 모두 고르면? 2024 국회직 8급

ㄱ. 1948년 제헌헌법은 국민투표를 거치지 않고 국회에서 의결하였으며, 대통령제를 채택하였으나 부통령을 두지 않고 의원내각제적 요소인 국무원제와 국무총리제를 가미하였다.
ㄴ. 1960년 제3차 개정헌법은 대법원장과 대법관의 선거제를 채택하였으며, 중앙선거관리위원회의 헌법기관화 등을 규정하였다.
ㄷ. 1962년 제5차 개정헌법은 대법원장과 대법관을 법관추천회의의 제청에 따라 대통령이 임명하도록 하였다.
ㄹ. 1972년 제7차 개정헌법은 국민투표에 의한 최초의 개헌으로 대통령의 긴급조치권, 국회의 회기 단축과 국정감사제 폐지 등을 규정하였다.
ㅁ. 1980년 제8차 개정헌법은 행복추구권, 형사피고인의 무죄추정, 사생활의 비밀과 자유의 불가침을 신설하였으며, 헌법에 국회의 국정조사권을 규정하였다.

① ㄱ, ㄴ
② ㄴ, ㅁ
③ ㄱ, ㄷ, ㄹ
④ ㄴ, ㄹ, ㅁ
⑤ ㄷ, ㄹ, ㅁ

지문분석 **난이도** ■■■ **상** | **정답** ② | **키워드** 헌정사 | **출제유형** 조문

ㄱ【X】1948년 제헌헌법은 국민투표를 거치지 않고 국회에서 의결하였으며, 대통령제를 채택하고 부통령을 두었으며, 의원내각제적 요소인 국무원제와 국무총리제를 혼용하였다. 또한 제53조 대통령과 부통령은 국회에서 무기명투표로써 각 각 선거한다.

ㄴ【O】1960년 제3차 개정헌법은 대법원장과 대법관의 선거제를 채택하였으며, 중앙선거관리위원회의 헌법기관으로 규정하였다.

ㄷ【X】제5차 개정헌법(1962년) 제99조 ① 대법원장인 법관은 법관추천회의의 제청에 의하여 대통령이 국회의 동의를 얻어 임명한다. 대통령은 법관추천회의의 제청이 있으면 국회에 동의를 요청하고, 국회의 동의를 얻으면 임명하여야 한다. ② 대법원 판사인 법관은 대법원장이 법관추천회의의 동의를 얻어 제청하고 대통령이 임명한다.

ㄹ【X】제5차 개정헌법(1962년)은 1962년 12월 6일 국가재건최고회의의 의결을 거쳐 12월 17일 국민투표를 통해 확정되었다. 그리고 헌정사상 처음으로 국민투표를 통해 확정된 헌법이다. 1972년 제7차 개정헌법은 헌법개정이 이원화 되어 대통령이 제안하여 국민투표에 의한 개헌으로 대통령의 긴급조치권, 국회의 회기 단축과 국정감사제 폐지 등을 규정하였다.

ㅁ.【O】1980년 제8차 개정헌법은 행복추구권, 형사피고인의 무죄추정, 사생활의 비밀과 자유의 불가침을 신설하였으며, 국회의 국정조사권을 헌법에 최초 규정하였다.

13 **역대 헌법에 관한 설명으로 가장 적절하지 <u>않은</u> 것은?** 2023 경찰 2차

① 1952년 제1차 개정헌법에서는 국무총리와 국무위원은 국회에 대하여 국무원의 권한에 속하는 일반 국무에 관하여는 연대책임을 지고 각자의 행위에 관하여는 개별책임을 진다고 규정하였다.

② 1962년 제5차 개정헌법에서는 국회의원 후보가 되려 하는 자는 소속 정당의 추천을 받아야 하며, 국회의원이 임기 중 당적을 이탈하거나 변경한 때 또는 소속 정당이 해산된 때에는 그 자격이 상실되지만 합당 또는 제명으로 소속이 달라지는 경우에는 예외로 한다고 규정하였다.

③ 1972년 제7차 개정헌법에서는 대통령은 통일주체국민회의에서 토론 없이 무기명투표로 선거하고, 국회의원 정수의 3분의 1에 해당하는 수의 국회의원도 통일주체국민회의에서 선거하도록 규정하였다.

④ 1980년 제8차 개정헌법에서는 국회가 상호원조 또는 안전보장에 관한 조약, 국제조직에 관한 조약, 통상조약, 주권의 제약에 관한 조약, 강화조약, 국가나 국민에게 중대한 재정적 부담을 지우는 조약 또는 입법사항에 관한 조약의 체결·비준에 대한 동의권을 가진다고 규정하였다.

지문분석 **난이도** □■■ **중** | **정답** ④ | **키워드** 헌정사 | **출제유형** 조문

④【X】④번 지문의 헌법은 4공화국 헌법조문에 해당한다. 이후 5공화국 개정되어 현행헌법과 동일한 헌법으로 유지되고 있다.

> 1980년 개정헌법 제96조 제1항 국회는 상호원조 또는 안전보장에 관한 조약, <u>중요한 국제조직에 관한 조약, 우호통상항해조약</u>, 주권의 제약에 관한 조약, 강화조약, 국가나 국민에게 중대한 재정적 부담을 지우는 조약 또는 입법사항에 관한 조약의 체결·비준에 대한 동의권을 가진다.

14 다음 중 대한민국 헌정사에 대한 설명으로 가장 적절한 것은? 2024 군무원 5급

① 제헌헌법(1948년 헌법)은 군인은 현역을 면한 후가 아니면 국무총리 또는 국무위원에 임명될 수 없도록 하였다.

② 제3차 개정헌법(1960년 헌법)은 선거의 관리를 공정하게 하기 위하여 중앙 및 각급의 선거관리위원회를 두도록 하였다.

③ 제5차 개정헌법(1962년 헌법)은 국가는 법률이 정하는 바에 의하여 정당의 운영에 필요한 자금을 보조할 수 있도록 하였다.

④ 제8차 개정헌법(1980년 헌법)은 행복추구권, 연좌제 금지, 사생활의 비밀과 자유의 불가침, 환경권, 적법절차원리를 신설하였다.

지문분석 **난이도** □■■ **중** | **정답** ① | **키워드** 헌정사 | **출제유형** 조문

① 【O】 제헌 헌법 제69조 국무총리는 대통령이 임명하고 국회의 승인을 얻어야 한다. 국회의원총선거후 신국회가 개회되었을 때에는 국무총리임명에 대한 승인을 다시 얻어야 한다. 국무위원은 대통령이 임명한다. 국무위원의 총수는 국무총리를 합하여 8인 이상 15인 이내로 한다. 군인은 현역을 면한 후가 아니면 국무총리 또는 국무위원에 임명될 수 없다.

② 【X】 제3차 헌법개정(1960년 제2공화국)에서 중앙선거관리위원회의 헌법기관화, 대법원장·대법관의 선거제를 채택하였으며, 제5차 헌법개정(1962년 제3공화국)각급 선거관리를 위한 시도 선거관리위원회의 근거가 마련되었다.

③ 【X】 제3차 개정헌법(1960년) 제13조 정당은 법률의 정하는 바에 의하여 국가의 보호를 받는다. 단, 정당의 목적이나 활동이 헌법의 민주적 기본질서에 위배될 때에는 정부가 대통령의 승인을 얻어 소추하고 헌법재판소가 판결로써 그 정당의 해산을 명한다. 제8차 개정헌법(1980년) 제7조 제3항 정당은 법률이 정하는 바에 의하여 국가의 보호를 받으며, 국가는 법률이 정하는 바에 의하여 정당의 운영에 필요한 자금을 보조할 수 있다.

④ 【X】 제5공화국 헌법은 기본권규정이 어느 정도 회복되었으며 행복추구권, 사생활의 비밀과 자유, 연좌제금지, 쾌적한 환경권, 적정임금조항, 형사피고인의 무죄추정, 평생교육에 관한 권리를 신설하였다. 다만, 적법절차원리는 현행헌법에서 처음 규정하였다.

2 대한민국의 국가형태와 구성요소

01 현행 「국적법」 규정으로 옳지 않은 것은 몇 개인가? 2022 경찰 간부

가. 공무원이 그 직무상 대한민국 국적을 상실한 자를 발견하면 3개월 이내에 법무부장관에게 그 사실을 통보하여야 한다.
나. 복수국적자로서 외국 국적을 선택하려는 자는 외국에 주소가 있는 경우에만 주소지 관할 재외공관의 장을 거쳐 법무부장관에게 대한민국 국적을 이탈한다는 뜻을 신고할 수 있다.
다. 복수국적자는 대한민국의 법령 적용에서 대한민국 국민으로만 처우한다.
라. 출생 당시에 모가 자녀에게 외국 국적을 취득하게 할 목적으로 외국에서 체류 중이었던 사실이 인정되는 자는 외국 국적을 포기한 경우에만 대한민국 국적을 선택한다는 뜻을 신고할 수 있다.

① 1개 ② 2개
③ 3개 ④ 4개

지문분석 **난이도** ■■■ 상 | **정답** ① | **키워드** 국적 | **출제유형** 조문

▶ **국적취득**

선천적 국적취득	후천적 국적취득
① 대한민국 부 또는 모 출생(속인주의원칙) ② 대한민국에서 발견된 기아는 추정 (속지주의 가미)	① 인지 ② 귀화(일반, 간이, 특별) ③ 수반취득 ④ 국적의 회복 ⑤ 국적의 재취득

가 【X】「국적법」 제16조(국적상실자의 처리) ② 공무원이 그 직무상 대한민국 국적을 상실한 자를 발견하면 지체 없이 법무부장관에게 그 사실을 통보하여야 한다.
나 【O】「국적법」 제14조(대한민국 국적의 이탈 요건 및 절차) ① 복수국적자로서 외국 국적을 선택하려는 자는 외국에 주소가 있는 경우에만 주소지 관할 재외공관의 장을 거쳐 법무부장관에게 대한민국 국적을 이탈한다는 뜻을 신고할 수 있다. 다만, 제12조제2항 본문 또는 같은 조 제3항에 해당하는 자는 그 기간 이내에 또는 해당 사유가 발생한 때부터만 신고할 수 있다.
다 【O】「국적법」 제11조의2(복수국적자의 법적 지위 등) ① 출생이나 그 밖에 이 법에 따라 대한민국 국적과 외국 국적을 함께 가지게 된 사람으로서 대통령령으로 정하는 사람[이하 '복수국적자'(複數國籍者)라 한다]는 대한민국의 법령 적용에서 대한민국 국민으로만 처우한다.
라 【O】「국적법」 제13조(대한민국 국적의 선택 절차) ③ 제1항 및 제2항 단서에도 불구하고 출생 당시에 모가 자녀에게 외국 국적을 취득하게 할 목적으로 외국에서 체류 중이었던 사실이 인정되는 자는 외국 국적을 포기한 경우에만 대한민국 국적을 선택한다는 뜻을 신고할 수 있다.

02 국적에 대한 설명으로 옳은 것은? (다툼이 있는 경우 판례에 의함) 2024 비상계획관 상반기

① 헌법 전문의 '대한민국 임시정부 법통의 계승' 또는 제2조 제2항의 '재외 국민 보호의무' 규정이 중국동포와 같이 특수한 국적상황에 처해 있는 자들의 이중국적 해소 또는 국적선택을 위한 특별법 제정의무를 명시적으로 위임한 것이라고 볼 수 있다.

② 출생에 의하여 대한민국 국적을 취득한 복수국적자가 국가안보·외교관계 및 국민경제 등에 있어서 대한민국의 국익에 반하는 행위를 하는 경우, 법무부장관은 대한민국의 국적을 보유함이 현저히 부적합하다고 인정 되는 경우에는 청문을 거쳐 대한민국 국적의 상실을 결정할 수 있다.

③ 국적회복허가에 애초 허가가 불가능한 불법적 요소가 개입되어 있었다면 어느 순간에 불법적 요소가 발견되었든 상관없이 그 허가를 취소함으로써 국법질서를 회복할 필요성이 있다.

④ 출생 당시에 부 또는 모가 대한민국 국민인 자는 출생신고를 함으로써 대한민국 국적을 취득한다.

지문분석 **난이도** □■■ **중** | **정답** ③ | **키워드** 국적 | **출제유형** 판례 및 조문

① 【X】 청구인들과 같은 중국동포들의 현재의 법적 지위는 일반적으로 중국국적을 가진 외국인으로 보고 있고, 가사 중국동포들은 어쩔 수 없이 중국국적을 취득한 것이므로 당시 그들의 중국국적 취득에도 불구하고 대한민국 국적을 상실한 것이 아니라고 보는 경우에도, 1997년 전문개정된 「국적법」은 국적선택 및 판정제도를 규정하고 있으므로, 청구인들의 주장과 같이 중국동포들이 대한민국과 중국의 이중국적을 갖고 있었다면 이들에게도 이러한 국적선택 및 국적판정의 기회가 주어진 것으로 볼 수 있다. 그럼에도 불구하고, 이와는 별도로 헌법 전문의 '대한민국 임시정부 법통의 계승' 또는 제2조 제2항의 '재외국민 보호의무' 규정이 중국동포와 같이 특수한 국적상황에 처해 있는 자들의 이중국적 해소 또는 국적선택을 위한 특별법 제정의무를 명시적으로 위임한 것이라고 볼 수 없고, 뿐만 아니라 동 규정 및 그 밖의 헌법규정으로부터 그와 같은 해석을 도출해 낼 수도 없다(헌재 2006.03.30. 2003헌마806).

② 【X】

> 「국적법」 제14조의4(대한민국 국적의 상실결정) 제1항 법무부장관은 복수국적자가 다음 각 호의 어느 하나의 사유에 해당하여 대한민국의 국적을 보유함이 현저히 부적합하다고 인정하는 경우에는 청문을 거쳐 대한민국 국적의 상실을 결정할 수 있다. 다만, 출생에 의하여 대한민국 국적을 취득한 자는 제외한다.
> 1. 국가안보, 외교관계 및 국민경제 등에 있어서 대한민국의 국익에 반하는 행위를 하는 경우

③ 【O】 「국적법」 조항 중 거짓이나 그 밖의 부정한 방법으로 국적회복허가를 받은 사람에 대하여 그 허가를 취소할 수 있도록 규정한 부분은 과잉금지원칙에 위배하여 거주 · 이전의 자유 및 행복추구권을 침해하지 아니한다(헌재 2020.02.27. 2017헌바434).

④ 【X】

> 「국적법」 제2조(출생에 의한 국적 취득) 제1항 다음 각 호의 어느 하나에 해당하는 자는 출생과 동시에 대한민국 국적(國籍)을 취득한다.
> 1. 출생 당시에 부(父)또는 모(母)가 대한민국의 국민인 자

03 **「국적법」상 국적에 대한 설명으로 가장 적절한 것은?** 2021 경찰 승진

① 대한민국에서 발견된 기아는 대한민국에서 출생한 것으로 간주한다.
② 대한민국 국민으로서 자진하여 외국 국적을 취득한 자는 그 외국 국적을 취득한 때부터 6개월 후에 대한민국 국적을 상실한다.
③ 대한민국의 국민만이 누릴 수 있는 권리 중 대한민국의 국민이었을 때 취득한 것으로서 양도할 수 있는 것은 그 권리와 관련된 법령에서 따로 정한 바가 없으면 2년 내에 대한민국의 국민에게 양도하여야 한다.
④ 대한민국 국적을 취득한 외국인으로서 외국 국적을 가지고 있는 자는 대한민국 국적을 취득한 날부터 1년 내에 그 외국 국적을 포기하여야 한다.

지문분석 **난이도** □□■ **하** | **정답** ④ | **키워드** 국적 | **출제유형** 조문

① 【X】 대한민국에서 발견된 기아(棄兒)는 대한민국에서 출생한 것으로 추정한다(「국적법」 제2조 제2항).
② 【X】 대한민국의 국민으로서 자진하여 외국 국적을 취득한 자는 그 외국 국적을 취득한 때에 대한민국 국적을 상실한다(「국적법」 제15조 제1항).
③ 【X】 제1항에 해당하는 권리 중 대한민국의 국민이었을 때 취득한 것으로서 양도(讓渡)할 수 있는 것은 그 권리와 관련된 법령에서 따로 정한 바가 없으면 3년 내에 대한민국의 국민에게 양도하여야 한다(「국적법」 제18조 제2항).
④ 【O】 대한민국 국적을 취득한 외국인으로서 외국 국적을 가지고 있는 자는 대한민국 국적을 취득한 날부터 1년 내에 그 외국 국적을 포기하여야 한다(「국적법」 제10조 제1항).

04 **재외국민의 보호에 대한 설명으로 가장 적절하지 <u>않은</u> 것은?** (다툼이 있는 경우 헌법재판소 판례에 의함) 2023 경찰간부

① 헌법에서 재외국민에 대한 국가의 보호를 처음으로 명시한 것은 제5공화국 헌법(제8차 개헌)이다.
② 대한민국 국적을 갖고 있는 영유아 중에서 재외국민인 영유아를 보육료·양육수당의 지원대상에서 제외하는 것은 국내에 거주하면서 재외국민인 영유아를 양육하는 부모들의 평등권을 침해한다.
③ '이민'은 우리 국민이 생업에 종사하기 위하여 외국에 이주하거나 외국인과 혼인 및 연고관계로 인하여 이주하는 자를 의미하는데, 「국적법」 제12조 소정의 사유에 의하여 국적을 상실하지 않는 한 대한민국 재외국민으로서 기본권을 향유한다.
④ 정부수립 이전 이주동포를 「재외동포의 출입국과 법적 지위에 관한 법률」의 적용대상에서 제외함으로써 정부수립 이후 이주동포와 차별하는 것은 평등원칙에 위배되지 않는다.

지문분석 **난이도** □■■ **중** | **정답** ④ | **키워드** 재외국민 보호 | **출제유형** 조문

① 【O】 제8차 개정헌법(1980년) 제2조 제2항 재외국민은 국가의 보호를 받는다.
② 【O】 단순한 단기체류가 아니라 국내에 거주하는 재외국민, 특히 외국의 영주권을 보유하고 있으나 상당한 기간 국내에서 계속 거주하고 있는 자들은 「주민등록법」상 재외국민으로 등록·관리될 뿐 '국민인 주민'이라는 점에서는 다른 일반 국민과 실질적으로 동일하므로, 단지 외국의 영주권을 취득한 재외국민이라는 이유로 달리 취급할 아무런 이유가 없어 위와 같은 차별은 청구인들의 평등권을 침해한다(헌재 2018.01.25. 2015헌마1047).

③ 【O】 '이민'이라 함은 우리나라 국민이 생업에 종사하기 위하여 외국에 이주하거나 외국인과의 혼인 및 연고관계로 인하여 이주하는 자를 의미하는데(「해외이주법」 제2조 제1항) 실제는 국외에서 직장을 구하여 외화를 벌어들이기 위하여 편의상 이민의 절차를 밟는 경우가 적지 아니하며 이러한 경우에는 「국적법」 제12조 소정의 사유에 의하여 국적을 상실하지 않는 한, 대한민국의 재외국민으로서의 기본권을 의연 향유한다(헌재 1993.12.23. 89헌마189).

④ 【X】 정부수립이후이주동포와 정부수립이전이주동포는 이미 대한민국을 떠나 그들이 거주하고 있는 외국의 국적을 취득한 우리의 동포라는 점에서 같고, 국외로 이주한 시기가 대한민국 정부수립 이전인가 이후인가는 결정적인 기준이 될 수 없는데도, 이 사건 심판대상규정이 청구인들과 같은 정부수립이전이주동포를 재외동포법의 적용대상에서 제외한 것은 합리적 이유없이 정부수립이전이주동포를 차별하는 자의적인 입법이어서 헌법 제11조의 평등원칙에 위배된다(헌재 2001.11.29. 99헌마494).

05 국적에 대한 설명으로 가장 적절하지 <u>않은</u> 것은? (다툼이 있는 경우 헌법재판소 판례에 의함)

2019 경찰 승진

① 대한민국에서 출생한 사람으로서 부 또는 모가 대한민국에서 출생한 외국인은 대한민국에 3년 이상 계속하여 주소가 있는 경우 간이귀화허가를 받을 수 있다.

② 대한민국에 특별한 공로가 있는 외국인은 대한민국에 주소가 있는 경우 특별귀화허가를 받을 수 있다.

③ 외국인의 자(子)로서 대한민국의 「민법」상 미성년인 사람은 부 또는 모가 귀화허가를 신청할 때 함께 국적 취득을 신청할 수 있다.

④ 대한민국 국적을 상실한 자가 그 후 1년 내에 그 외국 국적을 포기하면 법무부장관의 허가를 받아 대한민국 국적을 재취득할 수 있다.

지문분석 **난이도** □■■ 중 | **정답** ④ | **키워드** 국적 | **출제유형** 조문

① 【O】

「국적법」 제6조(간이귀화 요건) ① 다음 각 호의 어느 하나에 해당하는 외국인으로서 대한민국에 3년 이상 계속하여 주소가 있는 사람은 제5조 제1호 및 제1호의2의 요건을 갖추지 아니하여도 귀화허가를 받을 수 있다.
1. 부 또는 모가 대한민국의 국민이었던 사람
2. 대한민국에서 출생한 사람으로서 부 또는 모가 대한민국에서 출생한 사람
3. 대한민국 국민의 양자(養子)로서 입양 당시 대한민국의 「민법」상 성년이었던 사람

② 【O】

「국적법」 제7조(특별귀화 요건) ① 다음 각 호의 어느 하나에 해당하는 외국인으로서 대한민국에 주소가 있는 사람은 제5조 제1호·제1호의2·제2호 또는 제4호의 요건을 갖추지 아니하여도 귀화허가를 받을 수 있다.
1. 부 또는 모가 대한민국의 국민인 사람. 다만, 양자로서 대한민국의 「민법」상 성년이 된 후에 입양된 사람은 제외한다.
2. 대한민국에 특별한 공로가 있는 사람

③ 【O】 외국인의 자(子)로서 대한민국의 「민법」상 미성년인 사람은 부 또는 모가 귀화허가를 신청할 때 함께 국적 취득을 신청할 수 있다(「국적법」 제8조 제1항).

④ 【X】 제10조(국적 취득자의 외국 국적 포기의무) 제3항에 따라 대한민국 국적을 상실한 자가 그 후 1년 내에 그 외국 국적을 포기하면 법무부장관에게 신고함으로써 대한민국 국적을 재취득할 수 있다(「국적법」 제11조 제1항). 제1항에 따라 신고한 자는 그 신고를 한 때에 대한민국 국적을 취득한다(동조 제2항).

06 **국적의 취득 등에 관한 설명 중 옳은 것은 모두 몇 개인가?** (다툼이 있는 경우 판례에 의함)

2022 경찰 2차

㉠ 우리나라가 선천적 국적취득에 관하여 부계혈통주의에서 부모양계혈통주의로 개정한 것은 가족생활에 있어서 양성의 평등원칙에 부합한다.
㉡ 외국인이 「국적법」상 귀화요건을 갖추었더라도 법무부장관은 그 외국인의 귀화허가 여부에 대한 재량권을 가진다.
㉢ 외국인이 복수국적을 누릴 자유는 우리 헌법상 행복추구권에 의하여 보호되는 기본권이라고 보기 어렵다.
㉣ '대한민국의 국민으로서 자진하여 외국 국적을 취득한 자는 그 외국 국적을 취득한 때에 대한민국 국적을 상실한다.'는 「국적법」 조항은 청구인의 거주 이전의 자유 및 행복추구권을 침해하는 것은 아니다.
㉤ 국적회복과 귀화는 모두 외국인이 후천적으로 법무부장관의 허가라는 주권적 행정절차를 통하여 대한민국 국적을 취득하는 제도라는 점에서 동일하나, 귀화는 대한민국 국적을 취득한 사실이 없는 순수한 외국인이 법무부장관의 허가를 받아 대한민국 국적을 취득할 수 있도록 하는 절차인데 비해, 국적회복허가는 한 때 대한민국 국민이었던 자를 대상으로 한다는 점, 귀화는 일정한 요건을 갖춘 사람에게만 허가할 수 있는 반면, 국적회복허가는 일정한 사유에 해당하는 사람에 대해서만 국적회복을 허가하지 아니한다는 점에서 차이가 있다.

① 2개 ② 3개 ③ 4개 ④ 5개

지문분석 **난이도** □■■ **중** | **정답** ④ | **키워드** 국적 | **출제유형** 조문, 판례

㉠ **【O】** 개정된 부칙조항은 「국적법」이 부모양계혈통주의 원칙을 도입함에 따라 개정된 「국적법」 시행 이전에 태어난 모계출생자에게 대한민국 국적을 취득할 기회를 부여함으로써 모계출생자가 받았던 차별을 해소하기 위한 특례를 규정한 것이다. 심판대상조항이 모계출생자에게 신고의무를 부여한 것은 그동안 대한민국 국적자가 아니었던 모계출생자의 국적관계를 조기에 확정하여 법적 불확실성을 조기에 제거하고, 불필요한 행정 낭비를 줄이면서도, 위 모계출생자가 대한민국 국적을 취득할 의사가 있는지 여부를 확인하기 위한 것으로서 합리적인 이유가 있다(헌재 2015.11.26. 2014헌바211).
㉡ **【O】** 대한민국의 국적을 취득한 사실이 없는 외국인은 법무부장관의 귀화허가를 받아 대한민국의 국적을 취득할 수 있다(「국적법」 제4조).
㉢ **【O】** 참정권과 입국의 자유에 대한 외국인의 기본권주체성이 인정되지 않고, 외국인이 대한민국 국적을 취득하면서 자신의 외국 국적을 포기한다 하더라도 이로 인하여 재산권 행사가 직접 제한되지 않으며, 외국인이 복수국적을 누릴 자유가 우리 헌법상 행복추구권에 의하여 보호되는 기본권이라고 보기 어려우므로, 외국인의 기본권주체성 내지 기본권침해가능성을 인정할 수 없다(헌재 2014.06.26. 2011헌마502).
㉣ **【O】** 대한민국의 국민이었던 외국인은 법무부장관의 국적회복허가(國籍回復許可)를 받아 대한민국 국적을 취득할 수 있다(「국적법」 제9조 제1항).
㉤ **【O】**

「국적법」 제9조 제2항 법무부장관은 국적회복허가 신청을 받으면 심사한 후 다음 각 호의 어느 하나에 해당하는 사람에게는 국적회복을 허가하지 아니한다.
1. 국가나 사회에 위해(危害)를 끼친 사실이 있는 사람
2. 품행이 단정하지 못한 사람
3. 병역을 기피할 목적으로 대한민국 국적을 상실하였거나 이탈하였던 사람
4. 국가안전보장·질서유지 또는 공공복리를 위하여 법무부장관이 국적회복을 허가하는 것이 적당하지 아니하다고 인정하는 사람

07 **국적에 관한 설명 중 옳지 <u>않은</u> 것은?** (다툼이 있는 경우 판례에 의함) 2022 변호사

① 외국인인 개인이 특정한 국가의 국적을 선택할 권리가 자연권으로서 또는 우리 헌법상 당연히 인정된다고 할 수 없다.

② 병역준비역에 편입된 사람이 그 이후 국적이탈이라는 방법을 통해서 병역의무에서 벗어날 수 없도록 국적이탈이 가능한 기간을 제한하는 것은 병역의무 이행의 공평성 확보라는 목적을 달성하는 데 적합한 수단이다.

③ 국적을 이탈하거나 변경하는 것은 헌법 제14조가 보장하는 거주·이전의 자유에 포함된다.

④ 복수국적자에 대하여 병역준비역에 편입된 날부터 3개월 이내에 대한민국 국적을 이탈하지 않으면 병역의무를 해소한 후에야 이를 가능하도록 한 「국적법」 조항은 국적선택제도를 통하여 병역의무를 면탈하지 못하게 하려는 것으로 복수국적자의 국적이탈의 자유를 침해한다고 볼 수 없다.

⑤ 외국인이 귀화허가를 받기 위해서는 '품행이 단정할 것'의 요건을 갖추도록 규정한 것은 명확성 원칙에 위배되지 않는다.

지문분석 **난이도** □■■ **중** | **정답** ④ | **키워드** 국적 | **출제유형** 판례

① 【O】 개인의 국적선택에 대하여는 나라마다 그들의 국내법에서 많은 제약을 두고 있는 것이 현실이므로, 국적은 아직도 자유롭게 선택할 수 있는 권리에는 이르지 못하였다고 할 것이다. 그러므로 '이중국적자의 국적선택권'이라는 개념은 별론으로 하더라도, 일반적으로 외국인인 개인이 특정한 국가의 국적을 선택할 권리가 자연권으로서 또는 우리 헌법상 당연히 인정된다고는 할 수 없다고 할 것이다(헌재 2006.03.30. 2003헌마806).

② 【O】, ④ 【X】 심판대상 법률조항의 입법목적은 병역준비역에 편입된 사람이 병역의무를 면탈하기 위한 수단으로 국적을 이탈하는 것을 제한하여 병역의무 이행의 공평을 확보하려는 것이다. 병역의무의 이행에 공평을 확보하려는 심판대상 법률조항의 입법목적은 정당하다. 또한, 심판대상 법률조항은 위와 같이 국적이탈이 가능한 기간을 제한함으로써 병역준비역에 편입된 사람이 그 이후 국적이탈이라는 방법을 통해서는 병역의무에서 벗어날 수 없도록 하므로, 병역의무 이행의 공평성 확보라는 목적을 달성하는 데 적합한 수단이다. 이처럼 '병역의무의 공평성 확보'라는 입법목적을 훼손하지 않으면서도 기본권을 덜 침해하는 방법이 있는데도 심판대상 법률조항은 그러한 예외를 전혀 두지 않고 일률적으로 병역의무 해소 전에는 국적이탈을 할 수 없도록 하는바, 이는 피해의 최소성 원칙에 위배된다. 이상의 사정을 종합하면, 심판대상 법률조항은 과잉금지원칙에 위배되어 청구인의 국적이탈의 자유를 침해한다(헌재 2020.09.24. 2016헌마889).

③ 【O】 국적을 이탈하거나 변경하는 것은 헌법 제14조가 보장하는 거주·이전의 자유에 포함되므로 법 제12조 제1항 단서 및 그에 관한 제14조 제1항 단서는 이중국적자의 국적선택(국적이탈)의 자유를 제한하는 것이라 할 것이고, 그것이 병역의무이행의 확보라는 공익을 위하여 정당화될 수 있는 것인지가 문제된다(헌재 2006.11.30. 2005헌마739).

⑤ 【O】 심판대상조항은 외국인에게 대한민국 국적을 부여하는 '귀화'의 요건을 정한 것인데, '품행', '단정' 등 용어의 사전적 의미가 명백하고, 심판대상조항의 입법취지와 용어의 사전적 의미 및 법원의 일반적인 해석 등을 종합해 보면, '품행이 단정할 것'은 '귀화신청자를 대한민국의 새로운 구성원으로서 받아들이는 데 지장이 없을 만한 품성과 행실을 갖춘 것'을 의미하고, 구체적으로 이는 귀화신청자의 성별, 연령, 직업, 가족, 경력, 전과관계 등 여러 사정을 종합적으로 고려하여 판단될 것임을 예측할 수 있다. 따라서 심판대상조항은 명확성원칙에 위배되지 아니한다(헌재 2016.07.28. 2014헌바421).

08 **국적에 관한 설명으로 가장 적절하지 않은 것은?** (다툼이 있는 경우 판례에 의함) 2023 경찰 2차

① 출생이나 그 밖에 「국적법」에 따라 대한민국 국적과 외국국적을 함께 가지게 된 사람으로서 대통령령으로 정하는 사람은 대한민국의 법령 적용에서 대한민국 국민으로만 처우한다.

② 대한민국의 국민이 아닌 자로서 대한민국의 국민인 부 또는 모에 의하여 인지된 자가 대한민국의 「민법」상 미성년자이면서 출생 당시에 부 또는 모가 대한민국의 국민이었을 경우에는 법무부장관에게 신고함으로써 대한민국 국적을 취득할 수 있다.

③ 직계존속이 외국에서 영주할 목적 없이 체류한 상태에서 출생한 자는 병역의무를 해소한 경우에만 국적이탈을 신고할 수 있도록 하는 구 「국적법」 제12조 제3항은 혈통주의에 따라 출생과 동시에 대한민국 국적을 취득하게 되므로 병역의무를 해소해야만 국적이탈을 허용하게 되는 결과를 가져오지만, 과잉금지원칙에 위배되지 아니하므로 국적이탈의 자유를 침해하지 않는다.

④ 외국인이 귀화허가를 받기 위해서는 '품행이 단정할 것'의 요건을 갖추도록 한 구 「국적법」 제5조 제3호는 귀화신청자의 성별, 연령, 직업, 가족, 경력, 전과관계 등 여러 사정을 종합적으로 고려하여 판단하는 것이 자의적일 수 있어 명확성원칙에 위배된다.

지문분석 **난이도** □■■ **중** | **정답** ④ | **키워드** 「국적법」 | **출제유형** 판례

① 【O】「국적법」 제11조의2(복수국적자의 법적 지위 등) ① 출생이나 그 밖에 이 법에 따라 대한민국 국적과 외국국적을 함께 가지게 된 사람으로서 대통령령으로 정하는 사람[이하 '복수국적자'(複數國籍者)라 한다]은 대한민국의 법령 적용에서 대한민국 국민으로만 처우한다.

② 【O】

> 「국적법」 제3조(인지에 의한 국적 취득) ① 대한민국의 국민이 아닌 자(이하 '외국인'이라 한다)로서 대한민국의 국민인 부 또는 모에 의하여 인지(認知)된 자가 다음 각 호의 요건을 모두 갖추면 법무부장관에게 신고함으로써 대한민국 국적을 취득할 수 있다.
> 1. 대한민국의 「민법」상 미성년일 것
> 2. 출생 당시에 부 또는 모가 대한민국의 국민이었을 것

③ 【O】 심판대상조항은 '직계존속이 외국에서 영주할 목적 없이 체류한 상태에서 출생한 자' 에 대해서는 병역의무를 해소한 경우에만 대한민국 국적이탈을 신고할 수 있도록 하므로, 위와 같이 출생한 사람의 국적이탈의 자유를 제한하지만 과잉금지원칙을 위반하여 국적이탈의 자유를 침해하는 것은 아니다(헌재 2023.02.23. 2019헌바462).

④ 【X】 '품행이 단정할 것'은 '귀화신청자를 대한민국의 새로운 구성원으로서 받아들이는 데 지장이 없을 만한 품성과 행실을 갖춘 것'을 의미하고, 구체적으로 이는 귀화신청자의 성별, 연령, 직업, 가족, 경력, 전과관계 등 여러 사정을 종합적으로 고려하여 판단될 것임을 예측할 수 있다. 따라서 심판대상조항은 명확성원칙에 위배되지 아니한다(헌재 2016.07.28. 2014헌바421).

09 **「국적법」상 귀화에 대한 설명으로 옳지 않은 것은?** (다툼이 있는 경우 판례에 의함) 2019 국가직 7급

① 법무부장관은 거짓이나 그 밖의 부정한 방법으로 귀화허가를 받은 자에 대하여 그 허가를 취소할 수 있으며, 법무부장관의 취소권 행사기간은 귀화허가를 한 날로부터 6개월 이내이다.

② 「국적법」에 따라 귀화허가를 받은 사람은 법무부장관 앞에서 국민선서를 하고 귀화증서를 수여받은 때에 대한민국 국적을 취득하며, 법무부장관은 연령, 신체적 · 정신적 장애 등으로 국민선서의 의미를 이해할 수 없거나 이해한 것을 표현할 수 없다고 인정되는 사람에게는 국민선서를 면제할 수 있다.

③ 법무부장관은 귀화신청인이 귀화요건을 갖추었다 하더라도 귀화를 허가할 것인지 여부에 관하여 재량권을 가진다.

④ 대한민국 국적을 취득한 사실이 없는 외국인은 법무부장관의 귀화허가를 받아 대한민국 국적을 취득할 수 있다.

지문분석 **난이도** □■■ 중 | **정답** ① | **키워드** 국적 | **출제유형** 판례 및 조문

① 【X】 법무부장관은 거짓이나 그 밖의 부정한 방법으로 귀화허가나 국적회복허가 또는 국적보유판정을 받은 자에 대하여 그 허가 또는 판정을 취소할 수 있다(「국적법」 제21조 제1항).

② 【O】 대한민국 국적을 취득한 사실이 없는 외국인은 법무부장관의 귀화허가를 받아 대한민국 국적을 취득할 수 있다(「국적법」 제4조 제1항). 제1항에 따라 귀화허가를 받은 사람은 법무부장관 앞에서 국민선서를 하고 귀화증서를 수여받은 때에 대한민국 국적을 취득한다. 다만, 법무부장관은 연령, 신체적 · 정신적 장애 등으로 국민선서의 의미를 이해할 수 없거나 이해한 것을 표현할 수 없다고 인정되는 사람에게는 국민선서를 면제할 수 있다(동조 제3항).

③ 【O】 귀화허가의 근거 규정의 형식과 문언, 귀화허가의 내용과 특성 등을 고려해 보면, 법무부장관은 귀화신청인이 귀화 요건을 갖추었다 하더라도 귀화를 허가할 것인지 여부에 관하여 재량권을 가진다고 보는 것이 타당하다(대판 2010.10.28. 2010두6496).

④ 【O】 대한민국 국적을 취득한 사실이 없는 외국인은 법무부장관의 귀화허가를 받아 대한민국 국적을 취득할 수 있다(「국적법」 제4조 제1항).

10 **국적에 대한 설명으로 옳지 않은 것은?** (다툼이 있는 경우 판례에 의함) 2024 국회직 8급

① 법무부장관은 거짓이나 그 밖의 부정한 방법으로 귀화허가, 국적회복허가, 국적의 이탈 허가 또는 국적보유판정을 받은 자에 대하여 그 허가 또는 판정을 취소할 수 있다.

② 복수국적자가 외국에 주소가 있는 경우에만 국적이탈을 신고할 수 있도록 하는 「국적법」 제14조 제1항 본문은 복수국적자의 기회주의적 국적이탈을 방지하여 국민으로서 마땅히 부담해야 할 의무에 대한 악의적 면탈을 방지하고 국가공동체 운영의 기본원리를 지키고자 적어도 외국에 주소가 있는 자에게만 국적이탈을 허용하려는 것이므로 목적이 정당하고 그 수단도 적합하다.

③ 직계존속이 외국에서 영주할 목적 없이 체류한 상태에서 출생한 자는 병역의무를 해소한 경우에만 국적이탈 신고할 수 있도록 하는 구 「국적법」 제12조 제3항은 출입국 등 거주·이전 그 자체에 제한을 가하고 있으므로, 출입국에 관련하여 그 출생자의 거주·이전의 자유가 침해되는지 여부가 문제된다.

④ 복수국적자가 제1국민역에 편입된 날부터 3개월 이내에 하나의 국적을 선택하여야 하고 그때까지 대한민국 국적을 이탈하지 않으면 병역의무가 해소된 후에야 이탈할 수 있도록 한 「국적법」 조항은 '병역의무의 공평성 확보'라는 입법목적을 훼손하지 않으면서도 기본권을 덜 침해하는 방법이 있는데도 그러한 예외를 전혀 두지 않고 일률적으로 병역의무 해소 전에는 국적이탈을 할 수 없도록 하는바, 이는 피해의 최소성 원칙에 위배된다.

⑤ 국적회복허가에 애초 허가가 불가능한 불법적 요소가 개입되어 있었다면 어느 순간에 불법적 요소가 발견되었든 상관없이 그 허가를 취소함으로써 국법질서를 회복할 필요성이 있다.

지문분석 **난이도** □■■ 중 | **정답** ③ | **키워드** 국적 | **출제유형** 조문

① 【O】 「국적법」 제21조(허가 등의 취소) ① 법무부장관은 거짓이나 그 밖의 부정한 방법으로 귀화허가, 국적회복허가, 국적의 이탈 허가 또는 국적보유판정을 받은 자에 대하여 그 허가 또는 판정을 취소할 수 있다.

② 【O】 심판대상조항은 복수국적자의 기회주의적 국적이탈을 방지하여 국민으로서 마땅히 부담해야 할 의무에 대한 악의적 면탈을 방지하고 국가공동체 운영의 기본원리를 지키고자 적어도 외국에 주소가 있는 자에게만 국적이탈을 허용하려는 것이므로 목적이 정당하고 그 수단도 적합하다. 심판대상조항은 과잉금지원칙에 위배되지 아니하므로 국적이탈의 자유를 침해하지 아니한다(헌재 2023.02.23. 2020헌바603).

③ 【X】 심판대상조항은 '직계존속이 외국에서 영주할 목적 없이 체류한 상태에서 출생한 자'에 대해서는 병역의무를 해소한 경우에만 대한민국 국적이탈을 신고할 수 있도록 하므로, 위와 같이 출생한 사람의 국적이탈의 자유를 제한한다. 다만 거주·이전의 자유를 규정한 헌법 제14조는 국적이탈의 자유의 근거조항이고 심판대상조항은 출입국 등 거주·이전 그 자체에 어떠한 제한을 가한다고 보기 어려운바, 출입국에 관련하여 거주·이전의 자유가 침해된다는 청구인의 주장에 대해서는 판단하지 아니한다. 심판대상조항은 과잉금지원칙에 위배되어 국적이탈의 자유를 침해하지 아니한다(헌재 2023.02.23. 2019헌바462).

④ 【O】 병역준비역에 편입된 복수국적자의 국적선택 기간이 지났다고 하더라도, 그 기간 내에 국적이탈 신고를 하지 못한 데 대하여 사회통념상 그에게 책임을 묻기 어려운 사정 즉, 정당한 사유가 존재하고, 또한 병역의무 이행의 공평성 확보라는 입법목적을 훼손하지 않음이 객관적으로 인정되는 경우라면, 병역준비역에 편입된 복수국적자에게 국적선택 기간이 경과하였다고 하여 일률적으로 국적이탈을 할 수 없다고 할 것이 아니라, 예외적으로 국적이탈을 허가하는 방안을 마련할 여지가 있다. 이처럼 '병역의무의 공평성 확보'라는 입법목적을 훼손하지 않으면서도 기본권을 덜 침해하는 방법이 있는데도 심판대상 법률조항은 그러한 예외를 전혀 두지 않고 일률적으로 병역의무 해소 전에는 국적이탈을 할 수 없도록 하는바, 이는 피해의 최소성 원칙에 위배된다. 심판대상 법률조항은 과잉금지원칙에 위배되어 청구인의 국적이탈의 자유를 침해한다(헌재 2020.09.24. 2016헌마889).

⑤ 【O】 심판대상조항은 국적 취득에 있어 진실성을 담보하고 사회구성원 사이의 신뢰를 확보하며 나아가 국가질서를 유지하기 위한 것으로 입법목적의 정당성이 인정되며, 하자 있는 국적회복허가를 취소하도록 하는 것은 위와 같은 입법목적을 달성하기 위한 적합한 방법이다. 따라서 국적회복허가에 애초 허가가 불가능한 불법적 요소가 개입되어 있었다면 어느 순간에 불법적 요소가 발견되었든 상관없이 그 허가를 취소함으로써 국법질서를 회복할 필요성이 있다. 따라서 심판대상조항은 과잉금지원칙에 위배하여 거주·이전의 자유 및 행복추구권을 침해하지 아니한다(헌재 2020.02.27. 2017헌바434).

11 **국적에 대한 설명으로 옳은 것은?** 2020 지방직 7급

① 대한민국의 국민으로서 자진하여 외국 국적을 취득한 자는 그 외국 국적을 취득한 날로부터 6개월이 지난 때에 대한민국 국적을 상실한다.
② 대한민국 국적을 상실한 자는 국적을 상실한 때부터 대한민국의 국민만이 누릴 수 있는 권리를 향유할 수 없으며, 이들 권리 중 대한민국의 국민이었을 때 취득한 것으로서 양도할 수 있는 것은 그 권리와 관련된 법령에서 따로 정한 바가 없으면 3년 내에 대한민국의 국민에게 양도하여야 한다.
③ 외국인의 자(子)로서 대한민국의 「민법」상 성년인 사람은 부 또는 모가 귀화허가를 신청할 때 함께 국적 수반취득을 신청할 수 있다.
④ 출생 당시에 부(父)가 대한민국의 국민인 자만 출생과 동시에 대한민국 국적을 취득한다.

지문분석 **난이도** □□■ **하** | **정답** ② | **키워드** 국적 | **출제유형** 조문

① 【X】 대한민국의 국민으로서 자진하여 외국 국적을 취득한 자는 그 외국 국적을 취득한 때에 대한민국 국적을 상실한다(「국적법」 제15조 제1항).
② 【O】 대한민국 국적을 상실한 자는 국적을 상실한 때부터 대한민국의 국민만이 누릴 수 있는 권리를 누릴 수 없다(「국적법」 제18조 제1항). 제1항에 해당하는 권리 중 대한민국의 국민이었을 때 취득한 것으로서 양도(讓渡)할 수 있는 것은 그 권리와 관련된 법령에서 따로 정한 바가 없으면 3년 내에 대한민국의 국민에게 양도하여야 한다(동조 제2항).
③ 【X】 외국인의 자(子)로서 대한민국의 「민법」상 미성년인 사람은 부 또는 모가 귀화허가를 신청할 때 함께 국적 취득을 신청할 수 있다(「국적법」 제8조 제1항).
④ 【X】

「국적법」 제2조(출생에 의한 국적 취득) ① 다음 각 호의 어느 하나에 해당하는 자는 출생과 동시에 대한민국 국적(國籍)을 취득한다.
1. 출생 당시에 부(父) 또는 모(母)가 대한민국의 국민인 자

12 국적에 대한 설명으로 옳지 않은 것은? 2023 국가직 7급

① 「국적법」 조항 중 거짓이나 그 밖의 부정한 방법으로 국적회복허가를 받은 사람에 대하여 그 허가를 취소할 수 있도록 규정한 부분은 과잉금지원칙에 위배하여 거주·이전의 자유 및 행복추구권을 침해하지 아니한다.

② 1978. 6. 14.부터 1998. 6. 13. 사이에 태어난 모계출생자(모가 대한민국 국민이거나 모가 사망할 당시에 모가 대한민국 국민이었던 자)가 대한민국 국적을 취득할 수 있는 특례를 두면서 2004. 12. 31.까지 국적취득신고를 한 경우에만 대한민국 국적을 취득하도록 한 「국적법」 조항은, 모계출생자가 권리를 남용할 가능성을 억제하기 위하여 특례기간을 2004. 12. 31.까지로 한정하고 있는바, 이를 불합리하다고 볼 수 없고 평등원칙에 위배되지 않는다.

③ 「국적법」 조항 중 '외국에 주소가 있는 경우'는 입법취지 및 사전적 의미 등을 고려할 때 다른 나라에 생활근거가 있는 경우를 뜻함이 명확하므로 명확성원칙에 위배되지 아니한다.

④ 복수국적자가 외국에 주소가 있는 경우에만 국적이탈을 신고할 수 있도록 정한 「국적법」 조항은 복수국적자에게 과도한 불이익을 발생시켜 과잉금지원칙에 위배되어 국적이탈의 자유를 침해한다.

지문분석 **난이도** □■■ **중** | **정답** ④ | **키워드** 국적 | **출제유형** 조문

① **[O]** 심판대상조항은 국적 취득에 있어 진실성을 담보하고 사회구성원 사이의 신뢰를 확보하며 나아가 국가질서를 유지하기 위한 것으로 입법목적의 정당성이 인정되며, 하자 있는 국적회복허가를 취소하도록 하는 것은 위와 같은 입법목적을 달성하기 위한 적합한 방법이다. 따라서 심판대상조항은 과잉금지원칙에 위배하여 거주·이전의 자유 및 행복추구권을 침해하지 아니한다(헌재 2020.02.27. 2017헌바434).

② **[O]** 심판대상조항은 특례의 적용을 받는 모계출생자가 그 권리를 조속히 행사하도록 하여 위 모계출생자의 국적·법률관계를 조속히 확정하고, 국가기관의 행정상 부담을 줄일 수 있도록 하며, 위 모계출생자가 권리를 남용할 가능성을 억제하기 위하여 특례기간을 2004.12.31.까지로 한정하고 있는바, 이를 불합리하다고 볼 수 없다. 심판대상조항은 특례의 적용을 받는 모계출생자와 출생으로 대한민국 국적을 취득하는 모계출생자를 합리적 사유 없이 차별하고 있다고 볼 수 없고, 따라서 평등원칙에 위배되지 않는다(헌재 2015.11.26. 2014헌바211).

③ **[O]** 「국적법」 제14조 제1항 본문의 '외국에 주소가 있는 경우'라는 표현은 입법취지 및 그에 사용된 단어의 사전적 의미 등을 고려할 때 다른 나라에 생활근거가 있는 경우를 뜻함이 명확하므로 명확성원칙에 위배되지 아니한다(헌재 2023.02.23. 2020헌바603).

④ **[X]** 심판대상조항은 국가 공동체의 운영원리를 보호하고자 복수국적자의 기회주의적 국적이탈을 방지하기 위한 것으로, 더 완화된 대안을 찾아보기 어려운 점, 외국에 생활근거 없이 주로 국내에서 생활하며 대한민국과 유대관계를 형성한 자가 단지 법률상 외국 국적을 지니고 있다는 사정을 빌미로 국적을 이탈하려는 행위를 제한한다고 하여 과도한 불이익이 발생한다고 보기도 어려운 점 등을 고려할 때 심판대상조항은 과잉금지원칙에 위배되어 국적이탈의 자유를 침해하지 아니한다(헌재 2023.02.23. 2020헌바603).

13 헌법상 영토조항에 관한 설명 중 가장 적절하지 않은 것은? (다툼이 있는 경우 판례에 의함)

2022 경찰 승진

① 영토조항만을 근거로 하여 독자적으로 헌법소원을 청구할 수 있다.

② 국민의 기본권 침해에 대한 권리구제를 위하여 그 전제조건으로서 영토에 관한 권리를 영토권이라 구성하여, 이를 헌법소원의 대상인 기본권으로 간주하는 것은 가능하다.

③ 우리 헌법이 '대한민국의 영토는 한반도와 그 부속도서로 한다'는 영토조항(제3조)을 두고 있는 이상 대한민국의 헌법은 북한지역을 포함한 한반도 전체에 그 효력이 미치고 따라서 북한지역은 당연히 대한민국의 영토가 된다.

④ 외국환거래의 일방 당사자가 북한의 주민일 경우 그는 「남북교류협력에 관한 법률」상 '북한의 주민'에 해당하는 것이므로, 북한의 조선아시아태평양위원회가 「외국환거래법」 제15조에서 말하는 '거주자'나 '비거주자'에 해당하는지 또는 「남북교류협력에 관한 법률」상 '북한의 주민'에 해당하는지 여부는 법률해석의 문제에 불과한 것이고, 헌법 제3조의 영토조항과는 관련이 없다.

지문분석 **난이도** □■■ 중 | **정답** ① | **키워드** 국가의 구성요소로서 영토 | **출제유형** 판례

① 【X】, ② 【O】 국민의 개별적 기본권이 아니라 할지라도 기본권 보장의 실질화를 위하여서는, 영토조항만을 근거로 하여 독자적으로는 헌법소원을 청구할 수 없다 할지라도, 모든 국가권능의 정당성의 근원인 국민의 기본권 침해에 대한 권리구제를 위하여 그 전제조건으로서 영토에 관한 권리를, 이를테면 영토권이라 구성하여 이를 헌법소원의 대상인 기본권의 하나로 간주하는 것은 가능하다(헌재 2008.11.27. 2008헌마517).

③ 【O】 우리 헌법이 '대한민국의 영토는 한반도와 그 부속도서로 한다'는 영토조항(제3조)을 두고 있는 이상 대한민국의 헌법은 북한지역을 포함한 한반도 전체에 그 효력이 미치고 따라서 북한지역은 당연히 대한민국의 영토가 되므로, 북한을 법 소정의 '외국'으로, 북한의 주민 또는 법인 등을 '비거주자'로 바로 인정하기는 어렵지만, 개별 법률의 적용 내지 준용에 있어서는 남북한의 특수관계적 성격을 고려하여 북한지역을 외국에 준하는 지역으로, 북한주민 등을 외국인에 준하는 지위에 있는 자로 규정할 수 있다고 할 것이다(헌재 2005.06.30. 2003헌바114).

④ 【O】 외국환거래의 일방 당사자가 북한의 주민일 경우 그는 이 사건 법률조항의 '거주자' 또는 '비거주자'가 아니라 남북교류법의 '북한의 주민'에 해당하는 것이다. 그러므로, 당해 사건에서 아태위원회가 법 제15조 제3항에서 말하는 '거주자'나 '비거주자'에 해당하는지 또는 남북교류법상 '북한의 주민'에 해당하는지 여부는 위에서 본 바와 같은 법률해석의 문제에 불과한 것이고, 헌법 제3조의 영토조항과는 관련이 없는 것이다(헌재 2005.06.30. 2003헌바114).

14 헌법 제3조에 대한 설명으로 가장 적절한 것은? (다툼이 있는 경우 판례에 의함) 2016 국가직 7급

① 국민의 기본권 침해에 대한 권리구제를 위한 전제조건으로서 영토에 관한 권리를 영토권이라 구성하여 기본권의 하나로 간주하는 것은 불가능하다.

② 독도 등을 중간수역으로 정한 '대한민국과 일본국 간의 어업에 관한 협정'의 해당 조항은 배타적 경제수역을 직접 규정한 것이고, 영해문제와 직접적인 관련을 가지므로 헌법상 영토조항을 위반한 것이다.

③ 북한이 국제사회에서 하나의 주권국가로 존속하고 있고, 우리 정부가 북한 당국자의 명칭을 쓰면서 정상회담 등을 제의하였다 하여 북한이 대한민국의 영토고권을 침해하는 반국가단체가 아니라고 단정할 수 없다.

④ 「저작권법」의 효력은 헌법 제3조에도 불구하고 대한민국의 주권 범위 밖에 있는 북한지역에 미치지 않는다.

지문분석 **난이도** □■■ **중** | **정답** ③ | **키워드** 국적 | **출제유형** 판례 및 조문

① 【X】 국민의 개별적 기본권이 아니라 할지라도 기본권보장의 실질화를 위하여서는, 영토조항만을 근거로 하여 독자적으로는 헌법소원을 청구할 수 없다 할지라도, 모든 국가권능의 정당성의 근원인 국민의 기본권 침해에 대한 권리구제를 위하여 그 전제조건으로서 영토에 관한 권리를, 이를테면 영토권이라 구성하여, 이를 헌법소원의 대상인 기본권의 하나로 간주하는 것은 가능한 것으로 판단된다(헌재 2001.03.21. 99헌마139 등).

② 【X】 이 사건 협정조항은 어업에 관한 협정으로서 배타적경제수역을 직접 규정한 것이 아니고, 이러한 점들은 이 사건 협정에서의 이른바 중간수역에 대해서도 동일하다고 할 것이어서 독도가 중간수역에 속해 있다 할지라도 독도의 영유권문제나 영해문제와는 직접적인 관련을 가지지 아니하므로, 이 사건 협정조항이 헌법상 영토조항을 위반하였다고 할 수 없다(헌재 2009.02.26. 2007헌바35).

③ 【O】 헌법 제3조는 '대한민국의 영토는 한반도와 그 부속도서로 한다'고 규정하고 있어 법리상 이 지역에서는 대한민국의 주권과 부딪치는 어떠한 국가단체도 인정할 수가 없는 것이므로 비록 북한이 국제사회에서 하나의 주권국가로 존속하고 있고, 우리 정부가 북한 당국자의 명칭을 쓰면서 정상회담 등을 제의하였다 하여 북한이 대한민국의 영토고권을 침해하는 반국가단체가 아니라고 단정할 수 없다(대판 1990.09.25. 90도1451).

④ 【X】 타인의 저작물을 복제, 배포, 발행함에 필요한 요건과 저작재산권의 존속기간을 규정한 저작권법 제36조 제1항, 제41조, 제42조, 제47조 제1항의 효력은 대한민국 헌법 제3조에 의하여 여전히 대한민국의 주권범위 내에 있는 북한지역에도 미치는 것이므로 6·25 사변 전후에 납북되거나 월북한 문인들이 저작한 작품들을 발행하려면, 아직 그 저작재산권의 존속기간이 만료되지 아니하였음이 역수상 명백한 만큼, 동인들이나 그 상속인들로부터 저작재산권의 양수 또는 저작물이용 허락을 받거나 문화부장관의 승인을 얻어야 하고 이를 인정할 자료가 없는 이상 원고는 위 작품들의 출판 및 판매금지처분의 부존재확인을 구할 법률상 지위에 있는 자라고 할 수 없고, 헌법상 국민에게 부여된 출판의 자유로부터도 확인을 구할 법률상의 지위가 부여된다고 볼 수 없다(대판 1990.09.28. 89누6396).

15 **북한 및 북한주민에 대한 설명으로 가장 적절하지 않은 것은?** (다툼이 있는 경우 헌법재판소 판례에 의함) 2025 경찰 간부

① 우리 헌법이 "대한민국의 영토는 한반도와 그 부속도서로 한다"는 영토조항(제3조)을 두고 있는 이상 북한지역은 당연히 대한민국의 영토가 되므로, 개별법률의 적용 내지 준용에 있어서 남북한의 특수관계적 성격을 고려하더라도 북한지역을 외국에 준하는 지역으로 규정할 수 없다.

② 마약거래범죄자인 북한이탈주민을 보호대상자로 결정하지 않을 수 있도록 규정한 「북한이탈주민의 보호 및 정착지원에 관한 법률」 제9조 제1항 제1호 중 '마약거래'에 관한 부분은 북한이탈주민의 인간다운 생활을 할 권리를 침해한다고 볼 수 없다.

③ 「북한이탈주민의 보호 및 정착지원에 관한 법률」상 '북한이탈주민'이란 군사분계선 이북지역에 주소, 직계 가족, 배우자, 직장 등을 두고 있는 사람으로서 북한을 벗어난 후 외국 국적을 취득하지 아니한 사람을 말한다.

④ 탈북의료인에게 국내 의료면허를 부여할 것인지 여부는 북한의 의학교육 실태와 탈북의료인의 의료수준, 탈북의료인의 자격증명방법 등을 고려하여 입법자가 그의 입법형성권의 범위 내에서 규율할 사항이지, 헌법조문이나 헌법해석에 의하여 바로 입법자에게 국내 의료면허를 부여할 입법의무가 발생한다고 볼 수는 없다.

지문분석 **난이도** ■■■ **상** | **정답** ① | **키워드** 북한 및 북한주민 | **출제유형** 판례와 조문

① **[X]** 우리 헌법이 "대한민국의 영토는 한반도와 그 부속도서로 한다"는 영토조항(제3조)을 두고 있는 이상 대한민국의 헌법은 북한지역을 포함한 한반도 전체에 그 효력이 미치고 따라서 북한지역은 당연히 대한민국의 영토가 되므로, 북한을 법 소정의 "외국"으로, 북한의 주민 또는 법인 등을 "비거주자"로 바로 인정하기는 어렵지만, 개별 법률의 적용 내지 준용에 있어서는 남북한의 특수관계적 성격을 고려하여 북한지역을 외국에 준하는 지역으로, 북한주민 등을 외국인에 준하는 지위에 있는 자로 규정할 수 있다고 할 것이다(헌재 2005.06.30. 2003헌바114).

② **[O]** 마약거래범죄자라는 이유로 보호대상자로 결정되지 못한 북한이탈주민도 정착지원시설 보호, 거주지 보호, 학력 및 자격 인정, 국민연금 특례 등의 보호 및 지원을 받을 수 있고, 일정한 요건 아래 「국민기초생활 보장법」에 따른 급여, 「의료급여법」에 따른 의료급여, '주택공급에 관한 규칙'에 따른 국민임대주택 수급자격 등을 부여받을 수 있다. 이러한 점에 비추어 보면 보호대상자가 아닌 북한이탈주민에 대하여도 인간다운 생활을 위한 객관적인 최소한의 보장은 이루어지고 있는 것이라고 할 수 있다. 따라서 심판대상조항이 마약거래범죄자인 북한이탈주민의 인간다운 생활을 할 권리를 침해한다고 볼 수 없다(헌재 2014.03.27. 2012헌바192).

③ **[O]**

> 「북한이탈주민의 보호 및 정착지원에 관한 법률」 제2조(정의) 이 법에서 사용하는 용어의 뜻은 다음과 같다.
> 1. "북한이탈주민"이란 군사분계선 이북지역(이하 "북한"이라 한다)에 주소, 직계가족, 배우자, 직장 등을 두고 있는 사람으로서 북한을 벗어난 후 외국 국적을 취득하지 아니한 사람을 말한다.

④ **[O]** 청구인과 같은 탈북의료인에게 국내 의료면허를 부여할 것인지 여부는 북한의 의학교육 실태와 탈북의료인의 의료수준, 탈북의료인의 자격증명방법 등을 고려하여 입법자가 그의 입법형성권의 범위 내에서 규율한 사항이지, 헌법조문이나 헌법해석에 의하여 바로 입법자에게 국내 의료면허를 부여할 입법의무가 발생한다고 볼 수는 없다(헌재 2006.11.30. 2006헌마679).

3 헌법의 기본원리

01 헌법전문(前文)에 대한 설명으로 가장 적절하지 않은 것은? (다툼이 있는 경우 판례에 의함)

2021 경찰 승진

① 현행헌법전문은 '1945년 7월 12일에 제정되고 9차에 걸쳐 개정된 헌법을 이제 국회의 의결을 거쳐 국민투표에 의하여 개정한다.'고 규정하고 있다.
② 헌법전문에 규정된 3·1 정신은 우리나라 헌법의 연혁적·이념적 기초로서 헌법이나 법률해석에서의 기준으로 작용한다고 할 수 있지만, 그에 기하여 곧바로 국민의 개별적 기본권성을 도출해낼 수는 없다고 할 것이므로, 헌법소원의 대상인 헌법상 보장된 기본권에 해당하지 아니한다.
③ 헌법전문은 1962년 제5차 개정헌법에서 처음으로 개정되었다.
④ 현행헌법전문에는 '조국의 민주개혁', '국민생활의 균등한 향상', '세계평화와 인류공영에 이바지함' 등이 규정되어 있다.

지문분석 **난이도** □□■ **하** | **정답** ① | **키워드** 헌법전문 | **출제유형** 조문

① 【X】, ④ 【O】 헌법전문 유구한 역사와 전통에 빛나는 우리 대한국민은 3·1 운동으로 건립된 대한민국 임시정부의 법통과 불의에 항거한 4·19 민주이념을 계승하고, 조국의 민주개혁과 평화적 통일의 사명에 입각하여 정의·인도와 동포애로써 민족의 단결을 공고히 하고, 모든 사회적 폐습과 불의를 타파하며, 자율과 조화를 바탕으로 자유민주적 기본질서를 더욱 확고히 하여 정치·경제·사회·문화의 모든 영역에 있어서 각인의 기회를 균등히 하고, 능력을 최고도로 발휘하게 하며, 자유와 권리에 따르는 책임과 의무를 완수하게 하여, 안으로는 국민생활의 균등한 향상을 기하고 밖으로는 항구적인 세계평화와 인류공영에 이바지함으로써 우리들과 우리들의 자손의 안전과 자유와 행복을 영원히 확보할 것을 다짐하면서 1948년 7월 12일에 제정되고 8차에 걸쳐 개정된 헌법을 이제 국회의 의결을 거쳐 국민투표에 의하여 개정한다.
② 【O】 헌법전문에 기재된 3·1 정신은 우리나라 헌법의 연혁적·이념적 기초로서 헌법이나 법률해석에서의 해석기준으로 작용한다고 할 수 있지만, 그에 기하여 곧바로 국민의 개별적 기본권성을 도출해낼 수는 없다고 할 것이므로, 헌법소원의 대상인 '헌법상 보장된 기본권'에 해당하지 아니한다(헌재 2001.03.21. 99헌마139 등).
③ 【O】 헌법전문은 1962년 제5차 개정헌법에서 처음으로 개정되었다.

▶ 자유민주적 기본질서와 민주적 기본질서

헌법전문	자유민주적 기본질서를 더욱 확고히 하여
제4조	자유민주적 기본질서에 입각한 평화적 통일
제8조 제4항	정당의 목적이나 활동이 민주적 기본질서에 위배될 때에는 … 해산된다.

02 현행헌법 전문(前文)에 규정되어 있는 내용으로만 연결된 것은? 2022 경찰 간부

① 우리 대한민국-조국의 민주개혁-세계평화와 인류공영
② 5·18 민주화운동의 이념-자유민주적 기본질서-평화적 통일의 사명
③ 민족의 단결-국민생활의 균등한 향상-대한민국 임시정부의 법통
④ 8차에 걸쳐 개정된 헌법- 개인의 존엄과 양성의 평등-전통문화의 계승·발전

지문분석 **난이도** □□■ **하** | **정답** ③ | **키워드** 헌법전문 | **출제유형** 조문

③ 【O】

> 헌법전문
> 경제의 민주화는 헌법 제119조 제2항에 규정되어 있다. 유구한 역사와 전통에 빛나는 우리 대한국민은 3·1 운동으로 건립된 대한민국 임시정부의 법통과 불의에 항거한 4·19 민주이념을 계승하고, 조국의 민주개혁과 평화적 통일의 사명에 입각하여 정의·인도와 동포애로써 민족의 단결을 공고히 하고, 모든 사회적 폐습과 불의를 타파하며, 자율과 조화를 바탕으로 자유민주적 기본질서를 더욱 확고히 하여 정치·경제·사회·문화의 모든 영역에 있어서 각인의 기회를 균등히 하고, 능력을 최고도로 발휘하게 하며, 자유와 권리에 따르는 책임과 의무를 완수하게 하여, 안으로는 국민생활의 균등한 향상을 기하고 밖으로는 항구적인 세계평화와 인류공영에 이바지함으로써 우리들과 우리들의 자손의 안전과 자유와 행복을 영원히 확보할 것을 다짐하면서 1948년 7월 12일에 제정되고 8차에 걸쳐 개정된 헌법을 이제 국회의 의결을 거쳐 국민투표에 의하여 개정한다.

④ 【X】 헌법 제9조 국가는 전통문화의 계승·발전과 민족문화의 창달에 노력하여야 한다. 헌법 제36조 ① 혼인과 가족생활은 개인의 존엄과 양성의 평등을 기초로 성립되고 유지되어야 하며, 국가는 이를 보장한다.

03 **헌법 전문에 대한 설명으로 적절하지 않은 것은 몇 개인가?** (다툼이 있는 경우 헌법재판소 판례에 의함)

2025 경찰 간부

가. 1962년 제5차 개정 헌법에서 헌법 전문을 처음으로 개정하여 4·19 의거의 이념을 명문화하였다.
나. "자유민주적 기본질서에 입각한 평화적 통일정책"은 현행 헌법 전문에서 규정하고 있다.
다. 헌법은 전문에서 '3·1 운동으로 건립된 대한민국 임시정부의 법통을 계승'한다고 선언하고 있는바, 국가는 일제로부터 조국의 자주독립을 위하여 공헌한 독립유공자와 그 유족에 대하여 응분의 예우를 하여야 할 헌법적 의무를 지닌다.
라. 헌법 전문에서 '대한민국은 3·1 운동으로 건립된 대한민국 임시정부의 법통을 계승하(였다)'라고 규정되어 있지만, 국가가 독립유공자의 후손인 청구인에게 일본제국주의의 각종 통치기구 등으로부터 수탈당한 청구인 조상들의 특정 토지에 관하여 보상을 해주어야 할 작위의무가 헌법에서 유래하는 작위의무로 특별히 구체적으로 규정되어 있다거나 해석상 도출된다고 볼 수 없다.

① 없음 ② 1개
③ 2개 ④ 3개

지문분석 **난이도** ■■■ 상 | **정답** ② | **키워드** 헌법 전문 | **출제유형** 판례

가 【O】 제5차 개정헌법(1962년) 전문 유구한 역사와 전통에 빛나는 우리 대한국민은 3·1 운동의 숭고한 독립정신을 계승하고 4·19 의거와 5·16 혁명의 이념에 입각하여 새로운 민주공화국을 건설함에 있어서, … 1948년 7월 12일에 제정된 헌법을 이제 국민투표에 의하여 개정한다.

나 【X】

> 헌법전문 유구한 역사와 전통에 빛나는 우리 대한국민은 3·1 운동으로 건립된 대한민국 임시정부의 법통과 불의에 항거한 4·19 민주이념을 계승하고, 조국의 민주개혁과 평화적 통일의 사명에 입각하여 정의·인도와 동포애로써 민족의 단결을 공고히 하고, 모든 사회적 폐습과 불의를 타파하며, 자율과 조화를 바탕으로 자유민주적 기본질서를 더욱 확고히 하여 정치·경제·사회·문화의 모든 영역에 있어서 각인의 기회를 균등히 하고, 능력을 최고도로 발휘하게 하며, 자유와 권리에 따르는 책임과 의무를 완수하게 하여, 안으로는 국민생활의 균등한 향상을 기하고 밖으로는 항구적인 세계평화와 인류공영에 이바지함으로써 우리들과 우리들의 자손의 안전과 자유와 행복을 영원히 확보할 것을 다짐하면서 1948년 7월 12일에 제정되고 8차에 걸쳐 개정된 헌법을 이제 국회의 의결을 거쳐 국민투표에 의하여 개정한다.
>
> 헌법 제4조
> 대한민국은 통일을 지향하며, 자유민주적 기본질서에 입각한 평화적 통일 정책을 수립하고 이를 추진한다.

다 【O】 헌법은 전문(前文)에서 "3·1 운동으로 건립된 대한민국 임시정부의 법통을 계승"한다고 선언하고 있다. 이는 대한민국이 일제에 항거한 독립운동가의 공헌과 희생을 바탕으로 이룩된 것임을 선언한 것이고, 그렇다면 국가는 일제로부터 조국의 자주독립을 위하여 공헌한 독립유공자와 그 유족에 대하여는 응분의 예우를 하여야 할 헌법적 의무를 지닌다고 보아야 할 것이다(헌재 2005.06.30. 2004헌마859).

라 【O】 헌법 전문에서 '대한민국은 3·1 운동으로 건립된 대한민국 임시정부의 법통을 계승하(였다)'라고 규정되어 있지만, 위 내용만으로 국가가 독립유공자의 후손인 청구인에게 일본제국주의의 각종 통치기구 등으로부터 수탈당한 청구인 조상들의 강릉 일대의 특정 토지에 관하여 보상을 해주어야 할 작위의무가 헌법에서 유래하는 작위의무로 특별히 구체적으로 규정되어 있다거나 해석상 도출된다고 볼 수 없다(헌재 2019.07.02. 2019헌마647).

04 헌법전문(前文)과 기본원리에 관한 설명으로 가장 적절하지 않은 것은? (다툼이 있는 경우 판례에 의함)

2023 경찰 1차

① 우리 헌법의 전문과 본문의 전체에 담겨있는 최고 이념은 국민주권주의와 자유민주주의에 입각한 입헌민주헌법의 본질적 기본원리에 기초하고 있다.

② 헌법 전문에서 '3·1 운동으로 건립된 대한민국 임시정부의 법통을 계승'한다고 선언하고 있는데 이는 대한민국이 일제에 항거한 독립운동가의 공헌과 희생을 바탕으로 이룩된 것임을 선언한 것이고, 그렇다면 국가는 일제로부터 조국의 자주독립을 위하여 공헌한 독립유공자와 그 유족에 대하여는 응분의 예우를 하여야 할 헌법적 의무를 지닌다.

③ 통일정신, 국민주권원리 등은 우리나라 헌법의 연혁적·이념적 기초로서 헌법이나 법률해석에서의 해석기준으로 작용할 뿐만 아니라 그에 기하여 곧바로 국민의 개별적 기본권성이 도출된다.

④ 우리 헌법이 제정되기 전의 일이라 할지라도 국가가 국민의 안전과 생명을 보호하여야 할 가장 기본적인 의무를 수행하지 못한 일제강점기에 일본군위안부로 강제 동원되어 인간의 존엄과 가치가 말살된 상태에서 장기간 비극적인 삶을 영위하였던 피해자들의 훼손된 인간의 존엄과 가치를 회복시켜야 할 의무는 대한민국 임시정부의 법통을 계승한 지금의 정부가 국민에 대하여 부담하는 가장 근본적인 보호의무에 속한다.

지문분석 **난이도** □■■ 중 | **정답** ③ | **키워드** 헌법전문과 일반원칙 | **출제유형** 판례

① 【O】 우리 헌법의 전문과 본문의 전체에 담겨있는 최고 이념은 국민주권주의와 자유민주주에 입각한 입헌민주헌법의 본질적 기본원리에 기초하고 있다. 기타 헌법상의 제 원칙도 여기에서 연유되는 것이므로 이는 헌법전을 비롯한 모든 법령해석의 기준이 되고, 입법형성권 행사의 한계와 정책결정의 방향을 제시하며, 나아가 모든 국가기관과 국민이 존중하고 지켜가야 하는 최고의 가치규범이다(헌재 1989.09.08. 88헌가6).

② 【O】 헌법은 국가유공자 인정에 관하여 명문 규정을 두고 있지 않으나 전문(前文)에서 '3·1 운동으로 건립된 대한민국 임시정부의 법통을 계승'한다고 선언하고 있다. 이는 대한민국이 일제에 항거한 독립운동가의 공헌과 희생을 바탕으로 이룩된 것임을 선언한 것이고, 그렇다면 국가는 일제로부터 조국의 자주독립을 위하여 공헌한 독립유공자와 그 유족에 대하여는 응분의 예우를 하여야 할 헌법적 의무를 지닌다(헌재 2005.06.30. 2004헌마859).

③ 【X】 통일정신, 국민주권원리 등은 우리나라 헌법의 연혁적·이념적 기초로서 헌법이나 법률해석에서의 해석기준으로 작용한다고 할 수 있지만 그에 기하여 곧바로 국민의 개별적 기본권성을 도출해내기는 어려우며, 헌법전문에 기재된 대한민국 임시정부의 법통을 계승하는 부분에 위배된다는 점이 청구인들의 법적지위에 현실적이고 구체적인 영향을 미친다고 볼 수도 없다(헌재 2008.11.27. 2008헌마517).

④ 【O】 우리 헌법은 전문에서 '3·1 운동으로 건립된 대한민국 임시정부의 법통'의 계승을 천명하고 있는바, 비록 우리 헌법이 제정되기 전의 일이라 할지라도 국가가 국민의 안전과 생명을 보호하여야 할 가장 기본적인 의무를 수행하지 못한 일제강점기에 일본군 위안부로 강제 동원되어 인간의 존엄과 가치가 말살된 상태에서 장기간 비극적인 삶을 영위하였던 피해자들의 훼손된 인간의 존엄과 가치를 회복시켜야 할 의무는 대한민국 임시정부의 법통을 계승한 지금의 정부가 국민에 대하여 부담하는 가장 근본적인 보호의무에 속한다고 할 것이다(헌재 2011.08.30. 2006헌마788).

05 헌법전문(前文)에 대한 설명으로 옳은 것은? (다툼이 있는 경우 판례에 의함) 2017 국가직 7급

① 1948년 헌법전문에는 3·1 운동으로 건립된 대한민국 임시정부의 법통과 독립정신을 규정하고 있으며, 안으로는 국민생활의 균등한 향상을 기하고 밖으로는 국제평화의 유지에 노력할 것을언급하고 있다.

② 현행헌법전문은 '1948년 7월 12일에 제정되고 9차에 걸쳐 개정된 헌법을 이제 국회의 의결을 거쳐 국민투표에 의하여 개정한다.'라고 규정하고 있다.

③ 헌법전문에 기재된 3·1 정신은 우리나라 헌법의 연혁적·이념적 기초로서 헌법이나 법률해석에서의 해석기준으로 작용할 뿐만 아니라 곧바로 국민의 개별적 기본권성을 도출해 내어, 예컨대 '영토권'을 헌법상 보장된 기본권으로 인정할 수 있다.

④ '3·1 운동으로 건립된 대한민국 임시정부의 법통을 계승'한다는 것은 대한민국이 일제에 항거한 독립운동가의 공헌과 희생을 바탕으로 이룩된 것임을 선언한 것으로, 국가는 자주독립을 위하여 공헌한 독립유공자와 그 유족에 대해 응분의 예우를 해야 할 헌법적 의무를 지닌다.

지문분석 **난이도** □■■ **중** | **정답** ④ | **키워드** 헌법전문 | **출제유형** 판례 및 조문

① 【X】 '대한민국 임시정부의 법통'은 현행헌법전문에 처음 명시되었다.

> **제헌헌법(1948년)**
> 유구한 역사와 전통에 빛나는 우리들 대한국민은 기미 삼일운동으로 대한민국을 건립하여 세계에 선포한 위대한 독립정신을 계승하여 이제 민주독립국가를 재건함에 있어서 정의인도와 동포애로써 민족의 단결을 공고히 하며 모든 사회적 폐습을 타파하고 민주주의제 제도를 수립하여 정치, 경제, 사회, 문화의 모든 영역에 있어서 각인의 기회를 균등히 하고 능력을 최고도로 발휘케 하며 각인의 책임과 의무를 완수케 하여 안으로는 국민생활의 균등한 향상을 기하고 밖으로는 항구적인 국제평화의 유지에 노력하여 우리들과 우리들의 자손의 안전과 자유와 행복을 영원히 확보할 것을 결의하고 우리들의 정당 또 자유로히 선거된 대표로써 구성된 국회에서 단기 4281년 7월 12일 이 헌법을 제정한다.

② 【X】 현행헌법은 9차 개정헌법으로 8차에 걸쳐 개정된 헌법을 개정한 것이다.

> **헌법전문**
> 유구한 역사와 전통에 빛나는 우리 대한국민은 3·1 운동으로 건립된 대한민국 임시정부의 법통과 불의에 항거한 4·19 민주이념을 계승하고, 조국의 민주개혁과 평화적 통일의 사명에 입각하여 정의·인도와 동포애로써 민족의 단결을 공고히 하고, 모든 사회적 폐습과 불의를 타파하며, 자율과 조화를 바탕으로 자유민주적 기본질서를 더욱 확고히 하여 정치·경제·사회·문화의 모든 영역에 있어서 각인의 기회를 균등히 하고, 능력을 최고도로 발휘하게 하며, 자유와 권리에 따르는 책임과 의무를 완수하게 하여, 안으로는 국민생활의 균등한 향상을 기하고 밖으로는 항구적인 세계평화와 인류공영에 이바지함으로써 우리들과 우리들의 자손의 안전과 자유와 행복을 영원히 확보할 것을 다짐하면서 1948년 7월 12일에 제정되고 8차에 걸쳐 개정된 헌법을 이제 국회의 의결을 거쳐 국민투표에 의하여 개정한다.

③ 【X】 '헌법전문에 기재된 3·1 정신'은 우리나라 헌법의 연혁적·이념적 기초로서 헌법이나 법률해석에서의 해석기준으로 작용한다고 할 수 있지만, 그에 기하여 곧바로 국민의 개별적 기본권성을 도출해낼 수는 없다고 할 것이므로, 헌법소원의 대상인 '헌법상 보장된 기본권'에 해당하지 아니한다. 국민의 개별적 기본권이 아니라 할지라도 기본권보장의 실질화를 위하여서는, 영토조항만을 근거로 하여 독자적으로는 헌법소원을 청구할 수 없다 할지라도, 모든 국가권능의 정당성의 근원인 국민의 기본권 침해에 대한 권리구제를 위하여 그 전제조건으로서 영토에 관한 권리를, 이를테면 영토권이라 구성하여, 이를 헌법소원의 대상인 기본권의 하나로 간주하는 것은 가능한 것으로 판단된다(헌재 2001.03.21. 99헌마139).

④ 【O】 헌법은 국가유공자 인정에 관하여 명문 규정을 두고 있지 않으나 전문(前文)에서 '3 · 1 운동으로 건립된 대한민국 임시정부의 법통을 계승'한다고 선언하고 있다. 이는 대한민국이 일제에 항거한 독립운동가의 공헌과 희생을 바탕으로 이룩된 것임을 선언한 것이고, 그렇다면 국가는 일제로부터 조국의 자주독립을 위하여 공헌한 독립유공자와 그 유족에 대하여는 응분의 예우를 하여야 할 헌법적 의무를 지닌다(헌재 2005.06.30. 2004헌마859).

06 **다음 중 국민주권주의에 관한 설명으로 가장 적절하지 <u>않은</u> 것은?** (다툼이 있는 경우 판례에 의함)

2023 군무원 5급

① 국민주권주의는 입법형성권 행사의 한계와 정책결정의 방향을 제시하며, 모든 국가기관과 국민이 존중하고 지켜가야 하는 최고의 가치규범에 해당한다.

② 국민주권주의는 우리 통치질서의 기본원리이므로, 교육입법권 · 교육행정권 · 교육감독권 등 국가교육권도 이 원리에 따른 국민적 정당성 기반을 갖추어야만 한다.

③ 국민주권주의는 국민이 정치적 의사결정에 관한 모든 정보를 제공받고 직접 참여하여야 한다는 의미를 가지고 있다.

④ 국민주권주의는 사법권의 민주적 정당성을 위한 국민참여재판을 도입한 근거가 되나, 모든 사건을 국민참여재판으로 할 것을 요구하는 것은 아니다.

지문분석 **난이도** □■■ 중 | **정답** ③ | **키워드** 헌정사 | **출제유형** 조문

① 【O】 우리 헌법의 전문과 본문의 전체에 담겨있는 최고 이념은 국민주권주의와 자유민주주의에 입각한 입헌민주헌법의 본질적 기본원리에 기초하고 있다. 기타 헌법상의 제원칙도 여기에서 연유되는 것이므로 이는 헌법전을 비롯한 모든 법령해석의 기준이 되고, 입법형성권 행사의 한계와 정책결정의 방향을 제시하며, 나아가 모든 국가기관과 국민이 존중하고 지켜가야 하는 최고의 가치규범이다(헌재 1989.09.08. 88헌가6).

② 【O】 국민주권의 원리는 공권력의 구성 · 행사 · 통제를 지배하는 우리 통치질서의 기본원리이므로, 공권력의 일종인 지방자치권이나 국가교육권(교육입법권 · 교육행정권 · 교육감독권 등)도 이 원리에 따른 국민적 정당성 기반을 갖추어야만 한다. 그런데 국민주권 · 민주주의 원리는 그 작용영역, 즉 공권력의 종류와 내용에 따라 구현방법이 상이할 수 있는바, 특히 교육 부문에 있어서의 국민주권 · 민주주의의 요청은 문화적 권력이라고 하는 국가교육권의 특수성으로 말미암아 정치 부문과는 다른 모습으로 구현될 수 있다. 즉, 지방교육자치도 지방자치권 행사의 일환으로 보장되는 것으로서 중앙권력에 대한 지방적 자치로서의 속성을 지니고 있지만, 동시에 그것은 헌법 제31조 제4항이 보장하고 있는 교육의 자주성 · 전문성 · 정치적 중립성을 구현하기 위한 것이므로 정치권력에 대한 문화적 자치로서의 속성도 아울러 지니고 있는 것이다. 이러한 '이중의 자치'의 요청으로 말미암아 지방교육자치의 민주적 정당성 요청은 어느 정도 제한이 불가피하게 되고, 결국 지방교육자치는 '민주주의 · 지방자치 · 교육자주'라고 하는 세 가지의 헌법적 가치를 골고루 만족시킬 수 있어야만 하는 것이다(헌재 2006.02.23. 2003헌바84).

③ 【X】 발전용원자로 및 관계시설의 건설허가 신청시 필요한 방사선환경영향평가서 및 그 초안을 작성하는 데 있어 '중대사고'에 대한 평가를 제외하고 있는 이 사건 각 고시조항이 국민들의 정확하고 공정한 여론 형성을 방해하므로 민주주의 원리에도 위반된다고 주장한다. 민주주의 원리의 한 내용인 국민주권주의는 모든 국가권력이 국민의 의사에 기초해야 한다는 의미일 뿐 국민이 정치적 의사결정에 관한 모든 정보를 제공받고 직접 참여하여야 한다는 의미는 아니므로, 청구인들의 이 부분 주장 역시 이유 없다(헌재 2016.10.27. 2012헌마121).

④ 【O】 국민주권주의는 모든 국가권력이 국민의 의사에 기초해야 한다는 의미로(헌재 2016.10.27. 2012헌마121 참조), 사법권의 민주적 정당성을 위한 국민참여재판을 도입한 근거가 되고 있으나, 그렇다고 하여 국민주권주의 이념이 곧 사법권을 포함한 모든 권력을 국민이 직접 행사하여야 하고 이에 따라 모든 사건을 국민참여재판으로 할 것을 요구한다고 볼 수 없다. 따라서 국민참여재판의 대상을 제한하는 심판대상조항이 국민주권주의에 위배될 여지가 없다(헌재 2016.12.29. 2015헌바63).

07 **국민주권 및 민주주의 원리에 대한 설명으로 가장 적절하지 않은 것은?** (다툼이 있는 경우 헌법재판소 판례에 의함) 2025 경찰 간부

① 국민주권의 원리는 공권력의 구성·행사·통제를 지배하는 우리 통치질서의 기본원리이므로, 공권력의 일종인 지방자치권과 국가교육권도 이 원리에 따른 국민적 정당성 기반을 갖추어야만 한다.

② 국민주권주의는 국가권력의 민주적 정당성을 의미하는 것이기는 하나, 그렇다고 하여 국민전체가 직접 국가기관으로서 통치권을 행사하여야 한다는 것은 아니므로, 주권의 소재와 통치권의 담당자가 언제나 같을 것을 요구하는 것이 아니다.

③ 민주주의 원리의 한 내용인 국민주권주의는 모든 국가권력이 국민의 의사에 기초해야 한다는 의미일 뿐만 아니라 국민이 정치적 의사결정에 관한 모든 정보를 제공받고 직접 참여하여야 한다는 의미이다.

④ 국민주권의 원리는 기본적 인권의 존중, 권력분립제도, 복수정당제도 등과 함께 헌법 제8조 제4항이 의미하는 민주적 기본질서의 주요한 요소라고 볼 수 있다.

PART · 01

지문분석 **난이도** ■■■ 상 | **정답** ③ | **키워드** 국민주권 및 민주주의 원리 | **출제유형** 판례

① 【O】 국민주권의 원리는 공권력의 구성·행사·통제를 지배하는 우리 통치질서의 기본원리이므로, 공권력의 일종인 지방자치권과 국가교육권(교육입법권·교육행정권·교육감독권 등)도 이 원리에 따른 국민적 정당성기반을 갖추어야만 한다(헌재 2000.03.30. 99헌바113).

② 【O】 국민주권주의는 국가권력의 민주적 정당성을 의미하는 것이기는 하나, 그렇다고 하여 국민전체가 직접 국가기관으로서 통치권을 행사하여야 한다는 것은 아니므로 주권의 소재와 통치권의 담당자가 언제나 같을 것을 요구하는 것이 아니고, 예외적으로 국민이 주권을 직접 행사하는 경우 이외에는 국민의 의사에 따라 통치권의 담당자가 정해짐으로써 국가권력의 행사도 궁극적으로 국민의 의사에 의하여 정당화될 것을 요구하는 것이다(헌재 2009.03.26. 2007헌마843).

③ 【X】 청구인들은, 이 사건 각 고시조항이 국민들의 정확하고 공정한 여론 형성을 방해하므로 민주주의 원리에도 위반된다고 주장한다. 민주주의 원리의 한 내용인 국민주권주의는 모든 국가권력이 국민의 의사에 기초해야 한다는 의미일 뿐 국민이 정치적 의사결정에 관한 모든 정보를 제공받고 직접 참여하여야 한다는 의미는 아니므로, 청구인들의 이 부분 주장 역시 이유 없다(헌재 2016.10.27. 2012헌마121).

④ 【O】 헌법 제8조 제4항이 의미하는 '민주적 기본질서'는, 개인의 자율적 이성을 신뢰하고 모든 정치적 견해들이 각각 상대적 진리성과 합리성을 지닌다고 전제하는 다원적 세계관에 입각한 것으로서, 모든 폭력적·자의적 지배를 배제하고, 다수를 존중하면서도 소수를 배려하는 민주적 의사결정과 자유·평등을 기본원리로 하여 구성되고 운영되는 정치적 질서를 말하며, 구체적으로는 국민주권의 원리, 기본적 인권의 존중, 권력분립제도, 복수정당제도등이 현행 헌법상 주요한 요소라고 볼 수 있다(헌재 2014.12.19. 2013헌다1).

08 민주적 기본질서에 관한 설명 중 가장 적절하지 않은 것은? (다툼이 있는 경우 판례에 의함)

2022 경찰 1차

① 현행헌법에서 직접 '자유민주적 기본질서'를 명시하고 있는 것은 헌법전문(前文)과 제4조의 통일 조항이다.

② 정당의 목적이나 활동이 민주적 기본질서에 위배될 때에는 정부는 헌법재판소에 그 해산을 제소할 수 있고, 정당은 헌법재판소의 심판에 의하여 해산된다.

③ 정당해산 사유로서의 '민주적 기본질서의 위배'란, 민주적 기본질서에 대한 단순한 위반이나 저촉만으로도 족하며, 반드시 민주사회의 불가결한 요소인 정당의 존립을 제약해야 할 만큼 그 정당의 목적이나 활동이 민주적 기본질서에 대하여 실질적인 해악을 끼칠 수 있는 구체적 위험성을 초래하는 경우까지 포함하는 것은 아니다.

④ 헌법에서 채택하고 있는 사회국가의 원리는 자유민주적 기본질서의 범위 내에서 이루어져야 하고, 국민 개인의 자유와 창의를 보완하는 범위 내에서 이루어지는 내재적 한계를 지니고 있다.

지문분석 **난이도** □■■ 중 | **정답** ③ | **키워드** 헌법전문 | **출제유형** 조문, 판례

① **[O]**

헌법 전문

유구한 역사와 전통에 빛나는 우리 대한국민은 3·1 운동으로 건립된 대한민국 임시정부의 법통과 불의에 항거한 4·19 민주이념을 계승하고, 조국의 민주개혁과 평화적 통일의 사명에 입각하여 정의·인도와 동포애로써 민족의 단결을 공고히 하고, 모든 사회적 폐습과 불의를 타파하며, 자율과 조화를 바탕으로 자유민주적 기본질서를 더욱 확고히 하여 정치·경제·사회·문화의 모든 영역에 있어서 각인의 기회를 균등히 하고, 능력을 최고도로 발휘하게 하며, 자유와 권리에 따르는 책임과 의무를 완수하게 하여, 안으로는 국민생활의 균등한 향상을 기하고 밖으로는 항구적인 세계평화와 인류공영에 이바지함으로써 우리들과 우리들의 자손의 안전과 자유와 행복을 영원히 확보할 것을 다짐하면서 1948년 7월 12일에 제정되고 8차에 걸쳐 개정된 헌법을 이제 국회의 의결을 거쳐 국민투표에 의하여 개정한다.

헌법 제4조

대한민국은 통일을 지향하며, 자유민주적 기본질서에 입각한 평화적 통일 정책을 수립하고 이를 추진한다.

② **[O]** 헌법 제8조 ④ 정당의 목적이나 활동이 민주적 기본질서에 위배될 때에는 정부는 헌법재판소에 그 해산을 제소할 수 있고, 정당은 헌법재판소의 심판에 의하여 해산된다.

③ **[X]** 헌법 제8조 제4항은 정당해산심판의 사유를 '정당의 목적이나 활동이 민주적 기본질서에 위배될 때'로 규정하고 있는데, 여기서 말하는 민주적 기본질서의 '위배'란, 민주적 기본질서에 대한 단순한 위반이나 저촉을 의미하는 것이 아니라, 민주사회의 불가결한 요소인 정당의 존립을 제약해야 할 만큼 그 정당의 목적이나 활동이 우리 사회의 민주적 기본질서에 대하여 실질적인 해악을 끼칠 수 있는 구체적 위험성을 초래하는 경우를 가리킨다(헌재 2014.12.19. 2013헌다1).

④ **[O]** 우리 헌법은 그 전문에서 '모든 영역에 있어서 각인의 기회를 균등히 하고 …안으로는 국민생활의 균등한 향상을 기하고'라고 천명하고, 제23조 제2항과 여러 '사회적 기본권' 관련 조항, 제119조 제2항 이하의 경제질서에 관한 조항 등에서 모든 국민에게 그 생활의 기본적 수요를 충족시키려는 이른바 사회국가의 원리를 동시에 채택하여 구현하려하고 있다. 그러나 이러한 사회국가의 원리는 자유민주적 기본질서의 범위 내에서 이루어져야 하고, 국민 개인의 자유와 창의를 보완하는 범위 내에서 이루어지는 내재적 한계를 지니고 있다 할 것이다(헌재 2001.09.27. 2000헌마238 등).

09 **민주주의와 법치주의 원리에 대한 설명으로 옳지 않은 것은?** (다툼이 있는 경우 판례에 의함)

2022 국회직 5급

① 자유민주적 기본질서에 위해를 준다 함은 모든 폭력적 지배와 자의적 지배, 즉 반국가단체의 일인독재 내지 일당독재를 배제하고 다수의 의사에 의한 국민의 자치, 자유·평등의 기본원칙에 의한 법치주의적 통치질서의 유지를 어렵게 만드는 것이다.

② 직접민주제는 대의제가 안고 있는 문제점과 한계를 극복하기 위하여 예외적으로 도입된 제도라 할 것이므로 법률에 의하여 직접민주제를 도입하는 경우에는 기본적으로 대의제와 조화를 이루어야 하고, 대의제의 본질적인 요소나 근본적인 취지를 부정하여서는 아니된다.

③ 법률유보원칙은 국민의 기본권 실현과 관련된 영역에 있어서는 국민의 대표자인 입법자가 그 본질적 사항에 대해서 스스로 결정하여야 한다는 요구까지 내포하고 있다.

④ 기존의 법에 의하여 형성되어 이미 굳어진 개인의 법적 지위를 사후입법을 통하여 박탈하는 것 등을 내용으로 하는 진정소급입법은 개인의 신뢰보호와 법적 안정성을 내용으로 하는 법치국가 원리에 의하여 헌법적으로 허용되지 않기 때문에 어떠한 경우라도 허용될 수 없다.

⑤ 기본권을 제한하는 법률을 제정할 때 입법자는 동일 규범 내에서 혹은 당해 기본권을 규율하는 상이한 규범 간에 구조나 내용 또는 원칙 면에서 상호 배치되거나 모순되는 입법을 해서는 안 된다는 헌법적 요청을 '체계정당성원리'라 하는데, 그 위반 자체가 바로 위헌은 아니며 평등원칙 위반 내지 입법의 자의금지위반 등 위헌성을 시사하는 하나의 징후에 불과하고, 이것은 법치주의원리로부터 도출되는 것이다.

지문분석 **난이도** □■■ **중** | **정답** ④ | **키워드** 민주주의와 법치주의 원리 | **출제유형** 판례

① 【O】 자유민주적 기본질서에 위해를 준다 함은 모든 폭력적 지배와 자의적 지배 즉 반국가단체의 일인독재 내지 일당독재를 배제하고 다수의 의사에 의한 국민의 자치, 자유·평등의 기본 원칙에 의한 법치주의적 통치질서의 유지를 어렵게 만드는 것이고, 이를 보다 구체적으로 말하면 기본적 인권의 존중, 권력분립, 의회제도, 복수정당제도, 선거제도, 사유재산과 시장경제를 골간으로 한 경제질서 및 사법권의 독립 등 우리의 내부 체제를 파괴·변혁시키려는 것으로 풀이할 수 있을 것이다(헌재 1990.04.02. 89헌가113).

② 【O】 근대국가가 대부분 대의제를 채택하고도 후에 이르러 직접민주제적인 요소를 일부 도입한 역사적인 사정에 비추어 볼 때, 직접민주제는 대의제가 안고 있는 문제점과 한계를 극복하기 위하여 예외적으로 도입된 제도라 할 것이므로, 헌법적인 차원에서 직접민주제를 직접 헌법에 규정하는 것은 별론으로 하더라도 법률에 의하여 직접민주제를 도입하는 경우에는 기본적으로 대의제와 조화를 이루어야 하고, 대의제의 본질적인 요소나 근본적인 취지를 부정하여서는 아니된다는 내재적인 한계를 지닌다 할 것이다(헌재 2009.03.26. 2007헌마843).

③ 【O】 오늘날 법률유보원칙은 단순히 행정작용이 법률에 근거를 두기만 하면 충분한 것이 아니라, 국가공동체와 그 구성원에게 기본적이고도 중요한 의미를 갖는 영역, 특히 국민의 기본권실현에 관련된 영역에 있어서는 행정에 맡길 것이 아니라 국민의 대표자인 입법자 스스로 그 본질적 사항에 대하여 결정하여야 한다는 요구까지 내포하는 것으로 이해하여야 한다(헌재 1999.05.27. 98헌바70).

④ 【X】 기존의 법에 의하여 형성되어 이미 굳어진 개인의 법적 지위를 사후입법을 통하여 박탈하는 것 등을 내용으로 하는 진정소급입법은 개인의 신뢰보호와 법적 안정성을 내용으로 하는 법치국가원리에 의하여 특단의 사정이 없는 한 헌법적으로 허용되지 아니하는 것이 원칙이고, 다만 일반적으로 국민이 소급입법을 예상할 수 있었거나 법적 상태가 불확실하고 혼란스러워 보호할 만한 신뢰이익이 적은 경우와 소급입법에 의한 당사자의 손실이 없거나 아주 경미한 경우 그리고 신뢰보호의 요청에 우선하는 심히 중대한 공익상의 사유가 소급입법을 정당화하는 경우 등에는 예외적으로 진정소급입법이 허용된다(헌재 1999.07.22. 97헌바76 등).

⑤ 【O】 '체계정당성'(Systemgerechtigkeit)의 원리라는 것은 동일 규범 내에서 또는 상이한 규범간에 (수평적 관계이건 수직적 관계이건) 그 규범의 구조나 내용 또는 규범의 근거가 되는 원칙면에서 상호 배치되거나 모순되어서는 안된다는 하나의 헌법적 요청(Verfassungspostulat)이다. 이는 국가공권력에 대한 통제와 이를 통한 국민의 자유와 권리의 보장을 이념으로 하는 법치주의원리로부터 도출되는 것이라고 할 수 있다. 즉 체계정당성 위반(Systemwidrigkeit) 자체가 바로 위헌이 되는 것은 아니고 이는 비례의 원칙이나 평등원칙위반 내지 입법의 자의금지위반 등의 위헌성을 시사하는 하나의 징후일 뿐이다(헌재 2004.11.25. 2002헌바66).

10 **헌법상 기본원리에 대한 설명으로 가장 적절한 것은?** (다툼이 있는 경우 판례에 의함) 2017 경정 승진

① 헌법의 기본원리는 헌법의 이념적 기초인 동시에 헌법을 지배하는 지도원리로서 구체적 기본권을 도출하는 근거가 될 뿐만 아니라 기본권의 해석 및 기본권제한입법의 합헌성 심사에 있어 해석기준의 하나로서 작용한다.

② 주민소환제 자체는 지방자치의 본질적인 내용이라고 할 수 있으므로 이를 보장하지 않는 것은 헌법에 위반된다.

③ 자유시장 경제질서를 기본으로 하면서도 사회국가원리를 수용하고 있는 우리 헌법의 이념에 비추어 볼 때, 일반불법행위책임에 관하여 과실책임의 원리를 기본원칙으로 하면서도 일정한 영역의 특수한 불법행위책임에 관하여 위험책임의 원리를 수용하는 것은 헌법에 의해 직접적으로 부과되는 명령이므로, 입법자의 재량에 속한다고 볼 수 없다.

④ '책임 없는 자에게 형벌을 부과할 수 없다.'는 형벌에 관한 책임주의는 「형사법」의 기본원리로서, 헌법상 법치국가의 원리에 내재하는 원리인 동시에 헌법 제10조의 취지로부터 도출되는 원리이고, 법인의 경우도 자연인과 마찬가지로 책임주의원칙이 적용된다.

지문분석 **난이도** □■■ **중** | **정답** ④ | **키워드** 헌법상 기본원리 | **출제유형** 판례

① 【X】 헌법의 기본원리는 헌법의 이념적 기초인 동시에 헌법을 지배하는 지도원리로서 입법이나 정책결정의 방향을 제시하며 공무원을 비롯한 모든 국민·국가기관이 헌법을 존중하고 수호하도록 하는 지침이 되며, 구체적 기본권을 도출하는 근거로 될 수는 없으나 기본권의 해석 및 기본권제한입법의 합헌성 심사에 있어 해석기준의 하나로서 작용한다(헌재 1996.04.25. 92헌바47).

② 【X】 주민소환제 자체는 지방자치의 본질적인 내용이라고 할 수 없으므로 이를 보장하지 않는 것이 위헌이라거나 어떤 특정한 내용의 주민소환제를 반드시 보장해야 한다는 헌법적인 요구가 있다고 볼 수는 없다. 다만 주민소환제는 주민의 참여를 적극 보장하고, 이로써 주민자치를 실현하여 지방자치에도 부합하므로, 이 점에서는 위헌의 문제가 발생할 소지가 없고, 제도적인 형성에 있어서도 입법자에게 광범위한 입법재량이 인정된다 할 것이나, 원칙으로서의 대의제의 본질적인 부분을 침해하여서는 아니된다는 점이 그 입법형성권의 한계로 작용한다 할 것이다(헌재 2011.12.29. 2010헌바368).

③ 【X】 자유시장 경제질서를 기본으로 하면서도 사회국가원리를 수용하고 있는 우리 헌법의 이념에 비추어, 일반불법행위책임에 관하여는 과실책임의 원리를 기본원칙으로 하면서, 특수한 불법행위책임에 관하여 위험책임의 원리를 수용하는 것은 입법정책에 관한 사항으로서 입법자의 재량에 속한다고 할 것이다(헌재 1998.05.28. 96헌가4).

④ 【O】 '책임 없는 자에게 형벌을 부과할 수 없다.'는 형벌에 관한 책임주의는 「형사법」의 기본원리로서, 헌법상 법치국가의 원리에 내재하는 원리인 동시에 헌법 제10조의 취지로부터 도출되는 원리이고, 법인의 경우도 자연인과 마찬가지로 책임주의원칙이 적용된다(헌재 2016.03.31. 2016헌가4).

11 헌법의 기본원리에 대한 설명으로 옳지 않은 것은? (다툼이 있는 경우 헌법재판소의 판례에 의함)

2017 국회직 8급

① 사회보장수급권은 법률상의 권리로서 헌법의 기본권으로 인정될 수는 없고, 입법자의 재량에 의해서 사회·경제적 여건 등을 종합하여 합리적인 수준에서 결정된다.

② 국군의 해외파견 결정은 그 성격상 국방 및 외교에 관련된 고도의 정치적 결단을 요하는 문제로서 절차의 합법성이 준수된 경우 대통령과 국회의 판단은 존중되어야 하고 헌법재판소가 사법적 기준만으로 이를 심판하는 것은 자제되어야 한다.

③ 대의민주주의를 원칙으로 하는 오늘날의 민주정치 아래에서의 선거는 국민의 참여가 필수적이고, 주권자인 국민이 자신의 정치적 의사를 자유로이 결정하고 표명하여 선거에 참여함으로써 민주사회를 구성하고 움직이게 하는 것이다.

④ '책임 없는 자에게 형벌을 부과할 수 없다.'라는 형벌에 관한 책임주의는 「형사법」의 기본원리로서, 헌법상 법치국가의 원리에 내재하는 원리이다.

⑤ 오늘날 법률유보원칙은 단순히 행정작용이 법률에 근거를 두기만하면 충분한 것이 아니라, 국가공동체와 그 구성원에게 기본적이고도 중요한 의미를 갖는 영역, 특히 국민의 기본권 실현과 관련된 영역에 있어서는 국민의 대표자인 입법자가 그 본질적 사항에 대해서 스스로 결정하여야 한다는 요구까지 내포하고 있다.

지문분석 **난이도** □■■ **중** | **정답** ① | **키워드** 헌법상 기본원리 | **출제유형** 판례

① 【X】 헌법 제34조 제1항은 '모든 국민은 인간다운 생활을 할 권리를 가진다.'고 규정하고, 제2항은 '국가는 사회보장·사회복지의 증진에 노력할 의무를 진다.'고 규정하고 있는바, 사회보장수급권은 이 규정들로부터 도출되는 사회적 기본권의 하나이다(헌재 2001.09.27. 2000헌마342).

② 【O】 대통령이 국군(일반사병)을 이라크에 파견하기로 한 결정은 그 성격상 국방 및 외교에 관련된 고도의 정치적 결단을 요하는 문제로서, 헌법과 법률이 정한 절차를 지켜 이루어진 것임이 명백하므로, 대통령과 국회의 판단은 존중되어야 하고 헌법재판소가 사법적 기준만으로 이를 심판하는 것은 자제되어야 한다(헌재 2004.04.29. 2003헌마814).

③ 【O】 대의민주주의를 원칙으로 하는 오늘날의 민주정치 아래에서의 선거는 국민의 참여가 필수적이고, 주권자인 국민이 자신의 정치적 의사를 자유로이 결정하고 표명하여 선거에 참여함으로써 민주사회를 구성하고 움직이게 하는 것이므로, 국민의 주권행사 내지 참정권 행사의 의미를 지니는 선거과정에의 참여행위는 원칙적으로 자유롭게 행하여질 수 있도록 최대한 보장하여야 한다(헌재 2004.04.29. 2002헌마467).

④ 【O】 '책임 없는 자에게 형벌을 부과할 수 없다.'는 형벌에 관한 책임주의는 「형사법」의 기본원리로서, 헌법상 법치국가의 원리에 내재하는 원리인 동시에 헌법 제10조의 취지로부터 도출되는 원리이고, 법인의 경우도 자연인과 마찬가지로 책임주의원칙이 적용된다(헌재2016.03.31. 2016헌가4).

⑤ 【O】 오늘날 법률유보원칙은 단순히 행정작용이 법률에 근거를 두기만 하면 충분한 것이 아니라, 국가공동체와 그 구성원에게 기본적이고도 중요한 의미를 갖는 영역, 특히 국민의 기본권 실현과 관련된 영역에 있어서는 국민의 대표자인 입법자가 그 본질적 사항에 대해서 스스로 결정하여야 한다는 요구까지 내포하고 있다(의회유보원칙)(헌재 1999.05.27. 98헌바70).

12 헌법의 기본원리에 대한 설명으로 옳지 않은 것은? (다툼이 있는 경우 판례에 의함) 2017 국가직 7급

① 헌법 제38조, 제59조가 선언하는 조세법률주의는 실질적 적법절차가 지배하는 법치주의를 뜻하므로, 비록 과세요건이 법률로 명확히 정해진 것일지라도 그것만으로 충분한 것은 아니고 조세법의 목적이나 내용이 기본권 보장의 헌법이념과 이를 뒷받침하는 헌법상 요구되는 제 원칙에 합치되어야 한다.

② 국가가 저소득층 지역가입자를 대상으로 소득수준에 따라 「국민건강보험법」 상의 보험료를 차등 지원하는 것은 사회국가 원리에 의하여 정당화된다.

③ 평화추구이념을 헌법상의 기본원리로 채택하고 있는 우리 헌법 하에서 평화적 생존권은 기본권성이 인정된다.

④ 법률의 개정 시 구법 질서에 대한 당사자의 신뢰가 합리적이고도 정당하며, 법률의 개정으로 야기되는 당사자의 손해가 극심하여 새로운 입법으로 달성하고자 하는 공익적 목적이 그러한 당사자의 신뢰의 파괴를 정당화할 수 없다면, 그러한 새 입법은 신뢰보호의 원칙상 허용될 수 없다.

지문분석 **난이도** □■■ 중 | **정답** ③ | **키워드** 헌법상 기본원리 | **출제유형** 판례

③ 【X】 평화적 생존권이란 이름으로 주장하고 있는 평화란 헌법의 이념 내지 목적으로서 추상적인 개념에 지나지 아니하고, 평화적 생존권은 이를 헌법에 열거되지 아니한 기본권으로서 특별히 새롭게 인정할 필요성이 있다거나 그 권리내용이 비교적 명확하여 구체적 권리로서의 실질에 부합한다고 보기 어려워 헌법상 보장된 기본권이라고 할 수 없다(헌재 2009.05.28. 2007헌마369).

13 헌법의 기본원리에 대한 설명으로 옳지 않은 것은? (다툼이 있는 경우 헌법재판소 판례에 의함)
2017 국가직 7급 하반기

① 국가가 저소득층 지역가입자를 대상으로 소득 수준에 따라 보험료를 차등지원하는 것은 사회국가원리에 의하여 정당화된다.

② 오늘날 국가가 어떤 문화현상에 대하여도 이를 선호하거나 우대하는 경향을 보이지 않는 불편부당의 원칙이 가장 바람직한 정책으로 평가받고 있으며, 문화국가에서의 문화정책은 그 초점이 문화풍토 조성이 아니라 문화 그 자체에 있다.

③ 헌법 제8조 제4항이 규정하는 정당의 목적이나 활동이 민주적 기본질서에 '위배'될 때란, 민주적 기본질서에 대한 단순한 위반이나 저촉을 의미하는 것이 아니라, 민주사회의 불가결한 요소인 정당의 존립을 제약해야 할 만큼 그 정당의 목적이나 활동이 우리 사회의 민주적 기본질서에 대하여 실질적인 해악을 끼칠 수 있는 구체적 위험성을 초래하는 경우를 가리킨다.

④ 헌법 제38조, 제59조가 선언하는 조세법률주의는 조세법의 목적과 내용이 기본권 보장의 헌법이념에 부합되어야 한다는 실질적 적법절차를 요구하는 법치주의를 의미한다.

지문분석 **난이도** □■■ 중 | **정답** ② | **키워드** 헌법상 기본원리 | **출제유형** 판례

② 【X】 오늘날에 와서는 국가가 어떤 문화현상에 대하여도 이를 선호하거나, 우대하는 경향을 보이지 않는 불편부당의 원칙이 가장 바람직한 정책으로 평가받고 있다. 오늘날 문화국가에서의 문화정책은 그 초점이 문화 그 자체에 있는 것이 아니라 문화가 생겨날 수 있는 문화풍토를 조성하는 데 두어야 한다(헌재 2004.05.27. 2003헌가1).

14 헌법상 기본원리에 대한 설명으로 옳은 것만을 모두 고르면? (다툼이 있는 경우 판례에 의함)

2020 국가직 7급

ㄱ. '책임 없는 자에게 형벌을 부과할 수 없다.'는 형벌에 관한 책임주의는 「형사법」의 기본원리로서, 헌법상 법치국가의 원리에 내재하는 원리인 동시에, 헌법 제10조의 취지로부터 도출되는 원리이고, 법인의 경우도 자연인과 마찬가지로 책임주의원칙이 적용된다.
ㄴ. 헌법 제119조 제1항은 헌법상 경제질서에 관한 일반조항으로서 국가의 경제정책에 대한 하나의 헌법적 지침이고, 동 조항이 언급하는 경제적 자유와 창의는 직업의 자유, 재산권의 보장, 근로3권과 같은 경제에 관한 기본권 및 비례의 원칙과 같은 법치국가원리에 의하여 비로소 헌법적으로 구체화된다.
ㄷ. 사회환경이나 경제여건의 변화에 따른 필요성에 의하여 법률이 신축적으로 변할 수 있고, 변경된 새로운 법질서와 기존의 법질서 사이에 이해관계의 상충이 불가피하더라도 국민이 가지는 모든 기대 내지 신뢰는 헌법상 권리로서 보호되어야 한다.
ㄹ. 헌법의 기본원리는 헌법의 이념적 기초인 동시에 헌법을 지배하는 지도원리로서 구체적 기본권을 도출하는 근거가 될 뿐만 아니라 기본권의 해석 및 기본권 제한입법의 합헌성 심사에 있어 해석기준의 하나로서 작용한다.

① ㄱ, ㄴ
② ㄱ, ㄷ
③ ㄱ, ㄴ, ㄹ
④ ㄴ, ㄷ, ㄹ

지문분석 **난이도** ■■■ 상 | **정답** ① | **키워드** 헌법상 기본원리 | **출제유형** 판례

ㄱ 【O】 책임 없는 자에게 형벌을 부과할 수 없다.'는 형벌에 관한 책임주의는 「형사법」의 기본원리로서, 헌법상 법치국가의 원리에 내재하는 원리인 동시에 헌법 제10조의 취지로부터 도출되는 원리이고, 법인의 경우도 자연인과 마찬가지로 책임주의원칙이 적용된다(헌재 2016.03.31. 2016헌가4).

ㄴ 【O】 헌법은 제119조에서 개인의 경제적 자유를 보장하면서 사회정의를 실현하기 위한 경제질서를 선언하고 있다. 이 규정은 헌법상 경제질서에 관한 일반조항으로서 국가의 경제정책에 대한 하나의 헌법적 지침이고, 동 조항이 언급하는 '경제적 자유와 창의'는 직업의 자유, 재산권의 보장, 근로3권과 같은 경제에 관한 기본권 및 비례의 원칙과 같은 법치국가원리에 의하여 비로소 헌법적으로 구체화된다. 따라서 이 사건에서 청구인들이 헌법 제119조 제1항과 관련하여 주장하는 내용은 구체화된 헌법적 표현인 경제적 기본권을 기준으로 심사되어야 한다(헌재 2002.10.31. 99헌바76).

ㄷ 【X】 사회환경이나 경제여건의 변화에 따른 정책적인 필요에 의하여 공권력행사의 내용은 신축적으로 바뀔 수밖에 없고, 그 바뀐 공권력행사에 의하여 발생된 새로운 법질서와 기존의 법질서와의 사이에는 어느 정도 이해관계의 상충이 불가피하므로 국민들의 국가의 공권력행사에 관하여 가지는 모든 기대 내지 신뢰가 절대적인 권리로서 보호되는 것은 아니라고 할 것이다(헌재 1996.04.25. 94헌마119).

ㄹ 【X】 헌법의 기본원리는 헌법의 이념적 기초인 동시에 헌법을 지배하는 지도원리로서 입법이나 정책결정의 방향을 제시하며 공무원을 비롯한 모든 국민·국가기관이 헌법을 존중하고 수호하도록 하는 지침이 되며, 구체적 기본권을 도출하는 근거로 될 수는 없으나 기본권의 해석 및 기본권제한입법의 합헌성 심사에 있어 해석기준의 하나로서 작용한다(헌재 1996.04.25. 92헌바47).

15 헌법상 명확성원칙에 대한 설명으로 가장 적절하지 않은 것은? (다툼이 있는 경우 헌법재판소 판례에 의함) 2019 경정 승진

① 구 개발제한구역의 지정 및 관리에 관한 특별조치법 조항 중 허가를 받지 아니한 '토지의 형질변경' 부분은 개발제한구역 지정 당시의 토지의 형상을 사실상 변형시키고 또 그 원상회복을 어렵게 하는 행위를 의미하는 것이므로, 명확성원칙에 위배되지 않는다.

② 건설업자가 부정한 방법으로 건설업의 등록을 한 경우, 건설업 등록을 필요적으로 말소하도록 규정한 「건설산업기본법」 조항 중 '부정한 방법' 개념은 모호하여 법률해석을 통하여 구체화될 수 없으므로 명확성원칙에 위배된다.

③ '여러 사람의 눈에 뜨이는 곳에서 공공연하게 알몸을 지나치게 내놓거나 가려야 할 곳을 내놓아 다른 사람에게 부끄러운 느낌이나 불쾌감을 준 사람'을 처벌하는 「경범죄 처벌법」 조항은 그 의미를 알기 어렵고 그 의미를 확정하기도 곤란하므로 명확성원칙에 위배된다.

④ 품목허가를 받지 아니한 의료기기를 수리·판매·임대·수여 또는 사용의 목적으로 수입하는 것을 금지하는 구 「의료기기법」 조항은 수리·판매·임대·수여 또는 사용의 목적이 있는 경우에만 품목허가를 받지 않은 의료기기의 수입을 금지하는 것으로 일의적으로 해석되므로 명확성원칙에 위배되지 않는다.

지문분석 **난이도** □■■ 중 | **정답** ② | **키워드** 명확성원칙 | **출제유형** 판례

① 【O】 이 사건 조항에서 '토지의 형질변경'은 단순히 토지를 원래대로의 형상과 성질을 유지하면서 이용 및 관리하는 행위가 아니라 절토, 성토, 정지 또는 포장 등으로 토지의 형상과 성질을 변경하는 행위와 공유수면을 매립하는 행위로서, 산지를 농지로 개간하거나 토지를 대지화하는 등 개발제한구역 지정 당시의 토지의 형상을 사실상 변형시키고 또 그 원상회복을 어렵게 하는 행위를 의미하는 것이고 이는 건전한 상식과 통상적인 법감정을 가진 사람이라면 쉽사리 알 수 있고 법원에서도 구체적이고 일관된 해석기준을 제시하고 있어, 그 의미 및 처벌대상이 불명확하다고 볼 수 없다. 그렇다면 이 사건 조항은 헌법상 죄형법정주의의 명확성원칙에 위반되지 않는다(헌재 2011.03.31. 2010헌바86).

② 【X】 법 제83조 단서 중 제1호에서의 '부정한 방법'이란, 실제로는 기술능력·자본금·시설·장비 등에 관하여 법령이 정한 건설업 등록요건을 갖추지 못하였음에도 자본금의 납입을 가장하거나 허위신고를 통하여 기술능력이나 시설, 장비 등의 보유를 가장하는 수단을 사용함으로써 등록요건을 충족시킨 것처럼 위장하여 등록하는 방법을 말하는 것으로 그 내용이 충분히 구체화되고 제한된다고 판단된다. 따라서 이 사건 법률조항에 규정된 '부정한 방법'의 개념이 약간의 모호함에도 불구하고 법률해석을 통하여 충분히 구체화될 수 있고, 이로써 행정청과 법원의 자의적인 법적용을 배제하는 객관적인 기준을 제공하고 있으므로 이 사건 조항은 법률의 명확성원칙에 위반되지 않는다(헌재 2004.07.15. 2003헌바35 등).

③ 【O】 심판대상조항의 불명확성을 해소하기 위해 노출이 허용되지 않는 신체부위를 예시적으로 열거하거나 구체적으로 특정하여 이를 분명하게 규정하는 것이 입법기술상 불가능하거나 현저히 곤란하다고 보이지도 않는다. 예컨대 의도적으로 자신의 성기를 사람들에게 노출하여 불쾌감을 유발하는 이른바 '바바리맨'의 행위를 규제할 필요성이 있다면 심판대상조항처럼 추상적이고 막연하게 규정할 것이 아니라 노출이 금지되는 신체부위를 '성기'로 명확하게 특정하면 될 것이다. 이상과 같이, 심판대상조항은 구성요건의 내용을 불명확하게 규정하여 죄형법정주의의 명확성원칙에 위배된다(헌재 2016.11.24. 2016헌가3).

④ 【O】 위 규정은 수입품목허가를 받지 않은 의료기기에 대하여, 이를 판매·임대·수여 또는 사용하는 행위는 그 목적을 불문하고 금지하고, 이를 제조·수입·수리·저장 또는 진열하는 행위는 수리·판매·임대·수여 또는 사용의 목적이 있는 경우에 이를 금지하는 것으로 일의적으로 해석된다. 또한 '사용'이란 '어떤 목적이나 기능에 맞게 필요로 하거나 소용이 되는 곳에 쓰다.'라는 뜻이고, 이 사건 금지조항이 사용의 의미를 한정하고 있지 않으므로, 어느 의료기기가 질병의 진단·치료·경감·처치 또는 예방의 목적 달성에 효과가 있는 것인지 여부를 판단하기 위하여 테스트 목적으로 그 기기를 사용하는 것 역시 이 사건 금지조항이 정한 의료기기의 '사용'에 해당한다. 따라서 이 사건 금지조항이 명확성원칙에 위배된다고 할 수 없다(헌재 2015.07.30. 2014헌바6).

16 명확성원칙에 대한 설명으로 옳지 않은 것은? 2023 국가직 7급

① 「전기통신사업법」 제83조제3항에 규정된 '국가안전보장에 대한 위해를 방지하기 위한 정보수집'은 국가의 존립이나 헌법의 기본질서에 대한 위험을 방지하기 위한 목적을 달성함에 있어 요구되는 최소한의 범위 내에서의 정보수집을 의미하는 것으로 명확성원칙에 위배되지 않는다.

② 선거운동기간 중 당해 홈페이지 게시판 등에 정당・후보자에 대한 지지・반대 등의 정보를 게시하는 경우 실명을 확인받는 기술적 조치를 하도록 정한 「공직선거법」 조항 중 '인터넷언론사'는 「공직선거법」 및 관련 법령이 구체적으로 '인터넷언론사'의 범위를 정하고 있고, 중앙선거관리위원회가 설치・운영하는 인터넷선거보도심의위원회가 심의대상인 인터넷언론사를 결정하여 공개하는 점 등을 종합하면 명확성원칙에 반하지 않는다.

③ 「국가공무원법」 조항 중 초・중등교원인 교육공무원의 가입 등이 금지되는 '그 밖의 정치단체'에 관한 부분은 '특정 정당이나 특정 정치인을 지지・반대하는 단체로서 그 결성에 관여하거나 가입하는 경우 공무원의 정치적 중립성 및 교육의 정치적 중립성을 훼손할 가능성이 높은 단체'로 한정할 수 있어 명확성원칙에 반하지 않는다.

④ 의료인이 아닌 자의 문신시술업을 금지하고 처벌하는 「의료법」 조항 중 '의료행위'는, 의학적 전문지식을 기초로 하는 경험과 기능으로 진찰, 검안, 처방, 투약 또는 외과적 시술을 시행하여 하는 질병의 예방 또는 치료행위 이외에도 의료인이 행하지 아니하면 보건위생상 위해가 생길 우려가 있는 행위로 분명하게 해석되어 명확성원칙에 위배된다고 할 수 없다.

지문분석 **난이도** □■■ 중 | **정답** ③ | **키워드** 명확성원칙 | **출제유형** 판례

① 【O】 청구인들은 이 사건 법률조항 중 '국가안전보장에 대한 위해'의 의미가 불분명하다고 주장하나, '국가안전보장에 대한 위해를 방지하기 위한 정보수집'은 국가의 존립이나 헌법의 기본질서에 대한 위험을 방지하기 위한 목적을 달성함에 있어 요구되는 최소한의 범위 내에서의 정보수집을 의미하는 것으로 해석되므로, 명확성원칙에 위배되지 않는다(헌재 2022.07.21. 2016헌마388 등).

② 【O】 「공직선거법」 및 관련 법령이 구체적으로 '인터넷언론사'의 범위를 정하고 있고, 중앙선거관리위원회가 설치・운영하는 인터넷선거보도심의위원회가 심의대상인 인터넷언론사를 결정하여 공개하는 점 등을 종합하면 '인터넷언론사'는 불명확하다고 볼 수 없으며, '지지・반대'의 사전적 의미와 심판대상조항의 입법목적, 「공직선거법」 관련 조항의 규율내용을 종합하면, 건전한 상식과 통상적인 법 감정을 가진 사람이면 자신의 글이 정당・후보자에 대한 '지지・반대'의 정보를 게시하는 행위인지 충분히 알 수 있으므로, 실명확인 조항 중 '인터넷언론사' 및 '지지・반대' 부분은 명확성 원칙에 반하지 않는다(헌재 2021.01.28. 2018헌마456 등).

③ 【X】 나머지 청구인들이 그 결성에 관여하거나 가입하는 것을 금지하고 있는 '정치단체'가 무엇인지, 결성에 관여하거나 가입을 해도 되는 '비정치단체'와 어떻게 구별할 것인지에 대한, 구체적이고 유용한 기준을 「국가공무원법」 조항 중 '그 밖의 정치단체'에 관한 부분으로부터 도출해낼 수 없다. '정치단체'를 '특정 정당이나 특정 정치인을 지지・반대하는 단체로서 그 결성에 관여하거나 가입하는 경우 공무원 및 교육의 정치적 중립성을 훼손할 가능성이 높은 단체' 등으로 한정하여 해석할 근거도 없다. 따라서 「국가공무원법」 조항 중 '그 밖의 정치단체'에 관한 부분은 명확성원칙에 위배되어 나머지 청구인들의 정치적 표현의 자유, 결사의 자유를 침해한다(헌재 2020.04.23. 2018헌마551).

④ 【O】 의료행위는 반드시 질병의 치료와 예방에 관한 행위에만 한정되지 않고, 그와 관계없는 것이라도 의학상의 기능과 지식을 가진 의료인이 하지 아니하면 보건위생상 위해를 가져올 우려가 있는 일체의 행위가 포함된다. 대법원도 구 「의료법」 제25조 제1항의 의료행위라 함은 의학적 전문지식을 기초로 하는 경험과 기능으로 진찰, 검안, 처방, 투약 또는 외과적 시술을 시행하여 하는 질병의 예방 또는 치료행위 이외에도 의료인이 행하지 아니하면 보건위생상 위해가 생길 우려가 있는 행위를 의미한다고 해석하고 있다. 이와 같이 「의료법」의 입법목적, 의료인의 사명에 관한 「의료법」상의 여러 규정 및 의료행위의 개념에 관한 대법원 판례 등을 종합적으로 고려해 보면, 심판대상조항 중 '의료행위'의 개념은 건전한 일반상식을 가진 자에 의하여 일의적으로 파악되기 어렵다거나 법관에 의한 적용단계에서 다의적으로 해석될 우려가 있다고 보기 어려우므로, 죄형법정주의의 명확성원칙에 위배된다고 할 수 없다(헌재 2022.03.31. 2017헌마1343 등).

17 **법치국가원리에 대한 설명으로 옳지 않은 것은?** (다툼이 있는 경우 판례에 의함) 2015 서울시 7급

① 시행령 규정이 법률의 위임 없이 미결수용자의 면회횟수를 매주 2회로 제한하고 있는 것은 접견교통권을 침해하는 것이다.

② 특별한 법적 근거 없이 엄중격리대상자의 수용거실에 CCTV를 설치하여 24시간 감시하는 행위는 법률유보의 원칙에 위배되지 않는다.

③ 체계정당성의 원리는 비례의 원칙이나 평등의 원칙 등 일정한 헌법의 규정이나 원칙을 위반하여야만 비로소 그 위반이 인정된다.

④ 의무사관후보생의 병적에서 제외된 사람의 징집면제연령을 31세에서 36세로 상향 조정한 「병역법」 규정은 신뢰보호원칙에 위반되는 것이다.

지문분석 **난이도** □□■ **하** | **정답** ④ | **키워드** 법치국가원리 | **출제유형** 판례

④ 【X】 일반적으로 법률은 현실상황의 변화나 입법정책의 변경 등으로 언제라도 개정될 수 있는 것이다. 특히, 의무사관후보생의 병적에서 제외된 사람의 징집면제연령을 31세에서 36세로 상향조정한 이 사건 법률조항은 직접적인 병력형성에 관한 영역으로서, 입법자가 급변하는 정세에 따라 탄력적으로 그 징집대상자의 범위를 결정함으로써 적정한 군사력을 유지하여야 하는 강력한 공익상 필요가 있기 때문에, 이에 관한 입법자의 입법형성권의 범위가 매우 넓다. 따라서 국민들은 이러한 영역에 관한 법률이 제반 사정에 따라 언제든지 변경될 수 있다는 것을 충분히 예측할 수 있다고 보아야 한다(헌재 2002.11.28. 2002헌바45).

18 **법치국가원리에 대한 설명으로 옳은 것은?** (다툼이 있는 경우 판례에 의함) 2024 비상계획관 상반기

① 명확성의 정도는 모든 법률에 있어서 동일한 정도로 요구되는 것으로, 개개의 법률이나 법조항의 성격에 따라, 그리고 각 법률이 제정되게 된 배경이나 상황에 따라 차이가 있어서는 안 된다.

② 조세법의 영역에 있어서는 국가가 조세·재정정책을 탄력적, 합리적으로 운용할 필요성이 매우 큰 만큼, 조세에 관한 법규·제도는 신축적으로 변할 수밖에 없다는 점에서 납세의무자로서는 구법질서에 의거한 신뢰를 바탕으로 적극적으로 새로운 법률관계를 형성하였다든지 하는 특별한 사정이 없는 한 원칙적으로 세율 등 현재의 세법이 변함없이 유지되리라고 기대하거나 신뢰할 수는 없다.

③ 일반적으로 일정한 공권력작용이 체계정당성 원리를 위반하게 되면 곧 위헌이 되는 것이므로, 별도로 비례의 원칙이나 평등의 원칙 등 일정한 헌법의 규정이나 원칙을 위반하여야 하는 것은 아니다.

④ 법치국가원리로부터 도출되는 법적 안정성 측면에서 법규범은 현재와 장래에 효력을 가지는 것이기 때문에 소급입법은 제한되므로, 신법이 피적용자에게 유리한 경우인 이른바 시혜적인 소급입법도 허용될 수 없다.

지문분석 **난이도** □■■ **중** | **정답** ② | **키워드** 법치국가원리 | **출제유형** 판례

① 【X】 명확성의 원칙에서 명확성의 정도는 모든 법률에 있어서 동일한 정도로 요구되는 것은 아니고 개개의 법률이나 법조항의 성격에 따라 요구되는 정도에 차이가 있을 수 있으며 각각의 구성요건의 특수성과 그러한 법률이 제정되게 된 배경이나 상황에 따라 달라질 수 있다고 할 것이다(헌재 1992.02.25. 89헌가104).

② 【O】 신뢰보호의 원칙은 헌법상 법치국가원리로부터 파생되는 것으로서, 법률의 제정이나 개정시 구법질서에 대한 당사자의 신뢰가 합리적이고도 정당하며 법률의 제정이나 개정으로 야기되는 당사자의 손해가 극심하여 새로운 입법으로 달성하고자 하는 공익적 목적이 그러한 당사자의 신뢰의 파괴를 정당화할 수 없다면, 그러한 새 입법은 신뢰보호의 원칙상 허용될 수 없다(헌재 2001.04.26. 99헌바55 참조). 그러나 국민이 가지는 모든 기대 내지 신뢰가 헌법상 권리로서 보호될 것은 아니고, 신뢰의 근거 및 종류, 상실된 이익의 중요성, 침해의 방법 등에 의하여 개정된 법규·제도의 존속에 대한 개인의 신뢰가 합리적이어서 이를 보호할 필요성이 인정되어야 하고, 특히 조세법의 영역에 있어서는 국가가 조세·재정정책을 탄력적·합리적으로 운용할 필요성이 매우 큰 만큼, 조세에 관한 법규·제도는 신축적으로 변할 수밖에 없다는 점에서 납세의무자로서는 구법질서에 의거한 신뢰를 바탕으로 적극적으로 새로운 법률관계를 형성하였다든지 하는 특별한 사정이 없는 한 원칙적으로 현재의 세법이 변함없이 유지되리라고 기대하거나 신뢰할 수는 없다(헌재 2002.02.28. 99헌바4).

③ 【X】 '체계정당성'(Systemgerechtigkeit)의 원리라는 것은 동일 규범 내에서 또는 상이한 규범간에 (수평적 관계이건 수직적 관계이건) 그 규범의 구조나 내용 또는 규범의 근거가 되는 원칙면에서 상호 배치되거나 모순되어서는 안된다는 하나의 헌법적 요청(Verfassungspostulat)이다. 이는 국가공권력에 대한 통제와 이를 통한 국민의 자유와 권리의 보장을 이념으로 하는 법치주의원리로부터 도출되는 것이라고 할 수 있다. … 즉 체계정당성 위반(Systemwidrigkeit) 자체가 바로 위헌이 되는 것은 아니고 이는 비례의 원칙이나 평등원칙위반 내지 입법의 자의금지위반 등의 위헌성을 시사하는 하나의 징후일 뿐이다(헌재 2004.11.25. 2002헌바66).

④ 【X】 신법이 피적용자에게 유리한 경우에는 이른바 시혜적인 소급입법이 가능하지만 이를 입법자의 의무라고는 할 수 없고, 그러한 소급입법을 할 것인지의 여부는 입법재량의 문제로서 그 판단은 일차적으로 입법기관에 맡겨져 있으며, 이와 같은 시혜적 조치를 할 것인가 하는 문제는 국민의 권리를 제한하거나 새로운 의무를 부과하는 경우와는 달리 입법자에게 보다 광범위한 입법형성의 자유가 인정된다고 할 것이다(헌재 1995.12.28. 95헌마196).

19 **법치주의에 관한 설명 중 가장 적절하지 않은 것은?** (다툼이 있는 경우 판례에 의함) 2022 경찰 1차

① 실종기간이 구법 시행기간 중에 만료되는 때에도 그 실종이 개정 「민법」 시행일 후에 선고된 때에는 상속에 관하여 개정 「민법」의 규정을 적용하도록 한 「민법」 부칙의 조항은 재산권 보장에 관한 신뢰보호원칙에 위배된다고 볼 수 없다.

② 공소시효제도가 헌법 제12조 제1항 및 제13조 제1항에 정한 죄형법정주의의 보호범위에 바로 속하지 않는다면, 소급입법의 헌법적 한계는 법적 안정성과 신뢰보호원칙을 포함하는 법치주의의 원칙에 따른 기준으로 판단하여야 한다.

③ 신뢰보호원칙은 객관적 요소로서 법질서의 신뢰성 항구성 법적 투명성과 법적 평화를 의미하고, 이와 내적인 상호 연관 관계에 있는 법적 안정성은 한번 제정된 법규범은 원칙적으로 존속력을 갖고 자신의 행위기준으로 작용하리라는 개인의 주관적 기대이다.

④ 임차인의 계약갱신요구권 행사 기간을 10년으로 규정한 「상가건물 임대차보호법」의 개정법 조항을 개정법 시행 후 갱신되는 임대차에 대하여도 적용하도록 규정한 동법 부칙의 규정은 신뢰보호원칙에 위배되어 임대인의 재산권을 침해한다고 볼 수 없다.

지문분석 **난이도** □■■ 중 | **정답** ③ | **키워드** 법치주의 원리 | **출제유형** 판례

① 【O】 상속제도나 상속권의 내용은 입법 정책적으로 결정하여야 할 사항으로서 원칙적으로 입법형성의 영역에 속하고, 부재자의 참여 없이 진행되는 실종선고 심판절차에서 법원으로서는 실종 여부나 실종이 된 시기 등에 대하여 청구인의 주장과 청구인이 제출한 소명자료를 기초로 실종 여부나 실종기간의 기산일을 판단하게 되는 측면이 있는바, 이로 인하여 발생할 수 있는 상속인의 범위나 상속분 등의 변경에 따른 법률관계의 불안정을 제거하여 법적 안정성을 추구하고, 실질적으로 남녀 간 공평한 상속이 가능하도록 개정된 「민법」상의 상속규정을 개정민법 시행 후 실종이 선고되는 부재자에게까지 확대 적용함으로써 얻는 공익이 매우 크므로, 심판대상조항은 신뢰보호원칙에 위배하여 재산권을 침해하지 아니한다(헌재 2016.10.27. 2015헌바203 등).

② 【O】 우리 헌법이 규정한 형벌불소급의 원칙은 형사소추가 '언제부터 어떠한 조건하에서' 가능한가의 문제에 관한 것이고, '얼마동안' 가능한가의 문제에 관한 것은 아니다. 다시 말하면 헌법의 규정은 '행위의 가벌성'에 관한 것이기 때문에 소추가능성에만 연관될 뿐, 가벌성에는 영향을 미치지 않는 공소시효에 관한 규정은 원칙적으로 그 효력범위에 포함되지 않는다. 공소시효제도가 헌법 제12조 제1항 및 제13조 제1항에 정한 죄형법정주의의 보호범위에 바로 속하지 않는다면, 소급입법의 헌법적 한계는 법적 안정성과 신뢰보호원칙을 포함하는 법치주의의 원칙에 따른 기준으로 판단하여야 한다(헌재 1996.02.16. 96헌가2 등).

③ 【X】 법적 안정성은 객관적 요소로서 법질서의 신뢰성·항구성·법적 투명성과 법적 평화를 의미하고, 이와 내적인 상호연관관계에 있는 법적 안정성의 주관적 측면은 한번 제정된 법규범은 원칙적으로 존속력을 갖고 자신의 행위기준으로 작용하리라는 개인의 신뢰보호원칙이다(헌재 1996.02.16. 96헌가2 등).

④ 【O】 임차인의 계약갱신요구권 행사 기간이 앞으로도 계속하여 5년으로 유지될 것이라고 기대했던 임대인의 기대 내지 신뢰가 존재했다 하더라도 이를 확정적이거나 절대적인 기대 내지 신뢰라고 보기는 어려우므로, 그것이 어느 정도 보호될 수 있는지는 신뢰의 침해 정도 및 계약갱신요구권 행사 기간의 변경을 통해 달성하고자 하는 공익의 중대성에 따라 달라질 수 있다. 따라서 이 사건 부칙조항은 신뢰보호원칙에 위배되어 임대인인 청구인들의 재산권을 침해한다고 볼 수 없다(헌재 2021.10.28. 2019헌마106 등).

20 헌법상 기본원리에 대한 설명으로 가장 적절하지 않은 것은? (다툼이 있는 경우 헌법재판소 판례에 의함) 2022 경찰 간부

① 국제법적으로 조약은 국제법 주체들이 일정한 법률효과를 발생시키기 위하여 체결한 국제법의 규율을 받는 국제적 합의를 말하며 서면에 의한 경우가 대부분이지만 예외적으로 구두합의도 조약의 성격을 가질 수 있다.

② '중대사고'에 대한 평가를 제외하는 '원자력이용시설 방사선환경영향평가서 작성 등에 관한 규정' 조항은 국민들이 원전과 관련하여 정확하고 공정한 여론을 형성하는 것을 방해하므로 민주주의 원리에 위반된다.

③ 문화국가의 원리는 문화의 개방성 내지 다원성의 표지와 연결되는데, 국가의 문화 육성의 대상에는 원칙적으로 모든 사람에게 문화창조의 기회를 부여한다는 의미에서 모든 문화가 포함되므로 엘리트문화뿐만 아니라 서민문화, 대중문화도 그 가치를 인정하고 정책적인 배려의 대상으로 한다.

④ 규율대상이 기본권적 중요성을 가질수록 그리고 그에 관한 공개적 토론의 필요성 내지 상충하는 이익 간 조정의 필요성이 클수록, 그것이 국회의 법률에 의해 직접 규율될 필요성 및 그 규율밀도의 요구 정도는 그만큼 더 증대되는 것으로 보아야 한다.

지문분석 **난이도** □■■ 중 | **정답** ② | **키워드** 법치주의와 일반원칙 | **출제유형** 판례

① 【O】 국제법적으로, 조약은 국제법 주체들이 일정한 법률효과를 발생시키기 위하여 체결한 국제법의 규율을 받는 국제적 합의를 말하며 서면에 의한 경우가 대부분이지만 예외적으로 구두합의도 조약의 성격을 가질 수 있다(헌재 2019.12.27. 2016헌마253).

② 【X】 이 사건 각 고시조항에서 평가서 초안 및 평가서 작성시 '중대사고'에 대한 평가를 제외하도록 하였다고 하여, 국가가 국민의 생명·신체의 안전을 보호하는 데 적절하고 효율적인 최소한의 조치조차 취하지 아니한 것이라고 보기는 어렵다. 청구인들은, 이 사건 각 고시조항이 국민들의 정확하고 공정한 여론 형성을 방해하므로 민주주의 원리에도 위반된다고 주장한다. 민주주의 원리의 한 내용인 국민주권주의는 모든 국가권력이 국민의 의사에 기초해야 한다는 의미일 뿐 국민이 정치적 의사결정에 관한 모든 정보를 제공받고 직접 참여하여야 한다는 의미는 아니므로, 청구인들의 이 부분 주장 역시 이유 없다(헌재 2016.10.27. 2012헌마121).

③ 【O】 오늘날 문화국가에서의 문화정책은 그 초점이 문화 그 자체에 있는 것이 아니라 문화가 생겨날 수 있는 문화풍토를 조성하는 데 두어야 한다. 문화국가원리의 이러한 특성은 문화의 개방성 내지 다원성의 표지와 연결되는데, 국가의 문화육성의 대상에는 원칙적으로 모든 사람에게 문화창조의 기회를 부여한다는 의미에서 모든 문화가 포함된다. 따라서 엘리트문화뿐만 아니라 서민문화, 대중문화도 그 가치를 인정하고 정책적인 배려의 대상으로 하여야 한다(헌재 2004.05.27. 2003헌가1 등).

④ 【O】 일반국민과 야당의 비판을 허용하고 그들의 참여가능성을 개방하고 있다는 점에서 전문관료들만에 의하여 이루어지는 행정입법절차와는 달리 공익의 발견과 상충하는 이익간의 정당한 조정에 보다 적합한 민주적 과정이라 할 수 있다. 그리고 이러한 견지에서, 규율대상이 기본권적 중요성을 가질수록 그리고 그에 관한 공개적 토론의 필요성 내지 상충하는 이익간 조정의 필요성이 클수록, 그것이 국회의 법률에 의해 직접 규율될 필요성 및 그 규율밀도의 요구정도는 그만큼 더 증대되는 것으로 보아야 한다(헌재 2004.03.25. 2001헌마882).

PART · 01

21 명확성원칙에 대한 설명으로 옳지 않은 것은? (다툼이 있는 경우 판례에 의함) 2020 국가직 7급

① 모의총포의 기준을 구체적으로 정한 「총포·도검·화약류 등의 안전관리에 관한 법률」 시행령 조항에서 '범죄에 악용될 소지가 현저한 것'은 진정한 총포로 오인·혼동되어 위협 수단으로 사용될 정도로 총포와 모양이 유사한 것을 의미하므로 죄형법정주의의 명확성원칙에 위반되지 않는다.

② 취소소송 등의 제기 시 행정소송법 조항의 집행정지의 요건으로 규정한 '회복하기 어려운 손해'는 건전한 상식과 통상적인 법감정을 가진 사람이 심판대상조항의 의미내용을 파악하기 어려우므로 명확성원칙에 위배된다.

③ 어린이집이 시·도지사가 정한 수납한도액을 초과하여 보호자로부터 필요경비를 수납한 경우, 해당 시·도지사는 「영유아보육법」에 근거하여 시정 또는 변경 명령을 발할 수 있는데, 이 시정 또는 변경 명령 조항의 내용으로 환불명령을 명시적으로 규정하지 않았다고 하여 명확성원칙에 위배된다고 볼 수 없다.

④ 정당한 이유 없이 이 법에 규정된 범죄에 공용(供用)될 우려가 있는 흉기나 그 밖의 위험한 물건을 휴대한 사람을 처벌하도록 규정한 폭력행위 등 처벌에 관한 법률 조항에서 '공용(供用)될 우려가 있는'은 흉기나 그 밖의 위험한 물건이 '사용될 위험성이 있는'의 뜻으로 해석할 수 있으므로 죄형법정주의의 명확성원칙에 위배되지 않는다.

지문분석 **난이도** □■■ 중 | **정답** ② | **키워드** 명확성원칙 | **출제유형** 판례

① **[O]** 이 사건 시행령조항에서 '범죄에 악용될 소지가 현저한 것'은 진정한 총포로 오인·혼동되어 위협 수단으로 사용될 정도로 총포와 모양이 유사한 것을 의미하고, '인명·신체상 위해를 가할 우려가 있는 것'은 사람에게 상해나 사망의 결과를 가할 우려가 있을 정도로 진정한 총포의 기능과 유사한 것을 의미한다. 따라서 이 사건 시행령조항은 문언상 그 의미가 명확하므로, 죄형법정주의의 명확성원칙에 위반되지 않는다(헌재 2018.05.31. 2017헌마167).

② **[X]** 이 사건 집행정지 요건 조항에서 집행정지 요건으로 규정한 '회복하기 어려운 손해'는 대법원 판례에 의하여 '특별한 사정이 없는 한 금전으로 보상할 수 없는 손해로서 이는 금전보상이 불능인 경우 내지는 금전보상으로는 사회관념상 행정처분을 받은 당사자가 참고 견딜 수 없거나 또는 참고 견디기가 현저히 곤란한 경우의 유형, 무형의 손해'를 의미한 것으로 해석할 수 있고, '긴급한 필요'란 손해의 발생이 시간상 임박하여 손해를 방지하기 위해서 본안판결까지 기다릴 여유가 없는 경우를 의미하는 것으로, 이는 집행정지가 임시적 권리구제제도로서 잠정성, 긴급성, 본안소송에의 부종성의 특징을 지니는 것이라는 점에서 그 의미를 쉽게 예측할 수 있다. 이와 같이 심판대상조항은 법관의 법 보충작용을 통한 판례에 의하여 합리적으로 해석할 수 있고, 자의적인 법해석의 위험이 있다고 보기 어려우므로 명확성 원칙에 위배되지 않는다(헌재 2018.01.25. 2016헌바208).

③ **[O]** 심판대상조항이 규정하고 있는 '시정 또는 변경' 명령은 '「영유아보육법」 제38조 위반행위에 대하여 그 위법사실을 시정하도록 함으로써 정상적인 법질서를 회복하는 것을 목적으로 행해지는 행정작용'으로, 여기에는 과거의 위반행위로 인하여 취득한 필요경비 한도 초과액에 대한 환불명령도 포함됨을 어렵지 않게 예측할 수 있다. 그렇다면 심판대상조항 자체에 시정 또는 변경 명령의 내용으로 환불명령을 명시적으로 규정하지 않았다고 하여 명확성원칙에 위배된다고 볼 수 없다(헌재 2017.12.28. 2016헌바249).

④ **[O]** 심판대상조항의 '정당한 이유 없이 이 법에 규정된 범죄에 공용(供用)될 우려가 있는' 부분은 '흉기나 위험한 물건을 휴대할 만한 충분한 사유가 없이 「폭력행위처벌법」에 규정된 범죄에 사용될 위험성이 있는'의 의미로 구체화할 수 있으므로 죄형법정주의의 명확성원칙에 위배되지 않는다(헌재 2018.05.31. 2016헌바250).

22 신뢰보호의 원칙에 관한 설명 중 가장 적절한 것은? (다툼이 있는 경우 판례에 의함) 2022 경찰 승진

① 기존의 퇴직연금 수급자에게 전년도 평균임금월액을 초과한 소득월액이 있는 경우에 그 초과액수에 따라 퇴직연금 중 일부의 지급을 정지하는 것은 보호해야 할 퇴직연금 수급자의 신뢰의 가치는 매우 큰 반면, 공무원연금 재정의 파탄을 막고 공무원연금제도를 건실하게 유지하려는 공익적 가치는 그리 크지 않으므로 헌법상 신뢰보호의 원칙에 위반된다.

② 외국에서 치과대학을 졸업한 대한민국 국민이 국내 치과의사 면허시험에 응시하기 위해서는 기존의 응시요건에 추가하여 새로이 예비시험에 합격할 것을 요건으로 규정한 「의료법」의 '예비시험' 조항은 외국에서 치과대학을 졸업한 국민들이 가지는 합리적 기대를 저버리는 것으로서 신뢰보호의 원칙상 허용되지 아니한다.

③ 무기징역의 집행 중에 있는 자의 가석방 요건을 종전의 '10년 이상'에서 '20년 이상' 형 집행 경과로 강화한 개정 「형법」 조항을 「형법」 개정 시에 이미 수용 중인 사람에게도 적용하는 것은 가석방을 기대하고 있던 수형자가 국가 공권력에 대해 가지고 있던 적법한 신뢰를 보호하지 않는 것으로서 신뢰보호의 원칙에 위반된다.

④ 사법연수원의 소정 과정을 마치더라도 바로 판사임용자격을 취득할 수 없고 일정 기간 이상의 법조경력을 갖추어야 판사로 임용될 수 있도록 한 「법원조직법」 개정조항의 시행일 및 그 경과조치에 관한 부칙은, 동법 개정 시점에 이미 사법연수원에 입소하여 사법연수생의 신분을 가지고 있었던 자가 사법연수원을 수료하는 해의 판사 임용에 지원하는 경우에 적용되는 한 신뢰보호의 원칙에 위반된다.

지문분석 **난이도** □■■ **중** | **정답** ④ | **키워드** 법치주의의 신뢰보호의 원칙 | **출제유형** 판례

① **[X]** 이 사건 심판대상조항은 기존의 퇴직연금 수급자에게 전년도 평균임금월액을 초과한 소득월액이 있는 경우에만 그 초과 액수에 따라 퇴직연금 중 일부(1/2 범위 내)의 지급을 정지할 뿐이다. 즉 퇴직한 공무원이 평균임금월액을 초과한 소득월액을 얻는 경우는 드물 것이어서 지급정지 대상자 자체가 소수일 수밖에 없고 평균적인 지급정지액 역시 적은 액수에 그칠 것으로 보이므로, 이 사건 심판대상조항에 의하여 퇴직연금 수급자들이 입는 불이익은 그다지 크지 않다 할 것이다. 따라서 보호해야 할 퇴직연금 수급자의 신뢰의 가치는 그리 크지 않은 반면, 공무원연금 재정의 파탄을 막고 공무원연금제도를 건실하게 유지하려는 공익적 가치는 긴급하고 또한 중요한 것이므로, 이 사건 심판대상조항이 헌법상 신뢰보호의 원칙에 위반된다고 할 수 없다(헌재 2008.02.28. 2005헌마872 등).

② **[X]** 이러한 사정들과 국민의 건강보호를 위하여 외국대학 졸업자의 지적·임상적 능력에 대한 최소한의 검증과 평가가 필요하다는 공익상의 이유가 존재하는 점, 예비시험의 구체적인 내용이 국가시험의 범위와 정도를 넘지 않고 외국대학 졸업자의 국내 적응능력을 검증하는 정도의 수준에 머무르는 점, 통계적인 결과이기는 하지만 외국대학 졸업자가 국가시험에 약 4.32회 응시하면 충분히 합격할 수 있는 점 등을 종합적으로 고려할 때, 청구인들에게 주어진 3년의 유예기간은 법률의 개정으로 인한 상황변화에 적절히 대처하기에 지나치게 짧은 것이라고 볼 수 없으므로 이 사건 법률조항은 청구인들의 신뢰이익을 충분히 고려하고 있다고 볼 것이다. 그렇다면 이 사건 법률조항은 청구인들의 신뢰이익을 충분히 고려하고 있다고 할 것이므로 신뢰보호원칙에 위배된다고 할 수 없다(헌재 2006.04.27. 2005헌마406).

③ **[X]** 수형자가 「형법」에 규정된 형 집행경과기간 요건을 갖춘 것만으로 가석방을 요구할 권리를 취득하는 것은 아니므로, 10년간 수용되어 있으면 가석방 적격심사 대상자로 선정될 수 있었던 구 「형법」 제72조 제1항에 대한 청구인의 신뢰를 헌법상 권리로 보호할 필요성이 있다고 할 수 없다. 이 사건 부칙조항이 신뢰보호원칙에 위배되어 청구인의 신체의 자유를 침해한다고 볼 수 없다(헌재 2013.08.29. 2011헌마408).

④ 【O】 판사임용자격에 관한 「법원조직법」 규정이 지난 40여 년 동안 유지되어 오면서, 국가는 입법행위를 통하여 사법시험에 합격한 후 사법연수원을 수료한 즉시 판사임용자격을 취득할 수 있다는 신뢰의 근거를 제공하였다고 보아야 하며, 수년간 상당한 노력과 시간을 들인 끝에 사법시험에 합격한 후 사법연수원에 입소하여 사법연수생의 지위까지 획득한 청구인들의 경우 사법연수원 수료로써 판사임용자격을 취득할 수 있으리라는 신뢰이익은 보호가치가 있다고 할 것이다. 이 사건 심판대상 조항이 개정법 제42조 제2항을 법 개정 당시 이미 사법연수원에 입소한 사람들에게 적용되도록 한 것은 신뢰보호원칙에 반한다고 할 것이다(헌재 2012.11.29. 2011헌마786 등).

23 법치국가원리에 대한 설명으로 가장 적절한 것은? (다툼이 있는 경우 판례에 의함) 2017 경정 승진

① 검사에 대한 징계사유 중 하나인 '검사로서의 체면이나 위신을 손상하는 행위를 하였을 때'의 의미는 그 포섭범위가 지나치게 광범위하므로 명확성의 원칙에 반하여 헌법에 위배된다.
② 법적 안정성의 객관적 측면은 한번 제정된 법규범은 원칙적으로 존속력을 갖고 자신의 행위기준으로 작용하리라는 개인의 신뢰를 보호하는 것이다.
③ 기본권제한입법에 있어서 규율대상이 지극히 다양하거나 수시로 변화하는 성질의 것이 어서 입법기술상 일의적으로 규정할 수 없는 경우라도 명확성의 요건이 강화되어야 한다.
④ 종합생활기록부에 의하여 절대평가와 상대평가를 병행, 활용하도록 한 교육부장관 지침(종합생활기록부제도 개선보완 시행지침, 1996.8.7.)은 교육개혁위원회의 교육개혁방안에 따라 절대평가가 이루어 질 것으로 믿고 특수목적 고등학교에 입학한 학생들의 신뢰이익을 침해하였다고 볼 수 없다.

지문분석 **난이도** □■■ 중 | **정답** ④ | **키워드** 법치국가원리 | **출제유형** 판례

① 【X】 '검사로서의 체면이나 위신을 손상하는 행위'의 의미는, 공직자로서의 검사의 구체적 언행과 그에 대한 검찰 내부의 평가 및 사회 일반의 여론, 그리고 검사의 언행이 사회에 미친 파장 등을 종합적으로 고려하여 구체적인 상황에 따라 건전한 사회통념에 의하여 판단할 수 있으므로 명확성원칙에 위배되지 아니한다(헌재 2011.12.29. 2009헌바282).
② 【X】 법적 안정성은 객관적 요소로서 법질서의 신뢰성·항구성·법적 투명성과 법적 평화를 의미하고, 이와 내적인 상호연관관계에 있는 법적 안정성의 주관적 측면은 한번 제정된 법규범은 원칙적으로 존속력을 갖고 자신의 행위기준으로 작용하리라는 개인의 신뢰보호원칙이다(헌재 1996.02.16. 96헌가2).
③ 【X】 기본권제한입법이라 하더라도 규율대상이 지극히 다양하거나 수시로 변화하는 성질의 것이어서 입법기술상 일의적으로 규정할 수 없는 경우에는 명확성의 요건이 완화되어야 할 것이다. 또 당해 규정이 명확한지 여부는 그 규정의 문언만으로 판단할 것이 아니라 관련 조항을 유기적·체계적으로 종합하여 판단하여야 할 것이다(헌재 1999.09.16. 97헌바73).
④ 【O】 청구인들이 이른바 특수목적 고등학교인 외국어고등학교에 입학하기 위하여 원서를 제출할 당시 시행되었던 종합생활기록부 제도는 처음부터 절대평가와 상대평가를 예정하고 있었고, 대학입학전형에 있어서 학생부를 절대평가방법으로 활용할 것인가 상대평가 방법으로 활용할 것인가 등 그 반영방법도 대학의 자율에 일임되어 있었다. 따라서 그 이후 공표된 이 사건 제도개선보완시행지침은 1999학년도까지 대입전형자료로 절대평가와 상대평가를 병행하도록 하고 다만 종전 종합생활기록부제도의 문제점을 보완하기 위하여 과목별 석차의 기록방법 등 세부적인 사항을 개선, 변경한 데 불과하므로 이로 인하여 청구인들의 헌법상 보호할 가치가 있는 신뢰가 침해되었다고 볼 수 없다(헌재 1997.07.16. 97헌마38).

24 소급입법금지원칙에 대한 설명으로 옳지 않은 것은? (다툼이 있는 경우 헌법재판소 판례에 의함)

2019 경정 승진

① 진정소급입법은 개인의 신뢰보호와 법적 안정성을 내용으로 하는 법치국가원리에 의하여 특단의 사정이 있어 예외적으로 허용되는 경우를 제외하고는 헌법적으로 허용되지 아니하는 것이 원칙이다.

② 진정소급입법이 허용되는 예외적인 경우로는 일반적으로, 국민이 소급입법을 예상할 수 있었거나, 법적 상태가 불확실하고 혼란스러웠거나 하여 보호할 만한 신뢰의 이익이 적은 경우와 소급입법에 의한 당사자의 손실이 없거나 아주 경미한 경우, 그리고 신뢰보호의 요청에 우선하는 심히 중대한 공익상의 사유가 소급입법을 정당화하는 경우를 들 수 있다.

③ 신법이 이미 종료된 사실관계나 법률관계에 적용되는 부진정소급입법에 있어서는 소급효를 요구하는 공익상의 사유와 신뢰보호 요청 사이의 교량과정에서 신뢰보호의 관점이 입법자의 형성권에 제한을 가하게 된다.

④ 신법이 피적용자에게 유리한 경우에는 이른바 시혜적인 소급입법이 가능하지만, 그러한 소급입법을 할 것인지의 여부는 그 일차적인 판단이 입법기관에 맡겨져 있다.

지문분석 **난이도** □■■ 중 | **정답** ③ | **키워드** 소급입법금지원칙 | **출제유형** 판례

① 【O】, ② 【O】, ③ 【X】 소급입법은 새로운 입법으로 이미 종료된 사실관계 또는 법률관계에 작용케 하는 진정소급입법과 현재 진행중인 사실관계 또는 법률관계에 작용케 하는 부진정소급입법으로 나눌 수 있는바, 부진정소급입법은 원칙적으로 허용되지만 소급효를 요구하는 공익상의 사유와 신뢰보호의 요청 사이의 교량과정에서 신뢰보호의 관점이 입법자의 형성권에 제한을 가하게 되는데 반하여, 기존의 법에 의하여 형성되어 이미 굳어진 개인의 법적 지위를 사후입법을 통하여 박탈하는 것 등을 내용으로 하는 진정소급입법은 개인의 신뢰보호와 법적 안정성을 내용으로 하는 법치국가원리에 의하여 특단의 사정이 없는 한 헌법적으로 허용되지 아니하는 것이 원칙이고, 다만 일반적으로 국민이 소급입법을 예상할 수 있었거나 법적 상태가 불확실하고 혼란스러워 보호할 만한 신뢰이익이 적은 경우와 소급입법에 의한 당사자의 손실이 없거나 아주 경미한 경우 그리고 신뢰보호의 요청에 우선하는 심히 중대한 공익상의 사유가 소급입법을 정당화하는 경우 등에는 예외적으로 진정소급입법이 허용된다(헌재 1999.07.22. 97헌바76 등).

④ 【O】 신법이 피적용자에게 유리한 경우에는 이른바 시혜적인 소급입법이 가능하지만 이를 입법자의 의무라고는 할 수 없고, 그러한 소급입법을 할 것인지의 여부는 입법재량의 문제로서 그 판단은 일차적으로 입법기관에 맡겨져 있으며, 이와 같은 시혜적 조치를 할 것인가 하는 문제는 국민의 권리를 제한하거나 새로운 의무를 부과하는 경우와는 달리 입법자에게 보다 광범위한 입법형성의 자유가 인정된다고 할 것이다(헌재 1995.12.28. 95헌마196).

25 **소급입법에 관한 설명 중 옳은 것(O)과 옳지 않은 것(X)을 올바르게 조합한 것은?** (다툼이 있는 경우 판례에 의함) 2018 변호사

> ㄱ. 친일재산을 그 취득 · 증여 등 원인행위 시에 국가의 소유로 하도록 규정한 「친일반민족행위자 재산의 국가귀속에 관한 특별법」 조항은 진정소급입법에 해당하며, 친일반민족행위자의 재산권을 일률적 · 소급적으로 박탈하는 것을 정당화할 수 있는 특단의 사정이 존재한다고 볼 수 없으므로 소급입법금지원칙에 위배된다.
> ㄴ. 위치추적 전자장치 부착의 목적과 의도는 단순히 재범의 방지뿐만 아니라 중대한 범죄를 저지른 자에 대하여 그 책임에 상응하는 강력한 처벌을 가하고 일반 국민에 대하여 일반예방적 효과를 위한 강력한 경고를 하려는 것이므로, 구 「특정 범죄자에 대한 위치추적 전자장치 부착 등에 관한 법률」 시행 이전에 범죄를 저지른 자에 대해서도 소급하여 전자장치 부착을 명할 수 있도록 하는 동법 부칙조항은 헌법 제13조 제1항의 형벌불소급의 원칙에 위배된다.
> ㄷ. 법 시행일 이후에 이행기가 도래하는 퇴직연금에 대하여 소득과 연계하여 그 일부의 지급을 정지할 수 있도록 한 「공무원연금법」 조항을 이미 확정적으로 연금수급권을 취득한 자에게도 적용하도록 한 것은, 이미 종료된 과거의 사실관계 또는 법률관계에 새로운 법률이 소급적으로 적용되어 과거를 법적으로 새로이 평가하는 진정소급입법에 해당한다.
> ㄹ. 보안처분이라 하더라도 형벌적 성격이 강하여 신체의 자유를 박탈하거나 박탈에 준하는 정도로 신체의 자유를 제한하는 경우에는 소급입법금지원칙이 적용된다.

① ㄱ(○), ㄴ(×), ㄷ(○), ㄹ(×)
② ㄱ(×), ㄴ(×), ㄷ(○), ㄹ(○)
③ ㄱ(×), ㄴ(×), ㄷ(×), ㄹ(○)
④ ㄱ(○), ㄴ(○), ㄷ(○), ㄹ(×)
⑤ ㄱ(×), ㄴ(×), ㄷ(×), ㄹ(×)

지문분석 **난이도** ■■■ 상 | **정답** ③ | **키워드** 소급입법 | **출제유형** 판례

ㄱ **[X]** 이 사건 귀속조항은 진정소급입법에 해당하지만, 진정소급입법이라 할지라도 예외적으로 국민이 소급입법을 예상할 수 있었던 경우와 같이 소급입법이 정당화되는 경우에는 허용될 수 있다. 친일재산의 취득 경위에 내포된 민족배반적 성격, 대한민국 임시정부의 법통 계승을 선언한 헌법전문 등에 비추어 친일반민족행위자측으로서는 친일재산의 소급적 박탈을 충분히 예상할 수 있었고, 친일재산 환수 문제는 그 시대적 배경에 비추어 역사적으로 매우 이례적인 공동체적 과업이므로 이러한 소급입법의 합헌성을 인정한다고 하더라도 이를 계기로 진정소급입법이 빈번하게 발생할 것이라는 우려는 충분히 불식될 수 있다. 따라서 이 사건 귀속조항은 진정소급입법에 해당하나 헌법 제13조 제2항에 반하지 않는다(헌재 2011.03.31. 2008헌바141).

ㄴ **[X]** 전자장치 부착은 전통적 의미의 형벌이 아니며, 이를 통하여 피부착자의 위치만 국가에 노출될 뿐 그 행동 자체를 통제하지 않는다는 점에서 비형벌적 보안처분에 해당되므로, 이를 소급적용하도록 한 부칙경과조항은 헌법 제13조 제1항 전단의 소급처벌금지원칙에 위배되지 아니한다(헌재 2015.09.24. 2015헌바35).

ㄷ **[X]** 이 사건 심판대상조항은 법 시행일 이후에 이행기가 도래하는 퇴직연금 수급권의 내용을 변경함에 불과하고, 이미 종료된 과거의 사실관계 또는 법률관계에 새로운 법률이 소급적으로 적용되어 과거를 법적으로 새로이 평가하는 진정소급입법에는 해당하지 아니하므로 소급입법에 의한 재산권 침해는 문제될 여지가 없다(헌재 2009.07.30. 2007헌바113).

ㄹ **[O]** 보안처분이라 하더라도 형벌적 성격이 강하여 신체의 자유를 박탈하거나 박탈에 준하는 정도로 신체의 자유를 제한하는 경우에는 형벌불소급원칙이 적용된다(헌재 2012.12 27. 2010헌가82 등; 헌재 2014.08.28. 2011헌마28).

26 **헌법상 형벌불소급원칙 또는 소급입법금지원칙에 대한 설명으로 가장 적절하지 <u>않은</u> 것은?** (다툼이 있는 경우 헌법재판소 판례에 의함) 2023 경찰간부

① '이 법 시행 전의 행위에 대한 벌칙의 적용에 있어서는 종전의 규정에 따른다.'는 「도로교통법」 부칙(2010.7.23. 법률 제 10382호) 조항은 헌법 제13조 제1항의 형벌불소급원칙 보호영역에 포섭된다.

② 노역장 유치조항의 시행 전에 행해진 범죄행위에 대해서 공소제기의 시기가 노역장 유치조항의 시행 이후이면 노역장유치조항을 적용하도록 하는 것은 헌법상 형벌불소급원칙에 위반된다.

③ 디엔에이신원확인정보의 수집 · 이용이 범죄의 예방효과를 가지는 보안처분으로서의 성격을 일부 지닌다고 하더라도 이는 비형벌적 보안처분으로서 소급입법금지원칙이 적용되지 않는다.

④ 「아동 · 청소년의 성보호에 관한 법률」이 정하고 있는 아동 · 청소년 대상 성범죄자의 아동 · 청소년 관련 교육기관 등에의 취업제한 제도는 「형법」이 규정하고 있는 형벌에 해당되지 않으므로 헌법 제13조 제1항 전단의 형벌불소급원칙이 적용되지 않는다.

지문분석 **난이도** ■■■ **상** | **정답** ① | **키워드** 소급입법 | **출제유형** 판례

① 【X】 청구인은, 이 사건 부칙조항이 죄형법정주의 파생원칙인 형벌불소급원칙에 위반된다고 주장하나, 형벌불소급원칙이란 형벌법규는 시행된 이후의 행위에 대해서만 적용되고 시행 이전의 행위에 대해서는 소급하여 불리하게 적용되어서는 안 된다는 원칙인바, 이 사건 부칙조항은 개정된 법률 이전의 행위를 소급하여 형사처벌하도록 규정하고 있는 것이 아니라 형사처벌을 규정하고 있던 행위시법이 사후 폐지되었음에도 신법이 아닌 행위시법에 의하여 형사처벌하도록 규정한 것으로서, 헌법 제13조 제1항의 형벌불소급원칙 보호영역에 포섭되지 아니한다(헌재 2015.02.26. 2012헌바268).

② 【O】 노역장유치조항은 1억 원 이상의 벌금형을 선고받는 자에 대하여 유치기간의 하한을 중하게 변경시킨 것이므로, 이 조항 시행 전에 행한 범죄행위에 대해서는 범죄행위 당시에 존재하였던 법률을 적용하여야 한다. 그런데 부칙조항은 노역장유치조항의 시행 전에 행해진 범죄행위에 대해서도 공소제기의 시기가 노역장유치조항의 시행 이후이면 이를 적용하도록 하고 있으므로, 이는 범죄행위 당시 보다 불이익한 법률을 소급 적용하도록 하는 것으로서 헌법상 형벌불소급원칙에 위반된다(헌재 2017.10.26. 2015헌바239 등).

③ 【O】 디엔에이신원확인정보의 수집 · 이용은 수형인 등에게 심리적 압박으로 인한 범죄예방효과를 가진다는 점에서 보안처분의 성격을 지니지만, 처벌적인 효과가 없는 비형벌적 보안처분으로서 소급입법금지원칙이 적용되지 않는다. 이 사건 법률의 소급적용으로 인한 공익적 목적이 당사자의 손실보다 더 크므로, 이 사건 부칙조항이 법률 시행 당시 디엔에이감식시료 채취 대상범죄로 실형이 확정되어 수용 중인 사람들까지 이 사건 법률을 적용한다고 하여 소급입법금지원칙에 위배되는 것은 아니다(헌재 2014.08.28. 2011헌마28 등).

④ 【O】 청소년성보호법이 정하고 있는 취업제한제도로 인해 성범죄자에게 일정한 직종에 종사하지 못하는 제재가 부과되기는 하지만, 위 취업제한제도는 「형법」이 규정하고 있는 형벌에 해당하지 않으므로, 헌법 제13조 제1항 전단의 형벌불소급 원칙이 적용되지 않는다(헌재 2016.03.31. 2013헌마585 등).

27 헌법상 신뢰보호원칙에 대한 설명으로 가장 적절하지 않은 것은? (다툼이 있는 경우 판례에 의함)

2021 경찰 승진

① 신뢰보호원칙은 헌법상 법치국가원리로부터 도출되는 것으로, 법률이 개정되는 경우 구법질서에 대한 당사자의 신뢰가 합리적이고도 정당하며 법률의 제정이나 개정으로 야기되는 당사자의 손해가 극심하여 새로운 입법으로 달성하고자 하는 공익적 목적이 그러한 당사자의 신뢰의 파괴를 정당화할 수 없다면, 그러한 새로운 입법은 신뢰보호원칙상 허용될 수 없다.

② 법적 안정성의 객관적 요소로서 신뢰보호원칙은 한번 제정된 법규범은 원칙적으로 존속력을 갖고 자신의 행위기준으로 작용하리라는 헌법상 원칙이다.

③ 신뢰보호원칙의 위반 여부는 한편으로는 침해되는 이익의 보호가치, 침해의 정도, 신뢰의 손상 정도, 신뢰침해의 방법 등과 또 다른 한편으로는 새로운 입법을 통하여 실현하고자 하는 공익적 목적 등을 종합적으로 형량하여야 한다.

④ 법률에 따른 개인의 행위가 단지 법률이 반사적으로 부여하는 기회의 활용을 넘어서 국가에 의하여 일정 방향으로 유인된 것이라면 특별히 보호가치가 있는 신뢰이익이 인정될 수 있고, 이러한 경우 원칙적으로 개인의 신뢰보호가 국가의 법률개정이익에 우선된다고 볼 여지가 있다.

지문분석 **난이도** □■■ **중** | **정답** ② | **키워드** 신뢰보호원칙 | **출제유형** 판례

① 【O】 신뢰보호의 원칙은 헌법상 법치국가의 원칙으로부터 도출되는데, 그 내용은 법률의 제정이나 개정시 구법질서에 대한 당사자의 신뢰가 합리적이고도 정당하며 법률의 제정이나 개정으로 야기되는 당사자의 손해가 극심하여 새로운 입법으로 달성하고자 하는 공익적 목적이 그러한 당사자의 신뢰의 파괴를 정당화할 수 없다면, 그러한 새로운 입법은 신뢰보호의 원칙상 허용될 수 없다는 것이다(헌재 2002.11.28. 2002헌바45).

② 【X】 법적 안정성은 객관적 요소로서 법질서의 신뢰성 · 항구성 · 법적 투명성과 법적 평화를 의미하고, 이와 내적인 상호연관관계에 있는 법적 안정성의 주관적 측면은 한번 제정된 법규범은 원칙적으로 존속력을 갖고 자신의 행위기준으로 작용하리라는 개인의 신뢰보호원칙이다(헌재 1996.02.16. 96헌가2 등).

③ 【O】 신뢰보호의 원칙의 위배 여부는 한편으로는 침해받은 이익의 보호가치, 침해의 중한 정도, 신뢰가 손상된 정도, 신뢰침해의 방법 등과 다른 한편으로는 새 입법을 통해 실현하고자 하는 공익적 목적을 종합적으로 비교 · 형량하여 판단하여야 하는데, 이 사건의 경우 투자유인이라는 입법목적을 감안하더라도 그로 인한 공익의 필요성이 구법에 대한 신뢰보호보다 간절한 것이라고 보여지지 아니한다(헌재 1995.10.26. 94헌바12).

④ 【O】 개인의 신뢰이익에 대한 보호가치는 법령에 따른 개인의 행위가 국가에 의하여 일정방향으로 유인된 신뢰의 행사인지, 아니면 단지 법률이 부여한 기회를 활용한 것으로서 원칙적으로 사적 위험부담의 범위에 속하는 것인지 여부에 따라 달라진다. 만일 법률에 따른 개인의 행위가 단지 법률이 반사적으로 부여하는 기회의 활용을 넘어서 국가에 의하여 일정 방향으로 유인된 것이라면 특별히 보호가치가 있는 신뢰이익이 인정될 수 있고, 원칙적으로 개인의 신뢰보호가 국가의 법률개정이익에 우선된다고 볼 여지가 있다(헌재 2002.11.28. 2002헌바45).

28 신뢰보호원칙에 대한 설명으로 적절한 것을 모두 고른 것은? (다툼이 있는 경우 헌법재판소 판례에 의함) 2022 경찰 간부

가. 전부개정된 「성폭력범죄의 처벌에 관한 특례법」 시행 전에 행하여졌으나 아직 공소시효가 완성되지 아니한 성폭력범죄에 대해서도 공소시효의 정지·배제조항을 적용하는 「성폭력범죄의 처벌에 관한 특례법」 조항은 신뢰보호원칙에 위반되지 않는다.
나. 실제 평균임금이 노동부장관이 고시하는 한도금액 이상일 경우 그 한도금액을 실제임금으로 의제하는 최고보상제도가 시행되기 전에 이미 재해를 입고 산재보상수급권이 확정적으로 발생한 경우에도 적용하는 「산업재해보상보험법」 부칙조항은 신뢰보호원칙에 위반된다.
다. 상가건물 임차인의 계약갱신요구권 행사기간을 10년으로 연장한 개정법 조항의 시행 이전에 체결되었더라도 개정법 시행 이후 갱신되는 임대차의 경우에 개정법 조항의 연장된 기간을 적용하는 「상가건물임대차 보호법」 부칙조항은 신뢰보호원칙에 위반된다.
라. 위법건축물에 대해 이행강제금을 부과하도록 하면서 이행강제금제도 도입 전의 건축물에 대해 이행강제금제도 적용의 예외를 두지 않는 「건축법」 부칙조항은 신뢰보호원칙에 위반되지 않는다.

① 가, 나, 다　　② 가, 나, 라
③ 가, 다, 라　　④ 나, 다,

지문분석 **난이도** ■■■ 상 | **정답** ② | **키워드** 신뢰보호원칙 | **출제유형** 판례

가 【O】 제2심판대상조항은 대처능력이 현저히 미약하여 범행대상이 되기 쉽고 범행에 따른 피해의 정도도 더 큰 13세 미만의 사람에 대한 강제추행 등 죄질이 매우 나쁜 성폭력범죄에 대해서는 가해자가 살아있는 한 처벌할 수 있도록 하고, 미성년자에 대한 성폭력범죄에 대해서도 그 특수성을 고려하여 피해자인 미성년자가 성년이 되었을 때부터 공소시효를 진행하게 하는 조항을 그 시행 전에 이루어진 사건에도 적용하여 형사처벌의 가능성을 연장함으로써, 그 범죄로 인해 훼손된 불법적인 상태를 바로잡아 실체적 정의를 실현하는 것을 그 목적으로 한다. 제2심판대상조항이 「형사소송법」의 공소시효에 관한 조항의 적용을 배제하고 새롭게 규정된 조항을 적용하도록 하였다고 하더라도, 이로 인하여 제한되는 성폭력 가해자의 신뢰이익이 공익에 우선하여 특별히 헌법적으로 보호해야 할 가치나 필요성이 있다고 보기 어렵다. 따라서 제2심판대상조항은 신뢰보호원칙에 반한다고 할 수 없다(헌재 2021.06.24. 2018헌바457).

나 【O】 심판대상조항은 실제 평균임금이 노동부장관이 고시하는 한도금액 이상일 경우 그 한도금액을 실제임금으로 의제하는 최고보상제도를 2003. 1. 1.부터 기존 피재근로자인 청구인들에도 적용함으로써, 평균임금에 대한 청구인들의 정당한 법적 신뢰를 심각하고 예상하지 못한 방법으로 제약하여 청구인들에게 불이익을 초래하였다. 따라서, 심판대상조항은 신뢰보호의 원칙에 위배하여 청구인들의 재산권을 침해하는 것으로서 헌법에 위반된다(헌재 2009.05.28. 2005헌바20 등).

다 【X】 이 사건 부칙조항은 개정법조항을 개정법 시행 당시 존속 중인 임대차 전반이 아니라, 개정법 시행 후 갱신되는 임대차에 한하여 적용하도록 한정되어 있고, 임차인이 계약갱신요구권을 행사하더라도 임대인은 「상가건물 임대차보호법」에 따라 정당한 사유가 있거나 임차인에게 귀책사유가 있는 경우 갱신거절이 가능하며, 합의하여 임대인이 임차인에게 상당한 보상을 제공한 경우 등에도 마찬가지로 임대인이 임대차계약의 구속에서 벗어날 수 있는 길을 열어두고 있다. 따라서 이 사건 부칙조항이 임차인의 안정적인 영업을 지나치게 보호한 나머지 임대인에게만 일방적으로 가혹한 부담을 준다고 보기는 어렵다. 따라서 이 사건 부칙조항은 신뢰보호원칙에 위배되어 임대인의 재산권을 침해한다고 볼 수 없다(헌재 2021.10.28. 2019헌마106 등).

라 【O】 위법건축물에 대하여 종전처럼 과태료만이 부과될 것이라고 기대한 신뢰는 제도상의 공백에 따른 반사적인 이익에 불과하여 그 보호가치가 그리 크지 않은데다가, 이미 이행강제금 도입으로 인한 국민의 혼란이나 부담도 많이 줄어든 상태인 반면, 이행강제금제도 도입 전의 위법건축물이라 하더라도 이행강제금을 부과함으로써 위법상태를 치유하여 건축물의 안전, 기능, 미관을 증진하여야 한다는 공익적 필요는 중대하다 할 것이다. 따라서 이 사건 부칙조항은 신뢰보호원칙에 위배된다고 볼 수 없다(헌재 2015.10.21. 2013헌바248).

29 신뢰보호원칙에 관한 설명 중 가장 적절하지 않은 것은? (다툼이 있는 경우 판례에 의함) 2022 경찰 2차

① 신뢰보호의 원칙은 법치국가원리에 근거를 두고 있는 헌법상의 원칙으로서 특정한 법률에 의하여 발생한 법률관계는 그 법에 따라 파악되고 판단되어야 하고, 과거의 사실관계가 그 뒤에 생긴 새로운 법률의 기준에 따라 판단되지 않는다는 국민의 신뢰를 보호하기 위한 것이다.

② 구 매장 및 묘지 등에 관한 법률이 장사 등에 관한 법률로 전부개정 되면서 그 부칙에서 종전의 법령에 따라 설치된 봉안시설을 신법에 의하여 설치된 봉안시설로 보도록 함으로써 구법에 따라 설치허가를 받은 봉안시설 설치 관리인의 기존의 법상태에 대한 신뢰는 이미 보호되었다고 할 것이므로, 더 나아가 신법 시행 후 추가로 설치되는 부분에 대해서까지 기존의 법상태에 대한 보호가치 있는 신뢰가 있다고 보기 어렵다.

③ 부진정소급입법의 경우 입법권자의 입법형성권보다 당사자가 구법질서에 기대했던 신뢰보호의 견지에서 그리고 법적 안정성을 도모하기 위해 특단의 사정이 없는 한 구법에 의하여 이미 얻은 자격 또는 권리를 새 입법을 하는 마당에 그대로 존중할 의무가 있다고 할 것이나, 진정소급입법의 경우에는 구법질서에 대하여 기대했던 당사자의 신뢰보호보다는 광범위한 입법권자의 입법형성권을 경시해서는 안될 일이므로 특단의 사정이 없는 한 새 입법을 하면서 구법관계 내지 구법상의 기대이익을 존중하여야 할 의무가 발생하지는 않는다.

④ '개성공단의 정상화를 위한 합의서'에는 국내법과 동일한 법적 구속력을 인정하기 어렵고, 과거 사례 등에 비추어 개성공단의 중단 가능성은 충분히 예상할 수 있었으므로, 개성공단 전면중단 조치는 신뢰보호원칙을 위반하여 개성공단 투자기업인 청구인들의 영업의 자유와 재산권을 침해하지 아니한다.

지문분석 **난이도** □■■ 중 | **정답** ③ | **키워드** 신뢰보호원칙 | **출제유형** 판례

① 【O】 신뢰보호원칙은 법치국가원리에 근거를 두고 있는 헌법상 원칙으로서, 특정한 법률에 의하여 발생한 법률관계는 그 법에 따라 파악되고 판단되어야 하고 과거의 사실관계가 그 뒤에 생긴 새로운 법률의 기준에 따라 판단되지 않는다는 국민의 신뢰를 보호하기 위한 것이다. 법률의 개정시 구법 질서에 대한 당사자의 신뢰가 합리적이고도 정당하며, 법률의 개정으로 야기되는 당사자의 손해가 극심하여 새로운 입법으로 달성하고자 하는 공익적 목적이 그러한 당사자의 신뢰의 파괴를 정당화할 수 없다면, 그러한 새 입법은 신뢰보호의 원칙상 허용될 수 없다. 그런데 사회 환경이나 경제여건의 변화에 따른 필요성에 의하여 법률은 신축적으로 변할 수밖에 없고, 변경된 새로운 법질서와 기존의 법질서 사이에는 이해관계의 상충이 불가피하다. 따라서 국민이 가지는 모든 기대 내지 신뢰가 헌법상 권리로서 보호될 것은 아니고, 신뢰의 근거 및 종류, 상실된 이익의 중요성, 침해의 방법 등에 비추어 종전 법규・제도의 존속에 대한 개인의 신뢰가 합리적이어서 권리로서 보호될 필요성이 있다고 인정되어야 한다. 즉, 신뢰보호원칙의 위반 여부를 판단함에 있어서는, 한편으로는 침해받은 신뢰이익의 보호가치, 침해의 중한 정도, 신뢰가 손상된 정도, 신뢰침해의 방법 등과 다른 한편으로는 새로운 입법을 통해 실현하고자 하는 공익적 목적을 종합적으로 비교・형량하여야 한다(헌재 2012.11.29. 2011헌마786등).

② 【O】 구 「매장법」이 「장사법」으로 전부 개정되면서 그 부칙 제3조에서 종전의 법령에 따라 설치된 봉안시설을 「장사법」에 의하여 설치된 봉안시설로 보도록 함으로써 구 「매장법」에 따라 설치허가를 받은 봉안시설 설치・관리인의 기존의 법상태에 대한 신뢰는 이미 보호되었다. 더 나아가 「장사법」 시행 후 추가로 설치되는 부분에 대해서까지 기존의 법상태에 대한 보호가치 있는 신뢰가 있다고 보기 어렵다. 따라서 심판대상조항은 신뢰보호원칙에 위반되지 아니한다(헌재 2021.08.31. 2019헌바453).

③ 【X】 부진정소급입법의 경우 구법질서에 대하여 기대했던 당사자의 신뢰보호보다는 광범위한 입법권자의 입법형성권을 경시해서는 안 될 일이므로 특단의 사정이 없는 한 새 입법을 하면서 구법관계 내지 구법상의 기대이익을 존중하여야 할 의무가 발생하지 않는다. 그러나 새로운 입법을 통해 달성하고자 하는 공익적 목적이 신뢰보호의 가치보다 크지 않다면 정당화될 수 없다(헌재 1995.10.28. 94헌바12).

④ 【O】 '개성공단의 정상화를 위한 합의서'에는 국내법과 동일한 법적 구속력을 인정하기 어렵고, 과거 사례 등에 비추어 개성공단의 중단 가능성은 충분히 예상할 수 있었으므로, 개성공단 전면중단 조치는 신뢰보호원칙을 위반하여 개성공단 투자기업인 청구인들의 영업의 자유와 재산권을 침해하지 아니한다(헌재 2022.01.27. 2016헌마364).

30 **신뢰보호원칙과 소급입법금지원칙에 관한 설명 중 가장 적절하지 않은 것은?** (다툼이 있는 경우 판례에 의함) 2023 경찰 승진

① 법률에 따른 개인의 행위가 단지 법률이 반사적으로 부여하는 기회의 활용을 넘어서 국가에 의하여 일정 방향으로 유인된 것이라면 특별히 보호가치가 있는 신뢰이익이 인정될 수 있고, 원칙적으로 개인의 신뢰보호가 국가의 법률개정이익에 우선된다고 볼 여지가 있다.

② 부진정소급입법에 있어서는 소급효를 요구하는 공익상의 사유와 신뢰보호의 요청 사이의 교량과정에서 신뢰보호의 관점이 입법자의 형성권에 제한을 가하게 되므로 원칙적으로 허용되지 않는다.

③ 진정소급입법이 허용되는 예외적인 경우로는 일반적으로 국민이 소급입법을 예상할 수 있었거나 법적 상태가 불확실하고 혼란스러워 보호할 만한 신뢰이익이 적은 경우와 소급입법에 의한 당사자의 손실이 없거나 아주 경미한 경우 그리고 신뢰보호의 요청에 우선하는 심히 중대한 공익상의 사유가 소급입법을 정당화하는 경우를 들 수 있다.

④ 신법이 피적용자에게 유리한 경우에는 이른바 시혜적인 소급 입법이 가능하지만 이를 입법자의 의무라고는 할 수 없고, 그러한 소급입법을 할 것인지의 여부는 입법재량의 문제로서 그 판단은 일차적으로 입법기관에 맡겨져 있으며, 이와 같은 시혜적 조치를 할 것인가 하는 문제는 국민의 권리를 제한하거나 새로운 의무를 부과하는 경우와는 달리 입법자에게 보다 광범위한 입법형성의 자유가 인정된다.

지문분석 **난이도** □□■ **하** | **정답** ② | **키워드** 신뢰보호원칙 | **출제유형** 판례

① 【O】 개인의 신뢰이익에 대한 보호가치는 ㉠ 법령에 따른 개인의 행위가 국가에 의하여 일정방향으로 유인된 신뢰의 행사인지, ㉡ 아니면 단지 법률이 부여한 기회를 활용한 것으로서 원칙적으로 사적 위험부담의 범위에 속하는 것인지 여부에 따라 달라진다. 만일 법률에 따른 개인의 행위가 단지 법률이 반사적으로 부여하는 기회의 활용을 넘어서 국가에 의하여 일정 방향으로 유인된 것이라면 특별히 보호가치가 있는 신뢰이익이 인정될 수 있고, 원칙적으로 개인의 신뢰보호가 국가의 법률개정이익에 우선된다고 볼 여지가 있다(헌재 2007.04.26. 2003헌마947).

② 【X】, ③ 【O】 소급입법은 새로운 입법으로 이미 종료된 사실관계 또는 법률관계에 작용하도록 하는 진정소급입법과 현재 진행 중인 사실관계 또는 법률관계에 작용하도록 하는 부진정소급입법으로 나눌 수 있는바, 부진정소급입법은 원칙적으로 허용되지만 소급효를 요구하는 공익상의 사유와 신뢰보호의 요청 사이의 교량과정에서 신뢰보호의 관점이 입법자의 형성권에 제한을 가하게 되는 데 반하여, 진정소급입법은 개인의 신뢰보호와 법적 안정성을 내용으로 하는 법치국가원리에 의하여 특단의 사정이 없는 한 헌법적으로 허용되지 아니하는 것이 원칙이나 예외적으로 국민이 소급입법을 〈예〉상할 수 있었거나, 법적 상태가 〈불〉확실하고 혼란스러웠거나 하여 보호할 만한 신뢰의 이익이 적은 경우와 소급입법에 의한 당사자의 손실이 없거나 아주 〈경〉미한 경우, 그리고 신뢰보호의 요청에 우선하는 〈심〉히 중대한 공익상의 사유가 소급입법을 정당화하는 경우에는 허용될 수 있다(헌재 2011.03.31. 2008헌바141).

④ 【O】헌법상의 기본원칙인 법치주의로부터 도출되는 법적 안정성과 신뢰보호의 원칙상 모든 법규범은 현재와 장래에 한하여 효력을 가지는 것이기 때문에 소급입법은 금지 내지 제한된다. 다만, 신법이 피적용자에게 유리한 경우에는 이른바 시혜적인 소급입법이 가능하지만 이를 입법자의 의무라고는 할 수 없고, 그러한 소급입법을 할 것인지의 여부는 입법재량의 문제로서 그 판단은 일차적으로 입법기관에 맡겨져 있으며, 이와 같은 시혜적 조치를 할 것인가 하는 문제는 국민의 권리를 제한하거나 새로운 의무를 부과하는 경우와는 달리 입법자에게 보다 광범위한 입법형성의 자유가 인정된다(헌재 1995.12.28. 95헌마196).

31 **신뢰보호원칙에 대한 설명으로 가장 적절하지 않은 것은?** (다툼이 있는 경우 헌법재판소 판례에 의함)

2019 경찰 승진

① 입법자는 새로운 인식을 수용하고 변화한 현실에 적절하게 대처해야 하기 때문에, 국민은 현재의 법적 상태가 항상 지속되리라는 것을 원칙적으로 신뢰할 수 없다.

② 개정된 법규·제도의 존속에 대한 개인의 신뢰가 합리적이어서 권리로서 보호할 필요성이 인정되어야 그 신뢰가 헌법상 권리로서 보호될 것이다.

③ 신뢰보호원칙의 위반 여부는 한편으로는 침해받은 신뢰이익의 보호가치, 침해의 중한 정도, 신뢰침해의 방법 등과 다른 한편으로는 새 입법을 통해 실현코자 하는 공익목적을 종합적으로 비교형량하여 판단하여야 한다.

④ 법률에 따른 개인의 행위가 국가에 의하여 일정 방향으로 유인된 것이라도 헌법상 보호가치가 있는 신뢰이익으로 인정될 수 없다.

지문분석 **난이도** □□■ **하** | **정답** ④ | **키워드** 신뢰보호원칙 | **출제유형** 판례

① 【O】 입법자는 새로운 인식을 수용하고 변화한 현실에 적절하게 대처해야 하기 때문에, 국민은 현재의 법적 상태가 항상 지속되리라는 것을 원칙적으로 신뢰할 수 없다. 법률의 존속에 대한 개인의 신뢰는 법적 상태의 변화를 예측할 수 있는 정도에 따라서 달라지므로, 신뢰보호가치의 정도는 개인이 어느 정도로 법률개정을 예측할 수 있었는가에 따라서 결정된다(헌재 2003.10.30. 2001헌마700 등).

② 【O】 사회환경이나 경제여건의 변화에 따른 필요성에 의하여 법률은 신축적으로 변할 수밖에 없고, 변경된 새로운 법질서와 기존의 법질서 사이에는 이해관계의 상충이 불가피하다. 따라서 국민이 가지는 모든 기대 내지 신뢰가 헌법상 권리로서 보호될 것은 아니고, 개정된 법규·제도의 존속에 대한 개인의 신뢰가 합리적이어서 권리로서 보호할 필요성이 인정되어야 한다(헌재 2017.07.27. 2015헌마1052).

③ 【O】 신뢰보호의 원칙의 위배 여부는 한편으로는 침해받은 이익의 보호가치, 침해의 중한 정도, 신뢰가 손상된 정도, 신뢰침해의 방법 등과 다른 한편으로는 새 입법을 통해 실현하고자 하는 공익적 목적을 종합적으로 비교·형량하여 판단하여야 하는데, 이 사건의 경우 투자유인이라는 입법목적을 감안하더라도 그로 인한 공익의 필요성이 구법에 대한 신뢰보호보다 간절한 것이라고 보여지지 아니한다(헌재 1995.10.26. 94헌바12).

④ 【X】 개인의 신뢰이익에 대한 보호가치는 ㉠ 법령에 따른 개인의 행위가 국가에 의하여 일정방향으로 유인된 신뢰의 행사인지, ㉡ 아니면 단지 법률이 부여한 기회를 활용한 것으로서 원칙적으로 사적 위험부담의 범위에 속하는 것인지 여부에 따라 달라진다. 만일 법률에 따른 개인의 행위가 단지 법률이 반사적으로 부여하는 기회의 활용을 넘어서 국가에 의하여 일정 방향으로 유인된 것이라면 특별히 보호가치가 있는 신뢰이익이 인정될 수 있고, 원칙적으로 개인의 신뢰보호가 국가의 법률개정이익에 우선된다고 볼 여지가 있다(헌재 2002.11.28. 2002헌바45).

32 신뢰보호원칙에 대한 설명으로 옳지 않은 것은? 2024 국회직 8급

① 구 법령에 따라 폐자동차재활용업 등록을 한 자에게도 3년 이내에 등록기준을 갖추도록 한 「전기·전자제품 및 자동차의 자원순환에 관한 법률」 시행령 부칙 제3조제1항 및 제2항 중 '3년' 부분은 신뢰보호원칙에 위배되어 그 등록을 한 자의 직업의 자유를 침해한다.

② 헌법재판소가 성인대상 성범죄자에 대하여 10년 동안 일률적으로 의료기관에의 취업제한 등을 하는 규정에 대하여 위헌재정을 한 뒤, 개정법 시행일 전까지 성인대상 성범죄로 형을 선고받아 그 형이 확정된 사람에 대해서 형의 종류 또는 형량에 따라 기간에 차등을 두어 의료기관에의 취업 등을 제한하는 「아동·청소년의 성보호에 관한 법률」 부칙 제5조제1호는 신뢰보호원칙에 위배되지 아니한다.

③ 공익법인이 유예기한이 지난 후에도 보유기준을 초과하여 주식을 보유하는 경우 10년을 초과하지 않는 범위에서 매년 가산세를 부과하도록 정한 구 「상속세 및 증여세법」 제78조제4항 중 제49조제1항 제2호에 관한 부분은 신뢰보호원칙에 반하지 아니한다.

④ 무기징역의 집행 중에 있는 자의 가석방 요건을 종전의 '10년 이상'에서 '20년 이상' 형 집행 경과로 강화한 개정 「형법」 제72조제1항을 「형법」 개정 당시에 이미 수용 중인 사람에게도 적용하는 「형법」 부칙 조항이 신뢰보호원칙에 위배되어 신체의 자유를 침해한다고 볼 수 없다.

⑤ 사법연수원의 소정 과정을 마치더라도 바로 판사임용자격을 취득할 수 없고 일정 기간 이상의 법조경력을 갖추어야 판사로 임용될 수 있도록 「법원조직법」을 개정하면서, 이를 동법 개정 시점에 사법 시험에 합격하였으나 아직 사법연수원에 입소하지 않은 자에게 적용하는 것은 신뢰보호원칙에 위반되지 않는다.

지문분석 **난이도** ■■■ 상 | **정답** ① | **키워드** 신뢰보호원칙 | **출제유형** 판례

① 【X】 이 사건 부칙조항이 정한 3년의 유예기간은 법령의 개정으로 인한 상황변화에 적절히 대처하기에 상당한 기간으로 지나치게 짧은 것이라 할 수 없으므로, 이 사건 부칙조항은 신뢰보호원칙에 위배되어 청구인의 직업의 자유를 침해하지 아니한다(헌재 2022.09.29. 2019헌마1352).

② 【O】 성인대상 성범죄자에게 일률적으로 10년 동안 의료기관에의 취업제한을 하도록 한 조항에 대한 헌법재판소의 2016.03.31. 2013헌마585등 위헌재정에 따르더라도 재범의 위험성 및 필요성에 상응하는 취업제한 기간을 정하여 부과하는 의료기관 취업제한이 가능함은 예상할 수 있었다고 보아야 하고, 취업제한은 장래의 위험을 방지하기 위한 것으로서, 향후 성인대상 성범죄자에게 의료기관 취업제한이 없을 것이라는 기대는 정당한 신뢰 또는 헌법상 보호가치 있는 신뢰로 보기 어렵다. 이 사건 부칙조항은 신뢰보호원칙에 위배되지 아니한다(헌재 2023.05.25. 2020헌바45).

③ 【O】 출연재산을 변칙적인 탈세나 부의 증식 내지 세습수단으로 악용하는 것을 방지하기 위하여 입법자는 공익법인에 출연한 내국법인 주식 중 증여세과세가액에 산입하지 않는 한도기준을 낮추고, 더 나아가 유예기한 경과 후까지 기준을 초과하여 보유하는 경우에는 가산세를 부과하는 것으로 법을 개정하여 왔으며, 심판대상조항은 기존 입법들의 연장선상에서 그 문제점을 보완한 것이다. 관련 규정의 개정 경과에 비추어 청구인과 같은 공익사업 영위자는 제도의 시행과정에서 발생하는 문제점을 제거하기 위하여 추가적인 법률개정이 필요할 수 있음을 충분히 예상할 수 있었으므로 법률의 존속에 대한 신뢰이익의 보호가치는 크다고 할 수 없는 반면 조세회피나 부의 세습을 방지함으로써 얻게 되는 공익은 막중하므로 심판대상조항은 신뢰보호원칙에 반하지 아니한다(헌재 2023.07.20. 2019헌바223).

④ 【O】 수형자가 「형법」에 규정된 형 집행경과기간 요건을 갖춘 것만으로 가석방을 요구할 권리를 취득하는 것은 아니므로, 10년간 수용되어 있으면 가석방 적격심사 대상자로 선정될 수 있었던 구 「형법」 제72조 제1항에 대한 청구인의 신뢰를 헌법상 권리로 보호할 필요성이 있다고 할 수 없다. 그렇다면 죄질이 더 무거운 무기징역형을 선고받은 수형자를 가석방할 수 있는 형 집행 경과기간이 개정 「형법」 시행 후에 유기징역형을 선고받은 수형자의 경우와 같거나 오히려 더 짧게 되는 불합리한 결과를 방지하고, 사회를 방위하기 위한 이 사건 부칙조항이 신뢰보호원칙에 위배되어 청구인의 신체의 자유를 침해한다고 볼 수 없다(헌재 2013.08.29. 2011헌마408).

⑤ 【O】 청구인들이 신뢰한 개정 이전의 구 「법원조직법」 제42조 제2항에 의하더라도 판사임용자격을 가지는 자는 '사법시험에 합격하여 사법연수원의 소정 과정을 마친 자'로 되어 있었고, 청구인들이 사법시험에 합격하여 사법연수원에 입소하기 이전인 2011. 7. 18. 이미 「법원조직법」이 개정되어 판사임용자격에 일정기간의 법조경력을 요구함에 따라 구 「법원조직법」이 제공한 신뢰가 변경 또는 소멸되었다. 그렇다면, 청구인들의 신뢰에 대한 보호가치가 크다고 볼 수 없고, 반면 충분한 사회적 경험과 연륜을 갖춘 판사로부터 재판을 받도록 하여 국민의 기본권을 보장하고 사법에 대한 국민의 신뢰를 보호하려는 공익은 매우 중대하다. 따라서 이 사건 심판대상 조항이 신뢰보호원칙에 위반하여 청구인들의 공무담임권을 침해한다고 볼 수 없다(헌재 2014.05.29. 2013헌마127 등).

33 **신뢰보호의 원칙 및 소급입법금지원칙에 관한 설명 중 가장 적절한 것은?** (다툼이 있는 경우 판례에 의함) 2020 경찰 승진

① 신법이 피적용자에게 유리한 경우에는 시혜적인 소급입법을 하여야 하므로, 순직공무원의 적용범위를 확대한 개정 「공무원연금법」을 소급하여 적용하지 아니하도록 한 개정 법률 부칙은 평등의 원칙에 위배된다.

② 부당환급받은 세액을 징수하는 근거규정인 개정조항을 개정된 법 시행 후 최초로 환급세액을 징수하는 분부터 적용하도록 규정한 「법인세법」 부칙 조항은 이미 완성된 사실 법률관계를 규율하는 진정소급입법에 해당하나, 이를 허용하지 아니하면 위 개정조항과 같이 법인세 부과처분을 통하여 효율적으로 환수하지 못하고 부당이득 반환 등 복잡한 절차를 거칠 수밖에 없어 중대한 공익상 필요에 의하여 예외적으로 허용된다.

③ 「군인연금법」상 퇴역연금 수급권자가 「사립학교교직원 연금법」 제3조의 학교기관으로부터 보수 기타 급여를 지급받는 경우에는 대통령령이 정하는 바에 따라 퇴역연금의 전부 또는 일부의 지급을 정지할 수 있도록 하는 것은 신뢰보호원칙에 위반되지 않는다.

④ 1953년부터 시행된 '교사의 신규채용에 있어서는 국립 또는 공립 교육대학 사범대학의 졸업자를 우선하여 채용하여야 한다.'라는 「교육공무원법」 조항에 대한 헌법재판소의 위헌재정에도 불구하고 헌법재판소의 위헌재정 당시의 국 공립사범대학 등의 재학생과 졸업자의 신뢰는 보호되어야 하므로, 입법자가 위헌 법률에 기초한 이들의 신뢰이익을 보호하기 위한 법률을 제정하지 않은 부작위는 헌법에 위배된다.

지문분석 **난이도** □■■ **중** | **정답** ③ | **키워드** 신뢰보호의 원칙 및 소급입법금지원칙 | **출제유형** 판례

① 【X】 소방공무원이 재난 · 재해현장에서 화재진압이나 인명구조작업 중 입은 위해뿐만 아니라 그 업무수행을 위한 긴급한 출동 · 복귀 및 부수활동 중 위해에 의하여 사망한 경우까지 그 유족에게 순직공무원보상을 하여 주는 제도를 도입하면서 이 사건 부칙조항이 신법을 소급하는 경과규정을 두지 않았다고 하더라도 소급적용에 따른 국가의 재정부담, 법적 안정성 측면 등을 종합적으로 고려하여 입법정책적으로 정한 것이므로 입법재량의 범위를 벗어나 불합리한 차별이라고 할 수 없다(헌재 2012.08.23. 2011헌바169).

② 【X】 심판대상조항은 개정조항이 시행되기 전 환급세액을 수령한 부분까지 사후적으로 소급하여 개정된 징수조항을 적용하는 것으로서 헌법 제13조 제2항에 따라 원칙적으로 금지되는 이미 완성된 사실 · 법률관계를 규율하는 진정소급입법에 해당한다. 법인세를 부당 환급받은 법인은 소급입법을 통하여 이자상당액을 포함한 조세채무를 부담할 것이라고 예상할 수 없었고, 환급세액과 이자상당액을 법인세로서 납부하지 않을 것이라는 신뢰는 보호할 필요가 있다. 나아가 개정 전 법인세법 아래에서도 환급세액을 부당이득 반환청구를 통하여 환수할 수 있었으므로, 신뢰보호의 요청에 우선하여 진정소급입법을 하여야 할 매우 중대한 공익상 이유가 있다고 볼 수도 없다(헌재 2014.07.24. 2012헌바105).

③ 【O】 이 사건 정지조항을 통하여 기존의 연금수급자들에 대한 퇴역연금의 지급을 정지함으로써 달성하려는 공익은 군인연금 재정의 악화를 개선하여 이를 유지 · 존속하려는 데에 있는 것으로, 그와 같은 공익적인 가치는 매우 크다 하지 않을 수 없다. 그렇다면 보호해야 할 연금수급자의 신뢰의 가치는 그리 크지 않은 반면, 군인연금 재정의 파탄을 막고 군인연금제도를 건실하게 유지하려는 공익적 가치는 긴급하고 또한 중요한 것이므로, 이 사건 정지조항이 헌법상 신뢰보호의 원칙에 위반된다고 할 수 없다(헌재 2007.10.25. 2005헌바68).

④ 【X】 청구인들이 주장하는 교원으로 우선 임용받을 권리는 헌법상 권리가 아니고 단지 구 교육공무원법 제11조 제1항의 규정에 의하여 비로소 인정되었던 권리일 뿐이며, 헌법재판소가 1990.10.8. 위 법률조항에 대한 위헌재정을 하면서 청구인들과 같이 국·공립 사범대학을 졸업하고 아직 교사로 채용되지 아니한 자들에게 교원으로 우선 임용받을 권리를 보장할 것을 입법자나 교육부장관에게 명하고 있지도 아니하므로 국회 및 교육부장관에게 청구인들을 중등교사로 우선 임용하여야 할 작위의무가 있다고 볼 근거가 없어 국회의 입법불행위 및 교육부장관의 경과조치 부작위에 대한 이 사건 헌법소원심판청구 부분은 부적법하다(헌재 1995.05.25. 90헌마196).

34 명확성원칙에 대한 설명으로 가장 적절하지 않은 것은? (다툼이 있는 경우 판례에 의함) 2021 경찰 승진

① 취소소송 등의 제기 시 '회복하기 어려운 손해'를 집행정지의 요건으로 규정한 행정소송법 조항은 명확성원칙에 위배되지 않는다.

② 어린이집이 시·도지사가 정한 수납한도액을 초과하여 보호자로부터 필요경비를 수납한 것에 대해 해당 시·도지사가 「영유아보육법」에 근거하여 발할 수 있도록 한 '시정 또는 변경' 명령은 명확성원칙에 위배되지 않는다.

③ 전문과목을 표시한 치과의원은 그 표시한 '전문과목'에 해당하는 환자만을 진료하여야 한다고 규정한 「의료법」 조항은 명확성원칙에 위배되지 않는다.

④ '공중도덕상 유해한 업무'에 취업시킬 목적으로 근로자를 파견한 사람을 형사처벌하도록 한 구 파견근로자보호 등에 관한 법률 조항은 명확성원칙에 위배되지 않는다.

지문분석 **난이도** □□■ 하 | **정답** ④ | **키워드** 명확성원칙 | **출제유형** 판례

① 【O】 이 사건 집행정지 요건 조항에서 집행정지 요건으로 규정한 '회복하기 어려운 손해'는 대법원 판례에 의하여 '특별한 사정이 없는 한 금전으로 보상할 수 없는 손해로서 이는 금전보상이 불능인 경우 내지는 금전보상으로는 사회관념상 행정처분을 받은 당사자가 참고 견딜 수 없거나 또는 참고 견디기가 현저히 곤란한 경우의 유형, 무형의 손해'를 의미한 것으로 해석할 수 있고, '긴급한 필요'란 손해의 발생이 시간상 임박하여 손해를 방지하기 위해서 본안판결까지 기다릴 여유가 없는 경우를 의미하는 것으로, 이는 집행정지가 임시적 권리구제제도로서 잠정성, 긴급성, 본안소송에의 부종성의 특징을 지니는 것이라는 점에서 그 의미를 쉽게 예측할 수 있다. 이와 같이 심판대상조항은 법관의 법 보충작용을 통한 판례에 의하여 합리적으로 해석할 수 있고, 자의적인 법해석의 위험이 있다고 보기 어려우므로 명확성 원칙에 위배되지 않는다(헌재 2018.01.25. 2016헌바208).

② 【O】 심판대상조항이 규정하고 있는 '시정 또는 변경' 명령은 '「영유아보육법」 제38조 위반행위에 대하여 그 위법사실을 시정하도록 함으로써 정상적인 법질서를 회복하는 것을 목적으로 행해지는 행정작용'으로, 여기에는 과거의 위반행위로 인하여 취득한 필요경비 한도 초과액에 대한 환불명령도 포함됨을 어렵지 않게 예측할 수 있다. 그렇다면 심판대상조항 자체에 시정 또는 변경 명령의 내용으로 환불명령을 명시적으로 규정하지 않았다고 하여 명확성원칙에 위배된다고 볼 수 없다(헌재 2017.12.28. 2016헌바249).

③ 【O】 치과전문의가 되기 위해서는 치과의사 면허를 받은 자가 치과전공의 수련과정을 거쳐 치과전문의 자격시험에 합격해야 하므로, 심판대상조항의 수범자인 치과전문의는 각 전문과목의 진료내용과 진료영역 및 전문과목 간의 차이점 등을 알 수 있다. 따라서 심판대상조항은 명확성원칙에 위배되어 직업수행의 자유를 침해한다고 볼 수 없다(헌재 2015.05.28. 2013헌마799).

④ 【X】 「파견법」은 '공중도덕상 유해한 업무'에 관한 정의조항은 물론 그 의미를 해석할 수 있는 수식어를 두지 않았으므로, 심판대상조항이 규율하는 사항을 바로 알아내기도 어렵다. 심판대상조항은 건전한 상식과 통상적 법감정을 가진 사람으로 하여금 자신의 행위를 결정해 나가기에 충분한 기준이 될 정도의 의미내용을 가지고 있다고 볼 수 없으므로 죄형법정주의의 명확성원칙에 위배된다(헌재 2016.11.24. 2015헌가23).

35 명확성 원칙에 대한 헌법재판소 결정으로 옳은 것은? 2015 국가직 7급

① 법률사건의 수임에 관하여 알선의 대가로 금품을 제공하거나 이를 약속한 변호사를 형사처벌하는 구 「변호사법」 조항 중 '법률사건'과 '알선'은 처벌법규의 구성요건으로 그 의미가 불분명하기에 명확성원칙에 위배된다.

② 방송통신심의위원회의 직무의 하나로 '건전한 통신윤리의 함양을 위하여 필요한 사항으로서 대통령령이 정하는 정보의 심의 및 시정요구'를 규정하고 있는 「방송통신위원회의 설치 및 운영에 관한 법률」 조항 중 '건전한 통신윤리'라는 부분은 각 개인의 가치관에 따라 달리 해석될 수 있기에 명확성원칙에 위배된다.

③ 의료인이 '치료효과를 보장하는 등 소비자를 현혹할 우려가 있는 내용의 광고'를 한 경우 형사처벌하도록 규정한 「의료법」 규정은 오로지 의료서비스의 긍정적인 측면만을 강조하여 의료소비자를 혼란스럽게 하고 합리적인 선택을 방해할 것으로 걱정되는 광고를 의미하는 것으로 충분히 해석이 가능하기에 명확성원칙에 위배되지 않는다.

④ 공무원의 '공무 외의 일을 위한 집단행위'를 금지하는 「국가공무원법」 규정은 어떤 행위가 허용되고 금지되는지를 예측할 수 없으므로 명확성원칙에 위배된다.

지문분석 **난이도** □■■ 중 | **정답** ③ | **키워드** 명확성원칙 | **출제유형** 판례

① 【X】 법률사건의 수임에 관하여 알선의 대가로 금품을 제공하거나 이를 약속한 변호사를 형사처벌하는 구 「변호사법」 조항이 규정하는 '법률사건'이란 '법률상의 권리・의무의 발생・변경・소멸에 관한 다툼 또는 의문에 관한 사건'을 의미하고, '알선'이란 법률사건의 당사자와 그 사건에 관하여 대리 등의 법률사무를 취급하는 상대방(변호사 포함) 사이에서 양자 간에 법률사건이나 법률사무에 관한 위임계약 등의 체결을 중개하거나 그 편의를 도모하는 행위를 말하는바, 이 사건 법률조항에 의하여 금지되고, 처벌되는 행위의 의미가 문언상 불분명하다고 할 수 없으므로 이 사건 법률조항은 죄형법정주의의 명확성원칙에 위배되지 않는다(헌재 2013.02.28. 2012헌바62).

② 【X】 방송통신심의위원회의 직무의 하나로 '건전한 통신윤리의 함양을 위하여 필요한 사항으로서 대통령령이 정하는 정보의 심의 및 시정요구'를 규정하고 있는 「방송통신위원회의 설치 및 운영에 관한 법률」 조항 중 '건전한 통신윤리'라는 개념은 다소 추상적이기는 하나, 전기통신회선을 이용하여 정보를 전달함에 있어 우리 사회가 요구하는 최소한의 질서 또는 도덕률을 의미하고, '건전한 통신윤리의 함양을 위하여 필요한 사항으로서 대통령령이 정하는 정보'란 이러한 질서 또는 도덕률에 저해되는 정보로서 심의 및 시정요구가 필요한 정보를 의미한다고 할 것이며, 정보통신영역의 광범위성과 빠른 변화속도, 그리고 다양하고 가변적인 표현형태를 문자화하기에 어려운 점을 감안할 때, 위와 같은 함축적인 표현은 불가피하다고 할 것이어서, 명확성의 원칙에 반한다고 할 수 없다(헌재 2012.02.23. 2011헌가13).

③ 【O】 '현혹(眩惑)', '우려(憂慮)'의 의미, 관련 조항 등을 종합하면, '소비자를 현혹할 우려가 있는 내용의 광고'란, '광고 내용의 진실성・객관성을 불문하고, 오로지 의료서비스의 긍정적인 측면만을 강조하는 취지의 표현을 사용함으로써 의료소비자를 혼란스럽게 하고 합리적인 선택을 방해할 것으로 걱정되는 광고'를 의미하는 것으로 충분히 해석할 수 있으므로, 의료법인・의료기관 또는 의료인이 '치료효과를 보장하는 등 소비자를 현혹할 우려가 있는 내용의 광고'를 한 경우 형사처벌하도록 규정한 심판대상조항은 죄형법정주의의 명확성원칙에 위배되지 아니한다(헌재 2014.09.25. 2013헌바28).

④ 【X】 공무원의 '공무 외의 일을 위한 집단행위'를 금지하는 「국가공무원법」 규정의 '공무 외의 일을 위한 집단행위'는 언론・출판・집회・결사의 자유를 보장하고 있는 헌법 제21조 제1항과 「국가공무원법」의 입법취지, 「국가공무원법」상 공무원의 성실의무와 직무전념의무 등을 종합적으로 고려할 때, '공익에 반하는 목적을 위하여 직무전념의무를 해태하는 등의 영향을 가져오거나, 공무에 대한 국민의 신뢰에 손상을 가져올 수 있는 공무원 다수의 결집된 행위'를 말하는 것으로 한정 해석되므로 명확성원칙에 위반된다고 볼 수 없다(헌재 2014.08.28. 2011헌바32).

36 명확성원칙에 대한 설명으로 가장 옳은 것은? (다툼이 있는 경우 판례에 의함) 2017 서울시 7급

① 공중도덕상 유해한 업무에 취업시킬 목적으로 근로자를 파견한 사람을 형사처벌하도록 한 파견근로자보호 등에 관한 법률 조항 중 공중도덕 부분은 명확성원칙에 위배되지 않는다.

② 전문과목을 표시한 치과의원에게 그 표시한 전문과목에 해당하는 환자만을 진료하도록 한 「의료법」 조항은 명확성 원칙에 위배된다.

③ 「학원법」에 따른 등록을 하지 아니하고 학원을 설립·운영한 자를 처벌하도록 한 「학원법」 조항은 명확성원칙에 위배된다.

④ 공공수역에 다량의 토사를 유출하거나 버려 상수원 또는 하천·호소를 현저히 오염되게 한 자를 처벌하는 「수질 및 수생태계 보전에 관한 법률」 조항 중 다량, 토사, 현저히 오염 부분은 명확성원칙에 위배된다.

지문분석 **난이도** □■■ **중** | **정답** ④ | **키워드** 명확성원칙 | **출제유형** 판례

① 【X】 공중도덕상 유해한 업무에 취업시킬 목적으로 근로자를 파견한 사람을 형사처벌하도록 규정한 구 '파견근로자보호 등에 관한 법률' 조항 중 '공중도덕상 유해한 업무' 부분은 건전한 상식과 통상적 법감정을 가진 사람으로 하여금 자신의 행위를 결정해 나가기에 충분한 기준이 될 정도의 의미내용을 가지고 있다고 볼 수 없으므로 죄형법정주의의 명확성원칙에 위배된다(헌재 2016.11.24. 2015헌가23).

② 【X】 치과전문의가 되기 위해서는 치과의사 면허를 받은 자가 치과전공의 수련과정을 거쳐 치과전문의 자격시험에 합격해야 하므로, 심판대상조항의 수범자인 치과전문의는 각 전문과목의 진료내용과 진료영역 및 전문과목 간의 차이점 등을 알 수 있다. 따라서 심판대상조항은 명확성원칙에 위배되어 직업수행의 자유를 침해한다고 볼 수 없다(헌재 2015.05.28. 2013헌마799).

※ 전문과목을 표시한 치과의원은 그 표시한 전문과목에 해당하는 환자만을 진료하여야 한다고 규정한 것은 과잉금지원칙에 위배되어 직업수행의 자유를 침해하며 평등권을 침해한다. (다만, 신뢰보호원칙에 위배되어 직업수행의 자유를 침해하는 것이 아니며, 명확성원칙에 위배되어 직업수행의 자유를 침해하는 것이 아니다.)

③ 【X】 「학원법」 제6조에 따른 등록을 하지 아니하고 학원을 '설립·운영한 자'를 처벌하도록 규정한 「학원법」 조항은 죄형법정주의의 명확성원칙에 반하지 아니한다(헌재 2014.01.28. 2011헌바252).

④ 【O】 이 사건 벌칙규정이나 관련 법령 어디에도 '토사'의 의미나 '다량'의 정도, '현저히 오염'되었다고 판단할 만한 기준에 대하여 아무런 규정도 하지 않고 있으므로, 일반 국민으로서는 자신의 행위가 처벌대상인지 여부를 예측하기 어렵고, 감독 행정관청이나 법관의 자의적인 법해석과 집행을 초래할 우려가 매우 크므로 이 사건 벌칙규정은 죄형법정주의의 명확성원칙에 위배된다(헌재 2013.07.25. 2011헌가26).

37 포괄위임금지원칙에 관한 설명 중 가장 적절하지 않은 것은? (다툼이 있는 경우 판례에 의함)

2023 경찰 승진

① 헌법 제75조에서 '법률에서 구체적으로 범위를 정하여 위임받은 사항에 관하여'라고 함은 법률 그 자체에 이미 대통령령으로 규정될 내용 및 범위의 기본적 사항이 구체적으로 규정되어 있어서 누구라도 당해 법률 그 자체에서 대통령령에 규정될 내용의 대강을 예측할 수 있어야 함을 의미한다.

② 헌법 제95조는 부령에의 위임근거를 마련하면서 '구체적으로 범위를 정하여'라는 문구를 사용하고 있지 않으므로, 법률의 위임에 의한 대통령령에 가해지는 헌법상의 제한은 법률의 위임에 의한 부령의 경우에는 적용되지 않는다.

③ 헌법 제75조, 제95조가 정하는 포괄적인 위임입법의 금지는, 그 문리해석상 정관에 위임한 경우까지 그 적용 대상으로 하고 있지 않고, 또 권력분립의 원칙을 침해할 우려가 없다는 점 등을 볼 때, 법률이 정관에 자치법적 사항을 위임한 경우에는 원칙적으로 적용되지 않는다.

④ 포괄위임입법금지원칙에 대한 판단기준인 예측가능성의 유무는 당해 특정조항 하나만을 가지고 판단할 것은 아니고 관련법조항 전체를 유기적·체계적으로 종합판단하여야 하며, 각 대상법률의 성질에 따라 구체적·개별적으로 검토하여야 한다.

지문분석 **난이도** □■■ **중** | **정답** ② | **키워드** 포괄위임금지원칙 | **출제유형** 판례

① **[O]**, ④ **[O]** 헌법 제75조의 '구체적으로 범위를 정하여'라 함은 법률에 대통령령 등 하위법규에 규정될 내용 및 범위의 기본사항이 가능한 한 구체적이고도 명확하게 규정되어 있어서 누구라도 당해 법률 그 자체로부터 대통령령 등에 규정될 내용의 대강을 예측할 수 있어야 함을 의미하고, 이러한 예측가능성의 유무는 당해 특정조항 하나만을 가지고 판단할 것은 아니고 관련 법조항 전체를 유기적·체계적으로 종합판단하여야 하며, 각 대상법률의 성질에 따라 구체적·개별적으로 검토하여야 하므로, 법률조항과 법률의 입법취지를 종합적으로 고찰할 때 합리적으로 그 대강이 예측될 수 있는 것이라면 위임의 한계를 일탈하지 아니한 것으로 판단된다(헌재 1997.09.25. 96헌바18).

② **[X]** 헌법 제75조는 위임입법의 근거를 마련하는 한편 대통령령으로 입법할 수 있는 사항을 법률에서 구체적으로 범위를 정하여 위임받은 사항으로 한정함으로써 위임입법의 범위와 한계를 제시하고 있다. 그리고 헌법 제95조는 부령에의 위임근거를 마련하면서 '구체적으로 범위를 정하여'라는 문구를 사용하고 있지는 않지만, 법률의 위임에 의한 대통령령에 가해지는 헌법상의 제한은 당연히 법률의 위임에 의한 부령의 경우에도 적용된다. 따라서 법률로 부령에 위임을 하는 경우라도 적어도 법률의 규정에 의하여 부령으로 규정될 내용 및 범위의 기본사항을 구체적으로 규정함으로써 누구라도 당해 법률로부터 부령에 규정될 내용의 대강을 예측할 수 있도록 하여야 한다(헌재 2021.08.31. 2019헌바73).

③ **[O]** 헌법 제75조, 제95조의 문리해석상 및 법리해석상 포괄적인 위임입법의 금지는 법규적 효력을 가지는 행정입법의 제정을 그 주된 대상으로 하고 있다. 위임입법을 엄격한 헌법적 한계 내에 두는 이유는 무엇보다도 권력분립의 원칙에 따라 국민의 자유와 권리에 관계되는 사항은 국민의 대표기관이 정하는 것이 원칙이라는 법리에 기인한 것이다. 즉, 행정부에 의한 법규사항의 제정은 입법부의 권한 내지 의무를 침해하고 자의적인 시행령 제정으로 국민들의 자유와 권리를 침해할 수 있기 때문에 엄격한 헌법적 기속을 받게 하는 것이다. 그런데 법률이 행정부가 아니거나 행정부에 속하지 않는 공법적 기관의 정관에 특정 사항을 정할 수 있다고 위임하는 경우에는 그러한 권력분립의 원칙을 훼손할 여지가 없다. 이는 자치입법에 해당되는 영역이므로 자치적으로 정하는 것이 바람직하다. 따라서 법률이 정관에 자치법적 사항을 위임한 경우에는 헌법 제75조, 제95조가 정하는 포괄적인 위임입법의 금지는 원칙적으로 적용되지 않는다고 봄이 상당하다(헌재 2006.03.30. 2005헌바31).

38 사회국가원리 대한 설명으로 옳지 않은 것은? (다툼이 있는 경우 판례에 의함) 2022 국가직 7급

① 사회국가란 사회정의의 이념을 헌법에 수용한 국가로 경제 · 사회 · 문화의 모든 영역에서 사회현상에 관여하고 간섭하고 분배하고 조정하는 국가를 말하지만 국가에게 국민 각자가 실제로 자유를 행사할 수 있는 그 실질적 조건을 마련해 줄 의무까지 부여하는 것은 아니다.

② 국가는 복지국가를 실현하기 위하여 가능한 수단을 동원할 책무를 진다고 할 것이나 가능한 여러 가지 수단들 가운데 구체적으로 어느 것을 선택할 것인가는 기본적으로 입법자의 재량에 속한다.

③ 특수한 불법행위책임에 관하여 위험책임의 원리를 수용하는 것은 입법정책에 관한 사항으로서 입법자의 재량에 속한다고 할 것이므로 자동차손해배상보장법 조항이 운행자의 재산권을 본질적으로 제한하거나 평등의 원칙에 위반되지 아니하는 이상 위험책임의 원리에 기하여 무과실책임을 지운 것만으로 헌법 제119조 제1항의 자유시장 경제질서에 위반된다고 할 수 없다

④ 저소득층 지역가입자에 대하여 국가가 국고지원을 통하여 보험료를 보조하는 것은 경제적 · 사회적 약자에게도 의료보험의 혜택을 제공해야 할 사회국가적 의무를 이행하기 위한 것으로서 국고지원에 있어서의 지역가입자와 직장가입자의 차별취급은 사회국가원리의 관점에서 합리적인 차별에 해당하여 평등원칙에 위반되지 아니한다.

지문분석 **난이도** □■■ **중** | **정답** ① | **키워드** 사회국가원리 | **출제유형** 판례

① 【X】 사회국가란 사회정의의 이념을 헌법에 수용한 국가, 사회현상에 대하여 방관적인 국가가 아니라 경제 · 사회 · 문화의 모든 영역에서 정의로운 사회질서의 형성을 위하여 사회현상에 관여하고 간섭하고 분배하고 조정하는 국가이며, 궁극적으로는 국민 각자가 실제로 자유를 행사할 수 있는 그 실질적 조건을 마련해 줄 의무가 있는 국가를 의미한다(헌재 2004.10.28. 2002헌마328).

② 【O】 국가는 이러한 복지국가를 실현하기 위하여 가능한 수단을 동원할 책무를 진다고 할 것이다. 그러나, 가능한 여러 가지 수단들 가운데 구체적으로 어느 것을 선택할 것인가는 기본적으로 입법자의 재량에 속하는 것이고, 따라서 입법자는 그 목적을 추구함에 있어 그에게 부여된 입법재량권을 남용하였거나 그 한계를 일탈하여 명백히 불공정 또는 불합리하게 자의적으로 입법형성권을 행사하였다는 등 특별한 사정이 없는 한 헌법위반의 문제는 야기되지 아니한다고 할 것이다(헌재 2001.01.18. 2000헌바7).

③ 【O】 자유시장 경제질서를 기본으로 하면서도 사회국가원리를 수용하고 있는 우리 헌법의 이념에 비추어 일반불법행위책임에 관하여는 과실책임의 원리를 기본원칙으로 하면서 이 사건 법률조항과 같은 특수한 불법행위책임에 관하여 위험책임의 원리를 수용하는 것은 입법정책에 관한 사항으로서 입법자의 재량에 속한다고 할 것이다. 따라서 이 사건 법률조항이 아래에서 보는 바와 같이 운행자의 재산권을 본질적으로 제한하거나 평등의 원칙에 위반되지 아니하는 이상 위험책임의 원리에 기하여 무과실책임을 지운 것만으로 헌법 제119조 제1항의 자유시장 경제질서나 청구인이 주장하는 헌법 전문 및 헌법 제13조 제3항의 연좌제금지의 원칙에 위반된다고 할 수 없다(헌재 1998.05.28. 96헌가4).

④ 【O】 직장가입자에 비하여, 지역가입자에는 노인, 실업자, 퇴직자 등 소득이 없거나 저소득의 주민이 다수 포함되어 있고, 이러한 저소득층 지역가입자에 대하여 국가가 국고지원을 통하여 보험료를 보조하는 것은, 경제적 · 사회적 약자에게도 의료보험의 혜택을 제공해야 할 사회국가적 의무를 이행하기 위한 것으로서, 국고지원에 있어서의 지역가입자와 직장가입자의 차별취급은 사회국가원리의 관점에서 합리적인 차별에 해당하는 것으로서 평등원칙에 위반되지 아니한다(헌재 2000.06.29. 99헌마289).

39 사회국가원리와 사회적 기본권에 관한 설명 중 가장 적절한 것은? (다툼이 있는 경우 판례에 의함)

2022 경찰 승진

① 우리 헌법은 '사회국가원리'를 헌법전문과 경제질서 부분에서 명문으로 직접 규정하고 있다.

② 사회국가란 경제 · 사회 · 문화의 모든 영역에서 정의로운 사회질서의 형성을 위하여 사회현상에 관여하고 간섭하고 분배하고 조정하는 국가이며, 궁극적으로는 국민 각자가 실제로 자유를 행사할 수 있는 그 실질적 조건을 마련해 줄 의무가 있는 국가이다.

③ 사회적 기본권은 입법과정이나 정책결정과정에서 사회적 기본권에 규정된 국가목표의 무조건적인 최우선적 배려를 요청하는 것이며, 이러한 의미에서 사회적 기본권은 국가의 모든 의사결정과정에서 사회적 기본권이 담고 있는 국가목표를 최우선적으로 고려하여야 할 국가의 의무를 의미한다.

④ 국가가 인간다운 생활을 보장하기 위한 헌법적 의무를 다하였는지의 여부가 사법심사의 대상이 된 경우, 국가가 최저생활보장에 관한 입법을 전혀 하지 아니한 경우에만 한하여 헌법에 위반된다고 할 수 있다.

지문분석 **난이도** □■■ **중** | **정답** ② | **키워드** 사회국가원리와 사회적 기본권 | **출제유형** 판례

① 【X】 우리 헌법은 사회국가원리를 명문으로 규정하고 있지는 않지만, 헌법의 전문, 사회적 기본권의 보장(헌법 제31조 내지 제36조), 경제 영역에서 적극적으로 계획하고 유도하고 재분배하여야 할 국가의 의무를 규정하는 경제에 관한 조항(헌법 제119조 제2항 이하) 등과 같이 사회국가원리의 구체화된 여러 표현을 통하여 사회국가원리를 수용하였다(헌재 2002.12.18. 2002헌마52).

② 【O】 사회국가란 사회정의의 이념을 헌법에 수용한 국가, 사회현상에 대하여 방관적인 국가가 아니라 경제 · 사회 · 문화의 모든 영역에서 정의로운 사회질서의 형성을 위하여 사회현상에 관여하고 간섭하고 분배하고 조정하는 국가이며, 궁극적으로는 국민 각자가 실제로 자유를 행사할 수 있는 그 실질적 조건을 마련해 줄 의무가 있는 국가를 의미한다(헌재 2004.10.28. 2002헌마328).

③ 【X】 국가는 사회적 기본권에 의하여 제시된 국가의 의무와 과제를 언제나 국가의 현실적인 재정 · 경제능력의 범위 내에서 다른 국가과제와의 조화와 우선순위결정을 통하여 이행할 수밖에 없다. 그러므로 사회적 기본권은 입법과정이나 정책결정과정에서 사회적 기본권에 규정된 국가목표의 무조건적인 최우선적 배려가 아니라 단지 적절한 고려를 요청하는 것이다. 이러한 의미에서 사회적 기본권은, 국가의 모든 의사결정과정에서 사회적 기본권이 담고 있는 국가목표를 고려하여야 할 국가의 의무를 의미한다(헌재 2002.12.18. 2002헌마52).

④ 【X】 국가가 인간다운 생활을 보장하기 위한 헌법적 의무를 다하였는지의 여부가 사법적 심사의 대상이 된 경우에는, 국가가 생계보호에 관한 입법을 전혀 하지 아니하였다든가 그 내용이 현저히 불합리하여 헌법상 용인될 수 있는 재량의 범위를 명백히 일탈한 경우에 한하여 헌법에 위반된다고 할 수 있다(헌재 1997.05.29. 94헌마33).

40 **경제질서에 대한 설명으로 옳지 않은 것은?** (다툼이 있는 경우 판례에 의함) 2015 국가직 7급

① 우리 헌법은 사유재산제를 바탕으로 자유경쟁을 존중하는 자유시장 경제질서를 기본으로 하면서도 국가의 규제와 조정을 인정하는 사회적 시장경제질서의 성격을 띠고 있다.

② 소비자단체소송제도는 소비자단체에게만 원고적격을 인정하고 있지만 경쟁질서의 확립보다 소비자 보호기능에 중점이 맞추어져 생산자의 침해행위를 금지하거나 중지하도록 요구하고 손해배상까지 청구할 수 있게 되어 있다.

③ 도시개발구역에 있는 국가나 지방자치단체 소유의 재산으로서 도시개발사업에 필요한 재산에 대한 우선 매각 대상자를 도시개발사업의 시행자로 한정하고 국공유지의 점유자에게 우선 매수 자격을 부여하지 않는 「도시개발법」 관련 규정은 사적자치의 원칙을 기초로 한 자본주의 시장경제질서를 규정한 헌법 제119조 제1항에 위반되지 않는다.

④ 자경농지의 양도소득세 면제대상자를 '농지소재지에 거주하는 거주자'로 제한하는 것은 외지인의 농지투기를 방지하고 조세부담을 덜어주어 농업과 농촌을 활성화하기 위한 것이므로 경자유전의 원칙에 위배되지 않는다.

지문분석 **난이도** □■■ **중** | **정답** ② | **키워드** 경제질서 | **출제유형** 판례

① 【O】 우리 헌법은 전문 및 제119조 이하의 경제에 관한 장에서 균형 있는 국민경제의 성장과 안정, 적정한 소득의 분배, 시장의 지배와 경제력남용의 방지, 경제주체간의 조화를 통한 경제의 민주화, 균형 있는 지역경제의 육성, 중소기업의 보호육성, 소비자보호 등 경제영역에서의 국가목표를 명시적으로 규정함으로써, 우리 헌법의 경제질서는 사유재산제를 바탕으로 하고 자유경쟁을 존중하는 자유시장 경제질서를 기본으로 하면서도 이에 수반되는 갖가지 모순을 제거하고 사회복지·사회정의를 실현하기 위하여 국가적 규제와 조정을 용인하는 사회적 시장경제질서로서의 성격을 띠고 있다(헌재 2001.06.28. 2001헌마132).

② 【X】 「소비자기본법」 제70조(단체소송의 대상등) 다음 각 호의 어느 하나에 해당하는 단체는 사업자가 제20조의 규정을 위반하여 소비자의 생명·신체 또는 재산에 대한 권익을 직접적으로 침해하고 그 침해가 계속되는 경우 법원에 소비자권익침해행위의 금지·중지를 구하는 소송(이하 '단체소송'이라 한다)을 제기할 수 있다. 따라서 「소비자기본법」상 소비자단체소송은 사업자가 소비자의 생명·신체 또는 재산에 대한 권익을 직접적으로 침해하고 그 침해가 계속되는 경우 단체가 법원에 소비자권익침해행위의 금지·중지를 구하는 소송을 제기할 수 있는 제도인데, 손해배상청구까지 할 수 있는 것은 아니다.

③ 【O】 도시개발구역에 있는 국가나 지방자치단체 소유의 재산으로서 도시개발사업에 필요한 재산에 대한 우선 매각 대상자를 도시개발사업의 시행자로 한정하고 국공유지의 점유자에게 우선 매수 자격을 부여하지 않는 도시개발법 관련 규정은 평등권을 침해하였다고 하기 어렵고, 또한 시장경제질서를 규정한 헌법 제119조 제1항에도 위반되지 아니한다(헌재 2009.11.26. 2008헌마711).

④ 【O】 자경농지의 양도소득세 면제대상자를 '농지소재지에 거주하는 거주자'로 제한하는 것은, 입법목적이 외지인의 농지투기를 방지하고 조세부담을 덜어주어 농업·농촌을 활성화하는 데 있음을 고려하면 위 규정은 경자유전의 원칙을 실현하기 위한 것으로 볼 것이지 경자유전의 원칙에 위배된다고 볼 것은 아니라 할 것이다(헌재 2003.11.27. 2003헌바2).

41 다음 중 헌법상 경제질서에 관한 헌법재판소의 결정으로 가장 옳지 않은 것은? 2013 법원직 5급

① 특정의료기관이나 특정의료인의 기능 · 진료방법에 관한 광고를 금지하는 것은 새로운 의료인들에게 자신의 기능이나 기술 혹은 진단 및 치료방법에 관한 광고와 선전을 할 기회를 배제함으로써, 기존의 의료인과의 경쟁에서 불리한 결과를 초래할 수 있는데, 이는 자유롭고 공정한 경쟁을 추구하는 헌법상의 시장경제질서에 부합되지 않는다.

② 금고 이상의 실형을 선고받고 그 형의 집행이 종료되거나 면제되지 아니한 자는 농산물도매시장의 중도매업 허가를 받을 수 없다고 규정한 것은 직업선택의 자유를 침해한 것으로 볼 수 없다.

③ 우리 헌법은 제123조 제3항에서 중소기업이 국민경제에서 차지하는 중요성 때문에 중소기업의 보호를 국가경제정책적 목표로 명문화하고 있는데, 중소기업의 보호는 넓은 의미의 경쟁정책의 한 측면을 의미하므로 중소기업의 보호는 원칙적으로 경쟁질서의 범주 내에서 경쟁질서의 확립을 통하여 이루어져야 한다.

④ 소유자가 거주하지 아니하거나 경작하지 아니하는 농지를 비사업용 토지로 보아 60%의 중과세율을 적용하도록 한 것은, 투기의 목적 없이 농지를 취득한 경우에도 적용을 피할 수 없을 뿐 아니라 그 중과세율이 지나치게 높다고 할 것이므로 헌법상 과잉금지원칙에 위반하여 국민의 재산권을 침해한다.

⑤ 제주특별자치도 안에서 생산되는 감귤의 출하조정 · 품질검사 등에 관하여 필요한 조치를 위반한 자에게 과태료를 부과하도록 한 것은, 감귤이 제주지역 경제에서 차지하는 비중이 매우 높은 농작물로서 감귤산업의 안정은 지역경제의 안정과 직결되는 특성을 감안하여, 지역경제와 감귤산업을 보호 · 육성하기 위하여 특별히 마련된 것으로서 다른 지역의 감귤 생산 · 유통업자들에 비해 자의적으로 차별하여 평등원칙에 위배된다고 할 수 없다.

지문분석 **난이도** □■■ **중** | **정답** ④ | **키워드** 경제질서 | **출제유형** 판례

① 【O】 한편 이 사건 조항이 보호하고자 하는 공익의 달성 여부는 불분명한 것인 반면, 이 사건 조항은 의료인에게 자신의 기능과 진료방법에 관한 광고와 선전을 할 기회를 박탈함으로써 표현의 자유를 제한하고, 다른 의료인과의 영업상 경쟁을 효율적으로 수행하는 것을 방해함으로써 직업수행의 자유를 제한하고 있고, 소비자의 의료정보에 대한 알 권리를 제약하게 된다. 따라서 보호하고자 하는 공익보다 제한되는 사익이 더 중하다고 볼 것이므로 이 사건 조항은 '법익의 균형성' 원칙에도 위배된다. 결국 이 사건 조항은 헌법 제37조 제2항의 비례의 원칙에 위배하여 표현의 자유와 직업수행의 자유를 침해하는 것이다(헌재 2005.10.27. 2003헌가3).

② 【O】 이 사건 법률조항은 금고 이상의 실형의 선고를 받은 자가 사적으로 농수산물 유통과 관련된 업종에 종사하는 것을 막고 있는 것은 아니고, 금고 이상의 실형의 집행이 종료되거나 면제된 이후에는 다시 중도매인 허가를 신청할 수 있으며, 달성하려는 공익이 중대하므로, 직업선택의 자유에 대한 제한을 통하여 얻는 공익적 성과와 제한의 정도가 합리적인 비례관계를 현저하게 일탈하고 있다고 볼 수 없다(헌재 2005.05.26. 2002헌바67).

③ 【O】 헌법재판소는 자도소주구입명령제도 사건에서 '우리 헌법은 제123조 제3항에서 중소기업이 국민경제에서 차지하는 중요성 때문에 '중소기업의 보호'를 국가경제정책적 목표로 명문화하고, 대기업과의 경쟁에서 불리한 위치에 있는 중소기업의 지원을 통하여 경쟁에서의 불리함을 조정하고, 가능하면 균등한 경쟁조건을 형성함으로써 대기업과의 경쟁을 가능하게 해야 할 국가의 과제를 담고 있다. 중소기업의 보호는 넓은 의미의 경쟁정책의 한 측면을 의미하므로 중소기업의 보호는 원칙적으로 경쟁질서의 범주 내에서 경쟁질서의 확립을 통하여 이루어져야 한다.'고 판시한바 있다(헌재 1996.12.26. 96헌가18).

④ 【X】 이 사건 법률조항은 농지에 대한 투기수요를 억제하고, 투기로 인한 이익을 환수하여 부동산 시장의 안정과 과세형평을 도모함에 그 입법목적이 있는바, 그 목적의 정당성 및 방법의 적절성이 인정된다. 그리고 사실상 소유자가 거주 또는 경작하지 않는 토지의 소유를 억제할 수 있을 정도의 세율을 60%로 본 입법자의 판단은 존중할 필요가 있다. 따라서 이 사건 법률조항이 과잉금지원칙에 위배되어 청구인의 재산권을 침해한다고 할 수 없다(헌재 2012.07.26. 2011헌바357).

⑤ 【O】 감귤은 제주지역 경제에서 차지하는 비중이 매우 높은 농작물로서 감귤산업의 안정은 지역경제의 안정과 직결되는 특성을 감안하여, 지역경제와 감귤산업을 보호·육성하기 위하여 특별히 마련된 이 사건 법률조항은 합리적인 이유가 있다고 할 것이고, 다른 지역의 감귤 생산·유통업자들에 비해 자의적으로 차별하여 평등원칙에 위배된다고 할 수 없다(헌재 2011.10.25. 2010헌바126).

42 헌법상 경제조항에 대한 설명으로 옳지 않은 것은? 2017 국가직 5급

① 국가는 경제의 민주화를 위하여 경제에 관한 규제와 조정을 할 수 있다.

② 국가는 농지에 관하여 경자유전의 원칙이 달성될 수 있도록 노력하여야 하며, 농지의 임대차는 금지된다.

③ 국가는 건전한 소비행위를 계도하고 생산품의 품질향상을 촉구하기 위한 소비자보호운동을 법률이 정하는 바에 의하여 보장한다.

④ 국방상 또는 국민경제상 긴절한 필요로 인하여 법률이 정하는 경우에는 사영기업을 국유 또는 공유로 이전할 수 있다.

지문분석 **난이도** □□■ 하 | **정답** ② | **키워드** 경제조항 | **출제유형** 조문

① 【O】 국가는 균형 있는 국민경제의 성장 및 안정과 적정한 소득의 분배를 유지하고, 시장의 지배와 경제력의 남용을 방지하며, 경제주체간의 조화를 통한 경제의 민주화를 위하여 경제에 관한 규제와 조정을 할 수 있다(헌법 제119조 제2항).

② 【X】 국가는 농지에 관하여 경자유전의 원칙이 달성될 수 있도록 노력하여야 하며, 농지의 소작제도는 금지된다(헌법 제121조 제1항).

③ 【O】 국가는 건전한 소비행위를 계도하고 생산품의 품질향상을 촉구하기 위한 소비자보호운동을 법률이 정하는 바에 의하여 보장한다(헌법 제124조).

④ 【O】 헌법 제126조는 국방상 또는 국민경제상 긴절한 필요로 인하여 법률이 정하는 경우를 제외하고는, 사영기업을 국유 또는 공유로 이전하거나 그 경영을 통제 또는 관리할 수 없다고 규정하고 있으므로, 국방상 또는 국민경제상 긴절한 필요로 인하여 법률이 정하는 경우에는 사영기업을 국유 또는 공유로 이전할 수 있다.

43 헌법상 경제질서에 대한 설명으로 옳지 않은 것은? (다툼이 있는 경우 판례에 의함) 2017 비상계획관 상반기

① 국가에 대하여 경제에 관한 규제와 조정을 할 수 있도록 규정한 헌법 제119조 제2항이 보유세 부과 그 자체를 금지하는 취지로 보이지 아니하므로 주택 등에 보유세인 종합부동산세를 부과하는 그 자체를 헌법 제119조에 위반된다고 보기 어렵다.

② 상속세제도는 국가 재정수입의 확보라는 일차적인 목적 이외에도 사회적 시장경제질서의 헌법이념에 따라 재산상속을 통한 부의 영원한 세습과 집중을 완화하여 국민의 경제적 균등을 도모하려는 목적도 아울러 가지는 조세제도이다.

③ 국세청장이 주류판매업자에 대하여 매월 희석식소주의 총구입액의 100분의 50 이상을 당해 주류판매업자의 판매장이 소재하는 지역으로부터 구입 하도록 명하게 하는 이른바 '자도소주구입제도'는, 헌법 제123조가 규정 하는 지역경제육성을 위한 것으로서 사회적 시장경제질서에 합치한다.

④ 불매운동의 목표로서의 '소비자의 권익'이란 원칙적으로 사업자가 제공 하는 물품이나 용역의 소비생활과 관련된 것으로서 상품의 질이나 가격, 유통구조, 안전성 등 시장적 이익에 국한된다.

지문분석 **난이도** □■■ **중** | **정답** ③ | **키워드** 경제질서 | **출제유형** 판례

① 【O】 국가에 대하여 경제에 관한 규제와 조정을 할 수 있도록 규정한 헌법 제119조 제2항이 보유세 부과 그 자체를 금지하는 취지로 보이지 아니하므로 주택 등에 보유세인 종합부동산세를 부과 하는 그 자체를 헌법 제119조에 위반된다고 보기 어렵다(헌재 2008.11.13. 2006헌112).

② 【O】 상속세제도는 국가 재정수입의 확보라는 일차적인 목적 이외에도 자유시장경제에 수반되는 모순을 제거하고 사회정의와 경제민주화를 실현하기 위하여 국가적 규제와 조정들을 광범위하게 인정하는 사회적 시장경제질서의 헌법이념에 따라 재산상속을 통한 부의 영원한 세습과 집중을 완화하여 국민의 경제적 균등을 도모하려는 목적도 아울러 가지는 조세제도이다(헌재 2012.03.29. 2010헌바342).

③ 【X】 1도1소주제조업체의 존속유지와 지역경제의 육성 간에 상관관계를 찾아볼 수 없으므로 '지역경제의 육성'은 기본권의 침해를 정당화할 수 있는 공익으로 고려하기 어렵다. 자도소주구입명령제도는 소주판매업자의 직업의 자유는 물론 소주제조업자의 경쟁 및 기업의 자유, 즉 직업의 자유와 소비자의 행복추구권에서 파생된 자기결정권을 지나치게 침해하는 위헌적인 규정이다(헌재 1996.12.26. 96헌가18).

④ 【O】 불매운동의 목표로서의 '소비자의 권익'이란 원칙적으로 사업자가 제공하는 물품이나 용역의 소비생활과 관련된 것으로서 상품의 질이나 가격, 유통구조, 안전성 등 시장적 이익에 국한된다(헌재 2011.12.29. 2010헌바54).

44 소비자불매운동에 대한 설명으로 옳지 않은 것은? (다툼이 있는 경우 판례에 의함) 2017 서울시 7급

① 소비자불매운동이란 하나 또는 그 이상의 운동주도세력이 소비자의 권익을 향상시킬 목적으로 개별 소비자들로 하여금 시장에서 특정 상품의 구매를 억지하거나 제3자로 하여금 그렇게 하도록 설득하는 조직화된 행위를 의미한다.

② 소비자불매운동은 원칙적으로 공정한 가격으로 양질의 상품 또는 용역을 적절한 유통구조를 통해 적절한 시기에 안전하게 구입하거나 사용할 소비자의 제반 권익을 증진할 목적에서 행해지는 소비자보호운동의 일환으로서 헌법 제124조를 통하여 제도로서 보장된다.

③ 특정한 사회, 경제적 또는 정치적 대의나 가치를 주장·옹호 하거나 이를 진작시키기 위한 수단으로 선택한 소비자불매 운동은 헌법상 보호를 받을 수 없다.

④ 소비자불매운동은 헌법이나 법률의 규정에 비추어 정당하다고 평가되는 범위를 벗어날 경우에는 형사책임이나 민사책임을 피할 수 없다.

지문분석 **난이도** □■■ 중 | **정답** ③ | **키워드** 경제질서 | **출제유형** 판례

① 【O】 소비자불매운동이란, '하나 또는 그 이상의 운동주도세력이 소비자의 권익을 향상시킬 목적으로 개별 소비자들로 하여금 시장에서 특정 상품의 구매를 억지하거나 제3자로 하여금 그렇게 하도록 설득하는 조직화된 행위'를 의미한다(헌재 2011.12.29. 2010헌바54).

② 【O】 소비자가 구매력을 무기로 상품이나 용역에 대한 자신들의 선호를 시장에 실질적으로 반영하기 위한 집단적 시도인 소비자불매운동은 본래 '공정한 가격으로 양질의 상품 또는 용역을 적절한 유통구조를 통해 적절한 시기에 안전하게 구입하거나 사용할 소비자의 제반 권익을 증진할 목적'에서 행해지는 소비자보호운동의 일환으로서 헌법 제124조를 통하여 제도로서 보장된다(대판 2013.03.14. 2010도410).

③ 【X】 일반 시민들이 특정한 사회, 경제적 또는 정치적 대의나 가치를 주장·옹호하거나 이를 진작시키기 위한 수단으로서 소비자불매운동을 선택하는 경우도 있을 수 있고, 이러한 소비자불매운동 역시 반드시 헌법 제124조는 아니더라도 헌법 제21조에 따라 보장되는 정치적 표현의 자유나 헌법 제10조에 내재된 일반적 행동의 자유의 관점 등에서 보호받을 가능성이 있으므로, 단순히 소비자불매운동이 헌법 제124조에 따라 보장되는 소비자보호운동의 요건을 갖추지 못하였다는 이유만으로 이에 대하여 아무런 헌법적 보호도 주어지지 아니한다거나 소비자불매운동에 본질적으로 내재되어 있는 집단행위로서의 성격과 대상 기업에 대한 불이익 또는 피해의 가능성만을 들어 곧바로 「형법」 제314조 제1항의 업무방해죄에서 말하는 위력의 행사에 해당한다고 단정하여서는 아니 된다(대판 2013.03.14. 2010도410).

④ 【O】 헌법이 보장하는 소비자보호운동이란 '공정한 가격으로 양질의 상품 또는 용역을 적절한 유통구조를 통해 적절한 시기에 안전하게 구입하거나 사용할 소비자의 제반 권익을 증진할 목적으로 이루어지는 구체적 활동'을 의미한다. 위 소비자보호운동의 일환으로서, 구매력을 무기로 소비자가 자신의 선호를 시장에 실질적으로 반영하려는 시도인 소비자불매운동은 모든 경우에 있어서 그 정당성이 인정될 수는 없고, 헌법이나 법률의 규정에 비추어 정당하다고 평가되는 범위에 해당하는 경우에만 형사책임이나 민사책임이 면제된다고 할 수 있다(헌재 2011.12.29. 2010헌바54).

45 헌법상 경제질서에 대한 설명으로 옳지 않은 것은? (다툼이 있는 경우 판례에 의함) 2020 지방직 7급

① 국방상 또는 국민경제상 긴절한 필요로 인하여 법률이 정하는 경우를 제외하고는, 사영기업을 국유 또는 공유로 이전하거나 그 경영을 통제 또는 관리할 수 없다.

② 농지소유자가 농지를 농업경영에 이용하지 아니하여 농지처분명령을 받았음에도 불구하고 정당한 사유 없이 이를 이행하지 아니하는 경우, 당해 농지가액의 100분의 20에 상당하는 이행강제금을 그 처분명령이 이행될 때까지 매년 1회 부과할 수 있도록 한 것은 합헌이다.

③ 불매운동의 목표로서 '소비자의 권익'이란 원칙적으로 사업자가 제공하는 물품이나 용역의 소비생활과 관련된 것으로서 상품의 질이나 가격, 유통구조, 안전성 등 시장적 이익에 국한된다.

④ 의약품 도매상 허가를 받기 위해 필요한 창고면적의 최소기준을 규정하고 있는 약사법 조항들은 국가의 중소기업보호·육성의무를 위반하였다.

지문분석 **난이도** □□■ **하** | **정답** ④ | **키워드** 경제질서 | **출제유형** 판례

① 【O】 소비자불매운동이란, '하나 또는 그 이상의 운동주도세력이 소비자의 권익을 향상시킬 목적으로 개별 소비자들로 하여금 시장에서 특정 상품의 구매를 억지하거나 제3자로 하여금 그렇게 하도록 설득하는 조직화된 행위'를 의미한다(헌재 2011.12.29. 2010헌바54).

② 【O】 소비자가 구매력을 무기로 상품이나 용역에 대한 자신들의 선호를 시장에 실질적으로 반영하기 위한 집단적 시도인 소비자불매운동은 본래 '공정한 가격으로 양질의 상품 또는 용역을 적절한 유통구조를 통해 적절한 시기에 안전하게 구입하거나 사용할 소비자의 제반 권익을 증진할 목적'에서 행해지는 소비자보호운동의 일환으로서 헌법 제124조를 통하여 제도로서 보장된다(대판 2013.03.14. 2010도410).

③ 【O】 일반 시민들이 특정한 사회, 경제적 또는 정치적 대의나 가치를 주장·옹호하거나 이를 진작시키기 위한 수단으로서 소비자불매운동을 선택하는 경우도 있을 수 있고, 이러한 소비자불매운동 역시 반드시 헌법 제124조는 아니더라도 헌법 제21조에 따라 보장되는 정치적 표현의 자유나 헌법 제10조에 내재된 일반적 행동의 자유의 관점 등에서 보호받을 가능성이 있으므로, 단순히 소비자불매운동이 헌법 제124조에 따라 보장되는 소비자보호운동의 요건을 갖추지 못하였다는 이유만으로 이에 대하여 아무런 헌법적 보호도 주어지지 아니한다거나 소비자불매운동에 본질적으로 내재되어 있는 집단행위로서의 성격과 대상 기업에 대한 불이익 또는 피해의 가능성만을 들어 곧바로 「형법」 제314조 제1항의 업무방해죄에서 말하는 위력의 행사에 해당한다고 단정하여서는 아니 된다(대판 2013.03.14. 2010도410).

④ 【X】 헌법이 보장하는 소비자보호운동이란 '공정한 가격으로 양질의 상품 또는 용역을 적절한 유통구조를 통해 적절한 시기에 안전하게 구입하거나 사용할 소비자의 제반 권익을 증진할 목적으로 이루어지는 구체적 활동'을 의미한다. 위 소비자보호운동의 일환으로서, 구매력을 무기로 소비자가 자신의 선호를 시장에 실질적으로 반영하려는 시도인 소비자불매운동은 모든 경우에 있어서 그 정당성이 인정될 수는 없고, 헌법이나 법률의 규정에 비추어 정당하다고 평가되는 범위에 해당하는 경우에만 형사책임이나 민사책임이 면제된다고 할 수 있다(헌재 2011.12.29. 2010헌바54).

46 헌법상 경제질서에 관한 설명 중 가장 적절하지 않은 것은? (다툼이 있는 경우 판례에 의함)

2020 경찰 승진

① 수력(水力)은 법률이 정하는 바에 의하여 일정한 기간 그 이용을 특허할 수 있다.
② 특정한 사회 경제적 또는 정치적 대의나 가치를 주장 옹호하거나 이를 진작시키기 위한 수단으로 선택한 소비자불매운동은 헌법상 보호를 받을 수 없다.
③ 구 「특정범죄 가중처벌 등에 관한 법률」에서 관세포탈 등의 예비범에 대하여 본죄에 준하여 가중처벌하도록 한 규정의 입법 목적은 헌법 제119조 제2항(경제의 규제 · 조정), 제125조(무역의 규제 조정)의 정신에 부합한다.
④ 불매운동의 목표로서의 '소비자의 권익'이란 원칙적으로 사업자가 제공하는 물품이나 용역의 소비생활과 관련된 것으로서 상품의 질이나 가격, 유통구조, 안정성 등 시장적 이익에 국한된다.

PART · 01

지문분석 **난이도** □■■ 중 | **정답** ② | **키워드** 경제질서 | **출제유형** 판례

① 【O】 광물 기타 중요한 지하자원 · 수산자원 · 수력과 경제상 이용할 수 있는 자연력은 법률이 정하는 바에 의하여 일정한 기간 그 채취 · 개발 또는 이용을 특허할 수 있다(헌법 제120조 제1항).

② 【X】 일반 시민들이 특정한 사회, 경제적 또는 정치적 대의나 가치를 주장 · 옹호하거나 이를 진작시키기 위한 수단으로서 소비자불매운동을 선택하는 경우도 있을 수 있고, 이러한 소비자불매운동 역시 반드시 헌법 제124조는 아니더라도 헌법 제21조에 따라 보장되는 정치적 표현의 자유나 헌법 제10조에 내재된 일반적 행동의 자유의 관점 등에서 보호받을 가능성이 있으므로, 단순히 소비자불매운동이 헌법 제124조에 따라 보장되는 소비자보호운동의 요건을 갖추지 못하였다는 이유만으로 이에 대하여 아무런 헌법적 보호도 주어지지 아니한다거나 소비자불매운동에 본질적으로 내재되어 있는 집단행위로서의 성격과 대상 기업에 대한 불이익 또는 피해의 가능성만을 들어 곧바로 「형법」 제314조 제1항의 업무방해죄에서 말하는 위력의 행사에 해당한다고 단정하여서는 아니 된다(대판 2013.03.14. 2010도410).

③ 【O】 구 「특정범죄 가중처벌 등에 관한 법률」 제6조 제7항이 관세포탈 등 예비범에 대하여 본죄에 준하여 가중처벌하도록 규정하고 있는 것은, 동 조항이 특정하고 있는 관세포탈죄 등만은 그 특성과 위험성을 고려하여 이를 처벌함에 있어 조세범이나 다른 일반범죄와는 달리함으로써 건전한 사회질서의 유지와 국민경제의 발전에 이바지함을 목적으로 한다(동법 제1조 참조). 이와 같은 이 사건 예비죄 조항의 입법목적은 우리나라의 경제질서에 관한 헌법 제119조 제2항(경제의 규제 · 조정), 제125조(무역의 규 제 · 조정) 규정의 정신에 부합하여 정당하다고 인정된다(헌재 2010.07.29. 2008헌바88).

※ [비교판례] 특히 마약범의 경우에는 「특정범죄 가중처벌 등에 관한 법률」의 개정으로 예비에 대한 가중처벌규정이 삭제되었고, 조세포탈범의 경우에는 「특정범죄 가중처벌 등에 관한 법률」에서 예비죄에 대한 별도의 처벌규정을 두고 있지 아니한 점에 비추어 밀수입의 예비죄에 대해서만 과중한 처벌을 해야 할 필요가 있는지 의문이다. 이에 더하여 심판대상조항이 적용되는 밀수입 예비죄보다 불법성과 책임이 결코 가볍다고 볼 수 없는 내란, 내란목적살인, 외환유치, 여적 예비죄나 살인 예비죄의 법정형이 심판대상조항이 적용되는 밀수입 예비죄보다 도리어 가볍다는 점에 비추어 보면, 심판대상조항이 예정하는 법정형은 형평성을 상실하여 지나치게 가혹하다고 할 것이다. 그러므로 심판대상조항은 형벌체계의 균형성에 반하여 헌법상 평등원칙에 어긋난다(헌재 2019.02.28. 2016헌가13).

④ 【O】 불매운동의 목표로서의 '소비자의 권익'이란 원칙적으로 사업자가 제공하는 물품이나 용역의 소비생활과 관련된 것으로 서 상품의 질이나 가격, 유통구조, 안전성 등 시장적 이익에 국한된다(헌재 2011.12.29. 2010헌바54 등).

47 사회적 시장경제질서에 대한 설명으로 가장 적절한 것은? (다툼이 있는 경우 헌법재판소 판례에 의함)

2022 경찰 간부

① 헌법 제119조는 헌법상 경제질서에 관한 일반조항으로서 국가의 경제정책에 대한 하나의 지침이자 구체적 기본권 도출의 근거로 기능하며 독자적인 위헌심사의 기준이 된다.

② 헌법 제119조 제1항에 비추어볼 때 개인의 사적 거래에 대한 공법적 규제는 사후적・구체적 규제보다는 사전적・일반적 규제방식을 택하여 국민의 거래자유를 최대한 보장하여야 한다.

③ 헌법 제119조 제2항에 규정된 '경제주체간의 조화를 통한 경제민주화'의 이념은 경제영역에서 정의로운 사회질서를 형성하기 위하여 추구할 수 있는 국가목표일뿐 개인의 기본권을 제한하는 국가행위를 정당화하는 헌법규범은 아니다.

④ 헌법 제119조 제2항은 국가가 경제영역에서 실현하여야 할 목표의 하나로 '적정한 소득의 분배'를 들고 있으나 이로부터 소득에 대해 누진세율에 따른 종합과세를 시행하여야 할 구체적인 헌법적 의무가 입법자에게 부과되는 것은 아니다.

지문분석 **난이도** □□■ **하** | **정답** ④ | **키워드** 경제질서 | **출제유형** 조문, 판례

① 【X】 헌법 제119조는 헌법상 경제질서에 관한 일반조항으로서 국가의 경제정책에 대한 하나의 헌법적 지침일 뿐 그 자체가 기본권의 성질을 가진다거나 독자적인 위헌심사의 기준이 된다고 할 수 없으므로, 청구인들의 이러한 주장에 대하여는 더 나아가 살펴보지 않는다(헌재 2017.07.27. 2015헌바278 등).

② 【X】 '대한민국의 경제질서는 개인과 기업의 경제상의 자유와 창의를 존중함을 기본으로 한다.'고 규정한 헌법 제119조 제1항에 비추어 보더라도, 개인의 사적 거래에 대한 공법적 규제는 되도록 사전적・일반적 규제보다는, 사후적・구체적 규제방식을 택하여 국민의 거래자유를 최대한 보장하여야 할 것이다(헌재 2012.08.23. 2010헌가65).

③ 【X】 헌법 제119조 제2항에 규정된 '경제주체간의 조화를 통한 경제민주화'의 이념은 경제영역에서 정의로운 사회질서를 형성하기 위하여 추구할 수 있는 국가목표로서 개인의 기본권을 제한하는 국가행위를 정당화하는 헌법규범이다(헌재 2003.11.27. 2001헌바35).

④ 【O】 헌법 제119조 제2항은 국가가 경제영역에서 실현하여야 할 목표의 하나로서 '적정한 소득의 분배'를 들고 있지만, 이로부터 반드시 소득에 대하여 누진세율에 따른 종합과세를 시행하여야 할 구체적인 헌법적 의무가 조세입법자에게 부과되는 것이라고 할 수 없다. 오히려 입법자는 사회・경제정책을 시행함에 있어서 소득의 재분배라는 관점만이 아니라 서로 경쟁하고 충돌하는 여러 목표, 예컨대 '균형 있는 국민경제의 성장 및 안정', '고용의 안정' 등을 함께 고려하여 서로 조화시키려고 시도하여야 하고, 끊임없이 변화하는 사회・경제상황에 적응하기 위하여 정책의 우선순위를 정할 수도 있다(헌재 1999.11.25. 98헌마55).

48 경제질서에 대한 설명으로 옳지 않은 것은? 2023 국가직 7급

① 헌법 제119조는 헌법상 경제질서에 관한 일반조항으로서 국가의 경제정책에 대한 하나의 헌법적 지침일 뿐, 그 자체가 기본권의 성질을 가진다거나 독자적인 위헌심사의 기준이 된다고 할 수 없다.

② 헌법 제119조제2항은 독과점규제라는 경제정책적 목표를 개인의 경제적 자유를 제한할 수 있는 정당한 공익의 하나로 명문화하고 있는데, 독과점규제의 목적이 경쟁의 회복에 있다면 이 목적을 실현하는 수단 또한 자유롭고 공정한 경쟁을 가능하게 하는 방법이어야 한다.

③ '사영기업의 국유 또는 공유로의 이전'은 일반적으로 공법적 수단에 의하여 사기업에 대한 소유권을 국가나 기타 공법인에 귀속시키고 사회정책적·국민경제적 목표를 실현할 수 있도록 그 재산권의 내용을 변형하는 것을 말하며, 또 사기업의 '경영에 대한 통제 또는 관리'라 함은 비록 기업에 대한 소유권의 보유주체에 대한 변경은 이루어지지 않지만 사기업 경영에 대한 국가의 광범위하고 강력한 감독과 통제 또는 관리의 체계를 의미한다고 할 것이다.

④ 구「상속세 및 증여세법」제45조의3제1항은 이른바 일감 몰아주기로 수혜법인의 지배주주 등에게 발생한 이익에 대하여 증여세를 부과함으로써 적정한 소득의 재분배를 촉진하고, 시장의 지배와 경제력의 남용 우려가 있는 일감 몰아주기를 억제하려는 것이지만, 거래의 필요성, 영업외 손실의 비중, 손익변동 등 구체적인 사정을 고려하지 않은 채, 특수관계법인과 수혜법인의 거래가 있으면 획일적 기준에 의하여 산정된 미실현 이익을 수혜법인의 지배주주가 증여받은 것으로 보아 수혜법인의 지배주주의 재산권을 침해한다.

지문분석 **난이도** □■■ **중** | **정답** ④ | **키워드** 경제질서 | **출제유형** 조문, 판례

① 【O】 헌법 제119조는 헌법상 경제질서에 관한 일반조항으로서 국가의 경제정책에 대한 하나의 헌법적 지침일 뿐 그 자체가 기본권의 성질을 가진다거나 독자적인 위헌심사의 기준이 된다고 할 수 없으므로, 청구인들의 이러한 주장에 대하여는 더 나아가 살펴보지 않는다(헌재 2017.07.27. 2015헌바278 등).

② 【O】 헌법 제119조 제2항은 독과점규제라는 경제정책적 목표를 개인의 경제적 자유를 제한할 수 있는 정당한 공익의 하나로 명문화하고 있다. 독과점규제의 목적이 경쟁의 회복에 있다면 이 목적을 실현하는 수단 또한 자유롭고 공정한 경쟁을 가능하게 하는 방법이어야 한다. 그러나「주세법」의 구입명령제도는 전국적으로 자유경쟁을 배제한 채 지역할거주의로 자리잡게 되고 그로써 지역 독과점현상의 고착화를 초래하므로, 독과점규제란 공익을 달성하기에 적정한 조치로 보기 어렵다(헌재 1996.12.26. 96헌가18).

③ 【O】 헌법 제126조는 국방상 또는 국민경제상 긴절한 필요로 인하여 법률이 정하는 경우를 제외하고는, 사영기업을 국유 또는 공유로 이전하거나 그 경영을 통제 또는 관리할 수 없다고 규정하고 있다. 여기서 '사영기업의 국유 또는 공유로의 이전'은 일반적으로 공법적 수단에 의하여 사기업에 대한 소유권을 국가나 기타 공법인에 귀속시키고 사회정책적·국민경제적 목표를 실현할 수 있도록 그 재산권의 내용을 변형하는 것을 말하며, 또 사기업의 '경영에 대한 통제 또는 관리'라 함은 비록 기업에 대한 소유권의 보유주체에 대한 변경은 이루어지지 않지만 사기업 경영에 대한 국가의 광범위하고 강력한 감독과 통제 또는 관리의 체계를 의미한다고 할 것이다(헌재 1998.10.29. 97헌마345).

④ 【X】 구「상속세 및 증여세법」제45조의3 제1항은 이른바 일감 몰아주기로 수혜법인의 지배주주 등에게 발생한 이익에 대하여 증여세를 부과함으로써 적정한 소득의 재분배를 촉진하고, 시장의 지배와 경제력의 남용 우려가 있는 일감 몰아주기를 억제하려는 것이다. 특수관계법인과 수혜법인 사이의 거래를 통해 수혜법인의 지배주주 등에게 발생한 이익에는 정상적인 거래에 따른 소득, 시장상황 등에 따른 이익, 특수관계법인이 제공한 사업기회의 경제적 가치 등이 분리할 수 없게 혼재되어 있으므로, 일정한 비율을 초과하는 특수관계법인과 수혜법인 사이의 거래가 있으면 지배주주 등이 일정한 이익을 증여받은 것으로 의제하고, 하위법령에서 특정한 유형의 거래를 과세 대상에서 제외하는 방법을 택할 수밖에 없다. 이상을 종합하면, 납세의무자의 경제적 불이익이 소득의 재분배 촉진 및 일감 몰아주기 억제라는 공익에 비하여 크다고 할 수 없고, 구「상속세 및 증여세법」제45조의3 제1항은 재산권을 침해하지 아니한다(헌재 2018.06.28. 2016헌바347 등).

49 문화국가원리에 관한 설명 중 가장 적절하지 않은 것은? (다툼이 있는 경우 판례에 의함) 2022 경찰 2차

① 우리 헌법상 문화국가원리는 견해와 사상의 다양성을 그 본질로 하며, 이를 실현하는 국가의 문화정책은 불편부당의 원칙에 따라야 한다.

② 문화창달을 위하여 문화예술 공연관람자 등에게 예술감상에 의한 정신적 풍요의 대가로 문화예술진흥기금을 납입하게 하는 것은 헌법의 문화국가이념에 반하는 것이 아니다.

③ 국가의 문화육성의 대상에는 원칙적으로 모든 사람에게 문화창조의 기회를 부여한다는 의미에서 모든 문화가 포함되므로, 엘리트문화, 서민문화, 대중문화 모두 그 가치가 인정되고 정책적인 배려의 대상이 되어야 한다.

④ 고액 과외교습을 방지하기 위하여 모든 학생으로 하여금 오로지 학원에서만 사적으로 배울 수 있도록 규율한다는 것은 개성과 창의성, 다양성을 지향하는 문화국가원리에 위반된다.

지문분석 **난이도** □■■ 중 | **정답** ② | **키워드** 문화국가원리 | **출제유형** 판례

① 【O】, ③ 【O】 문화국가원리는 국가의 문화국가실현에 관한 과제 또는 책임을 통하여 실현되는바, 국가의 문화정책과 밀접 불가분의 관계를 맺고 있다. 과거 국가절대주의사상의 국가관이 지배하던 시대에는 국가의 적극적인 문화간섭정책이 당연한 것으로 여겨졌다. 그러나 오늘날에 와서는 국가가 어떤 문화현상에 대하여도 이를 선호하거나, 우대하는 경향을 보이지 않는 불편부당의 원칙이 가장 바람직한 정책으로 평가받고 있다. 오늘날 문화국가에서의 문화정책은 그 초점이 문화 그 자체에 있는 것이 아니라 문화가 생겨날 수 있는 문화풍토를 조성하는 데 두어야 한다. 문화국가원리의 이러한 특성은 문화의 개방성 내지 다원성의 표지와 연결되는데, 국가의 문화육성의 대상에는 원칙적으로 모든 사람에게 문화창조의 기회를 부여한다는 의미에서 모든 문화가 포함된다. 따라서 엘리트문화뿐만 아니라 서민문화, 대중문화도 그 가치를 인정하고 정책적인 배려의 대상으로 하여야 한다(헌재 2004.05.27. 2003헌가1 등).

② 【X】 공연관람자 등이 예술감상에 의한 정신적 풍요를 느낀다면 그것은 헌법상의 문화국가원리에 따라 국가가 적극 장려할 일이지, 그것이 일정한 집단에 의한 수익으로 인정하여 그들에게 경제적 부담을 지우는 것은 헌법의 문화국가이념(제9조)에 역행하는 것이다(헌재 2003.12.18. 2002헌가2).

④ 【O】 단지 일부 지나친 고액과외교습을 방지하기 위하여 모든 학생으로 하여금 오로지 학원에서만 사적으로 배울 수 있도록 규율한다는 것은 어디에도 그 예를 찾아볼 수 없는 것일 뿐만 아니라 자기결정과 자기책임을 생활의 기본원칙으로 하는 헌법의 인간상이나 개성과 창의성, 다양성을 지향하는 문화국가원리에도 위반되는 것이다(헌재 2000.04.27. 98헌가16 등).

50 문화국가원리에 대한 설명으로 옳은 것은? (다툼이 있는 경우 판례에 의함) 2017 국가직 7급

① 공동체 구성원들 사이에 관습화된 문화요소라 하더라도 종교적인 의식, 행사에서 유래된 경우에까지 국가가 지원하는 것은 문화국가원리와 정교분리 원칙에 위반된다.

② 헌법전문(前文)과 헌법 제9조에서 말하는 '전통', '전통문화'란 역사성과 시대성을 띤 개념으로 이해하여야 하므로, 과거의 어느 일정 시점에서 역사적으로 존재하였다는 사실만으로도 헌법의 보호를 받는 전통이 되는 것이다.

③ 헌법 제9조의 규정취지와 민족문화유산의 본질에 비추어 볼 때, 국가가 민족문화유산을 보호하고자 하는 경우 이에 관한 헌법적 보호법익은 '민족문화유산의 존속' 그 자체를 보장하는 것에 그치지 않고, 민족문화유산의 훼손 등에 관한 가치보상이 있는지 여부도 이러한 헌법적 보호법익과 직접적인 관련이 있다.

④ 국가의 문화육성의 대상에는 원칙적으로 모든 사람에게 문화 창조의 기회를 부여한다는 의미에서 모든 문화가 포함되므로 엘리트문화뿐만 아니라 서민문화, 대중문화도 그 가치를 인정하고 정책적인 배려의 대상으로 하여야 한다.

지문분석 **난이도** □■■ 중 | **정답** ④ | **키워드** 문화국가원리 | **출제유형** 판례

① 【X】 오늘날 종교적인 의식 또는 행사가 하나의 사회공동체의 문화적인 현상으로 자리잡고 있으므로, 어떤 의식, 행사, 유형물 등이 비록 종교적인 의식, 행사 또는 상징에서 유래되었다고 하더라도 그것이 이미 우리 사회공동체 구성원들 사이에서 관습화된 문화요소로 인식되고 받아들여질 정도에 이르렀다면, 이는 정교분리원칙이 적용되는 종교의 영역이 아니라 헌법적 보호가치를 지닌 문화의 의미를 갖게 된다. 그러므로 이와 같이 이미 문화적 가치로 성숙한 종교적인 의식, 행사, 유형물에 대한 국가 등의 지원은 일정 범위 내에서 전통문화의 계승·발전이라는 문화국가원리에 부합하며 정교분리원칙에 위배되지 않는다(대판 2009.05.28. 2008두16933).

② 【X】 헌법전문과 헌법 제9조에서 말하는 '전통', '전통문화'란 역사성과 시대성을 띤 개념으로 이해하여야 한다. 과거의 어느 일정 시점에서 역사적으로 존재하였다는 사실만으로 모두 헌법의 보호를 받는 전통이 되는 것은 아니다. 결론적으로 전래의 어떤 가족제도가 헌법 제36조 제1항이 요구하는 개인의 존엄과 양성평등에 반한다면 헌법 제9조를 근거로 그 헌법적 정당성을 주장할 수는 없다(헌재 2005.02.03. 2001헌가9 등).

③ 【X】 헌법 제9조의 규정취지와 민족문화유산의 본질에 비추어 볼 때, 국가가 민족문화유산을 보호하고자 하는 경우 이에 관한 헌법적 보호법익은 '민족문화유산의 존속' 그 자체를 보장하는 것이고, 원칙적으로 민족문화유산의 훼손 등에 관한 가치보상이 있는지 여부는 이러한 헌법적 보호법익과 직접적인 관련이 없다(헌재 2003.01.30. 2001헌바64).

④ 【O】 문화국가원리는 국가의 문화국가실현에 관한 과제 또는 책임을 통하여 실현되는바, 국가의 문화정책과 밀접 불가분의 관계를 맺고 있다. 과거 국가절대주의사상의 국가관이 지배하던 시대에는 국가의 적극적인 문화간섭정책이 당연한 것으로 여겨졌다. 그러나 오늘날에 와서는 국가가 어떤 문화현상에 대하여도 이를 선호하거나, 우대하는 경향을 보이지 않는 불편부당의 원칙이 가장 바람직한 정책으로 평가받고 있다. 오늘날 문화국가에서의 문화정책은 그 초점이 문화 그 자체에 있는 것이 아니라 문화가 생겨날 수 있는 문화풍토를 조성하는 데 두어야 한다. 문화국가원리의 이러한 특성은 문화의 개방성 내지 다원성의 표지와 연결되는데, 국가의 문화육성의 대상에는 원칙적으로 모든 사람에게 문화창조의 기회를 부여한다는 의미에서 모든 문화가 포함된다. 따라서 엘리트문화뿐만 아니라 서민문화, 대중문화도 그 가치를 인정하고 정책적인 배려의 대상으로 하여야 한다(헌재 2004.05.27. 2003헌가1 등).

▶ 문화국가의 원리

헌법전문	문화의 모든 영역에서 각인의 기회를 균등히 하고
제9조, 제69조	민족문화의 창달

51 문화국가원리에 대한 설명으로 가장 적절하지 않은 것은? (다툼이 있는 경우 헌법재판소 판례에 의함)

2023 경찰간부

① 우리나라는 건국헌법 이래 문화국가의 원리를 헌법의 기본원리로 채택하고 있다.

② 헌법은 문화국가를 실현하기 위하여 보장되어야 할 정신적 기본권으로 양심과 사상의 자유, 종교의 자유, 언론·출판의 자유, 학문과 예술의 자유 등을 규정하고 있는바, 이들 기본권은 문화국가원리의 불가결의 조건이다.

③ 국가의 문화육성의 대상에는 원칙적으로 모든 사람에게 문화창조의 기회를 부여한다는 의미에서 엘리트문화뿐만 아니라 서민문화, 대중문화도 포함하여야 한다.

④ 문화는 사회의 자율영역을 바탕으로 하지만, 이를 근거로 혼인과 가족의 보호가 헌법이 지향하는 자유민주적 문화국가의 필수적인 전제조건이라 하기는 어렵다.

지문분석 **난이도** □□■ **하** | **정답** ④ | **키워드** 문화국가원리 | **출제유형** 판례

① 【O】, ② 【O】 우리나라는 건국헌법 이래 문화국가의 원리를 헌법의 기본원리로 채택하고 있다. 우리 현행헌법은 전문에서 '문화의 … 영역에 있어서 각인의 기회를 균등히' 할 것을 선언하고 있을 뿐 아니라, 국가에게 전통문화의 계승 발전과 민족문화의 창달을 위하여 노력할 의무를 지우고 있다(제9조). 또한 헌법은 문화국가를 실현하기 위하여 보장되어야 할 정신적 기본권으로 양심과 사상의 자유, 종교의 자유, 언론·출판의 자유, 학문과 예술의 자유 등을 규정하고 있는바, 개별성·고유성·다양성으로 표현되는 문화는 사회의 자율영역을 바탕으로 한다고 할 것이고, 이들 기본권은 견해와 사상의 다양성을 그 본질로 하는 문화국가원리의 불가결의 조건이라고 할 것이다(헌재 2004.05.27. 2003헌가1 등).

③ 【O】 오늘날 문화국가에서의 문화정책은 그 초점이 문화 그 자체에 있는 것이 아니라 문화가 생겨날 수 있는 문화풍토를 조성하는 데 두어야 한다. 문화국가원리의 이러한 특성은 문화의 개방성 내지 다원성의 표지와 연결되는데, 국가의 문화육성의 대상에는 원칙적으로 모든 사람에게 문화창조의 기회를 부여한다는 의미에서 모든 문화가 포함된다. 따라서 엘리트문화뿐만 아니라 서민문화, 대중문화도 그 가치를 인정하고 정책적인 배려의 대상으로 하여야 한다(헌재 2004.05.27. 2003헌가1 등).

④ 【X】 혼인과 가족의 보호는 헌법이 지향하는 자유민주적 문화국가의 필수적인 전제조건이다. 개별성·고유성·다양성으로 표현되는 문화는 사회의 자율영역을 바탕으로 하고, 사회의 자율영역은 무엇보다도 바로 가정으로부터 출발하기 때문이다. 헌법은 가족제도를 특별히 보장함으로써, 양심의 자유, 종교의 자유, 언론의 자유, 학문과 예술의 자유와 같이 문화국가의 성립을 위하여 불가결한 기본권의 보장과 함께, 견해와 사상의 다양성을 그 본질로 하는 문화국가를 실현하기 위한 필수적인 조건을 규정한 것이다. 따라서 헌법은 제36조 제1항에서 혼인과 가정생활을 보장함으로써 가족의 자율영역이 국가의 간섭에 의하여 획일화·평준화되고 이념화되는 것으로부터 보호하고자 하는 것이다(헌재 2000.04.27. 98헌가16 등).

52 문화국가의 원리에 대한 설명으로 옳지 않은 것은? 2023 국가직 7급

① 우리나라는 건국헌법 이래 문화국가의 원리를 헌법의 기본원리로 채택하고 있다.
② 헌법은 제9조에서 '문화의 영역에 있어서 각인의 기회를 균등히' 할 것을 선언하고 있을 뿐 아니라, 국가에게 전통문화의 계승 발전과 민족문화의 창달을 위하여 노력할 의무를 지우고 있다.
③ 헌법 제9조의 규정취지와 민족문화유산의 본질에 비추어 볼 때, 국가가 민족문화유산을 보호하고자 하는 경우 이에 관한 헌법적 보호법익은 '민족문화유산의 존속' 그 자체를 보장하는 것이고, 원칙적으로 민족문화유산의 훼손등에 관한 가치보상이 있는지 여부는 이러한 헌법적 보호법익과 직접적인 관련이 없다.
④ 국가는 학교교육에 관한 한, 교육제도의 형성에 관한 폭넓은 권한을 가지고 있지만, 학교교육 밖의 사적인 교육영역에서는 원칙적으로 부모의 자녀교육권이 우위를 차지하고, 국가 또한 헌법이 지향하는 문화국가이념에 비추어, 학교교육과 같은 제도교육 외에 사적인 교육의 영역에서도 사인의 교육을 지원하고 장려해야 할 의무가 있으므로 사적인 교육영역에 대한 국가의 규율권한에는 한계가 있다.

지문분석 **난이도** □■■ **중** | **정답** ② | **키워드** 문화국가원리 | **출제유형** 판례

① 【O】 우리나라는 제헌헌법 이래 문화국가의 원리를 헌법의 기본원리로 채택하고 있다(헌재 2020.12.23. 2017헌마416).
② 【X】 헌법 제9조 국가는 전통문화의 계승・발전과 민족문화의 창달에 노력하여야 한다. 헌법 전문 유구한 역사와 전통에 빛나는 우리 대한국민은 3・1 운동으로 건립된 대한민국 임시정부의 법통과 불의에 항거한 4・19 민주이념을 계승하고, 조국의 민주개혁과 평화적 통일의 사명에 입각하여 정의・인도와 동포애로써 민족의 단결을 공고히 하고, 모든 사회적 폐습과 불의를 타파하며, 자율과 조화를 바탕으로 자유민주적 기본질서를 더욱 확고히 하여 정치・경제・사회・문화의 모든 영역에 있어서 각인의 기회를 균등히 하고, 능력을 최고도로 발휘하게 하며, 자유와 권리에 따르는 책임과 의무를 완수하게 하여, 안으로는 국민생활의 균등한 향상을 기하고 밖으로는 항구적인 세계평화와 인류공영에 이바지함으로써 우리들과 우리들의 자손의 안전과 자유와 행복을 영원히 확보할 것을 다짐하면서 1948년 7월 12일에 제정되고 8차에 걸쳐 개정된 헌법을 이제 국회의 의결을 거쳐 국민투표에 의하여 개정한다.
③ 【O】 헌법 제9조의 규정취지와 민족문화유산의 본질에 비추어 볼 때, 국가가 민족문화유산을 보호하고자 하는 경우 이에 관한 헌법적 보호법익은 '민족문화유산의 존속' 그 자체를 보장하는 것이고, 원칙적으로 민족문화유산의 훼손등에 관한 가치보상(價値補償)이 있는지 여부는 이러한 헌법적 보호법익과 직접적인 관련이 없다(헌재 2003.01.30. 2001헌바64).
④ 【O】 국가는 학교교육에 관한 한, 교육제도의 형성에 관한 폭넓은 권한을 가지고 있지만, 학교교육 밖의 사적인 교육영역에서는 원칙적으로 부모의 자녀교육권이 우위를 차지하고, 국가 또한 헌법이 지향하는 문화국가이념에 비추어, 학교교육과 같은 제도교육 외에 사적인 교육의 영역에서도 사인의 교육을 지원하고 장려해야 할 의무가 있으므로 사적인 교육영역에 대한 국가의 규율권한에는 한계가 있다(헌재 2009.10.29. 2008헌마635).

53 헌법의 기본원리에 관한 설명으로 옳은 것을 모두 고른 것은? (다툼이 있는 경우 판례에 의함) 2022 변호사

ㄱ. 오늘날 문화국가에서의 문화정책은 그 초점이 문화 그 자체에 있는 것이 아니라 문화가 생겨날 수 있는 문화풍토를 조성하는 데 두어야 하므로 국가는 엘리트문화뿐만 아니라 서민문화, 대중문화도 그 가치를 인정하고 정책적인 배려의 대상으로 하여야 한다.
ㄴ. 국회·대통령과 같은 정치적 권력기관은 헌법 규정에 따라 국민으로부터 직선되나, 지방자치기관은 지방자치제의 권력 분립적 속성상 중앙정치기관의 구성과는 다소 상이한 방법으로 국민주권·민주주의원리가 구현될 수 있다.
ㄷ. 체계정당성의 원리는 국가권력에 대한 통제와 이를 통한 국민의 자유와 권리의 보장을 이념으로 하는 법치주의 원리로부터 도출되는데, 이러한 체계정당성 위반은 비례의 원칙이나 평등의 원칙 등 일정한 헌법의 규정이나 원칙을 위반하여야만 비로소 위헌이 된다.
ㄹ. 자기책임의 원리는 인간의 자유와 유책성, 그리고 인간의 존엄성을 진지하게 반영한 원리로서 헌법 제10조의 취지로부터 도출되는 것이지, 법치주의에 내재하는 원리는 아니다.
ㅁ. 정당이 자유민주적 기본질서를 부정하고 이를 적극적으로 제거하려는 경우 중앙선거관리위원회는 그 정당의 등록을 취소할 수 있다.

① ㄱ, ㄷ ② ㄴ, ㄹ ③ ㄱ, ㄴ, ㄷ
④ ㄴ, ㄹ, ㅁ ⑤ ㄷ, ㄹ, ㅁ

지문분석 **난이도** □■■ **중** | **정답** ③ | **키워드** 헌법의 기본원리 | **출제유형** 판례

ㄱ **[O]** 오늘날 문화국가에서의 문화정책은 그 초점이 문화 그 자체에 있는 것이 아니라 문화가 생겨날 수 있는 문화풍토를 조성하는 데 두어야 한다. 문화국가원리의 이러한 특성은 문화의 개방성 내지 다원성의 표지와 연결되는데, 국가의 문화육성의 대상에는 원칙적으로 모든 사람에게 문화창조의 기회를 부여한다는 의미에서 모든 문화가 포함된다. 따라서 엘리트문화뿐만 아니라 서민문화, 대중문화도 그 가치를 인정하고 정책적인 배려의 대상으로 하여야 한다(헌재 2004.05.27. 2003헌가1 등).

ㄴ **[O]** 국민주권·민주주의원리는 그 작용영역, 즉 공권력의 종류와 내용에 따라 구현방법이 상이할 수 있다. 국회·대통령과 같은 정치적 권력기관은 헌법 규정에 따라 국민으로부터 직선된다. 그러나 지방자치기관은 그것도 정치적 권력기관이긴 하지만, 중앙·지방간 권력의 수직적 분배라고 하는 지방자치제의 권력분립적 속성상, 중앙정치기관의 구성과는 다소 상이한 방법으로 국민주권·민주주의원리가 구현될 수도 있다. 또한 교육부문에 있어서의 국민주권·민주주의의 요청도, 문화적 권력이라고 하는 국가교육권의 특수성으로 말미암아, 정치부문과는 다른 모습으로 구현될 수 있다(헌재 2000.03.30. 99헌바113).

ㄷ **[O]** 체계정당성의 원리는 동일 규범 내에서 또는 상이한 규범간에 그 규범의 구조나 내용 또는 규범의 근거가 되는 원칙면에서 상호 배치되거나 모순되어서는 안된다는 하나의 헌법적 요청이며, 국가공권력에 대한 통제와 이를 통한 국민의 자유와 권리의 보장을 이념으로 하는 법치주의 원리로부터 도출되는데, 이러한 체계정당성 위반은 비례의 원칙이나 평등의 원칙 등 일정한 헌법의 규정이나 원칙을 위반하여야만 비로소 위헌이 되며, 체계정당성의 위반을 정당화할 합리적인 사유의 존재에 대하여는 입법 재량이 인정된다(헌재 2004.11.25. 2002헌바66).

ㄹ **[X]** 헌법 제10조가 정하고 있는 행복추구권에서 파생되는 자기결정권 내지 일반적 행동자유권은 이성적이고 책임감 있는 사람의 자기 운명에 대한 결정·선택을 존중하되 그에 대한 책임은 스스로 부담함을 전제로 한다. 자기책임의 원리는 이와 같이 자기결정권의 한계논리로서 책임부담의 근거로 기능하는 동시에 자기가 결정하지 않은 것이나 결정할 수 없는 것에 대하여는 책임을 지지 않고 책임부담의 범위도 스스로 결정한 결과 내지 그와 상관관계가 있는 부분에 국한됨을 의미하는 책임의 한정원리로 기능한다. 이러한 자기책임의 원리는 인간의 자유와 유책성, 그리고 인간의 존엄성을 진지하게 반영한 원리로서 그것이 비단 민사법이나 「형사법」에 국한된 원리라기보다는 근대법의 기본이념으로서 법치주의에 당연히 내재하는 원리로 볼 것이고, 헌법 제13조 제3항은 그 한 표현에 해당하는 것으로서 자기책임의 원리에 반하는 제재는 그 자체로서 헌법위반을 구성한다(헌재 2011.09.29. 2010헌마68).

ㅁ. 【X】 헌법 제8조 제4항은 그 목적이나 활동이 자유민주적 기본질서를 부정하고 이를 적극적으로 제거하려는 정당까지도 국민의 정치적 의사형성에 참여하는 한 '정당설립의 자유'의 보호를 받는 정당으로 보고 오로지 헌법재판소가 그의 위헌성을 확인한 경우에만 정치생활의 영역으로부터 축출될 수 있음을 규정하여 정당설립의 자유를 두텁게 보호하고 있다(헌재 2014.01.28. 2012헌마431 등).

54 헌법상 기본원리에 관한 설명 중 가장 적절하지 <u>않은</u> 것은? (다툼이 있는 경우 판례에 의함)

2024 경찰 승진

① 국민주권주의를 구현하기 위하여 헌법은 국가의 의사결정방식으로 대의제를 채택하고, 이를 가능하게 하는 선거 제도를 규정함과 아울러 선거권, 피선거권을 기본권으로 보장하며, 대의제를 보완하기 위한 방법으로 직접민주제 방식의 하나인 국민투표제도를 두고 있다.

② 규범 상호간의 체계정당성 원리는 입법자의 자의를 금지하여 규범의 명확성, 예측가능성 및 규범에 대한 신뢰와 법적 안정성을 확보하기 위한 것으로, 이는 국가공권력에 대한 통제와 이를 통한 국민의 자유와 권리의 보장을 이념으로 하는 법치주의원리로부터 도출된다.

③ 문화국가원리는 견해와 사상의 다양성을 그 본질로 하며, 이를 실현하는 국가의 문화정책은 불편부당의 원칙에 따라야 하는바, 모든 국민은 정치적 견해 등에 관계없이 문화 표현과 활동에서 차별을 받지 않아야 한다.

④ 우리 헌법은 사회국가원리를 명문으로 규정하면서 이를 구체화하고 있는데, 이 중 헌법 제119조 제2항에 규정된 '경제주체간의 조화를 통한 경제민주화'의 이념은 경제영역에서 정의로운 사회질서를 형성하기 위하여 추구할 수 있는 국가목표일 뿐, 개인의 기본권을 제한하는 국가행위를 정당화하는 헌법규범은 아니다.

지문분석 **난이도** □■■ **중** | **정답** ④ | **키워드** 헌법상 기본원리 | **출제유형** 판례

① 【O】 국민주권주의를 구현하기 위하여 헌법은 국가의 의사결정 방식으로 함과 아울러 선거권, 피선거권을 기본권으로 보장하며, 대의제를 채택하고, 이를 가능하게 하는 선거 제도를 규정하며, 대의제를 보완하기 위한 방법으로 직접민주제 방식의 하나인 국민투표제도를 두고 있다(헌재 2009.03.26. 2007헌마843).

② 【O】 체계정당성의 원리는 동일 규범 내에서 또는 상이한 규범 간에 그 규범의 구조나 내용 또는 규범의 근거가 되는 원칙 면에서 상호 배치되거나 모순되어서는 아니 된다는 하나의 헌법적 요청이다. 이처럼 규범 상호간의 체계정당성을 요구하는 이유는 입법자의 자의를 금지하여 규범의 명확성, 예측가능성및 규범에 대한 신뢰와 법적 안정성을 확보하기 위한 것이고, 이는 국가공권력에 대한 통제와 이를 통한 국민의 자유와 권리의 보장을 이념으로 하는 법치주의원리로부터 도출되는 것이라고 할 수 있다(헌재 2015.07.30. 2013헌바120).

③ 【O】 우리 헌법상 문화국가원리는 견해와 사상의 다양성을 그 본질로 하며, 이를 실현하는 국가의 문화정책은 불편부당의 원칙에 따라야 하는바, 모든 국민은 정치적 견해등에 관계없이 문화 표현과 활동에서 차별을 받지 않아야 한다(헌재 2020.12.23. 2017헌마416).

④ 【X】

[1] 우리 헌법은 사회국가원리를 명문으로 규정하고 있지는 않지만, 헌법의 전문, 사회적 기본권의 보장(헌법 제31조 내지 제36조), 경제 영역에서 적극적으로 계획하고 유도하고 재분배하여야 할 국가의 의무를 규정하는 경제에 관한 조항(헌법 제119조 제2항 이하) 등과 같이 사회국가원리의 구체화된 여러 표현을 통하여 사회국가원리를 수용하였다(헌재 2002.12.18. 2002헌마52).

[2] 헌법 제119조 제2항에 규정된 '경제주체간의 조화를 통한 경제민주화'의 이념은 경제영역에서 정의로운 사회질서를 형성하기 위하여 추구할 수 있는 국가목표로서 개인의 기본권을 제한하는 국가행위를 정당화하는 헌법규범이다(헌재 2003.11.27. 2001헌바35).

55 헌법상 통일에 대한 설명으로 옳은 것은? (다툼이 있는 경우 헌법재판소 판례에 의함) 2022 국회직 8급

① 국가의 안전과 자유민주적 기본질서를 보장하고 국민의 안전을 확보하는 가운데 평화적 통일을 이루기 위한 기반을 조성하기 위하여 북한주민 등과의 접촉에 관하여 남북관계의 전문기관인 통일부장관에게 그 승인권을 준 법률조항은 국민의 통일에 대한 기본권을 위헌적으로 침해한 것이다.

② 북한을 법 소정의 '외국'으로, 북한의 주민 또는 법인 등을 '비거주자'로 바로 인정하기는 어렵지만, 개별 법률의 적용 내지 준용에 있어서는 남북한의 특수관계적 성격을 고려하여 북한지역을 외국에 준하는 지역으로, 북한주민 등을 외국인에 준하는 지위에 있는 자로 규정할 수 있다.

③ 1992년 발효된 남북사이의 화해와 불가침 및 교류협력에 관한 합의서는 남북한 당국이 각기 정치적인 책임을 지고 상호간에 그 성의 있는 이행을 약속한 것이므로, 국내법과 동일한 효력이 있는 조약이나 이에 준하는 것으로 보아야 한다.

④ 1990년에 「남북교류협력에 관한 법률」이 제정되었다고 하더라도, '남한과 북한의 주민'이라는 행위 주체 사이에 '투자 기타 경제에 관한 협력사업'이라는 행위를 할 경우에는 이 법이 다른 법률보다 우선적으로 적용되는 것은 아니다.

⑤ 헌법의 통일관련 조항들은 국가의 통일의무를 선언한 것이지만 단순한 선언규정에 그친다 할 수는 없는 것이므로, 이들 조항으로부터 국민 개개인의 통일에 대한 기본권을 도출할 수 있다.

지문분석 **난이도** □■■ **중** | **정답** ② | **키워드** 평화국가원리 | **출제유형** 판례

① **【X】** 국가의 안전과 자유민주적 기본질서를 보장하고 국민의 안전을 확보하는 가운데 평화적 통일을 이루기 위한 기반을 조성하기 위하여 북한주민 등과의 접촉에 관하여 남북관계의 전문기관인 통일부장관에게 그 승인권을 준 이 사건 법률조항은 평화통일의 사명을 천명한 헌법 전문이나 평화통일원칙을 규정한 헌법 제4조, 대통령의 평화통일의무에 관하여 규정한 헌법 제66조 제3항의 규정 및 기타 헌법상의 통일관련조항에 위반된다고 볼 수 없다(헌재 2000.07.20. 98헌바63).

② **【O】** 우리 헌법이 '대한민국의 영토는 한반도와 그 부속도서로 한다.'는 영토조항(제3조)을 두고 있는 이상 대한민국의 헌법은 북한지역을 포함한 한반도 전체에 그 효력이 미치고 따라서 북한지역은 당연히 대한민국의 영토가 되므로, 북한을 법 소정의 '외국'으로, 북한의 주민 또는 법인 등을 '비거주자'로 바로 인정하기는 어렵지만, 개별 법률의 적용 내지 준용에 있어서는 남북한의 특수관계적 성격을 고려하여 북한지역을 외국에 준하는 지역으로, 북한주민 등을 외국인에 준하는 지위에 있는 자로 규정할 수 있다고 할 것이다(헌재 2005.06.30. 2003헌바114).

③ **【X】** 1992. 2. 19. 발효된 '남북사이의 화해와 불가침 및 교류협력에 관한 합의서'는 일종의 공동성명 또는 신사협정에 준하는 성격을 가짐에 불과하여 법률이 아님은 물론 국내법과 동일한 효력이 있는 조약이나 이에 준하는 것으로 볼 수 없다(헌재 2000.07.20. 98헌바63).

④ **【X】** 남한과 북한의 주민(법인, 단체 포함) 사이의 투자 기타 경제에 관한 협력사업 및 이에 수반되는 거래에 대하여는 우선적으로 남북교류법과 동법시행령 및 위 외국환관리지침이 적용되며, 관련 범위 내에서 외국환거래법이 준용된다. 즉, '남한과 북한의 주민' 이라는 행위 주체 사이에 '투자 기타 경제에 관한 협력사업'이라는 행위를 할 경우에는 남북교류법이 다른 법률보다 우선적으로 적용되고, 필요한 범위 내에서 외국환거래법 등이 준용되는 것이다(헌재 2005.06.30. 2003헌바114).

⑤ **【X】** 헌법상의 여러 통일관련 조항들은 국가의 통일의무를 선언한 것이기는 하지만, 그로부터 국민 개개인의 통일에 대한 기본권, 특히 국가기관에 대하여 통일과 관련된 구체적인 행동을 요구하거나 일정한 행동을 할 수 있는 권리가 도출된다고 볼 수 없다(헌재 2000.07.20. 98헌바63).

56 조약에 대한 설명으로 옳지 않은 것은? (다툼이 있는 경우 판례에 의함) 2016 국가직 7급

① 강제노동의 폐지에 관한 국제노동기구(ILO)의 제105호 조약은 우리나라가 비준한 바가 없고, 헌법 제6조 제1항에서 말하는 일반적으로 승인된 국제법규로서 헌법적 효력을 갖는다고 볼 수도 없기 때문에 위헌성 심사의 척도가 될 수 없다.

② 헌법 제6조 제1항의 국제법 존중주의에 따라 조약과 일반적으로 승인된 국제법규는 국내법에 우선한다.

③ 국회는 상호원조 또는 안전보장에 관한 조약, 중요한 국제조직에 관한 조약, 우호통상항해조약, 주권의 제약에 관한 조약, 강화조약, 국가나 국민에게 중대한 재정적 부담을 지우는 조약 또는 입법사항에 관한 조약의 체결·비준에 대한 동의권을 가진다.

④ 마라케쉬협정은 적법하게 체결·공포된 조약이므로 이 협정에 의하여 관세법위반자의 처벌이 가중되어도 위헌은 아니다.

지문분석 **난이도** □■■ **중** | **정답** ② | **키워드** 조약 | **출제유형** 판례 및 조문

▶ 조약의 성립절차

권한자		국회동의		대통령 비준		대통령 공포		효력발생
헌법 제73조상 대통령이 권한자이며, 그 분야의 전권대사를 임명하여 절차진행을 한다.	⇨	헌법 제60조 제1항상의 조약으로서 법률과 동일한 효력에 근거가 된다.	⇨	전권대사가 서명한 조약을 조약체결권자인 국가원수가 최종적으로 확인	⇨	법규범으로써 효력을 갖는 경우 공포는 필수적 절차에 해당한다.	⇨	특별한 규정이 없는 한 공포한 후 20일이 지나면 효력을 가진다.

① 【O】 강제노동의 폐지에 관한 국제노동기구(ILO)의 제105호 조약은 우리나라가 비준한 바가 없고, 헌법 제6조 제1항에서 말하는 일반적으로 승인된 국제법규로서 헌법적 효력을 갖는 것이라고 볼 만한 근거도 없으므로 이 사건 심판대상 규정의 위헌성 심사의 척도가 될 수 없다(헌재 1998.07.16. 97헌바23).

② 【X】 헌법에 의하여 체결·공포된 조약과 일반적으로 승인된 국제법규는 국내법과 같은 효력을 가진다(헌법 제6조 제1항).

③ 【O】 헌법 제60조 제1항

④ 【O】 마라케쉬협정도 적법하게 체결되어 공포된 조약이므로 국내법과 같은 효력을 갖는 것이어서 그로 인하여 새로운 범죄를 구성하거나 범죄자에 대한 처벌이 가중된다고 하더라도 이것은 국내법에 의하여 형사처벌을 가중한 것과 같은 효력을 갖게 되는 것이다. 따라서 마라케쉬협정에 의하여 관세법위반자의 처벌이 가중된다고 하더라도 이를 들어 법률에 의하지 아니한 형사처벌이라거나 행위 시의 법률에 의하지 아니한 형사처벌이라고 할 수 없다(헌재 1998.11.26. 97헌바65).

57 조약에 대한 설명으로 옳은 것은? (다툼이 있는 경우 판례에 의함) 2017 국가직 7급 변형

① 헌법상 상호원조 또는 안전보장에 관한 조약과 중요한 국제조직에 관한 조약은 체결할 수 있으나, 주권의 제약에 관한 조약은 체결할 수 없다.

② 국제법적으로 조약은 국제법 주체들이 일정한 법률효과를 발생시키기 위하여 체결한 국제법의 규율을 받는 국제적 합의를 말하며, 조약은 서면에 의하여야 하며 구두합의는 조약의 성격을 가질 수 없다.

③ 국가는 경우에 따라 조약과는 달리 법적 효력 내지 구속력이 없는 합의도 하는데, 비구속적 합의로 인정되는 때에는 그로 인하여 국민의 법적 지위가 영향을 받지 않는다고 할 것이므로, 이를 대상으로 한「헌법재판소법」제68조 제1항에 따른 헌법소원 심판청구는 허용되지 않는다.

④ 국회의 동의없이 조약을 체결 비준한 대통령의 행위에 대하여, 국회의원들은 국회의 조약에 대한 체결·비준 동의권이 침해되었다는 이유로 헌법재판소에 권한쟁의심판을 청구할 수 있다.

지문분석 **난이도** □■■ 중 | **정답** ③ | **키워드** 조약의 개념 | **출제유형** 판례

① 【X】, ② 【X】 조약의 개념에 관하여 우리 헌법상 명문의 규정은 없다. 다만 헌법 제60조 제1항에서 국회는 상호원조 또는 안전보장에 관한 조약, 중요한 국제조직에 관한 조약, 우호통상항해조약, 주권의 제약에 관한 조약, 강화조약, 국가나 국민에게 중대한 재정적 부담을 지우는 조약 또는 입법사항에 관한 조약의 체결 · 비준에 대한 동의권을 가진다고 규정하고 있으며, 헌법 제73조는 대통령에게 조약체결권을 부여하고 있고, 헌법 제89조 제3호에서 조약안은 국무회의의 심의를 거치도록 규정하고 있다. 국제법적으로, 조약은 국제법 주체들이 일정한 법률효과를 발생시키기 위하여 체결한 국제법의 규율을 받는 국제적 합의를 말하며 서면에 의한 경우가 대부분이지만 예외적으로 구두합의도 조약의 성격을 가질 수 있다(헌재 2019.12.27. 2016헌마253).

③ 【O】 국가는 경우에 따라 조약과는 달리 법적 효력 내지 구속력이 없는 합의도 하는데, 이러한 합의는 많은 경우 일정한 공동 목표의 확인이나 원칙의 선언과 같이 구속력을 부여하기에는 너무 추상적이거나 구체성이 없는 내용을 담고 있으며, 대체로 조약체결의 형식적 절차를 거치지 않는다. 이러한 합의도 합의 내용이 상호 준수되리라는 기대 하에 체결되므로 합의를 이행하지 않는 국가에 대해 항의나 비판의 근거가 될 수는 있으나, 이는 법적 구속력과는 구분된다. 조약과 비구속적 합의를 구분함에 있어서는 합의의 명칭, 합의가 서면으로 이루어졌는지 여부, 국내법상 요구되는 절차를 거쳤는지 여부와 같은 형식적 측면 외에도 합의의 과정과 내용 · 표현에 비추어 법적 구속력을 부여하려는 당사자의 의도가 인정되는지 여부, 법적 효력을 부여할 수 있는 구체적인 권리 · 의무를 창설하는지 여부 등 실체적 측면을 종합적으로 고려하여야 한다. 이에 따라 비구속적 합의로 인정되는 때에는 그로 인하여 국민의 법적 지위가 영향을 받지 않는다고 할 것이므로, 이를 대상으로 한 헌법소원 심판청구는 허용되지 않는다(헌재 2019.12.27. 2016헌마253).

④ 【X】 국회의 동의권이 침해되었다고 하여 동시에 국회의원의 심의 · 표결권이 침해된다고 할 수 없고, 국회의원의 심의 · 표결권은 국회의 대내적인 관계에서 행사되고 침해될 수 있을 뿐 다른 국가기관과의 대외적인 관계에서는 침해될 수 없는 것이므로, 국회의원들 상호간 또는 국회의원과 국회의장 사이와 같이 국회 내부적으로만 직접적인 법적 연관성을 발생시킬 수 있을 뿐이고, 대통령 등 국회 이외의 국가기관과의 사이에서는 권한침해의 직접적인 법적 효과를 발생시키지 아니한다. 따라서 피청구인인 대통령이 국회의 동의 없이 조약을 체결 · 비준하였다 하더라도 국회의 조약 체결 · 비준에 대한 동의권이 침해될 수는 있어도 국회의원인 청구인들의 심의 · 표결권이 침해될 가능성은 없다(헌재 2011.08.30. 2011헌라2).

58 헌법 제6조에 관한 설명으로 가장 적절한 것은? (다툼이 있는 경우 헌법재판소 판례에 의함)

2024 경찰 2차

① 국제법존중주의는 국제법과 국내법의 동등한 효력을 인정한다는 취지이므로, '유엔 시민적·정치적 권리 규약 위원회'가 「국가보안법」의 폐지나 개정을 권고하였다는 이유만으로도 이적행위 조항과 이적표현물 소지 조항은 국제법존중주의에 위배된다.

② '시민적 및 정치적 권리에 관한 국제규약'(이하 '자유권 규약')은 국내법체계상에서 법률적 효력을 가지므로, 헌법에서 명시적으로 입법위임을 하고 있거나 우리 헌법의 해석상 입법의무가 발생하는 경우가 아니라도, 자유권 규약이 명시적으로 입법을 요구하고 있거나 그 해석상 국가의 기본권 보장의무가 인정되는 경우에는 곧바로 국가의 입법의무가 도출된다.

③ '국제통화기금협정' 제9조 제3항(사법절차의 면제) 및 제8항(직원 및 피용자의 면제와 특권)은 국회의 동의를 얻어 체결된 것으로서, 헌법 제6조 제1항에 따라 국내법적, 법률적 효력을 가지는 바, 가입국의 재판권 면제에 관한 것이므로 성질상 국내에 바로 적용될 수 있는 법규범으로서 위헌법률심판의 대상이 된다.

④ '세계무역기구설립을 위한 마라케쉬협정'은 적법하게 체결되어 공포된 조약이므로 국내법과 같은 효력을 갖는 것이지만, 그로 인하여 새로운 범죄를 구성하거나 범죄자에 대한 처벌이 가중되는 것은 법률에 의하지 아니한 형사처벌이다.

지문분석 **난이도** ■■■ **상** | **정답** ③ | **키워드** 평화국가원리 | **출제유형** 판례

① 【X】 청구인은 이적행위조항과 이적표현물 소지조항이 국제법존중주의에 위배된다고 주장한다. 그러나 헌법 제6조 제1항에서 선언하고 있는 국제법존중주의는 국제법과 국내법의 동등한 효력을 인정한다는 취지일 뿐이므로 유엔 자유권위원회가 국가보안법의 폐지나 개정을 권고하였다는 이유만으로 이적행위조항과 이적표현물 소지조항이 국제법존중주의에 위배되는 것은 아니다(헌재 2024.02.28. 2023헌바381).

② 【X】 '시민적 및 정치적 권리에 관한 국제규약'(이하 '자유권규약'이라 한다)의 조약상 기구인 자유권규약위원회의 견해는 규약을 해석함에 있어 중요한 참고기준이 되고, 규약 당사국은 그 견해를 존중하여야 한다. …(중략)… 자유권규약위원회의 견해가 규약 당사국의 국내법 질서와 충돌할 수 있고, 그 이행을 위해서는 각 당사국의 역사적, 사회적, 정치적 상황 등이 충분히 고려될 필요가 있으므로, 우리 입법자가 자유권규약위원회의 견해(Views)의 구체적인 내용에 구속되어 그 모든 내용을 그대로 따라야만 하는 의무를 부담한다고 볼 수는 없다. 따라서 우리나라가 자유권규약의 당사국으로서 자유권규약위원회의 견해를 존중하고 고려하여야 한다는 점을 감안하더라도, 피청구인에게 이 사건 견해에 언급된 구제조치를 그대로 이행하는 법률을 제정할 구체적인 입법의무가 발생하였다고 보기는 어려우므로, 이 사건 심판청구는 헌법소원심판의 대상이 될 수 없는 입법부작위를 대상으로 한 것으로서 부적법하다(헌재 2018.07.26. 2011헌마306 등).

③ 【O】 이 사건 조항 {국제통화기금협정 제9조(지위, 면제 및 특권) 제3항 (사법절차의 면제) 및 제8항(직원 및 피용자의 면제와 특권), 전문기구의 특권과 면제에 관한 협약 제4절, 제19절(a)}은 각 국회의 동의를 얻어 체결된 것으로서, 헌법 제6조 제1항에 따라 국내법적, 법률적 효력을 가지는 바, 가입국의 재판권 면제에 관한 것이므로 성질상 국내에 바로 적용될 수 있는 법규범으로서 위헌법률심판의 대상이 된다(헌재 2001.09.27. 2000헌바20).

④ 【X】 마라케쉬협정도 적법하게 체결되어 공포된 조약이므로 국내법과 같은 효력을 갖는 것이어서 그로 인하여 새로운 범죄를 구성하거나 범죄자에 대한 처벌이 가중된다고 하더라도 이것은 국내법에 의하여 형사처벌을 가중한 것과 같은 효력을 갖게 되는 것이다. 따라서 마라케쉬협정에 의하여 관세법위반자의 처벌이 가중된다고 하더라도 이를 들어 법률에 의하지 아니한 형사처벌이라거나 행위시의 법률에 의하지 아니한 형사처벌이라고 할 수 없다(헌재 1998.11.26. 97헌바65).

59 조약 및 국제법규에 대한 설명으로 가장 적절하지 않은 것은? (다툼이 있는 경우 판례에 의함)

2021 경찰 승진

① 대한민국과 아메리카합중국 간의 상호방위조약 제4조에 의한 시설과 구역 및 대한민국에서의 합중국군대의 지위에 관한 협정은 국회의 관여 없이 체결되는 행정협정이므로 국회의 동의를 요하지 않는다.

② 국회는 상호원조 또는 안전보장에 관한 조약, 중요한 국제조직에 관한 조약, 우호통상항해조약, 주권의 제약에 관한 조약, 강화조약, 국가나 국민에게 중대한 재정적 부담을 지우는 조약 또는 입법사항에 관한 조약의 체결·비준에 대한 동의권을 가진다.

③ 국제노동기구의 제87호 협약(결사의 자유 및 단결권 보장에 관한 협약), 제98호 협약(단결권 및 단체교섭권에 대한 원칙의 적용에 관한 협약), 제151호 협약(공공부문에서의 단결권 보호 및 고용조건의 결정을 위한 절차에 관한 협약)은 헌법 제6조 제1항에서 말하는 일반적으로 승인된 국제법규로서 헌법적 효력을 갖는 것이 아니다.

④ 우루과이라운드의 협상결과 체결된 마라케쉬 협정은 적법하게 체결되어 공포된 조약이다.

지문분석 **난이도** □■■ 중 | **정답** ① | **키워드** 조약 및 국제법규 | **출제유형** 판례

① 【X】 이 사건 조약은 그 명칭이 '협정'으로 되어 있어 국회의 관여없이 체결되는 행정협정처럼 보이기도 하나 우리나라의 입장에서 볼 때에는 외국군대의 지위에 관한 것이고, 국가에게 재정적 부담을 지우는 내용과 입법사항을 포함하고 있으므로 국회의 동의를 요하는 조약으로 취급되어야 한다(헌재 1999.04.29. 97헌가14).

② 【O】 국회는 상호원조 또는 안전보장에 관한 조약, 중요한 국제조직에 관한 조약, 우호통상항해조약, 주권의 제약에 관한 조약, 강화조약, 국가나 국민에게 중대한 재정적 부담을 지우는 조약 또는 입법사항에 관한 조약의 체결·비준에 대한 동의권을 가진다(헌법 제60조 제1항).

③ 【O】 국제노동기구의 제87호 협약(결사의 자유 및 단결권 보장에 관한 협약), 제98호 협약(단결권 및 단체교섭권에 대한 원칙의 적용에 관한 협약), 제151호 협약(공공부문에서의 단결권 보호 및 고용조건의 결정을 위한 절차에 관한 협약)은 우리나라가 비준한 바가 없고, 헌법 제6조 제1항에서 말하는 일반적으로 승인된 국제법규로서 헌법적 효력을 갖는 것이라고 볼 만한 근거도 없으므로, 이 사건 심판대상 규정의 위헌성 심사의 척도가 될 수 없다(헌재 2005.10.27. 2003헌바50 등).

④ 【O】 마라케쉬협정도 적법하게 체결되어 공포된 조약이므로 국내법과 같은 효력을 갖는 것이어서 그로 인하여 새로운 범죄를 구성하거나 범죄자에 대한 처벌이 가중된다고 하더라도 이것은 국내법에 의하여 형사처벌을 가중한 것과 같은 효력을 갖게 되는 것이다(헌재 1998.11.26. 97헌바65).

60 국제평화주의와 국제법존중주의에 대한 설명으로 옳지 않은 것은? (다툼이 있는 경우 판례에 의함)

2022 국회직 5급

① 헌법 제6조 제1항의 국제법존중주의는 우리나라가 가입한 조약과 일반적으로 승인된 국제법규가 국내법과 같은 효력을 가진다는 것으로서 조약이나 국제법규가 국내법에 우선한다는 것은 아니다.

② 평화적 생존권은 이를 헌법에 열거되지 아니한 기본권으로서 특별히 새롭게 인정할 필요성이 있다거나 그 권리내용이 비교적 명확하여 구체적 권리로서의 실질에 부합한다고 보기 어려워 헌법상 보장된 기본권이라고 할 수 없다.

③ 국회는 상호원조 또는 안전보장에 관한 조약, 중요한 국제조직에 관한 조약, 우호통상항해조약, 주권에 관한 조약, 강화조약, 국가나 국민에게 중대한 재정적 부담을 지우는 조약 또는 입법 사항에 관한 조약의 체결·비준에 대한 동의권을 갖는다.

④ 조약은 국가·국제기구 등 국제법 주체 사이에 권리의무관계를 창출하기 위하여 서면 형식으로 체결되고 국제법에 의하여 규율되는 합의라고 할 수 있다.

⑤ 조약의 체결·비준의 주체인 대통령이 국회의 동의를 필요로 하는 조약에 대하여 국회의 동의절차를 거치지 아니한 채 체결·비준하는 경우 국회의원의 심의·표결권을 침해한 것이다.

PART · 01

지문분석 **난이도** □■■ **중** | **정답** ⑤ | **키워드** 평화국가원리 | **출제유형** 판례

① 【O】 헌법 제6조 제1항의 국제법 존중주의는 우리나라가 가입한 조약과 일반적으로 승인된 국제법규가 국내법과 같은 효력을 가진다는 것으로서 조약이나 국제법규가 국내법에 우선한다는 것은 아니다(헌재 2001.04.26. 99헌가13).

② 【O】 청구인들이 평화적 생존권이란 이름으로 주장하고 있는 평화란 헌법의 이념 내지 목적으로서 추상적인 개념에 지나지 아니하고, 평화적 생존권은 이를 헌법에 열거되지 아니한 기본권으로서 특별히 새롭게 인정할 필요성이 있다거나 그 권리내용이 비교적 명확하여 구체적 권리로서의 실질에 부합한다고 보기 어려워 헌법상 보장된 기본권이라고 할 수 없다(헌재 2009.05.28. 2007헌마369).

③ 【O】 헌법 제60조 제1항 국회는 상호원조 또는 안전보장에 관한 조약, 중요한 국제조직에 관한 조약, 우호통상항해조약, 주권의 제약에 관한 조약, 강화조약, 국가나 국민에게 중대한 재정적 부담을 지우는 조약 또는 입법사항에 관한 조약의 체결·비준에 대한 동의권을 가진다.

④ 【O】 조약은 '국가·국제기구 등 국제법 주체 사이에 권리의무관계를 창출하기 위하여 서면형식으로 체결되고 국제법에 의하여 규율되는 합의'인데, 이러한 조약의 체결·비준에 관하여 헌법은 대통령에게 전속적인 권한을 부여하면서(헌법 제73조), 조약을 체결·비준함에 앞서 국무회의의 심의를 거쳐야 하고(헌법 제89조 제3호), 특히 중요한 사항에 관한 조약의 체결·비준은 사전에 국회의 동의를 얻도록 하는 한편(헌법 제60조 제1항), 국회는 헌법 제60조 제1항에 규정된 일정한 조약에 대해서만 체결·비준에 대한 동의권을 가진다(헌재 2008.03.27. 2006헌라4).

⑤ 【X】 국회의 동의권이 침해되었다고 하여 동시에 국회의원의 심의·표결권이 침해된다고 할 수 없고, 국회의원의 심의·표결권은 국회의 대내적인 관계에서 행사되고 침해될 수 있을 뿐 다른 국가기관과의 대외적인 관계에서는 침해될 수 없는 것이므로, 국회의원들 상호간 또는 국회의원과 국회의장 사이와 같이 국회 내부적으로만 직접적인 법적 연관성을 발생시킬 수 있을 뿐이고, 대통령 등 국회 이외의 국가기관과의 사이에서는 권한침해의 직접적인 법적 효과를 발생시키지 아니한다. 따라서 피청구인인 대통령이 국회의 동의 없이 조약을 체결·비준하였다 하더라도 국회의 조약 체결·비준에 대한 동의권이 침해될 수는 있어도 국회의원인 청구인들의 심의·표결권이 침해될 가능성은 없다(헌재 2011.08.30. 2011헌라2).

61 국제질서에 대한 설명으로 옳지 않은 것은? (다툼이 있는 경우 판례에 의함) 2021 지방직 7급

① 국제법적으로, 조약은 국제법 주체들이 일정한 법률효과를 발생시키기 위하여 체결한 국제법의 규율을 받는 국제적 합의를 말하며 서면에 의한 경우가 대부분이지만 예외적으로 구두 합의도 조약의 성격을 가질 수 있다.

② 자유권규약위원회는 자유권규약의 이행을 위해 만들어진 조약상의 기구이므로, 규약의 당사국은 그 견해를 존중하여야 하며, 우리 입법자는 자유권규약위원회의 견해의 구체적인 내용에 구속되어 그 모든 내용을 그대로 따라야 하는 의무를 부담한다.

③ 헌법에 의하여 체결·공포된 조약과 일반적으로 승인된 국제법규는 국내법과 같은 효력을 가진다.

④ 조약과 비구속적 합의를 구분함에 있어서는 합의의 명칭, 합의가 서면으로 이루어졌는지 여부 등과 같은 형식적 측면 외에도 합의의 과정과 내용·표현에 비추어 법적 구속력을 부여하려는 당사자의 의도가 인정되는지 여부 등 실체적 측면을 종합적으로 고려하여야 한다

지문분석 **난이도** □■■ **중** | **정답** ② | **키워드** 평화국가원리 | **출제유형** 판례

① 【O】 조약의 개념에 관하여 우리 헌법상 명문의 규정은 없다. 다만 헌법 제60조 제1항에서 국회는 상호원조 또는 안전보장에 관한 조약, 중요한 국제조직에 관한 조약, 우호통상항해조약, 주권의 제약에 관한 조약, 강화조약, 국가나 국민에게 중대한 재정적 부담을 지우는 조약 또는 입법사항에 관한 조약의 체결·비준에 대한 동의권을 가진다고 규정하고 있으며, 헌법 제73조는 대통령에게 조약체결권을 부여하고 있고, 헌법 제89조 제3호에서 조약안은 국무회의의 심의를 거치도록 규정하고 있다. 국제법적으로, 조약은 국제법 주체들이 일정한 법률효과를 발생시키기 위하여 체결한 국제법의 규율을 받는 국제적 합의를 말하며 서면에 의한 경우가 대부분이지만 예외적으로 구두합의도 조약의 성격을 가질 수 있다(헌재 2019.12.27. 2016헌마253).

② 【X】 시민적 및 정치적 권리에 관한 국제규약(이하 '자유권규약'이라 한다)의 조약상 기구인 자유권규약위원회의 견해는 규약을 해석함에 있어 중요한 참고기준이 되고, 규약 당사국은 그 견해를 존중하여야 한다. 특히 우리나라는 자유권규약을 비준함과 동시에, 자유권규약위원회의 개인통보 접수·심리 권한을 인정하는 내용의 선택의정서에 가입하였으므로, 대한민국 국민이 제기한 개인통보에 대한 자유권규약위원회의 견해(Views)를 존중하고, 그 이행을 위하여 가능한 범위에서 충분한 노력을 기울여야 한다. 다만, 자유권규약위원회의 심리가 서면으로 비공개로 진행되는 점 등을 고려하면, 개인통보에 대한 자유권규약위원회의 견해(Views)에 사법적인 판결이나 결정과 같은 법적 구속력이 인정된다고 단정하기는 어렵다. 또한, 자유권규약위원회의 견해가 규약 당사국의 국내법 질서와 충돌할 수 있고, 그 이행을 위해서는 각 당사국의 역사적·사회적·정치적 상황 등이 충분히 고려될 필요가 있으므로, 우리 입법자가 자유권규약위원회의 견해(Views)의 구체적인 내용에 구속되어 그 모든 내용을 그대로 따라야만 하는 의무를 부담한다고 볼 수는 없다(헌재 2018.07.26. 2011헌마306 등).

③ 【O】 헌법 제6조 제1항 조문을 그대로 옮겨 적었습니다.

④ 【O】 조약과 비구속적 합의를 구분함에 있어서는 합의의 명칭, 합의가 서면으로 이루어졌는지 여부, 국내법상 요구되는 절차를 거쳤는지 여부와 같은 형식적 측면 외에도 합의의 과정과 내용·표현에 비추어 법적 구속력을 부여하려는 당사자의 의도가 인정되는지 여부, 법적 효과를 부여할 수 있는 구체적인 권리·의무를 창설하는지 여부 등 실체적 측면을 종합적으로 고려하여야 한다(헌재 2019.12.27. 2016헌마253).

CHAPTER
03 헌법상 제도

1 제도적 보장

01 기본권과 제도적 보장에 관한 설명으로 옳지 않은 것은? 2015 서울시 7급

① 근대자연법론에 의하면 기본권의 본질적 내용인 인권은 초국가적·전국가적 성격을 가진다.
② 켈젠(H. Kelsen)은 기본권은 반사적 이익이며 국가권력이 부여한 은혜적인 것이므로 기본권을 근거로 국가에게 작위나 부작위를 청구할 수 없다고 주장하였다.
③ 제도적 보장은 역사적·전통적으로 확립된 기존의 객관적제도 그 자체의 본질적 내용이 입법에 의하여 폐지되거나 본질이 훼손되는 것을 방지하기 위하여 헌법이 특별히 보장하는 것이다.
④ 우리나라의 학설과 판례에 의하면 제도는 국법질서에 의하여 국가 내에서 인정되는 객관적 법규범인 동시에 재판규범으로 기능하며, 기본권과 달리 최대한의 보장을 내용으로 한다.

지문분석 **난이도** □□■ **하** | **정답** ④ | **키워드** 기본권과 제도적 보장 | **출제유형** 이론

④ 【X】 제도보장은 최소안의 보장을 내용으로 한다.

02 제도적 보장에 대한 설명 중 옳지 않은 것은? 기출변형

① 헌법에는 기본권과 관련이 있으면서 기본권과는 개념적으로 구별될 수 있는 제도를 규정한 것들이 있다.
② 객관적 제도를 헌법상 보장함으로써 그 제도의 본질을 유지하려는 것을 제도보장이라고 한다.
③ 직업공무원제도, 지방자치제도, 복수정당제도, 혼인제도 등이 이에 해당한다.
④ 제도보장도 재판규범으로서의 성격을 가진다.
⑤ 제도적 보장에도 헌법 제37조가 적용되므로 기본권 보장과 같이 최대보장의 원칙에 의하여 보장하여야 한다.

지문분석 **난이도** □□■ **하** | **정답** ⑤ | **키워드** 제도적 보장 | **출제유형** 판례 및 이론

① 【O】 지방자치제를 기본권보장과 관계없이 제도 자체만 보장된다는 견해(권영성)에 대해서는 지방자치제도가 참정권(선거권 · 공무담임권 등)의 확대를 초래하므로 기본권보장과 관련없는 독자적인 것이 아니라는 비판(허영, 민경식)도 있다. 헌재는 '지방자치단체의 폐치 · 분합은 지방자치단체의 자치권의 침해문제와 더불어 그 주민의 헌법상 보장된 기본권의 침해문제도 발생시킬 수 있다.'(헌재 1995.03.23. 94헌마175)고 판시하였다.
② 【O】 제도적 보장은 제도의 본질적 내용을 헌법에 규정함으로써 법률에 의한 제도의 폐기를 방지하는데 그 목적이 있다. 제도의 본질적 내용은 헌법에 의해 결정되나 세부적인 내용은 입법을 통해 결정될 수 있다.
③ 【O】 우리나라 현행헌법상 제도로서 정당제도, 선거제도, 공무원제도, 지방자치제도, 교육제도, 군사제도, 가정과 혼인에 관한 제도, 사유재산제도가 있다.
④ 【O】 제도적 보장은 헌법개정권력을 구속하지 못하므로 헌법개정의 대상이 되나 집행권, 사법권, 입법권을 구속하므로 위헌법률심판뿐 아니라 헌법소원에서도 재판규범이 된다.
⑤ 【X】 제도적 보장은 최소한의 보장 원칙에 의하여 보장하고, 기본권은 최대한의 보장 원칙에 의하여 보장한다.

2 정당제도

01 **정당제도에 관한 설명으로 가장 적절하지 <u>않은</u> 것은?** (다툼이 있는 경우 판례에 의함) 2023 경찰 2차

① 정당의 명칭은 그 정당의 정책과 정치적 신념을 나타내는 대표적인 표지에 해당하므로, 정당설립의 자유는 자신들이 원하는 명칭을 사용하여 정당을 설립하거나 정당활동을 할 자유도 포함한다.
② 정당의 중앙당과 지구당과의 복합적 구조에 비추어 정당의 지구당은 단순한 중앙당의 하부조직이 아니라 어느 정도의 독자성을 가진 단체로서 법인격 없는 사단에 해당한다.
③ 정당의 목적이나 활동이 민주적 기본질서에 위배될 때에는 법원은 헌법재판소에 그 해산을 제소할 수 있고, 정당은 헌법재판소의 심판에 의하여 해산된다.
④ 대한민국 국민이 아닌 자는 정당의 당원이 될 수 없으며, 누구든지 2 이상의 정당의 당원이 되지 못한다.

지문분석 **난이도** □□■ **하** | **정답** ③ | **키워드** 정당제도 | **출제유형** 판례

① 【O】 헌법 제8조 제1항 전단은 정당설립의 자유는 당연히 정당존속의 자유와 정당활동의 자유를 포함하는 것이다. 한편, 정당의 명칭은 그 정당의 정책과 정치적 신념을 나타내는 대표적인 표지에 해당하므로, 정당설립의 자유는 자신들이 원하는 명칭을 사용하여 정당을 설립하거나 정당활동을 할 자유도 포함한다(헌재 2014.01.28. 2012헌마431).
② 【O】 중앙당과 지구당과의 복합적 구조에 비추어 정당의 지구당은 단순한 중앙당의 하부조직이 아니라 어느 정도의 독자성을 가진 단체로서 역시 법인격 없는 사단에 해당한다(헌재 1993.07.29. 92헌마262).
③ 【X】 헌법 제8조 제4항 정당의 목적이나 활동이 민주적 기본질서에 위배될 때에는 정부는 헌법재판소에 그 해산을 제소할 수 있고, 정당은 헌법재판소의 심판에 의하여 해산된다.
④ 【O】

> 「정당법」
> 제22조(발기인 및 당원의 자격) 제2항 대한민국 국민이 아닌 자는 당원이 될 수 없다.
> 제42조(강제입당 등의 금지) 제2항 누구든지 2 이상의 정당의 당원이 되지 못한다.

02 정당제도에 관한 설명 중 옳은 것을 모두 고른 것은? (다툼이 있는 경우 판례에 의함) 2023 경찰 승진

㉠ 헌법 제8조 제4항의 민주적 기본질서 개념은 그 외연이 확장될수록 정당해산결정의 가능성은 확대되고 이와 동시에 정당 활동의 자유는 축소될 것이므로 최대한 엄격하고 협소한 의미로 이해해야 한다.
㉡ 입법자는 정당설립의 자유를 최대한 보장하는 방향으로 입법하여야 하고, 헌법재판소는 정당설립의 자유를 제한하는 법률의 합헌성을 심사할 때에 헌법 제37조 제2항에 따라 엄격한 비례심사를 하여야 한다.
㉢ 정당의 목적이나 활동이 민주적 기본질서에 위배될 때에는 국회는 헌법재판소에 그 해산을 제소할 수 있고, 정당은 헌법재판소의 심판에 의하여 해산된다.
㉣ 정당설립의 자유는 등록된 정당에게만 인정되는 기본권이므로 등록이 취소되어 권리능력 없는 사단의 실체만을 가지고 있는 정당에게는 인정되지 않는다.

① ㉠, ㉡　② ㉡, ㉢
③ ㉢, ㉣　④ ㉠, ㉣

지문분석 **난이도** □■■ 중 | **정답** ① | **키워드** 정당제도 | **출제유형** 판례

㉠ **[O]** 헌법 제8조 제4항의 민주적 기본질서 개념은 정당해산결정의 가능성과 긴밀히 결부되어 있다. 이 민주적 기본질서의 외연이 확장될수록 정당해산결정의 가능성은 확대되고, 이와 동시에 정당 활동의 자유는 축소될 것이다. 민주 사회에서 정당의 자유가 지니는 중대한 함의나 정당해산심판제도의 남용가능성 등을 감안한다면, 헌법 제8조 제4항의 민주적 기본질서는 최대한 엄격하고 협소한 의미로 이해해야 한다. 따라서 민주적 기본질서를 현행헌법이 채택한 민주주의의 구체적 모습과 동일하게 보아서는 안 된다. 정당이 위에서 본 바와 같은 민주적 기본질서, 즉 민주적 의사결정을 위해서 필요한 불가결한 요소들과 이를 운영하고 보호하는 데 필요한 최소한의 요소들을 수용한다면, 현행헌법이 규정한 민주주의 제도의 세부적 내용에 관해서는 얼마든지 그와 상이한 주장을 개진할 수 있는 것이다. 마찬가지로, 민주적 기본질서를 부정하지 않는 한 정당은 각자가 옳다고 믿는 다양한 스펙트럼의 이념적인 지향을 자유롭게 추구할 수 있다. 오늘날 정당은 자유민주주의 이념을 추구하는 정당에서부터 공산주의 이념을 추구하는 정당에 이르기까지 그 이념적 지향점이 매우 다양하므로, 어떤 정당이 특정 이념을 표방한다 하더라도 그 정당의 목적이나 활동이 앞서 본 민주적 기본질서의 내용들을 침해하는 것이 아닌 한 그 특정 이념의 표방 그 자체만으로 곧바로 위헌적인 정당으로 볼 수는 없다. 정당해산 여부를 결정하는 문제는 결국 그 정당이 표방하는 정치적 이념이 무엇인지가 아니라 그 정당의 목적이나 활동이 민주적 기본질서에 위배되는지 여부에 달려있기 때문이다(인용: 헌결 2014.12.19. 2013헌다1).
㉡ **[O]** 입법자는 정당설립의 자유를 최대한 보장하는 방향으로 입법하여야 하고, 헌법재판소는 정당설립의 자유를 제한하는 법률의 합헌성을 심사할 때에 헌법 제37조 제2항에 따라 엄격한 비례심사를 하여야 한다(헌결 2014.01.28. 2012헌마431).
㉢ **[X]** 헌법 제8조 제4항 정당의 목적이나 활동이 민주적 기본질서에 위배될 때에는 정부는 헌법재판소에 그 해산을 제소할 수 있고, 정당은 헌법재판소의 심판에 의하여 해산된다.
㉣ **[X]** 청구인(사회당)은 등록이 취소된 이후에도, 취소 전 사회당의 명칭을 사용하면서 대외적인 정치활동을 계속하고 있고, 대내외 조직 구성과 선거에 참여할 것을 전제로 하는 당헌과 대내적 최고의사결정기구로서 당대회와, 대표단 및 중앙위원회, 지역조직으로 시・도위원회를 두는 등 계속적인 조직을 구비하고 있는 사실 등에 비추어 보면, 청구인은 등록이 취소된 이후에도 '등록정당'에 준하는 '권리능력 없는 사단'으로서의 실질을 유지하고 있다고 볼 수 있으므로 이 사건 헌법소원의 청구인능력을 인정할 수 있다(헌결 2006.03.30. 2004헌마246).

03 정당에 대한 설명으로 가장 적절하지 <u>않은</u> 것은? (다툼이 있는 경우 판례에 의함) 2023 경찰 승진

① 당론과 다른 견해를 가진 소속 국회의원을 당해 교섭단체의 필요에 따라 다른 상임위원회로 전임(사임 · 보임)하는 조치는 특별한 사정이 없는 한 헌법상 용인될 수 있는 정당 내부의 사실상 강제의 범위 내에 해당한다.

② '정당은 그 목적 · 조직과 활동이 민주적이어야 하며, 국민의 정치적 의사형성에 참여하는데 필요한 조직을 가져야 한다'는 헌법 제8조 제2항은 정당에 대하여 정당의 자유의 한계를 부과함과 동시에 입법자에 대하여 그에 필요한 입법을 해야 할 의무를 부과하고 있으나, 정당의 자유의 헌법적 근거를 제공하는 근거규범으로서 기능하는 것은 아니다.

③ 헌법재판소가 정당설립의 자유를 제한하는 법률의 합헌성을 심사하는 경우 헌법 제37조 제2항에 따라 엄격한 비례심사를 하여야 한다.

④ 정당설립의 자유는 등록된 정당에게만 인정되는 기본권이므로 등록이 취소되어 권리능력 없는 사단의 실체만을 가지고 있는 정당에게는 인정되지 않는다.

지문분석 **난이도** □■■ **중** | **정답** ④ | **키워드** 정당제도 | **출제유형** 판례

① 【O】 당론과 다른 견해를 가진 소속 국회의원을 당해 교섭단체의 필요에 따라 다른 상임위원회로 전임(사 · 보임)하는 조치는 특별한 사정이 없는 한 헌법상 용인될 수 있는 '정당 내부의 사실상 강제'의 범위내에 해당한다고 할 것이다. 피청구인의 이 사건 사 · 보임행위는 청구인이 소속된 정당내부의 사실상 강제에 터 잡아 교섭단체대표의원이 상임위원회 사 · 보임 요청을 하고 이에 따라 이른바 의사정리권한의 일환으로 이를 받아들인 것으로서, 그 절차 · 과정에 헌법이나 법률의 규정을 명백하게 위반하여 재량권의 한계를 현저히 벗어나 청구인의 권한을 침해한 것으로는 볼 수 없다고 할 것이다(헌재 2003.10.30. 2002헌라1).

② 【O】 헌법 제8조 제2항은 헌법 제8조 제1항에 의하여 정당의 자유가 보장됨을 전제로 하여, 그러한 자유를 누리는 정당의 목적 · 조직 · 활동이 민주적이어야 한다는 요청, 그리고 그 조직이 국민의 정치적 의사형성에 참여하는데 필요한 조직이어야 한다는 요청을 내용으로 하는 것으로서, 정당에 대하여 정당의 자유의 한계를 부과하는 것임과 동시에 입법자에 대하여 그에 필요한 입법을 해야 할 의무를 부과하고 있다. 그러나 이에 나아가 정당의 자유의 헌법적 근거를 제공하는 근거규범으로서 기능한다고는 할 수 없다(헌재 2004.12.16. 2004헌마456).

③ 【O】 입법자는 정당설립의 자유를 최대한 보장하는 방향으로 입법하여야 하고, 헌법재판소는 정당설립의 자유를 제한하는 법률의 합헌성을 심사할 때에 헌법 제37조 제2항에 따라 엄격한 비례심사를 하여야 한다(헌재 2014.01.28. 2012헌마431).

④ 【X】 정당설립의 자유는 그 성질상 등록된 정당에게만 인정되는 기본권이 아니라 청구인과 같이 등록정당은 아니지만 권리능력 없는 사단의 실체를 가지고 있는 정당에게도 인정되는 기본권이라고 할 수 있다(헌재 2006.03.30. 2004헌마246).

04 정당에 대한 설명으로 가장 적절하지 <u>않은</u> 것은? (다툼이 있는 경우 헌법재판소 판례에 의함)

2019 경찰 승진

① 헌법 제8조 제1항이 명시하는 정당설립의 자유는 설립할 정당의 조직형태를 어떠한 내용으로 할 것인가에 관한 정당조직 선택의 자유 및 그와 같이 선택된 조직을 결성할 자유를 포괄하는 '정당조직의 자유'를 포함한다.

② 정당의 명칭은 그 정당의 정책과 정치적 신념을 나타내는 대표적인 표지에 해당하므로, 정당설립의 자유는 자신들이 원하는 명칭을 사용하여 정당을 설립하거나 정당활동을 할 자유도 포함한다.

③ 헌법 제8조 제2항에서 '정당은 그 목적 · 조직과 활동이 민주적이어야 하며, 국민의 정치적 의사형성에 참여하는데 필요한 조직을 가져야 한다.'는 것은 정당조직의 자유를 직접적으로 규정한 것으로서, 정당의 자유의 헌법적 근거를 제공하는 근거규범으로서 기능한다.

④ 정당의 목적이나 활동이 민주적 기본질서에 위배될 때에는 정부는 헌법재판소에 그 해산을 제소할 수 있고, 정당은 헌법재판소의 심판에 의하여 해산된다.

지문분석 **난이도** □■■ 중 | **정답** ③ | **키워드** 정당제도 | **출제유형** 판례

① 【O】 헌법 제8조 제1항이 명시하는 정당설립의 자유는 설립할 정당의 조직형태를 어떠한 내용으로 할 것인가에 관한 정당조직 선택의 자유 및 그와 같이 선택된 조직을 결성할 자유를 포괄하는 '정당조직의 자유'를 포함한다. 정당조직의 자유는 정당설립의 자유에 개념적으로 포괄될 뿐만 아니라 정당조직의 자유가 완전히 배제되거나 임의적으로 제한될 수 있다면 정당설립의 자유가 실질적으로 무의미해지기 때문이다. 또 헌법 제8조 제1항은 정당활동의 자유도 보장하고 있기 때문에 위 조항은 결국 정당설립의 자유, 정당조직의 자유, 정당활동의 자유 등을 포괄하는 정당의 자유를 보장하고 있다(헌재 2004.12.16. 2004헌마456).

② 【O】 헌법 제8조 제1항 전단은 단지 정당설립의 자유만을 명시적으로 규정하고 있지만, 정당의 설립만이 보장될 뿐 설립된 정당이 언제든지 해산될 수 있거나 정당의 활동이 임의로 제한될 수 있다면 정당설립의 자유는 사실상 아무런 의미가 없게 되므로, 정당설립의 자유는 당연히 정당존속의 자유와 정당활동의 자유를 포함하는 것이다. 한편, 정당의 명칭은 그 정당의 정책과 정치적 신념을 나타내는 대표적인 표지에 해당하므로, 정당설립의 자유는 자신들이 원하는 명칭을 사용하여 정당을 설립하거나 정당활동을 할 자유도 포함한다고 할 것이다(헌재 2014.01.28. 2012헌마431 등).

③ 【X】 헌법 제8조 제2항이 정당조직의 자유와 밀접한 관계를 가지고 있는 것은 사실이나, 이는 오히려 그 자유에 대한 한계를 긋는 기능을 하는 것이고, 그러한 한도에서 정당의 자유의 구체적인 내용을 제시한다고는 할 수 있으나, 정당의 자유의 헌법적 근거를 제공하는 근거규범으로서 기능한다고는 할 수 없다(헌재 2004.12.16. 2004헌마456)

④ 【O】 정당의 목적이나 활동이 민주적 기본질서에 위배될 때에는 정부는 헌법재판소에 그 해산을 제소할 수 있고, 정당은 헌법재판소의 심판에 의하여 해산된다(헌법 제8조 제4항).

05 정당제도에 대한 설명으로 가장 적절한 것은? (다툼이 있는 경우 판례에 의함) 2021 경찰 승진

① 정당설립의 자유는 등록된 정당에게만 인정되는 기본권이므로, 등록이 취소되어 권리능력 없는 사단인 정당에게는 인정되지 않는다.

② 정당이 비례대표국회의원선거 및 비례대표지방의회의원선거에 후보자를 추천하는 때에는 그 후보자 중 100분의 30 이상을 여성으로 추천하되, 그 후보자명부의 순위의 매 홀수에는 여성을 추천하여야 한다.

③ 정당이 그 소속 국회의원을 제명하기 위해서는 당헌이 정하는 절차를 거치는 외에 그 소속 국회의원 전원의 2분의 1 이상의 찬성이 있어야 한다.

④ 임기만료에 의한 국회의원선거에 참여하여 의석을 얻지 못하고 유효투표총수의 100분의 2 이상을 득표하지 못한 정당에 대해 등록취소하도록 한 「정당법」 조항은 헌법에 위반되지 않는다.

지문분석 **난이도** □■■ 중 | **정답** ③ | **키워드** 정당제도 | **출제유형** 판례

① 【X】 정당설립의 자유는 그 성질상 등록된 정당에게만 인정되는 기본권이 아니라 청구인과 같이 등록정당은 아니지만 권리능력 없는 사단의 실체를 가지고 있는 정당에게도 인정되는 기본권이라고 할 수 있고, 청구인이 등록정당으로서의 지위를 갖추지 못한 것은 결국 이 사건 법률조항 및 같은 내용의 현행 「정당법」(제17조, 제18조)의 정당등록요건규정 때문이고, 장래에도 이 사건 법률조항과 같은 내용의 현행 「정당법」 규정에 따라 기본권 제한이 반복될 위험이 있으므로, 심판청구의 이익을 인정할 수 있다(헌재 2006.03.30. 2004헌마246).

② 【X】 정당이 비례대표국회의원선거 및 비례대표지방의회의원선거에 후보자를 추천하는 때에는 그 후보자 중 100분의 50 이상을 여성으로 추천하되, 그 후보자명부의 순위의 매 홀수에는 여성을 추천하여야 한다(「공직선거법」 제47조 제3항).

③ 【O】 정당이 그 소속 국회의원을 제명하기 위해서는 당헌이 정하는 절차를 거치는 외에 그 소속 국회의원 전원의 2분의 1 이상의 찬성이 있어야 한다(「정당법」 제33조).

④ 【X】 일정기간 동안 공직선거에 참여할 기회를 수 회 부여하고 그 결과에 따라 등록취소 여부를 결정하는 등 덜 기본권 제한적인 방법을 상정할 수 있고, 「정당법」에서 법정의 등록요건을 갖추지 못하게 된 정당이나 일정기간 국회의원선거 등에 참여하지 아니한 정당의 등록을 취소하도록 하는 등 현재의 법체계 아래에서도 입법목적을 실현할 수 있는 다른 장치가 마련되어 있으므로, 정당등록취소조항은 침해의 최소성 요건을 갖추지 못하였다. 따라서 정당등록취소조항은 과잉금지원칙에 위반되어 청구인들의 정당설립의 자유를 침해한다(헌재 2014.01.28. 2012헌마431 등).

06 정당에 대한 설명으로 옳지 않은 것은? (다툼이 있는 경우 판례에 의함) 2020 지방직 7급

① 국회의원선거에 참여하여 의석을 얻지 못하고 유효투표총수의 100분의 2 이상을 득표하지 못한 정당에 대해 그 등록을 취소하도록 한 구 「정당법」의 정당등록취소 조항은 정당설립의 자유를 침해한다.

② 정당이 새로운 당명으로 합당하거나 다른 정당에 합당될 때에는 합당을 하는 정당들의 대의기관이나 그 수임기관의 합동회의의 결의로써 합당할 수 있다.

③ 헌법재판소의 결정에 의하여 해산된 정당의 명칭과 동일한 명칭은 해산된 날부터 최초로 실시하는 임기만료에 의한 국회의원선거의 선거일까지만 정당의 명칭으로 사용할 수 없다.

④ 정당의 시·도당 하부조직의 운영을 위하여 당원협의회 등의 사무소를 두는 것을 금지한 구 「정당법」 조항은 정당활동의 자유를 침해하지 않는다.

지문분석 **난이도** □■■ 중 | **정답** ③ | **키워드** 정당제도 | **출제유형** 판례 및 조문

① 【O】 정당등록취소조항은 어느 정당이 대통령선거나 지방자치선거에서 아무리 좋은 성과를 올리더라도 국회의원선거에서 일정 수준의 지지를 얻는 데 실패하면 등록이 취소될 수밖에 없어 불합리하고, 신생·군소정당으로 하여금 국회의원선거에의 참여 자체를 포기하게 할 우려도 있어 법익의 균형성 요건도 갖추지 못하였다. 따라서 정당등록취소조항은 과잉금지원칙에 위반되어 청구인들의 정당설립의 자유를 침해한다(헌재 2014.01.28. 2012헌마431 등).

② 【O】 정당이 새로운 당명으로 합당(이하 '신설합당'이라 한다)하거나 다른 정당에 합당(이하 '흡수합당'이라 한다)될 때에는 합당을 하는 정당들의 대의기관이나 그 수임기관의 합동회의의 결의로써 합당할 수 있다(「정당법」 제19조 제1항).

③ 【X】 등록취소된 정당의 명칭은 최초로 실시하는 임기만료에 의한 국회의원선거의 선거일까지만 정당의 명칭으로 사용할 수 없지만, 헌법재판소의 결정에 의하여 해산된 정당의 명칭과 같은 명칭은 정당의 명칭으로 다시 사용하지 못한다. 「정당법」 제44조 제1항에 의하여 등록취소된 정당의 명칭과 같은 명칭은 등록취소된 날부터 최초로 실시하는 임기만료에 의한 국회의원선거의 선거일까지 정당의 명칭으로 사용할 수 없다.

> 「정당법」 제41조(유사명칭 등의 사용금지) ② 헌법재판소의 결정에 의하여 해산된 정당의 명칭과 같은 명칭은 정당의 명칭으로 다시 사용하지 못한다.

④ 【O】 정당의 시·도당 하부조직의 운영을 위하여 당원협의회 등의 사무소를 두는 것을 금지한 「정당법」 제37조 제3항은 임의기구인 당원협의회를 둘 수 있도록 하되, 과거 지구당 제도의 폐해가 되풀이되는 것을 방지하고 고비용 저효율의 정당구조를 개선하기 위해 사무소를 설치할 수 없도록 하는 것이므로 그 입법목적은 정당하고, 수단의 적절성도 인정된다. 심판대상조항으로 인해 침해되는 사익은 당원협의회 사무소를 설치하지 못하는 불이익에 불과한 반면, 심판대상조항이 달성하고자 하는 고비용 저효율의 정당구조 개선이라는 공익은 위와 같은 불이익에 비하여 결코 작다고 할 수 없어 심판대상조항은 법익균형성도 충족되었다. 따라서 심판대상조항은 제청신청인의 정당활동의 자유를 침해하지 아니한다(헌재 2016.03.31. 2013헌가22).

07 다음 중 정당의 자유에 대한 설명으로 옳지 않은 것은? (다툼이 있는 경우 헌법재판소 판례에 의함)
2016 국회직 9급

① 오늘날 대의민주주의에서 차지하는 정당의 기능을 고려하여, 헌법 제8조 제1항은 국민 누구나가 원칙적으로 국가의 간섭을 받지 아니하고 정당을 설립할 권리를 기본권으로 보장함과 아울러 복수정당제를 제도적으로 보장하고 있다.

② 헌법 제8조 제1항 전단은 단지 정당설립의 자유만을 명시적으로 규정하고 있지만, 정당설립의 자유는 당연히 정당존속의 자유와 정당활동의 자유를 포함하는 것이다.

③ 입법자는 정당설립의 자유를 최대한 보장하는 방향으로 입법하여야 하고, 헌법재판소는 정당설립의 자유를 제한하는 법률의 합헌성을 심사할 때에 엄격한 비례심사를 하여야 한다.

④ 국회의원선거에 참여하여 의석을 얻지 못하고 유효투표총수의 100분의 2 이상을 득표하지 못한 정당에 대해 그 등록을 취소하도록 하는 「정당법」 조항은 정당설립의 자유를 침해하는 것은 아니다.

⑤ 정당의 명칭은 그 정당의 정책과 정치적 신념을 나타내는 대표적인 표지에 해당하므로, 정당설립의 자유는 자신들이 원하는 명칭을 사용하여 정당을 설립하거나 정당활동을 할 자유도 포함한다.

지문분석 **난이도** ■■■ **상** | **정답** ④ | **키워드** 정당의 자유 | **출제유형** 판례

① 【O】, ③ 【O】 정당은 국민과 국가의 중개자로서 정치적 도관(導管)의 기능을 수행하여 주체적 · 능동적으로 국민의 다원적 정치의사를 유도 · 통합함으로써 국가정책의 결정에 직접 영향을 미칠 수 있는 규모의 정치적 의사를 형성하고 있다. 오늘날 대의민주주의에서 차지하는 정당의 이러한 의의와 기능을 고려하여, 헌법 제8조 제1항은 국민 누구나가 원칙적으로 국가의 간섭을 받지 아니하고 정당을 설립할 권리를 기본권으로 보장함과 아울러 복수정당제를 제도적으로 보장하고 있다. 따라서 입법자는 정당설립의 자유를 최대한 보장하는 방향으로 입법하여야 하고, 헌법재판소는 정당설립의 자유를 제한하는 법률의 합헌성을 심사할 때에 헌법 제37조 제2항에 따라 엄격한 비례심사를 하여야 한다(헌재 2014.01.28. 2012헌마431).

② 【O】 헌법 제8조 제1항 전단은 단지 정당설립의 자유만을 명시적으로 규정하고 있지만, 정당의 설립만이 보장될 뿐 설립된 정당이 언제든지 해산될 수 있거나 정당의 활동이 임의로 제한될 수 있다면 정당설립의 자유는 사실상 아무런 의미가 없게 되므로, 정당설립의 자유는 당연히 정당존속의 자유와 정당활동의 자유를 포함하는 것이다(헌재 2014.01.28. 2012헌마431).

④ 【X】 국회의원선거에 참여하여 의석을 얻지 못하고 유효투표총수의 100분의 2 이상을 득표하지 못한 정당에 대해 그 등록을 취소하도록 한 「정당법」 제44조 제1항 제3항은 과잉금지원칙에 위반되어 청구인들의 정당설립의 자유를 침해한다(헌재 2014.01.28. 2012헌마431).

⑤ 【O】 정당의 명칭은 그 정당의 정책과 정치적 신념을 나타내는 대표적인 표지에 해당하므로, 정당설립의 자유는 자신들이 원하는 명칭을 사용하여 정당을 설립하거나 정당활동을 할 자유도 포함한다(헌재 2014.01.28. 2012헌마431).

08 정당해산심판에 대한 설명으로 옳지 않은 것은? (다툼이 있는 경우 판례에 의함) 2021 국가직 7급

① 정당의 목적이나 활동이 민주적 기본질서에 위배될 때에는 정부는 국무회의의 심의를 거쳐 헌법재판소에 정당해산심판을 청구할 수 있다.

② 정당해산심판에 있어서는 피청구인의 활동을 정지하는 가처분이 인정되지 않는다.

③ 정당의 해산을 명하는 헌법재판소의 결정은 중앙선거관리위원회가 「정당법」에 따라 집행한다.

④ 헌법재판소의 해산결정으로 정당이 해산되는 경우에 그 정당 소속 국회의원이 의원직을 상실하는지에 대하여 명문의 규정은 없으나 헌법재판소의 정당해산결정이 있는 경우 그 정당 소속 국회의원의 의원직은 당선 방식을 불문하고 모두 상실된다.

지문분석 난이도 □□■ 하 | 정답 ② | 키워드 정당제도 | 출제유형 조문

① 【O】「헌법재판소법」 제55조(정당해산심판의 청구) 정당의 목적이나 활동이 민주적 기본질서에 위배될 때에는 정부는 국무회의의 심의를 거쳐 헌법재판소에 정당해산심판을 청구할 수 있다.
② 【X】 정당해산심판에 있어서 피청구인의 활동을 정지하는 가처분이 인정된다. 「헌법재판소법」 제57조(가처분) 헌법재판소는 정당해산심판의 청구를 받은 때에는 직권 또는 청구인의 신청에 의하여 종국결정의 선고 시까지 피청구인의 활동을 정지하는 결정을 할 수 있다.
③ 【O】「헌법재판소법」 제60조(결정의 집행) 정당의 해산을 명하는 헌법재판소의 결정은 중앙선거관리위원회가 「정당법」에 따라 집행한다.
④ 【O】 헌법재판소의 해산결정으로 정당이 해산되는 경우에 그 정당 소속 국회의원이 의원직을 상실하는지에 대하여 명문의 규정은 없으나, 정당해산심판제도의 본질은 민주적 기본질서에 위배되는 정당을 정치적 의사형성과정에서 배제함으로써 국민을 보호하는 데에 있는데 해산정당 소속 국회의원의 의원직을 상실시키지 않는 경우 정당해산결정의 실효성을 확보할 수 없게 되므로, 이러한 정당해산제도의 취지 등에 비추어 볼 때 헌법재판소의 정당해산결정이 있는 경우 그 정당 소속 국회의원의 의원직은 당선 방식을 불문하고 모두 상실되어야 한다(헌재 2014.12.19. 2013헌다1).

09 **정당제도에 대한 설명으로 가장 적절하지 <u>않은</u> 것은?** (다툼이 있는 경우 헌법재판소 판례에 의함)

2023 경찰간부

① 헌법에서 정당조항이 처음 채택된 것은 1960년 제2공화국 헌법(제3차 개헌)이며, 제5공화국 헌법(제8차 개헌)에서 정당에 대한 국고보조금 조항을 신설하였다.
② 당론과 다른 견해를 가진 소속 국회의원을 당해 교섭단체대표의원의 요청에 따라 다른 상임위원회로의 전임(사・보임)하는 국회의장의 조치는 특별한 사정이 없는 한 헌법상 용인될 수 있는 '정당내부의 사실상 강제'의 범위 내에 해당한다.
③ 정당의 법적 성격은 일반적으로 사적・정치적 결사 내지는 법인격 없는 사단으로 파악되고, 정당의 법률관계에는 「정당법」의 관계 조문 이외에 일반 사법(私法) 규정이 적용된다.
④ 헌법 제8조 제4항의 '민주적 기본질서'는 현행헌법이 채택한 민주주의의 구체적 모습과 동일하게 보아야 한다.

지문분석 난이도 □■■ 중 | 정답 ④ | 키워드 정당제도 | 출제유형 조문

① 【O】

> **제3차 개정헌법(1960년)**
> 제13조 정당은 법률의 정하는 바에 의하여 국가의 보호를 받는다. 단, 정당의 목적이나 활동이 헌법의 민주적 기본질서에 위배될 때에는 정부가 대통령의 승인을 얻어 소추하고 헌법재판소가 판결로써 그 정당의 해산을 명한다.
>
> **제8차 개정헌법(1980년)**
> 제7조 제3항 정당은 법률이 정하는 바에 의하여 국가의 보호를 받으며, 국가는 법률이 정하는 바에 의하여 정당의 운영에 필요한 자금을 보조할 수 있다.

② 【O】 국회의원의 국민대표성을 중시하는 입장에서도 특정 정당에 소속된 국회의원이 정당기속 내지는 교섭단체의 결정(소위 '당론')에 위반하는 정치활동을 한 이유로 제재를 받는 경우, 국회의원 신분을 상실하게 할 수는 없으나 '정당내부의 사실상의 강제' 또는 소속 '정당으로부터의 제명'은 가능하다고 보고 있다. 그렇다면, 당론과 다른 견해를 가진 소속 국회의원을 당해 교섭단체의 필요에 따라 다른 상임위원회로 전임(사・보임)하는 조치는 특별한 사정이 없는 한 헌법상 용인될 수 있는 '정당내부의 사실상 강제'의 범위내에 해당한다고 할 것이다(헌재 2003.10.30. 2002헌라1).

③ 【O】 정당은 국민의 이익을 위하여 책임 있는 정치적 주장이나 정책을 추진하고 공직선거의 후보자를 추천 또는 지지함으로써 국민의 정치적 의사형성에 참여함을 목적으로 하는 국민의 자발적 조직으로(「정당법」 제2조), 그 법적 성격은 일반적으로 사적·정치적 결사 내지는 법인격 없는 사단으로 파악되고 있고, 이러한 정당의 법률관계에 대하여는 「정당법」의 관계 조문 이외에 일반 사법 규정이 적용되므로, 정당은 공권력 행사의 주체가 될 수 없다(헌재 2007.10.30. 2007헌마1128).

④ 【X】 헌법 제8조 제4항의 민주적 기본질서 개념은 정당해산결정의 가능성과 긴밀히 결부되어 있다. 이 민주적 기본질서의 외연이 확장될수록 정당해산결정의 가능성은 확대되고, 이와 동시에 정당 활동의 자유는 축소될 것이다. 민주 사회에서 정당의 자유가 지니는 중대한 함의나 정당해산심판제도의 남용가능성 등을 감안한다면, 헌법 제8조 제4항의 민주적 기본질서는 최대한 엄격하고 협소한 의미로 이해해야 한다. 따라서 민주적 기본질서를 현행헌법이 채택한 민주주의의 구체적 모습과 동일하게 보아서는 안 된다(헌재 2014.12.19. 2013헌다1).

10 **정당에 대한 설명으로 옳은 것은?** (다툼이 있는 경우 판례에 의함) 2022 국가직 7급

① 정당이 그 소속 국회의원을 제명하기 위해서는 당헌이 정하는 절차를 거치는 외에 그 소속 국회의원 전원의 3분의 1 이상의 찬성이 있어야 한다.

② 정당의 활동이란 정당 기관의 행위나 주요 정당관계자, 당원 등의 행위로서 그 정당에게 귀속시킬 수 있는 활동 일반을 의미하는데, 정당 소속의 국회의원 등은 비록 정당과 밀접한 관련성을 가지지만 헌법상으로는 정당의 대표자가 아닌 국민 전체의 대표자이므로 그들의 행위를 곧바로 정당의 활동으로 귀속시킬 수는 없다.

③ 헌법재판소가 정당해산결정을 내리기 위해서는 그 해산결정이 비례원칙에 부합하는지를 숙고해야 하는바, 이 경우의 비례원칙 준수 여부는 통상적으로 기능하는 위헌심사의 척도에 의한다.

④ 타인의 명의나 가명으로 납부된 당비는 국고에 귀속되며, 국고에 귀속되는 당비는 중앙선거관리위원회가 이를 납부받아 국가에 납입한다.

지문분석 **난이도** □■■ 중 | **정답** ② | **키워드** 정당제도 | **출제유형** 조문

① 【X】 「정당법」 제33조(정당소속 국회의원의 제명) 정당이 그 소속 국회의원을 제명하기 위해서는 당헌이 정하는 절차를 거치는 외에 그 소속 국회의원 전원의 2분의 1 이상의 찬성이 있어야 한다

② 【O】 정당의 활동이란, 정당 기관의 행위나 주요 정당관계자, 당원 등의 행위로서 그 정당에게 귀속시킬 수 있는 활동 일반을 의미한다. 정당 소속의 국회의원 등은 비록 정당과 밀접한 관련성을 가지지만 헌법상으로는 정당의 대표자가 아닌 국민 전체의 대표자이므로 그들의 행위를 곧바로 정당의 활동으로 귀속시킬 수는 없겠으나, 가령 그들의 활동 중에서도 국민의 대표자의 지위가 아니라 그 정당에 속한 유력한 정치인의 지위에서 행한 활동으로서 정당과 밀접하게 관련되어 있는 행위들은 정당의 활동이 될 수도 있을 것이다(헌재 2014.12.19. 2013헌다1).

③ 【X】 강제적 정당해산은 헌법상 핵심적인 정치적 기본권인 정당활동의 자유에 대한 근본적 제한이므로, 헌법재판소는 이에 관한 결정을 할 때 헌법 제37조 제2항이 규정하고 있는 비례원칙을 준수해야만 한다. 이 경우의 비례원칙 준수 여부는 그것이 통상적으로 기능하는 위헌심사의 척도가 아니라 헌법재판소의 정당해산결정이 충족해야 할 일종의 헌법적 요건 혹은 헌법적 정당화 사유에 해당한다(헌재 2014.12.19. 2013헌다1).

④ 【X】

> 「정치자금법」 제4조(당비) 제2항 정당의 회계책임자는 타인의 명의나 가명으로 납부된 당비는 국고에 귀속시켜야 한다.
> 제3항 제2항의 규정에 의하여 국고에 귀속되는 당비는 관할 선거관리위원회가 이를 납부받아 국가에 납입하되, 납부기한까지 납부하지 아니한 때에는 관할 세무서장에게 위탁하여 관할 세무서장이 국세체납처분의 예에 따라 이를 징수한다.

11 **정당에 대한 설명으로 가장 적절하지 않은 것은?** (다툼이 있는 경우 판례에 의함) 2018 경정 승진

① 당론과 다른 견해를 가진 소속 국회의원을 당해 교섭단체의 필요에 따라 다른 상임위원회로 전임(사임·보임)하는 조치는 특별한 사정이 없는 한 헌법상 용인될 수 있는 정당 내부의 사실상 강제의 범위 내에 해당한다.

② '정당은 그 목적·조직과 활동이 민주적이어야 하며, 국민의 정치적 의사형성에 참여하는데 필요한 조직을 가져야 한다.'는 헌법 제8조 제2항은 정당에 대하여 정당의 자유의 한계를 부과함과 동시에 입법자에 대하여 그에 필요한 입법을 해야 할 의무를 부과하고 있으나, 정당의 자유의 헌법적 근거를 제공하는 근거규범으로서 기능하는 것은 아니다.

③ 헌법재판소가 정당설립의 자유를 제한하는 법률의 합헌성을 심사하는 경우 헌법 제37조 제2항에 따라 엄격한 비례심사를 하여야 한다.

④ 정당설립의 자유는 등록된 정당에게만 인정되는 기본권이므로 등록이 취소되어 권리능력 없는 사단의 실체만을 가지고 있는 정당에게는 인정되지 않는다.

지문분석 **난이도** □■■ 중 | **정답** ④ | **키워드** 정당제도 | **출제유형** 판례

① 【O】 국회의원의 원내활동을 기본적으로 각자에 맡기는 자유위임은 자유로운 토론과 의사형성을 가능하게 함으로써 당내민주주의를 구현하고 정당의 독재화 또는 과두화를 막아주는 순기능을 갖는다. 그러나 자유위임은 의회 내에서의 정치의사형성에 정당의 협력을 배척하는 것이 아니며, 의원이 정당과 교섭단체의 지시에 기속되는 것을 배제하는 근거가 되는 것도 아니다. 또한 국회의원의 국민대표성을 중시하는 입장에서도 특정 정당에 소속된 국회의원이 정당기속 내지는 교섭단체의 결정(소위 '당론')에 위반하는 정치활동을 한 이유로 제재를 받는 경우, 국회의원 신분을 상실하게 할 수는 없으나 '정당내부의 사실상의 강제' 또는 소속 '정당으로부터의 제명'은 가능하다고 보고 있다. 그렇다면, 당론과 다른 견해를 가진 소속 국회의원을 당해 교섭단체의 필요에 따라 다른 상임위원회로 전임(사·보임)하는 조치는 특별한 사정이 없는 한 헌법상 용인될 수 있는 '정당내부의 사실상 강제'의 범위 내에 해당한다고 할 것이다(헌재 2003.10.30. 2002헌라1).

② 【O】 헌법 제8조 제2항은 헌법 제8조 제1항에 의하여 정당의 자유가 보장됨을 전제로 하여, 그러한 자유를 누리는 정당의 목적·조직·활동이 민주적이어야 한다는 요청, 그리고 그 조직이 국민의 정치적 의사형성에 참여하는데 필요한 조직이어야 한다는 요청을 내용으로 하는 것으로서, 정당에 대하여 정당의 자유의 한계를 부과하는 것임과 동시에 입법자에 대하여 그에 필요한 입법을 해야 할 의무를 부과하고 있다. 그러나 이에 나아가 정당의 자유의 헌법적 근거를 제공하는 근거규범으로서 기능한다고는 할 수 없다(헌재 2004.12.16. 2004헌마456).

③ 【O】 강제적 정당해산은 헌법상 핵심적인 정치적 기본권인 정당활동의 자유에 대한 근본적 제한이므로, 헌법재판소는 이에 관한 결정을 할 때 헌법 제37조 제2항이 규정하고 있는 비례원칙을 준수해야만 한다. 따라서 헌법 제8조 제4항의 명문규정상 요건이 구비된 경우에도 해당 정당의 위헌적 문제성을 해결할 수 있는 다른 대안적 수단이 없고, 정당해산결정을 통하여 얻을 수 있는 사회적 이익이 정당해산결정으로 인해 초래되는 정당활동 자유 제한으로 인한 불이익과 민주주의 사회에 대한 중대한 제약이라는 사회적 불이익을 초과할 수 있을 정도로 큰 경우에 한하여 정당해산결정이 헌법적으로 정당화될 수 있다(헌재 2014.12.19. 2013헌다1).

④ 【X】 정당설립의 자유는 그 성질상 등록된 정당에게만 인정되는 기본권이 아니라 청구인과 같이 등록정당은 아니지만 권리능력 없는 사단의 실체를 가지고 있는 정당에게도 인정되는 기본권이라고 할 수 있다(헌재 2006.03.30. 2004헌마246).

12 정당제도에 관한 설명 중 옳은 것(O)과 옳지 않은 것(X)을 올바르게 조합한 것은? (다툼이 있는 경우 판례에 의함) 2018 변호사

> ㄱ. 정당이 그 소속 국회의원을 제명하기 위해서는 당헌이 정하는 절차를 거치는 외에 그 소속 국회의원 전원의 2분의 1 이상의 찬성이 있어야 한다.
> ㄴ. 외국인인 사립대학의 교원은 정당의 발기인이나 당원이 될 수 있다.
> ㄷ. 헌법재판소는 정당해산심판의 청구를 받은 때에는 직권 또는 청구인의 신청에 의하여 종국결정의 선고 시까지 피청구인의 활동을 정지하는 결정을 할 수 있다.
> ㄹ. 정당의 등록요건으로 '5 이상의 시·도당과 각 시·도당 1천인 이상의 당원'을 요구하는 것은 국민의 정당설립의 자유에 어느 정도 제한을 가하지만, 이러한 제한은 '상당한 기간 또는 계속해서', '상당한 지역에서' 국민의 정치적 의사형성과정에 참여해야 한다는 정당의 개념표지를 구현하기 위한 합리적인 제한이다.
> ㅁ. 임기만료에 의한 국회의원선거에 참여하여 의석을 얻지 못하고 유효투표총수의 100분의 2 이상을 득표하지 못한 때 정당의 등록을 취소하도록 규정한 것은 과잉금지원칙에 위반되어 정당설립의 자유를 침해하는 것이다.

① ㄱ(O), ㄴ(X), ㄷ(X), ㄹ(O), ㅁ(X)
② ㄱ(X), ㄴ(X), ㄷ(O), ㄹ(O), ㅁ(O)
③ ㄱ(O), ㄴ(X), ㄷ(O), ㄹ(O), ㅁ(O)
④ ㄱ(X), ㄴ(O), ㄷ(X), ㄹ(X), ㅁ(O)
⑤ ㄱ(X), ㄴ(X), ㄷ(O), ㄹ(X), ㅁ(X)

지문분석 **난이도** ■■■ **상** | **정답** ③ | **키워드** 정당제도 | **출제유형** 판례

ㄱ 【O】 대의기관의 결의와 소속 국회의원의 제명에 관한 결의는 서면이나 대리인에 의하여 의결할 수 없다(「정당법」 제32조 제1항). 정당이 그 소속 국회의원을 제명하기 위해서는 당헌이 정하는 절차를 거치는 외에 그 소속 국회의원 전원의 2분의 1 이상의 찬성이 있어야 한다(동법 제33조).
ㄴ 【X】 대한민국 국민이 아닌 자는 당원이 될 수 없다(「정당법」 제22조 제2항).
ㄷ 【O】 청구인의 신청이 있거나 헌법재판소의 직권으로 위헌정당으로 제소된 정당의 활동을 정지시키는 가처분 결정을 할 수 있다(「헌법재판소법」 57조).
ㄹ 【O】 이 사건 법률조항이 비록 정당으로 등록되기에 필요한 요건으로서 5개 이상의 시·도당 및 각 시·도당마다 1,000명 이상의 당원을 갖출 것을 요구하고 있기 때문에 국민의 정당설립의 자유에 어느 정도 제한을 가하는 점이 있는 것은 사실이나, 이러한 제한은 '상당한 기간 또는 계속해서', '상당한 지역에서' 국민의 정치적 의사형성 과정에 참여해야 한다는 헌법상 정당의 개념표지를 구현하기 위한 합리적인 제한이라고 할 것이므로, 그러한 제한은 헌법적으로 정당화된다고 할 것이다(헌재 2006.03.30. 2004헌마246).
ㅁ 【O】 국회의원선거에 참여하여 의석을 얻지 못하고 유효투표총수의 100분의 2 이상을 득표하지 못한 정당에 대해 그 등록을 취소하도록 한 「정당법」은 정당설립의 자유를 침해한다(헌재 2014.01.28. 2012헌마431).

13 정당해산에 관한 다음 설명 중 가장 적절하지 않은 것은? (다툼이 있는 경우 판례에 의함) 2015 경찰 승진

① 민주적 기본질서를 부정하는 정당이라도 헌법재판소가 그 위헌성을 확인하여 해산결정을 할 때까지는 존속한다.

② 현행법상 정당이 헌법재판소의 결정으로 해산된 때에는 해산된 정당의 소속 국회의원은 그 의원직을 상실한다는 규정을 두고 있다.

③ 헌법재판소의 결정에 의하여 해산된 정당의 명칭과 같은 명칭은 정당의 명칭으로 다시 사용하지 못하고, 해산된 정당의 잔여재산은 국고에 귀속한다.

④ 헌법재판소의 결정에 의하여 해산된 정당의 목적을 달성하기 위한 집회 또는 시위는 금지된다.

지문분석 **난이도** □□■ **하** | **정답** ② | **키워드** 정당해산심판 | **출제유형** 판례 및 조문

① 【O】 헌법재판소의 해산결정이 있을 때까지 정당은 존속하며, 「헌법재판소법」 제57조에 따라 헌법재판소는 정당해산심판의 청구를 받은 때에는 직권 또는 청구인의 신청에 의하여 종국결정의 선고 시까지 피청구인의 활동을 정지하는 결정을 할 수 있다.

② 【X】 헌법재판소의 결정으로 해산된 때 해산된 정당 소속 국회의원의 의원직 상실여부에 관한 현행법 규정은 없다.

③ 【O】 헌법재판소의 결정에 의하여 해산된 정당의 명칭과 같은 명칭은 정당의 명칭으로 다시 사용하지 못한다(「정당법」 제41조 제2항). 헌법재판소의 해산결정에 의하여 해산된 정당의 잔여재산은 국고에 귀속한다(「정당법」 제48조 제2항).

④ 【O】 누구든지 헌법재판소의 결정에 따라 해산된 정당의 목적을 달성하기 위한 집회 또는 시위를 주최하여서는 아니된다(「집회 및 시위에 관한 법률」 제5조 제1항 제1호).

14 정당제도에 대한 설명으로 〈보기〉에서 옳은 것(O)과 옳지 않은 것(X)을 올바르게 조합한 것은?

2024 국회직 8급

ㄱ. 정당을 창당하고자 하는 창당준비위원회가 「정당법」상의 요건을 갖추어 등록을 신청하면 중앙선거관리위원회는 「정당법」상 외의 요건으로 이를 거부할 수 없고 반드시 수리하여야 한다.

ㄴ. 정치활동을 하는 사람이 금품을 받았을 때에 그것이 비록 정치활동을 위하여 제공된 것이 아니더라도, 「정치자금법」 제45조제1항의 위반죄로 처벌할 수 있다.

ㄷ. 국민의 자유로운 정당설립 및 가입을 제한하는 법률은 그 목적이 헌법상 허용된 것이어야 할 뿐만 아니라 중대한 것이어야 하고, 그를 넘어서 제한을 정당화하는 공익이나 대처해야 할 위험이 어느 정도 명백하게 현실적으로 존재해야만 비로소 헌법에 위반되지 아니한다.

ㄹ. 정당설립의 자유는 비록 헌법 제8조 제1항 전단에 규정되어 있지만, 국민 개인과 정당의 기본권이라고 할 수 있으며, 당연히 이를 근거로 하여 「헌법재판소법」 제68조제1항에 따른 헌법소원심판을 청구할 수 있다고 보아야 할 것이다.

ㅁ. 합당하는 정당들은 대의기관의 결의나 합동회의의 결의로써 합당할 수 있으며, 신설정당이 합당 전 정당들의 권리ㆍ의무를 승계하지 않기로 정하였다면, 이는 정당내부의 자율적 규율 사항에 해당하므로 그 결의는 효력이 있다.

	ㄱ	ㄴ	ㄷ	ㄹ	ㅁ
①	○	○	×	×	×
②	×	○	×	×	○
③	×	×	○	○	×
④	○	○	○	○	×
⑤	○	×	○	○	×

지문분석 **난이도** ■■■ **상** | **정답** ⑤ | **키워드** 정당제도 | **출제유형** 판례 및 조문

ㄱ【O】「정당법」 제15조도 '등록신청을 받은 관할 선거관리위원회는 형식적 요건을 구비하는 한 이를 거부하지 못한다.'라고 규정하여, 정당이 「정당법」에서 정한 형식적 요건을 구비한 경우 중앙선거관리위원회는 이를 반드시 수리하도록 하고, 「정당법」에 명시된 요건이 아닌 다른 사유로 정당등록신청을 거부하는 등으로 정당설립의 자유를 제한할 수 없도록 하고 있다. 따라서 정당을 창당하고자 하는 창당준비위원회가 「정당법」상의 요건을 갖추어 등록을 신청하면, 중앙선거관리위원회는 「정당법」상 외의 요건으로 이를 거부할 수 없고 반드시 수리하여야 한다(헌재 2023.09.26. 2021헌가23 등).

ㄴ【X】「정치자금법」에서 수수를 금지하는 정치자금은 정치활동을 위하여 정치활동을 하는 자에게 제공되는 금전 등 일체를 의미한다. 금품이 '정치자금'에 해당하는지 여부는 그 금품이 '정치활동'을 위하여 제공되었는지 여부에 달려 있다. 따라서 정치활동을 하는 사람이 금품을 받았다고 해도 그것이 정치활동을 위하여 제공된 것이 아니라면 같은 법 제45조 제1항 위반죄로 처벌할 수 없다(대판 2018.05.11. 2018도3577).

ㄷ【O】정당이 국민의 정치적 의사형성에서 차지하는 중요성과 정당에 대한 각별한 보호를 규정한 헌법적 결정에 비추어, 국민의 자유로운 정당설립 및 가입을 제한하는 법률은 그 목적이 헌법상 허용된 것이어야 할 뿐 아니라 중대한 것이어야 하고, 그를 넘어서 제한을 정당화하는 공익이나 대처해야 할 위험이 어느 정도 명백하게 현실적으로 존재해야만 비로소 헌법에 위반되지 아니한다(헌재 1999.12.23. 99헌마135).

ㄹ【O】정당설립의 자유는 비록 헌법 제8조 제1항 전단에 규정되어 있지만 국민 개인과 정당의 '기본권'이라 할 수 있고, 당연히 이를 근거로 하여 헌법소원심판을 청구할 수 있다. 「정당법」상 정당등록요건을 다투는 정당(청구인)이 청구한 사건에서도 헌법 제21조 제1항 결사의 자유의 특별규정으로서, 헌법 제8조 제1항 전단의 '정당설립의 자유'가 침해 여부가 문제되는 기본권이라고 할 것이다(헌재 2006.03.30. 2004헌마246).

ㅁ【X】「정당법」 제4조의2 제1항, 제2항에 의하면, 정당이 새로운 당명으로 합당(신설합당)하거나 다른 정당에 합당(흡수합당)될 때에는 합당을 하는 정당들의 대의기관이나 그 수임기관의 합동회의의 결의로써 합당할 수 있고, 정당의 합당은 소정의 절차에 따라 중앙선거관리위원회에 등록 또는 신고함으로써 성립하는 것으로 규정되어 있는 한편, 같은 조 제5항에 의하면, 합당으로 신설 또는 존속하는 정당은 합당 전 정당의 권리의무를 승계하는 것으로 규정되어 있는바, 위 「정당법」 조항에 의한 합당의 경우에 합당으로 인한 권리의무의 승계조항은 강행규정으로서 합당 전 정당들의 해당 기관의 결의나 합동회의의 결의로써 달리 정하였더라도 그 결의는 효력이 없다(대판 2002. 2. 8. 2001다68969).

15 정당해산심판제도에 관한 설명 중 가장 적절한 것은? (다툼이 있는 경우 판례에 의함) 2020 경찰 승진

① 정당해산심판절차에서는 정당해산심판의 성질에 반하지 않는 한도에서 「헌법재판소법」 제40조에 따라 민사소송에 관한 법령이 준용될 수 있지만, 민사소송에 관한 법령이 준용되지 않아 법률의 공백이 생기는 부분에 대하여는 헌법재판소가 정당해산심판의 성질에 맞는 절차를 창설할 수 있다.

② 정당의 활동은 정당 기관의 행위나 주요 정당관계자의 행위로서 그 정당에게 귀속시킬 수 있는 활동 일반을 의미하며 일반 당원의 활동은 제외한다.

③ 정당해산결정의 파급효과를 고려할 때, 재심을 허용하지 아니함으로써 얻을 수 있는 법적 안정성의 이익보다 재심을 허용함으로써 얻을 수 있는 구체적 타당성의 이익이 더 큰 경우에 한하여 제한적으로 인정된다.

④ 국회의원선거에서 의석을 얻지 못하고 유효투표총수의 100분의 2 이상도 득표하지 못하여 등록취소된 정당 및 헌법재판소의 결정에 의하여 해산된 정당의 명칭과 같은 명칭은 정당의 명칭으로 다시 사용하지 못한다.

지문분석 **난이도** □■■ **중** | **정답** ① | **키워드** 정당해산심판 | **출제유형** 판례 및 조문

① 【O】 증거조사와 사실인정에 관한 「민사소송법」의 규정을 적용함으로써 실체적 진실과 다른 사실관계가 인정될 수 있는 규정은 헌법과 정당을 동시에 보호하는 정당해산심판의 성질에 반하는 것으로 준용될 수 없을 것이다. 또 민사소송에 관한 법령의 준용이 배제되어 법률의 공백이 생기는 부분에 대하여는 헌법재판소가 정당해산심판의 성질에 맞는 절차를 창설하여 이를 메울 수밖에 없다(헌재 2014.02.27. 2014헌마7).

② 【X】 '정당의 활동'이란, 정당 기관의 행위나 주요 정당관계자, 당원 등의 행위로서 그 정당에게 귀속시킬 수 있는 활동 일반을 의미한다(헌재 2014.12.19. 2013헌다1).

③ 【X】 정당해산심판은 원칙적으로 해당 정당에게만 그 효력이 미치며, 정당해산결정은 대체정당이나 유사정당의 설립까지 금지하는 효력을 가지므로 오류가 드러난 결정을 바로잡지 못한다면 장래 세대의 정치적 의사결정에까지 부당한 제약을 초래할 수 있다. 따라서 정당해산심판절차에서는 재심을 허용하지 아니함으로써 얻을 수 있는 법적 안정성의 이익보다 재심을 허용함으로써 얻을 수 있는 구체적 타당성의 이익이 더 크므로 재심을 허용하여야 한다. 한편, 이 재심절차에서는 원칙적으로 「민사소송법」의 재심에 관한 규정이 준용된다(헌재 2016.05.26. 2015헌아20).

④ 【X】 정당등록취소조항은 어느 정당이 대통령선거나 지방자치선거에서 아무리 좋은 성과를 올리더라도 국회의원선거에서 일정 수준의 지지를 얻는 데 실패하면 등록이 취소될 수밖에 없어 불합리하고, 신생·군소정당으로 하여금 국회의원선거에의 참여 자체를 포기하게 할 우려도 있어 법익의 균형성 요건도 갖추지 못하였다. 따라서 정당등록취소조항은 과잉금지원칙에 위반되어 청구인들의 정당설립의 자유를 침해한다. 정당명칭사용금지조항은 정당등록취소조항을 전제로 하고 있으므로, 위와 같은 이유에서 정당설립의 자유를 침해한다(헌재 2014.01.28. 2012헌마431 등). → 헌법재판소는 정당등록취소조항에 의하여 등록취소된 정당의 명칭과 같은 명칭을 등록취소된 날부터 최초로 실시하는 임기만료에 의한 국회의원선거의 선거일까지 정당의 명칭으로 사용할 수 없도록 한 「정당법」 제41조 제4항 중 제44조 제1항 제3호에 관한 부분에 대해 정당설립의 자유를 침해한다는 결정을 내렸다.

> 「정당법」 제41조(유사명칭 등의 사용금지) ② 헌법재판소의 결정에 의하여 해산된 정당의 명칭과 같은 명칭은 정당의 명칭으로 다시 사용하지 못한다.

16 정당해산심판에 대한 설명으로 옳은 것은? (다툼이 있는 경우 판례에 의함) 2020 국가직 7급

① 헌법재판소는 정당해산심판의 청구를 받은 때에는 청구인의 신청에 의해서만 종국결정의 선고시까지 피청구인의 활동을 정지하는 결정을 할 수 있다.

② 정당해산심판은 「헌법재판소법」에 특별한 규정이 있는 경우를 제외하고는 헌법재판의 성질에 반하지 아니하는 한도 내에서 민사소송에 관한 법령과 행정소송법을 함께 준용한다.

③ 정당의 목적이나 활동이 민주적 기본질서에 위배되는 것이 헌법이 정한 정당해산의 요건이므로, 정당해산결정 시 비례의 원칙 충족여부에 대하여 반드시 판단할 필요는 없다.

④ 헌법재판소의 해산결정으로 위헌정당이 해산되는 경우에 그 정당 소속 국회의원이 그 의원직을 유지하는지 상실하는지에 대하여 헌법이나 법률에 명문의 규정이 없으나, 정당해산제도의 취지 등에 비추어 볼 때 헌법재판소의 정당해산결정이 있는 경우 그 정당 소속 국회의원의 의원직은 당선 방식을 불문하고 모두 상실되어야 한다.

지문분석 **난이도** □■■ 중 | **정답** ④ | **키워드** 정당해산심판 | **출제유형** 판례 및 조문

① 【X】 헌법재판소는 정당해산심판의 청구를 받은 때에는 직권 또는 청구인의 신청에 의하여 종국결정의 선고 시까지 피청구인의 활동을 정지하는 결정을 할 수 있다(「헌법재판소법」 제57조).

② 【X】 「헌법재판소법」 제40조(준용규정) 제1항 헌법재판소의 심판절차에 관하여는 이 법에 특별한 규정이 있는 경우를 제외하고는 헌법재판의 성질에 반하지 아니하는 한도에서 민사소송에 관한 법령을 준용한다. 이 경우 탄핵심판의 경우에는 형사소송에 관한 법령을 준용하고, 권한쟁의심판 및 헌법소원심판의 경우에는 행정소송법을 함께 준용한다.

③ 【X】 강제적 정당해산은 헌법상 핵심적인 정치적 기본권인 정당활동의 자유에 대한 근본적 제한이므로, 헌법재판소는 이에 관한 결정을 할 때 헌법 제37조 제2항이 규정하고 있는 비례원칙을 준수해야만 한다. 따라서 헌법 제8조 제4항의 명문규정상 요건이 구비 된 경우에도 해당 정당의 위헌적 문제성을 해결할 수 있는 다른 대안적 수단이 없고, 정당해산결정을 통하여 얻을 수 있는 사회적 이익이 정당해산결정으로 인해 초래되는 정당활동 자유 제한으로 인한 불이익과 민주주의 사회에 대한 중대한 제약이라는 사회적 불이익을 초과할 수 있을 정도로 큰 경우에 한하여 정당해산결정이 헌법적으로 정당화될 수 있다(헌재 2014.12.19. 2013헌다1).

④ 【O】 헌법재판소의 해산결정으로 정당이 해산되는 경우에 그 정당 소속 국회의원이 의원직을 상실하는지에 대하여 명문의 규정은 없으나, 정당해산심판제도의 본질은 민주적 기본질서에 위배되는 정당을 정치적 의사형성과정에서 배제함으로써 국민을 보호하는 데에 있는데 해산정당 소속 국회의원의 의원직을 상실시키지 않는 경우 정당해산결정의 실효성을 확보할 수 없게 되므로, 이러한 정당해산제도의 취지 등에 비추어 볼 때 헌법재판소의 정당해산결정이 있는 경우 그 정당 소속 국회의원의 의원직은 당선 방식을 불문하고 모두 상실되어야 한다(헌재 2014.12.19. 2013헌다1).

17 정당제도에 대한 설명으로 옳지 않은 것은? 2023 국가직 7급

① 1980년 제8차 헌법개정에서 국가는 법률이 정하는 바에 의하여 정당의 운영에 필요한 자금을 보조할 수 있다고 규정하였다.

② 정당의 법적 지위는 적어도 그 소유재산의 귀속관계에 있어서는 법인격 없는 사단(社團)으로 보아야 하고, 중앙당과 지구당과의 복합적 구조에 비추어 정당의 지구당은 단순한 중앙당의 하부조직이 아니라 어느 정도의 독자성을 가진 단체로서 역시 법인격 없는 사단에 해당한다.

③ 위헌정당해산제도의 실효성을 확보하기 위하여 헌법재판소의 위헌정당 해산결정에 따라 해산된 정당 소속 비례대표 지방의회의원은 해산결정 시 의원의 지위를 상실한다.

④ '누구든지 2 이상의 정당의 당원이 되지 못한다.'라고 규정하고 있는 「정당법」 조항은 정당의 정체성을 보존하고 정당 간의 위법·부당한 간섭을 방지함으로써 정당정치를 보호·육성하기 위한 것으로서, 정당 당원의 정당 가입·활동의 자유를 침해한다고 할 수 없다.

PART · 01

지문분석 **난이도** □■■ 중 | **정답** ③ | **키워드** 정당제도 | **출제유형** 판례 및 조문

① 【O】 정당 운영자금의 국고보조는 제8차 개정헌법(1980년)에서 최초로 채택한 것으로 이는 정당에 대한 정치자금의 적정한 제공을 보장하여 정당의 자금조달과정과 결부된 정치적 부패를 방지하며, 정당의 보호육성을 도모하는 데에 그 의의가 있다. 제8차 개정헌법(1980년) 제7조 ③ 정당은 법률이 정하는 바에 의하여 국가의 보호를 받으며, 국가는 법률이 정하는 바에 의하여 정당의 운영에 필요한 자금을 보조할 수 있다.

② 【O】 정당의 법적 지위는 적어도 그 소유재산의 귀속관계에 있어서는 법인격 없는 사단(社團)으로 보아야 하고, 중앙당과 지구당과의 복합적 구조에 비추어 정당의 지구당은 단순한 중앙당의 하부조직이 아니라 어느 정도의 독자성을 가진 단체로서 역시 법인격 없는 사단에 해당한다고 보아야 할 것이다(헌재 1993.07.29. 92헌마262).

③ 【X】 강제해산된 정당소속 지방의원의 자격이 당연히 상실되는가에 대하여는 헌법재판소가 통합진보당 해산 청구 사건에서 명시적인 입장을 밝히지 않았다. 이후 선거관리위원회는 위헌정당으로 해산된 통합진보당 소속 비례대표지방의원의 자격을 상실하는 결정을 내렸으나, 대법원은 비례대표지방의회의원 지위 확인소송에서 헌법재판소의 위헌정당 해산 결정이 내려졌더라도 해당 정당 소속 국회의원과 달리 비례대표 지방의회의원은 해산결정 시 의원의 지위를 상실하는 것은 아니라고 보았다(관련판례). 헌법재판소의 위헌정당 해산결정에 따라 해산된 정당 소속 비례대표 지방의회의원 갑이 「공직선거법」 제192조 제4항에 따라 지방의회의원직을 상실하는지가 문제 된 사안에서, 「공직선거법」 제192조 제4항은 소속 정당이 헌법재판소의 정당해산결정에 따라 해산된 경우 비례대표 지방의회의원의 퇴직을 규정하는 조항이라고 할 수 없어 갑이 비례대표 지방의회의원의 지위를 상실하지 않았다(대판 2021.04.29. 2016두39825).

④ 【O】 심판대상조항은 정당의 정체성을 보존하고 정당 간의 위법·부당한 간섭을 방지함으로써 정당정치를 보호·육성하기 위한 것으로 볼 수 있다. 이러한 입법목적은 국민의 정치적 의사형성에 중대한 영향을 미치는 정당의 헌법적 기능을 보호하기 위한 것으로 정당하고, 복수 당적 보유를 금지하는 것은 입법목적 달성을 위한 적합한 수단에 해당한다. 따라서 심판대상조항이 정당의 당원인 청구인들의 정당 가입·활동의 자유를 침해한다고 할 수 없다(헌재 2022.03.31. 2020헌마1729).

18 정당에 대한 설명으로 옳은 것은? (다툼이 있는 경우 판례에 의함) 2019 지방직 7급

① 정당해산제도의 취지 등에 비추어 볼 때 헌법재판소의 정당해산결정이 있는 경우 그 정당 소속 국회의원의 의원직은 당선 방식을 불문하고 모두 상실되어야 한다.

② 정당에 국고보조금을 배분함에 있어 교섭단체의 구성 여부에 따라 차등을 두는 것은 평등원칙에 위배된다.

③ 정당제 민주주의 하에서 정당에 대한 재정적 후원이 전면적으로 금지되더라도 정당이 스스로 재정을 충당하고자 하는 정당활동의 자유와 국민의 정치적 표현의 자유에 대한 제한이 크지 아니하므로, 이를 규정한 법률조항은 정당의 정당활동의 자유와 국민의 정치적 표현의 자유를 침해하지 않는다.

④ 임기만료에 의한 국회의원선거에 참여하여 의석을 얻지 못하고 유효투표총수의 100분의 2 이상을 득표하지 못한 정당의 등록을 취소하도록 하는 것은 정당설립의 자유를 침해하지 않는다.

지문분석 **난이도** □■■ **중** | **정답** ① | **키워드** 정당제도 | **출제유형** 판례

① 【O】 헌법재판소의 해산결정으로 정당이 해산되는 경우에 그 정당 소속 국회의원이 의원직을 상실하는지에 대하여 명문의 규정은 없으나, 정당해산심판제도의 본질은 민주적 기본질서에 위배되는 정당을 정치적 의사형성과정에서 배제함으로써 국민을 보호하는 데에 있는데 해산정당 소속 국회의원의 의원직을 상실시키지 않는 경우 정당해산결정의 실효성을 확보할 수 없게 되므로, 이러한 정당해산제도의 취지 등에 비추어 볼 때 헌법재판소의 정당해산결정이 있는 경우 그 정당 소속 국회의원의 의원직은 당선 방식을 불문하고 모두 상실되어야 한다(헌재 2014.12.19. 2013헌다1).

② 【X】 정당의 공적기능의 수행에 있어 교섭단체의 구성 여부에 따라 차이가 나타날 수밖에 없고, 이 사건 법률조항이 교섭단체의 구성 여부만을 보조금 배분의 유일한 기준으로 삼은 것이 아니라 정당의 의석수비율과 득표수비율도 함께 고려함으로써 현행의 보조금 배분비율이 정당이 선거에서 얻은 결과를 반영한 득표수비율과 큰 차이를 보이지 않고 있는 점 등을 고려하면, 교섭단체를 구성할 정도의 다수 정당과 그에 미치지 못하는 소수 정당 사이에 나타나는 차등지급의 정도는 정당 간의 경쟁상태를 현저하게 변경시킬 정도로 합리성을 결여한 차별이라고 보기 어렵다(헌재 2006.07.27. 2004헌마655).

③ 【X】 정당제 민주주의 하에서 정당에 대한 재정적 후원이 전면적으로 금지됨으로써 정당이 스스로 재정을 충당하고자 하는 정당활동의 자유와 국민의 정치적 표현의 자유에 대한 제한이 매우 크다고 할 것이므로, 이 사건 법률조항은 정당의 정당활동의 자유와 국민의 정치적 표현의 자유를 침해한다(헌재 2015.12.23. 2013헌바168).

④ 【X】 정당등록의 취소는 정당의 존속 자체를 박탈하여 모든 형태의 정당활동을 불가능하게 하므로, 그에 대한 입법은 필요최소한의 범위에서 엄격한 기준에 따라 이루어져야 한다. 정당등록취소조항은 어느 정당이 대통령선거나 지방자치선거에서 아무리 좋은 성과를 올리더라도 국회의원선거에서 일정 수준의 지지를 얻는 데 실패하면 등록이 취소될 수밖에 없어 불합리하고, 신생·군소정당으로 하여금 국회의원선거에의 참여 자체를 포기하게 할 우려도 있어 법익의 균형성 요건도 갖추지 못하였다. 따라서 정당등록취소조항은 과잉금지원칙에 위반되어 청구인들의 정당설립의 자유를 침해한다(헌재 2014.01.28. 2012헌마431 등).

19 정당에 대한 설명으로 옳은 것은? (다툼이 있는 경우 판례에 의함) 2019 국가직 7급

① 헌법재판소의 정당해산결정에 대해서는 재심을 허용하지 아니함으로써 얻을 수 있는 법적 안정성의 이익이 재심을 허용함으로써 얻을 수 있는 구체적 타당성의 이익보다 더 중하다고 할 것이므로, 헌법재판소의 정당해산결정은 그 성질상 재심에 의한 불복이 허용될 수 없다.

② 정당의 창당준비위원회는 중앙당의 경우에는 200명 이상의, 시·도당의 경우에는 100명이상의 발기인으로 구성한다.

③ 경찰청장으로 하여금 퇴직 후 2년간 정당의 설립과 가입을 금지하는 것은 경찰청장의 정당설립의 자유와 피선거권 및 직업의 자유를 침해하는 것이다.

④ 정당은 그 대의기관의 결의로써 해산할 수 있으며, 이에 따라 정당이 해산한 때에는 그 대표자는 지체 없이 그 뜻을 국회에 신고하여야 한다.

지문분석 **난이도** □□■ **하** | **정답** ② | **키워드** 정당제도 | **출제유형** 판례 및 조문

① **[X]** 정당해산심판은 원칙적으로 해당 정당에게만 그 효력이 미치며, 정당해산결정은 대체정당이나 유사 정당의 설립까지 금지하는 효력을 가지므로 오류가 드러난 결정을 바로잡지 못한다면 장래 세대의 정치적 의사결정에까지 부당한 제약을 초래할 수 있다. 따라서 정당해산심판절차에서는 재심을 허용하지 아니함으로써 얻을 수 있는 법적 안정성의 이익보다 재심을 허용함으로써 얻을 수 있는 구체적 타당성의 이익이 더 크므로 재심을 허용하여야 한다(헌재 2016.05.26. 2015헌아20).

② **[O]** 창당준비위원회는 중앙당의 경우에는 200명 이상의, 시·도당의 경우에는 100명 이상의 발기인으로 구성한다(「정당법」 제6조).

③ **[X]** 이 사건 법률조항은 '누구나 국가의 간섭을 받지 아니하고 자유롭게 정당을 설립하고 가입할 수 있는 자유'를 제한하는 규정이다. 정당에 관한 한, 헌법 제8조는 일반결사에 관한 헌법 제21조에 대한 특별규정이므로, 정당의 자유에 관하여는 헌법 제8조 제1항이 우선적으로 적용된다. 그러나 정당의 자유를 규정하는 헌법 제8조 제1항이 기본권의 규정형식을 취하고 있지 아니하고 또한 '국민의 기본권에 관한 장'인 제2장에 위치하고 있지 아니하므로, 이 사건 법률조항으로 말미암아 침해된 기본권은 '정당의 설립과 가입의 자유'의 근거규정으로서, '정당설립의 자유'를 규정한 헌법 제8조 제1항과 '결사의 자유'를 보장하는 제21조 제1항에 의하여 보장된 기본권이라 할 것이다(헌재 1999.12.23. 99헌마135).

④ **[X]** 정당은 그 대의기관의 결의로써 해산할 수 있다(「정당법」 제45조 제1항). 제1항의 규정에 의하여 정당이 해산한 때에는 그 대표자는 지체 없이 그 뜻을 관할 선거관리위원회에 신고하여야 한다(동조 제2항).

20 정당에 대한 설명으로 옳지 <u>않은</u> 것은? (다툼이 있는 경우 판례에 의함) 2020 지방직 7급

① 국회의원선거에 참여하여 의석을 얻지 못하고 유효투표총수의 100분의 2 이상을 득표하지 못한 정당에 대해 그 등록을 취소하도록 한 구 「정당법」의 정당등록취소 조항은 정당설립의 자유를 침해한다.

② 정당이 새로운 당명으로 합당하거나 다른 정당에 합당될 때에는 합당을 하는 정당들의 대의기관이나 그 수임기관의 합동회의의 결의로써 합당할 수 있다.

③ 헌법재판소의 결정에 의하여 해산된 정당의 명칭과 동일한 명칭은 해산된 날부터 최초로 실시하는 임기만료에 의한 국회의원선거의 선거일까지만 정당의 명칭으로 사용할 수 없다.

④ 정당의 시·도당 하부조직의 운영을 위하여 당원협의회 등의 사무소를 두는 것을 금지한 구 「정당법」 조항은 정당활동의 자유를 침해하지 않는다.

지문분석 **난이도** □□■ 하 | **정답** ③ | **키워드** 정당제도 | **출제유형** 판례 및 조문

▶ 등록취소와 강제해산 비교

구분	중선위에 의해 등록 취소된 정당	헌법재판소에 의해 강제해산된 정당
헌법상 근거	헌법 제8조 제2항	헌법 제8조 제4항
사유	형식적 요건을 구비하지 못한 때 정당이 국민의사 형성에 참여하고 있지 아니한 때	정당의 목적과 활동이 민주적 기본질서에 위배될 때
기존 정당의 명칭 사용	사용 가능, 다만 등록취소된 날부터 다음 총선거일까지 사용불가	X
기존 정당의 목적과 유사한 정당 설립	O	X
잔여재산	당헌 → 국고귀속	국고귀속
소속의원	무소속으로 자격유지	자격상실(다수설)
법원에 제소	O	X

① 【O】 정당등록취소조항은 어느 정당이 대통령선거나 지방자치선거에서 아무리 좋은 성과를 올리더라도 국회의원선거에서 일정 수준의 지지를 얻는 데 실패하면 등록이 취소될 수밖에 없어 불합리하고, 신생·군소정당으로 하여금 국회의원선거에의 참여 자체를 포기하게 할 우려도 있어 법익의 균형성 요건도 갖추지 못하였다. 따라서 정당등록취소조항은 과잉금지원칙에 위반되어 청구인들의 정당설립의 자유를 침해한다(헌재 2014.01.28. 2012헌마431 등).

② 【O】 정당이 새로운 당명으로 합당(이하 '신설합당'이라 한다)하거나 다른 정당에 합당(이하 '흡수합당'이라 한다)될 때에는 합당을 하는 정당들의 대의기관이나 그 수임기관의 합동회의의 결의로써 합당할 수 있다(「정당법」 제19조 제1항).

③ 【X】 헌법재판소의 결정에 의하여 해산된 정당의 명칭과 같은 명칭은 정당의 명칭으로 다시 사용하지 못한다(「정당법」 제41조 제2항). 제44조(등록의 취소) 제1항의 규정에 의하여 등록취소된 정당의 명칭과 같은 명칭은 등록취소된 날부터 최초로 실시하는 임기만료에 의한 국회의원선거의 선거일까지 정당의 명칭으로 사용할 수 없다(동조 제3항).

④ 【O】 정당의 시·도당 하부조직의 운영을 위하여 당원협의회 등의 사무소를 두는 것을 금지한 「정당법」 제37조 제3항은 임의기구인 당원협의회를 둘 수 있도록 하되, 과거 지구당 제도의 폐해가 되풀이되는 것을 방지하고 고비용 저효율의 정당구조를 개선하기 위해 사무소를 설치할 수 없도록 하는 것이므로 그 입법목적은 정당하고, 수단의 적절성도 인정된다. … 심판대상조항으로 인해 침해되는 사익은 당원협의회 사무소를 설치하지 못하는 불이익에 불과한 반면, 심판대상조항이 달성하고자 하는 고비용 저효율의 정당구조 개선이라는 공익은 위와 같은 불이익에 비하여 결코 작다고 할 수 없어 심판대상조항은 법익균형성도 충족되었다. 따라서 심판대상조항은 제청신청인의 정당활동의 자유를 침해하지 아니한다(헌재 2016.03.31. 2013헌가22).

21 다음 중 '정당제도'에 대한 설명으로 가장 적절하지 않은 것은? (다툼이 있는 경우 판례에 의함)

2024 군무원 5급

① 정당의 본질적 기능과 기본적 활동을 보장하기 위한 합리적이고 상대적인 차별은 허용된다 할 것이므로, 정당 후보자에게 무소속 후보자보다 우선순위의 기호를 부여하는 것은 평등권을 침해한다고 할 수 없다.

② 「정당법」상 등록되지 않은 단체에 대하여 정당의 명칭사용을 전면적으로 금지하고 위반 시 1년 이하의 징역 또는 100만 원 이하의 벌금에 처하도록 한 정당명칭사용 금지조항은 과잉금지원칙을 위반하여 정당의 자유를 침해한 것이다.

③ 정당의 시・도당은 1,000명 이상의 당원을 가져야 한다고 규정한 「정당법」의 법정 당원 수 조항은 피해의 최소성원칙에 위배된다고 볼 수 없다.

④ 정당해산심판절차에서는 재심을 허용하지 아니함으로써 얻을 수 있는 법적 안정성의 이익보다 재심을 허용함으로써 얻을 수 있는 구체적 타당성의 이익이 더 크므로 재심을 허용해야 한다.

지문분석 **난이도** □■■ **중** | **정답** ② | **키워드** 정당제도 | **출제유형** 판례 및 조문

① **[O]** 헌법재판소는 1996.03.28. 96헌마9등 결정에서 이 사건 순위조항과 같이 국회의원 선거 등 공직선거에서 투표용지의 후보자 게재순위를 정당・의석수를 기준으로 정하도록 한 것이 소수의석을 가진 정당이나 의석이 없는 정당 후보자 및 무소속 후보자에게 상대적으로 불리하여 차별을 두었다고 할 수는 있으나, 이는 정당제도의 존재 의의 등에 비추어 그 목적이 정당할 뿐만 아니라 정당・의석을 우선함에 있어서도 당적 유무, 의석순, 정당명 또는 후보자 성명의 '가, 나, 다' 순 등 합리적 기준에 의하고 있으므로 평등권을 침해하지 아니한다(헌재 2020.02.27. 2018헌마454).

② **[X]** 정당명칭사용금지조항은 「정당법」에 따른 등록요건을 갖추지 못한 단체들이 임의로 정당이라는 명칭을 사용하는 것을 금지하여 정당등록제도 및 등록요건의 실효성을 담보하고, 국민의 정치적 의사형성 참여과정에 혼란이 초래되는 것을 방지하기 위한 것이다. 정당의 명칭사용과 관련하여 국민의 정치적 의사형성 참여과정에 위협이 되는 행위만 일일이 선별하여 금지하는 것은 현실적으로 어렵고, 1년 이하의 징역 또는 100만 원 이하의 벌금이라는 법정형이 과도하다고 보기도 어렵다. 따라서 정당명칭사용금지조항이 과잉금지원칙을 위반하여 정당의 자유를 침해한다고 볼 수 없다(헌재 2023.09.26. 2021헌가23등).

③ **[O]** 법정당원수 조항은 국민의 정치적 의사형성에의 참여를 실현하기 위한 지속적이고 공고한 조직의 최소한을 갖추도록 하는 것이다. 우리나라에 현존하는 정당의 수, 각 시・도의 인구 및 유권자수, 인구수 또는 선거인수 대비 당원의 비율, 당원의 자격 등을 종합하여 보면, 각 시・도당에 1천인 이상의 당원을 요구하는 법정당원수 조항이 신생정당의 창당을 현저히 어렵게 하여 과도한 부담을 지운 것으로 보기는 어렵다. 따라서 법정당원수 조항이 과잉금지원칙을 위반하여 정당의 자유를 침해한다고 볼 수 없다(헌재 2023.09.26. 2021헌가23등).

④ **[O]** 정당해산심판은 원칙적으로 해당 정당에게만 그 효력이 미치며, 정당해산결정은 대체정당이나 유사정당의 설립까지 금지하는 효력을 가지므로 오류가 드러난 결정을 바로잡지 못한다면 장래 세대의 정치적 의사결정에까지 부당한 제약을 초래할 수 있다. 따라서 정당해산심판절차에서는 재심을 허용하지 아니함으로써 얻을 수 있는 법적 안정성의 이익보다 재심을 허용함으로써 얻을 수 있는 구체적 타당성의 이익이 더 크므로 재심을 허용하여야 한다. 한편, 이 재심절차에서는 원칙적으로 「민사소송법」의 재심에 관한 규정이 준용된다(헌재 2016.05.26. 2015헌아20).

22 **다음 중 정당의 자유와 정당해산에 대한 설명으로 가장 적절하지 않은 것은?** (다툼이 있는 경우 판례에 의함) 2024 군무원 5급

① 자유민주적 기본질서를 부정하고 이를 적극적으로 제거하려는 조직도, 국민의 정치적 의사형성에 참여하는 한 '정당의 자유'의 보호를 받는 정당에 해당하며 오로지 헌법재판소가 그의 위헌성을 확인한 경우에만 정당은 정치 생활의 영역으로부터 축출될 수 있다.
② '상당한 기간 또는 계속해서', '상당한 지역에서' 국민의 정치적 의사형성 과정에 참여해야 한다는 것은 헌법상 정당의 개념표지라 할 수 있다.
③ 1958년 진보당이 강제해산된 사례가 있으나, 이것은 행정청(공보실장)의 직권에 의한 것이었다.
④ 정당해산사유로서의 민주적 기본질서의 '위배'란, 민주사회의 불가결한 요소인 정당의 존립을 제약해야 할 만큼 그 정당의 목적이나 활동이 우리 사회의 민주적 기본질서에 대하여 해악을 끼칠 수 있는 위험성을 초래하는 경우를 널리 가리킨다.

지문분석 **난이도** ■■■ **상** | **정답** ④ | **키워드** 정당제도 | **출제유형** 판례 및 조문

① 【O】 모든 정당의 존립과 활동은 최대한 보장되며, 설령 어떤 정당이 민주적 기본질서를 부정하고 이를 적극적으로 공격하는 것으로 보인다 하더라도 국민의 정치적 의사형성에 참여하는 정당으로서 존재하는 한 우리 헌법에 의해 최대한 두텁게 보호되므로, 단순히 행정부의 통상적인 처분에 의해서는 해산될 수 없고, 오직 헌법재판소가 그 정당의 위헌성을 확인하고 해산의 필요성을 인정한 경우에만 정당정치의 영역에서 배제된다는 것이다(헌재 1999.12.23. 99헌마135).

② 【O】 이 사건 법률조항이 비록 정당으로 등록되기에 필요한 요건으로서 5개 이상의 시 · 도당 및 각 시 · 도당마다 1,000명 이상의 당원을 갖출 것을 요구하고 있기 때문에 국민의 정당설립의 자유에 어느 정도 제한을 가하는 점이 있는 것은 사실이나, 이러한 제한은 '상당한 기간 또는 계속해서', '상당한 지역에서' 국민의 정치적 의사형성 과정에 참여해야 한다는 헌법상 정당의 개념표지를 구현하기 위한 합리적인 제한이라고 할 것이므로, 그러한 제한은 헌법적으로 정당화된다고 할 것이다(헌재 2006.03.30. 2004헌마246).

③ 【O】 헌법상 정당보호규정이 없었던 1954년 헌법체제에서 행정부서인 공보실에 의해 정당등록이 취소되고 행정처분으로 진보당은 강제해산되었다. 이를 계기로 1960년 6월 제3차 개헌에서 정당을 보호하기 위한 규정이 헌법에 처음으로 유입이 되었다.

④ 【X】 헌법 제8조 제4항의 민주적 기본질서 개념은 정당해산결정의 가능성과 긴밀히 결부되어 있다. 이 민주적 기본질서의 외연이 확장될수록 정당해산결정의 가능성은 확대되고, 이와 동시에 정당 활동의 자유는 축소될 것이다. 민주 사회에서 정당의 자유가 지니는 중대한 함의나 정당해산심판제도의 남용가능성 등을 감안한다면, 헌법 제8조 제4항의 민주적 기본질서는 최대한 엄격하고 협소한 의미로 이해해야 한다(헌재 2014.12.19. 2013헌다1).

3 지방자치제도

01 지방자치제도에 관한 설명 중 옳고 그름의 표시(○, ×)가 바르게 된 것은? (다툼이 있는 경우 판례에 의함) 2023 경찰 승진

㉠ 조례의 제정권자인 지방의회는 선거를 통해서 그 지역적인 민주적 정당성을 지니고 있는 주민의 대표기관이고 헌법이 지방자치단체에 포괄적인 자치권을 보장하고 있는 취지로 볼 때, 조례에 대한 법률의 위임은 법규명령에 대한 법률의 위임과 같이 반드시 구체적으로 범위를 정하여 할 필요가 없으며 포괄적인 것으로 족하다.
㉡ 주민자치제를 본질로 하는 민주적 지방자치제도가 안정적으로 뿌리내린 현 시점에서 지방자치단체의 장 선거권을 지방의회의원 선거권, 나아가 국회의원 선거권 및 대통령 선거권과 구별하여 하나는 법률상의 권리로, 나머지는 헌법상의 권리로 이원화하는 것은 허용될 수 없으므로 지방자치단체의 장 선거권 역시 다른 선거권과 마찬가지로 헌법 제24조에 의해 보호되는 기본권으로 인정하여야 한다.
㉢ 헌법상 지방자치제도보장의 핵심영역 내지 본질적 부분이 특정 지방자치단체의 존속을 보장하는 것이 아니며 지방자치단체에 의한 자치행정을 일반적으로 보장하는 것이므로, 현행법에 따른 지방자치단체의 중층구조 또는 지방자치단체로서 특별시·광역시 및 도와 함께 시·군 및 구를 계속하여 존속하도록 할지 여부는 결국 입법자의 입법형성권의 범위에 들어가는 것으로 보아야 한다.
㉣ 지방자치단체가 자치조례를 제정할 수 있는 사항은 지방자치단체의 고유사무인 자치사무와 개별법령에 의하여 지방자치단체에 위임된 단체위임사무에 한하고, 국가사무가 지방자치단체의 장에게 위임된 기관위임사무는 원칙적으로 자치조례의 제정범위에 속하지 않는다.

① ㉠ × ㉡ ○ ㉢ ○ ㉣ ×
② ㉠ ○ ㉡ × ㉢ ○ ㉣ ○
③ ㉠ ○ ㉡ ○ ㉢ × ㉣ ○
④ ㉠ ○ ㉡ ○ ㉢ ○ ㉣ ○

지문분석 **난이도** ■■■ 상 | **정답** ④ | **키워드** 지방자치제도 | **출제유형** 판례

㉠ 【O】 조례의 제정권자인 지방의회는 선거를 통해서 그 지역적인 민주적 정당성을 지니고 있는 주민의 대표기관이고, 헌법이 지방자치단체에 대해 포괄적인 자치권을 보장하고 있는 취지로 볼 때 조례제정권에 대한 지나친 제약은 바람직하지 않으므로 조례에 대한 법률의 위임은 법규명령에 대한 법률의 위임과 같이 반드시 구체적으로 범위를 정하여 할 필요가 없으며 포괄적인 것으로 족하다고 할 것이다(헌결 1995.04.20. 92헌마264).
㉡ 【O】 지방자치단체의 장에 대한 주민직선제 이외의 다른 선출방법을 허용할 수 없다는 관행과 이에 대한 국민적 인식이 광범위하게 존재한다고 볼 수 있다. 주민자치제를 본질로 하는 민주적 지방자치제도가 안정적으로 뿌리내린 현 시점에서 지방자치단체의 장 선거권을 지방의회의원 선거권, 나아가 국회의원 선거권 및 대통령 선거권과 구별하여 하나는 법률상의 권리로, 나머지는 헌법상의 권리로 이원화하는 것은 허용될 수 없다. 그러므로 지방자치단체의 장 선거권 역시 다른 선거권과 마찬가지로 헌법 제24조에 의해 보호되는 기본권으로 인정하여야 한다(헌결 2016.10.27. 2014헌마797).
㉢ 【O】 헌법상 지방자치제도 보장의 핵심영역 내지 본질적 부분은 지방자치단체에 의한 자치행정을 일반적으로 보장하는 것이다. 현행법에 따른 지방자치단체의 중층구조 또는 지방자치단체로서 특별시·광역시 및 도와 함께 시·군 및 자치구를 계속하여 존속하도록 할지 여부는 결국 입법자의 입법형성권의 범위에 들어간다(헌결 2019.08.29. 2018헌마129).

㉣ 【O】 기관위임사무를 조례로 정' 수 있는지 또는 법률에서 기관위임사무를 조례로 정하도록 바로 위임할 수 있는지 여부에 관하여 대법원은, '「지방자치법」 제15조 · 제9조에 의하면 지방자치단체가 '자치조례'를 제정할 수 있는 사항은 지방자치단체의 고유사무인 자치사무와 개별 법령에 의하여 지방자치단체에 위임된 단체위임사무에 한하는 것이고, 국가사무가 지방자치단체의 장에게 위임된 기관위임사무는 원칙적으로 자치조례의 제정범위에 속하지 않는다 할 것이나, 다만 기관위임사무에 있어서도 그에 관한 개별 법령에서 일정한 사항을 조례로 정하도록 위임하고 있는 경우에는 위임받은 사항에 관하여 개별 법령의 취지에 부합하는 범위 내에서 이른바 '위임조례'를 정할 수 있다.'고 판시하고 있고, 한편 법률에서 조례로 위임하는 경우에 헌법 제75조에서 정하는 포괄위임금지원칙이 적용되는지 여부에 관하여 헌법재판소는, '조례의 제정권자인 지방의회는 선거를 통해서 지역적인 민주적 정당성을 지니고 있는 주민의 대표기관이고 헌법이 지방자치단체에 포괄적인 자치권을 보장하고 있는 취지로 볼 때, 조례에 대한 법률의 위임은 법규명령에 대한 법률의 위임과 같이 반드시 구체적으로 범위를 정하여 할 필요가 없으며 포괄적인 것으로 족하다.'고 판시하였다(헌결 2005.03.31. 2003헌바113).

02 지방자치제도에 대한 설명으로 옳지 <u>않은</u> 것은? 2023 국가직 7급

① 국가기본도에 표시된 해상경계선은 그 자체로 불문법상 해상경계선으로 인정되는 것은 아니나, 관할 행정청이 국가기본도에 표시된 해상경계선을 기준으로 하여 과거부터 현재에 이르기까지 반복적으로 처분을 내리고, 지방자치단체가 허가, 면허 및 단속 등의 업무를 지속적으로 수행하여 왔다면 국가기본도상의 해상경계선은 여전히 지방자치단체 관할 경계에 관하여 불문법으로서 그 기준이 될 수 있다.

② 헌법이 감사원을 독립된 외부감사기관으로 정하고 있는 취지, 중앙정부와 지방자치단체는 서로 행정기능과 행정책임을 분담하면서 중앙행정의 효율성과 지방행정의 자주성을 조화시켜 국민과 주민의 복리증진이라는 공동목표를 추구하는 협력관계에 있다는 점을 고려하면 지방자치단체의 자치사무에 대한 합목적성 감사의 근거가 되는 「감사원법」 조항은 지방자치권의 본질적 내용을 침해하였다고는 볼 수 없다.

③ 연간 감사계획에 포함되지 아니하고 사전조사가 수행되지 아니한 감사의 경우 「지방자치법」에 따른 감사의 절차와 방법 등에 관한 관련 법령에서 감사대상이나 내용을 통보할 것을 요구하는 명시적인 규정이 없어, 광역지방자치단체가 기초지방자치단체의 자치사무에 대한 감사에 착수하기 위해서는 감사대상을 특정하여야 하나, 특정된 감사대상을 사전에 통보할 것까지 요구된다고 볼 수는 없다.

④ 감사 과정에서 사전에 감사대상으로 특정되지 아니한 사항에 관하여 위법사실이 발견된 경우, 당초 특정된 감사대상과 관련성이 인정되는 것으로서 당해 절차에서 함께 감사를 진행하더라도 감사대상 지방자치단체가 절차적인 불이익을 받을 우려가 없고, 해당 감사대상을 적발하기 위한 목적으로 감사가 진행된 것으로 볼 수 없는 사항이라 하더라도, 감사대상을 확장하거나 추가하는 것은 허용되지 않는다.

지문분석 **난이도** □■■ 중 | **정답** ④ | **키워드** 지방자치제도 | **출제유형** 판례

① 【O】 지방자치단체 사이의 불문법상 해상경계가 성립하기 위해서는 관계 지방자치단체·주민들 사이에 해상경계에 관한 일정한 관행이 존재하고, 그 해상경계에 관한 관행이 장기간 반복되어야 하며, 그 해상경계에 관한 관행을 법규범이라고 인식하는 관계 지방자치단체·주민들의 법적 확신이 있어야 한다. 국가기본도에 표시된 해상경계선은 그 자체로 불문법상 해상경계선으로 인정되는 것은 아니나, 관할 행정청이 국가기본도에 표시된 해상경계선을 기준으로 하여 과거부터 현재에 이르기까지 반복적으로 처분을 내리고, 지방자치단체가 허가, 면허 및 단속 등의 업무를 지속적으로 수행하여 왔다면 국가기본도상의 해상경계선은 여전히 지방자치단체 관할 경계에 관하여 불문법으로서 그 기준이 될 수 있다(헌재 2021.02.25. 2015헌라7).

② 【O】 헌법이 감사원을 독립된 외부감사기관으로 정하고 있는 취지, 중앙정부와 지방자치단체는 서로 행정기능과 행정책임을 분담하면서 중앙행정의 효율성과 지방행정의 자주성을 조화시켜 국민과 주민의 복리증진이라는 공동목표를 추구하는 협력관계에 있다는 점을 고려하면 지방자치단체의 자치사무에 대한 합목적성 감사의 근거가 되는 이 사건 관련규정은 그 목적의 정당성과 합리성을 인정할 수 있다. 또한 감사원법에서 지방자치단체의 자치권을 존중할 수 있는 장치를 마련해두고 있는 점, 국가재정지원에 상당부분 의존하고 있는 우리 지방재정의 현실, 독립성이나 전문성이 보장되지 않은 지방자치단체 자체감사의 한계 등으로 인한 외부감사의 필요성까지 감안하면, 이 사건 관련규정이 지방자치단체의 고유한 권한을 유명무실하게 할 정도로 지나친 제한을 함으로써 지방자치권의 본질적 내용을 침해하였다고는 볼 수 없다(헌재 2008.05.29. 2005헌라3).

③ 【O】 연간 감사계획에 포함되지 아니하고 사전조사가 수행되지 아니한 감사의 경우 「지방자치법」에 따른 감사의 절차와 방법 등에 관한 사항을 규정하는 '지방자치단체에 대한 행정감사규정' 등 관련 법령에서 감사대상이나 내용을 통보할 것을 요구하는 명시적인 규정이 없다. 광역지방자치단체가 자치사무에 대한 감사에 착수하기 위해서는 감사대상을 특정하여야 하나, 특정된 감사대상을 사전에 통보할 것까지 요구된다고 볼 수는 없다(헌재 2023.03.23. 2020헌라5).

④ 【X】 지방자치단체의 자치사무에 대한 무분별한 감사권의 행사는 헌법상 보장된 지방자치권을 침해할 가능성이 크므로, 원칙적으로 감사 과정에서 사전에 감사대상으로 특정되지 아니한 사항에 관하여 위법사실이 발견되었다고 하더라도 감사대상을 확장하거나 추가하는 것은 허용되지 않는다. 다만, 자치사무의 합법성 통제라는 감사의 목적이나 감사의 효율성 측면을 고려할 때, 당초 특정된 감사대상과 관련성이 인정되는 것으로서 당해 절차에서 함께 감사를 진행하더라도 감사대상 지방자치단체가 절차적인 불이익을 받을 우려가 없고, 해당 감사대상을 적발하기 위한 목적으로 감사가 진행된 것으로 볼 수 없는 사항에 대하여는 감사대상의 확장 내지 추가가 허용된다(헌재 2023.03.23. 2020헌라5).

03 **지방자치제도에 대한 설명으로 옳지 <u>않은</u> 것은?** (다툼이 있는 경우 판례에 의함) 2024 입법고시 5급

① 지방자치의 본질상 자치행정에 대한 국가의 관여는 가능한 한 배제하는 것이 바람직하지만, 지방자치도 국가적 법질서의 테두리 안에서만 인정되는 것이고, 지방행정도 중앙행정과 마찬가지로 국가행정의 일부이므로 지방자치단체가 어느 정도 국가적 감독·통제를 받는 것은 불가피하다.

② 일정구역에 한하여 모든 자치단체를 전면적으로 폐지하거나 지방자치단체인 시·군이 수행해온 자치사무를 국가의 사무로 이관하는 것이 아니라 당해 지역 내의 지방자치단체인 시·군을 모두 폐지하여 중층구조를 단층화하는 것은 입법자의 선택범위에 들어가는 것이다.

③ 마치 국가가 영토고권을 가지는 것과 마찬가지로, 지방자치단체에게 자신의 관할구역 내에 속하는 영토·영해·영공을 자유로이 관리하고 관할구역 내의 사람과 물건을 독점적·배타적으로 지배할 수 있는 권리가 부여되어 있다.

④ 지방자치단체와 다른 지방자치단체의 관계에서 어느 지방자치 단체가 특정한 행정동 명칭을 독점적·배타적으로 사용할 권한이 있다고 볼 수는 없다.

⑤ 교육감과 해당 지방자치단체 상호간의 권한쟁의심판은 '상이한 권리주체 간'의 권한쟁의심판으로 볼 수 없으므로, 헌법재판소가 관장하는 지방자치단체 상호간의 권한쟁의심판에 속하지 않는다.

지문분석 **난이도** □■■ **중** | **정답** ③ | **키워드** 지방자치제도 | **출제유형** 판례

① 【O】 지방자치의 본질상 자치행정에 대한 국가의 관여는 가능한 한 배제하는 것이 바람직하지만, 지방자치도 국가적 법질서의 테두리 안에서만 인정되는 것이고, 지방행정도 중앙행정과 마찬가지로 국가행정의 일부이므로, 지방자치단체가 어느 정도 국가적 감독, 통제를 받는 것은 불가피하다(헌재 2008.05.29. 2005헌라3).

② 【O】 일정구역에 한하여 모든 자치단체를 전면적으로 폐지하거나 지방자치단체인 시·군이 수행해온 자치사무를 국가의 사무로 이관하는 것이 아니라 당해 지역 내의 지방자치단체인 시·군을 모두 폐지하여 중층구조를 단층화하는 것 역시 입법자의 선택범위에 들어가는 것이다(헌재 2006.04.27. 2005헌마1190).

③ 【X】 헌법 제117조, 제118조가 제도적으로 보장하고 있는 지방자치의 본질적 내용은 '자치단체의 보장, 자치기능의 보장 및 자치사무의 보장'이라고 할 것이나, 지방자치제도의 보장은 지방자치단체에 의한 자치행정을 일반적으로 보장한다는 것뿐이고 특정자치단체의 존속을 보장한다는 것은 아니므로, 마치 국가가 영토고권을 가지는 것과 마찬가지로, 지방자치단체에게 자신의 관할구역 내에 속하는 영토, 영해, 영공을 자유로이 관리하고 관할구역 내의 사람과 물건을 독점적, 배타적으로 지배할 수 있는 권리가 부여되어 있다고 할 수는 없다(헌재 2006.03.30. 2003헌라2).

④ 【O】 적어도 지방자치단체와 다른 지방자치단체의 관계에서 어느 지방자치단체가 특정한 행정동 명칭을 독점적·배타적으로 사용할 권한이 있다고 볼 수는 없으므로 위와 같은 조례의 개정으로 청구인의 행정동 명칭에 관한 권한이 침해될 가능성이 있다고 볼 수 없다(헌재 2009.11.26. 2008헌라3).

⑤ 【O】 「지방교육자치에 관한 법률」은 교육감을 시·도의 교육·학예에 관한 사무의 '집행기관'으로 규정하고 있으므로, 교육감과 해당 지방자치단체상호 간의 권한쟁의심판은 '서로 상이한 권리주체 간'의 권한쟁의심판청구로 볼 수 없다. 따라서 시·도의 교육·학예에 관한 집행기관인 교육감과 해당 지방자치단체 사이의 내부적 분쟁과 관련된 심판청구는 헌법재판소가 관장하는 권한쟁의심판에 속하지 아니한다(헌재 2016.06.30. 2014헌라1).

04 **지방자치에 대한 설명으로 옳지 않은 것은?** (다툼이 있는 경우 판례에 의함) 2022 국가직 7급

① 헌법 제117조 제1항은 '지방자치단체는 주민의 복리에 관한 사무를 처리하고 재산을 관리하며, 법령의 범위 안에서 자치에 관한 규정을 제정할 수 있다'라고 하여 지방자치제도의 보장과 지방자치단체의 자치권을 규정하고 있는데, 헌법 제117조 제1항에서 규정하는 '법령'에는 법규명령으로서 기능하는 행정규칙이 포함된다.

② 헌법 제118조 제2항에서 지방자치단체의 장의 '선임방법'에 관한 사항은 법률로 정한다고 규정하고 있으므로 지방자치단체의 장 선거권은 다른 공직선거권과 달리 헌법상 보장되는 기본권으로 볼 수 없다.

③ 헌법이 규정하는 지방자치단체의 자치권 가운데에는 자치에 관한 규정을 스스로 제정할 수 있는 자치입법권은 물론이고 그 밖에 그 소속 공무원에 대한 인사와 처우를 스스로 결정하고 이에 관련된 예산을 스스로 편성하여 집행하는 권한이 성질상 당연히 포함된다.

④ 지방자치단체의 구역은 주민·자치권과 함께 자치단체의 구성요소이며 자치권이 미치는 관할구역의 범위에는 육지는 물론 바다도 포함되므로 공유수면에 대해서도 지방자치단체의 자치권한이 존재한다고 보아야 한다.

지문분석 **난이도** □■■ 중 | **정답** ② | **키워드** 지방자치제도 | **출제유형** 판례

① 【O】 헌법 제117조 제1항은 '지방자치단체는 주민의 복리에 관한 사무를 처리하고 재산을 관리하며, 법령의 범위 안에서 자치에 관한 규정을 제정할 수 있다'고 규정하여 지방자치제도의 보장과 지방자치단체의 자치권을 규정하고 있다. 헌법 제117조 제1항에서 규정하고 있는 '법령'에 법률 이외에 헌법 제75조 및 제95조 등에 의거한 '대통령령', '총리령' 및 '부령'과 같은 법규명령이 포함되는 것은 물론이지만, 헌법재판소의 '법령의 직접적인 위임에 따라 수임행정기관이 그 법령을 시행하는데 필요한 구체적 사항을 정한 것이면, 그 제정형식은 비록 법규명령이 아닌 고시, 훈령, 예규 등과 같은 행정규칙이더라도, 그것이 상위법령의 위임한계를 벗어나지 아니하는 한, 상위법령과 결합하여 대외적인 구속력을 갖는 법규명령으로서 기능하게 된다고 보아야 한다.'고 판시 한 바에 따라, 헌법 제117조 제1항에서 규정하는 '법령'에는 법규명령으로서 기능하는 행정규칙이 포함된다(헌재 2002.10.31. 2001헌라1).

② 【X】 지방자치단체의 대표인 단체장은 지방의회의원과 마찬가지로 주민의 자발적 지지에 기초를 둔 선거를 통해 선출되어야 한다. 주민자치제를 본질로 하는 민주적 지방자치제도가 안정적으로 뿌리내린 현 시점에서 지방자치단체의 장 선거권을 지방의회의원 선거권, 나아가 국회의원 선거권 및 대통령 선거권과 구별하여 하나는 법률상의 권리로, 나머지는 헌법상의 권리로 이원화하는 것은 허용될 수 없다. 그러므로 지방자치단체의 장 선거권 역시 다른 선거권과 마찬가지로 헌법 제24조에 의해 보호되는 기본권으로 인정하여야 한다(헌재 2016.10.27. 2014헌마797).

③ 【O】 헌법 제117조제1항이 규정하는 자치권 가운데에는 자치에 관한 규정을 스스로 제정할 수 있는 자치입법권은 물론이고 그밖에 그 소속 공무원에 대한 인사와 처우를 스스로 결정하고 이에 관련된 예산을 스스로 편성하여 집행하는 권한이 성질상 당연히 포함되지만, 이러한 자치권의 범위는 법령에 의하여 형성되고 제한된다(헌재 2002.10.31. 2002헌라2).

④ 【O】「지방자치법」 제4조 제1항에 규정된 지방자치단체의 구역은 주민·자치권과 함께 지방자치단체의 구성요소로서 자치권을 행사할 수 있는 장소적 범위를 말하며, 자치권이 미치는 관할 구역의 범위에는 육지는 물론 바다도 포함되므로, 공유수면에 대한 지방자치단체의 자치권한이 존재한다(헌재 2006.08.31. 2003헌라1).

05 지방자치제도에 대한 설명으로 옳지 않은 것은? (다툼이 있는 경우 헌법재판소 판례에 의함)

2017 국가직 5급

① 지방자치단체의 장의 선임방법 기타 지방자치단체의 조직과 운영에 관한 사항은 법률로 정하나, 지방의회의 조직·권한·의원선거에 관한 사항은 조례로 정한다.

② 헌법재판소 결정에 의하면 지방자치제도는 제도적 보장의 하나로서, 그 제도의 본질적 내용을 침해하지 않는 범위 안에서 입법자에게 입법형성의 자유가 폭 넓게 인정된다.

③ 「지방자치법」상의 지방자치단체 외에 특정한 목적을 수행하기 위하여 필요하면 따로 특별지방자치단체를 설치할 수 있다.

④ 지방자치단체는 주민의 복리에 관한 사무를 처리하고 재산을 관리하며, 법령의 범위 안에서 자치에 관한 규정을 제정할 수 있다.

지문분석 **난이도** □□■ 하 | **정답** ① | **키워드** 지방자치제도 | **출제유형** 판례

① 【X】 헌법 제118조 제2항 지방의회의 조직·권한·의원선거와 지방자치단체의 장의 선임방법 기타 지방자치단체의 조직과 운영에 관한 사항은 법률로 정한다.

② 【O】 우리 헌법 제117조와 제118조는 지방자치단체의 자치를 제도적으로 보장하고 있다(헌재 1994.12.29, 94헌마201).

③ 【O】「지방자치법」 제2조 제3항 제1항의 지방자치단체 외에 특정한 목적을 수행하기 위하여 필요하면 따로 특별지방자치단체를 설치할 수 있다.

④ 【O】 헌법 제117조 제1항 지방자치단체는 주민의 복리에 관한 사무를 처리하고 재산을 관리하며, 법령의 범위 안에서 자치에 관한 규정을 제정할 수 있다.

06 지방자치단체 구역에 관한 설명 중 옳은 것(○)과 옳지 않은 것(×)을 올바르게 조합한 것은? (다툼이 있는 경우 헌법재판소 판례에 의함) 2022 변호사

> ㄱ. 공유수면에 대한 명시적인 법령상의 규정이나 불문법상 해상경계선이 존재하지 않는다면, 주민·구역·자치권을 구성요소로 하는 지방자치단체의 본질에 비추어 지방자치단체의 관할구역에 경계가 없는 부분이 있다는 것은 상정할 수 없으므로, 헌법재판소가 권한쟁의심판을 통하여 형평의 원칙에 따라 합리적이고 공평하게 해상경계선을 획정하여야 한다.
> ㄴ. 공유수면의 관할 귀속과 매립지의 관할 귀속은 그 성질상 달리 보아야 하므로 매립공사를 거쳐 종전에 존재하지 않았던 토지가 새로이 생겨난 경우, 공유수면의 관할권을 가지고 있던 지방자치단체이든 그 외의 경쟁 지방자치단체이든 새로 생긴 매립지에 대하여는 중립적이고 동등한 지위에 있다.
> ㄷ. 관할 행정청이 국가기본도에 표시된 해상경계선을 기준으로 하여 과거부터 현재에 이르기까지 반복적으로 처분을 내리고, 지방자치단체가 허가, 면허 및 단속 등의 업무를 지속적으로 수행하여 왔다고 하더라도 국가기본도상의 해상경계선은 지방자치단체 관할 경계에 관하여 불문법으로서 그 기준이 될 수 없다.
> ㄹ. 지방자치단체의 자치권이 미치는 관할구역의 범위에는 육지는 물론 바다도 포함되므로, 공유수면에 대해서도 지방자치단체의 자치권한이 존재한다고 보아야 한다.

① ㄱ(○), ㄴ(○), ㄷ(×), ㄹ(○)
② ㄱ(○), ㄴ(×), ㄷ(○), ㄹ(○)
③ ㄱ(○), ㄴ(×), ㄷ(○), ㄹ(×)
④ ㄱ(×), ㄴ(○), ㄷ(○), ㄹ(×)
⑤ ㄱ(×), ㄴ(○), ㄷ(×), ㄹ(×)

지문분석 **난이도** □■■ **중** | **정답** ① | **키워드** 지방자치제도 | **출제유형** 판례

ㄱ 【O】 공유수면에 대한 지방자치단체의 관할구역 경계획정은 명시적인 법령상의 규정이 존재한다면 그에 따르고, 명시적인 법령상의 규정이 존재하지 않는다면 불문법상 해상경계에 따라야 한다. 불문법상 해상경계마저 존재하지 않는다면, 주민·구역·자치권을 구성요소로 하는 지방자치단체의 본질에 비추어 지방자치단체의 관할구역에 경계가 없는 부분이 있다는 것은 상정할 수 없으므로, 권한쟁의심판권을 가지고 있는 헌법재판소가 형평의 원칙에 따라 합리적이고 공평하게 해상경계선을 획정하여야 한다(헌재 2021.02.25. 2015헌라7).

ㄴ 【O】 공유수면의 관할 귀속과 매립지의 관할 귀속은 그 성질상 달리 보아야 한다. 매립공사를 거쳐 종전에 존재하지 않았던 토지가 새로이 생겨난 경우 동일성을 유지하면서 단순히 바다에서 토지로 그 형상이 변경된 것에 불과하다고 보기는 어렵다. 공유수면의 관할권을 가지고 있던 지방자치단체이든 그 외의 경쟁 지방자치단체이든 새로 생긴 매립지에 대하여는 중립적이고 동등한 지위에 있다 할 것이다(헌재 2020.07.16. 2015헌라3)

ㄷ 【X】 국가기본도에 표시된 해상경계선은 그 자체로 불문법상 해상경계선으로 인정되는 것은 아니나, 관할 행정청이 국가기본도에 표시된 해상경계선을 기준으로 하여 과거부터 현재에 이르기까지 반복적으로 처분을 내리고, 지방자치단체가 허가, 면허 및 단속 등의 업무를 지속적으로 수행하여 왔다면 국가기본도상의 해상경계선은 여전히 지방자치단체 관할 경계에 관하여 불문법으로서 그 기준이 될 수 있다(헌재 2021.02.25. 2015헌라7).

ㄹ 【O】 「지방자치법」 제4조 제1항에 규정된 지방자치단체의 구역은 주민·자치권과 함께 지방자치단체의 구성요소로서 자치권을 행사할 수 있는 장소적 범위를 말하며, 자치권이 미치는 관할 구역의 범위에는 육지는 물론 바다도 포함되므로, 공유수면에 대한 지방자치단체의 자치권한이 존재한다(헌재 2006.08.31. 2003헌라1).

07 지방자치제도에 관한 다음 설명 중 옳지 않은 것은? 2022 법원직 9급

① 중앙행정기관이 지방자치단체의 자치사무에 대하여 포괄적·사전적 일반감사나 법령위반사항을 적발하기 위한 감사를 하는 것은 허용될 수 없다.

② 헌법 제8장의 지방자치제도는 제도보장을 의미하는 것으로 지방자치단체의 자치권의 범위나 내용은 지방자치제도의 본질을 침해하지 않는 범위 내에서 입법권자가 광범위한 입법형성권을 가진다.

③ 지방자치단체의 장이 금고 이상의 형을 선고받고 그 형이 확정되지 아니한 경우 부단체장이 그 권한을 대행하도록 하였더라도 지방자치단체의 장의 공무담임권을 침해한 것으로 볼 수 없다.

④ 조례에 대한 법률의 위임은 반드시 구체적으로 범위를 정하여 할 필요가 없고 포괄적인 것으로 족하다.

지문분석 **난이도** □■■ **중** | **정답** ③ | **키워드** 지방자치제도 | **출제유형** 판례

① 【O】 중앙행정기관이 구 「지방자치법」 제158조 단서 규정상의 감사에 착수하기 위해서는 자치사무에 관하여 특정한 법령위반행위가 확인되었거나 위법행위가 있었으리라는 합리적 의심이 가능한 경우이어야 하고, 또한 그 감사대상을 특정해야 한다. 따라서 전반기 또는 후반기 감사와 같은 포괄적·사전적 일반감사나 위법사항을 특정하지 않고 개시하는 감사 또는 법령위반사항을 적발하기 위한 감사는 모두 허용될 수 없다(헌재 2009.05.28. 2006헌라6).

② 【O】 헌법 제8장의 지방자치제도는 제도보장을 의미하는 것으로서 지방자치단체의 자치권의 범위나 내용은 지방자치제도의 본질을 침해하지 않는 범위 내에서 입법권자가 광범위한 입법형성권을 가진다(헌재 2009.05.28. 2006헌라6).

③ 【X】 자치단체장직에 대한 공직기강을 확립하고 주민의 복리와 자치단체행정의 원활한 운영에 초래될 수 있는 위험을 예방하기 위한 입법목적을 달성하기 위하여 자치단체장을 직무에서 배제하는 수단을 택하였다 하더라도, 금고 이상의 형을 선고받은 자치단체장을 다른 추가적 요건없이 직무에서 배제하는 것이 위 입법목적을 달성하기 위한 최선의 방안이라고 단정하기는 어렵고, 특히 이 사건 청구인의 경우처럼, 금고 이상의 형의 선고를 받은 이후 선거에 의하여 자치단체장으로 선출된 경우에는 '자치단체행정에 대한 주민의 신뢰유지'라는 입법목적은 자치단체장의 공무담임권을 제한할 적정한 논거가 되기 어렵다. 따라서, 이 사건 법률조항은 자치단체장인 청구인의 공무담임권을 침해한다(헌재 2010.09.02.2010헌마418).

④ 【O】 조례의 제정권자인 지방의회는 지역적인 민주적 정당성을 지니고 있으며, 헌법이 지방자치단체에 대해 포괄적인 자치권을 보장하고 있는 취지에 비추어, 조례에 대한 법률의 위임은 반드시 구체적으로 범위를 정하여 할 필요가 없으며 포괄적인 것으로 족하다(헌재 2019.11.28. 2017헌마1356).

08 지방자치제도에 대한에 대한 설명으로 옳은 것만을 고른 것은? (다툼이 있는 경우 판례에 의함)

2017 국가직 7급

ㄱ. 국가가 영토고권을 가지는 것과 마찬가지로 지방자치단체에게 자신의 관할구역 내에 속하는 영토·영해·영공을 자유로이 관리하고 관할구역 내의 사람과 물건을 독점적·배타적으로 지배할 수 있는 영토고권은 우리나라 헌법과 법률상 인정되지 않는다.
ㄴ. 지방의회의 의장이나 부의장이 법령을 위반하거나 정당한 사유 없이 직무를 수행하지 아니하면 지방의회는 불신임을 의결할 수 있는데, 불신임의결은 재적의원 4분의 1 이상의 발의와 재적의원 과반수의 출석과 출석의원 과반수의 찬성으로 행한다.
ㄷ. 조례제정은 원칙적으로 자치사무와 단체위임사무에 한정되며, 기관위임사무에 관해 조례를 제정할 수 없으나, 기관위임사무도 개별 법령에서 위임한 경우에는 예외적으로 가능하다.
ㄹ. 지방의회의원과 지방자치단체장을 선출하는 지방선거사무는 지방자치단체의 존립을 위한 자치사무에 해당하므로, 원칙적으로 지방자치단체가 처리하고 그에 따른 비용도 지방자치단체가 부담하여야 한다.

① ㄱ, ㄴ　② ㄷ, ㄹ
③ ㄱ, ㄴ, ㄹ　④ ㄱ, ㄷ, ㄹ

지문분석 **난이도** ■■■ **상** | **정답** ④ | **키워드** 지방자치제도 | **출제유형** 판례

ㄱ **[O]** 국가가 영토고권을 가지는 것과 마찬가지로, 지방자치단체에게 자신의 관할구역 내에 속하는 영토, 영해, 영공을 자유로이 관리하고 관할구역 내의 사람과 물건을 독점적, 배타적으로 지배할 수 있는 권리가 부여되어 있다고 할 수는 없다(헌재 2006.03.30, 2003헌라2).

ㄴ **[X]** 지방의회의 의장이나 부의장이 법령을 위반하거나 정당한 사유 없이 직무를 수행하지 아니하면 지방의회는 불신임을 의결할 수 있다. 불신임의결은 재적의원 4분의 1 이상의 발의와 재적의원 과반수의 찬성으로 행한다(「지방자치법」 제55조 제1·2항).

ㄷ **[O]** 지방자치단체가 자치조례를 제정할 수 있는 것은 원칙적으로 자치사무와 단체위임사무에 한하므로, 국가사무가 지방자치단체의 장에게 위임된 기관위임사무와 같이 지방자치단체의 장이 국가기관의 지위에서 수행하는 사무일 뿐 지방자치단체 자체의 사무라고 할 수 없는 것은 원칙적으로 자치조례의 제정범위에 속하지 않는다. 기관위임사무에 있어서도 그에 관한 개별 법령에서 일정한 사항을 조례로 정하도록 위임하고 있는 경우에는 지방자치단체의 자치조례 제정권과 무관하게 이른바 위임조례를 정할 수 있다고 하겠으나 이 때에도 그 내용은 개별 법령이 위임하고 있는 사항에 관한 것으로서 개별 법령의 취지에 부합하는 것이라야만 하고, 그 범위를 벗어난 경우에는 위임조례로서의 효력도 인정할 수 없다(대판 1999.09.17, 99추30).

ㄹ **[O]** 지방의회의원과 지방자치단체장을 선출하는 지방선거는 지방자치단체의 기관을 구성하고 그 기관의 각종 행위에 정당성을 부여하는 행위라 할 것이므로 지방선거사무는 지방자치단체의 존립을 위한 자치사무에 해당하고, 따라서 법률을 통하여 예외적으로 다른 행정주체에게 위임되지 않는 한, 원칙적으로 지방자치단체가 처리하고 그에 따른 비용도 지방자치단체가 부담하여야 한다. 다만 국가적 통일성을 유지하기 위하여 국가의 관여가 필요하거나 특정 사안이 해당 지방자치단체의 문제에 그치지 않고 국가 전체의 문제와 직결되는 등의 경우에는 지방자치단체의 독자성을 보장하는 범위 내에서 필요에 따라 국가가 관여할 수 있다(헌재 2008.06.26, 2005헌라7).

09 지방자치제도에 대한 설명으로 가장 적절하지 않은 것은? (다툼이 있는 경우 판례에 의함) 2018 경찰 승진

① 지방의회의 조직·권한·의원선거와 지방자치단체의 장의 선임방법 기타 지방자치단체의 조직과 운영에 관한 사항은 법률로 정한다.

② 조례안의 일부 조항이 법령에 위반되어 위법한 경우에는 그 조례안에 대한 재의결은 그 전체의 효력을 부인할 수밖에 없다.

③ 지방자치단체는 주민의 복리에 관한 사무를 처리하고 재산을 관리하며, 법령의 범위안에서 자치에 관한 규정을 제정할 수 있다.

④ 제도적 보장은 기본권 보장의 경우와 마찬가지로 그 본질적 내용을 침해하지 않는 범위 안에서 '최대한 보장의 원칙'이 적용된다.

지문분석 **난이도** □□■ **하** | **정답** ④ | **키워드** 지방자치제도 | **출제유형** 판례

① 【O】, ③ 【O】 우리 헌법은 지방자치제도를 보장하기 위하여 제117조에서 '① 지방자치단체는 주민의 복리에 관한 사무를 처리하고 재산을 관리하며, 법령의 범위안에서 자치에 관한 규정을 제정할 수 있다. ② 지방자치단체의 종류는 법률로 정한다.'라고 규정하고 있고, 제118조에서 '① 지방자치단체에 의회를 둔다. ② 지방의회의 조직·권한·의원선거와 지방자치단체의 장의 선임방법 기타 지방자치단체의 조직과 운영에 관한 사항은 법률로 정한다.'라고 규정함으로써 '지방자치단체의 자치'를 제도적으로 보장하고 있다. 즉 헌법 제117조 및 제118조가 보장하고 있는 본질적인 내용은 자치단체의 존재의 보장, 자치기능의 보장 및 자치사무의 보장으로 어디까지나 지방자치단체의 자치권인 것이다(헌재 2001.06.28. 2000헌마735).

② 【O】 위에서 살펴본 바와 같이 이 사건 조례안은 그 일부가 위법하고 이와 같은 경우에는 이 사건 조례안에 대한 재의결은 전부 효력이 부인되어야 할 것이므로 원고의 이 사건 청구를 인용하고, 소송비용은 패소자인 피고의 부담으로 하기로 하여 관여 법관의 의견이 일치되어 주문과 같이 판결한다(대판 1996.10.25. 96추107).

④ 【X】 제도적 보장은 객관적 제도를 헌법에 규정하여 당해 제도의 본질을 유지하려는 것으로서 헌법제정권자가 특히 중요하고도 가치가 있다고 인정되고 헌법적으로도 보장할 필요가 있다고 생각하는 국가제도를 헌법에 규정함으로써 장래의 법발전, 법형성의 방침과 범주를 미리 규율하려는데 있다. 이러한 제도적 보장은 주관적 권리가 아닌 객관적 범규범이라는 점에서 기본권과 구별되기는 하지만 헌법에 의하여 일정한 제도가 보장되면 입법자는 그 제도를 설정하고 유지할 입법의무를 지게 될 뿐만 아니라 헌법에 규정되어 있기 때문에 법률로써 이를 폐지할 수 없고, 비록 내용을 제한하더라도 그 본질적 내용을 침해할 수 없다. 그러나 기본권 보장은 '최대한 보장의 원칙'이 적용됨에 반하여, 제도적 보장은 그 본질적 내용을 침해하지 아니하는 범위 안에서 입법자에게 제도의 구체적 내용과 형태의 형성권을 폭넓게 인정한다는 의미에서 '최소한 보장의 원칙'이 적용될 뿐이다. 직업공무원제도는 헌법이 보장하는 제도적 보장중의 하나임이 분명하므로 입법자는 직업공무원제도에 관하여 '최소한 보장'의 원칙의 한계 안에서 폭넓은 입법형성의 자유를 가진다. (헌재 1997.04.24. 95헌바48)

10 지방자치제도에 관한 설명으로 옳지 않은 것은? (다툼이 있는 경우 판례에 의함) 2023 소방 간부

① 「주민투표법」 조항이 국가정책에 관한 주민투표를 주민투표소송에서 배제함으로써 지방자치단체의 주요결정사항에 관한 주민투표의 경우와 달리 취급하는 것은 이는 양자 사이의 본질적인 차이를 감안하지 않은 자의적인 차별이므로, 청구인들의 평등권을 침해한 것이다.

② 헌법 제117조 제2항은 지방자치단체의 종류를 법률로 정하도록 규정하고 있을 뿐 지방자치단체의 종류 및 구조를 명시하고 있지 않으므로 이에 관한 사항은 기본적으로 입법자에게 위임된 것으로 볼 수 있어서 일정 지역 내의 지방자치단체인 시・군을 모두 폐지하여 지방자치단체의 중층구조를 단층화하는 것은 헌법상 지방자치제도의 보장에 위배되지 않는다.

③ 지방자치단체의 장이 '공소 제기된 후 구금상태에 있는 경우' 부단체장이 그 권한을 대행하도록 규정한 「지방자치법」 조항은 구속되어 있는 자치단체장의 물리적 부재상태로 말미암아 자치단체행정의 원활하고 계속적인 운영에 위험이 발생할 것이 명백하여 이를 미연에 방지하기 위하여 직무를 정지시키는 것이므로 무죄추정의 원칙에 위반되지 않는다.

④ 지방자치단체의 장이 '금고 이상의 형을 선고받고 그 형이 확정되지 아니한 경우' 부단체장이 그 권한을 대행하도록 규정한 「지방자치법」 조항은 '금고 이상의 형이 선고되었다'는 사실만을 유일한 요건으로 하여, 형이 확정될 때까지의 불확정한 기간동안 자치단체장으로서의 직무를 정지시키는 불이익을 가하고 있으므로, 무죄추정의 원칙에 위배된다.

⑤ 지방자치단체의 장이 법령에 따라 그 의무에 속하는 국가위임사무나 시・도위임사무의 관리와 집행을 명백히 게을리하고 있다고 인정되면 시・도에 대해서는 주무부장관이, 시・군 및 자치구에 대해서는 시・도지사가 기간을 정하여 서면으로 이행할 사항을 명령할 수 있다.

지문분석 **난이도** □■■ 중 | **정답** ① | **키워드** 지방자치제도 | **출제유형** 판례

① 【X】 이 사건 법률조항이 국가정책에 관한 주민투표의 경우에 주민투표소송을 배제함으로써 지방자치단체의 주요결정사항에 관한 주민투표의 경우와 달리 취급하였다 하더라도, 이는 양자 사이의 본질적인 차이를 감안한 것으로서 입법자의 합리적인 입법형성의 영역 내의 것이라 할 것이고, 따라서 자의적인 차별이라고는 보기 어려우므로, 이 사건 법률조항이 청구인들의 평등권을 침해한다고 볼 수 없다(헌재 2009.03.26. 2006헌마99).

② 【O】 헌법상 지방자치제도 보장의 핵심영역 내지 본질적 부분은 지방자치단체에 의한 자치행정을 일반적으로 보장하는 것이다. 현행법에 따른 지방자치단체의 중층구조 또는 지방자치단체로서 특별시・광역시 및 도와 함께 시・군 및 자치구를 계속하여 존속하도록 할지 여부는 결국 입법자의 입법형성권의 범위에 들어간다(헌결 2019.08.29. 2018헌마129).

③ 【O】 형사재판을 위하여 신체가 구금되어 정상적이고 시의적절한 직무를 수행하기 어려운 상황에 처한 자치단체장을 직무에서 배제시킴으로써 자치단체행정의 원활하고 효율적인 운영을 도모하는 한편 주민의 복리에 초래될 것으로 예상되는 위험을 미연에 방지하려는 이 사건 법률조항의 입법목적은 입법자가 추구할 수 있는 정당한 공익이라 할 것이고, 이를 실현하기 위하여 해당 자치단체장을 구금상태가 해소될 때까지 잠정적으로 그 직무에서 배제시키는 것은 일응 유효・적절한 수단이라고 볼 수 있다. 따라서 이 사건 법률조항은 청구인의 공무담임권을 제한함에 있어 과잉금지원칙에 위배되지 않는다(헌재 2011.04.28. 2010헌마474).

④ 【O】 선거에 의하여 주권자인 국민으로부터 직접 공무담임권을 위임받는 자치단체장의 경우, 그와 같이 공무담임권을 위임한 선출의 정당성이 무너지거나 공무담임권 위임의 본지를 배반하는 직무상 범죄를 저질렀다면, 이러한 경우에도 계속 공무를 담당하게 하는 것은 공무담임권 위임의 본지에 부합된다고 보기 어렵다. 그러므로, 위 두 사유에 해당하는 범죄로 자치단체장이 금고 이상의 형을 선고받은 경우라면, 그 형이 확정되기 전에 해당 자치단체장의 직무를 정지시키더라도 무죄추정의원칙에 직접적으로 위배된다고 보기 어렵고, 과잉금지의 원칙도 위반하였다고 볼 수 없으나, 위 두 가지 경우 이외에는 금고 이상의 형의 선고를 받았다는 이유로 형이 확정되기 전에 자치단체장의 직무를 정지시키는 것은 무죄추정의 원칙과 과잉금지의 원칙에 위배된다(헌재 2010.09.02. 2010헌마418).

⑤ 【O】 「지방자치법」 제189조

11 **지방자치제도에 대한 설명으로 옳지 않은 것은?** (다툼이 있는 경우 판례에 의함) 2020 국회직 5급

① 주민소환은 대표자에 의한 신임을 묻는 것으로서 그 속성은 재선거와 다를 바 없으므로 선거와 마찬가지로 그 사유를 묻지 않는 것이 제도의 취지에 부합한다.

② 지방자치단체 주민으로서의 자치권 또는 주민권은 헌법에 의하여 직접 보장된 개인의 주관적 공권이 아니어서, 그 침해만을 이유로 하여 국가사무인 고속철도의 역의 명칭 결정의 취소를 구하는 헌법소원심판을 청구할 수 없다.

③ 헌법 제117조 제1항은 '지방자치단체는 주민의 복리에 관한 사무를 처리하고 재산을 관리하며, 법령의 범위 안에서 자치에 관한 규정을 제정할 수 있다.'고 규정하고 있는데, 여기서의 '법령'에는 법규명령으로서 기능하는 행정규칙이 포함된다.

④ 지방자치단체의 폐치·분합에 관한 사항은 「헌법재판소법」 제68조 제1항에 따른 헌법소원심판의 대상이 될 수 있다.

⑤ 「지방자치법」 제4조 제1항에 규정된 지방자치단체의 구역은 주민·자치권과 함께 지방자치단체의 구성요소로서 자치권을 행사할 수 있는 장소적 범위를 말하며, 자치권이 미치는 관할구역의 범위에 육지는 포함되나 공유수면은 포함되지 않는다.

지문분석 **난이도** □■■ **중** | **정답** ⑤ | **키워드** 지방자치제도 | **출제유형** 판례

① 【O】 대의민주주의 아래에서 대표자에 대한 선출과 신임은 선거의 형태로 이루어지는 것이 바람직하고, 주민소환은 대표자에 대한 신임을 묻는 것으로서 그 속성은 재선거와 다를 바 없으므로 선거와 마찬가지로 그 사유를 묻지 않는 것이 제도의 취지에 부합한다(헌재 2011.03.31. 2008헌마355).

② 【O】 지방자치단체 주민으로서의 자치권 또는 주민권은 '헌법에 의하여 직접 보장된 개인의 주관적 공권'이 아니어서, 그 침해만을 이유로 하여 국가사무인 고속철도의 역의 명칭 결정의 취소를 구하는 헌법소원심판을 청구할 수 없다(헌재 2006.03.30. 2003헌마837).

③ 【O】 헌법 제117조 제1항에서 규정하고 있는 '법령'에 법률 이외에 헌법 제75조 및 제95조 등에 의거한 '대통령령', '총리령' 및 '부령' 과 같은 법규명령이 포함되는 것은 물론이지만, 헌법재판소의 '법령의 직접적인 위임에 따라 수임행정기관이 그 법령을 시행하는데 필요한 구체적 사항을 정한 것이면, 그 제정형식은 비록 법규명령이 아닌 고시, 훈령, 예규 등과 같은 행정규칙이더라도, 그것이 상위법령의 위임한계를 벗어나지 아니하는 한, 상위법령과 결합하여 대외적인 구속력을 갖는 법규명령으로서 기능하게 된다고 보아야 한다.'고 판시 한 바에 따라, 헌법 제117조 제1항에서 규정하는 '법령'에는 법규명령으로서 기능하는 행정규칙이 포함된다(헌재 2002.10.31. 2001헌라1).

④ 【O】 지방자치단체의 폐치·분합에 관한 것은 지방자치단체의 자치행정권 중 지역고권의 보장문제이나, 대상지역 주민들은 그로 인하여 인간다운 생활공간에서 살 권리, 평등권, 정당한 청문권, 거주이전의 자유, 선거권, 공무담임권, 인간다운 생활을 할 권리, 사회보장·사회복지수급권 및 환경권 등을 침해받게 될 수도 있다는 점에서 기본권과도 관련이 있어 헌법소원의 대상이 될 수 있다(헌재 1994.12.29. 94헌마201).

⑤ 【X】 「지방자치법」 제4조 제1항에 규정된 지방자치단체의 구역은 주민·자치권과 함께 지방자치단체의 구성요소로서 자치권을 행사할 수 있는 장소적 범위를 말하며, 자치권이 미치는 관할 구역의 범위에는 육지는 물론 바다도 포함되므로, 공유수면에 대한 지방자치단체의 자치권한이 존재한다(헌재 2006.08.31. 2003헌라1).

12 **기초지방자치단체 A의 자치사무에 대한 광역지방자치단체 B, 행정안전부 및 감사원의 감사에 대한 설명으로 가장 적절하지 않은 것은?** (다툼이 있는 경우 헌법재판소 판례에 의함) 2023 경찰간부

① A의 자치사무에 대한 B의 감사과정에서 사전에 감사대상으로 특정되지 않은 사항에 관하여 위법사실이 발견된 경우, 당초 특정된 감사대상과 관련성이 있어 함께 감사를 진행해도 A가 절차적인 불이익을 받을 우려가 없고, 해당 감사대상을 적발하기 위한 목적으로 감사가 진행된 것으로 볼 수 없는 사항에 대하여는 감사대상의 확장 내지 추가가 허용된다.

② B가 A의 자치사무에 대한 감사에 착수하기 위해서는 감사대상을 특정하고, 특정된 감사대상을 A에게 사전 통보해야 한다.

③ A의 자치사무에 대한 행정안전부 감사는 합법성 감사로 제한되어야 하고, 포괄적·사전적 일반감사나 법령위반사항을 적발하기 위한 감사는 허용되지 않는다.

④ A의 자치사무에 대한 감사원의 감사는 합법성 감사에 한정되지 않고, 합목적성 감사가 가능하여 사전적·포괄적 감사가 인정된다.

지문분석 **난이도** ■■■ **상** | **정답** ② | **키워드** 지방자치제도 | **출제유형** 판례, 조문

① **[O]** 지방자치단체의 자치사무에 대한 무분별한 감사권의 행사는 헌법상 보장된 지방자치권을 침해할 가능성이 크므로, 원칙적으로 감사 과정에서 사전에 감사대상으로 특정되지 아니한 사항에 관하여 위법사실이 발견되었다고 하더라도 감사대상을 확장하거나 추가하는 것은 허용되지 않는다. 다만, 자치사무의 합법성 통제라는 감사의 목적이나 감사의 효율성 측면을 고려할 때, 당초 특정된 감사대상과 관련성이 인정되는 것으로서 당해 절차에서 함께 감사를 진행하더라도 감사대상 지방자치단체가 절차적인 불이익을 받을 우려가 없고, 해당 감사대상을 적발하기 위한 목적으로 감사가 진행된 것으로 볼 수 없는 사항에 대하여는 감사대상의 확장 내지 추가가 허용된다(헌재 2023.03.23. 2020헌라5).

② **[X]** 연간 감사계획에 포함되지 아니하고 사전조사가 수행되지 아니한 감사의 경우 「지방자치법」에 따른 감사의 절차와 방법 등에 관한 사항을 규정하는 '지방자치단체에 대한 행정감사규정' 등 관련 법령에서 감사대상이나 내용을 통보할 것을 요구하는 명시적인 규정이 없다. 광역지방자치단체가 자치사무에 대한 감사에 착수하기 위해서는 감사대상을 특정하여야 하나, 특정된 감사대상을 사전에 통보할 것까지 요구된다고 볼 수는 없다(헌재 2023.03.23. 2020헌라5).

③ **[O]** 중앙행정기관이 구 「지방자치법」 제158조 단서 규정상의 감사에 착수하기 위해서는 자치사무에 관하여 특정한 법령위반행위가 확인되었거나 위법행위가 있었으리라는 합리적 의심이 가능한 경우이어야 하고, 또한 그 감사대상을 특정해야 한다. 따라서 전반기 또는 후반기 감사와 같은 포괄적·사전적 일반감사나 위법사항을 특정하지 않고 개시하는 감사 또는 법령위반사항을 적발하기 위한 감사는 모두 허용될 수 없다(헌재 2009.05.28. 2006헌라6).

④ **[O]** 국가감독권 행사로서 지방자치단체의 자치사무에 대한 감사원의 사전적·포괄적 합목적성 감사가 인정되므로 국가의 중복감사의 필요성이 없는 점 등을 종합하여 보면, 중앙행정기관의 지방자치단체의 자치사무에 대한 구 「지방자치법」 제158조 단서 규정의 감사권은 사전적·일반적인 포괄감사권이 아니라 그 대상과 범위가 한정적인 제한된 감사권이라 해석함이 마땅하다(헌재 2009.05.28. 2006헌라6).

13 **다음 중 '지방의회 및 지방의회의원'에 대한 설명으로 가장 적절한 것은?** (다툼이 있는 경우 판례에 의함) 2024 군무원 5급

① 지방자치단체장과 지방의회 간의 내부적 분쟁도 「헌법재판소법」에 의하여 헌법재판소가 관장하는 지방자치단체 상호간의 권한쟁의 심판의 범위에 속한다.

② 지방의회의원은 국민 전체의 대표자인 국회의원과 달리 수행하는 업무의 범위가 해당 지역의 사무에 국한되므로, 「정치자금법」이 국회의원과 달리 지방의회의원을 후원회 지정권자에서 배제하였더라도 불합리한 차별에 해당하지 않는다.

③ 지방의회의원이 지방공사의 직원의 직을 겸할 수 없도록 한 것은 지방의회의원의 직무의 공정성과 전념성을 확보하기 위한 불가피한 제한이므로 직업선택의 자유를 침해하지 않는다.

④ 「군인연금법」상 퇴직연금수급자가 지방의회의원에 취임한 경우 그 연금 전부의 지급을 정지하도록 한 것은 군인연금제도의 건실한 유지·존속을 보장하고 연금과 보수의 이중수혜를 방지하기 위한 조치이므로 과잉금지원칙에 위배되지 않는다.

지문분석 **난이도** □■■ **중** | **정답** ③ | **키워드** 지방자치제도 | **출제유형** 판례, 조문

① 【X】 헌법 제111조 제1항 제4호는 지방자치단체 상호간의 권한쟁의에 관한 심판을 헌법재판소가 관장하도록 규정하고 있고, 「헌법재판소법」 제62조 제1항 제3호는 이를 구체화하여 헌법재판소가 관장하는 지방자치단체 상호간의 권한쟁의심판을 ① 특별시·광역시·도 또는 특별자치도 상호간의 권한쟁의심판, ② 시·군 또는 자치구 상호간의 권한쟁의심판, ③ 특별시·광역시·도 또는 특별자치도와 시·군 또는 자치구간의 권한쟁의심판 등으로 규정하고 있다. 지방자치단체의 의결기관인 지방의회와 지방자치단체의 집행기관인 지방자치단체장 간의 내부적 분쟁은 지방자치단체 상호간의 권한쟁의심판의 범위에 속하지 아니하고, 달리 국가기관 상호간의 권한쟁의심판이나 국가기관과 지방자치단체 상호간의 권한쟁의심판에 해당한다고 볼 수도 없다(헌재 2018.07.26. 2018헌라1).

② 【X】 지방의회의원은 주민의 대표자이자 지방의회의 구성원으로서 주민들의 다양한 의사와 이해관계를 통합하여 지방자치단체의 의사를 형성하는 역할을 하므로, 지방의회의원의 전문성을 확보하고 원활한 의정활동을 지원하기 위해서는 지방의회의원들에게도 후원회를 허용하여 정치자금을 합법적으로 확보할 수 있는 방안을 마련해 줄 필요가 있다. 「정치자금법」은 후원회의 투명한 운영을 위한 상세한 규정을 두고 있어 지방의회의원의 염결성을 확보할 수 있고, 국회의원과 소요되는 정치자금의 차이도 후원 한도를 제한하는 등의 방법으로 규제할 수 있으므로, 후원회 지정 자체를 금지하는 것은 오히려 지방의회의원의 정치자금 모금을 음성화시킬 우려가 있다. 현재 지방의회의원에게 지급되는 의정활동비 등은 의정활동에 전념하기에 충분하지 않고, 지방의회는 유능한 신인정치인의 유입 통로가 되므로, 지방의회의원에게 후원회를 지정할 수 없도록 하는 것은 경제력을 갖추지 못한 사람의 정치입문을 저해할 수도 있다. 따라서 심판대상조항이 국회의원과 달리 지방의회의원을 후원회지정권자에서 제외하고 있는 것은 불합리한 차별로서 청구인들의 평등권을 침해한다(헌재 2022.11.24. 2019헌마528등).

③ 【O】 이 사건 법률조항은 권력분립과 정치적 중립성 보장의 원칙을 실현하고, 지방의회의원의 업무전념성을 담보하고자 하는 것으로 그 입법목적에 정당성이 인정되며, 지방의회의원으로 하여금 지방공사 직원을 겸직하지 못하도록 한 것은 이러한 목적을 달성하기 위한 적합한 수단이다. 또한 지방의회의원의 직을 수행하는 동안 지방공사 직원의 직을 휴직한 경우나 지방공사를 설치·운영하는 지방자치단체가 아닌 다른 지방자치단체의 의원인 경우에도, 지방공사 직원과 지방의회의원으로서의 지위가 충돌하여 직무의 공정성이 훼손될 가능성은 여전히 존재하며, 지방의회의 활성화라는 취지에 비추어 볼 때 특정 의제에 대하여 지방의회의원의 토론 및 의결권을 반복적으로 제한하는 것 역시 바람직하다고 보이지 아니하므로, 겸직을 금지하는 것 이외에 덜 침익적인 수단이 존재한다고 볼 수도 없고, 이 사건 법률조항으로 인하여 제한되는 직업선택의 자유에 비하여 심판대상 조항을 통하여 달성하고자 하는 공익이 결코 적다고 할 수 없으므로, 법익의 균형성도 인정된다(헌재 2012.04.24. 2010헌마605.).

④ 【X】 헌법재판소는 2022. 1. 27. 2019헌바161 결정에서, 「공무원연금법」상 퇴직연금 수급자가 지방의회의원에 취임한 경우 연금 전부를 지급 정지하도록 한 구 「공무원연금법」상 지급정지 조항에 대해, 공무원연금제도는 공무원이 퇴직한 후 생계 및 부양에 어려움이 없도록 적절한 소득을 보장하는 데 주된 취지가 있는데, 지방의회의원이 생계유지 또는 생활보장을 위하여 받는 월정수당만으로는 연금을 대체할 만한 적정한 소득이 있다고 보기 어렵고, 보수 수준과 연계하여 연금의 일부만 감액하거나 적어도 연금과 보수의 합계액이 취임 전 퇴직연금보다 적지 않은 액수로 유지되도록 하여 생활보장에 불이익이 발생하지 않도록 할 수 있는 점을 고려할 때, 과잉금지원칙에 반하여 퇴직연금 수급자의 재산권을 침해한다고 보았다. 위 선례의 취지는 이 사건에도 그대로 타당하고, 심판대상조항은 과잉금지원칙에 반하여 지방의회의원에 취임한 퇴역연금 수급자의 재산권을 침해한다(헌재 2024.04.25. 2022헌가33).

Self 필기노트

정인영 쎄르파 헌법

합격까지 박문각

Part

02

기본권론

CHAPTER

01 기본권 총론

1 기본권의 의의

01 기본권에 대한 설명으로 옳지 않은 것은? (다툼이 있는 경우 판례에 의함) 2020 국가직 5급

① 영토권을 헌법소원의 대상인 기본권의 하나로 간주하는 것은 가능하다.

② '헌법전문에 기재된 3·1 정신'은 헌법소원의 대상인 헌법상 보장된 기본권에 해당하지 아니한다.

③ 행복추구권 속에는 일반적 행동자유권, 개성의 자유로운 발현권이 포함되어 있다.

④ 평화적 생존권은 헌법 제10조와 제37조 제1항에 의하여 인정된 기본권으로서 침략전쟁에 강제되지 않고 평화적 생존을 할 수 있도록 국가에 요청할 수 있는 권리이다.

지문분석 **난이도** □■■ **중** | **정답** ④ | **키워드** 기본권 개념 | **출제유형** 판례

① 【O】 국민의 개별적 기본권이 아니라 할지라도 기본권보장의 실질화를 위하여서는, 영토조항만을 근거로 하여 독자적으로는 헌법소원을 청구할 수 없다 할지라도, 모든 국가권능의 정당성의 근원인 국민의 기본권 침해에 대한 권리구제를 위하여 그 전제조건으로서 영토에 관한 권리를, 이를테면 영토권이라 구성하여, 이를 헌법소원의 대상인 기본권의 하나로 간주하는 것은 가능한 것으로 판단된다(헌재 2001.03.21. 99헌마139 등).

② 【O】 '헌법전문에 기재된 3·1 정신'은 우리나라 헌법의 연혁적·이념적 기초로서 헌법이나 법률해석에서의 해석기준으로 작용한다고 할 수 있지만, 그에 기하여 곧바로 국민의 개별적 기본권성을 도출해낼 수는 없다고 할 것이므로, 헌법소원의 대상인 '헌법상 보장된 기본권'에 해당하지 아니한다(헌재 2001.03.21. 99헌마139 등).

③ 【O】 헌법 제10조 전문은 모든 국민은 인간으로서의 존엄과 가치를 지니며, 행복을 추구할 권리를 가진다고 규정하여 행복추구권을 보장하고 있고, 행복추구권은 그의 구체적인 표현으로서 일반적인 행동자유권과 개성의 자유로운 발현권을 포함한다(헌재 2003.10.30. 2002헌마518).

④ 【X】 청구인들이 평화적 생존권이란 이름으로 주장하고 있는 평화란 헌법의 이념 내지 목적으로서 추상적인 개념에 지나지 아니하고, 평화적 생존권은 이를 헌법에 열거되지 아니한 기본권으로서 특별히 새롭게 인정할 필요성이 있다거나 그 권리 내용이 비교적 명확하여 구체적 권리로서의 실질에 부합한다고 보기 어려워 헌법상 보장된 기본권이라고 할 수 없다. 종전에 헌법재판소가 이 결정과 견해를 달리하여 '평화적 생존권을 헌법 제10조와 제37조 제1항에 의하여 인정된 기본권으로서 침략전쟁에 강제되지 않고 평화적 생존을 할 수 있도록 국가에 요청할 수 있는 권리'라고 판시한 2003.2.23. 2005헌마268 결정은 이 결정과 저촉되는 범위 내에서 이를 변경한다(헌재 2009.05.28. 2007헌마369).

02 **법인 또는 단체의 헌법상 지위에 대한 설명으로 옳은 것만을 모두 고르면?** (다툼이 있는 경우 판례에 의함) 2020 국가직 7급

ㄱ. 특별한 예외적인 경우를 제외하고, 단체는 그 구성원의 권리구제를 위하여 대신 헌법소원심판을 청구한 경우에는 헌법소원심판청구의 자기관련성을 인정할 수 없다.
ㄴ. 인간의 존엄과 가치에서 유래하는 인격권은 자연적 생명체로서 개인의 존재를 전제로 하는 기본권으로서 그 성질상 법인에게는 적용될 수 없으므로 법인의 인격권을 과잉제한 했는지 여부를 판단하기 위해 기본권 제한에 대한 헌법원칙인 비례심사를 할 수는 없다.
ㄷ. 변호사 등록제도는 그 연혁이나 법적 성질에 비추어 보건대, 원래 국가의 공행정의 일부라 할 수 있으나, 국가가 행정상 필요로 인해 대한변호사협회에 관련 권한을 이관한 것이므로 대한변호사협회는 변호사 등록에 관한 한 공법인으로서 공권력 행사의 주체이다.
ㄹ. 국내 단체의 이름으로 혹은 국내 단체와 관련된 자금으로 정치자금을 기부하는 것을 금지한 「정치자금법」 조항은 단체의 정치적 의사표현 등 정치활동의 자유를 침해한다.

① ㄱ, ㄷ
② ㄴ, ㄹ
③ ㄱ, ㄴ, ㄷ
④ ㄱ, ㄷ, ㄹ

지문분석 **난이도** ■■■ **상** | **정답** ① | **키워드** 단체의 헌법상 지위 | **출제유형** 판례

ㄱ 【O】 단체는 특별한 예외적인 경우를 제외하고는 헌법소원심판제도가 가진 기능에 미루어 원칙적으로 단체 자신의 기본권을 직접침해당한 경우에만 그의 이름으로 헌법소원심판을 청구할 수 있을 뿐이고, 그 구성원을 위하여 또는 구성원을 대신하여 헌법소원심판을 청구할 수 없는 것으로 보아야 할 것이다(헌재 1991.06.03. 90헌마56).

ㄴ 【X】 법인도 법인의 목적과 사회적 기능에 비추어 볼 때 그 성질에 반하지 않는 범위 내에서 인격권의 한 내용인 사회적 신용이나 명예 등의 주체가 될 수 있고 법인이 이러한 사회적 신용이나 명예 유지 내지 법인격의 자유로운 발현을 위하여 의사결정이나 행동을 어떻게 할 것인지를 자율적으로 결정하는 것도 법인의 인격권의 한 내용을 이룬다고 할 것이다. 그렇다면 이 사건 심판대상조항은 방송사업자의 의사에 반한 사과행위를 강제함으로써 방송사업자의 인격권을 제한하는바, 이러한 제한이 그 목적과 방법 등에 있어서 헌법 제37조 제2항에 의한 헌법적 한계 내의 것인지 살펴본다(헌재 2012.08.23. 2009헌가27).

ㄷ 【O】 변호사 등록제도는 그 연혁이나 법적 성질에 비추어 보건대, 원래 국가의 공행정의 일부라 할 수 있으나, 국가가 행정상 필요로 인해 대한변호사협회(이하 '변협'이라 한다)에 관련 권한을 이관한 것이다. 따라서 변협은 변호사 등록에 관한 한 공법인으로서 공권력 행사의 주체이다(헌재 2019.11.28. 2017헌마759).

ㄹ 【X】 이 사건 기부금지 조항에 의한 개인이나 단체의 정치적 표현의 자유 제한은 내용중립적인 방법 제한으로서 수인 불가능할 정도로 큰 것이 아닌 반면, 금권정치와 정경유착의 차단, 단체와의 관계에서 개인의 정치적 기본권 보호 등 이 사건 기부금지 조항에 의하여 달성되는 공익은 대의민주제를 채택하고 있는 민주국가에서 매우 크고 중요하다는 점에서 법익균형성원칙도 충족된다. 따라서 이 사건 기부금지 조항이 과잉금지원칙에 위반하여 정치활동의 자유 등을 침해하는 것이라 볼 수 없다(헌재 2010.12.28. 2008헌바89).

03 기본권에 대한 설명으로 옳지 않은 것은? 2024 국가직 5급

① 평화적 생존권은 이를 헌법에 열거되지 아니한 기본권으로서 특별히 새롭게 인정할 필요성이 있고 그 권리내용이 비교적 명확하여 구체적 권리로서의 실질에 부합하므로 헌법상 보장된 기본권이라고 할 수 있다.

② 부모가 자녀의 이름을 지어주는 것은 자녀의 양육과 가족생활을 위하여 필수적인 것이고, 가족생활의 핵심적 요소라 할 수 있으므로, '부모가 자녀의 이름을 지을 자유'는 혼인과 가족생활을 보장하는 헌법 제36조 제1항과 행복추구권을 보장하는 헌법 제10조에 의하여 보호받는다.

③ 헌법 전문(前文)에 기재된 3·1 정신은 우리나라 헌법의 연혁적·이념적 기초로서 헌법이나 법률해석에서의 해석기준으로 작용한다고 할 수 있지만 그에 기하여 곧바로 국민의 개별적 기본권성을 도출해낼 수는 없다고 할 것이므로, 헌법소원의 대상인 '헌법상 보장된 기본권'에 해당하지 아니한다.

④ 헌법 제10조로부터 도출되는 일반적 인격권에는 개인의 명예에 관한 권리도 포함될 수 있으나, '명예'는 사람이나 그 인격에 대한 '사회적 평가', 즉 객관적·외부적 가치평가를 말하는 것이지 단순히 주관적·내면적인 명예감정은 포함되지 않는다.

지문분석 **난이도** □■■ **중** | **정답** ① | **키워드** 기본권 개념 | **출제유형** 판례

① 【X】 청구인들이 평화적 생존권이란 이름으로 주장하고 있는 평화란 헌법의 이념 내지 목적으로서 추상적인 개념에 지나지 아니하고, 평화적 생존권은 이를 헌법에 열거되지 아니한 기본권으로서 특별히 새롭게 인정할 필요성이 있다거나 그 권리내용이 비교적 명확하여 구체적 권리로서의 실질에 부합한다고 보기 어려워 헌법상 보장된 기본권이라고 할 수 없다(헌재 2009.05.28. 2007헌마369).

② 【O】 부모가 자녀의 이름을 지어주는 것은 자녀의 양육과 가족생활을 위하여 필수적인 것이고, 가족생활의 핵심적 요소라 할 수 있으므로, '부모가 자녀의 이름을 지을 자유'는 혼인과 가족생활을 보장하는 헌법 제36조 제1항과 행복추구권을 보장하는 헌법 제10조에 의하여 보호받는다(헌재 2016.07.28. 2015헌마964).

③ 【O】 '헌법전문에 기재된 3·1 정신'은 우리나라 헌법의 연혁적·이념적 기초로서 헌법이나 법률해석에서의 해석기준으로 작용한다고 할 수 있지만, 그에 기하여 곧바로 국민의 개별적 기본권성을 도출해낼 수는 없다고 할 것이므로, 헌법소원의 대상인 '헌법상 보장된 기본권'에 해당하지 아니한다(헌재 2001.03.21. 99헌마139 등).

④ 【O】 헌법 제10조로부터 도출되는 일반적 인격권에는 개인의 명예에 관한 권리도 포함되는바, 이 때 '명예'는 사람이나 그 인격에 대한 '사회적 평가', 즉 객관적·외부적 가치평가를 말하는 것이지 단순히 주관적·내면적인 명예감정은 법적으로 보호받는 명예에 포함된다고 할 수 없다. 왜냐하면, 헌법이 인격권으로 보호하는 명예의 개념을 사회적·외부적 징표에 국한하지 않는다면 주관적이고 개별적인 내심의 명예감정까지 명예에 포함되어 모든 주관적 명예감정의 손상이 법적 분쟁화될 수 있기 때문이다(헌재 2010.11.25. 2009헌마147).

2 기본권의 주체

01 기본권 주체에 관한 설명으로 가장 적절하지 않은 것은? (다툼이 있는 경우 판례에 의함) 2023 경찰 1차

① 법인도 그 성질에 반하지 않는 범위 내에서 인격권의 한 내용인 사회적 신용이나 명예 등의 주체가 될 수 있으나, 방송사업자가 심의규정을 위반한 경우 그 의사에 반하여 '시청자에 대한 사과'를 명령할 수 있도록 규정한 구 「방송법」 조항은 방송사업자의 인격권을 제한하는 것은 아니다.

② 외국인에게는 제한적으로 직업의 자유에 대한 기본권주체성을 인정할 수 있는데, 근로관계가 형성되기 전단계인 특정한 직업을 선택할 수 있는 권리는 국가정책에 따라 법률로써 외국인에게 제한적으로 허용되는 것이지 헌법상 기본권에서 유래되는 것은 아니다.

③ 아직 모체에 착상되거나 원시선이 나타나지 않은 초기배아는 독립된 인간과 배아 간 개체적 연속성을 확정하기 어렵고, 배아는 모태 속에서 수용될 때 비로소 독립적인 인간으로의 성장가능성을 기대할 수 있어 기본권 주체성을 인정하기 어렵다.

④ 사자(死者)에 대한 사회적 명예와 평가의 훼손은 사자와의 관계를 통하여 스스로의 인격상을 형성하고 명예를 지켜온 그들 후손의 인격권, 즉 유족의 명예 또는 유족의 사자에 대한 경애추모의 정을 침해한다.

지문분석 **난이도** □□■ **하** | **정답** ① | **키워드** 기본권 주체 | **출제유형** 판례

① 【X】 이 사건 심판대상 조항은 입법목적의 정당성이 인정되고, 방법의 적절성도 인정된다. 그러나 심의규정을 위반한 방송사업자에게 '주의 또는 경고'만으로도 반성을 촉구하고 언론사로서의 공적 책무에 대한 인식을 제고시킬 수 있고, 위 조치만으로도 심의규정에 위반하여 '주의 또는 경고'의 제재조치를 받은 사실을 공표하게 되어 이를 다른 방송사업자나 일반 국민에게 알리게 됨으로써 여론의 왜곡 형성 등을 방지하는 한편, 해당 방송사업자에게는 해당 프로그램의 신뢰도 하락에 따른 시청률 하락 등의 불이익을 줄 수 있다. 또한, '시청자에 대한 사과'에 대하여는 '명령'이 아닌 '권고'의 형태를 취할 수도 있다. 이와 같이 기본권을 보다 덜 제한하는 다른 수단에 의하더라도 이 사건 심판대상 조항이 추구하는 목적을 달성할 수 있으므로 이 사건 심판대상 조항은 침해의 최소성원칙에 위배된다. 또한 이 사건 심판대상 조항은 시청자 등 국민들로 하여금 … 그 사회적 신용이나 명예를 저하시키고 법인격의 자유로운 발현을 저해하는 것인바, 방송사업자의 인격권에 대한 제한의 정도가 이 사건 심판대상 조항이 추구하는 공익에 비해 결코 작다고 할 수 없으므로 이 사건 심판대상 조항은 법익의 균형성원칙에도 위배된다(헌재 2012.08.23. 2009헌가27).

② 【O】 헌법재판소의 결정례 중에는 외국인이 대한민국 법률에 따른 허가를 받아 국내에서 일정한 직업을 수행함으로써 근로관계가 형성된 경우, 그 직업은 그 외국인의 생활의 기본적 수요를 충족시키는 방편이 되고 또한 개성신장의 바탕이 된다는 점에서 외국인은 그 근로관계를 계속 유지함에 있어서 국가의 방해를 받지 않고 자유로운 선택과 결정을 할 자유가 있고 그러한 범위에서 제한적으로 직업의 자유에 대한 기본권 주체성을 인정할 수 있다고 하였다(헌재 2011.09.29. 2007헌마1083 등 참조). 하지만 이는 이미 근로관계가 형성되어 있는 예외적인 경우에 제한적으로 인정한 것에 불과하다. 그러한 근로관계가 형성되기 전 단계인 특정한 직업을 선택할 수 있는 권리는 국가정책에 따라 법률로써 외국인에게 제한적으로 허용되는 것이지 헌법상 기본권에서 유래되는 것은 아니다(헌재 2014.08.28. 2013헌마359).

③ 【O】 초기배아는 기본권의 주체가 될 수 없다(헌재 2010.05.27. 2005헌마346).

④ 【O】 헌법 제10조로부터 도출되는 일반적 인격권에는 개인의 명예에 관한 권리도 포함되는바, 이 사건 심판대상 조항에 근거하여 반민규명위원회의 조사대상자 선정 및 친일반민족행위결정이 이루어지면(이에 관하여 작성된 조사보고서 및 편찬된 사료는 일반에 공개된다), 조사대상자의 사회적 평가가 침해되어 헌법 제10조에서 유래하는 일반적 인격권이 제한받는다고 할 수 있다. 다만 이 사건 결정의 조사대상자를 비롯하여 대부분의 조사대상자는 이미 사망하였을 것이 분명하나, 조사대상자가 사자(死者)의 경우에도 인격적 가치에 대한 중대한 왜곡으로부터 보호되어야 하고, 사자(死者)에 대한 사회적 명예와 평가의 훼손은 사자(死者)와의 관계를 통하여 스스로의 인격상을 형성하고 명예를 지켜온 그들의 후손의 인격권, 즉 유족의 명예 또는 유족의 사자(死者)에 대한 경애추모의 정을 침해한다고 할 것이다(헌재 2011.03.31. 2008헌바111).

02 기본권 주체에 대한 설명으로 가장 적절하지 않은 것은? (다툼이 있는 경우 헌법재판소 판례에 의함)

2019 경찰 승진

① 공법상 재단법인인 방송문화진흥회가 최다출자자인 방송사업자는 관련 규정에 의하여 공법상의 의무를 부담하고 있기 때문에 기본권 주체가 될 수 없다.

② '2018학년도 대학수학능력시험 시행기본계획'은 성년의 자녀를 둔 부모의 자녀교육권을 제한하지 않는다.

③ 법인도 법인의 목적과 사회적 기능에 비추어 볼 때 그 성질에 반하지 않는 범위 내에서 인격권의 한 내용인 사회적 신용이나 명예 등의 주체가 될 수 있다.

④ 태아도 헌법상 생명권의 주체이고, 그 성장 상태가 보호 여부의 기준이 되어서는 안 된다.

지문분석 **난이도** □■■ **중** | **정답** ① | **키워드** 기본권 주체 | **출제유형** 판례

① 【X】 청구인의 경우 공법상 재단법인인 방송문화진흥회가 최다출자자인 방송사업자로서 「방송법」 등 관련 규정에 의하여 공법상의 의무를 부담하고 있지만, 상법에 의하여 설립된 주식회사로 설립목적은 언론의 자유의 핵심 영역인 방송사업이므로 이러한 업무 수행과 관련하여 당연히 기본권 주체가 될 수 있고, 그 운영을 광고수익에 전적으로 의존하고 있는 만큼 이를 위해 사경제 주체로서 활동하는 경우에도 기본권 주체가 될 수 있는바, 이 사건 심판청구는 청구인이 그 운영을 위한 영업활동의 일환으로 방송광고를 판매하는 지위에서 그 제한과 관련하여 이루어진 것이므로 그 기본권 주체성을 인정할 수 있다(헌재 2013.09.26. 2012헌마271).

② 【O】 부모는 아직 성숙하지 못하고 인격을 닦고 있는 미성년 자녀를 교육시킬 교육권을 가지지만, 자녀가 성년에 이르면 자녀 스스로 자신의 기본권 침해를 다툴 수 있으므로 이와 별도로 부모에게 자녀교육권 침해를 다툴 수 있도록 허용할 필요가 없다. 따라서 심판대상계획이 청구인 이○경의 자녀교육권을 제한한다고 볼 수 없으므로, 청구인 이○경에 대한 기본권 침해 가능성도 인정할 수 없다(헌재 2018.02.22. 2017헌마691).

③ 【O】 법인도 법인의 목적과 사회적 기능에 비추어 볼 때 그 성질에 반하지 않는 범위 내에서 인격권의 한 내용인 사회적 신용이나 명예 등의 주체가 될 수 있다(헌재 2012.08.23. 2009헌가27).

④ 【O】 모든 인간은 헌법상 생명권의 주체가 되고, 인간으로서 형성되어 가는 단계의 생명인 태아에게도 생명에 대한 권리가 인정되어야 한다. 태아가 비록 그 생명의 유지를 위하여 모(母)에게 의존해야 하지만, 그 자체로 모(母)와 별개의 생명체이고 특별한 사정이 없는 한 인간으로 성장할 가능성이 크기 때문이다. 태아도 헌법상 생명권의 주체이 고, 따라서 그 성장 상태가 보호 여부의 기준이 되어서는 안될 것이다(헌재 2012.08.23. 2010헌바402).

03 기본권의 주체에 대한 설명으로 가장 적절한 것은? (다툼이 있는 경우 판례에 의함) 2017 경찰 승진

① 선거기사심의위원회가 불공정한 선거기사를 게재하였다고 판단한 언론사에 대하여 사과문 게재 명령을 하도록 한 「공직선거법」상의 사과문 게재 조항은 언론사인 법인의 인격권을 침해하는 것이 아니라 소극적 표현의 자유나 일반적 행동의 자유를 제한할 뿐이다.

② 「국가균형발전특별법」에 의한 도지사의 혁신도시 입지선정과 관련하여 그 입지선정에서 제외된 지방자치단체는 자의적인 선정기준을 다투는 평등권의 주체가 된다.

③ 개인이 자연인으로서 향유하게 되는 기본권은 그 성질상 당연히 법인에게 적용될 수 없다. 따라서 인간의 존엄과 가치에서 유래하는 인격권은 그 성질상 법인에게는 적용될 수 없다.

④ 헌법은 국가의 교육권한과 부모의 교육권의 범주 내에서 학생에게도 자신의 교육에 관하여 스스로 결정할 권리, 즉 자유롭게 교육을 받을 권리를 부여하고, 학생은 국가의 간섭을 받지 아니하고 자신의 능력과 개성, 적성에 맞는 학교를 자유롭게 선택할 권리를 가진다.

지문분석 **난이도** □■■ 중 | **정답** ④ | **키워드** 기본권 주체 | **출제유형** 판례

① 【X】 선거기사심의위원회가 불공정한 선거기사를 게재하였다고 판단한 언론사에 대하여 사과문 게재 명령을 하도록 한 「공직선거법」상의 사과문 게재 조항은 언론사의 인격권을 침해하여 헌법에 위반된다(헌재 2015.07.30. 2013헌가8).

② 【X】 지방자치단체는 기본권의 주체가 될 수 없다(헌재 2006.12.28. 2006헌마312).

③ 【X】 법인도 법인의 목적과 사회적 기능에 비추어 볼 때 그 성질에 반하지 않는 범위 내에서 인격권의 한 내용인 사회적 신용이나 명예 등의 주체가 될 수 있고 법인이 이러한 사회적 신용이나 명예 유지 내지 법인격의 자유로운 발현을 위하여 의사결정이나 행동을 어떻게 할 것인지를 자율적으로 결정하는 것도 법인의 인격권의 한 내용을 이룬다고 할 것이다(헌재 2012.08.23. 2009헌가27).

④ 【O】 헌법은 국가의 교육권한과 부모의 교육권의 범주 내에서 학생에게도 자신의 교육에 관하여 스스로 결정할 권리, 즉 자유롭게 교육을 받을 권리를 부여하고, 학생은 국가의 간섭을 받지 아니하고 자신의 능력과 개성, 적성에 맞는 학교를 자유롭게 선택할 권리를 가진다(헌재 2012.11.29. 2011헌마827).

04 기본권의 주체에 관한 설명 중 옳은 것을 모두 고른 것은? (다툼이 있는 경우 판례에 의함)

2023 경찰 승진

> ㉠ 법인은 법인의 목적과 사회적 기능에 비추어 볼 때 그 성질에 반하지 않는 범위 내에서 인격권의 한 내용인 사회적 신용이나 명예 등의 주체가 될 수 있지만, 법인이 사회적 신용이나 명예 유지 내지 법인격의 자유로운 발현을 위하여 의사결정이나 행동을 어떻게 할 것인지를 자율적으로 결정하는 것은 법인의 인격권의 내용이 아니다.
> ㉡ 법인 아닌 사단·재단의 경우 대표자의 정함이 있고 독립된 사회적 조직체로서 활동한다고 하더라도 그의 이름으로 헌법소원심판을 청구할 수는 없다.
> ㉢ 대통령은 기본권의 '수범자'이지 기본권 주체로서 그 '소지자'가 아니므로 소속 정당을 위하여 정당활동을 할 수 있는 사인으로서의 지위는 인정되지 않는다.
> ㉣ 성질상 인간의 권리에 해당한다고 볼 수 있는 재판청구권에 관하여는 외국인의 기본권 주체성이 인정되지만, 불법체류 중인 외국인에게는 재판청구권에 관한 기본권 주체성이 인정되지 않는다.

① 없음 ② ㉠ ③ ㉡, ㉢ ④ ㉠, ㉡, ㉣

지문분석 **난이도** ■■■ **상** | **정답** ① | **키워드** 기본권의 주체 | **출제유형** 판례

㉠ 【X】 법인도 법인의 목적과 사회적 기능에 비추어 볼 때 그 성질에 반하지 않는 범위 내에서 인격권의 한 내용인 사회적 신용이나 명예 등의 주체가 될 수 있고 법인이 이러한 사회적 신용이나 명예 유지 내지 법인격의 자유로운 발현을 위하여 의사결정이나 행동을 어떻게 할 것인지를 자율적으로 결정하는 것도 법인의 인격권의 한 내용을 이룬다고 할 것이다. 그렇다면 이 사건 심판대상조항은 방송사업자의 의사에 반한 사과행위를 강제함으로써 방송사업자의 인격권을 제한한다(헌결 2012.08.23. 2009헌가27).

㉡ 【X】 우리 헌법은 법인의 기본권향유능력을 인정하는 명문의 규정을 두고 있지 않지만, 본래 자연인에게 적용되는 기본권규정이라도 언론·출판의 자유, 재산권의 보장 등과 같이 성질상 법인이 누릴 수 있는 기본권을 당연히 법인에게도 적용하여야 한 것으로 본다. 따라서 법인도 사단법인·재단법인 또는 영리법인·비영리법인을 가리지 아니하고 위 한계내에서는 헌법상 보장된 기본권이 침해되었음을 이유로 헌법소원심판을 청구할 수 있다. 또한, 법인아닌 사단·재단이라고 하더라도 대표자의 정함이 있고 독립된 사회적 조직체로서 활동하는 때에는 성질상 법인이 누릴 수 있는 기본권을 침해당하게 되면 그의 이름으로 헌법소원심판을 청구할 수 있다(「민사소송법」 제48조 참조). 청구인 사단법인 한국영화인협회(이하 '영화인협회')는 '영화예술인 상호간의 친목도모 및 자질향상, 민족영화예술의 창달발전을 기함을 목적으로, 그 목적을 달성하기 위하여' 설립된 「민법」상의 비영리사단법인으로서 성질상 법인이 누릴 수 있는 기본권에 관한 한 그 이름으로 헌법소원심판을 청구할 수 있다. 그러나 청구인 한국영화인협회 감독위원회(이하 '감독위원회')는 영화인협회로부터 독립된 별개의 단체가 아니고, 영화인협회의 내부에 설치된 8개의 분과위원회 가운데 하나에 지나지 아니하며(사단법인 한국영화인협회의 정관 제6조), 달리 단체로서의 실체를 갖추어 당사자 능력이 인정되는 법인아닌 사단으로 볼 자료도 없다. 따라서 감독위원회는 그 이름으로 헌법소원심판을 청구할 수 있는 헌법소원심판청구능력이 있다고 할 수 없는 것이므로 감독위원회의 이 사건 헌법소원심판청구는 더 나아가 판단할 것 없이 부적법하다(헌결 1991.06.03. 90헌마56).

㉢ 【X】 개인의 지위를 겸하는 국가기관이 기본권의 주체로서 헌법소원의 청구적격을 가지는지 여부는, 심판대상조항이 규율하는 기본권의 성격, 국가기관으로서의 직무와 제한되는 기본권 간의 밀접성과 관련성, 직무상 행위와 사적인 행위 간의 구별가능성 등을 종합적으로 고려하여 결정되어야 할 것이다. 그러므로 대통령도 국민의 한사람으로서 제한적으로나마 기본권의 주체가 될 수 있는바, 대통령은 소속 정당을 위하여 정당활동을 할 수 있는 사인으로서의 지위와 국민 모두에 대한 봉사자로서 공익실현의 의무가 있는 헌법기관으로서의 지위를 동시에 갖는데 최소한 전자의 지위와 관련하여는 기본권 주체성을 갖는다고 할 수 있다(헌결 2008.01.17. 2007헌마700).

㉣ 【X】 「헌법재판소법」 제68조 제1항 소정의 헌법소원은 기본권의 주체이어야만 청구할 수 있는데, 단순히 '국민의 권리'가 아니라 '인간의 권리'로 볼 수 있는 기본권에 대해서는 외국인도 기본권의 주체가 될 수 있다. 나아가 청구인들이 불법체류 중인 외국인들이라 하더라도, 불법체류라는 것은 관련 법령에 의하여 체류자격이 인정되지 않는다는 것일 뿐이므로, '인간의 권리'로서 외국인에게도 주체성이 인정되는 일정한 기본권에 관하여 불법체류 여부에 따라 그 인정 여부가 달라지는 것은 아니다. 청구인들이 침해받았다고 주장하고 있는 신체의 자유, 주거의 자유, 변호인의 조력을 받을 권리, 재판청구권 등은 성질상 인간의 권리에 해당한다고 볼 수 있으므로, 위 기본권들에 관하여는 청구인들의 기본권 주체성이 인정된다. 그러나 '국가인권위원회의 공정한 조사를 받을 권리'는 헌법상 인정되는 기본권이라고 하기 어렵고, 이 사건 보호 및 강제퇴거가 청구인들의 노동3권을 직접 제한하거나 침해한 바 없음이 명백하므로, 위 기본권들에 대하여는 본안판단에 나아가지 아니한다(헌결 2012.08.23. 2008헌마430).

05 기본권의 주체성에 대한 설명으로 옳지 않은 것은? (다툼이 있는 경우 판례에 의함) 2022 국가직 7급

① 무소속 국회의원으로서 교섭단체소속 국회의원과 동등하게 대우받을 권리는 입법권을 행사하는 국가기관인 국회를 구성하는 국회의원의 지위에서 향유할 수 있는 권한인 동시에 헌법이 일반국민에게 보장하고 있는 기본권이라고 할 수 있다.

② 국가 정책에 따라 정부의 허가를 받은 외국인은 정부가 허가한 범위 내에서 소득활동을 할 수 있는 것이므로 외국인이 국내에서 누리는 직업의 자유는 법률 이전에 헌법에 의해서 부여된 기본권이라고 할 수는 없고, 법률에 따른 정부의 허가에 의해 비로소 발생하는 권리이다.

③ 정당이 등록이 취소된 이후에도 '등록정당'에 준하는 '권리능력 없는 사단'으로서의 실질을 유지하고 있다고 볼 수 있으면 헌법소원의 청구인능력을 인정할 수 있다.

④ 공법상 재단법인인 방송문화진흥회가 최다출자자인 방송사업자는 「방송법」 등 관련 규정에 의하여 공법상의 의무를 부담하고 있지만, 그 설립목적이 언론의 자유의 핵심 영역인 방송 사업이므로 이러한 업무 수행과 관련해서는 기본권 주체가 될 수 있고, 그 운영을 광고수익에 전적으로 의존하고 있는 만큼 이를 위해 사경제 주체로서 활동하는 경우에도 기본권 주체가 될 수 있다.

지문분석 **난이도** □■■ **중** | **정답** ① | **키워드** 기본권의 주체 | **출제유형** 판례

① 【X】 무소속 국회의원으로서 교섭단체소속 국회의원과 동등하게 대우받을 권리라는 것으로서 이는 입법권을 행사하는 국가기관인 국회를 구성하는 국회의원의 지위에서 주장하는 권리일지언정 헌법이 일반국민에게 보장하고 있는 기본권이라고 할 수는 없다(헌재 2000.08.31. 2000헌마156).

② 【O】 헌법에서 인정하는 직업의 자유는 원칙적으로 대한민국 국민에게 인정되는 기본권이지, 외국인에게 인정되는 기본권은 아니다. 국가 정책에 따라 정부의 허가를 받은 외국인은 정부가 허가한 범위 내에서 소득활동을 할 수 있는 것이므로, 외국인이 국내에서 누리는 직업의 자유는 법률 이전에 헌법에 의해서 부여된 기본권이라고 할 수는 없고, 법률에 따른 정부의 허가에 의해 비로소 발생하는 권리이다(헌재 2014.08.28. 2013헌마359).

③ 【O】 등록이 취소된 이후에도 '등록정당'에 준하는 '권리능력 없는 사단'으로서의 실질을 유지하고 있다고 볼 수 있으므로 이 사건 헌법소원의 청구인능력을 인정할 수 있다(헌재 2006.03.30. 2004헌마246).

④ 【O】 공법상 재단법인인 방송문화진흥회가 최다출자자인 방송사업자로서 「방송법」 등 관련 규정에 의하여 공법상의 의무를 부담하고 있지만, 상법에 의하여 설립된 주식회사로 설립목적은 언론의 자유의 핵심 영역인 방송사업이므로 이러한 업무 수행과 관련하여 당연히 기본권 주체가 될 수 있고, 그 운영을 광고수익에 전적으로 의존하고 있는 만큼 이를 위해 사경제 주체로서 활동하는 경우에도 기본권 주체가 될 수 있는바, 이 사건 심판청구는 청구인이 그 운영을 위한 영업활동의 일환으로 방송광고를 판매하는 지위에서 그 제한과 관련하여 이루어진 것이므로 그 기본권 주체성을 인정할 수 있다(헌재 2013.09.26. 2012헌마271).

06 기본권 주체에 관한 설명으로 가장 적절하지 않은 것은? (다툼이 있는 경우 판례에 의함) 2023 경찰 2차

① 아동과 청소년은 인격의 발전을 위하여 어느 정도 부모와 학교의 교사 등 타인에 의한 결정을 필요로 하는 아직 성숙하지 못한 인격체이지만, 부모와 국가에 의한 단순한 보호의 대상이 아닌 독자적인 인격체이며, 그의 인격권은 성인과 마찬가지로 인간의 존엄성 및 행복추구권을 보장하는 헌법 제10조에 의하여 보호된다.

② 불법체류 중인 외국인은 성질상 인간의 권리에 해당되는 신체의 자유, 주거의 자유, 변호인의 조력을 받을 권리, 재판청구권 등에 대해 주체성이 인정되므로 국가인권위원회의 공정한 조사를 받을 권리도 불법체류 중인 외국인에게 헌법상 인정되는 기본권이다.

③ 정당은 국민의 정치적 의사형성에 참여하기 위한 조직이지만, 구성원과는 독립하여 그 자체로서 기본권의 주체가 될 수 있다.

④ 주택재개발정비사업조합은 노후・불량한 건축물이 밀집한 지역에서 주거환경을 개선하여 도시의 기능을 정비하고 주거생활의 질을 높여야 할 국가의 의무를 대신하여 실현하는 기능을 수행하고 있으므로 구 「도시 및 주거환경정비법」상 주택재개발정비사업조합이 공법인의 지위에서 기본권의 수범자로 기능하면서 행정심판의 피청구인이 된 경우에는 기본권의 주체가 될 수 없다.

지문분석 **난이도** □■■ 중 | **정답** ② | **키워드** 기본권의 주체 | **출제유형** 판례

① 【O】 아동과 청소년은 인격의 발전을 위하여 어느 정도 부모와 학교의 교사 등 타인에 의한 결정을 필요로 하는 아직 성숙하지 못한 인격체이지만, 부모와 국가에 의한 교육의 단순한 대상이 아닌 독자적인 인격체이며, 그의 인격권은 성인과 마찬가지로 인간의 존엄성 및 행복추구권을 보장하는 헌법 제10조에 의하여 보호된다(헌재 2000.04.27. 98헌가16).

② 【X】 청구인들(=불법체류외국인들)이 침해받았다고 주장하고 있는 신체의 자유, 주거의 자유, 변호인의 조력을 받을 권리, 재판청구권 등은 성질상 인간의 권리에 해당한다고 볼 수 있으므로, 위 기본권들에 관하여는 청구인들의 기본권 주체성이 인정된다. 그러나 '국가인권위원회의 공정한 조사를 받을 권리'는 헌법상 인정되는 기본권이라고 하기 어렵다(헌재 2012.08.23. 2008헌마430).

③ 【O】 청구인 진보신당은 국민의 정치적 의사형성에 참여하기 위한 조직으로 성격상 권리능력 없는 단체에 속하지만, 구성원과는 독립하여 그 자체로서 기본권의 주체가 될 수 있고, 그 조직 자체의 기본권이 직접 침해당한 경우 자신의 이름으로 헌법소원심판을 청구할 수 있다(헌재 2008.12.26. 2008헌마419).

④ 【O】 재개발조합이 공법인의 지위에서 행정처분의 주체가 되는 경우에 있어서는, 위 조합은 재개발사업에 관한 국가의 기능을 대신하여 수행하는 공권력 행사자 내지 기본권 수범자의 지위에 있다고 할 것이다. 이 사건에서도 재개발조합은 도시정비법 제89조 제1항에 따라 기본권의 수범자인 행정청의 지위에서 국민에게 이 사건 청산금 부과처분을 하였기 때문에, 행정심판의 피청구인이 되어 심판대상조항의 규율을 받게 된 것이다. 따라서 재개발조합이 기본권의 수범자로 기능하면서 행정심판의 피청구인이 된 경우에 적용되는 심판대상조항의 위헌성을 다투는 이 사건에 있어, 재개발조합인 청구인은 기본권의 주체가 된다고 볼 수 없다(헌재 2022.07.21. 2019헌바543).

07 **기본권 주체성에 대한 설명으로 〈보기〉에서 옳은 것(O)과 옳지 않은 것(X)을 올바르게 조합한 것은?** (다툼이 있는 경우 판례에 의함) 2020 국회직 8급

〈보기〉

ㄱ. 고용 허가를 받아 국내에 입국한 외국인근로자의 출국만기보험금을 출국 후 14일 이내에 지급하도록 한 것에 대하여 해당 외국인근로자는 근로의 권리가 침해됨을 주장할 수 없다.
ㄴ. 초기배아는 수정이 된 배아라는 점에서 형성 중인 생명의 첫걸음을 떼었다고 볼 여지가 있기는 하나 인간과 배아 간의 개체적 연속성을 확정하기 어렵다는 점에서 기본권 주체성이 부인된다.
ㄷ. 한국신문편집인협회는 언론인들의 협동단체로서 법인격은 없으나 사단으로서의 실체를 가지고 있으므로 권리능력 없는 사단이라고 할 것이고, 따라서 기본권의 성질상 자연인에게만 인정될 수 있는 기본권이 아닌 한 기본권의 주체가 될 수 있다.
ㄹ. 정당은 국민의 정치적 의사형성에 참여하기 위한 조직으로 성격상 권리능력 없는 단체에 속하지만 구성원과는 독립하여 기본권의 주체가 될 수 있으므로 생명·신체의 안전에 관한 기본권 행사에 있어 그 주체가 될 수 있다.

① ㄱ(○), ㄴ(×), ㄷ(○), ㄹ(×)
② ㄱ(○), ㄴ(○), ㄷ(×), ㄹ(×)
③ ㄱ(×), ㄴ(○), ㄷ(×), ㄹ(×)
④ ㄱ(×), ㄴ(○), ㄷ(○), ㄹ(×)
⑤ ㄱ(×), ㄴ(×), ㄷ(○), ㄹ(○)

지문분석 **난이도** ■■■ **상** | **정답** ④ | **키워드** 기본권 주체성 | **출제유형** 판례

▶ 외국인의 기본권주체성 인정여부에 관한 종전 학설

부정설	긍정설
① 법적 공동체의 일원이 아님(법실증주의) ② 공감대적 가치질서 형성과 국가공동체의 구성에 참가하지 않음(R. Smend) ③ 헌법 제2장에서 '모든 국민……가진다'고 규정함	① 자유권은 천부적인 권리이므로(C. 슈미트) ② 기본권의 성질에 따라 인간의 권리에 해당하는 기본권의 주체가 될 수 있다(헤세).

ㄱ **[X]** 헌법상 근로의 권리는 '일할 자리에 관한 권리'만이 아니라 '일할 환경에 관한 권리'도 의미하는데, '일할 환경에 관한 권리'는 인간의 존엄성에 대한 침해를 방어하기 위한 권리로서 외국인에게도 인정되며, 건강한 작업환경, 일에 대한 정당한 보수, 합리적인 근로조건의 보장 등을 요구할 수 있는 권리 등을 포함한다. 여기서의 근로조건은 임금과 그 지불방법, 취업시간과 휴식시간 등 근로계약에 의하여 근로자가 근로를 제공하고 임금을 수령하는 데 관한 조건들이고, 이 사건 출국만기보험금은 퇴직금의 성질을 가지고 있어서 그 지급시기에 관한 것은 근로조건의 문제이므로 외국인인 청구인들에게도 기본권 주체성이 인정된다(헌재 2016.03.31. 2014헌마367).

ㄴ **[O]** 초기배아는 수정이 된 배아라는 점에서 형성 중인 생명의 첫걸음을 떼었다고 볼 여지가 있기는 하나 아직 모체에 착상되거나 원시선이 나타나지 않은 이상 현재의 자연과학적 인식 수준에서 독립된 인간과 배아 간의 개체적 연속성을 확정하기 어렵다고 봄이 일반적이라는 점등을 종합적으로 고려할 때, 기본권 주체성을 인정하기 어렵다(헌재 2010.05.27. 2005헌마346).

ㄷ **[O]** 청구인협회(한국신문편집인협회)는 언론인들의 협동단체로서 법인격은 없으나, 대표자와 총회가 있고, 단체의 명칭, 대표의 방법, 총회 운영, 재산의 관리 기타 단체의 중요한 사항이 회칙으로 규정되어 있는 등 사단으로서의 실체를 가지고 있으므로 권리능력 없는 사단이라고 할 것이고, 따라서 기본권의 성질상 자연인에게만 인정될 수 있는 기본권이 아닌 한 기본권의 주체가 될 수 있으며, 헌법상의 기본권을 향유하는 범위 내에서는 헌법소원심판청구능력도 있다고 할 것이다(헌재 1995.07.21. 92헌마177 등).

ㄹ【X】 청구인 진보신당은 국민의 정치적 의사형성에 참여하기 위한 조직으로 성격상 권리능력 없는 단체에 속하지만, 구성원과는 독립하여 그 자체로서 기본권의 주체가 될 수 있고, 그 조직 자체의 기본권이 직접 침해당한 경우 자신의 이름으로 헌법소원심판을 청구할 수 있으나, 이 사건에서 침해된다고 하여 주장되는 기본권은 생명·신체의 안전에 관한 것으로서 성질상 자연인에게만 인정되는 것이므로, 이와 관련하여 청구인 진보신당과 같은 권리능력 없는 단체는 위와 같은 기본권의 행사에 있어 그 주체가 될 수 없고, 또한 청구인 진보신당이 그 정당원이나 일반 국민의 기본권이 침해됨을 이유로 이들을 위하거나 이들을 대신하여 헌법소원심판을 청구하는 것은 원칙적으로 허용되지 아니하므로, 이 사건에 있어 청구인 진보신당은 청구인능력이 인정되지 아니한다 할것이다(헌재 2008.12.26. 2008헌마419 등).

08 기본권 주체에 관한 설명 중 옳은 것은? (다툼이 있는 경우 판례에 의함) 2020 변호사

① 모든 인간은 헌법상 생명권의 주체가 되며 형성 중의 생명인 태아에게도 생명권 주체성이 인정되므로, 국가의 보호필요성은 별론으로 하고 수정 후 모체에 착상되기 전인 초기 배아에 대해서도 기본권 주체성을 인정할 수 있다.

② 아동은 인격의 발현을 위하여 어느 정도 부모에 의한 결정을 필요로 하는 미성숙한 인격체이므로, 아동에게 자신의 교육환경에 관하여 스스로 결정할 권리가 부여되지 않는다.

③ 외국인이 법률에 따라 고용허가를 받아 적법하게 근로관계를 형성한 경우에도 외국인은 그 근로관계를 유지하거나 포기하는 데 있어서 직장선택의 자유에 대한 기본권 주체성을 인정할 수 없다.

④ 헌법 제14조의 거주·이전의 자유, 헌법 제21조의 결사의 자유는 그 성질상 법인에게도 인정된다.

⑤ 국가기관 또는 공법인은 공권력 행사의 주체이자 기본권의 수범자로서 기본권 주체가 될 수 없으므로, 대통령이나 지방 자치단체장 등 개인이 국가기관의 지위를 겸하는 경우에도 기본권 주체성은 언제나 부정된다.

지문분석 **난이도** □■■ **중** | **정답** ④ | **키워드** 기본권 주체 | **출제유형** 판례

① 【X】 청구인 1, 2가 수정이 된 배아라는 점에서 형성 중인 생명의 첫걸음을 떼었다고 볼 여지가 있기는 하나 아직 모체에 착상되거나 원시선이 나타나지 않은 이상 현재의 자연과학적 인식 수준에서 독립된 인간과 배아 간의 개체적 연속성을 확정하기 어렵다고 봄이 일반적이라는 점, 배아의 경우 현재의 과학기술 수준에서 모태 속에서 수용될 때 비로소 독립적인 인간으로의 성장가능성을 기대할 수 있다는 점, 수정 후 착상 전의 배아가 인간으로 인식된다거나 그와 같이 취급하여야 할 필요성이 있다는 사회적 승인이 존재한다고 보기 어려운 점 등을 종합적으로 고려할 때, 초기배아에 대한 국가의 보호필요성이 있음은 별론으로 하고, 청구인 1, 2의 기본권 주체성을 인정하기 어렵다(헌재 2010.05.27. 2005헌마346).

② 【X】 아동과 청소년은 인격의 발전을 위하여 어느 정도 부모와 학교의 교사 등 타인에 의한 결정을 필요로 하는 아직 성숙하지 못한 인격체이지만, 부모와 국가에 의한 단순한 보호의 대상이 아닌 독자적인 인격체이며, 그의 인격권은 성인과 마찬가지로 인간의 존엄성 및 행복추구권을 보장하는 헌법 제10조에 의하여 보호된다. 따라서 헌법이 보장하는 인간의 존엄성 및 행복추구권은 국가의 교육권한과 부모의 교육권의 범주 내에서 아동에게도 자신의 교육환경에 관하여 스스로 결정할 권리, 그리고 자유롭게 문화를 향유할 권리를 부여한다고 할 것이다(헌재 2004.05.27. 2003헌가1 등).

③ 【X】 청구인들이 이미 적법하게 고용허가를 받아 적법하게 우리나라에 입국하여 우리나라에서 일정한 생활관계를 형성, 유지하는 등, 우리 사회에서 정당한 노동인력으로서의 지위를 부여받은 상황임을 전제로 하는 이상, 청구인들이 선택한 직업분야에서 이미 형성된 근로관계를 계속 유지하거나 포기하는 데 있어 국가의 방해를 받지 않고 자유로운 선택·결정을 할 자유는 외국인인 청구인들도 누릴 수 있는 인간의 권리로서의 성질을 지닌다고 볼 것이다(헌재 2011.09.29. 2007헌마1083 등).

④ 【O】 기본권의 성질상 비교적 폭넓게 법인에게 기본권 주체성이 인정되는 기본권으로는 평등권, 직업선택의 자유, 거주 · 이전의 자유, 주거의 자유, 통신의 자유, 언론 · 출판 · 집회 · 결사의 자유, 재산권, 재판청구권, 국가배상청구권 등이 있다. 그러나 인간의 존엄과 가치, 행복추구권, 신체의 안전과 자유, 정신적 자유, 정치적 기본권, 사회권 등에 대하여는 법인의 기본권 주체성을 인정하기 어렵다(성낙인).

⑤ 【X】

[1] 대통령도 국민의 한사람으로서 제한적으로나마 기본권의 주체가 될 수 있는바, 대통령은 소속 정당을 위하여 정당활동을 할 수 있는 사인으로서의 지위와 국민 모두에 대한 봉사자로서 공익실현의 의무가 있는 헌법기관으로서의 지위를 동시에 갖는데 최소한 전자의 지위와 관련하여는 기본권 주체성을 갖는다고 할 수 있다(헌재 2008.01.17. 2007헌마700).

[2] 청구인들은 지방자치단체의 장이라고 하더라도 표현의 자유, 정치활동의 자유나 선거운동의 자유 등 헌법상 보장된 기본권의 주체가 될 수 있다(헌재 1999.05.27. 98헌마214).

09 기본권의 주체에 관한 설명으로 옳은 것은? (다툼이 있는 경우 헌법재판소의 판례에 의함) 2024 소방간부

① 헌법 제31조 제4항이 규정하는 교육의 자주성 및 대학의 자율성은 헌법 제22조 제1항이 보장하는 학문의 자유의 확실한 보장을 위해 꼭 필요한 것으로서 대학에 부여된 헌법상 기본권인 대학의 자율권이므로, 국립대학도 대학의 자율권의 주체가 될 수 있다.

② 모든 인간은 헌법상 생명권의 주체가 되며 형성 중의 생명인 태아에게 생명권 주체성이 인정되므로, 수정 후 모체에 착상되기 전인 초기배아에 대해서도 기본권 주체성을 인정할 수 있다.

③ 변호인의 조력을 받을 권리는 성질상 국민의 권리에 해당하므로 외국인은 그 주체가 될 수 없다.

④ 국가 조직영역 내에서 공적 과제를 수행하는 대통령은 소속 정당을 위하여 정당활동을 할 수 있는 사인으로서의 지위를 가지는 경우에도 기본권 주체성을 갖는다고 할 수 없다.

⑤ 자본주의 경제질서 하에서 근로자가 기본적 생활 수단을 확보하고 인간의 존엄성을 보장받기 위하여 최소한의 근로조건을 요구할 수 있는 권리는 사회권적 기본권으로서의 성질을 가지므로 외국인에 대해서는 기본권 주체성을 인정할 수 없다.

지문분석 **난이도** □■■ 중 | **정답** ① | **키워드** 기본권 주체 | **출제유형** 판례 및 이론

① 【O】 헌법 제31조 제4항이 규정하는 교육의 자주성 및 대학의 자율성은 헌법 제22조 제1항이 보장하는 학문의 자유의 확실한 보장을 위해 꼭 필요한 것으로서 대학에 부여된 헌법상 기본권인 대학의 자율권이므로, 국립대학인 청구인도 이러한 대학의 자율권의 주체로서 헌법소원심판의 청구인능력이 인정된다(헌재 2015.12.23. 2014헌마1149).

② 【X】 초기배아는 수정이 된 배아라는 점에서 형성 중인 생명의 첫걸음을 떼었다고 볼 여지가 있기는 하나 아직 모체에 착상되거나 원시선이 나타나지 않은 이상 현재의 자연과학적 인식 수준에서 독립된 인간과 배아 간의 개체적 연속성을 확정하기 어렵다고 봄이 일반적이라는 점, 배아의 경우 현재의 과학기술 수준에서 모태 속에서 수용될 때 비로소 독립적인 인간으로의 성장가능성을 기대할 수 있다는 점, 수정 후 착상 전의 배아가 인간으로 인식된다거나 그와 같이 취급하여야 할 필요성이 있다는 사회적 승인이 존재한다고 보기 어려운 점 등을 종합적으로 고려할 때, 기본권 주체성을 인정하기 어렵다(헌재 2010.05.27. 2005헌마346).

③ 【X】 「헌법재판소법」 제68조 제1항의 헌법소원은 기본권의 주체만 청구할 수 있는데, 단순히 '국민의 권리'가 아니라 '인간의 권리'로 볼 수 있는 기본권에 대해서는 외국인도 기본권의 주체이다. 청구인이 침해받았다고 주장하는 변호인의 조력을 받을 권리는 성질상 인간의 권리에 해당되므로 외국인도 주체이다(헌재 2018.05.31. 2014헌마346).

④ 【X】 심판대상조항이나 공권력 작용이 넓은 의미의 국가 조직영역 내에서 공적 과제를 수행하는 주체의 권한 내지 직무영역을 제약하는 성격이 강한 경우에는 그 기본권 주체성이 부정될 것이지만, 그것이 일반 국민으로서 국가에 대하여 가지는 헌법상의 기본권을 제약하는 성격이 강한 경우에는 기본권 주체성을 인정할 수 있다. 그러므로 대통령도 국민의 한사람으로서 제한적으로나마 기본권의 주체가 될 수 있는바, 대통령은 소속 정당을 위하여 정당활동을 할 수 있는 사인으로서의 지위와 국민 모두에 대한 봉사자로서 공익실현의 의무가 있는 헌법기관으로서의 지위를 동시에 갖는데 최소한 전자의 지위와 관련하여는 기본권 주체성을 갖는다고 할 수 있다(헌재 2008.01.17. 2007헌마700).

⑤ 【X】 근로의 권리의 구체적인 내용에 따라, 국가에 대하여 고용증진을 위한 사회적 · 경제적 정책을 요구할 수 있는 권리는 사회권적 기본권으로서 국민에 대하여만 인정해야 하지만, 자본주의 경제질서하에서 근로자가 기본적 생활수단을 확보하고 인간의 존엄성을 보장받기 위하여 최소한의 근로조건을 요구할 수 있는 권리는 자유권적 기본권의 성격도 아울러 가지므로 이러한 경우 외국인 근로자에게도 그 기본권 주체성을 인정함이 타당하다(헌재 2007.08.30. 2004헌마670).

10 **기본권에 관한 다음 설명 중 가장 옳은 것은?** (다툼이 있는 경우 헌법재판소 결정에 의함)

2021 법원직 9급

① 우리 헌법은 법인의 기본권향유능력을 인정하는 명문의 규정을 두고 있지 않지만, 언론 · 출판의 자유, 재산권의 보장 등과 같이 성질상 법인이 누릴 수 있는 기본권은 당연히 법인에게도 적용된다.

② 정당은 단순한 시민이나 국가기관이 아니고 국민의 정치적 의사를 형성하는 중개적 기관으로 국민의 권리인 평등권의 주체가 될 수 없다.

③ 초기배아는 수정이 된 배아라는 점에서 아직 모체에 착상되거나 원시선이 나타나지 않았다고 하더라도 기본권의 주체가 될 수 있다.

④ 흡연자들이 자유롭게 흡연할 권리는 행복추구권을 규정한 헌법 제10조와 사생활의 자유를 규정한 헌법 제17조에 의하여 뒷받침되는 기본권이 아니다.

지문분석 **난이도** □□■ 하 | **정답** ① | **키워드** 기본권의 주체 | **출제유형** 판례

① 【O】 우리 헌법은 법인 내지 단체의 기본권 향유능력에 대하여 명문의 규정을 두고 있지는 않지만 본래 자연인에게 적용되는 기본권이라도 그 성질상 법인이 누릴 수 있는 기본권은 법인에게도 적용된다(헌재 2012.08.23. 2009헌가27).

② 【X】 시 · 도의회의원선거에서 정당이 후보자의 추천과 후보자를 지원하는 선거운동을 통하여 소기의 목적을 추구하는 경우, 평등권 및 평등선거원칙으로부터 나오는 (선거에 있어서의) 기회균등의 원칙은 후보자는 물론 정당에 대해서도 보장되는 것이므로 정당추천의 후보자가 선거에서 차등대우를 받는 것은 정당이 선거에서 차등대우를 받는 것과 같은 결과가 된다. 지방의회의원선거법 제36조 제1항의 '시 · 도의회의원 후보자는 700만원의 기탁금' 부분은 너무 과다하여, 자연인의 경우는 헌법 제11조의 평등권, 제24조의 선거권, 제25조의 공무담임권 등을 침해하는 것이고, 정당의 경우는 선거에 있어서 기회균등의 보장을 받을 수 있는 헌법적 권리를 침해한 것이다(헌재 1991.03.11. 91헌마21).

③ 【X】 초기배아는 수정이 된 배아라는 점에서 형성 중인 생명의 첫걸음을 떼었다고 볼 여지가 있기는 하나 아직 모체에 착상되거나 원시선이 나타나지 않은 이상 현재의 자연과학적 인식 수준에서 독립된 인간과 배아 간의 개체적 연속성을 확정하기 어렵다고 봄이 일반적이라는 점, 배아의 경우 현재의 과학기술 수준에서 모태 속에서 수용될 때 비로소 독립적인 인간으로의 성장가능성을 기대할 수 있다는 점, 수정 후 착상 전의 배아가 인간으로 인식된다거나 그와 같이 취급하여야 할 필요성이 있다는 사회적 승인이 존재한다고 보기 어려운 점 등을 종합적으로 고려할 때, 기본권 주체성을 인정하기 어렵다(헌재 2010.05.27. 2005헌마346).

④ 【X】 흡연자들이 자유롭게 흡연할 권리를 흡연권이라고 한다면, 이러한 흡연권은 인간의 존엄과 행복추구권을 규정한 헌법 제10조와 사생활의 자유를 규정한 헌법 제17조에 의하여 뒷받침된다(헌재 2004.08.26. 2003헌마457).

11 법인의 기본권 주체성에 대한 다음 설명으로 옳지 않은 것은? (다툼이 있는 경우 판례에 의함)

2021 국가직 5급

① 본래 자연인에게 적용되는 기본권 규정이라도 성질상 법인이 누릴 수 있는 기본권은 당연히 법인에게도 적용하여야 한다.

② 법인도 법인의 목적과 사회적 기능에 비추어 볼 때 그 성질에 반하지 않는 범위 내에서 인격권의 한 내용인 사회적 신용이나 명예 등의 주체가 될 수 있다.

③ 국립서울대학교는 공권력 행사의 주체인 공법인으로서 기본권의 '수범자'이므로 기본권의 주체가 될 수는 없다.

④ 법인 아닌 사단·재단이라고 하더라도 대표자의 정함이 있고 독립된 사회적 조직체로서 활동하는 때에는 성질상 법인이 누릴 수 있는 기본권을 침해당하게 되면 법인 아닌 사단·재단의 이름으로 헌법소원심판을 청구할 수 있다.

지문분석 **난이도** □■■ 중 | **정답** ③ | **키워드** 기본권의 주체 | **출제유형** 판례

① 【O】 우리 헌법은 법인의 기본권향유능력을 인정하는 명문의 규정을 두고 있지 않지만, 본래 자연인에게 적용되는 기본권규정이라도 언론·출판의 자유, 재산권의 보장 등과 같이 성질상 법인이 누릴 수 있는 기본권을 당연히 법인에게도 적용하여야 한 것으로 본다(헌재 1991.06.03. 90헌마56).

② 【O】 법인도 법인의 목적과 사회적 기능에 비추어 볼 때 그 성질에 반하지 않는 범위 내에서 인격권의 한 내용인 사회적 신용이나 명예 등의 주체가 될 수 있고 법인이 이러한 사회적 신용이나 명예 유지 내지 법인격의 자유로운 발현을 위하여 의사결정이나 행동을 어떻게 할 것인지를 자율적으로 결정하는 것도 법인의 인격권의 한 내용을 이룬다고 할 것이다(헌재 2012.08.23. 2009헌가27).

③ 【X】 교육의 자주성이나 대학의 자율성은 헌법 제22조 제12항이 보장하고 있는 학문의 자유의 확실한 보장수단으로 꼭 필요한 것으로서 이는 대학에게 부여된 헌법상의 기본권이다. 따라서 국립대학인 서울대학교는 다른 국가기관 내지 행정기관과는 달리 공권력의 행사자의 지위와 함께 기본권의 주체라는 점도 중요하게 다루어져야 한다. 여기서 대학의 자율은 대학시설의 관리·운영만이 아니라 학사관리 등 전반적인 것이라야 하므로 연구와 교육의 내용, 그 방법과 그 대상, 교과과정의 편성, 학생의 선발, 학생의 전형도 자율의 범위에 속해야 하고 따라서 입학시험제도도 자주적으로 마련될 수 있어야 한다(헌재 1992.10.01. 92헌마68 등).

④ 【O】 법인도 사단법인·재단법인 또는 영리법인·비영리법인을 가리지 아니하고 위 한계 내에서는 헌법상 보장된 기본권이 침해되었음을 이유로 헌법소원심판을 청구할 수 있다. 또한, 법인 아닌 사단·재단이라고 하더라도 대표자의 정함이 있고 독립된 사회적 조직체로서 활동하는 때에는 성질상 법인이 누릴 수 있는 기본권을 침해당하게 되면 그의 이름으로 헌법소원심판을 청구할 수 있다(헌재 1991.06.03. 90헌마56).

12 법인의 기본권 주체성에 대한 설명으로 옳지 않은 것은? (다툼이 있는 경우 헌법재판소 결정에 의함)
2024 국가직 5급

① 공법상 재단법인인 방송문화진흥회가 최다출자자인 주식회사 형태의 공영방송사는 「방송법」 등 관련 규정에 의하여 공법상의 의무를 부담하고 있지만, 그 운영을 광고수익에 전적으로 의존하고 있다면 이를 위해 사경제 주체로서 활동하는 경우에는 기본권 주체가 될 수 있다.
② 행복을 추구할 권리는 그 성질상 자연인에게 인정되는 기본권이기 때문에 법인에게는 적용되지 않는다.
③ 「지방자치법」은 지방자치단체를 법인으로 하도록 하고 있으므로, 지방자치단체도 기본권의 주체가 된다.
④ 헌법은 법인의 기본권 주체성에 관한 명문의 규정을 두고 있지 않다.

지문분석 **난이도** □□■ **하** | **정답** ③ | **키워드** 기본권의 주체 | **출제유형** 판례

① 【O】 청구인의 경우 공법상 재단법인인 방송문화진흥회가 최다출자자인 방송사업자로서 「방송법」 등 관련 규정에 의하여 공법상의 의무를 부담하고 있지만, 상법에 의하여 설립된 주식회사로 설립목적은 언론의 자유의 핵심 영역인 방송사업이므로 이러한 업무 수행과 관련하여 당연히 기본권 주체가 될 수 있고, 그 운영을 광고수익에 전적으로 의존하고 있는 만큼 이를 위해 사경제 주체로서 활동하는 경우에도 기본권 주체가 될 수 있는바, 이 사건 심판청구는 청구인이 그 운영을 위한 영업활동의 일환으로 방송광고를 판매하는 지위에서 그 제한과 관련하여 이루어진 것이므로 그 기본권 주체성을 인정할 수 있다(헌재 2013.09.26. 2012헌마271).
② 【O】 청구인들은 학교법인이다. 법인격이 있는 사법상의 사단이나 재단은 성질상 기본권주체가 될 수 있는 범위에서 청구인능력을 가진다. 그런데 헌법 제10조의 인간으로서의 존엄과 가치, 행복을 추구할 권리는 그 성질상 자연인에게 인정되는 기본권이라고 할 것이어서, 법인인 청구인들에게는 적용되지 않는다고 할 것이다(헌재 2006.12.28. 2004헌바67).
③ 【X】 지방자치단체는 기본권의 주체가 될 수 없다는 것이 헌법재판소의 입장이며, 이를 변경해야 할만한 사정이나 필요성이 없으므로 지방자치단체인 춘천시의 헌법소원 청구는 부적법하다(헌재 2006.12.28. 2006헌마312).
④ 【O】 우리 헌법은 법인의 기본권향유능력을 인정하는 명문의 규정을 두고 있지 않지만, 본래 자연인에게 적용되는 기본권규정이라도 언론·출판의 자유, 재산권의 보장 등과 같이 성질상 법인이 누릴 수 있는 기본권에 관한 규정은 당연히 법인에게도 적용하여야 할 것이므로 법인도 사단법인·재단법인 또는 영리법인·비영리법인을 가리지 아니하고 위 한계 내에서는 헌법상 보장된 기본권이 침해되었음을 이유로 헌법소원심판을 청구할 수 있다(헌재 2006.01.26. 2005헌마424).

13 기본권의 주체에 대한 설명으로 가장 적절하지 않은 것은? (다툼이 있는 경우 헌법재판소 판례에 의함)
2022 경찰 간부

① 공법상 재단법인인 방송문화진흥회가 최다출자자인 방송사업자로서 「방송법」 등 관련 규정에 의하여 공법상의 의무를 부담하고 있지만, 그 설립목적이 언론의 자유의 핵심 영역인 방송 사업이므로 이러한 업무수행과 관련해서 기본권 주체가 될 수 있다.
② 일할 자리에 관한 권리는 국민에게만 인정되지만, 일할 환경에 관한 권리는 외국인에게도 인정된다.
③ 아동과 청소년은 부모와 국가에 의한 단순한 보호의 대상이 아닌 독자적인 인격체이며, 그의 인격권은 성인과 마찬가지로 인간의 존엄성 및 행복추구권을 보장하는 헌법 제10조에 의하여 보호된다.
④ 정당은 권리능력 없는 사단으로서 기본권 주체성이 인정되므로 '미국산 쇠고기 수입의 위생조건에 관한 고시'와 관련하여 생명·신체의 안전에 관한 기본권 침해를 이유로 헌법소원을 청구할 수 있다.

지문분석 **난이도** □■■ **중** | **정답** ④ | **키워드** 기본권의 주체 | **출제유형** 판례

① 【O】 청구인의 경우 공법상 재단법인인 방송문화진흥회가 최다출자자인 방송사업자로서 「방송법」 등 관련 규정에 의하여 공법상의 의무를 부담하고 있지만, 상법에 의하여 설립된 주식회사로 설립목적은 언론의 자유의 핵심 영역인 방송사업이므로 이러한 업무 수행과 관련하여 당연히 기본권 주체가 될 수 있고, 그 운영을 광고수익에 전적으로 의존하고 있는 만큼 이를 위해 사경제 주체로서 활동하는 경우에도 기본권 주체가 될 수 있는바, 이 사건 심판청구는 청구인이 그 운영을 위한 영업활동의 일환으로 방송광고를 판매하는 지위에서 그 제한과 관련하여 이루어진 것이므로 그 기본권 주체성을 인정할 수 있다(헌재 2013.09.26. 2012헌마271).

② 【O】 근로의 권리란 인간이 자신의 의사와 능력에 따라 근로관계를 형성하고, 타인의 방해를 받음이 없이 근로관계를 계속 유지하며, 근로의 기회를 얻지 못한 경우에는 국가에 대하여 근로의 기회를 제공하여 줄 것을 요구할 수 있는 권리를 말하며, 이러한 근로의 권리는 생활의 기본적인 수요를 충족시킬 수 있는 생활수단을 확보해 주고 나아가 인격의 자유로운 발현과 인간의 존엄성을 보장해 주는 것으로서 사회권적 기본권의 성격이 강하므로 이에 대한 외국인의 기본권주체성을 전면적으로 인정하기는 어렵다. 그러나 근로의 권리가 '일할 자리에 관한 권리'만이 아니라 '일할 환경에 관한 권리'도 함께 내포하고 있는바, 후자(後者)는 인간의 존엄성에 대한 침해를 방어하기 위한 자유권적 기본권의 성격도 갖고 있어 건강한 작업환경, 일에 대한 정당한 보수, 합리적인 근로조건의 보장 등을 요구할 수 있는 권리 등을 포함한다고 할 것이므로 외국인 근로자라고 하여 이 부분에까지 기본권 주체성을 부인할 수는 없다(헌재 2007.08.30. 2004헌마670).

③ 【O】 아동과 청소년은 인격의 발전을 위하여 어느 정도 부모와 학교의 교사 등 타인에 의한 결정을 필요로 하는 아직 성숙하지 못한 인격체이지만, 부모와 국가에 의한 교육의 단순한 대상이 아닌 독자적인 인격체이며, 그의 인격권은 성인과 마찬가지로 인간의 존엄성 및 행복추구권을 보장하는 헌법 제10조에 의하여 보호된다(헌재 2000.04.27. 98헌가16 등).

④ 【X】 이 사건에서 침해된다고 하여 주장되는 기본권은 생명・신체의 안전에 관한 것으로서 성질상 자연인에게만 인정되는 것이므로, 이와 관련하여 청구인 진보신당과 같은 권리능력 없는 단체는 위와 같은 기본권의 행사에 있어 그 주체가 될 수 없고, 또한 청구인 진보신당이 그 정당원이나 일반 국민의 기본권이 침해됨을 이유로 이들을 위하거나 이들을 대신하여 헌법소원심판을 청구하는 것은 원칙적으로 허용되지 아니하므로, 이 사건에 있어 청구인 진보신당은 청구인능력이 인정되지 아니한다 할 것이다(헌재 2008.12.26. 2008헌마419 등).

14 **기본권 주체에 관한 설명으로 가장 적절한 것은?** (다툼이 있는 경우 판례에 의함) 2024 경찰 1차

① 의료인에게 면허된 의료행위 이외의 의료행위를 금지하고 처벌하는 「의료법」 조항이 제한하고 있는 직업의 자유는 국가자격제도정책과 국가의 경제상황에 따라 법률에 의하여 제한할 수 있고 인류보편적인 성격을 지니고 있지 아니하는 국민의 권리이므로 원칙적으로 외국인에게 인정되는 기본권은 아니다.

② 거주・이전의 자유는 인간의 권리에 해당하므로 외국인에게 거주・이전의 자유의 내용인 출・입국의 자유에 대한 기본권주체성이 인정된다.

③ 국가 및 그 기관 또는 조직의 일부나 공법인은 원칙적으로 기본권의 '수범자'로서 기본권의 주체가 되지 못하므로, 「주민소환에 관한 법률」에서 주민소환의 청구사유에 제한을 두지 아니하였다는 이유로 지방자치단체장이 자신의 공무담임권 침해를 다툴 수는 없다.

④ 중소기업중앙회는 「중소기업협동조합법」에 의해 설치되고 국가가 그 육성을 위해 재정을 보조해주는 등 공법인적 성격을 강하게 가지고 있으므로 결사의 자유를 누릴 수 있는 단체에 해당되지는 않는다.

지문분석 **난이도** □■■ 중 | **정답** ① | **키워드** 기본권의 주체 | **출제유형** 판례

① 【O】 직업의 자유는 국가자격제도정책과 국가의 경제상황에 따라 법률에 의하여 제한할 수 있는 국민의 권리에 해당한다. 국가정책에 따라 정부의 허가를 받은 외국인은 정부가 허가한 범위 내에서 소득활동을 할 수 있는 것이므로, 외국인이 국내에서 누리는 직업의 자유는 법률에 따른 정부의 허가에 의해 비로소 발생하는 권리이다. 따라서 외국인인 청구인에게는 그 기본권주체성이 인정되지 아니하며, 자격제도 자체를 다툴 수 있는 기본권주체성이 인정되지 아니하는 이상 국가자격제도에 관련된 평등권에 관하여 따로 기본권주체성을 인정할 수 없다 (헌재 2014.08.28. 2013헌마359).

② 【X】 외국국적동포인와 같은 외국인에게는 입국의 자유가 인정되지 않고, 외국인의 입국, 곧 체류자격 부여에 관한 심판대상조항들은 외국국적동포들이 종래에 누리던 기본권을 침해하는 규정이라고 보기 어려우며, 재외동포체류자격의 취득 요건과 활동 범위가 외국국적동포의 기본권 내지 법률상 이익의 실현에 관계되는 요소라고 보더라도 외국국적동포들이 재외동포체류자격을 획득하여 누리게 되는 이익은 대부분 법률에 의해 형성되는 수익적 권리이므로, 이 경우 입법자에게 요구되는 직접적 규율의 정도는 상대적으로 약하다(헌재 2014.04.24. 2011헌마474).

③ 【X】「주민소환에 관한 법률」 제7조 제1항 제2호 중 시장에 대한 부분이 주민소환의 청구사유에 제한을 두지 않은 것은 주민소환제를 기본적으로 정치적인 절차로 설계함으로써 위법행위를 한 공직자뿐만 아니라 정책적으로 실패하거나 무능하고 부패한 공직자까지도 그 대상으로 삼아 공직에서의 해임이 가능하도록 하여 책임정치 혹은 책임행정의 실현을 기하려는데 그 입법목적이 있다.입법자는 주민소환제의 형성에 광범위한 입법재량을 가지고, 주민소환제는 대표자에 대한 신임을 묻는 것으로 그 속성이 재선거와 같아 그 사유를 묻지 않는 것이 제도의 취지에도 부합하며, 비민주적, 독선적인 정책추진 등을 광범위하게 통제한다는 주민소환제의 필요성에 비추어 청구사유에 제한을 둘 필요가 없고, 업무의 광범위성이나 입법기술적인 측면에서 소환사유를 구체적으로 적시하기 쉽지 않으며, 청구사유를 제한하는 경우 그 해당 여부를 사법기관에서 심사하게 될 것인데 그것이 적정한지 의문이 있고 절차가 지연될 위험성이 크므로, 법이 주민소환의 청구사유에 제한을 두지 않는 데에는 나름대로 상당한 이유가 있고, 청구사유를 제한하지 아니한 입법자의 판단이 현저하게 잘못되었다고 볼 사정 또한 찾아볼 수 없다. 또 위와 같이 청구사유를 제한하지 않음으로써 주민소환이 남용되어 공직자가 소환될 위험성과 이로 인하여 주민들이 공직자를 통제하고 직접참여를 고양시킬 수 있는 공익을 비교하여 볼 때, 법익의 형량에 있어서도 균형을 이루었으므로, 위 조항이 과잉금지의 원칙을 위반하여 청구인의 공무담임권을 침해하는 것으로 볼 수 없다(헌재 2009.03.26. 2007헌마843).

④ 【X】 중소기업중앙회는 비록 국가가 그 육성을 위해 재정을 보조해주고 중앙회의 업무에 적극 협력할 의무를 부담할 뿐만 아니라 중소기업 전체의 발전을 위한 업무, 국가나 지방자치단체가 위탁하는 업무 등 공공성이 매우 큰 업무를 담당하여 상당한 정도의 공익단체성, 공법인성을 가지고 있다고 하더라도, 기본적으로는 회원 간의 상호부조, 협동을 통해 중소기업자의 경제적 지위를 향상시키기 위한 자조조직(自助組織)으로서 사법인에 해당한다. 따라서 결사의 자유를 누릴 수 있는 단체에 해당하고, 이러한 결사의 자유에는 당연히 그 내부기관 구성의 자유가 포함되므로, 중앙회 회장선거에 있어 선거운동을 제한하는 것은 단체구성원들의 결사의 자유를 제한하는 것이 된다. 나아가 선거운동 기간 외의 선거운동을 금지하는 것은 선거운동을 하고자 하는 사람의 선거운동과 관련된 표현을 금지하는 것이므로 표현의 자유 역시 제한한다(헌재 2021.07.15. 2020헌가9).

15 **기본권의 주체에 대한 설명으로 옳지 않은 것은?** (다툼이 있는 경우 판례에 의함) 2024 입법고시 5급

① 근로의 권리 중 '일할 자리에 관한 권리'가 아닌 '일할 환경에 관한 권리'에 대해서는 외국인의 기본권 주체성이 인정된다.

② 불법체류 중인 외국인에 대해서는 기본권 주체성이 부인된다.

③ 수정란이 모체에 착상되기 이전이나 원시선이 나타나기 이전의 초기배아에 대해서는 기본권 주체성이 인정되지 않는다.

④ 정당이 등록이 취소된 이후에도 '등록정당'에 준하는 '권리능력 없는 사단'으로서의 실질을 유지하고 있다고 볼 수 있으면 헌법소원의 청구인능력을 인정할 수 있다.

⑤ 공법인이나 이에 준하는 지위를 가진 자라 하더라도 사경제 주체로서 활동하는 경우나 조직법상 국가로부터 독립한 고유 업무를 수행하는 경우, 그리고 다른 공권력 주체와의 관계에서 지배복종관계가 성립되어 일반 사인처럼 그 지배하에 있는 경우 등에는 기본권 주체가 될 수 있다.

지문분석 **난이도** □■■ **중** | **정답** ② | **키워드** 기본권의 주체 | **출제유형** 판례

① **[O]** 근로의 권리는 생활의 기본적인 수요를 충족시킬 수 있는 생활수단을 확보해 주고 나아가 인격의 자유로운 발현과 인간의 존엄성을 보장해 주는 것으로서 사회권적 기본권의 성격이 강하므로 이에 대한 외국인의 기본권 주체성을 전면적으로 인정하기는 어렵다. 근로의 권리가 '일할 자리에 관한 권리'만이 아니라 '일할 환경에 관한 권리'도 함께 내포하고 있는바, 후자는 인간의 존엄성에 대한 침해를 방어하기 위한 자유권적 기본권의 성격도 갖고 있어 건강한 작업환경, 일에 대한 정당한 보수, 합리적인 근로조건의 보장 등을 요구할 수 있는 권리 등을 포함한다고 할 것이므로 외국인 근로자라고 하여 이 부분에까지 기본권 주체성을 부인할 수는 없다(헌재 2007.08.30. 2004헌마670).

② **[X]** 「헌법재판소법」 제68조 제1항 소정의 헌법소원은 기본권의 주체이어야만 청구할 수 있는데, 단순히 '국민의 권리'가 아니라 '인간의 권리'로 볼 수 있는 기본권에 대해서는 외국인도 기본권의 주체가 될 수 있다. 나아가 청구인들이 불법체류 중인 외국인들이라 하더라도, 불법체류라는 것은 관련 법령에 의하여 체류자격이 인정되지 않는다는 것일 뿐이므로, '인간의 권리'로서 외국인에게도 주체성이 인정되는 일정한 기본권에 관하여 불법체류 여부에 따라 그 인정 여부가 달라지는 것은 아니다(헌재 2012.08.23. 2008헌마430).

③ **[O]** 초기배아는 수정이 된 배아라는 점에서 형성중인 생명의 첫걸음을 떼었다고 볼 여지가 있기는 하나 아직 모체에 착상되거나 원시선이 나타나지 않은 이상 현재의 자연과학적 인식 수준에서 독립된 인간과 배아 간의 개체적 연속성을 확정하기 어렵다고 봄이 일반적이라는 점, 배아의 경우 현재의 과학기술 수준에서 모태 속에서 수용될 때 비로소 독립적인 인간으로의 성장가능성을 기대할 수 있다는 점, 수정 후 착상 전의 배아가 인간으로 인식된다거나 그와 같이 취급하여야 할 필요성이 있다는 사회적 승인이 존재한다고 보기 어려운 점 등을 종합적으로 고려할 때, 기본권 주체성을 인정하기 어렵다(헌재 2010.05.27. 2005헌마346).

④ **[O]** 청구인(사회당)은 등록이 취소된 이후에도, 취소 전 사회당의 명칭을 사용하면서 대외적인 정치활동을 계속하고 있고, 대내외 조직 구성과 선거에 참여할 것을 전제로 하는 당헌과 대내적 최고의사결정기구로서 당대회와, 대표단 및 중앙위원회, 지역조직으로 시·도위원회를 두는 등 계속적인 조직을 구비하고 있는 사실 등에 비추어 보면, 청구인은 등록이 취소된 이후에도 '등록정당'에 준하는 '권리능력 없는 사단'으로서의 실질을 유지하고 있다고 볼 수 있으므로 이 사건 헌법소원의 청구인능력을 인정할 수 있다(헌재 2006.03.30. 2004헌마246).

⑤ **[O]** 국가, 지방자치단체나 그 기관 또는 국가조직의 일부나 공법인은 국민의 기본권을 보호 내지 실현해야 할 '책임'과 '의무'를 지는 주체로서 헌법소원을 청구할 수 없다. 다만 공법인이나 이에 준하는 지위를 가진 자라 하더라도 공무를 수행하거나 고권적 행위를 하는 경우가 아닌 사경제 주체로서 활동하는 경우나 조직법상 국가로부터 독립한 고유 업무를 수행하는 경우, 그리고 다른 공권력 주체와의 관계에서 지배복종관계가 성립되어 일반 사인처럼 그 지배하에 있는 경우 등에는 기본권 주체가 될 수 있다(헌재 2013.09.26. 2012헌마271).

16 **기본권 주체에 관한 설명 중 옳은 것은?** (다툼이 있는 경우 판례에 의함) 2020 변호사

① 모든 인간은 헌법상 생명권의 주체가 되며 형성 중의 생명인 태아에게도 생명권 주체성이 인정되므로, 국가의 보호 필요성은 별론으로 하고 수정 후 모체에 착상되기 전인 초기 배아에 대해서도 기본권 주체성을 인정할 수 있다.

② 아동은 인격의 발현을 위하여 어느 정도 부모에 의한 결정을 필요로 하는 미성숙한 인격체이므로, 아동에게 자신의 교육환경에 관하여 스스로 결정할 권리가 부여되지 않는다.

③ 외국인이 법률에 따라 고용허가를 받아 적법하게 근로관계를 형성한 경우에도 외국인은 그 근로관계를 유지하거나 포기하는 데 있어서 직장선택의 자유에 대한 기본권 주체성을 인정할 수 없다.

④ 헌법 제14조의 거주·이전의 자유, 헌법 제21조의 결사의 자유는 그 성질상 법인에게도 인정된다.

⑤ 국가기관 또는 공법인은 공권력 행사의 주체이자 기본권의 수범자로서 기본권 주체가 될 수 없으므로, 대통령이나 지방 자치단체장 등 개인이 국가기관의 지위를 겸하는 경우에도 기본권 주체성은 언제나 부정된다.

지문분석 **난이도** □■■ **중** | **정답** ④ | **키워드** 기본권 주체성 | **출제유형** 판례

① 【X】 청구인 1, 2가 수정이 된 배아라는 점에서 형성 중인 생명의 첫걸음을 떼었다고 볼 여지가 있기는 하나 아직 모체에 착상되거나 원시선이 나타나지 않은 이상 현재의 자연과학적 인식 수준에서 독립된 인간과 배아 간의 개체적 연속성을 확정하기 어렵다고 봄이 일반적이라는 점, 배아의 경우 현재의 과학기술 수준에서 모태 속에서 수용될 때 비로소 독립적인 인간으로의 성장가능성을 기대할 수 있다는 점, 수정 후 착상 전의 배아가 인간으로 인식된다거나 그와 같이 취급하여야 할 필요성이 있다는 사회적 승인이 존재한다고 보기 어려운 점 등을 종합적으로 고려할 때, 초기배아에 대한 국가의 보호필요성이 있음은 별론으로 하고, 청구인 1, 2의 기본권 주체성을 인정하기 어렵다(헌재 2010.05.27. 2005헌마346).

② 【X】 아동과 청소년은 인격의 발전을 위하여 어느 정도 부모와 학교의 교사 등 타인에 의한 결정을 필요로 하는 아직 성숙하지 못한 인격체이지만, 부모와 국가에 의한 단순한 보호의 대상이 아닌 독자적인 인격체이며, 그의 인격권은 성인과 마찬가지로 인간의 존엄성 및 행복추구권을 보장하는 헌법 제10조에 의하여 보호된다. 따라서 헌법이 보장하는 인간의 존엄성 및 행복추구권은 국가의 교육권한과 부모의 교육권의 범주 내에서 아동에게도 자신의 교육환경에 관하여 스스로 결정할 권리, 그리고 자유롭게 문화를 향유할 권리를 부여한다고 할 것이다(헌재 2004.05.27. 2003헌가1 등).

③ 【X】 청구인들이 이미 적법하게 고용허가를 받아 적법하게 우리나라에 입국하여 우리나라에서 일정한 생활관계를 형성, 유지하는 등, 우리 사회에서 정당한 노동인력으로서의 지위를 부여받은 상황임을 전제로 하는 이상, 청구인들이 선택한 직업분야에서 이미 형성된 근로관계를 계속 유지하거나 포기하는 데 있어 국가의 방해를 받지 않고 자유로운 선택·결정을 할 자유는 외국인인 청구인들도 누릴 수 있는 인간의 권리로서의 성질을 지닌다고 볼 것이다(헌재 2011.09.29. 2007헌마1083 등).

④ 【O】 기본권의 성질상 비교적 폭넓게 법인에게 기본권주체성이 인정되는 기본권으로는 평등권, 직업선택의 자유, 거주·이전의 자유, 주거의 자유, 통신의 자유, 언론·출판·집회·결사의 자유, 재산권, 재판청구권, 국가배상청구권 등이 있다. 그러나 인간의 존엄과 가치, 행복추구권, 신체의 안전과 자유, 정신적 자유, 정치적 기본권, 사회권 등에 대하여는 법인의 기본권주체성을 인정하기 어렵다(성낙인, 헌법학 p.960).

⑤ 【X】

[1] 대통령도 국민의 한사람으로서 제한적으로나마 기본권의 주체가 될 수 있는바, 대통령은 소속 정당을 위하여 정당활동을 할 수 있는 사인으로서의 지위와 국민 모두에 대한 봉사자로서 공익실현의 의무가 있는 헌법기관으로서의 지위를 동시에 갖는데 최소한 전자의 지위와 관련하여는 기본권 주체성을 갖는다고 할 수 있다(헌재 2008.01.17. 2007헌마700).

[2] 청구인들은 지방자치단체의 장이라고 하더라도 표현의 자유, 정치활동의 자유나 선거운동의 자유 등 헌법상 보장된 기본권의 주체가 될 수 있다(헌재 1999.05.27. 98헌마214).

17 **외국인의 기본권 주체성에 대한 설명으로 가장 적절하지 않은 것은?** (다툼이 있는 경우 헌법재판소 판례에 의함) 2025 경찰 간부

① 헌법상 근로의 권리는 '일할 환경에 관한 권리'를 내포하고 있는바, 건강한 작업환경, 일에 대한 정당한 보수, 합리적인 근로조건의 보장 등을 요구할 수 있는 권리 등은 외국인에게도 기본권 주체성이 인정된다.

② 외국인들이 이미 적법하게 고용허가를 받아 적법하게 우리나라에 입국하여 우리나라에서 일정한 생활관계를 형성·유지하는 등, 우리 사회에서 정당한 노동인력으로서의 지위를 부여받은 상황임을 전제로 하는 이상, 해당 외국인에게도 직장 선택의 자유에 대한 기본권 주체성을 인정할 수 있다.

③ 외국인은 자격제도 자체를 다툴 수 있는 기본권 주체성이 인정되지 않지만, 국가자격제도와 관련된 평등권에 관하여는 따로 기본권 주체성을 인정할 수 있다.

④ 외국인이 복수국적을 누릴 자유가 우리 헌법상 행복추구권에 의하여 보호되는 기본권이라고 보기 어려우므로 외국인의 기본권 주체성 내지 기본권침해가능성을 인정할 수 없다.

PART · 02

지문분석 **난이도** □■■ **중** | **정답** ③ | **키워드** 외국인의 기본권 주체성 | **출제유형** 판례

① 【O】 근로의 권리가 "일할 자리에 관한 권리"만이 아니라 "일할 환경에 관한 권리"도 함께 내포하고 있는바, 후자는 인간의 존엄성에 대한 침해를 방어하기 위한 자유권적 기본권의 성격도 갖고 있어 건강한 작업환경, 일에 대한 정당한 보수, 합리적인 근로조건의 보장등을 요구할 수 있는 권리 등을 포함한다고 할 것이므로 외국인 근로자라고 하여 이 부분에까지 기본권 주체성을 부인할 수는 없다(헌재 2007.08.30. 2004헌마670).

② 【O】 청구인이 이미 적법하게 고용허가를 받아 적법하게 우리나라에 입국하여 우리나라에서 일정한 생활관계를 형성, 유지하는 등, 우리 사회에서 정당한 노동인력으로서의 지위를 부여받은 상황임을 전제로 하는 이상, 이 사건 청구인에게 직장 선택의 자유에 대한 기본권 주체성을 인정할 수 있다 할 것이다(헌재 2011.09.29. 2007헌마1083 등).

③ 【X】 국가정책에 따라 정부의 허가를 받은 외국인은 정부가 허가한 범위 내에서 소득활동을 할 수 있는 것이므로, 외국인이 국내에서 누리는 직업의 자유는 법률에 따른 정부의 허가에 의해 비로소 발생하는 권리이다. 따라서 외국인인 청구인에게는 그 기본권주체성이 인정되지 아니하며, 자격제도 자체를 다툴 수 있는 기본권주체성이 인정되지 아니하는 이상국가자격제도에 관련된 평등권에 관하여 따로 기본권주체성을 인정할 수 없다(헌재 2014.08.28. 2013헌마359).

④ 【O】 일반적으로 외국인이 특정한 국가의 국적을 선택할 권리가 자연권으로서 또는 우리 헌법상 당연히 인정될 수는 없는 것이어서 외국인이 복수국적을 누릴 자유가 우리 헌법상 행복추구권에 의하여 보호되는 기본권이라고 보기 어려우므로, 「국적법」 제10조 제1항에 의하여 청구인 설○혁 등의 재산권, 행복추구권이 침해될 가능성은 없다(헌재 2014.06.26. 2011헌마502).

18 기본권의 주체에 관한 설명 중 옳은 것(O)과 옳지 않은 것(X)을 바르게 표시한 것은? (다툼이 있는 경우 헌법재판소 판례에 의함) 2017 법원직 9급(변형)

> ㄱ. 인격권은 자연적 생명체인 개인의 존재를 전제로 하는 기본권으로서 그 성질상 법인에게는 적용될 수 없으므로, 법인인 방송사업자에게 그 의사에 반한 사과방송을 강제하더라도 법인의 인격권이 제한된다고 할 수 없다.
> ㄴ. 적법하게 고용허가를 받아 입국하여 우리나라에서 일정한 생활관계를 형성·유지하는 등 정당한 노동인력으로서의 지위를 부여받은 외국인의 경우, 직장 선택의 자유에 대한 기본권 주체성을 인정할 수 있다.
> ㄷ. 자연인을 구성원으로 하지 아니하는 재단법인의 경우에도 기본권 주체성이 인정될 수 있다.
> ㄹ. 수정 후 14일이 경과하여 원시선이 나타나기 전의 수정란 상태(초기배아)는 수정이 되어 현재 형성 중인 생명의 첫걸음을 떼었다는 점, 현재의 자연과학적 인식 수준에서 독립된 인간과 배아 간의 개체적 연속성을 인정할 수 있다는 점, 현재의 과학기술 수준에서 독립적인 인간으로의 성장가능성을 기대할 수 있다는 점 등을 종합적으로 고려할 때, 기본권 주체성을 인정할 수 있다.
> ㅁ. 법인도 거주·이전의 자유를 누릴 수 있다.

① ㄱ(○), ㄴ(○), ㄷ(×), ㄹ(×), ㅁ(×)
② ㄱ(○), ㄴ(×), ㄷ(○), ㄹ(×), ㅁ(○)
③ ㄱ(×), ㄴ(○), ㄷ(○), ㄹ(×), ㅁ(○)
④ ㄱ(×), ㄴ(×), ㄷ(○), ㄹ(×), ㅁ(×)
⑤ ㄱ(×), ㄴ(○), ㄷ(○), ㄹ(○), ㅁ(○)
⑥ ㄱ(○), ㄴ(×), ㄷ(×), ㄹ(○), ㅁ(×)

지문분석 **난이도** ■■■ 상 | **정답** ③ | **키워드** 기본권의 주체 | **출제유형** 판례

ㄱ 【X】 법인도 법인의 목적과 사회적 기능에 비추어 볼 때 그 성질에 반하지 않는 범위 내에서 인격권의 한 내용인 사회적 신용이나 명예 등의 주체가 될 수 있고 법인이 이러한 사회적 신용이나 명예 유지 내지 법인격의 자유로운 발현을 위하여 의사결정이나 행동을 어떻게 할 것인지를 자율적으로 결정하는 것도 법인의 인격권의 한 내용을 이룬다고 할 것이다. 그렇다면 이 사건 심판대상조항은 방송사업자의 의사에 반한 사과행위를 강제함으로써 방송사업자의 인격권을 제한한다(헌재 2012.08.23. 2009헌가27).

ㄴ 【O】 직업의 자유 중 이 사건에서 문제되는 직장 선택의 자유는 인간의 존엄과 가치 및 행복추구권과도 밀접한 관련을 가지는 만큼 단순히 국민의 권리가 아닌 인간의 권리로 보아야 할 것이므로 외국인 도 제한적으로라도 직장 선택의 자유를 향유할 수 있다고 보아야 한다(헌재 2011.09.29. 2009헌마351).

ㄷ 【O】 법인도 사단법인·재단법인 또는 영리법인·비영리법인을 가리지 아니하고 위 한계 내에서는 헌법상 보장된 기본권이 침해되었음을 이유로 헌법소원심판을 청구할 수 있다(헌재 1991.06.03. 90헌마56).

ㄹ 【X】 초기배아는 수정이 된 배아라는 점에서 형성 중인 생명의 첫걸음을 떼었다고 볼 여지가 있기는 하나 아직 모체에 착상되거나 원시선이 나타나지 않은 이상 현재의 자연과학적 인식 수준에서 독립된 인간과 배아 간의 개체적 연속성을 확정하기 어렵다고 봄이 일반적이라는 점을 고려할 때, 기본권 주체성을 인정하기 어렵다(헌재 2010.05.27. 2005헌마346).

ㅁ 【O】 거주·이전의 자유는 자연인만이 아니라 법인도 그 주체가 된다. 헌법재판소도 법인도 거주·이전의 자유의 주체가 됨을 전제로 본안판단을 한 바 있다. 지방세법 제138조 제1항 제3호가 법인의 대도시 내 부동산등기에 대하여 통상세율의 5배를 규정하고 있다 하더라도 그것이 대도시내에서 업무용 부동산을 취득할 정도의 재정능력을 갖춘 법인의 담세능력을 일반적으로 또는 절대적으로 초과하는 것이어서 그 때문에 법인이 대도시내에서 향유하여야 할 직업수행의 자유나 거주·이전의 자유가 형해화 할 정도에 이르러 그 본질적인 내용이 침해되었다고 볼 수 없다(헌재 1998.02.27. 97헌바79).

3 기본권의 효력

01 기본권의 효력에 대한 설명으로 옳지 않은 것은? 2016 법원직 9급(변형)

① 기본권의 효력이란 기본권이 누구에 대하여 효력을 가지는지, 누가 기본권의 수범자인지, 누가 기본권의 구속을 받는지, 누가 기본권을 존중해야 하는 의무를 부과 받는지의 문제이다.

② 우리 헌법 제10조 후문은 '국가의 기본권보장의무'를 통하여 국가가 기본권의 구속을 받는다는 것, 즉 국가가 기본권의 수범자라는 것을 분명히 밝히고 있다.

③ 국가의 관리작용과 국고작용 등 비권력작용에도 기본권의 효력이 미친다고 보는 것이 다수설과 헌법재판소의 입장이므로 국고작용에 대한 쟁송수단과 관련하여 공법상의 당사자소송, 민사소송 등도 검토될 수 있으나 헌법소원심판을 청구하는 것이 일의적 해결에 도움이 될 것이다

④ 기본권은 객관적 가치질서이기 때문에 모든 법영역에서 '방사효'가 인정되며, 그 결과 입법, 행정, 사법 등 국가작용의 모든 영역과 사법(私法)의 영역에까지 그 영향이 미친다. 결국 사법영역(私法領域)에 대한 방사효의 논리적 귀결로서 기본권의 제3자적 효력 또는 수평적 효력이 인정된다.

지문분석 **난이도** □■■ **중** | **정답** ③ | **키워드** 기본권의 효력 | **출제유형** 판례

③ 【X】 국고작용에 의해서 기본권을 침해당한 경우에 헌법소원을 제기할 수 있는가에 대하여는 기본권이 권력작용이나 관리작용뿐만 아니라 국고작용에 대해서도 기속력을 가지는 것으로 해석하여 국고작용도 헌법소원의 대상에 포함되는 것으로 보아야 한다는 견해(김문현)와 국고작용을 사법관계로 보아 대상적격을 부인하는 견해(김선택)가 있다. 우리 헌법재판소는 부정적이다(헌재 1992.12.24. 90헌마182). 또한 국고작용에 관련되어서는 사법관계로 보는 것이 법원의 확립된 판례(대법원 1999.06.25. 99다5767)이므로 민사법원을 통한 법적 해결이 가능한 이상 보충성의 원칙에 비추어 보더라도 헌법소원은 불가능 할 것이다. 그러므로 국고작용에 대한 쟁송수단으로서 헌법소원심판을 청구하는 것이 일의적 해결에 도움이 된다고 보기 어렵다.

02 기본권의 대사인적 효력에 관한 설명 중 옳지 않은 것은? (다툼이 있는 경우 판례에 의함)

2017 국가직 7급(변형)

① 기본권 규정은, 그 성질상 사법관계에 직접 적용될 수 있는 예외적인 것을 제외하고는, 사법상의 일반원칙을 규정한 「민법」 제2조, 제103조, 제750조, 제751조 등의 내용을 형성하고 그 해석기준이 되어 간접적으로 사법관계에 효력을 미친다.

② 헌법재판소는 헌법상의 근로3권 조항, 언론·출판의 자유조항, 연소자와 여성의 근로의 특별보호조항을 사인 간의 사적인 법률관계에 직접 적용되는 기본권 규정으로 인정하고, 국가배상청구권과 형사보상청구권은 원칙적으로 국가권력만을 구속한다고 하여 그 대사인적 효력을 부인하고 있다.

③ 헌법상의 기본권은 일차적으로 개인의 자유로운 영역을 공권력의 침해로부터 보호하기 위한 방어적 권리이지만, 다른 한편으로 헌법의 기본적 결단인 객관적 가치질서를 구체화한 것으로서 사법(私法)을 포함한 모든 법영역에 그 영향을 미치는 것이므로, 사인 간의 사적인 법률관계도 헌법상의 기본권 규정에 적합하게 규율되어야 한다.

④ 사인이나 사적 단체가 국가의 재정적 원조를 받거나 국가시설을 임차하는 경우 또는 실질적으로 행정적 기능을 수행하는 경우 등 국가와의 밀접한 관련성이 구체적으로 인정될 때, 그 행위를 국가행위와 동일시하여 헌법상의 기본권의 구속을 받게 하는 것이 미국에서의 국가행위의제이론(state action theory)이다.

지문분석 **난이도** ■■■ **상** | **정답** ② | **키워드** 기본권의 대사인적 효력 | **출제유형** 판례 및 이론

① 【O】, ③ 【O】 헌법상의 기본권은 제1차적으로 개인의 자유로운 영역을 공권력의 침해로부터 보호하기 위한 방어적 권리이지만 다른 한편으로 헌법의 기본적인 결단인 객관적인 가치질서를 구체화한 것으로서, 사법을 포함한 모든 법 영역에 그 영향을 미치는 것이므로 사인간의 사적인 법률관계도 헌법상의 기본권 규정에 적합하게 규율되어야 한다. 다만 기본권 규정은 그 성질상 사법관계에 직접 적용될 수 있는 예외적인 것을 제외하고는 사법상의 일반원칙을 규정한 「민법」 제2조, 제103조, 제750조, 제751조 등의 내용을 형성하고 그 해석 기준이 되어 간접적으로 사법관계에 효력을 미치게 된다(대판 2010.04.22. 2008다38288).

② 【X】 현행헌법은 기본권의 대사인적 효력에 관해 아무런 규정도 두고 있지 않다. 따라서 기본권의 대사인적 효력의 문제는 결국 학설과 판례에 맡겨져 있다. 헌법재판소가 지문과 같이 명시적으로 판단한바 없으며, 단지 학설상 검토되어지는 내용이다.

④ 【O】 미국에서는 오랫동안 자연법적인 기본권사상에 입각하여 기본권의 대사인적 효력을 인정하지 않았으나 사인에 의한 인종차별의 문제를 중심으로 서서히 판례와 이론이 변하기 시작하여, 미국연방대법원은 이른바 '국가작용설' 내지 '국가동시설'이라고 불려지는 일종의 '국가행위의제이론(state-action-doctrine)'을 구성해서 기본권의 대사인적 효력을 인정하려고 한다. 이에 의하면 국가의 재정적 원조를 받거나(국가원조이론) 국가시설을 임차하는 경우(국가재산이론) 또는 실질적으로 행정적 기능을 수행하는 경우(통치기능이론) 등 국가와의 밀접한 관련성이 구체적으로 인정될 때, 그 행위를 국가행위와 동일시하여 이에 대한 기본권 규정의 적용을 인정하고자 한다.

03 기본권의 제3자적 효력에 대한 설명으로 옳지 않은 것은? 2018 변호사(변형)

① 기본권의 제3자적 효력의 문제는 사인이나 사적 단체에 의한 기본권 침해 사례가 증가하는 상황에서 사회적 약자를 보호하기 위하여 제기되었다

② 국가배상청구권, 형사보상청구권, 진술거부권, 국선변호인의 조력을 받을 권리, 구속적부심사청구권, 신속한 공개재판을 받을 권리 등은 그 성질상 사인 간의 관계에 적용될 수 없다.

③ 우리나라에서는 기본권의 대사인적 효력에 관하여 간접효력설이 다수설이지만, 일부 기본권에 대해서는 예외적으로 직접적인 효력이 인정되기도 한다.

④ 평등권은 국가권력으로부터 부당한 차별대우를 받지 않을 권리이므로 사인간에는 적용되지 않는다는 것이 학계의 통설이다.

지문분석 **난이도** □□■ 하 | **정답** ④ | **키워드** 기본권의 제3자적 효력 | **출제유형** 이론

④ 【X】 평등권도 간접효력설에 의하여 대사인적 효력을 인정하는 것이 학계의 일반적 견해이다.

▶ 대사인적 효력에 관한 이론

	직접효력설	간접효력설
이론적 근거	• 헌법은 공·사법을 포괄하는 최고규범 • 기본권은 주관적 사권도 부여	• 기본권의 양면성에 의해 모든 생활에 파급효과를 미침 • 사인간의 사적법률관계는 사법이 적용
기본권의 성격	• 주관적 공권(대국가적 효력) • 주관적 사권(대사인적 효력)	• 주관적 공권(대국가적 효력) • 객관적 질서(대사인적 효력)
적용방식	• 사인에 대해 직접적용	• 사법의 일반원칙을 매개로 간접적용
강조점	• 법질서의 통일성	• 사적자치와 사회적 기본권의 조화
문제점	• 공·사법 이원체계파괴 • 사적자치의 완전배제	• 법관에게 지나친 재량권부여 • 직접 적용되는 기본권도 有
법원	• 독인연방노동법원	• 독일연방헌법재판소

04 기본권의 제3자적 효력에 관한 다음 기술 중 가장 옳지 않은 것은? 2019 국가직 7급(변형)

① 미국에서는 연방대법원의 판례를 통하여 사인간에도 기본권의 효력을 확대하여 인정하고 있는데, 이론적으로는 국가재산이론, 통치기능이론, 국가원조이론, 사법적 집행의 이론 등의 구성이 있다.

② 미국에서는 원래는 적법절차를 규정한 수정헌법 제14조의 대상이 국가로 되어 있다는 점을 들어 대 사인간 효력을 부인하였는데, 후에는 국가작용으로의 의제를 통하여 우회적으로 인정한 셈이 되었다.

③ 미국 판례의 입장은 결국 국가의 관여가 있거나 사인의 행위를 국가의 행위로 볼 수 있는 일정한 경우에 기본권 보장이 직접 적용된다는 것이고, 그 밖에도 사법상의 조리(Common Sense)를 접점으로 하여 사인간의 생활영역 전반에 걸쳐 직접 적용된다는 것이다.

④ 우리 헌법상 노동3권과 언론·출판의 자유, 통신의 자유, 혼인과 가족생활에 있어서 양성의 평등 등은 직접적이든, 간접적이든 사인간에도 효력을 인정할 여지가 있을 것이고, 무죄추정의 원칙 등 처음부터 국가에 대한 보장이 문제되어 온 기본권은 그 적용의 여지가 없다.

지문분석 **난이도** ■■■ **상** | **정답** ③ | **키워드** 기본권의 제3자적 효력 | **출제유형** 이론

① 【O】, ② 【O】, ③ 【X】 미국이론은 사법상의 조리를 접점으로 기본권의 대사인적 효력을 인정하는 것이 아니라 사인의 행위를 국가행위로 의제함으로써 기본권이 사인에게도 미친다는 이론이다. 미국은 사정부(私政府)이론의 관점에서 사인의 특정한 행위를 국가의 행위로 간주하는 헌법판례이론을 통해 헌법규정을 사법관계에 '직접' 적용하는 이론구성을 하고 있다. 이를 국가유사설 또는 국가행위의제이론이라고 하는데(Doctrine of looks like government), 국가행위의제론이란 사인의 행위라도 국가와 어떤 형태로든 관련이 있는 경우 이를 국가행위와 동일시하는 것을 말한다. 미국은 자연법적 기본권사상에 기초하여 기본권은 국가(연방 및 주(州)권력)에 대해서만 효력을 가진다는 입장이었으나 이후에 국가행위의제론을 기초로 하여 기본권 규정을 사인에게도 효력을 인정하게 되었다. 미국의 이러한 논리구성은 사인에게도 기본권의 효력을 미치게 하려면 사인의 행위를 국가의 행위와 동일시하거나 적어도 국가작용인 것처럼 의제하지 않으면 아니된다는 것으로서 기본권의 효력이 원칙적으로 국가권력에만 미친다는 종래의 입장을 유지하면서 기본권의 대사인적 효력을 인정하는 일종의 우회적인 이론구성이다.

④ 【O】 무죄추정권과 청원권은 대국가적 관계에서만 효력을 인정한다.

05 기본권의 효력에 관한 설명으로 옳은 것을 모두 고른 것은? (다툼이 있는 경우 판례에 의함)

2023 경찰 경채 2차

> ㉠ 기본권의 대국가적 효력은 국가권력에 대한 개인의 방어적 권리라는 기본권의 성격에서 비롯된다.
> ㉡ 기본권의 제3자적 효력(대사인적 효력)은 기본권의 객관적 가치질서로서의 성격과 밀접한 관련이 있다.
> ㉢ 기본권 규정은 그 성질상 사법관계에 직접 적용될 수 있는 예외적인 것을 제외하고는 사법상의 일반원칙을 규정한 「민법」 제2조, 제103조, 제750조, 제751조 등의 내용을 형성하고 그 해석의 기준이 되어 간접적으로 사법관계에 효력을 미치게 된다.
> ㉣ 평등권이라는 기본권의 침해도 「민법」 제750조의 일반규정을 통하여 사법상 보호되는 인격적 법익침해의 형태로 구체화되어 논하여질 수 있지만, 그 위법성 인정을 위하여는 반드시 사인간의 평등권 보호에 관한 별개의 입법이 있어야 한다.

① ㉠　　② ㉠, ㉡
③ ㉠, ㉡, ㉢　　④ ㉠, ㉡, ㉢, ㉣

지문분석 **난이도** ■■■ 상 | **정답** ③ | **키워드** 기본권의 제3자적 효력 | **출제유형** 이론

㉠ 【O】 기본권의 대국가적 효력은 국가와 국민의 관계에서 국민의 기본권은 주관적 공권으로서 직접적으로 모든 국가작용을 구속하는 것을 의미한다. 역사적으로 기본권은 국가권력에 대한 개인의 방어적 권리라는 성격으로 정립되어 왔으며, 국민이 개개인이 누리는 주관적 공권이기 때문에 기본권의 대국가적 효력은 당연히 인정된다.

㉡ 【O】 기본권의 대사인적 효력(제3자적 효력)이란 기본권이 국가의 국민의 관계를 넘어서 사인간에도 효력이 인정되어 사인의 법률행위나 사인 상호간의 법률관계에도 적용되는 것을 의미한다. 기본권을 국가권력에 대한 개인의 방어적 권리라는 성격으로만 파악하는 경우 기본권의 대사인적 효력은 인정될 수 없으며, 기본권을 사회구성원이 지키고 존중할 책임과 의무를 지는 객관적 가치질서로서의 성격으로 보아야 기본권의 대사인적 효력이 인정될 수 있다.

㉢ 【O】 기본권 규정은 그 성질상 사법관계에 직접 적용될 수 있는 예외적인 것을 제외하고는 사법상의 일반원칙을 규정한 「민법」 제2조, 제103조, 제750조, 제751조 등의 내용을 형성하고 그 해석 기준이 되어 간접적으로 사법관계에 효력을 미치게 된다(대판 2010.04.22. 2008다38288).

㉣ 【X】 헌법 제11조는 '모든 국민은 법 앞에 평등하다. 누구든지 성별·종교 또는 사회적 신분에 의하여 정치적·경제적·사회적·문화적 생활의 모든 영역에 있어서 차별을 받지 아니한다.'라고 규정하여 평등의 원칙을 선언함과 동시에 모든 국민에게 평등권을 보장하고 있다. 따라서 사적 단체를 포함하여 사회공동체 내에서 개인이 성별에 따른 불합리한 차별을 받지 아니하고 자신의 희망과 소양에 따라 다양한 사회적·경제적 활동을 영위하는 것은 그 인격권 실현의 본질적 부분에 해당하므로 평등권이라는 기본권의 침해도 「민법」 제750조의 일반규정을 통하여 사법상 보호되는 인격적 법익침해의 형태로 구체화되어 논하여질 수 있고, 그 위법성 인정을 위하여 반드시 사인간의 평등권 보호에 관한 별개의 입법이 있어야만 하는 것은 아니다(대판 2011.01.27. 2009다19864).

4 기본권의 갈등

01 기본권의 충돌과 경합에 관한 설명 중 가장 적절하지 않은 것은? (다툼이 있는 경우 판례에 의함)

2023 경찰 승진

① 근로자의 개인적 단결권(단결선택권)과 노동조합의 집단적 단결권(조직강제권)이 충돌하는 경우 헌법의 통일성을 유지하기 위하여 상충하는 기본권 모두가 최대한으로 그 기능과 효력을 발휘할 수 있도록 조화로운 방법을 모색하되 법익형량의 원리, 입법에 의한 선택적재량 등을 종합적으로 참작하여 심사하여야 한다.

② 흡연권은 사생활의 자유를 실질적 핵으로 하는 것이고 혐연권은 사생활의 자유뿐만 아니라 생명권에까지 연결되는 것이므로 혐연권이 흡연권보다 상위의 기본권이라 할 수 있고, 상하의 위계질서가 있는 기본권끼리 충돌하는 경우에는 상위기본권우선의 원칙에 따라 하위기본권이 제한될 수 있으므로, 흡연권은 혐연권을 침해하지 않는 한에서 인정되어야 한다.

③ 공무원직의 선택 내지 제한에 있어서는 공무담임권에 관한 헌법규정이 직업의 자유에 대한 특별규정으로서 우선적으로 적용되어야 한다.

④ 기본권의 경합이란 상이한 복수의 기본권주체가 서로의 권익을 실현하기 위해 하나의 동일한 사건에서 국가에 대하여 서로 대립되는 기본권의 적용을 주장하는 경우를 말한다.

지문분석 **난이도** □■■ 중 | **정답** ④ | **키워드** 기본권 갈등 | **출제유형** 판례

① 【O】 이 사건 법률조항은 앞서 본 바와 같이 특정한 노동조합의 가입을 강제하는 단체협약의 체결을 용인하고 있으므로 근로자의 개인적 단결권(단결선택권)과 노동조합의 집단적 단결권(조직강제권)이 동일한 장에서 서로 충돌한다. 이와 같이 개인적 단결권과 집단적 단결권이 충돌하는 경우 기본권의 서열이론이나 법익형량의 원리에 입각하여 어느 기본권이 더 상위기본권이라고 단정할 수는 없다. 왜냐하면 개인적 단결권은 헌법상 단결권의 기초이자 집단적 단결권의 전제가 되는 반면에, 집단적 단결권은 개인적 단결권을 바탕으로 조직·강화된 단결체를 통하여 사용자와 사이에 실질적으로 대등한 관계를 유지하기 위하여 필수불가결한 것이기 때문이다. 즉 개인적 단결권이든 집단적 단결권이든 기본권의 서열이나 법익의 형량을 통하여 어느 쪽을 우선시키고 다른 쪽을 후퇴시킬 수는 없다고 할 것이다. 따라서 이러한 경우 헌법의 통일성을 유지하기 위하여 상충하는 기본권 모두가 최대한으로 그 기능과 효력을 발휘할 수 있도록 조화로운 방법을 모색하되(규범조화적 해석), 법익형량의 원리, 입법에 의한 선택적 재량 등을 종합적으로 참작하여 심사하여야 한다(헌결 2005.11.24. 2002헌바95).

② 【O】 흡연자들의 흡연권이 인정되듯이, 비흡연자들에게도 흡연을 하지 아니할 권리 내지 흡연으로부터 자유로울 권리가 인정된다(이하 이를 '혐연권'이라고 한다). 혐연권은 흡연권과 마찬가지로 헌법 제17조, 헌법 제10조에서 그 헌법적 근거를 찾을 수 있다. 나아가 흡연이 흡연자는 물론 간접흡연에 노출되는 비흡연자들의 건강과 생명도 위협한다는 면에서 혐연권은 헌법이 보장하는 건강권과 생명권에 기하여서도 인정된다. 흡연자가 비흡연자에게 아무런 영향을 미치지 않는 방법으로 흡연을 하는 경우에는 기본권의 충돌이 일어나지 않는다. 그러나 흡연자와 비흡연자가 함께 생활하는 공간에서의 흡연행위는 필연적으로 흡연자의 기본권과 비흡연자의 기본권이 충돌하는 상황이 초래된다. 그런데 흡연권은 위와 같이 사생활의 자유를 실질적 핵으로 하는 것이고 혐연권은 사생활의 자유뿐만 아니라 생명권에까지 연결되는 것이므로 혐연권이 흡연권보다 상위의 기본권이라 할 수 있다. 이처럼 상하의 위계질서가 있는 기본권끼리 충돌하는 경우에는 상위기본권우선의 원칙에 따라 하위기본권이 제한될 수 있으므로, 결국 흡연권은 혐연권을 침해하지 않는 한에서 인정되어야 한다(헌결 2004.08.26. 2003헌마457).

③ 【O】 직업의 자유 침해 여부에 관하여 보건대, 침해한 기본권 주체의 행위에 적용될 수 있는 여러 기본권들 중의 하나가 다른 기본권에 대하여 특별법적 지위에 있는 경우에는 기본권의 경합은 성립되지 않고 특별법적 지위에 있는 기본권이 우선적으로 적용되고 다른 기본권은 배제되는바, 공무원직은 그 자체가 다른 사적인 직업들과는 달라서 그 수가 한정되어 있을 뿐만 아니라 일정한 자격요건을 갖추어야 하기 때문에 처음부터 주관적 및 객관적 사유에 의한 제한이 전제되어 있다. 따라서 공무원직의 선택 내지는 제한에 있어서는 공무담임권에 관한 헌법규정이 직업의 자유에 대한 특별규정으로서 우선적으로 적용되어야 하며 직업의 자유의 적용은 배제된다고 보아야 할 것이므로, 위 부분에 대하여도 별도 판단을 하지 아니한다(헌결 2005.10.27. 2004헌바41).

④ 【X】 기본권의 충돌이란 상이한 복수의 기본권주체가 서로의 권익을 실현하기 위해 하나의 동일한 사건에서 국가에 대하여 서로 대립되는 기본권의 적용을 주장하는 경우를 말하는데, 한 기본권주체의 기본권행사가 다른 기본권주체의 기본권행사를 제한 또는 희생시킨다는 데 그 특징이 있다(헌결 2005.11.24. 2002헌바95).

02 기본권 갈등에 대한 설명으로 가장 적절한 것은? (다툼이 있는 경우 판례에 의함) 2018 경찰 승진

① 종교단체가 일정규모 이상의 양로시설을 설치하고자 하는 경우 신고하도록 의무를 부담시키는 것은 종교단체의 종교의 자유와 인간다운 생활을 할 권리를 제한한다.

② 행복추구권은 다른 기본권에 대한 보충적 기본권으로서의 성격을 지니므로, 공무담임권이라는 우선적으로 적용되는 기본권이 존재하여 그 침해여부를 판단하는 이상, 행복추구권 침해 여부를 독자적으로 판단할 필요가 없다.

③ 학생의 수학권과 교사의 수업권은 대등한 지위에 있으므로, 학생의 수학권의 보장을 위하여 교사의 수업권을 일정한 범위 내에서 제약할 수 없다.

④ 일반음식점 영업소를 금연구역으로 지정하여 운영하여야 할 의무를 부담시키는 것은 음식점 운영자의 직업수행의 자유와 음식점 시설에 대한 권리를 제한한다.

지문분석 **난이도** □■■ **중** | **정답** ② | **키워드** 기본권 갈등 | **출제유형** 판례

① 【X】 종교인 또는 종교단체가 사회취약계층이나 빈곤층을 위해 양로시설과 같은 사회복지시설을 마련하여 선교행위를 하는 것은 오랜 전통으로 확립된 선교행위의 방법이며, 사회적 약자를 위한 시설을 지어 도움을 주는 것은 종교의 본질과 관련이 있다. 따라서 심판대상조항에 의하여 신고의 대상이 되는 양로시설에 종교단체가 운영하는 양로시설을 제외하지 않는 것은 자유로운 양로시설 운영을 통한 선교의 자유, 즉 종교의 자유 제한의 문제를 불러온다. 그러나 심판대상조항은 종교단체에서 운영하는 양로시설도 일정규모 이상의 경우 신고하도록 한 규정일 뿐, 거주이전의 자유나 인간다운 생활을 할 권리의 제한을 불러온다고 볼 수 없으므로 이에 대해서는 별도로 판단하지 아니한다(헌재 2016.06.30. 2015헌바46).

② 【O】 행복추구권은 다른 기본권에 대한 보충적 기본권으로서의 성격을 지니므로, 공무담임권이라는 우선적으로 적용되는 기본권이 존재하여 그 침해여부를 판단하는 이상, 행복추구권 침해 여부를 독자적으로 판단할 필요가 없다(헌재 2000.12.14. 99헌마112).

③ 【X】 수업권은 교사의 지위에서 생기는 학생에 대한 일차적인 교육상의 직무권한(직권)이지만, 학생의 수학권의 실현을 위하여 인정되는 것으로서 양자는 상호협력관계에 있다고 하겠으나, 수학권은 헌법상 보장된 기본권의 하나로서 보다 존중되어야 하며, 그것이 왜곡되지 않고 올바로 행사될 수 있게 하기 위한 범위 내에서는 수업권도 어느 정도의 범위내에서 제약을 받지 않으면 안될 것이다(헌재 1992.11.12. 89헌마88).

④ 【X】 심판대상조항은 청구인이 선택한 직업을 영위하는 방식과 조건을 규율하고 있으므로 청구인의 직업수행의 자유를 제한한다. 한편, 심판대상조항은 청구인으로 하여금 음식점시설과 그 내부 장비 등을 철거하거나 변경하도록 강제하는 내용이 아니므로, 이로 인하여 청구인의 음식점 시설 등에 대한 권리가 제한되어 재산권이 침해되는 것은 아니다(헌재 2016.06.30. 2015헌마813).

03 기본권의 충돌이란 상이한 복수의 기본권주체가 서로의 권익을 실현하기 위해 하나의 동일한 사건에서 국가에 대하여 서로 대립되는 기본권의 적용을 주장하는 경우를 말하는데 헌법재판소는 이를 해결하기 위한 방법으로 기본권의 서열이론, 법익형량의 원리, 실제적 조화의 원리(=규범조화적 해석) 등을 사용한다. 다음 중 헌법재판소가 흡연권과 혐연권의 충돌을 해결하기 위해 사용한 방법과 같은 방법으로 기본권 충돌을 해결한 사례는? 2024 경찰 1차

① 「정기간행물의 등록 등에 관한 법률」상의 피해자의 반론권과 보도기관의 언론의 자유 사이의 충돌

② 「통신비밀보호법」이 위법하게 취득한 타인간의 대화내용을 공개하는 자를 처벌하는 경우 대화 공개자의 표현의 자유와 대화자의 통신의 비밀 사이의 충돌

③ 유니언 샵(Union Shop) 협정 체결을 용인하고 있는 「노동조합 및 노동관계조정법」에 의한 노동조합의 적극적 단결권과 근로자의 단결하지 아니할 자유 사이의 충돌

④ 유니언 샵(Union Shop) 협정 체결을 용인하고 있는 「노동조합 및 노동관계조정법」에 의한 노동조합의 집단적 단결권과 근로자의 단결선택권 사이의 충돌

지문분석 **난이도** ■■■ 상 | **정답** ③ | **키워드** 기본권의 경합과 충돌 | **출제유형** 판례

주어진 지문에서의 기본권의 갈등은 충돌 중에서 효력상의 우위가 있는 기본권간의 충돌 문제에 해당한다. 따라서 흡연권은 사생활의 자유를 실질적 핵으로 하는 것이고 혐연권은 사생활의 자유뿐만 아니라 생명권에까지 연결되는 것이므로 혐연권이 흡연권보다 상위의 기본권이다. 그러므로 상하의 위계질서가 있는 기본권끼리 충돌하는 경우에는 상위기본권우선의 원칙에 따라 하위기본권이 제한될 수 있으므로, 흡연권은 혐연권을 침해하지 않는 한에서 인정되어야 한다(헌재 2004.08.26. 2003헌마457).

① 【X】 현행 정정보도청구권제도는 언론의 자유와는 비록 서로 충돌되는 면이 없지 아니하나 전체적으로 상충되는 기본권 사이에 합리적 조화를 이루고 있으므로 「정기간행물의 등록 등에 관한 법률」 제16조 제3항, 제19조 제3항은 결코 평등의 원칙에 반하지 아니하고, 언론의 자유의 본질적 내용을 침해하거나 언론기관의 재판청구권을 부당히 침해하는 것으로 볼 수 없어 헌법에 위반되지 아니한다(헌재 1991.09.16. 89헌마165)

② 【X】 이 사건 법률조항에 의하여 대화자의 통신의 비밀과 공개자의 표현의 자유라는 두 기본권이 충돌하게 된다. 이와 같이 두 기본권이 충돌하는 경우 헌법의 통일성을 유지하기 위하여 상충하는 기본권 모두 최대한으로 그 기능과 효력을 발휘할 수 있도록 조화로운 방법이 모색되어야 하므로, 과잉금지원칙에 따라서 이 사건 법률조항의 목적이 정당한 것인가, 그러한 목적을 달성하기 위하여 마련된 수단이 표현의 자유를 제한하는 정도와 대화의 비밀을 보호하는 정도 사이에 적정한 비례를 유지하고 있는가의 관점에서 심사하기로 한다(헌재 2011.08.30. 2009헌바42).

③ 【O】 이 사건 법률조항은 노동조합의 조직유지·강화를 위하여 당해 사업장에 종사하는 근로자의 3분의 2 이상을 대표하는 노동조합(이하 '지배적 노동조합'이라 한다)의 경우 단체협약을 매개로 한 조직강제[이른바 유니언 샵(Union Shop) 협정의 체결]를 용인하고 있다. 이 경우 근로자의 단결하지 아니할 자유와 노동조합의 적극적 단결권(조직강제권)이 충돌하게 되나, 근로자에게 보장되는 적극적 단결권이 단결하지 아니할 자유보다 특별한 의미를 갖고 있고, 노동조합의 조직강제권도 이른바 자유권을 수정하는 의미의 생존권(사회권)적 성격을 함께 가지는 만큼 근로자 개인의 자유권에 비하여 보다 특별한 가치로 보장되는 점 등을 고려하면, 노동조합의 적극적 단결권은 근로자 개인의 단결하지 않을 자유보다 중시된다고 할 것이고, 또 노동조합에게 위와 같은 조직강제권을 부여한다고 하여 이를 근로자의 단결하지 아니할 자유의 본질적인 내용을 침해하는 것으로 단정할 수는 없다(헌재 2005.11.24. 2002헌마95).

④ 【X】 이 사건 법률조항은 단체협약을 매개로 하여 특정 노동조합에의 가입을 강제함으로써 근로자의 단결선택권과 노동조합의 집단적단결권(조직강제권)이 충돌하는 측면이 있으나, 이러한 조직강제를 적법·유효하게 할 수 있는 노동조합의 범위를 엄격하게 제한하고 지배적 노동조합의 권한남용으로부터 개별근로자를 보호하기 위한 규정을 두고 있는 등 전체적으로 상충되는 두 기본권 사이에 합리적인 조화를 이루고 있고 그 제한에 있어서도 적정한 비례관계를 유지하고 있으며, 또 근로자의 단결선택권의 본질적인 내용을 침해하는 것으로도 볼 수 없으므로, 근로자의 단결권을 보장한 헌법 제33조 제1항에 위반되지 않는다(헌재 2005.11.24. 2002헌마95).

04 기본권 갈등에 대한 설명으로 가장 적절하지 않은 것은? (다툼이 있는 경우 헌법재판소 판례에 의함)

2022 경찰 간부

① 「민법」상 채권자취소권이 헌법에 부합하는 이유는 채권자의 재산권과 채무자의 일반적 행동자유권 중에서 이익형량의 원칙에 비추어 채권자의 재산권이 상위의 기본권이기 때문이다.

② 형제·자매에게 가족관계등록부 등의 기록사항에 관한 증명서 교부청구권을 부여하는 것은 본인의 개인정보자기결정권을 제한하는 것으로 개인정보자기결정권 침해 여부를 판단한 이상 인간의 존엄과 가치 및 행복추구권, 사생활의 비밀과 자유는 판단하지 않는다.

③ 「노동조합 및 노동관계조정법」상 유니온 샵(Union Shop) 조항은 특정한 노동조합의 가입을 강제하는 단체협약의 체결을 용인하고 있으므로 근로자의 개인적 단결권과 노동조합의 집단적 단결권이 서로 충돌하는 경우에 해당하며 이를 기본권의 서열이론이나 법익형량의 원리에 입각하여 어느 기본권이 더 상위기본권이라고 단정할 수는 없다.

④ 어떤 법령이 직업의 자유와 행복추구권 양자를 제한하는 외관을 띠는 경우 두 기본권의 경합문제가 발생하고, 보호영역으로서 '직업'이 문제될 때 행복추구권과 직업의 자유는 특별관계에 있다.

지문분석 **난이도** □■■ 중 | **정답** ① | **키워드** 기본권의 경합과 충돌 | **출제유형** 판례

① 【X】 사적자치의 원칙은 헌법 제10조의 행복추구권 속에 함축된 일반적 행동자유권에서 파생된 것으로서 헌법 제119조 제1항의 자유시장 경제질서의 기초이자 우리 헌법상의 원리이고, 계약자유의 원칙은 사적자치권의 기본원칙으로서 이러한 사적자치의 원칙이 법률행위의 영역에서 나타난 것이므로, 채권자의 재산권과 채무자 및 수익자의 일반적 행동의 자유권 중 어느 하나를 상위기본권이라고 할 수는 없을 것이고, 채권자의 재산권과 수익자의 재산권 사이에서도 어느 쪽이 우월하다고 할 수는 없을 것이기 때문이다(헌재 2007.10.25. 2005헌바96).

② 【O】 개인의 출생, 인지, 입양, 파양, 혼인, 이혼, 사망 등의 신고를 통해 작성되고 보관·관리되는 개인정보가 수록된 각종 증명서를 본인의 동의 없이도 형제자매가 발급받을 수 있도록 하는 것은 개인정보자기결정권을 제한하는 것이다. 청구인은 이 사건 법률조항에 의하여 인간의 존엄과 가치 및 행복추구권, 사생활의 비밀과 자유가 침해된다고 주장하나, 위 기본권들은 모두 개인정보자기결정권의 헌법적 근거로 거론되는 것으로서 청구인의 개인정보에 대한 공개와 이용이 문제되는 이 사건에서 개인정보자기결정권 침해 여부를 판단하는 이상 별도로 판단하지 않는다(헌재 2016.06.30. 2015헌마924).

③ 【O】 이 사건 법률조항은 앞서 본 바와 같이 특정한 노동조합의 가입을 강제하는 단체협약의 체결을 용인하고 있으므로 근로자의 개인적 단결권(단결선택권)과 노동조합의 집단적 단결권(조직강제권)이 동일한 장에서 서로 충돌한다. 이와 같이 개인적 단결권과 집단적 단결권이 충돌하는 경우 기본권의 서열이론이나 법익형량의 원리에 입각하여 어느 기본권이 더 상위기본권이라고 단정할 수는 없다(헌재 2005.11.24. 2002헌바95 등).

④ 【O】 행복추구권은 다른 기본권에 대한 보충적 기본권으로서의 성격을 지니고, 특히 어떠한 법령이 수범자의 직업의 자유와 행복추구권 양자를 제한하는 외관을 띠는 경우 두 기본권의 경합 문제가 발생하는데, 보호영역으로서 '직업'이 문제되는 경우 행복추구권과 직업의 자유는 서로 일반특별관계에 있어 기본권의 내용상 특별성을 갖는 직업의 자유의 침해 여부가 우선하여 행복추구권 관련 위헌 여부의 심사는 배제되어야 하는 것이므로, 이 사건에 있어서 청구인이 건설업을 영위하는 행위가 직업의 자유의 보호영역에 포함된다고 보아 앞서 그 침해여부를 판단한 이상, 행복추구권의 침해 여부를 독자적으로 판단할 필요가 없다(헌재 2007.05.31. 2007헌바3).

05 기본권의 경합(또는 경쟁)과 충돌(또는 상충)에 관한 설명 중 가장 적절하지 <u>않은</u> 것은? (다툼이 있는 경우 판례에 의함) 2016 경찰 승진

① 기본권의 경합은 동일한 기본권 주체가 동시에 여러 기본권의 적용을 주장하는 경우에 발생하는 문제이다.

② 기본권의 충돌은 상이한 기본권 주체가 서로 대립되는 기본권의 적용을 주장할 때 발생하는 문제이다.

③ 예술적 표현수단을 사용하여 상업적 광고를 하는 경우 영업의 자유, 예술의 자유 등 복합적인 기본권 충돌의 문제가 발생한다.

④ 흡연권은 사생활의 자유를 실질적 핵으로 하는 것이고, 혐연권은 사생활의 자유뿐만 아니라 생명권에까지 연결되는 것이므로 혐연권이 흡연권보다 상위의 기본권이다.

지문분석 **난이도** □□■ 하 | **정답** ③ | **키워드** 기본권의 갈등 | **출제유형** 판례 및 이론

①, ② 【O】 기본권 갈등에서 충돌과 경합에 대한 정의에 해당한다.
③ 【X】 유사경합의 문제이다.
④ 【O】 흡연권은 사생활의 자유를 실질적 핵으로 하는 것이고 혐연권은 사생활의 자유뿐만 아니라 생명권에까지 연결되는 것이므로 혐연권이 흡연권보다 상위의 기본권이다(헌재 2004.08.26. 2003헌마457).

06 기본권 경합에 대한 헌법재판소 결정으로 옳은 것은? 2016 국가직 7급

① 수용자가 작성한 집필문의 외부반출을 불허하고 이를 영치할 수 있도록 한 것은 수용자의 통신의 자유와 표현의 자유를 제한한다.

② 종교단체가 양로시설을 설치하고자 하는 경우 신고하도록 의무를 부담시키는 것은 종교단체의 종교의 자유와 인간다운 생활을 할 권리를 제한한다.

③ 일반음식점 영업소에 음식점 시설 전체를 금연구역으로 지정하여 운영하여야 할 의무를 부담시키는 것은 음식점 운영자의 직업수행의 자유와 음식점 시설에 대한 재산권을 제한한다.

④ 형제·자매에게 가족관계등록부 등의 기록사항에 관한 증명서 교부청구권을 부여하는 것은 본인의 개인정보자기결정권을 제한하는 것으로 개인정보자기결정권 침해 여부를 판단한 이상 인간의 존엄과 가치 및 행복추구권, 사생활의 비밀과 자유는 판단하지 않는다.

지문분석 **난이도** □■■ **중** | **정답** ④ | **키워드** 기본권 경합 | **출제유형** 판례

① 【X】 청구인은 수용자가 작성한 집필문의 외부반출을 불허하고 이를 영치할 수 있도록 한 심판대상조항에 의해 표현의 자유 또는 예술창작의 자유가 제한된다고 주장하나, 심판대상조항은 집필문을 창작하거나 표현하는 것을 금지하거나 이에 대한 허가를 요구하는 조항이 아니라 이미 표현된 집필문을 외부의 특정한 상대방에게 발송할 수 있는지 여부에 대해 규율하는 것이므로, 제한되는 기본권은 헌법 제18조에서 정하고 있는 통신의 자유로 봄이 상당하다(헌재 2016.05.26. 2013헌바98).

② 【X】 청구인은 종교단체가 양로시설을 설치하고자 하는 경우 신고하도록 의무를 부담시키는 심판대상조항이 노인들의 거주·이전의 자유 및 인간다운 생활을 할 권리를 침해한다고 주장한다. 그러나 심판대상조항은 종교단체에서 운영하는 양로시설도 일정규모 이상의 경우 신고하도록 한 규정일 뿐, 거주이전의 자유나 인간다운 생활을 할 권리의 제한을 불러온다고 볼 수 없다. 국가 또는 지방자치단체 외의 자가 양로시설을 설치하고자 하는 경우 신고하도록 한 노인복지법 조항으로 인하여, 종교시설에서 운영하는 양로시설이라고 하더라도 일정 규모 이상이라면 설치시 신고하도록 규정한 것은 죄형법정주의의 명확성원칙에 반하지 아니하고, 과잉금지원칙에 위배되어 종교의 자유를 침해하지 아니한다(헌재 2016.06.30. 2015헌바46).

③ 【X】 일반음식점영업소를 금연구역으로 지정하여 운영하도록 한 심판대상조항은 청구인이 선택한 직업을 영위하는 방식과 조건을 규율하고 있으므로 청구인의 직업수행의 자유를 제한한다. 한편, 심판대상조항은 청구인으로 하여금 음식점 시설과 그 내부 장비 등을 철거하거나 변경하도록 강제하는 내용이 아니므로, 이로 인하여 청구인의 음식점 시설 등에 대한 권리가 제한되어 재산권이 침해되는 것은 아니다(헌재 2016.06.30. 2015헌마813).

④ 【O】 청구인은 형제·자매에게 가족관계등록부 등의 기록사항에 관한 증명서 교부청구권을 부여하는 이 사건 법률조항에 의하여 인간의 존엄과 가치 및 행복추구권, 사생활의 비밀과 자유가 침해된다고 주장하나, 위 기본권들은 모두 개인정보자기결정권의 헌법적 근거로 거론되는 것으로서 청구인의 개인정보에 대한 공개와 이용이 문제되는 이 사건에서 개인정보자기결정권 침해 여부를 판단하는 이상 별도로 판단하지 않는다. 개인정보가 수록된 「가족관계등록법」상 각종 증명서를 본인의 동의 없이도 형제자매가 발급받을 수 있도록 하는 것은 과잉금지원칙을 위반하여 개인정보자기결정권을 침해한다(헌재 2016.06.30. 2015헌마924).

07 기본권 경합에 대한 설명으로 가장 적절하지 않은 것은? (다툼이 있는 경우 헌법재판소 판례에 의함)
2023 경찰간부

① 기본권 경합의 경우에는 기본권 침해를 주장하는 청구인의 의도 및 기본권을 제한하는 입법자의 객관적 동기 등을 참작하여 사안과 가장 밀접한 관계에 있고 또 침해의 정도가 큰 주된 기본권을 중심으로 그 제한의 한계를 살핀다.
② 청구인은 의료인이 아니라도 문신시술업을 합법적인 직업으로 영위할 수 있어야 함을 주장하고 있고, 「의료법」 조항의 1차적 의도도 보건위생상 위해 가능성이 있는 행위를 규율하고자 하는 경우에는 직업선택의 자유를 중심으로 위헌 여부를 살피는 이상 예술의 자유 침해 여부는 판단하지 아니한다.
③ 선거기간 중 모임을 처벌하는 「공직선거법」 조항에 대한 입법자의 1차적 의도는 선거기간 중 집회를 금지하는 데 있으며, 헌법상 결사의 자유보다 집회의 자유가 두텁게 보호되고, 위 조항에 의하여 직접 제약되는 자유 역시 집회의 자유이므로 집회의 자유를 침해하는지를 살핀다.
④ 국립대학교 총장임용후보자 선거 시 투표에서 일정 수 이상을 득표한 경우에만 기탁금 전액이나 일부를 후보자에게 반환하고, 반환되지 않은 기탁금은 국립대학교 발전기금에 귀속시키는 기탁금귀속조항에 대해서는 재산권보다 공무담임권을 중심으로 살핀다.

지문분석 **난이도** □■■ **중** | **정답** ④ | **키워드** 기본권 경합과 충돌 | **출제유형** 판례

① 【O】 하나의 규제로 인해 여러 기본권이 동시에 제약을 받는 기본권경합의 경우에는 기본권침해를 주장하는 제청신청인과 제청법원의 의도 및 기본권을 제한하는 입법자의 객관적 동기 등을 참작하여 사안과 가장 밀접한 관계에 있고 또 침해의 정도가 큰 주된 기본권을 중심으로 해서 그 제한의 한계를 따져 보아야 할 것이다(헌재 1998.04.30. 95헌가16).
② 【O】 이 사건에서 청구인들은 의료인이 아니더라도 문신시술업을 합법적인 직업으로 영위할 수 있어야 함을 주장하고 있고, 심판대상조항의 일차적 의도도 보건위생상 위해 가능성이 있는 행위를 규율하고자 하는 데 있으며, 심판대상조항에 의한 예술의 자유 또는 표현의 자유의 제한은 문신시술업이라는 직업의 자유에 대한 제한을 매개로 하여 간접적으로 제약되는 것이라 할 것인바, 사안과 가장 밀접하고 침해의 정도가 큰 직업선택의 자유를 중심으로 심판대상조항의 위헌 여부를 살피는 이상 예술의 자유와 표현의 자유 침해 여부에 대하여는 판단하지 아니한다(헌재 2022.03.31. 2017헌마1343 등).
③ 【O】 심판대상조항은 국민운동단체인 바르게살기운동협의회에 대하여 선거기간 중 일체의 모임을 금지시킴으로써 집회의 자유와 결사의 자유(단체활동의 자유)를 동시에 제한하고 있다. 심판대상조항에 대한 입법자의 일차적 의도는 선거기간 중 모임, 즉 집회를 금지하고자 하는 데 있으며, 단체의 모임은 단체의 다양한 활동 중의 하나에 불과하고, 헌법상 결사의 자유보다는 집회의 자유가 두텁게 보호되며, 위 조항에 의하여 직접 제약되는 자유 역시 집회의 자유라고 할 것이다. 따라서 아래에서는 심판대상조항이 과잉금지원칙에 위반하여 집회의 자유를 침해하는지를 살핀다(헌재 2013.12.26. 2010헌가90).
④ 【X】 이 사건 기탁금귀속조항은 후보자가 사망하거나 제1차 투표에서 유효투표수의 100분의 15 이상을 득표한 경우에는 기탁금 전액을, 제1차 투표에서 유효투표수의 100분의 10 이상 100분의 15 미만을 득표한 경우에는 기탁금 반액을 후보자에게 반환하고, 반환되지 않은 기탁금은 경북대학교 발전기금에 귀속되도록 하고 있다. 이하에서는 이 사건 기탁금귀속조항이 후보자의 재산권을 침해하는지 여부에 대하여 살핀다(헌재 2022.05.26. 2020헌마1219).

08 **기본권의 충돌 또는 경합에 관한 다음 설명 중 옳지 않은 것은 모두 몇 개인가?** 2022 법원직 9급

ㄱ. 흡연권과 혐연권의 관계처럼 상하의 위계질서가 있는 기본권끼리 충돌하는 경우 상위기본권우선의 원칙에 따라 하위기본권이 제한될 수 있으므로, 흡연권은 혐연권을 침해하지 않는 한에서 인정되어야 한다.
ㄴ. 노동조합이 당해 사업장에 종사하는 근로자의 3분의 2 이상을 대표하고 있을 때에는 근로자가 그 노동조합의 조합원이 될 것을 고용조건으로 하는 단체협약[이른바 유니언 샵(Union Shop)]과 관련하여 근로자의 단결하지 아니할 자유와 노동조합의 적극적 단결권(조직강제권)이 충돌하나, 근로자에게 보장되는 적극적 단결권이 단결하지 아니할 자유보다 특별한 의미를 가지고 있으므로 노동조합의 적극적 단결권은 근로자 개인의 단결하지 않을 자유보다 중시된다.
ㄷ. 채권자취소권에 관한 「민법」 규정으로 인하여 채권자의 재산권과 채무자 및 수익자의 일반적 행동의 자유, 그리고 채권자의 재산권과 수익자의 재산권이 동일한 장에서 충돌한다. 따라서 이러한 경우에는 상충하는 기본권 모두가 최대한으로 그 기능과 효력을 발휘할 수 있도록 이른바 규범조화적 해석방법에 따라 심사하여야 한다.
ㄹ. 기업의 경영에 관한 의사결정의 자유 등 영업의 자유와 근로자들이 누리는 일반적 행동자유권 등이 '근로조건' 설정을 둘러싸고 충돌하는 경우에는, 근로조건과 인간의 존엄성 보장 사이의 헌법적 관련성을 염두에 두고 구체적인 사안에서의 사정을 종합적으로 고려한 이익형량과 함께 기본권들 사이의 실제적인 조화를 꾀하는 해석 등을 통하여 이를 해결하여야 한다.

① 0개 ② 1개 ③ 2개 ④ 3개

지문분석 **난이도** ■■■ **상** | **정답** ① | **키워드** 기본권 경합과 충돌 | **출제유형** 판례

ㄱ 【O】 흡연권은 위와 같이 사생활의 자유를 실질적 핵으로 하는 것이고 혐연권은 사생활의 자유뿐만 아니라 생명권에까지 연결되는 것이므로 혐연권이 흡연권보다 상위의 기본권이라 할 수 있다. 이처럼 상하의 위계질서가 있는 기본권끼리 충돌하는 경우에는 상위기본권우선의 원칙에 따라 하위기본권이 제한될 수 있으므로, 결국 흡연권은 혐연권을 침해하지 않는 한에서 인정되어야 한다(헌재 2004.08.26. 2003헌마457).
ㄴ 【O】 이 사건 법률조항은 노동조합의 조직유지 · 강화를 위하여 당해 사업장에 종사하는 근로자의 3분의 2 이상을 대표하는 노동조합의 경우 단체협약을 매개로 한 조직강제[이른바 유니언 샵(Union Shop) 협정의 체결]를 용인하고 있다. 이 경우 근로자의 단결하지 아니할 자유와 노동조합의 적극적 단결권(조직강제권)이 충돌하게 되나, 근로자에게 보장되는 적극적 단결권이 단결하지 아니할 자유보다 특별한 의미를 갖고 있고, 노동조합의 조직강제권도 이른바 자유권을 수정하는 의미의 생존권(사회권)적 성격을 함께 가지는 만큼 근로자 개인의 자유권에 비하여 보다 특별한 가치로 보장되는 점 등을 고려하면, 노동조합의 적극적 단결권은 근로자 개인의 단결하지 않을 자유보다 중시된다고 할 것이고, 또 노동조합에게 위와 같은 조직강제권을 부여한다고 하여 이를 근로자의 단결하지 아니할 자유의 본질적인 내용을 침해하는 것으로 단정할 수는 없다(헌재 2005.11.24. 2002헌바95 등).
ㄷ 【O】 이 사건 법률조항은 채권자에게 채권의 실효성 확보를 위한 수단으로서 채권자취소권을 인정함으로써, 채권자의 재산권과 채무자와 수익자의 일반적 행동의 자유 내지 계약의 자유 및 수익자의 재산권이 서로 충돌하게 되는바, 위와 같은 채권자와 채무자 및 수익자의 기본권들이 충돌하는 경우에 기본권의 서열이나 법익의 형량을 통하여 어느 한 쪽의 기본권을 우선시키고 다른 쪽의 기본권을 후퇴시킬 수는 없다고 할 것이다. 따라서 이러한 경우에는 헌법의 통일성을 유지하기 위하여 상충하는 기본권 모두가 최대한으로 그 기능과 효력을 발휘할 수 있도록 조화로운 방법을 모색하되(규범조화적 해석), 법익형량의 원리, 입법에 의한 선택적 재량 등을 종합적으로 참작하여 심사하여야 할 것이다(헌재 2007.10.25. 2005헌바96)
ㄹ 【O】 기업의 경영에 관한 의사결정의 자유 등 영업의 자유와 근로자들이 누리는 일반적 행동자유권 등이 '근로조건' 설정을 둘러싸고 충돌하는 경우에는, 근로조건과 인간의 존엄성 보장 사이의 헌법적 관련성을 염두에 두고 구체적인 사안에서의 사정을 종합적으로 고려한 이익형량과 함께 기본권들 사이의 실제적인 조화를 꾀하는 해석 등을 통하여 이를 해결하여야 하고, 그 결과에 따라 정해지는 두 기본권 행사의 한계 등을 감안하여 두 기본권의 침해 여부를 살피면서 근로조건의 최종적인 효력 유무 판단과 관련한 법령 조항을 해석 · 적용하여야 한다(대판 2018. 9. 13. 2017두38560).

09 기본권 충돌에 대한 설명으로 가장 적절하지 않은 것은? (다툼이 있는 경우 헌법재판소 판례에 의함)

2023 경찰간부

① 단체협약을 매개로 한 조직강제[이른바 유니언 샵(Union Shop) 협정 체결]를 용인하는 경우 근로자 개인의 단결하지 않을 자유는 노동조합의 적극적 단결권보다 중시된다.

② 국민의 수학권과 교사의 수업의 자유는 다 같이 보호되어야 하겠지만 양자가 충돌하는 경우 국민의 수학권이 더 우선적으로 보호되어야 한다.

③ 흡연권은 사생활의 자유를 실질적 핵으로 하는 것이고 혐연권은 사생활의 자유뿐만 아니라 생명권에까지 연결되는 것이므로 혐연권이 흡연권보다 상위의 기본권이다.

④ 피해자의 반론게재청구권으로 해석되는 정정보도청구권제도는 언론의 자유와는 서로 충돌되는 면이 있으나 전체적으로는 상충되는 기본권 사이에 합리적인 조화를 이루고 있다.

지문분석 **난이도** □■■ **중** | **정답** ① | **키워드** 기본권 경합과 충돌 | **출제유형** 판례

① 【X】 이 경우 근로자의 단결하지 아니할 자유와 노동조합의 적극적 단결권(조직강제권)이 충돌하게 되나, 근로자에게 보장되는 적극적 단결권이 단결하지 아니할 자유보다 특별한 의미를 갖고 있고, 노동조합의 조직강제권도 이른바 자유권을 수정하는 의미의 생존권(사회권)적 성격을 함께 가지는 만큼 근로자 개인의 자유권에 비하여 보다 특별한 가치로 보장되는 점 등을 고려하면, 노동조합의 적극적 단결권은 근로자 개인의 단결하지 않을 자유보다 중시된다고 할 것이고, 또 노동조합에게 위와 같은 조직강제권을 부여한다고 하여 이를 근로자의 단결하지 아니할 자유의 본질적인 내용을 침해하는 것으로 단정할 수는 없다(헌재 2005.11.24. 2002헌바95 등).

② 【O】 국민의 수학권과 교사의 수업의 자유는 다 같이 보호되어야 하겠지만 그 중에서도 국민의 수학권이 더 우선적으로 보호되어야 한다. 그것은 국민의 수학권의 보장은 우리 헌법이 지향하고 있는 문화국가, 민주복지국가의 이념구현을 위한 기본적 토대이고, 국민이 인간으로서 존엄과 가치를 가지며 행복을 추구하고(헌법 제10조 전문) 인간다운 생활을 영위하는데(헌법 제34조) 필수적인 조건이고 대전제이며, 국민의 수학권이 교육제도를 통하여 충분히 실현될 때 비로서 모든 국민은 모든 영역에 있어서 각인의 기회를 균등히 하고 능력을 최고도로 발휘할 수 있게 될 것이기 때문이다(헌재 1992.11.12. 89헌마88).

③ 【O】 흡연권은 위와 같이 사생활의 자유를 실질적 핵으로 하는 것이고 혐연권은 사생활의 자유뿐만 아니라 생명권에까지 연결되는 것이므로 혐연권이 흡연권보다 상위의 기본권이라 할 수 있다. 이처럼 상하의 위계질서가 있는 기본권끼리 충돌하는 경우에는 상위기본권우선의 원칙에 따라 하위기본권이 제한될 수 있으므로, 결국 흡연권은 혐연권을 침해하지 않는 한에서 인정되어야 한다(헌재 2004.08.26. 2003헌마457).

④ 【O】 반론권은 보도기관이 사실에 대한 보도과정에서 타인의 인격권 및 사생활의 비밀과 사유에 대한 중대한 침해가 될 직접적 위험을 초래하게 되는 경우 이러한 법익을 보호하기 위한 적극적 요청에 의하여 마련된 제도인 것이지 언론의 자유를 제한하기 위한 소극적 필요에서 마련된 것은 아니기 때문에 이에 따른 보도기관이 누리는 언론의 자유에 대한 제약의 문제는 결국 피해자의 반론권과 서로 충돌하는 관계에 있는 것으로 보아야 할 것이다. 현행 정정보도청구권제도는 그 명칭에 불구하고 피해자의 반론게재청구권으로 해석되고 이는 언론의 자유와는 비록 서로 충돌되는 면이 없지 아니하나 전체적으로는 상충되는 기본권 사이에 합리적인 조화를 이루고 있는 것으로 판단된다(헌재 1991.09.16. 89헌마165).

5 기본권의 제한과 한계

01 기본권의 제한과 그 한계에 대한 설명 중 옳은 것을 모두 고른 것은? (다툼이 있는 경우 판례에 의함)

2018 경찰 승진

> ㉠ 유치원의 학교환경위생정화구역 안에 당구장시설을 금지하는 학교보건법 조항은 기본권 제한의 한계를 벗어난 것이 아니다.
> ㉡ 입법자가 정한 전문분야에 관한 자격제도에 대해서는 그 내용이 불합리하고 불공정하지 않는 한 입법자의 정책판단은 존중되어야 하며, 자격요건에 관한 법률조항은 합리적인 근거 없이 현저히 자의적인 경우에만 헌법에 위반된다고 할 수 있다.
> ㉢ 법정형의 종류와 범위의 선택은 입법자가 결정할 사항으로서 광범위한 입법재량 내지 형성의 자유가 인정되어야 할 분야이다.
> ㉣ 법률유보의 원칙은 '법률에 의한 규율'만을 요청하는 것이 아니라 '법률에 근거한 규율'을 요청하는 것이므로 기본권의 제한에는 법률의 근거가 필요할 뿐이고, 기본권 제한의 형식이 반드시 법률의 형식일 필요는 없다.

① ㉠, ㉡
② ㉢, ㉣
③ ㉡, ㉢, ㉣
④ ㉠, ㉡, ㉢, ㉣

지문분석 **난이도** ■■■ 상 | **정답** ③ | **키워드** 기본권의 제한과 그 한계 | **출제유형** 판례

㉠ 【X】 유치원주변에 당구장시설을 허용한다고 하여도 이로 인하여 유치원생이 학습을 소홀히 하거나 교육적으로 나쁜 영향을 받을 위험성이 있다고 보기 어려우므로, 유치원 및 이와 유사한 교육기관의 학교환경위생정화구역 안에서 당구장시설을 하지 못하도록 기본권을 제한하는 것은 입법목적의 달성을 위하여 필요하고도 적정한 방법이라고 할 수 없어 역시 기본권 제한의 한계를 벗어난 것이다(헌재 1997.03.27. 94헌마196).

㉡ 【O】 입법자는 일정한 전문분야에 관한 자격제도를 마련함에 있어서 그 제도를 마련한 목적을 고려하여 정책적인 판단에 따라 그 내용을 구성할 수 있고, 마련한 자격제도의 내용이 불합리하고 불공정하지 않은 한 입법자의 정책판단은 존중되어야 하며, 자격제도에서 입법자에게는 그 자격요건을 정함에 있어 광범위한 입법재량이 인정되는 만큼, 자격요건에 관한 법률조항은 합리적인 근거 없이 현저히 자의적인 경우에만 헌법에 위반된다(헌재 2006.04.27. 2005헌마997).

㉢ 【O】 어떤 범죄를 어떻게 처벌할 것인가 하는 문제 즉 법정형의 종류와 범위의 선택은 그 범죄의 죄질과 보호법익에 대한 고려뿐만 아니라 우리의 역사와 문화, 입법당시의 시대적 상황, 국민일반의 가치관 내지 법감정 그리고 범죄예방을 위한 형사정책적 측면 등 여러 가지 요소를 종합적으로 고려하여 입법자가 결정할 사항으로서 광범위한 입법재량 내지 형성의 자유가 인정되어야 할 분야이다(헌재 1999.05.27. 98헌바26).

㉣ 【O】 법률유보의 원칙은 '법률에 의한' 규율만을 뜻하는 것이 아니라 '법률에 근거한' 규율을 요청하는 것이므로 기본권 제한의 형식이 반드시 법률의 형식일 필요는 없고 법률에 근거를 두면서 헌법 제75조가 요구하는 위임의 구체성과 명확성을 구비하기만 하면 위임입법에 의하여도 기본권을 제한할 수 있다(헌재 2016.04.28. 2012헌마549).

02 현행법상 기본권의 제한과 한계에 대한 설명으로 가장 적절하지 않은 것은? (다툼이 있는 경우 판례에 의함) 2017 경찰 승진

① 기본권 제한에 관한 법률유보의 원칙에 따르면 기본권의 제한에는 법률의 근거가 필요하나, 기본권 제한 형식이 반드시 형식적 의미의 법률일 필요는 없다.

② 비상계엄이 선포된 경우, 영장제도와 언론·출판·집회·결사의 자유에 대한 특별한 조치를 통하여 기본권 제한을 할 수 있는 명시적인 헌법상 근거가 존재한다.

③ 형사보상은 형사피고인 등의 신체의 자유를 제한한 것에 대하여 사후적으로 그 손해를 보상하는 것인 바, 구금으로 인하여 침해되는 가치는 객관적으로 평가하기 어려운 것이므로, 그에 대한 보상을 어떻게 할 것인지는 국가의 경제적, 사회적, 정책적 사정들을 참작하여 입법재량으로 결정할 수 있는 사항이고, 이러한 점에서 헌법 제28조에서 규정하는 '정당한 보상'은 헌법 제23조 제3항에서 재산권의 침해에 대하여 규정하는 '정당한 보상'과 동일한 의미를 가진다.

④ 헌법재판소는 기본권을 제한함에 있어 비례의 원칙(과잉금지의 원칙)의 심사요건으로 목적의 정당성, 방법의 적정성, 침해의 최소성(필요성), 법익균형성(법익형량)을 채용하고 있다.

지문분석 **난이도** □□■ **하** | **정답** ③ | **키워드** 기본권의 제한과 그 한계 | **출제유형** 판례 및 이론

① 【O】 국민의 기본권은 헌법 제37조 제2항에 의하여 국가안전보장·질서유지 또는 공공복리를 위하여 필요한 경우에 한하여 이를 제한할 수 있으나, 그 제한의 방법은 원칙적으로 법률로써만 가능하고 제한의 정도도 기본권의 본질적 내용을 침해할 수 없으며 필요한 최소한도에 그쳐야 한다. 여기서 기본권 제한에 관한 법률유보원칙은 '법률에 근거한 규율'을 요청하는 것이므로, 그 형식이 반드시 법률일 필요는 없다 하더라도 법률상의 근거는 있어야 한다 할 것이다(헌재 2012.05.31. 2010헌마139).

② 【O】 헌법 제77조 제3항은 '비상계엄이 선포된 때에는 법률이 정하는 바에 의하여 영장제도, 언론·출판·집회·결사의 자유, 정부나 법원의 권한에 관하여 특별한 조치를 할 수 있다.'라고 규정하고 있다.

③ 【X】 형사보상은 형사피고인 등의 신체의 자유를 제한한 것에 대하여 사후적으로 그 손해를 보상하는 것인바, 구금으로 인하여 침해되는 가치는 객관적으로 평가하기 어려운 것이므로, 그에 대한 보상을 어떻게 할 것인지는 국가의 경제적, 사회적, 정책적 사정들을 참작하여 입법재량으로 결정할 수 있는 사항이라 할 것이다. 이러한 점에서 헌법 제28조에서 규정하는 '정당한 보상'은 헌법 제23조 제3항에서 재산권의 침해에 대하여 규정하는 '정당한 보상'과는 차이가 있다 할 것이다. 헌법 제23조 제3항에서 규정하는 '정당한 보상'이란 원칙적으로 피수용재산의 객관적 재산가치를 완전하게 보상하는 것이어야 하는바, 토지수용 등과 같은 재산권의 제한은 물질적 가치에 대한 제한이므로 제한되는 가치의 범위가 객관적으로 산정될 수 있어 이에 대한 완전한 보상이 가능하다. 그런데 헌법 제28조에서 문제되는 신체의 자유에 대한 제한인 구금으로 인하여 침해되는 가치는 객관적으로 산정할 수 없으므로, 일단 침해된 신체의 자유에 대하여 어느 정도의 보상을 하여야 완전한 보상을 하였다고 할 것인지 단언하기 어렵다(헌재 2010.10.28. 2008헌마514).

④ 【O】 헌법 제37조 제2항의 일반적 법률유보에 있어서 '필요최소한'이란 규정상 헌법재판소는 기본권제한에 과잉금지원칙을 채택하고 있다.

03 기본권 제한에 관한 설명 중 가장 적절하지 않은 것은? (다툼이 있는 경우 판례에 의함) 2015 경찰 승진

① 과잉금지원칙의 요소인 목적의 정당성, 방법의 적절성, 피해의 최소성, 법익의 균형성 중 하나라도 준수하지 못하는 국가행위는 위헌이다.
② 증거인멸이나 도망을 예방하기 위한 미결구금제도를 실효성 있게 하기 위한 것이라고 하더라도 미결수용자의 서신에 대한 검열은 통신 비밀에 대한 과잉의 조치이므로 헌법에 위반된다.
③ 헌법 제60조 제1항에 따라 국회의 동의를 얻어 법률적 효력을 가지는 조약은 기본권을 제한할 수 있으나, 그 경우에도 헌법 제37조 제2항의 비례의 원칙을 준수해야 한다.
④ 비상계엄이 선포된 경우 영장제도와 언론·출판·집회·결사의 자유에 대한 특별한 조치를 통하여 기본권을 제한할 수 있는 명시적인 헌법상 근거가 존재한다.

지문분석 **난이도** □□■ 하 | **정답** ② | **키워드** 기본권 제한 | **출제유형** 판례 및 조문

② 【X】 증거인멸이나 도망을 예방하고 교도소 내의 질서를 유지하여 미결구금제도를 실효성 있게 운영하고 일반사회의 불안을 방지하기 위하여 미결수용자의 서신에 대한 검열은 그 필요성이 인정된다고 할 것이고, 이로 인하여 미결수용자의 통신의 비밀이 일부 제한되는 것은 질서유지 또는 공공복리라는 정당한 목적을 위하여 불가피할 뿐만 아니라 유효적절한 방법에 의한 최소한의 제한으로서 헌법에 위반된다고 할 수 없다(헌재 1995.07.21. 92헌마144).
④ 【O】 헌법 제77조 제3항 비상계엄이 선포된 때에는 법률이 정하는 바에 의하여 영장제도, 언론·출판·집회·결사의 자유, 정부나 법원의 권한에 관하여 특별한 조치를 할 수 있다.

04 기본권의 보호영역에 대한 설명으로 옳지 않은 것은? (다툼이 있는 경우 헌법재판소 판례에 의함) 2019 국회직 8급

① 음란표현은 헌법 제21조가 규정하는 언론·출판의 자유의 보호영역 내에 있다.
② 일반적 행동자유권의 보호영역에는 개인의 생활방식과 취미에 관한 사항이 포함되며, 여기에는 위험한 스포츠를 즐길 권리와 같은 위험한 생활방식으로 살아갈 권리도 포함된다.
③ 헌법 제12조 제4항의 변호인의 조력을 받을 권리는 신체의 자유에 관한 영역으로서 가사소송에서 당사자가 변호사를 대리인으로 선임하여 그 조력을 받는 것은 그 보호영역에 포함된다고 보기 어렵다.
④ 국가의 간섭을 받지 아니하고 자유로이 기부행위를 할 수 있는 기회의 보장은 헌법상 보장된 재산권의 보호범위에 포함된다.
⑤ 지역 방언을 자신의 언어로 선택하여 공적 또는 사적인 의사소통과 교육의 수단으로 사용하는 것은 행복추구권에서 파생되는 일반적 행동의 자유 내지 개성의 자유로운 발현의 한 내용이 된다.

지문분석 **난이도** ■■■ **상** | **정답** ④ | **키워드** 기본권의 보호영역 | **출제유형** 판례

① 【O】 음란표현은 헌법 제21조가 규정하는 언론·출판의 자유의 보호영역 내에 있다(헌재 2009.05.28. 2006헌바109).
② 【O】 일반적 행동자유권은 모든 행위를 할 자유와 행위를 하지 않을 자유로 가치 있는 행동만 그 보호영역으로 하는 것은 아닌 것으로, 그 보호영역에는 개인의 생활방식과 취미에 관한 사항도 포함되며, 여기에는 위험한 스포츠를 즐길 권리와 같은 위험한 생활방식으로 살아갈 권리도 포함된다(헌재 2003.10.30. 2002헌마518).
③ 【O】 헌법 제12조 제4항의 변호인의 조력을 받을 권리는 신체의 자유에 관한 영역으로서 가사소송에서 당사자가 변호사를 대리인으로 선임하여 그 조력을 받는 것을 그 보호영역에 포함된다고 보기 어렵다(헌재 2012.10.25. 2011헌마598).
④ 【X】 국가의 간섭을 받지 아니하고 자유로이 기부행위를 할 수 있는 기회의 보장은 헌법상 보장된 재산권의 보호범위에 포함되지 않는다(헌재 1998.05.28. 96헌가5).
⑤ 【O】 지역 방언을 자신의 언어로 선택하여 공적 또는 사적인 의사소통과 교육의 수단으로 사용하는 것은 행복추구권에서 파생되는 일반적 행동의 자유 내지 개성의 자유로운 발현의 한 내용이 된다 할 것이다(헌재 2009.05.28. 2006헌마618).

05 **과잉금지원칙(비례원칙)에 관한 설명으로 가장 적절한 것은?** (다툼이 있는 경우 판례에 의함)

2016 지방직 7급(변형)

① 보험사기를 이유로 체포된 공인이 아닌 피의자를 수사기관이 기자들에게 경찰서 내에서 수갑을 차고 얼굴을 드러낸 상태에서 조사받는 모습을 촬영할 수 있도록 허용한 행위는 피의자의 재범 방지 및 범죄예방을 위한 것으로 목적의 정당성이 인정된다.
② 기본권을 제한하는 규정은 기본권행사의 '방법'과 '여부'에 관한 규정으로 구분할 수 있다. 방법의 적절성의 관점에서, 입법자는 우선 기본권행사의 '방법'에 관한 규제로써 공익을 실현할 수 있는가를 시도하고 이러한 방법으로는 공익달성이 어렵다고 판단되는 경우에 기본권행사의 '여부'에 관한 규제를 선택해야 한다.
③ 변호사시험 성적을 합격자에게 공개하지 않도록 규정한 「변호사시험법」 조항은 법학전문대학원 간의 과다경쟁 및 서열화를 방지하고, 교육과정이 충실하게 이행될 수 있도록 하여 다양한 분야의 전문성을 갖춘 양질의 변호사를 양성하기 위한 것으로 그 입법목적은 정당하나 입법목적을 달성하는 적절한 수단이라고 볼 수는 없다.
④ 형사재판에 피고인으로 출석하는 수형자에 대하여 사복착용을 불허하는 「형의 집행 및 수용자의 처우에 관한 법률」 조항은 형사재판을 받는 수형자의 도주를 방지하기 위한 것으로 목적의 정당성은 인정되나, 재판 과정에서 재소자용 의류를 입게 하는 것이 도주의 방지를 위한 필요하고도 유용한 수단이라고 보기는 어렵다.

지문분석 **난이도** □■■ **중** | **정답** ③ | **키워드** 기본권 제한 | **출제유형** 판례

① 【X】 사람은 자신의 의사에 반하여 얼굴을 비롯하여 일반적으로 특정인임을 식별할 수 있는 신체적 특징에 관하여 함부로 촬영당하지 아니할 권리를 가지고 있으므로, 촬영허용행위는 헌법 제10조로부터 도출되는 초상권을 포함한 일반적 인격권을 제한한다고 할 것이다. 원칙적으로 '범죄사실' 자체가 아닌 그 범죄를 저지른 자에 관한 부분은 일반 국민에게 널리 알려야 할 공공성을 지닌다고 할 수 없고, 이에 대한 예외는 공개수배의 필요성이 있는 경우 등에 극히 제한적으로 인정될 수 있을 뿐이다. 피청구인은 기자들에게 청구인이 경찰서 내에서 수갑을 차고 얼굴을 드러낸 상태에서 조사받는 모습을 촬영할 수 있도록 허용하였는데, 청구인에 대한 이러한 수사 장면을 공개 및 촬영하게 할 어떠한 공익 목적도 인정하기 어려우므로 촬영허용행위는 목적의 정당성이 인정되지 아니한다(헌재 2014.03.27. 2012헌마652).

② 【X】 입법자는 공익실현을 위하여 기본권을 제한하는 경우에도 입법목적을 실현하기에 적합한 여러 수단 중에서 되도록 국민의 기본권을 가장 존중하고 기본권을 최소로 침해하는 수단을 선택해야 한다. 기본권을 제한하는 규정은 기본권행사의 '방법'에 관한 규정과 기본권행사의 '여부'에 관한 규정으로 구분할 수 있다. 침해의 최소성의 관점에서, 입법자는 그가 의도하는 공익을 달성하기 위하여 우선 기본권을 보다 적게 제한하는 단계인 기본권행사의 '방법'에 관한 규제로써 공익을 실현할 수 있는가를 시도하고 이러한 방법으로는 공익달성이 어렵다고 판단되는 경우에 비로소 그 다음 단계인 기본권행사의 '여부'에 관한 규제를 선택해야 한다(헌재 2098.05.28. 96헌가5).

③ 【O】 변호사시험 성적의 비공개는 기존 대학의 서열화를 고착시키는 등의 부작용을 낳고 있으므로 수단의 적절성이 인정되지 않는다.또한 법학교육의 정상화나 교육 등을 통한 우수 인재 배출, 대학원 간의 과다경쟁 및 서열화 방지라는 입법목적은 법학전문대학원 내의 충실하고 다양한 교과과정 및 엄정한 학사관리 등과 같이 알 권리를 제한하지 않는 수단을 통해서 달성될 수 있고, 변호사시험 응시자들은 자신의 변호사시험 성적을 알 수 없게 되므로, 심판대상조항은 침해의 최소성 및 법익의 균형성 요건도 갖추지 못하였다.따라서 심판대상조항은 과잉금지원칙에 위배하여 청구인들의 알 권리를 침해한다(헌재 2015.06.25. 2011헌마769).

④ 【X】 심판대상조항을 통한 도주예방 및 교정사고 방지라는 공익보다는 수형자가 열악한 지위에서 형사재판을 받으면서 재소자용 의류를 착용함으로써 입는 인격적 모욕감과 수치심은 매우 크다고 할 것이고, 이를 통해 방어권 행사를 제대로 할 수 없고 무기대등의 원칙이 훼손될 위험도 있으므로 심판대상조항은 법익의 균형성 원칙에도 위배된다.따라서 심판대상조항이 형사재판의 피고인으로 출석하는 수형자에 대하여 「형집행법」 제82조를 준용하지 아니한 것은 과잉금지원칙에 위반되어 청구인의 공정한 재판을 받을 권리, 인격권, 행복추구권을 침해한다(헌재 2015.12.23. 2013헌마712).

06 기본권 제한의 목적에 관한 설명으로서 옳지 않은 것은? 2017 국가직 7급 2차(변형)

① 기본권 제한의 목적의 하나인 국가안전보장이란 국가의 존립, 헌법의 기본질서 유지 등을 포함하며 결국 국가의 독립, 영토의 보전, 헌법과 법률의 기능·현존 정치질서·헌법에 의하여 설치된 국가기관의 유지 등을 뜻한다.

② 긴급재정경제명령에 의한 기본권 제한은 기존질서를 회복·유지시키기 위하여 위기의 직접적 원인의 제거에 필수불가결한 최소의 한도 내에서 행사되어야 하며 공공복리의 증진과 같은 적극적 목적의 달성을 위해서는 발할 수 없다.

③ 개별사건법률금지의 원칙은 헌법상의 평등원칙에 근거하며 그 기본정신은 입법자에 대하여 기본권을 침해하는 법률은 일반적 성격을 가져야 한다는 형식을 요구함으로써 평등원칙위반의 위험성을 입법과정에서 제거하려는 데 있는 것이며 개별사건법률이라도 차별적 규율이 합리적 이유로 정당화될 수 있는 경우에는 합헌적일 수 있다.

④ 처분적 법률금지의 원칙은 입법권과 집행권을 분리하는 권력분립주의의 필연적 결과이며 오늘날 복지국가에서는 경제규제입법에서 처분적 법률의 필요성이 인정되고 있고, 헌법은 처분적 법률의 정의규정을 따로 두고 있지 않음은 물론, 처분적 법률의 제정을 금지하는 명문의 규정도 두고 있지 않으므로, 특정규범이 개인대상법률 또는 개별사건법률에 해당한다고 하여 그것만으로 바로 헌법에 위반되는 것은 아니다.

지문분석 **난이도** □■■ **중** | **정답** ① | **키워드** 기본권 제한 | **출제유형** 판례

① 【X】 헌법 제37조 제2항에서 기본권 제한의 근거로 제시하고 있는 국가의 안전보장의 개념은 국가의 존립·헌법의 기본질서의 유지 등을 포함하는 개념으로서 결국 국가의 독립, 영토의 보전, 헌법과 법률의 기능, 헌법에 의하여 설치된 국가기관의 유지 등의 의미하는 것이다(헌재 1992.02.25. 89헌가104). 따라서 현존정치질서의 유지를 국가안전보장의 개념에 포함시키긴 어렵다.

② 【O】 헌재 1996.02.29. 93헌마186

③ 【O】 헌재 1996.02.16. 96헌가2

④ 【O】 헌법은 처분적 법률로서 개인대상법률 또는 개별사건법률의 정의를 따로 두고 있지 않음은 물론, 처분적 법률의 제정을 금하는 명문의 규정도 두고 있지 않은바, 특정규범이 개인대상 또는 개별사건 법률에 해당한다고 하여 그것만으로 바로 헌법에 위반되는 것은 아니다. 따라서 연합뉴스사를 위한 심판대상조항의 차별적 규율이 합리적인 이유로 정당화되는 경우에는 이러한 처분적 법률도 허용된다(헌재 2005.06.30. 2003헌마841).

07 기본권 제한의 비례원칙에 대한 설명으로 옳은 것은? 2019 국가직 7급(변형)

① 우리 헌법상 비례의 원칙은 헌법 제37조 제2항의 '…필요한 경우에 한하여…'라는 문구에서 도출할 수 있다.

② 기본권 제한의 입법목적의 정당성은 가급적 입법자의 판단을 존중하는 것이 원칙이므로 헌법재판소가 기본권 제한심사 시 입법목적의 정당성을 부정하는 경우는 매우 드물지만 우리 헌법재판소는 동성동본 사이의 혼인을 금지하고 있는 「민법」 제809조 제1항에 대한 위헌법률심판사건에서 유일하게 입법목적의 정당성을 부정하였다.

③ 비례원칙의 내용으로서 적합성의 원칙은 '최대화 명령'이라고 부르며, 우리 헌법재판소는 '방법의 적절성', 또는 '수단의 상당성', '수단의 적합성'으로 표현하는 바, 기본권 제한의 수단이나 방법이 기본권의 제한을 통하여 달성하고자 하는 목적을 완전히 실현시킬 수 있는 것이어야 한다는 것을 의미한다.

④ 필요성의 원칙은 입법권자가 선택한 기본권 제한의 조치가 입법목적달성을 위하여 설사 적절하다 할지라도 보다 완화된 형태나 방법을 모색함으로써 기본권의 제한은 필요한 최소한도에 그치도록 하여야 한다는 원칙이므로 입법자가 선택한 수단보다 완화된 수단이 존재하면 이는 곧 헌법에 위배된다는 것을 의미한다.

지문분석 **난이도** ■■■ 상 | **정답** ① | **키워드** 기본권 제한 | **출제유형** 판례

① **[O]** 헌법 제37조 제2항에서 '…필요한 경우에 한하여…' 법률로써 제한하도록 규정하고 있다. 여기서 '필요한 경우'란 우선 보호하려는 구체적 법익을 위해 기본권 제한 이외의 다른 방법으로 달성할 수 없는 불가피한 경우를 말하며(보충성의 원칙), 다음으로 기본권을 제한하는 경우에도 그 제한은 최소한도에 그쳐야 한다는 것을 말한다(최소침해의 원칙). 또 그러한 제한은 보호하려는 법익을 실현하는 데 적합한 것이어야 하며(적합성의 원리), 보호하려는 법익과 제한하는 기본권 사이에는 적절한 비례관계에 있어야 한다(비례의 원칙)는 것을 의미한다. 즉 제37조 제2항은 '비례의 원칙'을 명문화해 놓은 것이라고 할 수 있다.

② **[X]** 헌법재판소는 동성동본 사건에서 입법목적의 정당성을 부정하였으며 그 밖에도 입법목적의 정당성을 부정한 예가 있다. 특히 최근에는 재외국민에게 선거권을 인정하지 않는 공선법조항에 대하여 입법목적의 정당성을 부정하고 있다.

③ **[X]** 적합성의 원칙은 기본권 제한의 수단이 되는 방법이 기본권 제한의 목적을 실현하는데 있어 성질상 적합하여야 한다는 원칙을 말한다. 적합성의 원칙은 입법목적실현을 가능한 한 최대로 실현하는 수단이어야 할 것을 요구하기 때문에 '최대화 명령'이라고 부를 수도 있다. 우리 헌법재판소는 적합성원칙을 '방법의 적절성', 또는 '수단의 상당성', '수단의 적합성'으로 표현하고, '그 목적의 달성을 위하여 그 방법이 효과적이고 적절하여야' 한다고 판시하고 있다. 기본권 제한의 수단이나 방법이 기본권 제한의 목적에 적합하여야 한다는 것은 그 수단이나 방법이 기본권의 제한을 통하여 달성하고자 하는 목적을 완전히 실현시킬 수 있는 것이어야 하는 것은 아니다. 따라서 입법목적의 부분적인 실현만으로도 입법수단은 적합하다고 본다.

④ **[X]** 필요성의 원칙은 '최소화 명령'으로 부를 수 있다. 최소피해의 수단을 선택하는데 있어서도 입법자는 기본권의 성격에 따라서 일정한 재량권을 가진다. 따라서 완화된 수단이 있다고 하더라도 선택된 제한조치가 입법목적 달성에 유효적절한 수단인 경우, 그 제한조치가 현저하게 불합리하거나 불공정하지 않는 한, 완화된 수단이 있다는 것만 가지고 최소침해의 원칙에 위반된다고 볼 수 없다(헌재 1996.04.25. 95헌마331).

08 과잉금지원칙에 위배되는 것(O)과 위배되지 않는 것(X)을 〈보기〉에서 올바르게 조합한 것은? (다툼이 있는 경우 판례에 의함) 2020 국회직 8급

〈보기〉

ㄱ. 출정 시 청구인이 교도관과 동행하면서 교도관이 청구인에게 재판시작 전까지 행정법정 방청석에서 보호장비를 착용하도록 한 것

ㄴ. 구 정신보건법에 의거하여 보호의무자 2인의 동의와 정신건강의학과 전문의 1인의 진단으로 정신질환자에 대한 보호입원이 가능하도록 한 것

ㄷ. 흉기를 휴대하여 피해자에게 강간상해를 가하였다는 범죄사실 등으로 징역 13년을 선고받아 형집행 중인 수형자를 교도소장이 다른 교도소로 이송함에 있어 4시간 정도에 걸쳐 상체승의 포승과 앞으로 수갑 2개를 채운 것

① ㄱ(×), ㄴ(○), ㄷ(○)
② ㄱ(○), ㄴ(×), ㄷ(○)
③ ㄱ(○), ㄴ(○), ㄷ(×)
④ ㄱ(×), ㄴ(○), ㄷ(×)
⑤ ㄱ(×), ㄴ(×), ㄷ(×)

지문분석 **난이도** ■■■ **상** | **정답** ④ | **키워드** 과잉금지원칙 | **출제유형** 판례

ㄱ 【X】 민사법정 내 보호장비 사용행위는 출정 기회를 이용한 도주 등 교정사고를 예방하고 법정질서 유지에 협력하기 위한 적합한 수단이다. 출정 시 수용자 의류를 입고 교도관과 동행하였으며 재판 시작 전까지 보호장비를 사용하였던 청구인이 민사법정 내에서 보호장비를 사용하게 되어 영향을 받는 인격권, 신체의 자유 정도는 제한적인 반면, 민사법정 내 교정사고를 예방하고 법정질서 유지에 협력하고자 하는 공익은 매우 중요하다. 따라서 민사법정 내 보호장비 사용행위는 과잉금지원칙에 위반되어 청구인의 인격권과 신체의 자유를 침해하지 아니한다(헌재 2018.06.28. 2017헌마181).

ㄴ 【O】 보호입원은 정신질환자의 신체의 자유를 인신구속에 버금가는 수준으로 제한하므로 그 과정에서 신체의 자유 침해를 최소화하고 악용·남용가능성을 방지하며, 정신질환자를 사회로부터 일방적으로 격리하거나 배제하는 수단으로 이용되지 않도록 해야 한다. 그러나 현행 보호입원 제도가 입원치료·요양을 받을 정도의 정신질환이 어떤 것인지에 대해서는 구체적인 기준을 제시하지 않고 있는 점, 보호의무자 2인의 동의를 보호입원의 요건으로 하면서 보호의무자와 정신질환자 사이의 이해충돌을 적절히 예방하지 못하고 있는 점 등을 종합하면, 심판대상조항은 침해의 최소성 원칙에 위배된다. 심판대상조항이 정신질환자를 신속·적정하게 치료하고, 정신질환자 본인과 사회의 안전을 도모한다는 공익을 위한 것임은 인정되나, 정신질환자의 신체의 자유 침해를 최소화할 수 있는 적절한 방안을 마련하지 아니함으로써 지나치게 기본권을 제한하고 있다. 따라서 심판대상조항은 법익의 균형성 요건도 충족하지 못한다. 그렇다면 심판대상조항은 과잉금지원칙을 위반하여 신체의 자유를 침해한다(헌재 2016.09.29. 2014헌가9).

ㄷ 【X】 이 사건 보호장비 사용행위는 도주 등의 교정사고를 예방하기 위한 것으로서 그 목적이 정당하고, 상체승의 포승과 앞으로 사용한 수갑은 이송하는 경우의 보호장비로서 적절하다. 그리고 피청구인은 청구인에 대하여 이동 시간에 해당하는 시간 동안에만 보호장비를 사용하였고, 최소한의 범위 내에서 보호장비가 사용되었다고 할 수 있다. 또한 이 사건 보호장비 사용행위로 인하여 제한되는 신체의 자유 등에 비하여 도주 등의 교정사고를 예방함으로써 수형자를 이송함에 있어 안전과 질서를 보호할 수 있는 공익이 더 크다 할 것이므로 법익의 균형성도 갖추었다(헌재 2012.07.26. 2011헌마426).

09 법률에 근거한 기본권 제한에 관한 설명으로 가장 적절하지 않은 것은? (다툼이 있는 경우 판례에 의함)

2024 경찰 2차

① 법률에서 명시적으로 규정된 제재보다 더 가벼운 것을 하위 규칙에서 규정하더라도 만일 그것이 기본권 제한적 효과를 지니게 된다면, 이는 행정법적 법률유보원칙에 어긋나는지와 상관없이 헌법 제37조 제2항에 따라 엄격한 법률적 근거를 지녀야 한다.

② 법률 위임의 구체성·명확성의 요구 정도는 규제대상의 종류와 성격에 따라서 달라지는데, 기본권침해 영역에서는 급부행정 영역에서보다는 구체성 요구가 강화되고, 다양한 사실관계를 규율하거나 사실관계가 수시로 변화될 것이 예상되면 위임의 명확성 요건이 완화되어야 한다.

③ 법률의 위임규정 자체가 그 의미 내용을 정확하게 알 수 있는 용어를 사용하여 위임 한계를 분명히 밝히는데도 하위법령이 그 문언적 의미의 한계를 벗어나거나, 위임규정에서 사용하는 용어의 의미를 넘어 그 범위를 확장 혹은 축소함으로써 위임 내용을 구체화하는 단계를 벗어나 새로운 입법으로 평가할 수 있다면 이는 위임 한계를 일탈한 것으로 허용되지 않는다.

④ 법률에서 일부 내용을 하위법령에 위임할 때, 해당 법률에서 사용된 추상적 용어가 하위법령에서 규정될 내용과는 별도로 독자적인 규율 내용을 정하려는 것이라도 포괄위임금지원칙 위반 여부와 별도로 명확성 원칙이 문제 될 수 없다.

지문분석 **난이도** ■■■ **상** | **정답** ④ | **키워드** 기본권 제한 | **출제유형** 판례

① **[O]** 이 사건 경고의 경우 법률(구 『방송법』 제100조 제1항)에서 명시적으로 규정된 제재보다 더 가벼운 것을 하위 규칙에서 규정한 경우이므로, 그러한 제재가 행정법에서 요구되는 법률유보원칙에 어긋났다고 단정하기 어려운 측면이 있다. 그러나 만일 그것이 기본권 제한적 효과를 지니게 된다면, 이는 행정법적 법률유보원칙의 위배 여부에도 불구하고 헌법 제37조 제2항에 따라 적 근거를 지녀야 한다(헌재 2007.11.29. 2004헌마290).

② **[O]** 위임의 구체성·명확성의 요구 정도는 규제대상의 종류와 성격에 따라서 달라진다. 기본권 침해 영역이 엄격한 법률에서는 급부행정영역에서보다는 구체성의 요구가 강화되고, 다양한 사실관계를 규율하거나 사실관계가 수시로 변화될 것이 예상될 때에는 위임의 명확성의 요건이 완화되어야 한다(헌재 2008.04.24. 2004헌바48).

③ **[O]** 법률의 위임 규정 자체가 그 의미 내용을 정확하게 알 수 있는 용어를 사용하여 위임의 한계를 분명히 하고 있는데도 시행령이 그 문언적 의미의 한계를 벗어났다든지, 위임 규정에서 사용하고 있는 용어의 의미를 넘어 그 범위를 확장하거나 축소함으로써 위임 내용을 구체화하는 단계를 벗어나 새로운 입법을 한 것으로 평가할 수 있다면, 이는 위임의 한계를 일탈한 것으로서 허용되지 아니한다(대판 2012.12.20. 2011두30878).

④ **[X]** 일반적으로 법률에서 일부 내용을 하위법령에 위임하는 경우 위임을 둘러싼 법률규정 자체에 대한 명확성의 문제는, 그 위임규정이 하위법령에 위임하고 있는 내용과는 무관하게 법률 자체에서 해당 부분을 완결적으로 정하고 있는지 여부에 따라 달라진다. 즉 법률에서 사용된 추상적 용어가 하위법령에 규정될 내용과는 별도로 독자적인 규율 내용을 정하기 위한 것이라면 별도로 명확성원칙이 문제될 수 있으나, 그 추상적 용어가 하위법령에 규정될 내용의 범위를 구체적으로 정해 주기 위한 역할을 하는 경우라면 명확성의 문제는 결국 포괄위임금지원칙 위반의 문제로 포섭된다(헌재 2017.05.25. 2016헌바269).

10 **헌법 제37조 제2항에 대한 헌법재판소의 판례 중 옳지 않은 것은?** (다툼이 있는 경우 판례에 의함)

2017 법원직 9급(변형)

① 기본권을 제한하는 규정은 기본권 행사의 '방법'에 관한 규제로써 공익을 실현할 수 있는가를 시도하고 이러한 방법으로는 공익달성이 어렵다고 판단되는 경우에 비로소 그 다음 단계인 기본권 행사의 '여부'에 관한 규제를 선택해야 한다.

② 헌법 제33조 제2항이 직접 '법률이 정하는 자'만이 노동3권을 향유할 수 있다고 규정하고 있어서 '법률이 정하는 자' 이외의 공무원은 노동3권의 주체가 되지 못하므로, 노동3권이 인정됨을 전제로 하는 헌법 제37조 제2항의 과잉금지원칙은 적용이 없는 것으로 보아야 한다.

③ 입법자가 임의적 규정으로도 법의 목적을 실현할 수 있는 경우에 구체적 사안의 개별성과 특수성을 고려할 수 있는 가능성을 일체 배제하는 필요적 규정을 둔다면 이는 비례의 원칙의 한 요소인 '최소침해성의 원칙'에 위반된다.

④ 건설업자가 명의대여행위를 한 경우 그 건설업 등록을 필요적으로 말소하도록 한 것은 법관의 판단재량권을 형해화시켜 법관에 의한 재판을 받을 권리를 침해하는 것이다.

지문분석 **난이도** □■■ **중** | **정답** ④ | **키워드** 기본권 제한 | **출제유형** 판례

① 【O】 기본권을 제한하는 규정은 기본권 행사의 '방법'에 관한 규제로써 공익을 실현할 수 있는가를 시도하고 이러한 방법으로는 공익달성이 어렵다고 판단되는 경우에 비로소 그 다음 단계인 기본권 행사의 '여부'에 관한 규제를 선택해야 한다(헌재 1998.05.28. 96헌가5).

② 【O】 헌법재판소는 종래에 '헌법 제33조 제2항은 일정한 범위 내의 공무원인 근로자의 경우에는 단결권·단체교섭권을 포함해서 단체행동권을 갖는 것을 전제로 하고 있으며, 다만 그 구체적 범위는 법률에서 정하도록 위임하고 있다. 따라서 공무원의 단체행동권의 완전부인은 허용되지 않고, 일정한 범위의 공무원인 근로자에게는 반드시 법을 만들어 단체행동권을 부여하지 않을 수 없는 것이 헌법정신이다. 헌법 제37조 제2항에 일반적 법률유보조항을 두고 있으나 이에 의하여 기본권의 본질적 내용은 침해할 수 없는 것이므로, 동 제37조 제2항으로써 한정된 범위의 공무원의 단체행동권마저 부인하는 「노동쟁의조정법」 제12조 제2항의 규정이 정당화될 수는 없을 것이다.'(헌재 1993.03.11. 88헌마5)라고 판시한 바 있었다. 그러나 헌법재판소는 최근에 우리 헌법은 제33조 제1항에서 '근로자는 근로조건의 향상을 위하여 자주적인 단결권·단체교섭권 및 단체행동권을 가진다.'라고 규정하여 근로자의 자주적인 노동3권을 보장하고 있으면서도, 같은 조 제2항에서는 '공무원인 근로자는 법률이 정하는 자에 한하여 단결권·단체교섭권 및 단체행동권을 가진다.'고 규정하여 공무원인 근로자에 대하여는 일정한 범위의 공무원에 한하여서만 노동3권을 향유할 수 있도록 함으로써 기본권의 주체에 관한 제한을 두고 있다. 공무원인 근로자 중 법률이 정하는 자 이외의 공무원에게는 그 권리행사의 제한뿐만 아니라 금지까지도 할 수 있는 법률제정의 가능성을 헌법에서 직접 규정하고 있다는 점에서 헌법 제33조 제2항은 특별한 의미가 있다. 따라서 헌법 제33조 제2항이 규정되지 아니하였다면 공무원인 근로자도 헌법 제33조 제1항에 따라 노동3권을 가진다 할 것이고, 이 경우에 공무원인 근로자의 단결권·단체교섭권·단체행동권을 제한하는 법률에 대해서는 헌법 제37조 제2항에 따른 기본권 제한의 한계를 준수하였는가 하는 점에 대한 심사를 하는 것이 헌법원리로서 상당할 것이나, 헌법 제33조 제2항이 직접 '법률이 정하는 자'만이 노동3권을 향유할 수 있다고 규정하고 있어서 '법률이 정하는 자' 이외의 공무원은 노동3권의 주체가 되지 못하므로, 노동3권이 인정됨을 전제로 하는 헌법 제37조 제2항의 과잉금지원칙은 적용이 없는 것으로 보아야 할 것이다.」라고 판시하고 있다(헌재 2007.08.30. 2005헌가5·2003헌바51(병합)).

③ 【O】 입법자가 임의적 규정으로도 법의 목적을 실현할 수 있는 경우에 구체적 사안의 개별성과 특수성을 고려할 수 있는 가능성을 일체 배제하는 필요적 규정을 둔다면 이는 비례의 원칙의 한 요소인 '최소침해성의 원칙'에 위반된다(헌재 2000.06.01. 99헌가11·12(병합)).

④ 【X】 명의대여행위에 해당하는 경우 필요적으로 등록말소처분을 하도록 규정하고 있다고 하더라도, 그것이 곧 법관의 판단재량권을 침해하였다거나 법관독립의 원칙에 위배된다고 할 수 없고, 나아가 법관에 의한 재판을 받을 권리를 침해하는 것이라고도 할 수 없다(헌재 2001.03.21. 2000헌바27).

11 **기본권의 제한 및 제한의 한계에 관한 설명 중 가장 적절하지 않은 것은?** (다툼이 있는 경우 판례에 의함) 2023 경찰 승진

① 모든 국민은 소급입법에 의하여 참정권의 제한을 받지 아니한다.

② 공공필요에 의한 재산권의 수용·사용 또는 제한 및 그에 대한 보상은 법률로써 하되, 정당한 보상을 지급하여야 한다.

③ 법률이 정하는 주요방위산업체에 종사하는 근로자의 단체행동권은 법률이 정하는 바에 의하여 이를 제한하거나 인정하지 않을 수 있다.

④ 중대한 재정 경제상의 위기에 처하여 국회의 집회를 기다릴 여유가 없을 때에 국가의 안전보장 또는 공공의 안녕질서를 유지하기 위하여 필요한 경우에 발동되는 대통령의 긴급재정 경제명령은 고도의 정치적 결단에 의한 행위로서 그 결단을 가급적 존중하여야 할 필요성이 있는 국가작용이므로, 그것이 국민의 기본권 침해와 직접 관련되는 경우에도 헌법재판소의 심판대상이 될 수 없다.

지문분석 **난이도** □■■ **중** | **정답** ④ | **키워드** 기본권의 제한 | **출제유형** 판례

① 【O】 헌법 제13조 ② 모든 국민은 소급입법에 의하여 참정권의 제한을 받거나 재산권을 박탈당하지 아니한다.

② 【O】 헌법 제23조 ① 모든 국민의 재산권은 보장된다. 그 내용과 한계는 법률로 정한다. ② 재산권의 행사는 공공복리에 적합하도록 하여야 한다. ③ 공공필요에 의한 재산권의 수용·사용 또는 제한 및 그에 대한 보상은 법률로써 하되, 정당한 보상을 지급하여야 한다.

③ 【O】 헌법 제33조 ③ 법률이 정하는 주요방위산업체에 종사하는 근로자의 단체행동권은 법률이 정하는 바에 의하여 이를 제한하거나 인정하지 아니할 수 있다.

④ 【X】 통치행위란 고도의 정치적 결단에 의한 국가행위로서 사법적 심사의 대상으로 삼기에 적절하지 못한 행위라고 일반적으로 정의되고 있는바, 이 사건 긴급명령이 통치행위로서 헌법재판소의 심사 대상에서 제외되는지에 관하여 살피건대, 고도의 정치적 결단에 의한 행위로서 그 결단을 존중하여야 할 필요성이 있는 행위라는 의미에서 이른바 통치행위의 개념을 인정할 수 있고, 대통령의 긴급재정경제명령은 중대한 재정 경제상의 위기에 처하여 국회의 집회를 기다릴 여유가 없을 때에 국가의 안전보장 또는 공공의 안녕질서를 유지하기 위하여 필요한 경우에 발동되는 일종의 국가긴급권으로서 대통령이 고도의 정치적 결단을 요하고 가급적 그 결단이 존중되어야 할 것임은 법무부장관의 의견과 같다. 그러나 이른바 통치행위를 포함하여 모든 국가작용은 국민의 기본권적 가치를 실현하기 위한 수단이라는 한계를 반드시 지켜야 하는 것이고, 헌법재판소는 헌법의 수호와 국민의 기본권 보장을 사명으로 하는 국가기관이므로 비록 고도의 정치적 결단에 의하여 행해지는 국가작용이라고 할지라도 그것이 국민의 기본권 침해와 직접 관련되는 경우에는 당연히 헌법재판소의 심판대상이 될 수 있는 것일 뿐만 아니라, 긴급재정경제명령은 법률의 효력을 갖는 것이므로 마땅히 헌법에 기속되어야 할 것이다(헌결 1996.02.29. 93헌마186).

12 과잉금지원칙에 대한 설명으로 가장 적절한 것은? (다툼이 있는 경우 헌법재판소 판례에 의함)

2022 경찰 간부

① 「특정경제범죄 가중처벌 등에 관한 법률」에서 금융회사 등 임직원의 직무에 속하는 사항의 알선에 관하여 금품 등 수수행위 금지 조항은 금품 등을 대가로 다른 사람을 위하여 중개하거나 편의를 도모하는 것을 할 수 없게 하므로 과잉금지원칙에 위배된다.

② 「변호사법」에서 변호사는 계쟁권리(係爭權利)를 양수할 수 없다고 규정하고 이를 위반시 형사처벌을 부과하도록 규정한 것은 변호사가 당해 업무를 처리하며 정당한 보수를 받는 방법을 일률적으로 금지하고 있으므로 과잉금지원칙에 위배된다.

③ 구 「식품위생법」에서 식품의약품안전처장이 식품의 사용기준을 정하여 고시하고, 고시된 사용기준에 맞지 아니하는 식품을 판매하는 행위를 금지・처벌하는 규정들은 생녹용의 사용조건을 엄격하게 제한한 후 이 기준에 따라서만 생녹용을 판매할 수 있도록 하므로 과잉금지원칙에 위배된다.

④ 구 「공직선거법」에서 지방자치단체의 장 선거 예비후보자가 정당의 공천심사에서 탈락한 후 후보자등록을 하지 않은 경우를 기탁금 반환 사유로 규정하지 않은 것은 과잉금지원칙에 위배된다.

지문분석 **난이도** □■■ 중 | **정답** ④ | **키워드** 기본권의 제한 | **출제유형** 판례

① 【X】 심판대상조항은 금융회사 등 임직원의 청렴성과 그 직무의 불가매수성을 확보하여, 금융회사등과 관련된 각종 비리와 부정의 소지를 없애고 투명성, 공정성을 확립함으로써 건전한 경제질서를 수립하고 국민경제의 발전에 이바지하는 것을 목적으로 하므로, 그 입법목적은 정당하다. 금품 등의 이익을 대가로 금융회사 등 임직원의 직무에 관하여 알선하는 것을 금지하면 제3자가 금융회사 등 임직원의 직무에 개입하는 것을 방지할 수 있으므로, 심판대상조항은 입법목적을 달성하는 데 효과적이고 적절한 수단이라 할 것이어서 수단의 적절성 또한 인정된다. 결국 심판대상조항은 과잉금지원칙에 위배되어 일반적 행동자유권 또는 직업수행의 자유를 침해하지 않는다(헌재 2016.03.31. 2015헌바197 등)

② 【X】 심판대상조항은 변호사에게 요구되는 윤리성을 담보하고, 의뢰인과의 신뢰관계 균열을 방지하며, 법률사무 취급의 전문성과 공정성 등을 확보하고자 마련된 것이다. 계쟁권리 양수는 변호사의 직무수행 과정에서 의뢰인과의 사이에 신뢰성과 업무수행의 공정성을 훼손할 우려가 크기에 양수의 대가를 지불하였는지를 불문하고 금지할 필요가 있다. 양수가 금지되는 권리에는 계쟁목적물은 포함되지 않으며 '계쟁 중'에만 양수가 금지된다는 점을 고려하면 변호사로 하여금 계쟁권리를 양수하지 못하도록 하는 것을 과도한 제한이라고 볼 수 없다. 따라서 이 조항은 변호사의 직업수행의 자유를 침해하지 않는다(헌재 2021.10.28. 2020헌바488).

③ 【X】 불특정 다수를 상대로 유통되는 식품으로 인하여 생기는 위생상의 위해를 방지하고 식품의 안전성에 대한 신뢰를 확보하여 국민들이 안심하고 식품을 구입・섭취할 수 있도록 함으로써 국민보건을 증진하려는 공익은 중대하다. 식품의 섭취로 부작용이 발생하거나 건강이 훼손되면 원상회복이 매우 어렵거나 치명적인 손상이 발생할 수 있어 예방적이고 선제적인 조치가 요구된다. 심판대상조항들이 식품의약품안전처장이 정하여 고시하는 식품의 범위를 판매를 목적으로 하는 식품으로 한정하고 있으며, 그 사유 역시 국민보건을 위하여 필요한 경우로 제한하고 있고, 심판대상조항들이 정하고 있는 법정형 또한 과도하다고 보기 어렵다. 따라서 심판대상조항들은 과잉금지원칙에 위배되어 직업수행의 자유를 침해하지 아니한다(헌재 2021.02.25. 2017헌바222).

④ 【O】 지역구국회의원선거와 지방자치단체의 장선거는 헌법상 선거제도 규정 방식이나 선거대상의 지위와 성격, 기관의 직무 및 기능, 선거구 수 등에 있어 차이가 있을 뿐, 예비후보자의 무분별한 난립을 막고 책임성을 강화하며 그 성실성을 담보하고자 하는 기탁금제도의 취지 측면에서는 동일하므로, 헌법재판소의 2016헌마541 결정에서의 판단은 이 사건에서도 타당하고, 그 견해를 변경할 사정이 있다고 보기 어려우므로, 지방자치단체의 장선거에 있어 정당의 공천심사에서 탈락한 후 후보자등록을 하지 않은 경우를 기탁금 반환 사유로 규정하지 않은 심판대상조항은 과잉금지원칙에 반하여 헌법에 위반된다(헌재 2020.09.24. 2018헌가15 등).

13 **다음 중 헌법재판소가 과잉금지원칙 심사를 하면서 목적의 정당성이 부인된다고 판단한 것을 모두 고른 것은?** (다툼이 있는 경우 판례에 의함) 2017 국가직 7급 하반기

> ㉠ 혼인을 빙자하여 음행의 상습 없는 부녀를 기망하여 간음한 자를 처벌하는 「형법」 조항
> ㉡ 경비업을 경영하고 있는 자들이나 다른 업종을 경영하면서 새로이 경비업에 진출하고자 하는 자들로 하여금, 경비업을 전문으로 하는 별개의 법인을 설립하지 않는 한 경비업과 그 밖의 업종을 겸영하지 못하도록 금지하고 있는 「경비업법」 조항
> ㉢ 검찰수사관이 피의자신문에 참여한 변호인에게 피의자 후방에 앉으라고 요구한 행위
> ㉣ 야당 후보 지지나 정부 비판적 정치 표현행위에 동참한 전력이 있는 문화예술인이나 단체를 정부의 문화예술 지원사업에서 배제하도록 지시한 행위

① ㉠, ㉡
② ㉢, ㉣
③ ㉠, ㉢, ㉣
④ ㉠, ㉡, ㉢, ㉣

지문분석 **난이도** □■■ **중** | **정답** ③ | **키워드** 과잉금지원칙 심사 | **출제유형** 판례

㉠ **[O]** 이 사건 법률조항[저자 주 : 「형법」 제304조 중 '혼인을 빙자하여 음행의 상습 없는 부녀를 기망하여 간음한 자' 부분]의 경우 〈입법목적에 정당성이 인정되지 않는다〉. 첫째, 남성이 위력이나 폭력 등 해악적 방법을 수반하지 않고서 여성을 애정행위의 상대방으로 선택하는 문제는 그 행위의 성질상 국가의 개입이 자제되어야 할 사적인 내밀한 영역인데다 또 그 속성상 과장이 수반되게 마련이어서 우리 「형법」이 혼전 성관계를 처벌대상으로 하지 않고 있으므로 혼전 성관계의 과정에서 이루어지는 통상적 유도행위 또한 처벌해야 할 이유가 없다. 다음 여성이 혼전 성관계를 요구하는 상대방 남자와 성관계를 가질 것인가의 여부를 스스로 결정한 후 자신의 결정이 착오에 의한 것이라고 주장하면서 상대방 남성의 처벌을 요구하는 것은 여성 스스로가 자신의 성적자기결정권을 부인하는 행위이다. 또한 혼인빙자간음죄가 다수의 남성과 성관계를 맺는 여성 일체를 '음행의 상습 있는 부녀'로 낙인찍어 보호의 대상에서 제외시키고 보호대상을 '음행의 상습없는 부녀'로 한정함으로써 여성에 대한 남성우월적 정조관념에 기초한 가부장적·도덕주의적 성 이데올로기를 강요하는 셈이 된다. 결국 이 사건 법률조항은 남녀 평등의 사회를 지향하고 실현해야 할 국가의 헌법적 의무(헌법 제36조 제1항)에 반하는 것이자, 여성을 유아시(幼兒視)함으로써 여성을 보호한다는 미명 아래 사실상 국가 스스로가 여성의 성적자기결정권을 부인하는 것이 되므로, 이 사건 법률조항이 보호하고자 하는 여성의 성적자기결정권은 여성의 존엄과 가치에 역행하는 것이다. 〈중략〉 결국 이 사건 법률조항은 목적의 정당성, 수단의 적절성 및 피해최소성을 갖추지 못하였고 법익의 균형성도 이루지 못하였으므로, 헌법 제37조 제2항의 과잉금지원칙을 위반하여 남성의 성적자기결정권 및 사생활의 비밀과 자유를 과잉제한하는 것으로 헌법에 위반된다(위헌 헌결 2009.11.26. 2008헌바58).

㉡ **[X]** 이 사건 법률조항은 과잉금지원칙을 준수하지 못하고 있다.

[1] 목적의 정당성: 비전문적인 영세경비업체의 난립을 막고 전문경비업체를 양성하며, 경비원의 자질을 높이고 무자격자를 차단하여 불법적인 노사분규 개입을 막고자 하는 입법목적 자체는 정당하다고 보여진다.

[2] 수단의 적합성: 먼저 '경비업체의 전문화'라는 관점에서 보면, 현대의 첨단기술을 바탕으로 한 소위 디지털시대에 있어서 경비업은 단순한 경비자체만으로는 '전문화'를 이룰 수 없고 오히려 경비장비의 제조·설비·판매업이나 네트워크를 통한 정보산업, 시설물 유지관리, 나아가 경비원교육업 등을 포함하는 '토탈서비스(total service)'를 절실히 요구하고 있는 추세이므로, 이 법에서 규정하고 있는 좁은 의미의 경비업만을 영위하도록 법에서 강제하는 수단으로는 오히려 영세한 경비업체의 난립을 방치하는 역효과를 가져올 수도 있다. 또한 '경비원의 자질을 높이고 무자격자를 차단하여 불법적인 노사분규 개입을 방지하고자' 하는 점도, 경비원교육을 강화하거나 자격요건이나 보수 등 근무여건의 향상을 통하여 그 목적을 효과적이고 적절하게 달성할 수 있을지언정 경비업체로 하여금 일체의 겸영을 금지하는 것이 적절한 방법이라고는 볼 수 없다.

[3] 피해의 최소성: 이 사건 법률조항은 그 입법목적 중 경비업체의 전문화 추구라는 목적달성을 위하여 효과적이거나 적절하지 아니하고 오히려 그 반대의 결과를 가져올 수 있다는 점은 앞에서 본 바와 같고, 다른 입법목적인 경비원의 자질향상과 같은 공익은 이 법의 다른 조항에 의하여도 충분히 달성할 수 있음에도 불구하고 노사분규 개입을 예방한다는 이유로 경비업자의 겸영을 일체 금지하는 접근은 기본권침해의 최소성 원칙에 어긋나는 과도하고 무리한 방법이다.

[4] 법익의 균형성: 이 사건 법률조항으로 달성하고자 하는 공익인 경비업체의 전문화, 경비원의 불법적인 노사분규 개입 방지 등은 그 실현 여부가 분명하지 않은데 반하여, 경비업자인 청구인들이나 새로이 경비업에 진출하고자 하는 자들이 짊어져야 할 직업의 자유에 대한 기본권침해의 강도는 지나치게 크다고 할 수 있으므로, 이 사건 법률조항은 보호하려는 공익과 기본권침해간의 현저한 불균형으로 법익의 균형성을 잃고 있다. 이상과 같이 이 사건 법률조항은 과잉금지원칙을 위배하여 청구인들의 직업의 자유를 침해하는 위헌의 법률이라고 보는 이상, 직업의 자유에 대한 제한의 반사적 효과이거나 직업의 자유의 침해 여부에 포섭하여 논의될 수 있는 재산권이나 평등권의 침해 여부에 대하여는 따로 판단하지 아니한다(위헌; 헌결 2002.04.25. 2001헌마614).

㉢ 【O】 변호인이 피의자신문에 자유롭게 참여할 수 있는 권리는 피의자가 가지는 변호인의 조력을 받을 권리를 실현하는 수단이므로 헌법상 기본권인 변호인의 변호권으로서 보호되어야 한다. 피의자신문에 참여한 변호인이 피의자 옆에 앉는다고 하여 피의자 뒤에 앉는 경우보다 수사를 방해할 가능성이 높아진다거나 수사기밀을 유출할 가능성이 높아진다고 볼 수 없으므로, 이 사건 후방착석요구행위[저자 주: 검찰수사관인 피청구인이 피의자신문에 참여한 변호인인 청구인에게 피의자 후방에 앉으라고 요구한 행위]의 〈목적의 정당성과 수단의 적절성을 인정할 수 없다〉. 이 사건 후방착석요구행위로 인하여 위축된 피의자가 변호인에게 적극적으로 조언과 상담을 요청할 것을 기대하기 어렵고, 변호인이 피의자의 뒤에 앉게 되면 피의자의 상태를 즉각적으로 파악하거나 수사기관이 피의자에게 제시한 서류 등의 내용을 정확하게 파악하기 어려우므로, 이 사건 후방착석요구행위는 변호인인 청구인의 피의자 신문참여권을 과도하게 제한한다. 그런데 이 사건에서 변호인의 수사방해나 수사기밀의 유출에 대한 우려가 없고, 조사실의 장소적 제약 등과 같이 이 사건 후방착석요구행위를 정당화할 그 외의 특별한 사정도 없으므로, 이 사건 후방착석요구행위는 침해의 최소성 요건을 충족하지 못한다. 이 사건 후방착석요구행위로 얻어질 공익보다는 변호인의 피의자신문참여권 제한에 따른 불이익의 정도가 크므로, 법익의 균형성 요건도 충족하지 못한다. 따라서 이 사건 후방착석요구행위는 변호인인 청구인의 변호권을 침해한다(헌결 2017.11.30. 2016헌마503).

㉣ 【O】 우리 헌법의 전문과 본문 전체에 담겨 있는 최고 이념은 국민주권주의와 자유민주주의에 입각한 입헌민주헌법의 본질적 기본원리에 기초하고 있다. 기타 헌법상의 여러 원칙도 여기에서 연유되는 것이므로 이는 헌법전을 비롯한 모든 법령해석의 기준이 되고, 입법형성권 행사의 한계와 정책결정의 방향을 제시하며, 나아가 모든 국가기관과 국민이 존중하고 지켜가야 하는 최고의 가치규범이다. 국민이 정치 후보자에 대한 지지 선언에 참여하거나 특정 사회적 문제에 대한 정부의 대응을 비판하는 시국선언에 참여하는 등 정치적 표현행위를 하는 것은 우리 헌법의 근본이념인 자유민주적 기본질서의 핵심적인 보장 영역에 속하는 것이다. 그런데 이 사건 지원배제 지시는 야당 후보 지지나 정부 비판적 정치 표현행위에 동참한 전력이 있는 청구인들에 대한 정부지원을 차단하는 것을 목적으로 하고, 이를 관철하기 위하여 청구인들의 정치적 견해 표현 이력에 관한 정보를 수집하고 문화예술 지원 공모사업의 심사과정에 몰래 개입하는 등의 수단이 사용되었다. 정부에 대한 반대 견해나 비판에 대하여 합리적인 홍보와 설득으로 대처하는 것이 아니라 비판적 견해를 가졌다는 이유만으로 국가의 지원에서 일방적으로 배제함으로써 정치적 표현의 자유를 제재하는 공권력의 행사는 헌법의 근본원리인 국민주권주의와 자유민주적 기본질서에 반하는 것으로 그 목적의 정당성을 인정할 수 없다. 따라서 피청구인들의 이 사건 지원배제 지시는 더 나아가 살필 필요 없이 과잉금지원칙에 위반된다. 이 사건 지원배제 지시는 청구인들의 표현의 자유를 침해한다(헌재2020.12.23. 2017헌마416).

14 과잉금지원칙과 관련하여 헌법재판소의 판단과 일치하지 않는 것은? 2018 국가직 7급(변형)

① 타소장치(他所藏置)허가를 받고 물품반입신고를 하였으나 수입신고 없이 물품을 반출한 경우 당해 물품을 필요적으로 몰수·추징하도록 규정하고 있는 구 관세법 제198조 제2항은 과잉금지원칙에 위배된다.

② 교도소 내에서 징벌인 금치기간 중 일체의 집필행위를 금지하는 것은 입법목적을 달성하기 위한 필요최소한의 제한을 벗어나 과잉금지원칙에 위반된다.

③ 국세징수의 예에 의하여 청구할 수 있는 청구권을 일률적으로 재단채권으로 규정한 파산법은 파산채권의 공정한 배분을 위한 합리적인 제한이고 별도로 다른 채권자들의 재산권 침해를 최소화하기 위한 수단을 두고 있으므로 재산권을 과도하게 침해해는 것은 아니다.

④ 미신고 수입물품을 감정한 자를 형사처벌하고 그 자가 물품을 소유 또는 점유하고 있는 한 필요적으로 몰수하도록 하는 것은 과잉금지원칙에 위배되지 않으나 미신고 수입물품을 감정한 자에게 물품을 몰수할 수 없으면 그 물품의 국내도매가격에 상당한 금액을 필요적으로 추징하도록 하는 것은 헌법상 과잉금지원칙에 위반된다.

지문분석 **난이도** □■■ **중** | **정답** ③ | **키워드** 과잉금지원칙 | **출제유형** 판례

① 【O】 헌재 2004.03.25. 2001헌바89

② 【O】 헌재 2005.02.24. 2003헌마289

③ 【X】 채무자의 파산으로 인하여 채무자의 전재산으로 전체 채무를 만족시킬 수 없는 상황에서 안 그래도 낮은 배당률에 고통 받는 채권자들의 희생하에 파산선고 후 연체료 청구권에 대하여서까지 우선권을 인정하여 다른 채권자에 대한 배당을 감소시키는 것을 정당화할 정도의 공익성과 정책적 필요성을 인정할 만한 특별한 사유를 발견하기 어렵고, '국세징수의 예에 의하여 징수할 수 있는 청구권'을 일률적으로 재단채권으로 규정함으로써 파산선고 후 연체료 청구권이 파산법상 재단채권으로서 우선적 지위를 갖도록 한 것을 정당화할만한 특별한 공익적·정책적 필요나 파산절차상 특성을 고려한 조정의 필요를 인정하기 어려우며, 또한 일률적 취급에 따라 다른 채권자들이 입게 될 재산권 침해를 최소화하는 합리적인 조치가 가능함에도 불구하고, 이 사건 법률조항은 아무런 제한 없이 '국세징수의 예에 의하여 징수할 수 있는 청구권'을 일률적으로 재단채권으로 규정함으로써 파산선고 후 연체료 청구권을 재단채권으로 인정하고 있으므로 다른 채권자들의 재산권 침해를 최소화하기 위한 수단을 채택하였다고 보기도 어렵다. 결론적으로 이 사건 법률조항은 과잉금지의 원칙에 위배된다(헌재 2005.12.22. 2003헌가8).

④ 【O】 미신고 수입물품을 감정한 자를 형사처벌하고 미신고 수입물품을 감정한 자에게도 물품의 국내도매가격에 상당한 금액을 추징하는 필요적 추징 규정(헌재 2008.10.30. 2008헌바11 : 「관세법」 제274조 등 위헌소원) : 합헌 및 위헌결정

[1] 미신고 수입물품을 감정하는 행위는 정상적인 유통과정을 거치지 않는 미신고 수입물품의 경제적 가치를 결정해줌으로써 그 유통을 원활하게 하므로 미신고 수입물품의 유통억제를 통하여 미신고 수입을 근절하려는 입법목적을 달성하기 위해서는 미신고 수입물품을 감정한 자도 형사처벌 할 필요성이 있고, 고의에 의한 감정행위만을 처벌하므로 헌법상 과잉금지의 원칙에 위반되지 않으며, 「형법」상 장물죄와 보호법익을 달리하므로 헌법상 평등의 원칙에 위반된다고 할 수 없다. [합헌]

[2] 신고를 요건으로 하는 수입통관절차를 고려할 때 미신고 수입행위뿐만 아니라 미신고 수입물품의 유통 또한 억제할 필요가 있으므로 미신고 수입물품을 통한 범죄의 반복 및 이득의 금지를 위해서는 유통의 각 단계에서도 범인이 이를 소유 또는 점유하고 있는 한 몰수할 필요성이 있고 이를 임의적 규정으로 하여서는 위와 같은 입법목적을 달성할 수 없으므로 미신고 수입물품을 감정한 자로부터 필요적으로 몰수하는 것은 헌법상 과잉금지의 원칙 및 평등의 원칙에 위반되지 않는다. [합헌]

[3] 관세법상 미신고 수입물품을 몰수할 수 없는 때에는 물품의 범칙 당시의 국내도매가격에 상당한 금액을 추징하게 되는바, 미신고 수입물품을 감정한 자는 범죄행위로 인하여 감정수수료 소정의 이득을 얻을 뿐이므로 이는 미신고 수입물품을 감정한 자에게 오로지 징벌적인 의미만을 가지는 입법조치라 할 것이다. 추징도 형의 일종이므로 헌법상 과잉금지의 원칙의 제한을 받는다 할진대, 미신고 수입물품을 감정하는 행위는 미신고 수입물품을 취득 · 양여 · 운반 · 보관 또는 알선하는 행위와 동일한 법정형으로 규율되고 있으나 그 취득과 무관하고 미신고 수입물품의 유통에 직접 관여하는 행위가 아니라 이를 원활하게 하는 행위에 불과하다. 그리고 동일한 법정형이라도 법정형은 상대적으로 폭이 넓어 법관의 양형에 의해 구체적 타당성을 기할 수 있으나 필요적 규정의 경우 위와 같은 사정을 고려할 수 있는 가능성이 일체 배제된다. 또한 미신고 수입물품을 감정한 자에 대한 엄벌의 목적은 주형을 통해서도 충분히 그 목적을 달성할 수 있다. 그러므로 미신고 수입물품을 감정한 자로부터도 그 물품에 대한 몰수가 불가능한 경우 물품의 범칙 당시의 국내도매가격에 상당한 금액을 필요적으로 추징하도록 규정한 것은 오로지 징벌적 목적의 달성만을 위해 위와 같은 사정을 고려할 수 있는 가능성을 일체 배제하고 있다 할 것이므로 헌법상 과잉금지의 원칙에 위반된다고 할 것이다. [위헌]

15 기본권 제한에서 요구되는 과잉금지원칙에 대한 설명으로 옳은 것은? (다툼이 있는 경우 판례에 의함)

2019 국가직 7급

① 사립학교 교원 또는 사립학교 교원이었던 자가 재직 중의 사유로 금고 이상의 형을 받은 때에는 대통령령이 정하는 바에 의하여 퇴직급여 및 퇴직수당의 일부를 감액하여 지급하도록 한 것은 입법목적을 달성하는 데 적합한 수단이라고 볼 수 없다.

② 민사재판에 당사자로 출석하는 수형자에 대하여 아무런 예외 없이 일률적으로 사복착용을 금지하는 것은 침해의 최소성 원칙에 위배된다.

③ 직업수행의 자유에 대하여는 직업선택의 자유와는 달리 공익목적을 위하여 상대적으로 폭넓은 입법적 규제가 가능한 것이므로 과잉금지의 원칙이 적용되는 것이 아니라 자의금지의 원칙이 적용되는 것이다.

④ 「마약류 관리에 관한 법률」을 위반하여 금고 이상의 실형을 선고받고 그 집행이 끝나거나 면제된날부터 20년이 지나지 아니한 것을 택시운송사업의 운전업무종사자격의 결격사유 및 취소사유로 정한 것은 사익을 제한함으로써 달성할 수 있는 공익이 더욱 중대하므로 법익의 균형성 원칙도 충족하고 있다.

지문분석 **난이도** □■■ **중** | **정답** ① | **키워드** 과잉금지원칙 | **출제유형** 판례

① 【O】 재직 중의 사유로 금고 이상의 형을 선고받아 처벌받음으로써 기본적 죗값을 받은 사립학교 교원에게 다시 당연퇴직이란 사립학교 교원의 신분상실의 치명적인 법익박탈을 가하고 이로부터 더 나아가 다른 특별한 사정도 없이 직무관련 범죄 여부, 고의 또는 과실범 여부 등을 묻지 않고 퇴직급여와 퇴직수당을 일률적으로 감액하는 것은 사립학교 교원의 범죄를 예방하고 사립학교 교원이 재직중 성실히 근무하고 직무상 의무를 위반하지 않도록 유도한다는 이 사건 법률조항의 입법목적을 달성하는데 적합한 수단이라고 볼 수 없고, 과도한 재산권의 제한으로서 심히 부당하며 침해되는 사익에 비해 지나치게 공익만을 강조한 것이다. 나아가 이 사건 법률조항은 퇴직급여에 있어서는 「국민연금법」상의 사업장 가입자에 비하여, 퇴직수당에 있어서는 「근로기준법」상의 근로자에 비하여 각각 차별대우를 하고 있는데 그 차별에 합리적인 근거를 인정하기 어렵다. 따라서 이 사건 법률조항은 헌법상 재산권을 침해하고 평등의 원칙에 위배된다(헌재 2010.07.29. 2008헌가15).

② 【X】 민사재판에서 법관이 당사자의 복장에 따라 불리한 심증을 갖거나 불공정한 재판진행을 하게 되는 것은 아니므로, 심판대상조항이 민사재판의 당사자로 출석하는 수형자에 대하여 사복착용을 불허하는 것으로 공정한 재판을 받을 권리가 침해되는 것은 아니다. 수형자가 민사법정에 출석하기까지 교도관이 반드시 동행하여야 하므로 수용자의 신분이 드러나게 되어 있어 재소자용 의류를 입었다는 이유로 인격권과 행복추구권이 제한되는 정도는 제한적이고, 형사법정 이외의 법정 출입 방식은 미결수용자와 교도관 전용 통로 및 시설이 존재하는 형사재판과 다르며, 계호의 방식과 정도도 확연히 다르다. 따라서 심판대상조항이 민사재판에 출석하는 수형자에 대하여 사복착용을 허용하지 아니한 것은 청구인의 인격권과 행복추구권을 침해하지 아니한다(헌재 2015.12.23. 2013헌마712).

③ 【X】 일반적으로 직업수행의 자유에 대하여는 직업선택의 자유와는 달리 공익 목적을 위하여 상대적으로 폭넓은 입법적 규제가 가능하지만, 직업수행의 자유를 제한할 때에도 헌법 제37조 제2항에 의거한 비례의 원칙에 위배되어서는 안 된다(헌재 2015.07.30. 2014헌마500).

④ 【X】 심판대상조항은 구체적 사안의 개별성과 특수성을 고려할 수 있는 여지를 일체 배제하고 그 위법의 정도나 비난 가능성의 정도가 미약한 경우까지도 획일적으로 20년이라는 장기간 동안 택시운송사업의 운전업무 종사자격을 제한하는 것이므로 침해의 최소성 원칙에 위배되며, 법익의 균형성 원칙에도 반한다. 따라서 심판대상조항은 청구인들의 직업선택의 자유를 침해한다(헌재 2015.12.23. 2014헌바446).

16 **기본권 제한 및 한계에 대한 설명으로 옳지 않은 것은?** (다툼이 있는 경우 판례에 의함) 2022 국가직 5급

① 금치처분을 받은 수형자에 대하여 집필의 목적과 내용 등을 묻지 아니하고 일체의 집필행위를 금지하는 것은 입법목적 달성을 위한 필요최소한의 제한이라는 한계를 벗어난 것으로서 과잉금지의 원칙에 위반된다.

② 방송사업자가 구 「방송법」상 심의규정을 위반한 경우 방송통신위원회로 하여금 전문성과 독립성을 갖춘 방송통신심의위원회의 심의를 거쳐 '시청자에 대한 사과'를 명할 수 있도록 규정한 것은 침해의 최소성원칙에 위배되지 않는다.

③ 정부에 대한 반대 견해나 비판에 대하여 합리적인 홍보와 설득으로 대처하는 것이 아니라 비판적 견해를 가졌다는 이유만으로 국가의 지원에서 일방적으로 배제함으로써 정치적 표현의 자유를 제재하는 공권력의 행사는 헌법의 근본원리인 국민주권주의와 자유민주적 기본질서에 반하는 것으로 그 목적의 정당성을 인정할 수 없다.

④ 육군3사관학교 사관생도는 군 장교를 배출하기 위하여 국가가 모든 재정을 부담하는 특수교육기관인 육군3사관학교의 구성원이므로 그 존립 목적을 달성하기 위하여 필요한 한도 내에서 일반 국민보다 상대적으로 기본권이 더 제한될 수 있으나, 그러한 경우에도 법률유보원칙, 과잉금지원칙 등 기본권 제한의 헌법상 원칙들을 지켜야 한다.

지문분석 **난이도** □■■ **중** | **정답** ② | **키워드** 과잉금지의 원칙 | **출제유형** 판례

① 【O】 이 사건 시행령조항은 규율 위반자에 대해 불이익을 가한다는 면만을 강조하여 금치처분을 받은 자에 대하여 집필의 목적과 내용 등을 묻지 않고, 또 대상자에 대한 교화 또는 처우상 필요한 경우까지도 예외 없이 일체의 집필행위를 금지하고 있음은 입법목적 달성을 위한 필요최소한의 제한이라는 한계를 벗어난 것으로서 과잉금지의 원칙에 위반된다(헌재 2005.02.24. 2003헌마289).

② 【X】 심의규정을 위반한 방송사업자에게 '주의 또는 경고'만으로도 반성을 촉구하고 언론사로서의 공적 책무에 대한 인식을 제고시킬 수 있고, 위 조치만으로도 심의규정에 위반하여 '주의 또는 경고'의 제재조치를 받은 사실을 공표하게 되어 이를 다른 방송사업자나 일반 국민에게 알리게 됨으로써 여론의 왜곡 형성 등을 방지하는 한편, 해당 방송사업자에게는 해당 프로그램의 신뢰도 하락에 따른 시청률 하락 등의 불이익을 줄 수 있다. 또한, '시청자에 대한 사과'에 대하여는 '명령'이 아닌 '권고'의 형태를 취할 수도 있다. 이와 같이 기본권을 보다 덜 제한하는 다른 수단에 의하더라도 이 사건 심판대상조항이 추구하는 목적을 달성할 수 있으므로 이 사건 심판대상조항은 침해의 최소성원칙에 위배된다(헌재 2012.08.23. 2009헌가27).

③ 【O】 정부에 대한 반대 견해나 비판에 대하여 합리적인 홍보와 설득으로 대처하는 것이 아니라 비판적 견해를 가졌다는 이유만으로 국가의 지원에서 일방적으로 배제함으로써 정치적 표현의 자유를 제재하는 공권력의 행사는 헌법의 근본원리인 국민주권주의와 자유민주적 기본질서에 반하는 것으로 그 목적의 정당성을 인정할 수 없다. 따라서 피청구인들의 이 사건 지원배제 지시는 더 나아가 살필 필요 없이 과잉금지원칙에 위반된다(헌재 2020.12.23. 2017헌마416).

④ 【O】 사관생도는 군 장교를 배출하기 위하여 국가가 모든 재정을 부담하는 특수교육기관인 육군3사관학교의 구성원으로서, 학교에 입학한 날에 육군 사관생도의 병적에 편입하고 준사관에 준하는 대우를 받는 특수한 신분관계에 있다. 따라서 그 존립 목적을 달성하기 위하여 필요한 한도 내에서 일반 국민보다 상대적으로 기본권이 더 제한될 수 있으나, 그러한 경우에도 법률유보원칙, 과잉금지원칙 등 기본권 제한의 헌법상 원칙들을 지켜야 한다(대판 2018.08.30. 2016두60591).

17 **책임과 형벌 사이의 비례원칙에 관한 설명 중 가장 적절하지 않은 것은?** (다툼이 있는 경우 판례에 의함) 2024 경정승진

① 입법자가 법정형 책정에 관한 여러 가지 요소를 종합적으로 고려하여 법률 그 자체로 법관에 의한 양형재량의 범위를 좁혀놓았다고 하더라도, 그것이 당해 범죄의 보호법익과 죄질에 비추어 범죄와 형벌 간의 비례의 원칙상 수긍할 수 있는 합리성이 있다면 이러한 법률을 위헌이라고 할 수 없다.

② 위험한 물건을 휴대한 경우를 가중적 구성요건으로 하여 상해죄보다 가중처벌하고 있는 「형법」상 특수상해죄 조항은 책임과 형벌사이의 비례원칙에 위배되지 않는다.

③ 밀수입 등의 예비행위를 본죄에 준하여 처벌하도록 규정한 「특정범죄 가중처벌 등에 관한 법률」 조항은 구체적 행위의 개별성과 고유성을 고려한 양형판단의 가능성을 배제하는 가혹한 형벌로서 책임과 형벌 사이의 비례원칙에 위배된다.

④ 사람을 공갈하여 재물의 교부를 받거나 재산상의 이익을 취득하여 그 이득액이 5억 원 이상인 경우 이득액을 기준으로 가중처벌하는 구 「특정경제범죄 가중처벌 등에 관한 법률」 조항은 책임과 형벌 사이의 비례원칙에 위배된다.

지문분석 **난이도** □■■ **중** | **정답** ④ | **키워드** 과잉금지의 원칙 | **출제유형** 판례

① 【O】 입법자가 법정형 책정에 관한 여러 가지 요소의 종합적 고려에 따라 법률 그 자체로 법관에 의한 양형재량의 범위를 좁혀 놓았다 하더라도 그것이 당해 범죄의 보호법익과 죄질에 비추어 범죄와 형벌간의 비례의 원칙상 수긍할 수 있는 정도의 합리성이 있다면 이러한 법률을 위헌이라고 할 수 없을 것인데, 입법자가 이 사건 규정에서 벌금형을 필요적으로 병과하도록 하고 있는 것은 일정액 이상의 조세포탈범에 대하여 그 위법성과 비난가능성의 정도를 높게 평가하여 징벌의 강도를 높이고자 한 결단에서 비롯된 것이므로 법관의 양형재량권을 침해하고 있다고 볼 수 없다(헌재 2005.07.21. 2003헌바98)

② 【O】 상해죄의 경우에는 위험한 물건을 휴대하여 범행을 하였을 경우를 가중하여 처벌하는 조항이 「형법」에 규정되어 있지 않으므로, 「폭력행위 등 처벌에 관한 법률」에 위험한 물건을 휴대하여 「형법」상의 상해죄를 범한 경우를 가중 처벌하는 규정을 둘 필요성이 없다고 할 수 없다. 「폭력행위 등 처벌에 관한 법률」상 상해죄 조항의 법정형은 징역 3년 이상으로서 법관이 작량감경을 하지 않더라도 집행유예의 선고가 가능하며, 작량감경에 의하여 피고인의 책임에 상응하는 형을 선고할 수 있다. 따라서 위 선례와 달리 판단할 사정의 변경이나 필요성이 있다고 인정되지 아니하므로, 「폭력행위 등 처벌에 관한 법률」상 상해죄 조항은 책임과 형벌간의 비례원칙에 위배되지 아니한다(헌재 2015.09.24. 2015헌가17).

③ 【O】 예비행위를 본죄에 준하여 처벌하도록 하고 있는 심판대상조항은 그 불법성과 책임의 정도에 비추어 지나치게 과중한 형벌을 규정하고 있는 것이다. 또한 예비행위의 위험성은 구체적인 사건에 따라 다름에도 심판대상조항에 의하면 위험성이 미약한 예비행위까지도 본죄에 준하여 처벌하도록 하고 있어 행위자의 책임을 넘어서는 형벌이 부과되는 결과가 발생한다. 따라서 심판대상조항은 구체적 행위의 개별성과 고유성을 고려한 양형판단의 가능성을 배제하는 가혹한 형벌로서 책임과 형벌 사이의 비례성의 원칙에 위배된다(헌재 2019.02.28. 2016헌가13).

④ 【X】 구체적 사안에 따라 작량감경하여 집행유예도 선고될 수 있는 점, 재산범죄에서 이득액이 불법성의 핵심적인 부분을 이루는 점, 이득액에 따른 단계적 가중처벌의 명시를 통해 일반예방 및 법적 안정성에 기여할 수 있고, 법원의 양형편차를 줄여 사법에 대한 신뢰를 제고할 수 있는 점 등을 고려할 때, 이득액을 기준으로 한 가중처벌이 책임과 형벌 간 비례원칙에 위배된다고 볼 수 없다(헌재 2021.02.25. 2019헌바128 등).

18 **기본권 제한의 한계원리인 과잉금지원칙에 관한 다음 설명 중 가장 옳은 것은?** (다툼이 있는 경우 헌법재판소 결정에 의함) 2016 법원직 9급

① 헌법재판소는 구 「형법」상 혼인빙자간음죄에 대해 목적의 정당성은 물론, 수단의 적절성과 피해의 최소성 요건도 갖추지 못해 위헌이라고 보았다.

② 변호사시험 성적을 합격자에게 공개하지 않도록 규정한 변호사시험법의 규정은 법학전문대학원 간의 과다경쟁 등을 방지하기 위한 것으로 그 수단의 적절성이 인정되어 과잉금지원칙에 반하지 않는다.

③ 입법목적을 달성하기 위하여 가능한 여러 수단들 가운데 구체적으로 어느 것을 선택할 것인가의 문제는 기본적으로 입법재량에 속하지만, 반드시 가장 합리적이며 효율적인 수단을 선택해야 한다.

④ 입법자가 임의적 규정으로도 법의 목적을 실현할 수 있는 경우에 구체적 사안의 개별성과 특수성을 고려할 수 있는 가능성을 일체 배제하는 필요적 규정을 두었다고 해서 최소침해성의 원칙에 위배될 여지는 없다.

PART · 02

지문분석 **난이도** ■■■ **상** | **정답** ① | **키워드** 기본권 제한의 한계원리인 과잉금지원칙 | **출제유형** 판례

① 【O】 혼인빙자간음죄는 목적의 정당성, 수단의 적절성 및 피해최소성을 갖추지 못하였고 법익의 균형성도 이루지 못하였으므로, 헌법 제37조 제2항의 과잉금지원칙을 위반하여 남성의 성적자기결정권 및 사생활의 비밀과 자유를 과잉제한하는 것으로 헌법에 위반된다(헌재 2009.11.26. 2008헌바58).

② 【X】 변호사시험 성적을 합격자에게 공개하지 않도록 규정한 변호사시험법 규정은, 입법목적은 정당하나 수단의 적절성이 인정되지 않으며 침해의 최소성 및 법익의 균형성 요건도 갖추지 못하였다. 따라서 과잉금지원칙에 위배하여 알 권리를 침해한다(헌재 2015.06.25. 2011헌마769).

③ 【X】 입법목적을 달성하기 위하여 가능한 여러 수단들 가운데 구체적으로 어느 것을 선택할 것인가의 문제가 기본적으로 입법재량에 속하는 것이기는 하다. 그러나 위 입법재량이라는 것도 자유재량을 말하는 것은 아니므로 입법목적을 달성하기 위한 수단으로서 반드시 가장 합리적이며 효율적인 수단을 선택하여야 하는 것은 아니라고 할지라도 적어도 현저하게 불합리하고 불공정한 수단의 선택은 피하여야 할 것이다(헌재 1996.04.25. 92헌바47).

④ 【X】 입법자가 임의적 규정으로도 법의 목적을 실현할 수 있는 경우에 구체적 사안의 개별성과 특수성을 고려할 수 있는 가능성을 일체 배제하는 필요적 규정을 둔다면 이는 비례의 원칙의 한 요소인 '최소침해성의 원칙'에 위배된다(헌재 2000.06.01. 99헌가11).

19 **기본권 침해 여부의 심사에서 과잉금지원칙**(비례원칙)**이 적용된 경우가 아닌 것은?** (다툼이 있는 경우 판례에 의함) 2020 국가직 7급

① 고졸검정고시 또는 고입검정고시에 합격한 자는 해당 검정고시에 다시 응시할 수 없도록 응시자격을 제한한 것이 해당 검정고시 합격자의 교육을 받을 권리를 침해하는지 여부

② 교육공무원인 대학교원을 「교원의 노동조합 설립 및 운영 등에 관한 법률」의 적용대상에서 배제한 것이 교육공무원인 대학교원의 단결권을 침해하는지 여부

③ 세종특별자치시의 특정구역 내 건물에 입주한 업소에 대해 업소별로 표시할 수 있는 광고물의 총 수량을 원칙적으로 1개로 제한한 것이 업소 영업자의 표현의 자유 및 직업수행의 자유를 침해하는지 여부

④ 자율형 사립고등학교를 지원한 학생에게 평준화지역 후기학교 주간부에 중복 지원하는 것을 금지한 것이 자율형 사립고등학교에 진학하고자 하는 학생의 평등권을 침해하는지 여부

지문분석 **난이도** □□■ **하** | **정답** ② | **키워드** 과잉금지원칙 | **출제유형** 판례

① 【O】 검정고시 응시자격을 제한하는 것은, 국민의 교육받을 권리 중 그 의사와 능력에 따라 균등하게 교육받을 것을 국가로부터 방해받지 않을 권리, 즉 자유권적 기본권을 제한하는 것이므로, 그 제한에 대하여는 헌법 제37조 제2항의 비례원칙에 의한 심사, 즉 과잉금지원칙에 따른 심사를 받아야 할 것이다(헌재 2012.05.31. 2010헌마139 등).

② 【X】 이 사건에서는 대학 교원을 교육공무원 아닌 대학 교원과 교육공무원인 대학 교원으로 나누어, 각각의 단결권에 대한 제한이 헌법에 위배되는지 여부에 관하여 살펴보기로 하되, 교육공무원 아닌 대학 교원에 대해서는 과잉금지원칙 위배 여부를 기준으로, 교육공무원인 대학 교원에 대해서는 입법형성의 범위를 일탈하였는지 여부를 기준으로 나누어 심사하기로 한다. 대학 교원 가운데에는 교육공무원 신분인 교원이 있으며, 공무원은 헌법 제33조 제2항에 의하여 법률이 정하는 자에 한하여 근로3권을 가진다. 헌법 제33조 제2항에 의하여 입법자는 어느 범위의 공무원에게 근로3권을 인정할 것인지에 관하여 광범위한 입법형성권을 가지나, 입법재량이 무제한적인 것은 아니다. 그러므로 교육공무원인 대학 교원의 단결권을 전면적으로 부정하는 심판대상조항이 입법형성권을 합리적으로 행사한 것인지를 살펴본다(헌재 2018.08.30. 2015헌가38).

③ 【O】 상업광고 규제에 관한 비례의 원칙 심사에 있어서 침해의 최소성 원칙은 같은 목적을 달성하기 위하여 달리 덜 제약적인 수단이 없을 것인지 혹은 입법목적을 달성하기 위하여 필요한 최소한의 제한인지를 심사하기 보다는 입법목적을 달성하기 위하여 필요한 범위 내의 것인지를 심사하는 정도로 완화되는 것이 상당하다(헌재 2016.03.31. 2014헌마794).
④ 【O】 비록 고등학교 교육이 의무교육은 아니지만 매우 보편화된 일반교육임을 알 수 있다. 따라서 고등학교 진학 기회의 제한은 대학 등 고등교육기관에 비하여 당사자에게 미치는 제한의 효과가 더욱 크므로 보다 더 엄격히 심사하여야 한다. 따라서 이 사건 중복지원금지 조항의 차별 목적과 차별의 정도가 비례원칙을 준수하는지 살펴본다(헌재 2019.04.11. 2018헌마221).

20 과잉금지의 원칙에 대한 설명으로 옳지 않은 것은? (다툼이 있는 경우 판례에 의함) 2022 국회직 9급

① 과잉금지의 원칙은 기본권 제한의 한계로서 헌법 제37조제2항과 법치주의원리에서 그 근거를 찾을 수 있다.
② 수단의 적합성은 해당 기본권 제한조치가 목적의 달성에 어느 정도 기여하는 것으로 충분하며, 목적을 달성하는데 유일한 수단일 필요는 없다.
③ 기본권을 제한할 필요성이 있는 경우에 기본권 행사의 방법을 통하여 목적을 달성할 수 있는 경우 기본권 행사여부에 대한 규제조치를 취하는 것은 최소침해의 원칙에 위반된다.
④ 법익의 균형성이란 기본권 제한에 의하여 보호하려는 공익과 침해되는 사익을 비교·형량할 때 보호되는 공익이 더 크거나 혹은 적어도 양자간에 균형이 유지되어야 한다는 원칙이다.
⑤ 직업선택의 자유에 있어서 필요한 경우 객관적 사유에 따라 직업에의 접근을 제한하여야 하며, 이러한 조치를 통하여 목적을 달성할 수 없는 경우 주관적 사유에 따라 직업선택의 자유를 제한하여야 한다.

지문분석 **난이도** □■■ **중** | **정답** ⑤ | **키워드** 기본권의 내재적 한계 | **출제유형** 판례

① 【O】 과잉금지의 원칙이라는 것은 국가가 국민의 기본권을 제한하는 내용의 입법활동을 함에 있어서, 준수하여야 할 기본원칙 내지 입법활동의 한계를 의미하는 것으로서 이러한 요구는 오늘날 법치국가의 원리에서 당연히 추출되는 확고한 원칙으로서 부동의 위치를 점하고 있으며, 헌법 제37조 제2항에서도 이러한 취지의 규정을 두고 있는 것이다(헌재 1990.09.03. 89헌가95).
② 【O】 국가가 어떠한 목적을 달성함에 있어서는 어떠한 조치나 수단 하나만으로서 가능하다고 판단할 경우도 있고 다른 여러 가지의 조치나 수단을 병과하여야 가능하다고 판단하는 경우도 있을 수 있으므로 과잉금지의 원칙이라는 것이 목적달성에 필요한 유일의 수단선택을 요건으로 하는 것이라고 할 수는 없는 것이다(헌재 1989.12.22. 88헌가13).
③ 【O】 침해의 최소성의 관점에서, 입법자는 그가 의도하는 공익을 달성하기 위하여 우선 기본권을 보다 적게 제한하는 단계인 기본권행사의 '방법'에 관한 규제로써 공익을 실현할 수 있는가를 시도하고 이러한 방법으로는 공익달성이 어렵다고 판단되는 경우에 비로소 그 다음 단계인 기본권행사의 '여부'에 관한 규제를 선택해야 한다(헌재 1998.05.28. 96헌가5).
④ 【O】 법익의 균형성은 기본권제한에 의하여 보호하려는 공익과 침해되는 사익을 비교·형량할 때 양자간에 합리적인 균형이 유지되어야 함을 말한다.
⑤ 【X】 직업의 자유를 제한하는 경우 방법상 한계로서 가장 약한 제한으로 제한목적을 달성해 보고 그것으로 목적달성이 어려운 경우 다음 단계에서 보다 강한 제한을 해야 한다. 직업선택의 자유에 있어서 필요한 경우 주관적 사유에 따라 직업에의 접근을 제한하여야 하며, 이러한 조치를 통하여 목적을 달성할 수 없는 경우 객관적 사유에 따라 직업선택의 자유를 제한하여야 한다.

21 기본권의 본질적 내용 침해금지의 의미와 관련된 설명으로 옳지 않은 것은? (다툼이 있는 경우 판례에 의함) 2019 지방직 7급(변형)

① 기본권의 본질적 내용에 대한 침해금지규정은 제3차 개정헌법에서 처음으로 규정되었으나 제7차 개정헌법에서 삭제되었다가 제8차 개정헌법에서 다시 부활하였다.
② 어떠한 경우에도 기본권의 본질적 내용은 침해될 수 없다는 입장에서는, 기본권의 본질적 내용을 침해하지 않는 경우에는 과잉금지의 원칙도 준수되었다고 본다.
③ 본질적 내용침해금지와 관련하여 우리 헌법재판소가 절대설의 입장에서 판시한 경우도 있고 상대설의 입장에서 판시한 경우도 있다.
④ 헌법재판소에 따르면 기본권의 본질적 내용은 만약 이를 제한하는 경우에는 기본권 그 자체가 무의미하여지는 경우에 그 본질적인 요소를 말하는 것으로서, 이는 개별 기본권마다 다를 수 있을 것이라고 한다.

지문분석 **난이도** □□■ **하** | **정답** ② | **키워드** 기본권의 내재적 한계 | **출제유형** 판례 및 이론

① 【O】 기본권의 본질적 내용의 침해금지 조항은 독일기본법 제19조 제2항을 모방한 것으로 우리나라에서는 제2공화국 헌법에서 처음 규정되어 제3공화국 헌법에서도 유지되었으나, 제4공화국 헌법에서는 폐지되었다가 제5공화국 헌법에서 부활되었다.
② 【X】 본질적 내용이 침해되지 않았다고 하더라도 과잉금지의 원칙에 위배될 수 있다.
③ 【O】 헌법재판소는 개별기본권에 있어서 본질적 내용의 의미를 적극적으로 규명하려는 태도를 보이고 있다. 그리고 비례의 원칙과 본질적 내용침해금지를 별도의 심사기준으로 삼으려 하고 있다. 그러나 헌법재판소는 비례원칙(과잉금지원칙)의 위배가 바로 기본권의 본질적 내용의 침해가 된다고 판시(헌재 1992.04.28. 90헌바24)하여 비례의 원칙과 본질적 내용침해금지를 사실상 동일시하는 경향도 있고, 비례원칙(과잉금지의 원칙)의 위배가 바로 기본권의 본질적 내용을 침해한 것이라고는 할 수 없다고 판시한 예(헌재 1990.11.19. 90헌가48; 헌재 1992.12.24. 92헌가8; 헌재 1994.12.29. 93헌바21)도 있다. 특히 사형제도와 관련하여 예외적으로 생명권도 법률유보의 대상이 될 수 있는 것으로 보고 있다. 따라서 헌법재판소가 절대설과 상대설 가운데 어느 입장을 취하고 있는지 분명하지 않다.
④ 【O】 헌법재판소와 다수견해는 기본권의 본질적 내용에 대하여 절대설 중 핵심영역보장설을 인정하고 있다.

22 **기본권 제한에 관한 설명중 가장 적절하지 않은 것은?** (다툼이 있는 경우 판례에 의함) 2024 경정 승진

① 입법자가 선택한 수단보다 국민의 기본권을 덜 침해하는 수단이 존재하더라도 그 다른 수단이 효과 측면에서 입법자가 선택한 수단과 동등하거나 유사하다고 단정할 만한 명백한 근거가 없는 이상 과잉금지원칙에 위반된다고는 할 수 없다.

② 형사재판과 같이 피고인의 방어권 보장이 절실한 경우조차 피고인으로 출석하는 수형자에 대하여 예외 없이 사복착용을 금지한 것은 과잉금지원칙에 위배된다.

③ 공기총의 소지허가를 받은 자로 하여금 그 공기총을 일률적으로 허가관청이 지정하는 곳에 보관하도록 하고 있는 「총포·도검·화약류 등의 안전관리에 관한 법률」 조항은 보관방법에 대한 제한일뿐이므로 과잉금지원칙에 위배되지 않는다.

④ 보호의무자 2인의 동의 및 정신건강의학과 전문의 1인의 진단을 요건으로 정신질환자를 정신의료기관에 보호입원시켜 치료를 받도록 하는 「정신보건법」 조항은 과잉금지원칙에 위배되지 않는다.

지문분석 **난이도** □■■ **중** | **정답** ④ | **키워드** 기본권 제한 | **출제유형** 판례 및 이론

① **[O]** 과잉금지원칙의 한 내용인 '최소침해의 원칙'이라는 것은 어디까지나 입법목적의 달성에 있어 동일한 효과를 나타내는 수단 중에서 되도록 당사자의 기본권을 덜 침해하는 수단을 채택하라는 헌법적 요구인바, 입법자가 택한 수단보다 해하는 수단이 존재하더라도 그 다른 수단이 효과 측면에서 근거가 없는 이상, 그것이 과잉금지원칙에 반한다고 할 수는 없다. 국민의 기본권을 덜 침입법자가 선택한 수단과 동등하거나 유사하다고 단정할 만한 명백한 (헌재 2012.08.23. 2010헌가65).

② **[O]** 「형집행법」 제82조 단서와 같이 도주우려가 크거나 특히 부적당한 사유가 있는 경우에는 사복착용을 제한함으로써 도주 및 교정사고의 위험을 줄일 수 있으므로 형사재판과 같이 피고인의 방어권 보장이 절실한 경우조차 아무런 예외 없이 일률적으로 사복착용을 금지하는 것은 침해의 최소성 원칙에 위배된다. 따라서 심판대상조항이 형사재판의 피고인으로 출석하는 수형자에 대하여 「형집행법」 제82조를 준용하지 아니한 것은 과잉금지원칙에 위반되어 청구인의 공정한 재판을 받을 권리, 인격권, 행복추구권을 침해한다(헌재 2015.12.23. 2013헌마712).

③ **[O]** 심판대상조항들은 공기총을 안전하게 관리하고 공기총으로 인한 위험과 재해를 미리 방지하여 공공의 안전을 유지하기 위한 것으로서, 공기총을 지정된 장소에 보관하도록 한 것은 위와 같은 목적을 달성하는 데에 적합한 수단이다. 따라서 심판대상조항들은 목적의 정당성 및 수단의 적합성이 인정된다. 따라서 심판대상조항들은 과잉금지원칙에 반하지 않는다(헌재 2019.06.28. 2018헌바400).

④ **[X]** 심판대상조항이 정신질환자를 신속·적정하게 치료하고, 정신질환자 본인과 사회의 안전을 도모한다는 공익을 위한 것임은 인정되나, 정신질환자의 신체의 자유 침해를 최소화할 수 있는 적절한 방안을 마련하지 아니함으로써 지나치게 기본권을 제한하고 있다. 따라서 심판대상조항은 법익의 균형성 요건도 충족하지 못한다. 그렇다면 심판대상조항은 과잉금지원칙을 위반하여 신체의 자유를 침해한다(헌재 2016.09.29. 2014헌가9).

23 기본권의 제한에 대한 헌법재판소 결정으로 옳은 것은? 2015 국가직 7급

① 「집회 및 시위에 관한 법률」의 옥외집회·시위의 사전신고제도는 헌법 제21조 제2항의 사전허가 금지에 위배된다.

② 이른바 '강제적 셧다운제'를 규정한 구 「청소년 보호법」 조항은 각종 게임 중 인터넷게임만을 적용 대상으로 하고 있는바, 인터넷을 이용하지 않는 다른 게임 및 모바일기기를 이용한 인터넷게임과 비교하여 차별에 합리적 이유가 있으므로 국내 인터넷게임 제공자들의 평등권을 침해하지 않는다.

③ 피청구인인 부산구치소장이 청구인이 미결수용자 신분으로 구치소에 수용되었던 기간 중 교정시설 안에서 매주 실시하는 종교집회 참석을 제한한 행위는 청구인의 종교의 자유 중 종교적 집회·결사의 자유를 제한하지 않는다.

④ 특정 범죄자에 대한 보호관찰 및 전자장치 부착 등에 관한 법률에 의한 전자장치 부착기간 동안 다른 범죄를 저질러 구금된 경우, 그 구금기간이 부착기간에 포함되지 않은 것으로 규정한 위 법률조항은 사생활의 비밀과 자유, 개인정보자기결정권을 침해한다.

지문분석 **난이도** ■■■ **상** | **정답** ② | **키워드** 기본권 제한 | **출제유형** 판례

① 【X】「집회시위법」의 사전신고는 경찰관청 등 행정관청으로 하여금 집회의 순조로운 개최와 공공의 안전보호를 위하여 필요한 준비를 할 수 있는 시간적 여유를 주기 위한 것으로서, 협력의무로서의 신고이다. 「집회시위법」 전체의 규정 체제에서 보면 「집회시위법」은 일정한 신고절차만 밟으면 일반적·원칙적으로 옥외집회 및 시위를 할 수 있도록 보장하고 있으므로, 집회에 대한 사전신고제도는 헌법 제21조 제2항의 사전허가금지에 위배되지 않는다(헌재 2014.01.28. 2011헌바174).

② 【O】 인터넷게임은 주로 동시 접속자와의 상호교류를 통한 게임 방식을 취하고 있어 중독성이 강한 편이고, 정보통신망서비스가 제공되는 곳이면 언제나 쉽게 접속하여 장시간 이용으로 이어질 가능성이 크다는 점에서, 다른 게임과 달리 인터넷게임에 대해서만 강제적 셧다운제를 적용하는 것에는 합리적 이유가 있다(헌재 2014.04.24. 2011헌마659).

③ 【X】 종교의 자유는 일반적으로 신앙의 자유, 종교적 행위의 자유 및 종교적 집회·결사의 자유 등 3요소로 구성되어 있다고 한다. 그 중 종교적 집회·결사의 자유는 종교적 목적으로 같은 신자들이 집회하거나 종교단체를 결성할 자유를 말하는데, 피청구인인 부산구치소장이 청구인이 미결수용자 신분으로 구치소에 수용되었던 기간 중 교정시설 안에서 매주 실시하는 종교집회 참석을 제한한 행위는 청구인이 종교집회에 참석하는 것을 제한한 행위이므로 청구인의 종교의 자유, 특히 종교적 집회·결사의 자유를 제한한 것이며, 과잉금지원칙을 위반하여 청구인의 종교의 자유를 침해한 것이다(헌재 2014.06.26. 2012헌마782).

④ 【X】 전자장치 부착기간 동안 다른 범죄를 저질러 구금된 경우, 그 구금기간이 부착기간에 포함되지 않은 것으로 규정한 위 법률조항은 사생활의 비밀과 자유, 개인정보자기결정권을 침해하지 않는다(헌재 2013.07.25. 2011헌마781).

24 **기본권의 제한 · 침해에 대한 헌법재판소 결정에 부합되지 않는 것은?** 2019 경찰 승진

① 2015.1.1.부터 모든 일반음식점영업소를 금연구역으로 지정하여 운영하도록 한 「국민건강증진법」 시행규칙 조항은 청구인의 직업수행의 자유를 침해하지 않는다.

② 디엔에이감식시료채취영장 발부 과정에서 채취대상자에게 자신의 의견을 밝히거나 영장 발부 후 불복할 수 있는 절차 등에 관하여 규정하지 아니한 디엔에이신원확인정보의 이용 및 보호에 관한 법률 조항은 청구인들의 재판청구권을 침해하지 않는다.

③ 수용자가 작성한 집필문의 외부반출을 불허하고 이를 영치할 수 있도록 규정한 형의 집행 및 수용자의 처우에 관한 법률 조항은 수용자의 통신의 자유를 침해하지 않는다.

④ 통계청장이 2015 인구주택총조사의 방문 면접조사를 실시하면서, 담당 조사원을 통해 청구인에게 2015 인구주택총조사 조사표의 조사항목들에 응답할 것을 요구한 행위는 청구인의 개인정보자기결정권을 침해하지 않는다.

지문분석 **난이도** □■■ **중** | **정답** ② | **키워드** 기본권의 제한 · 침해 | **출제유형** 판례

① 【O】 심판대상조항은 음식점 영업 자체를 금지하는 것이 아니고 영업 방식을 한정적으로 제한하고 있을 뿐이다. 반면에 간접흡연의 위험으로부터 국민의 건강을 보호하고 증진하는 것은 매우 중요한 법익이다. 생명 · 신체의 안전에 관한 권리는 인간의 존엄과 가치의 근간을 이루는 기본권일 뿐만 아니라, 헌법은 제36조 제3항에서 국민의 보건에 관한 국가의 보호 의무를 특별히 강조하고 있기도 하다. 음식점 시설 전체를 금연구역으로 지정함으로써 음식점 영업자가 입게 될 불이익보다 간접흡연을 차단하여 이로 인한 폐해를 예방하고 국민의 생명 · 신체를 보호하고자 하는 공익이 더욱 큰 이상, 심판대상조항은 법익의 균형성도 충족하고 있다. 심판대상조항은 과잉금지원칙에 위반되어 청구인의 직업수행의 자유를 침해한다고 할 수 없다(헌재 2016.06.30. 2015헌마813).

② 【X】 디엔에이감식시료채취영장에 따른 디엔에이감식시료 채취 및 등록 과정에서 채취대상자는 신체의 자유, 개인정보자기결정권 등 기본권을 제한받게 된다. 그럼에도 불구하고 이 사건 영장절차 조항이 채취대상자에게 디엔에이감식시료채취영장 발부과정에서 자신의 의견을 진술할 수 있는 기회를 절차적으로 보장하고 있지 않을 뿐만 아니라, 발부 후 그 영장 발부에 대하여 불복할 수 있는 기회를 주거나 채취행위의 위법성 확인을 청구할 수 있도록 하는 구제절차마저 마련하고 있지 않음으로써, 채취대상자의 재판청구권은 형해화되고 채취대상자는 범죄수사 내지 예방의 객체로만 취급받게 된다. … 이상의 사정들을 종합하면, 위와 같은 입법상의 불비가 있는 이 사건 영장절차 조항은 채취대상자인 청구인들의 재판청구권을 과도하게 제한하므로, 침해의 최소성 원칙에 위반된다. 따라서 이 사건 영장절차 조항은 과잉금지원칙을 위반하여 청구인들의 재판청구권을 침해한다(헌재 2018.08.30. 2016헌마344 등).

③ 【O】 심판대상조항은 수용자의 처우 또는 교정시설의 운영에 관하여 명백하게 거짓 사실을 포함하고 있거나, 타인의 사생활의 비밀이나 자유를 침해하거나 교정시설의 안전과 질서를 해치고 수형자의 교정교화와 건전한 사회복귀를 저해할 우려가 있는 내용을 포함하는 집필문의 반출로 인해 야기될 사회적 혼란과 위험을 사전에 예방하고, 교정시설 내의 규율과 수용질서를 유지하고 수용자의 교화와 사회복귀를 원활하게 하려는 것으로 그 입법목적의 정당성이 인정된다. 이러한 사유에 해당하는 집필문의 외부 반출을 금하는 것은 입법목적을 달성하기 위한 적절한 수단에 해당한다. 따라서 심판대상조항은 수용자의 통신의 자유를 침해하지 아니한다(헌재 2016.05.26. 2013헌바98).

④ 【O】 인구주택총조사는 앞서 본 것처럼 사회 전체 상황을 조망할 수 있는 국가의 기본 통계조사로서, 그 조사결과를 정책수립과 각종 통계작성의 기초자료나 경제 · 사회현상의 연구 · 분석 등에 활용하고자 함에 그 목적이 있다. 담당 조사원으로 하여금 청구인의 가구에 방문하여 청구인에게 피청구인이 작성한 2015 인구주택총조사 조사표의 조사항목들에 응답할 것을 요구한 심판대상행위는, 행정자료로 파악하기 곤란한 항목들을 방문 면접을 통해 조사하여 그 결과를 사회 현안에 대한 심층 분석과 각종 정책수립, 통계작성의 기초자료 또는 사회 · 경제현상의 연구 · 분석 등에 활용하도록하고자 한 것이므로 그 목적이 정당하다. 15일이라는 짧은 방문 면접조사 기간 등 현실적 여건을 감안하면, 인근 주민을 조사원으로 채용하여 가구표본을 대상으로 행정자료로 파악하기 곤란한 표본조사 항목에 대한 정보를 수집하도록한 것은 이러한 목적을 달성하기 위한 적정한 수단이다. 심판대상행위가 과잉금지원칙을 위반하여 청구인의 개인정보자기결정권을 침해하였다고 볼 수 없다(헌재 2017.07.27. 2015헌마1094).

6 기본권 보호의무

01 기본권보호의무에 관한 설명 중 옳은 것을 모두 고른 것은? (다툼이 있는 경우 판례에 의함) 2022 변호사

ㄱ. 국가가 국민의 생명·신체의 안전에 대한 보호의무를 다하지 않았는지 여부를 헌법재판소가 심사할 때에는 '과소보호금지원칙'의 위반 여부를 기준으로 삼아, 국민의 생명·신체의 안전을 보호하기 위한 조치가 필요한 상황인데도 국가가 아무런 보호조치를 취하지 않았든지 아니면 취한 조치가 법익을 보호하기에 전적으로 부적합하거나 매우 불충분한 것임이 명백한 경우에 한하여 국가의 보호의무 위반을 확인하여야 한다.

ㄴ. 개인의 생명·신체의 안전에 관한 기본권보호의무 위배 여부를 과소보호금지원칙을 기준으로 심사한 결과 동 원칙 위반이 아닌 경우에도 다른 기본권에 대한 과잉금지원칙 위반을 이유로 기본권 침해를 인정하는 것은 가능하다.

ㄷ. 헌법 제35조 제1항은 국가와 국민에게 환경보전을 위하여 노력하여야 할 의무를 부여하고 있고, 환경침해는 사인에 의해서도 빈번하게 유발되고 있으며 생명·신체와 같은 중요한 기본권의 법익 침해로 이어질 수 있다는 점에서 국가는 사인인 제3자에 의한 환경권 침해에 대해서도 기본권 보호조치를 취할 의무를 진다.

ㄹ. 국민의 민주적 의사를 최대한 표출하도록 해야 할 시·도지사선거에서 확성장치를 사용하는 선거운동으로부터 발생하는 불편은 어느 정도 감수해야 하므로, 국가가 「공직선거법」상 확성장치의 최고출력 내지 소음에 관한 규제기준을 마련하지 않았더라도 이것이 국가의 기본권보호의무를 불이행한 것이라고 보기는 어렵다.

① ㄱ, ㄴ
② ㄷ, ㄹ
③ ㄱ, ㄴ, ㄷ
④ ㄴ, ㄷ, ㄹ
⑤ ㄱ, ㄴ, ㄷ, ㄹ

지문분석 **난이도** ■■■ 상 | **정답** ③ | **키워드** 기본권보호의무 | **출제유형** 판례

ㄱ 【O】 국가가 국민의 생명·신체의 안전에 대한 보호의무를 다하지 않았는지 여부를 헌법재판소가 심사할 때에는 국가가 이를 보호하기 위하여 적어도 적절하고 효율적인 최소한의 보호조치를 취하였는가 하는 이른바 '과소보호 금지원칙'의 위반 여부를 기준으로 삼아, 국민의 생명·신체의 안전을 보호하기 위한 조치가 필요한 상황인데도 국가가 아무런 보호조치를 취하지 않았든지 아니면 취한 조치가 법익을 보호하기에 전적으로 부적합하거나 매우 불충분한 것임이 명백한 경우에 한하여 국가의 보호의무의 위반을 확인하여야 한다(헌재 2008.12.26. 2008헌마419 등).

ㄴ 【O】 이 사건 법률조항은 국가의 기본권보호의무의 위반 여부에 관한 심사기준인 과소보호금지의 원칙에 위반한 것이라고 볼 수 없다. 다만 이 사건 법률조항은 과잉금지원칙에 위반하여 업무상 과실 또는 중대한 과실에 의한 교통사고로 중상해를 입은 피해자의 재판절차진술권을 침해한 것이라고 할 것이다(헌재 2009.02.26. 2005헌마764 등).

ㄷ 【O】 국가가 국민의 기본권을 적극적으로 보장하여야 할 의무가 인정된다는 점, 헌법 제35조 제1항이 국가와 국민에게 환경보전을 위하여 노력하여야 할 의무를 부여하고 있는 점, 환경침해는 사인에 의해서 빈번하게 유발되므로 입법자가 그 허용 범위에 관해 정할 필요가 있다는 점, 환경피해는 생명·신체의 보호와 같은 중요한 기본권적 법익 침해로 이어질 수 있다는 점 등을 고려할 때, 일정한 경우 국가는 사인인 제3자에 의한 국민의 환경권 침해에 대해서도 적극적으로 기본권 보호조치를 취할 의무를 진다(헌재 2019.12.27. 2018헌마730).

ㄹ【X】 심판대상조항이 선거운동의 자유를 감안하여 선거운동을 위한 확성장치를 허용할 공익적 필요성이 인정된다고 하더라도 정온한 생활환경이 보장되어야 할 주거지역에서 출근 또는 등교 이전 및 퇴근 또는 하교 이후 시간대에 확성장치의 최고출력 내지 소음을 제한하는 등 사용시간과 사용지역에 따른 수인한도 내에서 확성장치의 최고출력 내지 소음 규제기준에 관한 규정을 두지 아니한 것은, 국민이 건강하고 쾌적하게 생활할 수 있는 양호한 주거환경을 위하여 노력하여야 할 국가의 의무를 부과한 헌법 제35조 제3항에 비추어 보면, 적절하고 효율적인 최소한의 보호조치를 취하지 아니하여 국가의 기본권 보호의무를 과소하게 이행한 것이다. 따라서, 심판대상조항은 국가의 기본권 보호의무를 과소하게 이행한 것으로서, 청구인의 건강하고 쾌적한 환경에서 생활할 권리를 침해한다(헌재 2019.12.27. 2018헌마730).

02 **국가의 기본권 보호의무에 대한 설명으로 옳지 <u>않은</u> 것은?** (다툼이 있는 경우 헌법재판소 판례에 의함)

2017 국가직 7급 하반기

① 원전 건설을 내용으로 하는 전원개발사업 실시계획에 대한 승인권한을 다른 전원개발과 마찬가지로 산업통상자원부장관에게 부여하고 있다 하더라도, 국가가 국민의 생명・신체의 안전을 보호하기 위하여 필요한 최소한의 보호조치를 취하지 아니한 것이라고 보기는 어렵다.

② 국가가 국민의 생명・신체의 안전에 대한 보호의무를 다하지 않았는지 여부를 헌법재판소가 심사할 때에는 이른바 '과소 보호 금지원칙'의 위반 여부를 기준으로 삼아, 국민의 생명・신체의 안전을 보호하기 위한 조치가 필요한 상황인데도 국가가 아무런 보호조치를 취하지 않았든지 아니면 취한 조치가 법익을 보호하기에 전적으로 부적합하거나 매우 불충분한 것임이 명백한 경우에 한하여, 국가의 보호의무의 위반을 확인하여야 한다.

③ 「민법」 제3조 및 제762조가 권리능력의 존재 여부를 출생 시를 기준으로 확정하고 태아에 대해서는 살아서 출생할 것을 조건으로 손해배상청구권을 인정한다 할지라도, 이는 국가의 생명권 보호의무를 위반한 것이라 볼 수 없다.

④ 태평양전쟁 전후 강제동원된 자 중 '국외'로 강제동원된 자에 대해서만 의료지원금을 지급하도록 한 법률규정은, 국가가 국내 강제동원자들을 위하여 아무런 보호조치를 취하지 아니하였기 때문에, 이는 국민에 대한 국가의 기본권 보호 의무에 위배된다.

지문분석 **난이도** ■■■ **상** | **정답** ④ | **키워드** 국가의 기본권 보호의무 | **출제유형** 판례

④【X】 비록 태평양전쟁 관련 강제동원자들에 대한 국가의 지원이 충분하지 못한 점이 있다하더라도, 이 사건은 국가가 국내 강제동원자들을 위하여 아무런 보호조치를 취하지 아니하였다거나 아니면 국가가 취한 조치가 전적으로 부적합하거나 매우 불충분한 것임이 명백한 경우라고 단정하기 어려우므로, 이 사건 법률조항이 국민에 대한 국가의 기본권 보호의무에 위배된다고 볼 수 없다(헌재 2011.02.24. 2009헌마94).

03 기본권에 대한 설명으로 옳지 않은 것은? (다툼이 있는 경우 판례에 의함) 2020 국회직 9급

① 헌법재판소는 기본권 보호의무 위배 여부를 심사하는 기준으로 과잉금지원칙을 채택하고 있다.
② 행정기관의 행위라도 사법(私法)상의 행위는 헌법소원의 대상이 되지 않는다.
③ 국가는 헌법 제10조에 의거하여 태아의 생명을 보호할 의무가 있지만, 태아를 위하여 「민법」상 일반적 권리능력까지도 인정해야 하는 헌법적 요청이 도출되는 것은 아니다.
④ 산업단지 인・허가절차 간소화를 위한 특례법상 산업단지의 지정권자로 하여금 산업단지계획안에 대한 주민의견청취와 동시에 환경영향평가서 초안에 대한 주민의견청취를 진행하도록 한 것은 국가의 기본권 보호의무에 위반되지 않는다.
⑤ 헌법에 의하여 일정한 제도가 보장되면 입법자는 법률로써 이를 폐지할 수 없고, 제한하더라도 그 본질적 내용은 침해할 수 없다.

지문분석 **난이도** ■■■ 상 | **정답** ① | **키워드** 기본권 보호의무 | **출제유형** 판례

① 【X】 입법자가 기본권 보호의무를 최대한 실현하는 것이 이상적이지만, 그러한 이상적 기준이 헌법재판소가 위헌 여부를 판단하는 심사기준이 될 수는 없으며, 헌법재판소는 권력분립의 관점에서 소위 '과소보호금지원칙'을, 즉 국가가 국민의 기본권 보호를 위하여 적어도 적절하고 효율적인 최소한의 보호조치를 취했는가를 기준으로 심사하게 된다(헌재 2008.07.31. 2004헌바81).
② 【O】 피청구인은 증권회사를 회원으로 하여 설립된 법인이고(증권거래법 제76조의2), 원칙적으로 피청구인의 회원이 아닌 자는 유가증권시장에서의 매매거래를 하지 못하며(동법 제85조 제1항), 유가증권시장에 유가증권을 상장하려는 법인은 피청구인과의 사이에 피청구인이 제정한 유가증권상장규정 등을 준수하겠다는 상장계약을 체결하는 것이다. 따라서 유가증권의 상장은 피청구인과 상장신청법인 사이의 '상장계약'이라는 사법상의 계약에 의하여 이루어지는 것이고, 상장폐지결정 및 상장폐지확정결정 또한 그러한 사법상의 계약관계를 해소하려는 피청구인의 일방적인 의사표시라고 봄이 상당하다고 할 것이다. 따라서 피청구인의 청구인회사에 대한 이 사건 상장폐지확정결정은 헌법소원의 대상이 되는 공권력의 행사에 해당하지 아니하므로 이를 대상으로 한 심판청구는 부적법하다(헌재 2005.02.24. 2004헌마442).
③ 【O】 태아는 형성 중의 인간으로서 생명을 보유하고 있으므로 국가는 태아를 위하여 각종 보호조치들을 마련해야 할 의무가 있다. 하지만 그와 같은 국가의 기본권 보호의무로부터 태아의 출생 전에, 또한 태아가 살아서 출생할 것인가와는 무관하게, 태아를 위하여 「민법」상 일반적 권리능력까지도 인정하여야 한다는 헌법적 요청이 도출되지는 않는다(헌재 2008.07.31. 2004헌바81).
④ 【O】 의견청취동시진행조항은 종래 산업단지의 지정을 위한 개발계획 단계와 산업단지 개발을 위한 실시계획 단계에서 각각 개별적으로 진행하던 산업단지개발계획안과 환경영향평가서 초안에 대한 주민의견청취절차 또는 주민의견수렴절차를 산업단지 인・허가 절차의 간소화를 위하여 한 번의 절차에서 동시에 진행하도록 하고 있을 뿐, 환경영향평가서 초안에 대한 주민의견수렴절차 자체를 생략하거나 주민이 환경영향평가서 초안을 열람하고 그에 대한 의견을 제출함에 있어 어떠한 방법상・내용상 제한을 가하고 있지도 않다. 또한 입법자는 산단절차간소화법 및 환경영향평가법 등에 환경영향평가서 초안에 대한 지역주민의 의견수렴이 부실해지는 것을 방지하기 위한 여러 보완장치를 마련해 두고 있다. 따라서 국가가 산업단지계획의 승인 및 그에 따른 산업단지의 조성・운영으로 인하여 초래될 수 있는 환경상 위해로부터 지역주민을 포함한 국민의 생명・신체의 안전을 보호하기 위하여 필요한 최소한의 보호조치를 취하지 아니한 것이라고 보기는 어려우므로, 의견청취동시진행조항이 국가의 기본권 보호의무에 위배되었다고 할 수 없다(헌재 2016.12.29. 2015헌바280).
⑤ 【O】 이러한 제도적 보장은 주관적 권리가 아닌 객관적 법규범이라는 점에서 기본권과 구별되기는 하지만 헌법에 의하여 일정한 제도가 보장되면 입법자는 그 제도를 설정하고 유지할 입법의무를 지게될 뿐만 아니라 헌법에 규정되어 있기 때문에 법률로써 이를 폐지할 수 없고, 비록 내용을 제한하더라도 그 본질적 내용을 침해할 수 없다(헌재 1997.04.24. 95헌바48).

04 기본권의 보호의무에 대한 설명으로 옳지 않은 것은? (다툼이 있는 경우 판례에 의함) 2021 국가직 5급

① 국가의 기본권 보호의무는 기본권적 법익을 기본권 주체인 사인에 의한 위법한 침해 또는 침해의 위험으로부터 보호해야 하는 국가의 의무로서 주로 사인인 제3자에 의한 개인의 생명이나 신체의 훼손에서 문제된다.

② 국가가 기본권 보호의무를 어떻게 실현할 것인지는 입법자의 책임범위에 속하는 것으로서 보호의무 이행을 위한 행위의 형식에 관하여도 폭넓은 형성의 자유가 인정되고, 반드시 법령에 의하여야 하는 것은 아니다.

③ 「공직선거법」이 선거운동을 위해 확성장치를 사용할 수 있는 기간과 장소, 시간, 사용 개수 등을 규정하고 있는 이상, 확성장치의 소음 규제기준을 정하지 않았다고 하여 기본권 보호의무를 과소하게 이행하였다고 볼 수는 없다.

④ 국가가 국민의 법익을 보호하기 위하여 아무런 보호조치를 취하지 않았든지 아니면 취한 조치가 법익을 보호하기에 명백하게 부적합하거나 불충분한 경우에 한하여 국가의 보호의무의 위반을 확인할 수 있다

지문분석 **난이도** ■■■ **상** | **정답** ③ | **키워드** 기본권 보호의무 | **출제유형** 판례

① 【O】 국가의 기본권 보호의무란 기본권적 법익을 기본권 주체인 사인에 의한 위법한 침해 또는 침해의 위험으로부터 보호하여야 하는 국가의 의무를 말하며, 주로 사인인 제3자에 의한 개인의 생명이나 신체의 훼손에서 문제되는 것이므로, 제3자에 의한 개인의 생명이나 신체의 훼손이 문제되는 사안이 아닌 이 사건에서는 이에 대해 판단할 필요가 없다(헌재 2015.12.23. 2011헌바139).

② 【O】 국가가 국민의 생명 · 신체의 안전을 보호할 의무를 진다하더라도, 국가의 보호의무를 입법자 또는 그로부터 위임받은 집행자가 어떻게 실현할 것인가 하는 문제는 원칙적으로 권력분립과 민주주의 원칙에 따라 국민에 의하여 직접 민주적 정당성을 부여받고 자신의 결정에 대하여 정치적 책임을 지는 입법자의 책임범위에 속하므로, 헌법재판소는 단지 제한적으로만 입법자 또는 그로부터 위임받은 집행자에 의한 보호의무의 이행을 심사할 수 있다. 여기서 국가가 기본권 보호의무를 이행함에 있어서는 그 행위의 형식에 관하여도 폭넓은 형성의 자유가 인정되고, 반드시 법령에 의하여 이행하여야 하는 것은 아니므로, 국가의 보호조치가 침해되는 기본권을 보호하는 데 적절한지 여부를 판단함에 있어서는 이 사건 결정 선고 시까지 취해진 국가행위를 전체적으로 고려하여 판단하여야 한다(헌재 2016.10.27. 2012헌마121).

③ 【X】 심판대상조항이 선거운동의 자유를 감안하여 선거운동을 위한 확성장치를 허용할 공익적 필요성이 인정된다고 하더라도 정온한 생활환경이 보장되어야 할 주거지역에서 출근 또는 등교 이전 및 퇴근 또는 하교 이후 시간대에 확성장치의 최고출력 내지 소음을 제한하는 등 사용시간과 사용지역에 따른 수인한도 내에서 확성장치의 최고출력 내지 소음 규제기준에 관한 규정을 두지 아니한 것은, 국민이 건강하고 쾌적하게 생활할 수 있는 양호한 주거환경을 위하여 노력하여야 할 국가의 의무를 부과한 헌법 제35조 제3항에 비추어 보면, 적절하고 효율적인 최소한의 보호조치를 취하지 아니하여 국가의 기본권 보호의무를 과소하게 이행한 것이다. 따라서, 심판대상조항은 국가의 기본권 보호의무를 과소하게 이행한 것으로서, 청구인의 건강하고 쾌적한 환경에서 생활할 권리를 침해한다(헌재 2019.12.27. 2018헌마730).

④ 【O】 입법자가 기본권 보호의무를 최대한 실현하는 것이 이상적이지만, 그러한 이상적 기준이 헌법재판소가 위헌 여부를 판단하는 심사기준이 될 수는 없으며, 헌법재판소는 권력분립의 관점에서 소위 '과소보호금지원칙'을, 즉 국가가 국민의 기본권 보호를 위하여 적어도 적절하고 효율적인 최소한의 보호조치를 취했는가를 기준으로 심사하게 된다. 따라서 입법부작위나 불완전한 입법에 의한 기본권의 침해는 입법자의 보호의무에 대한 명백한 위반이 있는 경우에만 인정될 수 있다. 다시 말하면 국가가 국민의 법익을 보호하기 위하여 아무런 보호조치를 취하지 않았든지 아니면 취한 조치가 법익을 보호하기에 명백하게 부적합하거나 불충분한 경우에 한하여 헌법재판소는 국가의 보호의무의 위반을 확인할 수 있을 뿐이다(헌재 2008.07.31. 2004헌바81).

05 **국가의 기본권 보호의무에 대한 설명으로 옳지 <u>않은</u> 것만을 〈보기〉에서 모두 고르면?** (다툼이 있는 경우 헌법재판소 판례에 의함) 2022 국회직 8급

ㄱ. 검사만 치료감호를 청구할 수 있고 법원은 검사에게 치료감호청구를 요구할 수 있다고만 정하여 치료감호대상자의 치료감호청구권이나 법원의 직권에 의한 치료감호를 인정하지 않은 것은 국민의 보건에 관한 국가의 보호의무에 반한다.
ㄴ. 주거지역에서 출근 또는 등교 이전 및 퇴근 또는 하교 이후 시간대에 확성장치의 최고출력 내지 소음을 제한하는 등 사용시간과 사용지역에 따른 수인한도 내에서 확성장치의 최고출력 내지 소음 규제기준에 관한 구체적인 규정을 두어야 함에도 이러한 규정을 두지 아니한 것은 적절하고 효율적인 최소한의 보호조치를 취하지 아니하여 국가의 기본권 보호의무를 과소하게 이행한 것이다.
ㄷ. 자동차 운전자가 업무상 과실 또는 중대한 과실로 인한 교통사고로 말미암아 피해자로 하여금 중상해에 이르게 한 경우, 가해차량이 종합보험 등에 가입되어 있음을 이유로 공소를 제기할 수 없도록 한 것은 형벌까지 동원해야 보호법익을 유효적절하게 보호할 수 있다는 의미에서 교통사고 피해자에 대한 국가의 기본권 보호의무를 위반한 것이다.
ㄹ. 종래 산업단지의 지정을 위한 개발계획 단계와 산업단지 개발을 위한 실시계획 단계에서 각각 개별적으로 진행하던 주민의견청취절차 또는 주민의견수렴절차를 한 번의 절차에서 동시에 진행하도록 하는 것은 국가가 산업단지계획의 승인 및 그에 따른 산업단지의 조성·운영으로 인하여 초래될 수 있는 환경상 위해로부터 지역주민을 포함한 국민의 생명·신체의 안전을 보호하기 위하여 필요한 최소한의 보호조치를 취하지 아니함으로써 국가의 기본권 보호의무를 과소하게 이행한 것이다.
ㅁ. 가축사육시설의 환경이 지나치게 열악할 경우 그러한 시설에서 사육되고 생산된 축산물을 섭취하는 인간의 건강도 악화될 우려가 있으므로, 국가로서는 건강하고 위생적이며 쾌적한 시설에서 가축을 사육할 수 있도록 필요한 적절하고도 효율적인 조치를 취함으로써 소비자인 국민의 생명·신체의 안전에 관한 기본권을 보호할 구체적인 헌법적 의무가 있다.

① ㄱ, ㄷ ② ㄴ, ㄷ ③ ㄹ, ㅁ
④ ㄱ, ㄷ, ㄹ ⑤ ㄱ, ㄷ, ㄹ, ㅁ

지문분석 **난이도** ■■■ **상** | **정답** ④ | **키워드** 기본권 보호의무 | **출제유형** 판례

ㄱ 【X】「정신건강증진 및 정신질환자 복지서비스 지원에 관한 법률」, 「형의 집행 및 수용자의 처우에 관한 법률」에 있는 다른 제도들을 통하여 국민의 정신건강을 유지하는 데에 필요한 국가적 급부와 배려가 이루어지고 있으므로, 이 사건 법률조항들에서 치료감호대상자의 치료감호 청구권이나 법원의 직권에 의한 치료감호를 인정하지 않는다 하더라도 국민의 보건에 관한 국가의 보호의무에 반한다고 보기 어렵다(헌재 2021.01.28. 2019헌가24 등).
ㄴ 【O】 심판대상조항이 선거운동의 자유를 감안하여 선거운동을 위한 확성장치를 허용할 공익적 필요성이 인정된다고 하더라도 정온한 생활환경이 보장되어야 할 주거지역에서 출근 또는 등교 이전 및 퇴근 또는 하교 이후 시간대에 확성장치의 최고출력 내지 소음을 제한하는 등 사용시간과 사용지역에 따른 수인한도 내에서 확성장치의 최고출력 내지 소음 규제기준에 관한 규정을 두지 아니한 것은, 국민이 건강하고 쾌적하게 생활할 수 있는 양호한 주거환경을 위하여 노력하여야 할 국가의 의무를 부과한 헌법 제35조 제3항에 비추어 보면, 적절하고 효율적인 최소한의 보호조치를 취하지 아니하여 국가의 기본권 보호의무를 과소하게 이행한 것으로서, 청구인의 건강하고 쾌적한 환경에서 생활할 권리를 침해하므로 헌법에 위반된다(헌재 2019.12.27. 2018헌마730).
ㄷ 【X】 형벌은 국가가 취할 수 있는 유효적절한 수많은 수단 중의 하나일 뿐이지, 결코 형벌까지 동원해야만 보호법익을 유효적절하게 보호할 수 있다는 의미의 최종적인 유일한 수단이 될 수는 없다 할 것이다. 따라서 이 사건 법률조항은 국가의 기본권보호의무의 위반 여부에 관한 심사기준인 과소보호금지의 원칙에 위반한 것이라고 볼 수 없다(헌재 2009.02.26. 2005헌마764 등).

ㄹ. 【X】 국가가 산업단지계획의 승인 및 그에 따른 산업단지의 조성·운영으로 인하여 초래될 수 있는 환경상 위해로부터 지역주민을 포함한 국민의 생명·신체의 안전을 보호하기 위하여 필요한 최소한의 보호조치를 취하지 아니한 것이라고 보기는 어려우므로, 의견청취동시진행조항이 국가의 기본권 보호의무에 위배되었다고 할 수 없다(헌재 2016.12.29. 2015헌바280).

ㅁ. 【O】 가축사육시설의 환경이 지나치게 열악할 경우 그러한 시설에서 사육되고 생산된 축산물을 섭취하는 인간의 건강도 악화될 우려가 있으므로, 국가로서는 건강하고 위생적이며 쾌적한 시설에서 가축을 사육할 수 있도록 필요한 적절하고도 효율적인 조치를 취함으로써 소비자인 국민의 생명·신체의 안전에 관한 기본권을 보호할 구체적인 헌법적 의무가 있다. 따라서 심판대상조항이 국민의 생명·신체의 안전에 대한 국가의 보호의무에 관한 과소보호금지원칙에 위배되었다고 볼 수는 없다(헌재 2015.09.24. 2013헌마384).

06 국가의 기본권 보호의무에 관한 설명 중 가장 적절하지 않은 것은? (다툼이 있는 경우 판례에 의함)

2023 경찰 승진

① 헌법재판소는 국가의 기본권 보호의무란 사인인 제3자에 의해 발생하는 생명이나 신체에 대한 침해로부터 이를 보호하여야 할 국가의 의무를 말하는 것으로, 국가가 직접 주방용오물분쇄기의 사용을 금지하여 개인의 기본권을 제한하는 경우에는 국가의 기본권 보호의무 위반 여부가 문제되지 않는다고 판단하였다.

② 선거운동을 위하여 확성장치를 허용하여야 할 공익적 필요성이 인정된다고 하더라도, 「공직선거법」이 주거지역에서의 최고출력 내지 소음을 제한하는 등 대상지역에 따른 수인한도 내에서 공직선거운동에 사용되는 확성장치의 최고출력 내지 소음규제기준을 두고 있지 아니한 것은, 국민이 건강하고 쾌적하게 생활할 수 있는 양호한 주거환경을 유지하기 위하여 노력하여야 할 국가의 의무를 부과한 헌법 규정에 비추어 보면 국가의 기본권 보호의무를 과소하게 이행하고 있는 것이다.

③ 국가가 국민의 생명·신체의 안전에 대한 보호의무를 다하지 않았는지 여부를 헌법재판소가 심사할 때에는, 국가가 이를 보호하기 위한 최대한의 보호조치를 취하였는가 하는 이른바 '과잉금지원칙'의 위반 여부를 기준으로 삼아야 한다.

④ 국가에게 태아의 생명을 보호할 의무가 있다고 하더라도 생명의 연속적 발전과정에 대하여 생명이라는 공통요소만을 이유로 하여 언제나 동일한 법적 효과를 부여하여야 하는 것은 아니므로 국가가 생명을 보호하는 입법적 조치를 취함에 있어 인간생명의 발달단계에 따라 그 보호정도나 보호수단을 달리하는 것은 불가능하지 않다.

지문분석 **난이도** ■■■ 상 | **정답** ③ | **키워드** 기본권 보호의무 | **출제유형** 판례

① 【O】 청구인들은 국가가 주방용오물분쇄기의 사용을 금지하여 국민들은 음식물 찌꺼기 등을 음식물류 폐기물로 분리 배출할 때까지 집안에 보관하여야 하고 이 과정에서 음식물 찌꺼기 등의 부패, 해충 발생 등으로 각종 질병에 노출되거나 쾌적하지 못한 환경에서 살게 되므로, 국가가 국민의 기본권에 대한 보호의무를다하지 못함으로써 국민의 생명·신체의 안전에 관한 기본권, 환경권을 침해한다고 주장한다. 그러나 주방용오물분쇄기를 사용하지 못하면 음식물 찌꺼기 등을 음식물류 폐기물로 분리 배출하여야 하므로 그 처리에 다소 불편을 겪을 수는 있으나, 심판대상조항이 음식물 찌꺼기 등의 배출 또는 처리 자체를 금지하는 것은 아니다. 뿐만 아니라 국가의 기본권 보호의무란 사인인 제3자에 의한 생명이나 신체에 대한 침해로부터 이를 보호하여야 할 국가의 의무를 말하는 것으로, 이 사건처럼 국가가 직접 주방용오물분쇄기의 사용을 금지하여 개인의 기본권을 제한하는 경우에는 국가의 기본권 보호의무 위반 여부가 문제되지 않는다. 따라서 청구인들의 위 주장에 대해서는 판단하지 않는다(헌재 2018.06.28. 2016헌마1151).

② 【O】「공직선거법」에는 확성장치를 사용함에 있어 자동차에 부착하는 확성장치 및 휴대용 확성장치의 수는 '시·도지사선거는 후보자와 구·시·군 선거연락소마다 각 1대·각 1조, 지역구지방의회의원선거 및 자치구·시·군의 장 선거는 후보자마다 1대·1조를 넘을 수 없다'는 규정만 있을 뿐 확성장치의 최고출력 내지 소음 규제기준이 마련되어 있지 아니하다. 기본권의 과소보호금지원칙에 부합하면서 선거운동을 위해 필요한 범위 내에서 합리적인 최고출력 내지 소음 규제기준을 정할 필요가 있다. 「공직선거법」에는 야간 연설 및 대담을 제한하는 규정만 있다. 그러나 대다수의 직장과 학교는 그 근무 및 학업 시간대를 오전 9시부터 오후 6시까지로 하고 있어 그 전후 시간대의 주거지역에서는 정온한 환경이 더욱더 요구된다. 그러므로 출근 또는 등교 시간대 이전인 오전 6시부터 7시까지, 퇴근 또는 하교 시간대 이후인 오후 7시부터 11시까지에도 확성장치의 사용을 제한할 필요가 있다. 「공직선거법」에는 주거지역과 같이 정온한 생활환경을 유지할 필요성이 높은 지역에 대한 규제기준이 마련되어 있지 아니하다. 예컨대 소음·진동관리법, 「집회 및 시위에 관한 법률」 등에서 대상지역 및 시간대별로 구체적인 소음기준을 정한 것과 같이, 「공직선거법」에서도 이에 준하는 규정을 둘 수 있다. 따라서 심판대상조항이 선거운동의 자유를 감안하여 선거운동을 위한 확성장치를 허용할 공익적 필요성이 인정된다고 하더라도 정온한 생활환경이 보장되어야 할 주거지역에서 출근 또는 등교 이전 및 퇴근 또는 하교 이후 시간대에 확성장치의 최고출력 내지 소음을 제한하는 등 사용시간과 사용지역에 따른 수인한도 내에서 확성장치의 최고출력 내지 소음 규제기준에 관한 규정을 두지 아니한 것은, 국민이 건강하고 쾌적하게 생활할 수 있는 양호한 주거환경을 위하여 노력하여야 할 국가의 의무를 부과한 헌법 제35조 제3항에 비추어 보면, 적절하고 효율적인 최소한의 보호조치를 취하지 아니하여 국가의 기본권 보호의무를 과소하게 이행한 것으로서, 청구인의 건강하고 쾌적한 환경에서 생활할 권리를 침해하므로 헌법에 위반된다(헌재 2019.12.27. 2018헌마730).

③ 【X】 기본권 보호의무란 기본권적 법익을 기본권 주체인 사인에 의한 위법한 침해 또는 침해의 위험으로부터 보호하여야 하는 국가의 의무를 말하며, 주로 사인인 제3자에 의한 개인의 생명이나 신체의 훼손에서 문제되는데, 이는 타인에 의하여 개인의 신체나 생명 등 법익이 국가의 보호의무 없이는 무력화될 정도의 상황에서만 적용될 수 있다. 이 사건에서는 교통사고를 방지하는 다른 보호조치에도 불구하고 국가가 형벌권이란 최종적인 수단을 사용하여야만 가장 효율적으로 국민의 생명과 신체권을 보호할 수 있는가가 문제된다. 만일 형벌이 법익을 가장 효율적으로 보호할 수 있는 유일한 방법임에도 불구하고 국가가 형벌권을 포기한 것이라면 국가는 기본권보호의무를 위반함으로써 생명·신체의 안전과 같은 청구인들의 중요한 기본권을 침해한 것이 될 것이다. 그런데 국가가 국민의 생명·신체의 안전을 보호할 의무를 진다 하더라도 국가의 보호의무를 입법자 또는 그로부터 위임받은 집행자가 어떻게 실현하여야 할 것인가 하는 문제는 원칙적으로 권력분립과 민주주의의 원칙에 따라 국민에 의하여 직접 민주적 정당성을 부여받고 자신의 결정에 대하여 정치적 책임을 지는 입법자의 책임범위에 속하므로, 헌법재판소는 단지 제한적으로만 입법자 또는 그로부터 위임받은 집행자에 의한 보호의무의 이행을 심사할 수 있는 것이다. 따라서 국가가 국민의 생명·신체의 안전에 대한 보호의무를 다하지 않았는지 여부를 헌법재판소가 심사할 때에는 국가가 이를 보호하기 위하여 적어도 적절하고 효율적인 최소한의 보호조치를 취하였는가 하는 이른바 '과소보호금지원칙'의 위반 여부를 기준으로 삼아, 국민의 생명·신체의 안전을 보호하기 위한 조치가 필요한 상황인데도 국가가 아무런 보호조치를 취하지 않았든지 아니면 취한 조치가 법익을 보호하기에 전적으로 부적합하거나 매우 불충분한 것임이 명백한 경우에 한하여 국가의 보호의무의 위반을 확인하여야 하는 것이다(헌재 2009.02.26. 2005헌마764).

④ 【O】 국가에게 태아의 생명을 보호할 의무가 있다고 하더라도 생명의 연속적 발전과정에 대하여 생명이라는 공통요소만을 이유로 하여 언제나 동일한 법적 효과를 부여하여야 하는 것은 아니다. 동일한 생명이라 할지라도 법질서가 생명의 발전과정을 일정한 단계들로 구분하고 그 각 단계에 상이한 법적 효과를 부여하는 것이 불가능하지 않다. 예컨대 「형법」은 태아를 통상 낙태죄의 객체로 취급하지만, 진통 시로부터 태아는 사람으로 취급되어 살인죄의 객체로 됨으로써 생명의 단계에 따라 생명침해행위에 대한 처벌의 정도가 달라진다. 나아가 태아는 수정란이 자궁에 착상한 때로부터 낙태죄의 객체로 되는데 착상은 통상 수정 후 7일경에 이루어지므로, 그 이전의 생명에 대해서는 「형법」상 어떠한 보호도 행하고 있지 않다. 이와 같이 생명의 전체적 과정에 대해 법질서가 언제나 동일한 법적 보호 내지 효과를 부여하고 있는 것은 아니다. 따라서 국가가 생명을 보호하는 입법적 조치를 취함에 있어 인간생명의 발달단계에 따라 그 보호정도나 보호수단을 달리하는 것은 불가능하지 않다(헌재 2019.04.11. 2017헌바127).

07 국가의 기본권 보호의무에 관한 설명으로 가장 적절하지 않은 것은? (다툼이 있는 경우 판례에 의함)

2023 경찰 1차

① 선거운동을 위한 확성장치를 허용할 공익적 필요성이 인정된다고 하더라도 정온한 생활환경이 보장되어야 할 주거지역에서 사용시간과 사용지역에 따른 수인한도 내에서 확성장치의 최고출력 내지 소음 규제기준에 관한 규정을 두지 아니한 「공직선거법」 조항은 주거지역 거주자의 건강하고 쾌적한 환경에서 생활할 권리를 침해한다.

② 「담배사업법」은 담배성분의 표시나 경고문구의 표시, 담배광고의 제한 등 여러 규제들을 통하여 직접흡연으로부터 국민의 생명·신체의 안전을 보호하려고 노력하고 있어, 「담배사업법」이 국가의 보호의무에 관한 과소보호금지 원칙을 위반하여 흡연자의 생명·신체의 안전에 관한 권리를 침해하였다고 볼 수 없다.

③ 업무상과실 또는 중대한 과실로 인한 교통사고로 말미암아 피해자로 하여금 상해에 이르게 하였으나 보험 등에 가입한 경우 운전자에 대한 공소를 제기할 수 없도록 한 구 「교통사고처리특례법」 조항은 교통사고 피해자의 생명·신체의 안전에 관한 국가의 기본권 보호의무를 명백히 위반한 것이다.

④ 「민법」 조항들이 권리능력의 존재 여부를 출생시를 기준으로 확정하고 태아에 대해서는 살아서 출생할 것을 조건으로 손해배상청구권을 인정하더라도 태아에 대한 국가의 생명권 보호의무를 위반한 것이라 볼 수 없다.

PART · 02

지문분석 **난이도** □■■ **중** | **정답** ③ | **키워드** 기본권 보호의무 | **출제유형** 판례

① **[O]** 선거운동의 자유를 감안하여 선거운동을 위한 확성장치를 허용할 공익적 필요성이 인정된다고 하더라도 정온한 생활환경이 보장되어야 할 주거지역에서 출근 또는 등교 이전 및 퇴근 또는 하교 이후 시간대에 확성장치의 최고출력 내지 소음을 제한하는 등 사용시간과 사용지역에 따른 수인한도 내에서 확성장치의 최고출력 내지 소음 규제기준에 관한 규정을 두지 아니한 것은, 국민이 건강하고 쾌적하게 생활할 수 있는 양호한 주거환경을 위하여 노력하여야 할 국가의 의무를 부과한 헌법 제35조 제3항에 비추어 보면, 적절하고 효율적인 최소한의 보호조치를 취하지 아니하여 국가의 기본권 보호의무를 과소하게 이행한 것으로서, 청구인의 건강하고 쾌적한 환경에서 생활할 권리를 침해하므로 헌법에 위반된다(헌재 2019.12.27. 2018헌마730).

② **[O]** 「담배사업법」은 담배의 제조 및 판매 자체는 금지하고 있지 않지만, 현재로서는 흡연과 폐암 등의 질병 사이에 필연적인 관계가 있다거나 흡연자 스스로 흡연 여부를 결정할 수 없을 정도로 의존성이 높아서 국가가 개입하여 담배의 제조 및 판매 자체를 금지하여야만 한다고 보기는 어렵다. 또한, 「담배사업법」은 담배성분의 표시나 경고문구의 표시, 담배광고의 제한 등 여러 규제들을 통하여 직접흡연으로부터 국민의 생명·신체의 안전을 보호하려고 노력하고 있다. 따라서 「담배사업법」이 국가의 보호의무에 관한 과소보호금지 원칙을 위반하여 청구인의 생명·신체의 안전에 관한 권리를 침해하였다고 볼 수 없다(헌재 2015.04.30. 2012헌마38).

③ **[X]** 국가의 신체와 생명에 대한 보호의무는 교통과실범의 경우 발생한 침해에 대한 사후처벌뿐 아니라, 무엇보다도 우선적으로 운전면허취득에 관한 법규 등 전반적인 교통관련법규의 정비, 운전자와 일반국민에 대한 지속적인 계몽과 교육, 교통안전에 관한 시설의 유지 및 확충, 교통사고 피해자에 대한 보상제도 등 여러 가지 사전적·사후적 조치를 함께 취함으로써 이행된다 할 것이므로, 형벌은 국가가 취할 수 있는 유효적절한 수많은 수단 중의 하나일 뿐이지, 결코 형벌까지 동원해야만 보호법익을 유효적절하게 보호할 수 있다는 의미의 최종적인 유일한 수단이 될 수는 없다 할 것이다. 따라서 이 사건 법률조항은 국가의 기본권보호의무의 위반 여부에 관한 심사기준인 과소보호금지의 원칙에 위반한 것이라고 볼 수 없다(헌재 2009.02.26. 2005헌마764 등).

④ **[O]** 권리능력의 존재 여부를 출생 시를 기준으로 확정하고 태아에 대해서는 살아서 출생할 것을 조건으로 손해배상청구권을 인정한다 할지라도 이러한 입법적 태도가 입법형성권의 한계를 명백히 일탈한 것으로 보기는 어려우므로 이 사건 법률조항들이 국가의 생명권 보호의무를 위반한 것이라 볼 수 없다(헌재 2008.07.31. 2004헌바81).

08 기본권 보호의무에 관한 설명 중 가장 옳지 않은 것은? (다툼이 있는 경우 판례에 의함) 2023 해경 간부

① 미국산 쇠고기 수입위생조건 고시가 국민의 생명·신체의 안전을 보호하기에 전적으로 부적합하거나 매우 부족하여 그 보호의무를 명백히 위반한 것이라고 단정하기는 어렵다.

② 「민법」 제3조 및 제762조가 권리능력의 존재 여부를 출생시를 기준으로 확정하고 태아에 대해서는 살아서 출생할 것을 조건으로 손해배상청구권을 인정한다 할지라도, 이는 국가의 생명권 보호의무를 위반한 것이라 볼 수 없다.

③ 국가의 기본권 보호의무의 이행은 입법자의 입법을 통하여 비로소 구체화되는 것이고, 국가가 그 보호의무를 어떻게 어느 정도로 이행할 것인지는 원칙적으로 한 나라의 정치·경제·사회·문화적인 제반여건과 재정사정 등을 감안하여 입법정책적으로 판단하여야 하는 입법재량의 범위에 속한다.

④ 「교통사고처리특례법」 중 업무상 과실 또는 중대한 과실로 인한 교통사고로 말미암아 피해자로 하여금 상해를 입게 한 경우 공소를 제기할 수 없도록 한 부분은 과소보호금지원칙에 위반한 것이다.

지문분석 **난이도** □■■ 중 | **정답** ④ | **키워드** 사생활의 비밀과 자유 | **출제유형** 판례

① 【O】 이 사건 고시가 개정 전 고시에 비하여 완화된 수입위생조건을 정한 측면이 있다 하더라도, 미국산 쇠고기의 수입과 관련한 위험상황 등과 관련하여 개정 전 고시 이후에 달라진 여러 요인들을 고려하고 지금까지의 관련 과학기술 지식과 OIE 국제기준 등에 근거하여 보호조치를 취한 것이라면, 이를 들어 피청구인이 자의적으로 재량권을 행사하였다거나 합리성을 상실하였다고 하기 어렵다 할 것이다(헌재 2008.12.26. 2008헌마419).

② 【O】 '살아서 출생한 태아'와는 달리 '살아서 출생하지 못한 태아'에 대해서는 손해배상청구권을 부정함으로써 후자에게 불리한 결과를 초래하고 있으나 이러한 결과는 사법(私法)관계에서 요구되는 법적안정성의 요청이라는 법치국가이념에 의한 것으로 헌법적으로 정당화된다 할 것이므로, 그와 같은 차별적 입법조치가 있다는 이유만으로 곧 국가가 기본권 보호를 위해 필요한 최소한의 입법적 조치를 다하지 않아 그로써 위헌적인 입법적 불비나 불완전한 입법상태가 초래된 것이라고 볼 수 없다. 그렇다면 이 사건 법률조항들이 권리능력의 존재 여부를 출생시를 기준으로 확정하고 태아에 대해서는 살아서 출생할 것을 조건으로 손해배상청구권을 인정한다 할지라도 이러한 입법적 태도가 입법형성권의 한계를 명백히 일탈한 것으로 보기는 어려우므로 이 사건 법률조항들이 국가의 생명권 보호의무를 위반한 것이라 볼 수 없다(헌재 2008.07.31. 2004헌바81).

③ 【O】 국민의 기본권에 대한 국가의 적극적 보호의무는 궁극적으로 입법자의 입법행위를 통하여 비로써 실현될 수 있는 것이기 때문에, 입법자의 입법행위를 매개로 하지 아니하고 단순히 기본권이 존재한다는 것만으로 헌법상 광범위한 방어적 기능을 갖게 되는 기본권의 소극적 방어권으로서의 측면과 근본적인 차이가 있다. 국가가 국민의 기본권을 보호하기 위한 충분한 입법조치를 취하지 아니함으로써 기본권 보호의무를 다하지 못하였다는 이유로 입법부작위 내지 불완전한 입법이 헌법에 위반된다고 판단하기 위하여는 국가권력에 의해 국민의 기본권이 침해당하는 경우와는 다른 판단기준이 적용되어야 마땅하다. 헌법재판소는 권력분립의 관점에서 소위 과소보호금지원칙을, 즉 국가가 국민의 법익보호를 위하여 적어도 적절하고 효율적인 최소한의 보호조치를 취했는가를 기준으로 심사하게 된다. 따라서 입법부작위나 불완전한 입법에 의한 기본권의 침해는 입법자의 보호의무에 대한 명백한 위반이 있는 경우에만 인정될 수 있다(헌재 1997.01.16. 90헌마110).

④ 【X】 사건 법률조항을 두고 국가가 일정한 교통사고범죄에 대하여 형벌권을 행사하지 않음으로써 도로교통의 전반적인 위험으로부터 국민의 생명과 신체를 적절하고 유효하게 보호하는 아무런 조치를 취하지 않았다든지, 아니면 국가가 취한 현재의 제반 조치가 명백하게 부적합하거나 부족하여 그 보호의무를 명백히 위반한 것이라고 할 수 없다(헌재 2009.02.26. 2005헌마764).

09 기본권보호의무에 관한 설명으로 옳지 않은 것은? (다툼이 있는 경우 헌법재판소 판례에 의함)

2024 소방 간부

① 국가는 개인이 가지는 불가침의 기본적 인권을 확인하고 이를 보장할 의무를 지기에, 적어도 생명·신체의 보호와 같은 중요한 기본권적 법익 침해에 대해서는 그것이 국가가 아닌 제3자로서의 사인에 의해서 유발된 것이라고 하더라도 국가가 적극적인 보호의 의무를 진다.

② 국가의 기본권보호의무로부터 태아의 출생 전에, 또한 태아가 살아서 출생할 것인가와는 무관하게, 태아를 위하여 「민법」상 일반적 권리능력을 인정하여야 한다는 헌법적 요청이 도출된다.

③ 국가가 국민의 건강하고 쾌적한 환경에서 생활할 권리에 대한 보호의무를 다하지 않았는지의 여부를 헌법재판소가 심사할 때에는 국가가 이를 보호하기 위하여 적어도 적절하고 효율적인 최소한의 보호조치를 취하였는가 하는, 이른바 과소보호금지원칙의 위반 여부를 기준으로 삼아야 한다.

④ 국가의 보호의무를 어떻게 실현하여야 할 것인가 하는 문제는 원칙적으로 권력분립과 민주주의의 원칙에 따라 국민에 의하여 직접 민주적 정당성을 부여받고 자신의 결정에 대하여 정치적 책임을 지는 입법자의 책임범위에 속하므로, 헌법재판소는 단지 제한적으로만 보호의무의 이행을 심사할 수 있다.

⑤ 「공직선거법」이 정온한 생활환경이 보장되어야 할 주거지역에서 출근 또는 등교 이전 및 퇴근 또는 하교 이후 시간대에 확성장치의 최고출력 내지 소음을 제한하는 등 사용시간과 사용지역에 따른 수인한도 내에서 확성장치의 최고출력 내지 소음 규제기준에 관한 규정을 두지 아니한 것은 헌법에 위반된다.

지문분석 **난이도** □■■ **중** | **정답** ② | **키워드** 사생활의 비밀과 자유 | **출제유형** 판례

① **[O]** 헌법 제10조의 규정에 의하면, 국가는 개인이 가지는 불가침의 기본적 인권을 확인하고 이를 보장할 의무를 지고 기본권은 공동체의 객관적 가치질서로서의 성격을 가지므로, 적어도 생명·신체의 보호와 같은 중요한 기본권적 법익 침해에 대해서는 그것이 국가가 아닌 제3자로서의 사인에 의해서 유발된 것이라고 하더라도 국가가 적극적인 보호의 의무를 진다(헌재 2019.12.27. 2018헌마730).

② **[X]** 태아는 형성 중의 인간으로서 생명을 보유하고 있으므로 국가는 태아를 위하여 각종 보호조치들을 마련해야 할 의무가 있다. 하지만 그와 같은 국가의 기본권 보호의무로부터 태아의 출생 전에, 또한 태아가 살아서 출생할 것인가는 무관하게, 태아를 위하여 「민법」상 일반적 권리능력까지도 인정하여야 한다는 헌법적 요청이 도출되지는 않는다(헌재 2008.07.31. 2004헌바81).

③ **[O]** 국가가 국민의 건강하고 쾌적한 환경에서 생활할 권리에 대한 보호의무를 다하지 않았는지 여부를 헌법재판소가 심사할 때에는 국가가 이를 보호하기 위하여 적어도 적절하고 효율적인 최소한의 보호조치를 취하였는가 하는 이른바 '과소보호금지원칙'의 위반 여부를 기준으로 삼아야 한다(헌재 2019.12.27. 2018헌마730).

④ **[O]** 국가가 국민의 건강하고 쾌적한 환경에서 생활할 권리를 보호할 의무를 진다고 하더라도, 국가의 기본권 보호의무를 입법자가 어떻게 실현하여야 할 것인가 하는 문제는 원칙적으로 권력분립과 민주주의의 원칙에 따라 국민에 의하여 직접 민주적 정당성을 부여받고 자신의 결정에 대하여 정치적 책임을 지는 입법자의 책임범위에 속한다. 헌법재판소는 단지 제한적으로만 입법자에 의한 보호의무의 이행을 심사할 수 있다(헌재 2020.03.26. 2017헌마1281).

⑤ **[O]** 심판대상조항이 선거운동의 자유를 감안하여 선거운동을 위한 확성장치를 허용할 공익적 필요성이 인정된다고 하더라도 정온한 생활환경이 보장되어야 할 주거지역에서 출근 또는 등교 이전 및 퇴근 또는 하교 이후 시간대에 확성장치의 최고출력 내지 소음을 제한하는 등 사용시간과 사용지역에 따른 수인한도 내에서 확성장치의 최고출력 내지 소음 규제기준에 관한 규정을 두지 아니한 것은, 국민이 건강하고 쾌적하게 생활할 수 있는 양호한 주거환경을 위하여 노력하여야 할 국가의 의무를 부과한 헌법 제35조 제3항에 비추어 보면, 적절하고 효율적인 최소한의 보호조치를 취하지 아니하여 국가의 기본권 보호의무를 과소하게 이행한 것으로서, 청구인의 건강하고 쾌적한 환경에서 생활할 권리를 침해하므로 헌법에 위반된다(헌재 2019.12.27. 2018헌마730).

7 국가인권위원회와 기본권 침해의 구제

01 국가인권위원회에 관한 설명으로 옳지 않은 것은? 2015 국회직 8급(변형)

① 국가인권위원회(이하에서는 '위원회'라 함)는 인권의 보호와 향상에 중대한 영향을 미치는 재판이 계속 중인 경우 필요하다고 인정하는 때에는 법원 또는 헌법재판소의 요청이 없어도 법원의 담당재판부 또는 헌법재판소에 법률상의 사항에 관하여 의견을 제출할 수 있다.

② 법인, 단체 또는 사인(私人)에 의하여 차별행위를 당한 경우 차별행위를 당한 사람 또는 그 사실을 알고 있는 사람이나 단체는 위원회에 그 내용을 진정할 수 있다.

③ 인권침해의 피해자(인권침해나 차별행위를 당한 사람)가 아닌 자가 한 진정에 있어서 피해자가 조사를 원하지 않는 것이 명백한 경우 또는 진정의 취지가 당해 진정의 원인이 된 사실에 관한 법원의 확정판결이나 헌법재판소의 결정에 반하는 경우에 위원회는 그 진정을 각하할 수 있다.

④ 위원회의 회의는 위원장이 주재하며, 이 법에 특별한 규정이 없는 한 재적위원 과반수의 찬성으로 의결하며, 상임위원회 및 소위원회의 회의는 구성위원 3인 이상의 출석과 3인 이상의 찬성으로 의결한다.

지문분석 **난이도** ■■■ 상 | **정답** ③ | **키워드** 국가인권위원회 | **출제유형** 판례 및 조문

① 【O】「국가인권위원회법」 제28조 제1항 위원회는 인권의 보호와 향상에 중대한 영향을 미치는 재판이 계속(係屬) 중인 경우 법원 또는 헌법재판소의 요청이 있거나 필요하다고 인정할 때에는 법원의 담당 재판부 또는 헌법재판소에 법률상의 사항에 관하여 의견을 제출할 수 있다.

② 【O】 법인, 단체 또는 사인(私人)으로부터 차별행위를 당한 경우에 인권침해나 차별행위를 당한 사람(피해자) 또는 그 사실을 알고 있는 사람이나 단체는 위원회에 그 내용을 진정할 수 있다(동법 제30조 제1항 제2호).

③ 【X】 동법 제32조 제1항 제3호, 제10호 : '각하 할 수 있다.'가 아니고, '그 진정을 각하한다.'

> 「국가인권위원회법」 제32조(진정의 각하 등) ① 위원회는 접수한 진정이 다음 각 호의 어느 하나에 해당하는 경우에는 그 진정을 각하(却下)한다.
> 1. 진정의 내용이 위원회의 조사대상에 해당하지 아니하는 경우
> 2. 진정의 내용이 명백히 거짓이거나 이유 없다고 인정되는 경우
> 3. 피해자가 아닌 사람이 한 진정에서 피해자가 조사를 원하지 아니하는 것이 명백한 경우
> 4. 진정의 원인이 된 사실이 발생한 날부터 1년 이상 지나서 진정한 경우. 다만, 진정의 원인이 된 사실에 관하여 공소시효 또는 민사상 시효가 완성되지 아니한 사건으로서 위원회가 조사하기로 결정한 경우에는 그러하지 아니하다.
> 5. 진정이 제기될 당시 진정의 원인이 된 사실에 관하여 법원 또는 헌법재판소의 재판, 수사기관의 수사 또는 그 밖의 법률에 따른 권리구제 절차가 진행 중이거나 종결된 경우. 다만, 수사기관이 인지하여 수사 중인「형법」 제123조부터 제125조까지의 죄에 해당하는 사건과 같은 사안에 대하여 위원회에 진정이 접수된 경우에는 그러하지 아니하다.
> 6. 진정이 익명이나 가명으로 제출된 경우
> 7. 진정이 위원회가 조사하는 것이 적절하지 아니하다고 인정되는 경우
> 8. 진정인이 진정을 취하한 경우
> 9. 위원회가 기각한 진정과 같은 사실에 대하여 다시 진정한 경우
> 10. 진정의 취지가 그 진정의 원인이 된 사실에 관한 법원의 확정판결이나 헌법재판소의 결정에 반하는 경우

④ 【O】 동법 제13조 제1항

02 국가인권위원회에 관한 다음 설명 중 옳지 않은 것은? 2012 법원직 9급(변형)

① 국가인권위원회는 이른바 독립위원회로서 다른 국가기관에 의한 감독과 통제를 받지 않으며, 국민의 인권보호에 관한 여러 가지 활동을 담당한다.
② 「공직선거법」상 선거의 후보자로 등록된 사람은 국가인권위원회의 위원이 될 수 없다.
③ 국회의 입법에 의하여 인권의 침해가 있을 경우에 진정이 가능하다.
④ 위원회의 진정에 대한 조사·조정 및 심의는 비공개로 한다. 다만, 위원회의 의결이 있는 때에는 이를 공개할 수 있다.

지문분석 **난이도** □□■ **하** | **정답** ③ | **키워드** 국가인권위원회 | **출제유형** 판례 및 조문

① 【O】 동법 제3조
② 【O】 동법 제9조 제1항 제4호
③ 【X】 「국가인권위원회법」 제30조 제1항 제1호 국회의 입법에 대한 진정은 배제된다.
④ 【O】 위원회의 진정에 대한 조사·조정 및 심의는 비공개로 한다. 다만, 위원회의 의결이 있는 때에는 이를 공개할 수 있다(동법 제49조).

03 「국가인권위원회법」의 내용으로 옳은 것은? 2018 법원직 9급(변형)

① 위원회는 진정을 조사한 결과 진정의 내용이 범죄행위에 해당하고 이에 대하여 형사처벌이 필요하다고 인정하는 경우 검찰총장에게 고발을 권고할 수 있을 뿐 직접 고발할 수는 없다.
② 국가인권위원회는 진정에 관한 피해자의 권리구제를 위하여 필요하다고 인정하는 경우 피해자의 의사와 관계없이 피해자를 위하여 대한법률구조공단 또는 그 밖의 기관에 법률구조를 요청할 수 있다.
③ 위원회는 인권의 보호와 향상을 위하여 필요하다고 인정하는 경우 행정부 소속 기관에 대해서는 정책과 관행의 개선 또는 시정을 권고할 수 있으나 행정부 소속기관이 아닌 국회나 법원에 대해서는 의견의 표명만을 할 수 있다.
④ 법인, 단체 또는 사인에 의하여는 평등권침해의 차별행위를 당한 경우만 위원회에 진정할 수 있다.

지문분석 **난이도** □■■ **중** | **정답** ④ | **키워드** 국가인권위원회 | **출제유형** 판례 및 조문

① 【X】 위원회는 진정을 조사한 결과 진정의 내용이 범죄행위에 해당하고 이에 대하여 형사처벌이 필요하다고 인정할 때에는 검찰총장에게 그 내용을 고발할 수 있다. 다만, 피고발인이 군인 또는 군무원인 경우에는 소속 군참모총장 또는 국방부장관에게 고발할 수 있다(동법 제45조 제1항).
② 【X】 법률구조 요청은 피해자의 명시한 의사에 반하여 할 수 없다(동법 제47조 제2항).
③ 【X】 위원회는 인권의 보호와 향상을 위하여 필요하다고 인정하는 경우 관계기관 등에 대하여 정책과 관행의 개선 또는 시정을 권고하거나 의견을 표명할 수 있다.(동법 제25조 제1항)

④ 【O】

「국가인권위원회법」 제30조(위원회의 조사대상) ① 다음 각 호의 어느 하나에 해당하는 경우에 인권침해나 차별행위를 당한 사람(이하 '피해자'라 한다) 또는 그 사실을 알고 있는 사람이나 단체는 위원회에 그 내용을 진정할 수 있다.
1. 국가기관, 지방자치단체, 「초·중등교육법」 제2조, 「고등교육법」 제2조와 그 밖의 다른 법률에 따라 설치된 각급 학교, 「공직자윤리법」 제3조의2 제1항에 따른 공직유관단체 또는 구금·보호시설의 업무 수행(국회의 입법 및 법원·헌법재판소의 재판은 제외한다)과 관련하여 대한민국 헌법 제10조부터 제22조까지의 규정에서 보장된 인권을 침해당하거나 차별행위를 당한 경우
2. 법인, 단체 또는 사인(私人)으로부터 차별행위를 당한 경우

04 국가인권위원회에 대한 설명으로 가장 적절하지 않은 것은? (다툼이 있는 경우 판례에 의함)

2018 경찰 승진

① 진정에 대한 국가인권위원회의 기각결정은 항고소송의 대상이 되는 행정처분이 아니므로 「헌법재판소법」 제68조 제1항에 의한 헌법소원의 대상이 된다.
② 국가인권위원회는 위원장 1명과 상임위원 3명을 포함한 11명의 인권위원으로 구성되며, 국회가 선출하는 4명, 대통령이 지명하는 4명, 대법원장이 지명하는 3명을 대통령이 임명한다.
③ 국가인권위원회의 진정에 대한 조사·조정 및 심의는 비공개로 한다. 다만, 위원회의 의결이 있을 때에는 공개할 수 있다.
④ 인권위원이 퇴직 후 2년간 교육공무원이 아닌 공무원으로 임명되거나 공직선거 및 선거부정방지법에 의한 선거에 출마할 수 없도록 규정한 「국가인권위원회법」 제11조는 인권위원의 참정권 등 기본권을 제한함에 있어서 준수하여야 할 과잉금지원칙에 위배된다.

지문분석 **난이도** □■■ 중 | **정답** ① | **키워드** 국가인권위원회 | **출제유형** 판례 및 조문

① 【X】 국가인권위원회가 한 진정에 대한 각하 또는 기각결정은 항고소송의 대상이 되는 행정처분이므로, 헌법소원심판을 청구하기 전에 먼저 행정심판이나 행정소송을 통해 다투어야 하므로, 그러한 사전 구제절차 없이 청구된 헌법소원심판은 보충성 요건을 충족하지 못하여 부적법하다(헌재 2015.03.26. 2013헌마214).
② 【O】 「국가인권위원회법」 제5조 제1·2항
③ 【O】 「국가인권위원회법」 제49조
④ 【O】 퇴직한 위원의 개인적 인격, 전문지식과 능력, 경륜 등을 2년간 국가경영에 활용할 기회를 박탈하는 효과를 야기하여 국가적으로는 인재의 손실을 초래하게 되고, 또 국가인권위원회의 위원으로 재직하게 되면 그 이후 공직취임이 제한되는 것을 꺼려하여 유능하고 소신 있는 인물이 위원으로 임명되는 것을 회피하도록 하는 부정적 결과를 가져올 수도 있다. 그렇다면 이 사건 법률조항은 위원의 직무상의 공정성과 염결성을 확보하기 위한 입법목적을 가진 것이지만 그 효과와 입법목적 사이의 연관성이 객관적으로 명확하지 아니하여 국민생활에 기초가 되는 중요한 기본권인 참정권과 직업선택의 자유를 제한함에 있어서 갖추어야 할 수단의 적합성이 결여되었고, 위 기본권 제한으로 인한 피해가 최소화되지 못하였으며, 동 피해가 중대한 데 반하여 이 사건 법률조항을 통하여 달성하려는 공익적 효과는 상당히 불확실한 것으로서 과잉금지의 원칙에 위배된다(헌재 2004.01.29. 2002헌마788).

05 국가인권위원회에 관한 설명으로 옳은 것을 모두 고른 것은? (다툼이 있는 경우 판례에 의함)

2020 경찰 승진

㉠ 국가인권위원회는 '헌법에 의하여 설치되고 헌법과 법률에 의하여 독자적인 권한을 부여받은 국가기관'이라고 할 수 없어 권한쟁의심판의 당사자능력이 인정되지 않는다.
㉡ 국가인권위원회는 피해자의 권리 구제를 위해 필요하다고 인정하면 피해자를 위하여 피해자의 명시적 의사에 관계없이 대한법률구조공단 또는 그 밖의 기관에 법률구조를 요청할 수 있다.
㉢ 국가인권위원회가 진정에 대해 각하 또는 기각결정을 하면 이 결정은 헌법소원의 대상이 되고 헌법소원의 보충성 요건을 충족한다.
㉣ 위원회의 조사대상은 국가기관, 지방자치단체 또는 구금 보호시설의 업무수행(국회의 입법 및 법원 헌법재판소의 재판을 제외한다)과 관련하여 헌법 제10조부터 제22조에 보장된 인권을 침해당하거나 차별행위를 당한 경우 및 법인, 단체 또는 사인으로부터 차별행위를 당한 경우로 되어 있다.

① ㉠, ㉡ ② ㉠, ㉣
③ ㉡, ㉢ ④ ㉢, ㉣

PART · 02

지문분석 **난이도** ■■■ **상** | **정답** ② | **키워드** 국가인권위원회 | **출제유형** 판례 및 조문

㉠ 【O】 권한쟁의심판은 국회의 입법행위 등을 포함하여 권한쟁의 상대방의 처분 또는 부작위가 헌법 또는 법률에 의하여 부여받은 청구인의 권한을 침해하였거나 침해할 현저한 위험이 있는 때 제기할 수 있는 것인데, 헌법상 국가에게 부여된 임무 또는 의무를 수행하고 그 독립성이 보장된 국가기관이라고 하더라도 오로지 법률에 설치 근거를 둔 국가기관이라면 국회의 입법행위에 의하여 존폐 및 권한범위가 결정될 수 있으므로 이러한 국가기관은 '헌법에 의하여 설치되고 헌법과 법률에 의하여 독자적인 권한을 부여받은 국가기관'이라고 할 수 없다. 결국, 권한쟁의심판의 당사자능력은 헌법에 의하여 설치된 국가기관에 한정하여 인정하는 것이 타당하므로, 법률에 의하여 설치된 청구인에게는 권한쟁의심판의 당사자능력이 인정되지 아니한다(헌재 2010.10.28. 2009헌라6).
㉡ 【X】 위원회는 진정에 관한 위원회의 조사, 증거의 확보 또는 피 해자의 권리 구제를 위하여 필요하다고 인정하면 피해자를 위하여 대한 법률구조공단 또는 그 밖의 기관에 법률구조를 요청 할 수 있다(「국가인권위원회법」 제47조 제1항). 제1항에 따른 법률구조 요청은 피해자의 명시한 의사에 반하여 할 수 없다(동조 제2항).
㉢ 【X】 진정에 대한 국가인권위원회의 각하 및 기각결정은 피해자인 진정인의 권리행사에 중대한 지장을 초래하는 것으로서 항고소송의 대상이 되는 행정처분에 해당하므로, 그에 대한 다툼은 우선 행정심판이나 행정소송에 의하여야 할 것이다. 따라서 이 사건 심판청구는 행정심판이나 행정소송 등의 사전 구제절차를 모두 거친 후 청구된 것이 아니므로 보충성 요건을 충족하지 못하였다(헌재 2015.03.26. 2013헌마214 등).
㉣ 【O】

「국가인권위원회법」 제30조(위원회의 조사대상) ① 다음 각 호의 어느 하나에 해당하는 경우에 인권침해나 차별행위를 당한 사람(이하 '피해자'라 한다) 또는 그 사실을 알고 있는 사람이나 단체는 위원회에 그 내용을 진정할 수 있다.
1. 국가기관, 지방자치단체, 「초·중등교육법」 제2조, 「고등교육법」 제2조와 그 밖의 다른 법률에 따라 설치된 각급 학교, 「공직자윤리법」 제3조의2 제1항에 따른 공직유관단체 또는 구금·보호시설의 업무 수행(국회의 입법 및 법원·헌법재판소의 재판은 제외한다)과 관련하여 대한민국 헌법 제10조부터 제22조까지의 규정에서 보장된 인권을 침해당하거나 차별행위를 당한 경우
2. 법인, 단체 또는 사인(私人)으로부터 차별행위를 당한 경우

06 **국가인권위원회에 대한 설명으로 옳은 것만을 모두 고른 것은?** (다툼이 있는 경우 판례에 의함)

2017 국가직 7급

ㄱ. 국가인권위원회는 11명의 인권위원으로 구성되며, 국회가 선출하는 4명, 대통령이 지명하는 4명, 대법원장이 지명하는 3명을 대통령이 임명한다.
ㄴ. 국가인권위원회는 '헌법에 의하여 설치되고 헌법과 법률에 의하여 독자적인 권한을 부여받은 국가기관'이라고 할 수 없어 권한쟁의심판의 당사자능력이 인정되지 않는다.
ㄷ. 국가인권위원회의 진정에 대한 기각 결정은 행정처분이 아니고 따라서 항고소송의 대상이 되지 않으므로, 「헌법재판소법」 제68조제1항에 의한 헌법소원의 대상으로 삼을 수 있다.
ㄹ. 국가인권위원회는 피해자의 권리 구제를 위해 필요하다고 인정하면 피해자를 위하여 피해자의 명시한 의사에 관계없이 대한법률구조공단 또는 그 밖의 기관에 법률 구조를 요청할 수 있다.

① ㄱ, ㄴ ② ㄱ, ㄷ
③ ㄱ, ㄴ, ㄹ ④ ㄴ, ㄷ, ㄹ

지문분석 **난이도** ■■■ **상** | **정답** ① | **키워드** 국가인권위원회 | **출제유형** 판례 및 조문

ㄱ 【O】「국가인권위원회법」 제5조 제2항
ㄴ 【O】 국회가 제정한 「국가인권위원회법」에 의하여 비로소 설립된 국가인권위원회는 헌법 제111조 제1항 제4호 소정의 헌법에 의하여 설치된 국가기관에 해당한다고 할 수 없으므로 권한쟁의심판의 당사자능력이 인정되지 아니한다(헌재 2010.10.28. 2009헌라6).
ㄷ 【X】 국가인권위원회가 한 진정에 대한 각하 또는 기각결정은 항고소송의 대상이 되는 행정처분이므로, 헌법소원심판을 청구하기 전에 먼저 행정심판이나 행정소송을 통해 다투어야 하므로, 그러한 사전 구제절차 없이 청구된 헌법소원심판은 보충성 요건을 충족하지 못하여 부적법하다(헌재 2015.03.26. 2013헌마214).
ㄹ 【X】 위원회는 진정에 관한 위원회의 조사, 증거의 확보 또는 피해자의 권리 구제를 위하여 필요하다고 인정하면 피해자를 위하여 대한법률구조공단 또는 그 밖의 기관에 법률구조를 요청할 수 있다. 법률구조 요청은 피해자의 명시한 의사에 반하여 할 수 없다(「국가인권위원회법」 제47조 제1·2항).

07 **장기간 불법체류를 해 온 외국인 甲에 대해 서울출입국관리사무소장 乙은 「출입국관리법」에 따라 긴급보호 및 강제퇴거집행을 하여 출국시켰다. 이에 대해 甲은 자신의 기본권이 침해되었다고 주장하면서 헌법소원심판을 청구하였다. 이 사례에 대한 설명으로 옳지 않은 것을 모두 고른 것은?** (다툼이 있는 경우 판례에 의함) 2017 경찰 승진

> ㉠ 甲이 불법체류 중인 외국인이라 하더라도, 침해받았다고 주장하는 기본권이 주거의 자유, 재판청구권이라면 두 기본권은 그 성질상 인간의 권리에 해당하므로 甲의 기본권 주체성이 인정된다.
> ㉡ 甲에 대한 긴급보호 및 강제퇴거는 이미 종료된 권력적 사실행위로서 행정소송을 통해 구제될 가능성이 거의 없고 헌법소원심판 이외에 달리 효과적인 구제방법을 찾기 어려우므로, 甲의 헌법소원심판청구가 보충성 원칙에 위반된다고 할 수 없다.
> ㉢ 불법체류 외국인에 대한 긴급보호의 경우에도 「출입국관리법」이 정한 요건에 해당하지 않거나 법률이 정한 절차를 위반하는 때에는 적법절차원칙에 반하여 신체의 자유 등 기본권을 침해하게 된다.
> ㉣ 긴급보호의 과정에서 서울출입국관리사무소 소속 직원들이 甲의 의사에 반하여 주거에 들어갔다면, 그 긴급보호가 적법하더라도 甲의 주거의 자유를 침해한 것이다.
> ㉤ 만약 甲의 진정에 의한 국가인권위원회의 조사가 완료되기도 전에 甲을 강제퇴거시켰다면, 이는 헌법 제10조와 제37조 제1항에서 도출되는 '국가인권위원회의 공정한 조사를 받을 권리'를 침해하는 것이다.

① ㉡, ㉢　② ㉣, ㉤
③ ㉠, ㉡, ㉤　④ ㉠, ㉢, ㉣

지문분석 **난이도** ■■■ **상** | **정답** ② | **키워드** 국가인권위원회 | **출제유형** 판례

㉠ 【O】 청구인들이 침해받았다고 주장하고 있는 신체의 자유, 주거의 자유, 변호인의 조력을 받을 권리, 재판청구권 등은 성질상 인간의 권리에 해당한다고 볼 수 있으므로, 위 기본권들에 관하여는 청구인들의 기본권 주체성이 인정된다(헌재 2012.08.23. 2008헌마430).

㉡ 【O】 장기간 불법체류를 해 온 외국인에 대한 서울출입국관리사무소장의 긴급보호 및 강제퇴거는 이미 종료한 권력적 사실행위로서 행정소송을 통해 구제될 가능성이 거의 없고 헌법소원심판 이외에 달리 효과적인 구제방법을 찾기 어려우므로 이 사건 심판청구가 보충성 원칙에 위반된다고 할 수 없다(헌재 2012.08.23. 2008헌마430).

㉢ 【O】 헌법 제12조 제1항이 규정하고 있는 적법절차원칙은 형사소송절차에 국한되지 않고 모든 국가작용에 적용되며 행정작용에 있어서도 적법절차원칙은 준수되어야 하는바, 불법체류 외국인에 대한 보호 또는 긴급보호의 경우에도 「출입국관리법」이 정한 요건에 해당하지 않거나 법률이 정한 절차를 위반하는 때에는 적법절차원칙에 반하여 신체의 자유 등 기본권을 침해하게 된다(헌재 2012.08.23. 2008헌마430).

㉣ 【X】 수사절차에서 피의자를 영장에 의해 체포·구속하거나 영장 없이 긴급체포 또는 현행범인으로 체포하는 경우, 필요한 범위 내에서 타인의 주거 내에서 피의자를 수사할 수 있으므로(「형사소송법」 제216조 제1항 참조), 「출입국관리법」에 의한 보호에 있어서도 용의자에 대한 긴급보호를 위해 그의 주거에 들어간 것이라면, 그 긴급보호가 적법한 이상 주거의 자유를 침해한 것으로 볼 수 없다고 할 것이다. 따라서 청구인 소○○의 주장대로, 서울출입국관리사무소 소속 직원들이 위 청구인을 긴급보호하는 과정에서 위 청구인의 주거지에 들어갔다고 하더라도, 이는 위 청구인에 대한 긴급보호를 위해 필요한 행위로서, 그 긴급보호가 적법한 이상 청구인 소○○의 주거의 자유를 침해하였다고 볼 수 없다(헌재 2012.08.23. 2008헌마430).

㉤ 【X】 '국가인권위원회의 공정한 조사를 받을 권리'는 헌법상 인정되는 기본권이라고 하기 어려우므로, 위 기본권에 대하여는 본안판단에 나아가지 아니한다(헌재 2012.08.23. 2008헌마430).

08 부작위에 의한 기본권 침해에 관한 설명으로 가장 적절한 것은? (다툼이 있는 경우 판례에 의함)

2017 경찰 승진

① 「가족관계의 등록 등에 관한 법률」이 직계혈족이기만 하면 사실상 자유롭게 그 자녀의 가족관계증명서와 기본증명서의 교부를 청구하여 발급받을 수 있도록 규정함으로써 가정폭력 피해자의 개인정보가 가정폭력 가해자인 전 배우자에게 무단으로 유출될 수 있는 경우, 이는 가정폭력 피해자를 보호하기 위한 구체적 방안을 마련하지 아니한 진정입법부작위에 해당되어 가정폭력 피해자인 청구인의 개인정보자기결정권을 침해한다.

② 「국군포로의 송환 및 대우 등에 관한 법률」에 따라 대통령은 등록포로, 등록하기 전에 사망한 귀환포로, 귀환하기 전에 사망한 국군포로에 대한 예우의 신청, 기준, 방법 등에 필요한 사항을 대통령령으로 제・개정할 의무가 있음에도 상당한 기간 동안 정당한 사유없이 그 예우에 관한 사항을 대통령령에 규정하지 않은 행정입법부작위는 등록포로 등의 가족인 청구인의 명예권을 침해한다.

③ 「진실・화해를 위한 과거사정리 기본법」에 따라 행정안전부장관, 법무부장관 등은 진실규명사건 피해자의 명예회복을 위해 적절한 조치를 취할 의무가 있으나 이는 법령에서 유래하는 작위의무이지 헌법에서 유래하는 작위의무는 아니다.

④ 통일부장관이 2010. 5. 24. 발표한 북한에 대한 신규투자 불허 및 진행 중인 사업의 투자확대 금지 등을 내용으로 하는 대북조치로 인하여 재산상 손실을 입은 자에 대한 보상입법을 마련하지 않은 경우, 이는 헌법 해석상 보상규정을 두어야 할 입법의무가 도출됨에도 이를 이행하지 아니한 진정입법부작위에 해당하여 개성공단 내의 토지이용권을 사용・수익할 수 없게 된 청구인의 재산권을 침해한다.

지문분석 **난이도** ■■■ 상 | **정답** ② | **키워드** 부작위에 의한 기본권 침해 | **출제유형** 판례

① 【X】 이 사건 법률조항이 불완전・불충분하게 규정되어, 직계혈족이 가정폭력의 가해자로 판명된 경우 「주민등록법」 제29조 제6항 및 제7항과 같이 가정폭력 피해자가 가정폭력 가해자를 지정하여 가족관계증명서 및 기본증명서의 교부를 제한하는 등의 가정폭력 피해자의 개인정보를 보호하기 위한 구체적 방안을 마련하지 아니한 부진정입법부작위가 과잉금지원칙을 위반하여 청구인의 개인정보자기결정권을 침해한다(헌재 2020.08.28. 2018헌마927).

② 【O】 「국군포로법」 제15조의5 제2항은 같은 조 제1항에 따른 예우의 신청, 기준, 방법 등에 필요한 사항은 대통령령으로 정한다고 규정하고 있으므로, 피청구인은 등록포로, 등록하기 전에 사망한 귀환포로, 귀환하기 전에 사망한 국군포로(이하 '등록포로 등'이라 한다)에 대한 예우의 신청, 기준, 방법 등에 필요한 사항을 대통령령으로 제정할 의무가 있다. 「국군포로법」 제15조의5 제1항이 국방부장관으로 하여금 예우 여부를 재량으로 정할 수 있도록 하고 있으나, 이것은 예우 여부를 재량으로 한다는 의미이지, 대통령령 제정 여부를 재량으로 한다는 의미는 아니다. 이처럼 피청구인에게는 대통령령을 제정할 의무가 있음에도, 그 의무는 상당 기간 동안 불이행되고 있고, 이를 정당화할 이유도 찾아보기 어렵다. 그렇다면 이 사건 행정입법부작위는 등록포로 등의 가족인 청구인의 명예권을 침해하는 것으로서 헌법에 위반된다(헌재 2018.05.31. 2016헌마626).

③ 【X】 「과거사정리법」의 제정 경위 및 입법 목적, 「과거사정리법」의 제규정 등을 종합적으로 살펴볼 때, 「과거사정리법」 제36조 제1항과 제39조는 '진실규명결정에 따라 규명된 진실에 따라 국가와 피청구인들을 포함한 정부의 각 기관은 피해자의 명예회복을 위해 적절한 조치를 취하고, 가해자와 피해자 사이의 화해를 적극 권유하기 위하여 필요한 조치를 취하여야 할 구체적 작위의무'를 규정하고 있는 조항으로 볼 것이고, 이러한 피해자에 대한 작위의무는 헌법에서 유래하는 작위의무로서 그것이 법령에 구체적으로 규정되어 있는 경우이다(헌재 2021.09.30. 2016헌마1034).

④ 【X】 북한에 대한 투자는 그 본질상 다양한 요인에 의하여 변화하는 남북관계에 따라 불측의 손해가 발생할 가능성이 당초부터 있었고, 경제협력사업을 하고자 하는 자들은 이러한 사정을 모두 감안하여 자기 책임 하에 스스로의 판단으로 사업 여부를 결정하였다.나아가 정부는 예기치 못한 정치적 상황 변동에 따른 경제협력사업자의 손실을 보전하기 위하여 남북협력기금을 재원으로 하는 비영리 정책보험인 경제협력보험제도를 운영하고, 남북 당국의 조치에 의하여 개성공단 사업이 상당기간 중단되는 경우 경영 안정을 위한 자금지원, 투자기업의 국내 이전이나 대체생산시설 설치에 대한 자금지원 등 필요한 조치를 취할 수 있도록 하고 있다. 이를 종합하면, 헌법 해석상으로도 2010. 5. 24.자 대북조치로 인하여 재산상 손실을 입은 자에 대한 보상을 하여야 할 입법의무가 도출된다고 보기 어렵다. 따라서 이 사건 입법부작위에 대한 심판청구는 부적법하다(헌재 2022.05.26. 2016헌마95).

CHAPTER 02

인간의 존엄성 존중 · 행복추구권 · 법 앞의 평등

1 인간으로서의 존엄과 가치 및 행복추구권

01 인간으로서의 존엄과 가치 및 행복추구권에서 도출되는 권리들에 관한 설명 중 옳지 않은 것은? (다툼이 있는 경우 판례에 의함) 2015 서울시 7급(변형)

① 일반적 행동자유권의 보호영역에는 개인의 생활방식과 취미에 관한 사항도 포함되며, 여기에는 위험한 스포츠를 즐길 권리와 같은 위험한 생활방식으로 살아갈 권리도 포함된다.

② 헌법 제10조로부터 도출되는 일반적 인격권에는 개인의 명예에 관한 권리도 포함되며, 사자(死者)에 대한 사회적 명예와 평가의 훼손은 사자와의 관계를 통하여 스스로의 인격상을 형성하고 명예를 지켜온 그 후손의 인격권을 제한한다.

③ 일반적 인격권에는 각 개인이 그 삶을 사적으로 형성할 수 있는 자율영역에 대한 보장이 포함되어 있음을 감안할 때, 장래 가족의 구성원이 될 태아의 성별 정보에 대한 접근을 국가로부터 방해받지 않을 부모의 권리는 일반적 인격권에 의하여 보호된다.

④ 광장에서 여가활동이나 문화활동을 하는 것은 일반적 행동자유권의 보호영역에 포함되지만, 그 광장 주변을 출입하고 통행하는 개인의 행위는 거주이전의 자유로 보장될 뿐 일반적 행동자유권의 내용으로는 보장되지 않는다.

지문분석 **난이도** ■■■ 상 | **정답** ④ | **키워드** 인간으로서의 존엄과 가치 및 행복추구권 | **출제유형** 판례

① **【O】** 일반적 행동자유권은 모든 행위를 할 자유와 행위를 하지 않을 자유로 가치 있는 행동만 그 보호영역으로 하는 것은 아닌 것으로, 그 보호영역에는 개인의 생활방식과 취미에 관한 사항도 포함되며, 여기에는 위험한 스포츠를 즐길 권리와 같은 위험한 생활방식으로 살아갈 권리도 포함된다. 따라서 좌석안전띠를 매지 않을 자유는 헌법 제10조의 행복추구권에서 나오는 일반적 행동자유권의 보호영역에 속한다. 이 사건 심판대상조항들은 운전할 때 좌석안전띠를 매야 할 의무를 지우고 이에 위반했을 때 범칙금을 부과하고 있으므로 청구인의 일반적 행동의 자유에 대한 제한이 존재한다(헌재 2003.10.30. 2002헌마518).

② **【O】** 헌법 제10조로부터 도출되는 일반적 인격권에는 개인의 명예에 관한 권리도 포함되는바, 이 사건 심판대상조항에 근거하여 반민규명위원회의 조사대상자 선정 및 친일반민족행위결정이 이루어지면(이에 관하여 작성된 조사보고서 및 편찬된 사료는 일반에 공개된다), 조사대상자의 사회적 평가가 침해되어 헌법 제10조에서 유래하는 일반적 인격권이 제한받는다고 할 수 있다. 다만 이 사건 결정의 조사대상자를 비롯하여 대부분의 조사대상자는 이미 사망하였을 것이 분명하나, 조사대상자가 사자(死者)의 경우에도 인격적 가치에 대한 중대한 왜곡으로부터 보호되어야 하고, 사자(死者)에 대한 사회적 명예와 평가의 훼손은 사자(死者)와의 관계를 통하여 스스로의 인격상을 형성하고 명예를 지켜온 그들의 후손의 인격권, 즉 유족의 명예 또는 유족의 사자(死者)에 대한 경애추모의 정을 침해한다고 할 것이다(헌재 2011.03.31. 2008헌바111).

③ **【O】** 헌법 제10조로부터 도출되는 일반적 인격권에는 각 개인이 그 삶을 사적으로 형성할 수 있는 자율영역에 대한 보장이 포함되어 있음을 감안할 때, 장래 가족의 구성원이 될 태아의 성별 정보에 대한 접근을 국가로부터 방해받지 않을 부모의 권리는 이와 같은 일반적 인격권에 의하여 보호된다고 보아야 할 것이다(헌재 2008.07.31. 2004헌마1010).

④ 【X】 거주·이전의 자유는 거주지나 체류지라고 볼 만한 정도로 생활과 밀접한 연관을 갖는 장소를 선택하고 변경하는 행위를 보호하는 기본권으로서, 생활의 근거지에 이르지 못하는 일시적인 이동을 위한 장소의 선택과 변경까지 그 보호영역에 포함되는 것은 아니다. 이 사건에서 서울광장이 청구인들의 생활형성의 중심지라고 할 수 없을 뿐만 아니라 청구인들이 서울광장에 출입하고 통행하는 행위가 그 장소를 중심으로 생활을 형성해 나가는 행위에 속한다고 볼 수도 없으므로 청구인들이 서울광장을 출입하고 통행하는 자유는 헌법상의 거주·이전의 자유의 보호영역에 속한다고 할 수 없고, 따라서 이 사건 통행제지행위로 인하여 청구인들의 거주·이전의 자유가 제한된다고 할 수는 없다. 따라서 개별적으로 서울광장을 통행하거나 서울광장에서 여가활동이나 문화활동을 하는 것은 아무런 제한 없이 허용하고 있다. 이처럼 일반 공중에게 개방된 장소인 서울광장을 개별적으로 통행하거나 서울광장에서 여가활동이나 문화활동을 하는 것은 일반적 행동자유권의 내용으로 보장됨에도 불구하고, 피청구인이 이 사건 통행제지행위에 의하여 청구인들의 이와 같은 행위를 할 수 없게 하였으므로 청구인들의 일반적 행동자유권의 침해 여부가 문제된다(헌재 2011.06.30. 2009헌마406).

02 인간으로서의 존엄과 가치 및 행복추구권에서 도출되는 권리들에 관한 설명 중 가장 적절하지 않은 것은? (다툼이 있는 경우 판례에 의함) 2016 경찰 승진

① 광장에서 여가활동이나 문화활동을 하는 것은 일반적 행동자유권의 보호영역에 포함되지만, 그 광장 주변을 출입하고 통행하는 개인의 행위는 거주이전의 자유로 보장될 뿐 일반적 행동자유권의 내용으로는 보장되지 않는다.

② 「형법」상 자기낙태죄 조항은 태아의 생명을 보호하기 위하여 태아의 발달단계나 독자적 생존능력과 무관하게 임부의 낙태를 원칙적으로 금지하고 이를 형사처벌하고 있으므로, 헌법 제10조에서 도출되는 임부의 자기결정권, 즉 낙태의 자유를 제한하고 있다.

③ 청소년 성매수 범죄자들은 일반인에 비해서 인격권과 사생활의 비밀의 자유도 그것이 본질적인 부분이 아닌 한 넓게 제한받을 여지가 있다.

④ 헌법 제10조로부터 도출되는 일반적 인격권에는 개인의 명예에 관한 권리도 포함되며, 사자(死者)에 대한 사회적 명예와 평가의 훼손은 사자와의 관계를 통하여 스스로의 인격상을 형성하고 명예를 지켜온 그 후손의 인격권을 제한한다.

지문분석 **난이도** □■■ 중 | **정답** ① | **키워드** 인간으로서의 존엄과 가치 및 행복추구권 | **출제유형** 판례

① 【X】 서울광장을 자유롭게 통행하거나 서울광장에서 여가활동이나 문화활동을 자유롭게 할 수 있는 자유는 헌법 제10조의 행복추구권에서 파생되는 일반적 행동자유권의 보호영역에 포함된다고 할 것이다. 서울광장에 출입하고 통행하는 행위가 그 장소를 중심으로 생활을 형성해 나가는 행위에 속한다고 볼 수도 없으므로 청구인들의 거주·이전의 자유가 제한되었다고 할 수 없다(헌재 2011.06.30. 2009헌마406).

② 【O】 자기낙태죄 조항은 「모자보건법」에서 정한 사유에 해당하지 않는다면 결정가능기간 중에 다양하고 광범위한 사회적·경제적 사유를 이유로 낙태갈등 상황을 겪고 있는 경우까지도 예외 없이 전면적·일률적으로 임신의 유지 및 출산을 강제하고, 이를 위반한 경우 형사처벌하고 있다. 따라서 자기낙태죄 조항은 입법목적을 달성하기 위하여 필요한 최소한의 정도를 넘어임신한 여성의 자기결정권을 제한하고 있어 침해의 최소성을 갖추지 못하였고, 태아의 생명 보호라는 공익에 대하여만 일방적이고 절대적인 우위를 부여함으로써 법익균형성의 원칙도 위반하였으므로, 과잉금지원칙을 위반하여 임신한 여성의 자기결정권을 침해한다(헌재 2019.04.11. 2017헌바127).

③ 【O】 청소년 성매수 범죄자들이 자신의 신상과 범죄사실이 공개됨으로써 수치심을 느끼고 명예가 훼손된다고 하더라도 그 보장 정도에 있어서 일반인과는 차이를 둘 수밖에 없어, 그들의 인격권과 사생활의 비밀의 자유도 그것이 본질적인 부분이 아닌 한 넓게 제한될 여지가 있다(헌재 2003.06.26. 2002헌가14).
④ 【O】 친일반민족행위반민규명위원회의 조사대상자 선정 및 친일반민족행위결정이 이루어지면 , 조사대상자의 사회적 평가에 영향을 미치므로 헌법 제10조에서 유래하는 일반적 인격권이 제한받는다. 다만 이러한 결정에 있어서 대부분의 조사대상자는 이미 사망하였을 것이 분명하나, 조사대상자가 사자(死者)의 경우에도 인격적 가치에 대한 중대한 왜곡으로부터 보호되어야 한다. 사자(死者)에 대한 사회적 명예와 평가의 훼손은 사자(死者)와의 관계를 통 하여 스스로의 인격상을 형성하고 명예를 지켜온 그들의 후손의 인격권 , 즉 유족의 명예 또는 유족의 사자(死者)에 대한 경애추모의 정을 제한하는 것이다(헌재 2010.10.28. 2007헌가23).

03 헌법 제10조 인간의 존엄과 가치, 행복추구권에 대한 설명으로 가장 적절한 것은? (다툼이 있는 경우 판례에 의함) 2017 경찰 승진

① 일반적 행동자유권은 개인이 행위를 할 것인가의 여부에 대하여 자유롭게 결단하는 것을 전제로 하여 이성적이고 책임감 있는 사람이라면 자기에 관한 사항은 스스로 처리할 수 있을 것이라는 생각에서 인정되는 것이므로, 가치 있는 행동만 그 보호영역으로 하며 위험한 스포츠를 즐길 권리와 같은 위험한 생활방식으로 살아갈 권리는 그 보호영역에 포함되지 않는다.
② 행복추구권도 국가안전보장, 질서유지 또는 공공복리를 위하여 제한될 수 있는 것이며, 공동체의 이익과 무관하게 무제한의 경제적 이익의 도모를 보장하는 것은 아니다.
③ 생명권은 헌법 제37조 제2항에 의한 일반적 법률유보의 대상이 아니다.
④ 「도로교통법」상 주취 중 운전금지규정을 3회 위반한 경우 운전면허를 필요적으로 취소하도록 규정한 것은 과잉금지원칙에 반하여 일반적 행동자유권을 침해하는 것이다.

지문분석 **난이도** □■■ 중 | **정답** ② | **키워드** 인간으로서의 존엄과 가치 및 행복추구권 | **출제유형** 판례

① 【X】 일반적 행동자유권은 개인이 행위를 할 것인가의 여부에 대하여 자유롭게 결단하는 것을 전제로 하여 이성적이고 책임감 있는 사람이라면 자기에 관한 사항은 스스로 처리할 수 있을 것이라는 생각에서 인정되는 것이다. 일반적 행동자유권에는 적극적으로 자유롭게 행동을 하는 것은 물론 소극적으로 행동을 하지 않을 자유 즉, 부작위의 자유도 포함되며, 포괄적인 의미의 자유권으로서 일반조항적인 성격을 가진다. 즉 일반적 행동자유권은 모든 행위를 할 자유와 행위를 하지 않을 자유로 가치 있는 행동만 그 보호영역으로 하는 것은 아닌 것으로, 그 보호영역에는 개인의 생활방식과 취미에 관한 사항도 포함되며, 여기에는 위험한 스포츠를 즐길 권리와 같은 위험한 생활방식으로 살아갈 권리도 포함된다(헌재 2003.10.30. 2002헌마518).
② 【O】 헌법이 보장하는 행복추구권이 공동체의 이익과 무관하게 무제한의 경제적 이익의 도모를 보장하는 것이라고 볼 수 없다(헌재 1995.07.21. 94헌마125).
③ 【X】 헌법은 절대적 기본권을 명문으로 인정하고 있지 아니하며, 헌법 제37조 제2항에서는 국민의 모든 자유와 권리는 국가안전보장 · 질서유지 또는 공공복리를 위하여 필요한 경우에 한하여 법률로써 제한할 수 있도록 규정하고 있어, 비록 생명이 이념적으로 절대적 가치를 지닌 것이라 하더라도 생명에 대한 법적 평가가 예외적으로 허용될 수 있다고 할 것이므로, 생명권 역시 헌법 제37조 제2항에 의한 일반적 법률유보의 대상이 될 수밖에 없다(헌재 2010.02.25. 2008헌가23).
④ 【X】 주취 중 운전 금지규정을 2회 이상 위반한 사람이 다시 이를 위반한 때에는 운전면허를 필요적으로 취소하도록 규정하고 있는 「도로교통법」 조항은 과잉금지원칙을 위반하여 직업의 자유 내지 일반적 행동의 자유를 침해하지 아니한다(헌재 2010.03.25. 2009헌바83).

04 인간의 존엄과 가치 및 행복추구권에 관한 설명 중 가장 적절하지 않은 것은? (다툼이 있는 경우 판례에 의함) 2020 경찰 승진

① 공인이 아니며 보험사기를 이유로 체포된 피의자가 경찰서 내에서 수갑을 차고 얼굴을 드러낸 상태에서 조사받는 과정을 기자들로 하여금 촬영하도록 허용하는 행위는 기본권 제한의 목적의 정당성이 인정되지 아니한다.

② 고졸검정고시 또는 고입검정고시에 합격했던 자가 해당 검정고시에 다시 응시할 수 없게 됨으로써 제한되는 주된 기본권은 자유로운 인격발현권인데, 이러한 응시자격 제한은 검정고시 제도 도입 이후 허용되어 온 합격자의 재응시를 경과조치 등 없이 무조건적으로 금지하는 것이어서 과잉금지원칙에 위배된다.

③ 자기낙태죄 조항은 「모자보건법」에서 정한 사유에 해당하지 않는다면 결정가능기간 중에 다양하고 광범위한 사회적·경제적 사유를 이유로 낙태갈등 상황을 겪고 있는 경우까지도 예외 없이 전면적 일률적으로 임신의 유지 및 출산을 강제하고 이를 위반한 경우 형사처벌하고 있으므로 임신한 여성의 자기결정권을 제한하고 있어 침해의 최소성을 갖추지 못하였다.

④ 초등학교 정규교과에서 영어를 배제하거나 영어교육 시수를 제한하는 것은 학생들의 인격의 자유로운 발현권을 제한하나, 이는 균형적인 교육을 통해 초등학생의 전인적 성장을 도모하고 영어과목에 대한 지나친 사교육의 폐단을 막기 위한 것으로 학생들의 기본권을 침해하지 않는다.

지문분석 **난이도** □■■ 중 | **정답** ② | **키워드** 인간의 존엄과 가치 및 행복추구권 | **출제유형** 판례

① 【O】 원칙적으로 '범죄사실' 자체가 아닌 그 범죄를 저지른 자에 관한 부분은 일반 국민에게 널리 알려야 할 공공성을 지닌다고 할 수 없고, 이에 대한 예외는 공개수배의 필요성이 있는 경우 등에 극히 제한적으로 인정될 수 있을 뿐이다. 피청구인은 기자들에게 청구인이 경찰서 내에서 수갑을 차고 얼굴을 드러낸 상태에서 조사받는 모습을 촬영할 수 있도록 허용하였는데, 청구인에 대한 이러한 수사 장면을 공개 및 촬영하게 할 어떠한 공익 목적도 인정하기 어려우므로 촬영허용행위는 목적의 정당성이 인정되지 아니한다(헌재 2014.03.27. 2012헌마652).

② 【X】 이 사건 응시제한은 청구인들이 상급학교 진학을 위하여 취득하여야 할 평가자료의 형성을 제약함으로써 청구인들의 상급학교 진학의 가능성에 영향을 미칠 수 있으므로 교육을 받을 권리를 제한한다 할 것이다. 이와 같은 목적의 달성을 위해 선행되어야 할 근본적인 조치에 대한 검토 없이 검정고시제도 도입 이후 허용되어 온 합격자의 재응시를 아무런 경과조치 없이 무조건적으로 금지함으로써 응시자격을 단번에 영구히 박탈한 것이어서 최소침해성의 원칙에 위배되고 법익의 균형성도 상실하고 있다 할 것이므로 과잉금지원칙에 위배된다(헌재 2012.05.31. 2010헌마139 등).

③ 【O】 자기낙태죄 조항은 「모자보건법」에서 정한 사유에 해당하지 않는다면 결정가능기간 중에 다양하고 광범위한 사회적·경제적 사유를 이유로 낙태갈등 상황을 겪고 있는 경우까지도 예외 없이 전면적·일률적으로 임신의 유지 및 출산을 강제하고, 이를 위반한 경우 형사처벌하고 있다. 따라서 자기낙태죄 조항은 입법목적을 달성하기 위하여 필요한 최소한의 정도를 넘어임신한 여성의 자기결정권을 제한하고 있어 침해의 최소성을 갖추지 못하였고, 태아의 생명 보호라는 공익에 대하여만 일방적이고 절대적인 우위를 부여함으로써 법익균형성의 원칙도 위반하였으므로, 과잉금지원칙을 위반하여 임신한 여성의 자기결정권을 침해한다(헌재 2019.04.11. 2017헌바127).

④ 【O】 이 사건 고시 부분은 초등학생의 전인적 성장을 도모하고, 영어 사교육 시장의 과열을 방지하기 위한 것으로, 그 목적의 정당성이 인정되고, 이 사건 고시 부분으로 영어교육의 편제와 시간 배당을 통제하는 것은 위 목적을 달성하기 위한 적절한 수단이다. 초등학교 시기는 인격 형성의 토대를 마련하는 중요한 시기이므로, 한정된 시간에 교육과정을 고르게 구성하여 초등학생의 전인적 성장을 도모하기 위해서는 초등학생의 영어교육이 일정한 범위로 제한되는 것이 불가피하다. 따라서 이 사건 고시 부분은 청구인들의 인격의 자유로운 발현권과 자녀교육권을 침해하지 않는다(헌재 2016.02.25. 2013헌마838).

05 **헌법상 일반적 인격권에 대한 설명으로 가장 적절하지 않은 것은?** (다툼이 있는 경우 헌법재판소 판례에 의함) 2019 경찰 승진

① 변호사에 대한 징계결정정보를 인터넷 홈페이지에 공개하도록 한 「변호사법」 조항과 징계결정정보의 공개범위와 시행방법을 정한 「변호사법」 시행령 조항은 청구인의 인격권을 침해하지 않는다.

② 범죄행위 당시에 없었던 위치추적 전자장치 부착명령을 출소예정자에게 소급 적용할 수 있도록 한 「특정 범죄자에 대한 위치추적 전자장치 부착 등에 관한 법률」 부칙 경과조항은 과잉금지원칙에 위반되지 않아 피부착자의 인격권을 침해하지 않는다.

③ 이미 출국 수속 과정에서 일반적인 보안검색을 마친 승객을 상대로, 촉수검색(patdown)과 같은 추가적인 보안 검색 실시를 예정하고 있는 국가항공보안계획은 과잉금지원칙에 위반되지 않아 청구인의 인격권을 침해하지 않는다.

④ 상체승의 포승과 수갑을 채우고 별도의 포승으로 다른 수용자와 연승한 행위는 과잉금지원칙에 반하여 청구인의 인격권을 침해한다.

지문분석 **난이도** □■■ **중** | **정답** ④ | **키워드** 일반적 인격권 | **출제유형** 판례

① 【O】 징계결정 공개조항은 위와 같이 전문적인 법률지식과 윤리적 소양 및 공정성과 신뢰성을 갖추어야 할 변호사가 변론 불성실, 비밀누설 등 직무상 의무 또는 직업윤리를 위반하여 징계를 받은 경우, 국민이 이러한 사정을 쉽게 알 수 있도록 하여 법률사무를 맡길 변호사를 선택할 권리를 보장하고 변호사의 윤리의식을 고취시킴으로써 법률사무에 대한 전문성, 공정성 및 신뢰성을 확보하여 국민의 기본권을 보호하고 사회정의를 실현하기 위한 것이다. 따라서 징계결정 공개조항의 입법목적은 정당하다. 따라서 징계결정 공개조항은 과잉금지원칙에 위배되지 아니하므로 청구인의 인격권을 침해하지 아니한다(헌재 2018.07.26. 2016헌마1029).

② 【O】 이 사건 부칙조항은 개정 전 법률로는 전자장치 부착명령의 대상자에 포함되지 아니한 성폭력범죄자의 재범에 효과적으로 대처할 만한 수단이 없다는 우려 아래 대상자의 범위를 징역형 등의 집행 중인 사람 내지 징역형 등의 집행이 종료된 뒤 3년이 경과되지 아니한 사람(다음부터 '형 집행 종료자 등'이라 한다)에게까지 확대한 것으로서, 성폭력범죄의 재범을 방지하고 성폭력범죄로부터 국민을 보호하고자 하는 목적의 정당성이 인정된다. 그렇다면 이 사건 부칙조항은 침해받은 신뢰이익의 보호가치, 침해의 중한 정도 및 방법, 위 조항을 통하여 실현하고자 하는 공익적 목적을 종합적으로 비교형량할 때, 법익 균형성 원칙에 위배된다고 할 수 없다. 따라서 이 사건 부칙조항은 과잉금지원칙에 위배되지 아니한다(헌재 2012.12.27. 2010헌가82 등).

③ 【O】 이 사건 국가항공보안계획은, 이미 출국 수속 과정에서 일반적인 보안검색을 마친 승객을 상대로, 촉수검색(patdown)과 같은 추가적인 보안 검색 실시를 예정하고 있으므로 이로 인한 인격권 및 신체의 자유 침해 여부가 문제된다. 이 사건 국가항공보안계획은 민간항공 보안에 관한 국제협약의 준수 및 항공기 안전과 보안을 위한 것으로 입법목적의 정당성 및 수단의 적합성이 인정되고, 항공운송사업자가 다른 체약국의 추가 보안검색 요구에 응하지 않을 경우 항공기의 취항 자체가 거부될 수 있으므로 이 사건 국가항공보안계획에 따른 추가 보안검색 실시는 불가피하며, 관련 법령에서 보안검색의 구체적 기준 및 방법 등을 마련하여 기본권 침해를 최소화하고 있으므로 침해의 최소성도 인정된다. 또한 국내외적으로 항공기 안전사고와 테러 위협이 커지는 상황에서, 민간항공의 보안 확보라는 공익은 매우 중대한 반면, 추가 보안검색 실시로 인해 승객의 기본권이 제한되는 정도는 그리 크지 아니하므로 법익의 균형성도 인정된다. 따라서 이 사건 국제항공보안계획은 헌법상 과잉금지원칙에 위반되지 않으므로, 청구인의 기본권을 침해하지 아니한다(헌재 2018.02.22. 2016헌마780).

④ 【X】 수형자를 다른 교도소로 이송하는 경우에는 도주 등 교정사고의 우려가 높아지기 때문에 교정시설 안에서의 계호보다 높은 수준의 계호가 요구된다. 이에 피청구인이 도주 등의 교정사고를 예방하기 위하여 이 사건 보호장비 사용행위를 한 것은 그 목적이 정당하고, 상체승의 포승과 앞으로 사용한 수갑은 이송하는 경우의 보호장비로서 적절하다. … 따라서 이 사건 보호장비 사용행위는 그 기본권제한의 범위 내에서 이루어진 것이므로 청구인의 인격권과 신체의 자유를 침해하지 않는다(헌재 2012.07.26. 2011헌마426).

06 일반적 인격권에 대한 설명으로 가장 적절하지 않은 것은? (다툼이 있는 경우 판례에 의함)

2021 경찰 승진

① 중혼을 혼인취소의 사유로 정하면서 그 취소청구권의 제척기간 또는 소멸사유를 규정하지 않은 「민법」 조항은 후혼배우자의 인격권을 침해한다.

② 성명(姓名)은 개인의 정체성과 개별성을 나타내는 인격의 상징으로서 개인이 사회 속에서 자신의 생활영역을 형성하고 발현하는 기초가 되는 것이므로 자유로운 성(姓)의 사용은 헌법상 인격권으로부터 보호된다.

③ 민사재판의 당사자로 출석하는 수형자에 대하여 사복착용을 허용하지 않는 형의 집행 및 수용자의 처우에 관한 법률 조항은 인격권을 침해하지 않는다.

④ 상체승의 포승과 수갑을 채우고 별도의 포승으로 다른 수용자와 연승한 행위는 인격권을 침해하지 않는다.

지문분석 **난이도** □■■ **중** | **정답** ① | **키워드** 일반적 인격권 | **출제유형** 판례

① 【X】 이 사건 법률조항은 우리 사회의 중대한 공익이며 헌법 제36조 제1항으로부터 도출되는 일부일처제를 실현하기 위한 것이다. 이 사건 법률조항은 중혼을 혼인무효사유가 아니라 혼인취소사유로 정하고 있는데, 혼인 취소의 효력은 기왕에 소급하지 아니하므로 중혼이라 하더라도 법원의 취소판결이 확정되기 전까지는 유효한 법률혼으로 보호받는다. 따라서 중혼취소청구권의 소멸에 관하여 아무런 규정을 두지 않았다 하더라도, 이 사건 법률조항이 현저히 입법재량의 범위를 일탈하여 후혼배우자의 인격권 및 행복추구권을 침해하지 아니한다(헌재 2014.07.24. 2011헌바275).

② 【O】 헌법은 제10조에서 '모든 국민은 인간으로서의 존엄과 가치를 가지며 행복을 추구할 권리가 있다."고 규정하여 모든 국민이 자신의 존엄한 인격권을 바탕으로 자율적으로 자신의 생활영역을 형성해 나갈 수 있는 권리를 보장하고 있는데 성명은 개인의 정체성과 개별성을 나타내는 인격의 상징으로서 개인이 사회 속에서 자신의 생활영역을 형성하고 발현하는 기초가 되는 것이라 할 것이므로 자유로운 성의 사용 역시 헌법상 인격권으로부터 보호된다고 할 수 있다(헌재 2005.12.22. 2003헌가5 등).

③ 【O】 민사재판에서 법관이 당사자의 복장에 따라 불리한 심증을 갖거나 불공정한 재판진행을 하게 되는 것은 아니므로, 심판대상조항이 민사재판의 당사자로 출석하는 수형자에 대하여 사복착용을 불허하는 것으로 공정한 재판을 받을 권리가 침해되는 것은 아니다. 수형자가 민사법정에 출석하기까지 교도관이 반드시 동행하여야 하므로 수용자의 신분이 드러나게 되어 있어 재소자용 의류를 입었다는 이유로 인격권과 행복추구권이 제한되는 정도는 제한적이고, 형사법정 이외의 법정 출입 방식은 미결수용자와 교도관 전용 통로 및 시설이 존재하는 형사재판과 다르며, 계호의 방식과 정도도 확연히 다르다. 따라서 심판대상조항이 민사재판에 출석하는 수형자에 대하여 사복착용을 허용하지 아니한 것은 청구인의 인격권과 행복추구권을 침해하지 아니한다(헌재 2015.12.23. 2013헌마712).

④ 【O】 수형자를 다른 교도소로 이송하는 경우에는 도주 등 교정사고의 우려가 높아지기 때문에 교정시설 안에서의 계호보다 높은 수준의 계호가 요구된다. 이에 피청구인이 도주 등의 교정사고를 예방하기 위하여 이 사건 보호장비 사용행위를 한 것은 그 목적이 정당하고, 상체승의 포승과 앞으로 사용한 수갑은 이송하는 경우의 보호장비로서 적절하다. 따라서 이 사건 보호장비 사용행위는 그 기본권제한의 범위 내에서 이루어진 것이므로 청구인의 인격권과 신체의 자유를 침해하지 않는다(헌재 2012.07.26. 2011헌마426).

07 인격권에 관한 설명으로 옳은 것을 모두 고른 것은? (다툼이 있는 경우 판례에 의함) 2023 경찰 1차

ㄱ 범죄사실에 관한 보도 과정에서 대상자의 실명 공개에 대한 공공의 이익이 대상자의 명예나 사생활의 비밀에 관한 이익보다 우월하다고 인정되어 실명에 의한 보도가 허용되는 경우에는, 비록 대상자의 의사에 반하여 그의 실명이 공개되었다고 하더라도 그의 성명권이 위법하게 침해되었다고 할 수 없다.
ㄴ 입양이나 재혼 등과 같이 가족관계의 변동과 새로운 가족관계의 형성에 있어서 구체적인 사정들에 따라서는 양부 또는 계부의 성으로의 변경이 개인의 인격적 이익과 매우 밀접한 관계를 가짐에도 부성(父姓)의 사용만을 강요하여 성의 변경을 허용하지 않는 것은 개인의 인격권을 침해한다.
ㄷ 사법경찰관이 보험사기범 검거라는 보도자료 배포 직후 기자들의 취재 요청에 응하여 피의자가 경찰서 조사실에서 양손에 수갑을 찬 채 조사받는 모습을 촬영할 수 있도록 허용한 행위는 과잉금지원칙에 위반되어 피의자의 인격권을 침해한다.
ㄹ 지역아동센터의 시설별 신고정원의 80% 이상을 돌봄취약아동으로 구성하도록 한 보건복지부 '2019년 지역아동센터 지원사업안내' 관련 부분은 돌봄취약아동과 일반아동을 분리함으로써 아동들의 인격권을 침해한다.

① ㄱ, ㄹ
② ㄱ, ㄴ, ㄷ
③ ㄴ, ㄷ, ㄹ
④ ㄱ, ㄴ, ㄷ, ㄹ

지문분석 **난이도** ■■■ 상 | **정답** ② | **키워드** 인격권 | **출제유형** 판례

ㄱ 【O】 개인은 자신의 성명의 표시 여부에 관하여 스스로 결정할 권리를 가지나, 성명의 표시행위가 공공의 이해에 관한 사실과 밀접불가분한 관계에 있고 그 목적 달성에 필요한 한도에 있으며 그 표현내용·방법이 부당한 것이 아닌 경우에는 그 성명의 표시는 위법하다고 볼 수 없다. 따라서 범죄사실에 관한 보도 과정에서 대상자의 실명 공개에 대한 공공의 이익이 대상자의 명예나 사생활의 비밀에 관한 이익보다 우월하다고 인정되어 실명에 의한 보도가 허용되는 경우에는, 비록 대상자의 의사에 반하여 그의 실명이 공개되었다고 하더라도 그의 성명권이 위법하게 침해되었다고 할 수 없다(대판 2009.09.10. 2007다71).
ㄴ 【O】 입양이나 재혼 등과 같이 가족관계의 변동과 새로운 가족관계의 형성에 있어서 구체적인 사정들에 따라서는 양부 또는 계부 성으로의 변경이 개인의 인격적 이익과 매우 밀접한 관계를 가짐에도 부성의 사용만을 강요하여 성의 변경을 허용하지 않는 것은 개인의 인격권을 침해한다(헌재 2005.12.22. 2003헌가5등).
ㄷ 【O】 경찰이 언론사 기자들의 취재 요청에 응하여 피의자가 경찰서 내에서 양손에 수갑을 찬 채 조사받는 모습을 촬영할 수 있도록 허용한 행위는 피의자의 인격권을 침해한다(헌재 2014.03.27. 2012헌마652).
ㄹ 【X】 이 사건 이용아동규정의 취지는 지역아동센터 이용에 있어서 돌봄취약아동과 일반아동을 분리하려는 것이 아니라 돌봄취약아동에게 우선권을 부여하려는 것이다. 돌봄취약아동이 일반아동과 함께 초·중등학교를 다니고 방과 후에도 다른 돌봄기관을 이용할 선택권이 보장되고 있는 이상, 설령 이 사건 이용아동규정에 따라 돌봄취약아동이 일반아동과 교류할 기회가 다소 제한된다고 하더라도 그것만으로 청구인 아동들의 인격 형성에 중대한 영향을 미친다고 보기는 어렵다. 이 사건 이용아동규정은 과잉금지원칙에 위반하여 청구인 운영자들의 직업수행의 자유 및 청구인 아동들의 인격권을 침해하지 않는다(헌재 2022.01.27. 2019헌마583).

08 인격권에 대한 설명으로 가장 적절한 것은? (다툼이 있는 경우 헌법재판소 판례에 의함) 2023 경찰간부

① 학교폭력 가해학생에 대한 조치로 피해학생에 대한 서면사과를 규정한 구 「학교폭력예방 및 대책에 관한 법률」상 조항은 가해학생의 인격권을 침해한다.

② 지역아동센터 시설별 신고정원의 80% 이상을 돌봄취약아동으로 구성하도록 정한 '2019년 지역아동센터 지원 사업안내' 규정은 돌봄취약아동이 일반아동과 교류할 기회를 제한하므로 청구인 아동들의 인격권을 침해한다.

③ 경찰이 보도자료 배포 직후 기자들의 취재요청에 응하여 경찰서 조사실에서 얼굴과 수갑이 드러난 채 조사받는 보험사기 피의자의 모습을 촬영할 수 있도록 허용한 행위는 보도를 실감나게 제공하려는 공익적 목적이 크므로 피의자의 인격권을 침해하지 않는다.

④ 출국 수속 과정에서 일반적인 보안검색을 마친 승객을 상대로, 촉수검색(patdown)과 같은 추가적인 보안검색 실시를 예정하고 있는 '국가항공보안계획'은 청구인의 인격권을 침해하지 않는다.

지문분석 **난이도** □■■ **중** | **정답** ④ | **키워드** 일반적 인격권 | **출제유형** 판례

① 【X】 이 사건 서면사과조항은 가해학생에게 반성과 성찰의 기회를 제공하고 피해학생의 피해 회복과 정상적인 학교생활로의 복귀를 돕기 위한 것이다. 학교폭력은 여러 복합적인 원인으로 발생하고, 가해학생도 학교와 사회가 건전한 사회구성원으로 교육해야 할 책임이 있는 아직 성장과정에 있는 학생이므로, 학교폭력 문제를 온전히 응보적인 관점에서만 접근할 수는 없고 가해학생의 선도와 교육이라는 관점도 함께 고려하여야 한다. 따라서 이 사건 서면사과조항이 가해학생의 양심의 자유와 인격권을 과도하게 침해한다고 보기 어렵다(헌재 2023.02.23. 2019헌바93 등).

② 【X】 지역사회에는 소득이 부족하거나 가구형태가 돌봄에 적합하지 않은 등 다양한 형태로 돌봄에 취약한 환경에 놓여있는 아동들이 있으며, 이들에게 지역아동센터의 돌봄서비스가 우선적으로 제공되도록 한정된 예산과 자원을 적절히 배분하고자 하는 공익은 결코 가볍지 않다. 이 사건 이용아동규정은 과잉금지원칙에 위반하여 청구인 운영자들의 직업수행의 자유및 청구인 아동들의 인격권을 침해하지 않는다(헌재 2022.01.27. 2019헌마583).

③ 【X】 사람은 자신의 의사에 반하여 얼굴을 비롯하여 일반적으로 특정인임을 식별할 수 있는 신체적 특징에 관하여 함부로 촬영당하지 아니할 권리를 가지고 있으므로, 촬영허용행위는 헌법 제10조로부터 도출되는 초상권을 포함한 일반적 인격권을 제한한다고 할 것이다. 원칙적으로 '범죄사실' 자체가 아닌 그 범죄를 저지른 자에 관한 부분은 일반 국민에게 널리 알려야 할 공공성을 지닌다고 할 수 없고, 이에 대한 예외는 공개수배의 필요성이 있는 경우 등에 극히 제한적으로 인정될 수 있을 뿐이다. 피청구인은 기자들에게 청구인이 경찰서 내에서 수갑을 차고 얼굴을 드러낸 상태에서 조사받는 모습을 촬영할 수 있도록 허용하였는데, 청구인에 대한 이러한 수사 장면을 공개 및 촬영하게 할 어떠한 공익 목적도 인정하기 어려우므로 촬영허용행위는 목적의 정당성이 인정되지 아니한다. 따라서 촬영허용행위는 과잉금지원칙에 위반되어 청구인의 인격권을 침해하였다(헌재 2014.03.27. 2012헌마652).

④ 【O】 이 사건 국가항공보안계획은, 이미 출국 수속 과정에서 일반적인 보안검색을 마친 승객을 상대로, 촉수검색(patdown)과 같은 추가적인 보안 검색 실시를 예정하고 있으므로 이로 인한 인격권 및 신체의 자유 침해 여부가 문제된다. 이 사건 국가항공보안계획은 민간항공 보안에 관한 국제협약의 준수 및 항공기 안전과 보안을 위한 것으로 입법목적의 정당성 및 수단의 적합성이 인정되고, 항공운송사업자가 다른 체약국의 추가 보안검색 요구에 응하지 않을 경우 항공기의 취항 자체가 거부될 수 있으므로 이 사건 국가항공보안계획에 따른 추가 보안검색 실시는 불가피하며, 관련 법령에서 보안검색의 구체적 기준 및 방법 등을 마련하여 기본권 침해를 최소화하고 있으므로 침해의 최소성도 인정된다. 또한 국내외적으로 항공기 안전사고와 테러 위협이 커지는 상황에서, 민간항공의 보안 확보라는 공익은 매우 중대한 반면, 추가 보안검색 실시로 인해 승객의 기본권이 제한되는 정도는 그리 크지 아니하므로 법익의 균형성도 인정된다. 따라서 이 사건 국제항공보안계획은 헌법상 과잉금지원칙에 위반되지 않으므로, 청구인의 기본권을 침해하지 아니한다(헌재 2018.02.22. 2016헌마780).

09 **인간의 존엄과 가치 및 행복추구권에 대한 설명으로 옳지 <u>않은</u> 것은?** (다툼이 있는 경우 판례에 의함)

2019 지방직 7급

① 교정시설의 1인당 수용면적이 수형자의 인간으로서의 기본 욕구에 따른 생활조차 어렵게 할 만큼 지나치게 협소하다면, 이는 그 자체로 국가형벌권 행사의 한계를 넘어 수형자의 인간의 존엄과 가치를 침해하는 것이다.

② 인수자가 없는 시체를 생전의 본인의 의사와는 무관하게 해부용 시체로 제공될 수 있도록 규정한 시체 해부 및 보존에 관한 법률 조항은 연고가 없는 자의 시체처분에 대한 자기결정권을 침해한다.

③ 혼인 종료 후 300일 이내에 출생한 자(子)를 전남편의 친생자로 추정하는 「민법」 조항은 혼인관계가 해소된 이후에 자가 출생하고 생부가 출생한 자를 인지하려는 경우마저도, 아무런 예외 없이 그 자를 전남편의 친생자로 추정함으로써 친생부인의 소를 거치도록 하는 것은 모가 가정생활과 신분관계에서 누려야 할 인격권을 침해한다.

④ 법무부훈령인 법무시설 기준규칙은 수용동의 조도 기준을 취침 전 200룩스 이상, 취침 후 60룩스 이하로 규정하고 있는데, 수용자의 도주나 자해 등을 막기 위해서 취침시간에도 최소한의 조명을 유지하는 것은 수용자의 숙면방해로 인하여 인간의 존엄과 가치를 침해한다.

지문분석 **난이도** ■■■ **상** | **정답** ④ | **키워드** 인간의 존엄과 가치 및 행복추구권 | **출제유형** 판례

① 【O】 수형자가 인간 생존의 기본조건이 박탈된 교정시설에 수용되어 인간의 존엄과 가치를 침해당하였는지 여부를 판단함에 있어서는 1인당 수용면적뿐만 아니라 수형자 수와 수용거실 현황 등 수용시설 전반의 운영 실태와 수용기간, 국가 예산의 문제 등 제반 사정을 종합적으로 고려할 필요가 있다. 그러나 교정시설의 1인당 수용면적이 수형자의 인간으로서의 기본 욕구에 따른 생활조차 어렵게 할 만큼 지나치게 협소하다면, 이는 그 자체로 국가형벌권 행사의 한계를 넘어 수형자의 인간의 존엄과 가치를 침해하는 것이다(헌재 2016.12.29. 2013헌마142).

② 【O】 시신 자체의 제공과는 구별되는 장기나 인체조직에 있어서는 본인이 명시적으로 반대하는 경우 이식・채취될 수 없도록 규정하고 있음에도 불구하고, 이 사건 법률조항은 본인이 해부용 시체로 제공되는 것에 대해 반대하는 의사표시를 명시적으로 표시할 수 있는 절차도 마련하지 않고 본인의 의사와는 무관하게 해부용 시체로 제공될 수 있도록 규정하고 있다는 점에서 침해의 최소성 원칙을 충족했다고 보기 어렵고, 실제로 해부용 시체로 제공된 사례가 거의 없는 상황에서 이 사건 법률조항이 추구하는 공익이 사후 자신의 시체가 자신의 의사와는 무관하게 해부용 시체로 제공됨으로써 침해되는 사익보다 크다고 할 수 없으므로 이 사건 법률조항은 청구인의 시체 처분에 대한 자기결정권을 침해한다(헌재 2015.11.26. 2012헌마940).

③ 【O】 「민법」 제정 이후의 사회적・법률적・의학적 사정변경을 전혀 반영하지 아니한 채, 이미 혼인관계가 해소된 이후에 자가 출생하고 생부가 출생한 자를 인지하려는 경우마저도, 아무런 예외 없이 그 자를 전남편의 친생자로 추정함으로써 친생부인의 소를 거치도록 하는 심판대상조항은 입법형성의 한계를 벗어나 모가 가정생활과 신분관계에서 누려야 할 인격권, 혼인과 가족생활에 관한 기본권을 침해한다(헌재 2015.04.30. 2013헌마623).

④ 【X】 교정시설의 안전과 질서유지를 위해서는 수용거실 안에 일정한 수준의 조명을 유지할 필요가 있다. 수용자의 도주나 자해 등을 막기 위해서는 취침시간에도 최소한의 조명은 유지할 수밖에 없다. 조명점등행위는 법무시설 기준규칙이 규정하는 조도 기준의 범위 안에서 이루어지고 있는데, 이보다 더 어두운 조명으로도 교정시설의 안전과 질서유지라는 목적을 같은 정도로 달성할 수 있다고 볼 수 있는 자료가 없다. 또 조명점등행위로 인한 청구인의 권익 침해가 교정시설 안전과 질서유지라는 공익 보호보다 더 크다고 보기도 어렵다. 그렇다면 조명점등행위가 과잉금지원칙에 위배하여 청구인의 기본권을 침해한다고 볼 수 없다(헌재 2018.08.30. 2017헌마440).

10 인간으로서의 존엄과 가치 및 행복추구권에 대한 설명으로 옳은 것은? (다툼이 있는 경우 판례에 의함)

2017 서울시 7급

① 사법경찰관이 보도자료 배포 직후 기자들의 취재 요청에 응하여 피의자가 경찰서 조사실에서 양손에 수갑을 찬 채 조사받는 모습을 촬영할 수 있도록 허용한 행위는 잠재적인 피해자의 발생을 방지하고 범죄를 예방할 필요성이 있다는 점에서 피의자의 인격권을 침해하지 않는다.

② 혼인 종료 후 300일 이내에 출생한 자를 전남편의 친생자로 추정 하는 것은 모가 가정생활과 신분관계에서 누려야 할 인격권을 침해하는 것이다.

③ 아동·청소년 대상 성범죄자에게 1년마다 정기적으로 새로 촬영한 사진을 제출하도록 하고 정당한 사유 없이 사진 제출의무를 위반한 경우 형사처벌을 하는 것은 아동·청소년 대상 성범죄자의 일반적 행동의 자유를 침해하는 것이다.

④ 의료인이 태아의 성별 정보에 대하여 임부나 그 가족 기타 다른 사람에게 고지하는 것을 금지하는 것은 부모의 행복추구권을 침해하는 것이다.

지문분석 **난이도** □■■ 중 | **정답** ② | **키워드** 인간의 존엄과 가치 및 행복추구권 | **출제유형** 판례

① 【X】 사법경찰관이 보도자료 배포 직후 기자들의 취재 요청에 응하여 피의자가 경찰서 조사실에서 양손에 수갑을 찬 채 조사받는 모습을 촬영할 수 있도록 허용한 행위는 과잉금지원칙에 위반되어 청구인의 인격권을 침해하였다(헌재 2014.03.27. 2012헌마652).

② 【O】「민법」 제정 이후의 사회적·법률적·의학적 사정변경을 전혀 반영하지 아니한 채, 이미 혼인관계가 해소된 이후에 자가 출생하고 생부가 출생한 자를 인지하려는 경우마저도, 아무런 예외 없이 그 자를 전남편의 친생자로 추정함으로써 친생부인의 소를 거치도록 하는 심판대상조항은 입법형성의 한계를 벗어나 모가 가정생활과 신분관계에서 누려야 할 인격권, 혼인과 가족생활에 관한 기본권을 침해한다(헌재 2015.04.30. 2013헌마623).

③ 【X】 아동·청소년 대상 성범죄자에게 1년마다 정기적으로 새로 촬영한 사진을 제출하도록 하고 정당한 사유 없이 사진 제출의무를 위반한 경우 형사처벌을 하는 것은 아동·청소년 대상 성범죄자의 일반적 행동의 자유를 침해하지 아니한다(헌재 2015.07.30. 2014헌바257).

④ 【X】 의료인이 태아의 성별 정보에 대하여 임부나 그 가족 기타 다른 사람에게 고지하는 것을 금지하는 것은 의료인의 직업수행의 자유와 부모의 태아성별정보에 대한 접근을 방해받지 않을 권리를 침해하는 것이다(헌재 2008.07.31. 2004헌마1010).

11 **인간의 존엄과 가치 및 행복추구권에 관한 설명으로 가장 적절하지 않은 것은?** (다툼이 있는 경우 판례에 의함) 2023 경찰 2차

① 행복추구권에서 도출되는 일반적 행동의 자유는 적극적으로 자유롭게 행동하는 것은 물론 소극적으로 행동을 하지 않을 자유도 포함하므로, 교통사고 발생 시 사상자 구호 등 필요한 조치를 하지 않은 자에 대한 형사처벌을 규정한 구 「도로교통법」 조항은 과잉금지원칙에 위반되어 운전자인 청구인의 일반적 행동자유권을 침해한다.

② 자기책임원리는 자기결정권의 한계논리로서 책임부담의 근거로 기능하는 동시에, 자기가 결정하지 않은 것이나 결정할 수 없는 것에 대하여는 책임을 지지 않고 책임부담의 범위도 스스로 결정한 결과 내지 그와 상관관계가 있는 부분에 국한됨을 의미하는 책임의 한정원리로 기능한다.

③ 교정시설의 1인당 수용면적이 수형자의 인간으로서의 기본 욕구에 따른 생활조차 어렵게 할 만큼 지나치게 협소하다면, 이는 그 자체로 국가형벌권 행사의 한계를 넘어 수형자의 인간의 존엄과 가치를 침해하는 것이다.

④ 일반적 행동자유권은 가치있는 행동만 보호영역으로 하는 것은 아니므로, 개인이 대마를 자유롭게 수수하고 흡연할 자유도 헌법 제10조의 행복추구권에서 나오는 일반적 행동자유권의 보호영역에 속한다.

지문분석 **난이도** □■■ **중** | **정답** ① | **키워드** 인간의 존엄과 가치 및 행복추구권 | **출제유형** 판례

① **[X]** 행복추구권에서 도출되는 일반적 행동의 자유는 적극적으로 자유롭게 행동하는 것은 물론 소극적으로 행동을 하지 않을 자유도 포함한다. 그런데 심판대상조항은 교통사고 후 운전자등이 조치의무를 이행하지 않은 경우 형사처벌을 가하는 조항으로, 운전자등의 일반적 행동자유권을 제한한다. 심판대상조항이 운전자등의 시간적, 경제적 손해를 유발할 가능성이 있는 것은 사실이나 이미 발생한 피해자의 생명 · 신체에 대한 피해 구호와 안전한 교통의 회복이라는 공익은 운전자등이 제한당하는 사익보다 크므로, 심판대상조항이 법익균형성을 갖추었다고 볼 수 있다. 이상에서 본 바와 같이 심판대상조항은 과잉금지원칙에 위반된다고 보기 어렵다(헌재 2019.04.11. 2017헌가28).

② **[O]** 자기책임원리는 이와 같이 자기결정권의 한계논리로서 책임부담의 근거로 기능하는 동시에 자기가 결정하지 않은 것이나 결정할 수 없는 것에 대하여는 책임을 지지 않고 책임부담의 범위도 스스로 결정한 결과 내지 그와 상관관계가 있는 부분에 국한됨을 의미하는 책임의 한정원리로 기능한다(헌재 2017.05.25. 2014헌바360).

③ **[O]** 교정시설의 1인당 수용면적이 수형자의 인간으로서의 기본 욕구에 따른 생활조차 어렵게 할 만큼 지나치게 협소하다면, 이는 그 자체로 국가형벌권 행사의 한계를 넘어 수형자의 인간의 존엄과 가치를 침해하는 것이다(헌재 2016.12.29. 2013헌마142).

④ **[O]** 일반적 행동자유권은 적극적으로 자유롭게 행동을 하는 것은 물론 소극적으로 행동을 하지 않을 자유도 포함되고, 가치있는 행동만 보호영역으로 하는 것은 아닌 것인바, 개인이 대마를 자유롭게 수수하고 흡연할 자유도 헌법 제10조의 행복추구권에서 나오는 일반적 행동자유권의 보호영역에 속한다(헌재 2005.11.24. 2005헌바46).

12 행복추구권 내지 일반적 행동자유권에 관한 설명 중 헌법재판소 판례와 다른 것은? 2015 경찰 승진

① 일반적 행동자유권의 보호영역에는 개인의 생활방식이나 취미에 관한 사항도 포함되며, 여기에는 위험한 스포츠를 즐길 권리와 같은 위험한 생활방식으로 살아갈 권리도 포함된다.

② 무면허의료행위라 할지라도 지속적인 소득활동이 아니라 취미, 일시적 활동 또는 무상의 봉사활동으로 삼는 경우에는 일반적 행동자유권의 보호영역에 포함된다.

③ 지역 방언을 자신의 언어로 선택하여 공적 또는 사적인 의사소통과 교육의 수단으로서 사용하는 것은 행복추구권에서 파생되는 일반적 행동의 자유 내지 개성의 자유로운 발현의 한 내용이다.

④ 긴급자동차를 제외한 이륜자동차와 원동기장치자전거에 대하여 고속도로 또는 자동차전용도로의 통행을 금지하는 구 「도로교통법」은 고속도로 등 통행의 자유(일반적 행동의 자유)를 헌법 제37조 제2항에 반하여 과도하게 제한하는 것이어서 헌법에 위반된다.

지문분석 **난이도** □■■ **중** | **정답** ④ | **키워드** 일반적 행동자유권 | **출제유형** 판례

① 【O】 일반적 행동자유권은 모든 행위를 할 자유와 행위를 하지 않을 자유로 가치 있는 행동만 그 보호영역으로 하는 것은 아닌 것으로, 그 보호영역에는 개인의 생활방식과 취미에 관한 사항도 포함되며, 여기에는 위험한 스포츠를 즐길 권리와 같은 위험한 생활방식으로 살아갈 권리도 포함된다(헌재 2003.10.30. 2002헌마518).

② 【O】 의료인이 아닌 자의 의료행위를 금지하는 「의료법」 조항은 '의료행위'를 개인의 경제적 소득활동의 기반이자 자아실현의 근거로 삼으려는 청구인의 기본권, 즉 직업선택의 자유를 제한하거나, 또는 청구인이 의료행위를 지속적인 소득활동이 아니라 취미, 일시적 활동 또는 무상의 봉사활동으로 삼는 경우에는 헌법 제10조의 행복추구권에서 파생하는 일반적 행동의 자유를 제한하는 규정이다(헌재 2002.12.18. 2001헌마370).

③ 【O】 지역 방언을 자신의 언어로 선택하여 공적 또는 사적인 의사소통과 교육의 수단으로 사용하는 것은 행복추구권에서 파생되는 일반적 행동의 자유 내지 개성의 자유로운 발현의 한 내용이 된다 할 것이다(헌재 2009.05.28. 2006헌마618).

④ 【X】 이륜차 운전자의 안전 및 고속도로 등 교통의 신속과 안전을 위하여 이륜차의 고속도로 등 통행을 금지할 필요성이 크므로 이 사건 법률조항의 입법목적이 정당하고, 이륜차의 고속도로 통행을 전면적으로 금지한 것도 입법목적을 달성하기 위하여 적절한 수단이며, 이륜차의 주행 성능을 고려하지 않고 포괄적으로 금지하고 있다고 하여 지나치다고 보기 어려울 뿐만 아니라, 이륜차에 대하여 고속도로 통행을 전면적으로 금지하더라도 그로 인한 기본권침해의 정도는 경미하여 이 사건 법률조항이 도모하고자 하는 공익에 비하여 중대하다고 보기 어렵기 때문에, 이 사건 법률조항은 청구인들의 통행의 자유(일반적 행동의 자유)를 침해하지 않는다(헌재 2008.07.31. 2007헌바90).

13 행복추구권에 대한 설명으로 가장 적절한 것은? (다툼이 있는 경우 헌법재판소 판례에 의함)

2019 경찰 승진

① 형사재판의 피고인으로 출석하는 수형자에 대하여, 사복착용을 허용하는 형의 집행 및 수용자의 처우에 관한 법률 제82조를 준용하지 아니한 동법 제88조는 행복추구권을 침해하지 않는다.

② 형의 집행 및 수용자의 처우에 관한 법률 제88조가 민사재판의 당사자로 출석하는 수형자에 대하여, 사복착용을 허용하는 동법 제82조를 준용하지 아니한 것은 행복추구권을 침해한다.

③ 금치기간 중 신문・도서・잡지 외 자비구매물품의 사용을 제한하는 형의 집행 및 수용자의 처우에 관한 법률 조항은 수용자의 일반적 행동의 자유를 침해하지 않는다.

④ 공문서의 한글전용을 규정한 국어기본법 조항 및 국어기본법 시행령 조항은 한자혼용방식에 비하여 의미 전달력이나 가독성이 낮아지기 때문에, 공무원인 청구인들의 행복추구권을 침해한다.

지문분석 **난이도** □□■ 하 | **정답** ③ | **키워드** 행복추구권 | **출제유형** 판례

① 【X】 수형자라 하더라도 확정되지 않은 별도의 형사재판에서만큼은 미결수용자와 같은 지위에 있는 것이므로, 그를 죄 있는 자에 준하여 취급함으로써 법률적・사실적 측면에서 유형・무형의 불이익을 주어서는 아니 된다. 그런데 이러한 수형자로 하여금 형사재판 출석 시 아무런 예외 없이 사복착용을 금지하고 재소자용 의류를 입도록 하여 인격적인 모욕감과 수치심 속에서 재판을 받도록 하는 것은, 그 재판과 관련하여 미결수용자의 지위임에도 이미 유죄의 확정판결을 받은 수형자와 같은 외관을 형성하게 함으로써 재판부나 검사 등 소송관계자들에게 유죄의 선입견을 줄 수 있는 등 무죄추정의 원칙에 위배될 소지가 크다. 따라서 심판대상조항이 형사재판의 피고인으로 출석하는 수형자에 대하여 「형집행법」 제82조를 준용하지 아니한 것은 과잉금지원칙에 위반되어 청구인의 공정한 재판을 받을 권리, 인격권, 행복추구권을 침해한다(헌재 2015.12.23. 2013헌마712).

② 【X】 심판대상조항의 민사재판 출석 시 사복착용 불허는 시설 바깥으로의 외출이라는 기회를 이용한 도주를 예방하기 위한 것으로서 그 목적이 정당하고, 사복착용의 불허는 위와 같은 목적을 달성하기 위한 적합한 수단이 된다. 따라서 심판대상조항의 민사재판 출석 시 사복착용 불허는 과잉금지원칙에 위배되어 청구인의 인격권과 행복추구권을 침해한다고 볼 수 없다(헌재 2015.12.23. 2013헌마712).

③ 【O】 교도소의 안전과 질서를 위하여 가장 중한 징벌인 금치처분을 받은 사람을 엄격한 격리에 의하여 외부와의 접촉을 금지시키고 반성에 전념하도록 하여 수용 질서를 확립하고자 하는 입법목적은 정당하며, 금치기간 동안 자비구매물품의 사용을 금지하는 것은 위 목적을 달성하기 위한 적합한 수단이다. 따라서 이 사건 금치조항 중 제108조 제7호의 신문・잡지・도서 외 자비구매물품에 관한 부분은 청구인의 일반적 행동의 자유를 침해하지 않는다(헌재 2016.05.26. 2014헌마45).

④ 【X】 이 사건 공문서 조항은 공문서를 읽고 쓰기 쉬운 한글로 작성하도록 함으로써 공적 영역에서 원활한 의사소통을 확보하고 효율적・경제적으로 공적 업무를 수행하기 위한 것으로, 공문서를 한글로 작성하면 학력이나 한자 독해력 등에 관계없이 모든 국민들이 공문서의 내용을 쉽게 이해할 수 있고, 다른 글자와 혼용하여 공문서를 작성하는 것에 비해 시간과 노력이 적게 소요되므로 행정의 효율성 및 경제성을 증진시킬 수 있다. 결국 이 사건 공문서 조항은 '공공기관 등이 작성하는 공문서'에 대하여만 적용되고, 일반 국민이 공공기관 등에 접수・제출하기 위하여 작성하는 문서나 일상생활에서 사적 의사소통을 위해 작성되는 문서에는 적용되지 않는다. 그러므로 이 사건 공문서 조항은 청구인들의 행복추구권을 침해하지 아니한다(헌재 2016.11.24. 2012헌마854).

14 행복추구권에 대한 설명으로 옳지 않은 것은? (다툼이 있는 경우 판례에 의함) 2021 국가직 7급

① 공정거래위원회의 명령으로 독점규제 및 공정거래에 관한 법률 위반의 혐의자에게 스스로 법위반사실을 인정하여 공표하도록 강제하고 있는 '법위반사실공표명령' 부분은 헌법상 일반적 행동의 자유, 명예권, 무죄추정권 및 양심의 자유를 침해한다.

② 공문서의 한글전용을 규정한 국어기본법 및 국어기본법 시행령의 해당 조항은 '공공기관 등이 작성하는 공문서'에 대하여만 적용되고, 일반 국민이 공공기관 등에 접수·제출하기 위하여 작성하는 문서나 일상생활에서 사적 의사소통을 위해 작성되는 문서에는 적용되지 않으므로 청구인들의 행복추구권을 침해하지 않는다.

③ 수상레저안전법상 조종면허를 받은 사람이 동력수상레저기구를 이용하여 범죄행위를 하는 경우에 조종면허를 필요적으로 취소하도록 하는 구 수상레저안전법상 규정은 직업의 자유 내지 일반적 행동의 자유를 침해한다.

④ 청구인이 공적인 인물의 부당한 행위를 비판하는 과정에서 모욕적인 표현을 사용한 행위가 사회상규에 위배되지 아니하는 행위로서 정당행위에 해당될 여지가 있음에도, 이에 대한 판단 없이 청구인에게 모욕 혐의를 인정한 피청구인의 기소유예처분은 청구인의 행복추구권을 침해한다.

지문분석 **난이도** □■■ 중 | **정답** ① | **키워드** 행복추구권 | **출제유형** 판례

① 【X】 이 사건의 경우와 같이 경제규제법적 성격을 가진 「공정거래법」에 위반하였는지 여부에 있어서도 각 개인의 소신에 따라 어느 정도의 가치판단이 개입될 수 있는 소지가 있고 그 한도에서 다소의 윤리적 도덕적 관련성을 가질 수도 있겠으나, 이러한 법률판단의 문제는 개인의 인격형성과는 무관하며, 대화와 토론을 통하여 가장 합리적인 것으로 그 내용이 동화되거나 수렴될 수 있는 포용성을 가지는 분야에 속한다고 할 것이므로 헌법 제19조에 의하여 보장되는 양심의 영역에 포함되지 아니한다(헌재 2002.01.31. 2001헌바43). → 양심의 자유의 영역에는 포함되지 않으나, 과잉금지의 원칙을 위반하여 행위자의 일반적 행동의 자유 및 명예권을 침해하고 무죄추정의 원칙에 반한다.

② 【O】 이 사건 공문서 조항은 공문서를 읽고 쓰기 쉬운 한글로 작성하도록 함으로써 공적 영역에서 원활한 의사소통을 확보하고 효율적·경제적으로 공적 업무를 수행하기 위한 것으로, 공문서를 한글로 작성하면 학력이나 한자 독해력 등에 관계없이 모든 국민들이 공문서의 내용을 쉽게 이해할 수 있고, 다른 글자와 혼용하여 공문서를 작성하는 것에 비해 시간과 노력이 적게 소요되므로 행정의 효율성 및 경제성을 증진시킬 수 있다. 결국 이 사건 공문서 조항은 '공공기관 등이 작성하는 공문서'에 대하여만 적용되고, 일반 국민이 공공기관 등에 접수·제출하기 위하여 작성하는 문서나 일상생활에서 사적 의사소통을 위해 작성되는 문서에는 적용되지 않는다. 그러므로 이 사건 공문서 조항은 청구인들의 행복추구권을 침해하지 아니한다(헌재 2016.11.24. 2012헌마854).

③ 【O】 범죄행위의 유형, 경중이나 위법성의 정도, 동력수상레저기구의 당해 범죄행위에 대한 기여도 등 제반사정을 전혀 고려하지 않고 필요적으로 조종면허를 취소하도록 규정하였으므로 심판대상조항은 침해의 최소성 원칙에 위배되고, 심판대상조항에 따라 조종면허가 취소되면 면허가 취소된 날부터 1년 동안은 조종면허를 다시 받을 수 없게 되어 법익의 균형성 원칙에도 위배된다. 따라서 심판대상조항은 직업의 자유 및 일반적 행동의 자유를 침해한다(헌재 2015.07.30. 2014헌가13).

④ 【O】 청구인이 공적인 인물의 부적절한 언행을 비판하면서 모욕적인 표현을 1회 사용한 행위는 청구인이 글을 게시한 동기, 청구인이 게시한 글의 전체적인 맥락 등을 고려할 때 비판의 범위 내에 있는 것으로 평가될 수 있어 사회상규에 위배되지 아니하는 행위로서 정당행위에 해당한다고 볼 여지가 있다. 그럼에도 불구하고 정당행위 여부를 판단하지 않고 청구인에 대한 모욕 혐의를 인정한 이 사건 기소유예처분은 자의적인 검찰권의 행사로서 청구인의 평등권과 행복추구권을 침해하였다(헌재 2020.09.24. 2019헌마1285).

15 **행복추구권에 대한 설명으로 옳지 않은 것은?** (다툼이 있는 경우 헌법재판소의 판례에 의함)

2017 국회직 8급

① '운전면허를 받은 사람이 자동차 등을 이용하여 범죄행위를 한 때'를 필요적 운전면허 취소사유로 규정하는 것은 일반적 행동자유권을 침해하여 헌법에 위반된다.

② 형사재판의 피고인으로 출석하는 수형자에 대하여 사복착용을 허용하지 아니한 것은 행복추구권을 침해한다.

③ 한자 학습을 통하여 사고력·응용력·창의력을 기를 수 있고, 동아시아에서의 문화적 연대를 확산시킬 수 있으므로 공문서의 한글전용을 규정한 국어기본법은 공무원들의 행복추구권을 침해한다.

④ 기부금품의 모집행위도 행복추구권에서 파생하는 일반적인 행동자유권에 의하여 기본권으로 보장된다.

⑤ 금치기간 중 신문·도서·잡지 외 자비구매물품의 사용을 제한하는 형의 집행 및 수용자의 처우에 관한 법률 조항은 수용자의 일반적 행동의 자유를 침해하지 않는다.

지문분석 **난이도** ■■■ **상** | **정답** ③ | **키워드** 행복추구권 | **출제유형** 판례

① **【O】** '운전면허를 받은 사람이 자동차 등을 이용하여 범죄행위를 한 때'를 필요적 운전면허 취소사유로 규정하는 것은 자동차 등을 이용하여 범죄행위를 하기만 하면 그 범죄행위가 얼마나 중한 것인지, 그러한 범죄행위를 행함에 있어 자동차 등이 당해 범죄 행위에 어느 정도로 기여했는지 등에 대한 아무런 고려 없이 무조건 운전면허를 취소하도록 하고 있으므로 이는 구체적 사안의 개별성과 특수성을 고려할 수 있는 여지를 일체 배제하고 그 위법의 정도나 비난의 정도가 극히 미약한 경우까지도 운전면허를 취소할 수밖에 없도록 하는 것으로 최소침해성의 원칙에 위반된다 할 것이다. 한편, 이 사건 규정에 의해 운전면허가 취소되면 2년 동안은 운전면허를 다시 발급 받을 수 없게 되는바, 이는 지나치게 기본권을 제한하는 것으로서 법익균형성원칙에도 위반된다. 그러므로 이 사건 규정은 직업의 자유 내지 일반적 행동자유권을 침해하여 헌법에 위반된다(헌재 2005.11.24. 2004헌가28).

② **【O】** 형사재판의 피고인으로 출석하는 수형자에 대하여 사복착용을 허용하지 아니한 것은 청구인의 공정한 재판을 받을 권리, 인격권, 행복추구권을 침해한다(헌재 2015.12.23. 2013헌마712). → 민사재판에 출석하는 수형자에 대하여 사복착용을 허용하지 아니한 것은 인격권과 행복추구권을 침해하지 않는다.

③ **【X】** 국민들은 공문서를 통하여 공적 생활에 관한 정보를 습득하고 자신의 권리 의무와 관련된 사항을 알게 되므로 우리 국민 대부분이 읽고 이해할 수 있는 한글로 작성할 필요가 있다. 한자어를 굳이 한자로 쓰지 않더라도 앞뒤 문맥으로 그 뜻을 이해할 수 있는 경우가 대부분이고, 뜻을 정확히 전달하기 위하여 필요한 경우에는 괄호 안에 한자를 병기할 수 있으므로 한자혼용방식에 비하여 특별히 한자어의 의미 전달력이나 가독성이 낮아진다고 보기 어렵다. 따라서 이 사건 공문서 조항은 청구인들의 행복추구권을 침해하지 아니한다(헌재 2016.11.24. 2012헌마854).

④ **【O】** 기부금품의 모집행위도 행복추구권에서 파생하는 일반적인 행동자유권에 의하여 기본권으로 보장된다(헌재 1998.05.28. 96헌가5).

⑤ **【O】** 금치기간 중 신문·도서·잡지 외 자비구매물품의 사용을 제한하는 형의 집행 및 수용자의 처우에 관한 법률 조항은 수용자의 일반적 행동의 자유를 침해하지 않는다(헌재 2016.05.26. 2014헌마45).

> 운전면허를 받은 사람이 자동차 등을 이용하여 살인 또는 강간 등 행정안전부령이 정하는 범죄행위를 한 때 필요적으로 운전면허를 취소하도록 한 것(헌재 2015.5.28. 2013헌가6)
> • 법률유보원칙 위배 X
> • 포괄위임금지원칙 위배 X
> • 직업의 자유 및 일반적 행동의 자유 침해 O

16 **일반적 행동자유권에 대한 설명으로 옳지 <u>않은</u> 것으로만 묶은 것은?** (다툼이 있는 경우 헌법재판소 판례에 의함) 2017 국가직 7급 하반기

> ㄱ. 비어업인이 잠수용 스쿠버 장비를 사용하여 수산자원을 포획·채취하는 것을 금지하는 것은 일반적 행동자유권의 침해가 아니다.
> ㄴ. 아동·청소년 대상 성범죄자에게 1년마다 정기적으로 새로 촬영한 사진을 제출하도록 하고 정당한 사유 없이 사진제출의무를 위반한 경우 형사처벌을 하도록 한 것은 일반적 행동자유권에 대한 침해이다.
> ㄷ. 형의 집행유예와 동시에 사회봉사명령을 선고받는 경우, 신체의 자유가 제한될 뿐이지 일반적 행동자유권이 제한되는 것은 아니다.
> ㄹ. 술에 취한 상태로 도로 외의 곳에서 운전하는 것을 금지 하고 이를 위반했을 때 처벌하는 것은 일반적 행동의 자유를 제한한다.

① ㄱ, ㄴ
② ㄱ, ㄹ
③ ㄴ, ㄷ
④ ㄷ, ㄹ

지문분석 **난이도** ■■■ **상** | **정답** ③ | **키워드** 일반적 행동자유권 | **출제유형** 판례

ㄱ 【O】 비어업인이 잠수용 스쿠버 장비를 사용하여 수산자원을 포획·채취하는 것을 금지하는 것은 일반적 행동의 자유를 침해하지 아니한다(헌재 2016.10.27. 2013헌마450).

ㄴ 【X】 아동·청소년 대상 성범죄자에게 1년마다 정기적으로 새로 촬영한 사진을 제출하도록 하고 정당한 사유 없이 사진제출의무를 위반한 경우 형사처벌을 하도록 한 것은 일반적 행동의 자유를 침해하지 아니한다(헌재 2015.07.30. 2014헌바257).

ㄷ 【X】 형의 집행유예와 동시에 사회봉사명령을 선고받은 청구인은 자신의 의사와 무관하게 사회봉사를 하지 않을 수 없게 되어 헌법 제10조의 행복추구권에서 파생하는 일반적 행동의 자유를 제한받게 된다. 이 사건 법률조항에 의한 사회봉사명령은 청구인에게 근로의무를 부과함에 그치고 공권력이 신체를 구금하는 등의 방법으로 근로를 강제하는 것은 아니어서 이 사건 법률조항이 신체의 자유를 제한한다고 볼 수 없다(헌재 2012.03.29. 2010헌바100).

ㄹ 【O】 술에 취한 상태로 도로 외의 곳에서 운전하는 것을 금지하고 이에 위반했을 때 처벌하도록 하고 있으므로 일반적 행동의 자유를 제한한다(헌재 2016.02.25. 2015헌가11).

17 일반적 행동자유권에 대한 설명으로 옳지 않은 것은? (다툼이 있는 경우 판례에 의함) 2020 지방직 7급

① 일반적 행동자유권은 가치 있는 행동만 그 보호영역으로 하는 것은 아니고, 개인의 생활방식과 취미에 관한 사항, 위험한 스포츠를 즐길 권리와 같은 위험한 생활방식으로 살아갈 권리도 포함하므로, 술에 취한 상태로 도로 외의 곳에서 운전하는 것을 금지하고 위반 시 처벌하는 것은 일반적 행동의 자유를 제한한다.

② 일반적 행동자유권의 보호대상으로서 행동이란 국가가 간섭하지 않으면 자유롭게 할 수 있는 행위를 의미하므로 병역의무 이행으로서 현역병 복무도 국가가 간섭하지 않으면 자유롭게 할 수 있는 행위에 속한다는 점에서, 현역병으로 복무할 권리도 일반적 행동자유권에 포함된다.

③ 헌법 제10조에 의하여 보장되는 행복추구권 속에는 일반적 행동자유권이 포함되고, 이 일반적 행동자유권으로부터 계약 체결의 여부, 계약의 상대방, 계약의 방식과 내용 등을 당사자의 자유로운 의사로 결정할 수 있는 계약의 자유가 파생한다.

④ 헌법 제10조가 정하고 있는 행복추구권에서 파생하는 자기결정권 내지 일반적 행동자유권은 이성적이고 책임감 있는 사람의 자기 운명에 대한 결정·선택을 존중하되 그에 대한 책임은 스스로 부담함을 전제로 한다.

지문분석 **난이도** □■■ **중** | **정답** ② | **키워드** 일반적 행동자유권 | **출제유형** 판례

① 【O】 일반적 행동자유권은 가치 있는 행동만 그 보호영역으로 하는 것은 아니다. 그 보호영역에는 개인의 생활방식과 취미에 관한 사항도 포함되며, 여기에는 위험한 스포츠를 즐길 권리와 같은 위험한 생활방식으로 살아갈 권리도 포함된다. 그런데 심판대상조항은 술에 취한 상태로 도로 외의 곳에서 운전하는 것을 금지하고 이에 위반했을 때 처벌하도록 하고 있으므로 일반적 행동의 자유를 제한한다(헌재 2016.02.25. 2015헌가11).

② 【X】 헌법 제10조의 행복추구권에서 파생하는 일반적 행동자유권은 모든 행위를 하거나 하지 않을 자유를 내용으로 하나, 그 보호대상으로서의 행동이란 국가가 간섭하지 않으면 자유롭게 할 수 있는 행위 내지 활동을 의미하고, 이를 국가권력이 가로막거나 강제하는 경우 자유권의 침해로서 논의될 수 있다 할 것인데, 병역의무의 이행으로서의 현역병 복무는 국가가 간섭하지 않으면 자유롭게 할 수 있는 행위에 속하지 않으므로, 현역병으로 복무할 권리가 일반적 행동자유권에 포함된다고 할 수도 없다(헌재 2010.12.28. 2008헌마527).

③ 【O】 헌법 제10조에 의하여 보장되는 행복추구권 속에는 일반적 행동자유권이 포함되고, 이 일반적 행동자유권으로부터 계약 체결의 여부, 계약의 상대방, 계약의 방식과 내용 등을 당사자의 자유로운 의사로 결정할 수 있는 계약의 자유가 파생된다(헌재 2013.10.24. 2010헌마219 등).

④ 【O】 헌법 제10조가 정하고 있는 행복추구권에서 파생되는 자기결정권 내지 일반적 행동자유권은 이성적이고 책임감 있는 사람의 자기의 운명에 대한 결정·선택을 존중하되 그에 대한 책임은 스스로 부담함을 전제로 한다(헌재 2004.06.24. 2002헌가27).

18 **헌법 제10조에 대한 설명으로 가장 적절하지 않은 것은?** (다툼이 있는 경우 판례에 의함) 2018 경찰 승진

① 헌법 제10조는 개인의 인격권과 행복추구권을 보장하고 있고, 인격권과 행복추구권은 개인의 자기운명결정권을 전제로 하며, 이 자기운명결정권에는 성행위 여부와 그 상대방을 결정할 수 있는 성적자기결정권이 포함되어 있다.

② 사법경찰관이 보도자료 배포 직후 기자들의 취재 요청에 응하여 피의자가 경찰서 조사실에서 양손에 수갑을 찬 채 조사받는 모습을 촬영할 수 있도록 허용한 행위는 잠재적인 피해자의 발생을 방지하고 범죄를 예방할 필요성이 크다는 점에서 피의자의 인격권을 침해하지 않는다.

③ 환자가 장차 죽음에 임박한 상태에 이를 경우에 대비하여 미리 의료인 등에게 연명치료 거부 또는 중단에 관한 의사를 밝히는 등의 방법으로 죽음에 임박한 상태에서 인간으로서의 존엄과 가치를 지키기 위하여 연명치료의 거부 또는 중단을 결정할 수 있다 할 것이고, 위 결정은 헌법상 기본권인 자기결정권의 한 내용으로서 보장되지만, 헌법해석상 연명치료 중단 등에 관한 법률을 제정할 국가의 입법의무가 명백하다고 볼 수는 없다.

④ 민사재판의 당사자로 출석하는 수형자에 대하여, 사복착용을 허용하는 「형집행법」 제82조를 준용하지 아니한 것이 수형자의 인격권 및 행복추구권을 침해하는 것은 아니다.

지문분석 **난이도** □■■ **중** | **정답** ② | **키워드** 인간의 존엄과 가치 | **출제유형** 판례

① **[O]** 헌법 제10조는 '모든 국민은 인간으로서의 존엄과 가치를 가지며, 행복을 추구할 권리를 가진다. 국가는 개인이 가지는 불가침의 기본적 인권을 확인하고 이를 보장할 의무를 고 규정하여 개인의 인격권과 행복추구권을 보장하고 있다. 개인의 인격권·행복추구권에는 개인의 자기운명결정권이 전제되는 것이고, 이 자기운명결정권에는 성행위 여부 및 그 상대방을 결정할 수 있는 성적(性的) 자기결정권이 포함되어 있다(헌재 2009.11.26. 2008헌바58).

② **[X]** 사법경찰관이 보도자료 배포 직후 기자들의 취재 요청에 응하여 피의자가 경찰서 조사실에서 양손에 수갑을 찬 채 조사받는 모습을 촬영할 수 있도록 허용한 행위는 과잉금지원칙에 위반되어 청구인의 인격권을 침해하였다(헌재 2014.03.27. 2012헌마652).

③ **[O]** 환자가 장차 죽음에 임박한 상태에 이를 경우에 대비하여 미리 의료인 등에게 연명치료 거부 또는 중단에 관한 의사를 밝히는 등의 방법으로 죽음에 임박한 상태에서 인간으로서의 존엄과 가치를 지키기 위하여 연명치료의 거부 또는 중단을 결정할 수 있다 할 것이고, 위 결정은 헌법상 기본권인 자기결정권의 한 내용으로서 보장되지만, 헌법해석상 연명치료 중단 등에 관한 법률을 제정할 국가의 입법의무가 명백하다고 볼 수는 없다(헌재 2009.11.26. 2008헌마385).

④ **[O]** 수형자가 민사법정에 출석하기까지 교도관이 반드시 동행하여야 하므로 수용자의 신분이 드러나게 되어 있어 재소자용 의류를 입었다는 이유로 인격권과 행복추구권이 제한되는 정도는 제한적이고, 형사법정 이외의 법정 출입 방식은 미결수용자와 교도관 전용 통로 및 시설이 존재하는 형사재판과 다르며, 계호의 방식과 정도도 확연히 다르다. 따라서 심판대상조항이 민사재판에 출석하는 수형자에 대하여 사복착용을 허용하지 아니한 것은 청구인의 인격권과 행복추구권을 침해하지 아니한다(헌재 2015.12.23. 2013헌마712).

19 인간의 존엄과 가치에 대한 설명으로 옳지 않은 것은? (다툼이 있는 경우 판례에 의함) 2016 지방직 7급

① 인간으로서의 존엄과 가치는 1962년 제3공화국 헌법에서 규정된 이래 1980년 제5공화국 헌법에서 행복추구권이 추가되어 현행헌법에 이르고 있다.
② 사법경찰관이 보도자료 배포 직후 기자들의 취재 요청에 응하여 피의자가 경찰서 조사실에서 양손에 수갑을 찬 채 조사받는 모습을 촬영할 수 있도록 허용한 행위는 과잉금지원칙에 위반되어 피의자의 인격권을 침해한다.
③ 중혼을 혼인취소의 사유로 정하면서 그 취소청구권의 제척기간 또는 소멸사유를 규정하지 않은 민법 조항은 후혼배우자의 인격권 및 행복추구권을 침해하지 아니한다.
④ 민사재판에 당사자로 출석하는 수형자에 대하여 사복착용을 허용하지 아니한 것은 수형자의 인격권과 행복추구권을 침해한다.

PART · 02

지문분석 **난이도** □□■ **하** | **정답** ④ | **키워드** 인간의 존엄과 가치 | **출제유형** 판례

④ 【X】 수형자가 민사법정에 출석하기까지 교도관이 반드시 동행하여야 하므로 수용자의 신분이 드러나게 되어 있어 재소자용 의류를 입었다는 이유로 인격권과 행복추구권이 제한되는 정도는 제한적이고, 형사법정 이외의 법정 출입 방식은 미결수용자와 교도관 전용 통로 및 시설이 존재하는 형사재판과 다르며, 계호의 방식과 정도도 확연히 다르다. 따라서 심판대상조항이 민사재판에 출석하는 수형자에 대하여 사복착용을 허용하지 아니한 것은 청구인의 인격권과 행복추구권을 침해하지 아니한다(헌재 2015.12.23. 2013헌마712).

20 인간으로서의 존엄과 가치 및 행복추구권에 대한 설명으로 옳지 않은 것은? 2023 지방직 7급

① 정당한 사유 없는 예비군 훈련 불참을 형사처벌하는 「예비군법」 제15조 제9항 제1호 중 '제6조 제1항에 따른 훈련을 정당한 사유 없이 받지 아니한 사람'에 관한 부분은 청구인의 일반적 행동자유권을 침해하지 않는다.
② 임신한 여성의 자기낙태를 처벌하는 「형법」 조항은 「모자보건법」이 정한 일정한 예외를 제외하고는 임신기간 전체를 통틀어 모든 낙태를 전면적·일률적으로 금지하고, 이를 위반할 경우 형벌을 부과하도록 정함으로써 임신한 여성에게 임신의 유지·출산을 강제하고 있으므로, 과잉금지원칙을 위반하여 임신한 여성의 자기결정권을 침해한다.
③ 운전 중 휴대용 전화를 사용하지 아니할 의무를 지우고 이에 위반했을 때 형벌을 부과하는 것은 운전자의 일반적 행동자유권을 제한한다고 볼 수 없다.
④ 전동킥보드의 최고속도는 25km/h를 넘지 않도록 규정한 것은 자전거도로에서 통행하는 다른 자전거보다 속도가 더 높아질수록 사고위험이 증가할 수 있는 측면을 고려한 기준 설정으로서, 전동킥보드 소비자의 자기결정권 및 일반적 행동자유권을 침해하지 아니한다.

지문분석 **난이도** □■■ **중** | **정답** ③ | **키워드** 인간으로서의 존엄과 가치 및 행복추구권 | **출제유형** 판례

① 【O】 심판대상조항은 국가의 안전보장이라는 정당한 입법목적을 달성하기 위하여 예비군 훈련의무를 형사처벌로써 강제한다. 예비군대원은 훈련에 불참할 경제적, 사회적, 개인적 유인이 많은 만큼 그 참여를 보장하기 위한 법적 강제가 필요하고, 행정적 제재와 같이 경제적 부담을 감수하는 정도의 제재만으로는 예비군 훈련 참석이 심판대상조항과 같은 수준으로 보장될 것으로 판단하기 어렵다. 심판대상조항은 법정형에 하한을 두지 않아 양형조건을 고려하여 선고형을 조절할 수 있고, 정당한 사유가 있는 경우는 처벌하지 않는다. 따라서 심판대상조항은 과잉금지원칙에 반하여 청구인의 일반적 행동자유권을 침해하지 아니한다(헌재 2021.02.25. 2016헌마757).

② 【O】 자기낙태죄 조항은 「모자보건법」에서 정한 사유에 해당하지 않는다면 결정가능기간 중에 다양하고 광범위한 사회적 · 경제적 사유를 이유로 낙태갈등 상황을 겪고 있는 경우까지도 예외 없이 전면적 · 일률적으로 임신의 유지 및 출산을 강제하고, 이를 위반한 경우 형사처벌하고 있다. 따라서 자기낙태죄 조항은 입법목적을 달성하기 위하여 필요한 최소한의 정도를 넘어 임신한 여성의 자기결정권을 제한하고 있어 침해의 최소성을 갖추지 못하였고, 태아의 생명 보호라는 공익에 대하여만 일방적이고 절대적인 우위를 부여함으로써 법익균형성의 원칙도 위반하였으므로, 과잉금지원칙을 위반하여 임신한 여성의 자기결정권을 침해한다(헌재 2019.04.11. 2017헌바127).

③ 【X】 이 사건 법률조항으로 인하여 청구인은 운전 중 휴대용 전화 사용의 편익을 누리지 못하고 그 의무에 위반할 경우 20만 원 이하의 벌금이나 구류 또는 과료에 처해질 수 있으나 이러한 부담은 크지 않다. 이에 비하여 운전 중 휴대용 전화 사용 금지로 교통사고의 발생을 줄임으로써 보호되는 국민의 생명 · 신체 · 재산은 중대하다. 그러므로 이 사건 법률조항은 과잉금지원칙에 반하여 청구인의 일반적 행동의 자유를 침해하지 않는다(헌재 2021.06.24. 2019헌바5).

④ 【O】 전동킥보드의 자전거도로 통행을 허용하는 조치를 실시하기 위해서는 제조 · 수입되는 전동킥보드가 일정 속도 이상으로는 동작하지 않도록 제한하는 것이 선행되어야 한다. 소비자가 아직 전동킥보드의 자전거도로 통행이 가능하지 않음에도 불구하고 최고속도 제한기준을 준수한 제품만을 구입하여 이용할 수밖에 없는 불편함이 있다고 하여 전동킥보드의 최고속도를 제한하는 안전기준의 도입이 입법목적 달성을 위한 수단으로서의 적합성을 잃었다고 볼 수는 없다. 최고속도 제한을 두지 않는 방식이 이를 두는 방식에 비해 확실히 더 안전한 조치라고 볼 근거가 희박하고, 최고속도가 시속 25km라는 것은 자전거도로에서 통행하는 다른 자전거보다 속도가 더 높아질수록 사고위험이 증가할 수 있는 측면을 고려한 기준 설정으로서, 전동킥보드 소비자의 자기결정권 및 일반적 행동자유권을 박탈할 정도로 지나치게 느린 정도라고 보기 어렵다. 심판대상조항은 과잉금지원칙을 위반하여 소비자의 자기결정권 및 일반적 행동자유권을 침해하지 아니한다(헌재 2020.02.27. 2017헌마1339).

21 **일반적 행동자유권에 관한 설명 중 옳고 그름의 표시(O, X)가 바르게 된 것은?** (다툼이 있는 경우 판례에 의함) 2023 경찰 승진

> ㉠ 일반적 행동자유권은 모든 행위를 할 자유와 행위를 하지 않을 자유로 그 보호영역에는 개인의 생활방식과 취미에 관한 사항도 포함되지만, 사회적으로 가치 있는 행동만 그 보호영역으로 하므로 위험한 스포츠를 즐길 권리와 같은 위험한 생활방식으로 살아갈 권리는 보호영역에 속하지 않는다.
> ㉡ 자동차 운전자가 좌석안전띠를 매지 않을 자유는 일반적 행동자유권의 보호영역에 속하지 않는다.
> ㉢ 술에 취한 상태로 도로 외의 곳에서 운전할 자유는 일반적 행동자유권의 보호영역에 속한다.
> ㉣ 일반 공중에게 개방된 장소인 서울광장을 개별적으로 통행하거나 서울광장에서 여가활동이나 문화활동을 하는 것은 일반적 행동자유권의 내용으로 보장된다.

① ㉠ × ㉡ × ㉢ ○ ㉣ ○
② ㉠ ○ ㉡ × ㉢ ○ ㉣ ○
③ ㉠ ○ ㉡ ○ ㉢ × ㉣ ×
④ ㉠ × ㉡ ○ ㉢ × ㉣ ×

지문분석 **난이도** ■■■ **상** | **정답** ① | **키워드** 일반적 행동자유권 | **출제유형** 판례

㉠ 【X】, ㉡ 【X】 일반적 행동자유권은 모든 행위를 할 자유와 행위를 하지 않을 자유로 가치있는 행동만 그 보호영역으로 하는 것은 아닌 것으로, 그 보호영역에는 개인의 생활방식과 취미에 관한 사항도 포함되며, 여기에는 위험한 스포츠를 즐길 권리와 같은 위험한 생활방식으로 살아갈 권리도 포함된다. 따라서 좌석안전띠를 매지 않을 자유는 헌법 제10조의 행복추구권에서 나오는 일반적 행동자유권의 보호영역에 속한다. 이 사건 심판대상조항들은 운전할 때 좌석안전띠를 매야 할 의무를 지우고 이에 위반했을 때 범칙금을 부과하고 있으므로 청구인의 일반적 행동의 자유에 대한 제한이 존재한다(헌재 2003.10.30. 2002헌마518).

㉢ 【O】 일반적 행동자유권은 가치 있는 행동만 그 보호영역으로 하는 것은 아니다. 그 보호영역에는 개인의 생활방식과 취미에 관한 사항도 포함되며, 여기에는 위험한 스포츠를 즐길 권리와 같은 위험한 생활방식으로 살아갈 권리도 포함된다. 그런데 심판대상조항은 술에 취한 상태로 도로 외의 곳에서 운전하는 것을 금지하고 이에 위반했을 때 처벌하도록 하고 있으므로 일반적 행동의 자유를 제한한다(헌재 2016.02.25. 2015헌가11).

㉣ 【O】 헌법 제10조 전문의 행복추구권에는 그 구체적인 표현으로서 일반적인 행동자유권이 포함되는바, 이는 적극적으로 자유롭게 행동을 하는 것은 물론 소극적으로 행동을 하지 않을 자유도 포함되는 권리로서, 포괄적인 의미의 자유권이라는 성격을 갖는다. 일반 공중의 사용에 제공된 공공용물을 그 제공 목적대로 이용하는 것은 일반사용 내지 보통사용에 해당하는 것으로 따로 행정주체의 허가를 받을 필요가 없는 행위이고, 구 '서울특별시 서울광장의 사용 및 관리에 관한 조례' 도 사용허가를 받아야 하는 광장의 사용은 불특정 다수 시민의 자유로운 광장 이용을 제한하는 경우로 정하여(위 조례 제2조 제1호) 개별적으로 서울광장을 통행하거나 서울광장에서 여가활동이나 문화활동을 하는 것은 아무런 제한 없이 허용하고 있다. 이처럼 일반 공중에게 개방된 장소인 서울광장을 개별적으로 통행하거나 서울광장에서 여가활동이나 문화활동을 하는 것은 일반적 행동자유권의 내용으로 보장됨에도 불구하고, 피청구인이 이 사건 통행제지행위에 의하여 청구인들의 이와 같은 행위를 할 수 없게 하였으므로 청구인들의 일반적 행동자유권의 침해 여부가 문제된다(헌재 2011.06.30. 2009헌마406).

22 행복추구권에 대한 설명으로 적절하지 않은 것은 몇 개인가? (다툼이 있는 경우 헌법재판소 판례에 의함) 2023 경찰간부

가. 협의상 이혼을 하고자 하는 경우 부부가 함께 관할 가정법원에 출석하여 협의이혼의사확인신청서를 제출하도록 하는 「가족관계의 등록 등에 관한 규칙」상 조항은 청구인의 일반적 행동자유권을 침해하지 않는다.
나. 누구든지 금융회사 등에 종사하는 자에게 타인의 금융거래의 내용에 관한 정보 또는 자료를 요구하는 것을 금지하고 이를 위반시 형사처벌하는 구 「금융실명거래 및 비밀보장에 관한 법률」상 조항은 과잉금지원칙에 반하여 일반적 행동자유권을 침해하지 않는다.
다. 어린이보호구역에서 제한속도 준수의무 또는 안전운전 의무를 위반하여 어린이를 상해에 이르게 한 경우 가중처벌하는 「특정범죄 가중처벌 등에 관한 법률」상 조항은 과잉금지원칙에 위반되어 청구인들의 일반적 행동자유권을 침해한다.
라. 만성신부전증환자에 대한 외래 혈액투석 의료급여수가의 기준을 정액수가로 규정한 '의료급여수가의 기준 및 일반기준'상 조항은 과잉금지원칙에 반하여 수급권자인 청구인의 의료행위선택권을 침해한다.

① 1개　　② 2개　　③ 3개　　④ 4개

지문분석 **난이도** ■■■ **상** | **정답** ③ | **키워드** 인간의 존엄과 가치 | **출제유형** 판례

가 【O】 이 사건 규칙조항에서 협의이혼의사확인신청을 할 때 부부 쌍방으로 하여금 직접 법원에 출석하여 신청서를 제출하도록 한 것은, 일시적 감정이나 강압에 의한 이혼을 방지하고 협의상 이혼이 그 절차가 시작될 때부터 당사자 본인의 의사로 진지하고 신중하게 이루어지도록 하기 위한 것이므로, 목적의 정당성 및 수단의 적합성이 인정된다. 따라서 이 사건 규칙조항은 과잉금지원칙에 반하여 청구인 노○태의 일반적 행동자유권을 침해하지 않는다(헌재 2016.06.30. 2015헌마894).

나 【X】 금융거래의 역할이나 중요성에 비추어 볼 때 그 비밀을 보장할 필요성은 인정되나, 금융거래는 금융기관을 매개로 하여서만 가능하므로 금융기관 및 그 종사자에 대하여 정보의 제공 또는 누설에 대하여 형사적 제재를 가하는 것만으로도 금융거래의 비밀은 보장될 수 있다. 심판대상조항은 금융거래정보의 제공요구행위 자체만으로 형사처벌의 대상으로 삼고 있으나, 제공요구행위에 사회적으로 비난받을 행위가 수반되지 않거나, 금융거래의 비밀 보장에 실질적인 위협이 되지 않는 행위도 충분히 있을 수 있고, 명의인의 동의를 받을 수 없는 상황에서 타인의 금융거래정보가 필요하여 금융기관 종사자에게 그 제공을 요구하는 경우가 있을 수 있는 등 금융거래정보 제공요구행위는 구체적인 사안에 따라 죄질과 책임을 달리한다고 할 것임에도, 심판대상조항은 정보제공요구의 사유나 경위, 행위 태양, 요구한 거래정보의 내용 등을 전혀 고려하지 아니하고 일률적으로 금지하고, 그 위반시 형사처벌을 하도록 하고 있다. 따라서 심판대상조항은 과잉금지원칙에 반하여 일반적 행동자유권을 침해한다(헌재 2022.02.24. 2020헌가5).

다 【X】 어린이의 통행이 빈번한 초등학교 인근 등 제한된 구역을 중심으로 어린이 보호구역을 설치하고 엄격한 주의의무를 부과하여 위반자를 엄하게 처벌하는 것은 어린이에 대한 교통사고 예방과 보호를 위해 불가피한 조치이다. 심판대상조항에 의할 때 어린이 상해의 경우 죄질이 가벼운 위반행위에 대하여 벌금형을 선택한 경우는 정상참작감경을 통하여, 징역형을 선택한 경우는 정상참작감경을 하지 않고도 집행유예를 선고할 수 있음은 물론, 선고유예를 하는 것도 가능하다. 어린이 사망의 경우 법관이 정상참작감경을 하지 않더라도 징역형의 집행유예를 선고하는 것은 가능하다. 운전자의 주의의무 위반의 내용 및 정도와 어린이가 입은 피해의 정도가 다양하여 불법성 및 비난가능성에 차이가 있다고 하더라도, 이는 법관의 양형으로 충분히 극복될 수 있는 범위 내에 있다. 따라서 심판대상조항은 과잉금지원칙에 위반되어 청구인들의 일반적 행동자유권을 침해한다고 볼 수 없다(헌재 2023.02.23. 2020헌마460 등).

라 【X】 한정된 의료급여재정의 범위 내에서 적정하고 지속적인 의료서비스를 제공하고, 의료의 질을 유지할 수 있는 방법으로 현행 정액수가제와 같은 정도로 입법목적을 달성하면서 기본권을 덜 제한하는 수단이 명백히 존재한다고 보기 어렵고, 의료급여 수급권자가 입게 되는 불이익이 공익보다 크다고 볼 수도 없다. 심판대상조항은 수급권자인 청구인의 의료행위선택권을 침해하지 않는다(헌재 2020.04.23. 2017헌마103).

2 법 앞의 평등

01 평등권에 대한 헌법재판소 결정으로 옳지 않은 것은? 2015 국가직 7급

① 의사 또는 치과의사의 지도하에서만 의료기사가 업무를 할 수 있도록 규정하고, 한의사의 지도하에서는 의료기사인 물리치료사가 물리치료는 물론 한방물리치료를 할 수 없도록 하는 의료기사 등에 관한 법률의 조항은 평등권을 침해한다.

② 관광진흥개발기금 관리·운용업무에 종사토록 하기 위해 문화체육관광부장관이 채용한 민간 전문가에 대해 「형법」상 뇌물죄의 적용에 있어서 공무원으로 의제하는 「관광진흥개발기금법」 조항은 평등원칙에 위배되지 않는다.

③ 「형법」 조항과 똑같은 구성요건을 규정하면서 법정형만 상향 조정한 「특정범죄 가중처벌 등에 관한 법률」 조항은 인간의 존엄성과 가치를 보장하는 헌법의 기본원리에 위배될 뿐만 아니라 그 내용에 있어서도 평등원칙에 위반된다.

④ 「민법」 제847조 제1항 중 '친생부인의 사유가 있음을 안 날부터 2년 이내 부분'은 친생부인의 소의 제척기간에 관한 입법재량의 한계를 일탈하지 않은 것으로서 양성의 평등에 기초한 혼인과 가족생활에 관한 기본권을 침해하지 아니한다.

PART · 02

지문분석 **난이도** □■■ 중 | **정답** ① | **키워드** 평등권 | **출제유형** 판례

① 【X】 의료행위와 한방의료행위를 구분하고 있는 이원적 의료 체계하에서 의사의 의료행위를 지원하는 행위 중 전문적 지식 및 기술을 요하는 부분에 대하여 별도의 자격제도를 마련한 의료기사제도의 입법 취지, 물리치료사 양성을 위한 교육 과정 및 그 업무 영역 등을 고려할 때, 물리치료사의 업무가 한방의료행위와도 밀접한 연관성이 있다고 보기 어렵고, 물리치료사 업무 영역에 대한 의사와 한의사의 지도능력에도 차이가 있으므로, 의사에 대해서만 물리치료사 지도권한을 인정하고 한의사에게는 이를 배제하고 있는 데에 합리적 이유가 있다. 따라서 이 사건 조항은 한의사의 평등권을 침해하지 않는다(헌재 2014.05.29. 2011헌마552).

② 【O】 관광진흥개발기금 관리·운용업무에 종사토록 하기 위해 문화체육관광부장관이 채용한 민간 전문가에 대해 「형법」상 뇌물죄의 적용에 있어서 공무원으로 의제하는 것은 합리적인 이유가 있으므로, 자의적인 차별취급이라 할 수 없다(헌재 2014.07.24. 2012헌바188).

③ 【O】 심판대상조항은 별도의 가중적 구성요건표지를 규정하지 않은 채 「형법」 조항과 똑같은 구성요건을 규정하면서 법정형만 상향 조정하여 형사특별법으로서 갖추어야 할 형벌체계상의 정당성과 균형을 잃어 인간의 존엄성과 가치를 보장하는 헌법의 기본원리에 위배될 뿐만 아니라 그 내용에 있어서도 평등의 원칙에 위반되어 위헌이다(헌재 2015.02.26. 2014헌가16).

④ 【O】 친생부인의 소의 제척기간을 '친생부인의 사유가 있음을 안 날부터 2년 내'로 제한한 「민법」 조항은 헌법에 위반되지 않는다(헌재 2015.03.26. 2012헌바357).

02 평등권에 대한 설명으로 옳지 않은 것은? (다툼이 있는 경우 판례에 의함) 2016 지방직 7급

① 대통령령으로 정하는 공공기관 및 공기업으로 하여금 매년 정원의 100분의 3 이상씩 34세 이하의 청년 미취업자를 채용하도록 한 「청년고용촉진 특별법」 조항은 35세 이상 미취업자들의 평등권과 직업선택의 자유를 침해하지 않는다.

② 입양기관을 운영하고 있지 않은 사회복지법인과 달리 입양기관을 운영하는 사회복지법인으로 하여금 '기본생활지원을 위한 미혼모자가족복지시설'을 설치 · 운영할 수 없게 하는 것은, 입양기관을 운영하는 사회복지법인과 그렇지 않는 사회복지법인이 본질적으로 다르므로 입양기관을 운영하는 사회복지법인의 평등권을 제한하는 것이 아니다.

③ 「국가인권위원회법」상 '평등권 침해의 차별행위'에는 합리적인 이유 없이 성적 지향을 이유로 성희롱을 하는 행위도 포함된다.

④ 대한민국 국민인 남성에 한하여 병역의무를 부과한 구 「병역법」 제3조제1항은 헌법이 특별히 양성평등을 요구하는 경우나 관련 기본권에 중대한 제한을 초래하는 경우의 차별취급을 그 내용으로 하고 있다고 보기 어렵다는 점에서 평등권 침해 여부에 관하여 합리적 이유의 유무를 심사하는 것에 그치는 자의금지원칙에 따른 심사를 한다.

지문분석 **난이도** ■■■ **상** | **정답** ② | **키워드** 평등권 | **출제유형** 판례

② 【X】 입양기관을 운영하고 있지 않은 다른 사회복지법인과 달리 입양기관을 운영하는 사회복지법인으로 하여금 '기본생활지원을 위한 미혼모자가족복지시설'을 설치 · 운영할 수 없게 함으로써 입양기관을 운영하는 사회복지법인과 그렇지 않은 사회복지법인을 다르게 취급하고 있으므로, 청구인들의 평등권을 제한한다. 다만 미혼모가 스스로 자녀를 양육할 수 있도록 하고 이를 통해 입양 특히 국외입양을 최소화하기 위하여, 입양기관을 운영하는 자로 하여금 일정한 유예기간을 거쳐 '기본생활지원을 위한 미혼모자가족복지시설'을 설치 · 운영할 수 없게 하는 것에는 합리적 이유가 있다고 할 것이므로, 이 사건 법률조항들은 청구인들의 평등권을 침해하지 아니한다(헌재 2014.05.29. 2011헌마363).

03 평등권에 대한 설명으로 가장 옳은 것은? 2016 서울시 7급

① 사법시험에 합격하여 사법연수원의 과정을 마친 자와 달리 변호사시험 합격자들에게 6개월의 실무수습을 거치도록 한 것은 평등권을 침해한다.
② 친양자의 양친을 기혼자로 한정하고 독신자는 친양자 입양을 할 수 없도록 한 법률규정은 평등권을 침해한다.
③ 중등교사 임용시험에 있어서 동일 지역 사범대학을 졸업한 교원경력이 없는 자에게 가산점을 부여하는 법률규정은 평등권을 침해하지 않는다.
④ 1차 의료기관의 전문과목 표시와 관련하여 의사전문의·한의사전문의와 달리 치과전문의의 경우에만 진료과목의 표시를 이유로 진료범위를 제한하는 것은 평등권을 침해 하지 않는다.

지문분석 **난이도** □■■ **중** | **정답** ③ | **키워드** 평등권 | **출제유형** 판례

① 【X】 사법시험에 합격하여 사법연수원의 과정을 마친 자와 판사나 검사의 자격이 있는 자는 사법연수원의 정형화된 이론과 실무수습을 거치거나, 법조실무경력이 있는 반면, 청구인들과 같은 변호사시험 합격자들의 실무수습은 법학전문대학원 별로 편차가 크고 비정형적으로 이루어지고 있으므로, 변호사 시험 합격자들에게 6개월의 실무수습을 거치도록 하는 것을 합리적 이유가 없는 자의적 차별이라고 보기는 어렵다. 따라서 심판대상조항은 청구인들의 평등권을 침해하지 아니한다(헌재 2014.09.25. 2013헌마424).
② 【X】 원칙적으로 3년 이상 혼인 중인 부부만이 친양자 입양을 할 수 있도록 규정하여 독신자는 친양자 입양을 할 수 없도록 한 구 「민법」 조항은 독신자의 평등권을 침해하지 않는다(헌재 2013.09.26. 2011헌가42).
③ 【O】 중등교사 임용시험에 있어서 동일 지역 사범대학을 졸업한 교원경력이 없는 자에게 가산점을 부여하는 법률규정은 한시적으로만 적용되는 점을 고려해 보면 비례의 원칙에 반하여 제청신청인의 공무담임권이나 평등권을 침해한다고 보기 어려우므로 헌법에 위반되지 아니한다(헌재 2007.12.27. 2005헌가11).
④ 【X】 전문과목을 표시한 치과의원은 그 표시한 전문과목에 해당하는 환자만을 진료하여야 한다고 규정한 「의료법」 조항은 과잉금지원칙에 위배되어 청구인들의 직업수행의 자유를 침해하고, 평등권을 침해한다(헌재 2015.05.28. 2013헌마799). → 신뢰보호원칙 및 명확성원칙 위배되지 않는다.

04 **평등권에 관한 다음 설명 중 가장 옳지 <u>않은</u> 것은?** (다툼이 있는 경우 헌법재판소 결정에 의함)

2016 법원직 9급

① 국가공무원 임용 결격사유에 해당하여 공중보건의사 편입이 취소된 사람을 현역병으로 입영하게 하거나 공익근무요원으로 소집함에 있어 의무복무기간에 기왕의 복무기간을 반영하지 않은 것은 평등의 원칙에 반한다.

② 국가유공자의 가족이 공무원채용시험에 응시하는 경우 만점의 10%를 가산하도록 한 것은 일반 응시자들의 공직취임의 기회를 차별하는 것이고, 이러한 차별로 인한 불평등 효과는 입법목적과 그 달성수단 간의 비례성을 현저히 초과하는 것으로서 일반 공직시험 응시자들의 평등권을 침해한다.

③ 헌법상의 평등원칙은 사회보험인 건강보험의 보험료부과에 있어서 경제적 능력에 따른 부담이 이루어질 것을 요구하나, 건강보험제도나 노인장기요양보험제도는 전 국민에게 기본적인 의료서비스 및 요양서비스를 제공하기 위한 사회보장제도의 일종으로, 입법자는 이에 관하여 광범위한 입법형성권을 보유한다.

④ 선거로 취임하는 공무원인 지방자치단체장을 「공무원연금법」의 적용대상에서 제외하는 법률 조항은, 지방자치단체장도 국민 전체에 대한 봉사자로서 공무원법상 각종 의무를 부담하고 영리업무 및 겸직 금지 등 기본권 제한이 수반된다는 점에서 경력직공무원 또는 다른 특수경력직공무원 등과 차이가 없는데도 「공무원연금법」의 적용에 있어 지방자치단체장을 다른 공무원에 비하여 합리적 이유 없이 차별하는 것으로, 지방자치단체장들의 평등권을 침해한다.

지문분석 **난이도** ■■■ **상** | **정답** ④ | **키워드** 평등권 | **출제유형** 판례

① 【O】 국가공무원 임용 결격사유에 해당하여 공중보건의사 편입이 취소된 사람을 현역병으로 입영하게 하거나 공익근무요원으로 소집함에 있어 의무복무기간에 기왕의 복무기간을 전혀 반영하지 아니하는 것은 평등의 원칙에 반한다(헌재 2010.07.29. 2008헌가28).

② 【O】 이 사건 조항으로 인한 공무담임권의 차별효과는 앞서 본 바와 같이 심각한 반면, 국가유공자 가족들에 대하여 아무런 인원제한도 없이 매 시험마다 10%의 높은 가산점을 부여해야만 할 필요성은 긴요한 것이라고 보기 어렵고, 입법목적을 감안하더라도 일반 응시자들의 공무담임권에 대한 차별효과가 지나친 것이다. 이 사건 조항의 경우 명시적인 헌법적 근거 없이 국가유공자의 가족들에게 만점의 10%라는 높은 가산점을 부여하고 있는바, 그러한 가산점 부여 대상자의 광범위성과 가산점 10%의 심각한 영향력과 차별효과를 고려할 때, 그러한 입법정책만으로 헌법상의 공정경쟁의 원리와 기회균등의 원칙을 훼손하는 것은 부적절하며, 국가유공자의 가족의 공직취업기회를 위하여 매년 많은 일반 응시자들에게 불합격이라는 심각한 불이익을 입게 하는 것은 정당화될 수 없다. 이 사건 조항의 차별로 인한 불평등 효과는 입법목적과 그 달성수단 간의 비례성을 현저히 초과하는 것이므로, 이 사건 조항은 청구인들과 같은 일반 공직시험 응시자들의 평등권을 침해한다 (헌재 2006.02.23. 2004헌마675)

③ 【O】 헌법상의 평등원칙은 사회보험인 건강보험의 보험료부과에 있어서는 경제적 능력에 따른 부담이 이루어질 것을 요구한다. 다만, 건강보험제도나 노인장기요양보험제도는 전 국민에게 기본적인 의료서비스 및 요양서비스를 제공하기 위한 사회보장제도의 일종으로, 입법자는 이에 관하여 광범위한 입법형성권을 가진다고 할 것이다 (헌재 2013.07.25. 2010헌바51).

④ 【X】 지방자치단체장은 특정 정당을 정치적 기반으로 할 수 있는 선출직공무원으로 임기가 4년이고 계속 재임도 3기로 제한되어 있어, 장기근속을 전제로 하는 공무원을 주된 대상으로 하고 이들이 재직 기간 동안 납부하는 기여금을 일부 재원으로 하여 설계된 「공무원연금법」의 적용대상에서 지방자체단체장을 제외하는 것에는 합리적 이유가 있다. 지방자치단체장을 위한 별도의 퇴직급여제도를 마련하지 않은 것은 청구인들의 평등권을 침해하지 않는다(헌재 2014.06.26. 2012헌마459).

05 평등 위반 여부를 심사하는 데 있어서 심사기준이 나머지 셋과 다른 하나는? (다툼이 있는 경우 헌법재판소 판례에 의함) 2025 경찰 간부

① 임대의무기간이 10년인 공공건설임대주택의 분양전환가격을 임대의무기간이 5년인 공공건설임대주택의 분양전환가격과 다른 기준에 따라 산정하도록 하는 구 「임대주택법 시행규칙」 조항의 해당 부분

② 「교통사고처리특례법」 조항 중 업무상 과실 또는 중대한 과실로 인한 교통사고로 말미암아 피해자로 하여금 중상해에 이르게 한 경우에 공소를 제기할 수 없도록 규정한 부분

③ 상이연금 수급자에 대한 공무원 재직기간 합산방법을 규정하지 않은 구 「공무원연금법」 조항

④ 사망한 가입자 등에 의하여 생계를 유지하고 있지 않은 자녀 또는 25세 이상인 자녀를 유족연금을 받을 수 있는 자녀의 범위에 포함시키지 않은 「국민연금법」 조항 중 해당 부분

지문분석 **난이도** □■■ **중** | **정답** ② | **키워드** 평등원칙의 심사기준 | **출제유형** 판례

① 【완화된 심사기준】 심판대상조항으로 인한 10년 임대주택의 임차인과 5년 임대주택의 임차인 사이의 차별 취급은 헌법에서 특별히 평등을 요구하는 경우이거나, 차별 대우로 인하여 자유권의 행사에 중대한 제한을 받는 경우에 해당한다고 볼 수 없고, 사회보장 영역에 관하여는 입법부 내지 입법에 의하여 위임을 받은 행정부에게 사회복지의 이념에 명백히 어긋나지 않는 한 광범위한 형성의 자유가 부여된다. 이 점을 고려하면, 심판대상조항으로 인하여 10년 임대주택의 임차인과 5년 임대주택의 임차인 사이의 차별 취급이 평등권을 침해하는지 여부를 심사할 때에는 완화된 심사기준인 자의금지원칙을 적용한다. 따라서 심판대상조항이 10년 임대주택의 분양전환가격 산정기준을 달리 정한 데에는 합리적 이유가 있으므로, 심판대상조항으로 인하여 10년 임대주택에 거주하는 임차인의 평등권은 침해되지 아니한다(헌재 2021.04. 29. 2019헌마202).

② 【엄격한 심사기준】 단서조항에 해당하지 않는 교통사고로 중상해를 입은 피해자와 단서조항에 해당하는 교통사고의 중상해 피해자 및 사망사고의 피해자 사이의 차별문제는 교통사고 운전자의 기소 여부에 따라 피해자의 헌법상 보장된 재판절차진술권이 행사될 수 있는지 여부가 결정되어 이는 기본권 행사에 있어서 중대한 제한을 구성하기 때문에 엄격한 심사기준에 의하여 판단한다. …(중략)… 교통사고로 중상해를 입은 피해자들의 평등권을 침해하는 것이라 할 것이다(헌재 2009.02.26. 2005헌마764 등).

③ 【완화된 심사기준】 공무원연금법상 퇴직연금수급과 관련한 재직기간 합산제도는 연금제도의 일환으로서, 공무원연금제도는 기본적으로 사회보장적 급여로서의 성격을 가지고, 입법자가 연금수급권의 구체적 내용을 어떻게 형성할 것인지에 관해서 원칙적으로 광범위한 형성의 자유를 가지고 있는바, 이는 헌법에서 특별히 평등을 요구하고 있는 분야도 아니고, 기본권에 중대한 제한을 초래하는 영역도 아니어서 엄격한 심사가 아닌 완화된 심사척도 즉, 입법재량의 일탈 혹은 남용 여부의 판단에 따른다. …(중략)… 두 연금체계의 구조 및 다른 급여제도를 전체적으로 고려할 때 상이연금수급자가 장해연금수급자에 비해 불리하다고 단정하기 어렵고 평등원칙에 위배된다고 볼 수 없다(헌재 2019.12.27. 2017헌바169).

④ 【완화된 심사기준】 이 사건 유족 범위 조항에 의한 차별은 헌법에서 특별히 평등을 요구하고 있는 영역에 관한 것이거나 관련 기본권에 대한 중대한 제한을 초래하는 것이 아니므로, 이 사건 유족 범위 조항이 청구인들의 평등권을 침해하는지 여부를 심사함에 있어서는 완화된 심사기준에 따라 입법자의 결정에 합리적인 이유가 있는지를 심사하기로 한다. 이 사건 유족 범위 조항은 청구인들의 평등권을 침해하지 않는다(헌재 2019.02.28. 2017헌마432).

06 평등원칙 및 평등권에 대한 설명으로 가장 적절한 것은? (다툼이 있는 경우 판례에 의함) 2018 경찰 승진

① 헌법에서 스스로 차별의 근거로 삼아서는 아니 되는 기준을 제시하거나 차별을 특히 금지하고 있는 영역을 제시하는 경우에는 완화된 심사척도가 적용되어야 하나, 차별적 취급으로 인하여 관련 기본권에 대한 중대한 제한을 초래하게 되는 경우에는 엄격한 심사척도를 적용할 수 있다.
② 국가유공자 본인이 국가기관이 실시하는 채용시험에 응시하는 경우에 10%의 가점을 주도록 한 국가유공자 등 예우 및 지원에 관한 법률 조항은 헌법 제32조 제6항에서 특별히 평등을 요구하고 있는 경우에 해당하므로, 이에 대해서는 엄격한 비례성 심사에 따라 평등권 침해여부를 심사하여야 한다.
③ 공무상 질병 또는 부상으로 인하여 퇴직 후 장애 상태가 확정된 군인에게 상이연금을 지급하도록 한 개정된 「군인연금법」 제23조 제1항을 개정법 시행일 이후부터 적용하도록 한 「군인연금법」 조항은 평등원칙에 위반된다.
④ 자기 또는 배우자의 직계존속을 고소하지 못하도록 규정한 「형사소송법」 제224조는 비속을 차별 취급하여 평등권을 침해한다.

지문분석 **난이도** □■■ **중** | **정답** ③ | **키워드** 평등권 및 평등의 원칙 | **출제유형** 판례

① 【X】 헌법재판소에서는 평등위반여부를 심사함에 있어서, 헌법에서 특별히 평등을 요구하고 있는 경우 즉, 헌법이 스스로 차별의 근거로 삼아서는 아니 되는 기준을 제시하거나 차별을 특히 금지하고 있는 영역을 제시하고 있는 경우와 차별적 취급으로 인하여 관련 기본권에 대한 중대한 제한을 초래하게 되는 경우에는 엄격한 심사척도(비례성원칙에 따른 심사)를 적용하고, 그 밖의 경우에는 완화된 심사척도(자의금지원칙에 따른 심사)에 의한다는 원칙을 적용하고 있다. 엄격한 심사를 한다는 것은 차별취급의 목적과 수단간에 엄격한 비례관계가 성립하는지를 기준으로 한 심사를 행함을 의미하며, 완화된 심사척도 즉, 자의심사의 경우에는 차별을 정당화하는 합리적인 이유가 있는 지만을 심사한다(헌재 2003.03.27. 2002헌마573).
② 【X】 종전 결정은 국가유공자와 그 가족에 대한 가산점제도는 모두 헌법 제32조 제6항에 근거를 두고 있으므로 평등권 침해 여부에 관하여 보다 완화된 기준을 적용한 비례심사를 하였으나, 국가유공자 본인의 경우는 별론으로 하고, 그 가족의 경우는 위에서 본 바와 같이 헌법 제32조 제6항이 가산점제도의 근거라고 볼 수 없으므로 그러한 완화된 심사는 부적절한 것이다(헌재 2006.02.23. 2004헌마675).
③ 【O】 퇴직 후 신법 조항 시행일 전에 장애 상태가 확정된 군인을 보호하기 위한 최소한의 조치도 하지 않은 것은 그 차별이 군인연금기금의 재정상황 등 실무적 여건이나 경제상황 등을 고려한 것이라고 하더라도, 그 차별을 정당화할 만한 합리적인 이유가 있는 것으로 보기 어렵다. 따라서 공무상 질병 또는 부상으로 인하여 퇴직 후 장애 상태가 확정된 군인에게 상이연금을 지급하도록 한 개정된 「군인연금법」 제23조 제1항을 개정법 시행일 이후부터 적용하도록 한 「군인연금법」 조항은 헌법상 평등원칙에 위반된다(헌재 2016.12.29. 2015헌바208).
④ 【X】 자기 또는 배우자의 직계존속을 고소하지 못하도록 규정한 「형사소송법」 제224조는, '효'라는 우리 고유의 전통규범을 수호하기 위하여 비속이 존속을 고소하는 행위의 반윤리성을 억제하고자 이를 제한하는 것은 합리적인 근거가 있는 차별이라고 할 수 있으므로 헌법 제11조 제1항의 평등원칙에 위반되지 아니한다(헌재 2011.02.24. 2008헌바56).

07 평등권(평등원칙)에 관한 설명 중 가장 적절한 것은? (다툼이 있는 경우 판례에 의함) 2020 경찰 승진

① 자기 또는 배우자의 직계존속을 고소하지 못하도록 규정한 「형사소송법」 조항은 친고죄의 경우든 비친고죄의 경우든 헌법상 보장된 재판절차진술권의 행사에 중대한 제한을 초래한다고 보기는 어려우므로, 완화된 자의심사에 따라 차별에 합리적 이유가 있는지를 따져보는 것으로 족하다.

② 선거로 취임하는 공무원인 지방자치단체장을 「공무원연금법」의 적용대상에서 제외하는 법률 조항은, 지방자치단체장도 국민 전체에 대한 봉사자로서 공무원법 상 각종 의무를 부담하고 영리업무 및 겸직 금지 등 기본권 제한이 수반된다는 점에서 경력직공무원 또는 다른 특수경력직공무원등과 차이가 없는데도 「공무원연금법」의 적용에 있어 지방자치단체장을 다른 공무원에 비하여 합리적 이유 없이 차별하는 것으로, 지방자치단체장들의 평등권을 침해한다.

③ 제대군인이 공무원채용시험 등에 응시한 때에 과목별 득점에 과목별 만점의 5퍼센트 또는 3퍼센트를 가산하는 것에 대하여 완화된 심사기준인 자의금지원칙을 적용하고 있다.

④ 보건복지부장관이 최저생계비를 고시함에 있어 장애로 인한 추가지출비용을 반영한 별도의 최저생계비를 결정하지 않은 채 가구별 인원수만을 기준으로 최저생계비를 결정한 고시는 엄격한 기준인 비례성원칙에 따른 심사를 함이 타당하다.

PART · 02

지문분석 **난이도** □■■ 중 | **정답** ① | **키워드** 평등권 및 평등의 원칙 | **출제유형** 판례

① 【O】 친고죄의 경우든 비친고죄의 경우든 이 사건 법률조항이 재판절차진술권의 중대한 제한을 초래한다고 보기는 어려우므로, 이 사건 법률조항이 평등원칙에 위반되는지 여부에 대한 판단은 완화된 자의심사에 따라 차별에 합리적인 이유가 있는 지를 따져보는 것으로 족하다 할 것이다(헌재 2011.02.24. 2008헌바56).

② 【X】 지방자치단체장은 특정 정당을 정치적 기반으로 할 수 있는 선출직공무원으로 임기가 4년이고 계속 재임도 3기로 제한되어 있어, 장기근속을 전제로 하는 공무원을 주된 대상으로 하고 이들이 재직 기간 동안 납부하는 기여금을 일부 재원으로하여 설계된 「공무원연금법」의 적용대상에서 지방자체단체장을 제외하는 것에는 합리적 이유가 있다. 선출직 공무원의 경우 선출 기반 및 재임 가능성이 모두 투표권자에게 달려 있고, 정해진 임기가 대체로 짧으며, 공무원연금의 전체 기금은 기본적으로 기여금 및 국가 또는 지방자치단체의 비용으로 운용되는 것이므로 공무원연금급여의 종류를 구별하여 기여금 납부를 전제로 하지 않는 급여의 경우 선출직 공무원에게 지급이 가능하다고 보기도 어렵다. 따라서 심판대상조항은 청구인들의 평등권을 침해하지 않는다(헌재 2014.06.26. 2012헌마459).

③ 【X】 가산점제도는 헌법 제32조 제4항이 특별히 남녀평등을 요구하고 있는 '근로' 내지 '고용'의 영역에서 남성과 여성을 달리 취급하는 제도이고, 또한 헌법 제25조에 의하여 보장된 공무담임권이라는 기본권의 행사에 중대한 제약을 초래하는 것이기 때문에 엄격한 심사척도가 적용된다(헌재 1999.12.23. 98헌마363).

④ 【X】 이 사건 고시로 인한 장애인가구와 비장애인가구의 차별취급은 헌법에서 특별히 평등을 요구하는 경우 내지 차별대우로 인하여 자유권의 행사에 중대한 제한을 받는 경우에 해당한다고 볼 수 없는 점, 국가가 국민의 인간다운 생활을 보장하기 위하여 행하는 사회부조에 관하여는 입법부 내지 입법에 의하여 위임을 받은 행정부에게 사회보장, 사회복지의 이념에 명백히 어긋나지 않는 한 광범위한 형성의 자유가 부여된다는 점을 고려하면, 이 사건 고시로 인한 장애인가구와 비장애인 가구의 차별취급이 평등위반인지 여부를 심사함에 있어서는 완화된 심사기준인 자의금지원칙을 적용함이 상당하다(헌재 2004.10.28. 2002헌마328).

08 평등권 또는 평등원칙에 대한 설명으로 가장 적절하지 <u>않은</u> 것은? (다툼이 있는 경우 판례에 의함)

2022 경찰 승진

① 보훈보상대상자의 부모에 대한 유족보상금 지급 시, 수급권자를 부모 1인에 한정하고 나이가 많은 자를 우선하도록 규정한 보훈보상대상자 지원에 관한 법률 조항은 부모 중 나이가 많은 자와 그렇지 않은 자를 합리적 이유 없이 차별하여 나이가 적은 부모의 평등권을 침해한다.

② 대한민국 국적을 가지고 있는 영유아 중에서 재외국민인 영유아를 보육료 · 양육수당의 지원대상에서 제외되도록 한 보건복지부지침은 국내에 거주하면서 재외국민인 영유아를 양육하는 부모를 차별하는 것으로서 평등권을 침해한다.

③ 사립학교 관계자와 언론인 못지않게 공공성이 큰 민간분야 종사자에 대하여 부정청탁 및 금품 등 수수의 금지에 관한 법률이 적용되지 않는 것은 언론인과 사립학교 관계자의 평등권을 침해한다.

④ 「산업재해보상보험법」이 근로자가 사업주의 지배관리 아래 출퇴근하던 중 발생한 사고로 부상 등이 발생한 경우에만 업무상 재해로 인정하고, 도보나 자기 소유 교통수단 또는 대중교통수단 등을 이용하여 출퇴근하는 경우를 업무상 재해로 인정하지 않는 것은 평등원칙에 위배된다.

지문분석 **난이도** □■■ **중** | **정답** ③ | **키워드** 평등권 및 평등의 원칙 | **출제유형** 판례

① 【O】 심판대상조항이 국가의 재정부담 능력의 한계를 이유로 하여 부모 1명에 한정하여 보상금을 지급하도록 하면서 어떠한 예외도 두지 않은 것에는 합리적 이유가 있다고 보기 어렵다. … 심판대상조항은 나이가 적은 부모 일방의 평등권을 침해하여 헌법에 위반되나, 단순위헌결정을 하여 당장 그 효력을 상실시킬 경우에는 보훈보상대상자의 유족인 부모에 대한 보상금 지급의 근거 규정이 사라지게 되어 그 입법목적을 달성하기 어려운 법적 공백 상태가 발생할 수 있다. 또한, 심판대상조항의 위헌적 상태를 제거함에 있어서 어떠한 기준 및 요건에 의해 보상금 수급권자를 결정하고, 수급권자의 범위를 어떻게 정할 것인지 등에 관하여 헌법재판소의 결정취지의 한도 내에서 입법자에게 재량이 부여된다 할 것이므로 입법자가 합헌적인 방향으로 법률을 개선할 때까지 그 효력을 존속하게 하여 이를 적용하게 할 필요가 있다(헌재 2018.06.28. 2016헌가14).

② 【O】 단순한 단기체류가 아니라 국내에 거주하는 재외국민, 특히 외국의 영주권을 보유하고 있으나 상당한 기간 국내에서 계속 거주하고 있는 자들은 「주민등록법」상 재외국민으로 등록 · 관리될 뿐 '국민인 주민'이라는 점에서는 다른 일반 국민과 실질적으로 동일하므로, 단지 외국의 영주권을 취득한 재외국민이라는 이유로 달리 취급할 아무런 이유가 없어 위와 같은 차별은 청구인들의 평등권을 침해한다(헌재 2018.01.25. 2015헌마1047).

③ 【X】 사립학교 관계자와 언론인 못지않게 공공성이 큰 민간분야 종사자에 대해서 청탁금지법이 적용되지 않는다는 이유만으로 부정청탁금지조항과 금품수수금지조항 및 신고조항과 제재조항이 청구인들의 평등권을 침해한다고 볼 수 없다(헌재 2016.07.28. 2015헌마236 등).

④ 【O】 도보나 자기 소유 교통수단 또는 대중교통수단 등을 이용하여 출퇴근하는 산업재해보상보험(이하 '산재보험'이라 한다) 가입 근로자(이하 '비혜택근로자'라 한다)는 사업주가 제공하거나 그에 준하는 교통수단을 이용하여 출퇴근하는 산재보험 가입 근로자(이하 '혜택근로자'라 한다)와 같은 근로자인데도 사업주의 지배관리 아래 있다고 볼 수 없는 통상적 경로와 방법으로 출퇴근하던 중에 발생한 재해(이하 '통상의 출퇴근 재해'라 한다)를 업무상 재해로 인정받지 못한다는 점에서 차별취급이 존재한다. 사업장 규모나 재정여건의 부족 또는 사업주의 일방적 의사나 개인 사정 등으로 출퇴근용 차량을 제공받지 못하거나 그에 준하는 교통수단을 지원받지 못하는 비혜택근로자는 비록 산재보험에 가입되어 있다 하더라도 출퇴근 재해에 대하여 보상을 받을 수 없는데, 이러한 차별을 정당화할 수 있는 합리적 근거를 찾을 수 없다(헌재 2016.09.29. 2014헌바254).

09 평등권 또는 평등의 원칙에 대한 설명으로 옳지 않은 것은? (다툼이 있는 경우 판례에 의함)

2019 지방직 7급

① 「민법」상 손해배상청구권 등 금전채권은 10년의 소멸시효기간이 적용되는 데 반해, 사인이 국가에 대하여 가지는 손해배상청구권 등 금전채권은 「국가재정법」상 5년의 소멸시효기간이 적용되는 것은 차별취급에 합리적인 사유가 존재한다.
② 애국지사 본인과 순국선열의 유족은 본질적으로 다른 집단이므로, 구 독립유공자예우에 관한 법률 시행령 조항이 같은 서훈 등급임에도 순국선열의 유족보다 애국지사 본인에게 높은 보상금 지급액 기준을 두고 있다 하여 곧 순국선열의 유족의 평등권이 침해되었다고 볼 수 없다.
③ 「형법」이 반의사불벌죄 이외의 죄를 범하고 피해자에게 자복한 사람에 대하여 반의사불벌죄를 범하고 피해자에게 자복한 사람과 달리 임의적 감면의 혜택을 부여하지 않은 것은 자의적인 차별이어서 평등의 원칙에 반한다.
④ 버스운송사업에 있어서는 운송비용 전가 문제를 규제할 필요성이 없으므로 택시운송사업에 한하여 택시운송사업의 발전에 관한 법률에 운송비용전가의 금지조항을 둔 것은 규율의 필요성에 따른 합리적인 차별이어서 평등원칙에 위반되지 아니한다.

지문분석 **난이도** □■■ **중** | **정답** ③ | **키워드** 평등권 및 평등의 원칙 | **출제유형** 판례

① 【O】 국가의 채권·채무관계를 조기에 확정하고 예산 수립의 불안정성을 제거하여 국가재정을 합리적으로 운용할 필요성이 있는 점, 국가의 채무는 법률에 의하여 엄격하게 관리되므로 채무이행에 대한 신용도가 매우 높은 반면, 법률상태가 조속히 확정되지 않을 경우 국가 예산 편성의 불안정성이 커지게 되는 점, 특히 손해배상청구권과 같이 예측가능성이 낮고 불안정성이 높은 채무의 경우 단기간에 법률관계를 안정시켜야 할 필요성이 큰 점, 일반 사항에 관한 예산·회계 관련 기록물들의 보존기간이 5년인 점 등에 비추어 보면, 차별취급에 합리적인 사유가 존재한다고 할 것이다. 따라서 심판대상조항은 평등원칙에 위배되지 아니한다(헌재 2018.02.22. 2016헌바470).
② 【O】 애국지사는 일제의 국권침탈에 반대하거나 항거한 사실이 있는 당사자로서 조국의 자주독립을 위하여 직접 공헌하고 희생한 사람이지만, 순국선열의 유족은 일제의 국권침탈에 반대하거나 항거하다가 그로 인하여 사망한 당사자의 유가족으로서 독립유공자법이 정하는 바에 따라 그 공로에 대한 예우를 받는 지위에 있다. 독립유공자의 유족에 대하여 국가가 독립유공자법에 의한 보상을 하는 것은 유족 그 자신이 조국의 자주독립을 위하여 직접 공헌하고 희생하였기 때문이 아니라, 독립유공자의 공헌과 희생에 대한 보은과 예우로서 그와 한가족을 이루고 가족공동체로서 함께 살아온 그 유족에 대하여서도 그에 상응한 예우를 하기 위함이다. 애국지사 본인과 순국선열의 유족은 본질적으로 다른 집단이므로, 같은 서훈 등급임에도 순국선열의 유족보다 애국지사 본인에게 높은 보상금 지급액 기준을 두고 있다 하여 곧 청구인의 평등권이 침해되었다고 볼 수 없다(헌재 2018.01.25. 2016헌마319).
③ 【X】 통상의 경우 자복 그 자체만으로는, 자수와 같이 범죄자가 「형사법」 절차 속으로 스스로 들어왔다거나 국가 형벌권의 적정한 행사에 기여하였다고 단정하기 어려우므로, 이 사건 법률조항에서 통상의 자복에 관하여 자수와 동일한 법적 효과를 부여하지 않았다고 하여 자의적이라 볼 수는 없다. 반의사불벌죄에서의 자복은, 형사소추권의 행사 여부를 좌우할 수 있는 자에게 자신의 범죄를 알리는 행위란 점에서 자수와 그 구조 및 성격이 유사하므로, 이 사건 법률조항이 청구인과 같이 반의사불벌죄 이외의 죄를 범하고 피해자에게 자복한 사람에 대하여 반의사불벌죄를 범하고 피해자에게 자복한 사람과 달리 임의적 감면의 혜택을 부여하지 않고 있다 하더라도 이를 자의적인 차별이라고 보기 어렵다(헌재 2018.03.29. 2016헌바270).
④ 【O】 이 사건 금지조항은 택시업종만을 규제하고 화물자동차나 대중버스 등 다른 운송수단에는 적용되지 않으나, 화물차운수사업은 여객이 아닌 화물을 운송하는 것을 목적으로 하고 있으며, 대중버스의 경우 운송비용 전가 문제가 발생하고 있지 않다. 따라서 택시운송사업에 한하여 운송비용 전가 문제를 규제할 필요성이 인정되므로 다른 운송수단에 대하여 동일한 규제를 하지 않는다고 하더라도 평등원칙에 위반되지 아니한다(헌재 2018.06.28. 2016헌마1153).

10 **평등권에 대한 설명으로 옳은 것은?** (다툼이 있는 경우 판례에 의함) 2024 국회직 8급

① 내국인 및 영주(F-5)·결혼이민(F-6)의 체류자격을 가진 외국인과 달리 외국인 지역가입자에 대하여 납부할 월별 보험료의 하한을 전년도 전체 가입자의 평균을 고려하여 정하는 구「장기체류 재외국민 및 외국인에 대한 건강보험 적용기준」제6조제1항에 의한 별표2 제1호 단서는 합리적인 이유 없이 외국인을 내국인 등과 달리 취급한 것으로서 평등권을 침해한다.

② 헌법재판소는 동물약국 개설자가 수의사 또는 수산질병관리사의 처방전 없이 판매할 수 없는 동물용의약품을 규정한「처방대상 동물용 의약품 지정에 관한 규정」제3조가 의약분업이 이루어지지 않은 동물 분야에서 수의사가 동물용의약품에 대한 처방과 판매를 사실상 독점할 수 있도록 하여 동물약국 개설자의 직업수행의 자유를 침해하는지 여부를 판단하는 이상 평등권 침해 여부에 관하여는 따로 판단하지 아니하였다.

③ 확정판결의 기초가 된 민사나 형사의 판결, 그 밖의 재판 또는 행정 처분이 다른 재판이나 행정처분에 따라 바뀌어 당사자가 행정소송의 확정판결에 대하여 재심을 제기하는 경우, 재심제기기간을 30일로 정한「민사소송법」을 준용하는「행정소송법」제8조제2항 중「민사소송법」제456조제1항 가운데 제451조제1항제8호에 관한 부분을 준용하는 부분은 행정소송 당사자의 평등권을 침해한다.

④ 구「감염병의 예방 및 관리에 관한 법률」제70조제1항에 감염병환자가 방문한 영업장의 폐쇄 등과 달리, 감염병의 예방을 위하여 집합제한 조치를 받은 영업장의 손실을 보상하는 규정을 두고 있지 않은 것은 평등권을 침해한다.

⑤ 예비역 복무의무자의 범위에서 일반적으로 여성을 제외하는 구「병역법」제3조제1항 중 '예비역 복무'에 관한 부분 및 지원에 의하여 현역복무를 마친 여성을 일반적인 여성의 경우와 동일하게 예비역 복무의무자의 범위에서 제외하는「군인사법」제41조제4호 및 단서, 제42조는 상근예비역으로 복무 중이던 자의 평등권을 침해한다.

지문분석 **난이도** □■■ **중** | **정답** ② | **키워드** 평등권 및 평등의 원칙 | **출제유형** 판례

① 【X】 보험료하한 조항이 보험급여와 보험료 납부의 상관관계를 고려하고, 외국인의 보험료 납부의무 회피를 위한 출국 등의 제도적 남용 행태를 막기 위하여 외국인 지역가입자가 납부해야 할 월별 보험료의 하한을 내국인등 지역가입자가 부담하는 보험료 하한(보험료가 부과되는 연도의 전전년도 평균 보수월액보험료의 1천분의 60 이상 1천분의 65 미만의 범위에서 보건복지부장관이 정하여 고시하는 금액)보다 높게 정한 것은 합리적인 이유가 있는 차별이다(헌재 2023.09.26. 2019헌마1165).

② 【O】 심판대상조항에 따라 동물약국에서 수의사 등의 처방전 없이는 판매할 수 없는 동물용의약품이 더욱 늘어나게 되었으므로, 심판대상조항이 동물약국 개설자인 청구인들의 직업수행의 자유를 침해하는지 여부를 살펴본다. 심판대상조항이 동물약국 개설자인 청구인들의 직업수행의 자유를 침해하는지 여부를 판단하는 이상 평등권 침해 여부에 관하여는 따로 판단하지 아니한다. 심판대상조항이 동물약국 개설자에 대한 과도한 제약이라고 보기 어려워, 동물약국 개설자인 청구인들의 직업수행의 자유를 침해하지 아니한다(헌재 2023.06.29. 2021헌마199).

③ 【X】 대립 당사자 간에 발생한 법률적 분쟁에 관하여 사실관계를 확정한 후 법을 해석·적용함으로써 분쟁을 해결한다는 절차적 측면에서 민사소송과 행정소송은 유사하다. 재심기간제한조항이 민사소송과 동일하게 재심제기기간을 30일로 정한 것이 행정소송 당사자의 평등권을 침해하지 않는다(헌재 2023.09.26. 2020헌바258).

④ 【X】 정부는 집합제한 조치로 인한 부담을 완화하기 위하여 다양한 지원을 하였고,「소상공인 보호 및 지원에 관한 법률」이 2021년 개정되어 집합제한 조치로 인한 손실을 보상하는 규정이 신설되었다. 따라서 심판대상조항의 개정 배경과 보상 대상인 조치의 특성에 비추어 영업상 손실이 발생할 것으로 쉽게 예측할 수 있는 감염병환자 방문 시설의 폐쇄 등과 달리, 집합제한 또는 금지 조치로 인한 영업상 손실을 보상하는 규정을 입법자가 미리 마련하지 않았다고 하여 곧바로 평등권을 침해하는 것이라고 할 수 없다(헌재 2023.06.29. 2020헌마1669).

⑤ 【X】 예비역은 국가비상사태에 병력동원의 대상이 되므로, 일정한 신체적 능력과 군전력으로서의 소양이 필요한 점을 고려할 때, 현시점에서 일반적으로 여성을 예비역 복무의무자에서 제외한 입법자의 판단이 현저히 자의적이라고 단정하기 어렵다. 다만, 지원에 의하여 현역복무를 마친 여성의 경우 예비전력의 자질을 갖춘 것으로 추정할 수 있으나, 전시 요구되는 장교와 병의 비율, 예비역 인력운영의 효율성 등을 고려할 때, 현역복무를 마친 여성에 대한 예비역 복무의무 부과는 합리적 병력충원제도의 설계, 여군의 역할 확대 및 복무 형태의 다양성 요구 충족 등을 복합적으로 고려하여 결정할 사항으로, 현시점에서 이에 대한 입법자의 판단이 현저히 자의적이라고 단정하기 어렵다. 따라서 이 사건 예비역 조항은 청구인의 평등권을 침해하지 아니한다(헌재 2023.10.26. 2018헌마357).

11 최근 헌법재판소 판례에 관한 설명으로 가장 적절하지 <u>않은</u> 것은? 2015 경찰 승진

① 아동·청소년 대상 성폭력범죄를 저지른 자에 대하여 신상정보를 공개하도록 하는 구 「아동·청소년의 성보호에 관한 법률」 제38조 제1항 본문 제1호가 인격권 및 개인정보 자기결정권을 침해하는 것은 아니다.

② 학교폭력 가해학생이 특별교육을 이수할 경우 해당 학생의 보호자도 함께 특별교육을 받도록 한 학교폭력예방 및 대책에 관한 법률 제17조 제9항이 가해학생 보호자의 일반적 행동자유권을 침해하는 것은 아니다.

③ 공무원이 금품수수를 한 경우 직무관련성 유무 등과 상관없이 징계시효 기간을 일률적으로 3년으로 정한 구 「국가공무원법」 규정은 직무관련성 여부에 따라 위법성의 정도에 큰 차이가 있음에도 불구하고 동일한 징계시효를 적용하는 것이어서 평등권을 침해하는 위헌 규정이다.

④ 수사경력자료는 보존기간이 지나면 삭제하도록 하면서도 범죄경력자료의 삭제에 대해 규정하지 않은 「형의 실효 등에 관한 법률」 조항은 차별의 합리적인 이유가 있으므로 평등권을 침해하지 않는다.

지문분석 **난이도** ■■■ **상** | **정답** ③ | **키워드** 평등권 및 평등의 원칙 | **출제유형** 판례

① 【O】 아동·청소년 대상 성폭력 범죄를 저지른 사람에 대하여 신상정보를 공개하도록 한 것은 아동·청소년의 성을 보호하고 사회방위를 도모하기 위한 것으로서 목적의 정당성 및 수단의 적합성이 인정된다. 한편, 심판대상조항에 따른 신상정보 공개제도는, 그 공개대상이나 공개기간이 제한적이고, 법관이 '특별한 사정' 등을 고려하여 공개 여부를 판단하도록 되어 있으며, 공개로 인한 피해를 최소화하는 장치도 마련되어 있으므로 침해의 최소성이 인정되고, 이를 통하여 달성하고자 하는 '아동·청소년의 성보호'라는 목적이 침해되는 사익에 비하여 매우 중요한 공익에 해당하므로 법익의 균형성도 인정된다. 따라서 심판대상조항은 과잉금지원칙을 위반하여 청구인들의 인격권, 개인정보 자기결정권을 침해한다고 볼 수 없다(헌재 2013.10.24. 2011헌바106).

② 【O】 「학교폭력예방법」에서 가해학생과 함께 그 보호자도 특별교육을 이수하도록 의무화한 것은 교육의 주체인 보호자의 참여를 통해 학교폭력 문제를 보다 근본적으로 해결하기 위한 것이다. 가해학생이 학교폭력에 이르게 된 원인을 발견하여 이를 근본적으로 치유하기 위해서는 가족 공동체의 일원으로서 가해학생과 밀접 불가분의 유기적 관계를 형성하고 있는 보호자의 교육 참여가 요구된다. 따라서 특별교육이수규정이 가해학생 보호자의 일반적 행동자유권을 침해한다고 볼 수 없다(헌재 2013.10.24. 2012헌마832).

③ 【X】 공무원이 '금품수수'를 한 경우 직무관련성 유무 등과 상관없이 징계시효 기간을 일률적으로 3년으로 정한 것은 징계가 가능한 기간을 늘려 징계의 실효성을 제고하고 이를 통해 금품수수 관련 비위의 발생을 억제함으로써 공무원의 청렴의무 강화와 공직기강의 확립에 기여하려는 것으로서 여기에는 합리적 이유가 있다고 할 것이다. 따라서 이 사건 법률조항은 평등권을 침해하지 아니한다(헌재 2012.06.27. 2011헌바226).

④ 【O】 수사경력자료와 범죄경력자료는 어떤 범죄의 혐의를 받았느냐를 불문하고 그 처리 결과를 달리하는 경우로서 자료 보존의 목적과 필요성에 차이가 있다. 따라서 이를 이유로 자료의 삭제가능성에 대해 달리 규정하는 데에는 차별의 합리적인 이유가 있으므로 수사경력자료는 보존기간이 지나면 삭제하도록 하면서도 범죄경력자료의 삭제에 대해 규정하지 않은 이 사건 수사경력자료 정리조항은 청구인의 평등권을 침해하지 아니한다(헌재 2012.07.26. 2010헌마446).

12 헌법재판소가 평등권 위반에 대한 심사기준으로 비례원칙을 적용한 것은? 2024 경찰 승진

① 「제대군인지원에 관한 법률」에 의하여 공익근무요원의 경우와 달리 산업기능요원의 군복무기간을 공무원재직기간으로 산입하지 않은 경우

② 「뉴스통신 진흥에 관한 법률」에 의하여 연합뉴스사만을 국가기간뉴스통신사로 지정하여 각종 지원을 하는 경우

③ 「출입국관리법 시행규칙」에 의하여 단순 노무행위 등 취업활동 종사자 중 불법체류가 많이 발생하는 중국 등 국가의 국민에 대하여 사증발급 신청 시 일정한 첨부서류를 제출하도록 한 경우

④ 「공무원 임용 및 시험시행규칙」에 따른 국가공무원 7급 시험에서 정보관리기술사, 정보처리기사 자격 소지자에 대해서는 가산점을 부여하고 정보처리기능사 자격 소지자에게는 가산점을 부여하지 않은 경우

지문분석 **난이도** □■■ **중** | **정답** ④ | **키워드** 평등권 및 평등의 원칙 | **출제유형** 판례

① 【X】 이 사건 제대군인법지원법 조항과 「공무원연금법」 조항은 군 복무기간을 공무원 재직기간에 산입할 수 있도록 하여 군복무를 마친 자에 대해 일종의 혜택을 부여하는 법률이라 할 수 있는바, 이러한 수혜적 성격의 법률에 있어서는 입법자에게 광범위한 입법형성의 자유가 인정되므로 제정된 법률의 내용이 객관적으로 인정되는 합리적인 근거를 가지지 못하여 현저히 자의적일 경우에만 헌법에 위반된다고 할 수 있다. 그렇다면 이 사건 심판대상 조항들에 의한 차별이 합리적인 근거를 가지지 못하여 자의적 입법인지 여부를 살펴보기로 한다(헌재 2012.08.23. 2010헌마328).

② 【X】 자의금지원칙에 입각하여 비교집단으로서 청구인 회사와 연합뉴스사가 국가기간뉴스통신사의 지정 및 뉴스통신사의 진흥을 위한 우선적 처우와 관련하여 본질적으로 어떻게 구별되고, 그러한 차이점이 심판대상조항이 정한 차별취급을 정당화할 정도의 합리적 이유를 가지고 있는지 여부에 관하여 본다(헌재 2005.06.30. 2003헌마841).

③ 【X】 출입국관리에 관한 사항 중 외국인의 입국에 관한 사항은 주권국가로서의 기능을 수행하는데 필요한 것으로서 광범위한 정책재량의 영역이므로, 심판대상조항들이 청구인 김○철의 평등권을 침해하는지 여부는 자의금지원칙 위반 여부에 의하여 판단하기로 한다(헌재 2014.04.24. 2011헌마474 등).

④ 【O】 이 사건 조항의 경우, 7급 공무원 시험에서 정보관리기술사, 정보처리기사, 정보처리산업기사 자격 소지자에 대해서는 만점의 2~3%에 해당하는 가산점을 부여하면서, 정보처리기능사의 경우에는 아무런 가산점을 부여하지 않는바, 이는 같은 유사한 분야에 관한 자격증의 종류에 따라 가산점에 차이를 둠으로써 청구인과 같은 정보처리기능사 자격을 가진 응시자가 공무담임권을 행사하는데 있어 차별을 가져오는 것이므로, 이 사건에서는 그러한 차별을 정당화할 수 있을 정도로 목적과 수단 간의 비례성이 존재하는지를 검토하여야 할 것이다(헌재 2003.09.25. 2003헌마30).

13 평등권에 관한 설명으로 가장 적절하지 않은 것은? (다툼이 있는 경우 판례에 의함) 2023 경찰 1차

① 재산권의 청구는 공법상의 법률관계를 전제로 하는 당사자소송이라는 점에서 민사소송과 본질적으로 달라, 국가를 상대로 한 당사자소송에서 가집행선고를 제한하는 「행정소송법」 조항은 국가만을 차별적으로 우대하는 데 합리적 이유가 있으므로 평등원칙에 위반되지 않는다.

② 애국지사 본인과 순국선열의 유족은 본질적으로 다른 집단이므로 구 「독립유공자예우에 관한 법률 시행령」 조항이 순국선열의 유족보다 애국지사 본인에게 높은 보상금 지급액 기준을 두고 있다고 하여 순국선열의 유족의 평등권이 침해되었다고 볼 수 없다.

③ 보상금의 지급을 신청할 수 있는 자의 범위를 '내부 공익신고자'로 한정함으로써 '외부 공익신고자'를 보상금 지급대상에서 배제하도록 정한 「공익신고자 보호법」 조항 중 '내부 공익신고자' 부분은 평등원칙에 위배되지 않는다.

④ 학생 선발시기 구분에 있어 「초·중등교육법 시행령」 조항이 자사고를 후기학교로 규정함으로써 과학고와 달리 취급하고, 일반고와 같이 취급하는 데에는 합리적인 이유가 있으므로 자사고 학교법인의 평등권을 침해하지 아니한다.

PART · 02

지문분석 **난이도** □■■ 중 | **정답** ① | **키워드** 평등권 및 평등의 원칙 | **출제유형** 판례

① 【X】 심판대상조항은 재산권의 청구에 관한 당사자소송 중에서도 피고가 공공단체 그 밖의 권리주체인 경우와 국가인 경우를 다르게 취급한다. 가집행의 선고는 불필요한 상소권의 남용을 억제하고 신속한 권리실행을 하게 함으로써 국민의 재산권과 신속한 재판을 받을 권리를 보장하기 위한 제도이고, 당사자소송 중에는 사실상 같은 법률조항에 의하여 형성된 공법상 법률관계라도 당사자를 달리 하는 경우가 있다. 동일한 성격인 공법상 금전지급 청구소송임에도 피고가 누구인지에 따라 가집행선고를 할 수 있는지 여부가 달라진다면 상대방 소송 당사자인 원고로 하여금 불합리한 차별을 받도록 하는 결과가 된다. 재산권의 청구가 공법상 법률관계를 전제로 한다는 점만으로 국가를 상대로 하는 당사자소송에서 국가를 우대할 합리적인 이유가 있다고 할 수 없고, 집행가능성 여부에 있어서도 국가와 지방자치단체 등이 실질적인 차이가 있다고 보기 어렵다는 점에서, 심판대상조항은 국가가 당사자소송의 피고인 경우 가집행의 선고를 제한하여, 국가가 아닌 공공단체 그 밖의 권리주체가 피고인 경우에 비하여 합리적인 이유 없이 차별하고 있으므로 평등원칙에 반한다(헌재 2022.02.24. 2020헌가12).

② 【O】 애국지사는 일제의 국권침탈에 반대하거나 항거한 사실이 있는 당사자로서 조국의 자주독립을 위하여 직접 공헌하고 희생한 사람이지만, 순국선열의 유족은 일제의 국권침탈에 반대하거나 항거하다가 그로 인하여 사망한 당사자의 유가족으로서 독립유공자법이 정하는 바에 따라 그 공로에 대한 예우를 받는 지위에 있다. 독립유공자의 유족에 대하여 국가가 독립유공자법에 의한 보상을 하는 것은 유족 그 자신이 조국의 자주독립을 위하여 직접 공헌하고 희생하였기 때문이 아니라, 독립유공자의 공헌과 희생에 대한 보은과 예우로서 그와 한가족을 이루고 가족공동체로서 함께 살아온 그 유족에 대하여서도 그에 상응한 예우를 하기 위함이다. 애국지사 본인과 순국선열의 유족은 본질적으로 다른 집단이므로, 같은 서훈 등급임에도 순국선열의 유족보다 애국지사 본인에게 높은 보상금 지급액 기준을 두고 있다 하여 곧 청구인의 평등권이 침해되었다고 볼 수 없다(헌재 2018.01.25. 2016헌마319).

③ 【O】 공익침해행위의 효율적인 발각과 규명을 위해서는 내부 공익신고가 필수적인데, 내부 공익신고자는 조직 내에서 배신자라는 오명을 쓰기 쉬우며, 공익신고로 인하여 신분상, 경제상 불이익을 받을 개연성이 높다. 이 때문에 보상금이라는 경제적 지원조치를 통해 내부 공익신고를 적극적으로 유도할 필요성이 인정된다. 반면, '내부 공익신고자가 아닌 공익신고자'(이하 '외부 공익신고자'라 한다)는 공익신고로 인해 불이익을 입을 개연성이 높지 않기 때문에 공익신고 유도를 위한 보상금 지급이 필수적이라 보기 어렵다. '공익신고자 보호법'상 보상금의 의의와 목적을 고려하면, 이와 같이 공익신고 유도 필요성에 있어 차이가 있는 내부 공익신고자와 외부 공익신고자를 달리 취급하는 것에 합리성을 인정할 수 있다. 또한, 무차별적 신고로 인한 행정력 낭비 등 보상금이 초래한 전문신고자의 부작용 문제를 근본적으로 해소하고 공익신고의 건전성을 제고하고자 보상금 지급대상을 내부 공익신고자로 한정한 입법자의 판단이 충분히 납득할만한 점, 외부 공익신고자도 일정한 요건을 갖추는 경우 포상금, 구조금 등을 지급 받을 수 있는 점 등을 아울러 고려할 때, 이 사건 법률조항이 평등원칙에 위배된다고 볼 수 없다(헌재 2021.05.27. 2018헌바127).

④ 【O】 어떤 학교를 전기학교로 규정할 것인지 여부는 해당 학교의 특성상 특정 분야에 재능이나 소질을 가진 학생을 후기학교보다 먼저 선발할 필요성이 있는지에 따라 결정되어야 한다. 과학고는 '과학분야의 인재 양성'이라는 설립 취지나 전문적인 교육과정의 측면에서 과학 분야에 재능이나 소질을 가진 학생을 후기학교보다 먼저 선발할 필요성을 인정할 수 있으나, 자사고의 경우 교육과정 등을 고려할 때 후기학교보다 먼저 특정한 재능이나 소질을 가진 학생을 선발할 필요성은 적다. 따라서 이 사건 동시선발 조항이 자사고를 후기학교로 규정함으로써 과학고와 달리 취급하고, 일반고와 같이 취급하는 데에는 합리적인 이유가 있으므로 청구인 학교법인의 평등권을 침해하지 아니한다(헌재 2019.04.11. 2018헌마22).

14 **평등의 원칙 또는 평등권에 대한 설명으로 가장 적절하지 <u>않은</u> 것은?** (다툼이 있는 경우 헌법재판소 판례에 의함) 2025 경찰 간부

① 전기판매사업자에게 약관의 명시·교부의무를 면제한 「약관의 규제에 관한 법률」 해당 조항 중 '전기사업'에 관한 부분은 일반 사업자와 달리 전기판매사업자에 대하여 약관의 명시·교부의무를 면제하고 있더라도 평등원칙에 위반되지 아니한다.

② '국가, 지방자치단체, 공공기관의 운영에 관한 법률에 따른 공공기관'이 시행하는 개발사업과 달리, 학교법인이 시행하는 개발사업은 그 일체를 개발부담금의 제외 또는 경감 대상으로 규정하지 않은 「개발이익 환수에 관한 법률」 해당 조항 중 '공공기관의 운영에 관한 법률에 따른 공공기관'에 관한 부분은 평등원칙에 위반된다.

③ 헌법불합치결정에 따라 실질적인 혼인관계가 존재하지 아니한 기간을 제외하고 분할연금을 산정하도록 개정된 「국민연금법」 조항을 개정법 시행 후 최초로 분할연금 지급사유가 발생한 경우부터 적용하도록 하는 「국민연금법」 부칙 제2조가 분할연금 지급 사유 발생시점이 신법 조항 시행일 전·후인지와 같은 우연한 사정을 기준으로 달리 취급하는 것은 합리적인 이유를 찾기 어렵다.

④ '직계혈족, 배우자, 동거친족, 동거가족 또는 그 배우자' 이외의 친족 사이의 재산범죄를 친고죄로 규정한 「형법」 제328조 제2항은 일정한 친족 사이에서 발생한 재산범죄의 경우 피해자의 고소를 소추조건으로 정하여 피해자의 의사에 따라 국가형벌권 행사가 가능하도록 한 것으로서 합리적 이유가 있다.

지문분석 **난이도** □■■ **중** | **정답** ② | **키워드** 평등의 원칙 또는 평등권 | **출제유형** 판례

① 【O】 전기판매사업자는 전기사용자의 이익을 보호하기 위해 마련된 전기사업법과 그 시행령에서 정한 기준에 따라 공급약관을 마련하고, 주무관청의 인가를 받아야 하므로 전기판매사업자가 관련 규정을 준수하여 공급약관을 작성 또는 변경하고 인가받았다면, 그 내용의 공정성이 어느 정도 확보되어 소비자 보호라는 목적을 일응 달성할 수 있다. 나아가 전기사용자는 전기판매사업자인 한국전력공사의 사업소와 인터넷 홈페이지를 통해 공급약관을 확인할 수 있다. 따라서 심판대상조항이 일반 사업자와 달리 전기판매사업자에 대하여 약관의 명시·교부의무를 면제하더라도, 그러한 차별을 정당화할 합리적인 이유가 존재한다고 볼 수 있으므로, 심판대상조항은 평등원칙에 위반되지 않는다(헌재 2024.04.25. 2022헌바65).

② 【X】 '국가'는 개발이익의 환수 주체이고, '지방자치단체'는 개발이익의 배분 대상이므로, 이들이 시행하는 개발사업의 경우 그 개발이익을 환수할 필요성이 없거나 낮다. '공공기관'이 시행하는 개발사업의 경우, 그 개발이익을 공공기관이 일단 보유하고 있다가 추후 국가사업을 대행하거나 위임받아 수행할 때 다시 사용하도록 할 수 있다는 점에서, 개발이익을 전부 환수할 필요성이 낮다. 따라서 국가 등이 시행하는 개발사업은 개발부담금 제외 또는 경감 대상으로 규정할 이유가 있다. 반면 '학교법인'이 시행하는 개발사업의 경우, 그 개발이익이 곧바로 국가 또는 지방자치단체에 귀속된다거나 추후 국가사업에 다시 사용될 것이 예정되어 있지 않다. 또한 해당 개발이익은 학교법인과 사립학교의 학생 및 교직원 등만이 독점적으로 향유할 뿐 공동체 전체가 공평하게 향유할 수도 없으므로, 개발부담금 제외 또는 경감 대상으로 규정할 특별한 이유를 찾을 수 없다. 결국 심판대상조항은 국가 등과 학교법인을 합리적인 이유 없이 차별취급한다고 볼 수 없으므로, 평등원칙에 위반되지 않는다(헌재 2024.05.30. 2020헌바179).

③ 【O】 심판대상조항은 「국민연금법」 제64조 제1항 및 제4항의 개정규정을 신법 조항 시행 후 최초로 분할연금 지급 사유가 발생한 경우부터 적용하도록 규정하고 있는바, 실질적인 혼인관계가 해소되어 분할연금의 기초가 되는 노령연금 수급권 형성에 아무런 기여가 없는 경우에는 노령연금 분할을 청구할 전제를 갖추지 못한 것으로 볼 수 있다는 점에서 분할연금 지급 사유 발생 시점이 신법 조항 시행일 전인 경우와 후인 경우 사이에 아무런 차이가 없으므로, 분할연금 지급 사유 발생시점이 신법 조항 시행일 전·후인지와 같은 우연한 사정을 기준으로 달리 취급하는 것은 합리적인 이유를 찾기 어렵다. 따라서 심판대상조항은 평등원칙에 위반된다(헌재 2024.05.30. 2019헌가29).

④ 【O】 친족 사이에 발생한 재산범죄의 경우 친족관계의 특성상 친족 사회 내부에서 피해의 회복 등 자율적으로 문제를 해결할 가능성이 크고 재산범죄는 피해의 회복이나 손해의 전보가 비교적 용이한 경우가 많은 점, 형사소송법은 고소권자인 피해자의 고소의 의사표시가 어려운 경우의 보완규정을 두고 있는 점을 종합하면, 피해자의 고소를 소추조건으로 하여 피해자의 의사에 따라 국가형벌권 행사가 가능하도록 한 심판대상조항은 합리적 이유가 있으므로 평등원칙에 위배된다고 보기 어렵다(헌재 2024.06.27. 2023헌바449).

15 평등권 및 평등의 원칙에 관한 설명으로 가장 적절하지 않은 것은? (다툼이 있는 경우 판례에 의함)

2023 경찰 2차

① 구 「건설근로자의 고용개선 등에 관한 법률」 제14조 제2항 중 구 「산업재해보상보험법」 제63조 제1항 가운데 '그 근로자가 사망할 당시 대한민국 국민이 아닌 자로서 외국에서 거주하고 있던 유족은 제외한다.'를 준용하는 부분은 합리적 이유없이 외국거주 외국인 유족을 대한민국 국민인 유족 및 국내거주 외국인 유족과 차별하는 것으로 평등원칙에 위반된다.

② 국회의원을 후원회지정권자로 정하면서 「지방자치법」의 도의회의원, 시의회의원을 후원회지정권자에서 제외하고 있는 「정치자금법」 제6조 제2호는 국회의원과 지방의회의원의 업무의 특성을 고려한 합리적 차별로 평등권을 침해하지 않는다.

③ 국군포로로서 억류기간 동안의 보수를 지급받을 권리를 국내로 귀환하여 등록절차를 거친 자에게만 인정하는 「국군포로의 송환 및 대우 등에 관한 법률」 제9조 제1항은 귀환하지 않은 국군포로를 합리적 이유없이 차별한 것이라 볼 수 없어 평등원칙에 위배되지 않는다.

④ 사회복무요원에게 현역병의 봉급에 해당하는 보수를 지급하도록 정한 구 「병역법 시행령」 제62조 제1항 본문, 사회복무요원에게 교통비, 중식비의 실비를 지급하도록 정한 구 「병역법 시행령」 제62조 제2항 전단, 구 「사회복무요원 복무관리 규정」 제41조 제3항 본문 전단은 사회복무요원을 현역병에 비하여 합리적 이유없이 자의적으로 차별한 것이라 볼 수 없어 사회복무요원인 청구인의 평등권을 침해하지 않는다.

지문분석 **난이도** □■■ **중** | **정답** ② | **키워드** 평등권 및 평등의 원칙 | **출제유형** 판례

① 【O】 근로자가 사망할 당시 그 근로자와 생계를 같이 하고 있던 유족 중 '대한민국 국민인 유족' 및 '국내거주 외국인유족'은 퇴직공제금을 지급받을 유족의 범위에 포함하면서 청구인과 같은 '외국거주 외국인유족'을 그 범위에서 제외하는 심판대상조항이 '일시금'의 형식으로 지급되는 퇴직공제금과는 지급 방식이 다른 산재보험법의 유족보상연금에 관한 규정을 준용하도록 하여 '외국거주 외국인유족'을 퇴직공제금을 지급받을 유족의 범위에서 제외한 것은 현저히 자의적인 것이라 할 것이다. 한편, 퇴직공제금은 '일시금'으로 지급되므로 '피공제자(건설근로자)의 사망 당시 유족인지 여부'만 확인하면 된다는 점은 앞서 본 바와 같으므로, 퇴직공제금 수급 자격에 있어 '외국거주 외국인유족'이 '외국인'이라는 사정 또는 '외국에 거주'한다는 사정이 '대한민국 국민인 유족' 혹은 '국내거주 외국인유족'과 달리 취급받을 합리적인 이유가 될 수 없다. 따라서 심판대상조항은 합리적 이유 없이 '외국거주 외국인유족'을 '대한민국 국민인 유족' 및 '국내거주 외국인유족'과 차별하는 것이므로 평등원칙에 위반된다(헌재 2023.03.23. 2020헌바471)

② 【X】 지방의회의원의 전문성을 확보하고 원활한 의정활동을 지원하기 위해서는 지방의회의원들에게도 후원회를 허용하여 정치자금을 합법적으로 확보할 수 있는 방안을 마련해 줄 필요가 있다. 「정치자금법」은 후원회의 투명한 운영을 위한 상세한 규정을 두고 있어 지방의회의원의 염결성을 확보할 수 있고, 국회의원과 소요되는 정치자금의 차이도 후원 한도를 제한하는 등의 방법으로 규제할 수 있으므로, 후원회 지정 자체를 금지하는 것은 오히려 지방의회의원의 정치자금 모금을 음성화시킬 우려가 있다. 현재 지방의회의원에게 지급되는 의정활동비 등은 의정활동에 전념하기에 충분하지 않고, 지방의회는 유능한 신인정치인의 유입 통로가 되므로, 지방의회의원에게 후원회를 지정할 수 없도록 하는 것은 경제력을 갖추지 못한 사람의 정치입문을 저해할 수도 있다. 따라서 심판대상조항이 국회의원과 달리 지방의회의원을 후원회지정권자에서 제외하고 있는 것은 불합리한 차별로서 청구인들의 평등권을 침해한다(헌재 2022.11.24. 2019헌마528).

③ 【O】 국군포로의 신원, 귀환동기, 억류기간 중의 행적을 확인하여 등록 및 등급을 부여하는 것은 국군포로가 국가를 위하여 겪은 희생을 위로하고 국민의 애국정신을 함양한다는 국군포로송환법의 취지에 비추어 볼 때 보수를 지급하기 위해 선행되어야 할 필수적인 절차이다. 귀환하지 못한 국군포로의 경우 등록을 할 수가 없고, 대우와 지원을 받을 대상자가 현재 대한민국에 존재하지 않아 보수를 지급하는 제도의 실효성이 인정되기 어렵다. 따라서 심판대상조항은 평등원칙에 위배되지 않는다(헌재 2022.12.22. 2020헌바39).

④ 【O】 현역병과 달리 사회복무요원에게 보수 외에 중식비, 교통비, 제복 등을 제외한 다른 의식주 비용을 지급하지 않는 것은 해당 비용과 직무수행 간의 밀접한 관련성 유무를 고려한 것이다. 현역병은 엄격한 규율이 적용되는 내무생활을 하면서 총기·폭발물 사고 등 위험에 노출되어 있는데, 병역의무 이행에 대한 보상의 정도를 결정할 때 위와 같은 현역병 복무의 특수성을 반영할 수 있으며, 사회복무요원은 생계유지를 위하여 필요한 경우 복무기관의 장의 허가를 얻어 겸직할 수 있는 점 등을 고려하면, 심판대상조항이 사회복무요원에게 현역병의 봉급과 동일한 보수를 지급하면서 중식비, 교통비, 제복 등을 제외한 다른 의식주 비용을 추가로 지급하지 않는다 하더라도, 사회복무요원을 현역병에 비하여 합리적 이유 없이 자의적으로 차별한 것이라고 볼 수 없다. 따라서 심판대상조항은 청구인들의 평등권을 침해하지 아니한다(헌재 2019.02.28. 2017헌마374).

16 평등권 또는 평등원칙에 대한 설명으로 옳지 않은 것은? (다툼이 있는 경우 헌법재판소 판례에 의함)

2017 국가직 7급 하반기

① '혼인과 가족생활은 개인의 존엄과 양성의 평등을 기초로 성립되고 유지되어야 하며, 국가는 이를 보장한다.'라고 규정한 헌법 제36조제1항이 내포하고 있는 차별금지명령은, 헌법 제11조제1항에서 보장되는 평등원칙을 혼인과 가족생활 영역 에서 더 구체화함으로써 혼인과 가족을 부당한 차별로부터 특별히 더 보호하려는 목적을 가진다.

② 대통령령으로 정하는 공공기관 및 공기업으로 하여금 3년간 한시적으로 매년 정원의 100분의 3 이상씩 34세 이하의 청년 미취업자를 채용하도록 하는 법령규정은, 합리적 이유 없이 능력주의 내지 성적주의를 배제한 채 단순히 생물학적인 나이를 기준으로 특정 연령층에게 특혜를 부여함으로써 다른 연령층의 공공기관 취업 기회를 제한하기 때문에, 35세 이상 미취업자들의 평등권을 침해한다.

③ 선거운동에 있어서 후보자의 배우자가 그와 함께 다니는 사람 중에서 지정한 1명도 명함교부를 할 수 있도록 한 「공직선거법」 규정은, 배우자의 유무라는 우연한 사정에 근거하여 합리적 이유 없이 배우자 없는 후보자와 배우자 있는 후보자를 차별 취급하므로 평등권을 침해한다.

④ 공직자 등을 수범자로 하고 부정청탁 및 금품 등 수수를 금지 하는 법률규정은, 민간부문 중에서는 사립학교 관계자와 언론인만 '공직자 등'에 포함시켜 이들에게 공직자와 같은 의무를 부담시키고 있는데, 해당 규정이 사립학교 관계자와 언론인의 일반적 행동자유권 등을 침해하지 않는 이상, 민간 부문 중 우선 이들만 '공직자등'에 포함시킨 입법자의 결단이 자의적 차별이라 보기는 어렵다.

지문분석 **난이도** □■■ **중** | **정답** ② | **키워드** 평등권 및 평등의 원칙 | **출제유형** 판례

② 【X】 청년할당제는 일정 규모 이상의 기관에만 적용되고, 전문적인 자격이나 능력을 요하는 경우에는 적용을 배제하는 등 상당한 예외를 두고 있다. 더욱이 3년 간 한시적으로만 시행하며, 청년할당제가 추구하는 청년실업해소를 통한 지속적인 경제성장과 사회 안정은 매우 중요한 공익인 반면, 청년할당제가 시행되더라도 현실적으로 35세 이상 미취업자들이 공공기관 취업기회에서 불이익을 받을 가능성은 크다고 볼 수 없다. 따라서 이 사건 청년할당제가 청구인들의 평등권, 공공기관 취업의 자유를 침해한다고 볼 수 없다(헌재 2014.08.28. 2013헌마553).

17 평등에 대한 설명으로 옳은 것은? (다툼이 있는 경우 헌법재판소의 판례에 의함) 2017 국회직 8급

① 흉기 기타 위험한 물건을 휴대하여 「형법」상 폭행죄를 범한 사람에 대하여 징역형의 하한을 기준으로 최대 6배에 이르는 엄한 형을 규정한 구 「폭력행위 등 처벌에 관한 법률」 제3조 제1항은 평등원칙에 합치한다.

② 중등교원 임용시험에서 동일지역 사범대학을 졸업한 교원경력이 없는 자에게 가산점을 부여하는 것은 평등권을 침해하지 아니한다.

③ 가구별 인원수만을 기준으로 최저생계비를 결정한 2002년도 최저생계비고시는 장애인가구를 비장애인가구에 비하여 차별취급 하여 평등권을 침해한다.

④ 학교급식의 실시에 필요한 시설·설비에 요하는 경비를 학교의 설립경영자에게 부담하도록 하는 것은 사립학교와 국·공립학교를 차별적으로 취급하는 것으로 평등원칙에 위반된다.

⑤ 자기 또는 배우자의 직계존속을 일절 고소하지 못하도록 규정하고 있는 「형사소송법」 제224조는 평등원칙에 위반된다.

지문분석 **난이도** □■■ **중** | **정답** ② | **키워드** 평등권 및 평등의 원칙 | **출제유형** 판례

① 【X】 흉기 기타 위험한 물건을 휴대하여 폭행죄를 범하는 경우, 검사는 「폭력행위 등 처벌에 관한 법률」상 폭행죄 조항을 적용하여 기소하는 것이 특별법 우선의 법리에 부합하나, 「형법」 제261조를 적용하여 기소할 수도 있다. 그런데 위 두 조항 중 어느 조항이 적용되는지에 따라 피고인에게 벌금형이 선고될 수 있는지 여부가 달라지고, 징역형의 하한을 기준으로 최대 6배에 이르는 심각한 형의 불균형이 발생한다. 따라서 「폭력행위 등 처벌에 관한 법률」상 폭행죄 조항은 형벌체계상의 정당성과 균형을 잃은 것이 명백하므로, 인간의 존엄성과 가치를 보장하는 헌법의 기본원리에 위배될 뿐만 아니라 그 내용에 있어서도 평등원칙에 위배된다(헌재 2015.09.24. 2015헌가17).

② 【O】 중등교사 임용시험에서 동일 지역 사범대학을 졸업한 교원경력이 없는 자에게 가산점을 부여하는 것은 공무담임권이나 평등권을 침해하지 않는다(헌재 2007.12.27. 2005헌가11).

③ 【X】 국가가 생활능력 없는 장애인의 인간다운 생활을 보장하기 위한 조치를 취함에 있어서 국가가 실현해야 할 객관적 내용의 최소한도의 보장에도 이르지 못하였다거나 헌법상 용인될 수 있는 재량의 범위를 명백히 일탈하였다고는 보기 어렵고, 또한 장애인가구와 비장애인가구에게 일률적으로 동일한 최저생계비를 적용한 것을 자의적인 것으로 볼 수는 없다. 따라서 보건복지부장관이 2002년도 최저생계비를 고시함에 있어 장애로 인한 추가지출비용을 반영한 별도의 최저생계비를 결정하지 않은 채 가구별 인원수만을 기준으로 최저생계비를 결정한 것은 생활능력 없는 장애인가구 구성원의 인간의 존엄과 가치 및 행복추구권, 인간다운 생활을 할 권리, 평등권을 침해하였다고 할 수 없다(헌재 2004.10.28. 2002헌마328).

④ 【X】 사립학교의 경우에도 국·공립학교와 마찬가지로 학교급식 시설·경비의 원칙적 부담을 학교의 설립경영자로 하는 것은 합리적이라고 할 것이어서, 평등원칙에 위반되지 않는다(헌재 2010.07.29. 2009헌바40).

⑤ 【X】 '효'라는 우리 고유의 전통규범을 수호하기 위하여 비속이 존속을 고소하는 행위의 반윤리성을 억제하고자 이를 제한하는 것은 합리적인 근거가 있는 차별이라고 할 수 있다. 따라서, 자기 또는 배우자의 직계존속을 고소하지 못하도록 규정한 「형사소송법」 제224조는 헌법 제11조 제1항의 평등원칙에 위반되지 아니한다(헌재 2011.02.24. 2008헌바56).

18 **평등권 또는 평등원칙에 관한 다음 설명 중 가장 옳지 않은 것은?** (다툼이 있는 경우 헌법재판소 결정에 의함) 2017 법원직 9급

① 평등원칙 위반 여부를 심사할 때 헌법에서 특별히 평등을 요구하고 있는 경우나 차별적 취급으로 인하여 기본권에 대한 중대한 제한을 초래하는 경우에는 자의금지원칙에 따른 심사에 그치지 아니하고 비례성원칙에 따른 심사를 함이 타당하다.

② 평등원칙의 위반을 인정하기 위해서는 법적용에 관련하여 상호 배타적인 '두 개의 비교집단'을 일정한 기준에 따라 구분할 수 있어야 한다.

③ 수혜적 성격의 법률에는 입법자에게 광범위한 입법형성의 자유가 인정되므로 그 내용이 합리적인 근거를 가지지 못하여 현저히 자의적일 경우에만 헌법에 위반된다.

④ 헌법 제11조 제1항 제2문은 차별금지사유로서 성별을 명시하고 있으므로 대한민국 국민인 남자에 한하여 병역의무를 부과하는 「병역법」 조항이 평등권을 침해하는지 여부는 완화된 심사척도인 자의금지원칙 위반 여부가 아니라 엄격한 심사기준을 적용하여 판단하여야 한다.

지문분석 **난이도** □■■ **중** | **정답** ④ | **키워드** 평등권 및 평등의 원칙 | **출제유형** 판례

① 【O】 헌법재판소는 평등권의 침해 여부를 심사함에 있어, 헌법에서 특별히 평등을 요구하고 있는 경우와 차별적 취급으로 인하여 관련 기본권에 중대한 제한을 초래하게 되는 경우에는 차별취급의 목적과 수단 간에 비례관계가 성립하는지를 검토하는 엄격한 심사척도를 적용하고, 그렇지 않은 경우에는 차별을 정당화하는 합리적인 이유가 있는지, 즉 자의적인 차별이 존재하는지를 검토하는 완화된 심사척도를 적용한다(헌재 2012.08.23. 2010헌마197).

② 【O】 평등원칙 위반의 특수성은 대상 법률이 정하는 '법률효과' 자체가 위헌이 아니라, 그 법률효과가 수범자의 한 집단에만 귀속하여 '다른 집단과 사이에 차별'이 발생한다는 점에 있기 때문에, 평등원칙의 위반을 인정하기 위해서는 우선 법적용에 관련하여 상호 배타적인 '두 개의 비교집단'을 일정한 기준에 따라서 구분할 수 있어야 한다(헌재 2003.12.18. 2002헌마593).

③ 【O】 수혜적 성격의 법률에는 입법자에게 광범위한 입법형성의 자유가 인정되므로 그 내용이 합리적인 근거를 가지지 못하여 현저히 자의적일 경우에만 헌법에 위반된다(헌재 2012.08.23. 2010헌마328).

④ 【X】 대한민국 국민인 남자에 한하여 병역의무를 부과한 구 「병역법」 조항은 헌법이 특별히 양성평등을 요구하는 경우나 관련 기본권에 중대한 제한을 초래하는 경우의 차별취급을 그 내용으로 하고 있다고 보기 어려우며, 징집대상자의 범위 결정에 관하여는 입법자의 광범위한 입법형성권이 인정된다는 점에 비추어 이 사건 법률조항이 평등권을 침해하는지 여부는 완화된 심사기준에 따라 판단하여야 한다(헌재 2011.06.30. 2010헌마460).

19 **평등권에 관한 설명으로 옳은 것은?** (다툼이 있는 경우 헌법재판소 판례에 의함) 2023 소방 간부

① 후원회를 설치·운영할 수 있는 자를 국회의원으로 한정하고 지방의회의원을 제외한 것은 지방의회의원의 평등권을 침해한다.

② 근로자의 날을 관공서의 공휴일에 포함시키지 않은 관공서의 공휴일에 관한 규정은 공무원의 평등권을 침해한다.

③ 「정치자금법」 규정이 단일 지역단위 선거구의 지역구국회의원인지 다수 지역단위 선거구의 지역구국회의원인지 여부에 차이를 두지 않고 「정치자금법」에서 정하지 아니한 방법으로 정치자금을 기부받은 경우 정치자금부정수수죄로 처벌하는 것이 불합리하므로 평등원칙에 반한다.

④ 「근로자퇴직급여 보장법」 제3조 단서가 가사사용인을 일반 근로자와 달리 「근로자퇴직급여 보장법」의 적용범위에서 배제하고 있다 하더라도 합리적 이유가 있는 차별로서 평등원칙에 위배되지 아니한다.

⑤ 국가를 우대할 합리적인 이유가 있으므로 국가를 상대로 하는 당사자소송의 경우에는 가집행선고를 할 수 없다고 규정한 「행정소송법」 제43조는 평등원칙에 위배되지 않는다.

지문분석 **난이도** ■■■ **상** | **정답** ①, ④ | **키워드** 평등권 및 평등의 원칙 | **출제유형** 판례

① 【O】 지방의회의원은 주민의 대표자이자 지방의회의 구성원으로서 주민들의 다양한 의사와 이해관계를 통합하여 지방자치단체의 의사를 형성하는 역할을 하므로, 지방의회의원의 전문성을 확보하고 원활한 의정활동을 지원하기 위해서는 지방의회의원들에게도 후원회를 허용하여 정치자금을 합법적으로 확보할 수 있는 방안을 마련해 줄 필요가 있다. 따라서 심판대상조항이 국회의원과 달리 지방의회의원을 후원회지정권자에서 제외하고 있는 것은 불합리한 차별로서 청구인들의 평등권을 침해한다(헌재 2022.11.24. 2019헌마528 등).

② 【X】 공무원의 유급휴일을 정할 때에는 공무원의 근로자로서의 지위뿐만 아니라 국민전체의 봉사자로서 국가 재정으로 봉급을 지급받는 특수한 지위도 함께 고려하여야 하고, 공무원의 경우 유급휴가를 포함한 근로조건이 법령에 의해 정해진다는 사정도 함께 감안하여야 하므로, 단지 근로자의 날과 같은 특정일을 일반근로자에게는 유급휴일로 인정하면서 공무원에게는 유급휴일로 인정하지 않는다고 하여 이를 곧 자의적인 차별이라고 할 수는 없다. 따라서 심판대상조항이 근로자의 날을 공무원의 법정유급휴일에 해당하는 관공서 공휴일로 규정하지 않은 데에는 합리적인 이유가 있다 할 것이므로, 심판대상조항이 청구인들의 평등권을 침해한다고 볼 수 없다(헌재 2015.11.26. 2015헌마756).

③ 【X】 다수 지역단위 선거구의 지역구국회의원이라고 하더라도 지역활동을 위해 반드시 지역단위마다 국회의원 사무실을 설치하여야 하는 필연성이 인정된다고 보기 어려울 뿐만 아니라, 설령 다수의 국회의원 사무실을 설치하는 경우에도 대부분의 비용은 사무실 임차료, 인건비 등으로 구성될 것인데, 지역에 따라 사무실 임차료, 인건비 등이 모두 다르므로, 반드시 다수 지역단위 선거구의 지역구국회의원이 단일 지역단위 선거구의 지역구국회의원에 비해서 사무실 운영 등에 있어 더 많은 비용이 소요된다고 볼 만한 근거가 없다. 심판대상조항이 단일 지역단위 선거구의 지역구국회의원인지 다수 지역단위 선거구의 지역구국회의원인지 여부에 차이를 두지 않고 「정치자금법」에서 정하지 아니한 방법으로 정치자금을 기부받은 경우 정치자금부정수수죄로 처벌하는 것이 불합리하다고 보기는 어려우므로, 평등원칙에 위반되지 아니한다(헌재 2022.10.27. 2019헌바19).

④ 【O】 가사사용인은 일반 근로자와 달리 개별 가정에서 산발적으로 가사업무를 수행하고 있음에 따라 국가에서 그 실태조차 파악하기에 어려운 것이 현실이다. 그런데 「퇴직급여법」을 전면적으로 적용하게 될 경우 법 준수 여부를 감독할 행정인력 등의 대폭적인 증원이 선행되지 아니하고서는 개별 가정에 대하여 제대로 감독행정을 펼 수 없으므로 막대한 행정비용이 요구된다. 이상과 같이 심판대상조항에서 가사사용인을 일반 근로자와 달리 「퇴직급여법」의 적용범위에서 배제하고 있다고 하더라도 이는 합리적 이유가 있는 차별로서 불합리하다고 보기 어렵다. 따라서 심판대상조항은 평등원칙에 위배되지 아니한다(헌재 2022.10.27. 2019헌바454).

⑤ 【X】 재산권의 청구가 공법상 법률관계를 전제로 한다는 점만으로 국가를 상대로 하는 당사자소송에서 국가를 우대할 합리적인 이유가 있다고 할 수 없고, 집행가능성 여부에 있어서도 국가와 지방자치단체 등이 실질적인 차이가 있다고 보기 어렵다는 점에서, 심판대상조항은 국가가 당사자소송의 피고인 경우 가집행의 선고를 제한하여, 국가가 아닌 공공단체 그 밖의 권리주체가 피고인 경우에 비하여 합리적인 이유 없이 차별하고 있으므로 평등원칙에 반한다(헌재 2022.02.24. 2020헌가12).

20 **평등권 또는 평등원칙에 관한 설명 중 가장 적절하지 않은 것은?** (다툼이 있는 경우 헌법재판소 판례에 의함) 2024 경찰 승진

① 「국민의 형사재판 참여에 관한 법률」에서 국민참여재판 배심원의 자격을 만 20세 이상으로 규정한 것은 국민참여제도의 취지와 배심원의 권한 및 의무 등 여러 사정을 종합적으로 고려하여 만 20세에 이르기까지 교육 및 경험을 쌓은 자로 하여금 배심원의 책무를 담당하도록 한 것이므로 만 20세 미만의 자를 자의적으로 차별한 것은 아니다.

② 「공직자윤리법」에서 혼인한 재산등록의무자 모두 배우자가 아닌 본인의 직계존·비속의 재산을 등록하도록 개정되었음에도 불구하고, 개정 전 조항에 따라 이미 배우자의 직계존·비속의 재산을 등록한 혼인한 여성 등록의무자의 경우에만, 예외적으로 종전과 동일하게 계속해서 배우자의 직계존·비속의 재산을 등록하도록 규정한 것은 평등원칙에 위배된다.

③ 「산업재해보상보험법」에서 업무상 재해에 통상의 출퇴근 재해를 포함시키는 개정 법률조항을 개정법 시행 후 최초로 발생하는 재해부터 적용하도록 한 것은, 산재보험의 재정상황 등 실무적 여건이나 경제상황 등을 고려한 것으로 헌법상 평등원칙에 위반되지 않는다.

④ 보훈보상대상자의 부모에 대한 유족보상금 지급 시 수급권자를 부모 중 1인에 한정하고 나이가 많은 자를 우선하도록 한 「보훈보상대상자 지원에 관한 법률」은 합리적인 이유 없이 보상금 수급권자의 수를 일률적으로 제한하고, 부모 중 나이가 많은 자와 그렇지 않은 자를 합리적인 이유 없이 차별하고 있으므로 나이가 적은 부모 일방의 평등권을 침해한다.

지문분석 **난이도** □■■ **중** | **정답** ③ | **키워드** 평등권 및 평등의 원칙 | **출제유형** 판례

① 【O】 심판대상조항이 우리나라 국민참여재판제도의 취지와 배심원의 권한 및 의무 등 여러 사정을 종합적으로 고려하여 만 20세에 이르기까지 교육 및 경험을 쌓은 자로 하여금 배심원의 책무를 담당하도록 정한 것은 입법형성권의 한계 내의 것으로 자의적인 차별이라고 볼 수 없다(헌재 2021.05.27. 2019헌가19).

② 【O】 이 사건 부칙조항은 개정 전 「공직자윤리법」 조항이 혼인관계에서 남성과 여성에 대한 차별적 인식에 기인한 것이라는 반성적 고려에 따라 개정 「공직자윤리법」 조항이 시행되었음에도 불구하고, 일부 혼인한 여성 등록의무자에게 이미 개정 전 「공직자윤리법」 조항에 따라 재산등록을 하였다는 이유만으로 남녀차별적인 인식에 기인하였던 종전의 규정을 따를 것을 요구하고 있다. 이는 성별에 의한 차별금지 및 혼인과 가족생활에서의 양성의 평등을 천명하고 있는 헌법에 정면으로 위배되는 것으로 그 목적의 정당성을 인정할 수 없다. 따라서 이 사건 부칙조항은 평등원칙에 위배된다(헌재 2021.09.30. 2019헌가3).

③ 【X】 심판대상조항이 신법 조항의 소급적용을 위한 경과규정을 두지 않음으로써 개정법 시행일 전에 통상의 출퇴근 사고를 당한 비혜택근로자를 보호하기 위한 최소한의 조치도 취하지 않은 것은, 산재보험의 재정상황 등 실무적 여건이나 경제상황 등을 고려한 것이라고 하더라도, 그 차별을 정당화할 만한 합리적인 이유가 있는 것으로 보기 어렵고, 이 사건 헌법불합치결정의 취지에도 어긋난다. 따라서 심판대상조항은 헌법상 평등원칙에 위반된다(헌재 2019.09.26. 2018헌바218 등).

④ 【O】 심판대상조항이 국가의 재정부담능력의 한계를 이유로 하여 부모 1명에 한정하여 보상금을 지급하도록 하면서 어떠한 예외도 두지 않은 것에는 합리적 이유가 있다고 보기 어렵다. 심판대상조항 중 나이가 많은 자를 우선하도록 한 것 역시 문제된다. 나이에 따른 차별은 연장자를 연소자에 비해 우대하는 전통적인 유교사상에 기초한 것으로 보이나, 부모 중 나이가 많은 자가 나이가 적은 자를 부양한다고 일반화할 합리적인 이유가 없고, 부모 상호간에 노동능력 감소 및 부양능력에 현저히 차이가 있을 정도의 나이 차이를 인정하기 어려운 경우도 많다. 오히려 직업이나 보유재산에 따라 연장자가 경제적으로 형편이 더 나은 경우에도 그 보다 생활이 어려운 유족을 배제하면서까지 연장자라는 이유로 보상금을 지급하는 것은 보상금 수급권이 갖는 사회보장적 성격에 부합하지 아니한다(헌재 2018.06.28. 2016헌가14).

21 **평등권(평등원칙)에 관한 설명 중 가장 적절하지 않은 것은?** (다툼이 있는 경우 판례에 의함)

2023 경찰 승진

① 헌법 제11조 제1항에서 정한 법 앞에서의 평등의 원칙은 본질적으로 같은 것은 같게, 본질적으로 다른 것은 다르게 취급할 것을 요구하는 것으로 일체의 차별적 대우를 부정하는 절대적 평등을 의미하는 것이 아니라 입법과 법의 적용에 있어서 합리적인 근거가 없는 차별을 배제하는 상대적 평등을 의미한다.

② 헌법재판소는 헌법이 특별히 평등을 요구하고 있는 경우와 차별적 취급으로 인하여 관련 기본권에 대한 중대한 제한을 초래하게 되는 경우에는 엄격한 심사척도인 비례성원칙에 따른 심사를 한다.

③ 평등원칙 위반여부를 심사함에 있어서 자의금지원칙에 따른 심사의 경우에는 차별취급이 존재하는 경우 이를 자의적인 것으로 볼 수 있는지 여부를 심사하는데, 차별취급의 자의성은 합리적인 이유가 결여된 것을 의미하므로 차별대우를 정당화하는 객관적이고 합리적인 이유가 존재한다면 차별대우는 자의적인 것이 아니게 된다.

④ 헌법상 평등원칙의 규범적 의미는 '법 적용의 평등'을 의미하는 것이지, 입법자가 입법을 통해서 권리와 의무를 분배함에 있어서 적용할 가치평가의 기준을 정당화할 것을 요구하는 '법 제정의 평등'을 포함하는 것은 아니다.

지문분석 **난이도** □■■ **중** | **정답** ④ | **키워드** 평등권 및 평등의 원칙 | **출제유형** 판례

① 【O】 헌법에서 규정하고 있는 평등의 원칙은 일체의 차별적 대우를 부정하는 절대적 평등을 의미하는 것이 아니라 입법과 법의 적용에 있어서 합리적인 근거가 없는 차별을 하여서는 아니된다는 상대적 평등을 뜻하므로 합리적인 근거가 있는 차별은 평등의 원칙에 반하는 것이 아니며, 선거운동에서의 기회균등보장도 일반적 평등원칙과 마찬가지로 절대적이고도 획일적인 평등 내지 기회균등을 요구하는 것이 아니라 합리적인 근거가 없는 자의적 차별 내지 차등만을 금지하는 것으로 이해하여야 한다(헌결 1999.01.28. 98헌마172).

② 【O】 평등위반 여부를 심사함에 있어 엄격한 심사척도에 의할 것인지, 완화된 심사척도에 의할 것인지는 입법자에게 인정되는 입법형성권의 정도에 따라 달라지게 될 것이다. 먼저 헌법에서 특별히 평등을 요구하고 있는 경우 엄격한 심사척도가 적용될 수 있다. 헌법이 스스로 차별의 근거로 삼아서는 아니되는 기준을 제시하거나 차별을 특히 금지하고 있는 영역을 제시하고 있다면 그러한 기준을 근거로 한 차별이나 그러한 영역에서의 차별에 대하여 엄격하게 심사하는 것이 정당화된다. 다음으로 차별적 취급으로 인하여 관련 기본권에 대한 중대한 제한을 초래하게 된다면 입법형성권은 축소되어 보다 엄격한 심사척도가 적용되어야 할 것이다(헌결 1999.12.23. 98헌마363).

③ 【O】 일반적으로 자의금지원칙에 관한 심사요건은 ① 본질적으로 동일한 것을 다르게 취급하고 있는지에 관련된 차별취급의 존재 여부와, ② 이러한 차별취급이 존재한다면 이를 자의적인 것으로 볼 수 있는지 여부라고 할 수 있다. 한편, ①의 요건에 관련하여 두 개의 비교집단이 본질적으로 동일한가의 판단은 일반적으로 관련 헌법규정과 당해 법규정의 의미와 목적에 달려 있고, ②의 요건에 관련하여 차별취급의 자의성은 합리적인 이유가 결여된 것을 의미하므로, 차별대우를 정당화하는 객관적이고 합리적인 이유가 존재한다면 차별대우는 자의적인 것이 아니게 된다(헌결 2003.01.30. 2001헌바64).

④ 【X】헌법 제11조 제1항이 규정하고 있는 평등원칙은 법치국가질서의 근본요청으로서 모든 국가기관에게 법을 적용함에 있어서 정당한 근거 없이 개인이나 일정한 인적 집단을 불평등하게 대우하는 것을 금지한다. 따라서 모든 사람은 평등하게 법규범을 통해서 의무를 부담하고 권리를 부여받으며, 반대로 모든 공권력주체에 대해서는 일정한 사람들에게 유리하거나 불리하게 법을 적용하거나 적용하지 않는 것이 금지된다. 그러나 헌법 제11조 제1항의 규범적 의미는 이와 같은 '법 적용의 평등'에서 끝나지 않고, 더 나아가 입법자에 대해서도 그가 입법을 통해서 권리와 의무를 분배함에 있어서 적용할 가치평가의 기준을 정당화할 것을 요구하는 '법 제정의 평등'을 포함한다. 따라서 평등원칙은 입법자가 법률을 제정함에 있어서 법적 효과를 달리 부여하기 위하여 선택한 차별의 기준이 객관적으로 정당화될 수 없을 때에는 그 기준을 법적 차별의 근거로 삼는 것을 금지한다. 이때 입법자가 헌법 제11조 제1항의 평등원칙에 어느 정도로 구속되는가는 그 규율대상과 차별기준의 특성을 고려하여 구체적으로 결정된다(헌결 2000.08.31. 97헌가12).

23 평등권 및 평등원칙에 대한 설명으로 가장 적절한 것은? (다툼이 있는 경우 헌법재판소 판례에 의함)

2023 경찰간부

① 국공립어린이집. 사회복지법인어린이집, 법인·단체등어린이집 등과 달리 민간어린이집에는 보육교직원 인건비를 지원하지 않는 '2020년도 보육사업안내(2020.1.10. 보건복지부지침)'상 조항은 합리적 근거 없이 민간어린이집을 운영하는 청구인을 차별하여 청구인의 평등권을 침해한다.

② 국립묘지 안장 대상자의 사망 당시의 배우자가 재혼한 경우에는 국립묘지에 안장된 안장대상자와 합장할 수 없도록 규정한 「국립묘지의 설치 및 운영에 관한 법률」상 조항은 재혼한 배우자를 불합리하게 차별한 것으로 평등원칙에 위배된다.

③ 사관생도의 사관학교 교육기간을 현역병 등의 복무기간과 달리 연금 산정의 기초가 되는 군 복무기간으로 산입할 수 있도록 규정하지 아니한 구 「군인연금법」상 조항은 현저히 자의적인 차별이라고 볼 수 없다.

④ 1991년 개정 「농어촌의료법」이 적용되기 전에 공중보건의사로 복무한 사람이 사립학교 교직원으로 임용된 경우 공중보건의사로 복무한 기간을 사립학교 교직원 재직기간에 산입하도록 규정하지 않은 「사립학교교직원 연금법」상 조항은 공중보건의사가 출·퇴근을 하며 병역을 이행한다는 점에서 그 복무기간을 재직기간에 산입하지 않는 것에 합리적 이유가 있다.

지문분석 **난이도** □■■ **중** | **정답** ③ | **키워드** 평등권 및 평등의 원칙 | **출제유형** 판례

① 【X】 「영유아보육법」상 어린이집은 설치·운영의 주체가 인건비 지원을 받고 있는지 및 영리를 추구할 수 있는지에 따라 두 유형으로 구별된다. 국공립어린이집, 사회복지법인어린이집, 법인·단체 등 어린이집은 보육예산으로부터 인건비 지원을 받으나 영리 추구를 제한받는다. 민간어린이집, 가정어린이집은 보육예산으로부터 인건비 지원을 받지 못하지만 영리를 추구하는 것이 일반적이다. 두 유형 사이에는 성격상 차이가 있으므로, 둘을 단순 비교하여 인건비 지원이 자의적으로 이루어지는지 판단하기는 쉽지 않다. 이상을 종합하여 보면, 심판대상조항이 합리적 근거 없이 민간어린이집을 운영하는 청구인을 차별하여 청구인의 평등권을 침해하였다고 볼 수 없다(헌재 2022.02.24. 2020헌마177).

② 【X】 안장 대상자의 사망 후 재혼하지 않은 배우자나 배우자 사망 후 안장 대상자가 재혼한 경우의 종전 배우자는 자신이 사망할 때까지 안장 대상자의 배우자로서의 실체를 유지하였다는 점에서 합장을 허용하는 것이 국가와 사회를 위하여 헌신하고 희생한 안장 대상자의 충의와 위훈의 정신을 기리고자 하는 국립묘지 안장의 취지에 부합하고, 안장 대상자의 사망 후 그 배우자가 재혼을 통하여 새로운 가족관계를 형성한 경우에 그를 안장 대상자와의 합장 대상에서 제외하는 것은 합리적인 이유가 있다. 따라서 심판대상조항은 평등원칙에 위배되지 않는다(헌재 2022.11.24. 2020헌바463).

③ 【O】 사관생도는 병역의무의 이행을 위해 본인의 의사와 상관없이 복무 중인 현역병 등과 달리 자발적으로 직업으로서 군인이 되기를 선택한 점, 사관생도의 교육기간은 장차 장교로서의 복무를 준비하는 기간으로 이를 현역병 등의 복무기간과 동일하게 평가하기는 어려운 점 등 「군인연금법」상 군 복무기간 산입제도의 목적과 취지, 현역병 등과 사관생도의 신분, 역할, 근무환경 등을 종합적으로 고려하면, 심판대상조항이 사관생도의 사관학교에서의 교육기간을 현역병 등의 복무기간과 달리 연금 산정의 기초가 되는 복무기간으로 산입할 수 있도록 규정하지 아니한 것이 현저히 자의적인 차별이라 볼 수 없다(헌재 2022.06.30. 2019헌마150).

④ 【X】 구 「병역법」 등의 규정에 의하면 의사·치과의사 등의 자격이 있는 사람이 병적에 편입되어 공중보건의사와 군의관 중 어떠한 형태로 복무할 것인지는 본인의 의사가 아니라 국방부장관에 의하여 결정되는 점, 군의관과 공중보건의사는 모두 병역의무 이행의 일환으로 의료분야의 역무를 수행한 점, 공중보건의사는 접적지역, 도서, 벽지 등 의료취약지역에서 복무하면서 그 지역 안에서 거주하여야 하고 그 복무에 관하여 국가의 강력한 통제를 받았던 점 등을 종합하면, 1991년 개정 농어촌 「의료법」 시행 전에 공중보건의사로 복무하였던 사람이 사립학교 교직원으로 임용되었을 경우 현역병 등과 달리 공중보건의사 복무기간을 재직기간에 반영하도록 규정하지 아니한 것은 차별취급에 합리적인 이유가 없다. 따라서 심판대상조항은 평등원칙에 위배된다(헌재 2016.02.25. 2015헌가15).

22 **부담금에 대한 설명으로 가장 적절하지 않은 것은?** (다툼이 있는 경우 헌법재판소 판례에 의함)

2023 경찰간부

① 「한강수계 상수원수질개선 및 주민지원 등에 관한 법률」이 규정한 '물사용량에 비례한 부담금'은 수도요금과 구별되는 별개의 금전으로서 한강수계로부터 취수된 원수를 정수하여 직접 공급받는 최종 수요자라는 특정 부류의 집단에만 강제적 · 일률적으로 부과되므로 재정조달목적 부담금에 해당한다.

② 경유차 소유자로부터 부과 · 징수하도록 한 「환경개선비용 부담법」상 환경개선부담금은 '경유차 소유자'라는 특정 부류의 집단에만 특정한 반대급부 없이 강제적 · 일률적으로 부과되는 정책실현목적의 유도적 부담금으로 분류될 수 있다.

③ 주택재개발사업의 경우 학교용지부담금 부과 대상에서 '기존 거주자와 토지 및 건축물의 소유자에게 분양하는 경우'에 해당하는 개발사업분만 제외하고, 현금청산의 대상이 되어 제3자에게 일반분양됨으로써 기존에 비하여 가구 수가 증가하지 아니하는 개발사업분을 학교용지부담금 부과 대상에서 제외하지 아니한 것은 평등원칙에 위배되지 않는다.

④ 「의료사고 피해구제 및 의료분쟁 조정 등에 관한 법률」의 해당 조항이 보건의료기관개설자에게 부과하도록 하는 대불비용부담금은 보건의료기관개설자라는 특정한 집단이 반대급부 없이 납부하는 공과금의 성격을 가지므로 재정조달목적 부담금에 해당한다.

지문분석 **난이도** □■■ **중** | **정답** ③ | **키워드** 평등권 및 평등의 원칙 | **출제유형** 판례

① 【O】 물이용부담금은 한강수계법상 한강수계관리기금을 조성하는 재원이다. 물이용부담금은 수도요금과 구별되는 별개의 금전으로서 한강수계로부터 취수된 원수를 정수하여 직접 공급받는 최종 수요자라는 특정 부류의 집단에만 강제적 · 일률적으로 부과된다. 물이용부담금은 한강수계관리기금으로 포함되어 한강수계법에서 열거한 용도로 사용되고, 한강수계관리위원회는 조성된 한강수계관리기금은 별도의 운용계획에 따라 집행 및 결산보고를 하게 된다. 이를 종합하면 물이용부담금은 조세와 구별되는 것으로서 부담금에 해당한다. 물이용부담금은 한강수계관리기금의 재원을 마련하는 데에 그 부과의 목적이 있고, 그 부과 자체로써 수돗물 최종수요자의 행위를 특정한 방향으로 유도하거나 물이용부담금 납부의무자 이외의 다른 집단과의 형평성 문제를 조정하고자 하는 등의 목적이 있다고 보기 어려우므로, 재정조달목적 부담금에 해당한다(헌재 2020.08.28. 2018헌바425).

② 【O】 환경개선부담금은 경유차가 유발하는 대기오염으로 인해 발생하는 사회적 비용을 오염원인자인 경유차 소유자에게 부과함으로써 경유차 소비 및 사용 자제를 유도하는 한편, 징수된 부담금으로 환경개선을 위한 투자재원을 합리적으로 조달하는 것에 그 주된 목적이 있다. 그렇다면, 환경개선부담금은 내용상으로는 '원인자부담금'으로 분류될 수 있다. 목적 및 기능상으로는 '환경개선을 위한 투자재원의 합리적 조달'이라는 재정조달목적뿐 아니라 정책실현목적도 갖는다고 볼 수 있다. 환경개선부담금은 경유차의 소유 · 운행 자체를 직접적으로 금지하는 대신 납부의무자에게 일정한 금전적 부담을 지움으로써 위와 같은 행위를 간접적 · 경제적으로 규제하고 억제하려는 유도적 수단의 성격을 가지고 있고, 경유차 소유 및 운행 자제를 통한 대기오염물질 배출의 자발적 저감이라는 정책적 효과가 환경개선부담금의 부과 단계에서 행위자의 행위선택에 영향을 미침으로써 이미 실현되기 때문이다. 따라서 환경개선부담금은 정책실현목적의 유도적 부담금으로 분류될 수 있다(헌재 2022.06.30. 2019헌바440).

③ 【X】 이 사건 법률조항이 주택재건축사업의 경우 학교용지부담금 부과 대상에서 '기존 거주자와 토지 및 건축물의 소유자에게 분양하는 경우'에 해당하는 개발사업분만 제외하고, 매도나 현금청산의 대상이 되어 제3자에게 분양됨으로써 기존에 비하여 가구 수가 증가하지 아니하는 개발사업분을 제외하지 아니한 것은, 주택재건축사업의 시행자들 사이에 학교시설확보의 필요성을 유발하는 정도와 무관한 불합리한 기준으로 학교용지부담금의 납부액을 달리 하는 차별을 초래하므로, 이 사건 법률조항은 평등원칙에 위배된다(헌재 2013.07.25. 2011헌가32).

④ 【O】 보건의료기관개설자의 손해배상금 대불비용 부담은, 손해배상금 대불제도를 운영하기 위한 재원 마련을 위한 것이다. 의료사고에 대한 손해배상책임이 있는 보건의료기관개설자나 보건의료인 등은 사후적으로 구상의무를 짐으로써 대불 재원이 유지되는 관계에 있고, 개별 보건의료기관개설자의 대불비용 부담은 구체적인 손해배상책임의 유무와 관계가 없다. 또한, 이러한 금전납부의무 부과를 통하여 달성하려는 손해배상금 대불제도의 목적은 징수된 부담액으로 마련된 재원을 지출하여 실제로 대불이 이루어짐으로써 실현된다. 따라서 심판대상조항에 따라 손해배상금 대불비용을 보건의료기관개설자가 부담하는 것은, 손해배상금 대불제도의 시행이라는 특정한 공적 과제의 수행을 위한 재원 마련을 목적으로 보건의료기관개설자라는 특정한 집단이 반대급부 없이 납부하는 공과금의 성격을 가지므로, 재정조달목적 부담금에 해당한다(헌재 2022.07.21. 2018헌바504).

CHAPTER 03 자유권적 기본권

1 신체의 자유권

01 생명권에 대한 설명으로 적절하지 않은 것을 모두 고른 것은? (다툼이 있는 경우 판례에 의함)

2022 경찰 승진

㉠ 생명권은 인간의 생존본능과 존재목적에 바탕을 둔 선험적이고 자연법적인 권리로서 헌법에 규정된 모든 기본권의 전제로서 기능하는 기본권 중의 기본권이다.
㉡ 국가는 헌법 제10조, 제12조 등에 따라 태아의 생명을 보호할 의무가 있지만, 태아는 헌법상 생명권의 주체로 인정되지 않는다.
㉢ 인간이라는 생명체의 형성이 출생 이전의 그 어느 시점에서 시작됨을 인정하더라도, 법적으로 사람의 시기를 출생의 시점에서 시작되는 것으로 보는 것은 헌법적으로 금지된다.
㉣ 연명치료 중단, 즉 생명단축에 관한 자기결정은 생명권 보호의 헌법적 가치와 충돌하므로 '연명치료 중단에 관한 자기결정권'의 인정 여부가 문제되는 '죽음에 임박한 환자'란 '의학적으로 환자가 의식의 회복가능성이 없고 생명과 관련된 중요한 생체기능의 상실을 회복할 수 없으며 환자의 신체상태에 비추어 짧은 시간 내에 사망에 이를 수 있음이 명백한 경우'를 의미한다.

① ㉠, ㉡　　② ㉠, ㉢
③ ㉡, ㉢　　④ ㉢, ㉣

지문분석 난이도 ■■■ 상 | 정답 ③ | 키워드 생명권 | 출제유형 판례

㉠ [O] 인간의 생명은 고귀하고, 이 세상에서 무엇과도 바꿀 수 없는 존엄한 인간 존재의 근원이다. 이러한 생명에 대한 권리, 즉 생명권은 비록 헌법에 명문의 규정이 없다 하더라도 인간의 생존본능과 존재목적에 바탕을 둔 선험적이고 자연법적인 권리로서 헌법에 규정된 모든 기본권의 전제로서 기능하는 기본권 중의 기본권이다(헌재 2008.07.31. 2004헌바81).
㉡ [X] 모든 인간은 헌법상 생명권의 주체가 되며, 형성 중의 생명인 태아에게도 생명에 대한 권리가 인정되어야 한다. 따라서 태아도 헌법상 생명권의 주체가 되며, 국가는 헌법 제10조에 따라 태아의 생명을 보호할 의무가 있다(헌재 2008.07.31. 2004헌바81).
㉢ [X] 법치국가원리로부터 나오는 법적안정성의 요청은 인간의 권리능력이 언제부터 시작되는가에 관하여 가능한 한 명확하게 그 시점을 확정할 것을 요구한다. 따라서 인간이라는 생명체의 형성이 출생 이전의 그 어느 시점에서 시작됨을 인정하더라도, 법적으로 사람의 시기를 출생의 시점에서 시작되는 것으로 보는 것이 헌법적으로 금지된다고 할 수 없다(헌재 2008.07.31. 2004헌바81).
㉣ [O] '연명치료 중단, 즉 생명단축에 관한 자기결정'은 '생명권 보호'의 헌법적 가치와 충돌하므로 '연명치료 중단에 관한 자기결정권'의 인정 여부가 문제되는 '죽음에 임박한 환자'란 '의학적으로 환자가 의식의 회복가능성이 없고 생명과 관련된 중요한 생체기능의 상실을 회복할 수 없으며 환자의 신체상태에 비추어 짧은 시간 내에 사망에 이를 수 있음이 명백한 경우', 즉 '회복 불가능한 사망의 단계'에 이른 경우를 의미한다 할 것이다(헌재 2009.11.26. 2008헌마385).

02 형의 집행 및 수용자의 처우에 대한 설명으로 옳지 않은 것은? (다툼이 있는 경우 판례에 의함)

2020 국회직 8급

① 형의 집행 및 수용자의 처우에 관한 법률상 징벌은 수사 및 재판 등의 절차확보를 위해 미결구금 및 형벌의 집행이라는 불이익을 받고 있는 자들에 대하여 부과되므로, 규율 위반에 대한 제재로서의 불이익은 형벌에 포함된 통상의 구금 및 수용생활이라는 불이익보다 더욱 자유와 권리를 제한하게 된다.

② 청구인인 금치처분을 받은 사람에게 최장 30일 이내의 기간 동안 공동행사에 참가할 수 없게 하였으나, 서신수수ㆍ접견을 통해 외부와 통신할 수 있게 하였고 종교상담을 통해 종교활동을 할 수 있도록 한 것은 청구인의 통신의 자유, 종교의 자유를 침해하지 않는다.

③ 징벌대상자로서 조서를 받고 있는 수형자가 변호인 아닌 자와 접견할 때 교도관이 참여하여 대화 내용을 기록하게 한 교도소장의 행위는 수형자의 사생활의 비밀과 자유를 침해하지 않는다.

④ 청구인인 금지처분을 받은 사람이 최장 30일 이내의 기간 동안 의사가 치료를 위하여 처방한 의약품을 제외한 자비구매물품의 사용을 제한받았다 하더라도, 소장이 지급하는 물품을 통하여 건강을 유지하기 위한 필요최소한의 생활을 영위할 수 있도록 하였다면 청구인의 일반적 행동의 자유를 침해하였다고 할 수 없다.

⑤ 미결수용자와 변호인이 되려고 하는 자와의 접견에는 교도관이 참여하지 못한다. 다만, 형사법령에 저촉되는 행위를 할 우려가 있는 경우에는 그러하지 아니하다.

지문분석 **난이도** □■■ 중 | **정답** ⑤ | **키워드** 죄형법정주의 | **출제유형** 판례

① 【O】 교정시설은 수용자를 강제로 수용하는 장소이므로 시설 내의 질서유지와 안전을 확보할 필요성이 크고, 「형집행법」상 징벌은 이미 수사 및 재판 등의 절차확보를 위한 미결구금 등의 불이익을 받고 있는 자들에 대하여 부과되는 것이라는 점에서, 규율 위반에 대한 제재로서의 불이익은 형벌에 포함된 통상의 구금 및 수용생활이라는 불이익보다 더욱 자유와 권리를 제한하는 것이 될 것임을 예상할 수 있다(헌재 2016.04.28. 2012헌마549 등).

② 【O】 「형집행법」 제112조 제3항 본문 중 제108조 제4호에 관한 부분은 금치의 징벌을 받은 사람에 대해 금치기간 동안 공동행사 참가 정지라는 불이익을 가함으로써, 규율의 준수를 강제하여 수용시설 내의 안전과 질서를 유지하기 위한 것으로서, 목적의 정당성 및 수단의 적합성이 인정된다. 금치처분을 받은 사람은 최장 30일 이내의 기간 동안 공동행사에 참가할 수 없으나, 서신수수ㆍ접견을 통해 외부와 통신할 수 있고, 종교상담을 통해 종교활동을 할 수 있다. 또한, 위와 같은 불이익은 규율 준수를 통하여 수용질서를 유지한다는 공익에 비하여 크다고 할 수 없다. 따라서 위 조항은 청구인의 통신의 자유, 종교의 자유를 침해하지 아니한다(헌재 2016.05.26. 2014헌마45).

③ 【O】 접견 내용을 녹음ㆍ녹화하는 경우 수용자 및 그 상대방에게 그 사실을 말이나 서면 등으로 알려주어야 하고 취득된 접견기록물은 법령에 의해 보호ㆍ관리되고 있으므로 사생활의 비밀과 자유에 대한 침해를 최소화하는 수단이 마련되어 있다는 점, 청구인이 나눈 접견 내용에 대한 사생활의 비밀로서의 보호가치에 비해 증거인멸의 위험을 방지하고 교정시설 내의 안전과 질서유지에 기여하려는 공익이 크고 중요하다는 점에 비추어 볼 때, 이 사건 접견참여ㆍ기록이 청구인의 사생활의 비밀과 자유를 침해하였다고 볼 수 없다(헌재 2014.09.25. 2012헌마523).

④ 【O】 「형집행법」 제112조 제3항 본문 중 제108조 제7호의 신문ㆍ도서ㆍ잡지 외 자비구매물품에 관한 부분은 금치의 징벌을 받은 사람에 대해 금치기간 동안 자비로 구매한 음식물, 의약품 및 의료용품 등 자비구매물품을 사용할 수 없는 불이익을 가함으로써, 규율의 준수를 강제하여 수용시설 내의 안전과 질서를 유지하기 위한 것으로서 목적의 정당성 및 수단의 적합성이 인정된다. 금치처분을 받은 사람은 소장이 지급하는 음식물, 의류ㆍ침구, 그 밖의 생활용품을 통하여 건강을 유지하기 위한 필요최소한의 생활을 영위할 수 있고, 의사가 치료를 위하여 처방한 의약품은 여전히 사용할 수 있다. 또한, 위와 같은 불이익은 규율 준수를 통하여 수용질서를 유지한다는 공익에 비하여 크다고 할 수 없다. 따라서 위 조항은 청구인의 일반적 행동의 자유를 침해하지 아니한다(헌재 2016.05.26. 2014헌마45).

⑤ 【X】

「형의 집행 및 수용자의 처우에 관한 법률」
제84조(변호인과의 접견 및 편지수수) ① 제41조(접견) 제4항에도 불구하고 미결수용자와 변호인(변호인이 되려고 하는 사람을 포함한다. 이하 같다)과의 접견에는 교도관이 참여하지 못하며 그 내용을 청취 또는 녹취하지 못한다. 다만, 보이는 거리에서 미결수용자를 관찰할 수 있다.
제41조(접견) ④ 소장은 다음 각 호의 어느 하나에 해당하는 사유가 있으면 교도관으로 하여금 수용자의 접견 내용을 청취·기록·녹음 또는 녹화하게 할 수 있다.
1. 범죄의 증거를 인멸하거나 형사법령에 저촉되는 행위를 할 우려가 있는 때
2. 수형자의 교화 또는 건전한 사회복귀를 위하여 필요한 때
3. 시설의 안전과 질서유지를 위하여 필요한 때

03 죄형법정주의에 대한 설명으로 적절하지 않은 것을 모두 고른 것은? (다툼이 있는 경우 판례에 의함)

2022 경찰 승진

㉠ 죄형법정주의는 범죄와 형벌이 법률로 정하여져야 함을 의미하는 것으로 이러한 죄형법정주의에서 파생되는 명확성의 원칙은 누구나 법률이 처벌하고자 하는 행위가 무엇이며, 그에 대한 형벌이 어떠한 것인지를 예견할 수 있어야 하나, 반드시 그에 따라 자신의 행위를 결정할 수 있도록 하는 구성요건의 명확성까지 요구하는 것은 아니다.
㉡ 형벌 구성요건의 실질적 내용을 법률에서 직접 규정하지 아니하고 새마을금고의 정관에 위임한 것은 범죄와 형벌에 관하여는 입법부가 제정한 형식적 의미의 법률로써 정하여야 한다는 죄형법정주의원칙에 위반된다.
㉢ 법정형의 폭이 지나치게 넓게 되면 자의적인 형벌권의 행사가 가능하게 되어 형벌체계상의 불균형을 초래할 수 있을 뿐만 아니라, 피고인이 구체적인 형의 예측이 현저하게 곤란해지고 죄질에 비하여 무거운 형에 처해질 위험에 직면하게 되므로 법정형의 폭이 지나치게 넓어서는 아니 된다는 것은 죄형법정주의의 한 내포라고 할 수 있다.
㉣ 처벌을 규정하고 있는 법률조항이 구성요건이 되는 행위를 같은 법률조항에서 직접 규정하지 않고 다른 법률조항에서 이미 규정한 내용을 원용하였다거나 그 내용 중 일부를 괄호안에 규정한 경우 그 사실만으로 명확성원칙에 위반된다.

① ㉠, ㉡
② ㉠, ㉣
③ ㉡, ㉢
④ ㉢, ㉣

지문분석 **난이도** ■■■ 상 | **정답** ② | **키워드** 죄형법정주의 | **출제유형** 판례

㉠ 【X】 죄형법정주의는 범죄와 형벌이 법률로 정하여져야 함을 의미하는 것으로 이러한 죄형법정주의에서 파생되는 명확성의 원칙은 누구나 법률이 처벌하고자 하는 행위가 무엇이며, 그에 대한 형벌이 어떠한 것인지를 예견할 수 있고, 그에 따라 자신의 행위를 결정할 수 있도록 구성요건이 명확할 것을 의미하는 것이다(헌재 2001.01.18. 99헌바112).

㉡ 【O】 형벌 구성요건의 실질적 내용을 법률에서 직접 규정하지 아니하고 금고의 정관에 위임한 것은 범죄와 형벌에 관하여는 입법부가 제정한 형식적 의미의 '법률'로써 정하여야 한다는 죄형법정주의원칙에 위반된다(헌재 2001.01.18. 99헌바112).

㉢ 【O】 형벌체계상의 균형의 상실은 가혹한 법정형의 설정뿐 아니라 지나치게 폭넓은 법정형의 설정에 의하여도 초래될 수 있을 것이다. 법정형의 폭이 지나치게 넓게 되면 자의적인 형벌권의 행사가 가능하게 되어 피고인으로서는 구체적인 형의 예측이 현저하게 곤란해질 뿐만 아니라, 죄질에 비하여 무거운 형에 처해질 위험성에 직면하게 된다고 할 수 있다. 따라서 법정형의 폭이 지나치게 넓어서는 아니 된다는 것은 죄형법정주의의 한 내포라고도 할 수 있다(헌재 1997.09.25. 96헌가16).

㉣ 【X】 처벌을 규정하고 있는 법률조항이 구성요건이 되는 행위를 같은 법률조항에서 직접 규정하지 않고 다른 법률조항에서 이미 규정한 내용을 원용하였다거나 그 내용 중 일부를 괄호 안에 규정하였다는 사실만으로 명확성원칙에 위반된다고 할 수는 없다(헌재 2010.03.25. 2009헌바121).

04 헌법상 죄형법정주의에 관한 다음 설명 중 가장 옳지 <u>않은</u> 것은? (다툼이 있는 경우 헌법재판소 결정에 의함) 2016 법원직 9급

① 죄형법정주의는 법치주의, 국민주권 및 권력분립의 원리에 입각한 것으로서 일차적으로 무엇이 범죄이며 그에 대한 형벌이 어떠한 것인가는 반드시 국민의 대표로 구성된 입법부가 제정한 성문의 법률로써 정하여야 한다는 원칙인바, 여기서 말하는 '법률'이란 입법부에서 제정한 형식적 의미의 법률을 의미한다.

② 법률에 의한 처벌법규의 위임은, 헌법이 특별히 인권을 최대한으로 보장하기 위하여 죄형법정주의와 적법절차를 규정하고 법률에 의한 처벌을 특별히 강조하고 있는 기본권보장 우위사상에 비추어 바람직스럽지 못한 일이므로, 그 요건과 범위가 보다 엄격하게 제한적으로 적용되어야 한다. 따라서 특히 긴급한 필요가 있거나 미리 법률로써 자세히 정할 수 없는 부득이한 사정이 있는 경우로 한정되어야 한다.

③ 농업협동조합의 임원선거에 있어 정관이 정하는 행위 외의 선거운동을 한 경우 이를 형사처벌하도록 한 법률조항은, 조합의 임원선거에 있어 정관이 정하는 것 이외의 일체의 선거운동을 금지한다는 의미로 명확하게 해석된다고 할 것이므로 선거운동의 예외적 허용 사항을 정관에 위임하였더라도 죄형법정주의원칙에 위배된다고 볼 수 없다.

④ 노동조합 관련 법률에서 범죄의 구성요건을 '단체협약에……위반한 자'라고만 규정한 경우, 이는 범죄구성요건의 외피(外皮)만 설정하였을 뿐 구성요건의 실질적 내용을 직접 규정하지 아니하고 모두 단체협약에 위임하고 있는 것으로, 죄형법정주의의 기본적 요청인 법률주의에 위배되고, 그 구성요건도 지나치게 애매하고 광범위하여 죄형법정주의의 명확성의 원칙에 위배된다.

지문분석 **난이도** □■■ **중** | **정답** ③ | **키워드** 죄형법정주의 | **출제유형** 판례

① 【O】 죄형법정주의는 법치주의, 국민주권 및 권력분립의 원리에 입각한 것으로서 일차적으로 무엇이 범죄이며 그에 대한 형벌이 어떠한 것인가는 반드시 국민의 대표로 구성된 입법부가 제정한 성문의 법률로써 정하여야 한다는 원칙이고, 헌법 제12조 제1항 후단도 '법률과 적법한 절차에 의하지 아니하고는 처벌을 받지 아니한다.'라고 규정하여 죄형법정주의를 천명하고 있는바, 여기서 말하는 '법률'이란 입법부에서 제정한 형식적 의미의 법률을 의미하는 것임은 물론이다(헌재 2012.06.27. 2011헌마288).

② 【O】 법률에 의한 처벌법규의 위임은 헌법이 특히 인권을 최대한으로 보장하기 위하여 죄형법정주의와 적법절차를 규정하고, 법률에 의한 처벌을 특별히 강조하고 있는 기본권보장 우위사상에 비추어 바람직하지 못한 일이므로, 그 요건과 범위가 보다 엄격하게 제한적으로 적용되어야 한다. 따라서 처벌법규의 위임은 첫째, 특히 긴급한 필요가 있거나 미리 법률로써 자세히 정할 수 없는 부득이한 사정이 있는 경우에 한정되어야 하고, 둘째, 이러한 경우일지라도 법률에서 범죄의 구성요건은 처벌대상인 행위가 어떠한 것일 거라고 이를 예측할 수 있을 정도로 구체적으로 정하고, 셋째, 형벌의 종류 및 그 상한과 폭을 명백히 규정하여야 한다(헌재 2004.08.26. 2004헌바14).

③ 【X】 농협의 조합원뿐만 아니라 정관 내용에 대한 인식 또는 숙지를 기대하기 곤란한 일반 국민까지 그 수범자에 포함시키고 있으므로, '정관이 정하는 행위 외의 선거운동'이 구체적으로 무엇인지에 관한 수범자의 예측가능성을 더욱 인정하기 어렵다. 따라서 농업협동조합의 임원선거에 있어 정관이 정하는 행위 외의 선거운동을 한 경우 이를 형사처벌 하도록 하는 것은 형식적 의미의 법률이 아닌 정관에 범죄구성요건을 위임함에 따라 수범자로 하여금 형사처벌 유무에 대하여 전혀 예측할 수 없도록 하고 있으므로 헌법상 죄형법정주의원칙에 위배된다고 할 것이다(헌재 2010.07.29. 2008헌바106).

④ 【O】 단체협약에 위반한 자를 1,000만 원 이하의 벌금에 처하도록 규정한 구 「노동조합법」 제46조의3은 그 구성요건을 '단체협약에……위반한 자'라고만 규정함으로써 범죄구성요건의 외피(外皮)만 설정하였을 뿐 구성요건의 실질적 내용을 직접 규정하지 아니하고 모두 단체협약에 위임하고 있어 죄형법정주의의 기본적 요청인 '법률'주의에 위배되고, 그 구성요건도 지나치게 애매하고 광범위하여 죄형법정주의의 명확성의 원칙에 위배된다(헌재 1998.03.26. 96헌가20).

PART · 02

05 **죄형법정주의의 명확성 원칙에 대한 설명으로 가장 적절한 것은?** (다툼이 있는 경우 헌법재판소 판례에 의함) 2025 경찰 간부

① 의약외품이 아닌 것을 용기·포장 또는 첨부 문서에 의학적 효능·효과등이 있는 것으로 오인될 우려가 있는 표시를 하거나, 이와 같은 의약외품과 유사하게 표시된 것을 판매하는 것을 금지하는 구 「약사법」 조항 가운데 '표시' 및 '표시된 것의 판매'에 관한 부분을 준용하는 부분의 '의학적 효능·효과 등'이라는 표현은 명확성 원칙에 위배된다.

② 「회계관계직원 등의 책임에 관한 법률」 제2조 제1호 카목의 '그밖에 국가의 회계사무를 처리하는 사람'은 그 의미가 불명확하므로 명확성원칙에 위배된다.

③ 허위재무제표작성 및 허위감사보고서작성을 처벌하는 「주식회사 등의 외부감사에 관한 법률」 조항 중 '그 위반행위로 얻은 이익 또는 회피한 손실액의 2배 이상 5배 이하의 벌금'은 명확성원칙에 위배되지 않는다.

④ 누구든지 선박의 감항성의 결함을 발견한 때에는 해양수산부령이 정하는 바에 따라 그 내용을 해양수산부장관에게 신고하여야 한다고 규정한 구 「선박안전법」 조항 중 '선박의 감항성의 결함'에 관한 부분은 명확성원칙에 위배된다.

지문분석 **난이도** □■■ 중 | **정답** ③ | **키워드** 죄형법정주의의 명확성 원칙 | **출제유형** 판례

① 【X】 의약외품이 아닌 것을 용기·포장 또는 첨부 문서에 의학적 효능·효과 등이 있는 것으로 오인될 우려가 있는 표시를 하거나, 이와 같은 의약외품과 유사하게 표시된 것을 판매하는 것을 금지하는 구 약사법 제66조 중 제61조 제2항 가운데 '표시' 및 '표시된 것의 판매'에 관한 부분을 준용하는 부분의 '의학적 효능·효과 등'이라는 표현은 해당 물품이 약사법 제2조 제7호에서 정한 바대로 사용됨으로써 발생할 것으로 기대되는 일정한 효능·효과를 의미하는바, 약사법의 다른 규정들과의 체계 조화적 해석 등을 통해 법률의 적용단계에서 다의적 해석의 우려 없이 그 의미가 구체화될 수 있으므로, 죄형법정주의의 명확성원칙에 위반되지 않는다(헌재 2024.04.25. 2022헌바204).

② 【X】 '그 밖에 국가의 회계사무를 처리하는 사람'이란 회계직원책임법 제2조 제1호 가목부터 차목까지에 열거된 직명을 갖지 않는 사람이라도 실질적으로 그와 유사한 회계관계업무를 처리하는 사람으로, 그 업무를 전담하는지 여부나 직위의 높고 낮음은 불문함을 예측할 수 있다. 따라서 회계직원책임법 제2조 제1호 카목 및 이를 구성요건으로 하고 있는 이 사건 특정범죄가중법 조항은 죄형법정주의의 명확성원칙에 위배되지 아니한다(헌재 2024.04.25. 2021헌바21 등).

③ 【O】 '그 위반행위로 얻은 이익 또는 회피한 손실액의 2배 이상 5배 이하의 벌금형'을 규정한 심판대상조항은 애매모호하거나 추상적이어서 법관의 자의적인 해석이 가능하다고 볼 수 없어 죄형법정주의의 명확성원칙에 위배되지 않는다(헌재 2024.07.18. 2022헌가6).

④ 【X】 신고의무조항의 '선박의 감항성의 결함'이란 '「선박안전법」에서 규정하고 있는 각종 검사 기준에 부합하지 아니하는 상태로서, 선박이 안전하게 항해할 수 있는 성능인 감항성과 직접적인 관련이 있는 흠결'이라는 의미로 명확하게 해석할 수 있으므로, 신고의무조항은 죄형법정주의의 명확성원칙에 위배되지 않는다(헌재 2024.05.30. 2020헌바234).

06 **헌법재판소가 책임과 형벌 사이의 비례원칙에 관해 판단한 내용 중 가장 적절하지 않은 것은?** (다툼이 있는 경우 판례에 의함) 2023 경찰 승진

① 「형사법」상 책임원칙은 형벌은 범행의 경중과 행위자의 책임 사이에 비례성을 갖추어야 하고 특별한 이유로 형을 가중하는 경우에도 형벌의 양은 행위자의 책임의 정도를 초과해서는 안 된다는 것을 의미한다.

② 상관을 살해한 경우 사형만을 유일한 법정형으로 규정하고 있는 「군형법」조항은 책임과 형벌 사이의 비례원칙에 위배된다.

③ 예비군대원 본인의 부재시 예비군훈련 소집통지서를 수령한 같은 세대 내의 가족 중 성년자가 정당한 사유없이 소집통지서를 본인에게 전달하지 아니한 경우 형사처벌을 하는 「예비군법」 조항은 책임과 형벌 사이의 비례원칙에 위배되지 않는다.

④ 초·중등학교 교원이 자신이 보호하는 아동에 대하여 아동학대범죄를 범한 때에는 그 죄에 정한 형의 2분의 1까지 가중하여 처벌하도록 한 「아동학대범죄의 처벌 등에 관한 특례법」 조항은 책임과 형벌 사이의 비례원칙에 위배되지 않는다.

지문분석 **난이도** □■■ **중** | **정답** ③ | **키워드** 죄형법정주의 원칙 | **출제유형** 판례

① 【O】「형사법」상 책임원칙은 형벌은 범행의 경중과 행위자의 책임 사이에 비례성을 갖추어야 하고, 특별한 이유로 형을 가중하는 경우에도 형벌의 양은 행위자의 책임의 정도를 초과해서는 안 된다는 것을 의미한다. 또한 「형사법」상 범죄행위의 유형이 다양한 경우에는 그 다양한 행위 중에서 특히 죄질이 불량한 범죄를 무겁게 처벌해야 한다는 것은 책임주의의 원칙상 당연히 요청되지만, 그 다양한 행위 유형을 하나의 구성요건으로 포섭하면서 법정형의 하한을 무겁게 책정하여 죄질이 가벼운 행위까지를 모두 엄히 처벌하는 것은 책임주의에 반한다(헌결 2021.11.25. 2019헌바446).

② 【O】 법정형의 종류와 범위를 정하는 것이 기본적으로 입법자의 권한에 속하는 것이라고 하더라도, 형벌은 죄질과 책임에 상응하도록 적절한 비례성이 지켜져야 하는바, 군대 내 명령체계유지 및 국가방위라는 이유만으로 가해자와 상관 사이에 명령복종관계가 있는지 여부를 불문하고 전시와 평시를 구분하지 아니한 채 다양한 동기와 행위태양의 범죄를 동일하게 평가하여 사형만을 유일한 법정형으로 규정하고 있는 이 사건 법률조항은, 범죄의 중대성 정도에 비하여 심각하게 불균형적인 과중한 형벌을 규정함으로써 죄질과 그에 따른 행위자의 책임 사이에 비례관계가 준수되지 않아 인간의 존엄과 가치를 존중하고 보호하려는 실질적 법치국가의 이념에 어긋나고, 형벌체계상 정당성을 상실한 것이다(위헌 헌결 2007.11.29. 2006헌가13).

③ 【X】 심판대상조항은 예비군대원 본인이 부재중이기만 하면 예비군대원 본인과 세대를 같이한다는 이유만으로 가족 중 성년자가 소집통지서를 전달할 의무를 위반하면 6개월 이하의 징역 또는 500만 원 이하의 벌금이라는 형사처벌을 하고 있는데, 이는 예비군훈련을 위한 소집통지서의 전달이라는 정부의 공적 의무와 책임을 단지 행정사무의 편의를 위하여 개인에게 전가하는 것으로, 이것이 실효적인 예비군훈련 실시를 위한 전제로 그 소집을 담보하고자 하는 것이라도 지나치다고 아니 할 수 없다. 심판대상조항은 국가안보 등에 관한 현실의 변화를 외면한 채 여전히 예비군대원 본인과 세대를 같이 하는 가족 중 성년자에 대하여 단지 소집통지서를 본인에게 전달하지 아니하였다는 이유로 형사처벌을 하고 있는데, 그 필요성과 타당성에 깊은 의문이 들지 않을 수 없다. 심판대상조항은 행정절차적 협력의무에 불과한 소집통지서 전달의무의 위반에 대하여 과태료 등의 행정적 제재가 아닌 형사처벌을 부과하고 있는데, 이는 형벌의 보충성에 반하고, 책임에 비하여 처벌이 지나치게 과도하여 비례원칙에도 위반된다. 위와 같은 사정들에 비추어 보면, 심판대상조항은 책임과 형벌 간의 비례원칙에 위반된다(헌결 2022.05.26. 2019헌가12).

④ 【O】 아동학대범죄를 발견하고 신고하여야 할 법적 의무를 지고 있는 「초·중등교육법」상 교원이 오히려 자신이 보호하는 아동에 대하여 아동학대범죄를 저지르는 행위에 대해서는 높은 비난가능성과 불법성이 인정되는 점, 심판대상조항이 각 죄에 정한 형의 2분의 1을 가중하도록 하고 있다고 하더라도 이는 법정형의 범위를 넓히는 것일 뿐이어서, 법관은 구체적인 행위의 태양, 죄질의 정도와 수법 등을 고려하여 법정형의 범위 내에서 행위자의 책임에 따른 적절한 형벌을 과하는 것이 가능한 점 등을 종합하여 보면, 심판대상조항이 책임과 형벌 간의 비례원칙에 어긋나는 과잉형벌을 규정하였다고 볼 수 없다(헌결 2021.03.25. 2018헌바388).

07 형벌에 관한 책임주의원칙에 대한 설명으로 가장 적절하지 <u>않은</u> 것은? (다툼이 있는 경우 판례에 의함)

2018 경찰 승진

① 종업원이 고정조치의무를 위반하여 화물을 적재하고 운전한 경우 그를 고용한 법인을 면책사유 없이 형사처벌하도록 규정한 구 「도로교통법」 조항은 책임주의원칙에 위배되지 아니한다.

② 종업원의 위반행위에 대하여 양벌조항으로서 개인인 영업주에게도 동일하게 무기 또는 2년 이상의 징역형의 법정형으로 처벌하도록 규정하고 있는 「보건범죄단속에 관한 특별조치법」 조항은 「형사법」상 책임원칙에 위반된다.

③ 「형법」 제129조 제1항의 수뢰죄를 범한 사람에게 수뢰액의 2배 이상 5배 이하의 벌금을 병과하도록 규정한 「특정범죄 가중처벌 등에 관한 법률」 조항은 책임과 형벌의 비례원칙에 위배되지 아니한다.

④ 단체나 다중의 위력으로써 「형법」상 상해죄를 범한 사람을 가중 처벌하는 구 폭력행위 등 처벌에 관한 법률 조항은 책임과 형벌의 비례원칙에 위반되지 아니한다.

지문분석 **난이도** □■■ **중** | **정답** ① | **키워드** 죄형법정주의 원칙 | **출제유형** 판례

① 【X】 종업원의 고정조치의무 위반행위와 관련하여 선임·감독상 주의의무를 다하여 아무런 잘못이 없는 법인도 형사처벌되게 되었는바, 이는 다른 사람의 범죄에 대하여 그 책임 유무를 묻지 않고 형사처벌하는 것이므로 헌법상 법치국가원리 및 죄형법정주의로부터 도출되는 책임주의원칙에 위배된다(헌재 2016.10.27. 2016헌가10).

② 【O】 종업원의 위반행위에 대하여 양벌조항으로서 개인인 영업주에게도 동일하게 무기 또는 2년 이상의 징역형의 법정형으로 처벌하도록 규정하고 있는 「보건범죄단속에 관한 특별조치법」 조항은 「형사법」상 책임원칙에 위반된다(헌재 2007.11.29. 2005헌가10).

③ 【O】 「형법」 제129조 제1항의 수뢰죄를 범한 사람에게 수뢰액의 2배 이상 5배 이하의 벌금을 병과하도록 규정한 「특정범죄 가중처벌 등에 관한 법률」 조항은 책임과 형벌의 비례원칙에 위배되지 아니한다(헌재 2017.07.27. 2016헌바42).

④ 【O】 단체나 다중의 위력으로써 「형법」상 상해죄를 범한 사람을 가중 처벌하는 구 「폭력행위 등 처벌에 관한 법률」 조항은 책임과 형벌의 비례원칙에 위반되지 아니한다(헌재 2017.07.27. 2015헌바450).

08 **책임과 형벌의 비례원칙에 위반되지 않는 것은?** (다툼이 있는 경우 헌법재판소 판례에 의함)

2023 경찰간부

① 음주운항 전력이 있는 사람이 다시 음주운항을 한 경우 2년 이상 5년 이하의 징역이나 2천만 원 이상 3천만 원 이하의 벌금에 처하도록 규정한 「해사안전법」상 조항

② 예비군대원의 부재시 예비군훈련 소집통지서를 수령한 같은 세대 내의 가족 중 성년자가 정당한 사유 없이 소집통지서를 본인에게 전달하지 아니한 경우 6개월 이하의 징역 또는 500만 원 이하의 벌금에 처하도록 규정한 「예비군법」상 조항

③ 주거침입강제추행죄 및 주거침입준강제추행죄에 대하여 무기징역 또는 7년 이상의 징역에 처하도록 한 「성폭력범죄의 처벌 등에 관한 특례법」상 조항

④ 금융회사 등의 임직원이 그 직무에 관하여 금품이나 그 밖의 이익을 수수, 요구 또는 약속한 경우 5년 이하의 징역 또는 10년 이하의 자격정지에 처하도록 규정한 「특정경제범죄 가중 처벌 등에 관한 법률」상 조항

지문분석 **난이도** □■■ **중** | **정답** ④ | **키워드** 죄형법정주의 원칙 | **출제유형** 판례

① 【X】 심판대상조항은 가중요건이 되는 과거의 위반행위와 처벌대상이 되는 재범 음주운항 사이에 시간적 제한을 두지 않고 있다. 그런데 과거의 위반행위가 상당히 오래 전에 이루어져 그 이후 행해진 음주운항을 '해상교통법규에 대한 준법정신이나 안전의식이 현저히 부족한 상태에서 이루어진 반규범적 행위' 또는 '반복적으로 사회구성원에 대한 생명 · 신체 등을 위협하는 행위'라고 평가하기 어렵다면, 이를 가중처벌할 필요성이 인정된다고 보기 어렵다. 또한 심판대상조항은 과거 위반 전력의 시기 및 내용이나 음주운항 당시의 혈중알코올농도 수준 등을 고려할 때 비난가능성이 상대적으로 낮은 재범행위까지도 법정형의 하한인 2년 이상의 징역 또는 2천만 원 이상의 벌금을 기준으로 처벌하도록 하고 있어, 책임과 형벌 사이의 비례성을 인정하기 어렵다. 따라서 심판대상조항은 책임과 형벌 간의 비례원칙에 위반된다(헌재 2022.08.31. 2022헌가10).

② 【X】 심판대상조항은 국가안보 등에 관한 현실의 변화를 외면한 채 여전히 예비군대원 본인과 세대를 같이 하는 가족 중 성년자에 대하여 단지 소집통지서를 본인에게 전달하지 아니하였다는 이유로 형사처벌을 하고 있는데, 그 필요성과 타당성에 깊은 의문이 들지 않을 수 없다. 심판대상조항은 행정절차적 협력의무에 불과한 소집통지서 전달의무의 위반에 대하여 과태료 등의 행정적 제재가 아닌 형사처벌을 부과하고 있는데, 이는 형벌의 보충성에 반하고, 책임에 비하여 처벌이 지나치게 과도하여 비례원칙에도 위반된다. 위와 같은 사정들에 비추어 보면, 심판대상조항은 책임과 형벌 간의 비례원칙에 위반된다(헌재 2022.05.26. 2019헌가12).

③ 【X】 심판대상조항은 법정형의 '상한'을 무기징역으로 높게 규정함으로써 불법과 책임이 중대한 경우에는 그에 상응하는 형을 선고할 수 있도록 하고 있다. 그럼에도 불구하고 법정형의 '하한'을 일률적으로 높게 책정하여 경미한 강제추행 또는 준강제추행의 경우까지 모두 엄하게 처벌하는 것은 책임주의에 반한다. 심판대상조항은 그 법정형이 형벌 본래의 목적과 기능을 달성함에 있어 필요한 정도를 일탈하였고, 각 행위의 개별성에 맞추어 그 책임에 알맞은 형을 선고할 수 없을 정도로 과중하므로, 책임과 형벌 간의 비례원칙에 위배된다(헌재 2023.02.23. 2021헌가9 등).

④ 【O】 금융회사 등의 업무는 국가경제와 국민생활에 중대한 영향을 미치므로 금융회사 등 임직원의 직무 집행의 투명성과 공정성을 확보하는 것은 매우 중요하고, 이러한 필요성에 있어서는 임원과 직원 사이에 차이가 없다. 그리고 금융회사 등 임직원이 금품 등을 수수, 요구, 약속하였다는 사실만으로 직무의 불가매수성은 심각하게 손상되고, 비록 그 시점에는 부정행위가 없었다고 할지라도 장차 실제 부정행위로 이어질 가능성도 배제할 수 없다. 따라서 부정한 청탁이 있었는지 또는 실제 배임행위로 나아갔는지를 묻지 않고 금품 등을 수수 · 요구 또는 약속하는 행위를 처벌하고 있는 수재행위처벌조항은 책임과 형벌 간의 비례원칙에 위배되지 아니한다(헌재 2020.03.26. 2017헌바129 등).

09 다음 중 죄형법정주의에 관한 설명으로 가장 옳지 않은 것은? (다툼이 있는 경우 헌법재판소 및 대법원 판례에 의함) 2013 법원직 5급

① 청소년유해매체물의 범위를 법률에서 직접 확정하지 아니하고 행정기관인 청소년보호위원회로 하여금 결정하도록 한 청소년보호법 규정은, 청소년에게 유해한 매체물은 각 매체물의 내용을 실제로 확인하여 유해성 여부를 판단할 수밖에 없는 점에 비추어 보면, 행정기관으로 하여금 청소년유해매체물을 확정하도록 한 것은 부득이하다고 할 것이므로 죄형법정주의에 반한다고 볼 수 없다.

② 노사가 체결한 단체협약은 단순히 근로조건에 관한 계약에 불과한 것이 아니라 개별적·집단적 노사관계를 규율하는 최상위 자치규범으로서 법규범 내지 법규범에 준하는 법적 성질을 인정받고 있으므로, 노동조합 관련 법률에서 단체협약에 위반한 자를 처벌할 수 있도록 규정한다고 하여 죄형법정주의에 위반하는 것은 아니다.

③ 죄형법정주의는 국가형벌권의 자의적인 행사로부터 개인의 자유와 권리를 보호하기 위하여 죄와 형을 법률로 정할 것을 요구하고, 이로부터 파생된 유추해석금지의 원칙은 성문의 규정은 엄격히 해석되어야 한다는 전제 아래 피고인에게 불리하게 성문규정이 표현하는 본래의 의미와 다른 내용으로 유추해석함을 금지하고 있다.

④ 「공직선거법」 제232조 제1항 제2호(후보자가 되고자 하는 것을 중지하거나 후보자를 사퇴한 데 대한 대가를 목적으로 후보자가 되고자 하였던 자나 후보자이었던 자에게 제230조 제1항 제1호에 규정된 행위를 한 자 또는 그 이익이나 직의 제공을 받거나 제공의 의사표시를 승낙한 자)가 처벌 대상을 후보자를 사퇴한 데 대한 대가를 목적으로 '후보자이었던 사람에게 재산상의 이익이나 공사의 직을 제공하는 행위' 및 '후보자이었던 사람이 이를 수수하는 행위'에 한정하고 있으므로, 위 규정이 죄형법정주의의 명확성 원칙 등에 위배된다고 볼 수 없다.

⑤ 농업협동조합의 임원선거에 있어 정관이 정하는 행위 외의 선거운동을 한 경우 이를 형사처벌하도록 한 것은, 금지되고 허용되는 선거운동이 무엇인지 여부가 형사처벌의 구성요건에 관련되는 주요사항임에도 불구하고, 그에 대한 결정을 입법자인 국회가 스스로 정하지 않고 특수법인의 정관에 위임하는 것은 사실상 그 정관 작성권자에게 처벌법규의 내용을 형성할 권한을 준 것이나 다름없으므로, 범죄와 형벌에 관하여는 입법부가 제정한 형식적 의미의 법률로써 정하여야 한다는 죄형법정주의원칙에 비추어 허용되기 어렵다.

지문분석 **난이도** ■■■ **상** | **정답** ② | **키워드** 죄형법정주의 | **출제유형** 판례

① 【O】 이 사건 법률조항에서 직접 청소년유해매체물의 범위를 확정하지 아니하고 행정기관(청소년보호위원회 등)에 위임하여 그 행정기관으로 하여금 청소년유해매체물을 확정하도록 하는 것은 부득이하다고 할 것이다. 또 법 제10조 제1항은 청소년유해매체물의 결정기준으로서 청소년에게 성적인 욕구를 자극하는 선정적이거나 음란한 것, 포악성이나 범죄의 충동을 일으킬 수 있는 것 등을 규정하여 어떤 매체물이 청소년보호 위원회 등에 의하여 청소년유해매체물로 결정·확인될지 그 대강을 예측할 수 있도록 하고 있으며, 법 제21조 등과 법 시행규칙은 청소년유해매체물의 결정을 관보에 고시하고 주기적으로 청소년유해매체물목록표를 작성하도록 하고 있으므로 처벌의 대상행위가 무엇인지는 이러한 절차를 통하여 보다 명확해지게 된다. 따라서 이 사건 법률조항이 형벌법규의 위임의 한계를 벗어나거나 불명확하여 죄형법정주의에 위반된다고 할 수 없다(헌재 2000.06.29. 99헌가16).

② 【X】 구 「노동조합법」 제46조의3은 그 구성요건을 '단체협약에 … 위반한 자'라고만 규정함으로써 범죄구성요건의 외피(外皮)만 설정하였을 뿐 구성요건의 실질적 내용을 직접 규정하지 아니하고 모두 단체협약에 위임하고 있어 죄형법정주의의 기본적 요청인 '법률주의'에 위배되고, 그 구성요건도 지나치게 애매하고 광범위하여 죄형법정주의의 명확성의 원칙에 위배된다(헌재 1998.03.26. 96헌가20).

③ 【O】 공소시효제도는 비록 절차법인 「형사소송법」에 규정되어 있으나 실질은 국가형벌권의 소멸이라는 점에서 형의 시효와 마찬가지로 실체법적 성격을 갖고 있는 것으로, 예외로서 시효가 정지되는 경우는 특별히 법률로써 명문의 규정을 둔 경우에 한하여야 할 것이다. 만일 법률에 명문으로 규정되어 있지 아니한 경우에도 재정신청에 관한 위 법조의 규정을 피의자에게 불리하게 유추적용하여 공소시효의 정지를 인정하는 것은, 유추적용이 허용되는 범위를 일탈하여 법률이 보장한 피의자의 법적 지위의 안정을 법률상의 근거없이 침해하는 것이 되고, 나아가서는 헌법 제12조 제1항, 제13조 제1항이 정하는 적법절차주의, 죄형법정주의에 반하게 되며, 헌법재판소가 사실상의 입법행위를 하는 결과가 되므로, 「형사소송법」 제262조의2의 규정의 유추적용으로 고소사건에 대한 헌법소원이 심판에 회부된 경우도 공소시효가 정지된다고 인정함은 허용되지 않는다고 보아야 할 것으로 생각된다(1993.09.27. 92헌마284).

④ 【O】 교육감선거와 관련하여 후보자를 사퇴한 데 대한 대가를 목적으로 후보자이었던 자에게 금전을 제공하는 행위를 한 자를 처벌하는 「지방교육자치에 관한 법률」 제49조 제1항 본문 중 「공직선거법」(헌재 2005.08.04. 법률 제7681호로 개정된 것) 제232조 제1항 제2호 중 후보자를 사퇴한 데 대한 대가를 목적으로 후보자이었던 자에게 '금전을 제공하는 행위'를 한 자에 관한 부분을 준용하는 부분(이하 '이 사건 법률조항'이라 한다)이 죄형법정주의상 명확성원칙에 위배되지 아니한다(헌재 2012.12.27. 2012헌바47).

⑤ 【O】 이 사건 법률조항은, 조합원에 한하지 않고 모든 국민을 수범자로 하는 형벌조항이며, 또 금지되고 허용되는 선거운동이 무엇인지 여부가 형사처벌의 구성요건에 관련되는 주요사항임에도 불구하고, 그에 대한 결정을 입법자인 국회가 스스로 정하지 않고 헌법이 위임입법의 형식으로 예정하고 있지도 않은 특수법인의 정관에 위임하는 것은 사실상 그 정관 작성권자에게 처벌법규의 내용을 형성할 권한을 준 것이나 다름없으므로, 정관에 구성요건을 위임하고 있는 이 사건 법률조항은 범죄와 형벌에 관하여는 입법부가 제정한 형식적 의미의 법률로써 정하여야 한다는 죄형법정주의원칙에 비추어 허용되기 어렵다(헌재 2010.07.29. 2008헌바106).

10 처분적 법률에 대한 설명 중 옳은 것을 모두 고른 것은? (다툼이 있는 경우 판례에 의함) 2018 경찰 승진

> ㉠ 특별검사에 의한 수사대상을 특정인에 대한 특정 사건으로 한정하고 있는 한나라당 대통령 후보 이명박의 주가 조작 등 범죄혐의의 진상규명을 위한 특별검사의 임명 등에 관한 법률은 처분적 법률의 성격을 갖는다.
> ㉡ 불특정 다수인을 규율대상으로 하는 것이 아니라 친일반민족행위자의 후손만을 규율하고 있는 「친일반민족행위자 재산의 국가귀속에 관한 특별법」은 처분적 법률에 해당한다.
> ㉢ 상법상의 주식회사에 불과한 연합뉴스사를 국가기간뉴스통신사로 지정하고, 정부가 위탁하는 공익업무와 관련하여 정부의 예산으로 재정지원을 할 수 있는 법적 근거를 두고 있는 뉴스통신진흥에 관한 법률은 특정인에 대해서만 적용되는 개인대상법률로서 처분적 법률에 해당한다.
> ㉣ 이른바 행복도시 예정지역을 충청남도 연기군 및 공주시의 지역 중에서 지정한다고 규정한 신행정수도 후속대책을 위한 연기·공주지역 행정중심복합도시건설을 위한 특별법은 '연기·공주'라는 특정지역에 거주하는 주민이면서 특정범위의 국민들에 대하여만 특별한 희생을 강요하므로 처분적 법률에 해당한다.

① ㉠　　② ㉠, ㉢
③ ㉡, ㉢, ㉣　　④ ㉠, ㉡, ㉢, ㉣

지문분석 **난이도** ■■■ 상 | **정답** ② | **키워드** 처분적 법률 | **출제유형** 판례

㉠ 【O】 헌재 2008.01.10. 2007헌마1468
㉡ 【X】「친일반민족행위자 재산의 국가귀속에 관한 특별법」 조항들은 친일반민족행위자의 친일재산에 일반적으로 적용되는 것이므로 위 법률조항들을 처분적 법률로 보기도 어렵다(헌재 2011.03.31. 2008헌바141).
㉢ 【O】 헌재 2005.06.30. 2003헌마841
㉣ 【X】 신행정수도 후속대책을 위한 연기·공주지역 행정중심복합도시건설을 위한 특별법 조항은 행정중심복합도시의 예정지역 등에 대한 지정고시 처분을 매개로 하여 집행된다는 점에서 처분적 법률이라고 할 수 없다(헌재 2009.02.26. 2007헌바41).

11 **신체의 자유에 관한 설명 중 가장 적절하지 <u>않은</u> 것은?** (다툼이 있는 경우 판례에 의함) 2022 경찰 승진

① 교도소 내 엄중격리 대상자에 대하여 이동 시 계구를 사용하고 교도관이 동행계호하는 행위 및 1인 운동장을 사용하게 하는 처우가 필요한 경우에 한하여 부득이한 범위 내에서 실시되고 있으므로 신체의 자유를 과도하게 제한하여 헌법을 위반한 것이라고 볼 수 없다.

② 과태료는 행정상 의무위반자에게 부과하는 행정질서벌로서 그 기능과 역할이 형벌에 준하는 것이므로 죄형법정주의의 규율대상에 해당한다.

③ 행위 당시의 판례에 의하면 처벌대상이 되지 아니하는 것으로 해석되었던 행위를 판례의 변경에 따라 확인된 내용의 「형법」 조항에 근거하여 처벌한다고 하여 그것이 형벌불소급원칙에 위반된다고 할 수 없다.

④ 법관으로 하여금 미결구금일수를 형기에 산입하되, 그 미결구금일수 중 일부를 산입하지 않을 수 있게 허용하는 「형법」 규정은 무죄추정의 원칙 및 적법절차의 원칙 등을 위배하여 신체의 자유를 침해한다.

지문분석 **난이도** □■■ **중** | **정답** ② | **키워드** 신체의 자유 | **출제유형** 판례

① **[O]** 청구인들은 상습적으로 교정질서를 문란케 하는 등 교정사고의 위험성이 높은 엄중격리 대상자들인바, 이들에 대한 계구사용행위, 동행계호행위 및 1인 운동장을 사용하게 하는 처우는 그 목적의 정당성 및 수단의 적정성이 인정되며, 필요한 경우에 한하여 부득이한 범위 내에서 실시되고 있다고 할 것이고, 이로 인하여 수형자가 입게 되는 자유 제한에 비하여 교정사고를 예방하고 교도소 내의 안전과 질서를 확보하는 공익이 더 크다고 할 것이다. 이 사건 계구사용행위 및 동행계호행위가 청구인들의 기본권을 부당하게 침해한다고 보기 어렵다. 이 사건 실외운동 제한행위가 청구인들의 기본권을 부당하게 침해한다고 보기 어렵다(헌재 2008.05.29. 2005헌마137 등).

② **[X]** 죄형법정주의는 무엇이 범죄이며 그에 대한 형벌이 어떠한 것인가는 국민의 대표로 구성된 입법부가 제정한 법률로써 정하여야 한다는 원칙인데, 과태료는 행정상의 질서 유지를 위한 행정질서벌에 해당할 뿐 형벌이라고 할 수 없어 죄형법정주의의 규율대상에 해당하지 아니한다(헌재 2003.12.18. 2002헌바49).

③ **[O]** 형사처벌의 근거가 되는 것은 법률이지 판례가 아니고, 「형법」 조항에 관한 판례의 변경은 그 법률조항의 내용을 확인하는 것에 지나지 아니하여 이로써 그 법률조항 자체가 변경된 것이라고 볼 수는 없으므로, 행위 당시의 판례에 의하면 처벌대상이 되지 아니하는 것으로 해석되었던 행위를 판례의 변경에 따라 확인된 내용의 「형법」 조항에 근거하여 처벌한다고 하여 그것이 헌법상 평등의 원칙과 형벌불소급의 원칙에 반한다고 할 수는 없다(대판 1999.09.17. 97도3349).

④ **[O]** 「형법」 제57조 제1항은 해당 법관으로 하여금 미결구금일수를 형기에 산입하되, 그 산입범위는 재량에 의하여 결정하도록 하고 있는바, 헌법상 무죄추정의 원칙에 따라 유죄판결이 확정되기 전에 피의자 또는 피고인을 죄 있는 자에 준하여 취급함으로써 법률적·사실적 측면에서 유형·무형의 불이익을 주어서는 아니 되고, 특히 미결구금은 신체의 자유를 침해받는 피의자 또는 피고인의 입장에서 보면 실질적으로 자유형의 집행과 다를 바 없으므로, 인권보호 및 공평의 원칙상 형기에 전부 산입되어야 한다. 따라서 「형법」 제57조 제1항 중 '또는 일부 부분'은 헌법상 무죄추정의 원칙 및 적법절차의 원칙 등을 위배하여 합리성과 정당성 없이 신체의 자유를 침해한다(헌재 2009.06.25. 2007헌바25).

12 신체의 자유에 관한 설명 중 가장 적절한 것은? (다툼이 있는 경우 판례에 의함) 2023 경찰 승진

① 노역장유치는 신체의 자유를 박탈하여 징역형과 유사한 형벌적 성격을 가지고 있으나, 벌금형에 부수적으로 부과되는 환형처분에 불과하여 형벌불소급원칙이 적용되지 않는다.

② 병(兵)에 대한 징계처분으로 병을 부대나 함정 내의 영창, 그 밖의 구금장소에 감금하는 것을 규정한 구 「군인사법」에 의한 영창처분은 신체의 자유를 제한하는 구금에 해당하고, 이로 인해 헌법 제12조가 보호하려는 신체의 자유가 제한된다.

③ 신체의 자유는 신체의 안정성이 외부의 물리적인 힘이나 정신적인 위험으로부터 침해당하지 아니할 자유와 신체활동을 임의적이고 자율적으로 할 수 있는 자유를 의미하므로, 「형법」조항에 의해 형의 집행유예와 동시에 사회봉사명령을 선고받은 경우, 자신의 의사와 무관하게 사회봉사를 하지 않을 수 없게 되어 신체의 자유를 제한받는다.

④ 「디엔에이신원확인정보의 이용 및 보호에 관한 법률」 및 동법 시행령에 의한 디엔에이감식시료의 채취는 구강점막 또는 모근을 포함한 모발을 채취하는 방법 또는 분비물, 체액을 채취하는 방법으로 이루어지는데, 이 채취행위가 신체의 안정성을 해한다고 볼 수는 없으므로 신체의 자유를 제한하는 것은 아니다.

지문분석 **난이도** □■■ 중 | **정답** ② | **키워드** 신체의 자유 | **출제유형** 판례

① 【X】 형벌불소급원칙에서 의미하는 '처벌'은 「형법」에 규정되어 있는 형식적 의미의 형벌 유형에 국한되지 않으며, 범죄행위에 따른 제재의 내용이나 실제적 효과가 형벌적 성격이 강하여 신체의 자유를 박탈하거나 이에 준하는 정도로 신체의 자유를 제한하는 경우에는 형벌불소급원칙이 적용되어야 한다. 노역장유치는 그 실질이 신체의 자유를 박탈하는 것으로서 징역형과 유사한 형벌적 성격을 가지고 있으므로 형벌불소급원칙의 적용대상이 된다(위헌 헌결 2017.10.26. 2015헌바239)

② 【O】 헌법 제12조 제1항 전문은 '모든 국민은 신체의 자유를 가진다.'라고 규정하여 신체의 자유를 헌법상 기본권의 하나로 보장하고 있다. 신체의 자유는 신체의 안정성이 외부의 물리적인 힘이나 정신적인 위험으로부터 침해당하지 아니할 자유와 신체활동을 임의적이고 자율적으로 할 수 있는 자유이다. 심판대상조항은 병(兵)을 대상으로 한 영창처분을 '부대나 함정 내의 영창, 그 밖의 구금장소에 감금하는 것을 말하며, 그 기간은 15일 이내로 한다.'고 규정하고 있으므로, 심판대상조항에 의한 영창처분은 신체의 자유를 제한하는 구금에 해당하고, 이로 인해 헌법 제12조가 보호하려는 신체의 자유가 제한된다(위헌 헌결 2020.09.24. 2017헌바157).

③ 【X】 청구인은 이 사건 법률조항이 신체의 자유를 제한한다고 주장하나, 이 사건 법률조항에 의한 사회봉사명령은 청구인에게 근로의무를 부과함에 그치고 공권력이 신체를 구금하는 등의 방법으로 근로를 강제하는 것은 아니어서 이 사건 법률조항이 신체의 자유를 제한한다고 볼 수 없다(헌결 2012.03.29. 2010헌바100).

④ 【X】 헌법 제12조 제1항의 신체의 자유는, 신체의 안정성이 외부로부터의 물리적인 힘이나 정신적인 위험으로부터 침해당하지 아니할 자유와 신체활동을 임의적이고 자율적으로 할 수 있는 자유를 말한다. 디엔에이감식시료 채취의 구체적인 방법은 구강점막 또는 모근을 포함한 모발을 채취하는 방법으로 하고, 위 방법들에 의한 채취가 불가능하거나 현저히 곤란한 경우에는 분비물, 체액을 채취하는 방법으로 한다(이 사건 법률 시행령 제8조 제1항). 그렇다면 디엔에이감식시료의 채취행위는 신체의 안정성을 해한다고 볼 수 있으므로 이 사건 채취조항들은 신체의 자유를 제한한다.

13 **신체의 자유에 대한 설명으로 옳지 않은 것은?** (다툼이 있는 경우 판례에 의함) 2021 국가직 5급

① 검찰수사관이 정당한 사유 없이 피의자신문에 참여한 변호인에게 피의자 후방에 앉으라고 요구한 행위는 변호인의 변호권을 침해하는 것이다.

② 외국에서 실제로 형의 집행을 받았음에도 불구하고 우리 「형법」에 의한 처벌 시 이를 전혀 고려하지 않더라도 과도한 제한이라고 할 수 없으므로 신체의 자유를 침해하지 아니한다.

③ 현행범인인 경우와 장기 3년 이상의 형에 해당하는 죄를 범하고 도피 또는 증거인멸의 염려가 있을 때에는 사후에 영장을 청구할 수 있다.

④ 헌법 제12조 제4항 본문에 규정된 '구속'은 사법절차에서 이루어진 구속뿐 아니라, 행정절차에서 이루어진 구속까지 포함한다.

지문분석 **난이도** □■■ **중** | **정답** ② | **키워드** 신체의 자유 | **출제유형** 조문+판례

① 【O】 피의자신문에 참여한 변호인이 피의자 옆에 앉는다고 하여 피의자 뒤에 앉는 경우보다 수사를 방해할 가능성이 높아진다거나 수사기밀을 유출할 가능성이 높아진다고 볼 수 없으므로, 이 사건 후방착석요구행위의 목적의 정당성과 수단의 적절성을 인정할 수 없다. 따라서 이 사건 후방착석요구행위는 변호인인 청구인의 변호권을 침해한다(헌재 2017.11.30. 2016헌마503).

② 【X】 외국에서 실제로 형의 집행을 받았음에도 불구하고 우리 「형법」에 의한 처벌 시 이를 전혀 고려하지 않는다면 신체의 자유에 대한 과도한 제한이 될 수 있으므로 그와 같은 사정은 어느 범위에서든 반드시 반영되어야 하고, 이러한 점에서 입법형성권의 범위는 다소 축소될 수 있다. 입법자는 국가형벌권의 실현과 국민의 기본권 보장의 요구를 조화시키기 위하여 형을 필요적으로 감면하거나 외국에서 집행된 형의 전부 또는 일부를 필요적으로 산입하는 등의 방법을 선택하여 청구인의 신체의 자유를 덜 침해할 수 있음에도, 이 사건 법률 조항과 같이 우리 「형법」에 의한 처벌 시 외국에서 받은 형의 집행을 전혀 반영하지 아니할 수도 있도록 한 것은 과잉금지원칙에 위배되어 신체의 자유를 침해한다(헌재 2015.05.28. 2013헌바129).

③ 【O】 체포 · 구속 · 압수 또는 수색을 할 때에는 적법한 절차에 따라 검사의 신청에 의하여 법관이 발부한 영장을 제시하여야 한다. 다만, 현행범인인 경우와 장기 3년 이상의 형에 해당하는 죄를 범하고 도피 또는 증거인멸의 염려가 있을 때에는 사후에 영장을 청구할 수 있다(헌법 제12조 제3항).

④ 【O】 헌법 제12조 제4항 본문의 문언 및 헌법 제12조의 법령 체계, 변호인 조력권의 속성, 헌법이 신체의 자유를 보장하는 취지를 종합하여 보면 헌법 제12조 제4항 본문에 규정된 '구속'은 사법절차에서 이루어진 구속뿐 아니라, 행정절차에서 이루어진 구속까지 포함하는 개념이다. 따라서 헌법 제12조 제4항 본문에 규정된 변호인의 조력을 받을 권리는 행정절차에서 구속을 당한 사람에게도 즉시 보장된다(헌재 2018.05.31. 2014헌마346).

14 헌법상 신체의 자유에 대한 설명으로 가장 적절하지 않은 것은? (다툼이 있는 경우 헌법재판소 판례에 의함) 2019 경찰 승진

① 마약류사범인 수용자에게 마약류반응검사를 위하여 소변을 받아 제출하게 한 것은 과잉금지의 원칙에 위반되지 않는다.

② 보호의무자 2인의 동의와 정신건강의학과 전문의 1인의 진단으로 정신질환자에 대한 보호입원이 가능하도록 한 정신보건법 조항은 정신질환자를 신속・적정하게 치료하고, 정신질환자 본인과 사회의 안전을 지키기 위한 것이므로 신체의 자유를 침해하지 않는다.

③ 형사 법률에 저촉되는 행위 또는 규율 위반 행위를 한 피보호감호자에 대하여 징벌처분을 내릴 수 있도록 한 구 사회보호법 조항은 과잉금지원칙에 위배되지 않아 청구인의 신체의 자유를 침해하지 않는다.

④ 국가보안법 위반죄 등 일부 범죄혐의자를 법관의 영장 없이 구속, 압수, 수색할 수 있도록 규정하고 있던 구 인신구속 등에 관한 임시 특례법 조항은 영장주의에 위배된다.

지문분석 **난이도** □■■ 중 | **정답** ② | **키워드** 신체의 자유 | **출제유형** 판례

① 【O】 마약류는 중독성 등으로 교정시설로 반입되어 수용자가 복용할 위험성이 상존하고, 수용자가 마약류를 복용할 경우 그 수용자의 수용목적이 근본적으로 훼멸될 뿐만 아니라 다른 수용자들에 대한 위해로 인한 사고로 이어질 수 있으므로, 소변채취를 통한 마약류반응검사가 월 1회씩 정기적으로 행하여진다 하여도 이는 마약류의 반입 및 복용사실을 조기에 발견하고 마약류의 반입시도를 사전에 차단함으로써 교정시설 내의 안전과 질서유지를 위하여 필요하고, 마약의 복용 여부는 외부관찰 등에 의해서는 발견될 수 없으며, 징벌 등 제재처분 없이 자발적으로 소변을 받아 제출하도록 한 후, 3분 내의 짧은 시간에, 시약을 떨어뜨리는 간단한 방법으로 실시되므로, 대상자가 소변을 받아 제출하는 하기 싫은 일을 하여야 하고 자신의 신체의 배출물에 대한 자기결정권이 다소 제한된다고 하여도, 그것만으로는 소변채위의 목적 및 검사방법 등에 비추어 과잉금지의 원칙에 반한다고 할 수 없다(헌재 2006.07.27. 2005헌마277).

② 【X】 심판대상조항이 정한 보호입원 제도는 입원의 필요성에 대한 판단에 있어 객관성과 공정성을 담보할 만한 장치를 두고 있지 않고, 보호입원 대상자의 의사 확인이나 부당한 강제입원에 대한 불복제도도 충분히 갖추고 있지 아니하여, 보호입원 대상자의 신체의 자유를 과도하게 제한하고 있어, 침해의 최소성에 반한다. 심판대상조항은 단지 보호의무자 2인의 동의와 정신과전문의 1인의 판단만으로 정신질환자에 대한 보호입원이 가능하도록 하면서 정신질환자의 신체의 자유 침해를 최소화할 수 있는 적절한 방안을 마련하지 아니함으로써 지나치게 기본권을 제한하고 있다. 따라서 심판대상조항은 법익의 균형성 요건도 충족하지 못한다. 심판대상조항은 과잉금지원칙을 위반하여 신체의 자유를 침해한다(헌재 2016.09.29. 2014헌가9).

③ 【O】 이 사건 법률조항은 보호감호처분에 관하여 「형집행법」 제107조 제1호, 제6호를 준용하여 형사 법률에 저촉되는 행위 또는 규율 위반 행위를 한 피보호감호자에 대하여 불이익처분을 내릴 수 있도록 함으로써 수용시설의 안전과 공동생활의 질서를 유지하기 위한 것으로, 입법목적의 정당성이 인정된다. 이 사건 법률조항이 달성하고자 하는 수용시설의 안전과 질서유지는 수용목적을 달성하기 위한 가장 기본적인 전제조건으로서 수용시설의 운영을 위한 필수불가결한 공익인 만큼 이 사건 법률조항으로 인하여 제한되는 청구인의 사익보다 결코 작다고 볼 수 없으므로, 이 사건 법률조항은 법익의 균형성도 갖추었다. 그러므로 이 사건 법률조항은 과잉금지원칙에 위배되어 청구인의 신체의 자유 등 기본권을 침해하지 않는다(헌재 2016.05.26. 2015헌바378).

④ 【O】 이 사건 법률조항은 수사기관이 법관에 의하여 발부된 영장 없이 일부 범죄 혐의자에 대하여 구속 등 강제처분을 할 수 있도록 규정하고 있을 뿐만 아니라, 그와 같이 영장 없이 이루어진 강제처분에 대하여 일정한 기간 내에 법관에 의한 사후영장을 발부받도록 하는 규정도 마련하지 아니함으로써, 수사기관이 법관에 의한 구체적 판단을 전혀 거치지 않고서도 임의로 불특정한 기간 동안 피의자에 대한 구속 등 강제처분을 할 수 있도록 하고 있는바, 이는 이 사건 법률조항의 입법목적과 그에 따른 입법자의 정책적 선택이 자의적이었는지 여부를 따질 필요도 없이 형식적으로 영장주의의 본질을 침해한다고 하지 않을 수 없다(헌재 2012.12.27. 2011헌가5).

15 **신체의 자유에 관한 설명 중 가장 적절하지 않은 것은?** (다툼이 있는 경우 판례에 의함) 2020 경찰 승진

① 누구든지 체포 또는 구속의 이유와 변호인의 조력을 받을 권리가 있음을 고지 받지 아니하고는 체포 또는 구속을 당하지 아니한다. 체포 또는 구속을 당한 자의 가족 등 법률이 정하는 자에게는 그 이유와 일시 장소가 지체 없이 통지되어야 한다.

② 법무부장관이 형사사건으로 공소가 제기된 변호사에 대하여 판결이 확정될 때까지 업무정지를 명하도록 한 구「변호사법」제15조는 무죄추정의 원칙에 위배되지 않는다.

③ 성폭력범죄를 저지른 성도착증 환자로서 재범의 위험성이 인정되는 19세 이상의 사람에 대해 법원이 15년의 범위에서 치료명령을 선고할 수 있도록 한 법률규정은, 장기형이 선고되는 경우 치료명령의 선고시점과 집행시점 사이에 상당한 시간적 간극이 있어 집행시점에 발생할 수 있는 불필요한 치료와 관련한 부분에 대해서는 침해의 최소성과 법익균형성이 인정되지 않기 때문에 피치료자의 신체의 자유를 침해한다.

④ 특별검사가 참고인에게 지정된 장소까지 동행할 것을 명령할 수 있게 하고 참고인이 정당한 이유 없이 위 동행명령을 거부한 경우 천만 원 이하의 벌금형에 처하도록 규정한 동행명령조항은 영장주의 또는 과잉금지 원칙에 위배하여 참고인의 신체의 자유를 침해하는 것이다.

PART · 02

지문분석 **난이도** □■■ **중** | **정답** ② | **키워드** 신체의 자유 | **출제유형** 판례

① 【O】 누구든지 체포 또는 구속의 이유와 변호인의 조력을 받을 권리가 있음을 고지 받지 아니하고는 체포 또는 구속을 당하지 아니한다. 체포 또는 구속을 당한 자의 가족 등 법률이 정하는 자에게는 그 이유와 일시·장소가 지체 없이 통지되어야 한다(헌법 제12조 제5항).

② 【X】「변호사법」제15조에서 변호사에 대해 형사사건으로 공소가 제기되었다는 사실만으로 업무정지명령을 발하게 한 것은 아직 유무죄가 가려지지 아니한 범죄의 혐의사실뿐 확증 없는 상태에서 유죄로 추정하는 것이 되며 이를 전제로 한 불이익한 처분이라 할 것이다.「변호사법」제15조의 규정에 의하여 입는 불이익은 죄가 없는 자에 준하는 취급이 아님은 말할 것도 없고, 불이익을 입히는데 앞서 본 바와 같이 필요한 요건, 불이익처분의 기관구성, 절차 및 불이익의 정도 등에 있어서 비례의 원칙이 준수되었다고 보기 어려울 것으로 헌법의 위 규정을 어긴 것이라 할 것이다(헌재 1990.11.19. 90헌가48).

③ 【O】 장기형이 선고되는 경우 치료명령의 선고시점과 집행시점 사이에 상당한 시간적 간극이 있어 집행시점에서 발생할 수 있는 불필요한 치료와 관련한 부분에 대해서는 침해의 최소성과 법익균형성을 인정하기 어렵다. 이 사건 명령조항은 집행 시점에서 불필요한 치료를 막을 수 있는 절차가 마련되어 있지 않은 점으로 인하여 과잉금지원칙에 위배되어 치료명령 피청구인의 신체의 자유 등 기본권을 침해한다(헌재 2015.12.23. 2013헌가9).

④ 【O】 참고인에 대한 동행명령제도는 참고인의 신체의 자유를 사실상 억압하여 일정 장소로 인치하는 것과 실질적으로 같으므로 헌법 제12조 제3항이 정한 영장주의원칙이 적용되어야 한다. 그럼에도 불구하고 법관이 아닌 특별검사가 동행명령장을 발부하도록 하고 정당한 사유 없이 이를 거부한 경우 벌금형에 처하도록 함으로써, 실질적으로는 참고인의 신체의 자유를 침해하여 지정된 장소에 인치하는 것과 마찬가지의 결과가 나타나도록 규정한 이 사건 동행명령조항은 영장주의원칙을 규정한 헌법 제12조 제3항에 위반되거나 적어도 위 헌법상 원칙을 잠탈하는 것이다(헌재 2008.01.10. 2007헌마1468).

16 신체의 자유에 대한 설명으로 가장 적절하지 <u>않은</u> 것은? (다툼이 있는 경우 판례에 의함) 2021 경찰 승진

① 체포·구속·압수 또는 수색을 할 때에는 적법한 절차에 따라 검사의 신청에 의하여 법관이 발부한 영장을 제시하여야 한다. 다만, 현행범인인 경우와 장기 3년 이상의 형에 해당하는 죄를 범하고 도피 또는 증거인멸의 염려가 없을 때에는 사후에 영장을 청구할 수 있다.

② 외국에서 형의 전부 또는 일부의 집행을 받은 자에 대하여 형을 감경 또는 면제할 수 있도록 규정한 「형법」 조항은 신체의 자유를 침해한다.

③ 상소제기 후의 미결구금일수 산입을 규정하면서 상소제기 후 상소취하시까지의 구금일수 통산에 관하여는 규정하지 아니함으로써 이를 본형 산입의 대상에서 제외되도록 한 「형사소송법」 조항은 신체의 자유를 지나치게 제한하는 것으로서 헌법에 위반된다.

④ 변호인이 피의자신문에 자유롭게 참여할 수 있는 권리는 피의자가 가지는 변호인의 조력을 받을 권리를 실현하는 수단이므로 헌법상 기본권인 변호인의 변호권으로서 보호되어야 한다.

지문분석 **난이도** □■■ 중 | **정답** ① | **키워드** 신체의 자유 | **출제유형** 판례

① 【X】 체포·구속·압수 또는 수색을 할 때에는 적법한 절차에 따라 검사의 신청에 의하여 법관이 발부한 영장을 제시하여야 한다. 다만, 현행범인인 경우와 장기 3년 이상의 형에 해당하는 죄를 범하고 도피 또는 증거인멸의 염려가 있을 때에는 사후에 영장을 청구할 수 있다(헌법 제12조 제3항).

② 【O】 외국에서 실제로 형의 집행을 받았음에도 불구하고 우리 「형법」에 의한 처벌 시 이를 전혀 고려하지 않는다면 신체의 자유에 대한 과도한 제한이 될 수 있으므로 그와 같은 사정은 어느 범위에서든 반드시 반영되어야 하고, 이러한 점에서 입법 형성권의 범위는 다소 축소될 수 있다. 입법자는 국가형벌권의 실현과 국민의 기본권 보장의 요구를 조화시키기 위하여 형을 필요적으로 감면하거나 외국에서 집행된 형의 전부 또는 일부를 필요적으로 산입하는 등의 방법을 선택하여 청구인의 신체의 자유를 덜 침해할 수 있음에도, 이 사건 법률조항과 같이 우리 「형법」에 의한 처벌 시 외국에서 받은 형의 집행을 전혀 반영하지 아니할 수도 있도록 한 것은 과잉금지원칙에 위배되어 신체의 자유를 침해한다(헌재 2015.05.28. 2013헌바129).

③ 【O】 미결구금은 신체의 자유를 침해받는 피의자 또는 피고인의 입장에서 보면 실질적으로 자유형의 집행과 다를 바 없으므로 인권보호 및 공평의 원칙상 형기에 전부 산입되어야 한다. 상소제기 후 상소취하 시까지의 미결구금을 형기에 산입하지 아니하는 것은 헌법상 무죄추정의 원칙 및 적법절차의 원칙, 평등원칙 등을 위배하여 합리성과 정당성 없이 신체의 자유를 지나치게 제한하는 것이고, 상소제기 후 상소취하 시까지의 미결구금일수를 본형에 산입하도록 규정하지 아니한 것은 헌법에 위반된다(헌재 2009.12.29. 2008헌가13 등).

④ 【O】 변호인이 피의자신문에 자유롭게 참여할 수 있는 권리는 피의자가 가지는 변호인의 조력을 받을 권리를 실현하는 수단이므로 헌법상 기본권인 변호인의 변호권으로서 보호되어야 한다(헌재 2017.11.30. 2016헌마503).

17 신체의 자유에 대한 설명으로 옳지 않은 것은? (다툼이 있는 경우 판례에 의함) 2021 국가직 7급

① 관광진흥개발기금 관리·운용업무에 종사토록 하기 위하여 문화체육관광부 장관에 의해 채용된 민간 전문가에 대해 「형법」상 뇌물죄의 적용에 있어서 공무원으로 의제하는 「관광진흥개발기금법」의 규정은 신체의 자유를 과도하게 제한하는 것은 아니다.

② 구 미성년자보호법의 해당 조항 중 '잔인성'과 '범죄의 충동을 일으킬 수 있게'라는 부분은 그 적용 범위를 법집행기관의 자의적인 판단에 맡기고 있으므로 죄형법정주의에서 파생된 명확성의 원칙에 위배된다.

③ 군인 아닌 자가 유사군복을 착용함으로써 군인에 대한 국민의 신뢰가 실추되는 것을 방지하기 위해 유사군복의 착용을 금지하는 것은 허용되지만, 유사군복을 판매목적으로 소지하는 것까지 금지하는 것은 과잉금지원칙에 위반된다.

④ 디엔에이신원확인정보의 수집·이용은 수형인등에게 심리적 압박으로 인한 범죄예방효과를 가진다는 점에서 보안처분의 성격을 지니지만, 처벌적인 효과가 없는 비형벌적 보안처분으로서 소급입법금지원칙이 적용되지 않는다.

PART · 02

지문분석 **난이도** □■■ **중** | **정답** ③ | **키워드** 신체의 자유 | **출제유형** 판례

① 【O】 민간 전문가가 기금 운용 정책 전반에 관하여 문화체육관광부 장관을 보좌하는 직무를 수행함에 있어서 청렴성이나 공정성이 필요하다. 위 조항은 민간 전문가를 모든 영역에서 공무원으로 의제하는 것이 아니라 직무의 불가매수성을 담보한다는 요청에 의해 금품수수행위 등 직무 관련 비리행위를 엄격히 처벌하기 위해 「형법」 제129조 등의 적용에 대하여만 공무원으로 의제하고 있으므로 입법목적 달성에 필요한 정도를 넘어선 과잉형벌이라고 할 수 없고, 신체의 자유 등 헌법상 기본권 제한의 정도가 달성하려는 공익에 비하여 중하다고 할 수 없다. 결론적으로 이 사건 공무원 의제조항이 과잉금지원칙에 위배되어 청구인의 신체의 자유 등 헌법상 기본권을 침해한다고 볼 수 없다(헌재 2014.07.24. 2012헌바188).

② 【O】 '잔인성'에 대하여는 아직 판례상 그 개념규정이 확립되지 않은 상태이고 그 사전적 의미는 '인정이 없고 모짊'이라고 할 수 있는바, 이에 의하면 미성년자의 감정이나 의지, 행동 등 그 정신생활의 모든 영역을 망라하는 것으로서 법집행자의 자의적인 판단을 허용할 여지가 높다고 할 것이다. '범죄의 충동을 일으킬 수 있게' 한다는 것이 과연 확정적이든 미필적이든 고의를 품도록 하는 것에만 한정되는 것인지, 인식의 유무를 가리지 않고 실제로 구성요건에 해당하는 행위로 나아가게 하는 일체의 것을 의미하는지, 더 나아가 단순히 그 행위에 착수하는 단계만으로도 충분한 것인지, 그 결과까지 의욕하거나 실현하도록 하여야만 하는 것인지를 전혀 알 수 없다. 이 사건 미성년자보호법 조항은 법관의 보충적인 해석을 통하여도 그 규범내용이 확정될 수 없는 모호하고 막연한 개념을 사용함으로써 그 적용범위를 법집행기관의 자의적인 판단에 맡기고 있으므로, 죄형법정주의에서 파생된 명확성의 원칙에 위배된다(헌재 2002.02.28. 99헌가8).

③ 【X】 군인 아닌 자가 유사군복을 입고 군인임을 사칭하여 군인에 대한 국민의 신뢰를 실추시키는 행동을 하는 등 군에 대한 신뢰 저하 문제로 이어져 향후 발생할 국가안전보장상의 부작용을 상정해볼 때, 단지 유사군복의 착용을 금지하는 것으로는 입법목적을 달성하기에 부족하고, 유사군복을 판매 목적으로 소지하는 것까지 금지하여 유사군복이 유통되지 않도록 하는 사전적 규제조치가 불가피하다. … 이를 판매 목적으로 소지하지 못하여 입는 개인의 직업의 자유나 일반적 행동의 자유의 제한 정도는, 국가안전을 보장하고자 하는 공익에 비하여 결코 중하다고 볼 수 없다. 따라서 심판대상조항은 과잉금지원칙을 위반하여 직업의 자유 내지 일반적 행동의 자유를 침해한다고 볼 수 없다(헌재 2019.04.11. 2018헌가14).

④ 【O】 디엔에이신원확인정보의 수집·이용은 수형인 등에게 심리적 압박으로 인한 범죄예방효과를 가진다는 점에서 보안처분의 성격을 지니지만, 처벌적인 효과가 없는 비형벌적 보안처분으로서 소급입법금지원칙이 적용되지 않는다. 이 사건 법률의 소급적용으로 인한 공익적 목적이 당사자의 손실보다 더 크므로, 이 사건 부칙조항이 법률 시행 당시 디엔에이감식시료 채취 대상범죄로 실형이 확정되어 수용 중인 사람들까지 이 사건 법률을 적용한다고 하여 소급입법금지원칙에 위배되는 것은 아니다(헌재 2014.08.28. 2011헌마28 등).

18 적법절차 및 영장주의에 대한 설명으로 가장 적절하지 <u>않은</u> 것은? (다툼이 있는 경우 헌법재판소 판례에 의함) 2023 경찰간부

① 구 「도시 및 주거환경정비법」 조항이 정비예정구역 내 토지 등소유자의 100분의 30 이상의 해제 요청이라는 비교적 완화된 요건만으로 정비예정구역 해제 절차에 나아갈 수 있도록 하였다고 하여 적법절차원칙에 위반된다고 보기는 어렵다.

② 강제퇴거명령을 받은 사람을 보호할 수 있도록 하면서 보호기간의 상한을 마련하지 아니한 「출입국관리법」상 보호는 그 개시 또는 연장단계에서 공정하고 중립적인 기관에 의한 통제절차가 없고 당사자에게 의견을 제출할 기회도 보장하고 있지 아니하므로 헌법상 적법절차원칙에 위배된다.

③ 기지국 수사를 허용하는 통신사실 확인자료 제공요청의 경우 관할 지방법원 또는 지원의 허가를 받도록 규정한 「통신비밀보호법」상 조항은 헌법상 영장주의에 위배되지 않는다.

④ 서울용산경찰서장이 국민건강보험공단에 청구인들의 요양급여내역의 제공을 요청한 사실조회 행위는 임의수사에 해당하나 이에 응해 이루어진 정보제공행위에 대해서는 헌법상 영장주의가 적용된다.

지문분석 **난이도** □■■ 중 | **정답** ④ | **키워드** 신체의 자유 및 적법절차 | **출제유형** 판례

① 【O】 심판대상조항은 정비예정구역으로 지정되어 있는 상태에서 정비사업이 장기간 방치됨으로써 발생하는 법적 불안정성을 해소하고, 정비예정구역 내 토지등소유자의 재산권 행사를 보장하기 위한 것이다. 아직 정비계획의 수립 및 정비구역 지정이 이루어지지 않고 있는 정비예정구역을 대상으로 하는 점, 경기, 사업성 또는 주민갈등 등 다양한 사유로 인하여 정비예정구역에 대한 정비계획 수립 등이 이루어지지 않을 가능성도 있는 점, 정비예정구역으로 지정되어 있을 뿐인 단계에서부터 토지등소유자의 100분의 30 이상이 정비예정구역 해제를 요구하고 있는 상황이라면 추후 정비사업의 시행이 지연되거나 좌초될 가능성이 큰 점, 토지등소유자에게는 정비계획의 입안을 제안할 수 있는 방법이 있는 점, 정비예정구역 해제를 위해서는 지방도시계획위원회의 심의를 거쳐야 하고, 정비예정구역의 해제는 해제권자의 재량적 행위인 점, 정비예정구역 해제에 관한 위법이 있는 경우 항고소송을 통하여 이를 다툴 수 있는 점 등을 종합적으로 고려하면, 심판대상조항이 적법절차원칙에 위반된다고 볼 수 없다(헌재 2023.06.29. 2020헌바63).

② 【O】 행정절차상 강제처분에 의해 신체의 자유가 제한되는 경우 강제처분의 집행기관으로부터 독립된 중립적인 기관이 이를 통제하도록 하는 것은 적법절차원칙의 중요한 내용에 해당한다. 심판대상조항에 의한 보호는 신체의 자유를 제한하는 정도가 박탈에 이르러 형사절차상 '체포 또는 구속'에 준하는 것으로 볼 수 있는 점을 고려하면, 보호의 개시 또는 연장 단계에서 그 집행기관인 출입국관리공무원으로부터 독립되고 중립적인 지위에 있는 기관이 보호의 타당성을 심사하여 이를 통제할 수 있어야 한다. 그러나 현재 「출입국관리법」상 보호의 개시 또는 연장 단계에서 집행기관으로부터 독립된 중립적 기관에 의한 통제절차가 마련되어 있지 아니하다. 또한 당사자에게 의견 및 자료 제출의 기회를 부여하는 것은 적법절차원칙에서 도출되는 중요한 절차적 요청이므로, 심판대상조항에 따라 보호를 하는 경우에도 피보호자에게 위와 같은 기회가 보장되어야 하나, 심판대상조항에 따른 보호명령을 발령하기 전에 당사자에게 의견을 제출할 수 있는 절차적 기회가 마련되어 있지 아니하다. 따라서 심판대상조항은 적법절차원칙에 위배되어 피보호자의 신체의 자유를 침해한다(헌재 2023.03.23. 2020헌가1 등).

③ 【O】 기지국수사는 「통신비밀보호법」이 정한 강제처분에 해당되므로 헌법상 영장주의가 적용된다. 헌법상 영장주의의 본질은 강제처분을 함에 있어 중립적인 법관이 구체적 판단을 거쳐야 한다는 점에 있는바, 이 사건 허가조항은 수사기관이 전기통신사업자에게 통신사실 확인자료 제공을 요청함에 있어 관할 지방법원 또는 지원의 허가를 받도록 규정하고 있으므로 헌법상 영장주의에 위배되지 아니한다(헌재 2018.06.28. 2012헌마538).

④ 【X】 이 사건 사실조회행위는 강제력이 개입되지 아니한 임의수사에 해당하므로, 이에 응하여 이루어진 이 사건 정보제공행위에도 영장주의가 적용되지 않는다. 그러므로 이 사건 정보제공행위가 영장주의에 위배되어 청구인들의 개인정보자기결정권을 침해한다고 볼 수 없다(헌재 2018.08.30. 2014헌마368).

19 **진술거부권에 대한 설명으로 가장 적절한 것은?** (다툼이 있는 경우 헌법재판소 판례에 의함)

2023 경찰간부

① 육군 장교가 민간법원에서 약식명령을 받아 확정되면 자진신고할 의무를 규정한 '2020년도 장교 진급 지시' 중 '민간법원에서 약식명령을 받아 확정된 사실이 있는 자'에 관한 부분은 육군 장교인 청구인의 진술거부권을 침해한다.

② 피의자가 수사기관에서 신문을 받음에 있어서 진술거부권을 제대로 행사하기 위해서 뿐만 아니라 진술거부권을 행사하지 않고 적극적으로 진술하기 위해서는 변호인이 피의자의 후방에 착석하는 것으로도 충분하다.

③ '대체유류'를 제조하였다고 신고하는 것이 곧 석유사업법위반죄를 시인하는 것이나 마찬가지라고 할 수 없고, 신고의무 이행 시 과세절차가 곧바로 석유사업법위반죄의 처벌을 위한 자료의 수집·획득 절차로 이행되는 것도 아니므로 유사석유제품을 제조하여 조세를 포탈한 자를 처벌하도록 규정한 구 「조세범 처벌법」 조항이 형사상 불리한 진술을 강요하는 것이라고 볼 수 없다.

④ 성매매를 한 자를 형사처벌 하도록 규정한 「성매매알선 등 행위의 처벌에 관한 법률」상 자발적 성매매와 성매매피해자를 구분하는 차별적 범죄화는 성판매자로 하여금 성매매피해자로 구제받기 위하여 성매매 사실을 스스로 진술하게 하므로 성판매자의 진술거부권을 침해한다.

지문분석 **난이도** □■■ **중** | **정답** ③ | **키워드** 진술거부권 | **출제유형** 판례

① 【X】 청구인 김○○은 20년도 육군지시 자진신고조항이 진술거부권도 제한한다고 주장한다. 헌법 제12조 제2항에서 규정하는 진술거부권에 있어서의 진술이란, 형사상 자신에게 불이익이 될 수 있는 진술로서 범죄의 성립과 양형에서의 불리한 사실 등을 말하는 것을 의미한다. 20년도 육군지시 자진신고조항은 민간법원에서 약식명령을 받아 확정된 사실만을 자진신고 하도록 하고 있는바, 위 사실 자체는 형사처벌의 대상이 아니고 약식명령의 내용이 된 범죄사실의 진위 여부를 밝힐 것을 요구하는 것도 아니므로, 범죄의 성립과 양형에서의 불리한 사실 등을 말하게 하는 것이라 볼 수 없다. 따라서 20년도 육군지시 자진신고조항은 어느 모로 보나 형사상 불이익한 진술을 강요한다고 볼 수 없으므로, 진술거부권을 제한하지 아니한다(헌재 2021.08.31. 2020헌마12 등).

② 【X】 피의자신문과정이 위압적으로 진행되는 과정에서 발생할 수 있는 인권 침해의 요소를 방지하기 위하여 진술거부권의 고지, 증거능력의 배제와 같은 규정들이 마련되어 있다. 그러나 진술거부권이 규정되어 있다고 하더라도, 피의자가 수사기관에서 신문을 받음에 있어서 진술거부권을 제대로 행사하기 위해서 뿐만 아니라 진술거부권을 행사하지 않고 적극적으로 진술하기 위해서는 변호인이 피의자의 후방에 착석할 것이 아니라 피의자의 옆에 앉아 조력할 필요가 있다. 이러한 사정을 종합하여 보면, 이 사건 후방착석요구행위는 피의자에 대한 변호인의 피의자신문참여에 관한 권리를 제한하는 행위로서 침해의 최소성 요건을 충족한다고 할 수 없다. 따라서 이 사건 후방착석요구행위는 변호인인 청구인의 변호권을 침해한다(헌재 2017.11.30. 2016헌마503).

③ 【O】 대체유류에는 적법하게 제조되어 석유사업법상 처벌대상이 되지 않는 석유대체연료를 포함하는 것이므로 '대체유류'를 제조하였다고 신고하는 것이 곧 석유사업법을 위반하였음을 시인하는 것과 마찬가지라고 할 수 없고, 신고의무 이행시 진행되는 과세절차가 곧바로 석유사업법위반죄 처벌을 위한 자료의 수집·획득 절차로 이행되는 것도 아니다. 따라서 교통·에너지·환경세법 제7조 제1항은 형사상 불이익한 사실의 진술을 강요한 것으로 볼 수 없으므로 진술거부권을 제한하지 아니한다(헌재 2014.07.24. 2013헌바177).

④ 【X】 제청법원은 심판대상조항이 진술거부권을 침해하고 국제협약에 위반된다고 주장하나, 심판대상조항은 성판매자에게 형사상 불이익한 진술의무를 부과하는 조항이라 볼 수 없으므로 진술거부권을 제한하지 아니하며, 국내법과 동일한 효력을 가지는 국제협약은 위헌심사의 기준이 되지 못한다는 점에서 위 주장은 모두 이유 없다(헌재 2016.03.31. 2013헌가2).

20 적법절차원리에 대한 설명으로 옳지 않은 것은? 2023 국가직 7급

① 농림수산식품부장관 등 관련 국가기관이 국민의 생명・신체의 안전에 영향을 미치는 고시 등의 내용을 결정함에 있어서 이해관계인의 의견을 사전에 충분히 수렴하는 것이 바람직하기는 하지만, 그것이 헌법의 적법절차 원칙상 필수적으로 요구되는 것이라고 할 수는 없다.

② 강제퇴거명령을 받은 사람을 보호할 수 있도록 하면서 보호기간의 상한을 마련하지 아니한 「출입국관리법」 조항에 의한 보호는 형사절차상 '체포 또는 구속'에 준하는 것으로 볼 수 있는 점을 고려하면, 보호의 개시 또는 연장 단계에서 그 집행기관인 출입국관리공무원으로부터 독립되고 중립적인 지위에 있는 기관이 보호의 타당성을 심사하여 이를 통제할 수 있어야 한다.

③ 형사재판에 계속 중인 사람에 대하여 출국을 금지할 수 있다고 규정한 「출입국관리법」에 따른 법무부장관의 출국금지결정은 성질상 신속성과 밀행성을 요하므로, 출국금지 대상자에게 사전통지를 하거나 청문을 실시하도록 한다면 국가 형벌권 확보라는 출국금지제도의 목적을 달성하는 데 지장을 초래할 우려가 있으며, 출국금지 후 즉시 서면으로 통지하도록 하고 있고, 이의신청이나 행정소송을 통하여 출국금지결정에 대해 사후적으로 다툴 수 있는 기회를 제공하여 절차적 참여를 보장해 주고 있으므로 적법절차원칙에 위배된다고 보기 어렵다.

④ 효율적인 수사와 정보수집의 신속성, 밀행성 등을 고려하여 사전에 정보주체인 이용자에게 그 내역을 통지하는 것이 적절하지 않기 때문에, 수사기관 등이 통신자료를 취득한 이후에도 수사 등 정보수집의 목적에 방해가 되지 않도록 「전기통신사업법」 조항이 통신자료 취득에 대한 사후통지절차를 두지 않은 것은 적법절차원칙에 위배되지 아니한다.

지문분석 **난이도** □■■ 중 | **정답** ④ | **키워드** 적법절차원칙 | **출제유형** 판례

① **[O]** 원래 국민의 생명・신체의 안전 등 기본권을 보호할 의무를 어떠한 절차를 통하여 실현할 것인가에 대하여도 국가에게 폭 넓은 형성의 자유가 인정된다 할 것이므로, 농림수산식품부장관 등 관련 국가기관이 국민의 생명・신체의 안전에 영향을 미치는 고시 등의 내용을 결정함에 있어서 이해관계인의 의견을 사전에 충분히 수렴하는 것이 바람직하기는 하지만, 그것이 헌법의 적법절차 원칙상 필수적으로 요구되는 것이라고 할 수는 없다(헌재 2008.12.26. 2008헌마419 등).

② **[O]** 행정절차상 강제처분에 의해 신체의 자유가 제한되는 경우 강제처분의 집행기관으로부터 독립된 중립적인 기관이 이를 통제하도록 하는 것은 적법절차원칙의 중요한 내용에 해당한다. 심판대상조항에 의한 보호는 신체의 자유를 제한하는 정도가 박탈에 이르러 형사절차상 '체포 또는 구속'에 준하는 것으로 볼 수 있는 점을 고려하면, 보호의 개시 또는 연장 단계에서 그 집행기관인 출입국관리공무원으로부터 독립되고 중립적인 지위에 있는 기관이 보호의 타당성을 심사하여 이를 통제할 수 있어야 한다. 그러나 현재 「출입국관리법」상 보호의 개시 또는 연장 단계에서 집행기관으로부터 독립된 중립적 기관에 의한 통제절차가 마련되어 있지 아니하다. 또한 당사자에게 의견 및 자료 제출의 기회를 부여하는 것은 적법절차원칙에서 도출되는 중요한 절차적 요청이므로, 심판대상조항에 따라 보호를 하는 경우에도 피보호자에게 위와 같은 기회가 보장되어야 하나, 심판대상조항에 따른 보호명령을 발령하기 전에 당사자에게 의견을 제출할 수 있는 절차적 기회가 마련되어 있지 아니하다. 따라서 심판대상조항은 적법절차원칙에 위배되어 피보호자의 신체의 자유를 침해한다(헌재 2023.03.23. 2020헌가1 등).

③ **[O]** 심판대상조항에 따른 출국금지결정은 성질상 신속성과 밀행성을 요하므로, 출국금지 대상자에게 사전통지를 하거나 청문을 실시하도록 한다면 국가 형벌권 확보라는 출국금지제도의 목적을 달성하는 데 지장을 초래할 우려가 있다. 나아가 출국금지 후 즉시 서면으로 통지하도록 하고 있고, 이의신청이나 행정소송을 통하여 출국금지결정에 대해 사후적으로 다툴 수 있는 기회를 제공하여 절차적 참여를 보장해 주고 있으므로 적법절차원칙에 위배된다고 보기 어렵다(헌재 2015.09.24. 2012헌바302).

④ **[X]** **효율적인 수사와 정보수집의 신속성, 밀행성 등의 필요성을 고려하여 사전에 정보주체인 이용자에게 그 내역을 통지하도록 하는 것이 적절하지 않다면 수사기관 등이 통신자료를 취득한 이후에 수사 등 정보수집의 목적에 방해가 되지 않는 범위 내에서 통신자료의 취득사실을 이용자에게 통지하는 것이 얼마든지 가능하다. 그럼에도 이 사건 법률조항은 통신자료 취득에 대한 사후통지절차를 두지 않아 적법절차원칙에 위배된다**(헌재 2022.07.21. 2016헌마388 등).

21 진술거부권에 대한 설명으로 옳지 않은 것은? 2023 지방직 7급

① '2020년도 장교 진급지시' Ⅳ. 제4장 5. 가. 2) 나) 중 '민간법원에서 약식명령을 받아 확정된 사실이 있는 자'에 관한 부분은 육군 장교가 민간법원에서 약식명령을 받아 확정된 사실만을 자진신고 하도록 하고 있는바, 위 사실 자체는 형사처벌의 대상이 아니고 약식명령의 내용이 된 범죄사실의 진위 여부를 밝힐 것을 요구하는 것도 아니므로, 범죄의 성립과 양형에서의 불리한 사실 등을 말하게 하는 것이라 볼 수 없다.

② 교통·에너지·환경세의 과세물품 및 수량을 신고하도록 한 「교통·에너지·환경세법」 제7조 제1항은 진술거부권을 제한하는 것이다.

③ 「민사집행법」상 재산명시의무를 위반한 채무자에 대하여 법원이 결정으로 20일 이내의 감치에 처하도록 규정하는 것은 감치의 제재를 통해 이를 강제하는 것이 형사상 불이익한 진술을 강요하는 것이라고 할 수 없으므로, 위 채무자의 양심의 자유 및 진술거부권을 침해하지 아니한다.

④ 헌법 제12조 제2항은 '모든 국민은 형사상 자기에게 불리한 진술을 강요당하지 아니한다.'라고 하여 진술거부권을 보장하였는바, 이러한 진술거부권은 형사절차뿐만 아니라 행정절차나 국회에서의 조사절차에서도 보장된다.

PART · 02

지문분석 **난이도** □■■ 중 | **정답** ② | **키워드** 진술거부권 | **출제유형** 판례

① 【O】 청구인 김○○은 20년도 육군지시 자진신고조항이 진술거부권도 제한한다고 주장한다. 헌법 제12조 제2항에서 규정하는 진술거부권에 있어서의 진술이란, 형사상 자신에게 불이익이 될 수 있는 진술로서 범죄의 성립과 양형에서의 불리한 사실 등을 말하는 것을 의미한다. 20년도 육군지시 자진신고조항은 민간법원에서 약식명령을 받아 확정된 사실만을 자진신고 하도록 하고 있는바, 위 사실 자체는 형사처벌의 대상이 아니고 약식명령의 내용이 된 범죄사실의 진위 여부를 밝힐 것을 요구하는 것도 아니므로, 범죄의 성립과 양형에서의 불리한 사실 등을 말하게 하는 것이라 볼 수 없다. 따라서 20년도 육군지시 자진신고조항은 어느 모로 보나 형사상 불이익한 진술을 강요한다고 볼 수 없으므로, 진술거부권을 제한하지 아니한다(헌재 2021.08.31. 2020헌마12 등).

② 【X】 대체유류에는 적법하게 제조되어 석유사업법상 처벌대상이 되지 않는 석유대체연료를 포함하는 것이므로 '대체유류'를 제조하였다고 신고하는 것이 곧 석유사업법을 위반하였음을 시인하는 것과 마찬가지라고 할 수 없고, 신고의무 이행시 진행되는 과세절차가 곧바로 석유사업법위반죄 처벌을 위한 자료의 수집·획득 절차로 이행되는 것도 아니다. 따라서 교통·에너지·환경세법 제7조 제1항은 형사상 불이익한 사실의 진술을 강요한 것으로 볼 수 없으므로 진술거부권을 제한하지 아니한다(헌재 2014.07.24. 2013헌바177).

③ 【O】 이 사건에서 채무자가 부담하는 행위의무는 강제집행의 대상이 되는 재산관계를 명시한 재산목록을 제출하고 그 재산목록의 진실함을 법관 앞에서 선서하는 것으로서, 개인의 인격형성에 관계되는 내심의 가치적·윤리적 판단이 개입될 여지가 없는 단순한 사실관계의 확인에 불과한 것이므로, 헌법 제19조에 의하여 보장되는 양심의 영역에 포함되지 않는다. 따라서 심판대상 조항은 청구인의 양심의 자유를 침해하지 아니한다(헌재 2014.09.25. 2013헌마11).

④ 【O】 헌법 제12조 제2항은 '모든 국민은 고문을 받지 아니하며, 형사상 자기에게 불리한 진술을 강요당하지 아니한다.'고 규정하여 형사책임에 관하여 자신에게 불이익한 진술을 강요당하지 아니할 것을 국민의 기본권으로 보장하고 있다. 진술거부권은 형사절차뿐만 아니라행정절차나 국회에서의 조사절차 등에서도 보장되고, 현재 피의자나 피고인으로서 수사 또는 공판절차에 계속 중인 사람뿐만 아니라 장차 피의자나 피고인이 될 사람에게도 보장된다. 또한 진술거부권은 고문 등 폭행에 의한 강요는 물론 법률로써도 진술을 강요당하지 아니함을 의미한다(헌재 2005.12.22.2004헌바25).

22 적법절차에 관한 설명으로 가장 적절하지 않은 것은? (다툼이 있는 경우 판례에 의함) 2023 경찰 1차

① 징계절차를 진행하지 아니함을 통보하지 않은 경우에는 징계시효가 연장되지 않는다는 예외규정을 두지 않은 구 「지방공무원법」 조항은, 수사 중인 사건에 대하여 징계절차를 진행하지 않음에도 징계시효가 당연히 연장되어 징계혐의자는 징계시효가 연장되는지를 알지 못한 채 불이익을 입을 수 있어 적법절차원칙에 위배된다.

② 관계행정청이 등급분류를 받지 아니하거나 등급분류를 받은 게임물과 다른 내용의 게임물을 발견한 경우 관계공무원으로 하여금 이를 영장없이 수거・폐기하게 할 수 있도록 한 구 「음반・비디오물 및 게임물에 관한 법률」 조항은 그 소유자 또는 점유자에게 수거증을 교부하도록 하는 등 절차적 요건을 규정하고 있어 적법절차원칙에 위배되지 않는다.

③ 검사가 법원의 증인으로 채택된 수감자를 그 증언에 이르기까지 거의 매일 검사실로 하루 종일 소환하여 피고인측 변호인이 접근하는 것을 차단하고 검찰에서의 진술을 번복하는 증언을 하지 않도록 회유・압박하는 행위는, 증인의 증언 전에 일방당사자만이 증인과의 접촉을 독점하여 상대방은 증인이 어떠한 내용을 증언할 것인지를 알 수 없어 그에 대한 방어를 준비할 수 없게 되므로 적법절차원칙에 위배된다.

④ 범칙금 통고처분을 받고도 납부기간 이내에 범칙금을 납부하지 아니한 사람에 대하여 행정청에 대한 이의제기나 의견진술 등의 기회를 주지 않고 경찰서장이 곧바로 즉결심판을 청구하도록 한 구 「도로교통법」 조항은, 이에 불복하여 범칙금을 납부하지 아니한 자에게는 재판절차라는 완비된 절차적 보장이 주어지므로 적법절차원칙에 위배되지 않는다.

지문분석 **난이도** □■■ **중** | **정답** ① | **키워드** 적법절차의 원칙 | **출제유형** 판례

① 【X】 심판대상조항이 수사 중인 사건에 대해 징계절차를 진행하지 아니하는 경우 징계시효가 연장되도록 한 것은, 적정한 징계를 위해 징계절차를 진행하지 아니할 수 있도록 한 것이 오히려 징계를 방해하게 되는 불합리한 결과를 막기 위해서이다. 수사 중인 사건에 대하여 징계절차를 진행하지 아니하더라도 징계혐의자는 수사가 종료되는 장래 어느 시점에서 징계절차가 진행될 수 있다는 점을 충분히 예측하여 대비할 수 있고, 수사가 종료되어 징계절차가 진행되는 경우에도 징계혐의자는 관련 법령에 따라 방어권을 충분히 보호받을 수 있다. 심판대상조항을 통해 달성되는 공정한 징계제도 운용이라는 이익은, 징계혐의자가 징계절차를 진행하지 아니함을 통보받지 못하여 징계시효가 연장되었음을 알지 못함으로써 입는 불이익보다 크다. 그렇다면 심판대상조항이 징계시효 연장을 규정하면서 징계절차를 진행하지 아니함을 통보하지 아니한 경우에는 징계시효가 연장되지 않는다는 예외규정을 두지 않았다고 하더라도 적법절차원칙에 위배되지 아니한다(헌재 2017.06.29. 2015헌바29).

② 【O】 이 사건 법률조항은 앞에서 본바와 같이 급박한 상황에 대처하기 위한 것으로서 그 불가피성과 정당성이 충분히 인정되는 경우이므로, 이 사건 법률조항이 영장 없는 수거를 인정한다고 하더라도 이를 두고 헌법상 영장주의에 위배되는 것으로는 볼 수 없고, 위 구 「음반·비디오물 및 게임물에 관한 법률」 제24조 제4항에서 관계공무원이 당해 게임물 등을 수거한 때에는 그 소유자 또는 점유자에게 수거증을 교부하도록 하고 있고, 동조 제6항에서 수거 등 처분을 하는 관계공무원이나 협회 또는 단체의 임·직원은 그 권한을 표시하는 증표를 지니고 관계인에게 이를 제시하도록 하는 등의 절차적 요건을 규정하고 있으므로, 이 사건 법률조항이 적법절차의 원칙에 위배되는 것으로 보기도 어렵다(헌재 2002.10.31. 2000헌가12).

③ 【O】 우리 헌법에는 비록 명문의 문구는 없으나 '공정한 재판을 받을 권리'를 국민의 기본권으로 보장하고 있음이 명백하며, '공정한 재판을 받을 권리'는 공개된 법정의 법관 앞에서 모든 증거자료가 조사되고 검사와 피고인이 서로 공격·방어할 수 있는 공평한 기회가 보장되는 재판을 받을 권리를 포함한다.이 사건에서, 검사가 정당한 수사를 위하여 증인으로 채택된 자를 소환한 것 이외에 그가 검찰진술을 번복하지 않도록 회유·압박하거나 청구인(피고인)측이 그의 검찰진술을 번복시키려고 접근하는 것을 예방·차단하기 위하여 또는 그에게 면회·전화 등의 편의를 제공하는 기회로 이용하기 위하여 그를 자주 소환한 사실이 인정되는바, 법원에 의하여 채택된 증인은 비록 검사측 증인이라고 하더라도 검사만을 위하여 증언하는 것이 아니며 오로지 그가 경험한 사실대로 증언하여야 하는 것이고 검사든 피고인이든 공평하게 증인에 접근할 기회가 보장되어야 할 것이므로, 검사와 피고인 쌍방 중 어느 한편에게만 증인과의 접촉을 독점하거나 상대방의 접근을 차단하는 것을 허용한다면 상대방의 '공정한 재판을 받을 권리'를 침해하게 된다. 구속상태에 있는 증인에 대한 편의제공 역시 그것이 검사에게만 허용되면, 증인과 검사와의 부당한 인간관계를 형성하는 등 회유의 수단으로 오용될 수 있고, 거꾸로 그러한 편의의 박탈가능성이 증인에게 압박수단으로 작용할 수도 있으므로 역시 '공정한 재판'을 저해할 수 있다(헌재 2001.08.30. 99헌마496).

④ 【O】 「도로교통법」상 범칙금 납부통고는 위반행위에 대한 제재를 신속·간편하게 종결할 수 있게 하는 제도로서, 이에 불복하여 범칙금을 납부하지 아니한 자에게는 재판절차라는 완비된 절차적 보장이 주어진다. 「도로교통법」 위반사례가 격증하고 있는 현실에서 통고처분에 대한 이의제기 등 행정청 내부 절차를 추가로 둔다면 절차의 중복과 비효율을 초래하고 신속한 사건처리에 저해가 될 우려도 있다. 따라서 이 사건 즉결심판청구 조항에서 의견진술 등의 별도의 절차를 두지 않은 것이 현저히 불합리하여 적법절차원칙에 위배된다고 보기 어렵다(헌재 2014.08.28. 2012헌바433).

23 다음 중 신체의 자유에 대한 설명으로 옳지 않은 것은? (다툼이 있는 경우 헌법재판소 판례에 의함)

2016 국회직 9급

① 형벌은 범행의 경중과 행위자의 책임, 즉 형벌 사이에 비례성을 갖추어야 한다.

② 징역형 수형자에게 정역 의무를 부과하는 「형법」 제67조는 신체의 자유 침해가 아니다.

③ 범죄에 대한 형벌권은 대한민국에 있기 때문에 범죄를 저지르고 외국에서 형의 전부 혹은 일부의 집행을 받은 경우에 형을 감경 혹은 면제할 것인가의 여부를 법원이 임의로 판단할 수 있도록 한 것은 헌법에 위반되지 않는다.

④ 구속영장은 구속 전에 발부되어야 하지만 현행범인의 경우 또는 긴급체포의 경우에는 사후에 영장을 청구할 수 있다.

⑤ 행정상 즉시강제는 그 본질상 급박성을 요건으로 하고 있어 원칙적으로 영장주의가 적용되지 않는다.

지문분석 **난이도** □■■ **중** | **정답** ③ | **키워드** 신체의 자유 | **출제유형** 판례

① 【O】 「형사법」상 책임원칙은 기본권의 최고이념인 인간의 존엄과 가치에 근거한 것으로, 형벌은 범행의 경중과 행위자의 책임 즉 형벌 사이에 비례성을 갖추어야 함을 의미한다(헌재 2004.12.16. 2003헌가12).

② 【O】 징역형 수형자에게 정역의무를 부과하는 「형법」 제67조는 신체의 자유를 침해하지 아니한다(헌재 2012.11.29. 2011헌마318).

③ 【X】 입법자는 외국에서 형의 집행을 받은 자에게 어떠한 요건 아래, 어느 정도의 혜택을 줄 것인지에 대하여 일정 부분 재량권을 가지고 있으나, 신체의 자유는 정신적 자유와 더불어 헌법이념의 핵심인 인간의 존엄과 가치를 구현하기 위한 가장 기본적인 자유로서 모든 기본권 보장의 전제조건이므로 최대한 보장되어야 하는바, 외국에서 실제로 형의 집행을 받았음에도 불구하고 우리 「형법」에 의한 처벌 시 이를 전혀 고려하지 않는다면 신체의 자유에 대한 과도한 제한이 될 수 있으므로 그와 같은 사정은 어느 범위에서든 반드시 반영되어야 하고, 이러한 점에서 입법형성권의 범위는 다소 축소될 수 있다. 입법자는 국가형벌권의 실현과 국민의 기본권 보장의 요구를 조화시키기 위하여 형을 필요적으로 감면하거나 외국에서 집행된 형의 전부 또는 일부를 필요적으로 산입하는 등의 방법을 선택하여 청구인의 신체의 자유를 덜 침해할 수 있음에도, 이 사건 법률조항과 같이 우리 「형법」에 의한 처벌 시 외국에서 받은 형의 집행을 전혀 반영하지 아니할 수도 있도록 한 것은 과잉금지원칙에 위배되어 신체의 자유를 침해한다(헌재 2015.05.28. 2013헌바129).

④ 【O】 체포 · 구속 · 압수 또는 수색을 할 때에는 적법한 절차에 따라 검사의 신청에 의하여 법관이 발부한 영장을 제시하여야 한다. 다만, 현행범인인 경우와 장기 3년 이상의 형에 해당하는 죄를 범하고 도피 또는 증거인멸의 염려가 있을 때에는 사후에 영장을 청구할 수 있다(헌법 제12조 제3항).

⑤ 【O】 영장주의가 행정상 즉시강제에도 적용되는지에 관하여는 논란이 있으나, 행정상 즉시강제는 상대방의 임의 이행을 기다릴 시간적 여유가 없을 때 하명 없이 바로 실력을 행사하는 것으로서, 그 본질상 급박성을 요건으로 하고 있어 법관의 영장을 기다려서는 그 목적을 달성할 수 없다고 할 것이므로, 원칙적으로 영장주의가 적용되지 않는다고 보아야 할 것이다(헌재 2002.10.31. 2000헌가12).

24 신체의 자유에 대한 설명으로 가장 옳은 것은? 2019 서울 7급

① 강제퇴거명령을 받은 사람을 즉시 대한민국 밖으로 송환할 수 없으면 송환할 수 있을 때까지 보호시설에 보호할 수 있도록 규정한 「출입국관리법」 제63조 제1항은 과잉금지원칙에 반하지 아니한다.

② 체포영장을 집행하는 경우 필요한 때에는 타인의 주거 등에서 피의자 수사를 할 수 있도록 한 「형사소송법」 제216조 제1항 제1호 중 제200조의2에 관한 부분은 헌법 제16조의 영장주의에 위반되지 않는다.

③ 헌법 제12조 제4항 본문에 규정된 '구속'은 사법절차에서 이루어진 구속뿐 아니라, 행정절차에서 이루어진 구속까지 포함하는 개념이므로 헌법 제12조 제4항 본문에 규정된 변호인의 조력을 받을 권리는 행정절차에서 구속을 당한 사람에게도 즉시 보장된다.

④ 검찰수사관이 피의자신문에 참여한 변호인에게 피의자 후방에 앉으라고 요구한 행위는 변호인의 변호권을 침해하는 것이 아니다.

지문분석 **난이도** □■■ **중** | **정답** ③ | **키워드** 신체의 자유 | **출제유형** 판례

① 【X】 행정절차상 강제처분에 의해 신체의 자유가 제한되는 경우 강제처분의 집행기관으로부터 독립된 중립적인 기관이 이를 통제하도록 하는 것은 적법절차원칙의 중요한 내용에 해당한다. 심판대상조항에 의한 보호는 신체의 자유를 제한하는 정도가 박탈에 이르러 형사절차상 '체포 또는 구속'에 준하는 것으로 볼 수 있는 점을 고려하면, 보호의 개시 또는 연장 단계에서 그 집행기관인 출입국관리공무원으로부터 독립되고 중립적인 지위에 있는 기관이 보호의 타당성을 심사하여 이를 통제할 수 있어야 한다. 그러나 현재 「출입국관리법」상 보호의 개시 또는 연장 단계에서 집행기관으로부터 독립된 중립적 기관에 의한 통제절차가 마련되어 있지 아니하다. 또한 당사자에게 의견 및 자료 제출의 기회를 부여하는 것은 적법절차원칙에서 도출되는 중요한 절차적 요청이므로, 심판대상조항에 따라 보호를 하는 경우에도 피보호자에게 위와 같은 기회가 보장되어야 하나, 심판대상조항에 따른 보호명령을 발령하기 전에 당사자에게 의견을 제출할 수 있는 절차적 기회가 마련되어 있지 아니하다. 따라서 심판대상조항은 적법절차원칙에 위배되어 피보호자의 신체의 자유를 침해한다(헌재 2023.03.23. 2020헌가1 등).

② 【X】 심판대상조항은 체포영장을 발부받아 피의자를 체포하는 경우에 필요한 때에는 영장 없이 타인의 주거 등 내에서 피의자 수사를 할 수 있다고 규정함으로써, 앞서 본 바와 같이 별도로 영장을 발부받기 어려운 긴급한 사정이 있는지 여부를 구별하지 아니하고 피의자가 소재할 개연성만 소명되면 영장 없이 타인의 주거 등을 수색할 수 있도록 허용하고 있다. 이는 체포영장이 발부된 피의자가 타인의 주거 등에 소재할 개연성은 소명되나, 수색에 앞서 영장을 발부받기 어려운 긴급한 사정이 인정되지 않는 경우에도 영장 없이 피의자 수색을 할 수 있다는 것이므로, 헌법 제16조의 영장주의 예외 요건을 벗어나는 것으로서 영장주의에 위반된다(헌재 2018.04.26. 2015헌바370 등).

③ 【O】 헌법 제12조 제4항 본문의 문언 및 헌법 제12조의 조문 체계, 변호인 조력권의 속성, 헌법이 신체의 자유를 보장하는 취지를 종합하여 보면 헌법 제12조 제4항 본문에 규정된 '구속'은 사법절차에서 이루어진 구속뿐 아니라, 행정절차에서 이루어진 구속까지 포함하는 개념이다. 따라서 헌법 제12조 제4항 본문에 규정된 변호인의 조력을 받을 권리는 행정절차에서 구속을 당한 사람에게도 즉시 보장된다(헌재 2018.05.31. 2014헌마346).

④ 【X】 피의자신문에 참여한 변호인이 피의자 옆에 앉는다고 하여 피의자 뒤에 앉는 경우보다 수사를 방해할 가능성이 높아진다거나 수사기밀을 유출할 가능성이 높아진다고 볼 수 없으므로, 이 사건 후방착석요구행위의 목적의 정당성과 수단의 적절성을 인정할 수 없다. 이 사건에서 변호인의 수사방해나 수사기밀의 유출에 대한 우려가 없고, 조사실의 장소적 제약 등과 같이 이 사건 후방착석요구행위를 정당화할 그 외의 특별한 사정도 없으므로, 이 사건 후방착석요구행위는 침해의 최소성 요건을 충족하지 못한다. 이 사건 후방착석요구행위로 얻어질 공익보다는 변호인의 피의자신문참여권 제한에 따른 불이익의 정도가 크므로, 법익의 균형성 요건도 충족하지 못한다. 따라서 이 사건 후방착석요구행위는 변호인인 청구인의 변호권을 침해한다(헌재 2017.11.30. 2016헌마503).

25 다음 중 헌법재판소의 판례의 태도로 가장 적절하지 않은 것은? 2017 경찰 승진

① 부정청탁금지조항 및 대가성 여부를 불문하고 직무와 관련하여 금품 등을 수수하는 것을 금지할 뿐만 아니라, 직무관련성이나 대가성이 없더라도 동일인으로부터 일정 금액을 초과하는 금품 등의 수수를 금지하는 부정청탁 및 금품 등 수수의 금지에 관한 법률 조항 중 사립학교 관계자와 언론인에 관한 부분이 언론인과 사립학교 관계자의 일반적 행동자유권을 침해하지 않는다.

② 구 「식품위생법」 제44조 제1항 '식품접객영업자 등 대통령령으로 정하는 영업자와 그 종업원은 영업의 위생관리와 질서유지, 국민의 보건위생 증진을 위하여 총리령으로 정하는 사항을 지켜야 한다'는 부분은 수범자와 준수사항을 하위법령에 위임하면서 위임될 내용에 대해 구체화하고 있고, 그 내용도 예측이 가능하므로 포괄위임금지원칙에 위반되지 않는다.

③ 「경범죄 처벌법」 제3조 제1항 제33호(과다노출) '여러사람의 눈에 뜨이는 곳에서 공공연하게 알몸을 지나치게 내놓거나 가려야 할 곳을 내놓아 다른 사람에게 부끄러운 느낌이나 불쾌감을 준 사람'의 부분은 죄형법정주의의 명확성원칙에 위배된다.

④ 강도상해죄 또는 강도치상죄를 무기 또는 7년 이상의 징역에 처하도록 규정한 「형법」 제337조는, 강도치상죄가 강간치상죄, 인질치상죄, 현주건조물등방화치상죄 등에 비하여 법정형의 하한이 높게 규정되어 있다 하더라도, 기본범죄, 보호법익, 죄질 등이 다른 이들 범죄를 강도치상죄와 단순히 평면적으로 비교하여 법정형의 과중여부를 판단할 수 없으므로, 심판대상조항이 형벌체계상 균형을 상실하여 평등원칙에 위반된다고 할 수 없다.

지문분석 **난이도** ■■■ 상 | **정답** ② | **키워드** 죄형법정주의 | **출제유형** 판례

① 【O】 부정청탁금지조항 및 대가성 여부를 불문하고 직무와 관련하여 금품 등을 수수하는 것을 금지할 뿐만 아니라, 직무관련성이나 대가성이 없더라도 동일인으로부터 일정 금액을 초과하는 금품 등의 수수를 금지하는 부정청탁 및 금품 등 수수의 금지에 관한 법률 조항 중 사립학교 관계자와 언론인에 관한 부분이 과잉금지원칙을 위반하여 청구인들의 일반적 행동자유권을 침해한다고 보기 어렵다(헌재 2016.07.28. 2015헌마236).

② 【X】 '영업의 위생관리와 질서유지', '국민의 보건위생 증진'은 매우 추상적이고 포괄적인 개념이어서 이를 위하여 준수하여야 할 사항이 구체적으로 어떠한 것인지 그 행위태양이나 내용을 예측하기 어렵다. 또한 '영업의 위생관리와 국민의 보건위생 증진'은 「식품위생법」 전체의 입법목적과 크게 다를 바 없고, '질서유지'는 「식품위생법」의 입법목적에도 포함되어 있지 않은 일반적이고 추상적인 공익의 전체를 의미함에 불과하므로, 이러한 목적의 나열만으로는 식품 관련 영업자에게 행위기준을 제공해주지 못한다. 결국 심판대상조항은 수범자와 준수사항을 모두 하위법령에 위임하면서도 위임될 내용에 대해 구체화하고 있지 아니하여 그 내용들을 전혀 예측할 수 없게 하고 있으므로, 포괄위임금지원칙에 위반된다(헌재 2016.11.24. 2014헌가6).

③ 【O】 '여러 사람의 눈에 뜨이는 곳에서 공공연하게 알몸을 지나치게 내놓거나 가려야 할 곳을 내놓아 다른 사람에게 부끄러운 느낌이나 불쾌감을 준 사람'을 처벌하는 「경범죄 처벌법」 제3조 제1항 제33호는 죄형법정주의의 명확성원칙에 위배된다(헌재 2016.11.24. 2016헌가3).

④ 【O】 강도상해죄의 법정형의 하한을 '7년 이상의 징역'으로 정하고 있는 「형법」 제337조는 강도치상죄 법정형의 하한을 강간치상죄, 인질치상죄 등에 비하여 높게 규정하였다 하더라도, 강도치상죄와 기본범죄, 보호법익, 죄질 등이 다른 이들 범죄를 단순히 평면적으로 비교하여 법정형의 과중 여부를 판단할 수 없으므로, 심판대상조항이 형벌체계상의 균형성을 상실하여 헌법에 위반된다고 할 수 없다(헌재 2016.09.29. 2014헌바183).

26 **다음 중 신체의 자유에 대한 설명으로 옳은 것을 모두 고르면?** 2016 서울시 7급

㉠ 교도소측에서 상대방이 변호인이라는 사실을 확인할 수 없더라도 미결수용자와 변호인 사이의 서신은 원칙적으로 그 비밀을 보장받을 수 있다.
㉡ 미결수용자와 변호인 사이의 서신으로서 그 비밀을 보장 받기 위하여는 서신을 통하여 마약 등 소지금지품의 반입을 도모한다든가 그 내용에 도주·증거인멸 등에 관한 내용이 기재되어 있다고 의심할 만한 합리적인 이유가 있는 경우가 아니어야 한다.
㉢ 특별검사가 참고인에게 지정된 장소까지 동행할 것을 명령 할 수 있게 하고 참고인이 정당한 이유없이 위 동행명령을 거부한 경우 천만 원 이하의 벌금형에 처하도록 규정한 동행명령조항은 영장주의 또는 과잉금지원칙에 위배하여 참고인의 신체의 자유를 침해하는 것이다.
㉣ 헌법상 변호인의 조력을 받을 권리 중 특히 국선변호인의 조력을 받을 권리는 피고인에게만 인정되는 것으로 해석함이 상당하다.

① ㉠, ㉡　② ㉡, ㉢
③ ㉠, ㉢, ㉣　④ ㉡, ㉢, ㉣

PART · 02

지문분석 **난이도** ■■■ **상** | **정답** ④ | **키워드** 신체의 자유 | **출제유형** 판례

㉠ 【X】 미결수용자와 변호인 사이의 서신으로서 그 비밀을 보장받기 위하여는, 첫째, 교도소측에서 상대방이 변호인이라는 사실을 확인할 수 있어야 하고, 둘째, 서신을 통하여 마약 등 소지금지품의 반입을 도모한다든가 그 내용에 도주·증거인멸·수용시설의 규율과 질서의 파괴·기타 형벌법령에 저촉되는 내용이 기재되어 있다고 의심할 만한 합리적인 이유가 있는 경우가 아니어야 한다(헌재 1995.07.21. 92헌마144).
㉡ 【O】 미결수용자와 변호인 사이의 서신으로서 그 비밀을 보장받기 위하여는, 첫째, 교도소측에서 상대방이 변호인이라는 사실을 확인할 수 있어야 하고, 둘째, 서신을 통하여 마약 등 소지금지품의 반입을 도모한다든가 그 내용에 도주·증거인멸·수용시설의 규율과 질서의 파괴·기타 형벌법령에 저촉되는 내용이 기재되어 있다고 의심할 만한 합리적인 이유가 있는 경우가 아니어야 한다(헌재 1995.07.21. 92헌마144).
㉢ 【O】 특별검사가 참고인에게 지정된 장소까지 동행할 것을 명령할 수 있게 하고 참고인이 정당한 이유 없이 위 동행명령을 거부한 경우 천만 원 이하의 벌금형에 처하도록 규정한 것은 영장주의 또는 과잉금지원칙에 위배하여 평등권과 신체의 자유를 침해한다(헌재 2008.01.10. 2007헌마1468).
㉣ 【O】 일반적으로 형사사건에 있어 변호인의 조력을 받을 권리는 피의자나 피고인을 불문하고 보장되나, 그 중 특히 국선변호인의 조력을 받을 권리는 피고인에게만 인정된다(헌재 2008.09.25. 2007헌마1126).

27 헌법상 신체의 자유에 관한 규정 중 가장 적절하지 않은 것은? (다툼이 있는 경우 판례에 의함)

2022 경찰 1차

① 누구든지 체포 또는 구속의 이유와 변호인의 조력을 받을 권리가 있음을 고지받지 아니하고는 체포 또는 구속을 당하지 아니한다. 체포 또는 구속을 당한 자의 가족 등 법률이 정하는 자에게는 그 이유와 일시 · 장소가 지체없이 통지되어야 한다.

② 체포 · 구속 · 압수 또는 수색을 할 때에는 적법한 절차에 따라 검사의 신청에 의하여 법관이 발부한 영장을 제시하여야 한다. 다만, 현행범인인 경우와 장기 3년 이상의 형에 해당하는 죄를 범하고 도피 또는 증거인멸의 염려가 있을 때에는 사후에 영장을 청구할 수 있다.

③ 모든 국민은 신체의 자유를 가진다. 누구든지 법률과 적법절차에 의하지 아니하고는 체포 · 구속 · 압수 · 수색을 받지 아니하며, 법률에 의하지 아니하고는 심문 · 처벌 · 보안처분 또는 강제노역을 받지 아니한다.

④ 피고인의 자백이 고문 · 폭행 · 협박 · 구속의 부당한 장기화 또는 기망 기타의 방법에 의하여 자의로 진술된 것이 아니라고 인정될 때 또는 정식재판에 있어서 피고인의 자백이 그에게 불리한 유일한 증거일 때에는 이를 유죄의 증거로 삼거나 이를 이유로 처벌할 수 없다.

지문분석 **난이도** □□■ **하** | **정답** ③ | **키워드** 신체의 자유 | **출제유형** 조문

① 【O】 헌법 제12조 제5항 누구든지 체포 또는 구속의 이유와 변호인의 조력을 받을 권리가 있음을 고지받지 아니하고는 체포 또는 구속을 당하지 아니한다. 체포 또는 구속을 당한 자의 가족 등 법률이 정하는 자에게는 그 이유와 일시 · 장소가 지체없이 통지되어야 한다.

② 【O】 헌법 제12조 제3항 체포 · 구속 · 압수 또는 수색을 할 때에는 적법한 절차에 따라 검사의 신청에 의하여 법관이 발부한 영장을 제시하여야 한다. 다만, 현행범인인 경우와 장기 3년 이상의 형에 해당하는 죄를 범하고 도피 또는 증거인멸의 염려가 있을 때에는 사후에 영장을 청구할 수 있다.

③ 【X】 헌법 제12조 제1항 모든 국민은 신체의 자유를 가진다. 누구든지 법률에 의하지 아니하고는 체포 · 구속 · 압수 · 수색 또는 심문을 받지 아니하며, 법률과 적법한 절차에 의하지 아니하고는 처벌 · 보안처분 또는 강제노역을 받지 아니한다.

④ 【O】 헌법 제12조 제7항 피고인의 자백이 고문 · 폭행 · 협박 · 구속의 부당한 장기화 또는 기망 기타의 방법에 의하여 자의로 진술된 것이 아니라고 인정될 때 또는 정식재판에 있어서 피고인의 자백이 그에게 불리한 유일한 증거일 때에는 이를 유죄의 증거로 삼거나 이를 이유로 처벌할 수 없다.

28 신체의 자유에 대한 설명으로 옳지 않은 것은? (다툼이 있는 경우 헌법재판소 결정에 의함)

2017 국가직 5급

① 성폭력범죄를 저지른 성도착증 환자로서 재범의 위험성이 인정되는 19세 이상의 사람에 대해 법원이 15년의 범위에서 치료명령을 선고할 수 있도록 한 법률규정은, 장기형이 선고 되는 경우 치료명령의 선고시점과 집행시점 사이에 상당한 시간적 간극이 있음에도 피치료자의 신체의 자유를 침해하지 아니한다.

② 강제퇴거명령을 받은 사람을 즉시 대한민국 밖으로 송환할 수 없으면 송환할 수 있을 때까지 보호시설에 보호할 수 있도록 하는 법률규정은, 보호의 상한을 설정하지 않아 장기 혹은 무기한의 구금을 가능하게 하므로 과잉금지원칙에 위배 되어 신체의 자유를 침해한다.

③ 금치의 징벌을 받은 수용자에 대해 금치기간 중 실외운동을 원칙적으로 제한하고 예외적으로 실외운동을 허용하는 경우에도 실외운동의 기회가 부여되어야 하는 최저기준을 명시하지 않고 있는 규정은, 실외운동은 구금되어 있는 수용자의 신체적·정신적 건강을 유지하기 위한 최소한의 기본적 요청이고, 수용자의 건강 유지는 교정교화와 건전한 사회복귀라는 형 집행의 근본적 목표를 달성하는 데 필수적이므로 침해의 최소성 원칙에 위배되어 신체의 자유를 침해한다.

④ 관광진흥개발기금 관리·운용업무에 종사토록 하기 위해 문화체육관광부장관에 의해 채용된 민간 전문가에 대해 「형법」상 뇌물죄의 적용에 있어서 공무원으로 의제하는 법률 규정은, 민간 전문가를 모든 영역에서 공무원으로 의제하는 것이 아니라 직무의 불가매수성을 담보한다는 요청에 의해 금품수수행위 등 직무 관련 비리행위를 엄격히 처벌하기 위해 뇌물죄의 적용에 대하여만 공무원으로 의제하고 있으므로 과잉금지원칙에 위배되어 신체의 자유를 침해한다고 볼 수 없다.

지문분석 **난이도** □■■ **중** | **정답** ① | **키워드** 신체의 자유 | **출제유형** 판례

① 【X】 심판대상조항들은 원칙적으로 침해의 최소성 및 법익균형성이 충족된다. 다만 장기형이 선고되는 경우 치료명령의 선고시점과 집행시점 사이에 상당한 시간적 간극이 있어 집행시점에서 발생할 수 있는 불필요한 치료와 관련한 부분에 대해서는 침해의 최소성과 법익균형성을 인정하기 어렵다. 따라서 성폭력범죄를 저지른 성도착증 환자로서 재범의 위험성이 인정되는 19세 이상의 사람에 대해 법원에 약물치료명령을 청구하는 것은 과잉금지원칙에 위배되지 아니하나, 법원이 치료명령 청구가 이유 있다고 인정하는 때에 15년의 범위에서 치료기간을 정하여 판결로 치료를 명령할 수 있도록 한 조항은 집행 시점에서 불필요한 치료를 막을 수 있는 절차가 마련되어 있지 않은 점으로 인하여 과잉금지원칙에 위배되어 치료명령 피청구인의 신체의 자유 등 기본권을 침해한다(헌재 2015.12.23. 2013헌가9).

② 【O】 행정절차상 강제처분에 의해 신체의 자유가 제한되는 경우 강제처분의 집행기관으로부터 독립된 중립적인 기관이 이를 통제하도록 하는 것은 적법절차원칙의 중요한 내용에 해당한다. 심판대상조항에 의한 보호는 신체의 자유를 제한하는 정도가 박탈에 이르러 형사절차상 '체포 또는 구속'에 준하는 것으로 볼 수 있는 점을 고려하면, 보호의 개시 또는 연장 단계에서 그 집행기관인 출입국관리공무원으로부터 독립되고 중립적인 지위에 있는 기관이 보호의 타당성을 심사하여 이를 통제할 수 있어야 한다. 그러나 현재 「출입국관리법」상 보호의 개시 또는 연장 단계에서 집행기관으로부터 독립된 중립적 기관에 의한 통제절차가 마련되어 있지 아니하다. 또한 당사자에게 의견 및 자료 제출의 기회를 부여하는 것은 적법절차원칙에서 도출되는 중요한 절차적 요청이므로, 심판대상조항에 따라 보호를 하는 경우에도 피보호자에게 위와 같은 기회가 보장되어야 하나, 심판대상조항에 따른 보호명령을 발령하기 전에 당사자에게 의견을 제출할 수 있는 절차적 기회가 마련되어 있지 아니하다. 따라서 심판대상조항은 적법절차원칙에 위배되어 피보호자의 신체의 자유를 침해한다(헌재 2023.03.23. 2020헌가1 등).

③ 【O】 헌재 2016.05.26. 2014헌마45

④ 【O】 헌재 2014.07.24. 2012헌바188

29 영장 제도에 관한 설명 중 가장 적절하지 않은 것은? (다툼이 있는 경우 판례에 의함) 2022 경찰 승진

① 디엔에이감식시료채취영장 발부 과정에서 채취대상자에게 자신의 의견을 밝히거나 영장 발부 후 불복할 수 있는 절차 등에 관하여 규정하지 아니한 디엔에이신원확인정보의 이용 및 보호에 관한 법률의 규정은 과잉금지원칙을 위반하여 채취대상자의 재판청구권을 침해한다.

② 수사기관이 법원으로부터 영장 또는 감정처분허가장을 발부받지 아니한 채 피의자의 동의 없이 피의자의 신체로부터 혈액을 채취하고 사후에도 지체 없이 영장을 발부받지 아니한 채 그 혈액 중 알코올농도에 관한 감정을 의뢰하였다면, 이러한 과정을 거쳐 얻은 감정의뢰회보 등은 원칙적으로 그 절차위반행위가 적법절차의 실질적인 내용을 침해하여 피고인이나 변호인의 동의가 있더라도 유죄의 증거로 사용할 수 없다.

③ 체포영장을 집행하는 경우 필요한 때에는 타인의 주거 등에서 피의자 수사를 할 수 있도록 한 「형사소송법」 규정의 해당 부분이 체포영장이 발부된 피의자가 타인의 주거 등에 소재할 개연성은 소명되나 수색에 앞서 영장을 발부받기 어려운 긴급한 사정이 인정되지 않더라도 영장 없이 피의자 수색을 할 수 있도록 한 것은 영장주의에 위반되지 않는다.

④ 압수·수색영장을 발부받아 압수·수색의 방법으로 소변을 채취하는 경우 압수대상물인 피의자의 소변을 확보하기 위한 수사기관의 노력에도 불구하고, 피의자가 인근 병원 응급실 등 소변 채취에 적합한 장소로 이동하는 것에 동의하지 않거나 저항하는 등 임의동행을 기대할 수 없는 사정이 있는 때에는 수사기관으로서는 소변 채취에 적합한 장소로 피의자를 데려가기 위해서 필요 최소한의 유형력을 행사하는 것이 허용되며, 이는 '압수·수색영장의 집행에 필요한 처분'에 해당한다.

지문분석 **난이도** □■■ 중 | **정답** ③ | **키워드** 신체의 자유 | **출제유형** 판례

① 【O】 이 사건 영장절차 조항은 채취대상자에게 디엔에이감식시료채취영장 발부 과정에서 자신의 의견을 진술할 수 있는 기회를 절차적으로 보장하고 있지 않을 뿐만 아니라, 발부 후 그 영장 발부에 대하여 불복할 수 있는 기회를 주거나 채취행위의 위법성 확인을 청구할 수 있도록 하는 구제절차마저 마련하고 있지 않다. 따라서 이 사건 영장절차 조항은 과잉금지원칙을 위반하여 청구인들의 재판청구권을 침해한다[헌재 2018.8.30. 2016헌마344·2017헌마630(병합)].

② 【O】 수사기관이 법원으로부터 영장 또는 감정처분허가장을 발부받지 아니한 채 피의자의 동의 없이 피의자의 신체로부터 혈액을 채취하고 사후에도 지체 없이 영장을 발부받지 아니한 채 그 혈액 중 알코올농도에 관한 감정을 의뢰하였다면, 이러한 과정을 거쳐 얻은 감정의뢰회보 등은 「형사소송법」상 영장주의원칙을 위반하여 수집하거나 그에 기초하여 획득한 증거로서, 그 절차위반행위가 적법절차의 실질적인 내용을 침해하여 피고인이나 변호인의 동의가 있더라도 유죄의 증거로 사용할 수 없다(대판 2012.11.15. 2011도15258).

③ 【X】 심판대상 조항은 체포영장을 발부받아 피의자를 체포하는 경우에 필요한 때에는 영장 없이 타인의 주거 등 내에서 피의자 수사를 할 수 있다고 규정함으로써, 앞서 본 바와 같이 별도로 영장을 발부받기 어려운 긴급한 사정이 있는지 여부를 구별하지 아니하고 피의자가 소재할 개연성만 소명되면 영장 없이 타인의 주거 등을 수색할 수 있도록 허용하고 있다. 이는 체포영장이 발부된 피의자가 타인의 주거 등에 소재할 개연성은 소명되나, 수색에 앞서 영장을 발부받기 어려운 긴급한 사정이 인정되지 않는 경우에도 영장 없이 피의자 수색을 할 수 있다는 것이므로, 헌법 제16조의 영장주의 예외 요건을 벗어나는 것으로서 영장주의에 위반된다(헌재 2018.04.26. 2015헌바370 등).

④ 【O】 압수·수색의 방법으로 소변을 채취하는 경우 압수대상물인 피의자의 소변을 확보하기 위한 수사기관의 노력에도 불구하고, 피의자가 인근 병원 응급실 등 소변 채취에 적합한 장소로 이동하는 것에 동의하지 않거나 저항하는 등 임의동행을 기대할 수 없는 사정이 있는 때에는 수사기관으로서는 소변 채취에 적합한 장소로 피의자를 데려가기 위해서 필요 최소한의 유형력을 행사하는 것이 허용된다. 이는 「형사소송법」 제219조, 제120조 제1항에서 정한 '압수·수색영장의 집행에 필요한 처분'에 해당한다고 보아야 한다(대판 2018.07.12. 2018도6219).

30 **신체의 자유에 관한 설명 중 옳은 것을 모두 고른 것은?** (다툼이 있는 경우 판례에 의함) 2024 경찰 승진

㉠ 수형자가 민사재판에 출정하여 법정 대기실 내 쇠창살 격리시설 안에 유치되어 있는 동안 교도소장이 출정계호 교도관을 통해 수형자에게 양손수갑 1개를 앞으로 사용한 행위는 신체의 자유를 침해한 것이다.
㉡ 「민사집행법」상 재산명시의무를 위반한 채무자에 대하여 법원의 결정으로 20일 이내의 감치에 처하도록 규정한 것은 신체의 자유를 침해하지 않는다.
㉢ 지방의회에서의 사무감사·조사를 위한 증인의 동행명령장제도는 증인의 신체의 자유를 억압하여 일정 장소로 인치하는 것으로서 헌법 제12조 제3항의 체포 또는 구속에 준하는 사안이므로 동행명령장을 집행하기 위해서는 법관이 발부한 영장제시가 필요하다.
㉣ 약식명령에 대한 정식재판청구권 회복청구 시 필요적 집행정지가 아닌 임의적 집행정지로 규정한 「형사소송법」 조항은 약식명령에 의한 벌금형을 납부하지 않아 노역장에 유치된 자의 신체의 자유를 침해한 것이다.

① ㉠, ㉡
② ㉡, ㉢
③ ㉡, ㉣
④ ㉢, ㉣

지문분석 **난이도** ■■■ **상** | **정답** ② | **키워드** 신체의 자유 | **출제유형** 판례

㉠ 【X】 이 사건 보호장비 사용행위는 수형자가 도주나 자해, 다른 사람에 대한 위해와 같은 교정사고를 저지르는 것을 예방하고, 법원 내 질서 유지에 협력하기 위한 것으로, 그 목적의 정당성 및 수단의 적합성이 인정된다. 따라서 이 사건 보호장비 사용행위는 과잉금지원칙을 위반하여 청구인의 신체의 자유 및 인격권을 침해하지 않는다(헌재 2023.06.29. 2018헌마1215).

㉡ 【O】 심판대상조항은 「민사집행법」상 재산명시의무를 위반한 채무자에 대하여 법원이 결정으로 20일 이내의 감치에 처하도록 규정한 것으로서, 구 「민사소송법」에서 형사처벌하던 것을 재산명시의무를 간접강제하기 위한 민사적 제재로 전환하였고, 금전지급을 목적으로 하는 집행권원에 기초한 경우에만 인정되며, 채무자로서는 재산명시기일에 출석하여 재산목록을 제출하고 선서를 하기만 하면 감치의 제재를 받지 않으며, 감치를 명하더라도 최대 20일을 초과할 수 없고, 감치의 집행 중이라도 채무자가 재산명시의무를 이행하거나 채무를 변제하면 즉시 석방되는 점에 비추어, 과잉금지원칙에 반하여 청구인의 신체의 자유를 침해하지 아니한다(헌재 2014.09.25. 2013헌마11).

㉢ 【O】 지방의회에서의 사무감사·조사를 위한 증인의 동행명령장제도도 증인의 신체의 자유를 억압하여 일정 장소로 인치하는 것으로서 헌법 제12조 제3항의 '체포 또는 구속'에 준하는 사태로 보아야 하고, 거기에 현행범 체포와 같이 사후에 영장을 발부받지 아니하면 목적을 달성할 수 없는 긴박성이 있다고 인정할 수는 없으므로, 헌법 제12조 제3항에 의하여 법관이 발부한 영장의 제시가 있어야 함에도 불구하고 동행명령장을 법관이 아닌 지방의회 의장이 발부하고 이에 기하여 증인의 신체의 자유를 침해하여 증인을 일정 장소에 인치하도록 규정된 조례안은 영장주의원칙을 규정한 헌법 제12조 제3항에 위반된 것이다(대판 1995.06.30. 93추83).

㉣ 【X】 이 사건 법률조항은 약식명령에 대한 정식재판청구권 회복청구가 인용되는 경우 정식재판절차가 개시되어 약식명령이 확정되지 않은 상태로 되돌아간다는 점을 고려하여, 정식재판 청구기간 경과에 귀책사유가 없는 피고인을 재판의 부당한 집행으로부터 보호하면서, 필요적 집행정지로 인한 벌금형의 실효성 저하를 방지하고자 법원으로 하여금 구체적 사정을 고려하여 재판의 집행정지 여부를 결정하도록 하는 규정이다. 따라서 이 사건 법률조항이 신체의 자유를 침해한다고 볼 수 없다(헌재 2014.05.29. 2012헌마104).

31 수용자의 기본권에 대한 설명으로 옳지 않은 것을 〈보기〉에서 모두 고르면? (다툼이 있는 경우 헌법재판소 판례에 의함) 2016 국회직 8급

> ㉠ 수형자라 하더라도 확정되지 않은 별도의 형사재판에서 만큼은 미결수용자와 같은 지위에 있으므로, 이러한 수용자로 하여금 형사재판 출석 시 아무런 예외 없이 사복착용을 금지하고 재소자용 의류를 입도록 하는 것은 소송관계자들에게 유죄의 선입견을 줄 수 있어 무죄추정의 원칙에 위배될 소지가 클 뿐만 아니라 공정한 재판을 받을 권리, 인격권, 행복추구권을 침해한다.
> ㉡ 민사재판에 당사자로 출석하는 수형자의 사복착용을 불허하는 것은 수형자의 공정한 재판을 받을 권리, 인격권, 행복추구권을 침해하지 아니한다.
> ㉢ 수형자와 소송대리인인 변호사와의 접견 시간은 일반 접견과 동일하게 회당 30분 이내로, 횟수는 다른 일반 접견과 합하여 월 4회로 제한하고 있는 구 형의 집행 및 수용자의 처우에 관한 법률 및 동법 시행령 등의 규정은 이에 대해 폭넓은 예외를 인정함으로써 그로 인한 피해를 최소화할 수 있는 장치를 마련하고 있으므로 수형자의 재판청구권을 침해하는 것이 아니다.
> ㉣ 종교집회는 수형자의 교정·교화뿐 아니라 교정시설의 안전과 질서유지에 기여하므로 종교집회에 참석할 수 있는 기회는 형이 확정된 수형자뿐 아니라 미결수용자에게도 인정되어야 한다.
> ㉤ 전면적·획일적으로 수형자의 선거권을 제한하는 「공직선거법」 등 관련 규정에 대하여 헌법불합치 결정이 선고되었으며, 개정된 현행법은 3년 이상의 금고형 이상을 선고받은 수형자의 선거권을 박탈하도록 되어 있다.

① ㉢, ㉣　　② ㉢, ㉤
③ ㉠, ㉡, ㉣　　④ ㉠, ㉢, ㉤

지문분석 **난이도** ■■■ **상** | **정답** ② | **키워드** 신체의 자유 | **출제유형** 판례

㉠ 【O】 수형자라 하더라도 확정되지 않은 별도의 형사재판에서만큼은 미결수용자와 같은 지위에 있으므로, 이러한 수형자로 하여금 형사재판 출석 시 아무런 예외 없이 사복착용을 금지하고 재소자용 의류를 입도록 하여 인격적인 모욕감과 수치심 속에서 재판을 받도록 하는 것은 재판부나 검사 등 소송관계자들에게 유죄의 선입견을 줄 수 있고, 이미 수형자의 지위로 인해 크게 위축된 피고인의 방어권을 필요 이상으로 제약하는 것이다. 또한 형사재판에 피고인으로 출석하는 수형자의 사복착용을 추가로 허용함으로써 통상의 미결수용자와 구별되는 별도의 계호상 문제점이 발생된다고 보기 어렵다. 따라서 심판대상조항이 형사재판의 피고인으로 출석하는 수형자에 대하여 사복착용을 허용하지 아니한 것은 청구인의 공정한 재판을 받을 권리, 인격권, 행복추구권을 침해한다(헌재 2015.12.23. 2013헌마712).

㉡ 【O】 민사재판에서 법관이 당사자의 복장에 따라 불리한 심증을 갖거나 불공정한 재판진행을 하게 되는 것은 아니므로, 심판대상조항이 민사재판의 당사자로 출석하는 수형자에 대하여 사복착용을 불허하는 것으로 공정한 재판을 받을 권리가 침해되는 것은 아니다. 수형자가 민사법정에 출석하기까지 교도관이 반드시 동행하여야 하므로 수용자의 신분이 드러나게 되어 있어 재소자용 의류를 입었다는 이유로 인격권과 행복추구권이 제한되는 정도는 제한적이고, 형사법정 이외의 법정 출입 방식은 미결수용자와 교도관 전용 통로 및 시설이 존재하는 형사재판과 다르며, 계호의 방식과 정도도 확연히 다르다. 따라서 심판대상조항이 민사재판에 출석하는 수형자에 대하여 사복착용을 허용하지 아니한 것은 청구인의 인격권과 행복추구권을 침해하지 아니한다(헌재 2015.12.23. 2013헌마712).

㉢ 【X】 수형자와 소송대리인인 변호사와의 접견 시간은 일반 접견과 동일하게 회당 30분 이내로, 횟수는 다른 일반 접견과 합하여 월 4회로 제한하는 것은, 법률전문가인 변호사와의 소송상담의 특수성을 고려하지 않고 소송대리인인 변호사와의 접견을 그 성격이 전혀 다른 일반 접견에 포함시켜 접견 시간 및 횟수를 제한함으로써 재판청구권을 침해한다(헌재 2015.11.26. 2012헌마858).

ⓓ【X】1년 이상의 징역 또는 금고의 형의 선고를 받고 그 집행이 종료되지 아니하거나 그 집행을 받지 아니하기로 확정되지 아니한 사람은 선거권이 없다. 다만, 그 형의 집행유예를 선고받고 유예기간 중에 있는 사람은 제외한다(「공직선거법」 제18조 제1항 제2호).

ⓔ【O】종교집회가 수형자의 교정교화뿐 아니라 교정시설의 안전과 질서유지에 기여한다면, 종교집회에 참석할 수 있는 기회는 형이 확정된 수형자뿐 아니라 미결수용자에게도 인정되어야 할 것이다(헌재 2014.06.26. 2012헌마782).

32 **영장주의에 대한 설명으로 가장 적절한 것은?** (다툼이 있는 경우 헌법재판소 판례에 의함) 2025 경찰 간부

① 강제퇴거명령을 받은 사람을 보호할 수 있도록 하면서 보호기간의 상한을 마련하지 아니한 「출입국관리법」 제63조 제1항에 따른 보호는 형사절차상 '체포 또는 구속'에 준하는 것으로서 신체의 자유를 제한하므로 영장주의에 위배된다.

② 「형의 집행 및 수용자의 처우에 관한 법률」 조항 중 '미결수용자의 접견내용의 녹음 · 녹화'에 관한 부분은 청구인에 대하여 직접적으로 어떠한 물리적 강제력을 행사하는 강제처분을 수반하는 것이 아니므로 영장주의의 적용대상이 아니다.

③ 수사기관 등이 전기통신사업자에게 이용자의 성명 등 통신자료의 열람이나 제출을 요청할 수 있도록 한 「전기통신사업법」 조항 중 해당 부분은 영장주의에 위배된다.

④ 병(兵)에 대한 징계처분으로 일정기간 부대나 함정(艦艇) 내의 영창, 그 밖의 구금장소에 감금하는 영창처분이 가능하도록 규정한 구 「군인사법」 조항 중 '영창'에 관한 부분은 영장주의에 위반된다.

지문분석 **난이도** □■■ **중** | **정답** ② | **키워드** 영장주의 | **출제유형** 판례

①【X】「출입국관리법」상의 외국인보호는 형사절차상 '체포 또는 구속'에 준하는 것으로서 외국인의 신체의 자유를 박탈하는 것이므로, 검사의 신청, 판사의 발부라는 엄격한 영장주의는 아니더라도, 적어도 출입국관리공무원이 아닌 객관적 · 중립적 지위에 있는 자가 그 인신구속의 타당성을 심사할 수 있는 장치가 있어야 한다(헌재 2023.03.23. 2020헌가1 등).

②【O】이 사건 녹음조항에 따라 접견내용을 녹음 · 녹화하는 것은 직접적으로 물리적 강제력을 수반하는 강제처분이 아니므로 영장주의가 적용되지 않아 영장주의에 위배된다고 할 수 없다(헌재 2016.11.24. 2014헌바401).

③【X】이 사건 법률조항은 수사기관 등이 전기통신사업자에 대하여 통신자료의 제공을 요청할 수 있는 권한을 부여하면서 전기통신사업자는 '그 요청에 따를 수 있다'고 규정하고 있을 뿐, 전기통신사업자에게 수사기관 등의 통신자료 제공요청에 응하거나 협조하여야 할 의무를 부과하지 않으며, 달리 전기통신사업자의 통신자료 제공을 강제할 수 있는 수단을 마련하고 있지 아니하다. 따라서 이 사건 법률조항에 따른 통신자료 제공요청은 강제력이 개입되지 아니한 임의수사에 해당하고 이를 통한 수사기관 등의 통신자료 취득에는 영장주의가 적용되지 아니하는바, 이 사건 법률조항은 헌법상 영장주의에 위배되지 아니한다(헌재 2022.07.21. 2016헌마388 등).

④【X】군대 내 지휘명령체계를 확립하고 전투력을 제고한다는 공익은 매우 중요한 공익이나, 심판대상조항으로 과도하게 제한되는 병의 신체의 자유가 위 공익에 비하여 결코 가볍다고 볼 수 없어, 심판대상조항은 법익의 균형성 요건도 충족하지 못한다. 이와 같은 점을 종합할 때, 심판대상조항은 과잉금지원칙에 위배된다(헌재 2020.09.24. 2017헌바157 등).

33 영장주의에 대한 설명 중 옳은 것을 〈보기〉에서 모두 고른 것은? 2019 서울시 7급

〈보기〉

ㄱ. 행정상 즉시강제는 상대방의 임의이행을 기다릴 시간적 여유가 없을 때 하명 없이 바로 실력을 행사하는 것으로서 강제처분의 성격을 띠고 있으므로, 원칙적으로 영장주의가 적용된다.

ㄴ. 범죄의 피의자로 입건된 사람들이 경찰공무원이나 검사의 신문을 받으면서 자신의 신원을 밝히지 않고 지문채취에 불응하는 경우 형사처벌을 통하여 지문채취를 강제하는 법률조항은, 형벌에 의한 불이익을 부과함으로써 심리적 · 간접적으로 지문채취를 강요하고 있을 뿐이므로, 영장주의에 의하여야 할 강제처분이라 할 수 없다.

ㄷ. 헌법 제12조 제3항이 영장의 발부에 관하여 '검사의 신청'에 의할 것을 규정한 취지는 모든 영장의 발부에 검사의 신청이 필요하다는 데에 있는 것이 아니라, 수사단계에서 영장의 발부를 신청할 수 있는 자를 검사로 한정함으로써 검사 아닌 다른 수사기관의 영장 신청에서 오는 인권유린의 폐해를 방지하고자 함에 있다.

ㄹ. 마약류 관련 수형자에 대하여 마약류반응검사를 위하여 소변을 받아 제출하게 한 것은 강제처분이라고 볼 수 있으므로 영장주의가 적용된다.

① ㄱ, ㄴ　　② ㄴ, ㄷ
③ ㄴ, ㄹ　　④ ㄷ, ㄹ

지문분석 **난이도** ■■■ **상** | **정답** ② | **키워드** 영장주의 | **출제유형** 판례

ㄱ 【X】 영장주의가 행정상 즉시강제에도 적용되는지에 관하여는 논란이 있으나, 행정상 즉시강제는 상대방의 임의 이행을 기다릴 시간적 여유가 없을 때 하명 없이 바로 실력을 행사하는 것으로서, 그 본질상 급박성을 요건으로 하고 있어 법관의 영장을 기다려서는 그 목적을 달성할 수 없다고 할 것이므로, 원칙적으로 영장주의가 적용되지 않는다고 보아야 할 것이다(헌재 2002.10.31. 2000헌가12).

ㄴ 【O】 이 사건 법률조항은 수사기관이 직접 물리적 강제력을 행사하여 피의자에게 강제로 지문을 찍도록 하는 것을 허용하는 규정이 아니며 형벌에 의한 불이익을 부과함으로써 심리적 · 간접적으로 지문채취를 강요하고 있으므로 피의자가 본인의 판단에 따라 수용여부를 결정한다는 점에서 궁극적으로 당사자의 자발적 협조가 필수적임을 전제로 하므로 물리력을 동원하여 강제로 이루어지는 경우와는 질적으로 차이가 있다. 따라서 이 사건 법률조항에 의한 지문채취의 강요는 영장주의에 의하여야 할 강제처분이라 할 수 없다(헌재 2004.09.23. 2002헌가17 등).

ㄷ 【O】 헌법 제12조 제3항이 영장의 발부에 관하여 '검사의 신청'에 의할 것을 규정한 취지는 모든 영장의 발부에 검사의 신청이 필요하다는 데에 있는 것이 아니라 수사단계에서 영장의 발부를 신청할 수 있는 자를 검사로 한정함으로써 검사 아닌 다른 수사기관의 영장신청에서 오는 인권유린의 폐해를 방지하고자 함에 있으므로, 공판단계에서 법원이 직권에 의하여 구속영장을 발부할 수 있음을 규정한 「형사소송법」 제70조 제1항 및 제73조 중 '피고인을 구인 또는 구금함에는 구속영장을 발부하여야 한다.' 부분은 헌법 제12조 제3항에 위반되지 아니한다(헌재 1997.03.27. 96헌바28 등).

ㄹ 【X】 헌법 제12조 제3항의 영장주의는 법관이 발부한 영장에 의하지 아니하고는 수사에 필요한 강제처분을 하지 못한다는 원칙으로 소변을 받아 제출하도록 한 것은 교도소의 안전과 질서유지를 위한 것으로 수사에 필요한 처분이 아닐 뿐만 아니라 검사대상자들의 협력이 필수적이어서 강제처분이라고 할 수도 없어 영장주의의 원칙이 적용되지 않는다(헌재 07.27. 2005헌마277).

34 헌법상 영장주의에 관한 설명 중 가장 적절하지 않은 것은? (다툼이 있는 경우 판례에 의함)

2023 경찰 승진

① 영장주의란 형사절차와 관련하여 체포·구속·압수 등의 강제처분을 함에 있어서는 사법권 독립에 의하여 그 신분이 보장되는 법관이 발부한 영장에 의하지 않으면 아니된다는 원칙이고, 따라서 영장주의의 본질은 신체의 자유를 침해하는 강제처분을 함에 있어서는 중립적인 법관이 구체적 판단을 거쳐 발부한 영장에 의하여야만 한다는 데에 있다.

② 숨을 호흡측정기에 한 두번 불어 넣는 방식으로 행하여지는 음주측정은 그 성질상 강제될 수 있는 것이 아니고 당사자의 자발적 협조가 필수적인 것이므로 영장을 필요로 하는 강제처분이라 할 수 없다.

③ 기지국 수사를 허용하는 통신사실 확인자료 제공요청은 법원의 허가를 받으면, 해당 가입자의 동의나 승낙을 얻지 아니하고도 제3자인 전기통신사업자에게 해당 가입자에 관한 통신사실 확인자료의 제공을 요청할 수 있도록 하는 수사방법으로, 「통신비밀보호법」이 규정하는 강제처분에 해당하여 헌법상 영장주의가 적용되므로, 영장이 아닌 법원의 허가를 받도록 하고 있는 동법 조항은 헌법상 영장주의에 위배된다.

④ 「전기통신사업법」은 수사기관 등이 전기통신사업자에 대하여 통신자료의 제공을 요청할 수 있는 권한을 부여하면서 전기통신사업자에게 수사기관 등의 통신자료 제공요청에 응하거나 협조하여야 할 의무를 부과하지 않으며, 달리 전기통신사업자의 통신자료 제공을 강제할 수 있는 수단을 마련하고 있지 아니하므로, 동법에 따른 통신자료 제공요청은 강제력이 개입되지 아니한 임의수사에 해당하고 이를 통한 수사기관 등의 통신자료취득에는 영장주의가 적용되지 아니한다.

PART · 02

지문분석 **난이도** □■■ **중** | **정답** ③ | **키워드** 영장주의 | **출제유형** 판례

① 【O】 신체의 자유는 정신적 자유와 함께 모든 기본권의 기초가 되는 것임에도 역사적으로 국가에 의하여 특히 형벌권의 발동형식으로 침해되어 온 예가 많으므로 헌법은 제12조 제1항에서 적법절차의 원칙을 선언한 후 같은 조 제2항 내지 제7항에서 적법절차의 원칙으로부터 도출될 수 있는 내용 가운데 특히 중요한 몇가지 원칙을 열거하고 있는바, 이 사건 관련 조항인 헌법 제12조 제3항은 '체포·구속·압수 또는 수색을 할 때에는 적법한 절차에 따라 검사의 신 청에 의하여 법관이 발부한 영장을 제시하여야 한다.'라고 규정함으로써 영장주의를 천명하고 있다. 영장주의란 형사절차와 관련하여 체포·구속·압수 등의 강제처분을 함에 있어서는 사법권 독립에 의하여 그 신분이 보장되는 법관이 발부한 영장에 의하지 않으면 아니된다는 원칙이고, 따라서 영장주의의 본질은 신체의 자유를 침해하는 강제처분을 함에 있어서는 중립적인 법관이 구체적 판단을 거쳐 발부한 영장에 의하여야만 한다는 데에 있다고 할 수 있다(헌결 1997.03.27. 96헌바28).

② 【O】 헌법 제12조 제3항은 체포·구속·압수 또는 수색을 할 때에는 적법한 절차에 따라 검사의 신청에 의하여 법관이 발부한 영장을 제시하도록 함으로써 영장주의를 헌법적 차원에서 보장하고 있다. 이 영장주의는 법관이 발부한 영장에 의하지 아니하고는 수사에 필요한 강제처분을 하지 못한다는 원칙을 말한다. 그러면 이 사건 음주측정의 경우 영장주의의 적용을 받아야 하는 것인가. 이 사건 음주측정은 호흡측정기에 의한 측정의 성질상 강제될 수 있는 것이 아니며 또 실무상 숨을 호흡측정기에 한 두번 불어 넣는 방식으로 행하여지는 것이므로 당사자의 자발적 협조가 필수적인 것이다. 따라서 당사자의 협력이 궁극적으로 불가피한 측정방법을 두고 강제처분이라고 할 수 없을 것이다(호흡측정을 강제로 채취할 수 있는 물리적·기계적 방법이 기술적으로 불가능하다고 단정할 수는 없겠으나, 적어도 인간의 존엄성을 훼손하지 아니하는 적법한 보편적 방법으로는 불가능하다고 보아야 할 것이다). 이와 같이 이 사건 음주측정을 두고 영장을 필요로 하는 강제처분이라 할 수 없는 이상 이 사건 법률조항은 헌법 제12조 제3항의 영장주의에 위배되지 아니한다(헌결 1997.03.27. 96헌가11).

③ 【X】 기지국 수사를 허용하는 통신사실 확인자료 제공요청은 법원의 허가를 받으면, 해당 가입자의 동의나 승낙을 얻지 아니하고도 제3자인 전기통신사업자에게 해당 가입자에 관한 통신사실 확인자료의 제공을 요청할 수 있도록 하는 수사방법으로, 「통신비밀보호법」이 규정하는 강제처분에 해당하므로 헌법상 영장주의가 적용된다. 통신사실 확인자료는 주로 범죄의 수사를 시작하는 초동 수사단계에서 활용되고, 특히 특정 시간 및 장소에서 범죄가 발생하였지만 수사기관이 아무런 단서도 찾지 못하고 있는 경우에 그 특정 시간대 특정 기지국에서 발신된 모든 전화번호를 수사의 단서로 삼으면 용의자를 좁혀 검거나 관련 증거를 수집하는 데 유용하게 활용될 수 있다는 점에서, 수사실무상 범죄예방과 사건의 조기해결을 위하여 기지국 수사를 허용할 현실적인 필요성이 있음을 부정하기 어렵다. 이에 이 사건 허가조항은 기지국 수사의 필요성, 실체진실의 발견 및 신속한 범죄수사의 요청, 통신사실 확인자료의 특성, 수사현실 등을 종합적으로 고려하여, 수사기관으로 하여금 법원의 허가를 받아 특정 시간대 특정 기지국에서 발신된 모든 전화번호 등 통신사실 확인자료의 제공을 요청할 수 있도록 하고 있다. 영장주의의 본질이 강제처분을 함에 있어서는 인적·물적 독립을 보장받는 중립적인 법관이 구체적 판단을 거쳐야만 한다는 데에 있음을 고려할 때, 「통신비밀보호법」이 정하는 방식에 따라 관할 지방법원 또는 지원의 허가를 받도록 하고 있는 이 사건 허가조항은 실질적으로 영장주의를 충족하고 있다 할 것이다. 따라서 이 사건 허가조항은 헌법상 영장주의에 위배되지 아니한다(헌불 헌결 2018.06.28. 2012헌마538).

④ 【O】이 사건 법률조항은 수사기관 등이 전기통신사업자에 대하여 통신자료의 제공을 요청할 수 있는 권한을 부여하면서 전기통신사업자는 '그 요청에 따를 수 있다'고 규정하고 있을 뿐, 전기통신사업자에게 수사기관 등의 통신자료 제공요청에 응하거나 협조하여야 할 의무를 부과하지 않으며, 달리 전기통신사업자의 통신자료 제공을 강제할 수 있는 수단을 마련하고 있지 아니하다. 따라서 이 사건 법률조항에 따른 통신자료 제공요청은 강제력이 개입되지 아니한 임의수사에 해당하고 이를 통한 수사기관 등의 통신자료 취득에는 영장주의가 적용되지 아니하는바, 이 사건 법률조항은 헌법상 영장주의에 위배되지 아니한다(헌결 2022.07.21. 2016헌마388).

35 영장주의에 관한 설명으로 가장 적절하지 <u>않은</u> 것은? (다툼이 있는 경우 판례에 의함) 2023 경찰 1차

① 헌법에서 규정된 영장신청권자로서의 검사는 검찰권을 행사하는 국가기관인 검사로서 공익의 대표자이자 수사단계에서의 인권옹호기관으로서의 지위에서 그에 부합하는 직무를 수행하는 자를 의미하는 것이지 「검찰청법」상 검사만을 지칭하는 것은 아니다.

② 「형의 집행 및 수용자의 처우에 관한 법률」에 따라 미결수용자의 접견 내용을 녹음·녹화하는 것은 직접적으로 물리적 강제력을 수반하는 강제처분이 아니므로 영장주의가 적용되지 않는다.

③ 「형사소송법」 제199조 제2항 등에 따른 수사기관의 사실조회 행위에 대하여 공사단체가 이에 응하거나 협조하여야 할 의무를 부담하는 것은 아니므로, 이러한 사실조회행위는 강제력이 개입되지 아니한 임의수사에 해당하고 이에 응하여 이루어진 정보제공행위에는 영장주의가 적용되지 않는다.

④ 국가보안법위반죄 등 일부 범죄혐의자를 법관의 영장없이 구속, 압수, 수색할 수 있도록 규정하고, 법관에 의한 사후영장제도도 마련하지 않은 구 「인신구속 등에 관한 임시 특례법」 조항은 국가비상사태에 준하는 상황에서 내려진 특별한 조치임을 감안하면 영장주의의 본질을 침해한다고 볼 수 없다.

지문분석 **난이도** □■■ **중** | **정답** ④ | **키워드** 영장주의 | **출제유형** 판례

① 【O】 헌법에서 수사단계에서의 영장신청권자를 검사로 한정한 것은 다른 수사기관에 대한 수사지휘권을 확립시켜 인권유린의 폐해를 방지하고, 법률전문가인 검사를 거치도록 함으로써 기본권침해가능성을 줄이고자 한 것이다. 헌법에 규정된 영장신청권자로서의 검사는 검찰권을 행사하는 국가기관인 검사로서 공익의 대표자이자 수사단계에서의 인권옹호기관으로서의 지위에서 그에 부합하는 직무를 수행하는 자를 의미하는 것이지, 검찰청법상 검사만을 지칭하는 것으로 보기 어렵다(헌재 2021.01.28. 2020헌마264등).

② 【O】 이 사건 녹음조항에 따라 접견내용을 녹음·녹화하는 것은 직접적으로 물리적 강제력을 수반하는 강제처분이 아니므로 영장주의가 적용되지 않아 영장주의에 위배된다고 할 수 없다. 또한, 미결수용자와 불구속 피의자·피고인을 본질적으로 동일한 집단이라고 할 수 없고, 불구속 피의자·피고인과는 달리 미결수용자에 대하여 법원의 허가 없이 접견내용을 녹음·녹화하도록 하는 것도 충분히 합리적 이유가 있으므로 이 사건 녹음조항은 평등원칙에 위배되지 않는다(헌재 2016.11.24. 2014헌바401).

③ 【O】 청구인은 수사기관이 이 사건 법률조항에 기한 사실조회에 의하여 보고를 요구할 수 있는 사항에는 「형법」이나 「의료법」에 의하여 누설이 금지되는 업무상 비밀은 포함되지 않는다고 해석하여야 하며, 만일 이와 달리 업무상 비밀에 관해서도 보고를 요구할 수 있고 요구를 받은 공사단체 등에서는 수사기관에 보고할 의무가 있다고 해석한다면 이는 헌법에 위반된다고 주장하고 있어 한정위헌을 구하고 있는 것이 아닌가 하는 의문이 들지만, 청구인의 청구내용 전체를 종합하여 보면, 이 사건 법률조항이 사실조회를 필요로 하는 수사의 내용과 범위를 구체적으로 특정하지 않고 막연히 규정하여 수사기관과 법원의 자의적 판단과 적용을 가능하게 함으로써 헌법상 보장된 사생활의 비밀과 자유 등을 침해한다는 것으로서 결국 이 사건 법률조항이 불명확하여 위헌이라는 주장을 하고 있는 것으로 볼 수 있으므로 법률조항 자체에 대한 심판청구로서 적법하다고 인정할 수 있다(헌재 2002.07.18. 2000헌바72).

④ 【X】 국가보안법위반죄 등 일부 범죄혐의자를 법관의 영장 없이 구속, 압수, 수색할 수 있도록 규정하고 있던 구 인신구속 등에 관한 임시 특례법 제2조 제1항은 영장주의에 위배된다(헌재 2012.12.27. 2011헌가5).

36 **영장주의에 관한 설명 중 가장 옳지 않은 것은?** (다툼이 있는 경우 판례에 의함) 2023 해경 간부

① 헌법 제12조 제3항이 정한 영장주의는 수사기관이 강제처분을 함에 있어 중립적 기관인 법원의 허가를 얻어야 함을 의미하는 것 외에 법원에 의한 사후 통제까지 마련되어야 함을 의미한다.

② 관계 행정청이 등급분류를 받지 아니하거나 등급분류를 받은 게임물과 다른 내용의 게임을 발견한 경우 관계공무원으로 하여금 이를 수거·폐기하게 할 수 있도록 한 것은, 급박한 상황에 대처하기 위한 것으로서 그 불가피성과 정당성이 충분히 인정되는 경우이므로, 이 사건 법률조항이 영장 없는 수거를 인정한다고 하더라도 이를 두고 헌법상 영장주의에 위배된다고 볼 수 없다.

③ 구속집행정지결정에 대한 검사의 즉시항고를 인정하는 경우에는 검사의 불복을 그 피고인에 대한 구속집행을 정지할 필요가 있다는 법원의 판단보다 우선시킬 뿐 아니라 사실상 법원의 구속집행정지결정을 무의미하게 할 수 있는 권한을 검사에게 부여하게 되는 점에서 헌법 제12조 제3항의 영장주의원칙에 위배된다.

④ 수사기관이 공사단체 등에 범죄수사에 관련된 사실을 조회하는 행위는 강제력이 개입되지 아니한 임의수사에 해당하므로 이에 응하여 이루어진 국민건강보험공단의 개인정보제공 행위에는 영장주의가 적용되지 않는다.

지문분석 **난이도** □■■ 중 | **정답** ① | **키워드** 진술거부권 | **출제유형** 판례

① 【X】 범죄수사를 위한 인터넷회선 감청은 수사기관이 범죄수사 목적으로 전송 중인 정보의 수집을 위해 당사자 동의 없이 집행하는 강제처분으로 법은 수사기관이 일정한 요건을 갖추어 법원의 허가를 얻어 집행하도록 정하고 있다(제5조, 제6조). 이와 관련하여, 청구인은 인터넷회선 감청을 위해 법원의 허가를 얻도록 정하고 있으나, 패킷 감청의 기술적 특성으로 해당 인터넷회선을 통하여 흐르는 모든 정보가 감청 대상이 되므로 개별성, 특정성을 전제로 하는 영장주의가 유명무실하게 되고 나아가 집행 단계나 그 종료 후에 법원이나 기타 객관성을 담보할 수 있는 기관에 의한 감독과 통제수단이 전혀 마련되어 있지 않으므로, 이 사건 법률조항은 헌법상 영장주의 내지 적법절차원칙에 위반된다고 한다. 그러나 헌법 제12조 제3항이 정한 영장주의가 수사기관이 강제처분을 함에 있어 중립적 기관인 법원의 허가를 얻어야 함을 의미하는 것 외에 법원에 의한 사후통제까지 마련되어야 함을 의미한다고 보기 어렵고, 청구인의 주장은 결국 인터넷회선 감청의 특성상 집행 단계에서 수사기관의 권한 남용을 방지할 만한 별도의 통제장치를 마련하지 않는 한 통신 및 사생활의 비밀과 자유를 과도하게 침해하게 된다는 주장과 같은 맥락이므로, 이 사건 법률조항이 과잉금지원칙에 반하여 청구인의 기본권을 침해하는지 여부에 대하여 판단하는 이상, 영장주의 위반 여부에 대해서는 별도로 판단하지 아니한다(헌재 2018.08.30. 2016헌마263).

② 【O】 이 사건 법률조항은 앞에서 본바와 같이 급박한 상황에 대처하기 위한 것으로서 그 불가피성과 정당성이 충분히 인정되는 경우이므로, 이 사건 법률조항이 영장 없는 수거를 인정한다고 하더라도 이를 두고 헌법상 영장주의에 위배되는 것으로는 볼 수 없고, 위 구 음반 · 비디오물 및 게임물에 관한 법률 제24조 제4항에서 관계공무원이 당해 게임물 등을 수거한 때에는 그 소유자 또는 점유자에게 수거증을 교부하도록 하고 있고, 동조 제6항에서 수거 등 처분을 하는 관계공무원이나 협회 또는 단체의 임 · 직원은 그 권한을 표시하는 증표를 지니고 관계인에게 이를 제시하도록 하는 등의 절차적 요건을 규정하고 있으므로, 이 사건 법률조항이 적법절차의 원칙에 위배되는 것으로 보기도 어렵다(헌재 2002.10.31. 2000헌가12).

③ 【O】 체포 · 구속 그리고 압수 · 수색까지도 헌법과 법률에 의하여 양심에 따라 재판하고 또 사법권독립의 원칙에 의하여 신분의 독립이 보장된 법관의 결정에 의하여만 할 수 있고, 자유의 박탈 · 허용 또는 그 계속이나 그 해제 여부의 결정은 오직 이러한 법관만이 결정할 수 있다는 원리인데, 구속 여부에 관한 전권을 갖는 법관으로 구성된 이러한 법원이 이러한 영장주의에 의하여 구속을 유지하여야 할 필요성 유무를 스스로 판단하여 결정한 보석허가결정의 효력이 검사나 그 밖의 다른 국가기관의 이견이나 불복이 있다 하여 좌우되거나 제한받거나 침해된다면 이러한 영장주의와 적법절차의 원칙에 위배될 것인 바, 이는 피고인에 대한 보석허가결정이 부당하다는 검사의 불복을 피고인에 대한 구속집행을 계속할 필요가 없다는 법원의 판단보다 우선시킨 것이기 때문이다(헌재 1993.12.23. 93헌가2).

④ 【O】 이 사건사실조회행위의 근거조항인 이 사건사실조회조항은 수사기관에 공사단체 등에 대한사실조회의 권한을 부여하고 있을 뿐이고, 피청구인 김포시장(이하 '김포시장'이라 한다)은 피청구인 김포경찰서장(이하 '김포경찰서장'이라 한다)의사실조회에 응하거나 협조하여야 할 의무를 부담하지 않는다. 따라서 이 사건사실조회행위만으로는 청구인들의 법적 지위에 어떠한 영향을 미친다고 보기 어렵고, 김포시장의 자발적인 협조가 있어야만 비로소 청구인들의 개인정보자기결정권이 제한된다. 그러므로 이 사건사실조회행위는 공권력 행사성이 인정되지 않는다(헌재 2018.08.30. 2016헌마483).

37 적법절차의 원칙에 관한 설명 중 가장 적절하지 않은 것은? (다툼이 있는 경우 판례에 의함)

2015 경찰 승진

① 헌법 제12조 제3항의 적법절차원칙은 기본권 제한 정도가 가장 심한 형사상 강제처분의 영역에서 기본권을 더욱 강하게 보장하려는 의지를 담아 중복 규정된 것이라고 해석함이 상당하다.
② 검사가 법원의 증인으로 채택된 수감자를 그 증언에 이르기까지 거의 매일 검사실로 하루 종일 소환하여 피고인 측 변호인이 접근하는 것을 차단하고 검찰에서의 진술을 번복하는 증언을 하지 않도록 회유, 협박하는 것은 적법절차에 위배된다.
③ 범죄의 피의자로 입건된 사람이 경찰공무원이나 검사의 신문을 받으면서 자신의 신원을 밝히지 않고 지문채취에 불응한 경우 그로 하여금 벌금, 과료, 구류의 형사처벌을 받도록 하는 구 경범죄처벌법조항은 적법절차원칙에 위배되지 않는다.
④ 압수물에 대한 소유권포기가 있다면, 사법경찰관이 법에서 정한 압수물폐기의 요건과 상관없이 임의로 압수물을 폐기하였어도 적법절차원칙에 위배되지 않는다.

지문분석 **난이도** □□■ **하** | **정답** ④ | **키워드** 적법절차의 원칙 | **출제유형** 판례

① 【O】 헌법 제12조 제1항은 적법절차 원칙의 일반조항이고, 제12조 제3항의 적법절차 원칙은 기본권 제한 정도가 가장 심한 형사상 강제처분의 영역에서 기본권을 더욱 강하게 보장하려는 의지를 담아 중복 규정된 것이라고 해석함이 상당하다(헌재 2012.06.27. 2011헌가36).
② 【O】 검사가 법원의 증인으로 채택된 수감자를 그 증언에 이르기까지 거의 매일 검사실로 하루 종일 소환하여 피고인 측 변호인이 접근하는 것을 차단하고, 검찰에서의 진술을 번복하는 증언을 하지 않도록 회유·압박하는 한편, 때로는 검사실에서 그에게 편의를 제공하기도 한 행위가 피고인의 공정한 재판을 받을 권리를 침해한다(헌재2001.08.30. 99헌마496).
③ 【O】 범죄의 피의자로 입건된 사람들에게 경찰공무원이나 검사의 신문을 받으면서 자신의 신원을 밝히지 않고 지문채취에 불응하는 경우 형사처벌을 통하여 지문채취를 강제하는 구 「경범죄 처벌법」 제1조 제42호가 영장주의의 원칙에 위반되지 않는다(헌재 2004.09.23. 2002헌가17).
④ 【X】 압수물에 대하여는 설사 피압수자의 소유권포기가 있다 하더라도 폐기가 허용되지 아니한다고 해석하여야 한다. 피청구인은 이 사건 압수물을 보관하는 것 자체가 위험하다고 볼 수 없을 뿐만 아니라 이를 보관하는 데 아무런 불편이 없는 물건임이 명백함에도 압수물에 대하여 소유권포기가 있다는 이유로 이를 사건종결 전에 폐기하였는바, 위와 같은 피청구인의 행위는 적법절차의 원칙을 위반하고, 청구인의 공정한 재판을 받을 권리를 침해한 것이다(헌재 2012.12.27. 2011헌마351).

38 적법절차의 원칙 및 영장주의에 관한 설명으로 옳지 않은 것은? (다툼이 있는 경우 헌법재판소 판례에 의함) 2023 소방 간부

① 형사절차가 아니라 하더라도 실질적으로 수사기관에 의한 인신구속과 동일한 효과를 발생시키는 인신구금은 영장주의의 본질상 그 적용대상이 되어야 한다.

② 긴급체포한 피의자를 구속하고자 할 때에는 48시간 이내에 구속영장을 청구하되, 그렇지 않은 경우 사후 영장청구 없이 피의자를 즉시 석방하도록한 「형사소송법」 조항은 헌법상 영장주의에 위반되지 않는다.

③ 수사기관 등이 전기통신사업자에게 이용자의 성명 등 통신자료의 열람이나 제출을 요청할 수 있도록 한 「전기통신사업법」 해당 조항은 통신자료 취득에 대한 사후통지절차를 두지 않아 적법절차원칙에 위배된다.

④ 교도소장이 교도소 수용자가 없는 상태에서 거실이나 작업장을 검사하는 행위는 적법절차원칙에 위배된다.

⑤ 소변을 받아 제출하도록 한 것은 교도소의 안전과 질서유지를 위한 것으로 수사에 필요한 처분이 아닐 뿐만 아니라 검사대상자들의 협력이 필수적이어서 강제처분이라고 할 수도 없어 영장주의의 원칙이 적용되지 않는다.

지문분석 **난이도** □■■ 중 | **정답** ④ | **키워드** 적법절차의 원칙 | **출제유형** 판례

① 【O】 헌법 제12조 제3항의 영장주의가 수사기관에 의한 체포·구속을 전제하여 규정된 것은 형사절차의 경우 법관에 의한 사전적 통제의 필요성이 강하게 요청되기 때문이지, 형사절차 이외의 국가권력작용에 대해 영장주의를 배제하는 것이 아니고, 오히려 그 본질은 인신구속과 같이 중대한 기본권 침해를 야기할 때는 법관이 구체적 판단을 거쳐 발부한 영장에 의하여야 한다는 것이다. 따라서 형사절차가 아니라 하더라도 실질적으로 수사기관에 의한 인신구속과 동일한 효과를 발생시키는 인신구금은 영장주의의 본질상 그 적용대상이 되어야 한다(헌재 2020.09.24. 2017헌바157).

② 【O】 이 사건 영장청구조항은 수사기관이 긴급체포한 피의자를 사후 영장청구 없이 석방할 수 있도록 규정하고 있다. 피의자를 긴급체포하여 조사한 결과 구금을 계속할 필요가 없다고 판단하여 48시간 이내에 석방하는 경우까지도 수사기관이 반드시 체포영장발부절차를 밟게 한다면, 이는 피의자, 수사기관 및 법원 모두에게 비효율을 초래할 가능성이 있고, 경우에 따라서는 오히려 인권침해적인 상황을 발생시킬 우려도 있다. 「형사소송법」은 긴급체포를 예외적으로만 허용하고 있고 피의자 석방 시 석방의 사유 등을 법원에 통지하도록 하고 있으며 긴급체포된 피의자도 체포적부심사를 청구할 수 있어 긴급체포제도의 남용을 예방하고 있다. 따라서 이 사건 영장청구조항은 헌법상 영장주의에 위반되지 아니한다(헌재 2021.03.25. 2018헌바212).

③ 【O】 이용자는 「개인정보 보호법」 제35조 제1항에 따라 전기통신사업자에게 통신자료 제공내역의 열람을 요청할 수 있다. 그러나 이 경우 요청일로부터 1년 전까지의 통신자료 제공내역만을 열람할 수 있고, 이용자들은 이를 통해서 구체적으로 어떠한 사유로 자신의 정보가 제공되었는지 정확한 사유를 알기 어렵다. 더욱이 일반 국민들은 특별한 사유 없이는 자신의 통신자료가 수사기관 등에 제공되었을 것이라는 의심을 하지 아니하는 경우가 대부분이므로, 일부 적극적인 정보주체가 「개인정보 보호법」을 통해 통신자료 제공내역을 열람할 수 있다는 이유만으로 이것이 법령에 의한 사후통지 절차를 대체할 수 있는 것도 아니다. 따라서 이 사건 법률조항이 통신자료 취득에 대한 사후통지절차를 규정하고 있지 않은 것은 적법절차원칙에 위배하여 청구인들의 개인정보자기결정권을 침해한다(헌재 2022.07.21. 2016헌마388 등).

④ 【X】 이 사건 검사행위가 추구하는 목적의 중대성, 검사행위의 불가피성과 은밀성이 요구되는 특성, 이에 비하여 수형자의 부담이 크지 아니한 점, 수형자의 이의나 불복이 있을 경우 그 구제를 위해 일정한 절차적 장치를 두고 있는 점 등을 종합해 볼 때 이 사건 검사행위는 적법절차원칙에 위배되지 아니한다(헌재 2011.10.25. 2009헌마691).

⑤ 【O】 헌법 제12조 제3항의 영장주의는 법관이 발부한 영장에 의하지 아니하고는 수사에 필요한 강제처분을 하지 못한다는 원칙으로 소변을 받아 제출하도록 한 것은 교도소의 안전과 질서유지를 위한 것으로 수사에 필요한 처분이 아닐 뿐만 아니라 검사대상자들의 협력이 필수적이어서 강제처분이라고 할 수도 없어 영장주의의 원칙이 적용되지 않는다. 이 사건 소변채취를 법관의 영장을 필요로 하는 강제처분이라고 할 수 없어 구치소 등 교정시설 내에서 위와 같은 방법에 의한 소변채취가 법관의 영장이 없이 실시되었다고 하여 헌법 제12조 제3항의 영장주의에 위배하였다고 할 수는 없다(헌재 2006.07.27. 2005헌마277).

39 **다음 사례에 관한 설명으로 가장 적절하지 <u>않은</u> 것은?** (다툼이 있는 경우 판례에 의함) 2016 경찰 승진

검사 乙은 전기통신사업자 A에게 수사를 위하여 시민 甲의 '성명, 주민등록번호, 주소, 전화번호, 가입일' 등의 통신자료제공을 요청하였고, A는 乙에게 2022.1.1.부터 2022.6.30.까지 甲의 통신자료를 제공하였다. 甲은 수사기관 등이 전기통신사업자에게 통신자료 제공을 요청하면 전기통신사업자가 그 요청에 따를 수 있다고 정한 「전기통신사업법」 제83조에 대해 헌법소원심판을 청구하였다.

① A가 乙의 통신자료 제공요청에 따라 乙에게 제공한 甲의 성명, 주민등록번호, 주소, 전화번호, 아이디, 가입일 또는 해지일은 甲의 동일성을 식별할 수 있게 해주는 개인정보에 해당하므로 이 사건 법률조항은 甲의 개인정보자기결정권을 제한한다.
② 헌법상 영장주의는 체포·구속·압수·수색 등 기본권을 제한하는 강제처분에 적용되므로 강제력이 개입되지 않은 임의수사에 해당하는 乙의 통신자료 취득에 영장주의가 적용되지 않는다.
③ 이 사건 법률조항 중 '국가안전보장에 대한 위해를 방지하기 위한 정보수집'은 국가의 존립이나 헌법의 기본질서에 대한 위험을 방지하기 위한 목적을 달성함에 있어 요구되는 최소한의 범위 내에서의 정보수집을 의미하는 것으로 해석되므로 명확성원칙에 위배되지 않는다.
④ 효율적인 수사와 정보수집의 신속성, 밀행성 등의 필요성을 고려하여 甲에게 통신자료 제공 내역을 통지하도록 하는 것이 적절하지 않기 때문에, 이 사건 법률조항이 통신자료 취득에 대한 사후 통지절차를 두지 않은 것은 적법절차원칙에 위배되지 않는다.

지문분석 난이도 ■■■ 상 | **정답** ④ | **키워드** 적법절차의 원칙 | **출제유형** 판례

헌재 2022. 7. 21. 2016헌마388 등의 헌법불합치 결정을 사례문제로 출제 하였습니다.
① 【O】 전기통신사업자가 수사기관 등의 통신자료 제공요청에 따라 수사기관 등에 제공하는 이용자의 성명, 주민등록번호, 주소, 전화번호, 아이디, 가입일 또는 해지일은 청구인들의 동일성을 식별할 수 있게 해주는 개인정보에 해당하므로, 이 사건 법률조항은 개인정보자기결정권을 제한한다.
② 【O】 헌법상 영장주의는 체포·구속·압수·수색 등 기본권을 제한하는 강제처분에 적용되므로, 강제력이 개입되지 않은 임의수사에 해당하는 수사기관 등의 통신자료 취득에는 영장주의가 적용되지 않는다.
③ 【O】 청구인들은 이 사건 법률조항 중 '국가안전보장에 대한 위해'의 의미가 불분명하다고 주장하나, '국가안전보장에 대한 위해를 방지하기 위한 정보수집'은 국가의 존립이나 헌법의 기본질서에 대한 위험을 방지하기 위한 목적을 달성함에 있어 요구되는 최소한의 범위 내에서의 정보수집을 의미하는 것으로 해석되므로, 명확성원칙에 위배되지 않는다.

④ 【X】 이 사건 법률조항에 의한 통신자료 제공요청이 있는 경우 통신자료의 정보주체인 이용자에게는 통신자료 제공요청이 있었다는 점이 사전에 고지되지 아니하며, 전기통신사업자가 수사기관 등에게 통신자료를 제공한 경우에도 이러한 사실이 이용자에게 별도로 통지되지 않는다. 그런데 당사자에 대한 통지는 당사자가 기본권 제한 사실을 확인하고 그 정당성 여부를 다툴 수 있는 전제조건이 된다는 점에서 매우 중요하다. 효율적인 수사와 정보수집의 신속성, 밀행성 등의 필요성을 고려하여 사전에 정보주체인 이용자에게 그 내역을 통지하도록 하는 것이 적절하지 않다면 수사기관 등이 통신자료를 취득한 이후에 수사 등 정보수집의 목적에 방해가 되지 않는 범위 내에서 통신자료의 취득사실을 이용자에게 통지하는 것이 얼마든지 가능하다. 그럼에도 이 사건 법률조항은 통신자료 취득에 대한 사후통지절차를 두지 않아 적법절차원칙에 위배된다.

40 **적법절차의 원칙에 대한 설명으로 옳지 않은 것은?** (다툼이 있는 경우 판례에 의함) 2016 지방직 7급

① 「출입국관리법」은 출국금지 후 즉시 서면으로 통지하도록 하고 있고 이의신청이나 행정소송을 통하여 출국금지결정에 대해 사후적으로 다툴 수 있는 기회를 제공하여 절차적 참여를 보장해 주고 있으므로, 형사재판에 계속 중인 사람에 대하여 출국을 금지할 수 있다고 규정한 「출입국관리법」은 적법절차원칙에 위배되지 않는다.

② 체포·구속·압수 또는 수색을 할 때에는 적법한 절차에 따라 검사의 신청에 의하여 법관이 발부한 영장을 제시하여야 하며, 주거에 대한 압수나 수색을 할 때에는 검사의 신청에 의하여 법관이 발부한 영장을 제시하여야 한다.

③ 헌법 제12조 제1항의 적법절차원칙은 형사소송절차에 국한되지 않으므로 전투경찰순경의 인신구금을 내용으로 하는 영창처분에 있어서도 적법절차원칙이 준수되어야 한다.

④ 범칙금 통고처분을 받고도 납부기간 이내에 범칙금을 납부하지 아니한 사람에 대하여 행정청에 대한 이의제기나 의견진술 등의 기회를 주지 않고 경찰서장이 곧바로 즉결심판을 청구하도록 한 구 「도로교통법」 조항은 적법절차원칙에 위배된다.

지문분석 **난이도** □■■ **중** | **정답** ④ | **키워드** 적법절차의 원칙 | **출제유형** 판례

④ 【X】 「도로교통법」상 범칙금 납부통고는 위반행위에 대한 제재를 신속·간편하게 종결할 수 있게 하는 제도로서, 이에 불복하여 범칙금을 납부하지 아니한 자에게는 재판절차라는 완비된 절차적 보장이 주어진다. 「도로교통법」 위반사례가 격증하고 있는 현실에서 통고처분에 대한 이의제기 등 행정청 내부 절차를 추가로 둔다면 절차의 중복과 비효율을 초래하고 신속한 사건처리에 저해가 될 우려도 있다. 따라서 이 사건 즉결심판청구 조항에서 의견진술 등의 별도의 절차를 두지 않은 것이 현저히 불합리하여 적법절차원칙에 위배된다고 보기 어렵다(헌재 2014.08.28. 2012헌바433).

41 영장주의에 대한 설명으로 가장 적절하지 않은 것은? (다툼이 있는 경우 헌법재판소 판례에 의함)

2022 경찰 간부

① 헌법에 규정된 영장신청권자로서의 검사는 검찰권을 행사하는 국가기관인 검사로서 공익의 대표자이자 수사단계에서의 인권옹호기관으로서의 지위에서 그에 부합하는 직무를 수행하는 자를 의미하는 것으로 검찰청법상 검사만을 지칭한다.

② 각급 선거관리위원회 위원·직원의 선거범죄조사에 있어서 자료제출요구에 응할 의무를 부과하고 허위자료를 제출하는 경우 형사처벌을 규정한 구 「공직선거법」 조항은 자료제출요구가 대상자의 자발적 협조를 전제하고 물리적 강제력을 수반하지 않으므로 영장주의의 적용대상이 아니다.

③ 체포영장을 발부받아 피의자를 체포하는 경우 필요한 때에는 영장 없이 타인의 주거 등 내에서 피의자 수사를 할 수 있다고 규정한 「형사소송법」 조항은 피의자가 존재할 개연성만 소명되면 타인의 주거 등에 대한 영장 없는 수색을 허용하므로 영장주의에 위반된다.

④ 피의자를 긴급체포한 경우 사후 체포영장을 청구하도록 규정하지 않고 피의자를 구속하고자 할 때에 한하여 구속영장을 청구하도록 규정한 「형사소송법」상 영장청구조항은 헌법상 영장주의에 위반된다고 단정할 수 없다.

PART · 02

지문분석 **난이도** □■■ **중** | **정답** ① | **키워드** 영장주의 | **출제유형** 판례

① 【X】 헌법에서 수사단계에서의 영장신청권자를 검사로 한정한 것은 다른 수사기관에 대한 수사지휘권을 확립시켜 인권유린의 폐해를 방지하고, 법률전문가인 검사를 거치도록 함으로써 기본권 침해 가능성을 줄이고자 한 것이다. 헌법에 규정된 영장신청권자로서의 검사는 검찰권을 행사하는 국가기관인 검사로서 공익의 대표자이자 수사단계에서의 인권옹호기관으로서의 지위에서 그에 부합하는 직무를 수행하는 자를 의미하는 것이지, 검찰청법상 검사만을 지칭하는 것으로 보기 어렵다(헌재 2021.01.28. 2020헌마264 등).

② 【O】 이와 같이 심판대상 조항에 의한 자료제출요구는 행정조사의 성격을 가지는 것으로 수사기관의 수사와 근본적으로 그 성격을 달리하며, 청구인에 대하여 직접적으로 어떠한 물리적 강제력을 행사하는 강제처분을 수반하는 것이 아니므로 영장주의의 적용대상이 아니다(헌재 2019.09.26. 2016헌바381).

③ 【O】 심판대상 조항은 체포영장을 발부받아 피의자를 체포하는 경우에 필요한 때에는 영장 없이 타인의 주거 등 내에서 피의자 수사를 할 수 있다고 규정함으로써, 앞서 본 바와 같이 별도로 영장을 발부받기 어려운 긴급한 사정이 있는지 여부를 구별하지 아니하고 피의자가 소재할 개연성만 소명되면 영장 없이 타인의 주거 등을 수색할 수 있도록 허용하고 있다. 이는 체포영장이 발부된 피의자가 타인의 주거 등에 소재할 개연성은 소명되나, 수색에 앞서 영장을 발부받기 어려운 긴급한 사정이 인정되지 않는 경우에도 영장 없이 피의자 수색을 할 수 있다는 것이므로, 헌법 제16조의 영장주의 예외요건을 벗어나는 것으로서 영장주의에 위반된다(헌재 2018.04.26. 2015헌바370 등).

④ 【O】 이 사건 영장청구조항은 사후 구속영장의 청구시한을 체포한 때부터 48시간으로 정하고 있다. 이는 긴급체포의 특수성, 긴급체포에 따른 구금의 성격, 형사절차에 불가피하게 소요되는 시간 및 수사현실 등에 비추어 볼 때 입법재량을 현저하게 일탈한 것으로 보기 어렵다. 또한 이 사건 영장청구조항은 체포한 때로부터 48시간 이내라 하더라도 피의자를 구속할 필요가 있는 때에는 지체 없이 구속영장을 청구하도록 함으로써 사후영장청구의 시간적 요건을 강화하고 있다. 따라서 이 사건 영장청구조항은 헌법상 영장주의에 위반되지 아니한다(헌재 2021.03.25. 2018헌바212).

42 적법절차의 원칙에 대한 설명으로 가장 적절하지 않은 것은? (다툼이 있는 경우 헌법재판소 결정에 의함) 2022 경찰 간부

① 적법절차의 원칙은 법률이 정한 형식적 절차와 실체적 내용이 모두 합리성과 정당성을 갖춘 적정한 것이어야 한다는 실질적 의미를 지니고 있다.

② 헌법 제12조 제1항의 처벌, 보안처분, 강제노역 및 제12조 제3항의 영장주의와 관련하여 각각 적법절차의 원칙을 규정하고 있지만, 이는 그 대상을 한정적으로 열거하고 있는 것으로 해석하는 것이 우리나라의 통설적 견해이다.

③ 적법절차의 원칙은 모든 국가작용을 지배하는 독자적인 헌법의 기본원리로서 해석되어야 할 원칙이라는 점에서 입법권의 유보적 한계를 선언하는 과잉입법금지의 원칙과 구별된다.

④ 적법절차의 원칙은 헌법 조항에 규정된 형사절차상의 제한된 범위 내에서만 적용되는 것이 아니라 국가작용으로서 기본권 제한과 관련되든 관련되지 않든 모든 입법작용 및 행정작용에도 광범위하게 적용된다.

지문분석 **난이도** □■■ 중 | **정답** ② | **키워드** 적법절차의 원칙 | **출제유형** 판례

① 【O】 현행헌법상 규정된 적법절차의 원칙을 어떻게 해석할 것인가에 대하여 표현의 차이는 있지만 대체적으로 적법절차의 원칙이 독자적인 헌법원리의 하나로 수용되고 있으며 이는 형식적인 절차뿐만 아니라 실체적 법률내용이 합리성과 정당성을 갖춘 것이어야 한다는 실질적 의미로 확대 해석하고 있고, 나아가 형사소송절차와 관련시켜 적용함에 있어서는 형벌권의 실행절차인 형사소송의 전반을 규율하는 기본원리로 이해된다(헌재 1992.12.24. 92헌가8).

② 【X】 우리 현행헌법에서는 제12조 제1항의 처벌, 보안처분, 강제노역 등 및 제12조 제3항의 영장주의와 관련하여 각각 적법절차의 원칙을 규정하고 있지만 이는 그 대상을 한정적으로 열거하고 있는 것이 아니라 그 적용대상을 예시한 것에 불과하다고 해석하는 것이 우리의 통설적 견해이다(헌재 1992.12.24. 92헌가8).

③ 【O】 「형법」 제331조 단서의 규정은 이러한 적법절차의 원칙에 입각한 해석원리에 따라 그 적정성과 위헌 여부를 판단하여야 할 것이고 그다음에는 헌법 제37조 제2항에서 도출되는 비례의 원칙 내지 과잉입법금지의 원칙이 지켜지고 있는지 여부에 관한 문제로 돌아가 함께 판단하여야 된다고 할 것이다(헌재 1992.12.24. 92헌가8).

④ 【O】 현행헌법이 명문화하고 있는 적법절차의 원칙은 단순히 입법권의 유보제한이라는 한정적인 의미에 그치는 것이 아니라 모든 국가작용을 지배하는 독자적인 헌법의 기본원리로서 해석되어야 할 원칙이라는 점에서 입법권의 유보적 한계를 선언하는 과잉입법금지의 원칙과는 구별된다고 할 것이다. 따라서 적법절차의 원칙은 헌법조항에 규정된 형사절차상의 제한된 범위 내에서만 적용되는 것이 아니라 국가작용으로서 기본권 제한과 관련되든 관련되지 않든 모든 입법작용 및 행정작용에도 광범위하게 적용된다고 해석하여야 할 것이다(헌재 1992.12.24. 92헌가8).

43 적법절차원칙에 관한 설명 중 가장 적절하지 않은 것은? (다툼이 있는 경우 판례에 의함) 2022 경찰 승진

① 헌법 제12조 제1항 후문은 '누구든지 법률에 의하지 아니하고는 체포·구속·압수·수색 또는 심문을 받지 아니하며, 법률과 적법한 절차에 의하지 아니하고는 처벌·보안처분 또는 강제노역을 받지 아니한다.'고 규정하여 적법절차원칙을 헌법원리로 수용하고 있다.

② 적법절차원칙은 법률이 정한 형식적 절차와 실체적 내용이 모두 합리성과 정당성을 갖춘 적정한 것이어야 한다는 실질적 의미를 지니고 있는 것으로 이해된다.

③ 형사소송절차와 관련하여 보면 적법절차원칙은 형벌권의 실행 절차인 형사소송의 전반을 규율하는 기본원리로서, 형사피고인의 기본권이 공권력에 의하여 침해당할 수 있는 가능성을 최소화하도록 절차를 형성·유지할 것을 요구하고 있다.

④ 자격정지 이상의 선고유예를 받고 그 선고유예기간 중에 있는 자에 대하여 당연퇴직을 규정하고 있는 「경찰공무원법」 규정은 재판청구권을 침해하고, 적법절차원칙에 위배되어 위헌이다.

지문분석 **난이도** □■■ **중** | **정답** ④ | **키워드** 적법절차의 원칙 | **출제유형** 판례

① **【O】** 헌법 제12조 제1항 후문은 '누구든지 법률에 의하지 아니하고는 체포·구속·압수·수색 또는 심문을 받지 아니하며, 법률과 적법한 절차에 의하지 아니하고는 처벌·보안처분 또는 강제노역을 받지 아니한다.'고 규정하여 적법절차원칙을 헌법원리로 수용하고 있다(헌재 2021.01.28. 2020헌마264 등).

② **【O】** 적법절차원칙은 법률이 정한 형식적 절차와 실체적 내용이 모두 합리성과 정당성을 갖춘 적정한 것이어야 한다는 실질적 의미를 지니고 있는 것으로서 특히 형사절차와 관련시켜 적용함에 있어서는 형사절차의 전반을 기본권 보장의 측면에서 규율하여야 한다는 기본원리를 천명하고 있는 것으로 이해된다(헌재 2021.01.28. 2020헌마264 등).

③ **【O】** 적법절차원칙은 절차가 법률로 정하여져야 할 뿐만 아니라 적용되는 법률의 내용에 있어서도 합리성과 정당성을 갖춘 적정한 것이어야 한다는 것을 뜻하고, 특히 형사소송절차와 관련하여 보면 형벌권의 실행절차인 형사소송의 전반을 규율하는 기본원리로서, 형사피고인의 기본권이 공권력에 의하여 침해당할 수 있는 가능성을 최소화하도록 절차를 형성·유지할 것을 요구하고 있다(헌재 1998.07.16. 97헌바22).

④ **【X】** 형사처벌을 받은 공무원에 대하여 신분상 불이익처분을 하는 법률을 제정함에 있어서 형사처벌을 받은 사실 그 자체를 이유로 일정한 신분상 불이익처분이 내려지도록 법률에 규정하는 방법과 별도의 징계절차를 거쳐 신분상 불이익처분을 하는 방법 중 어느 방법을 선택할 것인가는 입법자의 재량에 속하는 것이고, 당연퇴직은 일정한 사항이 법정 당연퇴직사유에 해당하는지 여부만이 문제될 뿐이어서 당연퇴직의 성질상 그 절차에서 당사자의 진술권이 반드시 절차적 권리로 보장되어야 하는 것도 아니므로 이 사건 규정이 재판청구권을 침해하거나 적법절차의 원리를 위배하였다고 할 수 없다(헌재 1998.04.30. 96헌마7).

44 적법절차원칙에 관한 설명 중 가장 적절하지 않은 것은? (다툼이 있는 경우 판례에 의함) 2016 국가직 7급

① 적법절차원칙은 형사절차상의 제한된 범위 내에서만 적용되는 것이 아니라 국가작용으로서 기본권 제한과 관련되든 아니든 모든 입법작용 및 행정작용에도 광범위하게 적용된다.

② 적법절차원칙이란, 국가공권력이 국민에 대하여 불이익한 결정을 하기에 앞서 국민은 자신의 견해를 진술할 기회를 가짐으로써 절차의 진행과 그 결과에 영향을 미칠 수 있어야 한다는 법원리를 말하는 것이므로, 국가기관이 국민과의 관계에서 공권력을 행사함에 있어서 준수해야 할 법원칙으로서 형성된 적법절차의 원칙을 국가기관에 대하여 헌법을 수호하고자 하는 탄핵소추절차에는 직접 적용할 수 없다.

③ 적법절차원칙에서 도출할 수 있는 중요한 절차적 요청으로는 당사자에게 적절한 고지를 행할 것, 당사자에게 의견 및 자료제출의 기회를 부여할 것 등을 들 수 있다.

④ 범칙금 통고처분을 받고도 납부기간 이내에 범칙금을 납부하지 아니한 사람에 대하여 행정청에 대한 이의제기나 의견진술 등의 기회를 주지 않고 경찰서장이 곧바로 즉결심판을 청구하도록 한 구 「도로교통법」조항은 적법절차원칙에 위배된다.

지문분석 **난이도** □■■ 중 | **정답** ④ | **키워드** 적법절차의 원칙 | **출제유형** 판례

① **【O】** 현행헌법상 적법절차의 원칙을 위와 같이 법률이 정한 절차와 그 실체적인 내용이 합리성과 정당성을 갖춘 적정한 것이어야 한다는 것으로 이해한다면, 그 법률이 기본권의 제한입법에 해당하는 한 헌법 제37조 제2항의 일반적 법률유보조항의 해석상 요구되는 기본권제한법률의 정당성 요건과 개념상 중복되는 것으로 볼 수도 있을 것이나, 현행헌법이 명문화하고 있는 적법절차의 원칙은 단순히 입법권의 유보제한이라는 한정적인 의미에 그치는 것이 아니라 모든 국가작용을 지배하는 독자적인 헌법의 기본원리로서 해석되어야 할 원칙이라는 점에서 입법권의 유보적 한계를 선언하는 과잉입법금지의 원칙과는 구별된다고 할 것이다. 따라서 적법절차의 원칙은 헌법조항에 규정된 형사절차상의 제한된 범위 내에서만 적용되는 것이 아니라 국가작용으로서 기본권제한과 관련되든 관련되지 않든 모든 입법작용 및 행정작용에도 광범위하게 적용된다(헌결 1992.12.24. 92헌가8).

② **【O】** 적법절차원칙이란, 국가공권력이 국민에 대하여 불이익한 결정을 하기에 앞서 국민은 자신의 견해를 진술할 기회를 가짐으로써 절차의 진행과 그 결과에 영향을 미칠 수 있어야 한다는 법원리를 말한다. 그런데 이 사건의 경우, 국회의 탄핵소추절차는 국회와 대통령이라는 헌법기관 사이의 문제이고, 국회의 탄핵소추의결에 의하여 사인으로서의 대통령의 기본권이 침해되는 것이 아니라, 국가기관으로서의 대통령의 권한행사가 정지되는 것이다. 따라서 국가기관이 국민과의 관계에서 공권력을 행사함에 있어서 준수해야 할 법원칙으로서 형성된 적법절차의 원칙을 국가기관에 대하여 헌법을 수호하고자 하는 탄핵소추절차에는 직접 적용할 수 없다고 할 것이고, 그 외 달리 탄핵소추절차와 관련하여 피소추인에게 의견진술의 기회를 부여할 것을 요청하는 명문의 규정도 없으므로, 국회의 탄핵소추절차가 적법절차원칙에 위배되었다는 주장은 이유 없다(헌결 2004.05.14. 2004헌나1).

③ **【O】** 적법절차원칙에서 도출할 수 있는 가장 중요한 절차적 요청 중의 하나로, 당사자에게 적절한 고지(告知)를 행할 것, 당사자에게 의견 및 자료 제출의 기회를 부여할 것을 들 수 있겠으나, 이 원칙이 구체적으로 어떠한 절차를 어느 정도로 요구하는지는 일률적으로 말하기 어렵고, 규율되는 사항의 성질, 관련 당사자의 사익(私益), 절차의 이행으로 제고될 가치, 국가작용의 효율성, 절차에 소요되는 비용, 불복의 기회 등 다양한 요소들을 형량하여 개별적으로 판단할 수밖에 없을 것이다(헌결 2003.07.24. 2001헌가25).

④ **【X】** 「도로교통법」상 범칙금 납부통고는 위반행위에 대한 제재를 신속・간편하게 종결할 수 있게 하는 제도로서, 이에 불복하여 범칙금을 납부하지 아니한 자에게는 재판절차라는 완비된 절차적 보장이 주어진다. 「도로교통법」 위반사례가 격증하고 있는 현실에서 통고처분에 대한 이의제기 등 행정청 내부 절차를 추가로 둔다면 절차의 중복과 비효율을 초래하고 신속한 사건처리에 저해가 될 우려도 있다. 따라서 이 사건 즉결심판청구 조항에서 의견진술 등의 별도의 절차를 두지 않은 것이 현저히 불합리하여 적법절차원칙에 위배된다고 보기 어렵다(헌결 2014.08.28. 2012헌바433).

45 **적법절차의 원칙에 대한 설명으로 가장 옳지 않은 것은?** 2019 서울시 7급

① 적법절차의 원칙은 법률의 위헌여부에 관한 심사기준으로서 그 적용대상을 형사소송절차에 국한하지 않고 모든 국가작용 특히 입법작용 전반에 대하여 문제된 법률의 실체적 내용이 합리성과 정당성을 갖추고 있는지 여부를 판단하는 기준으로 적용된다.

② 헌법 제12조 제1항의 처벌, 보안처분, 강제노역 등 및 제12조 제3항의 영장주의와 관련하여 각각 적법 절차의 원칙을 규정하고 있지만 이는 그 대상을 한정적으로 열거하고 있는 것이 아니라 그 적용대상을 예시한 것에 불과하다.

③ 헌법이 채택하고 있는 적법절차의 원리는 절차적 차원에서 볼 때에 국민의 기본권을 제한하는 경우에는 반드시 당사자인 국민에게 자기의 입장과 의견을 자유로이 개진할 수 있는 기회를 보장하여야 한다는 것을 그 핵심적인 내용으로 하고, 형사처벌이 아닌 행정상의 불이익처분에도 적용된다.

④ 적법절차의 원칙은 국가기관이 국민과의 관계에서 공권력을 행사함에 있어서 준수해야 할 법원칙으로서 형성된 것이지만, 국가기관에 대하여 헌법을 수호하고자 하는 탄핵소추절차에도 직접 적용될 수 있다.

PART · 02

지문분석 **난이도** □■■ **중** | **정답** ④ | **키워드** 적법절차의 원칙 | **출제유형** 판례

① 【O】 현행헌법상 규정된 적법절차의 원칙을 어떻게 해석할 것인가에 대하여 표현의 차이는 있지만 대체적으로 적법절차의 원칙이 독자적인 헌법원리의 하나로 수용되고 있으며 이는 형식적인 절차 뿐만 아니라 실체적 법률내용이 합리성과 정당성을 갖춘 것이어야 한다는 실질적 의미로 확대 해석하고 있으며, 우리 헌법재판소의 판례에서도 이 적법절차의 원칙은 법률의 위헌 여부에 관한 심사기준으로서 그 적용대상을 형사소송절차에 국한하지 않고 모든 국가작용 특히 입법작용 전반에 대하여 문제된 법률의 실체적 내용이 합리성과 정당성을 갖추고 있는지 여부를 판단하는 기준으로 적용되고 있음을 보여주고 있다(헌재 1992.12.24. 92헌가8).

② 【O】 우리 현행헌법에서는 제12조 제1항의 처벌, 보안처분, 강제노역 등 및 제12조 제3항의 영장주의와 관련하여 각각 적법절차의 원칙을 규정하고 있지만 이는 그 대상을 한정적으로 열거하고 있는 것이 아니라 그 적용대상을 예시한 것에 불과하다고 해석하는 것이 우리의 통설적 견해이다(헌재 1992.12.24. 92헌가8).

③ 【O】 우리 헌법이 채택하고 있는 적법절차의 원리는 절차적 차원에서 볼 때에 국민의 기본권을 제한하는 경우에는 반드시 당사자인 국민에게 자기의 입장과 의견을 자유로이 개진할 수 있는 기회를 보장하여야 한다는 것을 그 핵심적인 내용으로 하고, 형사처벌이 아닌 행정상의 불이익처분에도 적용된다(헌재 2002.04.25. 2001헌마200).

④ 【X】 국가기관이 국민과의 관계에서 공권력을 행사함에 있어서 준수해야 할 법원칙으로서 형성된 적법절차의 원칙을 국가기관에 대하여 헌법을 수호하고자 하는 탄핵소추절차에는 직접 적용할 수 없다고 할 것이고, 그 외 달리 탄핵소추절차와 관련하여 피소추인에게 의견진술의 기회를 부여할 것을 요청하는 명문의 규정도 없으므로, 국회의 탄핵소추절차가 적법절차원칙에 위배되었다는 주장은 이유 없다(헌재 2004.05.14. 2004헌나1).

46 변호사 갑은 수형자 을 접견하고자 하나 소송계속 사실 소명자료를 제출하지 못하는 경우 접촉차단시설이 설치되지 않은 장소에서 60분간 이루어지는 변호사접견 대신 접촉차단시설이 설치된 일반접견실에서 10분 내외의 일반접견만 가능하다는 교정당국의 답변을 받았다. 이 답변의 근거가 되는 법 규정은 아래와 같다. 이에 대한 헌법적 판단 내용으로 가장 적절하지 않은 것은? (다툼이 있는 경우 헌법재판소 판례에 의함) 2022 경찰 간부

> 형의 집행 및 수용자의 처우에 관한 법률 시행규칙(2016.6.28. 법무부령 제870호로 개정된 것) 제29조의2(소송사건의 대리인인 변호사의 접견 등 신청) 소송사건의 대리인인 변호사가 수용자를 접견하고자 하는 경우에는 별지 제32호 서식의 신청서에 다음 각 호의 자료를 첨부하여 소장에게 제출하여야 한다.

① 심판대상 조항은 소송사건과 무관하게 수형자를 접견하는 소위 '집사 변호사'의 접견권 남용행위를 방지하기 위해 제정되었으므로 입법목적의 정당성은 인정된다.

② 심판대상 조항은 변호사 접견권 남용행위 방지에 실효적인 수단이며 수형자의 재판청구권 행사에 장애를 초래하지 않으므로 수단의 적합성이 인정된다.

③ 심판대상 조항은 변호사와의 상담이 가장 필요한 시기에 소송계속이 발생하지 않았다는 이유로 변호사 접견을 금지하고 있어 수형자와의 접견을 통한 변호사의 직무수행에 큰 장애를 초래할 수 있다는 점에 비추어 침해의 최소성에 위배된다.

④ 심판대상 조항은 소송계속 사실 소명자료를 요구하더라도 실제 달성되는 공익이 크다고 보기는 어려운 반면 변호사의 도움이 가장 필요한 시기에 접견에 대한 제한의 강도가 커서 수형자의 재판청구권이 심각하게 제한되는 불이익도 크다는 면에서 법익의 균형성에 위배된다.

지문분석 **난이도** □■■ 중 | **정답** ② | **키워드** 무죄추정의 원칙 | **출제유형** 판례

① 【O】, ③ 【O】, ④ 【O】 헌재 2021.10.28. 2018헌마60

② 【X】 이 사건 접견조항에 따르면 수용자는 효율적인 재판준비를 하는 것이 곤란하게 되고, 특히 교정시설 내에서의 처우에 대하여 국가 등을 상대로 소송을 하는 경우에는 소송의 상대방에게 소송자료를 그대로 노출하게 되어 무기대등의 원칙이 훼손될 수 있다. 변호사 직무의 공공성, 윤리성 및 사회적 책임성은 변호사 접견권을 이용한 증거인멸, 도주 및 마약 등 금지물품 반입 시도 등의 우려를 최소화시킬 수 있으며, 변호사접견이라 하더라도 교정시설의 질서 등을 해할 우려가 있는 특별한 사정이 있는 경우에는 예외를 두도록 한다면 악용될 가능성도 방지할 수 있다. 따라서 이 사건 접견조항은 과잉금지원칙에 위배하여 청구인의 재판청구권을 지나치게 제한하고 있으므로, 헌법에 위반된다(헌재 2013.08.29. 2011헌마122).

47 **변호인의 조력을 받을 권리에 대한 설명으로 가장 적절하지 않은 것은?** (다툼이 있는 경우 헌법재판소 판례에 의함) 2023 경찰간부

① 수형자가 형사사건의 변호인이 아닌 민사사건, 행정사건, 헌법소원사건 등에서 변호사와 접견할 경우에는 원칙적으로 헌법상 변호인의 조력을 받을 권리의 주체가 될 수 없다.

② 살인미수 등 사건의 수형자이면서 공무집행방해 등 사건의 미결수용자와 같은 지위에 있는 수형자의 변호인이 위 수형자에게 보낸 서신을 교도소장이 금지물품 동봉 여부를 확인하기 위하여 개봉한 후 교부한 행위는 위 수형자가 갖는 변호인의 조력을 받을 권리를 침해하지 않는다.

③ 별건으로 공소제기 후 확정되어 검사가 보관하고 있는 서류에 대해 법원의 열람·등사 허용 결정이 있었음에도 불구하고 청구인에 대한 형사사건과 별건이라는 이유로 검사가 해당 서류의 열람·등사를 허용하지 아니한 행위는 청구인이 갖는 변호인의 조력을 받을 권리를 침해한다.

④ 난민인정신청을 하였으나 난민인정심사불회부 결정을 받고 인천공항 송환대기실에 계속 수용된 외국인의 경우 형사절차에서 구속된 자로는 볼 수는 없으므로 변호인의 조력을 받을 권리는 보장되지 않는다.

지문분석 **난이도** □■■ **중** | **정답** ④ | **키워드** 변호인의 조력을 받을 권리 | **출제유형** 판례

① 【O】 변호인의 조력을 받을 권리는 '형사사건'에서의 변호인의 조력을 받을 권리를 의미한다. 따라서 수형자가 형사사건의 변호인이 아닌 민사사건, 행정사건, 헌법소원사건 등에서 변호사와 접견할 경우에는 원칙적으로 헌법상 변호인의 조력을 받을 권리의 주체가 될 수 없다 할 것이므로, 이 사건 녹취행위에 의하여 청구인의 변호인의 조력을 받을 권리가 침해되었다고 할 수는 없다(헌재 2013.09.26. 2011헌마398).

② 【O】 이 사건 서신개봉행위는 교정사고를 미연에 방지하고 교정시설의 안전과 질서 유지를 위한 것이다. 수용자에게 변호인이 보낸 형사소송관련 서신이라는 이유만으로 금지물품 확인 과정 없이 서신이 무분별하게 교정시설 내에 들어오게 된다면, 이를 악용하여 마약·담배 등 금지물품의 반입 등이 이루어질 가능성을 배제하기 어렵다. 금지물품을 확인할 뿐 변호인이 보낸 서신 내용의 열람·지득 등 검열을 하는 것이 아니어서, 이 사건 서신개봉행위로 인하여 미결수용자와 같은 지위에 있는 수형자가 새로운 형사사건 및 형사재판에서 방어권행사에 불이익이 있었다거나 그 불이익이 예상된다고 보기도 어렵다. 이 사건 서신개봉행위와 같이 금지물품이 들어 있는지를 확인하기 위하여 서신을 개봉하는 것만으로는 미결수용자와 같은 지위에 있는 수형자가 변호인의 조력을 받을 권리를 침해하지 아니한다(헌재 2021.10.28. 2019헌마973).

③ 【O】 법원이 검사의 열람·등사 거부처분에 정당한 사유가 없다고 판단하고 그러한 거부처분이 피고인의 헌법상 기본권을 침해한다는 취지에서 수사서류의 열람·등사를 허용하도록 명한 이상, 법치국가와 권력분립의 원칙상 검사로서는 당연히 법원의 그러한 결정에 지체 없이 따라야 하며, 이는 별건으로 공소제기되어 확정된 관련 형사사건 기록에 관한 경우에도 마찬가지이다. 그렇다면 피청구인의 이 사건 거부행위는 청구인의 신속·공정한 재판을 받을 권리 및 변호인의 조력을 받을 권리를 침해한다(헌재 2022.06.30. 2019헌마356).

④ 【X】 헌법 제12조 제4항 본문의 문언 및 헌법 제12조의 조문 체계, 변호인 조력권의 속성, 헌법이 신체의 자유를 보장하는 취지를 종합하여 보면 헌법 제12조 제4항 본문에 규정된 '구속'은 사법절차에서 이루어진 구속뿐 아니라, 행정절차에서 이루어진 구속까지 포함하는 개념이다. 따라서 헌법 제12조 제4항 본문에 규정된 변호인의 조력을 받을 권리는 행정절차에서 구속을 당한 사람에게도 즉시 보장된다(헌재 2018.05.31. 2014헌마346).

48 변호인의 조력을 받을 권리에 대한 설명으로 옳지 않은 것은? 2023 국가직 7급

① 접촉차단시설이 설치되지 않은 장소에서의 수용자 접견 대상을 소송사건의 대리인인 변호사로 한정한 구「형의 집행 및 수용자의 처우에 관한 법률 시행령」 조항은, 그로 인해 접견의 상대방인 수용자의 재판청구권이 제한되는 효과도 함께 고려하면 수용자의 대리인이 되려는 변호사의 직업수행의 자유와 수용자의 변호인의 조력을 받을 권리를 침해한다.

② '변호인이 되려는 자'의 접견교통권은 피의자 등을 조력하기 위한 핵심적인 부분으로서, 피의자 등이 가지는 헌법상의 기본권인 '변호인이 되려는 자'와의 접견교통권과 표리의 관계에 있어, 피의자 등이 가지는 '변호인이 되려는 자'의 조력을 받을 권리가 실질적으로 확보되기 위해서는 '변호인이 되려는 자'의 접견교통권 역시 헌법상 기본권으로서 보장되어야 한다.

③ 수사서류에 대한 법원의 열람·등사 허용 결정이 있음에도 검사가 열람·등사를 거부하는 경우 수사서류 각각에 대하여 검사가 열람·등사를 거부할 정당한 사유가 있는지를 심사할 필요 없이 그 거부행위 자체로써 청구인의 변호인의 조력을 받을 권리를 침해하는 것이 되고, 이는 법원의 수사서류에 대한 열람·등사 허용 결정이 있음에도 검사가 해당 서류에 대한 열람만을 허용하고 등사를 거부하는 경우에도 마찬가지이다.

④ 교도소장이 금지물품 동봉 여부를 확인하기 위하여 미결수용자와 같은 지위에 있는 수형자의 변호인이 위 수형자에게 보낸 서신을 개봉한 후 교부한 행위는 교정사고를 미연에 방지하고 교정시설의 안전과 질서 유지를 위한 것으로, 금지물품이 들어 있는지를 확인하기 위하여 서신을 개봉하는 것만으로는 미결수용자와 같은 지위에 있는 수형자의 변호인의 조력을 받을 권리를 침해하지 않는다.

지문분석 **난이도** □■■ 중 | **정답** ① | **키워드** 변호인의 조력을 받을 권리 | **출제유형** 판례

① 【X】 접견 제한에 따른 변호사의 직업수행의 자유 제한에 대한 심사에서는 변호사 자신의 직업 활동에 가해진 제한의 정도를 살펴보아야 할 뿐 아니라 그로 인해 접견의 상대방인 수용자의 재판청구권이 제한되는 효과도 함께 고려되어야 하나, 소송대리인이 되려는 변호사의 수용자 접견의 주된 목적은 소송대리인 선임 여부를 확정하는 것이고 소송준비와 소송대리 등 소송에 관한 직무활동은 소송대리인 선임 이후에 이루어지는 것이 일반적이므로 소송대리인 선임 여부를 확정하기 위한 단계에서는 접촉차단시설이 설치된 장소에서 접견하더라도 그 접견의 목적을 수행하는데 필요한 의사소통이 심각하게 저해될 것이라고 보기 어렵다. 따라서 심판대상조항은 변호사인 청구인의 업무를 원하는 방식으로 자유롭게 수행할 수 있는 자유를 침해한다고 할 수 없다(헌재 2022.02.24. 2018헌마1010).

② 【O】 변호인 선임을 위하여 피의자·피고인이 가지는 '변호인이 되려는 자'와의 접견교통권은 헌법상 기본권으로 보호되어야 하고, '변호인이 되려는 자'의 접견교통권은 피의자 등이 변호인을 선임하여 그로부터 조력을 받을 권리를 공고히 하기 위한 것으로서, 그것이 보장되지 않으면 피의자 등이 변호인 선임을 통하여 변호인으로부터 충분한 조력을 받는다는 것이 유명무실하게 될 수밖에 없다. 이와 같이 '변호인이 되려는 자'의 접견교통권은 피의자 등을 조력하기 위한 핵심적인 부분으로서, 피의자 등이 가지는 헌법상의 기본권인 '변호인이 되려는 자'와의 접견교통권과 표리의 관계에 있다. 따라서 피의자 등이 가지는 '변호인이 되려는 자'의 조력을 받을 권리가 실질적으로 확보되기 위해서는 '변호인이 되려는 자'의 접견교통권 역시 헌법상 기본권으로서 보장되어야 한다(헌재 2019.02.28. 2015헌마1204).

③ 【O】 신속하고 실효적인 구제절차를 형사소송절차 내에 마련하고자 열람·등사에 관한 규정을 신설한 입법취지와, 검사의 열람·등사 거부처분에 대한 정당성 여부가 법원에 의하여 심사된 마당에 헌법재판소가 다시 열람·등사 제한의 정당성 여부를 심사하게 된다면 이는 법원의 결정에 대한 당부의 통제가 되는 측면이 있는 점 등을 고려하여 볼 때, 수사서류에 대한 법원의 열람·등사 허용 결정이 있음에도 검사가 열람·등사를 거부하는 경우 수사서류 각각에 대하여 검사가 열람·등사를 거부할 정당한 사유가 있는지를 심사할 필요 없이 그 거부행위 자체로써 청구인들의 기본권을 침해하는 것이 되고, 이는 법원의 수사서류에 대한 열람·등사 허용 결정이 있음에도 검사인 피청구인이 해당 서류에 대한 열람만을 허용하고 등사를 거부하는 경우에도 마찬가지이다(헌재 2017.12.28. 2015헌마632).

④ 【O】 이 사건 서신개봉행위는 교정사고를 미연에 방지하고 교정시설의 안전과 질서 유지를 위한 것이다. 수용자에게 변호인이 보낸 형사소송관련 서신이라는 이유만으로 금지물품 확인 과정 없이 서신이 무분별하게 교정시설 내에 들어오게 된다면, 이를 악용하여 마약·담배 등 금지물품의 반입 등이 이루어질 가능성을 배제하기 어렵다. 금지물품을 확인할 뿐 변호인이 보낸 서신 내용의 열람·지득 등 검열을 하는 것이 아니어서, 이 사건 서신개봉행위로 인하여 미결수용자와 같은 지위에 있는 수형자가 새로운 형사사건 및 형사재판에서 방어권행사에 불이익이 있었다거나 그 불이익이 예상된다고 보기도 어렵다. 이 사건 서신개봉행위와 같이 금지물품이 들어 있는지를 확인하기 위하여 서신을 개봉하는 것만으로는 미결수용자와 같은 지위에 있는 수형자가 변호인의 조력을 받을 권리를 침해하지 아니한다(헌재 2021.10.28. 2019헌마973).

49 신체의 자유 및 피의자·피고인의 권리에 대한 설명으로 가장 적절한 것은? (다툼이 있는 경우 판례에 의함) 2017 경찰 승진

① 범죄의 피의자로 입건된 사람이 경찰공무원이나 검사의 신문을 받으면서 자신의 신원을 밝히지 않고 지문채취에 불응하는 경우 형사처벌을 부과하는 것은, 수사기관이 직접 물리적 강제력을 행사하여 피의자에게 강제로 지문을 찍도록 하는 것을 허용하는 것과 질적인 차이가 없으므로 영장주의에 위배된다.

② 변호인의 조력을 받을 권리는 '형사사건'에서의 변호인의 조력을 받을 권리에 국한되는 것은 아니므로, 수형자가 형사사건의 변호인이 아닌 민사사건, 행정사건, 헌법소원사건 등에서 변호사와 접견할 경우에도 헌법상 변호인의 조력을 받을 권리의 주체가 될 수 있다.

③ 변호인의 수사서류 열람·등사권은 피고인의 신속·공정한 재판을 받을 권리 및 변호인의 조력을 받을 권리라는 헌법상 기본권의 중요한 내용이자 구성요소이며 이를 실현하는 구체적인 수단이 된다.

④ 특별검사가 참고인에게 지정된 장소까지 동행할 것을 명령할 수 있게 하고 참고인이 정당한 이유 없이 위 동행명령을 거부한 경우 천만 원 이하의 벌금형에 처하도록 규정한 동행명령조항은 참고인의 신체의 자유를 침해하지 않는다.

지문분석 **난이도** □■■ 중 | **정답** ③ | **키워드** 신체의 자유 | **출제유형** 판례

① 【X】 범죄의 피의자로 입건된 사람이 경찰공무원이나 검사의 신문을 받으면서 자신의 신원을 밝히지 않고 지문채취에 불응하는 경우 형사처벌하는 것은 수사기관에 의하여 직접적으로 이루어지는 것이 아니라 법관에 의한 재판에 의하여 이루어진다. 특히 정당한 이유가 없는 지문채취거부의 경우에만 처벌대상이 되므로 사후에 법관이 지문채취거부의 정당성을 판단하여 당사자를 처벌하지 않을 수도 있고, 이에 따라 수사기관의 지문채취요구의 남용을 억제하는 역할을 하게 된다. 따라서 이 사건 법률조항이 지문채취거부를 처벌할 수 있도록 하는 것이 비록 피의자에게 지문채취를 강요하는 측면이 있다 하더라도 수사의 편의성만을 위하여 영장주의의 본질을 훼손하고 형해화한다고 할 수는 없다(헌재 2004.09.23. 2002헌가17).

② 【X】 변호인의 조력을 받을 권리는 '형사사건'에서의 변호인의 조력을 받을 권리를 의미한다. 따라서 수형자가 형사사건의 변호인이 아닌 민사사건, 행정사건, 헌법소원사건 등에서 변호사와 접견할 경우에는 원칙적으로 헌법상 변호인의 조력을 받을 권리의 주체가 될 수 없다(헌재 2013.09.26. 2011헌마398).

③ 【O】 피고인의 신속·공정한 재판을 받을 권리 및 변호인의 조력을 받을 권리는 헌법이 보장하고 있는 기본권이고, 변호인의 수사서류 열람·등사권은 피고인의 신속·공정한 재판을 받을 권리 및 변호인의 조력을 받을 권리라는 헌법상 기본권의 중요한 내용이자 구성요소이며 이를 실현하는 구체적인 수단이 된다. 따라서 변호인의 수사서류 열람·등사를 제한함으로 인하여 결과적으로 피고인의 신속·공정한 재판을 받을 권리 또는 변호인의 충분한 조력을 받을 권리가 침해된다면 이는 헌법에 위반되는 것이다(헌재 2010.06.24. 2009헌마257).

④ 【X】 특별검사가 참고인에게 지정된 장소까지 동행할 것을 명령할 수 있게 하고 참고인이 정당한 이유 없이 위 동행명령을 거부한 경우 천만 원 이하의 벌금형에 처하도록 규정한 것은 과잉금지원칙에 위배하여 신체의 자유를 침해한다(헌재 2008.01.10. 2007헌마1468).

50 **변호인의 조력을 받을 권리에 대한 설명으로 가장 적절하지 <u>않은</u> 것은?** (다툼이 있는 경우 판례에 의함)

2018 경찰 승진

① 피의자신문에 참여한 변호인에게 피의자 후방에 앉으라고 요구한 행위가 변호인의 변호권을 침해하는 것은 아니다.

② 불구속 피의자나 피고인의 경우 「형사소송법」상 특별한 명문의 규정이 없더라도 스스로 선임한 변호인의 조력을 받기 위하여 변호인을 옆에 두고 조언과 상담을 구하는 것은 수사절차의 개시에서부터 재판절차의 종료에 이르기까지 언제나 가능하다.

③ 형사절차가 종료되어 교정시설에 수용중인 수형자는 원칙적으로 변호인의 조력을 받을 권리의 주체가 될 수 없으나, 수형자의 경우에도 재심절차 등에는 변호인 선임을 위한 일반적인 교통·통신이 보장될 수 있다.

④ 미결수용자의 변호인의 조력을 받을 권리는 국가안전보장·질서유지 또는 공공복리를 위해 필요한 경우에 법률로써 제한될 수 있다.

지문분석 **난이도** □■■ 중 | **정답** ① | **키워드** 변호인의 조력을 받을 권리 | **출제유형** 판례

① 【X】 검찰수사관인 피청구인이 피의자신문에 참여한 변호인인 청구인에게 피의자 후방에 앉으라고 요구한 행위는 변호인인 청구인의 변호권을 침해한다(헌재 2017.11.30. 2016헌마503).

② 【O】 불구속 피의자나 피고인의 경우 「형사소송법」상 특별한 명문의 규정이 없더라도 스스로 선임한 변호인의 조력을 받기 위하여 변호인을 옆에 두고 조언과 상담을 구하는 것은 수사절차의 개시에서부터 재판절차의 종료에 이르기까지 언제나 가능하다(헌재 2004.09.23. 2000헌마138).

③ 【O】 형사절차가 종료되어 교정시설에 수용중인 수형자는 원칙적으로 변호인의 조력을 받을 권리의 주체가 될 수 없다. 다만, 수형자의 경우에도 재심절차 등에는 변호인 선임을 위한 일반적인 교통·통신이 보장될 수 있다(헌재 1998.08.27. 96헌마398).
④ 【O】 헌법재판소가 91헌마111 결정에서 미결수용자와 변호인과의 접견에 대해 어떠한 명분으로도 제한할 수 없다고 한 것은 구속된 자와 변호인 간의 접견이 실제로 이루어지는 경우에 있어서의 '자유로운 접견', 즉 '대화내용에 대하여 비밀이 완전히 보장되고 어떠한 제한, 영향, 압력 또는 부당한 간섭 없이 자유롭게 대화할 수 있는 접견'을 제한할 수 없다는 것이지, 변호인과의 접견 자체에 대해 아무런 제한도 가할 수 없다는 것을 의미하는 것이 아니므로 미결수용자의 변호인 접견권 역시 국가안전보장·질서유지 또는 공공복리를 위해 필요한 경우에는 법률로써 제한될 수 있음은 당연하다(헌재 2011.05.26. 2009헌마341).

51 변호인의 조력을 받을 권리에 대한 설명으로 가장 적절하지 <u>않은</u> 것은? (다툼이 있는 경우 헌법재판소 판례에 의함) 2019 경찰 승진

① 구치소장이 변호인접견실에 CCTV를 설치하여 미결수용자와 변호인 간의 접견을 관찰한 행위는 청구인의 변호인의 조력을 받을 권리를 침해하지 않는다.
② '피고인 등'에 대하여 차폐시설을 설치하고 신문할 수 있도록 한 「형사소송법」 조항은 청구인의 변호인의 조력을 받을 권리를 침해하지 않는다.
③ 법원의 수사서류 열람·등사 허용 결정에도 불구하고 해당 수사서류의 등사를 거부한 검사의 행위는 청구인들의 변호인의 조력을 받을 권리를 침해한다.
④ 인천공항출입국·외국인청장이 입국불허 되어 송환대기실 내에 수용된 외국인에게 변호인의 접견신청을 거부한 것은, 청구인이 자진출국으로 송환대기실을 벗어날 수 있는 점을 고려할 때 '구금' 상태에 놓여 있었다고 볼 수 없으므로, 헌법상 변호인의 조력을 받을 권리를 침해하지 않는다.

지문분석 **난이도** □■■ **중** | **정답** ④ | **키워드** 변호인의 조력을 받을 권리 | **출제유형** 판례

① 【O】 금지물품의 수수나 폭행 등 교정사고를 방지하고 적절하게 대처하기 위해서는 변호인접견실 또한 계호할 필요가 있으며, 변호인접견실에 CCTV를 설치하는 것은 교도관의 육안에 의한 시선계호를 CCTV 장비에 의한 시선계호로 대체한 것에 불과하므로, 이 사건 CCTV 관찰행위는 그 목적의 정당성과 수단의 적합성이 인정된다. 따라서 이 사건 CCTV 관찰행위는 청구인의 변호인의 조력을 받을 권리를 침해하지 아니한다(헌재 2016.04.28. 2015헌마243).
② 【O】 심판대상조항은 형사절차에서 소환된 증인이 안심하고 자발적으로 진술할 수 있도록 증인을 보호하고 실체진실의 발견을 용이하게 하기 위한 목적을 가지고 있으므로 그 목적의 정당성이 인정된다. 그리고 위와 같이 피고인 등에 대해서 차폐시설을 함으로써 증인의 인적사항 등을 보호하는 것은 증인의 안전 및 자유로운 진술을 보장한다는 목적을 달성하기 위한 적합한 수단이다. 따라서 심판대상조항은 과잉금지원칙에 위배되어 청구인의 공정한 재판을 받을 권리 및 변호인의 조력을 받을 권리를 침해한다고 할 수 없다(헌재 2016.12.29. 2015헌바221).
③ 【O】 법원의 열람·등사 허용 결정에도 불구하고 검사가 이를 신속하게 이행하지 아니하는 경우에는 해당 증인 및 서류 등을 증거로 신청할 수 없는 불이익을 받는 것에 그치는 것이 아니라, 그러한 검사의 거부행위는 피고인의 열람·등사권을 침해하고, 나아가 피고인의 신속·공정한 재판을 받을 권리 및 변호인의 조력을 받을 권리까지 침해하게 되는 것이다(헌재 2010.06.24. 2009헌마257).
④ 【X】 청구인은 이 사건 변호인 접견신청 거부가 있었을 당시 행정기관인 피청구인에 의해 송환대기실에 구속된 상태였으므로, 헌법 제12조 제4항 본문에 따라 변호인의 조력을 받을 권리가 있다. 현행법상 청구인의 변호인조력권 제한의 근거 법률이 없다. 이 사건 변호인 접견신청 거부는 아무런 법률상 근거가 없다. 이 사건 변호인 접견신청 거부는 국가안전보장이나 질서유지, 공공복리를 위해 필요한 기본권 제한 조치로 볼 수도 없다. 이 사건 변호인 접견신청 거부는 청구인의 변호인의 조력을 받을 권리를 침해하므로 헌법에 위반된다(헌재 2018.05.31. 2014헌마346).

52 변호인의 조력을 받을 권리에 대한 설명으로 옳지 않은 것은? (다툼이 있는 경우 판례에 의함)

2021 국가직 7급

① 변호인이 피의자신문에 자유롭게 참여할 수 있는 권리는 피의자가 가지는 변호인의 조력을 받을 권리를 실현하는 수단이라고 할 수 있어 헌법상 기본권인 변호인의 변호권으로서 보호되어야 하므로, 검찰수사관인 피청구인이 피의자신문에 참여한 변호인인 청구인에게 피의자 후방에 앉으라고 요구한 행위는 변호인인 청구인의 변호권을 침해한다.

② 「형사소송법」은 차폐시설을 설치하고 증인신문절차를 진행할 경우 피고인으로부터 의견을 듣도록 하는 등 피고인이 받을 수 있는 불이익을 최소화하기 위한 장치를 마련하고 있으므로, '피고인 등'에 대하여 차폐시설을 설치하고 신문할 수 있도록 한 것이 변호인의 조력을 받을 권리를 침해한다고 할 수는 없다.

③ 헌법 제12조 제4항 본문에 규정된 변호인의 조력을 받을 권리는 형사절차에서 피의자 또는 피고인의 방어권을 보장하기 위한 것으로서 「출입국관리법」상 보호 또는 강제퇴거의 절차에는 적용되지 않는다.

④ 변호인의 수사서류 열람·등사권은 피고인의 신속· 공정한 재판을 받을 권리 및 변호인의 조력을 받을 권리라는 헌법상 기본권의 중요한 내용이자 구성요소이며 이를 실현하는 구체적인 수단이 된다.

지문분석 **난이도** ■■■ **상** | **정답** ③ | **키워드** 변호인의 조력을 받을 권리 | **출제유형** 판례

① **[O]** 변호인이 피의자신문에 자유롭게 참여할 수 있는 권리는 피의자가 가지는 변호인의 조력을 받을 권리를 실현하는 수단이라고 할 수 있으므로 헌법상 기본권인 변호인의 변호권으로서 보호되어야 한다. 피의자신문에 참여한 변호인이 피의자 옆에 앉는다고 하여 피의자 뒤에 앉는 경우보다 수사를 방해할 가능성이 높아진다거나 수사기밀을 유출할 가능성이 높아진다고 볼 수 없으므로, 이 사건 후방착석요구행위의 목적의 정당성과 수단의 적절성을 인정할 수 없다. 따라서 이 사건 후방착석요구행위는 변호인인 청구인의 변호권을 침해한다(헌재 2017.11.30. 2016헌마503).

② **[O]** 강력범죄 또는 조직폭력범죄의 수사와 재판에서 범죄입증을 위해 증언한 자의 안전을 효과적으로 보장해 줄 수 있는 조치가 마련되어야 할 필요성은 매우 크고, 경우에 따라서는 증인이 피고인의 변호인과 대면하여 진술하는 것으로부터 보호할 필요성이 있을 수 있다. 「형사소송법」은 차폐시설을 설치하고 증인신문절차를 진행할 경우 피고인으로부터 의견을 듣도록 하는 등 피고인이 받을 수 있는 불이익을 최소화하기 위한 장치를 마련하고 있다. 따라서 심판대상조항은 과잉금지원칙에 위배되어 청구인의 공정한 재판을 받을 권리 및 변호인의 조력을 받을 권리를 침해한다고 할 수 없다(헌재 2016.12.29. 2015헌바221).

③ **[X]** 종래 이와 견해를 달리하여 헌법 제12조 제4항 본문에 규정된 변호인의 조력을 받을 권리는 형사절차에서 피의자 또는 피고인의 방어권을 보장하기 위한 것으로서 「출입국관리법」상 보호 또는 강제퇴거의 절차에도 적용된다고 보기 어렵다고 판시한 우리 재판소 결정은, 이 결정 취지와 저촉되는 범위 안에서 변경한다(헌재 2018.05.31. 2014헌마346).

④ **[O]** 피고인의 신속·공정한 재판을 받을 권리 및 변호인의 조력을 받을 권리는 헌법이 보장하고 있는 기본권이고, 변호인의 수사서류 열람·등사권은 피고인의 신속·공정한 재판을 받을 권리 및 변호인의 조력을 받을 권리라는 헌법상 기본권의 중요한 내용이자 구성요소이며 이를 실현하는 구체적인 수단이 된다. 따라서 변호인의 수사서류 열람·등사를 제한함으로 인하여 결과적으로 피고인의 신속·공정한 재판을 받을 권리 또는 변호인의 충분한 조력을 받을 권리가 침해된다면 이는 헌법에 위반되는 것이다(헌재 2010.06.24. 2009헌마257).

53 변호인의 조력을 받을 권리에 관한 설명으로 가장 적절하지 않은 것은? (다툼이 있는 경우 판례에 의함)

2023 경찰 1차

① 우리 헌법은 변호인의 조력을 받을 권리가 불구속 피의자·피고인 모두에게 포괄적으로 인정되는지 여부에 관하여 명시적으로 규율하고 있지는 않지만, 불구속 피의자의 경우에도 변호인의 조력을 받을 권리는 우리 헌법에 나타난 법치국가원리, 적법절차원칙에서 인정되는 당연한 내용이다.

② 법원이 검사의 열람·등사 거부처분에 정당한 사유가 없다고 판단하고 그러한 거부처분이 피고인의 헌법상 기본권을 침해한다는 취지에서 수사서류의 열람·등사를 허용하도록 명한 이상 검사로서는 당연히 법원의 그러한 결정에 지체 없이 따라야 하지만, 별건으로 공소제기되어 확정된 관련 형사사건 기록에 관한 경우에는 이를 따르지 않을 수 있다.

③ 헌법 제12조 제4항 본문에 규정된 '구속'은 사법절차에서 이루어진 구속뿐 아니라 행정절차에서 이루어진 구속까지 포함하는 개념으로, 헌법 제12조 제4항 본문에 규정된 변호인의 조력을 받을 권리는 행정절차에서 구속을 당한 사람에게도 즉시 보장된다.

④ 변호인과 상담하고 조언을 구할 권리는 변호인의 조력을 받을 권리의 내용 중 구체적인 입법형성이 필요한 다른 절차적 권리의 필수적인 전제요건으로서 변호인의 조력을 받을 권리 그 자체에서 막바로 도출되는 것이다.

지문분석 **난이도** □■■ **중** | **정답** ② | **키워드** 변호인의 조력을 받을 권리 | **출제유형** 판례

① 【O】 체포 또는 구속을 당한 자연인은 누구든지 변호인의 조력을 받을 권리를 가진다. 나아가 임의동행된 피의자나 피내사자에게도 인정되고, 체포 또는 구속을 당하지 아니한 불구속 피의자나 피고인에게도 인정된다(대판 1996.06.03.96모18; 헌재 2004.09.23. 2000헌마138).

② 【X】 「형사소송법」이 공소가 제기된 후의 피고인 또는 변호인의 수사서류 열람·등사권에 대하여 규정하면서 검사의 열람·등사 거부처분에 대하여 별도의 불복절차를 마련한 것은 신속하고 실효적인 권리구제를 통하여 피고인의 신속·공정한 재판을 받을 권리 및 변호인의 조력을 받을 권리를 보장하기 위함이다. 법원이 검사의 열람·등사 거부처분에 정당한 사유가 없다고 판단하고 그러한 거부처분이 피고인의 헌법상 기본권을 침해한다는 취지에서 수사서류의 열람·등사를 허용하도록 명한 이상, 법치국가와 권력분립의 원칙상 검사로서는 당연히 법원의 그러한 결정에 지체 없이 따라야 하며, 이는 별건으로 공소제기되어 확정된 관련 형사사건 기록에 관한 경우에도 마찬가지이다. 그렇다면 피청구인의 이 사건 거부행위는 청구인의 신속·공정한 재판을 받을 권리 및 변호인의 조력을 받을 권리를 침해한다(헌재 2022.06.30. 2019헌마356).

③ 【O】 헌법 제12조 제4항 본문에 규정된 '구속'은 사법절차에서 이루어진 구속뿐 아니라, 행정절차에서 이루어진 구속까지 포함하는 개념이다. 따라서 헌법 제12조 제4항 본문에 규정된 변호인의 조력을 받을 권리는 행정절차에서 구속을 당한 사람에게도 즉시 보장된다. 따라서 인천공항출입국·외국인청장이 인천국제공항 송환대기실에 수용된 난민에 대한 변호인 접견신청을 거부한 행위는 변호인의 조력을 받을 권리를 침해하였다(헌재 2018.05.31. 2014헌마346).

④ 【O】 피의자·피고인의 구속 여부를 불문하고 조언과 상담을 통하여 이루어지는 변호인의 조력자로서의 역할은 변호인선임권과 마찬가지로 변호인의 조력을 받을 권리의 내용 중 가장 핵심적인 것이 되고, 변호인과 상담하고 조언을 구할 권리는 변호인의 조력을 받을 권리의 내용 중 구체적인 입법형성이 필요한 다른 절차적 권리의 필수적인 전제요건으로서 변호인의 조력을 받을 권리 그 자체에서 막바로 도출되는 것이다(헌재 2004.09.23. 2000헌마138).

54 헌법상 포괄위임입법금지원칙에 대한 설명으로 가장 적절하지 않은 것은? (다툼이 있는 경우 헌법재판소 판례에 의함) 2019 경찰 승진

① 헌법 제75조의 '법률에서 구체적으로 범위를 정하여'라 함은 법률에 이미 대통령령 등 하위법규에 규정될 내용 및 범위의 기본사항이 구체적이고 명확하게 규정되어 있어 누구라도 그 자체로부터 대통령령 등에 규정될 내용의 대강을 예측할 수 있어야 함을 의미한다.

② 위임입법의 구체성 · 명확성의 유무는 당해 특정조항 하나만이 아니라 관련 법조항 전체를 유기적 · 체계적으로 종합하여 판단하여야 하고, 그것도 위임된 사항의 성질에 따라 구체적 · 개별적으로 검토하여야 한다.

③ 위임의 구체성 · 명확성의 요구 정도와 관련하여, 처벌법규나 조세법규에서는 구체성 · 명확성의 요구가 강화되어 그 위임의 요건과 범위가 일반적인 급부행정의 경우보다 더 엄격하게 제한적으로 규정되어야 한다.

④ 처벌법규의 위임은 법률에서 범죄의 구성요건과 처벌범위를 구체적으로 규정하는 등 위임입법의 한계를 준수한 경우에도 죄형법정주의에 반한다.

지문분석 **난이도** □■■ 중 | **정답** ④ | **키워드** 포괄위임입법금지원칙 | **출제유형** 판례

① 【O】, ② 【O】 헌법 제75조의 입법취지에 비추어 볼 때, 법률에 대통령령 등 하위법규에 규정될 내용 및 범위의 기본사항이 가능한 한 구체적이고도 명확하게 규정되어 있어서 누구라도 당해 법률 그 자체로부터 대통령령 등에 규정될 내용의 대강을 예측할 수 있어야 함을 의미한다고 할 것이고, 그 예측가능성의 유무는 당해 특정조항 하나만을 가지고 판단할 것은 아니고 관련 법조항 전체를 유기적 · 체계적으로 종합판단하여야 하며, 각 대상법률의 성질에 따라 구체적 · 개별적으로 검토하여야 한다(헌재 1999.02.25. 97헌바63).

③ 【O】 위임의 구체성 · 명확성의 요구 정도는 그 규율대상의 종류와 성격에 따라 달라질 것이지만 특히 처벌법규나 조세법규와 같이 국민의 기본권을 직접적으로 제한하거나 침해할 소지가 있는 법규에서는 구체성 · 명확성의 요구가 강화되어 그 위임의 요건과 범위가 일반적인 급부행정의 경우보다 더 엄격하게 제한적으로 규정되어야 하는 반면에, 규율대상이 지극히 다양하거나 수시로 변화하는 성질의 것일 때에는 위임의 구체성 · 명확성의 요건이 완화되어야 할 것이다(헌재 1999.02.25. 97헌바63).

④ 【X】 위임입법에 관한 헌법 제75조는 처벌법규에도 적용되는 것이지만 법률에 의한 처벌법규의 위임은, 헌법이 특히 인권을 최대한으로 보장하기 위하여 죄형법정주의와 적법절차를 규정하고, 법률(형식적 의미의)에 의한 처벌을 특별히 강조하고 있는 기본권보장 우위사상에 비추어 바람직스럽지 못한 일이므로, 그 요건과 범위가 보다 엄격하게 제한적으로 적용되어야 한다. 따라서 처벌법규의 위임은 특히 긴급한 필요가 있거나 미리 법률로써 자세히 정할 수 없는 부득이한 사정이 있는 경우에 한정되어야 하고 이러한 경우일지라도 법률에서 범죄의 구성요건은 처벌대상인 행위가 어떠한 것일 것이라고 이를 예측할 수 있을 정도로 구체적으로 정하고 형벌의 종류 및 그 상한과 폭을 명백히 규정하여야 한다(헌재 1991.07.08. 91헌가4).

55 변호인의 조력을 받을 권리에 관한 설명 중 가장 적절하지 않은 것은? (다툼이 있는 경우 판례에 의함)

2022 경찰 2차

① 변호인의 조력을 받을 권리란 국가권력의 일방적인 형벌권 행사에 대항하여 자신에게 부여된 헌법상·소송법상 권리를 효율적이고 독립적으로 행사하기 위하여 변호인의 도움을 얻을 피의자 및 피고인의 권리를 말한다.

② 교정시설 내 수용자와 변호사 사이의 접견교통권의 보장은 헌법상 보장되는 재판청구권의 한 내용 또는 그로부터 파생되는 권리로 볼 수 있다.

③ 변호인접견실에 CCTV를 설치하여 교도관이 그 CCTV를 통해 미결수용자와 변호인 간의 접견을 관찰한 행위는 변호인의 조력을 받을 권리를 침해한다.

④ '변호인이 되려는 자'의 접견교통권은 피의자 등을 조력하기 위한 핵심적인 부분으로서, 피의자 등이 가지는 헌법상의 기본권인 '변호인이 되려는 자'와의 접견교통권과 표리의 관계에 있으므로 피의자 등이 가지는 '변호인이 되려는 자'의 조력을 받을 권리가 실질적으로 확보되기 위해서는 '변호인이 되려는 자'의 접견교통권 역시 헌법상 기본권으로서 보장되어야 한다.

PART · 02

지문분석 **난이도** □■■ **중** | **정답** ③ | **키워드** 변호인의 조력을 받을 권리 | **출제유형** 판례

① 【O】 체포 또는 구속을 당한 자연인은 누구든지 변호인의 조력을 받을 권리를 가진다. 나아가 임의동행된 피의자나 피내사자에게도 인정되고, 체포 또는 구속을 당하지 아니한 불구속 피의자나 피고인에게도 인정된다(헌재 2004.09.23. 2000헌마138).

② 【O】 형사절차가 종료되어 교정시설에 수용 중인 수형자는 무죄추정을 받고 있는 피의자·피고인에게 인정되는 변호인의 조력을 받을 권리(헌법 제12조 제4항)의 주체가 될 수는 없으므로, 수형자가 변호사와 접견하여 법률적인 도움을 받을 권리는 변호인의 조력을 받을 권리로서가 아니라 헌법 제27조의 재판청구권의 실질적 내용으로서 보장되는 것이다(헌재 2004.12.16. 2002헌마478).

③ 【X】 구치소 내의 변호인접견실에 CCTV를 설치하여 미결수용자와 변호인 간의 접견을 관찰한 행위는 법률유보원칙에 위반되지 않으며 변호인의 조력을 받을 권리를 침해하지 않는다(헌재 2016.04.28. 2015헌마243).

④ 【O】 '변호인이 되려는 자'의 접견교통권 역시 헌법상 기본권으로서 보장되어야 하고, 그러한 전제에서 '변호인이 되려는 자'의 접견교통권 침해를 이유로 한 헌법소원심판청구는 적법하다(헌재 2019.02.28. 2015헌마1204).

56 죄형법정주의 또는 명확성의 원칙에 관한 다음 설명 중 가장 옳지 않은 것은? (다툼이 있는 경우 헌법재판소 결정에 의함) 2017 법원직 9급

① 행위 당시의 판례에 의하면 처벌대상이 되지 아니하는 것으로 해석되었던 행위를 판례의 변경에 따라 확인된 내용의 「형법」 조항에 근거하여 처벌한다고 하여 그것이 형벌불소급원칙에 위반된다고 할 수 없다.

② 처벌법규의 구성요건이 다소 광범위하여 어떤 범위에서 법관의 보충적인 해석이 있어야 하는 개념을 사용하였다면 헌법이 요구하는 처벌법규의 명확성원칙에 배치된다고 보아야 한다.

③ 형사처벌을 동반하는 처벌법규의 위임은 중대한 기본권의 침해를 가져오므로 긴급한 필요가 있거나 미리 법률로써 자세히 정할 수 없는 부득이한 사정이 있는 경우에 한정되어야 한다.

④ 처벌을 규정하고 있는 법률조항이 구성요건이 되는 행위를 같은 법률조항에서 직접 규정하지 않고 다른 법률조항에서 이미 규정한 내용을 원용하였다는 사실만으로 명확성원칙에 위반된다고 할 수는 없다.

지문분석 **난이도** □■■ **중** | **정답** ② | **키워드** 죄형법정주의 또는 명확성의 원칙 | **출제유형** 판례

① 【O】 형사처벌의 근거가 되는 것은 법률이지 판례가 아니고, 형법 조항에 관한 판례의 변경은 그 법률조항의 내용을 확인하는 것에 지나지 아니하여 이로써 그 법률조항 자체가 변경된 것으로 볼 수 없으므로, 행위 당시의 판례에 의하면 처벌대상이 되지 아니하는 것으로 해석되었던 행위를 판례의 변경에 따라 확인된 내용의 「형법」 조항에 근거하여 처벌한다고 하여 그것이 형벌불소급원칙에 위반된다고 할 수 없다(헌재 2014.05.29. 2012헌바390).

② 【X】 처벌법규의 구성요건이 다소 광범위하여 어떤 범위에서는 법관의 보충적인 해석을 필요로 하는 개념을 사용하였다고 하더라도 그 점만으로 헌법이 요구하는 처벌법규의 명확성의 원칙에 반드시 배치되는 것이라고 볼 수 없다(헌재 1998.05.28. 97헌바68).

③ 【O】 형사처벌을 동반하는 처벌법규의 위임은 중대한 기본권의 침해를 가져오므로 긴급한 필요가 있거나 미리 법률로써 자세히 정할 수 없는 부득이한 사정이 있는 경우에 한정되어야 하며, 이러한 경우일지라도 법률에서 범죄의 구성요건은 처벌대상행위가 어떠한 것일 것이라고 예측할 수 있을 정도로 구체적으로 정하고, 형벌의 종류 및 그 상한과 폭을 명백히 규정하여야 한다(헌재 2002.06.27. 2000헌마642).

④ 【O】 처벌을 규정하고 있는 법률조항이 구성요건이 되는 행위를 같은 법률조항에서 직접 규정하지 않고 다른 법률조항에서 이미 규정한 내용을 원용하였다거나 그 내용 중 일부를 괄호 안에 규정하였다는 사실만으로 명확성 원칙에 위반된다고 할 수는 없다(헌재 2010.03.25. 2009헌바121).

57 **죄형법정주의 또는 명확성의 원칙에 관한 다음 설명 중 가장 옳지 않은 것은?** (다툼이 있는 경우 헌법재판소 결정에 의함) 2024 국회직 8급

① 구 「소방시설공사업법」 제39조 중 '제36조제3호에 해당하는 위반 행위를 하면 그 행위자를 벌한다'에 관한 부분이 '처벌대상으로 규정하고 있는 행위자'에는 감리업자 이외에 실제 감리업무를 수행한 감리원도 포함되는지 여부가 불명확하므로 죄형법정주의의 명확성원칙에 위배된다.

② 형벌불소급원칙에서 의미하는 '처벌'은 「형법」에 규정되어 있는 형식적 의미의 형별 유형에 국한되지 않으며, 범죄행위에 따른 제재의 내용이나 실제적 효과가 「형법」적 성격이 강하여 신체의 자유를 박탈하거나 이에 준하는 정도로 신체의 자유를 제한하는 경우에는 형벌불소급원칙이 적용되어야 한다.

③ 납세의무자가 체납처분의 집행을 면탈할 목적으로 그 재산을 은닉·탈루하거나 거짓 계약을 하였을 때 형사처벌하는 「조세범 처벌법」 제7조제1항 중 '납세의무자가 체납처분의 집행을 면탈할 목적으로' 부분은 죄형법정주의의 명확성원칙에 위배되지 않는다.

④ 종합문화재수리업을 하려는 자에게 요구되는 기술능력의 등록 요건을 대통령령에 위임하고 있는 「문화재수리 등에 관한 법률」 제14조제1항 문화재수리업 중 '종합문화재수리업'을 하려는 자의 '기술능력'에 관한 부분은 죄형법정주의에 위배되지 않는다.

⑤ 자산유동화계획에 의하지 아니하고 여유자금을 투자한 자를 처벌하는 「자산유동화에 관한 법률」 제40조제2호 중 '제22조의 규정에 위반하여 자산유동화계획에 의하지 아니하고 여유자금을 투자한 자' 부분은 죄형법정주의의 명확성원칙에 위배되지 않는다.

지문분석 **난이도** □■■ **중** | **정답** ① | **키워드** 죄형법정주의 또는 명확성의 원칙 | **출제유형** 판례

① 【X】 이 사건 양벌규정의 문언과 관련 규정의 내용, 입법목적 및 확립된 판례를 통한 해석방법 등을 종합하여 보면, 위 조항이 처벌대상으로 규정하고 있는 '행위자'에는 감리업자 이외에 실제 감리업무를 수행한 감리원도 포함된다는 점을 충분히 알 수 있으므로, 이 사건 양벌규정은 죄형법정주의의 명확성원칙에 위배된다고 볼 수 없다(헌재 2023.02.23. 2020헌바314).

② 【O】 형벌불소급원칙에서 의미하는 '처벌'은 「형법」에 규정되어 있는 형식적 의미의 형벌 유형에 국한되지 않으며, 범죄행위에 따른 제재의 내용이나 실제적 효과가 형벌적 성격이 강하여 신체의 자유를 박탈하거나 이에 준하는 정도로 신체의 자유를 제한하는 경우에는 형벌불소급원칙이 적용되어야 한다. 노역장유치는 그 실질이 신체의 자유를 박탈하는 것으로서 징역형과 유사한 형벌적 성격을 가지고 있으므로 형벌불소급원칙의 적용대상이 된다(헌재 2017.10.26. 2015헌바239 등).

③ 【O】 「국세기본법」에서 규정하고 있는 납세의무자의 정의 및 납세의무의 성립시기 등에 의하면, 심판대상조항의 '납세의무자'란 면탈하고자 하는 체납처분과 관련된 국세를 납부할 의무가 있는 자를 의미하는 것이고, 그 지위는 과세요건이 충족되어 해당 납세의무가 성립된 때 취득하게 되므로, 심판대상조항은 '납세의무가 성립된 이후'의 시기에 행해진 행위만을 처벌하는 것임이 명백하다. 또한 심판대상조항은 정부의 국세징수권을 보호법익으로 하는 점, 심판대상조항이 명시적으로 요구하고 있는 '체납처분의 집행을 면탈할 목적'은 적어도 체납처분의 집행을 받을 우려가 있는 시점에서야 인정될 수 있는 점 등을 고려한다면, 심판대상조항은 '체납처분의 집행을 받을 우려가 있는 객관적인 상태가 발생한 이후'의 시기에 행해진 행위만을 처벌하는 것임이 명백하다. 심판대상조항은 죄형법정주의의 명확성원칙에 위배되지 않는다(헌재 2023.08.31. 2020헌바498).

④ 【O】 종합문화재수리업의 기술능력에 관한 구체적인 사항은 문화재수리업의 시장 현실, 문화재수리 기술 및 관련 정책의 변화 등을 고려하여 그때그때의 상황에 맞게 규율하여야 할 필요가 있으므로 위임의 필요성이 인정된다. 또한, 관련조항 등을 종합하여 보면, 대통령령에 규정될 내용은 종합문화재수리업에 필요한 일정한 기술 및 자격을 갖춘 문화재수리기술자·문화재수리기능자 등의 인원수 내지 수준 등에 관한 사항이 될 것임을 충분히 예측할 수 있다. 따라서 심판대상조항은 죄형법정주의 및 포괄위임금지원칙에 위배되지 아니한다(헌재 2023.06.29. 2020헌바109).

⑤ 【O】 심판대상조항의 수범자는 유동화전문회사의 임직원이거나 자산유동화거래 업무와 관련된 전문 지식과 경험을 가진 자로 한정될 것인데, 이들은 자산유동화계획의 내용 중 여유자금의 투자에 관한 사항이 무엇인지, 그리고 어떠한 행위가 '자산유동화계획에 의하지 않은 여유자금 투자'인지를 충분히 파악하고 예측할 수 있는 지위에 있다. 따라서 심판대상조항이 수범자의 입장에서 예측가능성 내지 명확성을 결여한 조항이라고 보기 어렵다. 또한 '여유자금'의 사전적 정의와 심판대상조항의 입법목적, 관련 판례 등을 종합적으로 고려하면, 어떠한 행위가 자산유동화계획에 의하지 않은 여유자금 투자로서 처벌되는지에 관한 합리적이고 객관적인 해석기준이 법관의 보충적 해석을 통하여 충분히 마련되어 있다고 판단되므로, 심판대상조항이 죄형법정주의의 명확성원칙에 반한다고 볼 수 없다(헌재 2023.10.26. 2023헌가1).

58 명확성원칙에 관한 설명으로 가장 적절하지 않은 것은? (다툼이 있는 경우 판례에 의함) 2023 경찰 1차

① 공익을 해할 목적으로 전기통신설비에 의하여 공연히 허위의 통신을 한 자를 형사 처벌하는 구 「전기통신사업법」 조항은, 수범자인 국민에 대하여 일반적으로 허용되는 '허위의 통신' 가운데 어떤 목적의 통신이 금지되는 것인지 고지하여 주지 못하므로 표현의 자유에서 요구하는 명확성원칙에 위배된다.

② 사회복무요원의 정치적 행위를 금지하는 「병역법」 조항 중 '정치적 목적을 지닌 행위'는 '특정 정당, 정치인을 지지·반대하거나 공직선거에 있어서 특정 후보자를 당선·낙선하게 하는 등 그 정파성·당파성에 비추어 정치적 중립성을 훼손할 가능성이 높은 행위'로 한정하여 해석되므로 명확성원칙에 위배되지 않는다.

③ 「청원경찰법」상 품위손상행위란 '청원경찰이 경찰관에 준하여 경비 및 공안업무를 하는 주체로서 직책을 맡아 수행해 나가기에 손색이 없는 인품에 어울리지 않는 행위를 함으로써 국민이 가지는 청원경찰에 대한 정직성, 공정성, 도덕성에 대한 믿음을 떨어뜨릴 우려가 있는 행위'라고 해석할 수 있으므로 명확성원칙에 위배되지 않는다.

④ '여러 사람의 눈에 뜨이는 곳에서 공공연하게 알몸을 지나치게 내놓거나 가려야 할 곳을 내놓아 다른 사람에게 부끄러운 느낌이나 불쾌감을 준 사람'을 처벌하는 구 「경범죄 처벌법」 조항은 무엇이 지나친 알몸노출행위인지 판단하기 쉽지 않고, '가려야 할 곳'의 의미도 알기 어려우며, '부끄러운 느낌이나 불쾌감'을 통하여 '지나치게'와 '가려야 할 곳' 의미를 확정하기도 곤란하여 죄형법정주의의 명확성원칙에 위배된다.

지문분석 **난이도** □■■ 중 | **정답** ② | **키워드** 명확성의 원칙 | **출제유형** 판례

① **[O]** 공익을 해할 목적으로 전기통신설비에 의하여 공연히 허위의 통신을 한 자를 형사처벌하는 전기통신기본법은 명확성원칙 위반이다(헌재 2010.12.28. 2008헌바157).

② **[X]** 사회복무요원의 정치적 행위를 금지하는 이 사건 법률조항 중 '그 밖의 정치단체' 및 '정치적 목적을 지닌 행위'라는 불명확한 개념을 사용하여, 수범자에 대한 위축효과와 법 집행 공무원의 자의적인 판단의 위험을 야기한다. 위 부분이 명확성원칙에 반하여 청구인의 정치적 표현의 자유 및 결사의 자유를 침해한다(헌재 2021.11.25. 2019헌마534).

③ **[O]** 이 사건 품위손상조항에서 규정하고 있는 품위손상행위란, 청원경찰직에 대한 국민의 신뢰를 제고하고 성실하고 공정한 직무수행을 담보하고자 하는 입법취지, 용어의 사전적 의미 등을 종합하면, '청원경찰이 경찰관에 준하여 경비 및 공안업무를 하는 주체로서 직책을 맡아 수행해 나가기에 손색이 없는 인품에 어울리지 않는 행위를 함으로써 국민이 가지는 청원경찰에 대한 정직성, 공정성, 도덕성에 대한 믿음을 떨어뜨릴 우려가 있는 행위'라고 해석할 수 있으므로 명확성원칙에 위배되지 않는다. 또한 이 사건 품위손상조항은 청원경찰이 품위손상행위를 한 경우 청원경찰 전체에 대한 국민의 신뢰가 손상되고 그 결과 직무수행이 어려워지며 공공의 이익을 해하는 결과를 초래할 수 있다는 점에서 제재가 불가피하다는 점, 청원경찰이 수행하는 업무의 특수성으로 인해 일반 근로자보다 두텁게 신분이 보장되므로 이에 부합하는 특별한 책임이 요구된다는 점, 직무와 관련된 사유에 한해 징계사유로 삼는 것만으로 국민의 신뢰를 제고하려는 입법목적을 달성하기 어려운 점 등을 고려하면 과잉금지원칙에 위배되어 일반적 행동의 자유를 침해한다고 보기도 어렵다(헌재 2022.05.26. 2019헌바530).

④ 【O】 심판대상조항은 알몸을 '지나치게 내놓는' 것이 무엇인지 그 판단 기준을 제시하지 않아 무엇이 지나친 알몸 노출행위인지 판단하기 쉽지 않고, '가려야 할 곳'의 의미도 알기 어렵다. 심판대상조항 중 '부끄러운 느낌이나 불쾌감'은 사람마다 달리 평가될 수밖에 없고, 노출되었을 때 부끄러운 느낌이나 불쾌감을 주는 신체부위도 사람마다 달라 '부끄러운 느낌이나 불쾌감'을 통하여 '지나치게'와 '가려야 할 곳' 의미를 확정하기도 곤란하다. 심판대상조항은 '선량한 성도덕과 성풍속'을 보호하기 위한 규정인데, 이러한 성도덕과 성풍속이 무엇인지 대단히 불분명하므로, 심판대상조항의 의미를 그 입법목적을 고려하여 밝히는 것에도 한계가 있다. 대법원은 '신체노출행위가 단순히 다른 사람에게 부끄러운 느낌이나 불쾌감을 주는 정도에 불과한 경우 심판대상조항에 해당한다.'라고 판시하나, 이를 통해서도 '가려야 할 곳', '지나치게'의 의미를 구체화 할 수 없다. 심판대상조항의 불명확성을 해소하기 위해 노출이 허용되지 않는 신체부위를 예시적으로 열거하거나 구체적으로 특정하여 분명하게 규정하는 것이 입법기술상 불가능하거나 현저히 곤란하지도 않다. 예컨대 이른바 '바바리맨'의 성기노출행위를 규제할 필요가 있다면 노출이 금지되는 신체부위를 '성기'로 명확히 특정하면 될 것이다. 따라서 심판대상조항은 죄형법정주의의 명확성원칙에 위배된다(헌재 2016.11.24. 2016헌가3).

59 **기본권 제한에 관한 설명으로 가장 적절하지 <u>않은</u> 것은?** (다툼이 있는 경우 판례에 의함) 2023 경찰 2차

① 긴급재정경제명령은 평상시의 헌법 질서에 따른 권력행사방법으로서는 대처할 수 없는 재정·경제상의 국가위기 상황에 처하여 이를 극복하기 위하여 발동되는 비상입법조치라는 속성상 기본권제한의 한계로서의 과잉금지원칙의 준수가 요구되지 않는다.

② 「국가공무원법」 제66조 제1항 본문 중 '그 밖에 공무 외의 일을 위한 집단행위' 부분은 '공익에 반하는 목적을 위하여 직무전념 의무를 해태하는 등의 영향을 가져오는 집단적 행위'라고 한정하여 해석하는 한 명확성 원칙에 위반되지 않는다.

③ 교도소의 안전 및 질서유지를 위하여 행해지는 규율과 징계로 인한 수용자의 기본권의 제한도 다른 방법으로는 그 목적을 달성할 수 없는 경우에만 예외적으로 허용되어야 한다.

④ 사회복무요원의 정치적 행위를 금지하는 「병역법」 제33조 제2항 본문 제2호 중 '그 밖의 정치단체에 가입하는 등 정치적 목적을 지닌 행위'에 관한 부분은 과잉금지원칙에 위배되어 사회복무요원인 청구인의 정치적 표현의 자유 및 결사의 자유를 침해한다.

지문분석 **난이도** □■■ **중** | **정답** ① | **키워드** 명확성의 원칙 | **출제유형** 판례

① 【X】 긴급재정경제명령이 헌법 제76조 소정의 요건과 한계에 부합하는 것이라면 그 자체로 목적의 정당성, 수단의 적정성, 피해의 최소성, 법익의 균형성이라는 기본권제한의 한계로서의 과잉금지원칙을 준수하는 것이 된다(헌재 1996.02.29. 93헌마186).

② 【O】 이 사건 심판대상조항의 '공무 외의 일을 위한 집단 행위'는 '공익에 반하는 목적을 위하여 직무전념의무를 해태하는 등의 영향을 가져오거나 공무에 대한 국민의 신뢰에 손상을 가져올 수 있는 공무원 다수의 결집된 행위'를 말하는 것으로 한정 해석되므로 명확성원칙에 위반되지 않는다(헌재 2004.08.28. 2011헌바50).

③ 【O】 수용시설 내의 질서 및 안전 유지를 위하여 행해지는 규율과 징계를 통한 기본권의 제한은 단지 공동생활의 유지를 위하여 수용자에게 구금과는 별도로 부가적으로 가해지는 고통으로서 다른 방법으로는 그 목적을 달성할 수 없는 경우에만 예외적으로 허용되어야 할 것이다(헌재 2005.02.24. 2003헌마289).

④ 【O】 이 사건 법률조항 중 '그 밖의 정치단체에 가입하는 등 정치적 목적을 지닌 행위'에 관한 부분은 명확성의 원칙 및 과잉금지원칙에 위배되어 청구인의 정치적 표현의 자유 및 결사의 자유를 침해한다(헌재 2021.11.25. 2019헌마534).

60 죄형법정주의에 관한 설명 중 가장 적절하지 않은 것은? (다툼이 있는 경우 판례에 의함) 2023 경찰 승진

① 죄형법정주의는 무엇이 처벌될 행위인가를 국민이 예측가능한 형식으로 정하도록 하여 개인의 법적 안정성을 보호하고 성문의 형벌법규에 의한 실정법질서를 확립하여 국가형벌권의 자의적 행사로부터 개인의 자유와 권리를 보장하려는 법치국가 「형법」의 기본원칙이다.

② '신고하지 아니한 시위에 대하여 관할 경찰관서장이 해산명령을 발한 경우에, 시위 참가자가 해산명령을 받고도 지체 없이 해산하지 아니한 행위'를 징역 또는 벌금·구류 또는 과료로 처벌하는 「집회 및 시위에 관한 법률」 조항이 해산명령의 발령 여부를 관할 경찰관서장의 재량에 맡기고 있는 것은 구성요건의 실질적 내용을 전적으로 관할 경찰관서장에게 위임한 것으로 죄형법정주의의 법률주의에 위반된다.

③ 처벌법규의 구성요건이 다소 광범위하여 어떤 범위에서는 법관의 보충적인 해석을 필요로 하는 개념을 사용하였다고 하더라도 헌법이 요구하는 처벌법규의 명확성에 반드시 배치되는 것이라고는 볼 수 없다.

④ 형벌조항에도 법규범의 흠결을 보완하고 변화하는 사회에 대한 법규범의 적응력을 확보하기 위하여 예시적 입법형식은 가능하고, 예시적 입법형식이 법률명확성의 원칙에 위배되지 않으려면 예시한 구체적인 사례(개개 구성요건)들이 그 자체로 일반조항의 해석을 위한 판단지침을 내포하고 있어야 하고, 그 일반조항 자체가 그러한 구체적인 예시들을 포괄할 수 있는 의미를 담고 있는 개념이어야 한다.

지문분석 **난이도** □■■ 중 | **정답** ② | **키워드** 헌법상 국민의 권리와 의무 | **출제유형** 판례

① 【O】 '법률이 없으면 범죄도 없고 형벌도 없다.'라는 말로 표현되는 죄형법정주의는 이미 제정된 정의로운 법률에 의하지 아니하고는 처벌되지 아니한다는 원칙으로서 이는 무엇이 처벌될 행위인가를 국민이 예측가능한 형식으로 정하도록 하여 개인의 법적 안정성을 보호하고 성문의 형벌법규에 의한 실정법질서를 확립하여 국가형벌권의 자의적 행사로부터 개인의 자유와 권리를 보장하려는 법치국가 「형법」의 기본원칙이다(헌결 2004.09.23. 2002헌가26).

② 【X】 심판대상조항은 '신고하지 아니한 시위에 대하여 관할경찰관서장이 해산명령을 발한 경우에, 시위 참가자가 해산명령을 받고도 지체 없이 해산하지 아니한 행위'를 구성요건으로 하고 있고, '6개월 이하의 징역 또는 50만원 이하의 벌금·구류 또는 과료'를 처벌 내용으로 하고 있으므로, 범죄 구성요건과 처벌의 내용을 성문의 법률로 규정하고 있다. 그리고 심판대상조항이 해산명령의 발령 여부를 관할 경찰관서장의 재량에 맡기고 있는 것은 미신고 시위 현장의 다양한 상황에 따라 탄력적·유동적으로 대응할 필요성이 있다는 점을 고려한 것일 뿐, 구성요건의 실질적 내용을 전적으로 관할 경찰관서장에게 위임한 것으로 볼 수 없다. 그러므로 심판대상조항은 죄형법정주의의 법률주의에 위반되지 아니한다(헌결 2016.09.29. 2014헌바492).

③ 【O】 처벌법규의 구성요건이 명확하여야 한다고 하더라도 입법자가 모든 구성요건을 단순한 의미의 서술적인 개념에 의하여 규정하여야 한다는 것은 아니다. 처벌법규의 구성요건이 다소 광범위하여 어떤 범위에서는 법관의 보충적인 해석을 필요로 하는 개념을 사용하였다고 하더라도 그 점만으로 헌법이 요구하는 처벌법규의 명확성의 원칙에 반드시 배치되는 것이라고 볼 수는 없다(헌결 2002.06.27. 2001헌바70).

④ 【O】 복잡·다기하게 변화하는 사회에서 입법자가 앞으로 일어날 수 있는 다종·다양한 모든 법률사건과 모든 법률사무를 일일이 구체적이고 서술적으로 열거한다는 것은 입법기술상 불가능하거나 현저히 곤란하다고 할 것이고, 법규범의 흠결을 보완하고 변화하는 사회에 대한 법규범의 적응력을 확보하기 위하여 예시적 입법형식이 요청된다고 할 것인바, 입법자는 이 사건 법률규정에서 어느 정도 보편적이고 일반적인 용어인 '일반의 법률사건'과 '법률사무'라는 이른바 일반조항(불확정 개념)을 삽입하여 구성요건을 모두 개별적으로 확정하지 않고 법관의 보충적 해석에 맡긴 것이라고 보여진다. 다만, 이러한 예시적 입법형식에 있어서 구성요건의 일반조항이 지나치게 포괄적이어서 법관의 재량이 광범위하게 인정되어 자의적인 해석을 통하여 그 적용범위를 확장할 가능성이 있는 경우라면, 죄형법정주의 원칙에 위배된다. 따라서 예시적 입법형식이 법률명확성의 원칙에 위배되지 않으려면 예시한 구체적인 사례(개개 구성요건)들이 그 자체로 일반조항의 해석을 위한 판단지침을 내포하고 있어야 할 뿐 아니라, 그 일반조항 자체가 그러한 구체적인 예시들을 포괄할 수 있는 의미를 담고 있는 개념이어야 한다(헌결 2000.04.27. 98헌바95).

61 명확성원칙에 위반되는 경우는 몇 개인가? (다툼이 있는 경우 헌법재판소 판례에 의함) 2022 경찰 간부

가. 「성폭력범죄의 처벌 등에 관한 특례법」상 공중밀집장소추행죄 조항에 규정된 추행
나. 「군복 및 군용장구의 단속에 관한 법률」상 판매 목적 소지 금지조항에 규정된 유사군복
다. 「도로교통법」상 갓길 통행 금지조항의 예외 사유로 규정된 부득이한 사정
라. 「국가공무원법」상 정치운동 금지조항에 규정된 그 밖의 정치단체
마. 「형법」상 야간주거침입절도죄 조항에 규정된 건조물
바. 「도로교통법」상 위험운전치사상죄 벌칙조항에 규정된 제44조 제1항을 2회 이상 위반한 사람
사. 「수질 및 수생태계 보전에 관한 법률」상 벌칙조항에 규정된 다량의 토사를 유출하거나 버려 상수원 또는 하천, 호소를 현저히 오염되게 한 자

① 1개 ② 2개 ③ 3개 ④ 4개

지문분석 **난이도** □■■ 중 | **정답** ② | **키워드** 명확성원칙 | **출제유형** 판례

가 【X】 심판대상 조항의 '추행'이란 강제추행죄의 '추행'과 마찬가지로, 객관적으로 일반인에게 성적 수치심이나 혐오감을 일으키게 하고 선량한 성적 도덕관념에 반하는 행위로서 피해자의 성적자기결정권을 침해하는 것을 뜻한다. 공중밀집장소의 특성을 이용하여 유형력을 행사하는 것 이외의 방법으로 이루어지는 추행행위를 처벌하기 위한 심판대상 조항의 입법목적 및 추행의 개념에 비추어 볼 때, 건전한 상식과 통상적인 법 감정을 가진 사람이라면 심판대상 조항에 따라 처벌되는 행위가 무엇인지 파악할 수 있으므로, 심판대상 조항 중 '추행' 부분은 죄형법정주의의 명확성원칙에 위반되지 아니한다(헌재 2021.03.25. 2019헌바413).

나 【X】 유사군복의 판매 목적 소지를 금지하는 '군복 및 군용장구의 단속에 관한 법률' 제8조 제2항 중 '판매목적 소지'에 관한 부분, 이를 위반한 경우 1년 이하의 징역 또는 1천만원 이하의 벌금으로 형사처벌하는 '군복 및 군용장구의 단속에 관한 법률' 제13조 제1항 제2호 중 제8조 제2항의 '판매 목적 소지'에 관한 부분 중 '유사군복' 부분이 죄형법정주의의 명확성원칙에 위배되지 않는다(헌재 2019.04.11. 2018헌가14).

다 【X】 고속도로 등에서 부득이한 사정이 있는 경우를 제외하고 갓길로 통행할 수 없도록 금지하는 구 「도로교통법」 제60조 제1항 본문 중 '자동차의 운전자는 고속도로 등에서 자동차의 고장 등 부득이한 사정이 있는 경우를 제외하고는 갓길로 통행하여서는 아니 된다.' 부분, 구 「도로교통법」 제156조 제3호 중 제60조 제1항 본문 가운데 위 해당 부분은 모두 헌법에 위반되지 아니한다(헌재 2021.08.31. 2020헌바100).

라 【O】 사회복무요원의 정치적 행위를 금지하는 이 사건 법률조항 중 '그 밖의 정치단체' 및 '정치적 목적을 지닌 행위'라는 불명확한 개념을 사용하여, 수범자에 대한 위축효과와 법 집행 공무원의 자의적인 판단의 위험을 야기한다. 위 부분이 명확성원칙에 반하여 청구인의 정치적 표현의 자유 및 결사의 자유를 침해한다(헌재 2021.11.25. 2019헌마534).

마 【X】 심판대상 조항에서 규정하는 '건조물'이란 주위벽 또는 기둥과 지붕 또는 천정으로 구성된 구조물로서 사람이 기거하거나 출입할 수 있는 장소를 말하고 그 위요지를 포함하며, 위요지는 건조물에 필수적으로 부속하는 부분으로서 그 관리인에 의하여 일상생활에서 감시·관리가 예정되어 있고 건조물에 대한 사실상의 평온을 보호할 필요성이 있는 부분을 말한다. 위요지가 되기 위해서는 건조물에 인접한 그 주변 토지로서 관리자가 외부와의 경계에 문과 담 등을 설치하여 그 토지가 건조물의 이용을 위하여 제공되었다는 것이 명확히 드러나야 하므로(대판 2010.03.11. 2009도12609) 법 집행기관이 심판대상 조항을 자의적으로 해석할 염려가 없다. 따라서 심판대상 조항이 죄형법정주의의 명확성원칙에 위배된다고 볼 수 없다(헌재 2020.09.24. 2018헌바383).

바 【X】 심판대상 조항의 문언, 입법목적과 연혁, 관련 규정과의 관계 및 법원의 해석 등을 종합하여 볼 때, 심판대상 조항에서 '제44조 제1항을 2회 이상 위반한 사람'이란 '2006.6.1. 이후 「도로교통법」 제44조 제1항을 위반하여 술에 취한 상태에서 운전을 하였던 사실이 인정되는 사람으로서, 다시 같은 조 제1항을 위반하여 술에 취한 상태에서 운전한 사람'을 의미함을 충분히 알 수 있으므로, 심판대상 조항은 죄형법정주의의 명확성원칙에 위반되지 아니한다(헌재 2021.11.25. 2019헌바446 등).

사 【O】 이 사건 벌칙규정이나 관련 법령 어디에도 '토사'의 의미나 '다량'의 정도, '현저히 오염'되었다고 판단할 만한 기준에 대하여 아무런 규정도 하지 않고 있으므로, 일반국민으로서는 자신의 행위가 처벌대상인지 여부를 예측하기 어렵고, 감독 행정관청이나 법관의 자의적인 법해석과 집행을 초래할 우려가 매우 크므로 이 사건 벌칙규정은 죄형법정주의의 명확성원칙에 위배된다(헌재 2013.07.25. 2011헌가26 등).

62 명확성원칙에 관한 다음 설명 중 옳지 않은 것은 모두 몇 개인가? 2024 법원직 9급

ㄱ. '공공의 안녕질서' 또는 '미풍양속'은 '모든 국민이 준수하고 지킬 것이 요구되는 최소한도의 질서 또는 도덕률'을 의미한다고 보아야 할 것이므로, 공공의 안녕질서 또는 미풍양속을 해하는 통신을 금지하는 구 전기통신사업법 해당 조항은 명확성원칙에 위배되지 아니한다.
ㄴ. 명확성원칙은 헌법상 내재하는 법치국가원리로부터 파생될 뿐만 아니라, 국민의 자유와 권리를 보호하는 기본권 보장으로부터도 나온다.
ㄷ. 임대인이 실제 거주를 이유로 임대차 계약의 갱신을 거절한 후 '정당한 사유 없이' 제3자에게 임대한 경우의 손해배상책임을 규정한 주택임대차보호법 해당 조항은, 임대인이 손해배상책임을 면할 수 있는 '정당한 사유'가 임대인이 갱신거절 당시에는 예측할 수 없었던 것으로서 제3자에게 목적 주택을 임대할 수밖에 없었던 불가피한 사정을 의미하는 것으로 해석되는 점 등에 비추어 명확성원칙에 반하지 아니한다.
ㄹ. 명확성원칙의 엄격한 적용이 요구되는 경우에는 그 적용대상자와 금지 행위를 구체적으로 알 수 있도록 구체적이고 서술적인 개념에 의하여 규정하여야 하고, 다소 광범위하여 법관의 보충적인 해석을 필요로 하는 개념을 사용해서는 아니된다.

① 0개
② 1개
③ 2개
④ 3개

지문분석 **난이도** □■■ 중 | **정답** ③ | **키워드** 죄형법정주의 | **출제유형** 판례

ㄱ 【X】 '공공의 안녕질서', '미풍양속'은 매우 추상적인 개념이어서 어떠한 표현행위가 과연 '공공의 안녕질서'나 '미풍양속'을 해하는 것인지, 아닌지에 관한 판단은 사람마다의 가치관, 윤리관에 따라 크게 달라질 수밖에 없고, 법집행자의 통상적 해석을 통하여 그 의미내용을 객관적으로 확정하기도 어렵다. … 결론적으로 전기통신사업법 제53조 제1항은 규제되는 표현의 내용이 명확하지 아니하여 명확성의 원칙에 위배된다(헌재 2002.06.27. 99헌마480).

ㄴ 【O】 명확성원칙은 헌법상 내재하는 법치국가원리로부터 파생될 뿐만 아니라, 국민의 자유와 권리를 보호하는 기본권보장으로부터도 나온다. 헌법 제37조 제2항에 의거하여 국민의 자유와 권리를 제한하는 법률은 명확하게 규정되어야 한다(헌재 2006.03.30. 2005헌바78).

ㄷ 【O】 증액청구의 산정 기준이 되는 '약정한' 차임이나 보증금의 구체적 액수는 임대차계약을 통해 확인 가능하고, 차임과 보증금이 모두 존재할 경우 차임을 보증금으로 환산한 총 보증금을 산정 기준으로 삼는 것이 타당한 점, 임대인이 손해배상책임을 면할 수 있는 '정당한 사유'란, 임대인이 갱신거절 당시에는 예측할 수 없었던 것으로서 제3자에게 목적 주택을 임대할 수밖에 없었던 불가피한 사정을 의미하는 것으로 해석되는 점 등에 비추어 명확성원칙에 반하지 아니한다(헌재 2024.02.28. 2020헌마1343 등).

ㄹ 【X】 명확성원칙의 엄격한 적용이 요구되는 경우라 하더라도 입법자가 모든 구성요건을 단순한 의미의 서술적인 개념에 의하여 규정하여야 하는 것은 아니다. 구성요건이 다소 광범위하여 어떤 범위에서는 법관의 보충적인 해석을 필요로 하는 개념을 사용하였다고 하더라도, 건전한 상식과 통상적인 법감정을 가진 사람으로 하여금 그 적용대상자가 누구이며 구체적으로 어떠한 행위가 금지되고 있는지 여부를 충분히 알 수 있도록 규정되어 있다면 명확성원칙에 위반되지 않는다고 보아야 한다(헌재 2014.09.25. 2012헌바325).

63 변호인의 조력을 받을 권리에 대한 설명으로 옳지 않은 것은? (다툼이 있는 경우 판례에 의함)

2019 지방직 7급

① 피의자·피고인의 구속 여부를 불문하고 변호인과 상담하고 조언을 구할 권리는 변호인의 조력을 받을 권리의 내용 중 구체적인 입법형성이 필요한 다른 절차적 권리의 필수적인 전제요건으로서 변호인의 조력을 받을 권리 그 자체에서 막바로 도출되는 것이다.

② 검찰수사관이 피의자신문에 참여한 변호인에게 피의자 후방에 앉으라고 요구한 행위는 변호인의 피의자신문참여권 행사에 어떠한 지장도 초래하지 않으므로 변호인의 변호권을 침해하지 아니한다.

③ 형사절차가 종료되어 교정시설에 수용 중인 수형자나 미결수용자가 형사사건의 변호인이 아닌 민사재판, 행정재판, 헌법재판 등에서 변호사와 접견할 경우에는 원칙적으로 변호인의 조력을 받을 권리의 주체가 될 수 없다.

④ 피의자 등이 가지는 '변호인이 되려는 자'의 조력을 받을 권리가 실질적으로 확보되기 위해서는 '변호인이 되려는 자'의 접견교통권 역시 헌법상 기본권으로서 보장되어야 한다.

지문분석 **난이도** □■■ 중 | **정답** ② | **키워드** 변호인의 조력을 받을 권리 | **출제유형** 판례

① 【O】 피의자·피고인의 구속 여부를 불문하고 조언과 상담을 통하여 이루어지는 변호인의 조력자로서의 역할은 변호인선임권과 마찬가지로 변호인의 조력을 받을 권리의 내용 중 가장 핵심적인 것이고, 변호인과 상담하고 조언을 구할 권리는 변호인의 조력을 받을 권리의 내용 중 구체적인 입법형성이 필요한 다른 절차적 권리의 필수적인 전제요건으로서 변호인의 조력을 받을 권리 그 자체에서 막바로 도출되는 것이다(헌재 2004.09.23. 2000헌마138).

② 【X】 변호인이 피의자신문에 자유롭게 참여할 수 있는 권리는 피의자가 가지는 변호인의 조력을 받을 권리를 실현하는 수단이므로 헌법상 기본권인 변호인의 변호권으로서 보호되어야 한다. 이 사건 후방착석요구행위로 얻어질 공익보다는 변호인의 피의자신문참여권 제한에 따른 불이익의 정도가 크므로, 법익의 균형성 요건도 충족하지 못한다. 따라서 이 사건 후방착석요구 행위는 변호인인 청구인의 변호권을 침해한다(헌재 2017.11.30. 2016헌마503).

③ 【O】 변호인의 조력을 받을 권리에 대한 헌법과 법률의 규정 및 취지에 비추어 보면, '형사사건에서 변호인의 조력을 받을 권리'를 의미한다고 보아야 할 것이므로 형사절차가 종료되어 교정시설에 수용 중인 수형자나 미결수용자가 형사사건의 변호인이 아닌 민사재판, 행정재판, 헌법재판 등에서 변호사와 접견할 경우에는 원칙적으로 헌법상 변호인의 조력을 받을 권리의 주체가 될 수 없다(헌재 2013.08.29. 2011헌마122).

④ 【O】 변호인 선임을 위하여 피의자·피고인(이하 '피의자 등'이라 한다)이 가지는 '변호인이 되려는 자'와의 접견교통권은 헌법상 기본권으로 보호되어야 하고, '변호인이 되려는 자'의 접견교통권은 피의자 등이 변호인을 선임하여 그로부터 조력을 받을 권리를 공고히 하기 위한 것으로서, 그것이 보장되지 않으면 피의자 등이 변호인 선임을 통하여 변호인으로부터 충분한 조력을 받는다는 것이 유명무실하게 될 수밖에 없다. 이와 같이 '변호인이 되려는 자'의 접견교통권은 피의자 등을 조력하기 위한 핵심적인 부분으로서, 피의자 등이 가지는 헌법상의 기본권인 '변호인이 되려는 자'와의 접견교통권과 표리의 관계에 있다. 따라서 피의자 등이 가지는 '변호인이 되려는 자'의 조력을 받을 권리가 실질적으로 확보되기 위해서는 '변호인이 되려는 자'의 접견교통권 역시 헌법상 기본권으로서 보장되어야 한다(헌재 2019.02.28. 2015헌마1204).

64 **이중처벌금지의 원칙에 대한 설명으로 가장 적절하지 <u>않은</u> 것은?** (다툼이 있는 경우 헌법재판소 판례에 의함) 2022 경찰 간부

① 벌금형을 선고받는 자가 그 벌금을 납입하지 않은 때에 그 집행방법의 변경으로 하게 되는 노역장 유치는 이미 형벌을 받은 사건에 대해 또다시 형을 부과하는 것이 아니라, 단순한 형벌 집행방법의 변경에 불과한 것이므로 헌법 제13조 제1항 후단의 이중처벌금지의 원칙에 위반되지 않는다.

② 집행유예의 취소 시 부활되는 본형은 집행유예의 선고와 함께 선고되었던 것으로 판결이 확정된 동일한 사건에 대하여 다시 심판한 결과 부과되는 것이 아니므로 일사부재리의 원칙과 무관하다.

③ 신상정보 공개·고지 명령은 형벌과는 목적이나 심사대상 등을 달리하는 보안처분에 해당하므로 동일한 범죄행위에 대하여 형벌이 부과된 이후 다시 신상정보 공개·고지 명령이 선고 및 집행된다고 하여 이중처벌금지의 원칙에 위반된다고 할 수 없다.

④ 헌법 제13조 제1항이 정한 이중처벌금지의 원칙은 동일한 범죄행위에 대하여 국가가 형벌권을 거듭 행사할 수 없도록 함으로써 국민의 신체의 자유를 보장하기 위한 것이므로, 국가가 행하는 일체의 제재나 불이익처분이 모두 그 처벌에 포함된다.

지문분석 **난이도** □■■ **중** | **정답** ④ | **키워드** 이중처벌금지원칙 | **출제유형** 판례

▶ 일사부재리원칙과 이중위험금지원칙의 비교

	일사부재리원칙	이중위험금지원칙
성격	실체법상 원리(대륙법계, 우리나라)	절차상 원리(영미법계)
적용시기	판결확정 후	공판절차
적용범위	<	

① 【O】 벌금형을 선고받는 자가 그 벌금을 납입하지 않은 때에 그 집행방법의 변경으로 하게 되는 노역장 유치는 이미 형벌을 받은 사건에 대해 또다시 형을 부과하는 것이 아니라, 단순한 형벌 집행방법의 변경에 불과한 것이므로 헌법 제13조 제1항 후단의 이중처벌금지의 원칙에 위반되지 아니한다(헌재 2009.03.26. 2008헌바52 등).

② 【O】 집행유예의 취소 시 부활되는 본형은 집행유예의 선고와 함께 선고되었던 것으로 판결이 확정된 동일한 사건에 대하여 다시 심판한 결과 부과되는 것이 아니므로 일사부재리의 원칙과 무관하고, 사회봉사명령 또는 수강명령은 그 성격, 목적, 이행방식 등에서 형벌과 본질적 차이가 있어 이중처벌금지원칙에서 말하는 '처벌'이라 보기 어려우므로, 이 사건 법률조항은 이중처벌금지원칙에 위반되지 아니한다(헌재 2013.06.27. 2012헌바345 등).

③ 【O】 이중처벌은 처벌 또는 제재가 동일한 행위를 대상으로 거듭 행해질 때 발생하는 문제이다. 그런데 신상정보 공개·고지명령은 형벌과는 목적이나 심사대상 등을 달리하는 보안처분에 해당하므로, 동일한 범죄행위에 대하여 형벌과 병과된다고 하여 이중처벌금지의 원칙에 위반된다고 할 수 없다(헌재 2016.05.26. 2015헌바212).

④ 【X】 법 제13조 제1항에서 말하는 처벌은 원칙적으로 범죄에 대한 국가의 형벌권 실행으로서의 과벌을 의미하는 것이고 국가가 행하는 일체의 제재나 불이익처분을 모두 그 처벌에 포함시킬 수는 없다(헌재 1994.06. 30. 92헌바38).

65 이중처벌금지원칙에 관한 설명 중 가장 적절한 것은? (다툼이 있는 경우 판례에 의함) 2022 경찰 승진

① 신상정보 공개·고지명령은 형벌과는 목적이나 심사대상 등을 달리하는 보안처분에 해당하므로 동일한 범죄행위에 대하여 형벌이 부과된 이후 다시 신상정보 공개·고지명령이 선고 및 집행된다고 하여 이중처벌금지원칙에 위반된다고 할 수 없다.

② 헌법 제13조 제1항에서 말하는 '처벌'은 범죄에 대한 국가의 형벌권 실행으로서의 과벌을 의미하는 것인바, 국가가 행하는 일체의 제재나 불이익처분 모두 그 '처벌'에 포함이 된다.

③ 일정한 성폭력범죄를 범한 사람에게 유죄판결을 선고하는 경우 성폭력치료프로그램 이수명령을 병과하도록 한 것은 그 목적이 과거의 범죄행위에 대한 제재로서 대상자의 건전한 사회복귀 및 범죄예방과 사회보호에 있어 형벌과 본질적 차이가 나지 않는 보안처분에 해당하므로, 동일한 범죄행위에 대하여 형벌과 병과될 경우 이중처벌금지원칙에 위배된다.

④ 헌법재판소는 외국에서 형의 전부 또는 일부의 집행을 받은 자에 대하여 형을 감경 또는 면제할 수 있도록 규정한 「형법」(1953.9.18. 법률 제293호로 제정된 것) 제7조가 이중처벌금지원칙에 위배되어 위헌이라고 판시하였다.

지문분석 **난이도** □■■ 중 | **정답** ① | **키워드** 이중처벌금지원칙 | **출제유형** 판례

① 【O】 이중처벌은 처벌 또는 제재가 동일한 행위를 대상으로 거듭 행해질 때 발생하는 문제이다. 그런데 신상정보 공개·고지명령은 형벌과는 목적이나 심사대상 등을 달리하는 보안처분에 해당하므로, 동일한 범죄행위에 대하여 형벌과 병과된다고 하여 이중처벌금지의 원칙에 위반된다고 할 수 없다(헌재 2016.05.26. 2015헌바212).

② 【X】 헌법 제13조 제1항에서 말하는 '처벌'은 원칙으로 범죄에 대한 국가의 형벌권 실행으로서의 과벌을 의미하는 것이고, 국가가 행하는 일체의 제재나 불이익처분을 모두 그 '처벌'에 포함시킬 수는 없다(헌재 1994.06. 30. 92헌바38).

③ 【X】 이중처벌은 처벌 또는 제재가 동일한 행위를 대상으로 거듭 행해질 때 발생하는 문제이다. 그런데 이수명령은 그 목적이 과거의 범죄행위에 대한 제재가 아니라 대상자의 건전한 사회복귀의 촉진 및 범죄예방과 사회보호에 있다는 점에서, 형벌과 본질적 차이가 있는 보안처분에 해당한다. 따라서 동일한 범죄행위에 대하여 이수명령이 형벌과 병과된다고 하여 이중처벌금지원칙에 위반된다고 할 수 없다(헌재 2016.12.29. 2016헌바153).

④ 【X】 형사판결은 국가주권의 일부분인 형벌권 행사에 기초한 것으로서, 외국의 형사판결은 원칙적으로 우리 법원을 기속하지 않으므로 동일한 범죄행위에 관하여 다수의 국가에서 재판 또는 처벌을 받는 것이 배제되지 않는다. 따라서 이중처벌금지원칙은 동일한 범죄에 대하여 대한민국 내에서 거듭 형벌권이 행사되어서는 안 된다는 뜻으로 새겨야 할 것이므로 이 사건 법률조항은 헌법 제13조 제1항의 이중처벌금지원칙에 위배되지 아니한다(헌재 2015.05.28. 2013헌바129).

66 이중처벌금지원칙에 관한 설명 중 가장 적절하지 않은 것은? (다툼이 있는 경우 판례에 의함)

2023 경찰 승진

① 헌법재판소는 공무원의 징계 사유가 공금 횡령인 경우에는 해당 징계 외에 공금 횡령액의 5배 내의 징계부가금을 부과하도록 한 「지방공무원법」조항에 대하여, 징계부가금이 제재적 성격을 지니고 있더라도 이를 헌법 제13조 제1항에서 말하는 '처벌'에 해당한다고 볼 수 없으므로 이중처벌금지원칙에 위배되지 않는다고 판단하였다.

② 헌법재판소는 일정한 성폭력범죄를 범한 사람에 대하여 유죄판결을 선고하면서 성폭력 치료프로그램의 이수명령을 병과하도록 한 「성폭력범죄의 처벌 등에 관한 특례법」조항에 대하여, 이 조항에 의한 이수명령은 보안처분에 해당하므로 이중처벌금지원칙에 위반되지 않는다고 판단하였다.

③ 헌법재판소는 특정 범죄자에 대하여 위치추적 전자장치를 부착할 수 있도록 한 구 「특정 범죄자에 대한 위치추적 전자장치 부착 등에 관한 법률」조항에 대하여, 이 조항에 의한 전자장치 부착은 보안처분에 해당하므로 이중처벌금지원칙에 위반되지 않는다고 판단하였다.

④ 헌법재판소는 보호감호와 형벌은 다같이 신체의 자유를 박탈하는 수용처분이라는 점에서 집행상 뚜렷한 구분이 되지 않기 때문에 형벌과 보호감호를 서로 병과하여 선고하는 것은 이중처벌금지원칙에 위반된다고 판단하였다.

지문분석 **난이도** □■■ 중 | **정답** ④ | **키워드** 이중처벌금지원칙 | **출제유형** 판례

① 【O】 징계부가금은 공무원의 업무질서를 유지하기 위하여 공금의 횡령이라는 공무원의 의무 위반 행위에 대하여 지방자치단체가 사용자의 지위에서 행정 절차를 통해 부과하는 행정적 제재이다. 비록 징계부가금이 제재적 성격을 지니고 있더라도 이를 두고 헌법 제13조 제1항에서 금지하는 국가형벌권 행사로서의 '처벌'에 해당한다고 볼 수 없으므로, 심판대상조항은 이중처벌금지원칙에 위배되지 않는다(헌결 2015.02.26. 2012헌바435).

② 【O】 이수명령은 형벌과 본질적 차이가 있는 보안처분에 해당하므로, 동일한 범죄행위에 대하여 형벌과 병과되더라도 이중처벌금지원칙에 위배된다고 할 수 없다(헌결 2016.12.29. 2016헌바153).

③ 【O】 전자장치 부착은 과거의 불법에 대한 응보가 아닌 장래의 재범 위험성을 방지하기 위한 보안처분에 해당되므로, 부착명령청구조항은 헌법 제13조 제1항 후단의 이중처벌금지원칙에 위배되지 아니한다(헌결 2015.09.24. 2015헌바35).

④ 【X】 보안처분이 보안처분의 대상자들에게는 범죄에 대한 형벌과 다름없는 자유의 박탈 또는 제한으로 인식되고, 형벌 역시 행위자에 대한 교육개선의 효과를 위한 예방적 성격도 가지고 있는 것이어서 보안처분과 형벌은 그 목적에 있어서도 명확한 구분이 될 수 없다는 등의 이유를 들어 보호감호처분제도 자체의 의의를 부인하는 의견이 끊이지 않았다. 그러나, 헌법은 1972.12.27. 개정헌법 이래 보안처분제도를 헌법상의 제도로 수용하여 왔으므로 헌법의 규정에 따라 어떠한 형태의 보안처분제도를 마련하느냐의 문제는 헌법에 위반되지 아니하는 한 오로지 입법권자의 형성의 자유에 속한다 할 것이다. 따라서 사회보호법 제5조에 정한 보호감호처분은 헌법 제12조 제1항에 근거한 보안처분으로서 형벌과는 그 본질과 추구하는 목적 및 기능이 다른 별개의 독자적 의의를 가진 형사적 제재로 볼 수밖에 없다. 그렇다면, 보호감호와 형벌은 비록 다같이 신체의 자유를 박탈하는 수용처분이라는 점에서 집행상 뚜렷한 구분이 되지 않는다고 하더라도 그 본질, 추구하는 목적과 기능이 전혀 다른 별개의 제도이므로 형벌과 보호감호를 서로 병과하여 선고한다 하여 헌법 제13조 제1항에 정한 이중처벌금지의 원칙에 위반되는 것은 아니라 할 것이다(헌결 1989.07.14. 88헌가5).

67 이중처벌금지원칙에 관한 설명 중 옳고 그름의 표시(O, X)가 바르게 된 것은? (다툼이 있는 경우 판례에 의함) 2024 경찰 승진

㉠ 확정된 구제명령을 따르지 않은 사용자에게 형벌을 부과하고 있음에도, 구제명령을 받은 후 이행기한까지 구제명령을 이행하지 아니한 사용자에게 별도의 이행강제금을 부과하는 것은 이중처벌금지원칙에 위배되지 아니한다.
㉡ 추징은 몰수에 갈음하여 그 가액의 납부를 명령하는 사법처분이나 부가형의 성질을 갖는 일종의 형벌이고 출국금지처분 역시 거주·이전의 자유를 제한하는 형벌적 성격을 갖기 때문에, 일정 금액 이상의 추징금을 미납한 자에게 내리는 출국금지처분은 이중처벌금지원칙에 위배된다.
㉢ 보호관찰이나 사회봉사 또는 수강을 조건으로 집행유예를 선고받은 자의 집행유예가 취소되는 경우 사회봉사 등 의무를 이행하였는지 여부와 관계없이 유예되었던 본형 전부를 집행하는 것은 이중처벌금지원칙에 위반되지 아니한다.
㉣ 이미 3회 이상의 음주운전으로 운전면허취소처분을 받은 사람이 신규면허를 취득한 후에 음주운전으로 1회만 적발되더라도 이미 처벌받은 3회의 음주운전 전력에 근거해 운전면허를 재차 취소하도록 하는 것은 이중처벌금지원칙에 위배된다.

① ㉠ × ㉡ ○ ㉢ ○ ㉣ ×
② ㉠ ○ ㉡ × ㉢ ○ ㉣ ×
③ ㉠ ○ ㉡ × ㉢ × ㉣ ○
④ ㉠ ○ ㉡ ○ ㉢ ○ ㉣ ○

지문분석 **난이도** ■■■ **상** | **정답** ② | **키워드** 이중처벌금지원칙 | **출제유형** 판례

㉠ 【O】 이행강제금은 행정상 간접적인 강제집행 수단의 하나로서, 과거의 일정한 법률위반 행위에 대한 제재인 형벌이 아니라 장래의 의무이행 확보를 위한 강제수단일 뿐이어서, 범죄에 대하여 국가가 형벌권을 실행하는 과벌에 해당하지 아니한다. 따라서 심판대상조항은 이중처벌금지원칙에 위배되지 아니한다(헌재 2014.05.29. 2013헌바171).
㉡ 【X】 추징은 몰수에 갈음하여 그 가액의 납부를 명령하는 사법처분이나 부가형의 성질을 가지므로, 주형은 아니지만 부가형으로서의 추징도 일종의 형벌임을 부인할 수는 없다. 그러나 일정액수의 추징금을 납부하지 않은 자에게 내리는 출국금지의 행정처분은 「형법」 제41조상의 형벌이 아니라 형벌의 이행확보를 위하여 출국의 자유를 제한하는 행정조치의 성격을 지니고 있다. 그렇다면 심판대상 법조항에 의한 출국금지처분은 헌법 제13조 제1항 상의 이중처벌금지원칙에 위배된다고 할 수 없다(헌재 2004.10.28. 2003헌가18).
㉢ 【O】 집행유예가 취소되는 경우에 부활되는 본형은 이미 판결이 확정된 동일한 사건에 대하여 다시 심판한 결과 부과되는 것이 아니라 동일한 심판작용을 거쳐 집행유예의 선고와 함께 선고되었던 것으로 일사부재리의 원칙과는 무관하다고 할 것이다. 가사 의무의 이행 부분이 부활되는 형기에 반영되지 아니함으로써 사실상 중첩적인 제재의 효과를 지닌다고 보더라도, 이를 이중처벌금지원칙에서 말하는 '처벌'로 보기 어렵다. 따라서 이 사건 법률조항은 이중처벌금지원칙에 위반되지 아니한다(헌재 2013.06.27. 2012헌바345 등).
㉣ 【X】 운전면허 취소처분은 「형법」상에 규정된 형(刑)이 아니고, 그 절차도 일반 형사소송절차와는 다를 뿐만 아니라, 주취 중 운전금지라는 행정상 의무의 존재를 전제하면서 그 이행을 확보하기 위해 마련된 수단이라는 점에서 형벌과는 다른 목적과 기능을 가지고 있다고 할 것이므로, 운전면허 취소처분을 이중처벌금지원칙에서 말하는 '처벌'로 보기 어렵다. 따라서 이 사건 법률조항은 이중처벌금지원칙에 위반되지 아니한다(헌재 2010.03.25. 2009헌바83).

68 변호인의 조력을 받을 권리에 관한 설명 중 가장 적절하지 않은 것은? (다툼이 있는 경우 판례에 의함)

2022 경찰 승진

① 미결수용자와 변호인 간에 주고받는 서류를 확인하고 이를 소송관계서류처리부에 등재하는 행위는 그 자체만으로는 미결수용자의 변호인 접견교통권을 제한하는 행위라고 볼 수는 없다.

② 피고인에게 보장된 변호인의 조력을 받을 권리는 변호인과의 자유로운 접견교통권에 그치지 아니하고 더 나아가 변호인을 통하여 수사서류를 포함한 소송관계서류를 열람·등사하고 이에 대한 검토결과를 토대로 공격과 방어의 준비를 할 수 있는 권리도 포함된다.

③ 변호인과의 자유로운 접견은 신체구속을 당한 사람에게 보장된 변호인의 조력을 받을 권리의 가장 중요한 내용이어서 국가안전보장·질서유지 또는 공공복리 등 어떠한 명분으로도 제한될 수 있는 성질의 것이 아니라고 할 것이나, 이는 구속된 자와 변호인 간의 접견이 실제로 이루어지는 경우에 있어서의 '자유로운 접견', 즉 '대화내용에 대하여 비밀이 완전히 보장되고 어떠한 제한, 영향, 압력 또는 부당한 간섭 없이 자유롭게 대화할 수 있는 접견'을 제한할 수 없다는 것이지, 변호인과의 접견 자체에 대해 아무런 제한도 가할 수 없다는 것을 의미하는 것은 아니다.

④ 변호인의 조력을 받을 권리는 '형사사건에서 변호인의 조력을 받을 권리'를 의미한다고 보아야 할 것이므로 형사절차가 종료되어 교정시설에 수용 중인 수형자나 미결수용자가 형사사건의 변호인이 아닌 민사재판, 행정재판, 헌법재판 등에서 변호사와 접견할 경우에는 원칙적으로 헌법상 변호인의 조력을 받을 권리의 주체가 될 수 없다.

지문분석 **난이도** □■■ **중** | **정답** ① | **키워드** 변호인의 조력을 받을 권리 | **출제유형** 판례

① **[X]** 변호인의 조력을 받을 권리의 한 내용인 변호인 접견교통권에는 접견 자체뿐만 아니라 미결수용자와 변호인 간의 서류 또는 물건의 수수도 포함되고, 이에 따라 「형사소송법」 제34조는 변호인 또는 변호인이 되려는 자는 신체구속을 당한 피고인 또는 피의자와 접견하고 서류 또는 물건을 수수할 수 있으며 의사로 하여금 진료하게 할 수 있도록 규정하였다. 따라서 미결수용자와 변호인 간에 주고받는 서류를 확인하고 이를 소송관계서류처리부에 등재하는 행위는 미결수용자의 변호인 접견교통권을 제한하는 행위이다(헌재 2016.04.28. 2015헌마243).

② **[O]** 변호인의 조력을 받을 권리는 변호인과의 자유로운 접견교통권에 그치지 아니하고 더 나아가 변호인을 통하여 수사서류를 포함한 소송관계서류를 열람·등사하고 이에 대한 검토결과를 토대로 공격과 방어의 준비를 할 수 있는 권리도 포함된다고 보아야 할 것이므로 변호인의 수사기록 열람·등사에 대한 지나친 제한은 결국 피고인에게 보장된 변호인의 조력을 받을 권리를 침해하는 것이다(헌재 1997.11.27. 94헌마60).

③ **[O]** 헌법재판소가 91헌마111 결정에서 미결수용자와 변호인과의 접견에 대해 어떠한 명분으로도 제한할 수 없다고 한 것은 구속된 자와 변호인 간의 접견이 실제로 이루어지는 경우에 있어서의 '자유로운 접견', 즉 '대화내용에 대하여 비밀이 완전히 보장되고 어떠한 제한, 영향, 압력 또는 부당한 간섭 없이 자유롭게 대화할 수 있는 접견'을 제한할 수 없다는 것이지, 변호인과의 접견 자체에 대해 아무런 제한도 가할 수 없다는 것을 의미하는 것이 아니므로 미결수용자의 변호인 접견권 역시 국가안전보장·질서유지 또는 공공복리를 위해 필요한 경우에는 법률로써 제한될 수 있음은 당연하다(헌재 2011.05.26. 2009헌마341).

④ **[O]** 변호인의 조력을 받을 권리에 대한 헌법과 법률의 규정 및 취지에 비추어 보면, '형사사건에서 변호인의 조력을 받을 권리'를 의미한다고 보아야 할 것이므로 형사절차가 종료되어 교정시설에 수용 중인 수형자나 미결수용자가 형사사건의 변호인이 아닌 민사재판, 행정재판, 헌법재판 등에서 변호사와 접견할 경우에는 원칙적으로 헌법상 변호인의 조력을 받을 권리의 주체가 될 수 없다(헌재 2013.08.29. 2011헌마122).

69 변호인의 조력을 받을 권리에 관한 설명 중 옳은 것을 모두 고른 것은? (다툼이 있는 경우 판례에 의함)

2023 경찰 승진

㉠ 난민인정심사불회부 결정을 받은 후 인천국제공항 송환대기실에 행정절차상 구속된 외국인의 변호인 접견신청을 인천공항출입국·외국인청장이 거부한 행위는 변호인의 조력을 받을 권리를 침해한 것이다.
㉡ 피의자 및 피고인이 가지는 변호인의 조력을 받을 권리가 실질적으로 확보되기 위해서는, 피의자 및 피고인에 대한 변호인의 조력할 권리의 핵심적인 부분도 헌법상 기본권으로서 보호되어야 한다.
㉢ 변호인 선임을 위하여 피의자 등이 가지는 '변호인이 되려는 자'와의 접견교통권은 헌법상 기본권으로 보호되어야 한다.
㉣ '변호인이 되려는 자'의 접견교통권은 피의자 등을 조력하기 위한 핵심적인 권리로서, 피의자 등이 가지는 '변호인이 되려는 자'의 조력을 받을 권리가 실질적으로 확보되기 위하여 법률상의 권리로 보장되어야 한다.

① ㉠, ㉡　② ㉡, ㉢
③ ㉠, ㉡, ㉢　④ ㉡, ㉢, ㉣

지문분석 **난이도** ■■■ 상 | **정답** ③ | **키워드** 변호인의 조력을 받을 권리 | **출제유형** 판례

㉠ 【O】 이 사건 변호인 접견신청 거부는 현행법상 아무런 법률상 근거가 없이 청구인의 변호인의 조력을 받을 권리를 제한한 것이므로, 청구인의 변호인의 조력을 받을 권리를 침해한 것이다. 또한 청구인에게 변호인 접견신청을 허용한다고 하여 국가안전보장, 질서유지, 공공복리에 어떠한 장애가 생긴다고 보기는 어렵고, 필요한 최소한의 범위 내에서 접견 장소 등을 제한하는 방법을 취한다면 국가안전보장이나 환승구역의 질서유지 등에 별다른 지장을 주지 않으면서도 청구인의 변호인 접견권을 제대로 보장할 수 있다. 따라서 이 사건 변호인 접견신청 거부는 국가안전보장이나 질서유지, 공공복리를 위해 필요한 기본권 제한 조치로 볼 수도 없다(인용 헌결 2018.05.31. 2014헌마346).

㉡ 【O】 피의자 및 피고인이 가지는 변호인의 조력을 받을 권리는 그들과 변호인 사이의 상호관계에서 구체적으로 실현될 수 있다. 피의자 및 피고인이 가지는 변호인의 조력을 받을 권리는 그들을 조력할 변호인의 권리가 보장됨으로써 공고해질 수 있으며, 반면에 변호인의 권리가 보장되지 않으면 유명무실하게 될 수 있다. 피의자 및 피고인을 조력할 변호인의 권리 중 그것이 보장되지 않으면 그들이 변호인의 조력을 받는다는 것이 유명무실하게 되는 핵심적인 부분은 헌법상 기본권인 피의자 및 피고인이 가지는 변호인의 조력을 받을 권리와 표리의 관계에 있다 할 수 있다. 따라서 피의자 및 피고인이 가지는 변호인의 조력을 받을 권리가 실질적으로 확보되기 위해서는, 피의자 및 피고인에 대한 변호인의 조력할 권리의 핵심적인 부분(이하 '변호인의 변호권'이라 한다)은 헌법상 기본권으로서 보호되어야 한다(헌결 2017.11.30. 2016헌마503).

㉢ 【O】, ㉣ 【X】 변호인 선임을 위하여 피의자 등이 가지는 '변호인이 되려는 자'와의 접견교통권은 헌법상 기본권으로 보호되어야 하고, '변호인이 되려는 자'의 접견교통권은 피의자 등이 변호인을 선임하여 그로부터 조력을 받을 권리를 공고히 하기 위한 것으로서, 그것이 보장되지 않으면 피의자 등이 변호인 선임을 통하여 변호인으로부터 충분한 조력을 받는다는 것이 유명무실하게 될 수밖에 없다. 이와 같이 '변호인이 되려는 자'의 접견교통권은 피의자 등을 조력하기 위한 핵심적인 부분으로서 헌법상의 기본권인 '변호인이 되려는 자'와의 접견교통권과 표리의 관계에 있으므로, 피의자 등이 가지는 '변호인이 되려는 자'의 조력을 받을 권리가 실질적으로 확보되기 위해서는 '변호인이 되려는 자'의 접견교통권 역시 〈헌법상〉 기본권으로서 보장되어야 한다(기본권 침해 가능성 인정). 〈중략〉 그렇다면 청구인의 피의자 윤○○에 대한 접견신청은 '변호인이 되려는 자'에게 보장된 접견교통권의 행사 범위 내에서 이루어진 것이고, 또한 이 사건 검사의 접견불허행위는 헌법이나 법률의 근거 없이 이를 제한한 것이므로, 청구인의 접견교통권을 침해하였다고 할 것이다(헌결 2019.02.28. 2015헌마1204).

70 수용자의 기본권 제한에 대한 설명으로 가장 적절하지 않은 것은? (다툼이 있는 경우 헌법재판소 판례에 의함) 2023 경찰간부

① 수형자와 소송대리인인 변호사의 접견을 일반접견에 포함시켜 시간은 30분 이내로, 횟수는 월 4회로 제한한 것은 수형자의 재판청구권을 침해한다.

② 금치처분을 받은 수형자에게 금치기간 중 실외운동을 원칙적으로 제한하는 것은 수형자의 신체의 자유를 침해한다.

③ 금치처분을 받은 수형자에게 금치기간 중 신문·도서·잡지 외 자비구매물품의 사용을 제한하는 것은 수형자의 일반적 행동의 자유를 침해하지 아니한다.

④ 구치소에 종교행사 공간이 1개뿐이고, 종교행사는 종교, 수형자와 미결수용자, 성별, 수용동 별로 진행되며, 미결수용자는 공범이나 동일사건 관련자가 있는 경우 분리하여 참석하게 해야 하는 점을 고려하더라도, 구치소장이 종교행사를 4주에 1회 실시한 것은 미결수용자의 종교의 자유를 침해한다.

지문분석 **난이도** □■■ 중 | **정답** ④ | **키워드** 이중처벌금지원칙 | **출제유형** 판례

① 【O】 수형자의 재판청구권을 실효적으로 보장하기 위해서는 소송대리인인 변호사와의 접견 시간 및 횟수를 적절하게 보장하는 것이 필수적이다. 이와 같이 심판대상조항들은 법률전문가인 변호사와의 소송상담의 특수성을 고려하지 않고 소송대리인인 변호사와의 접견을 그 성격이 전혀 다른 일반 접견에 포함시켜 접견 시간 및 횟수를 제한함으로써 청구인의 재판청구권을 침해한다(헌재 2015.11.26. 2012헌마858).

② 【O】 실외운동은 구금되어 있는 수용자의 신체적·정신적 건강을 유지하기 위한 최소한의 기본적 요청이고, 수용자의 건강 유지는 교정교화와 건전한 사회복귀라는 형 집행의 근본적 목표를 달성하는 데 필수적이다. 위 조항은 예외적으로 실외운동을 허용하는 경우에도, 실외운동의 기회가 부여되어야 하는 최저기준을 법령에서 명시하고 있지 않으므로, 침해의 최소성 원칙에 위배된다. 위 조항은 수용자의 정신적·신체적 건강에 필요 이상의 불이익을 가하고 있고, 이는 공익에 비하여 큰 것이므로 위 조항은 법익의 균형성 요건도 갖추지 못하였다. 따라서 위 조항은 청구인의 신체의 자유를 침해한다(헌재 2016.05.26. 2014헌마45).

③ 【O】 금치처분을 받은 사람은 최장 30일 이내의 기간 동안 의사가 치료를 위하여 처방한 의약품을 제외한 자비구매물품의 사용을 제한받으나, 소장이 지급하는 물품을 통하여 건강을 유지하기 위한 필요최소한의 생활을 영위할 수 있으므로, 이 사건 금치조항 중 제108조 제7호의 신문·잡지·도서 외 자비구매물품에 관한 부분은 침해의 최소성에도 위반되지 않는다. 따라서 이 사건 금치조항 중 제108조 제7호의 신문·잡지·도서 외 자비구매물품에 관한 부분은 청구인의 일반적 행동의 자유를 침해하지 않는다(헌재 2016.05.26. 2014헌마45).

④ 【X】 ○○구치소에 종교행사 공간이 1개뿐이고, 종교행사는 종교, 수형자와 미결수용자, 성별, 수용동 별로 진행되며, 미결수용자는 공범이나 동일사건 관련자가 있는 경우 이를 분리하여 참석하게 해야 하는 점을 고려하면 피청구인이 미결수용자 대상 종교행사를 4주에 1회 실시했더라도 종교의 자유를 과도하게 제한하였다고 보기 어렵고, 구치소의 인적·물적 여건상 하루에 여러 종교행사를 동시에 하기 어려우며, 개신교의 경우에만 그 교리에 따라 일요일에 종교행사를 허용할 경우 다른 종교와의 형평에 맞지 않고, 공휴일인 일요일에 종교행사를 할 행정적 여건도 마련되어 있지 않다는 점을 고려하면, 이 사건 종교행사 처우는 청구인의 종교의 자유를 침해하지 않는다(헌재 2015.04.30. 2013헌마190).

71 **일사부재리 내지 이중처벌금지원칙에 관한 설명 중 가장 적절하지 않은 것은?** (다툼이 있는 경우 판례에 의함) 2022 경찰 2차

① 「형법」이 누범을 가중처벌하는 것은 전범에 대하여 형벌을 받았음에도 다시 범행을 하였다는 데 있는 것이지, 전범에 대하여 처벌을 받았음에도 다시 범행을 하는 경우 전범도 후범과 일괄하여 다시 처벌한다는 것은 아님이 명백하므로, 누범에 대하여 형을 가중하는 것이 일사부재리원칙에 위배하는 것은 아니다.

② 행정법은 의무를 명하거나 금지를 설정함으로써 일정한 행정목적을 달성하려고 하는데, 그 실효성을 확보하기 위하여 행정형벌, 과태료, 영업허가의 취소 정지, 과징금 등을 가함으로써 의무위반 당사자로 하여금 더 이상 위반을 하지 않도록 유도하는 것이 필요하고, 이와 같이 '제재를 통한 억지'는 행정규제의 본원적 기능이라 볼 수 있으므로, 어떤 행정제재의 기능이 오로지 제재에 있다고 하여 이를 헌법 제13조 제1항에서 말하는 '이중처벌'에 해당한다고 할 수 없다.

③ 공직선거법위반죄를 범하여 형사처벌을 받은 공무원에 대하여 당선무효라는 불이익을 가하는 것은 공직선거법위반 행위 자체에 대한 국가의 형벌권 실행으로서의 과벌에 해당하므로, 이중처벌금지원칙에 위배될 가능성이 크다.

④ 형사판결은 국가주권의 일부분인 형벌권 행사에 기초한 것으로서, 외국의 형사판결은 원칙적으로 우리 법원을 기속하지 않으므로 동일한 범죄행위에 관하여 다수의 국가에서 재판 또는 처벌을 받는 것이 배제되지 않는다고 할 것인바, 외국에서 형의 전부 또는 일부의 집행을 받은 자에 대하여 형을 감경 또는 면제할 수 있도록 규정한 「형법」 제7조는 이중처벌금지원칙에 위반되지 아니한다.

지문분석 **난이도** □■■ **중** | **정답** ③ | **키워드** 이중처벌금지원칙 | **출제유형** 판례

① 【O】 누범가중처벌은 이중처벌금지의 원칙에 반하지 않는다(헌재 2002.10.31. 2001헌바68).

② 【O】 행정권에는 행정목적 실현을 위하여 행정법규 위반자에 대한 제재의 권한도 포함되어 있으므로, '제재를 통한 억지'는 행정규제의 본원적 기능이라 볼 수 있는 것이고, 따라서 어떤 행정제재의 기능이 오로지 제재(및 이에 결부된 억지)에 있다고 하여 이를 헌법 제13조 제1항에서 말하는 국가형벌권의 행사로서의 '처벌'에 해당한다고 할 수 없는바, 구 「독점규제 및 공정거래에 관한 법률」 제24조의2에 의한 부당내부거래에 대한 과징금은 그 취지와 기능, 부과의 주체와 절차 등을 종합할 때 부당내부거래 억지라는 행정목적을 실현하기 위하여 그 위반행위에 대하여 제재를 가하는 행정상의 제재금으로서의 기본적 성격에 부당이득환수적 요소도 부가되어 있는 것이라 할 것이고, 이를 두고 헌법 제13조 제1항에서 금지하는 국가형벌권 행사로서의 '처벌'에 해당한다고는 할 수 없으므로, 「공정거래법」에서 형사처벌과 아울러 과징금의 병과를 예정하고 있더라도 이중처벌금지원칙에 위반된다고 볼 수 없으며, 이 과징금 부과처분에 대하여 공정력과 집행력을 인정한다고 하여 이를 확정판결 전의 형벌집행과 같은 것으로 보아 무죄추정의 원칙에 위반된다고도 할 수 없다(헌재 2003.07.24. 2001헌가25).

③ 【X】 공직선거법위반죄를 범하여 형사처벌을 받은 공무원에 대하여 당선무효라는 불이익을 가하는 것은 공직선거법위반 행위 자체에 대한 국가의 형벌권 실행으로서의 과벌에 해당하지 아니하므로, 헌법상 이중처벌금지원칙에 위배되지 않는다(헌재 2015.02.26. 2012헌마581).

④ 【O】 형사판결은 국가주권의 일부분인 형벌권 행사에 기초한 것으로서, 외국의 형사판결은 원칙적으로 우리 법원을 기속하지 않으므로 동일한 범죄행위에 관하여 다수의 국가에서 재판 또는 처벌을 받는 것이 배제되지 않는다. 따라서 이중처벌금지원칙은 동일한 범죄에 대하여 대한민국 내에서 거듭 형벌권이 행사되어서는 안 된다는 뜻으로 새겨야 할 것이므로 이 사건 법률조항은 헌법 제13조 제1항의 이중처벌금지원칙에 위배되지 아니한다(헌재 2015.05.28. 2013헌바129).

72 연좌제금지에 대한 설명으로 가장 적절한 것은? (다툼이 있는 경우 헌법재판소 판례에 의함)

25년 경찰 간부

① 직계존속이 외국에서 영주할 목적 없이 체류한 상태에서 출생한 자는 병역의무를 해소한 경우에만 국적이탈을 신고할 수 있도록 하는 구 「국적법」 제12조 제3항은 헌법상 연좌제금지원칙의 규율 대상이다.

② 「고위공직자범죄수사처 설치 및 운영에 관한 법률」 제2조 및 같은 법 제3조 제1항에 따라 고위공직자의 가족은 고위공직자의 직무와 관련하여 죄를 범한 경우 수사처의 수사대상이 되는데, 이는 헌법상 연좌제금지원칙에서 규율하고자 하는 대상이다.

③ 학교법인의 이사장과 특정관계에 있는 사람의 학교장 임명을 제한하는 「사립학교법」 해당 조항은 배우자나 직계가족이라는 인적 관계의 특성상 당연히 예상할 수 있는 일체성 내지 유착가능성을 근거로 일정한 제약을 가하는 것이다.

④ 「변호사법」 해당 조항 중 법무법인에 관하여 합명회사 사원의 무한연대책임을 정한 「상법」 제212조, 신입사원에게 동일한 책임을 부과하는 「상법」 제213조, 퇴사한 사원에게 퇴사등기 후 2년 내에 동일한 책임을 부과하는 「상법」 제225조 제1항을 준용하는 부분은 연좌제금지원칙이 적용된다.

지문분석 **난이도** □■■ 중 | **정답** ③ | **키워드** 연좌제금지 | **출제유형** 판례

① **[X]** 청구인은 심판대상조항이 국적을 이탈하려는 자 본인이 아닌 그 직계존속의 행위에 따라 국적이탈에 불이익한 처우를 가하므로, 헌법 제13조 제3항의 연좌제금지원칙에 위반된다고 주장한다. 헌법 제13조 제3항은 친족의 행위와 본인 간에 실질적으로 의미 있는 아무런 관련성을 인정할 수 없음에도 불구하고 오로지 친족이라는 사유 그 자체만으로 불이익한 처우를 가하는 경우에 적용된다. 그런데 선천적 복수국적자가 지닌 대한민국 국민으로서의 지위는 혈통에 의하여 출생과 동시에 국적법에 따라 자동적으로 취득하는 것으로, 복수국적의 선천적 취득과 이로 인한 국적이탈의 문제는 헌법상 연좌제금지원칙에서 규율하고자 하는 대상이라 볼 수 없다. 따라서 이 부분 주장에 대해서는 별도로 살펴보지 않는다. …(중략)… 심판대상조항은 과잉금지원칙에 위배되어 국적이탈의 자유를 침해하지 아니한다(헌재 2023.02.23. 2019헌바462).

② **[X]** 고위공직자의 가족은 고위공직자의 직무와 관련하여 스스로 범한 죄에 대해서만 수사처의 수사를 받거나 기소되므로, 친족의 행위와 본인 간에 실질적으로 의미 있는 아무런 관련성을 인정할 수 없음에도 불구하고 오로지 친족이라는 사유 그 자체만으로 불이익한 처우를 가하는 경우에만 적용되는 연좌제금지 원칙이나 자기책임의 원리 위반 여부는 문제되지 않는다(헌재 2021.01.28. 2020헌마264 등).

③ **[O]** 법 제54조의3 제3항은 그 제한이 이루어지는 영역이 공공성과 함께 학교법인으로부터의 자주성도 담보되어야 하는 사립학교의 장이라는 직책이라는 점에서, 가족 간에 실질적으로 의미 있는 아무런 관련성을 인정할 수 없음에도 불구하고 오로지 배우자 등의 관계에 있다는 사유 자체만으로 불이익을 주는 것이 아니라, 아래에서 보는 바와 같이 배우자나 직계가족이라는 인적 관계의 특성상 당연히 예상할 수 있는 일체성 내지 유착가능성을 근거로 일정한 제약을 가하는 것이다. 따라서 그와 같이 제한하고 있다는 것만으로 곧바로 헌법이 금지하고 있는 연좌제에 위배된다 할 수는 없고, 다만 위 조항이 학교법인이나 이사장의 배우자 등에게 가하고 있는 제한의 정도가 과잉하여 이들의 기본권을 침해하는지 여부만이 문제된다 할 것이다. 따라서 위 법률조항이 이사장의 배우자 등의 직업의 자유나 학교법인의 사립학교 운영의 자유를 과잉제한하여 헌법에 위배된다고 할 수 없다(헌재 2013.11.28. 2007헌마1189 등).

④ **[X]** 친족관계의 존부를 필요조건으로 하지 아니하는 법무법인 구성원변호사 사이의 관계에 연좌제 금지 원칙이 적용될 여지가 없고, 행복추구권 침해 여부는 보다 밀접한 기본권인 재산권 침해 여부에 대하여 판단하는 이상 따로 판단하지 아니한다. …(중략)… 심판대상조항은 입법목적의 달성에 필요한 정도를 벗어나 과도하게 법무법인 구성원변호사의 재산권을 제한하고 있지 아니하다(헌재 2016.11.24. 2014헌바203 등).

73 무죄추정원칙에 대한 설명으로 가장 적절한 것은? (다툼이 있는 경우 헌법재판소 판례에 의함)

2022 경찰 간부

① 공금 횡령 비위로 징계부가금 부과를 의결받은 자에 대한 법원의 유죄판결 확정 전 징계부가금 집행은 무죄추정원칙에 위배된다.

② 변호사에 대한 징계절차가 개시되어 그 재판이나 징계 결정의 결과 등록취소, 영구제명 또는 제명에 이르게 될 가능성이 매우 크고, 그대로 두면 장차 의뢰인이나 공공의 이익을 해칠 구체적인 위험성이 있는 경우 법무부징계위원회의 의결을 거쳐 법무부장관이 업무정지를 명하더라도 무죄추정원칙에 위배된다.

③ 소년보호사건에서 1심 결정 집행에 의한 소년원 수용기간을 항고심 결정에 의한 보호기간에 산입하지 않는 것은 무죄추정원칙에 위배된다.

④ 수형자로 하여금 형사재판 출석 시 아무런 예외 없이 사복착용을 금지하는 것은 무죄추정원칙에 위배될 소지가 크나, 민사재판의 당사자로 출석 시 사복착용 불허로 인하여 공정한 재판을 받을 권리가 침해되는 것은 아니다.

지문분석 **난이도** □□■ **하** | **정답** ④ | **키워드** 영장주의 | **출제유형** 판례

① 【X】 공무원의 징계 사유가 공금의 횡령인 경우 공금 횡령액의 5배 내의 징계부가금을 부과하도록 한 것은 이중처벌금지원칙 · 무죄추정원칙 · 과잉금지원칙에 위배되지 않는다(헌재 2015.02.26. 2012헌바435).

② 【X】 변호사가 공소제기되어 재판결과 등록취소의 가능성이 큰 경우 업무정지명령을 내릴 수 있도록 규정한 「변호사법」 규정은 무죄추정의 원칙에 위반되지 않고 직업수행의 자유를 침해하는 것도 아니다(헌재 2014.04.24. 2012헌바45).

③ 【X】 항고심에서는 1심 결정과 그에 따른 집행을 감안하여 항고심 판단 시를 기준으로 소년에 대한 보호의 필요성과 그 정도를 판단하여 새로운 처분을 하는 것이다. 따라서 1심 결정에 의한 소년원 수용기간을 항고심 결정에 의한 보호기간에 산입하지 않더라도 이는 무죄추정원칙과는 관련이 없으므로 이 사건 법률조항은 무죄추정원칙에 위배되지 않는다(헌재 2015.12.23. 2014헌마768).

④ 【O】 수형자가 민사법정에 출석하기까지 교도관이 반드시 동행하여야 하므로 수용자의 신분이 드러나게 되어 있어 재소자용 의류를 입었다는 이유로 인격권과 행복추구권이 제한되는 정도는 제한적이고, 형사법정 이외의 법정 출입 방식은 미결수용자와 교도관 전용통로 및 시설이 존재하는 형사재판과 다르며, 계호의 방식과 정도도 확연히 다르다. 따라서 심판대상 조항이 민사재판에 출석하는 수형자에 대하여 사복착용을 허용하지 아니한 것은 청구인의 인격권과 행복추구권을 침해하지 아니한다(헌재 2015.12.23. 2013헌마712).

2 사생활의 비밀과 자유 관련 외적인 기본권

01 사생활의 비밀과 자유에 대한 설명으로 옳은 것은? (다툼이 있는 경우 판례에 의함) 2021 국가직 7급

① 피고인이나 변호인에 의한 공판정에서의 녹취는 진술인의 인격권 또는 사생활의 비밀과 자유에 대한 침해를 수반하고, 실체적 진실발견 등 다른 법익과 충돌할 개연성이 있으므로, 녹취를 금지해야 할 필요성이 녹취를 허용함으로써 달성하고자 하는 이익보다 큰 경우에는 녹취를 금지 또는 제한함이 타당하다.

② 자동차를 도로에서 운전하는 중에 좌석안전띠를 착용할 것인가 여부의 생활관계는 개인의 전체적 인격과 생존에 관계되는 '사생활의 기본조건'이라 할 수 있으므로, 운전할 때 운전자가 좌석안전띠를 착용할 의무는 청구인의 사생활의 비밀과 자유를 침해한다.

③ 헌법 제17조의 사생활의 비밀과 자유 및 헌법 제18조의 통신의 자유에 의하여 보장되는 개인정보자기결정권의 보호대상이 되는 개인정보는 개인의 신체, 신념, 사회적 지위, 신분 등과 같이 개인의 사적 영역에 국한된 사항으로서 그 개인의 동일성을 식별할 수 있게 하는 일체의 정보라고 할 수 있다.

④ 지문은 그 정보주체를 타인으로부터 식별가능하게 하는 개인정보가 아니므로, 경찰청장이 이를 보관·전산화하여 범죄수사목적에 이용하는 것은 정보주체의 개인정보자기결정권을 제한하는 것이 아니다.

지문분석 **난이도** □■■ **중** | **정답** ① | **키워드** 사생활의 비밀과 자유 | **출제유형** 판례

① 【O】 피고인이나 변호인에 의한 공판정에서의 녹취는 진술인의 인격권 또는 사생활의 비밀과 자유에 대한 침해를 수반하고, 실체적 진실발견 등 다른 법익과 충돌할 개연성이 있으므로, 녹취를 금지해야 할 필요성이 녹취를 허용함으로써 달성하고자 하는 이익보다 큰 경우에는 녹취를 금지 또는 제한함이 타당하다(헌재 1995.12.28. 91헌마114).

② 【X】 자동차를 도로에서 운전하는 중에 좌석안전띠를 착용할 것인가 여부의 생활관계가 개인의 전체적 인격과 생존에 관계되는 '사생활의 기본조건'이라거나 자기결정의 핵심적 영역 또는 인격적 핵심과 관련된다고 보기 어려워 더 이상 사생활영역의 문제가 아니므로, 운전할 때 운전자가 좌석안전띠를 착용할 의무는 청구인의 사생활의 비밀과 자유를 침해하는 것이라 할 수 없다(헌재 2003.10.30. 2002헌마518).

③ 【X】 개인정보자기결정권의 보호대상이 되는 개인정보는 개인의 신체, 신념, 사회적 지위, 신분 등과 같이 개인의 인격주체성을 특징짓는 사항으로서 그 개인의 동일성을 식별할 수 있게 하는 일체의 정보라고 할 수 있고, 반드시 개인의 내밀한 영역이나 사사(私事)의 영역에 속하는 정보에 국한되지 않고 공적 생활에서 형성되었거나 이미 공개된 개인정보까지 포함한다. 또한 그러한 개인정보를 대상으로 한 조사·수집·보관·처리·이용 등의 행위는 모두 원칙적으로 개인정보자기결정권에 대한 제한에 해당한다(헌재 2005.05.26. 99헌마513 등).

④ 【X】 개인의 고유성, 동일성을 나타내는 지문은 그 정보주체를 타인으로부터 식별가능하게 하는 개인정보이므로, 시장·군수 또는 구청장이 개인의 지문정보를 수집하고, 경찰청장이 이를 보관·전산화하여 범죄수사목적에 이용하는 것은 모두 개인정보자기결정권을 제한하는 것이다(헌재 2005.05.26. 99헌마513 등).

02 사생활의 비밀과 자유에 대한 설명으로 옳지 않은 것은? (다툼이 있는 경우 판례에 의함) 2015 지방직 7급

① 사생활의 자유란 사회공동체의 일반적인 생활규범의 범위 내에서 사생활을 자유롭게 형성해 나가고 그 설계 및 내용에 대해서 외부로부터의 간섭을 받지 아니할 권리를 의미한다.

② 자동차를 도로에서 운전할 때 운전자가 좌석안전띠를 착용할 의무는 운전자의 사생활의 비밀과 자유를 침해하는 것이라 할 수 없다.

③ 청소년 성매수 범죄자들의 '성명, 연령, 직업 등의 신상과 범죄사실의 요지'를 공개하도록 하는 규정에 따라 범죄인들의 신상과 전과를 일반인이 알게 된다고 하여 그들의 인격권 내지 사생활의 비밀을 침해하는 것은 아니다.

④ 교도소 내 엄중격리대상자의 수용거실에 CCTV를 설치하여 24시간 감시하는 행위는 그들에 대한 지속적이고 부단한 감시의 필요성과 그들의 자살·자해나 흉기 제작 등의 위험성 등을 고려하더라도 사생활의 비밀과 자유를 침해하는 것이다.

지문분석 **난이도** □□■ 하 | **정답** ④ | **키워드** 사생활의 비밀과 자유 | **출제유형** 판례

④ 【X】 CCTV에 의하여 감시되는 엄중격리대상자에 대하여 지속적이고 부단한 감시가 필요하고 자살·자해나 흉기 제작 등의 위험성 등을 고려하면, 제반사정을 종합하여 볼 때 기본권 제한의 최소성 요건이나 법익균형성의 요건도 충족하고 있으므로 사생활의 자유·비밀을 침해하지 않는다(헌재 2008.05.29. 2005헌마137).

03 사생활의 비밀과 자유에 대한 설명으로 옳은 것은? (다툼이 있는 경우 판례에 의함) 2015 국가직 7급

① 범죄의 경중·재범의 위험성 여부를 불문하고 모든 신상정보 등록대상자의 등록정보를 20년 동안 보존·관리하도록 한 「성폭력범죄의 처벌 등에 관한 특례법」 관련 규정은 신상정보 등록대상자의 개인정보자기결정권을 침해한다.

② 질병은 병역처분에 있어서 고려되는 본질적 요소이므로 4급 이상 공무원들의 병역 면제사유인 질병명을 관보와 인터넷을 통해 공개하도록 하는 것은 해당 공무원들의 사생활의 비밀과 자유를 침해하지 않는다.

③ 구 「특정 범죄자에 대한 위치추적 전자장치 부착 등에 관한 법률」에 의하여 성폭력범죄를 2회 이상 범하여 습벽이 인정되고 재범의 위험성이 있는 자에게 검사의 청구에 따라 법원이 10년의 범위 내에서 위치추적 전자장치를 부착할 수 있도록 하는 것은 피부착자의 사생활의 비밀과 자유 및 개인정보자기결정권을 침해한다.

④ 아동·청소년 대상 성범죄자에 대하여 신상정보 등록 후 1년 마다 새로 촬영한 사진을 관할경찰관서에 제출하도록 하고 이에 위반하는 경우 형벌로 제재를 가하는 것은 기본권의 최소침해성 원칙에 반한다.

지문분석 **난이도** □■■ 중 | **정답** ① | **키워드** 사생활의 비밀과 자유 | **출제유형** 판례

① 【O】 신상정보 등록대상자의 등록정보를 20년 동안 보존·관리하는 것은 정당한 목적을 위한 적합한 수단이기는 하나, 법익의 균형성이 인정되지 않아서 개인정보자기결정권을 침해하는 것으로 헌법에 합치되지 않는다(헌재 2015.07.30. 2014헌마340).

② 【X】 공적 관심의 정도가 약한 4급 이상의 공무원들까지 대상으로 삼아 모든 질병명을 아무런 예외 없이 공개토록 한 것은 입법목적 실현에 치중한 나머지 사생활 보호의 헌법적 요청을 현저히 무시한 것이고, 이로 인하여 청구인들을 비롯한 해당 공무원들의 헌법 제17조가 보장하는 기본권인 사생활의 비밀과 자유를 침해하는 것이다(헌재 2007.05.31. 2005헌마1139).

③ 【X】 성폭력범죄를 2회 이상 범하여 습벽이 인정되고 재범의 위험성이 있는 자에게 검사의 청구에 따라 법원이 10년의 범위 내에서 위치추적 전자장치를 부착할 수 있도록 한 것은 피부착자의 사생활의 비밀과 자유 및 개인정보자기결정권을 침해하지 않는다(헌재 2012.12.27. 2010헌바187).

④ 【X】 아동·청소년대상 성범죄자에 대하여 신상정보 등록 후 1년마다 새로 촬영한 사진을 관할경찰관서의 장에게 제출하도록 규정한 것과 사진제출의무 위반에 대하여 형사처벌을 하도록 규정한 것은 적합한 수단이며, 침해의 최소성 원칙에 위반되지 않으며, 청구인의 기본권 제한보다 아동·청소년의 성보호가 매우 중요한 공익이기 때문에 일반적 행동의 자유를 침해한다고 볼 수 없다(헌재 2015.07.30. 2014헌바257).

04 사생활의 비밀과 자유에 관한 설명 중 가장 적절하지 <u>않은</u> 것은? (다툼이 있는 경우 판례에 의함)

2016 경찰 승진

① 교도소장이 수용자가 없는 상태에서 실시한 거실 및 작업장의 검사행위가 과잉금지원칙에 위배하여 수용자의 사생활의 비밀 및 자유를 침해한다고 할 수 없다.

② 아동·청소년 대상 성범죄자에 대하여 신상정보 등록 후 1년마다 새로 촬영한 사진을 관할경찰서에 제출하도록 하고 이에 위반하는 경우 형벌로 제재를 가하는 것은 기본권의 최소침해성 원칙에 반한다.

③ 개인정보자기결정권이란 자신에 관한 정보의 공개와 유통을 스스로 결정하고 통제할 수 있는 권리를 말하며, 이때'자신에 관한 정보'는 그 자체가 꼭 비밀성이 있는 정보일 필요는 없다.

④ 범죄의 경중·재범의 위험성 여부를 불문하고 모든 신상정보 등록대상자의 등록정보를 20년 동안 보존·관리하도록 한 「성폭력범죄의 처벌 등에 관한 특례법」 관련 규정은 신상정보 등록대상자의 개인정보자기결정권을 침해한다.

지문분석 **난이도** □■■ 중 | **정답** ② | **키워드** 사생활의 비밀과 자유 | **출제유형** 판례

① 【O】 교도소장이 수용자가 없는 상태에서 실시한 거실 및 작업장 교도소의 안전과 질서를 유지하고, 수형자의 교화・개선에 지장을 초래할 수 있는 물품을 차단하기 위한 것으로서 그 목적이 정당하고, 수단도 적절하며, 검사의 실효성을 확보하기 위한 최소한의 조치로 보이고, 달리 덜 제한적인 대체수단을 찾기 어려운 점 등에 비추어 보면 이 사건 검사행위가 과잉금지원칙에 위배하여 사생활의 비밀 및 자유를 침해하였다고 할 수 없다(헌재 2011.10.25. 2009헌마691).

② 【X】 아동・청소년대상 성범죄자의 신상정보를 등록하게 하고, 그 중 사진의 경우에는 1년마다 새로 촬영하여 제출하게 하고 이를 보존하는 것은 신상정보 등록대상자의 재범을 억제하고, 재범한 경우에는 범인을 신속하게 검거하기 위한 것이므로 그 입법목적이 정당하고, 사진이 징표하는 신상정보인 외모는 쉽게 변하고, 그 변경 유무를 객관적으로 판단하기 어려우므로 1년마다 사진제출의무를 부과하는 것은 그러한 입법목적 달성을 위한 적합한 수단이다. 외모라는 신상정보의 특성에 비추어 보면 변경되는 정보의 보관을 위하여 정기적으로 사진을 제출하게 하는 방법 외에는 다른 대체수단을 찾기 어렵고, 등록의무자에게 매년 새로 촬영된 사진을 제출하게 하는 것이 그리 큰 부담은 아닐 뿐만 아니라, 의무위반 시 제재방법은 입법자에게 재량이 있으며 형벌 부과는 입법재량의 범위 내에 있고 또한 명백히 잘못 되었다고 할 수는 없으며, 법정형 또한 비교적 경미하므로 침해의 최소성원칙 및 법익균형성원칙에도 위배되지 아니한다(헌재 2015.07.30. 2014헌바257).

③ 【O】 개인정보자기결정권은 자신에 관한 정보가 언제 누구에게 어느 범위까지 알려지고 또 이용되도록 할 것인지를 그 정보주체가 스스로 결정할 수 있는 권리이다. 즉 정보주체가 개인정보의 공개와 이용에 관하여 스스로 결정할 권리를 말한다. 개인정보자기결정권의 보호대상이 되는 개인정보는 개인의 신체, 신념, 사회적 지위, 신분 등과 같이 개인의 인격주체성을 특징짓는 사항으로서 그 개인의 동일성을 식별할 수 있게 하는 일체의 정보라고 할 수 있고, 반드시 개인의 내밀한 영역이나 사사(私事)의 영역에 속하는 정보에 국한되지 않고 공적 생활에서 형성되었거나 이미 공개된 개인정보까지 포함한다(헌재 2005.07.21. 2003헌마282).

④ 【O】 성범죄의 재범을 억제하고 수사의 효율성을 제고하기 위하여, 법무부장관이 등록대상자의 재범 위험성이 상존하는 20년 동안 그의 신상정보를 보존・관리하는 것은 정당한 목적을 위한 적합한 수단이다. 그런데 재범의 위험성은 등록대상 성범죄의 종류, 등록대상자의 특성에 따라 다르게 나타날 수 있고, 입법자는 이에 따라 등록기간을 차등화함으로써 등록대상자의 개인정보자기결정권에 대한 제한을 최소화하는 것이 바람직함에도, 이 사건 관리조항은 모든 등록대상 성범죄자에 대하여 일률적으로 20년의 등록기간을 적용하고 있으며, 이 사건 관리조항에 따라 등록기간이 정해지고 나면, 등록의무를 면하거나 등록기간을 단축하기 위해 심사를 받을 수 있는 여지도 없으므로 지나치게 가혹하다. 그리고 이 사건 관리조항이 추구하는 공익이 중요하더라도, 모든 등록대상자에게 20년 동안 신상정보를 등록하게 하고 위 기간 동안 각종 의무를 부과하는 것은 비교적 경미한 등록대상 성범죄를 저지르고 재범의 위험성도 많지 않은 자들에 대해서는 달성되는 공익과 침해되는 사익 사이의 불균형이 발생할 수 있으므로 이 사건 관리조항은 개인정보자기결정권을 침해한다(헌재 2015.07.30. 2014헌마340).

PART・02

05 사생활의 비밀과 자유에 관한 설명으로 가장 적절한 것은? (다툼이 있는 경우 헌법재판소 판례에 의함)

2024 경찰 2차

① 어린이집에 폐쇄회로 텔레비전(CCTV)을 원칙적으로 설치하도록 정한 「영유아보호법」 조항은 보호자 전원이 반대하지 않는 한 어린이집에 의무적으로 CCTV를 설치하도록 정하고 있으므로 어린이집 보육교사(원장 포함) 및 영유아의 사생활의 비밀과 자유를 침해한다.

② 대체복무요원 생활관 내부의 공용공간에 CCTV를 설치하여 촬영하는 행위는 군부대와 달리 대체복무요원들의 모든 사적 활동의 동선을 촬영하여, 개인의 행동과 심리에 심각한 제약을 느끼게 하므로 대체복무요원들의 사생활의 비밀과 자유를 침해한다.

③ 교도소장이 수형자의 정신과진료 현장과 정신과 화상진료 현장에 각각 간호직 교도관을 입회시킨 것은, 수형자에게 사생활 노출 염려로 솔직한 증세를 의사에게 전달하지 못하게 함으로써 해당 수형자의 사생활의 비밀과 자유를 침해한다.

④ 헌법 제17조가 보호하고자 하는 기본권은 '사생활영역'의 자유로운 형성과 비밀유지라고 할 것이며, 공적인 영역의 활동은 다른 기본권에 의한 보호는 별론으로 하고 사생활의 비밀과 자유가 보호하는 것은 아니라고 할 것이다.

지문분석 **난이도** □■■ **중** | **정답** ④ | **키워드** 사생활의 비밀과 자유 | **출제유형** 판례

① 【X】 어린이집 CCTV 설치는 어린이집에서 발생하는 안전사고와 보육교사 등에 의한 아동학대를 방지하기 위한 것으로, 그 자체로 어린이집 운영자나 보육교사 등으로 하여금 사전에 영유아 안전사고 방지에 만전을 기하고 아동학대행위를 저지르지 못하도록 하는 효과가 있고, 어린이집 내 안전사고나 아동학대 발생 여부의 확인이 필요한 경우 도움이 될 수 있으므로, CCTV 설치 조항은 목적의 정당성과 수단의 적합성이 인정된다. 그러므로 CCTV 설치 조항은 과잉금지원칙을 위반하여 청구인들의 기본권을 침해하지 않는다(헌재 2017.12.28. 2015헌마994).

② 【X】 CCTV 촬영행위는 교정시설의 계호, 경비, 보안, 안전, 관리 등을 위한 목적에서 행해지는 것이다. CCTV 촬영행위는 대체복무 생활관에서 합숙하는 청구인들의 안전한 생활을 보호해주는 측면도 있다. 청구인들의 생활관 내부에 설치된 CCTV들은 외부인의 허가 없는 출입이나 이동, 시설의 안전, 화재, 사고 등을 확인할 수 있는 위치들에 설치되어 있고, 개별적인 생활공간에는 CCTV가 설치되어 있지 않다. 따라서 CCTV 촬영행위는 과잉금지원칙을 위반하여 청구인들의 사생활의 비밀과 자유를 침해하지 아니한다(헌재 2024.05.30. 2022헌마707 등).

③ 【X】 이 사건 동행계호행위는 교정사고를 예방하고 수용자 및 진료 담당 의사의 신체 등을 보호하기 위한 것이다. 청구인이 상습적으로 교정질서 문란행위를 저지른 전력이 있는 점, 정신질환의 증상으로 자해 또는 타해 행동이 나타날 우려가 있는 점, 교정시설은 수형자의 교정교화와 건전한 사회복귀를 도모하기 위한 시설로서 정신질환자의 치료 중심 수용 환경 조성에는 한계가 있는 점 등을 고려하면 이 사건 동행계호행위는 과잉금지원칙에 반하여 청구인의 사생활의 비밀과 자유를 침해하지 않는다(헌재 2024.01.25. 2020헌마1725).

④ 【O】 헌법 제17조가 보호하고자 하는 기본권은 '사생활영역'의 자유로운 형성과 비밀유지라고 할 것이며, 공적인 영역의 활동은 다른 기본권에 의한 보호는 별론으로 하고 사생활의 비밀과 자유가 보호하는 것은 아니라고 할 것이다(헌재 2003.10.30. 2002헌마518).

06 **사생활의 비밀과 자유에 대한 설명으로 옳지 않은 것은?** (다툼이 있는 경우 판례에 의함) 2017 서울시 7급

① 미결수용자와 변호인 아닌 자와의 접견 시 그 대화내용을 녹음 · 녹화할 수 있도록 한 것은 미결수용자의 사생활의 비밀과 자유를 침해한다.

② 금융감독원의 4급 이상 직원에 대하여 「공직자윤리법」 상 재산등록의무를 부과하는 것은 금융감독원의 4급 이상 직원의 사생활의 비밀의 자유를 침해하지 않는다.

③ 구치소장이 수용자의 거실에 폐쇄회로 텔레비전을 설치하여 계호한 행위는 수용자의 사생활의 비밀 및 자유를 침해하지 않는다.

④ 4급 이상 공무원들의 병역 면제사유인 질병명을 관보와 인터넷을 통해 공개하도록 하는 것은 해당 공무원들의 사생활의 비밀과 자유를 침해한다.

지문분석 **난이도** □□■ **하** | **정답** ① | **키워드** 사생활의 비밀과 자유 | **출제유형** 판례

① 【X】 미결수용자와 변호인 아닌 자와의 접견 시 그 대화내용을 녹음 · 녹화할 수 있도록 한 것은 사생활의 비밀과 자유 및 통신의 비밀을 침해하지 아니한다(헌재 2016.11.24. 2014헌바401).

② 【O】 금융감독원의 4급 이상 직원에 대하여 「공직자윤리법」상 재산등록의무를 부과하는 것은 사생활의 비밀과 자유를 침해하지 아니한다(헌재 2014.06.26. 2012헌마331).

③ 【O】 구치소장이 수용자의 거실에 폐쇄회로 텔레비전을 설치하여 계호한 행위는 과잉금지원칙을 위배하여 사생활의 비밀 및 자유를 침해하였다고는 볼 수 없다(헌재 2011.09.29. 2010헌마413).

④ 【O】 공적 관심의 정도가 약한 4급 이상의 공무원들까지 대상으로 삼아 모든 질병명을 아무런 예외 없이 공개토록 한 것은 입법목적 실현에 치중한 나머지 사생활 보호의 헌법적 요청을 현저히 무시한 것이고, 이로 인하여 청구인들을 비롯한 해당 공무원들의 헌법 제17조가 보장하는 기본권인 사생활의 비밀과 자유를 침해하는 것이다(헌재 2007.05.31. 2005헌마1139).

07 **사생활의 자유에 대한 설명으로 옳지 않은 것은?** (다툼이 있는 경우 헌법재판소의 판례에 의함)

2017 국회직 8급

① 교정시설의 장이 수용자가 범죄의 증거를 인멸하거나 형사 법령에 저촉되는 행위를 할 우려가 있는 때에 교도관으로 하여금 수용자의 접견내용을 청취 · 기록 · 녹음 또는 녹화하게 하는 것은 미결수용자의 사생활을 침해한다.

② 형제자매에게 가족관계등록부 등의 기록사항에 관한 증명서 교부청구권을 부여하는 「가족관계의 등록 등에 관한 법률」 조항은 해당 본인의 개인정보자기결정권을 침해한다.

③ 정보통신망을 통해 청소년유해매체물을 제공하는 자에게 이용자의 본인확인 의무를 부과하고 있는 「청소년 보호법」 조항은 관계자의 개인정보자기결정권을 침해하지 않는다.

④ 독거실 내 CCTV를 설치하여 수형자를 상시적으로 관찰한 것은 사생활의 비밀 및 자유를 침해하였다고는 볼 수 없다.

⑤ 성적목적공공장소침입죄로 형을 선고받아 확정된 자는 신상정보 등록대상자가 된다고 규정한 「성폭력범죄의 처벌 등에 관한 특례법」 조항은 해당 성범죄자의 개인정보자기결정권을 침해하지 않는다.

지문분석 **난이도** □■■ **중** | **정답** ① | **키워드** 사생활의 자유 | **출제유형** 판례

① 【X】 교정시설의 장이 수용자가 범죄의 증거를 인멸하거나 형사 법령에 저촉되는 행위를 할 우려가 있는 때에 교도관으로 하여금 수용자의 접견내용을 청취·기록·녹음 또는 녹화하게 하는 것은 과잉금지원칙에 위배되어 사생활의 비밀과 자유 및 통신의 비밀을 침해하지 아니한다(헌재 2016.11.24. 2014헌바401).
② 【O】 헌재 2016.06.30. 2015헌마924
③ 【O】 헌재 2015.03.26. 2013헌마354
④ 【O】 헌재 2011.09.29. 2010헌마413
⑤ 【O】 헌재 2016.10.27. 2014헌마709

08 **사생활의 보호를 위한 기본권에 대한 설명으로 옳지 않은 것은?** (다툼이 있는 경우 판례에 의함)
2017 국가직 7급

① 통신의 자유를 기본권으로서 보장하는 것은 사적 영역에 속하는 개인 간의 의사소통을 사생활의 일부로서 보장하겠다는 취지에서 비롯된 것이다.
② 사생활의 비밀은 국가가 사생활영역을 들여다보는 것에 대한 보호를 제공하는 기본권이며, 사생활의 자유는 국가가 사생활의 자유로운 형성을 방해하거나 금지하는 것에 대한 보호를 의미한다.
③ 구치소장이 미결수용자와 그 배우자 사이의 접견내용을 녹음한 행위는 과잉금지원칙에 위반하여 미결수용자의 사생활의 비밀과 자유를 침해한다.
④ 공직자의 자질·도덕성·청렴성에 관한 사실은 그 내용이 개인적인 사생활에 관한 것이라 할지라도 순수한 사생활의 영역에 있다고 보기 어렵다.

지문분석 **난이도** □□■ **하** | **정답** ③ | **키워드** 사생활의 비밀 | **출제유형** 판례

③ 【X】 구치소장이 미결수용자와 그 배우자 사이의 접견내용을 녹음한 행위는 과잉금지원칙에 위반하여 청구인의 사생활의 비밀과 자유를 침해하였다고 볼 수 없다(헌재 2012.12.27. 2010헌마153).

09 **다음 중 사생활의 비밀과 자유 또는 개인정보자기결정권을 침해한 것은?** (다툼이 있는 경우 판례에 의함) 2020 경찰 승진

① A시장이 B경찰서장의 사실조회 요청에 따라 B경찰서장에게 청구인들의 이름, 생년월일, 전화번호, 주소를 제공한 행위
② 공직선거의 후보자등록 신청을 함에 있어 형의 실효여부와 관계없이 일률적으로 금고 이상의 형의 범죄경력을 제출 공개하도록 한 규정
③ 국민건강보험공단이 2013.12.20. C경찰서장에게 체포영장이 발부된 피의자의 '2010.12.18.부터 2013.12.18.'까지의 상병명, 요양기관명, 요양기관주소, 전화번호 등 요양급여내용을 제공한 행위
④ 통계청장이 인구주택총조사의 방문 면접조사를 실시하면서, 담당 조사원을 통해 청구인에게 인구주택총조사조사표의 조사 항목들에 응답할 것을 요구한 행위

지문분석 **난이도** □■■ **중** | **정답** ③ | **키워드** 사생활의 비밀과 자유 또는 개인정보자기결정권 | **출제유형** 판례

① 【X】 김포시장은 이 사건 정보제공조항에 따라 범죄의 수사를 위하여 필요한 경우 정보주체 또는 제3자의 이익을 부당하게 침해할 우려가 있을 때를 제외하고 개인정보를 수사기관에게 제공할 수 있다. 이름, 생년월일, 주소는 수사의 초기 단계에서 범죄의 피의자를 특정하기 위하여 필요한 가장 기초적인 정보이고, 전화번호는 피의자 등에게 연락을 하기 위하여 필요한 정보이다. 또한 활동지원급여가 제공된 시간을 확인하기 위해서 수급자에 대하여도 조사를 할 필요성을 인정할 수 있다. 이와 같은 점에 더하여, 활동보조인의 부정 수급 관련 범죄의 수사를 가능하게 함으로써 실체적 진실 발견과 국가형벌권의 적정한 행사에 기여하고자 하는 공익은 매우 중대한 것인 점을 고려하면, 이 사건 정보제공행위는 과잉금지원칙에 위배되어 청구인들의 개인정보자기결정권을 침해하였다고 볼 수 없다(헌재 2018.08.30. 2016헌마483).

② 【X】 후보자의 실효된 형까지 포함한 금고 이상의 형의 범죄경력을 공개함으로써 국민의 알권리를 충족하고 공정하고 정당한 선거권 행사를 보장하고자 하는 이 사건 법률조항의 입법목적은 정당하며, 이러한 입법목적을 달성하기 위하여는 선거권자가 후보자의 모든 범죄경력을 인지한 후 그 공직적합성을 판단하는 것이 효과적이다. 따라서 이 사건 법률조항은 청구인들의 사생활의 비밀과 자유를 침해한다고 볼 수 없다(헌재 2008.04.24. 2006헌마402 등).

③ 【O】 이 사건 정보제공행위에 의하여 제공된 청구인 김○환의 약 2년 동안의 총 44회 요양급여내역 및 청구인 박○만의 약 3년 동안의 총 38회 요양급여내역은 건강에 관한 정보로서 「개인정보 보호법」 제23조 제1항이 규정한 민감정보에 해당한다. 한편 급여일자와 요양기관명은 피의자의 현재 위치를 곧바로 파악할 수 있는 정보는 아니므로, 이 사건 정보제공행위로 얻을 수 있는 수사상의 이익은 없었거나 미약한 정도였다. 반면 서울용산경찰서장에게 제공된 요양기관명에는 전문의의 병원도 포함되어 있어 청구인들의 질병의 종류를 예측할 수 있는 점, 2년 내지 3년 동안의 요양급여정보는 청구인들의 건강상태에 대한 총체적인 정보를 구성할 수 있는 점 등에 비추어 볼 때, 이 사건 정보제공행위로 인한 청구인들의 개인정보자기결정권에 대한 침해는 매우 중대하다. 그렇다면 이 사건 정보제공행위는 이 사건 정보제공조항 등이 정한 요건을 충족한 것으로 볼 수 없고, 침해의 최소성 및 법익의 균형성에 위배되어 청구인들의 개인정보자기결정권을 침해하였다(헌재 2018.08. 30. 2014헌마368).

④ 【X】 심판대상행위는 방문 면접을 통해 행정자료로 파악하기 곤란한 항목들을 조사하여 그 결과를 사회 현안에 대한 심층 분석과 각종 정책수립, 통계작성의 기초자료 또는 사회·경제현상의 연구·분석 등에 활용하도록 하고자 한 것이므로 그 목적이 정당하고, 15일이라는 짧은 방문 면접조사 기간 등 현실적 여건을 감안하면 인근 주민을 조사원으로 채용하여 방문면접조사를 실시한 것은 목적을 달성하기 위한 적정한 수단이 된다. 따라서 심판대상행위가 과잉금지원칙을 위반하여 청구인의 개인정보자기결정권을 침해하였다고 볼 수 없다(헌재 2017.07.27. 2015헌마1094).

10 **사생활의 비밀과 자유 또는 개인정보자기결정권에 대한 설명으로 가장 적절하지 않은 것은?** (다툼이 있는 경우 판례에 의함) 2021 경찰 승진

① 징벌혐의의 조사를 받고 있는 수용자가 변호인 아닌 자와 접견할 당시 교도관이 참여하여 대화내용을 기록하게 한 행위는 수용자의 사생활의 비밀과 자유를 침해한다.

② 교도소장이 교도소 수용자가 없는 상태에서 실시한 거실 및 작업장 검사행위는 수용자의 사생활의 비밀과 자유를 침해하지 않는다.

③ 형제자매에게 가족관계등록부 등의 기록사항에 관한 증명서 교부청구권을 부여하는 「가족관계의 등록 등에 관한 법률」 조항은 개인정보자기결정권을 침해한다.

④ 통계청장이 인구주택총조사의 방문 면접조사를 실시하면서, 담당 조사원을 통해 청구인에게 인구주택총조사 조사표의 조사항목들에 응답할 것을 요구한 행위는 개인정보자기결정권을 침해하지 않는다.

지문분석 **난이도** □■■ **중** | **정답** ① | **키워드** 사생활의 비밀과 자유 또는 개인정보자기결정권 | **출제유형** 판례

① 【X】 청구인이 나눈 접견내용에 대한 사생활의 비밀로서의 보호가치에 비해 증거인멸의 위험을 방지하고 교정시설 내의 안전과 질서유지에 기여하려는 공익이 크고 중요하다는 점에 비추어 볼 때, 이 사건 접견참여 · 기록이 청구인의 사생활의 비밀과 자유를 침해하였다고 볼 수 없다(헌재 2014.09.25. 2012헌마523).

② 【O】 이 사건 검사행위는 교도소의 안전과 질서를 유지하고, 수형자의 교화 · 개선에 지장을 초래할 수 있는 물품을 차단하기 위한 것으로서 그 목적이 정당하고, 수단도 적절하며, 검사의 실효성을 확보하기 위한 최소한의 조치로 보이고, 달리 덜 제한적인 대체수단을 찾기 어려운 점 등에 비추어 보면 이 사건 검사행위가 과잉금지원칙에 위배하여 사생활의 비밀 및 자유를 침해하였다고 할 수 없다(헌재 2011.10.25. 2009헌마691).

③ 【O】 이 사건 법률조항을 통해 달성하려는 것은 본인과 형제자매의 편익 증진인바, 이러한 공익의 중요성은 그다지 크다고 볼 수 없고, 이를 통해 달성되는 공익 실현의 효과 또한 크지 않다. 반면, 이 사건 법률조항으로 말미암아 형제자매가 각종 증명서를 발급받을 수 있도록 함으로써 초래되는 기본권 침해는 중대하다고 볼 수 있으므로 이 사건 법률조항에 대해서는 법익의 균형성을 인정하기 어렵다. 따라서 이 사건 법률조항은 과잉금지원칙을 위반하여 청구인의 개인정보자기결정권을 침해한다(헌재 2016.06.30. 2015헌마924).

④ 【O】 심판대상행위는 방문 면접을 통해 행정자료로 파악하기 곤란한 항목들을 조사하여 그 결과를 사회 현안에 대한 심층분석과 각종 정책수립, 통계작성의 기초자료 또는 사회 · 경제현상의 연구 · 분석 등에 활용하도록 하고자 한 것이므로 그 목적이 정당하고, 15일이라는 짧은 방문 면접조사 기간 등 현실적 여건을 감안하면 인근 주민을 조사원으로 채용하여 방문면접 조사를 실시한 것은 목적을 달성하기 위한 적정한 수단이 된다. 따라서 심판대상행위가 과잉금지원칙을 위반하여 청구인의 개인정보자기결정권을 침해하였다고 볼 수 없다(헌재 2017.07.27. 2015헌마1094).

11 **개인정보자기결정권에 관한 설명으로 옳지 <u>않은</u> 것은?** (다툼이 있는 경우 헌법재판소 판례에 의함)

2023 소방 간부

① 정보주체의 배우자나 직계혈족이 정보주체의 위임 없이도 정보주체의 가족관계 상세증명서의 교부 청구를 할 수 있도록 하는 「가족관계의 등록 등에 관한 법률」의 해당 조항은 개인정보자기결정권을 침해하지 않는다.

② 거짓이나 그 밖의 부정한 방법으로 보조금을 교부받거나 보조금을 유용하여 어린이집 운영정지, 폐쇄명령 또는 과징금 처분을 받은 어린이집에 대하여 그 위반사실을 공표하도록 한 구 「영유아보육법」 해당 규정은 과잉금지원칙을 위반하여 개인정보자기결정권을 침해하지 않는다.

③ 보안관찰처분대상자가 교도소 등에서 출소한 후 7일 이내에 출소사실을 신고하도록 정한 구 「보안관찰법」 해당 규정 전문 중 출소 후 신고의무에 관한 부분은 개인정보자기결정권을 침해하지 않는다.

④ 소년에 대한 수사경력자료의 삭제와 보존기간에 대하여 규정하면서 법원에서 불처분결정된 소년부송치 사건에 대하여 규정하지 않은 구 「형의 실효 등에 관한 법률」 해당 조항은 개인정보자기결정권을 침해하지 않는다.

⑤ 대통령의 지시로 문화체육관광부장관이 야당 소속 후보를 지지하였거나 정부에 비판적 활동을 한 문화예술인이나 단체를 정부의 문화예술 지원사업에서 배제할 목적으로 개인의 정치적 견해에 관한 정보를 수집 · 보유 · 이용한 행위는 개인정보자기결정권을 침해한다.

지문분석 **난이도** ■■■ **상** | **정답** ④ | **키워드** 개인정보자기결정권 | **출제유형** 판례

① 【O】 심판대상조항은 정보주체의 배우자나 직계혈족이 스스로의 정당한 법적 이익을 지키기 위하여 정보주체 본인의 위임 없이도 가족관계 상세증명서를 간편하게 발급받을 수 있게 해 주는 것이므로, 상세증명서 추가 기재 자녀의 입장에서 보아도 자신의 개인정보가 공개되는 것을 중대한 불이익이라고 평가하기는 어렵다. 나아가 가족관계 관련 법령은 가족관계증명서 발급 청구에 관한 부당한 목적을 파악하기 위하여 '청구사유기재'라는 나름의 소명절차를 규정하는 점 등을 아울러 고려하면 심판대상조항은 그 입법목적과 그로 인해 제한되는 개인정보자기결정권 사이에 적절한 균형을 달성한 것으로 평가할 수 있다. 심판대상조항은 과잉금지원칙에 위배되어 청구인의 개인정보자기결정권을 침해하지 아니한다(헌재 2022.11.24. 2021헌마130).

② 【O】 어린이집의 투명한 운영을 담보하고 영유아 보호자의 보육기관 선택권을 실질적으로 보장하기 위해서는 보조금을 부정수급하거나 유용한 어린이집의 명단 등을 공표하여야 할 필요성이 있으며, 심판대상조항은 공표대상이나 공표정보, 공표기간 등을 제한적으로 규정하고 공표 전에 의견진술의 기회를 부여하여 공표대상자의 절차적 권리도 보장하고 있다. 나아가 심판대상조항을 통하여 추구하는 영유아의 건강한 성장 도모 및 영유아 보호자들의 보육기관 선택권 보장이라는 공익이 공표대상자의 법 위반사실이 일정기간 외부에 공표되는 불이익보다 크다. 따라서 심판대상조항은 과잉금지원칙을 위반하여 인격권 및 개인정보자기결정권을 침해하지 아니한다(헌재 2022.03.31. 2019헌바520).

③ 【O】 대상자에게 출소 후 7일 이내에 거주예정지 관할경찰서장에 대하여 출소사실을 신고하여야 한다는 의무를 부과하고 위반 시 이를 처벌하도록 규정한 법 제6조 제1항 전문 중 후단 부분 및 제27조 제2항 부분은, 우리 헌법이 보안처분을 수용하여 이에 관한 규정을 두고 있고, 법이 대상자의 재범의 위험성을 예방하고 건전한 사회복귀를 촉진하기 위해 보안관찰처분에 대해 규정하고 있는 점 등에 비추어 그 입법목적의 정당성이 인정된다. 따라서 출소 후 신고조항 및 위반 시 처벌조항은 과잉금지원칙을 위반하여 청구인의 사생활의 비밀과 자유 및 개인정보자기결정권을 침해하지 아니한다(헌재 2021.06.24. 2017헌바479). 다만 동 결정례에서는 변동신고조항 및 이를 위반할 경우 처벌하도록 정한 「보안관찰법」 제27조 제2항 중 제6조 제2항 전문에 관한 부분(이하 변동신고조항과 합하여 '변동신고조항 및 위반 시 처벌조항'이라 한다)이 과잉금지원칙을 위반하여 청구인의 사생활의 비밀과 자유 및 개인정보자기결정권을 침해한다고 판단하였다.

④ 【X】 이 사건 구법 조항이 법원에서 불처분결정된 소년부송치 사건에 대한 수사경력자료의 삭제 및 보존기간에 대하여 규정하지 아니하여 수사경력자료에 기록된 개인정보가 당사자의 사망 시까지 보존되면서 이용되는 것은 당사자의 개인정보자기결정권에 대한 제한에 해당하는바, 이 사건 구법 조항이 과잉금지원칙을 위반하여 개인정보자기결정권을 침해하는지 여부가 문제된다. 따라서 법원에서 불처분결정된 소년부송치 사건에 대한 수사경력자료의 보존기간과 삭제에 대한 규정을 두지 않은 이 사건 구법 조항은 과잉금지원칙을 위반하여 소년부송치 후 불처분결정을 받은 자의 개인정보자기결정권을 침해한다(헌재 2021.06.24. 2018헌가2).

⑤ 【O】 이 사건 정보수집 등 행위의 대상인 정치적 견해에 관한 정보는 공개된 정보라 하더라도 개인의 인격주체성을 특징짓는 것으로, 개인정보자기결정권의 보호 범위 내에 속하며, 국가가 개인의 정치적 견해에 관한 정보를 수집·보유·이용하는 등의 행위는 개인정보자기결정권에 대한 중대한 제한이 되므로 이를 위해서는 법령상의 명확한 근거가 필요함에도 그러한 법령상 근거가 존재하지 않으므로 이 사건 정보수집 등 행위는 법률유보원칙을 위반하여 청구인들의 개인정보자기결정권을 침해한다(헌재 2020.12.23. 2017헌마416).

12 개인정보자기결정권에 대한 설명으로 가장 적절하지 않은 것은? (다툼이 있는 경우 판례에 의함)

2017 경찰 승진

① 헌법재판소는 개인정보자기결정권을 헌법상의 기본권으로 인정하며, 그 헌법적 근거는 독자적인 기본권으로서 헌법상 명시되지 않은 기본권에 해당한다고 본다.

② 주민등록번호 변경에 관한 규정을 두지 않는 「주민등록법」 관련 조항은 주민등록번호 불법 유출 등을 원인으로 자신의 주민등록번호를 변경하고자 하는 사람들의 개인정보자기결정권을 침해하고 있다.

③ 개인정보자기결정권은 인간의 존엄과 가치, 행복추구권을 규정한 헌법 제10조 제1문의 일반적 인격권 및 헌법 제17조의 사생활의 비밀과 자유에 의하여 도출되고 보장된다.

④ 개인정보자기결정권의 보호대상이 되는 개인정보에는 이미 공개된 개인정보는 포함되지 않는다.

지문분석 **난이도** □■■ 중 | **정답** ④ | **키워드** 개인정보자기결정권 | **출제유형** 판례

① 【O】, ③ 【O】 개인정보자기결정권의 헌법상 근거로는 헌법 제17조의 사생활의 비밀과 자유, 헌법 제10조 제1문의 인간의 존엄과 가치 및 행복추구권에 근거를 둔 일반적 인격권 또는 위 조문들과 동시에 우리 헌법의 자유민주적 기본질서 규정 또는 국민주권원리와 민주주의원리 등을 고려할 수 있으나, 개인정보자기결정권으로 보호하려는 내용을 위 각 기본권들 및 헌법원리들 중 일부에 완전히 포섭시키는 것은 불가능하다고 할 것이므로, 그 헌법적 근거를 굳이 어느 한 두개에 국한시키는 것은 바람직하지 않은 것으로 보이고, 오히려 개인정보자기결정권은 이들을 이념적 기초로 하는 독자적 기본권으로서 헌법에 명시되지 아니한 기본권이라고 보아야 할 것이다(헌재 2005.05.26. 99헌마513).

② 【O】 주민등록번호 변경에 관한 규정을 두고 있지 않은 심판대상조항은 과잉금지원칙에 위배되어 개인정보자기결정권을 침해한다(헌재 2015.12.23. 2013헌바68).

④ 【X】 개인정보자기결정권의 보호대상이 되는 개인정보는 개인의 신체, 신념, 사회적 지위, 신분 등과 같이 개인의 인격주체성을 특징짓는 사항으로서 그 개인의 동일성을 식별할 수 있게 하는 일체의 정보라고 할 수 있고, 반드시 개인의 내밀한 영역이나 사사(私事)의 영역에 속하는 정보에 국한되지 않고 공적 생활에서 형성되었거나 이미 공개된 개인정보까지 포함한다(헌재 2005.05.26. 99헌마513).

13 개인정보자기결정권에 대한 설명으로 옳은 것을 모두 고른 것은? (다툼이 있는 경우 판례에 의함)

2018 경찰 승진

> ㉠ 학교생활세부사항기록부의 '행동특성 및 종합의견'에 「학교폭력예방법」 제17조에 규정된 가해학생에 대한 조치사항을 입력하고, 이러한 내용을 학생의 졸업과 동시에 삭제하도록 규정한 학교생활기록 작성 및 관리지침이 법률유보원칙에 반하여 개인정보자기결정권을 침해하는 것이라 할 수 없다.
> ㉡ 형제자매에게 가족관계등록부 등의 기록사항에 관한 증명서 교부청구권을 부여하는 「가족관계의 등록 등에 관한 법률」 조항은 개인정보자기결정권을 침해하지 않는다.
> ㉢ 국민기초생활보장법 상의 급여신청자에게 금융거래정보의 제출을 요구할 수 있도록 한 동법 시행규칙은 급여신청자의 개인정보자기결정권을 침해한다.
> ㉣ 게임물 관련사업자에게 게임물 이용자의 회원가입 시 본인인증을 할 수 있는 절차를 마련하도록 하고, 청소년의 회원가입 시 법정대리인의 동의를 확보하도록 하고 있는 「게임산업진흥에 관한 법률」 조항은 개인정보자기결정권을 제한한다.

① ㉠, ㉡
② ㉡, ㉢
③ ㉠, ㉣
④ ㉠, ㉡, ㉢, ㉣

지문분석 **난이도** ■■■ 상 | **정답** ③ | **키워드** 개인정보자기결정권 | **출제유형** 판례

㉠ 【O】 학교생활세부사항기록부의 '행동특성 및 종합의견'에 「학교폭력예방법」 제17조에 규정된 가해학생에 대한 조치사항을 입력하고 이를 졸업할 때까지 보존하도록 규정하고 있는 것은, 「초·중등교육법」 제25조 제1항이 교육부령에 위임하고 동법 시행규칙 제23조 및 제24조가 교육부장관에게 재위임한 '학교생활기록의 작성과 관리에 관한 사항'에 해당한다. 따라서 이 사건 기재조항 및 보존조항은 법률유보원칙에 위배되어 청구인의 개인정보자기결정권을 침해하지 않는다(헌재 2016.04.28. 2012헌마630).

㉡ 【X】 형제자매에게 가족관계등록부 등의 기록사항에 관한 증명서 교부청구권을 부여하는 「가족관계의 등록 등에 관한 법률」 조항은 과잉금지원칙을 위반하여 개인정보자기결정권을 침해한다(헌재 2016.06.30. 2015헌마924).

㉢ 【X】 국민기초생활보장법상의 급여신청자에게 금융거래정보의 제출을 요구할 수 있도록 한 동법 시행규칙은 개인정보자기결정권을 침해하지 아니한다(헌재 2005.11.24. 2005헌마112).

㉣ 【O】 게임물 관련사업자에게 게임물 이용자의 회원가입 시 본인인증을 할 수 있는 절차를 마련하도록 하고, 청소년의 회원가입 시 법정대리인의 동의를 확보하도록 하고 있는 게임산업진흥에 관한 법률의 본인인증 및 동의확보 조항은 인터넷게임 이용자가 자기의 개인정보에 대한 제공, 이용 및 보관에 관하여 스스로 결정할 권리인 개인정보자기결정권을 제한한다(헌재 2015.03.26. 2013헌마517).

14 개인정보자기결정권에 대한 설명으로 가장 적절하지 않은 것은? (다툼이 있는 경우 헌법재판소 판례에 의함) 2019 경찰 승진

① 형제자매에게 가족관계등록부 등의 기록사항에 관한 증명서 교부청구권을 부여하는 「가족관계의 등록 등에 관한 법률」 조항은 과잉금지원칙을 위반하여 청구인의 개인정보자기결정권을 침해한다.

② 국민건강보험공단이 서울용산경찰서장에게 청구인들의 요양급여내역을 제공한 행위는 검거 목적에 필요한 최소한의 정보에 해당하는 '급여일자와 요양기관명'만을 제공하였기 때문에, 과잉금지원칙에 위배되지 않아 청구인들의 개인정보자기결정권을 침해하지 않는다.

③ 가축전염병의 발생 예방 및 확산 방지를 위해 축산관계시설 출입차량에 차량무선인식장치를 설치하여 이동경로를 파악할 수 있도록 한 구 「가축전염병예방법」 조항은 축산관계시설에 출입하는 청구인들의 개인정보자기결정권을 침해하지 않는다.

④ 이 사건 법률 시행 당시 디엔에이감식시료 채취 대상범죄로 이미 징역이나 금고 이상의 실형을 선고받아 그 형이 확정되어 수용 중인 사람에게 디엔에이감식시료 채취 및 디엔에이확인정보의 수집·이용에 있어서 디엔에이신원확인 정보의 이용 및 보호에 관한 법률을 적용할 수 있도록 규정한 동 법률 부칙 조항은 개인정보자기결정권을 과도하게 침해하지 않는다.

지문분석 **난이도** ■■■ **상** | **정답** ② | **키워드** 개인정보자기결정권 | **출제유형** 판례

① **[O]** 이 사건 법률조항을 통해 달성하려는 것은 본인과 형제자매의 편익 증진인바, 이러한 공익의 중요성은 그다지 크다고 볼 수 없고, 이를 통해 달성되는 공익 실현의 효과 또한 크지 않다. 반면, 이 사건 법률조항으로 말미암아 형제자매가 각종 증명서를 발급받을 수 있도록 함으로써 초래되는 기본권 침해는 중대하다고 볼 수 있으므로 이 사건 법률조항에 대해서는 법익의 균형성을 인정하기 어렵다. 따라서 이 사건 법률조항은 과잉금지원칙을 위반하여 청구인의 개인정보자기결정권을 침해한다(헌재 2016.06.30. 2015헌마924).

② **[X]** 서울용산경찰서장은 청구인들을 검거하기 위하여 청구인들의 요양급여정보를 제공받는 것이 불가피한 상황이 아니었음에도 불구하고 이 사건 정보제공요청을 하였고, 국민건강보험공단은 이 사건 정보제공조항 등이 정한 요건에 해당하는지 여부에 대하여 실질적으로 판단하지 아니한 채 민감정보에 해당하는 청구인들의 요양급여정보를 제공한 것이므로, 이 사건 정보제공행위는 '청구인들의 민감정보를 제공받는 것이 범죄의 수사를 위하여 불가피할 것'이라는 요건을 갖춘 것으로 볼 수 없다. 그렇다면 이 사건 정보제공행위는 침해의 최소성에 위배된다. 앞서 본 바와 같이 서울용산경찰서장은 청구인들의 소재를 파악한 상태였거나 다른 수단으로 충분히 파악할 수 있었으므로 이 사건 정보제공행위로 얻을 수 있는 수사상의 이익은 거의 없거나 미약하였던 반면, 청구인들은 자신도 모르는 사이에 민감정보인 요양급여정보가 수사기관에 제공되어 개인정보자기결정권에 대한 중대한 불이익을 받게 되었으므로, 이 사건 정보제공행위는 법익의 균형성도 갖추지 못하였다. 이 사건 정보제공행위는 과잉금지원칙에 위배되어 청구인들의 개인정보자기결정권을 침해하였다(헌재 2018.08.30. 2014헌마368).

③ **[O]** 심판대상조항의 입법목적은 차량의 축산관계시설 출입정보를 국가 가축방역통합정보시스템으로 송신하여 이를 통합적·체계적으로 관리하고 차량의 이동경로를 신속하게 파악하여 구제역과 같은 가축전염병이 발생한 경우 신속한 역학조사를 행함으로써 가축전염병의 확산을 방지하고 효과적으로 대응하고자 함에 있으므로, 그 입법목적의 정당성이 인정된다. 따라서 심판대상조항은 청구인들의 개인정보자기결정권을 침해하지 아니한다(헌재 2015.04.30. 2013헌마81).

④ **[O]** 다른 범죄에 비하여 상대적으로 재범의 위험성이 높은 범죄를 범한 수형인등은 언제 다시 동종의 범죄를 저지를지 알 수 없어 그가 생존하는 동안에는 재범의 위험성이 있다고 할 수 있으므로, 데이터베이스에 수록된 디엔에이신원확인정보를 수형인 등이 사망할 때까지 관리하여 범죄수사 및 범죄예방에 이바지하고자 하는 이 사건 삭제조항은 입법 목적의 정당성과 수단의 적절성이 인정된다. 그러므로 이 사건 삭제조항은 과잉금지원칙을 위반하여 디엔에이신원확인정보 수록 대상자의 개인정보자기결정권을 침해한다고 볼 수 없다(헌재 2014.08.28. 2011헌마28 등).

15 **개인정보자기결정권에 대한 설명으로 옳지 않은 것은?** (다툼이 있는 경우 판례에 의함) 2021 국가직 7급

① 구 「형의 실효 등에 관한 법률」의 해당 조항이 법원에서 불처분결정된 소년부송치 사건에 대한 수사경력자료의 삭제 및 보존기간에 대하여 규정하지 아니하여 수사경력자료에 기록된 개인정보가 당사자의 사망 시까지 보존되면서 이용되는 것은 당사자의 개인정보자기결정권에 대한 제한에 해당한다.

② 선거운동기간 중 모든 익명표현을 사전적 · 포괄적으로 규율하는 것은 표현의 자유보다 행정편의와 단속편의를 우선함으로써 익명표현의 자유와 개인정보자기결정권 등을 지나치게 제한한다.

③ 야당 소속 후보자 지지 혹은 정부 비판은 정치적 견해로서 개인의 인격주체성을 특징짓는 개인정보에 해당하지만, 그것이 지지 선언 등의 형식으로 공개적으로 이루어진 것이라면 개인정보자기결정권의 보호범위 내에 속하지 않는다.

④ 서울용산경찰서장이 전기통신사업자로부터 위치추적자료를 제공받아 청구인들의 위치를 확인하였거나 확인할 수 있었음에도 불구하고 청구인들의 검거를 위하여 국민건강보험공단으로부터 2년 내지 3년 동안의 요양급여정보를 제공받은 것은 청구인들의 개인정보자기결정권에 대한 중대한 침해에 해당한다.

지문분석 **난이도** ■■■ **상** | **정답** ③ | **키워드** 개인정보자기결정권 | **출제유형** 판례

① 【O】 이 사건 구법 조항이 법원에서 불처분결정된 소년부송치 사건에 대한 수사경력자료의 삭제 및 보존기간에 대하여 규정하지 아니하여 수사경력자료에 기록된 개인정보가 당사자의 사망 시까지 보존되면서 이용되는 것은 당사자의 개인정보자기결정권에 대한 제한에 해당하는바, 이 사건 구법 조항이 과잉금지원칙을 위반하여 개인정보자기결정권을 침해하는지 여부가 문제된다. 따라서 법원에서 불처분결정된 소년부송치 사건에 대한 수사경력자료의 보존기간과 삭제에 대한 규정을 두지 않은 이 사건 구법 조항은 과잉금지원칙을 위반하여 소년부송치 후 불처분결정을 받은 자의 개인정보자기결정권을 침해한다(헌재 2021.06.24. 2018헌가2).

② 【O】 선거운동기간 중 정치적 익명표현의 부정적 효과는 익명성 외에도 해당 익명표현의 내용과 함께 정치적 표현행위를 규제하는 관련 제도, 정치적 · 사회적 상황의 여러 조건들이 아울러 작용하여 발생하므로, 모든 익명표현을 사전적 · 포괄적으로 규율하는 것은 표현의 자유보다 행정편의와 단속편의를 우선함으로써 익명표현의 자유와 개인정보자기결정권 등을 지나치게 제한한다(헌재 2021.01.28. 2018헌마456 등).

③ 【X】 이 사건 정보수집 등 행위는 청구인 윤○○, 정○○이 과거 야당 후보를 지지하거나 세월호 참사에 대한 정부의 대응을 비판한 의사표시에 관한 정보를 대상으로 한다. 이러한 야당 소속 후보자 지지 혹은 정부 비판은 정치적 견해로서 개인의 인격주체성을 특징짓는 개인정보에 해당하고, 그것이 지지 선언 등의 형식으로 공개적으로 이루어진 것이라고 하더라도 여전히 개인정보자기결정권의 보호범위 내에 속한다(헌재 2020.12.23. 2017헌마416).

④ 【O】 서울용산경찰서장은 청구인들을 검거하기 위해서 국민건강보험공단에게 청구인들의 요양급여내역을 요청한 것인데, 서울용산경찰서장은 그와 같은 요청을 할 당시 전기통신사업자로부터 위치추적자료를 제공받는 등으로 청구인들의 위치를 확인하였거나 확인할 수 있는 상태였다. 따라서 서울용산경찰서장이 청구인들을 검거하기 위하여 청구인들의 약 2년 또는 3년이라는 장기간의 요양급여내역을 제공받는 것이 불가피하였다고 보기 어렵다. 그렇다면 이 사건 정보제공행위는 이 사건 정보제공조항 등이 정한 요건을 충족한 것으로 볼 수 없고, 침해의 최소성 및 법익의 균형성에 위배되어 청구인들의 개인정보자기결정권을 침해하였다(헌재 2018.08.30. 2014헌마368).

16 **개인정보자기결정권에 관한 설명 중 가장 적절하지 않은 것은?** (다툼이 있는 경우 판례에 의함)

2022 경찰 1차

① 아동・청소년 성매수죄로 유죄가 확정된 자는 신상정보 등록대상자가 되도록 규정한 「성폭력범죄의 처벌 등에 관한 특례법」 제42조 제1항 중 '구 「아동・청소년의 성보호에 관한 법률」 제2조 제2호 가운데 제10조 제1항의 범죄로 유죄판결이 확정된 자는 신상정보 등록대상자가 된다.'는 부분은 청구인의 개인정보자기결정권을 침해하지 않는다.

② 성적목적공공장소침입죄로 형을 선고받아 유죄판결이 확정된 자는 신상정보 등록대상자가 된다고 규정한 「성폭력범죄의 처벌 등에 관한 특례법」 제42조 제1항 중 '제12조의 범죄로 유죄판결이 확정된 자'에 관한 부분은 청구인의 개인정보자기결정권을 침해하지 않는다.

③ 통신매체이용음란죄로 유죄판결이 확정된 자는 신상정보 등록대상자가 된다고 규정한 「성폭력범죄의 처벌 등에 관한 특례법」 제42조 제1항 중 '제13조의 범죄로 유죄판결이 확정된 자는 신상정보 등록대상자가 된다.'는 부분은 청구인의 개인정보자기결정권을 침해한다.

④ 가상의 아동・청소년이용음란물배포죄로 유죄판결이 확정된 자는 신상정보 등록대상자가 되도록 규정한 「성폭력범죄의 처벌 등에 관한 특례법」 제42조 제1항 중 구 「아동・청소년의 성보호에 관한 법률」 제8조 제4항의 아동・청소년이용음란물 가운데 '아동・청소년으로 인식될 수 있는 사람이나 표현물이 등장하는 것'에 관한 부분으로 유죄판결이 확정된 자에 관한 부분은 청구인의 개인정보자기결정권을 침해한다.

지문분석 **난이도** □■■ 중 | **정답** ④ | **키워드** 개인정보자기결정권 | **출제유형** 판례

① **[O]** 아동・청소년 성매수죄는 그 죄질이 무겁고, 그 행위 태양 및 불법성이 다양하다고 보기 어려우므로, 입법자가 개별 아동・청소년 성매수죄의 행위 태양, 불법성을 구별하지 않은 것이 불필요한 제한이라고 볼 수 없다. 또한, 신상정보 등록대상자가 된다고 하여 그 자체로 사회복귀가 저해되거나 전과자라는 사회적 낙인이 찍히는 것은 아니므로 침해되는 사익은 크지 않고, 반면 등록조항을 통해 달성되는 공익은 매우 중요하다. 따라서 등록조항은 청구인의 개인정보자기결정권을 침해하지 않는다(헌재 2016.02.25. 2013헌마830).

② **[O]** 성적목적공공장소침입죄는 공공화장실 등 일정한 장소를 침입하는 경우에 한하여 성립하므로 등록조항에 따른 등록대상자의 범위는 이에 따라 제한되는바, 등록조항은 침해의 최소성원칙에 위배되지 않는다. 등록조항으로 인하여 제한되는 사익에 비하여 성범죄의 재범 방지와 사회 방위라는 공익이 크다는 점에서 법익의 균형성도 인정된다. 따라서 등록조항은 청구인의 개인정보자기결정권을 침해하지 않는다(헌재 2016.10.27. 2014헌마709).

③ **[O]** 통신매체이용음란죄의 구성요건에 해당하는 행위 태양은 행위자의 범의・범행 동기・행위 상대방・행위 횟수 및 방법 등에 따라 매우 다양한 유형이 존재하고, 개별 행위유형에 따라 재범의 위험성 및 신상정보 등록 필요성은 현저히 다르다. 그런데 심판대상 조항은 통신매체이용음란죄로 유죄판결이 확정된 사람은 누구나 법관의 판단 등 별도의 절차 없이 필요적으로 신상정보 등록대상자가 되도록 하고 있고, 등록된 이후에는 그 결과를 다툴 방법도 없다. 그렇다면, 심판대상 조항은 과잉금지원칙을 위반하여 청구인의 개인정보자기결정권을 침해한다(헌재 2016.03.31. 2015헌마688).

④ **[X]** 아동・청소년이용음란물배포죄는 아동・청소년이 실제로 등장하는지 여부를 불문하고 아동・청소년의 성에 대한 왜곡된 인식과 비정상적인 태도를 광범위하게 형성하게 할 수 있다는 점에서 죄질이 경미하다고 할 수 없고, 헌법재판소와 대법원은 가상의 아동・청소년이용음란물에 대하여 제한적으로 해석하고 있어 등록조항에 따른 등록대상자의 범위는 이에 따라 제한되므로, 등록조항은 침해의 최소성을 갖추었다. 등록조항으로 인하여 제한되는 사익에 비하여 아동・청소년대상 성범죄 방지 및 사회 방위라는 공익이 더 크므로 법익의 균형성도 인정된다. 따라서 등록조항은 개인정보자기결정권을 침해하지 않는다(헌재 2016.03.31. 2014헌마785).

17 개인정보자기결정권에 대한 설명으로 가장 적절하지 않은 것은? (다툼이 있는 경우 헌법재판소 판례에 의함) 2022 경찰 간부

① 가정폭력 가해자에 대한 별도의 제한 없이 직계혈족이기만 하면 그 자녀의 가족관계증명서 및 기본증명서의 교부를 청구하여 발급받을 수 있도록 한 「가족관계의 등록 등에 관한 법률」 조항은 가정폭력 피해자인 청구인의 개인정보자기결정권을 침해한다.

② 보안관찰처분대상자가 교도소 등에서 출소 후 신고한 거주예정지 등 정보에 변동이 생길 때마다 7일 이내 이를 신고하도록 규정한 보안관찰법상 변동신고 조항 및 위반 시 처벌 조항은 청구인의 개인정보자기결정권을 침해하지 않는다.

③ 카메라등이용촬영죄 유죄판결이 확정된 자를 신상정보 등록대상자로 규정하는 「성폭력범죄의 처벌 등에 관한 특례법」상 등록대상자 조항은 청구인의 개인정보자기결정권을 침해하지 않는다.

④ 소년에 대한 수사경력자료의 삭제 및 보존기간에 대해 규정하면서 법원에서 불처분결정된 소년부송치 사건에 대해서는 규정하지 않은 구 「형의 실효 등에 관한 법률」 조항은 소년부송치 후 불처분결정을 받은 자의 개인정보자기결정권을 침해한다.

지문분석 **난이도** □■■ **중** | **정답** ② | **키워드** 개인정보자기결정권 | **출제유형** 판례

① 【O】 이 사건 법률 조항은 가정폭력 가해자에 대한 별도의 제한 없이 직계혈족이기만 하면 사실상 자유롭게 그 자녀의 가족관계증명서와 기본증명서의 교부를 청구하여 발급받을 수 있도록 함으로써, 그로 인하여 가정폭력 피해자인 청구인의 개인정보가 가정폭력 가해자인 전 배우자에게 무단으로 유출될 수 있는 가능성을 열어놓고 있다. 따라서 과잉금지원칙에 위배되어 청구인의 개인정보자기결정권을 침해한다(헌재 2020.08.28. 2018헌마927).

② 【X】 보안관찰처분대상자가 교도소 등에서 출소한 후 기존에 보안관찰법 제6조 제1항에 따라 신고한 거주예정지 등 정보에 변동이 생길 때마다 7일 이내에 이를 신고하도록 정한 보안관찰법 제6조 제2항 전문(이하 '변동신고 조항'이라 한다)이 포괄위임금지원칙에 위배되지 않는다. 다만 변동신고 조항 및 이를 위반할 경우 처벌하도록 정한 보안관찰법 제27조 제2항 중 제6조 제2항 전문에 관한 부분(이하 변동신고 조항과 합하여 '변동신고 조항 및 위반 시 처벌 조항'이라 한다)이 과잉금지원칙을 위반하여 청구인의 사생활의 비밀과 자유 및 개인정보자기결정권을 침해한다(헌재 2021.06.24. 2017헌바479).

③ 【O】 폭력범죄의 처벌 등에 관한 특례법위반(카메라 등 이용촬영, 카메라 등 이용촬영미수)죄로 유죄가 확정된 자는 신상정보 등록대상자가 되도록 규정한 「성폭력범죄의 처벌 등에 관한 특례법」 제42조 제1항 중 관련 부분은 헌법에 위반되지 않고, 같은 법률 제45조 제1항은 모든 등록대상자에게 20년 동안 신상정보를 등록하게 하고, 위 기간 동안 변경정보를 제출하고 1년마다 사진 촬영을 위해 관할 경찰관서를 출석해야 할 의무를 부여하며 위 의무들을 위반할 경우 형사처벌하는 것은 비교적 경미한 등록대상 성범죄를 저지르고 재범의 위험성도 인정되지 않는 자들에 대해서는 달성되는 공익과 침해되는 사익 사이의 불균형이 발생할 수 있다. 따라서 이 사건 관리조항은 법익의 균형성이 인정되지 않는다. 따라서 이 사건 관리조항은 청구인들의 개인정보자기결정권을 침해하므로 헌법에 합치되지 않는다(헌재 2015.07.30. 2014헌마340).

④ 【O】 소년에 대한 수사경력자료의 삭제와 보존기간에 대하여 규정하면서 법원에서 불처분결정된 소년부송치 사건에 대하여 규정하지 않은 구 「형의 실효 등에 관한 법률」 제8조의2 제1항 및 제3항, 「형의 실효 등에 관한 법률」 제8조의2 제1항 및 제3항이 과잉금지원칙에 반하여 개인정보자기결정권을 침해한다(헌재 2021.06.24. 2018헌가2).

18 개인정보자기결정권에 대한 헌법재판소의 판시내용으로 적절하지 않은 것은? 2023 국회직 8급

① 정보주체의 배우자나 직계혈족이 정보주체의 위임 없이도 정보주체의 가족관계 상세증명서의 교부 청구를 할 수 있도록 한 것은 현재의 혼인 외에서 얻은 자녀 등에 관한 내밀한 개인정보를 정보주체의 의사에 반하여 배우자나 직계혈족에게 공개 당하게 되므로 개인정보자기결정권을 침해한다.

② 인간의 존엄과 가치, 행복추구권, 인격권, 사생활의 비밀과 자유는 그 보호영역이 개인정보자기결정권의 보호영역과 중첩되는 범위에서 관련되어 있고 특별한 사정이 없는 이상 개인정보자기결정권에 대한 침해 여부를 판단함으로써 이에 대한 판단이 함께 이루어진다.

③ 전기통신역무제공에 관한 계약을 체결하는 경우 전기통신사업자로 하여금 가입자에게 본인임을 확인할 수 있는 증서 등을 제시하도록 요구하고 부정가입방지시스템 등을 이용하여 본인인지 여부를 확인하도록 하였더라도 잠재적 범죄 피해 방지 및 통신망 질서 유지라는 더욱 중대한 공익의 달성 효과가 있으므로 개인정보자기결정권을 침해하지 않는다.

④ 효율적인 수사의 필요성을 고려하여 사전에 정보주체인 이용자에게 그 내역을 통지하지 않았는데 수사기관 등이 통신자료를 취득한 이후에도 수사 등 정보수집의 목적에 방해가 되지 않는 범위 내에서 통신자료의 취득사실을 이용자에게 통지하지 않았다면 적법절차원칙에 위배되어 개인정보자기결정권을 침해한다.

⑤ 거짓이나 그 밖의 부정한 방법으로 보조금을 교부받거나 보조금을 유용한 어린이집에 대하여 그 어린이집 대표자 또는 원장의 의사와 관계없이 어린이집의 명칭, 종류, 주소, 대표자 또는 어린이집 원장의 성명 등을 불특정 다수인이 알 수 있도록 공표하는 것은 공표대상자의 개인정보자기결정권을 제한한다.

지문분석 **난이도** ■■■ 상 | **정답** ① | **키워드** 개인정보자기결정권 | **출제유형** 판례

① 【X】 심판대상조항은 정보주체의 배우자나 직계혈족이 스스로의 정당한 법적 이익을 지키기 위하여 정보주체 본인의 위임 없이도 가족관계 상세증명서를 간편하게 발급받을 수 있게 해 주는 것이므로, 상세증명서 추가 기재 자녀의 입장에서 보아도 자신의 개인정보가 공개되는 것을 중대한 불이익이라고 평가하기는 어렵다. 심판대상조항은 과잉금지원칙에 위배되어 청구인의 개인정보자기결정권을 침해하지 아니한다(헌재 2022.11.24. 2021헌마130).

② 【O】 청구인들은 심판대상인 이 사건 시행령조항 및 경찰청장의 보관 등 행위에 의하여 침해되는 기본권으로서 인간의 존엄과 가치, 행복추구권, 인격권, 사생활의 비밀과 자유 등을 들고 있으나, 위 기본권들은 모두 개인정보자기결정권의 헌법적 근거로 거론되는 것들로서 청구인들의 개인정보에 대한 수집·보관·전산화·이용이 문제되는 이 사건에서 그 보호영역이 개인정보자기결정권의 보호영역과 중첩되는 범위에서만 관련되어 있다고 할 수 있으므로, 특별한 사정이 없는 이상 개인정보자기결정권에 대한 침해 여부를 판단함으로써 위 기본권들의 침해 여부에 대한 판단이 함께 이루어지는 것으로 볼 수 있어 그 침해 여부를 별도로 다룰 필요는 없다고 보인다(헌재 2005.05.26. 99헌마513).

③ 【O】 심판대상조항이 이동통신서비스 가입 시 본인확인절차를 거치도록 함으로써 타인 또는 허무인의 이름을 사용한 휴대전화인 이른바 대포폰이 보이스피싱 등 범죄의 범행도구로 이용되는 것을 막고, 개인정보를 도용하여 타인의 명의로 가입한 다음 휴대전화 소액결제나 서비스요금을 그 명의인에게 전가하는 등 명의도용범죄의 피해를 막고자 하는 입법목적은 정당하고, 이를 위하여 본인확인절차를 거치게 한 것은 적합한 수단이다. 따라서 심판대상조항은 청구인들의 개인정보자기결정권 및 통신의 자유를 침해하지 않는다(헌재 2019.09.26. 2017헌마1209).

④ 【O】 효율적인 수사와 정보수집의 신속성, 밀행성 등의 필요성을 고려하여 사전에 정보주체인 이용자에게 그 내역을 통지하도록 하는 것이 적절하지 않다면 수사기관 등이 통신자료를 취득한 이후에 수사 등 정보수집의 목적에 방해가 되지 않는 범위 내에서 통신자료의 취득사실을 이용자에게 통지하는 것이 얼마든지 가능하다. 따라서 이 사건 법률조항이 통신자료 취득에 대한 사후통지절차를 규정하고 있지 않은 것은 적법절차원칙에 위배하여 청구인들의 개인정보자기결정권을 침해한다(헌재 2022.07.21. 2016헌마388 등).

⑤ 【O】 어린이집의 투명한 운영을 담보하고 영유아 보호자의 보육기관 선택권을 실질적으로 보장하기 위해서는 보조금을 부정수급하거나 유용한 어린이집의 명단 등을 공표하여야 할 필요성이 있으며, 심판대상조항은 공표대상이나 공표정보, 공표기간 등을 제한적으로 규정하고 공표 전에 의견진술의 기회를 부여하여 공표대상자의 절차적 권리도 보장하고 있다. 나아가 심판대상조항을 통하여 추구하는 영유아의 건강한 성장 도모 및 영유아 보호자들의 보육기관 선택권 보장이라는 공익이 공표대상자의 법 위반사실이 일정기간 외부에 공표되는 불이익보다 크다. 따라서 심판대상조항은 과잉금지원칙을 위반하여 인격권 및 개인정보자기결정권을 침해하지 아니한다(헌재 2022.03.31. 2019헌바520).

19 개인정보자기결정권에 관한 설명 중 가장 적절하지 않은 것은? (다툼이 있는 경우 판례에 의함)

2023 경찰 승진

① 구치소장이 검사의 요청에 따라 미결수용자와 그 배우자의 접견녹음파일을 미결수용자의 동의 없이 제공하더라도, 이러한 제공행위는 형사사법의 실체적 진실을 발견하고 이를 통해 형사사법의 적정한 수행을 도모하기 위한 것으로 미결수용자의 개인정보자기결정권을 침해하는 것은 아니다.

② 야당 소속 후보자 지지 혹은 정부 비판은 정치적 견해로서 개인의 인격주체성을 특정짓는 개인정보에 해당하지만, 그것이 지지 선언 등의 형식으로 공개적으로 이루어진 것이라면 개인정보자기결정권의 보호범위 내에 속하지 않는다.

③ 국민건강보험공단이 경찰서장에게 2년 내지 3년 동안의 '전문의 병원이 포함된 요양기관명, 급여일자'를 포함한 요양급여내역을 제공한 행위는 개인정보자기결정권을 침해한다.

④ 「영유아보육법」은 CCTV 열람의 활용 목적을 제한하고 있고, 어린이집 원장은 열람시간 지정 등을 통해 보육활동에 지장이 없도록 보호자의 열람 요청에 적절히 대응할 수 있으므로 동법의 CCTV 열람조항으로 보육교사의 개인정보자기결정권이 필요 이상으로 과도하게 제한된다고 볼 수 없다.

지문분석 **난이도** □■■ **중** | **정답** ② | **키워드** 개인정보자기결정권 | **출제유형** 판례

① 【O】 이 사건 제공행위에 의하여 제공된 접견녹음파일로 특정개인을 식별할 수 있고, 그 대화내용 등은 인격주체성을 특징짓는 사항으로 그 개인의 동일성을 식별할 수 있게 하는 정보이므로, 정보주체인 청구인의 동의 없이 접견녹음파일을 관계기관에 제공하는 것은 청구인의 개인정보자기결정권을 제한하는 것이다. 그런데 이 사건 제공행위는 형사사법의 실체적 진실을 발견하고 이를 통해 형사사법의 적정한 수행을 도모하기 위한 것으로 그 목적이 정당하고, 수단 역시 적합하다. 또한, 접견기록물의 제공은 제한적으로 이루어지고, 제공된 접견내용은 수사와 공소제기 등에 필요한 범위 내에서만 사용하도록 제도적 장치가 마련되어 있으며, 사적 대화내용을 분리하여 제공하는 것은 그 구분이 실질적으로 불가능하고, 범죄와 관련 있는 대화내용을 쉽게 파악하기 어려워 전체 제공이 불가피한 점 등을 고려할 때 침해의 최소성 요건도 갖추고 있다. 나아가 접견내용이 기록된다는 사실이 미리 고지되어 그에 대한 보호가치가 그리 크다고 볼 수 없는 점 등을 고려할 때, 법익의 불균형을 인정하기도 어려우므로, 과잉금지원칙에 위반하여 청구인의 개인정보자기결정권을 침해하였다고 볼 수 없다(헌결 2012.12.27. 2010헌마153).

② 【X】

[1] 이 사건 정보수집 등 행위는 청구인 윤○○, 정○○이 과거 야당 후보를 지지하거나 세월호 참사에 대한 정부의 대응을 비판한 의사표시에 관한 정보를 대상으로 한다. 이러한 야당 소속 후보자 지지 혹은 정부 비판은 정치적 견해로서 개인의 인격주체성을 특징짓는 개인정보에 해당하고, 그것이 지지 선언 등의 형식으로 공개적으로 이루어진 것이라고 하더라도 여전히 개인정보자기결정권의 보호범위 내에 속한다.

[2] 이 사건 정보수집 등 행위의 대상인 정치적 견해에 관한 정보는 공개된 정보라 하더라도 개인의 인격주체성을 특징짓는 것으로, 개인정보자기결정권의 보호 범위 내에 속하며, 국가가 개인의 정치적 견해에 관한 정보를 수집·보유·이용하는 등의 행위는 개인정보자기결정권에 대한 중대한 제한이 되므로 이를 위해서는 법령상의 명확한 근거가 필요함에도 그러한 법령상 근거가 존재하지 않으므로 이 사건 정보수집 등 행위는 법률유보원칙을 위반하여 청구인들의 개인정보자기결정권을 침해한다(헌결 2020.12.23. 2017헌마416).

③ 【O】 이 사건 정보제공행위에 의하여 제공된 청구인 김○환의 약 2년 동안의 총 44회 요양급여내역 및 청구인 박○만의 약 3년 동안의 총 38회 요양급여내역은 건강에 관한 정보로서 「개인정보 보호법」 제23조 제1항이 규정한 민감정보에 해당한다. 「개인정보 보호법」상 공공기관에 해당하는 국민건강보험공단은 이 사건 정보제공조항, 「개인정보 보호법」 제23조 제1항 제2호, '경찰관 직무집행법 시행령' 제8조 등에 따라 범죄의 수사를 위하여 불가피한 경우 정보주체 또는 제3자의 이익을 부당하게 침해할 우려가 있을 때를 제외하고 민감정보를 서울용산경찰서장에게 제공할 수 있다. 서울용산경찰서장은 청구인들을 검거하기 위해서 국민건강보험공단에게 청구인들의 요양급여내역을 요청한 것인데, 서울용산경찰서장은 그와 같은 요청을 할 당시 전기통신사업자로부터 위치추적자료를 제공받는 등으로 청구인들의 위치를 확인하였거나 확인할 수 있는 상태였다. 따라서 서울용산경찰서장이 청구인들을 검거하기 위하여 청구인들의 약 2년 또는 3년이라는 장기간의 요양급여내역을 제공받는 것이 불가피하였다고 보기 어렵다. 한편 급여일자와 요양기관명은 피의자의 현재 위치를 곧바로 파악할 수 있는 정보는 아니므로, 이 사건 정보제공행위로 얻을 수 있는 수사상의 이익은 없었거나 미약한 정도였다. 반면 서울용산경찰서장에게 제공된 요양기관명에는 전문의의 병원도 포함되어 있어 청구인들의 질병의 종류를 예측할 수 있는 점, 2년 내지 3년 동안의 요양급여정보는 청구인들의 건강 상태에 대한 총체적인 정보를 구성할 수 있는 점 등에 비추어 볼 때, 이 사건 정보제공행위로 인한 청구인들의 개인정보자기결정권에 대한 침해는 매우 중대하다. 그렇다면 이 사건 정보제공행위는 이 사건 정보제공조항 등이 정한 요건을 충족한 것으로 볼 수 없고, 침해의 최소성 및 법익의 균형성에 위배되어 청구인들의 개인정보자기결정권을 침해하였다(헌결 2018.08.30. 2014헌마368).

④ 【O】 법 제15조의5 제1항 제1호는 어린이집 안전사고 내지 아동학대 적발 및 방지를 위한 것으로, 아동학대 등이 의심되는 경우 보호자가 영상정보 열람을 통해 이를 확인할 수 있도록 하는 것은 어린이집에 CCTV 설치를 의무화하는 이유이다. 법은 CCTV 열람의 활용 목적을 제한하고 있고, 어린이집 원장은 열람시간 지정 등을 통해 보육활동에 지장이 없도록 보호자의 열람 요청에 적절히 대응할 수 있으므로 이 조항으로 어린이집 원장이나 보육교사 등의 기본권이 필요 이상으로 과도하게 제한된다고 볼 수 없다. 또한 이를 통해 달성할 수 있는 보호자와 어린이집 사이의 신뢰회복 및 어린이집 아동학대 근절이라는 공익의 중대함에 반하여, 제한되는 사익이 크다고 보기 어렵다. 따라서 법 제15조의5 제1항 제1호는 과잉금지원칙을 위반하여 어린이집 보육교사 등의 개인정보자기결정권 및 어린이집 원장의 직업수행의 자유를 침해하지 아니한다(헌결 2017.12.28. 2015헌마994).

20 **성범죄자의 신상정보 등록과 개인정보자기결정권에 대한 설명으로 가장 적절한 것은?** (다툼이 있는 경우 헌법재판소 판례에 의함) 2023 경찰간부

① 통신매체이용음란죄로 유죄판결이 확정된 자를 신상정보 등록대상자로 규정한 조항은 청구인의 개인정보자기결정권을 침해하지 않는다.

② 공중밀집장소추행죄로 유죄판결이 확정된 자를 신상정보 등록대상자로 규정한 조항은 청구인의 개인정보자기결정권을 침해한다.

③ 카메라등이용촬영죄로 유죄판결이 확정된 자의 신상등록정보를 최초 등록일부터 20년간 법무부장관이 보존·관리하여야 한다고 규정한 조항은 청구인들의 개인정보자기결정권을 침해한다.

④ 강제추행죄로 유죄판결이 확정된 자는 신상정보 등록대상자로서 성명, 주민등록번호 등을 제출하여야 하고, 이 정보가 변경된 경우 그 사유와 변경내용을 제출하여야 한다고 규정한 조항은 청구인의 개인정보자기결정권을 침해한다.

지문분석 **난이도** □■■ **중** | **정답** ③ | **키워드** 신상정보 등록과 개인정보자기결정권 | **출제유형** 판례

① 【X】 통신매체이용음란죄의 구성요건에 해당하는 행위 태양은 행위자의 범의·범행 동기·행위 상대방 ·행위 횟수 및 방법 등에 따라 매우 다양한 유형이 존재하고, 개별 행위유형에 따라 재범의 위험성 및 신상정보 등록 필요성은 현저히 다르다. 그런데 심판대상조항은 통신매체이용음란죄로 유죄판결이 확정된 사람은 누구나 법관의 판단 등 별도의 절차 없이 필요적으로 신상정보 등록대상자가 되도록 하고 있고, 등록된 이후에는 그 결과를 다툴 방법도 없다. 그렇다면 심판대상조항은 통신매체이용음란죄의 죄질 및 재범의 위험성에 따라 등록대상을 축소하거나, 유죄판결 확정과 별도로 신상정보 등록 여부에 관하여 법관의 판단을 받도록 하는 절차를 두는 등 기본권 침해를 줄일 수 있는 다른 수단을 채택하지 않았다는 점에서 침해의 최소성 원칙에 위배된다. 그렇다면, 심판대상조항은 과잉금지원칙을 위반하여 청구인의 개인정보자기결정권을 침해한다(헌재 2016.03.31. 2015헌마688).

② 【X】 이 사건 법률조항은 성폭력범죄자의 재범을 억제하고 효율적인 수사를 위한 것으로 정당한 목적을 달성하기 위한 적합한 수단이다. 신상정보 등록제도는 국가기관이 성범죄자의 관리를 목적으로 신상정보를 내부적으로만 보존·관리하는 것으로, 성범죄자의 신상정보를 일반에게 공개하는 신상정보 공개 및 고지제도와는 달리 법익침해의 정도가 크지 않다. 따라서 이 사건 법률조항은 청구인의 개인정보자기결정권을 침해하지 아니한다(헌재 2017.12.28. 2016헌마1124).

③ 【O】 재범의 위험성은 등록대상 성범죄의 종류, 등록대상자의 특성에 따라 다르게 나타날 수 있고, 입법자는 이에 따라 등록기간을 차등화함으로써 등록대상자의 개인정보자기결정권에 대한 제한을 최소화하는 것이 바람직함에도, 이 사건 관리조항은 모든 등록대상 성범죄자에 대하여 일률적으로 20년의 등록기간을 적용하고 있으며, 이 사건 관리조항에 따라 등록기간이 정해지고 나면, 등록의무를 면하거나 등록기간을 단축하기 위해 심사를 받을 수 있는 여지도 없으므로 지나치게 가혹하다. 그리고 이 사건 관리조항이 추구하는 공익이 중요하더라도, 모든 등록대상자에게 20년 동안 신상정보를 등록하게 하고 위 기간 동안 각종 의무를 부과하는 것은 비교적 경미한 등록대상 성범죄를 저지르고 재범의 위험성도 많지 않은 자들에 대해서는 달성되는 공익과 침해되는 사익 사이의 불균형이 발생할 수 있으므로 이 사건 관리조항은 개인정보자기결정권을 침해한다(헌재 2015.07.30. 2014헌마340 등).

④ 【X】 제출조항은 범죄 수사 및 예방을 위하여 일정한 신상정보를 제출하도록 하는 것으로서, 목적의 정당성 및 수단의 적합성이 인정된다. 제출조항은 복수의 정보를 요구하여 고정적인 거주지가 없거나 이동이 잦은 직업에 종사하는 등록대상자에 대한 수사가 효율적으로 이루어지게 하고, 종교, 질병, 가족관계 등 입법목적과 직접적인 관련성이 인정되지 않는 정보의 제출을 제한하고 있으므로 침해의 최소성이 인정된다. 제출조항으로 인하여 청구인은 일정한 신상정보를 제출해야 하는 불이익을 받게 되나, 이에 비하여 제출조항이 달성하려는 공익이 크다고 보이므로 법익의 균형성도 인정된다. 따라서 제출조항은 청구인의 개인정보자기결정권을 침해하지 않는다(헌재 2016.03.31. 2014헌마457).

21 사생활의 비밀과 자유에 관한 설명 중 가장 적절하지 않은 것은? (다툼이 있는 경우 판례에 의함)

2015 경찰 승진

① 사생활의 자유란 사회공동체의 일반적인 생활규범의 범위 내에서 사생활을 자유롭게 형성해 나가고 그 설계 및 내용에 대해서 외부로부터의 간섭을 받지 아니할 권리를 말하는 바, 흡연을 하는 행위는 이와 같은 사생활의 영역에 포함된다고 할 것이다.

② 대법원은 헌법 제17조는 개인의 사생활 활동이 타인으로부터 침해되거나 사생활이 함부로 공개되지 아니할 소극적인 권리를 보장하는 것에 국한되고, 자신에 대한 정보를 자율적으로 통제할 수 있는 적극적인 권리까지 보장하는 것은 아니라고 판시한 바 있다.

③ 공직선거에 후보자로 등록하고자 하는 자가 제출하여야 하는 금고 이상의 형의 범죄경력에 실효된 형을 포함시키고 있는 「공직선거법」 제49조 제4항 제5호가 과잉금지의 원칙에 위배하여 사생활의 비밀과 자유를 침해한다고 볼 수 없다.

④ 시장, 군수 또는 구청장이 개인의 지문정보를 수집하고, 경찰청장이 이를 보관・전산화하여 범죄수사목적에 이용하는 지문날인제도가 과잉금지의 원칙에 위배하여 청구인들의 개인정보자기결정권을 침해한다고 볼 수 없다.

지문분석 **난이도** ■■■ 상 | **정답** ② | **키워드** 사생활의 비밀과 자유 | **출제유형** 판례

① 【O】 사생활의 자유란 사회공동체의 일반적인 생활규범의 범위 내에서 사생활을 자유롭게 형성해 나가고 그 설계 및 내용에 대해서 외부로부터의 간섭을 받지 아니할 권리를 말하는바, 흡연을 하는 행위는 이와 같은 사생활의 영역에 포함된다고 할 것이므로, 흡연권은 헌법 제17조에서 그 헌법적 근거를 찾을 수 있다(헌재 2004.08.26. 2003헌마457).

② 【X】 헌법 제10조는 '모든 국민은 인간으로서의 존엄과 가치를 가지며, 행복을 추구할 권리를 가진다. 국가는 개인이 가지는 불가침의 기본적 인권을 확인하고 이를 보장할 의무를 진다.'고 규정하고, 헌법 제17조는 '모든 국민은 사생활의 비밀과 자유를 침해받지 아니한다.'라고 규정하고 있는바, 이들 헌법 규정은 개인의 사생활 활동이 타인으로부터 침해되거나 사생활이 함부로 공개되지 아니할 소극적인 권리는 물론, 오늘날 고도로 정보화된 현대사회에서 자신에 대한 정보를 자율적으로 통제할 수 있는 적극적인 권리까지도 보장하려는 데에 그 취지가 있는 것으로 해석된다(대판 1998.07.24. 96다42789).

③ 【O】 후보자의 실효된 형까지 포함한 금고 이상의 형의 범죄경력을 공개함으로써 국민의 알권리를 충족하고 공정하고 정당한 선거권 행사를 보장하고자 하는 이 사건 법률조항의 입법목적은 정당하며, 이러한 입법목적을 달성하기 위하여는 선거권자가 후보자의 모든 범죄경력을 인지한 후 그 공직적합성을 판단하는 것이 효과적이다. 또한 금고 이상의 범죄경력에 실효된 형을 포함시키는 이유는 선거권자가 공직후보자의 자질과 적격성을 판단할 수 있도록 하기 위한 점, 전과기록은 통상 공개재판에서 이루어진 국가의 사법작용의 결과라는 점, 전과기록의 범위와 공개시기 등이 한정되어 있는 점 등을 종합하면, 이 사건 법률조항은 피해최소성의 원칙에 반한다고 볼 수 없고, 공익적 목적을 위하여 공직선거 후보자의 사생활의 비밀과 자유를 한정적으로 제한하는 것이어서 법익균형성의 원칙도 충족한다. 따라서 이 사건 법률조항은 청구인들의 사생활의 비밀과 자유를 침해한다고 볼 수 없다(헌재 2008.04.24. 2006헌마402).

④ 【O】 시장・군수 또는 구청장이 개인의 지문정보를 수집하고, 경찰청장이 이를 보관・전산화하여 범죄수사목적에 이용하는 지문날인제도가 과잉금지의 원칙에 위배하여 개인정보자기결정권을 침해하였다고 볼 수 없다(헌재 2005.05.26. 99헌마513).

22 사생활의 비밀과 자유에 관한 설명으로 가장 옳지 않은 것은? (다툼이 있는 경우 판례에 의함)

2023 해경 간부

① 사생활의 자유란 사회공동체의 일반적인 생활 규범의 범위 내에서 사생활을 자유롭게 형성해 나가고 그 설계 및 내용에 대해서 외부로부터 간섭을 받지 아니할 권리를 의미한다.
② 사생활의 비밀과 자유에 관한 헌법규정은 개인의 사생활이 함부로 공개되지 아니할 소극적인 권리는 물론, 오늘날 고도로 정보화된 현대사회에서 자신에 대한 정보를 자율적으로 통제할 수 있는 적극적인 권리까지도 보장하려는 데에 그 취지가 있다.
③ 피보안관찰자에게 자신의 주거지 등 현황을 신고하게 하고 정당한 이유없이 신고를 하지 아니할 경우 처벌하는 것은 사생활의 비밀과 자유에 대한 침해이다.
④ 흡연자들이 자유롭게 흡연할 권리를 흡연권이라고 한다면 이러한 흡연권은 인간의 존엄과 행복추구권을 규정한 헌법 제10조와 사생활의 자유를 규정한 헌법 제17조에 의하여 뒷받침된다.

PART · 02

지문분석 **난이도** □□■ **하** | **정답** ③ | **키워드** 사생활의 비밀과 자유 | **출제유형** 판례

① **【O】** '사생활의 자유'는 사회공동체의 일반적인 생활규범의 범위 내에서 사생활을 자유롭게 형성해 나가고 그 설계 및 내용에 대해서 외부로부터간섭을 받지 아니할 권리라고 할 수 있는데, 우선 존속상해치사죄와 같은 범죄행위가 헌법상 보호되는 사생활의 영역에 속한다고 볼 수 없을 뿐만 아니라, 이 사건 법률조항의 입법목적이 정당하고 그 형의 가중에 합리적 이유가 있으며 직계존속이 아닌 통상인에 대한 상해치사죄도 형사상 처벌되고 있는 이상, 직계존속에 대한 상해치사죄를 가중처벌한다 하여 가족관계상 비속의 사생활이 왜곡된다거나 존속에 대한 태도 및 행동 등에 있어서 효의 강요나 개인 윤리문제에의 개입 등외부로부터 부당한간섭이 있는 것이라고는 말할 수 없다(헌재 2002.03.28. 2000헌바53).

② **【O】** 헌법 제10조는 '모든 국민은 인간으로서의 존엄과 가치를 가지며, 행복을 추구할 권리를 가진다. 국가는 개인이 가지는 불가침의 기본적 인권을 확인하고 이를 보장할 의무를 진다.'고 규정하고, 헌법 제17조는 '모든 국민은 사생활의 비밀과 자유를 침해받지 아니한다.'라고 규정하고 있는바, 이들 헌법 규정은 개인의 사생활 활동이 타인으로부터 침해되거나 사생활이 함부로 공개되지 아니할 소극적인 권리는 물론, 오늘날 고도로 정보화된 현대사회에서 자신에 대한 정보를 자율적으로 통제할 수 있는 적극적인 권리까지도 보장하려는 데에 그 취지가 있는 것으로 해석된다(대판 1998.07.24. 96다42789).

③ **【X】** 보안관찰해당범죄를 범한 자의 재범의 위험성을 예방하고 건전한 사회복귀를 촉진하는 보안관찰법의 목적 달성 및 보안관찰처분의 실효성 확보를 위하여 신고의무를 부과하는 입법목적의 정당성이 인정되고, 보안관찰처분의 취소, 갱신 및 피보안관찰자의 지도, 보호를 위하여 피보안관찰자가 자신의주거지등현황을 신고할 필요가 있으며, 공부상 기재만으로 피보안관찰자의 실제주거지나 직장 등의 정보를 정확하게 알 수 없고, 신고할 사항의 내용, 신고사항 작성의 난이도 등에 비추어 피보관찰자에게 과도한 의무를 부과한다고 볼 수 없으며, 신고의무 위반행위에 대한 형벌이 상대적으로 과중하지 아니한 점을 려하면 이 사건 처벌조항은 사생활의 비밀과 자유를 침해하지 아니한다(헌재 2015.11.26. 2014헌바475).

④ **【O】** 사생활의 자유란 사회공동체의 일반적인 생활규범의 범위 내에서 사생활을 자유롭게 형성해 나가고 그 설계 및 내용에 대해서 외부로부터의 간섭을 받지 아니할 권리를 말하는바, 흡연을 하는 행위는 이와 같은 사생활의 영역에 포함된다고 할 것이므로, 흡연권은 헌법 제17조에서 그 헌법적 근거를 찾을 수 있다(헌재 2004.08.26. 2003헌마457).

23 개인정보자기결정권에 관한 설명 중 가장 적절하지 않은 것은? (다툼이 있는 경우 판례에 의함)

2022 경찰 승진

① 「성폭력범죄의 처벌 등에 관한 특례법」상 공중밀집장소에서의 추행죄로 유죄판결이 확정된 자를 신상정보 등록대상자로 규정한 부분은 해당 신상정보 등록대상자의 개인정보자기결정권을 침해하지 않는다.

② 소년에 대한 수사경력자료의 삭제와 보존기간에 대하여 규정하면서 법원에서 불처분결정된 소년부송치 사건에 대하여 규정하지 않은 구 「형의 실효 등에 관한 법률」의 규정은 과잉금지원칙을 위반하여 소년부송치 후 불처분결정을 받은 자의 개인정보자기결정권을 침해한다.

③ 법무부장관은 변호사시험 합격자가 결정되면 즉시 명단을 공고하여야 한다고 규정한 변호사시험법 규정 중 '명단 공고' 부분은 변호사시험 응시자들의 개인정보자기결정권을 침해한다.

④ 개인정보에 관한 인격권 보호에 의하여 얻을 수 있는 이익과 정보처리 행위로 얻을 수 있는 이익, 즉 정보처리자의 '알 권리'와 이를 기반으로 한 정보수용자의 '알 권리' 및 표현의 자유, 정보처리자의 영업의 자유, 사회 전체의 경제적 효율성 등의 가치를 구체적으로 비교 형량하여 어느 쪽 이익이 더 우월한 것으로 평가할 수 있는지에 따라 정보처리 행위의 최종적인 위법성 여부를 판단하여야 한다.

지문분석 **난이도** □■■ 중 | **정답** ③ | **키워드** 개인정보자기결정권 | **출제유형** 판례

① 【O】 심판대상 조항은 공중밀집장소추행죄로 유죄판결이 확정되면 이들을 모두 등록대상자가 되도록 함으로써 그 관리의 기초를 마련하기 위한 것이다. 그러므로 관리의 기초가 되는 등록대상 여부를 결정함에 있어 대상 성범죄로 인한 유죄판결 이외에 반드시 재범의 위험성을 고려해야 한다고 보기는 어렵다. 더욱이 현재 사용되는 재범의 위험성 평가 도구로는 성범죄자의 재범 가능성 여부를 완벽하게 예측할 수 없고, 이와 같은 오류의 가능성을 배제하기 어려운 상황에서는 일정한 성폭력범죄자를 일률적으로 등록대상자가 되도록 하는 것이 불가피한 측면도 있다. 심판대상 조항은 청구인의 개인정보자기결정권을 침해하였다고 볼 수 없다(헌재 2020.06.25. 2019헌마699).

② 【O】 법원에서 불처분결정된 소년부송치 사건에 대한 수사경력자료를 범죄의 종류와 경중, 결정 이후 시간의 경과 등 일체의 사정에 대한 고려 없이 일률적으로 당사자의 사망 시까지 보존하는 것은 입법목적을 달성하기 위하여 필요한 범위를 넘어선 것으로 침해의 최소성에 위배된다. 따라서 법원에서 불처분결정된 소년부송치 사건에 대한 수사경력자료의 보존기간과 삭제에 대한 규정을 두지 않은 이 사건 구법 조항은 과잉금지원칙을 위반하여 소년부송치 후 불처분결정을 받은 자의 개인정보자기결정권을 침해한다(헌재 2021.06.24. 2018헌가2).

③ 【X】 심판대상 조항의 입법목적은 공공성을 지닌 전문직인 변호사에 관한 정보를 널리 공개하여 법률서비스 수요자가 필요한 정보를 얻는 데 도움을 주고, 변호사시험 관리 업무의 공정성과 투명성을 간접적으로 담보하는 데 있다. 심판대상 조항은 법무부장관이 시험 관리 업무를 위하여 수집한 응시자의 개인정보 중 합격자의 성명을 공개하도록 하는 데 그치므로, 청구인들의 개인정보자기결정권이 제한되는 범위와 정도는 매우 제한적이다. 따라서 심판대상 조항이 과잉금지원칙에 위배되어 청구인들의 개인정보자기결정권을 침해한다고 볼 수 없다(헌재 2020.03.26. 2018헌마77 등).

④ 【O】 정보주체가 공적인 존재인지, 개인정보의 공공성과 공익성, 원래 공개한 대상 범위, 개인정보 처리의 목적 · 절차 · 이용형태의 상당성과 필요성, 개인정보처리로 인하여 침해될 수 있는 이익의 성질과 내용 등 여러 사정을 종합적으로 고려하여, 개인정보에 관한 인격권 보호에 의하여 얻을 수 있는 이익과 그 정보처리 행위로 인하여 얻을 수 있는 이익 즉 정보처리자의 '알 권리'와 이를 기반으로 한 정보수용자의 '알 권리' 및 표현의 자유, 정보처리자의 영업의 자유, 사회 전체의 경제적 효율성 등의 가치를 구체적으로 비교 형량하여 어느 쪽 이익이 더 우월한 것으로 평가할 수 있는지에 따라 그 정보처리 행위의 최종적인 위법성 여부를 판단하여야 하고, 단지 정보처리자에게 영리 목적이 있었다는 사정만으로 곧바로 그 정보처리 행위를 위법하다고 할 수는 없다(대판 2016.08.17. 2014다235080).

24 **주민등록번호 변경에 관한 규정을 두고 있지 않은 「주민등록법」(2007.5.11. 법률 제8422호로 전부개정된 것) 제7조에 관한 다음 설명 중 가장 옳지 않은 것은?** (다툼이 있는 경우 헌법재판소 결정에 의함)

2016 법원직 9급

① 주민등록번호는 모든 국민에게 일련의 숫자 형태로 부여되는 고유한 번호로서 당해 개인을 식별할 수 있는 정보에 해당하는 개인정보이다. 그런데 심판대상조항은 주민등록번호 변경에 관한 규정을 두지 않음으로써 주민등록번호 불법 유출 등을 원인으로 자신의 주민등록번호를 변경하고자 하는 청구인들의 개인정보자기결정권을 제한하고 있다.

② 주민등록번호는 단순한 개인식별번호에서 더 나아가 표준식별번호로 기능함으로써, 결과적으로 개인정보를 통합하는 연결자(key data)로 사용되고 있는바, 개인에 대한 통합관리의 위험성을 높이고, 종국적으로 개인을 모든 영역에서 국가의 관리대상으로 전락시킬 위험성이 있으므로 주민등록번호의 관리나 이용에 대한 제한의 필요성이 크다.

③ 다만 국가가 「개인정보 보호법」 등의 입법을 통하여 주민등록번호 처리 등을 제한하고, 유출이나 오·남용을 예방하는 조치를 취하였다면, 이러한 조치는 국민의 개인정보자기결정권에 대한 충분한 보호가 될 수 있다.

④ 주민등록번호 변경을 허용하더라도 변경 전 주민등록번호와의 연계 시스템을 구축하여 활용한다면 개인식별 기능과 본인 동일성 증명기능이 충분히 이루어질 것이고, 입법자가 정하는 일정한 요건을 구비한 경우에 객관성과 공정성을 갖춘 기관의 심사를 거쳐 변경할 수 있도록 한다면 주민등록번호 변경절차를 악용하려는 경우를 차단할 수 있으며, 사회적으로 큰 혼란을 불러일으키지도 않을 것이다.

PART · 02

지문분석 **난이도** ■■■ **상** | **정답** ③ | **키워드** 사생활의 비밀과 자유 | **출제유형** 판례

③ 【X】 주민등록번호는 단순한 개인식별번호에서 더 나아가 표준식별번호로 기능함으로써, 개인에 관한 정보가 주민등록번호를 사용하여 구축되고 그 번호를 통해 또 다른 개인정보와 연결되어 결과적으로 개인정보를 통합하는 연결자(key data)로 사용되고 있다. 이러한 점은 개인에 대한 통합관리의 위험성을 높이고, 종국적으로는 개인을 인격체로서가 아니라 모든 영역에서 국가의 관리대상으로 전락시킬 위험성이 있으므로 주민등록번호의 관리나 이용에 대한 제한의 필요성이 크다(헌재 2015.12.23. 2013헌바68).

25 **거주 · 이전의 자유에 대한 설명으로 가장 적절한 것은?** (다툼이 있는 경우 판례에 의함)

2021 경찰 승진(변형)

① 거주 · 이전의 자유는 해외여행 및 해외 이주의 자유를 포함하고 있지만, 국적변경의 자유는 그 내용에 포섭되지 않는다.

② 영내 기거하는 현역병은 그가 속한 세대의 거주지에서 등록하여야 한다고 규정하고 있는 「주민등록법」 조항은 거주 · 이전의 자유를 제한하지 않는다.

③ 서울특별시 서울광장을 경찰버스들로 둘러싸 통행을 제지한 행위는 거주 · 이전의 자유를 제한한다.

④ 복수국적자에 대하여 제1국민역에 편입된 날부터 3개월 이내에 대한민국 국적을 이탈하지 않으면 병역의무를 해소한 후에야 이를 가능하도록 한 「국적법」 조항은 복수국적자의 국적이탈의 자유를 침해하지 않는다.

지문분석 **난이도** □■■ **중** | **정답** ② | **키워드** 거주 · 이전의 자유 | **출제유형** 판례

① 【X】

[1] 우리 헌법 제14조 제1항은 '모든 국민은 거주 · 이전의 자유를 가진다.'고 규정하고 있고, 이러한 거주 · 이전의 자유에는 국내에서의 거주 · 이전의 자유뿐 아니라 국외 이주의 자유, 해외여행의 자유 및 귀국의 자유가 포함되는바, 아프가니스탄 등 일정한 국가로의 이주, 해외여행 등을 제한하는 이 사건 고시로 인하여 청구인들의 거주 · 이전의 자유가 일부 제한된 점은 인정된다(헌재 2008.06.26. 2007헌마1366).

[2] 국적을 이탈하거나 변경하는 것은 헌법 제14조가 보장하는 거주 · 이전의 자유에 포함되므로 법 제12조 제1항 단서 및 그에 관한 제14조 제1항 단서는 이중국적자의 국적선택(국적이탈)의 자유를 제한하는 것이라 할 것이고, 그것이 병역의무 이행의 확보라는 공익을 위하여 정당화될 수 있는 것인지가 문제된다(헌재 2006.11.30. 2005헌마739).

② 【O】 누구든지 주민등록 여부와 무관하게 거주지를 자유롭게 이전할 수 있으므로 주민등록 여부가 거주 · 이전의 자유와 직접적인 관계가 있다고 보기 어려우며, 영내 기거하는 현역병은 「병역법」으로 인해 거주 · 이전의 자유를 제한받게 되므로 이 사건 법률조항은 영내 기거 현역병의 거주 · 이전의 자유를 제한하지 않는다(헌재 2011.06.30. 2009헌마59).

③ 【X】 거주 · 이전의 자유는 거주지나 체류지라고 볼 만한 정도로 생활과 밀접한 연관을 갖는 장소를 선택하고 변경하는 행위를 보호하는 기본권인바, 이 사건에서 서울광장이 청구인들의 생활형성의 중심지인 거주지나 체류지에 해당한다고 할 수 없고, 서울광장에 출입하고 통행하는 행위가 그 장소를 중심으로 생활을 형성해 나가는 행위에 속한다고 볼 수도 없으므로 청구인들의 거주 · 이전의 자유가 제한되었다고 할 수 없다(헌재 2011.06.30. 2009헌마406).

④ 【X】 복수국적자는 제1국민역에 편입된 날부터 3개월 이내에 대한민국 국적을 이탈하지 않으면 병역의무를 해소한 후에야 국적이탈이 가능하도록 한 것은 과잉금지원칙에 위반하여 복수국적자의 국적이탈의 자유를 침해한다(헌재 2020.09.24. 2016헌마889).

26 거주 · 이전의 자유에 관한 설명으로 가장 적절한 것은? (다툼이 있는 경우 헌법재판소 판례에 의함)

2024 경찰 2차

① 아프가니스탄 등 전쟁이나 테러위험이 있는 해외 위난지역에서 여권 사용을 제한하거나 방문 또는 체류를 금지한 외교통상부 고시는 거주 · 이전의 자유를 침해한다.

② 입국의 자유는 인간의 존엄과 가치 및 행복추구권과 밀접한 관련이 있는 인간의 권리에 속하므로, 입국의 자유에 대한 외국인의 기본권주체성은 인정된다.

③ 국민의 거주 · 이전의 자유는 국외에서 체류지와 거주지를 자유롭게 정할 수 있는 '해외여행 및 해외이주의 자유'와 외국에서 체류하거나 거주하려고 대한민국을 떠날 수 있는 '출국의 자유'를 포함하지만, 외국체류나 거주를 중단하고 다시 대한민국으로 돌아올 수 있는 '입국의 자유'는 포함하지 않는다.

④ 누구든지 주민등록 여부와 무관하게 거주지를 자유롭게 이전할 수 있어서, 주민등록여부가 거주 · 이전의 자유와 직접적인 관계가 있다고 보기도 어렵고, 영내 기거하는 현역병은 「병역법」으로 말미암아 거주 · 이전의 자유를 제한 받게 된다. 따라서 군인이 영내에 거주할 때 그가 속한 세대의 거주지에 주민등록을 하게 할지라도 그의 거주 · 이전의 자유는 제한되지 않는다.

PART · 02

지문분석 **난이도** □■■ **중** | **정답** ④ | **키워드** 거주 · 이전의 자유 | **출제유형** 판례

① 【X】 외교통상부가 해외 위난지역에서의 국민을 보호하고자 특정 해외 위난지역에서의 여권사용, 방문 또는 체류를 금지한 이 사건 고시는 국민의 생명 · 신체 및 재산을 보호하기 위한 것으로 그 목적의 정당성과 수단의 적절성이 인정되며, 대상지역을 당시 전쟁이 계속 중이던 이라크와 소말리아, 그리고 실제로 한국인에 대한 테러 가능성이 높았던 아프가니스탄 등 3곳으로 한정하고, 그 기간도 1년으로 하여 그다지 장기간으로 볼 수 없을 뿐 아니라, 부득이한 경우 예외적으로 외교통상부장관의 허가를 받아 여권의 사용 및 방문 · 체류가 가능하도록 함으로써 국민의 거주 · 이전의 자유에 대한 제한을 최소화하고 법익의 균형성도 갖추었다. 결국 이 사건 고시가 과잉금지원칙에 위배하여 청구인들의 거주 · 이전의 자유를 침해하였다고 볼 수 없다(헌재 2008.06.26. 2007헌마1366).

② 【X】 참정권에 대한 외국인의 기본권주체성은 인정되지 아니하고, 이 사건에서 청구인 설○혁 등이 주장하는 거주 · 이전의 자유는 입국의 자유에 관한 것이므로 이에 대해서도 외국인의 기본권주체성은 인정되지 아니한다(헌재 2014.06.26. 2011헌마502).

③ 【X】 헌법 제14조의 거주 · 이전의 자유는 국가의 간섭 없이 자유롭게 거주와 체류지를 정할 수 있는 자유로서, 정치 · 경제 · 사회 · 문화 등 모든 생활영역에서 개성 신장을 촉진함으로써 헌법상 보장되고 있는 다른 기본권의 실효성을 증대시키는 기능을 한다. 거주 · 이전의 자유에는 국외에서 체류지와 거주지를 자유롭게 정할 수 있는 '해외여행 및 해외이주의 자유'가 포함되고, 이는 필연적으로 외국에서 체류하거나 거주하기 위해서 대한민국을 떠날 수 있는 '출국의 자유'와 외국체류 또는 거주를 중단하고 다시 대한민국으로 돌아올 수 있는 '입국의 자유'를 포함한다(헌재 2015.09.24. 2012헌바302).

④ 【O】 누구든지 주민등록 여부와 무관하게 거주지를 자유롭게 이전할 수 있으므로 주민등록 여부가 거주 · 이전의 자유와 직접적인 관계가 있다고 보기 어려우며, 영내 기거하는 현역병은 병역법으로 인해 거주 · 이전의 자유를 제한받게 되므로 이 사건 법률조항은 영내 기거 현역병의 거주 · 이전의 자유를 제한하지 않는다(헌재 2011.06.30. 2009헌마59).

27 **거주 · 이전의 자유에 관한 설명 중 가장 적절한 것은?** (다툼이 있는 경우 판례에 의함) 2023 경찰 승진

① 거주 · 이전의 자유에는 국내에서의 거주 · 이전의 자유 외에도 국외 이주, 해외여행의 자유는 포함되나 귀국의 자유까지 포함되는 것은 아니다.

② 영내에 기거하는 군인은 그가 속한 세대의 거주지에서 등록하여야 한다고 규정하고 있는 「주민등록법」은 영내 기거 현역병의 거주 · 이전의 자유를 제한한다.

③ 형사재판에 계속 중인 사람에 대하여 출국을 금지할 수 있다고 규정한 「출입국관리법」은 과잉금지원칙에 위배되어 출국의 자유를 침해한다.

④ 북한 고위직 출신의 탈북 인사인 여권발급 신청인에 대하여 신변에 대한 위해 우려가 있다는 이유로 미국 방문을 위한 여권 발급을 거부한 것은 거주 · 이전의 자유를 과도하게 제한하는 것이다.

지문분석 **난이도** □■■ **중** | **정답** ④ | **키워드** 거주 · 이전의 자유 | **출제유형** 판례

① 【X】 헌법 제14조 제1항은 '모든 국민은 거주 · 이전의 자유를 가진다.'고 규정하고 있고, 이러한 거주 · 이전의 자유에는 국내에서의 거주 · 이전의 자유뿐 아니라 국외 이주의 자유, 해외여행의 자유 및 귀국의 자유가 포함되는바, 아프가니스탄 등 일정한 국가로의 이주, 해외여행 등을 제한하는 이 사건 고시로 인하여 청구인들의 거주 · 이전의 자유가 일부 제한된 점은 인정된다(헌결 2008.06.26. 2007헌마1366).

② 【X】 누구든지 주민등록 여부와 무관하게 거주지를 자유롭게 이전할 수 있으므로 주민등록 여부가 거주 · 이전의 자유와 직접적인 관계가 있다고 보기 어려우며, 영내 기거하는 현역병은 「병역법」으로 인해 거주 · 이전의 자유를 제한받게 되므로 이 사건 법률조항은 영내 기거 현역병의 거주 · 이전의 자유를 제한하지 않는다(헌결 2011.06.30. 2009헌마59).

③ 【X】 형사재판에 계속 중인 사람의 해외도피를 막아 국가 형벌권을 확보함으로써 실체적 진실발견과 사법정의를 실현하고자 하는 심판대상조항은 그 입법목적이 정당하고, 형사재판에 계속 중인 사람의 출국을 일정 기간 동안 금지할 수 있도록 하는 것은 이러한 입법목적을 달성하는 데 기여할 수 있으므로 수단의 적정성도 인정된다. 법무부장관은 출국금지 여부를 결정함에 있어 출국금지의 기본원칙, 출국금지 대상자의 범죄사실, 연령 및 가족관계, 해외도피 가능성 등 피고인의 구체적 사정을 반드시 고려하여야 하며, 실무에서도 심판대상조항에 따른 출국금지는 매우 제한적으로 운용되고 있다. 그 밖에 출국금지 해제제도, 사후통지제도, 이의신청, 행정소송 등 형사재판에 계속 중인 사람의 기본권 제한을 최소화하기 위한 여러 방안이 마련되어 있으므로 침해의 최소성 원칙에 위배되지 아니한다. 심판대상조항으로 인하여 형사재판에 계속 중인 사람이 입게 되는 불이익은 일정 기간 출국이 금지되는 것인 반면, 심판대상조항을 통하여 얻는 공익은 국가 형벌권을 확보함으로써 실체적 진실발견과 사법정의를 실현하고자 하는 것으로서 중대하므로 법익의 균형성도 충족된다. 따라서 심판대상조항은 과잉금지원칙에 위배되어 출국의 자유를 침해하지 아니한다(헌결 2015.09.24. 2012헌바302).

④ 【O】 여권발급 신청인이 북한 고위직 출신의 탈북 인사로서 신변에 대한 위해 우려가 있다는 이유로 신청인의 미국 방문을 위한 여권발급을 거부한 것은 여권법 제8조 제1항 제5호에 정한 사유에 해당한다고 볼 수 없고 거주 · 이전의 자유를 과도하게 제한하는 것으로서 위법하다고 한 사례(대판 2008.01.24. 2007두10846).

28 거주 · 이전의 자유에 관한 설명으로 가장 적절하지 않은 것은? (다툼이 있는 경우 판례에 의함)

2023 경찰 1차

① 거주 · 이전의 자유는 국민에게 그가 선택할 직업 내지 그가 취임할 공직을 그가 선택하는 임의의 장소에서 자유롭게 행사할 수 있는 권리까지 보장하는 것은 아니다.

② 거주 · 이전의 자유는 거주지나 체류지라고 볼 만한 정도로 생활과 밀접한 연관을 갖는 장소를 선택하고 변경하는 행위를 보호하는 기본권으로서, 생활의 근거지에 이르지 못하는 일시적인 이동을 위한 장소의 선택과 변경까지 그 보호영역에 포함되는 것은 아니다.

③ 복수국적자에 대하여 병역준비역에 편입된 때부터 3개월 이내에 대한민국 국적을 이탈하지 않으면 병역의무를 해소한 후에 이를 가능하도록 한 「국적법」 조항은 복수국적자의 국적이탈의 자유를 침해한다.

④ 법무부령이 정하는 금액 이상의 추징금 미납자에 대해 출국금지를 규정한 구 「출입국관리법」 조항은 기본권에 대한 침해가 적은 수단이 마련되어 있음에도 불구하고 추징금 납부를 강제하기 위한 압박수단으로 출국금지를 하는 것으로, 이는 필요한 정도를 넘는 과도한 출국의 자유를 제한하는 것이어서 과잉금지원칙에 위배된다.

지문분석 **난이도** □■■ **중** | **정답** ④ | **키워드** 거주 · 이전의 자유 | **출제유형** 판례

① 【O】 직업에 관한 규정이나 공직취임의 자격에 관한 제한규정이 그 직업 또는 공직을 선택하거나 행사하려는 자의 거주 · 이전의 자유를 간접적으로 어렵게 하거나 불가능하게 하거나 원하지 않는 지역으로 이주할 것을 강요하게 될 수 있다 하더라도, 그와 같은 조치가 특정한 직업 내지 공직의 선택 또는 행사에 있어서의 필요와 관련되어 있는 것인 한, 그러한 조치에 의하여 직업의 자유 내지 공무담임권이 제한될 수는 있어도 거주 · 이전의 자유가 제한되었다고 볼 수는 없다. 그러므로 선거일 현재 계속하여 90일 이상 당해 지방자치단체의 관할구역 안에 주민등록이 되어 있을 것을 입후보의 요건으로 하는 이 사건 법률조항으로 인하여 청구인이 그 체류지와 거주지의 자유로운 결정과 선택에 사실상 제약을 받는다고 하더라도 청구인의 공무담임권에 대한 위와 같은 제한이 있는 것은 별론으로 하고 거주 · 이전의 자유가 침해되었다고 할 수는 없다(헌재 1996.06.26. 96헌마200).

② 【O】 거주 · 이전의 자유는 거주지나 체류지라고 볼 만한 정도로 생활과 밀접한 연관을 갖는 장소를 선택하고 변경하는 행위를 보호하는 기본권으로서, 생활의 근거지에 이르지 못하는 일시적인 이동을 위한 장소의 선택과 변경까지 그 보호영역에 포함되는 것은 아니다. 따라서 서울광장 출입은 거주이전의 자유에서 보호되지 않는다. 따라서 경찰청장의 서울광장 출입제지는 거주 · 이전의 자유 제한이 아니다(헌재 2011.06.30. 2009헌마406).

③ 【O】 복수국적자가 병역준비역에 편입된 때부터 3개월(18세가 되는 해 3월 31일)이 지난 경우 병역의무 해소 전에는 대한민국 국적에서 이탈할 수 없도록 제한하는 「국적법」 제12조 제2항 본문 및 제14조 제1항 단서 중 제12조 제2항 본문에 관한 부분이 헌법에 합치되지 아니한다(헌재 2020.09.24. 2016헌마889).

④ 【X】 출국금지의 대상이 되는 금액의 액수를 직접 규정하지 않고 법무부령으로 정하도록 하고는 있으나 법원에서 선고하는 벌금이나 추징금 액수는 경제현실에 따라 변동될 수 있고, 법의식 및 사회관념의 변화에 따라 출국금지의 상당성을 인정하는 금액이 다를 수 있으므로 출국금지의 기준 금액을 현실의 상황변화에 맞게 탄력적으로 결정할 수 있도록 할 필요가 크다. 그렇다면 법률에서 직접 출국금지의 기준이 되는 추징금의 액수를 규정하기보다는 하위법령에 위임하는 것이 입법기술상 보다 상당하다. 또한 이 사건 법조항이 출국금지처분의 사유가 되는 추징금의 미납액수 하한을 정하는 기준과 범위를 명시적으로 설정하고 있지는 않지만 추징금 미납자를 그 대상으로 하는 만큼 일정한 금액 이상의 추징금을 미납하는 경우에 출국금지처분은 명확하게 예측할 수 있고, 「출입국관리법」의 전반적 체계와 관련 규정들에 비추어 보면 사회적 상당성있는 금액이 규정될 것임을 알 수 있어 위임입법의 한계를 일탈하였다고 볼 수는 없다(헌재 2004.10.28. 2003헌가18).

29 주거의 자유에 대한 설명으로 가장 적절하지 않은 것은? (다툼이 있는 경우 판례에 의함) 2021 경찰 승진

① 헌법 제16조가 영장주의에 대한 예외를 마련하고 있지 않으므로 주거에 대한 압수나 수색에 있어서 영장주의의 예외를 인정할 수 없다.

② 헌법 제16조가 보장하는 주거의 자유는 개방되지 않은 사적 공간인 주거를 공권력이나 제3자에 의해 침해당하지 않도록 함으로써 국민의 사생활영역을 보호하기 위한 권리이다.

③ 주거용 건축물의 사용·수익관계를 정하고 있는 「도시 및 주거환경정비법」 조항은 헌법 제16조에 의해 보호되는 주거의 자유를 제한하지 않는다.

④ 점유할 권리 없는 자의 점유라고 하더라도 그 주거의 평온은 보호되어야 할 것이므로, 권리자가 그 권리를 실행함에 있어 법에 정하여진 절차에 의하지 아니하고 그 건조물 등에 침입한 경우에 주거침입죄가 성립한다.

지문분석 **난이도** □■■ 중 | **정답** ① | **키워드** 주거의 자유 | **출제유형** 판례

① 【X】 헌법 제16조에서 영장주의에 대한 예외를 마련하지 아니하였다고 하여, 주거에 대한 압수나 수색에 있어 영장주의가 예외 없이 반드시 관철되어야 함을 의미하는 것은 아닌 점, 인간의 존엄성 실현과 인격의 자유로운 발현을 위한 핵심적 자유 영역에 속하는 기본권인 신체의 자유에 대해서도 헌법 제12조 제3항에서 영장주의의 예외를 인정하고 있는데, 이러한 신체의 자유에 비하여 주거의 자유는 그 기본권 제한의 여지가 크므로, 형사사법 및 공권력 작용의 기능적 효율성을 함께 고려하여 본다면, 헌법 제16조의 영장주의에 대해서도 일정한 요건 하에서 그 예외를 인정할 필요가 있는 점, 헌법 제16조가 주거의 자유와 관련하여 영장주의를 선언하고 있는 이상, 그 예외는 매우 엄격한 요건 하에서만 인정되어야 하는 점 등을 종합하면, 헌법 제16조의 영장주의에 대해서도 그 예외를 인정하되, 이는 그 장소에 범죄혐의 등을 입증할 자료나 피의자가 존재할 개연성이 소명되고, 사전에 영장을 발부받기 어려운 긴급한 사정이 있는 경우에만 제한적으로 허용될 수 있다고 보는 것이 타당하다 (헌재 2018.04.26. 2015헌바370 등).

② 【O】 헌법 제16조가 보장하는 주거의 자유는 개방되지 않은 사적 공간인 주거를 공권력이나 제3자에 의해 침해당하지 않도록 함으로써 국민의 사생활영역을 보호하기 위한 권리이므로, 주거용 건축물의 사용·수익관계를 정하고 있는 이 사건 법률 조항이 주거의 자유를 제한한다고 볼 수도 없다(헌재 2014.07.24. 2012헌마662).

③ 【O】 이 사건 수용조항은, 정비사업조합에 수용권한을 부여하여 주택재개발사업에 반대하는 청구인의 토지 등을 강제로 취득할 수 있도록 하고 있다. 따라서 이 사건 수용조항이 토지 등 소유자의 재산권을 침해하는지 여부가 문제된다. 청구인은 이 사건 수용조항으로 인하여 거주·이전의 자유도 제한된다고 주장하고 있다. 주거로 사용하던 건물이 수용될 경우 그 효과로 거주지도 이전하여야 하는 것은 사실이나, 이는 토지 및 건물 등의 수용에 따른 부수적 효과로서 간접적, 사실적 제약에 해당하므로 거주·이전의 자유 침해여부는 별도로 판단하지 않는다(헌재 2019.11.28. 2017헌바241).

④ 【O】 주거침입죄는 사실상의 주거의 평온을 보호법익으로 하는 것이므로 그 주거자 또는 간수자가 건조물 등에 거주 또는 간수할 권리를 가지고 있는가의 여부는 범죄의 성립을 좌우하는 것이 아니며, 점유할 권리 없는 자의 점유라고 하더라도 그 주거의 평온은 보호되어야 할 것이므로, 권리자가 그 권리를 실행함에 있어 법에 정하여진 절차에 의하지 아니하고 그 건조물 등에 침입한 경우에는 주거침입죄가 성립한다(대판 1987.11.10. 87도1760).

30 통신의 자유에 대한 설명으로 가장 적절하지 않은 것은? (다툼이 있는 경우 판례에 의함) 2017 경찰 승진

① 미결수용자가 교정시설 내에서 규율위반 행위를 이유로 금치 처분을 받은 경우 금치기간 중 서신수수·접견·전화통화를 제한하는 것은 통신의 자유를 침해하지 아니한다.

② 긴급조치 제1호는 유신헌법을 부정하거나 반대하고 폐지를 주장하는 행위 중 실제로 국가의 안전보장과 공공의 안녕질서에 대한 심각하고 중대한 위협이 명백하고 현존하는 경우 이외에도, 국가긴급권의 발동이 필요한 상황과는 전혀 무관하게 헌법과 관련하여 자신의 견해를 단순하게 표명하는 행위까지 모두 처벌하고 처벌의 대상이 되는 행위를 구체적으로 특정할 수 없으므로 표현의 자유를 침해한다.

③ 국가기관이 정보통신부 장관의 인가 없이 감청설비의 제조·수입 등의 방법으로 감청설비를 보유·사용할 수 있도록 하는 것은 통신의 자유를 침해한 것이다.

④ 통신의 자유는 국가안전보장·질서유지 또는 공공복리를 위하여 필요한 경우에는 법률로 제한될 수 있다.

지문분석 **난이도** □■■ 중 | **정답** ③ | **키워드** 통신의 자유 | **출제유형** 판례 및 이론

▶「통신비밀보호법」(사전 승인원칙)

국내범죄		관할 지방법원 허가 2개월 + 부득이한 경우 2개월 내 연장 가능, 총 1년 초과×
국가보안범죄	내국인	관할 고등법원 수석부장판사의 허가 + 4개월 + 부득이한 경우 4개월 내 연장 가능
	외국인	대통령 승인 + 4개월 + 부득이한 경우 4개월 내 연장 가능, 비상사태시 대통령 승인×, 연장가능

① 【O】 미결수용자가 교정시설 내에서 규율위반 행위를 이유로 금치 처분을 받은 경우 금치기간 중 서신수수·접견·전화통화를 제한하는 것은 통신의 자유를 침해하지 아니한다(헌재 2016.04.28. 2012헌마549).

② 【O】 긴급조치 제1호, 제2호는 국가긴급권의 발동이 필요한 상황과는 전혀 무관하게 헌법과 관련하여 자신의 견해를 단순하게 표명하는 모든 행위까지 처벌하고, 처벌의 대상이 되는 행위를 전혀 구체적으로 특정할 수 없으므로, 표현의 자유 제한의 한계를 일탈하여 국가형벌권을 자의적으로 행사하였고, 죄형법정주의의 명확성 원칙에 위배되며, 국민의 헌법개정권력의 행사와 관련한 참정권, 국민투표권, 영장주의 및 신체의 자유, 법관에 의한 재판을 받을 권리 등을 침해한다(헌재 2013.03.21. 2010헌바70).

③ 【X】 국가기관의 감청설비 보유·사용에 대한 관리와 통제를 위한 법적, 제도적 장치가 마련되어 있으므로, 국가기관이 인가 없이 감청설비를 보유, 사용할 수 있다는 사실만 가지고 바로 국가기관에 의한 통신비밀침해행위를 용이하게 하는 결과를 초래함으로써 통신의 자유를 침해한다고 볼 수는 없다(헌재 2001.03.21. 2000헌바25).

④ 【O】 통신의 자유는 헌법 제37조 제2항에 의해 국가안전보장·질서유지 또는 공공복리를 위하여 필요한 경우에 한하여 법률로써 제한할 수 있으며, 제한하는 경우에도 자유와 권리의 본질적인 내용을 침해할 수 없다.

31 **통신의 자유에 대한 설명으로 가장 적절하지 <u>않은</u> 것은?** (다툼이 있는 경우 판례에 의함) 2021 경찰 승진

① 육군 신병훈련소에서 교육훈련을 받는 동안 전화사용을 통제하는 육군 신병교육 지침서 규정은 신병교육훈련생들의 통신의 자유를 침해하지 않는다.

② 통신의 자유란 통신수단을 자유로이 이용하여 의사소통할 권리이고, 이러한 '통신수단의 자유로운 이용'에는 자신의 인적사항을 누구에게도 밝히지 않는 상태로 통신수단을 이용할 자유, 즉 통신수단의 익명성 보장도 포함된다.

③ 수용자가 국가기관에 서신을 발송할 경우에 교도소장의 허가를 받도록 하는 것은 통신비밀의 자유를 침해하지 않는다.

④ 검사, 사법경찰관 또는 정보수사기관의 장은 중대한 범죄의 계획이나 실행 등 긴박한 상황에 있는 경우 반드시 법원의 사전허가를 받아 통신제한조치를 하여야 한다.

지문분석 **난이도** □■■ **중** | **정답** ④ | **키워드** 통신의 자유 | **출제유형** 판례

① 【O】 이 사건 지침은 신병교육훈련을 받고 있는 군인의 통신의 자유를 제한하고 있으나, 신병들을 군인으로 육성하고 교육훈련과 병영생활에 조속히 적응시키기 위하여 신병교육기간에 한하여 신병의 외부 전화통화를 통제한 것이다. 이 사건 지침에서 신병교육훈련기간 동안 전화사용을 하지 못하도록 정하고 있는 규율이 청구인을 포함한 신병교육훈련생들의 통신의 자유 등 기본권을 필요한 정도를 넘어 과도하게 제한하는 것이라고 보기 어렵다(헌재 2010.10.28. 2007헌마890).

② 【O】 헌법 제18조로 보장되는 기본권인 통신의 자유란 통신수단을 자유로이 이용하여 의사소통할 권리이다. '통신수단의 자유로운 이용'에는 자신의 인적 사항을 누구에게도 밝히지 않는 상태로 통신수단을 이용할 자유, 즉 통신수단의 익명성 보장도 포함된다. 심판대상조항은 휴대전화를 통한 문자·전화·모바일 인터넷 등 통신기능을 사용하고자 하는 자에게 반드시 사전에 본인확인 절차를 거치는 데 동의해야만 이를 사용할 수 있도록 하므로, 익명으로 통신하고자 하는 청구인들의 통신의 자유를 제한한다(헌재 2019.09.26. 2017헌마1209).

③ 【O】 만약 국가기관과 사인에 대한 서신을 따로 분리하여 사인에 대한 서신의 경우에만 검열을 실시하고, 국가기관에 대한 서신의 경우에는 검열을 하지 않는다면 사인에게 보낼 서신을 국가기관의 명의를 빌려 검열 없이 보낼 수 있게 됨으로써 검열을 거치지 않고 사인에게 서신을 발송하는 탈법수단으로 이용될 수 있게 되므로 수용자의 서신에 대한 검열은 국가안전 보장·질서유지 또는 공공복리라는 정당한 목적을 위하여 부득이 할 뿐만 아니라 유효적절한 방법에 의한 최소한의 제한이며, 통신비밀의 자유의 본질적 내용을 침해하는 것이 아니어서 헌법에 위반된다고 할 수 없다(헌재 2001.11.29. 99헌마713).

④ 【X】 검사, 사법경찰관 또는 정보수사기관의 장은 국가안보를 위협하는 음모행위, 직접적인 사망이나 심각한 상해의 위험을 야기할 수 있는 범죄 또는 조직범죄 등 중대한 범죄의 계획이나 실행 등 긴박한 상황에 있고 제5조 제1항 또는 제7조 제1항 제1호의 규정에 의한 요건을 구비한 자에 대하여 제6조 또는 제7조 제1항 및 제3항의 규정에 의한 절차를 거칠 수 없는 긴급한 사유가 있는 때에는 법원의 허가 없이 통신제한조치를 할 수 있다(「통신비밀보호법」 제8조 제1항).

32 통신의 자유에 대한 설명으로 옳지 않은 것은? (다툼이 있는 경우 판례에 의함) 2016 국가직 7급

① 미결수용자가 교정시설 내에서 규율위반 행위를 이유로 금치 처분을 받은 경우 금치 기간 중 서신수수・접견・전화통화를 제한하는 것은 통신의 자유를 침해하지 아니한다.

② 국가기관의 감청설비 보유・사용에 대한 관리와 통제를 위한 법적・제도적 장치가 마련되어 있을지라도, 국가기관이 인가 없이 감청설비를 보유・사용할 수 있다는 사실만 가지고 바로 국가기관에 의한 통신비밀 침해행위를 예상할 수 있으므로 국가기관이 감청설비의 보유 및 사용에 있어서 주무장관의 인가를 받지 않아도 된다는 것은 통신의 자유를 침해한다.

③ 신병훈련소에서 교육훈련을 받는 동안 신병의 전화사용을 통제하는 육군 신병교육지침서는 통신의 자유를 필요한 정도를 넘어 과도하게 제한하고 있는 것은 아니다.

④ 수사기관이 아닌 사인이 공개되지 아니한 타인 간의 대화를 비밀녹음한 녹음테이프에 대한 검증조서의 증거능력은 인정되지 않는다.

지문분석 **난이도** □□■ **하** | **정답** ② | **키워드** 통신의 자유 | **출제유형** 판례

① 【O】 미결수용자가 교정시설 내에서 규율위반행위 등을 이유로 금치처분을 받은 경우 금치기간 중 서신수수・접견・전화통화 제한하는 것은 통신의 자유를 침해하지 아니한다(헌재 2016.04.28. 2012헌마549).

② 【X】 국가기관의 감청설비 보유・사용에 대한 관리와 통제를 위한 법적, 제도적 장치가 마련되어 있으므로, 국가기관이 인가 없이 감청설비를 보유, 사용할 수 있다는 사실만 가지고 바로 국가기관에 의한 통신비밀침해행위를 용이하게 하는 결과를 초래함으로써 통신의 자유를 침해한다고 볼 수는 없다(헌재 2001.03.21. 2000헌바25).

③ 【O】 신병훈련소에서 교육훈련을 받는 동안 신병의 전화사용을 통제하는 육군 신병교육지침에서 신병교육훈련기간 동안 전화사용을 하지 못하도록 정하고 있는 규율이 청구인을 포함한 신병교육훈련생들의 통신의 자유 등 기본권을 필요한 정도를 넘어 과도하게 제한하는 것이라고 보기 어렵다(헌재 2010.10.28. 2007헌마890).

④ 【O】 대판 2001.10.9. 2001도3106

33 통신의 비밀에 대한 설명으로 옳지 않은 것은? (다툼이 있는 경우 판례에 의함) 2019 지방직 7급

① 마약류사범인 미결수용자와 변호인이 아닌 접견인 사이의 화상 접견내용이 모두 녹음・녹화된 경우 이는 화상접견시스템이라는 전기통신수단을 이용하여 개인 간의 대화내용을 녹음・녹화하는 것으로 미결수용자의 통신의 비밀을 침해하지 아니한다.

② 인터넷회선 감청은 서버에 저장된 정보가 아니라, 인터넷상에서 발신되어 수신되기까지의 과정 중에 수집되는 정보, 즉 전송 중인 정보의 수집을 위한 수사이므로, 압수・수색에 해당된다.

③ 자유로운 의사소통은 통신내용의 비밀을 보장하는 것만으로는 충분하지 아니하고 구체적인 통신관계의 발생으로 야기된 모든 사실관계, 특히 통신관여자의 인적 동일성・통신장소・통신횟수・통신시간 등 통신의 외형을 구성하는 통신이용의 전반적 상황의 비밀까지도 보장한다.

④ 수사를 위하여 필요한 경우 수사기관으로 하여금 법원의 허가를 얻어 전기통신사업자에게 특정 시간대 특정 기지국에서 발신된 모든 전화번호의 제공을 요청할 수 있도록 하는 것은 그 통신서비스이용자의 개인정보자기결정권과 통신의 자유를 침해한다.

지문분석 난이도 □■■ 중 | **정답** ② | **키워드** 통신의 자유 | **출제유형** 판례

① 【O】 이 사건 녹음조항은 수용자의 증거인멸의 가능성 및 추가범죄의 발생 가능성을 차단하고, 교정시설 내의 안전과 질서유지를 위한 것으로 목적의 정당성이 인정되며, 수용자는 증거인멸 또는 형사 법령 저촉 행위를 할 경우 쉽게 발각될 수 있다는 점을 예상하여 이를 억제하게 될 것이므로 수단의 적합성도 인정된다. 따라서 이 사건 녹음조항은 과잉금지원칙에 위배되어 청구인의 사생활의 비밀과 자유 및 통신의 비밀을 침해하지 아니한다 (헌재 2016.11.24. 2014헌바401).

② 【X】 인터넷회선 감청은 검사가 법원의 허가를 받으면, 피의자 및 피내사자에 해당하는 감청대상자나 해당 인터넷회선의 가입자의 동의나 승낙을 얻지 아니하고도, 전기통신사업자의 협조를 통해 해당 인터넷회선을 통해 송・수신되는 전기통신에 대해 감청을 집행함으로써 정보주체의 기본권을 제한할 수 있으므로, 법이 정한 강제처분에 해당한다. 또한 인터넷회선 감청은 서버에 저장된 정보가 아니라, 인터넷상에서 발신되어 수신되기까지의 과정 중에 수집되는 정보, 즉 전송 중인 정보의 수집을 위한 수사이므로, 압수・수색과 구별된다(헌재 2018.08.30. 2016헌마263).

③ 【O】 자유로운 의사소통은 통신내용의 비밀을 보장하는 것만으로는 충분하지 아니하고 구체적인 통신으로 발생하는 외형적인 사실관계, 특히 통신관여자의 인적 동일성・통신시간・통신장소・통신횟수 등 통신의 외형을 구성하는 통신이용의 전반적 상황의 비밀까지도 보장해야 한다(헌재 2018.06.28. 2012헌마191 등).

④ 【O】 이동전화의 이용과 관련하여 필연적으로 발생하는 통신사실 확인자료는 비록 비내용적 정보이지만 여러 정보의 결합과 분석을 통해 정보주체에 관한 정보를 유추해낼 수 있는 민감한 정보인 점, 수사기관의 통신사실 확인자료 제공요청에 대해 법원의 허가를 거치도록 규정하고 있으나 수사의 필요성만을 그 요건으로 하고 있어 제대로 된 통제가 이루어지기 어려운 점, 기지국수사의 허용과 관련하여서는 유괴・납치・성폭력범죄 등 강력범죄나 국가안보를 위협하는 각종 범죄와 같이 피의자나 피해자의 통신사실 확인자료가 반드시 필요한 범죄로 그 대상을 한정하는 방안 또는 다른 방법으로는 범죄수사가 어려운 경우(보충성)를 요건으로 추가하는 방안 등을 검토함으로써 수사에 지장을 초래하지 않으면서도 불특정 다수의 기본권을 덜 침해하는 수단이 존재하는 점을 고려할 때, 이 사건 요청조항은 과잉금지원칙에 반하여 청구인의 개인정보자기결정권과 통신의 자유를 침해한다 (헌재 2018.06.28. 2012헌마538 등).

34 통신의 자유에 대한 설명으로 가장 적절하지 않은 것은? (다툼이 있는 경우 판례에 의함) 2022 경찰 승진

① 「통신비밀보호법」 제3조의 규정에 위반하여, 불법검열에 의하여 취득한 우편물이나 그 내용 및 불법감청에 의하여 지득 또는 채록된 전기통신의 내용은 재판 또는 징계절차에서 증거로 사용할 수 없다.

② 「통신비밀보호법」상 '감청'이란 대상이 되는 전기통신의 송·수신과 동시에 이루어지는 경우만을 의미하고 이미 수신이 완료된 전기통신의 내용을 지득하는 등의 행위는 포함되지 아니한다.

③ 통신제한조치 기간의 연장을 허가함에 있어 총연장기간 내지 총연장횟수의 제한을 두지 아니하고 무제한 연장을 허가할 수 있도록 규정한 「통신비밀보호법」 중 전기통신에 관한 '통신제한조치 기간의 연장'에 관한 부분은 과잉금지원칙을 위반하여 통신의 비밀을 침해한다.

④ 피청구인 구치소장이 구치소에 수용 중인 수형자에게 온 서신에 '허가 없이 수수되는 물품'인 녹취서와 사진이 동봉되어 있음을 확인하여 서신수수를 금지하고 발신인인 청구인에게 위 물품을 반송한 것은 과잉금지원칙에 위반되어 청구인의 통신의 자유를 침해한다.

PART · 02

지문분석 **난이도** □■■ **중** | **정답** ④ | **키워드** 사생활의 비밀과 자유 | **출제유형** 판례

① **[O]** 「통신비밀보호법」 제4조(불법검열에 의한 우편물의 내용과 불법감청에 의한 전기통신내용의 증거사용 금지) 및 제3조(통신 및 대화비밀의 보호)의 규정에 위반하여, 불법검열에 의하여 취득한 우편물이나 그 내용 및 불법감청에 의하여 지득 또는 채록된 전기통신의 내용은 재판 또는 징계절차에서 증거로 사용할 수 없다.

② **[O]** 「통신비밀보호법」 제2조 제3호 및 제7호에 의하면 같은 법상의 '감청'은 전자적 방식에 의하여 모든 종류의 음향·문언·부호 또는 영상을 송신하거나 수신하는 전기통신에 대하여 당사자의 동의 없이 전자장치·기계장치 등을 사용하여 통신의 음향·문언·부호·영상을 청취·공독하여 그 내용을 지득 또는 채록하거나 전기통신의 송·수신을 방해하는 것을 말하는 것이다. 「통신비밀보호법」상의 '감청'이란 그 대상이 되는 전기통신의 송·수신과 동시에 이루어지는 경우만을 의미하고, 이미 수신이 완료된 전기통신의 내용을 지득하는 등의 행위는 포함되지 않는다(대판 2012.10.25. 2012도4644).

③ **[O]** 법원이 실제 통신제한조치의 기간연장절차의 남용을 통제하는 데 한계가 있는 이상 통신제한조치 기간연장에 사법적 통제절차가 있다는 사정만으로는 그 남용으로 인하여 개인의 통신의 비밀이 과도하게 제한되는 것을 막을 수 없다. 그럼에도 통신제한조치기간을 연장함에 있어 법운용자의 남용을 막을 수 있는 최소한의 한계를 설정하지 않은 이 사건 법률조항은 침해의 최소성원칙에 위반한다. 그러므로 이 사건 법률조항은 과잉금지원칙에 위반하여 청구인의 통신의 비밀을 침해하였다고 할 것이다(헌재 2010.12.28. 2009헌가30).

④ **[X]** 피청구인 ○○구치소장이 ○○구치소에 수용 중인 수형자에게 온 서신에 '허가 없이 수수되는 물품'인 녹취서와 사진이 동봉되어 있음을 확인하여 서신수수를 금지하고 발신인인 청구인에게 위 물품을 반송한 것은 교정사고를 미연에 방지하고 교정시설의 안전과 질서 유지를 위하여 불가피한 측면이 있다. 또한 청구인은 관심대상수용자로 지정된 자이고, 서신에 동봉된 녹취서는 청구인이 원고인 민사사건 증인의 증언을 녹취한 소송서류로서 타인의 실명과 개인정보가 기재되어 있다. 한편, 수용자 사이에 사진을 자유롭게 교환할 수 있도록 하는 경우 각종 교정사고가 발생할 가능성이 있다. 이와 같은 점을 종합적으로 고려하면, 이 사건 반송행위는 과잉금지원칙에 위반되어 청구인의 통신의 자유를 침해하지 않는다(헌재 2019.12.27. 2017헌마413 등).

35 甲은 강도죄를 범하여 유죄의 확정판결을 받고 현재 교도소에 수용 중인 자다. 甲은 교도소 내의 처우에 불만을 가지고, 이와 관련하여 헌법소원심판을 청구하고자 변호사 乙과의 접견을 신청하였으나, 교도소장 丙은 접견을 불허하였다. 이에 甲은 변호사 乙에게 서신을 발송하고자 하였는데 교도소장 丙은 외부로 반출되는 모든 서신에 대해 봉함하지 않은 상태로 사전에 검사받도록 해 온 교도소 관행에 따라 甲의 서신도 무봉함 상태로 제출하게 한 후 검열한 끝에 서신 내용을 문제 삼아 외부 발송을 거부하였다. 이 사안에 관한 설명 중 가장 적절하지 않은 것은? (다툼이 있는 경우 판례에 의함) 2022 경찰 승진

① 이른바 특별권력관계에서도 기본권의 제한은 법률에 근거해야 한다.
② 교도소장 丙의 서신검열행위는 이른바 권력적 사실행위로서 행정심판이나 행정소송의 대상이 되는 행정처분으로 볼 수 있다.
③ 위 사안에서는 검열행위가 이미 완료되어 행정심판이나 행정소송을 제기하더라도 소의 이익이 부정될 수밖에 없으므로 헌법소원심판청구에서의 보충성원칙의 예외에 해당한다.
④ 교도소장 丙이 甲으로 하여금 서신을 봉함하지 않은 상태로 제출하게 한 것은 교도소 내의 규율과 질서를 유지하기 위한 불가피한 조치로서 甲의 통신비밀의 자유를 침해한다고 볼 수 없다.

지문분석 **난이도** ■■■ 상 | **정답** ④ | **키워드** 통신비밀의 자유 | **출제유형** 이론 +판례

① 【O】 법률유보원칙과 과잉금지원칙 등 기본권 제한의 일반이론은 특별권력관계에도 예외 없이 적용된다. 특별권력관계에서도 기본권의 제한은 법률에 근거해야 하고, 특별권력관계의 목적달성을 위하여 필요한 범위 내에서 이루어져야 한다는 의미에서 과잉금지원칙을 준수하여야 한다.
② 【O】, ③ 【O】 수형자의 서신을 교도소장이 검열하는 행위는 이른바 권력적 사실행위로서 행정심판이나 행정소송의 대상이 되는 행정처분으로 볼 수 있으나, 위 검열행위가 이미 완료되어 행정심판이나 행정소송을 제기하더라도 소의 이익이 부정될 수밖에 없으므로 헌법소원심판을 청구하는 외에 다른 효과적인 구제방법이 있다고 보기 어렵기 때문에 보충성의 원칙에 대한 예외에 해당한다(헌재 1998.08.27. 96헌마398).
④ 【X】 이 사건 시행령조항은 교정시설의 안전과 질서유지, 수용자의 교화 및 사회복귀를 원활하게 하기 위해 수용자가 밖으로 내보내는 서신을 봉함하지 않은 상태로 제출하도록 한 것이나, 이와 같은 목적은 교도관이 수용자의 면전에서 서신에 금지물품이 들어 있는지를 확인하고 수용자로 하여금 서신을 봉함하게 하는 방법, 봉함된 상태로 제출된 서신을 X-ray 검색기 등으로 확인한 후 의심이 있는 경우에만 개봉하여 확인하는 방법, 서신에 대한 검열이 허용되는 경우에만 무봉함 상태로 제출하도록 하는 방법 등으로도 얼마든지 달성할 수 있다고 할 것인바, 위 시행령 조항이 수용자가 보내려는 모든 서신에 대해 무봉함 상태의 제출을 강제함으로써 수용자의 발송 서신 모두를 사실상 검열 가능한 상태에 놓이도록 하는 것은 기본권 제한의 최소침해성 요건을 위반하여 수용자인 청구인의 통신비밀의 자유를 침해하는 것이다(헌재 2012.02.23. 2009헌마333).

36 통신의 자유에 관한 설명 중 가장 적절하지 않은 것은? (다툼이 있는 경우 판례에 의함) 2022 경찰 1차

① 「통신비밀보호법」상 '통신'이라 함은 우편물 및 전기통신을 말한다.

② 전기통신역무제공에 관한 계약을 체결하는 경우 전기통신사업자로 하여금 가입자에게 본인임을 확인할 수 있는 증서 등을 제시하도록 요구하고 부정가입방지시스템 등을 이용하여 본인인지 여부를 확인하도록 한 전기통신사업법 조항 및 전기통신사업법 시행령 조항은 이동통신서비스에 가입하려는 청구인들의 통신의 비밀을 제한한다.

③ 「통신비밀보호법」 조항 중 '인터넷회선을 통하여 송·수신하는 전기통신'에 관한 부분은 인터넷회선 감청의 특성을 고려하여 그 집행 단계나 집행 이후에 수사기관의 권한 남용을 통제하고 관련 기본권의 침해를 최소화하기 위한 제도적 조치가 제대로 마련되어 있지 않은 상태에서, 범죄수사 목적을 이유로 인터넷회선 감청을 통신제한조치 허가 대상 중 하나로 정하고 있으므로 청구인의 기본권을 침해한다.

④ 미결수용자가 교정시설 내에서 규율위반행위 등을 이유로 금치처분을 받은 경우 금치기간 중 서신수수, 접견, 전화통화를 제한하는 형의 집행 및 수용자의 처우에 관한 법률 조항 중 미결수용자에게 적용되는 부분은 미결수용자인 청구인의 통신의 자유를 침해하지 않는다.

지문분석 **난이도** □■■ **중** | **정답** ② | **키워드** 통신비밀의 자유 | **출제유형** 조문 + 판례

① 【O】

> 「통신비밀보호법」 제2조(정의) 이 법에서 사용하는 용어의 정의는 다음과 같다.
> 1. '통신'이라 함은 우편물 및 전기통신을 말한다.

② 【X】 헌법 제18조로 보장되는 기본권인 통신의 자유란 통신수단을 자유로이 이용하여 의사소통할 권리이다. '통신수단의 자유로운 이용'에는 자신의 인적사항을 누구에게도 밝히지 않은 상태로 통신수단을 이용할 자유, 즉 통신수단의 익명성 보장도 포함된다. 심판대상 조항은 휴대전화를 통한 문자·전화·모바일 인터넷 등 통신기능을 사용하고자 하는 자에게 반드시 사전에 본인확인절차를 거치는 데 동의해야만 이를 사용할 수 있도록 하므로, 익명으로 통신하고자 하는 청구인들의 통신의 자유를 제한한다. 반면, 심판대상 조항이 통신의 비밀을 제한하는 것은 아니다. 가입자의 인적사항이라는 정보는 통신의 내용·상황과 관계없는 '비 내용적 정보'이며 휴대전화 통신계약 체결 단계에서는 아직 통신수단을 통하여 어떠한 의사소통이 이루어지는 것이 아니므로 통신의 비밀에 대한 제한이 이루어진다고 보기는 어렵기 때문이다(헌재 2019.09.26. 2017헌마1209).

③ 【O】 이 사건 법률조항은 인터넷회선 감청의 특성을 고려하여 그 집행 단계나 집행 이후에 수사기관의 권한 남용을 통제하고 관련 기본권의 침해를 최소화하기 위한 제도적 조치가 제대로 마련되어 있지 않은 상태에서, 범죄수사 목적을 이유로 인터넷회선 감청을 통신제한조치 허가 대상 중 하나로 정하고 있으므로 침해의 최소성 요건을 충족한다고 할 수 없다. 이 사건 법률조항은 과잉금지원칙에 위반하는 것으로 청구인의 기본권을 침해한다(헌재 2018.08.30. 2016헌마263).

④ 【O】 금치처분을 받은 미결수용자에 대하여 금치기간 중 서신수수, 접견, 전화통화를 제한하는 것은 대상자를 구속감과 외로움 속에 반성에 전념하게 함으로써 수용시설 내 안전과 질서를 유지하기 위한 것이다. 이 사건 서신수수·접견·전화통화 제한조항은 청구인의 통신의 자유를 침해하지 아니한다[헌재 2016.04.28. 2012헌마549·2013헌마865(병합)].

PART · 02

37 통신의 자유에 대한 설명으로 가장 적절하지 않은 것은? (다툼이 있는 경우 대법원 및 헌법재판소 판례에 의함) 2022 경찰 간부

① 통신사실 확인자료 제공요청은 「통신비밀보호법」이 정한 수사기관의 강제처분이므로 영장주의가 적용된다.

② 「통신비밀보호법」상 '감청'이란 대상이 되는 전기통신의 송·수신과 동시에 이루어지는 경우만을 의미하고, 이미 수신이 완료된 전기통신의 내용을 지득하는 등의 행위는 포함되지 않는다.

③ 인터넷회선 감청은 서버에 저장된 정보가 아니라, 인터넷상에서 발신되어 수신되기까지의 과정 중에 수집되는 정보, 즉 전송 중인 정보의 수집을 위한 수사이므로, 압수·수색과 구별되지 않는다.

④ 누구든지 공개되지 아니한 타인 간의 대화를 녹음하거나 전자장치 또는 기계적 수단을 이용하여 청취할 수 없다.

지문분석 **난이도** □■■ **중** | **정답** ③ | **키워드** 통신의 자유 | **출제유형** 판례

① 【O】 ① 수사기관이 수사의 필요성 있는 경우 전기통신사업자에게 위치정보 추적자료를 제공요청할 수 있도록 한 「통신비밀보호법」 제13조 제1항 중 '검사 또는 사법경찰관은 수사를 위하여 필요한 경우 전기통신사업법에 의한 전기통신사업자에게 제2조 제11호 바목, 사목의 통신사실 확인자료의 열람이나 제출을 요청할 수 있다' 부분, ② 수사 종료 후 위치정보 추적자료를 제공받은 사실 등을 통지하도록 한 「통신비밀보호법」 제13조의3 제1항 중 제2조 제11호 바목, 사목의 통신사실 확인자료에 관한 부분이 헌법에 합치되지 아니한다(헌재 2018.06.28. 2012헌마191). 별도의 규정은 없으나 통신의 비밀보호를 위해 영장주의 적용

② 【O】 「통신비밀보호법」 제2조 제3호 및 제7호에 의하면 같은 법상의 '감청'은 전자적 방식에 의하여 모든 종류의 음향·문언·부호 또는 영상을 송신하거나 수신하는 전기통신에 대하여 당사자의 동의 없이 전자장치·기계장치 등을 사용하여 통신의 음향·문언·부호·영상을 청취·공독하여 그 내용을 지득 또는 채록하거나 전기통신의 송·수신을 방해하는 것을 말하는 것이다. 「통신비밀보호법」상의 '감청'이란 그 대상이 되는 전기통신의 송·수신과 동시에 이루어지는 경우만을 의미하고, 이미 수신이 완료된 전기통신의 내용을 지득하는 등의 행위는 포함되지 않는다(대판 2012.10.25. 2012도4644).

③ 【X】 인터넷회선 감청은 검사가 법원의 허가를 받으면, 피의자 및 피내사자에 해당하는 감청대상자나 해당 인터넷회선의 가입자의 동의나 승낙을 얻지 아니하고도, 전기통신사업자의 협조를 통해 해당 인터넷회선을 통해 송·수신되는 전기통신에 대해 감청을 집행함으로써 정보주체의 기본권을 제한할 수 있으므로, 법이 정한 강제처분에 해당한다. 또한 인터넷회선 감청은 서버에 저장된 정보가 아니라, 인터넷상에서 발신되어 수신되기까지의 과정 중에 수집되는 정보, 즉 전송 중인 정보의 수집을 위한 수사이므로, 압수·수색과 구별된다(헌재 2018.08.30. 2016헌마263).

④ 【O】 공개되지 아니한 타인 간의 대화를 녹음 또는 청취하여 지득한 대화의 내용을 공개하거나 누설한 자를 처벌하는 「통신비밀보호법」 제16조 제1항 제2호는 표현의 자유에 대한 침해는 아니다(헌재 2011.08.30. 2009헌바42).

38 **통신의 비밀과 자유에 대한 설명으로 가장 적절하지 않은 것은?** (다툼이 있는 경우 헌법재판소 판례에 의함) 2023 경찰간부

① 전기통신역무제공에 관한 계약을 체결하는 경우 전기통신사업자로 하여금 가입자에게 본인임을 확인할 수 있는 증서 등을 제시하도록 요구하고 부정가입방지시스템 등을 이용하여 본인인지 여부를 확인하도록 규정한 「전기통신사업법」 상 조항은 자신들의 인적 사항을 밝히지 않은 채 통신하고자 하는 자들의 통신의 자유를 침해한다.

② 검사 또는 사법경찰관이 수사를 위하여 필요한 경우 「전기통신사업법」에 의한 전기통신사업자에게 위치정보 추적자료의 열람이나 제출을 요청할 수 있도록 하는 「통신비밀보호법」상 조항은 과잉금지원칙에 반하여 정보주체의 통신의 자유를 침해한다.

③ 범죄 수사 목적을 이유로 통신제한조치 허가 대상 중 하나로 정하는 인터넷회선 감청의 경우 그 집행단계나 집행 이후에 수사기관의 권한 남용을 통제하고 관련 기본권의 침해를 최소화하기 위한 제도적 조치가 제대로 마련되지 않은 상태에서는 침해의 최소성 요건을 충족하지 않는다.

④ 미결수용자와 변호인 아닌 자와의 접견내용을 녹음·녹화함으로써 증거인멸이나 형사 법령 저촉 행위의 위험을 방지하고 교정시설 내의 안전과 질서유지에 기여하려는 공익은 미결수용자가 받게 되는 사익의 제한보다 훨씬 크고 중요한 것이므로 법익의 균형성이 인정된다.

지문분석 **난이도** □■■ 중 | **정답** ① | **키워드** 통신의 자유 | **출제유형** 판례

① 【X】 심판대상조항이 이동통신서비스 가입 시 본인확인절차를 거치도록 함으로써 타인 또는 허무인의 이름을 사용한 휴대전화인 이른바 대포폰이 보이스피싱 등 범죄의 범행도구로 이용되는 것을 막고, 개인정보를 도용하여 타인의 명의로 가입한 다음 휴대전화 소액결제나 서비스요금을 그 명의인에게 전가하는 등 명의도용범죄의 피해를 막고자 하는 입법목적은 정당하고, 이를 위하여 본인확인절차를 거치게 한 것은 적합한 수단이다. 따라서 심판대상조항은 청구인들의 개인정보자기결정권 및 통신의 자유를 침해하지 않는다(헌재 2019.09.26. 2017헌마1209).

② 【O】 수사기관은 위치정보 추적자료를 통해 특정 시간대 정보주체의 위치 및 이동상황에 대한 정보를 취득할 수 있으므로 위치정보 추적자료는 충분한 보호가 필요한 민감한 정보에 해당되는 점, 그럼에도 이 사건 요청조항은 수사기관의 광범위한 위치정보 추적자료 제공요청을 허용하여 정보주체의 기본권을 과도하게 제한하는 점, 위치정보 추적자료의 제공요청과 관련하여서는 실시간 위치추적 또는 불특정 다수에 대한 위치추적의 경우 보충성 요건을 추가하거나 대상범죄의 경중에 따라 보충성 요건을 차등적으로 적용함으로써 수사에 지장을 초래하지 않으면서도 정보주체의 기본권을 덜 침해하는 수단이 존재하는 점, 수사기관의 위치정보 추적자료 제공요청에 대해 법원의 허가를 거치도록 규정하고 있으나 수사의 필요성만을 그 요건으로 하고 있어 절차적 통제마저도 제대로 이루어지기 어려운 현실인 점 등을 고려할 때, 이 사건 요청조항은 과잉금지원칙에 반하여 청구인들의 개인정보자기결정권과 통신의 자유를 침해한다(헌재 2018.06.28. 2012헌마191 등).

③ 【O】 이 사건 법률조항은 인터넷회선 감청의 특성을 고려하여 그 집행 단계나 집행 이후에 수사기관의 권한 남용을 통제하고 관련 기본권의 침해를 최소화하기 위한 제도적 조치가 제대로 마련되어 있지 않은 상태에서, 범죄수사 목적을 이유로 인터넷회선 감청을 통신제한조치 허가 대상 중 하나로 정하고 있으므로 침해의 최소성 요건을 충족한다고 할 수 없다. 그러므로 이 사건 법률조항은 과잉금지원칙에 위반하는 것으로 청구인의 기본권을 침해한다(헌재 2018.08.30. 2016헌마263).

④ 【O】 이 사건 녹음조항에 따라 접견내용이 녹음·녹화되는 경우에는 이를 미리 고지하고 있고, 미결수용자의 특성상 변호인 아닌 자와의 접견내용에 대한 사생활의 비밀 및 통신의 비밀에 대한 제한이 불가피한 점에 비추어 보면, 청구인의 접견내용을 녹음·녹화함으로써 증거인멸이나 형사 법령 저촉 행위의 위험을 방지하고, 교정시설 내의 안전과 질서유지에 기여하려는 공익은 미결수용자가 받게 되는 사익의 제한보다 훨씬 크고 중요한 것이라고 할 것이므로 법익의 균형성도 인정된다. 따라서 이 사건 녹음조항은 과잉금지원칙을 위배하여 청구인의 사생활의 비밀과 자유 및 통신의 비밀을 침해하지 아니한다(헌재 2016.11.24. 2014헌바401).

3 정신적 자유권(양심과 종교)

01 양심의 자유에 관한 설명 중 가장 적절하지 않은 것은? (다툼이 있는 경우 판례에 의함) 2015 경찰 승진

① 양심의 자유 중 양심형성의 자유는 내심에 머무르는 한 절대적으로 보호되는 기본권이다.
② 양심적 결정을 외부로 표현하고 실현할 수 있는 권리인 양심실현의 자유는 법률에 의하여 제한될 수 있는 상대적 자유다.
③ 양심의 자유는 윤리적 판단을 국가권력에 의하여 외부에 표명하도록 강제 받지 아니할 자유를 포함하지 않는다.
④ 양심적 병역거부자에 대하여 3년 이하의 징역이라는 형사처벌을 가하는 법률조항은 양심의 자유를 침해하지 않는다.

지문분석 **난이도** □□■ **하** | **정답** ③ | **키워드** 양심의 자유 | **출제유형** 판례

① 【O】, ② 【O】 헌법 제19조가 보호하고 있는 양심의 자유는 양심형성의 자유와 양심적 결정의 자유를 포함하는 내심적 자유(forum internum) 뿐만 아니라, 양심적 결정을 외부로 표현하고 실현할 수 있는 양심실현의 자유(forum externum)를 포함한다고 할 수 있다. 내심적 자유, 즉 양심형성의 자유와 양심적 결정의 자유는 내심에 머무르는 한 절대적 자유라고 할 수 있지만, 양심실현의 자유는 타인의 기본권이나 다른 헌법적 질서와 저촉되는 경우 헌법 제37조 제2항에 따라 국가안전보장 · 질서유지 또는 공공복리를 위하여 법률에 의하여 제한될 수 있는 상대적 자유라고 할 수 있다(헌재 1998.07.16. 96헌바35).

③ 【X】 헌법 제19조에서 말하는 양심이란 세계관 · 인생관 · 주의 · 신조 등은 물론 이에 이르지 아니하여도 보다 널리 개인의 인격형성에 관계되는 내심에 있어서의 가치적 · 윤리적 판단도 포함된다. 그러므로 양심의 자유에는 널리 사물의 시시비비나 선악과 같은 윤리적 판단에 국가가 개입해서는 아니되는 내심적 자유는 물론, 이와 같은 윤리적 판단을 국가권력에 의하여 외부에 표명하도록 강제받지 아니할 자유까지 포괄한다(헌재 1998.07.16. 96헌바35).

④ 【O】 양심적 병역거부자는 3년 이하의 징역이라는 형사처벌을 받는 불이익을 입게 되나 이 사건 법률조항이 추구하는 공익은 국가의 존립과 모든 자유의 전제조건인 '국가안보' 및 '병역의무의 공평한 부담'이라는 대단히 중요한 공익이고, 병역의무의 이행을 거부함으로써 양심을 실현하고자 하는 경우는 누구에게나 부과되는 병역의무에 대한 예외를 요구하는 것이므로 병역의무의 공평한 부담의 관점에서 볼 때 타인과 사회공동체 전반에 미치는 파급효과가 대단히 큰 점 등을 고려해 볼 때 이 사건 법률조항이 법익균형성을 상실하였다고 볼 수는 없다. 따라서 이 사건 법률 조항은 양심의 자유를 침해하지 아니한다(헌재 2011.08.30. 2008헌가22).

02 **양심의 자유와 종교의 자유에 대한 설명으로 옳지 않은 것을 모두 고른 것은?** (다툼이 있는 경우 판례에 의함) 2017 경찰 승진

> ㉠ 양심의 자유가 보장하고자 하는 '양심'은 민주적 다수의 사고나 가치관과 일치하는 것이 아니라, 개인적 현상으로서 지극히 주관적인 것이고, 그 대상이나 내용 또는 동기에 의하여 판단될 수 없으며, 양심상의 결정이 이성적·합리적인지, 타당한지 또는 법질서나 사회규범, 도덕률과 일치하는지 여부는 양심의 존재를 판단하는 기준이 될 수 없다.
> ㉡ 종교단체가 운영하는 학교 형태 혹은 학원형태의 교육기관도 예외 없이 학교설립 인가 혹은 학원설립 등록을 받도록 규정한 것은 종교의 자유를 침해하여 헌법에 위반된다.
> ㉢ 종교적 신앙에 따른 병역 거부자를 처벌하는 「병역법」 조항에 대해서는, 헌법이 양심의 자유와 별개로 종교의 자유를 보장하고 있으며 종교적 신앙은 윤리적 양심과는 구별되는 내면적 세계의 핵심적 가치이므로 양심의 자유의 침해와는 별도로 종교의 자유의 침해 여부를 심사해야 한다.
> ㉣ 종교의 자유가 국민에게 그가 선택한 임의의 장소에서 자유롭게 종교전파를 할 자유까지를 보장하는 것은 아니다.

① ㉠, ㉡
② ㉠, ㉣
③ ㉡, ㉢
④ ㉢, ㉣

지문분석 **난이도** ■■■ **상** | **정답** ③ | **키워드** 양심의 자유와 종교의 자유 | **출제유형** 판례

㉠ 【O】 '양심의 자유'가 보장하고자 하는 '양심'은 민주적 다수의 사고나 가치관과 일치하는 것이 아니라, 개인적 현상으로서 지극히 주관적인 것이다. 양심은 그 대상이나 내용 또는 동기에 의하여 판단될 수 없으며, 특히 양심상의 결정이 이성적·합리적인가, 타당한가 또는 법질서나 사회규범, 도덕률과 일치하는가 하는 관점은 양심의 존재를 판단하는 기준이 될 수 없다(헌재 2004.08.26. 2002헌가1).

㉡ 【X】 종교단체가 운영하는 학교 형태 혹은 학원 형태의 교육기관도 예외 없이 학교설립인가 혹은 학원설립등록을 받도록 규정하고 있는 교육법 제85조 제1항 및 학원의 설립·운영에 관한 법률 제6조가 종교교육을 담당하는 기관들에 대하여 예외적으로 인가 혹은 등록의무를 면제하여 주지 않았다고 하더라도, 헌법 제31조 제6항이 교육제도에 관한 기본사항을 법률로 입법자가 정하도록 한 취지, 종교교육기관이 자체 내부의 순수한 성직자 양성기관이 아니라 학교 혹은 학원의 형태로 운영될 경우 일반국민들이 받을 수 있는 부실한 교육의 피해의 방지, 현행 법률상 학교 내지 학원의 설립절차가 지나치게 엄격하다고 볼 수 없는 점 등을 고려할 때, 종교의 자유 등을 침해하였다고 볼 수 없다(헌재 2000.03.30. 99헌바14).

㉢ 【X】 헌법 제20조 제1항은 양심의 자유와 별개로 종교의 자유를 따로 보장하고 있고, 당해사건 피고인들은 모두 '여호와의 증인' 신도들로서 자신들의 종교적 신앙에 따라 현역복무라는 병역의무를 거부하고 있으므로, 이 사건 법률조항에 의하여 이들의 종교의 자유도 함께 제한된다. 그러나 종교적 신앙에 의한 행위라도 개인의 주관적·윤리적 판단을 동반하는 것인 한 양심의 자유에 포함시켜 고찰할 수 있으므로, 양심의 자유를 중심으로 기본권 침해 여부를 판단하면 족하다고 할 것이다(헌재 2011.08.30. 2008헌가22).

㉣ 【O】 종교전파의 자유에는 누구에게나 자신의 종교 또는 종교적 확신을 알리고 선전하는 자유를 말하며, 포교행위 또는 선교행위가 이에 해당한다. 그러나 이러한 종교전파의 자유는 국민에게 그가 선택한 임의의 장소에서 자유롭게 행사할 수 있는 권리까지 보장한다고 할 수 없으며, 그 임의의 장소가 대한민국의 주권이 미치지 아니하는 지역 나아가 국가에 의한 국민의 생명·신체 및 재산의 보호가 강력히 요구되는 해외 위난지역인 경우에는 더욱 그러하다(헌재 2008.06.26. 2007헌마1366)

03 양심의 자유에 관한 설명 중 가장 적절하지 않은 것은? (다툼이 있는 경우 판례에 의함) 2024 경찰 승진

① 음주측정 요구에 응하여야 할 것인지에 대한 고민은 선과 악의 범주에 관한 진지한 윤리적 결정을 위한 고민이라 할 수 없고, 그 고민 끝에 어쩔 수 없이 음주측정 요구에 응하였다 하여 내면적으로 구축된 인간양심이 왜곡·굴절된다고 할 수 없으므로 음주측정 요구가 양심의 자유를 침해하는 것이라고 할 수 없다.

② 국가의 존립과 안전을 위한 불가결한 헌법적 가치를 담고 있는 국방의 의무와 개인의 인격과 존엄의 기초가 되는 양심의 자유가 서로 충돌하는 경우, 입법자는 두 가치를 양립시킬 수 있는 조화점을 최대한 모색해야 하고, 그것이 불가능해 부득이 어느 하나의 헌법적 가치를 후퇴시킬 수밖에 없는 경우에도 그 목적에 비례하는 범위 내에 그쳐야 한다.

③ 자신의 인격권이나 명예권을 보호하기 위하여 자신의 태도나 입장을 외부에 설명하거나 해명하는 행위는 단순한 생각이나 의견, 사상이나 확신 등의 표현행위라고 볼 수 있어, 그 행위가 선거에 영향을 미치게 하기 위한 것이라는 이유로 이를 하지 못하게 된다 하더라도 양심의 자유의 보호영역에 포괄되지 아니한다.

④ 취업규칙에서 사용자가 사고나 비위행위 등을 저지른 근로자에게 시말서를 제출하도록 명령할 수 있다고 규정하는 경우, 그 시말서가 단순히 사건의 경위를 보고하는 데 그치지 않고 '자신의 잘못을 반성하고 사죄한다는 내용'이 포함된 사죄문 또는 반성문의 의미를 가지고 있다 할지라도 이를 두고 양심의 자유를 침해하였다고 볼 수는 없다.

지문분석 **난이도** □■■ 중 | **정답** ④ | **키워드** 양심의 자유 | **출제유형** 판례

① 【O】 음주측정 요구에 처하여 이에 응하여야 할 것인지 거부해야 할 것인지 고민에 빠질 수는 있겠으나 그러한 고민은 선과 악의 범주에 관한 진지한 윤리적 결정을 위한 고민이라 할 수 없으므로 그 고민 끝에 어쩔 수 없이 음주측정에 응하였다 하여 내면적으로 구축된 인간양심이 왜곡·굴절된다고 할 수 없다. 따라서 이 사건 법률조항을 두고 헌법 제19조에서 보장하는 양심의 자유를 침해하는 것이라고 할 수 없다(헌재 1997.03.27. 96헌가11).

② 【O】 이 사건 법률조항은 헌법상 기본의무인 국방의 의무를 구체적으로 형성하는 것이면서 또한 동시에 양심적 병역거부자들의 양심의 자유를 제한하는 것이기도 하다. 이 사건 법률조항으로 인해서 국가의 존립과 안전을 위한 불가결한 헌법적 가치를 담고 있는 국방의 의무와 개인의 인격과 존엄의 기초가 되는 양심의 자유가 상충하게 된다. 이처럼 헌법적 가치가 서로 충돌하는 경우, 입법자는 두 가치를 양립시킬 수 있는 조화점을 최대한 모색해야 하고, 그것이 불가능해 부득이 어느 하나의 헌법적 가치를 후퇴시킬 수밖에 없는 경우에도 그 목적에 비례하는 범위 내에 그쳐야 한다(헌재 2018.06.28. 2011헌바379 등).

③ 【O】 자신의 인격권이나 명예권을 보호하기 위하여 대외적으로 해명을 하는 행위는 표현의 자유에 속하는 영역일 뿐 이미 사생활의 자유에 의하여 보호되는 범주를 벗어난 행위이고, 또한, 자신의 태도나 입장을 외부에 설명하거나 해명하는 행위는 진지한 윤리적 결정에 관계된 행위라기보다는 단순한 생각이나 의견, 사상이나 확신 등의 표현행위라고 볼 수 있어, 그 행위가 선거에 영향을 미치게 하기 위한 것이라는 이유로 이를 하지 못하게 된다 하더라도 내면적으로 구축된 인간의 양심이 왜곡 굴절된다고는 할 수 없다는 점에서 양심의 자유의 보호영역에 포괄되지 아니한다(헌재 2001.08.30. 99헌바92 등).

④ 【X】 취업규칙위 제93조 제1항은 사생활의 자유나 양심의 자유를 침해하지 아니한에서 사용자가 사고나 비위행위 등을 저지른 근로자에게 시말서를 제출하도록 명령할 수 있다고 규정하는 경우, 그 시말서가 단순히 사건의 경위를 보고하는 데 그치지 않고 더 나아가 근로관계에서 발생한 사고 등에 관하여 '자신의 잘못을 반성하고 사죄한다는 내용'이 포함된 사죄문 또는 반성문을 의미하는 것이라면, 이는 헌법이 보장하는 내심의 윤리적 판단에 대한 강제로서 양심의 자유를 침해하는 것이므로, 그러한 취업규칙 규정은 헌법에 위배되어 「근로기준법」 제96조 제1항에 따라 효력이 없고, 그에 근거한 사용자의 시말서 제출명령은 업무상 정당한 명령으로 볼 수 없다(대판 2010.01.14. 2009두6605).

04 양심의 자유에 대한 설명으로 가장 적절하지 않은 것은? (다툼이 있는 경우 판례에 의함) 2021 경찰 승진

① 양심적 병역거부자에 대한 관용은 결코 병역의무의 면제와 특혜의 부여에 대한 관용이 아니며, 대체복무제는 병역의무의 일환으로 도입되는 것이므로 현역복무와의 형평을 고려하여 최대한 등가성을 가지도록 설계되어야 한다.

② 양심상의 결정이 법질서나 사회규범·도덕률과 일치하는지 여부는 양심의 존재를 판단하는 기준이 된다.

③ 양심적 결정을 외부로 표현하고 실현할 수 있는 권리인 양심실현의 자유는 법률에 의해 제한될 수 있는 상대적 자유다.

④ 양심적 병역거부의 바탕이 되는 양심상의 결정은 종교적 동기뿐만 아니라 윤리적·철학적 또는 이와 유사한 동기로부터라도 형성될 수 있는 것이므로 양심적 병역거부자의 기본권 침해 여부는 양심의 자유를 중심으로 판단한다.

PART · 02

지문분석 **난이도** □■■ 중 | **정답** ② | **키워드** 양심의 자유 | **출제유형** 판례

① 【O】 양심적 병역거부자에 대한 관용은 결코 병역의무의 면제와 특혜의 부여에 대한 관용이 아니다. 대체복무제는 병역의무의 일환으로 도입되는 것이고 현역복무와의 형평을 고려하여 최대한 등가성을 가지도록 설계되어야 하는 것이기 때문이다(헌재 2018.06.28. 2011헌바379 등).

② 【X】 '양심의 자유'가 보장하고자 하는 '양심'은 민주적 다수의 사고나 가치관과 일치하는 것이 아니라, 개인적 현상으로서 지극히 주관적인 것이다. 양심은 그 대상이나 내용 또는 동기에 의하여 판단될 수 없으며, 특히 양심상의 결정이 이성적·합리적인가, 타당한가 또는 법질서나 사회규범, 도덕률과 일치하는가 하는 관점은 양심의 존재를 판단하는 기준이 될 수 없다(헌재 2004.08.26. 2002헌가1).

③ 【O】 내심적 자유, 즉 양심형성의 자유와 양심적 결정의 자유는 내심에 머무르는 한 절대적 자유라고 할 수 있지만, 양심실현의 자유는 타인의 기본권이나 다른 헌법적 질서와 저촉되는 경우 헌법 제37조 제2항에 따라 국가안전보장·질서유지 또는 공공복리를 위하여 법률에 의하여 제한될 수 있는 상대적 자유라고 할 수 있다(헌재 1998.07.16. 96헌바35).

④ 【O】 종교적 신앙에 의한 행위라도 개인의 주관적·윤리적 판단을 동반하는 것인 한 양심의 자유에 포함시켜 고찰할 수 있고, 앞서 보았듯이 양심적 병역거부의 바탕이 되는 양심상의 결정은 종교적 동기뿐만 아니라 윤리적·철학적 또는 이와 유사한 동기로부터도 형성될 수 있는 것이므로, 이 사건에서는 양심의 자유를 중심으로 기본권 침해 여부를 판단하기로 한다(헌재 2018.06.28. 2011헌바379 등).

05 양심의 자유에 관한 설명 중 가장 적절한 것은? (다툼이 있는 경우 판례에 의함) 2022 경찰 승진

① 주민등록증 발급을 위해 열 손가락의 지문을 날인케 하는 것은 신원확인기능의 효율적인 수행을 도모하고, 신원확인의 정확성 내지 완벽성을 제고하기 위한 것이므로 양심의 자유에 대한 최소한의 제한이라고 할 수 있다.

② 양심의 자유가 보장하고자 하는 '양심'은 민주적 다수의 사고나 가치관과 일치하는 것이어야 하며, 양심상의 결정이 이성적 · 합리적인지, 타당한지 또는 법질서나 사회규범, 도덕률과 일치하는지 여부는 양심의 존재를 판단하는 기준이 될 수 있다.

③ 재산목록을 제출하고 그 진실함을 법관 앞에서 선서하는 것은 개인의 인격형성에 관계되는 내심의 가치적 · 윤리적 판단에 해당하지 않아 양심의 자유의 보호대상이 아니다.

④ 양심형성의 자유는 내심에 머무르는 한 타인의 기본권이나 다른 헌법적 질서와 저촉되는 경우 헌법 제37조 제2항에 따라 국가안전보장 · 질서유지 또는 공공복리를 위하여 법률에 의하여 제한될 수 있는 상대적 자유라고 할 수 있다.

지문분석 **난이도** □■■ **중** | **정답** ③ | **키워드** 양심의 자유 | **출제유형** 판례

① 【X】 지문을 날인할 것인지 여부의 결정이 선악의 기준에 따른 개인의 진지한 윤리적 결정에 해당한다고 보기는 어려워, 열 손가락 지문날인의 의무를 부과하는 이 사건 시행령조항에 대하여 국가가 개인의 윤리적 판단에 개입한다거나 그 윤리적 판단을 표명하도록 강제하는 것으로 볼 여지는 없다고 할 것이므로, 이 사건 시행령조항에 의한 양심의 자유의 침해가능성 또한 없는 것으로 보인다[헌재 2005.05.26. 99헌마513 · 2004헌마190(병합)].

② 【X】 '양심'은 민주적 다수의 사고나 가치관과 일치하는 것이 아니라, 개인적 현상으로서 지극히 주관적인 것이다. 양심은 그 대상이나 내용 또는 동기에 의하여 판단될 수 없으며, 특히 양심상의 결정이 이성적 · 합리적인가, 타당한가 또는 법질서나 사회규범 · 도덕률과 일치하는가 하는 관점은 양심의 존재를 판단하는 기준이 될 수 없다(헌재 2018.06.28. 2011헌바379 등).

③ 【O】 이 사건에서 채무자가 부담하는 행위의무는 강제집행의 대상이 되는 재산관계를 명시한 재산목록을 제출하고 그 재산목록의 진실함을 법관 앞에서 선서하는 것으로서, 개인의 인격형성에 관계되는 내심의 가치적 · 윤리적 판단이 개입될 여지가 없는 단순한 사실관계의 확인에 불과한 것이므로, 헌법 제19조에 의하여 보장되는 양심의 영역에 포함되지 않는다. 따라서 심판대상 조항은 청구인의 양심의 자유를 침해하지 아니한다(헌재 2014.09.25. 2013헌마11).

④ 【X】 내심적 자유, 즉 양심형성의 자유와 양심적 결정의 자유는 내심에 머무르는 한 절대적 자유라고 할 수 있지만, 양심실현의 자유는 타인의 기본권이나 다른 헌법적 질서와 저촉되는 경우 헌법 제37조 제2항에 따라 국가안전보장 · 질서유지 또는 공공복리를 위하여 법률에 의하여 제한될 수 있는 상대적 자유라고 할 수 있다(헌재 1998.07.16. 96헌바35).

06 양심의 자유에 대한 설명으로 옳지 않은 것은? (다툼이 있는 경우 판례에 의함) 2020 지방직 7급

① 헌법이 보호하고자 하는 양심은 어떤 일의 옳고 그름을 판단함에 있어서 그렇게 행동하지 않고는 자신의 인격적 존재가치가 허물어지고 말 것이라는 강력하고 진지한 마음의 소리를 말한다.

② 양심의 자유는 인간으로서의 존엄성 유지와 개인의 자유로운 인격발현을 위해 개인의 윤리적 정체성을 보장하는 기능을 담당한다.

③ 현역입영 또는 소집통지서를 받은 자가 정당한 사유 없이 입영하지 않거나 소집에 응하지 않은 경우를 처벌하는 구 「병역법」 처벌조항은 과잉금지원칙을 위배하여 양심적 병역거부자의 양심의 자유를 침해한다.

④ 헌법이 보장하는 양심의 자유는 정신적인 자유로서, 어떠한 사상·감정을 가지고 있다고 하더라도 그것이 내심에 머무르는 한 절대적인 자유이므로 제한할 수 없다.

지문분석 **난이도** □■■ **중** | **정답** ③ | **키워드** 양심의 자유 | **출제유형** 판례

① 【O】 헌법이 보호하고자 하는 양심은 어떤 일의 옳고 그름을 판단함에 있어서 그렇게 행동하지 않고는 자신의 인격적 존재가치가 파멸되고 말 것이라는 강력하고 진지한 마음의 소리로서의 절박하고 구체적인 양심을 말한다. 따라서 막연하고 추상적인 개념으로서의 양심이 아니다(헌재 2002.04.25. 98헌마425 등).

② 【O】 이른바 개인적 자유의 시초라고 일컬어지는 이러한 양심의 자유는 인간으로서의 존엄성 유지와 개인의 자유로운 인격발현을 위해 개인의 윤리적 정체성을 보장하는 기능을 담당한다(헌재 2002.04.25. 98헌마425 등).

③ 【X】 양심적 병역거부자에 대한 처벌은 대체복무제를 규정하지 아니한 병역종류조항의 입법상 불비와 양심적 병역거부는 처벌조항의 '정당한 사유'에 해당하지 않는다는 법원의 해석이 결합되어 발생한 문제일 뿐, 처벌조항 자체에서 비롯된 문제가 아니므로 처벌조항이 과잉금지원칙을 위반하여 양심적 병역거부자의 양심의 자유를 침해한다고 볼 수는 없다(헌재 2018.06.28. 2011헌바379 등).

④ 【O】 헌법이 보장한 양심의 자유는 정신적인 자유로서 어떠한 사상·감정을 가지고 있다고 하더라도 그것이 내심에 머무르는 한 절대적인 자유이므로 제한할 수 없는 것이나, 보안관찰법상의 보안관찰처분은 보안관찰처분대상자의 내심의 작용을 문제 삼는 것이 아니라, 보안관찰처분대상자가 보안관찰해당범죄를 다시 저지를 위험성이 내심의 영역을 벗어나 외부에 표출되는 경우에 재범의 방지를 위하여 내려지는 특별예방적 목적의 처분이므로, 양심의 자유를 보장한 헌법규정에 위반된다고 할 수 없다(헌재 1997.11.27. 92헌바28).

07 양심의 자유 또는 종교의 자유에 관한 다음 설명 중 가장 옳지 않은 것은? (다툼이 있는 경우 헌법재판소 결정에 의함) 2017 법원직 9급

① 헌법 제20조 제2항은 국교금지와 정교분리 원칙을 규정하고 있는데 종교시설의 건축행위에만 기반시설부담금을 면제한다면 국가가 종교를 지원하여 종교를 승인하거나 우대하는 것으로 비칠 소지가 있다.

② 양심상 결정이 어떠한 종교관·세계관 또는 그 밖의 가치 체계에 기초하고 있는지와 관계없이 모든 내용의 양심상 결정은 양심의 자유에 의하여 보장되어야 한다.

③ 단순한 사실관계의 확인과 같이 가치적·윤리적 판단이 개입될 여지가 없는 경우는 양심의 자유의 보호대상이 아니다.

④ 종교전파의 자유는 누구에게나 자신의 종교 또는 종교적 확신을 알리고 선전하는 자유를 말하는데 이러한 종교전파의 자유는 국민에게 그가 선택한 임의의 장소에서 자유롭게 행사할 수 있는 권리까지 보장한다.

지문분석 **난이도** □■■ **중** | **정답** ④ | **키워드** 양심의 자유 | **출제유형** 판례

① 【O】 종교의 자유에서 종교에 대한 적극적인 우대조치를 요구할 권리가 직접 도출되거나 우대할 국가의 의무가 발생하지 아니한다. 종교시설의 건축행위에만 기반시설부담금을 면제한다면 국가가 종교를 지원하여 종교를 승인하거나 우대하는 것으로 비칠 소지가 있어 헌법 제20조 제2항의 국교금지·정교분리에 위배될 수도 있다고 할 것이므로 종교시설의 건축행위에 대하여 기반시설부담금 부과를 제외하거나 감경하지 아니하였더라도, 종교의 자유를 침해하는 것이 아니다(헌재 2010.02.25. 2007헌바131).

② 【O】 일반적으로 민주적 다수는 법과 사회의 질서를 그들의 정치적 의사와 도덕적 기준에 따라 형성하기 때문에, 국가의 법질서나 사회의 도덕률과 갈등을 일으키는 양심은 현실적으로 이러한 법질서나 도덕률에서 벗어나려는 소수의 양심이다. 그러므로 양심상 결정이 어떠한 종교관·세계관 또는 그 밖의 가치체계에 기초하고 있는지와 관계없이, 모든 내용의 양심상 결정이 양심의 자유에 의하여 보장되어야 한다(헌재 2011.08.30. 2008헌가22).

③ 【O】 헌법 제19조에서 보호하는 양심은 옳고 그른 것에 대한 판단을 추구하는 가치적·도덕적 마음가짐으로, 개인의 소신에 따른 다양성이 보장되어야 하고 그 형성과 변경에 외부적 개입과 억압에 의한 강요가 있어서는 아니 되는 인간의 윤리적 내심영역이다. 따라서 단순한 사실관계의 확인과 같이 가치적·윤리적 판단이 개입될 여지가 없는 경우는 물론, 법률해석에 관하여 여러 견해가 갈리는 경우처럼 다소의 가치관련성을 가진다고 하더라도 개인의 인격형성과는 관계가 없는 사사로운 사유나 의견 등은 그 보호대상이 아니다(헌재 2002.01.31. 2001헌바43).

④ 【X】 종교전파의 자유에는 누구에게나 자신의 종교 또는 종교적 확신을 알리고 선전하는 자유를 말하며, 포교행위 또는 선교행위가 이에 해당한다. 그러나 이러한 종교전파의 자유는 국민에게 그가 선택한 임의의 장소에서 자유롭게 행사할 수 있는 권리까지 보장한다고 할 수 없으며, 그 임의의 장소가 대한민국의 주권이 미치지 아니하는 지역 나아가 국가에 의한 국민의 생명·신체 및 재산의 보호가 강력히 요구되는 해외 위난지역인 경우에는 더욱 그러하다(헌재 2008.06.26. 2007헌마1366).

08 정신적 자유에 관한 설명으로 가장 적절하지 않은 것은? (다툼이 있는 경우 판례에 의함) 2023 경찰 1차

① '양심의 자유'가 보장하고자 하는 '양심'은 개인적 현상으로서 지극히 주관적인 것으로 그 대상이나 내용 또는 동기에 의하여 판단될 수 없으며, 특히 양심상의 결정이 이성적·합리적인가, 타당한가 또는 법질서나 사회규범, 도덕률과 일치하는가 하는 관점은 양심의 존재를 판단하는 기준이 될 수 없다.

② 현역입영 또는 소집 통지서를 받은 사람이 정당한 사유 없이 입영일이나 소집일부터 3일이 지나도 입영하지 아니하거나 소집에 응하지 아니한 경우를 처벌하는 「병역법」 처벌조항은 과잉금지원칙을 위반하여 양심적 병역거부자의 양심의 자유를 침해한다.

③ 종교전파의 자유는 누구에게나 자신의 종교 또는 종교적 확신을 알리고 선전하는 자유를 말하지만, 이러한 종교전파의 자유에는 국민에게 그가 선택한 임의의 장소에서 자유롭게 행사할 수 있는 권리까지 보장한다고 할 수 없다.

④ 육군훈련소장이 훈련병에게 개신교, 불교, 천주교, 원불교 종교행사 중 하나에 참석하도록 한 것은 국가가 종교를 군사력 강화라는 목적을 달성하기 위한 수단으로 전락시키거나, 반대로 종교단체가 군대라는 국가권력에 개입하여 선교행위를 하는 등 영향력을 행사할 수 있는 기회를 제공하므로, 국가와 종교의 밀접한 결합을 초래한다는 점에서 헌법상 정교분리원칙에 위배된다.

지문분석 **난이도** □■■ **중** | **정답** ② | **키워드** 정신적 자유 | **출제유형** 판례

① 【O】 헌법상 보호되는 양심은 어떤 일의 옳고 그름을 판단함에 있어서 그렇게 행동하지 아니하고는 자신의 인격적인 존재가치가 허물어지고 말 것이라는 강력하고 진지한 마음의 소리로서 절박하고 구체적인 양심을 말한다. 즉, '양심상의 결정'이란 선과 악의 기준에 따른 모든 진지한 윤리적 결정으로서 구체적인 상황에서 개인이 이러한 결정을 자신을 구속하고 무조건적으로 따라야 하는 것으로 받아들이기 때문에 양심상의 심각한 갈등이 없이는 그에 반하여 행동할 수 없는 것을 말한다. 이때 '양심'은 민주적 다수의 사고나 가치관과 일치하는 것이 아니라, 개인적 현상으로서 지극히 주관적인 것이다. 양심은 그 대상이나 내용 또는 동기에 의하여 판단될 수 없으며, 특히 양심상의 결정이 이성적·합리적인가, 타당한가 또는 법질서나 사회규범·도덕률과 일치하는가 하는 관점은 양심의 존재를 판단하는 기준이 될 수 없다(헌재 2004.08.26. 2002헌가1; 헌재 2004.10.28. 2004헌바61등; 헌재 2011.08.30. 2008헌가22등)

② 【X】 현역입영 또는 소집 통지서를 받은 사람이 정당한 사유 없이 입영일이나 소집일부터 3일이 지나도 입영하지 아니하거나 소집에 응하지 아니한 경우를 처벌하는, 2009. 6. 9. 법률 제9754호로 개정되기 전의 구 「병역법」부터 현행 「병역법」까지의 「병역법」 제88조 제1항 본문 제1호, 2009. 6. 9. 법률 제9754호로 개정되기 전의 구 「병역법」 및 2013. 6. 4. 법률 제11849호로 개정되기 전의 구 「병역법」의 각 제88조 제1항 본문 제2호(이하 모두 합하여 '처벌조항'이라 한다)가 과잉금지원칙을 위반하여 양심적 병역거부자의 양심의 자유를 침해하지 아니한다(헌재 2018.06.28. 2011헌바379등).

③ 【O】 종교의 자유에는 선교의 자유가 포함되나, 선택한 임의의 장소에서 자유롭게 선교할 자유까지 인정되지 않는다(헌재 2008.06.26. 2007헌마1366).

④ 【O】 피청구인이 청구인들로 하여금 개신교, 천주교, 불교, 원불교 4개 종교의 종교행사 중 하나에 참석하도록 한 것은 그 자체로 종교적 행위의 외적 강제에 해당한다. 이는 피청구인이 위 4개 종교를 승인하고 장려한 것이자, 여타 종교 또는 무종교보다 이러한 4개 종교 중 하나를 가지는 것을 선호한다는 점을 표현한 것이라고 보여질 수 있으므로 국가의 종교에 대한 중립성을 위반하여 특정 종교를 우대하는 것이다. 또한, 이 사건 종교행사 참석조치는 국가가 종교를, 군사력 강화라는 목적을 달성하기 위한 수단으로 전락시키거나, 반대로 종교단체가 군대라는 국가권력에 개입하여 선교행위를 하는 등 영향력을 행사할 수 있는 기회를 제공하므로, 국가와 종교의 밀접한 결합을 초래한다는 점에서 정교분리원칙에 위배된다(헌재 2022.11.24. 2019헌마941).

09 양심의 자유에 대한 헌법재판소의 판시내용으로 적절하지 않은 것은? 2023 국회직 8급

① 학교폭력의 가해학생에 대한 조치로 피해학생에 대한 서면 사과를 규정한 것은 가해학생에게 반성과 성찰의 기회를 제공하고 피해학생의 피해 회복과 정상적인 학교생활로의 복귀를 돕기 위한 교육적 조치로 볼 수 있으므로 가해학생의 양심의 자유를 침해한다고 보기 어렵다.

② 양심의 자유에는 널리 사물의 시시비비나 선악과 같은 윤리적 판단에 국가가 개입해서는 안 되는 내심적 자유는 물론, 이와 같은 윤리적 판단을 국가권력에 의하여 외부에 표명하도록 강제받지 아니할 자유까지 포괄한다.

③ 육군참모총장이 상벌사항을 파악하는 일환으로 육군 장교에게 민간법원에서 약식명령을 받아 확정된 사실을 자진신고 하도록 명령하는 것은 개인의 인격형성에 관계되는 내심의 가치적·윤리적 판단이 개입될 여지가 없는 단순한 사실관계의 확인에 불과하다.

④ 보안관찰처분은 보안관찰처분 대상자가 보안관찰 해당 범죄를 다시 저지를 위험성이 내심의 영역을 벗어나 외부에 표출되는 경우에 재범의 방지를 위하여 내려지는 특별예방적 목적의 처분이므로 양심의 자유를 침해한다고 할 수 없다.

⑤ 특정한 내적인 확신 또는 신념이 양심으로 형성된 이상 그 내용 여하를 떠나 양심의 자유에 의해 보호되는 양심이 될 수 있으므로, 헌법상 양심의 자유에 의해 보호받는 양심으로 인정 할 것인지의 판단은 그것이 깊고, 확고하며, 진실된 것인지 여부에 따르면 된다. 따라서 양심적 병역거부를 주장하는 사람은 자신의 양심을 외부로 표명하여 증명할 의무를 지지 않는다.

지문분석 **난이도** □■■ **중** | **정답** ⑤ | **키워드** 양심의 자유 | **출제유형** 판례

① 【O】 서면사과 조치는 내용에 대한 강제 없이 자신의 행동에 대한 반성과 사과의 기회를 제공하는 교육적 조치로 마련된 것이고, 가해학생에게 의견진술 등 적정한 절차적 기회를 제공한 뒤에 학교폭력 사실이 인정되는 것을 전제로 내려지는 조치이며, 이를 불이행하더라도 추가적인 조치나 불이익이 없다. 또한 이러한 서면사과의 교육적 효과는 가해학생에 대한 주의나 경고 또는 권고적인 조치만으로는 달성하기 어렵다. 따라서 이 사건 서면사과 조항이 가해학생의 양심의 자유와 인격권을 과도하게 침해한다고 보기 어렵다(헌재 2023.02.23. 2019헌바93 등).

② 【O】 헌법 제19조는 모든 국민은 양심의 자유를 가진다고 규정하여 양심의 자유를 기본권의 하나로 보장하고 있는바, 여기서 말하는 양심이란 세계관·인생관·주의·신조 등은 물론 이에 이르지 아니하여도 보다 널리 개인의 인격형성에 관계되는 내심에 있어서의 가치적·윤리적 판단도 포함된다. 그러므로 양심의 자유에는 널리 사물의 시시비비나 선악과 같은 윤리적 판단에 국가가 개입해서는 아니되는 내심적 자유는 물론, 이와 같은 윤리적 판단을 국가권력에 의하여 외부에 표명하도록 강제받지 아니할 자유까지 포괄한다(헌재 1998.07.16. 96헌바35).

③ 【O】 민간법원에서 약식명령을 받아 확정된 사실을 자진신고 하는 것은, 개인의 인격형성에 관계되는 내심의 가치적·윤리적 판단이 개입될 여지가 없는 단순한 사실관계의 확인에 불과하므로, 헌법 제19조에 의하여 보호되는 양심에 포함되지 아니한다. 따라서 20년도 육군지시 자진신고조항은 양심의 자유도 제한하지 아니한다. 이하에서는, 20년도 육군지시 자진신고조항이 법률유보원칙 또는 과잉금지원칙을 위배하여 청구인 김○○의 일반적 행동의 자유를 침해하는지 본다(헌재 2021.08.31. 2020헌마12 등).

④ 【O】 헌법이 보장한 양심의 자유는 정신적인 자유로서 어떠한 사상·감정을 가지고 있다고 하더라도 그것이 내심에 머무르는 한 절대적인 자유이므로 제한할 수 없는 것이나, 보안관찰법상의 보안관찰처분은 보안관찰처분대상자의 내심의 작용을 문제삼는 것이 아니라, 보안관찰처분대상자가 보안관찰해당범죄를 다시 저지를 위험성이 내심의 영역을 벗어나 외부에 표출되는 경우에 재범의 방지를 위하여 내려지는 특별예방적 목적의 처분이므로, 양심의 자유를 보장한 헌법규정에 위반된다고 할 수 없다(헌재 1997.11.27. 92헌바28).

⑤ 【X】 특정한 내적인 확신 또는 신념이 양심으로 형성된 이상 그 내용 여하를 떠나 양심의 자유에 의해 보호되는 양심이 될 수 있으므로, 헌법상 양심의 자유에 의해 보호받는 '양심'으로 인정할 것인지의 판단은 그것이 깊고, 확고하며, 진실된 것인지 여부에 따르게 된다. 그리하여 양심적 병역거부를 주장하는 사람은 자신의 '양심'을 외부로 표명하여 증명할 최소한의 의무를 진다(헌재 2018.06.28. 2011헌바379 등).

10 양심의 자유에 대한 설명으로 적절하지 않은 것은 몇 개인가? (다툼이 있는 경우 헌법재판소 판례에 의함) 2023 경찰간부

가. 양심적 병역거부는 실상 당사자의 양심에 따른 혹은 양심을 이유로 한 병역거부를 가리키는 것이며 병역거부가 도덕적이고 정당하다는 의미도 갖는다.
나. 보호되어야 할 양심에는 세계관 · 인생관 · 주의 · 신조 등은 물론 널리 개인의 인격형성에 관계되는 내심에 있어서의 가치적 · 윤리적 판단이나 단순한 사실관계의 확인과 같이 가치적 · 윤리적 판단이 개입될 여지가 없는 경우까지도 포함될 수 있다.
다. 양심상의 결정이 이성적 · 합리적인가, 타당한가 또는 법질서나 사회규범, 도덕률과 일치하는가 하는 관점은 양심의 존재를 판단하는 기준이 될 수 있다.
라. 의사로 하여금 환자의 진료비 내역 정보를 국세청에 제출하도록 하는 「소득세법」 해당 조항으로 얻게 되는 납세자의 편의와 사회적 제비용의 절감을 위한 연말정산 간소화라는 공익이 이로 인하여 제한되는 의사들의 양심실현의 자유에 비하여 결코 적다고 할 수 없다.
마. 병역의 종류를 현역, 예비역, 보충역, 병역준비역, 전시근로역의 다섯 가지로 한정하여 규정하는 병역종류조항은 대체복무제라는 대안이 있음에도 불구하고 군사훈련을 수반하는 병역의무만을 규정하고 있으므로 정당한 입법목적을 달성하기 위한 적합한 수단에 해당한다고 보기는 어렵다.
바. 수범자가 스스로 수혜를 포기하거나 권고를 거부함으로써 법질서와 충돌하지 아니한 채 자신의 양심을 유지, 보존할 수 있는 경우에는 양심의 자유에 대한 침해가 될 수 없다.

① 2개 ② 3개
③ 4개 ④ 5개

지문분석 **난이도** ■■■ 상 | **정답** ③ | **키워드** 양심의 자유 | **출제유형** 판례

가 【X】 '양심적' 병역거부는 실상 당사자의 '양심에 따른' 혹은 '양심을 이유로 한' 병역거부를 가리키는 것일 뿐이지 병역거부가 '도덕적이고 정당하다'는 의미는 아닌 것이다. 따라서 '양심적' 병역거부라는 용어를 사용한다고 하여 병역의무이행은 '비양심적'이 된다거나, 병역을 이행하는 거의 대부분의 병역의무자들과 병역의무이행이 국민의 숭고한 의무라고 생각하는 대다수 국민들이 '비양심적'인 사람들이 되는 것은 결코 아니다(헌재 2018.06.28. 2011헌바379 등).

나 【X】 보호되어야 할 양심에는 세계관 · 인생관 · 주의 · 신조 등은 물론, 이에 이르지 아니하여도 보다 널리 개인의 인격형성에 관계되는 내심에 있어서의 가치적 · 윤리적 판단도 포함될 수 있다. 그러나 단순한 사실관계의 확인과 같이 가치적 · 윤리적 판단이 개입될 여지가 없는 경우는 물론, 법률해석에 관하여 여러 견해가 갈리는 경우처럼 다소의 가치관련성을 가진다고 하더라도 개인의 인격형성과는 관계가 없는 사사로운 사유나 의견 등은 그 보호대상이 아니라고 할 것이다(헌재 2002.01.31. 2001헌바43).

다 【X】 '양심'은 민주적 다수의 사고나 가치관과 일치하는 것이 아니라, 개인적 현상으로서 지극히 주관적인 것이다. 양심은 그 대상이나 내용 또는 동기에 의하여 판단될 수 없으며, 특히 양심상의 결정이 이성적 · 합리적인가, 타당한가 또는 법질서나 사회규범 · 도덕률과 일치하는가 하는 관점은 양심의 존재를 판단하는 기준이 될 수 없다(헌재 2018.06.28. 2011헌바379 등).

라 【O】 이 사건 법령조항은 근로소득자들의 연말정산 간소화라는 공익을 달성하기 위하여 그에 필요한 의료비내역을 국세청장에게 제출하도록 하는 것으로서, 그 목적의 정당성과 수단의 적절성이 인정된다. 이처럼 이 사건 법령조항으로 얻게 되는 납세자의 편의와 사회적 제비용의 절감을 위한 연말정산 간소화라는 공익이 이로 인하여 제한되는 의사들의 양심실현의 자유에 비하여 결코 적다고 할 수 없으므로, 이 사건 법령조항은 법익의 균형성도 갖추었다고 할 것이다. 그렇다면 이 사건 법령조항이 연말정산 간소화라는 공익을 위하여 의사들의 양심의 자유를 위와 같이 제한하는 것이 헌법 제37조 제2항이 정한 과잉금지 원칙에 위반된 것이라고 볼 수 없다(헌재 2008.10.30. 2006헌마1401 등).

마 【X】 병역종류조항은, 병역의 종류와 각 병역의 내용 및 범위를 법률로 정하여 병역부담의 형평을 기하고, 병역의무자의 신체적 특성과 개인적 상황, 병력수급 사정 등을 고려하여 병역자원을 효율적으로 배분할 수 있도록 함과 동시에, 병역의 종류를 한정적으로 열거하고 그에 대한 예외를 인정하지 않음으로써 병역자원을 효과적으로 확보할 수 있도록 하기 위한 것이다. 이는 궁극적으로 국가안전보장이라는 헌법적 법익을 실현하고자 하는 것이므로 위와 같은 입법목적은 정당하고, 병역종류조항은 그러한 입법목적을 달성하기 위한 적합한 수단이다(헌재 2018.06.28. 2011헌바379 등).

바 【O】 양심의 자유는 내심에서 우러나오는 윤리적 확신과 이에 반하는 외부적 법질서의 요구가 서로 회피할 수 없는 상태로 충돌할 때에만 침해될 수 있다. 그러므로 당해 실정법이 특정의 행위를 금지하거나 명령하는 것이 아니라 단지 특별한 혜택을 부여하거나 권고 내지 허용하고 있는 데에 불과하다면, 수범자는 수혜를 스스로 포기하거나 권고를 거부함으로써 법질서와 충돌하지 아니한 채 자신의 양심을 유지, 보존할 수 있으므로 양심의 자유에 대한 침해가 된다 할 수 없다(헌재 2002.04.25. 98헌마425 등).

11 **종교의 자유에 관한 설명 중 옳은 것을 모두 고른 것은?** (다툼이 있는 경우 판례에 의함) 2022 경찰 2차

㉠ 종교의 자유에는 선교의 자유가 포함되고, 선교의 자유에는 다른 종교를 비판하거나 다른 종교의 신자에 대하여 개종을 권고하는 자유도 포함된다.

㉡ 기독교재단이 설립한 사립대학에서 6학기 동안 대학예배에 참석할 것을 졸업요건으로 하는 학칙은 비록 위 대학예배가 복음 전도나 종교인 양성에 직접적인 목표가 있는 것이 아니고 신앙을 가지지 않을 자유를 침해하지 않는 범위 내에서 학생들에게 종교교육을 함으로써 진리·사랑에 기초한 보편적 교양인을 양성하는 데 목표를 두고 있다고 하더라도 헌법상 보장된 종교의 자유를 침해하는 것이다.

㉢ 지방자치단체가 유서 깊은 천주교 성당 일대를 문화관광지로 조성하기 위하여 상급단체로부터 문화관광지 조성계획을 승인받은 후 사업부지 내 토지 등을 수용재결한 것은 헌법의 정교분리원칙에 위배되지 않는다.

㉣ 종교시설의 건축행위에만 기반시설부담금을 면제한다면 국가가 종교를 지원하여 종교를 승인하거나 우대하는 것으로 비칠 소지가 있어 헌법 제20조 제2항의 국교금지·정교분리에 위배될 수도 있다.

㉤ 종교단체의 복지시설 운영에 대한 제한은 종교단체 내 복지시설을 운영하는 법인의 인격권 및 법인운영의 자유를 제한하는 것이므로 종교의 자유 침해가 아닌 법인운영의 자유를 침해하는지 여부에 대한 문제로 귀결된다.

① ㉠, ㉡, ㉤　　② ㉠, ㉢, ㉣
③ ㉡, ㉣, ㉤　　④ ㉢, ㉣, ㉤

지문분석 **난이도** ■■■ **상** | **정답** ② | **키워드** 종교의 자유 | **출제유형** 판례

㉠ 【O】 종교의 자유에는 자기가 신봉하는 종교를 선전하고 새로운 신자를 규합하기 위한 선교의 자유가 포함되고 선교의 자유에는 다른 종교를 비판하거나 다른 종교의 신자에 대하여 개종을 권고하는 자유도 포함되는바, 종교적 선전, 타 종교에 대한 비판 등은 동시에 표현의 자유의 보호대상이 되는 것이나, 그 경우 종교의 자유에 관한 헌법 제20조 제1항은 표현의 자유에 관한 헌법 제21조 제1항에 대하여 특별 규정의 성격을 갖는다 할 것이므로 종교적 목적을 위한 언론・출판의 경우에는 그 밖의 일반적인 언론・출판에 비하여 보다 고도의 보장을 받게 된다(대판 1996.09.06. 96다19246).

㉡ 【X】 대학교에서 종교학점 이수를 졸업요건으로 하는 대학교학칙은 종교의 자유와 학문의 자유 침해가 아니다(대판 1998.11.10. 96다37268).

㉢ 【O】 지방자치단체가 유서 깊은 천주교 성당 일대를 문화관광지로 조성하기 위하여 상급 단체로부터 문화관광지 조성계획을 승인받은 후 사업부지 내 토지 등을 수용재결한 사안에서, 문화관광지 조성계획 승인과 그에 따른 토지 등 수용재결이 헌법의 정교분리원칙이나 평등권에 위배되지 않는다(대판 2009.05.28. 2008두16933).

㉣ 【O】 종교시설의 건축행위에만 기반시설부담금을 면제한다면 국가가 종교를 지원하여 종교를 승인하거나 우대하는 것으로 비칠 소지가 있어 헌법 제20조 제2항의 국교금지・정교분리에 위배될 수도 있다고 할 것이므로, 종교시설의 건축행위에 대하여 기반시설부담금 부과를 제외하거나 감경하지 아니하였더라도 종교의 자유를 침해하는 것이 아니다(헌재 2010.02.25. 2007헌바131 등).

㉤ 【X】 심판대상 조항으로 인하여 종교단체는 양로시설을 설치・운영할 때 신고의무를 부담하게 되나, 신고만 하면 양로시설을 설치하여 운영하는 것이 가능하다는 점에서 이로 인한 기본권 제한은 그리 크다고 볼 수 없다. 반면에 심판대상 조항을 통해 달성하려는 공익은 양로시설에 입소한 노인들의 쾌적하고 안전한 주거환경을 보장하는 것으로 이는 매우 중대하다. 따라서 법익균형성을 상실하였다고 보기도 어렵다(헌재 2016.06.30. 2015헌바46).

12 **종교의 자유에 대한 설명으로 가장 적절하지 <u>않은</u> 것은?** (다툼이 있는 경우 대법원 및 헌법재판소 판례에 의함) 2022 경찰 간부

① 종교적 목적을 위한 언론・출판의 자유를 행사하는 과정에서 타 종교의 신앙 대상을 우스꽝스럽게 묘사하거나 다소 모욕적이고 불쾌하게 느껴지는 표현을 사용하였더라도 그것이 그 종교를 신봉하는 신도들에 대한 증오의 감정을 드러내는 것이거나 그 자체로 폭행・협박 등을 유발할 우려가 있는 정도가 아닌 이상 허용된다고 보아야 한다.

② 학교 정화구역 내에 납골시설을 금지할 필요성은 납골시설의 운영주체가 국가・지방자치단체 등의 공공기관이거나 개인・문중・종교단체・재단법인이든 마찬가지라고 할 것이다.

③ 종교전파의 자유는 국민에게 그가 선택한 임의의 장소에서 자유롭게 행사할 수 있는 권리까지 보장한다고 할 수 없다.

④ 종교시설의 건축행위에 대하여 기반시설부담금 부과를 제외하거나 감경하지 아니하였다면 종교의 자유를 침해하는 것이다.

지문분석 **난이도** □■■ **중** | **정답** ④ | **키워드** 종교의 자유 | **출제유형** 판례

① 【O】 우리 헌법이 종교의 자유를 보장함으로써 보호하고자 하는 것은 종교 자체나 종교가 신봉하는 신앙의 대상이 아니라, 종교를 신봉하는 국민, 즉 신앙인이고, 종교에 대한 비판은 성질상 어느 정도의 편견과 자극적인 표현을 수반하게 되는 경우가 많으므로, 타 종교의 신앙의 대상에 대한 모욕이 곧바로 그 신앙의 대상을 신봉하는 종교단체나 신도들에 대한 명예훼손이 되는 것은 아니고, 종교적 목적을 위한 언론·출판의 자유를 행사하는 과정에서 타 종교의 신앙의 대상을 우스꽝스럽게 묘사하거나 다소 모욕적이고 불쾌하게 느껴지는 표현을 사용하였더라도 그것이 그 종교를 신봉하는 신도들에 대한 증오의 감정을 드러내는 것이거나 그 자체로 폭행·협박 등을 유발할 우려가 있는 정도가 아닌 이상 허용된다고 보아야 한다(대판 2014.09.04. 2012도13718).

② 【O】 학교 정화구역 내에 납골시설을 금지할 필요성은 납골시설의 운영주체가 국가·지방자치단체 등의 공공기관이거나 개인·문중·종교단체·재단법인이든 마찬가지라고 할 것이다. 따라서 납골시설의 유형이나 설치주체를 가리지 아니하고 일률적으로 금지한다고 하여 불합리하거나 교육환경에 관한 입법형성권의 한계를 벗어났다고 보기 어렵다(헌재 2009.07.30. 2008헌가2).

③ 【O】 종교의 자유에는 선교의 자유가 포함되나, 선택한 임의의 장소에서 자유롭게 선교할 자유까지 인정되지 않는다(헌재 2008.06.26. 2007헌마1366).

④ 【X】 종교시설의 건축행위에만 기반시설부담금을 면제한다면 국가가 종교를 지원하여 종교를 승인하거나 우대하는 것으로 비칠 소지가 있어 헌법 제20조 제2항의 국교금지·정교분리에 위배될 수도 있다고 할 것이므로, 종교시설의 건축행위에 대하여 기반시설부담금 부과를 제외하거나 감경하지 아니하였더라도 종교의 자유를 침해하는 것이 아니다(헌재 2010.02.25. 2007헌바131 등).

13 **종교의 자유에 대한 설명으로 가장 적절하지 않은 것은?** (다툼이 있는 경우 판례에 의함) 2021 경찰 승진

① 헌법 제20조 제2항이 국교금지와 정교분리원칙을 규정하고 있기 때문에, 종교시설의 건축행위에만 기반시설부담금을 면제한다면 국가가 종교를 지원하여 종교를 승인하거나 우대하는 것으로 비칠 소지가 있다.

② 전통사찰에 대하여 채무명의를 가진 일반채권자가 전통사찰 소유의 전법(傳法)용 경내지의 건조물 등에 대하여 압류하는 것을 금지하는 전통사찰의 보존 및 지원에 관한 법률 조항은 '전통사찰의 일반채권자'의 재산권을 제한하지만, 종교의 자유의 내용 중 어떠한 것도 제한되지 않는다.

③ 종교전파의 자유는 국민에게 그가 선택한 임의의 장소에서 자유롭게 행사할 수 있는 권리까지 보장한다고 할 수 없다.

④ 구치소장이 수용자 중 미결수용자에 대하여 일률적으로 종교행사 등에의 참석을 불허한 것은 교정시설의 여건 및 수용관리의 적정성을 기하기 위한 것으로서 목적이 정당하고, 일부 수용자에 대한 최소한의 제한에 해당하므로 종교의 자유를 침해한 것으로 볼 수 없다.

지문분석 **난이도** □■■ **중** | **정답** ④ | **키워드** 종교의 자유 | **출제유형** 판례

① 【O】 종교의 자유에서 종교에 대한 적극적인 우대조치를 요구할 권리가 직접 도출되거나 우대할 국가의 의무가 발생하지 아니한다. 종교시설의 건축행위에만 기반시설부담금을 면제한다면 국가가 종교를 지원하여 종교를 승인하거나 우대하는 것으로 비칠 소지가 있어 헌법 제20조 제2항의 국교금지·정교분리에 위배될 수도 있다고 할 것이므로 종교시설의 건축행위에 대하여 기반시설부담금 부과를 제외하거나 감경하지 아니하였더라도, 종교의 자유를 침해하는 것이 아니다(헌재 2010.02.25. 2007헌바131 등).

② 【O】 압류 등 강제집행은 국가가 강제력을 행사함으로써 채권자의 사법상 청구권에 대한 실현을 도모하는 절차로서 채권자의 재산권은 궁극적으로 강제집행에 의하여 그 실현이 보장되는 것인바, 이 사건 법률조항은 전통사찰에 대하여 채무명의를 가진 일반 채권자(이하 '전통사찰의 일반 채권자'라 한다)가 전통사찰 소유의 전법용 경내지의 건조물 등에 대하여 압류하는 것을 금지하고 있으므로 '전통사찰의 일반 채권자'의 재산권을 제한한다. 청구인은 이 사건 법률조항이 다른 종교단체의 재산과는 달리 불교 전통사찰 소유의 재산만을 압류 금지 재산으로 규정함으로써 청구인의 종교의 자유를 침해한다고 주장한다. 그러나 종교의 자유는 신앙의 자유, 종교적 행위의 자유 및 종교적 집회·결사의 자유를 그 내용으로 하는바, 이 사건 법률조항은 전통사찰 소유의 일정 재산에 대한 압류를 금지할 뿐이므로 그로 인하여 위와 같은 종교의 자유의 내용 중 어떠한 것도 제한되지는 아니한다(헌재 2012.06.27. 2011헌바34).

③ 【O】 종교의 자유에는 신앙의 자유, 종교적 행위의 자유가 포함되며, 종교적 행위의 자유에는 신앙고백의 자유, 종교적 의식 및 집회·결사의 자유, 종교전파·교육의 자유 등이 있다. 이 사건에서 문제되는 종교의 자유는 종교전파의 자유로서 누구에게나 자신의 종교 또는 종교적 확신을 알리고 선전하는 자유를 말하며, 포교행위 또는 선교행위가 이에 해당한다. 그러나 이러한 종교전파의 자유는 국민에게 그가 선택한 임의의 장소에서 자유롭게 행사할 수 있는 권리까지 보장한다고 할 수 없으며, 그 임의의 장소가 대한민국의 주권이 미치지 아니하는 지역 나아가 국가에 의한 국민의 생명·신체 및 재산의 보호가 강력히 요구되는 해외 위난지역인 경우에는 더욱 그러하다(헌재 2008.06.26. 2007헌마1366).

④ 【X】 무죄추정의 원칙이 적용되는 미결수용자들에 대한 기본권 제한은 징역형 등의 선고를 받아 그 형이 확정된 수형자의 경우보다는 더 완화되어야 할 것임에도, 피청구인이 수용자 중 미결수용자에 대하여만 일률적으로 종교행사 등에의 참석을 불허한 것은 미결수용자의 종교의 자유를 나머지 수용자의 종교의 자유보다 더욱 엄격하게 제한한 것이다. 나아가 공범 등이 없는 경우 내지 공범 등이 있는 경우라도 공범이나 동일사건 관련자를 분리하여 종교행사 등에의 참석을 허용하는 등의 방법으로 미결수용자의 기본권을 덜 침해하는 수단이 존재함에도 불구하고 이를 전혀 고려하지 아니하였으므로 이 사건 종교행사 등 참석불허 처우는 침해의 최소성 요건을 충족하였다고 보기 어렵다. 따라서, 이 사건 종교행사 등 참석불허 처우는 과잉금지원칙을 위반하여 청구인의 종교의 자유를 침해하였다(헌재 2011.12.29. 2009헌마527).

14 종교의 자유에 대한 설명으로 가장 적절하지 않은 것은? (다툼이 있는 경우 헌법재판소 판례에 의함)

2025 경찰 간부

① 대부분의 지방자치단체에서 시험장소 임차 및 인력동원 등의 이유로 일요일 시험실시가 불가하거나 현실적으로 어려우므로, 연 2회 실시하는 간호조무사 국가시험의 시행일시를 모두 토요일 일몰 전으로 정한 '2021년도 간호조무사 국가시험 시행계획 공고'는 제칠일안식일예수재림교를 믿는 응시자의 종교의 자유를 침해하지 아니한다.

② 종교적인 기관·단체 등의 조직 내에서의 직무상 행위를 이용하여 그 구성원에 대하여 선거운동을 하거나 하게 할 수 없도록 한 「공직선거법」 조항은 종교적 신념 자체 또는 종교의식, 종교교육, 종교적 집회·결사의 자유 등을 제한하는 것이 아니므로 종교의 자유가 직접적으로 제한된다고 보기 어렵다.

③ 육군훈련소장이 훈련병들로 하여금 개신교, 천주교, 불교, 원불교 4개 종교의 종교행사 중 하나에 참석하도록 한 것은 종교단체가 군대라는 국가권력에 개입하여 선교행위를 하는 등 영향력을 행사할 수 있는 기회를 제공하는 것은 아니므로 정교분리원칙에 위배되는 것은 아니다.

④ 독학학위 취득시험의 시험일을 일요일로 정한 것은 시험장소의 확보와 시험관리를 용이하게 하기 위한 것으로 기독교인인 응시자의 종교의 자유를 침해하지 아니한다.

지문분석 **난이도** □■■ 중 | **정답** ③ | **키워드** 종교의 자유 | **출제유형** 판례

① 【O】 시험일을 일요일로 정하는 경우 제칠일안식일예수재림교(이하 '재림교'라 한다)를 믿는 청구인의 종교의 자유에 대한 제한은 없을 것이나, 일요일에 종교적 의미를 부여하는 응시자의 종교의 자유를 제한하게 되므로, 종교의 자유 제한 문제는 기본권의 주체만을 달리하여 그대로 존속하게 된다. 또한 대부분의 지방자치단체에서 시험장소 임차 및 인력동원 등의 이유로 일요일 시험실시가 불가하거나 어려워, 현재로서는 일요일에 시험을 시행하는 것도 현실적으로 어려운 상황이다. 이러한 사정을 고려할 때, 연 2회 실시되는 간호조무사 국가시험을 모두 토요일에 실시한다고 하여 그로 인한 기본권 제한이 지나치다고 볼 수 없다고는 과잉금지원칙에 반하여 청구인의 종교의 자유를 침해하지 아니한다. 따라서 이 사건 공(헌재 2023.06.29. 2021헌마171).

② 【O】 청구인들은 직무이용 제한조항이 종교의 자유도 침해한다고 주장하나, 위 조항은 종교적 신념 자체 또는 종교의식, 종교교육, 종교적 집회·결사의 자유 등을 제한하는 것이 아니라, 단지 종교단체 내에서 직무상 지위를 이용한 선거운동을 제한하는 것이므로 그로 인해 종교의 자유가 직접적으로 제한된다고 보기 어렵다.따라서 직무이용 제한조항이 종교의 자유를 침해하는지 여부에 대해서는 따로 살펴보지 않는다. 그렇다면 직무이용 제한조항은 과잉금지원칙을 위반하여 선거운동 등 정치적 표현의 자유를 침해하지 않는다(헌재 2024.01.25. 2021헌바233 등).

③ 【X】 이 사건 종교행사 참석조치는 국가가 종교를 군사력 강화라는 목적을 달성하기 위한 수단으로 전락시키거나, 반대로 종교단체가 군대라는 국가권력에 개입하여 선교행위를 하는 등 영향력을 행사할 수 있는 기회를 제공하므로, 국가와 종교의 밀접한 결합을 초래한다는 점에서 정교분리원칙에 위배된다(헌재 2022.11.24. 2019헌마941).

④ 【O】 독학학위 취득시험의 시험일을 일요일로 정한 것은, 가능한 한 다수의 국민이 본인의 학업·생계활동 등 일상생활에 지장 없이 시험에 응시할 수 있도록 하고, 시험장소의 확보와 시험관리를 용이하게 하기 위한 것이다. 독학학위 취득시험의 응시 인원, 연령 및 직업 구성, 국가전문자격시험과 공무원시험 등 국가나 지방자치단체가 주관하는 시험이라 할지라도 각각의 시험별로 시행부처 및 시행기관이 달라 시험의 목적과 실시기간 역시 다를 수밖에 없는 점 등을 종합적으로 고려하면 이 사건 1 내지 3과정 시험 공고는 청구인의 종교의 자유를 침해하지 아니한다(헌재 2022.12.02. 2021헌마271).

15 **종교의 자유에 관한 설명으로 가장 적절하지 않은 것은?** (다툼이 있는 경우 헌법재판소 판례에 의함)

2024 경찰 2차

① 출력수(작업에 종사하는 수형자)를 대상으로 원칙적으로 월 3~4회의 종교집회를 실시하는 반면, 미결수용자와 미지정 수형자에 대해서는 원칙적으로 매월 1회, 그것도 공간의 협소함과 관리인력의 부족을 이유로 수용동별로 돌아가며 종교집회를 실시하여 실제 연간 1회 정도의 종교집회 참석 기회를 부여한 구치소장의 종교집회 참석 제한 처우는 미결수용자 및 미지정 수형자의 종교의 자유를 침해한 것이다.

② 구치소에 종교행사 공간이 1개뿐이고, 종교행사는 종교, 수형자와 미결수용자, 성별, 수용동 별로 진행되며, 미결수용자는 공범이나 동일사건 관련자가 있는 경우 이를 분리하여 참석하게 해야 하는 점을 고려하더라도, 구치소 내 미결수용자를 대상으로 한 개신교 종교행사를 4주에 1회, 일요일이 아닌 요일에 실시한 구치소장의 종교행사 처우는 미결수용자의 종교의 자유를 침해한다.

③ 2009.06.01.부터 2009.10.08.까지 구치소 내에서 실시하는 종교의식 또는 행사에 일률적으로 미결수용자의 참석을 금지한 구치소장의 종교행사 등 참석불허 처우는, 미결수용자의 기본권을 덜 침해하는 수단이 존재함에도 불구하고 이를 전혀 고려하지 아니하였으므로 과잉금지원칙을 위반하여 미결수용자의 종교의 자유를 침해하였다.

④ 금치처분을 받은 사람은 최장 30일 이내의 기간 동안 종교의식 또는 행사에 참석할 수 없으나 종교상담을 통해 종교활동은 할 수 있어서, 금치기간 중 30일 이내 공동행사 참가를 정지하는 「형의 집행 및 수용자의 처우에 관한 법률」 조항은 수용자의 종교의 자유를 침해하지 아니한다.

지문분석 **난이도** ■■■ **상** | **정답** ② | **키워드** 종교의 자유 | **출제유형** 판례

① 【O】 피청구인은 출력수(작업에 종사하는 수형자)를 대상으로 원칙적으로 월 3~4회의 종교집회를 실시하는 반면, 미결수용자와 미지정 수형자에 대해서는 원칙적으로 매월 1회, 그것도 공간의 협소함과 관리 인력의 부족을 이유로 수용동별로 돌아가며 종교집회를 실시하여 실제 연간 1회 정도의 종교집회 참석 기회를 부여하고 있다. 이는 미결수용자 및 미지정 수형자의 구금기간을 고려하면 사실상 종교집회 참석 기회가 거의 보장되지 않는 결과를 초래할 수도 있다. 따라서 이 사건 종교집회 참석 제한 처우는 부산구치소의 열악한 시설을 감안하더라도 과잉금지원칙을 위반하여 청구인의 종교의 자유를 침해한 것이다(헌재 2014.06.26. 2012헌마782).

② 【X】 ○○구치소에 종교행사 공간이 1개뿐이고, 종교행사는 종교, 수형자와 미결수용자, 성별, 수용동 별로 진행되며, 미결수용자는 공범이나 동일사건 관련자가 있는 경우 이를 분리하여 참석하게 해야 하는 점을 고려하면 피청구인이 미결수용자 대상 종교행사를 4주에 1회 실시했더라도 종교의 자유를 과도하게 제한하였다고 보기 어렵고, 구치소의 인적·물적 여건상 하루에 여러 종교행사를 동시에 하기 어려우며, 개신교의 경우에만 그 교리에 따라 일요일에 종교행사를 허용할 경우 다른 종교와의 형평에 맞지 않고, 공휴일인 일요일에 종교행사를 할 행정적 여건도 마련되어 있지 않다는 점을 고려하면, 이 사건 종교행사 처우는 청구인의 종교의 자유를 침해하지 않는다(헌재 2015.04.30. 2013헌마190).

③ 【O】 공범 등이 없는 경우 내지 공범 등이 있는 경우라도 공범이나 동일사건 관련자를 분리하여 종교행사 등에의 참석을 허용하는 등의 방법으로 미결수용자의 기본권을 덜 침해하는 수단이 존재함에도 불구하고 이를 전혀 고려하지 아니하였으므로 이 사건 종교행사 등 참석불허 처우는 침해의 최소성 요건을 충족하였다고 보기 어렵다. 그리고, 이 사건 종교행사 등 참석불허 처우로 얻어질 공익의 정도가 무죄추정의 원칙이 적용되는 미결수용자들이 종교행사 등에 참석을 하지 못함으로써 입게 되는 종교의 자유의 제한이라는 불이익에 비하여 결코 크다고 단정하기 어려우므로 법익의 균형성 요건 또한 충족하였다고 할 수 없다. 따라서, 이 사건 종교행사 등 참석불허 처우는 과잉금지원칙을 위반하여 청구인의 종교의 자유를 침해하였다(헌재 2011.12.29. 2009헌마527).

④ 【O】 금치처분을 받은 사람은 최장 30일 이내의 기간 동안 공동행사에 참가할 수 없으나, 서신수수, 접견을 통해 외부와 통신할 수 있고, 종교상담을 통해 종교활동을 할 수 있다. 또한, 위와 같은 불이익은 규율 준수를 통하여 수용질서를 유지한다는 공익에 비하여 크다고 할 수 없다. 따라서 위 조항은 청구인의 통신의 자유, 종교의 자유를 침해하지 아니한다(헌재 2016.05.26. 2014헌마45).

PART · 02

4 표현의 자유

01 표현의 자유에 대한 설명으로 옳지 않은 것만을 모두 고른 것은? (다툼이 있는 경우 판례에 의함)

2017 국가직 7급

ㄱ. 지역농협 이사 선거의 경우 전화·컴퓨터통신을 이용한 지지 호소의 선거운동방법을 금지하고, 이를 위반한 자를 처벌하는 것은 해당 선거 후보자의 결사의 자유와 표현의 자유를 침해한다.
ㄴ. 상업광고도 표현의 자유의 보호영역에 속하는 것이므로 상업광고 규제에 관한 비례의 원칙 심사에 있어서 피해의 최소성 원칙에서는 같은 목적을 달성하기 위하여 달리 덜 제약적인 수단이 없을 것인지 혹은 입법목적을 달성하기 위하여 필요한 최소한의 제한인지를 심사한다.
ㄷ. 건강기능식품의 기능성 표시·광고를 하고자 하는 자가 사전에 건강기능식품협회의 심의절차를 거치도록 하는 것은 헌법이 금지하는 사전검열에 해당하여 건강기능식품 판매업자의 표현의 자유를 침해한다.
ㄹ. '음란'은 사상의 경쟁메커니즘에 의해서도 그 해악이 해소되기 어려워 언론·출판의 자유에 의한 보장을 받지 않는 반면, '저속'은 헌법적인 보호영역 안에 있다.

① ㄱ, ㄷ
② ㄴ, ㄹ
③ ㄱ, ㄷ, ㄹ
④ ㄴ, ㄷ, ㄹ

지문분석 **난이도** ■■■ 상 | **정답** ② | **키워드** 표현의 자유 | **출제유형** 판례

ㄱ 【O】 지역농협 이사 선거의 경우 전화·컴퓨터통신을 이용한 지지 호소의 선거운동방법을 금지하고, 이를 위반한 자를 처벌하는 것은 과잉금지원칙을 위반하여 결사의 자유, 표현의 자유를 침해하여 헌법에 위반된다(헌재 2016.11.24. 2015헌바62).

ㄴ 【X】 상업광고에 대한 규제에 의한 표현의 자유 내지 직업수행의 자유의 제한은 헌법 제37조 제2항에서 도출되는 비례의 원칙(과잉금지원칙)을 준수하여야 하지만, 상업광고는 사상이나 지식에 관한 정치적, 시민적 표현행위와는 차이가 있고, 인격발현과 개성신장에 미치는 효과가 중대한 것은 아니므로, 비례의 원칙 심사에 있어서 '피해의 최소성' 원칙은 '입법목적을 달성하기 위하여 필요한 범위 내의 것인지'를 심사하는 정도로 완화되는 것이 상당하다(헌재 2005.10.27. 2003헌가3).

ㄷ 【O】 「건강기능식품에 관한 법률」에 따르면 기능성 광고의 심의는 식품의약품안전처장으로부터 위탁받은 한국건강기능식품협회에서 수행하고 있지만, 법상 심의주체는 행정기관인 식품의약품안전처장이며, 언제든지 그 위탁을 철회할 수 있고, 심의위원회의 구성에 관하여도 법령을 통해 행정권이 개입하고 지속적으로 영향을 미칠 가능성이 존재하는 이상 그 구성에 자율성이 보장되어 있다고 볼 수 없다. 식품의약품안전처장이 심의기준 등의 제정과 개정을 통해 심의 내용과 절차에 영향을 줄 수 있고, 식품의약품안전처장이 재심의를 권하면 심의기관이 이를 따라야 하며, 분기별로 식품의약품안전처장에게 보고가 이루어진다는 점에서도 그 심의업무의 독립성과 자율성이 있다고 보기 어렵다. 따라서 이 사건 건강기능식품 기능성 광고 사전심의는 행정권이 주체가 된 사전심사로서, 헌법이 금지하는 사전검열에 해당하므로 헌법에 위반된다(헌재 2019.05.30. 2019헌가4).

ㄹ 【X】 음란표현은 헌법 제21조가 규정하는 언론·출판의 자유의 보호영역 내에 있다(헌재 2009.05.28. 2006헌바109).

02 표현의 자유에 대한 설명으로 옳은 것은? (다툼이 있는 경우 판례에 의함) 2024 국회직 8급

① 남북합의서 위반행위로서 전단 등 살포를 하여 국민의 생명·신체에 위해를 끼치거나 심각한 위험을 발생시키는 것을 금지하는 「남북관계 발전에 관한 법률」 제24조 제1항 제3호 및 이에 위반한 경우 처벌하는 같은 법 제25조 중 제24조 제1항 제3호에 관한 부분은 전단을 살포하려는 자의 표현의 자유를 침해한다고 볼 수 없다.

② 사회복무요원이 정당 가입을 할 수 없도록 규정한 「병역법」 제33조 제2항 본문 제2호 중 '그 밖의 정치단체에 가입하는 등 정치적 목적을 지닌 행위'에 관한 부분은 사회복무요원의 정치적 표현의 자유를 침해한다.

③ 누구든지 선거일 전 180일부터 선거일까지 선거에 영향을 미치게 하기 위하여 화환을 설치하는 것을 금지하는 「공직선거법」 규정은 정치적 표현의 자유를 침해한다고 볼 수 없다.

④ 공공기관 등이 게시판을 설치·운영하려면 그 게시판 이용자의 본인 확인을 위한 방법 및 절차의 마련 등 대통령령으로 정하는 필요한 조치를 하도록 정한 「정보통신망 이용촉진 및 정보보호 등에 관한 법률」 제44조의5 제1항 제1호는 게시판 이용자의 익명표현의 자유를 침해한다.

⑤ 사생활의 비밀의 보호 필요성을 고려할 때 공연히 사실을 적시하여 사람의 명예를 훼손한 자를 처벌하도록 규정한 「형법」 제307조 제1항 중 '진실한 것으로서 사생활의 비밀에 해당하지 아니한' 사실 적시에 관한 부분은 헌법상 표현의 자유에 위반된다.

지문분석 **난이도** ■■■ 상 | **정답** ② | **키워드** 표현의 자유와 알 권리 | **출제유형** 판례

① 【X】 국가형벌권의 행사는 중대한 법익에 대한 위험이 명백한 경우에 한하여 최후수단으로 선택되어 필요 최소한의 범위에 그쳐야 하는바, 심판대상조항은 전단 등 살포를 금지하는 데서 더 나아가 이를 범죄로 규정하면서 징역형 등을 두고 있으며, 그 미수범도 처벌하도록 하고 있어 과도하다고 하지 않을 수 없다. 심판대상조항으로 북한의 적대적 조치가 유의미하게 감소하고 이로써 접경지역 주민의 안전이 확보될 것인지, 나아가 남북 간 평화통일의 분위기가 조성되어 이를 지향하는 국가의 책무 달성에 도움이 될 것인지 단언하기 어려운 반면, 심판대상조항이 초래하는 정치적 표현의 자유에 대한 제한은 매우 중대하다. 그렇다면 심판대상조항은 과잉금지원칙에 위배되어 청구인들의 표현의 자유를 침해한다(헌재 2023.09.26. 2020헌마1724 등).

② 【O】 '그 밖의 정치단체'는 문언상 '정당'에 준하는 정치단체만을 의미하는 것이 아니고, 단체의 목적이나 활동에 관한 어떠한 제한도 규정하고 있지 않으며, '정치적 중립성'이라는 입법목적 자체가 매우 추상적인 개념이어서, 이로부터 '정치단체'와 '비정치단체'를 구별할 수 있는 기준을 도출할 수 없다. 이 사건 법률조항은 '정치적 목적을 지닌 행위'의 의미를 개별화·유형화 하지 않으며, '그 밖의 정치단체'의 의미가 불명확하므로 이를 예시로 규정하여도 '정치적 목적을 지닌 행위'의 불명확성은 해소되지 않는다. 따라서 위 부분은 명확성원칙에 위배된다. '그 밖의 정치단체에 가입하는 등 정치적 목적을 지닌 행위'에 관한 부분은 과잉금지원칙에 위배되어 청구인의 정치적 표현의 자유 및 결사의 자유를 침해한다(헌재 2021.11.25. 2019헌마534).

③ 【X】 심판대상조항은 선거일 전 180일부터 선거일까지라는 장기간 동안 선거와 관련한 정치적 표현의 자유를 광범위하게 제한하고 있다. 화환의 설치는 경제적 차이로 인한 선거 기회 불균형을 야기할 수 있으나, 그러한 우려가 있다고 하더라도 「공직선거법」상 선거비용 규제 등을 통해서 해결할 수 있다. 또한 「공직선거법」상 후보자 비방 금지 규정 등을 통해 무분별한 흑색선전 등의 방지도 가능하다. 이러한 점들을 종합하면, 심판대상조항은 목적 달성에 필요한 범위를 넘어 장기간 동안 선거에 영향을 미치게 하기 위한 화환의 설치를 금지하는 것으로, 과잉금지원칙에 위반되어 정치적 표현의 자유를 침해한다(헌재 2023.06.29. 2023헌가12).

④ 【X】 심판대상조항에 따른 본인확인조치는 정보통신망의 익명성 등에 따라 발생하는 부작용을 최소화하여 공공기관등의 게시판 이용에 대한 책임성을 확보·강화하고, 게시판 이용자로 하여금 언어폭력, 명예훼손, 불법정보의 유통 등의 행위를 자제하도록 함으로써 건전한 인터넷 문화를 조성하기 위한 것이다. 심판대상조항이 규율하는 게시판은 그 성격상 대체로 공공성이 있는 사항이 논의되는 곳으로서 공공기관등이 아닌 주체가 설치·운영하는 게시판에 비하여 통상 누구나 이용할 수 있는 공간이므로, 공동체 구성원으로서의 책임이 더욱 강하게 요구되는 곳이라고 할 수 있다. 따라서 심판대상조항은 청구인의 익명표현의 자유를 침해하지 않는다(헌재 2022.12.22. 2019헌마654).

⑤ 【X】 개인의 외적 명예에 관한 인격권 보호의 필요성, 일단 훼손되면 완전한 회복이 사실상 불가능하다는 보호법익의 특성, 사회적으로 명예가 중시되나 명예훼손으로 인한 피해는 더 커지고 있는 우리 사회의 특수성, 명예훼손죄의 비범죄화에 관한 국민적 공감대의 부족 등을 종합적으로 고려하면, 공연히 사실을 적시하여 다른 사람의 명예를 훼손하는 행위를 금지하고 위반 시 형사처벌하도록 정하고 있다고 하여 바로 과도한 제한이라 단언하기 어렵다. 「형법」 제307조 제1항은 과잉금지원칙에 반하여 표현의 자유를 침해하지 아니한다(헌재 2021.02.25. 2017헌마1113 등).

03 **알 권리 및 정보공개청구권에 대한 설명으로 가장 적절하지 <u>않은</u> 것은?** (다툼이 있는 경우 헌법재판소 판례에 의함) 2023 경찰간부

① 신문의 편집인 등으로 하여금 아동보호사건에 관련된 아동 학대행위자를 특정하여 파악할 수 있는 인적사항 등을 신문 등 출판물에 싣거나 방송매체를 통하여 방송할 수 없도록 하는 「아동학대범죄의 처벌 등에 관한 특례법」 상 보도금지 조항은 국민의 알 권리를 침해하지 않는다.

② 「정치자금법」에 따라 회계보고된 자료의 열람기간을 3월간으로 제한한 동법 상 열람기간제한 조항은 청구인의 알 권리를 침해한다.

③ 인터넷 등 전자적 방법에 의한 판결서 열람·복사의 범위를 개정법 시행 이후 확정된 사건의 판결서로 한정하고 있는 「군사법원법」 부칙조항은 청구인의 정보공개청구권을 침해한다.

④ 변호사시험성적 공개청구기간을 「변호사시험법」 시행일부터 6개월 내로 제한하는 동법 부칙조항은 청구인의 정보공개청구권을 침해한다.

지문분석 **난이도** □■■ 중 | **정답** ③ | **키워드** 표현의 자유와 알 권리 | **출제유형** 판례

① 【O】 아동학대행위자 대부분은 피해아동과 평소 밀접한 관계에 있으므로, 행위자를 특정하여 파악할 수 있는 식별정보를 신문, 방송 등 매체를 통해 보도하는 것은 피해아동의 사생활 노출 등 2차 피해로 이어질 가능성이 매우 높다. 식별정보 보도 후에는 2차 피해를 차단하기 어려울 수 있고, 식별정보 보도를 허용할 경우 대중에 알려질 가능성을 두려워하는 피해아동이 신고를 자발적으로 포기하게 만들 우려도 있다. 따라서 아동학대행위자에 대한 식별정보의 보도를 금지하는 것이 과도하다고 보기 어렵다. 따라서 보도금지조항은 언론·출판의 자유와 국민의 알 권리를 침해하지 않는다(헌재 2022.10.27. 2021헌가4).

② 【O】 정치자금을 둘러싼 분쟁 등의 장기화 방지 및 행정부담의 경감을 위해 열람기간의 제한 자체는 둘 수 있다고 하더라도, 현행 기간이 지나치게 짧다는 점은 명확하다. 짧은 열람기간으로 인해 청구인 신○○는 회계보고된 자료를 충분히 살펴 분석하거나, 문제를 발견할 실질적 기회를 갖지 못하게 되는바, 달성되는 공익과 비교할 때 이러한 사익의 제한은 정치자금의 투명한 공개가 민주주의 발전에 가지는 의미에 비추어 중대하다. 그렇다면 이 사건 열람기간제한 조항은 과잉금지원칙에 위배되어 청구인 신○○의 알권리를 침해한다(헌재 2021.05.27. 2018헌마1168).

③ 【X】 이 사건 부칙조항은 판결서 공개제도를 실현하는 과정에서 그 공개범위를 일정 부분 제한하여 판결서 공개에 필요한 국가의 재정이나 용역의 부담을 경감·조정하고자 하는 것이다. 어떤 새로운 제도를 도입할 때에는 그에 따른 사회적 비용도 함께 고려하여 부분적인 개선 방식을 취할 수도 있으므로, 입법자는 현실적인 조건들을 감안해서 위 부칙조항과 같이 판결서 열람·복사에 관한 개정법의 적용 범위를 일정 부분 제한할 수 있으며, 청구인은 비록 전자적 방법은 아니라 해도 「군사법원법」 제93조의2에 따라 개정법 시행 이전에 확정된 판결서를 열람·복사할 수 있다. 이 사건 부칙조항으로 인해 청구인이 전자적 방법을 통해 열람·복사할 수 있는 판결서의 범위가 제한된다 하더라도 이는 입법재량의 한계 내에 있으므로, 위 부칙조항이 청구인의 정보공개청구권을 침해한다고 할 수 없다(헌재 2015.12.23. 2014헌마185).

④ 【O】 변호사의 취업난이 가중되고 있다는 점, 이직을 위해서도 변호사시험 성적이 필요할 수 있다는 점 등을 고려하면, 변호사시험 합격자에게 취업 및 이직에 필요한 상당한 기간 동안 자신의 성적을 활용할 기회를 부여할 필요가 있다. 특례조항에서 정하고 있는 '이 법 시행일부터 6개월 내'라는 기간은 변호사시험 합격자가 취업시장에서 성적 정보에 접근하고 이를 활용하기에 지나치게 짧다. 따라서 특례조항은 과잉금지원칙에 위배되어 청구인의 정보공개청구권을 침해한다(헌재 2019.07.25. 2017헌마1329).

04 알 권리에 관한 설명 중 가장 적절하지 않은 것은? (다툼이 있는 경우 판례에 의함) 2022 경찰 2차

① 국가 또는 지방자치단체의 기관이 보관하고 있는 문서 등에 관하여 이해관계 있는 국민이 공개를 요구함에도 정당한 이유 없이 이에 응하지 아니하거나 거부하는 것은 당해 국민의 알 권리를 침해하는 것이다.

② 군사기밀의 범위는 국민의 표현의 자유 내지 알 권리의 대상영역을 최대한 넓혀줄 수 있도록 필요한 최소한도에 한정되어야 할 것인바, 구 군사기밀보호법 제6조 등은 '군사상의 기밀'이 비공지의 사실로서 적법절차에 따라 군사기밀로서의 표지를 갖추고 그 누설이 국가의 안전보장에 명백한 위험을 초래한다고 볼 만큼의 실질가치를 지닌 것으로 인정되는 경우에 한하여 적용된다 할 것이므로 이러한 해석하에 헌법에 위반되지 아니한다.

③ 공판조서의 절대적 증명력을 규정한 「형사소송법」 조항은 공판조서의 증명력을 규정하고 있을 뿐 공판조서의 내용에 대한 접근·수집·처리 등에 관한 규정이 아니어서, 정보에의 접근·수집·처리의 자유를 의미하는 알 권리에 어떠한 제한이 있다고 보기 어렵다.

④ 개별 교원이 어떤 교원단체나 노동조합에 가입해 있는지에 대한 정보공개를 제한하는 것은 학부모인 청구인들의 알 권리를 제한하는 것은 아니다.

지문분석 **난이도** □■■ **중** | **정답** ④ | **키워드** 알권리 | **출제유형** 판례

① 【O】 국가 또는 지방자치단체의 기관이 보관하고 있는 문서 등에 관하여 이해관계 있는 국민이 공개를 요구함에도 정당한 이유 없이 이에 응하지 아니하거나 거부하는 것은 당해 국민의 알 권리를 침해한다(헌재 1994.08.31. 93헌마174).

② 【O】 공지된 사실은 국가기밀이 아니며 비공지된 사실로서 그것이 누설될 경우 국가안전의 명백한 위험을 초래할 실질적 가치가 있는 실질비성을 갖춘 것이어야 국가기밀이 될 수 있다(헌재 1997.01.16. 92헌바6).

③ 【O】 이 사건 법률조항으로 인한 기본권 제한이 상소심에서의 심리지연 등으로 인한 피해보다 크다고 볼 수 없으므로, 피해의 최소성과 함께 법익균형성의 요건도 갖추었다 할 것이므로, 이 사건 법률조항이 청구인의 재판을 받을 권리를 침해한다고 볼 수 없다. 나아가, 이 사건 법률조항은 증명력에 있어서 공판조서와 다른 증거방법을 차별하고 있으나, 이 사건 법률조항의 입법취지, 절대적 증명력의 범위, 공판조서 기재의 정확성을 담보하기 위한 「형사소송법」상의 여러 조항 등을 모두 고려할 때, 이러한 차별은 합리적인 이유가 있다고 인정되므로 평등의 원칙에 위반되지 아니한다(헌재 2012.04.24. 2010헌바379).

④ 【X】 공시대상정보로서 교원의 교원단체 및 노동조합 가입현황(인원 수)만을 규정할 뿐 개별 교원의 명단은 규정하고 있지 아니한 구 「교육관련기관의 정보공개에 관한 특례법」 시행령은 알 권리 침해가 아니다(헌재 2011.12.29. 2010헌마293).

05 '알 권리'에 관한 설명으로 가장 적절하지 않은 것은? (다툼이 있는 경우 판례에 의함) 2023 경찰 경채 2차

① 자유로운 의사의 형성은 정보에의 접근이 충분히 보장됨으로써 비로소 가능한 것이며, 그러한 의미에서 정보에의 접근·수집·처리의 자유, 즉 '알 권리'는 표현의 자유와 표리일체의 관계에 있으며 자유권적 성질과 청구권적 성질을 공유하는 것이다.

② '알 권리'의 자유권적 성질은 일반적으로 정보에 접근하고 수집·처리함에 있어서 국가권력의 방해를 받지 아니한다는 것을 말한다.

③ '알 권리'의 청구권적 성질은 의사형성이나 여론 형성에 필요한 정보를 적극적으로 수집하고 수집을 방해하는 방해제거를 청구할 수 있다는 것을 의미하는 바, 이는 정보수집권 또는 정보공개청구권으로 나타난다.

④ '알 권리'는 표현의 자유에 당연히 포함되는 것으로 보아야 하지만 생활권적 성질까지도 획득해 나가고 있다고 보기는 어렵다.

지문분석 **난이도** □■■ **중** | **정답** ④ | **키워드** 알권리 | **출제유형** 판례

① 【O】 자유로운 의사의 형성은 정보에의 접근이 충분히 보장됨으로써 비로소 가능한 것이며, 그러한 의미에서 정보에의 접근·수집·처리의 자유, 즉 '알 권리'는 표현의 자유와 표리일체의 관계에 있으며 자유권적 성질과 청구권적 성질을 공유하는 것이다(헌재 1991.05.13. 90헌마133).

② 【O】, ③【O】 자유권적 성질은 일반적으로 정보에 접근하고 수집·처리함에 있어서 국가권력의 방해를 받지 아니한다는 것을 말하며, 청구권적 성질을 의사형성이나 여론 형성에 필요한 정보를 적극적으로 수집하고 수집을 방해하는 방해제거를 청구할 수 있다는 것을 의미하는 바 이는 정보수집권 또는 정보공개청구권으로 나타난다(헌재 1991.05.13. 90헌마133).

④ 【X】 나아가 현대 사회가 고도의 정보화 사회로 이행해감에 따라 '알 권리'는 한편으로 생활권적 성질까지도 획득해 나가고 있다. 이러한 '알 권리'는 표현의 자유에 당연히 포함되는 것으로 보아야 하며 인권에 관한 세계선언 제19조도 '알 권리'를 명시적으로 보장하고 있다(헌재 1991.05.13. 90헌마133).

06 표현의 자유에 대한 설명으로 가장 적절하지 않은 것은? (다툼이 있는 경우 헌법재판소 판례에 의함)

25년 경찰 간부

① 누구든지 「공직선거법」에 의한 공개장소에서의 연설·대담장소에서 '기타 어떠한 방법으로도' 연설·대담장소 등의 질서를 문란하게 하는 행위를 금지하는 「공직선거법」 조항은, 질서문란행위만을 금지하고 질서를 문란하게 하지 않는 범위 내에서는 다소 소음을 유발하거나 후보자나 정당에 대한 부정적인 견해나 비판적인 의사표현도 가능하므로, 정치적 표현의 자유를 침해한다고 보기 어렵다.

② 당선되거나 되게 하거나 되지 못하게 할 목적으로 공연히 사실을 적시하여 '후보자가 되고자 하는 자'를 비방한 자를 처벌하는 「공직선거법」 조항의 해당 부분은, 후보자가 되고자 하는 자에 대한 사실적시 비방행위를 일반인에 대한 사실 적시 명예훼손행위보다 더 중하게 처벌하는 것으로, 스스로 공론의 장에 뛰어든 사람의 명예를 일반인의 명예보다 더 두텁게 보호하는 결과가 초래되어, 의견의 표현행위로서 비방한 자의 정치적 표현의 자유를 침해한다.

③ 선거일 전 120일부터 선거일까지 선거에 영향을 미치기 위한 화환설치를 금지하는 「공직선거법」 조항은 목적 달성에 필요한 범위를 넘어 장기간 동안 화환의 설치를 금지하는 것으로 정치적 표현의 자유를 침해한다.

④ 전단 등을 살포하여 국민의 생명·신체에 위해를 끼치거나 심각한 위험을 발생시키는 것을 금지하고 이를 위반하는 경우 처벌하는 「남북관계 발전에 관한 법률」 조항은 북한 접경지역에서 발생할 수 있는 위험예방을 위한 것으로 북한 접경지역에서 북한으로 전단살포활동을 하는 사람들의 표현의 자유를 침해하지 아니한다.

PART · 02

지문분석 **난이도** □■■ 중 | **정답** ④ | **키워드** 표현의 자유 | **출제유형** 판례

① 【O】 심판대상조항은 공개장소에서의 연설·대담의 원활한 진행과 연설·대담장소에서의 안전과 질서를 확보하여 자유로운 선거운동의 기회를 보장하고 선거의 공정성을 달성하기 위한 것이다. 공개장소에서의 연설·대담은 후보자 등이 직접 선거인들을 만나 자신의 식견이나 자질, 정견, 정책 등을 알릴 수 있는 기회이므로, 만약 연설 자체를 방해하는 정도에 이르지 않는다는 이유로 질서문란행위가 허용된다면, 원활한 연설이나 대담을 확보할 수 없을 뿐만 아니라 경우에 따라서는 선거운동을 방해하는 수단으로 악용될 우려가 있다. 심판대상조항은 질서문란행위만을 금지하고 질서를 문란하게 하지 않는 범위 내에서는 다소 소음을 유발하거나 후보자나 정당에 대한 부정적인 견해나 비판적인 의사표현도 가능하다. 따라서 심판대상조항이 과잉금지원칙에 위배되어 정치적 표현의 자유를 침해한다고 보기 어렵다(헌재 2023.05.25. 2019헌가13).

② 【O】 비방행위가 허위사실에 해당할 경우에는 허위사실공표금지 조항으로 처벌하면 족하고, 허위가 아닌 사실에 대한 경우 후보자가 되고자 하는 자는 스스로 반박함으로써 유권자들이 그의 능력과 자질 등을 올바르게 판단할 수 있는 자료를 얻을 수 있게 하여야 한다. 이 사건 비방금지 조항의 법정형은 형법상의 사실 적시 명예훼손죄보다 더 중하고, 선거범죄로 인한 당선무효 규정, 공무담임 등의 제한 규정 및 당선무효된 자 등의 비용반환 규정 등 공직선거법상 특칙이 적용되는 경우 위반자에게는 형법상의 사실 적시 명예훼손죄로 처벌하는 경우보다 더 큰 불이익이 부여된다. 이는 후보자가 되고자 하는 자에 대한 사실 적시 비방행위를 일반인에 대한 사실 적시 명예훼손행위보다 더 중하게 처벌하는 것으로, 스스로 공론의 장에 뛰어든 사람의 명예를 일반인의 명예보다 더 두텁게 보호하는 결과가 초래된다. 그렇다면 이 사건 비방금지 조항은 과잉금지원칙에 위배되어 정치적 표현의 자유를 침해한다(헌재 2024.06.27. 2023헌바78).

③ 【O】 심판대상조항은 선거일 전 180일부터 선거일까지라는 장기간 동안 선거와 관련한 정치적 표현의 자유를 광범위하게 제한하고 있다. 화환의 설치는 경제적 차이로 인한 선거 기회 불균형을 야기할 수 있으나, 그러한 우려가 있다고 하더라도 공직선거법상 선거비용 규제 등을 통해서 해결할 수 있다. 또한 공직선거법상 후보자 비방 금지 규정 등을 통해 무분별한 흑색선전 등의 방지도 가능하다. 이러한 점들을 종합하면, 심판대상조항은 목적 달성에 필요한 범위를 넘어 장기간 동안 선거에 영향을 미치게 하기 위한 화환의 설치를 금지하는 것으로, 과잉금지원칙에 위반되어 정치적 표현의 자유를 침해한다(헌재 2023.06.29. 2023헌가12).

④ 【X】 전단등 살포 행위자가 전달하려는 내용을 북한이 문제 삼기 때문에 심판대상조항을 통해 전단등 살포 행위를 제한하려는 것이다. 이는 '전단등 살포'라는 행위를 제한하는 심판대상조항의 궁극적인 의도가 북한 주민을 상대로 한 북한 체제 비판 등의 내용을 담은 표현을 제한하는 데 있다는 것이고, 이는 결국 심판대상조항이 그 효과에 있어서 주로 특정 관점에 대하여 그 표현을 제한하는 결과를 가져온다고 할 것이다. 따라서 심판대상조항에 의한 표현의 자유 제한이 표현의 내용과 무관한 내용중립적 규제라고 보기는 어려운바, 심판대상조항은 표현의 내용을 규제하는 것으로 봄이 타당하다. 그렇다면 심판대상조항은 과잉금지원칙에 위배되어 청구인들의 표현의 자유를 침해한다(헌재 2023.09.26. 2020헌마1724 등).

07 **표현의 자유 및 언론 · 출판의 자유에 대한 설명으로 가장 적절하지 <u>않은</u> 것은?** (다툼이 있는 경우 판례에 의함) 2018 경찰 승진

① 「정보통신망 이용촉진 및 정보보호 등에 관한 법률」 제74조 제1항 제3호 중 '제44조의7 제1항 제3호를 위반하여 공포심이나 불안감을 유발하는 문언을 반복적으로 상대방에게 도달하게 한 자' 부분은 표현의 자유를 침해하지 않는다.

② 인터넷게시판을 설치 · 운영하는 정보통신서비스 제공자에게 본인확인조치의무를 부과하여 게시판 이용자로 하여금 본인확인절차를 거쳐야만 게시판을 이용할 수 있도록 하는 「정보통신망 이용촉진 및 정보보호 등에 관한 법률」 조항은 과잉금지원칙에 위배하여 인터넷게시판 이용자의 표현의 자유 및 인터넷게시판을 운영하는 정보통신서비스 제공자의 언론의 자유를 침해한다.

③ 음란표현도 헌법 제21조가 규정하는 언론 · 출판의 자유의 보호영역에 포함된다.

④ 지역농협 이사 선거의 경우 전화 · 컴퓨터통신을 이용한 지지 호소의 선거운동방법을 금지하고, 이를 위반한 자를 처벌하는 구 「농협협동조합법」 조항은 해당 선거 후보자의 표현의 자유를 침해하지 않는다.

지문분석 **난이도** □■■ **중** | **정답** ④ | **키워드** 표현의 자유 및 언론 · 출판의 자유 | **출제유형** 판례

① 【O】 「정보통신망 이용촉진 및 정보보호 등에 관한 법률」 제74조 제1항 제3호 중 '제44조의7 제1항 제3호를 위반하여 공포심이나 불안감을 유발하는 문언을 반복적으로 상대방에게 도달하게 한 자' 부분으로 인하여, 개인은 정보통신망을 통한 표현에 일정한 제약을 받게 되나, 수신인인 피해자의 사생활의 평온 보호 및 정보의 건전한 이용풍토 조성이라고 하는 공익이 침해되는 사익보다 크다고 할 것이어서 심판대상조항은 법익균형성의 요건도 충족하였다. 따라서 심판대상조항은 표현의 자유를 침해하지 아니한다(헌재 2016.12.29. 2014헌바434).

② 【O】 인터넷게시판을 설치 · 운영하는 정보통신서비스 제공자에게 본인확인조치의무를 부과하여 게시판 이용자로 하여금 본인확인절차를 거쳐야만 게시판을 이용할 수 있도록 하는 「정보통신망 이용촉진 및 정보보호 등에 관한 법률」 조항은 과잉금지원칙에 위배하여 인터넷게시판 이용자의 표현의 자유, 개인정보자기결정권 및 인터넷게시판을 운영하는 정보통신서비스 제공자의 언론의 자유를 침해를 침해한다(헌재 2012.08.23. 2010헌마47).

③ 【O】 음란표현도 헌법 제21조가 규정하는 언론 · 출판의 자유의 보호영역에는 해당하되, 다만 헌법 제37조 제2항에 따라 국가 안전보장 · 질서유지 또는 공공복리를 위하여 제한할 수 있는 것이라고 해석하여야 할 것이다(헌재 2009.05.28. 2006헌바109).

④ 【X】 지역농협 이사 선거의 경우 전화(문자메시지를 포함한다) · 컴퓨터통신(전자우편을 포함한다)을 이용한 지지 호소의 선거운동방법을 금지하고, 이를 위반한 자를 처벌하는 것은 과잉금지원칙을 위반하여 결사의 자유, 표현의 자유를 침해하여 헌법에 위반된다(헌재 2016.11.24. 2015헌바62).

08 헌법상 언론·출판의 자유에 대한 설명으로 가장 적절하지 않은 것은? (다툼이 있는 경우 헌법재판소 판례에 의함) 2019 경찰 승진 변형

① 엄격한 의미의 음란표현은 헌법 제21조가 규정하는 언론·출판의 자유의 보호영역 내에 있다.
② 특정구역 안에서 업소별로 표시할 수 있는 광고물의 총 수량을 1개로 제한한 옥외광고물 표시제한 특정구역 지정고시 조항은 자신들이 원하는 위치에 원하는 종류의 옥외광고물을 원하는 만큼 표시·설치할 수 없어 청구인들의 표현의 자유를 침해한다.
③ 일정기간 동안 선거에 영향을 미치게 하기 위한 벽보 게시, 인쇄물 배부·게시를 금지하는 「공직선거법」 조항은 정치적 표현의 자유를 침해한다.
④ 사전심의를 받은 내용과 다른 내용의 건강기능식품 기능성광고를 금지하고 이를 위반한 경우 처벌하는 「건강기능식품에 관한 법률」에 의한 건강기능식품 기능성광고 사전심의는 그 검열이 행정권에 의하여 행하여진다고 볼 수 있어, 헌법이 금지하는 사전검열에 해당하므로 헌법에 위반된다.

지문분석 **난이도** □■■ 중 | **정답** ② | **키워드** 언론·출판의 자유 | **출제유형** 판례

① 【O】 음란표현도 헌법 제21조가 규정하는 언론·출판의 자유의 보호영역에는 해당하되, 다만 헌법 제37조 제2항에 따라 국가 안전보장·질서유지 또는 공공복리를 위하여 제한할 수 있는 것이라고 해석하여야 할 것이다. 결국 이 사건 법률조항의 음란표현은 헌법 제21조가 규정하는 언론·출판의 자유의 보호영역 내에 있다고 볼 것인바, 종전에 이와 견해를 달리하여 음란표현은 헌법 제21조가 규정하는 언론·출판의 자유의 보호영역에 해당하지 아니한다는 취지로 판시한 우리 재판소의 의견은 이를 변경하기로 하며, 이하에서는 이를 전제로 하여 이 사건 법률 조항의 위헌 여부를 심사하기로 한다(헌재 2009.05.28. 2006헌바109 등).
② 【X】 이 사건 특정구역은 새롭게 건설되는 행정기능 중심의 복합도시로서 '자연이 살아 숨쉬는 환상(環狀)도시'를 지향하고 있으므로, 이 사건 특정구역 안에서의 옥외광고물의 표시방법을 제한하는 심판대상조항들은 옥외광고물의 난립을 막아 쾌적하고 조화로운 도시미관을 조성함과 동시에 도시의 정체성을 확립하고, 공중에 대한 위해를 방지하고자 하는 것으로서 그 목적의 정당성이 인정된다. 그러므로 심판대상조항들은 비례의 원칙을 위반하여 청구인들의 표현의 자유 및 직업수행의 자유를 침해한다고 볼 수 없다(헌재 2016.03.31. 2014헌마794).
③ 【O】 일정기간 동안 선거에 영향을 미치게 하기 위한 벽보 게시, 인쇄물 배부·게시를 금지하는 「공직선거법」 제93조 제1항 본문 중 '벽보 게시, 인쇄물 배부·게시'에 관한 부분 및 이에 위반한 경우 처벌하는 「공직선거법」 제255조 제2항 제5호 중 '제93조 제1항 본문의 벽보 게시, 인쇄물 배부·게시'에 관한 부분(이하 '인쇄물배부 등 금지조항'이라 한다)이 정치적 표현의 자유를 침해한다(헌재 2022.07.21. 2017헌바100).
④ 【O】 한국건강기능식품협회나 위 협회에 설치된 표시·광고심의위원회가 사전심의업무를 수행함에 있어서 식약처장 등 행정권의 영향력에서 벗어나 독립적이고 자율적으로 심의를 하고 있다고 보기 어렵고, 결국 건강기능식품 기능성광고 심의는 행정권이 주체가 된 사전심사라고 할 것이다. 한국건강기능식품협회가 행하는 이 사건 건강기능식품 기능성광고 사전심의는 헌법이 금지하는 사전검열에 해당하므로 헌법에 위반된다(헌재 2018.06.28. 2016헌가8 등).

09 언론 출판의 자유에 관한 설명으로 옳은 것을 모두 고른 것은? (다툼이 있는 경우 판례에 의함)

2020 경찰 승진

㉠ 인터넷 언론사에 대하여 선거운동기간 중 당해 인터넷홈페이지 게시판 대화방 등에 정당 후보자에 대한지지 반대의 글을 게시할 수 있도록 하는 경우 실명을 확인받도록 하는 기술적 조치를 할 의무를 부과한 구 「공직선거법」은 표현의 자유를 침해하지 아니한다.
㉡ 여론조사 실시행위에 대한 신고의무를 부과하고 있는 「공직선거법」 조항은 여론조사결과의 보도나 공표행위를 규제하는 것이 아니라 여론조사의 실시행위에 대한 신고의무를 부과하는 것으로, 허가받지 아니한 것의 발표를 금지하는 헌법 제21조 제2항의 사전검열과 관련이 있다고 볼 수 없으므로 검열금지원칙에 위반되지 아니한다.
㉢ 금치처분을 받은 미결수용자라 할지라도 금치처분 기간 중 집필을 금지하면서 예외적인 경우에만 교도소장이 집필을 허가할 수 있도록 한 형의 집행 및 수용자의 처우에 관한 법률상 규정은 미결수용자의 표현의 자유를 침해한다.
㉣ 건강기능식품 기능성 광고 사전심의가 헌법이 금지하는 사전 검열에 해당하려면 심사절차를 관철할 수 있는 강제수단이 존재할 것을 필요로 하는데, 영업허가취소와 같은 행정제재나 벌금형과 같은 형벌의 부과는 사전심의절차를 관철하기 위한강제수단에 해당한다.

① ㉠, ㉡ ② ㉠, ㉣
③ ㉡, ㉢ ④ ㉡, ㉣

지문분석 **난이도** ■■■ **상** | **정답** ④ | **키워드** 언론 출판의 자유 | **출제유형** 판례

㉠ 【X】 인터넷언론사는 선거운동기간 중 당해 홈페이지 게시판 등에 정당·후보자에 대한 지지·반대 등의 정보를 게시하는 경우 실명을 확인받는 기술적 조치를 해야 하고, 행정안전부장관 및 신용정보업자는 실명인증자료를 관리하고 중앙선거관리위원회가 요구하는 경우 지체 없이 그 자료를 제출해야 하며, 실명확인을 위한 기술적 조치를 하지 아니하거나 실명인증의 표시가 없는 정보를 삭제하지 않는 경우 과태료를 부과하도록 정한 「공직선거법」 조항은 모두 헌법에 위반된다(헌재 2021.01.28. 2018헌마456).
㉡ 【O】 심판대상조항은 여론조사결과의 보도나 공표행위를 규제하는 것이 아니라 여론조사의 실시행위에 대한 신고의무를 부과하는 것이므로, 허가받지 아니한 것의 발표를 금지하는 헌법 제21조 제2항의 사전검열과 관련이 있다고 볼 수 없다. 따라서 심판대상조항은 헌법 제21조 제2항의 검열금지원칙에 위반되지 아니한다(헌재 2015.04.30. 2014헌마360).
㉢ 【X】 이 사건 집필제한 조항은 금치처분을 받은 미결수용자에게 집필제한이라는 불이익을 가함으로써 규율 준수를 강제하고 수용시설의 안전과 질서를 유지하기 위한 것으로 목적의 정당성 및 방법의 적절성이 인정된다. 교정시설의 장이 수용자의 권리구제 등을 위해 특히 필요하다고 인정하는 때에는 집필을 허용할 수 있도록 예외가 규정되어 있으며, 「형집행법」 제85조에서 미결수용자의 징벌집행 중 소송서류의 작성 등 수사 및 재판과정에서의 권리행사를 보장하도록 규정하고 있는 점 등에 비추어 볼 때 위 조항이 청구인의 표현의 자유를 과도하게 제한한다고 보기 어렵다(헌재 2016.04.28. 2012헌마549 등).
㉣ 【O】 심의 받은 내용과 다른 내용의 광고를 한 경우, 이 사건 제재조항은 대통령령으로 정하는 바에 따라 영업허가를 취소·정지하거나, 영업소의 폐쇄를 명할 수 있도록 하고, 이 사건 처벌조항은 5년 이하의 징역 또는 5천만원 이하의 벌금에 처하도록 하고 있다. 이와 같은 행정제재나 형벌의 부과는 사전심의절차를 관철하기 위한 강제수단에 해당한다(헌재 2018.06.28. 2016헌가8 등).

10 **표현의 자유 및 언론 · 출판의 자유에 대한 설명으로 가장 적절하지 않은 것은?** (다툼이 있는 경우 판례에 의함) 2021 경찰 승진

① 사전심의를 받지 않은 건강기능식품의 기능성 광고를 금지하고 이를 위반할 경우 형사처벌하도록 한 구 「건강기능식품에 관한 법률」 조항은 사전검열에 해당하므로 헌법에 위반된다.

② 공포심이나 불안감을 유발하는 문언을 반복적으로 상대방에게 도달하게 한 자를 형사처벌하도록 한 「정보통신망 이용촉진 및 정보보호 등에 관한 법률」 조항은 표현의 자유를 침해하지 않는다.

③ 인터넷언론사에 대하여 선거일 전 90일부터 선거일까지 후보자 명의의 칼럼이나 저술을 게재하는 보도를 제한하는 구 인터넷선거보도 심의기준 등에 관한 규정 조항은 과잉금지원칙에 반하여 표현의 자유를 침해하지 않는다.

④ 지역농협 이사 선거의 경우 전화(문자메시지를 포함한다) · 컴퓨터통신(전자우편을 포함한다)을 이용한 지지 · 호소의 선거운동방법을 금지하고, 이를 위반한 자를 형사처벌하도록 한 구 「농업협동조합법」 조항은 표현의 자유를 침해한다.

지문분석 **난이도** □■■ **중** | **정답** ③ | **키워드** 표현의 자유 및 언론 · 출판의 자유 | **출제유형** 판례

① 【O】 「건강기능식품에 관한 법률」에 따르면 기능성 광고의 심의는 식품의약품안전처장으로부터 위탁받은 한국건강기능식품협회에서 수행하고 있지만, 법상 심의주체는 행정기관인 식품의약품안전처장이며, 언제든지 그 위탁을 철회할 수 있고, 심의위원회의 구성에 관하여도 법령을 통해 행정권이 개입하고 지속적으로 영향을 미칠 가능성이 존재하는 이상 그 구성에 자율성이 보장되어 있다고 볼 수 없다. 식품의약품안전처장이 심의기준 등의 제정과 개정을 통해 심의 내용과 절차에 영향을 줄 수 있고, 식품의약품안전처장이 재심의를 권하면 심의기관이 이를 따라야 하며, 분기별로 식품의약품안전처장에게 보고가 이루어진다는 점에서도 그 심의업무의 독립성과 자율성이 있다고 보기 어렵다. 따라서 이 사건 건강기능식품 기능성 광고 사전심의는 행정권이 주체가 된 사전심사로서, 헌법이 금지하는 사전검열에 해당하므로 헌법에 위반된다(헌재 2019.05.30. 2019헌가4).

② 【O】 「형법」상 협박죄는 해악의 고지를 그 요건으로 하고 있어서, 해악의 고지는 없으나 반복적인 음향이나 문언 전송 등의 다양한 방법으로 상대방에게 공포심이나 불안감을 유발하는 소위 '사이버스토킹'을 규제하기는 불충분한 반면, 현대정보사회에서 정보통신망을 이용한 불법행위가 급증하는 추세에 있고, 오프라인 공간에서 발생하는 불법행위에 비해 행위유형이 비정형적이고 다양하여 피해자에게 주는 고통이 더욱 클 수도 있어서 규제의 필요성은 매우 크다. 따라서 심판대상조항은 표현의 자유를 침해하지 아니한다(헌재 2016.12.29. 2014헌바434).

③ 【X】 이 사건 시기제한조항은 선거일 전 90일부터 선거일까지 후보자 명의의 칼럼 등을 게재하는 인터넷 선거보도가 불공정하다고 볼 수 있는지에 대해 구체적으로 판단하지 않고 이를 불공정한 선거보도로 간주하여 선거의 공정성을 해치지 않는 보도까지 광범위하게 제한한다. 이 사건 시기제한조항의 입법목적을 달성할 수 있는 덜 제약적인 다른 방법들이 이 사건 심의기준 규정과 「공직선거법」에 이미 충분히 존재한다. 따라서 이 사건 시기제한조항은 과잉금지원칙에 반하여 청구인의 표현의 자유를 침해한다(헌재 2019.11.28. 2016헌마90).

④ 【O】 전화 · 컴퓨터통신은 누구나 손쉽고 저렴하게 이용할 수 있는 매체인 점, 「농업협동조합법」에서 흑색선전 등을 처벌하는 조항을 두고 있는 점을 고려하면 입법목적 달성을 위하여 위 매체를 이용한 지지 호소까지 금지할 필요성은 인정되지 아니한다. 이 사건 법률조항들이 달성하려는 공익이 결사의 자유 및 표현의 자유 제한을 정당화할 정도로 크다고 보기는 어려우므로, 법익의 균형성도 인정되지 아니한다. 따라서 이 사건 법률조항들은 과잉금지원칙을 위반하여 결사의 자유, 표현의 자유를 침해하여 헌법에 위반된다(헌재 2016.11.24. 2015헌바62).

11 **언론 · 출판의 자유에 대한 설명으로 가장 적절하지 않은 것은?** (다툼이 있는 경우 헌법재판소 판례에 의함) 2022 경찰 간부

① 정보통신망의 발달에 따라 선거기간 중 인터넷 언론사의 선거와 관련한 게시판 · 대화방 등도 정치적 의사를 형성 · 전파하는 매체로서 역할을 담당하고 있으므로, 의사의 표현 · 전파의 형식의 하나로 인정되고 따라서 언론 · 출판의 자유에 의하여 보호된다고 할 것이다.

② '식품 등의 표시기준'상 식품이나 식품의 용기포장에 음주전후 또는 숙취해소라는 표시를 금지하는 것은 영업의 자유, 표현의 자유 및 특허권을 침해한다.

③ 언론중재 및 피해구제 등에 관한 법률은 언론이 사망한 사람의 인격권을 침해한 경우에 그 피해가 구제될 수 있도록 명문의 규정을 두고 있으며, 사망한 사람의 인격권을 침해하였거나 침해할 우려가 있는 경우의 구제절차는 유족이 수행하도록 규정을 두고 있다.

④ 인터넷 등 전자적 방법에 의한 판결서 열람 · 복사의 범위를 개정법 시행 이후 확정된 사건의 판결서로 한정하고 있는 「군사법원법」 부칙조항은 정보공개청구권을 침해한다.

지문분석 **난이도** □■■ **중** | **정답** ④ | **키워드** 언론 · 출판의 자유 | **출제유형** 판례

① 【O】 인터넷언론사는 선거운동기간 중 당해 홈페이지 게시판 등에 정당 · 후보자에 대한 지지 · 반대 등의 정보를 게시하는 경우 실명을 확인받는 기술적 조치를 해야 하고, 행정안전부장관 및 신용정보업자는 실명인증자료를 관리하고 중앙선거관리위원회가 요구하는 경우 지체 없이 그 자료를 제출해야 하며, 실명확인을 위한 기술적 조치를 하지 아니하거나 실명인증의 표시가 없는 정보를 삭제하지 않는 경우 과태료를 부과하도록 정한 「공직선거법」 조항은 모두 헌법에 위반된다(헌재 2021.01.28. 2018헌마456).

② 【O】 식품이나 식품의 용기 · 포장에 '음주전후' 또는 '숙취해소'라는 표시를 금지하는 것은 위헌이다(헌재 2000.03.30. 99헌마143).

③ 【O】

> **언론중재 및 피해구제 등에 관한 법률 제5조의2(사망자의 인격권 보호)**
> 제1항 제5조 제1항의 타인에는 사망한 사람을 포함한다.
> 제2항 사망한 사람의 인격권을 침해하였거나 침해할 우려가 있는 경우에는 이에 따른 구제절차를 유족이 수행한다.

④ 【X】 이 사건 부칙조항으로 인해 청구인이 전자적 방법을 통해 열람 · 복사할 수 있는 판결서의 범위가 제한된다 하더라도 이는 입법재량의 한계 내에 있으므로, 위 부칙조항이 청구인의 정보공개청구권을 침해한다고 할 수 없다(헌재 2015.12.23. 2014헌마185).

12 언론·출판의 자유에 관한 설명 중 가장 적절하지 <u>않은</u> 것은? (다툼이 있는 경우 판례에 의함)

2023 경찰 승진

① 상업광고는 표현의 자유의 보호영역에 속하지만 사상이나 지식에 관한 정치적·시민적 표현 행위와는 차이가 있으므로, 그 규제의 위헌여부는 완화된 기준인 자의금지원칙에 따라 심사한다.
② 헌법상 사전검열은 표현의 자유 보호대상이면 예외 없이 금지되므로, 건강기능식품의 기능성 광고는 인체의 구조 및 기능에 대하여 보건용도에 유용한 효과를 준다는 기능성 등에 관한 정보를 널리 알려 해당 건강기능식품의 소비를 촉진시키기 위한 상업광고이지만, 표현의 자유의 보호대상이 됨과 동시에 사전검열금지 대상도 된다.
③ '익명표현'은 표현의 자유를 행사하는 하나의 방법으로서 그 자체로 규제되어야 하는 것은 아니고, 부정적 효과가 발생하는 것이 예상되는 경우에 한하여 규제될 필요가 있다.
④ 선거운동기간 중 모든 익명표현을 사전적·포괄적으로 규율하는 것은 익명표현의 자유를 지나치게 제한한다.

지문분석 **난이도** □■■ **중** | **정답** ① | **키워드** 언론·출판의 자유 | **출제유형** 판례

① 【X】 상업광고는 표현의 자유의 보호영역에 속하지만 사상이나 지식에 관한 정치적, 시민적 표현행위와는 차이가 있고, 한편 직업수행의 자유의 보호영역에 속하지만 인격발현과 개성신장에 미치는 효과가 중대한 것은 아니다. 그러므로 상업광고 규제에 관한 비례의 원칙 심사에 있어서 '피해의 최소성' 원칙은 같은 목적을 달성하기 위하여 달리 덜 제약적인 수단이 없을 것인지 혹은 입법목적을 달성하기 위하여 필요한 최소한의 제한인지를 심사하기 보다는 '입법목적을 달성하기 위하여 필요한 범위 내의 것인지'를 심사하는 정도로 완화되는 것이 상당하다(헌결 2012.02.23. 2009헌마318).

② 【O】 헌법상 사전검열은 표현의 자유 보호대상이면 예외 없이 금지된다. 건강기능식품의 기능성 광고는 인체의 구조 및 기능에 대하여 보건용도에 유용한 효과를 준다는 기능성 등에 관한 정보를 널리 알려 해당 건강기능식품의 소비를 촉진시키기 위한 상업광고이지만, 헌법 제21조 제1항의 표현의 자유의 보호 대상이 됨과 동시에 같은 조 제2항의 사전검열 금지 대상도 된다(헌결 2019.05.30. 2019헌가4).

③ 【O】 익명표현은 표현의 자유를 행사하는 하나의 방법으로서 그 자체로 규제되어야 하는 것은 아니고, 부정적 효과가 발생하는 것이 예상되는 경우에 한하여 규제될 필요가 있다. 그런데 선거운동기간 중 정치적 익명표현의 부정적 효과는 익명성 외에도 해당 익명표현의 내용과 함께 정치적 표현행위를 규제하는 관련 제도, 정치적·사회적 상황의 여러 조건들이 아울러 작용하여 발생한다. 이에 따라 사전에 특정 익명표현으로 인해 부정적 효과가 발생할 것인지를 구분할 수 있는 명확한 기준을 세우는 것은 거의 불가능하고, 사회적 합의를 통해 그 기준을 도출해내는 것도 쉽지 않다(헌결 2021.01.28. 2018헌마456).

④ 【O】심판대상조항의 입법목적은 정당이나 후보자에 대한 인신공격과 흑색선전으로 인한 사회경제적 손실과 부작용을 방지하고 선거의 공정성을 확보하기 위한 것이고, 익명표현이 허용될 경우 발생할 수 있는 부정적 효과를 막기 위하여 그 규제의 필요성을 인정할 수는 있다. 그러나 심판대상조항과 같이 인터넷홈페이지의 게시판 등에서 이루어지는 정치적 익명표현을 규제하는 것은 인터넷이 형성한 '사상의 자유시장'에서의 다양한 의견 교환을 억제하고, 이로써 국민의 의사표현 자체가 위축될 수 있으며, 민주주의의 근간을 이루는 자유로운 여론 형성이 방해될 수 있다. 선거운동기간 중 정치적 익명표현의 부정적 효과는 익명성 외에도 해당 익명표현의 내용과 함께 정치적 표현행위를 규제하는 관련 제도, 정치적·사회적 상황의 여러 조건들이 아울러 작용하여 발생하므로, 모든 익명표현을 사전적·포괄적으로 규율하는 것은 표현의 자유보다 행정편의와 단속편의를 우선함으로써 익명표현의 자유와 개인정보자기결정권 등을 지나치게 제한한다(헌결 2021.01.28. 2018헌마456).

13 **헌법상 사전검열에 대한 설명으로 가장 적절하지 않은 것은?** (다툼이 있는 경우 헌법재판소 판례에 의함) 2022 경찰 간부

① 광고의 심의기관이 행정기관인지 여부는 기관의 형식에 의하기보다는 그 실질에 따라 판단되어야 하고, 행정기관의 자의로 민간심의기구의 심의업무에 개입할 가능성이 열려 있다면 개입 가능성의 존재 자체로 헌법이 금지하는 사전검열이라고 보아야 한다.

② 헌법상 사전검열은 표현의 자유의 보호대상이더라도 예외 없이 금지되지는 않는다.

③ 검열은 언론의 내용에 대한 허용될 수 없는 사전적 제한이라는 점에서 헌법 제21조 제2항 전단의 '허가'와 '검열'은 본질적으로 같은 것이라고 할 것이다.

④ 의료기기에 대한 광고는 상업광고로서 헌법 제21조 제1항의 표현의 자유의 보호대상이 됨과 동시에 같은 조 제2항의 사전검열금지원칙의 적용대상이 된다.

지문분석 **난이도** □□■ **하** | **정답** ② | **키워드** 알 권리 | **출제유형** 판례

① 【O】「의료기기법」은 의료기기 광고의 심의기준 · 방법 및 절차를 식약처장이 정하도록 하고 있으므로, 식약처장은 심의기준 등의 개정을 통해 언제든지 심의기준 등을 변경함으로써 심의기관인 한국의료기기산업협회의 심의 내용 및 절차에 영향을 줄 수 있다. 실제로 식약처장은 의료기기 광고의 심의기준을 정하면서 심의의 기준이 되는 사항들을 구체적으로 열거하고 있는 점, 심의기관의 장은 매 심의결과를 식약처장에게 문서로 보고하여야 하는 점, 식약처장은 심의결과가 위 심의기준에 맞지 않다고 판단하는 경우 심의기관에 재심의를 요청할 수 있고 심의기관은 특별한 사정이 없는 한 재심의를 하여야 하는 점 등에 비추어 볼 때, 한국의료기기산업협회의 의료기기 광고 사전심의업무 처리에 있어 행정기관으로부터의 독립성 및 자율성이 보장되어 있다고 보기 어렵다. 따라서 이 사건 의료기기 광고 사전심의는 행정권이 주체가 된 사전심사로서 헌법이 금지하는 사전검열에 해당하고, 이러한 사전심의제도를 구성하는 심판대상 조항은 헌법에 위반된다[헌재 2020.08.28. 2017헌가35, 2019헌가3(병합)].

② 【X】, ④ 【O】 의료기기와 관련하여 심의를 받지 아니하거나 심의받은 내용과 다른 내용의 광고를 하는 것을 금지하고, 이를 위반한 경우 행정제재와 형벌을 부과하도록 한 「의료기기법」 제24조 제2항 제6호 및 구 「의료기기법」 제36조 제1항 제14호 중 '제24조 제2항 제6호를 위반하여 의료기기를 광고한 경우' 부분, 구 「의료기기법」 제52조 제1항 제1호 중 '제24조 제2항 제6호를 위반한 자' 부분이 모두 헌법에 위반된다[헌재 2020.08.28. 2017헌가35 · 2019헌가3(병합)].

③ 【O】 언론의 내용에 대한 허용될 수 없는 사전적 제한이라는 점에서 위 조항 전단의 '허가'와 '검열'은 본질적으로 같은 것이라고 할 것이며 위와 같은 요건에 해당되는 허가 · 검열은 헌법적으로 허용될 수 없다. 언론 · 출판에 대한 허가 · 검열금지의 취지는 정부가 표현의 내용에 관한 가치판단에 입각해서 특정 표현의 자유로운 공개와 유통을 사전 봉쇄하는 것을 금지하는 데 있으므로, 내용규제 그 자체가 아니거나 내용규제의 효과를 초래하는 것이 아니라면 위의 금지된 '허가'에는 해당되지 않는다고 할 것이다(헌재 1992.06.26. 90헌가23).

14 **언론 · 출판의 자유에 있어 검열금지원칙에 관한 다음 설명 중 가장 옳지 않은 것은?** (다툼이 있는 경우 헌법재판소 결정에 의함) 2016 법원직 9급

① 헌법상 검열금지의 원칙은 모든 형태의 사전적인 규제를 금지하는 것은 아니고, 의사표현의 발표 여부가 오로지 행정권의 허가에 달려있는 사전심사만을 금지하는 것이다.

② 「민사소송법」에 따라 방영금지가처분을 허용하는 것은 헌법상 검열금지의 원칙에 위반되지 않는다.

③ 건강기능식품의 기능성 표시 · 광고의 사전심의절차에 관하여 규정한 구 「건강기능식품에 관한 법률」은 헌법이 금지하는 사전검열에 해당하지 않는다.

④ 인터넷언론사에 대하여 선거운동기간 중 해당 인터넷홈페이지의 게시판에 정당 · 후보자에 대한 지지 · 반대의 글을 게시할 수 있도록 하는 경우 실명을 확인받도록 하는 기술적 조치를 할 의무 등을 부과한 것은 과잉금지원칙에 반하여 인터넷언론사 홈페이지 게시판 등 이용자의 익명표현의 자유와 개인정보자기결정권, 인터넷언론사의 언론의 자유를 침해한다.

지문분석 **난이도** □■■ **중** | **정답** ③ | **키워드** 언론 · 출판의 자유 | **출제유형** 판례

언론의 자유 침해	언론의 자유 제한
• 영화상영등급분류보류제 • 음주전후 숙취해소 등의 용어를 광고에 사용하지 못하게 한 것 • 한국공연예술진흥협의회의 음반 및 비디오 사전 심의 • 정기간행물등록에 있어 해당시설을 발행할 자의 자기소유인 것으로 해석하는 것 : 한정위헌 • 저속한 간행물을 출판한 출판사 등록 취소 • 공연윤리위원회의 사전심의 • 비디오물 복제전 공륜의 심의를 받도록 한 경우 • 사용자단체에게는 정치자금의 기부를 허용하면서 노동단체가 정치자금을 기부할 수 없도록 규정한 「정치자금법」 제12조 • 건강기능식품에 관한 법률에 따르면 기능성 광고의 심의 • 금지되는 불온통신의 요건으로서 '공공의 안녕질서와 미풍양속을 해하는'이라는 애매하고 불명확한 개념을 쓴 것	• 방송사업의 허가제 (헌법이 금지하는 '허가'가 아님) • 옥외광고물 설치에 대한 허가제 (헌법이 금지하는 '허가'가 아님) • 식품 · 식품첨가물의 표시에 있어서 의약품과 혼동할 우려가 있는 표시나 광고를 금지한 「식품위생법」 • 정정보도청구권 • 청소년을 이용한 음란물 제작 수입 · 수출금지 • 정기간행물 납본제도 • 정기간행물 등록제 • 음란한 간행물을 출판한 출판사 등록 취소 • 교과서 검인정제도(헌재 1992.11.12. 89헌마88) • 교통수단을 이용한 광고는 교통수단 소유자에 관한 광고에 한정

① 【O】, ② 【O】 헌법 제21조 제2항에서 규정한 검열 금지의 원칙은 모든 형태의 사전적인 규제를 금지하는 것이 아니고 단지 의사표현의 발표 여부가 오로지 행정권의 허가에 달려있는 사전심사만을 금지하는 것을 뜻하므로, 「민사소송법」 제714조 제2항에 의한 방영금지가처분을 허용하는 이 사건 법률조항에 의한 방영금지가처분은 행정권에 의한 사전심사나 금지처분이 아니라 개별 당사자간의 분쟁에 관하여 사법부가 사법절차에 의하여 심리, 결정하는 것이어서 헌법에서 금지하는 사전검열에 해당하지 아니한다(헌재 2001.08.30. 2000헌바36).

③ 【X】 「건강기능식품에 관한 법률」에 따르면 기능성 광고의 심의는 식품의약품안전처장으로부터 위탁받은 한국건강기능식품협회에서 수행하고 있지만, 법상 심의주체는 행정기관인 식품의약품안전처장이며, 언제든지 그 위탁을 철회할 수 있고, 심의위원회의 구성에 관하여도 법령을 통해 행정권이 개입하고 지속적으로 영향을 미칠 가능성이 존재하는 이상 그 구성에 자율성이 보장되어 있다고 볼 수 없다. 식품의약품안전처장이 심의기준 등의 제정과 개정을 통해 심의 내용과 절차에 영향을 줄 수 있고, 식품의약품안전처장이 재심의를 권하면 심의기관이 이를 따라야 하며, 분기별로 식품의약품안전처장에게 보고가 이루어진다는 점에서도 그 심의업무의 독립성과 자율성이 있다고 보기 어렵다. 따라서 이 사건 건강기능식품 기능성 광고 사전심의는 행정권이 주체가 된 사전심사로서, 헌법이 금지하는 사전검열에 해당하므로 헌법에 위반된다(헌재 2019.05.30. 2019헌가4).

④ 【O】 정치적 의사표현이 가장 긴요한 선거운동기간 중에 인터넷언론사 홈페이지 게시판 등 이용자로 하여금 실명확인을 하도록 강제함으로써 익명표현의 자유와 언론의 자유를 제한하고, 모든 익명표현을 규제함으로써 대다수 국민의 개인정보자기결정권도 광범위하게 제한하고 있다는 점에서 이와 같은 불이익은 선거의 공정성 유지라는 공익보다 결코 과소평가될 수 없다. 그러므로 심판대상조항은 과잉금지원칙에 반하여 인터넷언론사 홈페이지 게시판 등 이용자의 익명표현의 자유와 개인정보자기결정권, 인터넷언론사의 언론의 자유를 침해한다(헌재 2021.01.28. 2018헌마456 등).

15 **헌법이 금지하는 사전검열에 대한 설명으로 옳지 않은 것은?** (다툼이 있는 경우 헌법재판소 판례에 의함) 2016 국회직 9급

① 사전검열로 인정되려면 사상이나 의견이 발표되기 전에 일반적으로 허가를 받기 위한 표현물의 제출의무가 있어야 한다.
② 행정권이 주체가 된 사전심사절차도 사전검열의 인정요소이다.
③ 사전검열로 인정되려면 허가를 받지 않은 의사표현의 금지도 필요하다.
④ 광고물 등의 모양, 크기, 색깔 등을 규제하는 것도 검열에 해당한다.
⑤ 자료의 납본만을 요구하는 경우에는 검열에 해당하지 않는다.

지문분석 **난이도** □□■ 하 | **정답** ④ | **키워드** 사전검열 | **출제유형** 판례

① 【O】, ② 【O】, ③ 【O】 헌법 제21조 제2항의 검열은 행정권이 주체가 되어 사상이나 의견 등이 발표되기 이전에 예방적 조치로서 그 내용을 심사, 선별하여 발표를 사전에 억제하는, 즉 허가받지 아니한 것의 발표를 금지하는 제도를 뜻한다. 그러므로 검열은 일반적으로 허가를 받기 위한 표현물의 제출의무, 행정권이 주체가 된 사전심사절차, 허가를 받지 아니한 의사표현의 금지 및 심사절차를 관철할 수 있는 강제수단 등의 요건을 갖춘 경우에만 이에 해당하는 것이다(헌재 1996.10.04. 93헌가13).

④ 【X】 옥외광고물 등 관리법 제3조는 일정한 지역 · 장소 및 물건에 광고물 또는 게시시설을 표시하거나 설치하는 경우에 그 광고물 등의 종류 · 모양 · 크기 · 색깔, 표시 또는 설치의 방법 및 기간 등을 규제하고 있을 뿐, 광고물 등의 내용을 심사 · 선별하여 광고물을 사전에 통제하려는 제도가 아님은 명백하므로, 헌법 제21조 제2항이 정하는 사전허가 · 검열에 해당되지 아니하며, 언론 · 출판의 자유를 침해한다고 볼 수 없다(헌재 1998.02.27. 96헌바2).

⑤ 【O】 발행된 정간물을 공보처에 납본하는 것은 그 정간물의 내용을 심사하여 이를 공개 내지 배포하는데 대한 허가나 금지와는 전혀 관계없는 것으로서 사전검열이라고 볼 수 없다(헌재 1992.06.26. 90헌바26).

16 표현의 자유에 대한 설명으로 옳지 않은 것은? (다툼이 있는 경우 헌법재판소 판례에 의함)

2016 국회직 8급

① 의료광고는 상업광고의 성격을 가지고 있지만 헌법 제21조 제1항의 표현의 자유의 보호 대상이 됨은 물론이고, 동조 제2항도 당연히 적용되어 이에 대한 사전검열도 금지된다.
② 언론·출판의 자유의 보호를 받는 표현에 대해서는 사전검열이 예외 없이 금지되는 것으로 보아야 한다.
③ 의료광고의 심의기관이 행정기관인가 여부는 기관의 형식에 의하기보다는 그 실질에 따라 판단되어야 하며, 민간심의기구가 심의를 담당하는 경우에도 행정권의 개입 때문에 자율성이 보장되지 않는다면 헌법이 금지하는 행정기관에 의한 사전검열에 해당하게 될 것이다.
④ 일정한 표현물에 대한 일반 국민의 접근을 차단하거나 일정한 내용의 표현물의 제작에 대해서 규제를 하는 경우에는 의사표현의 자유의 제한문제뿐만 아니라 알 권리의 제한문제도 발생할 수 있다.
⑤ 방송사업허가제는 방송의 공적 기능을 보장하기 위한 제도로서 표현내용에 대한 가치판단에 입각한 사전봉쇄 내지 그와 같은 실질을 가진다고 볼 수 있으므로, 헌법상 금지되는 언론·출판에 대한 허가에 해당한다.

지문분석 **난이도** □■■ **중** | **정답** ⑤ | **키워드** 표현의 자유 | **출제유형** 판례

① **[O]** 의료광고는 의료행위나 의료서비스의 효능이나 우수성 등에 관한 정보를 널리 알려 의료소비를 촉진하려는 행위로서 상업광고의 성격을 가지고 있지만, 헌법 제21조 제1항의 표현의 자유의 보호 대상이 됨은 물론이고, 동조 제2항도 당연히 적용되어 사전검열도 금지된다(헌재 2015.12.23. 2015헌바75).
② **[O]** 헌법재판소도 사전검열은 절대적으로 금지되고, 여기에서 절대적이라 함은 언론·출판의 자유의 보호를 받는 표현에 대해서는 사전검열금지원칙이 예외 없이 적용된다는 의미라고 하고 있다(헌재 2015.12.23. 2015헌바75).
③ **[O]** 의료광고의 심의기관이 행정기관인가 여부는 기관의 형식에 의하기보다는 그 실질에 따라 판단되어야 하며, 민간심의기구가 심의를 담당하는 경우에도 행정권의 개입 때문에 자율성이 보장되지 않는다면 헌법이 금지하는 행정기관에 의한 사전검열에 해당하게 될 것이다(헌재 2015.12.23. 2015헌바75).
④ **[O]** 청소년의 건전한 심성을 보호하기 위해서 퇴폐적인 성표현이나 지나치게 폭력적이고 잔인한 표현 등을 규제할 필요성은 분명 존재하지만, 이들 저속한 표현을 규제하더라도 그 보호대상은 청소년에 한정되어야 하고, 규제수단 또한 청소년에 대한 유통을 금지하는 방향으로 좁게 설정되어야 할 것인데, 저속한 간행물의 출판을 전면 금지시키고 출판사의 등록을 취소시킬 수 있도록 하는 것은 청소년보호를 위해 지나치게 과도한 수단을 선택한 것이고, 또 청소년보호라는 명목으로 성인이 볼 수 있는 것까지 전면 금지시킨다면 이는 성인의 알 권리의 수준을 청소년의 수준으로 맞출 것을 국가가 강요하는 것이어서 성인의 알 권리까지 침해하게 된다(헌재 1998.04.30. 95헌가16).
⑤ **[X]** 구조적 규제의 일종인 진입규제로서의 방송사업허가제는 방송의 기술적·사회적 특수성을 반영한 것으로서 정보와 견해의 다양성과 공정성을 유지한다는 방송의 공적 기능을 보장하는 것을 주된 입법목적으로 하는 것이고, 표현내용에 대한 가치판단에 입각한 사전봉쇄를 위한 것이거나 그와 같은 실질을 가진다고는 볼 수 없으므로 헌법상 금지된 '허가'에는 해당되지 않는다고 할 것이다(헌재 2001.05.31. 2000헌바43).

17 표현의 자유에 대한 설명으로 옳지 않은 것은? (다툼이 있는 경우 헌법재판소 판례에 의함)

2017 국가직 7급 하반기

① 비방할 목적으로 정보통신망을 이용하여 공공연하게 사실을 드러내어 다른 사람의 명예를 훼손한 자를 처벌하는 법률 규정은, 허위의 명예나 과장된 명예를 보호하기 위하여 표현의 자유에 대한 심대한 위축효과를 발생시키기 때문에 과잉금지 원칙을 위반하여 표현의 자유를 침해한다.

② 헌법이 특정한 표현에 대해 예외적으로 검열을 허용하는 규정을 두지 않은 점, 이러한 상황에서 표현의 특성이나 규제의 필요성에 따라 언론・출판의 자유의 보호를 받는 표현 중에서 사전검열금지원칙의 적용이 배제되는 영역을 따로 설정할 경우 그 기준에 대한 객관성을 담보할 수 없다는 점 등을 고려하면, 헌법상 사전검열은 예외 없이 금지되는 것으로 보아야 하므로 의료광고 역시 사전검열금지원칙의 적용대상이 된다.

③ 헌법 제21조 제4항은 '언론・출판은 타인의 명예나 권리 또는 공중도덕이나 사회윤리를 침해하여서는 아니 된다.'고 규정하고 있는바, 이는 언론・출판의 자유에 따르는 책임과 의무를 강조하는 동시에 언론・출판의 자유에 대한 제한의 요건을 명시한 규정으로 볼 것이고, 헌법상 표현의 자유의 보호영역 한계를 설정한 것이라고는 볼 수 없기 때문에, 음란표현도 헌법 제21조가 규정하는 언론・출판의 자유의 보호영역에는 해당하되, 다만 헌법 제37조 제2항에 따라 제한할 수 있는 것이다.

④ 헌법 제21조 제1항에서 보장하고 있는 표현의 자유는 사상 또는 의견의 자유로운 표명과 그것을 전파할 자유를 의미하는 것으로서, 그러한 의사의 '자유로운' 표명과 전파의 자유에는 자신의 신원을 누구에게도 밝히지 아니한 채 익명 또는 가명으로 자신의 사상이나 견해를 표명하고 전파할 익명표현의 자유도 포함된다.

지문분석 **난이도** □■■ **중** | **정답** ① | **키워드** 표현의 자유 | **출제유형** 판례

① 【X】 비방할 목적으로 정보통신망을 이용하여 공공연하게 사실을 드러내어 다른 사람의 명예를 훼손한 자를 처벌하는 법률 규정은 과잉금지원칙을 위반하여 표현의 자유를 침해하지 않는다(헌재 2016.02.25. 2013헌바105).

18 표현의 자유에 대한 설명으로 옳지 않은 것은? (다툼이 있는 경우 헌법재판소의 판례에 의함)

2017 국회직 8급

① 지역농협 이사 선거의 경우 전화(문자메시지를 포함한다)·컴퓨터통신(전자우편을 포함한다)을 이용한지지 호소의 선거운동방법을 금지하는 것은 표현의 자유를 침해한다.

② 비의료인의 의료에 관한 광고를 금지하고 처벌하는 것은 국민의 생명권 등을 보호하는 것이어서 표현의 자유를 침해하지 않는다.

③ 특정구역 안에서 업소별로 표시할 수 있는 광고물의 총 수량을 1개로 제한하는 것은 표현의 자유를 침해하지 않는다.

④ 정보통신망을 이용하여 공포심이나 불안감을 유발하는 문언을 반복적으로 상대방에게 도달하는 행위를 1년 이하의 징역 또는 1,000만 원 이하의 벌금으로 처벌하는 것은 표현의 자유를 침해하지 않는다.

⑤ 인터넷신문을 발행하려는 사업자가 취재 인력 3인 이상을 포함하여 취재 및 편집 인력 5인 이상을 상시 고용하지 않는 경우 인터넷신문으로 등록할 수 없도록 하는 것은 직업의 자유의 문제이고 언론의 자유를 제한하지는 않는다.

지문분석 **난이도** □■■ **중** | **정답** ⑤ | **키워드** 표현의 자유 | **출제유형** 판례

① 【O】 전화·컴퓨터통신은 누구나 손쉽고 저렴하게 이용할 수 있는 매체인 점, 「농업협동조합법」에서 흑색선전 등을 처벌하는 조항을 두고 있는 점을 고려하면 입법목적 달성을 위하여 위 매체를 이용한 지지 호소까지 금지할 필요성은 인정되지 아니한다. 이 사건 법률조항들이 달성하려는 공익이 결사의 자유 및 표현의 자유 제한을 정당화할 정도로 크다고 보기는 어려우므로, 법익의 균형성도 인정되지 아니한다. 따라서 지역농협 이사 선거의 경우 전화(문자메시지를 포함한다)·컴퓨터통신(전자우편을 포함한다)을 이용한 지지 호소의 선거운동방법을 금지하고, 이를 위반한 자를 처벌하는 것은 과잉금지원칙을 위반하여 결사의 자유, 표현의 자유를 침해하여 헌법에 위반된다(헌재 2016.11.24. 2015헌바62).

② 【O】 비의료인의 의료에 관한 광고를 금지하고 처벌하는 것은 국민의 생명권과 건강권을 보호하고 국민의 보건에 관한 국가의 보호의무를 이행하기 위하여 필요한 최소한도 내의 제한이라고 할 것이므로, 비의료인의 표현의 자유, 직업수행의 자유를 침해한다고 볼 수 없다(헌재 2016.09.29. 2015헌바325).

③ 【O】 헌재 2016.03.31. 2014헌마794

④ 【O】 헌재 2016.12.29. 2014헌바434

⑤ 【X】 언론의 자유에 의하여 보호되는 것은 정보의 획득에서부터 뉴스와 의견의 전파에 이르기까지 언론의 기능과 본질적으로 관련되는 모든 활동이다. 이런 측면에서 인터넷신문을 발행하려는 사업자가 취재 인력 3인 이상을 포함하여 취재 및 편집 인력 5인 이상을 상시고용하지 않는 경우 인터넷신문으로 등록할 수 없도록 하는 고용조항은 인터넷신문의 발행을 제한하는 효과를 가지고 있으므로 언론의 자유를 제한하는 규정에 해당한다. 그런데 고용조항의 입법목적이 인터넷신문의 신뢰성 제고이고, 신문법 규정들은 언론사로서의 인터넷신문의 규율 및 보호를 위한 규정들이므로 고용조항으로 인하여 청구인들의 직업수행의 자유보다는 언론의 자유가 보다 직접적으로 제한된다고 보인다(헌재 2016.10.27. 2015헌마1206).

19 표현의 자유에 대한 설명으로 옳지 <u>않은</u> 것은? (다툼이 있는 경우 헌법재판소 결정에 의함)

2017 국가직 5급

① '특정의료기관이나 특정의료인의 기능 · 진료방법'에 관한 광고를 금지하는 것은 표현의 자유를 침해한다.

② 기초의회의원선거 후보자로 하여금 특정 정당으로부터의 지지 또는 추천 받음을 표방할 수 없도록 한 것은 정치적 표현의 자유를 침해한다.

③ 음란표현은 형사상 처벌대상이므로 언론 · 출판의 자유의 보호영역에 해당되지 않는다.

④ 「민사소송법」상의 가처분조항에 방영금지가처분을 포함시켜 가처분에 의한 방영금지를 허용하는 것은 헌법상 사전검열 금지원칙에 위배되지 않는다.

지문분석 **난이도** □□■ **하** | **정답** ③ | **키워드** 표현의 자유 | **출제유형** 판례

① 【O】 '특정의료기관이나 특정의료인의 기능 · 진료방법'에 관한 광고를 금지하는 「의료법」 조항은 헌법 제37조 제2항의 비례의 원칙에 위배하여 표현의 자유와 직업수행의 자유를 침해하는 것이다(헌재 2005.10.27. 2003헌가3).

② 【O】 기초의회의원선거 후보자로 하여금 특정 정당으로부터의 지지 또는 추천 받음을 표방할 수 없도록 한 것은, 불확실한 입법목적을 실현하기 위하여 그다지 실효성도 없고 불분명한 방법으로 과잉금지원칙에 위배하여 후보자의 정치적 표현의 자유를 과도하게 침해하고 있다고 할 것이다(헌재 2003.01.30. 2001헌가4).

③ 【X】 음란표현도 헌법 제21조가 규정하는 언론 · 출판의 자유의 보호영역에는 해당하되, 다만 헌법 제37조 제2항에 따라 국가 안전보장 · 질서유지 또는 공공복리를 위하여 제한할 수 있는 것이라고 해석하여야 할 것이다(헌재 2009.05.28. 2006헌바109).

④ 【O】 헌법 제21조 제2항에서 규정한 검열 금지의 원칙은 모든 형태의 사전적인 규제를 금지하는 것이 아니고 단지 의사표현의 발표 여부가 오로지 행정권의 허가에 달려있는 사전심사만을 금지하는 것을 뜻하므로, 「민사소송법」에 의한 방영금지가처분을 허용하는 것은 행정권에 의한 사전심사나 금지처분이 아니라 개별 당사자간의 분쟁에 관하여 사법부가 사법절차에 의하여 심리, 결정하는 것이어서 헌법에서 금지하는 사전검열에 해당하지 아니한다(헌재 2001.08.30. 2000헌바36).

20 **표현의 자유에 대한 설명으로 옳지 않은 것은?** (다툼이 있는 경우 판례에 의함) 2020 지방직 7급

① 의료광고의 심의기관이 행정기관인가 여부는 기관의 형식에 의하기보다는 그 실질에 따라 판단하여야 하며, 민간심의 기구가 심의를 담당하는 경우에도 행정권의 개입 때문에 사전심의에 자율성이 보장되지 않는다면, 헌법이 금지하는 행정기관에 의한 사전검열에 해당하게 될 것이다.

② 출판사 및 인쇄소의 등록에 관한 법률 규정 중 '음란한 간행물' 부분은 헌법에 위반되지 아니하고, '저속한 간행물' 부분은 명확성의 원칙에 반할 뿐만 아니라 출판의 자유와 성인의 알 권리를 침해하는 것으로 헌법에 위반된다.

③ 신문 등의 진흥에 관한 법률의 등록조항은 인터넷신문의 명칭, 발행인과 편집인의 인적사항 등 인터넷신문의 외형적이고 객관적 사항을 제한적으로 등록하도록 하고 있는 바, 이는 인터넷신문에 대한 인적 요건의 규제 및 확인에 관한 것으로 인터넷신문의 내용을 심사·선별하여 사전에 통제하기 위한 규정으로 사전허가금지원칙에 위배된다.

④ 헌법상 사전검열은 표현의 자유 보호대상이면 예외 없이 금지되므로, 건강기능식품의 기능성 광고는 인체의 구조 및 기능에 대하여 보건용도에 유용한 효과를 준다는 기능성 등에 관한 정보를 널리 알려 해당 건강기능식품의 소비를 촉진시키기 위한 상업광고이지만, 헌법 제21조 제1항의 표현의 자유의 보호 대상이 됨과 동시에 같은 조 제2항의 사전검열 금지 대상도 된다.

PART · 02

지문분석 **난이도** ■■■ **상** | **정답** ③ | **키워드** 표현의 자유 | **출제유형** 판례

① **[O]** 의료광고의 심의기관이 행정기관인가 여부는 기관의 형식에 의하기보다는 그 실질에 따라 판단되어야 한다. 따라서 검열을 행정기관이 아닌 독립적인 위원회에서 행한다고 하더라도, 행정권이 주체가 되어 검열절차를 형성하고 검열기관의 구성에 지속적인 영향을 미칠 수 있는 경우라면 실질적으로 그 검열기관은 행정기관이라고 보아야 한다. 민간심의기구가 심의를 담당하는 경우에도 행정권이 개입하여 그 사전심의에 자율성이 보장되지 않는다면 이 역시 행정기관의 사전검열에 해당하게 될 것이다. 이 사건 법률규정들은 사전검열금지원칙에 위배된다(헌재 2015.12.23. 2015헌바75).

② **[O]** '음란'의 개념과는 달리 '저속'의 개념은 그 적용범위가 매우 광범위할 뿐만 아니라 법관의 보충적인 해석에 의한다 하더라도 그 의미내용을 확정하기 어려울 정도로 매우 추상적이다. 이 '저속'의 개념에는 출판사등록이 취소되는 성적 표현의 하한이 열려 있을 뿐만 아니라 폭력성이나 잔인성 및 천한 정도도 그 하한이 모두 열려 있기 때문에 출판을 하고자 하는 자는 어느 정도로 자신의 표현내용을 조절해야 되는지를 도저히 알 수 없도록 되어 있어 명확성의 원칙 및 과도한 광범성의 원칙에 반한다. 그렇다면 이 사건 법률조항 중 '음란한 간행물' 부분은 헌법에 위반되지 아니하고, '저속한 간행물' 부분은 명확성의 원칙에 반할 뿐만 아니라 출판의 자유와 성인의 알 권리를 침해하는 규정이어서 헌법에 위반된다(헌재 1998.04.30. 95헌가16).

③ **[X]** 등록조항은 인터넷신문의 명칭, 발행인과 편집인의 인적사항 등 인터넷신문의 외형적이고 객관적 사항을 제한적으로 등록하도록 하고 있고, 고용조항 및 확인조항은 5인 이상 취재 및 편집 인력을 고용하되, 그 확인을 위해 등록 시 서류를 제출하도록 하고 있다. 이런 조항들은 인터넷신문에 대한 인적 요건의 규제 및 확인에 관한 것으로, 인터넷신문의 내용을 심사·선별하여 사전에 통제하기 위한 규정이 아님이 명백하다. 따라서 등록조항은 사전허가금지원칙에도 위배되지 않는다(헌재 2016.10.27. 2015헌마1206 등).

④ **[O]** 현행헌법상 사전검열은 표현의 자유 보호대상이면 예외 없이 금지된다. 건강기능식품의 기능성 광고는 인체의 구조 및 기능에 대하여 보건용도에 유용한 효과를 준다는 기능성 등에 관한 정보를 널리 알려 해당 건강기능식품의 소비를 촉진시키기 위한 상업광고이지만, 헌법 제21조 제1항의 표현의 자유의 보호 대상이 됨과 동시에 같은 조 제2항의 사전검열 금지 대상도 된다. 따라서 이 사건 건강기능식품 기능성광고 사전심의는 그 검열이 행정권에 의하여 행하여진다 볼 수 있고, 헌법이 금지하는 사전검열에 해당하므로 헌법에 위반된다(헌재 2018.06.28. 2016헌가8 등).

21 표현의 자유에 대한 설명으로 가장 적절한 것은? (다툼이 있는 경우 헌법재판소 판례에 의함)

2023 경찰간부

① 인터넷언론사는 선거운동기간 중 당해 홈페이지 게시판 등에 정당・후보자에 대한 지지 반대의 정보를 게시하는 경우 실명을 확인받는 기술적 조치를 하도록 정한 「공직선거법」 조항 중 '인터넷언론사' 및 '지지반대' 부분은 명확성원칙에 위배된다.

② 변호사 또는 소비자로부터 대가를 받고 법률상담 또는 사건 들을 소개・알선・유인하기 위하여 변호사등을 광고・홍보・소개하는 행위를 금지하는 대한변호사협회의 '변호사광고에 관한 규정' 중 대가수수 광고금지규정은 과잉금지원칙을 위반하여 청구인들의 표현의 자유를 침해한다.

③ 공공기관 등이 설치・운영하는 모든 게시판에 본인확인조치를 한 경우에만 정보를 게시하도록 하는 것은 게시판에 자신의 사상이나 견해를 표현하고자 하는 사람에게 표현의 내용과 수위 등에 대한 자기검열 가능성을 높이는 것이므로 익명표현의 자유를 침해한다.

④ '인터넷선거보도 심의기준 등에 관한 규정' 중 선거일 전 90일부터 선거일까지 인터넷 언론에 후보자 명의의 칼럼 등의 게재를 금지하는 시기제한조항은 과잉금지원칙에 반하여 청구인의 표현의 자유를 침해하지 않는다.

지문분석 **난이도** □■■ **중** | **정답** ② | **키워드** 표현의 자유 | **출제유형** 판례

① 【X】「공직선거법」 및 관련 법령이 구체적으로 '인터넷언론사'의 범위를 정하고 있고, 중앙선거관리위원회가 설치・운영하는 인터넷선거보도심의위원회가 심의대상인 인터넷언론사를 결정하여 공개하는 점 등을 종합하면 '인터넷언론사'는 불명확하다고 볼 수 없으며, '지지・반대'의 사전적 의미와 심판대상조항의 입법목적, 「공직선거법」 관련 조항의 규율내용을 종합하면, 건전한 상식과 통상적인 법 감정을 가진 사람이면 자신의 글이 정당・후보자에 대한 '지지・반대'의 정보를 게시하는 행위인지 충분히 알 수 있으므로, 실명확인 조항 중 '인터넷언론사' 및 '지지・반대' 부분은 명확성 원칙에 반하지 않는다(헌재 2021.01.28. 2018헌마456 등).

② 【O】 변호사광고에 대한 합리적 규제는 필요하지만, 광고표현이 지닌 기본권적 성질을 고려할 때 광고의 내용이나 방법적 측면에서 꼭 필요한 한계 외에는 폭넓게 광고를 허용하는 것이 바람직하다. 각종 매체를 통한 변호사 광고를 원칙적으로 허용하는 「변호사법」 제23조 제1항의 취지에 비추어 볼 때, 변호사등이 다양한 매체의 광고업자에게 광고비를 지급하고 광고하는 것은 허용된다고 할 것인데, 이러한 행위를 일률적으로 금지하는 위 규정은 수단의 적합성을 인정하기 어렵다. 따라서 대가수수 광고금지규정은 과잉금지원칙에 위반되어 청구인들의 표현의 자유와 직업의 자유를 침해한다(헌재 2022.05.26. 2021헌마619).

③ 【X】 심판대상조항에 따른 본인확인조치는 정보통신망의 익명성 등에 따라 발생하는 부작용을 최소화하여 공공기관 등의 게시판 이용에 대한 책임성을 확보・강화하고, 게시판 이용자로 하여금 언어폭력, 명예훼손, 불법정보의 유통 등의 행위를 자제하도록 함으로써 건전한 인터넷 문화를 조성하기 위한 것이다. 심판대상조항이 규율하는 게시판은 그 성격상 대체로 공공성이 있는 사항이 논의되는 곳으로서 공공기관 등이 아닌 주체가 설치・운영하는 게시판에 비하여 통상 누구나 이용할 수 있는 공간이므로, 공동체 구성원으로서의 책임이 더욱 강하게 요구되는 곳이라고 할 수 있다. 따라서 심판대상조항은 청구인의 익명표현의 자유를 침해하지 않는다(헌재 2022.12.22. 2019헌마654).

④ 【X】 이 사건 시기제한조항은 선거일 전 90일부터 선거일까지 후보자 명의의 칼럼 등을 게재하는 인터넷 선거보도가 불공정하다고 볼 수 있는지에 대해 구체적으로 판단하지 않고 이를 불공정한 선거보도로 간주하여 선거의 공정성을 해치지 않는 보도까지 광범위하게 제한한다. 「공직선거법」상 인터넷 선거보도 심의의 대상이 되는 인터넷언론사의 개념은 매우 광범위한데, 이 사건 시기제한조항이 정하고 있는 일률적인 규제와 결합될 경우 이로 인해 발생할 수 있는 표현의 자유 제한이 작다고 할 수 없다. 인터넷언론의 특성과 그에 따른 언론시장에서의 영향력 확대에 비추어 볼 때, 인터넷언론에 대하여는 자율성을 최대한 보장하고 언론의 자유에 대한 제한을 최소화하는 것이 바람직하고, 계속 변화하는 이 분야에서 규제 수단 또한 헌법의 틀 안에서 다채롭고 새롭게 강구되어야 한다. 이 사건 시기제한조항의 입법목적을 달성할 수 있는 덜 제약적인 다른 방법들이 이 사건 심의기준 규정과 「공직선거법」에 이미 충분히 존재한다. 따라서 이 사건 시기제한조항은 과잉금지원칙에 반하여 청구인의 표현의 자유를 침해한다(헌재 2019.11.28. 2016헌마90).

22 표현의 자유에 대한 설명으로 가장 적절하지 <u>않은</u> 것은? (다툼이 있는 경우 헌법재판소 판례에 의함)

2022 경찰 간부

① 정당에 관련된 표현행위는 직무 내외를 구분하기 어려우므로 '직무와 관련된 표현행위만을 규제'하는 등 기본권을 최소한도로 제한하는 대안을 상정하기 어렵다.

② 선거일에 선거운동을 한 자를 처벌하는 구 「공직선거법」 조항은 정치적 표현의 자유를 침해하지 않는다.

③ 사람을 비방할 목적으로 정보통신망을 통하여 공공연하게 거짓의 사실을 드러내어 다른 사람의 명예를 훼손한 자를 형사처벌하도록 규정한 「정보통신망 이용촉진 및 정보보호 등에 관한 법률」 조항 중 '사람을 비방할 목적' 부분은 청구인들의 표현의 자유를 침해하지 않는다.

④ 시청자는 왜곡된 보도에 대해서 의견 개진 내지 비판을 할 수 있음에도, 방송편성에 관하여 간섭을 금지하는 「방송법」 조항의 '간섭'에 관한 부분 및 그 위반 행위자를 처벌하는 구 「방송법」 조항의 '간섭'에 관한 부분은 청구인의 표현의 자유를 침해한다.

PART · 02

지문분석 **난이도** □■■ **중** | **정답** ④ | **키워드** 표현의 자유 | **출제유형** 판례

① 【O】 이 사건 법률조항 중 '정당'에 관한 부분은 사회복무요원의 정치적 중립성을 유지하고 업무전념성을 보장하기 위한 것으로, 정당은 개인적 정치활동과 달리 국민의 정치적 의사형성에 미치는 영향력이 크므로 사회복무요원의 정당 가입을 금지하는 것은 입법목적을 달성하기 위한 적합한 수단이다. 정당에 관련된 표현행위는 직무 내외를 구분하기 어려우므로 '직무와 관련된 표현행위만을 규제'하는 등 기본권을 최소한도로 제한하는 대안을 상정하기 어려우며, 위 입법목적이 사회복무요원이 제한받는 사익에 비해 중대하므로 이 사건 법률조항 중 '정당'에 관한 부분은 청구인의 정치적 표현의 자유 및 결사의 자유를 침해하지 않는다(헌재 2021.11.25. 2019헌마534).

② 【O】 선거일의 선거운동을 금지하고 처벌하는 것은 무분별한 선거운동으로 선거 당일 유권자의 평온을 해치거나 자유롭고 합리적인 의사결정에 악영향을 미치는 것을 방지하기 위한 것이다(헌재 2021.12.23. 2018헌바152)

③ 【O】 「정보통신망 이용촉진 및 정보보호 등에 관한 법률」 제70조 제2항 중 '사람을 비방할 목적' 부분이 명확성원칙에 위반되지 않는다(헌재 2021.03.25. 2015헌바438, 2018헌바475, 2019헌마116(병합)).

④ 【X】 방송편성에 대한 간섭을 금지하는 「방송법」 제4조 제2항의 '간섭'에 관한 부분 및 그 위반 행위자를 처벌하는 구 「방송법」 제105조 제1호 중 제4조 제2항의 '간섭'에 관한 부분에 대하여, 헌법에 위반되지 않는다(헌재 2021.08.31. 2019헌바439).

23 집회 및 결사의 자유에 대한 설명으로 가장 적절한 것은? (다툼이 있는 경우 판례에 의함)

2017 경찰 승진

① 집회는 일정한 장소를 전제로 하여 특정 목적을 가진 다수인이 일시적으로 회합하는 것을 의미하여, 그 공동의 목적은 '내적인 유대 관계' 뿐만 아니라 공동의 의사표현을 전제로 한다.
② 집회의 자유는 개성신장과 아울러 여론형성에 영향을 미칠 수 있게 하여 동화적 통합을 촉진하는 기능을 가지며, 나아가 정치·사회현상에 대한 불만과 비판을 공개적으로 표출케 함으로써 정치적 불만세력을 사회적으로 통합하여 정치적 안정에 기여하는 역할을 한다.
③ 헌법 제21조 제1항에 의해 보호되는 결사의 개념에는 공공목적에 의해 구성원의 자격이 정해진 특수단체나 공법상의 결사도 포함된다.
④ 입법자가 법률로써 일반적으로 집회를 제한하는 것도 원칙적으로 헌법 제21조 제2항에서 금지하는 '사전허가'에 해당한다.

지문분석 **난이도** □■■ 중 | **정답** ② | **키워드** 집회 및 결사의 자유 | **출제유형** 판례

① 【X】 일반적으로 집회는, 일정한 장소를 전제로 하여 특정 목적을 가진 다수인이 일시적으로 회합하는 것을 말하는 것으로 일컬어지고 있고, 그 공동의 목적은 '내적인 유대 관계'로 족하다(헌재 2009.05.28. 2007헌바22).
② 【O】 집회의 자유는 국민들이 타인과 접촉하고 정보와 의견을 교환하며 공동의 목적을 위하여 집단적으로 의사표현을 할 수 있게 함으로써 개성신장과 아울러 여론형성에 영향을 미칠 수 있게 하여 동화적 통합을 촉진하는 기능을 가지며, 나아가 정치·사회현상에 대한 불만과 비판을 공개적으로 표출케 함으로써 정치적 불만세력을 사회적으로 통합하여 정치적 안정에 기여하는 역할을 한다(헌재 2014.03.27. 2010헌가2).
③ 【X】 결사의 자유에서 말하는 '결사'란 자연인 또는 법인의 다수가 상당한 기간 동안 공동목적을 위하여 자유의사에 기하여 결합하고 조직화된 의사형성이 가능한 단체를 말하는 것이라고 정의하여 공동목적의 범위를 비영리적인 것으로 제한하지는 않았고, 다만, 결사 개념에 공법상의 결사(헌재 1996.04.02. 92헌바47)나 법이 특별한 공공목적에 의하여 구성원의 자격을 정하고 있는 특수단체의 조직활동(헌재 1994.02.24. 92헌바43)은 해당되지 않는다(헌재 2002.09.19. 2000헌바84).
④ 【X】 헌법 제21조 제2항의 '허가'는 '행정청이 주체가 되어 집회의 허용 여부를 사전에 결정하는 것'으로서 행정청에 의한 사전허가는 헌법상 금지되지만, 입법자가 법률로써 일반적으로 집회를 제한하는 것은 헌법상 '사전허가 금지'에 해당하지 않는다(헌재 2014.04.24. 2011헌가29).

24 **「집시법」(이하 '집회 및 시위에 관한 법률'이라 한다)에 관한 설명 중 옳은 것(O)과 옳지 않은 것(X)을 올바르게 조합한 것은?** (다툼이 있는 경우 판례에 의함) 2017 변호사

> ㉠ 사전신고를 하지 않은 옥외집회는 불법집회이므로 관할경찰관서장은 언제나 해산명령을 내릴 수 있으며, 이에 불응하는 경우에는 처벌할 수 있다고 보아야 한다.
> ㉡ 집회의 시간과 장소가 중복되는 2개 이상의 신고가 있을 경우 관할경찰관서장은 먼저 신고된 집회가 다른 집회의 개최를 봉쇄하기 위한 가장집회신고에 해당하는지 여부에 관하여 판단할 권한이 없으므로 뒤에 신고된 집회에 대하여 집회 자체를 금지하는 통고를 하여야 한다.
> ㉢ 구 「집회 및 시위에 관한 법률」의 옥외집회·시위에 관한 일반규정 및 「형법」에 의한 규제 및 처벌에 의하여 사법의 독립성 및 공정성 확보라는 입법 목적을 달성함에 지장이 없음에도 불구하고, 재판에 영향을 미칠 염려가 있거나 미치게 하기 위한 집회·시위를 사전적·전면적으로 금지하고 이를 위반한 자를 형사처벌하는 구 「집회 및 시위에 관한 법률」 조항은 집회의 자유를 실질적으로 박탈하는 결과를 초래하므로 집회의 자유를 침해한다.
> ㉣ 집회의 자유는 국가가 개인의 집회참가행위를 감시하고 그에 대한 정보를 수집함으로써 집회에 참가하고자 하는 자로 하여금 불이익을 두려워하여 미리 집회참가를 포기하도록 집회참가의사를 약화시키는 것 등 집회의 자유의 행사에 영향을 미치는 모든 조치를 금지한다.

① ㉠ ○, ㉡ ○, ㉢ ×, ㉣ ×
② ㉠ ○, ㉡ ×, ㉢ ○, ㉣ ×
③ ㉠ ×, ㉡ ○, ㉢ ×, ㉣ ○
④ ㉠ ×, ㉡ ×, ㉢ ○, ㉣ ×
⑤ ㉠ ×, ㉡ ×, ㉢ ○, ㉣ ○

지문분석 **난이도** ■■■ 상 | **정답** ⑤ | **키워드** 집회 및 결사의 자유 | **출제유형** 판례

㉠ 【X】「집회 및 시위에 관한 법률」 제20조 제1항 제2호가 미신고 옥외집회 또는 시위를 해산명령의 대상으로 하면서 별도의 해산 요건을 정하고 있지 않더라도, 그 옥외집회 또는 시위로 인하여 타인의 법익이나 공공의 안녕질서에 대한 직접적인 위험이 명백하게 초래된 경우에 한하여 위 조항에 기하여 해산을 명할 수 있고, 이러한 요건을 갖춘 해산명령에 불응하는 경우에만 「집회 및 시위에 관한 법률」 제24조 제5호에 의하여 처벌할 수 있다고 보아야 한다. 이와 달리 미신고라는 사유만으로 그 옥외집회 또는 시위를 해산할 수 있는 것으로 해석한다면, 이는 사실상 집회의 사전신고제를 허가제처럼 운용하는 것이나 다름없어 집회의 자유를 침해하게 되므로 부당하다. 「집회 및 시위에 관한 법률」 제20조 제1항 제2호를 위와 같이 제한하여 해석하더라도, 사전신고제의 규범력은 「집회 및 시위에 관한 법률」 제22조 제2항에 의하여 신고의무를 이행하지 아니한 옥외집회 또는 시위의 주최자를 처벌하는 것만으로도 충분히 확보할 수 있다(대판 2012.04.26. 2011도6294).

㉡ 【X】 관할경찰관서장은 집회 또는 시위의 시간과 장소가 중복되는 2개 이상의 신고가 있는 경우 그 목적으로 보아 서로 상반되거나 방해가 된다고 인정되면 각 옥외집회 또는 시위 간에 시간을 나누거나 장소를 분할하여 개최하도록 권유하는 등 각 옥외집회 또는 시위가 서로 방해되지 아니하고 평화적으로 개최·진행될 수 있도록 노력하여야 한다. 관할경찰관서장은 위 권유가 받아들여지지 아니하면 뒤에 접수된 옥외집회 또는 시위에 대하여 그 집회 또는 시위의 금지를 통고할 수 있다(「집회 및 시위에 관한 법률」 제8조 제2·3항).

㉢ 【O】 구 「집회 및 시위에 관한 법률」의 옥외집회·시위에 관한 일반규정 및 「형법」에 의한 규제 및 처벌에 의하여 사법의 독립성을 확보할 수 있음에도 불구하고, 이 사건 제2호 부분은 재판에 영향을 미칠 염려가 있거나 미치게 하기 위한 집회·시위를 사전적·전면적으로 금지하고 있을 뿐 아니라, 어떠한 집회·시위가 규제대상에 해당하는지를 판단할 수 있는 아무런 기준도 제시하지 아니함으로써 사실상 재판과 관련된 집단적 의견표명 일체가 불가능하게 되어 집회의 자유를 실질적으로 박탈하는 결과를 초래하므로 최소침해성 원칙에 반한다. 더욱이 이 사건 제2호 부분으로 인하여 달성하고자 하는 공익 실현 효과는 가정적이고 추상적인 반면, 이 사건 제2호 부분으로 인하여 침해되는 집회의 자유에 대한 제한 정도는 중대하므로 법익균형성도 상실하였다. 따라서 재판에 영향을 미칠 염려가 있거나 미치게 하기 위한 집회 또는 시위를 금지하고 이를 위반한 자를 형사처벌하는 이 사건 제2호 부분은 과잉금지원칙에 위배되어 집회의 자유를 침해한다(헌재 2016.09.29. 2014헌가3).

㉣ 【O】 자유는 집회에 참가하지 못하게 하는 국가의 강제를 금지할 뿐 아니라, 예컨대 집회장소로의 여행을 방해하거나, 집회장소로부터 귀가하는 것을 방해하거나, 집회참가자에 대한 검문의 방법으로 시간을 지연시킴으로써 집회장소에 접근하는 것을 방해하거나, 국가가 개인의 집회참가행위를 감시하고 그에 관한 정보를 수집함으로써 집회에 참가하고자 하는 자로 하여금 불이익을 두려워하여 미리 집회참가를 포기하도록 집회참가의사를 약화시키는 것 등 집회의 자유행사에 영향을 미치는 모든 조치를 금지한다(헌재 2003.10.30. 2000헌바67).

25 집회 및 결사의 자유에 대한 설명으로 가장 적절하지 <u>않은</u> 것은? (다툼이 있는 경우 판례에 의함)

2018 경찰 승진

① 일몰시간 후부터 같은 날 24시까지의 시위의 경우, 특별히 공공의 질서 내지 법적 평화를 침해할 위험성이 크다고 할 수 없으므로 그와 같은 시위를 일률적으로 금지하는 것은 과잉금지원칙에 위반된다.

② 집회의 자유는 집회참가자에 대한 검문의 방법으로 시간을 지연시킴으로써 집회장소에 접근하는 것을 방해하는 등 집회의 자유행사에 영향을 미치는 모든 조치를 금지한다.

③ 안마사들로 하여금 의무적으로 대한안마사협회의 회원이 되어 정관을 준수하도록 하는 「의료법」 조항은 안마사들의 결사의 자유를 침해하지 않는다.

④ 미신고 옥외집회는 불법집회이므로 관할경찰관서장은 언제나 해산명령을 내릴 수 있으며, 이에 불응하는 경우에는 처벌할 수 있다고 보아야 한다.

지문분석 **난이도** □□■ 하 | **정답** ④ | **키워드** 집회 및 결사의 자유 | **출제유형** 판례

① 【O】 일몰시간 후부터 같은 날 24시까지의 시위의 경우, 특별히 공공의 질서 내지 법적 평화를 침해할 위험성이 크다고 할 수 없으므로 그와 같은 시위를 일률적으로 금지하는 것은 과잉금지원칙에 위반된다(헌재 2014.03.27. 2010헌가2).

② 【O】 집회의 자유는 개인이 집회에 참가하는 것을 방해하거나 또는 집회에 참가할 것을 강요하는 국가행위를 금지할 뿐만 아니라, 예컨대 집회장소로의 여행을 방해하거나, 집회장소로부터 귀가하는 것을 방해하거나, 집회참가자에 대한 검문의 방법으로 시간을 지연시킴으로써 집회장소에 접근하는 것을 방해하는 등 집회의 자유행사에 영향을 미치는 모든 조치를 금지한다(헌재 2003.10.30. 2000헌바67).

③ 【O】 안마사들로 하여금 의무적으로 대한안마사협회의 회원이 되어 정관을 준수하도록 하는 「의료법」 조항은 안마사들의 결사의 자유를 침해하지 않는다(헌재 2008.10.30. 2006헌가15).

④ 【X】 집회의 자유가 가지는 헌법적 가치와 기능, 집회에 대한 허가 금지를 선언한 헌법정신, 옥외집회 및 시위에 관한 사전신고제의 취지 등을 종합하여 보면, 신고는 행정관청에 집회에 관한 구체적인 정보를 제공함으로써 공공질서의 유지에 협력하도록 하는 데 의의가 있는 것으로 집회의 허가를 구하는 신청으로 변질되어서는 아니 되므로, 신고를 하지 아니하였다는 이유만으로 옥외집회 또는 시위를 헌법의 보호 범위를 벗어나 개최가 허용되지 않는 집회 내지 시위라고 단정할 수 없다. 따라서 「집시법」(이하 '집회 및 시위에 관한 법률'이라고 한다) 제20조 제1항 제2호가 미신고 옥외집회 또는 시위를 해산명령 대상으로 하면서 별도의 해산 요건을 정하고 있지 않더라도, 그 옥외집회 또는 시위로 인하여 타인의 법익이나 공공의 안녕질서에 대한 직접적인 위험이 명백하게 초래된 경우에 한하여 위 조항에 기하여 해산을 명할 수 있고, 이러한 요건을 갖춘 해산명령에 불응하는 경우에만 「집회 및 시위에 관한 법률」 제24조 제5호에 의하여 처벌할 수 있다고 보아야 한다(대판 2012.04.19. 2010도6388).

26 집회 및 결사의 자유에 관한 설명 중 가장 적절하지 않은 것은? (다툼이 있는 경우 판례에 의함)

2020 경찰 승진

① 집회의 자유에는 집회의 장소를 스스로 결정할 장소선택의 자유도 포함한다.
② 집회의 개념 요소인 공동의 목적은 '내적인 유대 관계'로 족하다.
③ 집회의 시간과 장소가 중복되는 2개 이상의 신고가 있을 경우 관할 경찰관서장은 먼저 신고된 집회가 다른 집회의 개최를 봉쇄하기 위한 가장집회신고에 해당하는지 여부에 관하여 판단할 권한이 없으므로 뒤에 신고된 집회에 대하여 집회 자체를 금지하는 통고를 하여야 한다.
④ 구 「주택건설촉진법」 상의 주택조합은 주택이 없는 국민의 주거생활의 안정을 도모하고 모든 국민의 주거수준 향상을 기한다는 공공목적을 위하여 법이 구성원의 자격을 제한적으로 정해 놓은 특수조합이어서, 이는 헌법상 결사의 자유가 뜻하는 헌법상 보호법익의 대상이 되는 단체가 아니다.

지문분석 **난이도** □□■ **하** | **정답** ③ | **키워드** 집회 및 결사의 자유 | **출제유형** 판례

① 【O】 집회의 자유에는 집회의 장소를 스스로 결정할 장소선택의 자유가 포함되고, 집회장소는 집회의 목적을 달성하는 데 있어서 중요한 의미를 지니는 경우가 많기 때문에 집회장소를 자유롭게 선택할 수 있어야만 집회의 자유가 비로소 효과적으로 보장되므로, 장소선택의 자유는 집회의 자유의 한 실질을 형성한다(헌재 2009.12.29. 2006헌바20 등).
② 【O】 일반적으로 집회는, 일정한 장소를 전제로 하여 특정 목적을 가진 다수인이 일시적으로 회합하는 것을 말하는 것으로 일컬어지고 있고, 그 공동의 목적은 '내적인 유대 관계'로 족하다(헌재 2009.05.28. 2007헌바22).
③ 【X】 집회의 신고가 경합할 경우 특별한 사정이 없는 한 관할경찰관서장은 「집시법」(이하 '집회 및 시위에 관한 법률'이라 한다) 제8조 제2항의 규정에 의하여 신고 순서에 따라 뒤에 신고된 집회에 대하여 금지통고를 할 수 있지만, 먼저 신고된 집회의 참여예정인원, 집회의 목적, 집회개최장소 및 시간, 집회 신고인이 기존에 신고한 집회 건수와 실제로 집회를 개최한 비율 등 먼저 신고된 집회의 실제 개최 가능성 여부와 양 집회의 상반 또는 방해가능성 등 제반 사정을 확인하여 먼저 신고된 집회가 다른 집회의 개최를 봉쇄하기 위한 허위 또는 가장 집회신고에 해당함이 객관적으로 분명해 보이는 경우에는, 뒤에 신고된 집회에 다른 집회금지 사유가 있는 경우가 아닌 한, 관할경찰관서장이 단지 먼저 신고가 있었다는 이유만으로 뒤에 신고된 집회에 대하여 집회 자체를 금지하는 통고를 하여서는 아니 되고, 설령 이러한 금지통고에 위반하여 집회를 개최하였다고 하더라도 그러한 행위를 「집회 및 시위에 관한 법률」상 금지통고에 위반한 집회개최행위에 해당한다고 보아서는 아니 된다(대판 2014.12.11. 2011도13299).
④ 【O】 「주택건설촉진법」상의 주택조합은 주택이 없는 국민의 주거생활의 안정을 도모하고 모든 국민의 주거수준의 향상을 기한다는(동법 제1조) 공공목적을 위하여 법이 구성원의 자격을 제한적으로 정해 놓은 특수조합이어서 이는 헌법상 결사의 자유가 뜻하는 헌법상 보호법익의 대상이 되는 단체가 아니며 또한 위 법률조항이 위 법률 소정의 주택조합 중 지역조합과 직장조합의 조합원 자격을 무주택자로 한정하였다고 해서 그로 인하여 유주택자가 위 법률과 관계없는 주택조합의 조합원이 되는 것까지 제한받는 것이 아니므로 위 법률조항은 유주택자의 결사의 자유를 침해하는 것이 아니다(헌재 1994.02.24. 92헌바43).

27 집회의 자유에 대한 설명으로 가장 적절하지 않은 것은? (다툼이 있는 경우 판례에 의함) 2021 경찰 승진

① 헌법상 집회에서 공동의 목적은 내적인 유대 관계로 족하다.
② 집회의 자유에는 집회의 장소를 스스로 결정할 장소선택의 자유가 포함된다.
③ 우리 헌법상 집회의 자유에 의해 보호되는 것은 오로지 평화적 또는 비폭력적 집회에 한정된다.
④ 헌법에서 금지하고 있는 집회에 대한 허가는 입법권이 주체가 되어 집회의 내용·시간·장소 등을 사전심사하여 일반적인 집회금지를 특정한 경우에 해제함으로써 집회를 할 수 있게 하는 제도를 의미한다.

지문분석 **난이도** □□■ **하** | **정답** ④ | **키워드** 집회 및 결사의 자유 | **출제유형** 판례

① 【O】 구 「집회 및 시위에 관한 법률」에 '옥외집회'에 대한 정의규정은 있으나 '집회'에 대한 정의규정은 없음은 청구인의 주장과 같다. 그러나 일반적으로 집회는, 일정한 장소를 전제로 하여 특정 목적을 가진 다수인이 일시적으로 회합하는 것을 말하는 것으로 일컬어지고 있고, 그 공동의 목적은 '내적인 유대 관계'로 족하다고 할 것이다(헌재 2009.05.28. 2007헌바22).
② 【O】 집회·시위장소는 집회·시위의 목적을 달성하는데 있어서 매우 중요한 역할을 수행하는 경우가 많기 때문에 집회·시위장소를 자유롭게 선택할 수 있어야만 집회·시위의 자유가 비로소 효과적으로 보장되므로 장소선택의 자유는 집회·시위의 자유의 한 실질을 형성한다(헌재 2005.02.04. 2004헌가17).
③ 【O】 비록 헌법이 명시적으로 밝히고 있지는 않으나, 집회의 자유에 의하여 보호되는 것은 단지 '평화적' 또는 '비폭력적' 집회이다. 집회의 자유는 민주국가에서 정신적 대립과 논의의 수단으로서, 평화적 수단을 이용한 의견의 표명은 헌법적으로 보호되지만, 폭력을 사용한 의견의 강요는 헌법적으로 보호되지 않는다(헌재 2003.10.30. 2000헌바67 등).
④ 【X】 이 사건 헌법규정에서 금지하고 있는 '허가'는 행정권이 주체가 되어 집회 이전에 예방적 조치로서 집회의 내용·시간·장소 등을 사전심사하여 일반적인 집회금지를 특정한 경우에 해제함으로써 집회를 할 수 있게 하는 제도, 즉 허가를 받지 아니한 집회를 금지하는 제도를 의미한다(헌재 2009.09.24. 2008헌가25).

28 집회·결사의 자유에 관한 설명으로 옳지 않은 것은? (다툼이 있는 경우 헌법재판소 판례에 의함)
2017 국가직 7급 하반기

① 국무총리 공관 인근에서 국무총리를 대상으로 하지 아니하는 옥외집회·시위를 금지하고 위반 시 처벌하는 것은 집회의 자유를 침해하지 않는다.
② '재판에 영향을 미칠 염려가 있거나 미치게 하기 위한 집회 또는 시위'를 금지하고 이를 위반한 자를 형사 처벌하는 구 「집회 및 시위에 관한 법률」의 해당 조항은 최소침해성 원칙에 반한다.
③ 일반적으로 집회는 일정한 장소를 전제로 하여 특정 목적을 가진 다수인이 일시적으로 회합하는 것을 말하는 것으로 그 공동의 목적은 '내적인 유대관계'로 족하고, 건전한 상식과 통상적인 법감정을 가진 사람이면 「집회 및 시위에 관한 법률」상 '집회'가 무엇을 의미하는지를 추론할 수 있으므로 '집회'의 개념이 불명확하다고 볼 수 없다.
④ 지역농협 이사 선거의 경우 전화·컴퓨터통신을 이용한 지지 호소의 선거운동방법을 금지하고, 이를 위반한 자를 처벌하는 구 「농업협동조합법」 규정은 결사의 자유를 침해한다.
⑤ 운송사업자로 구성된 협회로 하여금 연합회에 강제로 가입하게 하고 임의로 탈퇴할 수 없도록 하는 「화물자동차 운수사업법」의 해당 조항 중 '운송사업자로 구성된 협회'에 관한 부분은 결사의 자유를 침해한다고 볼 수 없다.

지문분석 **난이도** □■■ 중 | **정답** ① | **키워드** 집회 및 결사의 자유 | **출제유형** 판례

① 【X】 국무총리 공관의 기능과 안녕을 직접 저해할 가능성이 거의 없는 '소규모 옥외집회·시위'의 경우 국무총리에게 물리적인 압력이나 위해를 가할 가능성 또는 국무총리 공관의 출입이나 안전에 위협을 가할 위험성은 일반적으로 낮다. 이러한 소규모 옥외집회·시위가 일반 대중의 합세로 인하여 대규모 집회·시위로 확대될 우려나 폭력집회·시위로 변질될 위험이 없는 때에는 그 집회·시위의 금지를 정당화할 수 있는 헌법적 근거를 발견하기 어렵다. 그리고 '국무총리를 대상으로 한 옥외집회·시위가 아닌 경우'에도 국무총리 공관에 대한 직접적·간접적 물리력이 행사될 가능성이 낮다. 이 사건 금지장소 조항은 그 입법목적을 달성하는 데 필요한 최소한도의 범위를 넘어, 규제가 불필요하거나 또는 예외적으로 허용하는 것이 가능한 집회까지도 이를 일률적·전면적으로 금지하고 있다고 할 것이므로 침해의 최소성 원칙에 위배된다. 따라서 이 사건 금지장소 조항은 과잉금지원칙을 위반하여 집회의 자유를 침해한다(헌재 2018.06.28. 2015헌가28 등).

② 【O】 구 「집회 및 시위에 관한 법률」의 옥외집회·시위에 관한 일반규정 및 「형법」에 의한 규제 및 처벌에 의하여 사법의 독립성을 확보할 수 있음에도 불구하고, 이 사건 제2호 부분은 재판에 영향을 미칠 염려가 있거나 미치게 하기 위한 집회·시위를 사전적·전면적으로 금지하고 있을 뿐 아니라, 어떠한 집회·시위가 규제대상에 해당하는지를 판단할 수 있는 아무런 기준도 제시하지 아니함으로써 사실상 재판과 관련된 집단적 의견표명 일체가 불가능하게 되어 집회의 자유를 실질적으로 박탈하는 결과를 초래하므로 최소침해성 원칙에 반한다. 따라서 이 사건 제2호 부분은 과잉금지원칙에 위배되어 집회의 자유를 침해한다(헌재 2016.09.29. 2014헌가3 등)

③ 【O】 일반적으로 집회는, 일정한 장소를 전제로 하여 특정 목적을 가진 다수인이 일시적으로 회합하는 것을 말하는 것으로 일컬어지고 있고, 그 공동의 목적은 '내적인 유대 관계'로 족하다. 건전한 상식과 통상적인 법감정을 가진 사람이면 위와 같은 의미에서 구 「집회 및 시위에 관한 법률」상 '집회'가 무엇을 의미하는지를 추론할 수 있다고 할 것이므로, 구 「집회 및 시위에 관한 법률」상 '집회'의 개념이 불명확하다고 할 수 없다(헌재 2009.05.28. 2007헌바22).

④ 【O】 전화·컴퓨터통신은 누구나 손쉽고 저렴하게 이용할 수 있는 매체인 점, 「농업협동조합법」에서 흑색선전 등을 처벌하는 조항을 두고 있는 점을 고려하면 입법목적 달성을 위하여 위 매체를 이용한 지지 호소까지 금지할 필요성은 인정되지 아니한다. 이 사건 법률조항들이 달성하려는 공익이 결사의 자유 및 표현의 자유 제한을 정당화할 정도로 크다고 보기는 어려우므로, 법익의 균형성도 인정되지 아니한다. 따라서 이 사건 법률조항들은 과잉금지원칙을 위반하여 결사의 자유, 표현의 자유를 침해하여 헌법에 위반된다(헌재 2016.11.24. 2015헌바62).

⑤ 【O】 연합회는 법령에 따라 다양한 공익적 기능을 수행하는바, 전국적인 단일 조직을 갖추지 못한다면 업무 수행의 효율성과 신속성 등이 저해될 우려가 있다. 국가나 지방자치단체가 공익적 기능을 직접 수행하거나 별개의 단체를 설립하는 방안은 연합회에의 가입강제 내지 임의탈퇴 불가와 같거나 유사한 효과를 가진다고 보기 어렵다. 따라서 심판대상조항이 과잉금지원칙에 위배되어 결사의 자유를 침해한다고 볼 수 없다(헌재 2022.02.24. 2018헌가8).

29 집회의 자유에 관한 설명 중 가장 적절하지 <u>않은</u> 것은? (다툼이 있는 경우 판례에 의함) 2022 경찰 승진

① 집회의 자유는 개인의 인격발현의 요소이자 민주주의를 구성하는 요소라는 이중적 헌법적 기능을 가지고 있다.

② 집회의 자유는 집회를 통하여 형성된 의사를 집단으로 표현하고 이를 통하여 불특정 다수인의 의사에 영향을 줄 자유를 포함하므로 이를 내용으로 하는 시위의 자유 또한 집회의 자유를 규정한 헌법 제21조 제1항에 의하여 보호되는 기본권이다.

③ 집회나 시위 해산을 위한 살수차 사용은 집회의 자유 및 신체의 자유에 대한 중대한 제한을 초래하므로 살수차 사용요건이나 기준은 법률에 근거를 두어야 하고, 살수차와 같은 위해성 경찰장비는 본래의 사용방법에 따라 지정된 용도로 사용되어야 하며 다른 용도나 방법으로 사용하기 위해서는 반드시 법령에 근거가 있어야 한다.

④ 일출시간 전, 일몰시간 후의 옥외집회 또는 시위를 원칙적으로 금지하면서 다만 옥외집회의 경우 예외적으로 관할 경찰관서장이 허용할 수 있도록 하고, 이에 위반하여 옥외집회 또는 시위에 참가한 자를 형사처벌하는 구 「집회 및 시위에 관한 법률」 조항은 헌법 제21조 제2항의 사전허가제금지에 위배되어 집회의 자유를 침해한다.

지문분석 **난이도** □■■ **중** | **정답** ④ | **키워드** 알권리 | **출제유형** 판례

① 【O】 집회의 자유는 개인의 인격발현의 요소이자 민주주의를 구성하는 요소라는 이중적 헌법적 기능을 가지고 있다. 인간의 존엄성과 자유로운 인격발현을 최고의 가치로 삼는 우리 헌법질서 내에서 집회의 자유도 다른 모든 기본권과 마찬가지로 일차적으로는 개인의 자기결정과 인격발현에 기여하는 기본권이다. 뿐만 아니라, 집회를 통하여 국민들이 자신의 의견과 주장을 집단적으로 표명함으로써 여론의 형성에 영향을 미친다는 점에서, 집회의 자유는 표현의 자유와 더불어 민주적 공동체가 기능하기 위하여 불가결한 근본요소에 속한다(헌재 2003.10.30. 2000헌바67 등).

② 【O】 집회의 자유는 집회를 통하여 형성된 의사를 집단적으로 표현하고 이를 통하여 불특정 다수인의 의사에 영향을 줄 자유를 포함하므로 이를 내용으로 하는 시위의 자유 또한 집회의 자유를 규정한 헌법 제21조 제1항에 의하여 보호되는 기본권이다(헌재 2005.11.24. 2004헌가17).

③ 【O】 집회나 시위 해산을 위한 살수차 사용은 집회의 자유 및 신체의 자유에 대한 중대한 제한을 초래하므로 살수차 사용요건이나 기준은 법률에 근거를 두어야 하고, 살수차와 같은 위해성 경찰장비는 본래의 사용방법에 따라 지정된 용도로 사용되어야 하며 다른 용도나 방법으로 사용하기 위해서는 반드시 법령에 근거가 있어야 한다(헌재 2018.05.31. 2015헌마476).

④ 【X】 이 사건 집회조항은 본문에서 '누구든지 일출시간 전, 일몰시간 후에는 옥외집회를 하여서는 아니된다.'라고 규정하여 옥외집회를 시간적으로 제한하면서, 단서에서 '다만, 집회의 성격상 부득이하여 주최자가 질서유지인을 두고 미리 신고하는 경우에는 관할 경찰관서장은 질서 유지를 위한 조건을 붙여 일출시간 전, 일몰시간 후에도 옥외집회를 허용할 수 있다.'라고 규정하여 행정청의 허가를 받아 야간 옥외집회를 할 수 있도록 하고 있다. 이와 같은 단서의 규정은 본문에 의한 제한을 완화시키려는 것이므로, 본문에 의한 시간적 제한이 집회의 자유를 과도하게 제한하는지 여부는 별론으로 하고, 단서의 '관할 경찰관서장의 허용'이 '옥외집회에 대한 일반적인 사전허가'라고는 볼 수 없는 것이다. 결국 이 사건 집회조항은 법률에 의하여 옥외집회의 시간적 제한을 규정한 것으로서 그 단서 조항의 존재에 관계없이 헌법 제21조 제2항의 '사전허가금지'에 위반되지 않는다고 할 것이다(헌재 2014.04.24. 2011헌가29).

30 집회 · 결사의 자유에 관한 설명 중 옳지 않은 것을 모두 고른 것은? (다툼이 있는 경우 판례에 의함)

2020 경찰 승진

㉠ 「집회 및 시위에 관한 법률」은 국무총리, 국회의장, 대법원장, 헌법재판소장 공관에 대해 100미터 이내의 장소에서의 옥외집회 또는 시위 금지를 규정하면서 일체의 예외를 두지 않고 있다.
㉡ 각급법원 경계 지점으로부터 100미터 이내 장소에서의 모든 옥외집회를 금지하는 것은 집회의 자유를 침해한다.
㉢ 집회의 자유는 표현의 자유와 더불어 민주적 공동체가 기능하기 위하여 불가결한 근본요소에 속하므로, 폭력을 사용한 의견의 강요라고 하여 헌법적으로 보호되지 않는다 볼 수 없다.
㉣ 집회의 자유는 국가가 개인의 집회참가행위를 감시하고 그에 대한 정보를 수집함으로써 집회에 참가하고자 하는 자로 하여금 불이익을 두려워하여 미리 집회참가를 포기하도록 집회참가의사를 약화시키는 것 등 집회의 자유행사에 영향을 미치는 모든 조치를 금지한다.

① ㉠, ㉡
② ㉠, ㉢
③ ㉡, ㉢
④ ㉢, ㉣

지문분석 **난이도** ■■■ **상** | **정답** ② | **키워드** 집회 및 결사의 자유 | **출제유형** 판례

㉠ 【X】

「집회 및 시위에 관한 법률」
제11조 (옥외집회와 시위의 금지 장소) 누구든지 다음 각 호의 어느 하나에 해당하는 청사 또는 저택의 경계 지점으로부터 100 미터 이내의 장소에서는 옥외집회 또는 시위를 하여서는 아니 된다.
1. 국회의사당. 다만, 다음 각 목의 어느 하나에 해당하는 경우로서 국회의 기능이나 안녕을 침해할 우려가 없다고 인정되는 때에는 그러하지 아니하다.
   가. 국회의 활동을 방해할 우려가 없는 경우
   나. 대규모 집회 또는 시위로 확산될 우려가 없는 경우
2. 각급 법원, 헌법재판소. 다만, 다음 각 목의 어느 하나에 해당하는 경우로서 각급 법원, 헌법재판소의 기능이나 안녕을 침해할 우려가 없다고 인정되는 때에는 그러하지 아니하다.
   가. 법관이나 재판관의 직무상 독립이나 구체적 사건의 재판에 영향을 미칠 우려가 없는 경우
   나. 대규모 집회 또는 시위로 확산될 우려가 없는 경우
3. 대통령 관저(官邸), 국회의장 공관, 대법원장 공관, 헌법재판소장 공관
4. 국무총리 공관. 다만, 다음 각 목의 어느 하나에 해당하는 경우로서 국무총리 공관의 기능이나 안녕을 침해할 우려가 없다고 인정되는 때에는 그러하지 아니하다.
   가. 국무총리를 대상으로 하지 아니하는 경우
   나. 대규모 집회 또는 시위로 확산될 우려가 없는 경우

ⓛ【O】

[1] 법관의 독립은 공정한 재판을 위한 필수 요소로서 다른 국가기관이나 사법부 내부의 간섭으로부터의 독립뿐만 아니라 사회적 세력으로부터의 독립도 포함한다. 심판대상조항의 입법목적은 법원 앞에서 집회를 열어 법원의 재판에 영향을 미치려는 시도를 막으려는 것이다. 이런 입법목적은 법관의 독립과 재판의 공정성 확보라는 헌법의 요청에 따른 것이므로 정당하다. 각급 법원 인근에 집회·시위금지장소를 설정하는 것은 입법목적 달성을 위한 적합한 수단이다.

[2] 법원 인근에서 옥외집회나 시위가 열릴 경우 해당 법원에서 심리 중인 사건의 재판에 영향을 미칠 위협이 존재한다는 일반적 추정이 구체적 상황에 따라 부인될 수 있는 경우라면, 입법자로서는 각급 법원 인근일지라도 예외적으로 옥외집회·시위가 가능하도록 관련 규정을 정비하여야 한다. 법원 인근에서의 집회라 할지라도 법관의 독립을 위협하거나 재판에 영향을 미칠 염려가 없는 집회도 있다. 예컨대 법원을 대상으로 하지 않고 검찰청 등 법원 인근 국가기관이나 일반법인 또는 개인을 대상으로 한 집회로서 재판업무에 영향을 미칠 우려가 없는 집회가 있을 수 있다. 법원을 대상으로 한 집회라도 사법행정과 관련된 의사표시 전달을 목적으로 한 집회 등 법관의 독립이나 구체적 사건의 재판에 영향을 미칠 우려가 없는 집회도 있다. 한편 「집회 및 시위에 관한 법률」은 심판대상조항 외에도 집회·시위의 성격과 양상에 따라 법원을 보호할 수 있는 다양한 규제수단을 마련하고 있으므로, 각급 법원 인근에서의 옥외집회·시위를 예외적으로 허용한다고 하더라도 이러한 수단을 통하여 심판대상조항의 입법목적은 달성될 수 있다. 심판대상조항은 입법목적을 달성하는 데 필요한 최소한도의 범위를 넘어 규제가 불필요하거나 또는 예외적으로 허용 가능한 옥외집회·시위까지도 일률적·전면적으로 금지하고 있으므로, 침해의 최소성 원칙에 위배된다.

[3] 심판대상조항은 각급 법원 인근의 모든 옥외집회를 전면적으로 금지함으로써 상충하는 법익 사이의 조화를 이루려는 노력을 전혀 기울이지 않아, 법익의 균형성 원칙에도 어긋난다. 심판대상조항은 과잉금지원칙을 위반하여 집회의 자유를 침해한다(헌불 헌결 2018.07.26. 2018헌바137).

ⓒ【X】집회의 자유에 의하여 보호되는 것은 단지 '평화적' 또는 '비폭력적' 집회이다. 집회의 자유는 민주국가에서 정신적 대립과 논의의 수단으로서, 평화적 수단을 이용한 의견의 표명은 헌법적으로 보호되지만, 폭력을 사용한 의견의 강요는 헌법적으로 보호되지 않는다. 헌법은 집회의 자유를 국민의 기본권으로 보장함으로써, 평화적 집회 그 자체는 공공의 안녕질서에 대한 위험이나 침해로서 평가되어서는 아니 되며, 개인이 집회의 자유를 집단적으로 행사함으로써 불가피하게 발생하는 일반대중에 대한 불편함이나 법익에 대한 위험은 보호법익과 조화를 이루는 범위 내에서 국가와 제3자에 의하여 수인되어야 한다는 것을 헌법 스스로 규정하고 있는 것이다(헌결 2003.10.30. 2000헌바67).

ⓔ【O】집회의 자유는 일차적으로 국가공권력의 침해에 대한 방어를 가능하게 하는 기본권으로서, 개인이 집회에 참가하는 것을 방해하거나 또는 집회에 참가할 것을 강요하는 국가행위를 금지하는 기본권이다. 따라서 집회의 자유는 집회에 참가하지 못하게 하는 국가의 강제를 금지할 뿐 아니라, 예컨대 집회장소로의 여행을 방해하거나, 집회장소로부터 귀가하는 것을 방해하거나, 집회참가자에 대한 검문의 방법으로 시간을 지연시킴으로써 집회장소에 접근하는 것을 방해하거나, 국가가 개인의 집회참가행위를 감시하고 그에 관한 정보를 수집함으로써 집회에 참가하고자 하는 자로 하여금 불이익을 두려워하여 미리 집회참가를 포기하도록 집회참가의사를 약화시키는 것 등 집회의 자유행사에 영향을 미치는 모든 조치를 금지한다(헌결 2003.10.30. 2000헌바67).

31 **집회의 자유에 관한 설명으로 가장 적절하지 않은 것은?** (다툼이 있는 경우 판례에 의함) 2023 경찰 1차

① 누구나 '어떤 장소에서' 자신이 계획한 집회를 할 것인가를 원칙적으로 자유롭게 결정할 수 있어야만 집회의 자유가 비로소 효과적으로 보장되는 것이므로, 집회의 자유는 다른 법익의 보호를 위하여 정당화되지 않는 한, 집회장소를 항의의 대상으로부터 분리시키는 것을 금지한다.

② 일반적으로 집회는 일정한 장소를 전제로 하여 특정 목적을 가진 다수인이 일시적으로 회합하는 것을 말하는 것으로 일컬어지고 있고, 그 공동의 목적은 '내적인 유대 관계'로 족하다.

③ 집단적인 폭행·협박·손괴·방화 등으로 공공의 안녕질서에 직접적인 위협을 가할 것이 명백한 집회 또는 시위의 주최를 금지하는 구 「집회 및 시위에 관한 법률」 조항은 집회의 자유를 침해하지 아니한다.

④ 경찰이 신고범위를 벗어난 동안에만 집회참가자들을 촬영한다 할지라도, 집회참가자에 대한 촬영행위는 집회참가자들에게 심리적 부담으로 작용하여 집회의 자유를 전체적으로 위축시키는 결과를 가져올 수 있으므로 집회의 자유를 침해한다.

지문분석 **난이도** □■■ **중** | **정답** ④ | **키워드** 집회의 자유 | **출제유형** 판례

① 【O】 집회의 목적·내용과 집회의 장소는 일반적으로 밀접한 내적인 연관관계에 있기 때문에, 집회의 장소에 대한 선택이 집회의 성과를 결정짓는 경우가 적지 않다. 집회장소가 바로 집회의 목적과 효과에 대하여 중요한 의미를 가지기 때문에, 누구나 '어떤 장소에서' 자신이 계획한 집회를 할 것인가를 원칙적으로 자유롭게 결정할 수 있어야만 집회의 자유가 비로소 효과적으로 보장되는 것이다. 따라서 집회의 자유는 다른 법익의 보호를 위하여 정당화되지 않는 한, 집회장소를 항의의 대상으로부터 분리시키는 것을 금지한다(헌재 2003.10.30. 2000헌바67등).

② 【O】 일반적으로 집회는, 일정한 장소를 전제로 하여 특정 목적을 가진 다수인이 일시적으로 회합하는 것을 말하는 것으로 일컬어지고 있고, 그 공동의 목적은 '내적인 유대 관계'로 족하다. 건전한 상식과 통상적인 법감정을 가진 사람이면 위와 같은 의미에서 구 「집회 및 시위에 관한 법률」상 '집회'가 무엇을 의미하는지를 추론할 수 있다고 할 것이므로, 구 「집회 및 시위에 관한 법률」상 '집회'의 개념이 불명확하다고 할 수 없다(헌재 2009.05.28. 2007헌바22).

③ 【O】 집단적인 폭행·협박·손괴·방화 등으로 공공의 안녕질서에 직접적인 위협을 가할 것이 명백한 집회 또는 시위의 주최를 금지는 죄형법정주의의 명확성원칙에 위배되지 않는다(헌재 2010.04.29. 2008헌바118).

④ 【X】 옥외집회·시위에 대한 경찰의 촬영행위는 증거보전의 필요성 및 긴급성, 방법의 상당성이 인정되는 때에는 헌법에 위반된다고 할 수 없으나, 경찰이 옥외집회 및 시위 현장을 촬영하여 수집한 자료의 보관·사용 등은 엄격하게 제한하여, 옥외집회·시위 참가자 등의 기본권 제한을 최소화해야 한다. 옥외집회·시위에 대한 경찰의 촬영행위에 의해 취득한 자료는 '개인정보'의 보호에 관한 일반법인 「개인정보 보호법」이 적용될 수 있다. 이 사건에서 피청구인이 신고범위를 벗어난 동안에만 집회참가자들을 촬영한 행위가 과잉금지원칙을 위반하여 집회참가자인 청구인들의 일반적 인격권, 개인정보자기결정권 및 집회의 자유를 침해한다고 볼 수 없다(헌재 2018.08.30. 2014헌마843).

32 경찰이 경찰청예규인 「채증활동규칙」에 따라 집회참가자를 촬영한 행위에 대한 설명으로 옳지 않은 것은? 2023 국가직 7급

① 「채증활동규칙」은 집회·시위 현장에서 불법행위의 증거자료를 확보하기 위해 행정조직의 내부에서 상급행정기관이 하급행정기관에 대하여 발령한 내부기준으로 행정규칙이지만 직접 집회참가자들의 기본권을 제한하므로 이에 대한 헌법소원심판청구는 기본권 침해의 직접성 요건을 충족하였다.

② 경찰의 촬영행위는 개인정보자기결정권의 보호대상이 되는 신체, 특정인의 집회·시위 참가 여부 및 그 일시·장소 등의 개인정보를 정보주체의 동의 없이 수집하였다는 점에서 개인정보자기결정권을 제한할 수 있다.

③ 근접촬영과 달리 먼 거리에서 집회·시위 현장을 전체적으로 촬영하는 소위 조망촬영이 기본권을 덜 침해하는 방법이라는 주장도 있으나, 최근 기술의 발달로 조망촬영과 근접촬영 사이에 기본권 침해라는 결과에 있어서 차이가 있다고 보기 어려워, 경찰이 집회·시위에 대해 조망촬영이 아닌 근접촬영을 하였다는 이유만으로 헌법에 위반되는 것은 아니다.

④ 옥외집회·시위에 대한 경찰의 촬영행위에 의해 취득한 자료는 '개인정보'의 보호에 관한 일반법인 「개인정보 보호법」이 적용될 수 있다.

지문분석 **난이도** □■■ **중** | **정답** ① | **키워드** 집회의 자유 | **출제유형** 판례

① 【X】 이 사건 채증규칙은 법률의 구체적인 위임 없이 제정된 경찰청 내부의 행정규칙에 불과하고, 청구인들은 구체적인 촬영행위에 의해 비로소 기본권을 제한받게 되므로, 이 사건 채증규칙이 직접 기본권을 침해한다고 볼 수 없다(헌재 2018.08.30. 2014헌마843).

② 【O】 경찰의 촬영행위는 개인정보자기결정권의 보호대상이 되는 신체, 특정인의 집회·시위 참가 여부 및 그 일시·장소 등의 개인정보를 정보주체의 동의 없이 수집하였다는 점에서 개인정보자기결정권을 제한할 수 있다(헌재 2018.08.30. 2014헌마843).

③ 【O】 근접촬영과 달리 먼 거리에서 집회·시위 현장을 전체적으로 촬영하는 소위 조망촬영이 기본권을 덜 침해하는 방법이라는 주장도 있으나, 최근 기술의 발달로 조망촬영과 근접촬영 사이에 기본권 침해라는 결과에 있어서 차이가 있다고 보기 어려우므로, 경찰이 이러한 집회·시위에 대해 조망촬영이 아닌 근접촬영을 하였다는 이유만으로 헌법에 위반되는 것은 아니다(헌재 2018.08.30. 2014헌마843).

④ 【O】 옥외집회·시위에 대한 경찰의 촬영행위는 증거보전의 필요성 및 긴급성, 방법의 상당성이 인정되는 때에는 헌법에 위반된다고 할 수 없으나, 경찰이 옥외집회 및 시위 현장을 촬영하여 수집한 자료의 보관·사용 등은 엄격하게 제한하여, 옥외집회·시위 참가자 등의 기본권 제한을 최소화해야 한다. 옥외집회·시위에 대한 경찰의 촬영행위에 의해 취득한 자료는 '개인정보'의 보호에 관한 일반법인 「개인정보 보호법」이 적용될 수 있다(헌재 2018.08.30. 2014헌마843).

33 결사의 자유를 침해하는 경우로 가장 적절한 것은? (다툼이 있는 경우 헌법재판소 판례에 의함)

2023 경찰간부

① 지역농협 이사 선거의 경우 전화·컴퓨터통신을 이용한 지지·호소의 선거운동방법을 금지하고 이를 위반한 자에 대한 형사처벌을 규정한 구 「농업협동조합법」상 조항
② 새마을금고 임원선거와 관련하여 법률에서 정하고 있는 방법 이외의 방법으로 선거운동을 할 수 없도록 하고 이를 위반한 자에 대한 형사처벌을 규정한 「새마을금고법」상 조항
③ 변리사의 변리사회 가입의무를 규정한 「변리사법」상 조항
④ 대한민국고엽제전우회와 대한민국월남전참전자회의 중복가입을 금지하는 「참전유공자예우 및 단체설립에 관한 법률」 상 조항

지문분석 **난이도** □■■ **중** | **정답** ① | **키워드** 결사의 자유 | **출제유형** 판례

① 【O】 전화·컴퓨터통신은 누구나 손쉽고 저렴하게 이용할 수 있는 매체인 점, 「농업협동조합법」에서 흑색선전 등을 처벌하는 조항을 두고 있는 점을 고려하면 입법목적 달성을 위하여 위 매체를 이용한 지지 호소까지 금지할 필요성은 인정되지 아니한다. 이 사건 법률조항들이 달성하려는 공익이 결사의 자유 및 표현의 자유 제한을 정당화할 정도로 크다고 보기는 어려우므로, 법익의 균형성도 인정되지 아니한다. 따라서 이 사건 법률조항들은 과잉금지원칙을 위반하여 결사의 자유, 표현의 자유를 침해하여 헌법에 위반된다(헌재 2016.11.24. 2015헌바62).

② 【X】 새마을금고 임원 선거의 과열과 혼탁을 방지함으로써 선거의 공정성을 담보하고자 하는 심판대상조항의 입법목적은 정당하고, 임원 선거와 관련하여 법정된 선거운동방법만을 허용하되 허용되지 아니하는 방법으로 선거운동을 하는 경우 형사처벌하는 것은 이러한 입법목적을 달성하기 위한 적절한 수단이다. 따라서 심판대상조항은 청구인의 결사의 자유 및 표현의 자유를 침해하지 아니한다(헌재 2018.02.22. 2016헌바364).

③ 【X】 가입조항은 변리사의 변리사회 의무가입을 통하여 대한변리사회의 대표성과 법적 지위를 강화함으로써 변리사회가 공익사업 등을 원활하게 수행할 수 있도록 하고, 산업재산권에 대한 민관공조체제를 강화하여 궁극적으로 산업재산권 제도 및 관련 산업의 발전을 도모하기 위한 것으로, 입법목적의 정당성과 수단의 적합성이 인정된다. 따라서 가입조항은 청구인의 소극적 결사의 자유 및 직업수행의 자유를 침해하지 않는다(헌재 2017.12.28. 2015헌마1000).

④ 【X】 심판대상조항의 입법목적은 양 법인의 중복가입에 따라 발생할 수 있는 두 단체 사이의 마찰, 중복지원으로 인한 예산낭비, 중복가입자의 이해상반행위를 방지하기 위한 것이다. 월남전참전자회의 회원 범위가 고엽제 관련자까지 확대될 경우 상대적으로 고엽제전우회의 조직 구성력이 약화되어 고엽제 관련자에 대한 특별한 보호가 약화될 우려가 있기 때문에, 심판대상조항이 기존에 운영 중인 고엽제전우회의 회원이 월남전 참전자회에 중복가입 하는 것을 제한한 것은 불가피한 조치라 할 것이다. 또한 심판대상조항으로 인하여 고엽제 관련자가 월남전참전자회의 회원이 될 수 없는 것이 아니라 월남전 참전자 중 고엽제 관련자는 양 법인 중에서 회원으로 가입할 법인을 선택할 수 있고 언제라도 그 선택의 변경이 가능하므로 심판대상조항이 청구인의 결사의 자유를 전면적으로 제한하는 것은 아니다. 따라서 심판대상조항은 과잉금지원칙에 위배된다고 볼 수 없다(헌재 2016.04.28. 2014헌바442).

34 집회의 자유에 관한 설명 중 가장 적절하지 <u>않은</u> 것은? (다툼이 있는 경우 판례에 의함) 2024 경찰 승진

① 「집회 및 시위에 관한 법률」 상의 시위는 반드시 '일반인이 자유로이 통행할 수 있는 장소'에서 이루어져야 한다거나 '행진' 등 장소 이동을 동반해야만 성립하는 것은 아니다.

② 국회의장 공관의 경계 지점으로부터 100미터 이내의 장소에서의 옥외집회 또는 시위를 일률적으로 금지하고, 이를 위반한 집회 · 시위의 참가자를 처벌하는 구 「집회 및 시위에 관한 법률」 조항은 국회의장의 원활한 직무 수행, 공관 거주자 등의 신변 안전, 주거의 평온, 공관으로의 자유로운 출입 등이 저해될 위험이 있음을 고려한 것으로 집회의 자유를 침해하지 않는다.

③ 집회의 금지와 해산은 원칙적으로 공공의 안녕질서에 대한 직접적인 위협이 명백하게 존재하는 경우에 한하여 허용될 수 있다.

④ 관할경찰관서장은 집회 또는 시위의 시간과 장소가 중복되는 2개 이상의 신고가 있는 경우 그 목적으로 보아 서로 상반되거나 방해가 된다고 인정되면 각 옥외집회 또는 시위 간에 시간을 나누거나 장소를 분할하여 개최하도록 권유하는 등 각 옥외집회 또는 시위가 서로 방해되지 아니하고 평화적으로 개최 · 진행될 수 있도록 노력하여야 한다.

지문분석 **난이도** □■■ **중** | **정답** ② | **키워드** 집회의 자유 | **출제유형** 판례

① 【O】 「집회 및 시위에 관한 법률」상의 시위는, 다수인이 공동목적을 가지고 도로 · 광장 · 공원 등 공중이 자유로이 통행할 수 있는 장소를 행진함으로써 불특정한 여러 사람의 의견에 영향을 주거나 제압을 가하는 행위와 위력 또는 기세를 보여 불특정한 여러 사람의 의견에 영향을 주거나 제압을 가하는 행위를 말한다고 풀이해야 할 것이다. 따라서 「집회 및 시위에 관한 법률」상의 시위는 반드시 있는 장소'에서 이루어져야 한다거나 '행진' '일반인이 자유로이 통행할 수 등 장소 이동을 동반해야만 성립하는 것은 아니다(헌재 2014.03.27. 2010헌가2 등).

② 【X】 심판대상조항이 집회 금지 장소로 설정한 '국회의장 공관의 경계 지점으로부터 100미터 이내에 있는 장소'에는, 해당 장소에서 옥외집회 · 시위가 개최되더라도 국회의장에게 물리적 위해를 가하거나 국회의장 공관으로의 출입 내지 안전에 위협을 가할 우려가 없는 장소까지 포함되어 있다. 또한 대규모로 확산될 우려가 없는 소규모 옥외집회 · 시위의 경우, 심판대상조항에 의하여 보호되는 법익에 직접적인 위협을 가할 가능성은 상대적으로 낮다. 그럼에도 심판대상조항은 국회의장 공관 인근 일대를 광범위하게 전면적인 집회 금지 장소로 설정함으로써 입법목적 달성에 필요한 범위를 넘어 집회의 자유를 과도하게 제한하고 있는바, 과잉금지원칙에 반하여 집회의 자유를 침해한다(헌재 2023.03.23. 2021헌가1).

③ 【O】 집회의 자유를 제한하는 대표적인 공권력의 행위는 「집회 및 시위에 관한 법률」에서 규정하는 집회의 금지, 해산과 조건부 허용이다. 집회의 자유에 대한 제한은 다른 중요한 법익의 보호를 위하여 반드시 필요한 경우에 한하여 정당화되는 것이며, 특히 집회의 금지와 해산적으로 공공의 안녕질서에 대한 직접적인 위협이 명백하게 존재하는 경우에 한하여 허용될 수 있다은 원칙(헌재 2003.10.30. 2000헌바67 등).

④ 【O】 「집회 및 시위에 관한 법률」 제8조(집회 및 시위의 금지 또는 제한 통고) ② 관할경찰관서장은 집회 또는 시위의 시간과 장소가 중복되는 2개 이상의 신고가 있는 경우 그 목적으로 보아 서로 상반되거나 방해가 된다고 인정되면 각 옥외집회 또는 시위 간에 시간을 나누거나 장소를 분할하여 개최하도록 권유하는 등 각 옥외집회 또는 시위가 서로 방해되지 아니하고 평화적으로 개최 · 진행될 수 있도록 노력하여야 한다.

35 집회의 자유에 관한 다음 설명 중 가장 옳지 않은 것은? (다툼이 있는 경우 헌법재판소 결정에 의함)

2016 법원직 9급

① 외교기관의 경계 지점으로부터 반경 100미터 이내 지점에서의 집회 및 시위를 원칙적으로 금지하되 외교기관의 기능이나 안녕을 침해할 우려가 없다고 인정되는 예외적인 경우에 집회 및 시위를 허용하는 법률 조항은, 외교기관을 대상으로 하는 경우에는 그 경계지점으로부터 100미터 이내의 장소에서는 개별 집회・시위의 내용과 성질을 불문하고 일체의 집회・시위를 전면 금지하고 있는 것으로서 집회의 자유를 과도하게 침해하여 헌법에 위반된다.

② 집회에 대한 허가제는 절대적으로 금지된다.

③ 집회의 자유는 집회의 시간, 장소, 방법과 목적을 스스로 결정할 권리를 포함하므로, 옥외집회를 야간에 주최하는 행위 역시 집회의 자유에 의해 보호되는 것이 원칙이다.

④ 옥외집회의 신고의무는 집회 자체를 보호하고 타인이나 공동체와의 이익충돌을 피하기 위해 요구되는 사전적 협력의무이다.

지문분석 **난이도** □■■ 중 | **정답** ① | **키워드** 집회의 자유 | **출제유형** 판례

① 【X】 외교기관의 경계지점으로부터 반경 100미터 이내 지점에서의 집회 및 시위를 원칙적으로 금지하되, 그 가운데에서도 외교기관의 기능이나 안녕을 침해할 우려가 없다고 인정되는 세 가지의 예외적인 경우에는 이러한 집회 및 시위를 허용하고 있는 것은, 입법기술상 가능한 최대한의 예외적 허용 규정이며, 그 예외적 허용 범위는 적절하다고 보이므로 이보다 더 넓은 범위의 예외를 인정하지 않는 것을 두고 침해의 최소성원칙에 반한다고 할 수 없다. 그리고 이 사건 법률조항으로 달성하고자 하는 공익은 외교기관의 기능과 안전의 보호라는 국가적 이익이며, 이 사건 법률조항은 법익충돌의 위험성이 없는 경우에는 외교기관 인근에서의 집회나 시위도 허용함으로써 구체적인 상황에 따라 상충하는 법익 간의 조화를 이루고 있다. 따라서 이 사건 법률조항이 청구인의 집회의 자유를 침해한다고 할 수 없다(헌재 2010.10.28. 2010헌마111).

② 【O】 헌법 제21조 제2항은, 집회에 대한 허가제는 집회에 대한 검열제와 마찬가지이므로 이를 절대적으로 금지하겠다는 헌법개정권력자인 국민들의 헌법가치적 합의이며 헌법적 결단이다(헌재 2009.09.24. 2008헌가25).

③ 【O】 집회의 자유는 집회의 시간, 장소, 방법과 목적을 스스로 결정할 권리, 즉 집회를 하루 중 언제 개최할지 등 시간 선택에 대한 자유와 어느 장소에서 개최할지 등 장소 선택에 대한 자유를 내포하고 있다. 따라서 옥외집회를 야간에 주최하는 것 역시 집회의 자유로 보호됨이 원칙이고, 이를 사회의 안녕질서 또는 국민의 주거 및 사생활의 평온 등을 위하여 제한함에는 목적 달성에 필요한 최소한의 범위로 한정되어야 한다(헌재 2009.09.24. 2008헌가25).

④ 【O】 옥외집회의 신고의무는 집회 자체를 보호하고, 무엇보다 타인이나 공동체와의 이익충돌을 피하기 위해 요구하는 사전적 협력의무이다(헌재 2009.05.28. 2007헌바22).

36 집회의 자유에 대한 설명으로 가장 적절하지 않은 것은? (다툼이 있는 경우 헌법재판소 판례에 의함)

2023 경찰간부

① 막연히 폭력・불법적이거나 돌발적인 상황이 발생할 위험이 있다는 가정만을 근거로 하여 대통령 관저 인근이라는 특정한 장소에서 열리는 모든 집회를 금지하는 것은 헌법적으로 정당화되기 어렵다.

② 미신고 시위로 인하여 타인의 법익이나 공공의 안녕질서에 대한 직접적이고 명백한 위험이 발생한 경우에 해산명령을 발할 수 있도록 하고 이에 응하지 아니하는 행위에 대해 처벌하는 「집회 및 시위에 관한 법률」상 조항은 달성하려는 공익과 이로 인해 제한되는 청구인의 기본권 사이의 균형을 상실하였다고 보기 어렵다.

③ 신고 범위를 뚜렷이 벗어난 집회・시위로 인하여 질서를 유지할 수 없어 해산을 명령하였음에도 불구하고 이에 불응한 경우에 처벌하는 「집회 및 시위에 관한 법률」상 조항은 과잉금지원칙을 위반하여 집회의 자유를 침해한다고 볼 수 없다.

④ 재판에 영향을 미칠 염려가 있거나 미치게 하기 위한 집회 또는 시위를 금지하고 이를 위반한 자를 형사처벌하는 구 「집회 및 시위에 관한 법률」상 조항은 과잉금지원칙을 위반하여 집회의 자유를 침해한다고 볼 수 없다.

지문분석 **난이도** □■■ **중** | **정답** ④ | **키워드** 집회의 자유 | **출제유형** 판례

① 【O】 대통령 관저 인근에서의 일부 집회를 예외적으로 허용한다고 하더라도 위와 같은 수단들을 통하여 심판대상조항이 달성하려는 대통령의 헌법적 기능은 충분히 보호될 수 있다. 따라서 개별적인 경우에 구체적인 위험 상황이 발생하였는지를 고려하지 않고, 막연히 폭력・불법적이거나 돌발적인 상황이 발생할 위험이 있다는 가정만을 근거로 하여 대통령 관저 인근이라는 특정한 장소에서 열리는 모든 집회를 금지하는 것은 헌법적으로 정당화되기 어렵다. 이러한 사정들을 종합하여 볼 때, 심판대상조항은 그 입법목적을 달성하는 데 필요한 최소한도의 범위를 넘어, 규제가 불필요하거나 또는 예외적으로 허용하는 것이 가능한 집회까지도 이를 일률적・절대적으로 금지하고 있으므로, 침해의 최소성에 위배된다. 따라서 심판대상조항은 과잉금지원칙에 위배되어 집회의 자유를 침해한다(헌재 2022.12.22. 2018헌바48 등).

② 【O】 심판대상조항은 미신고 시위를 처음부터 금지하거나 참가 자체를 처벌하는 것이 아니고, 다만 그 시위로 인하여 타인의 법익이나 공공의 안녕질서에 직접적이고 명백한 위험이 발생한 경우에 해산명령을 발할 수 있도록 하고, 이에 응하지 아니하는 행위에 대하여 처벌하는 조항이다. 그렇다면 심판대상조항이 달성하려는 공공의 안녕질서 유지 및 회복이라는 공익과 심판대상조항으로 인하여 제한되는 청구인의 기본권 사이의 균형을 상실하였다고 보기 어렵다. 따라서 심판대상조항은 과잉금지원칙을 위반하여 집회의 자유를 침해한다고 볼 수 없다(헌재 2016.09.29. 2014헌바492).

③ 【O】 「집회 및 시위에 관한 법률」은 옥외집회나 시위가 사전신고한 범위를 뚜렷이 벗어나 신고제도의 목적달성을 심히 곤란하게 하고, 그로 인하여 질서를 유지할 수 없게 된 경우에 공공의 안녕질서 유지 및 회복을 위해 해산명령을 할 수 있도록 하고 있다. 심판대상조항은 이러한 해산명령 제도의 실효성 확보를 위해 해산명령에 불응하는 자를 형사처벌하도록 한 것으로서 입법목적의 정당성과 수단의 적절성이 인정된다. 또한 심판대상조항이 달성하려는 공공의 안녕질서 유지 및 회복이라는 공익과 심판대상조항으로 인하여 제한되는 청구인들의 집회의 자유 사이의 균형을 상실하였다고 보기 어려우므로, 심판대상조항은 과잉금지원칙을 위반하여 집회의 자유를 침해한다고 볼 수 없다(헌재 2016.09.29. 2015헌바309 등).

④ 【X】 이 사건 제2호 부분은 법관의 직무상 독립을 보호하여 사법작용의 공정성과 독립성을 확보하기 위한 것으로 입법목적의 정당성은 인정되나, 국가의 사법권한 역시 국민의 의사에 정당성의 기초를 두고 행사되어야 한다는 점과 재판에 대한 정당한 비판은 오히려 사법작용의 공정성 제고에 기여할 수도 있는 점을 고려하면 사법의 독립성을 확보하기 위한 적합한 수단이라 보기 어렵다. 따라서 이 사건 제2호 부분은 과잉금지원칙에 위배되어 집회의 자유를 침해한다(헌재 2016.09.29. 2014헌가3 등).

37 집회의 자유에 관한 다음 설명 중 가장 옳지 않은 것은? (다툼이 있는 경우 헌법재판소 결정에 의함)

2017 법원직 9급

① 헌법이 집회의 자유를 보장한 것은 관용과 다양한 견해가 공존하는 다원적인 '열린사회'에 대한 헌법적 결단이라고 할 수 있다.

② 입법자가 법률로써 일반적으로 집회를 제한하는 것도 원칙적으로 헌법 제21조 제2항에서 금지하는 '사전허가'에 해당한다.

③ 집회의 자유는 집회의 시간, 장소, 방법과 목적을 스스로 결정할 권리, 즉 집회를 하루 중 언제 개최할지 등 시간 선택에 대한 자유와 어느 장소에서 개최할지 등 장소 선택에 대한 자유를 내포하고 있다.

④ 우리 헌법상 집회의 자유에 의하여 보호되는 것은 오로지 '평화적' 또는 '비폭력적' 집회에 한정된다.

지문분석 난이도 □□■ 하 | 정답 ② | 키워드 집회의 자유 | 출제유형 판례

① 【O】 헌법이 집회의 자유를 보장한 것은 관용과 다양한 견해가 공존하는 다원적인 '열린 사회'에 대한 헌법적 결단인 것이다(헌재 2003.10.30. 2000헌바67).

② 【X】 헌법 제21조 제2항의 '허가'는 '행정청이 주체가 되어 집회의 허용 여부를 사전에 결정하는 것'으로서 행정청에 의한 사전허가는 헌법상 금지되지만, 입법자가 법률로써 일반적으로 집회를 제한하는 것은 헌법상 '사전허가 금지'에 해당하지 않는다(헌재 2014.04.24. 2011헌가29).

③ 【O】 집회의 자유는 집회의 시간, 장소, 방법과 목적을 스스로 결정할 권리, 즉 집회를 하루 중 언제 개최할지 등 시간 선택에 대한 자유와 어느 장소에서 개최할지 등 장소 선택에 대한 자유를 내포하고 있다(헌재 2014.03.27. 2010헌가2).

④ 【O】 집회의 자유에 의하여 보호되는 것은 단지 '평화적' 또는 '비폭력적' 집회이다(헌재 2003.10.30. 2000헌바67).

38 집회의 자유에 대한 설명으로 옳지 않은 것은? (다툼이 있는 경우 헌법재판소 결정에 의함)

2017 국가직 5급

① 집회의 자유는 개인의 인격발현의 요소이자 민주주의를 구성 하는 요소라는 이중적 헌법적 기능을 가지고 있다.

② 집회의 자유는 개인이 집회에 참가하는 것을 방해하거나 또는 집회에 참가할 것을 강요하는 국가행위를 금지한다.

③ 집회의 금지와 해산은 원칙적으로 공공의 안녕질서에 대한 직접적인 위협이 명백하게 존재하는 경우에 한하여 허용될 수 있다.

④ 외교기관 인근에서의 집회가 일반적으로 다른 장소와 비교할 때 중요한 보호법익과의 충돌상황을 야기할 수 있다거나, 이로써 법익에 대한 침해로 이어질 개연성이 높다고는 할 수 없다.

지문분석 **난이도** □■■ **중** | **정답** ④ | **키워드** 집회의 자유 | **출제유형** 판례

① 【O】 집회의 자유는 개인의 인격발현의 요소이자 민주주의를 구성하는 요소라는 이중적 헌법적 기능을 가지고 있다(헌재 2003.10.30. 2000헌바67).
② 【O】 집회의 자유는 개인이 집회에 참가하는 것을 방해하거나 또는 집회에 참가할 것을 강요하는 국가행위를 금지할 뿐만 아니라, 예컨대 집회장소로의 여행을 방해하거나, 집회장소로부터 귀가하는 것을 방해하거나, 집회 참가자에 대한 검문의 방법으로 시간을 지연시킴으로써 집회장소에 접근하는 것을 방해하는 등 집회의 자유행사에 영향을 미치는 모든 조치를 금지한다(헌재 2003.10.30. 2000헌바67).
③ 【O】 집회의 자유에 대한 제한은 다른 중요한 법익의 보호를 위하여 반드시 필요한 경우에 한하여 정당화되는 것이며, 특히 집회의 금지와 해산은 원칙적으로 공공의 안녕질서에 대한 직접적인 위협이 명백하게 존재하는 경우에 한하여 허용될 수 있다(헌재 2003.10.30. 2000헌바67).
④ 【X】 외교기관을 대상으로 하는 외교기관 인근에서의 옥외집회나 시위는 이해관계나 이념이 대립되는 여러 당사자들 사이의 갈등이 극단으로 치닫거나, 물리적 충돌로 발전할 개연성이 높고, 다른 장소와 비교할 때 외교기관의 기능보호라는 중요한 보호법익이 관련되는 고도의 법익충돌 상황을 야기할 수 있다(헌재 2010.10.28. 2010헌마111).

39 **집회의 자유에 대한 설명으로 옳지 <u>않은</u> 것은?** (다툼이 있는 경우 판례에 의함) 2020 지방직 7급

① 국무총리 공관 경계지점으로부터 100 미터 이내의 장소에서 옥외집회 또는 시위를 예외 없이 절대적으로 금지하고 있는 법률조항은 집회의 자유를 침해한다.
② 집회의 자유는 집회의 시간, 장소, 방법과 목적을 스스로 결정하는 것을 보장하는 것으로, 구체적으로 보호되는 주요행위는 집회의 준비 및 조직, 지휘, 참가, 집회장소・시간의 선택이라고 할 수 있다.
③ 외교기관 인근의 옥외집회・시위를 원칙적으로 금지하면서도 외교기관의 기능을 침해할 우려가 없는 예외적인 경우에는 허용하고 있다면 집회의 자유를 침해하는 것은 아니다.
④ 국회의 헌법적 기능에 대한 보호의 필요성을 고려한다면 국회의사당의 경계지점으로부터 100 미터 이내의 장소에서 예외 없이 옥외집회를 금지하는 것은 지나친 규제라고 할 수 없다.

지문분석 **난이도** □■■ **중** | **정답** ④ | **키워드** 집회의 자유 | **출제유형** 판례

① 【O】 이 사건 금지장소 조항은 국무총리 공관의 기능과 안녕을 직접 저해할 가능성이 거의 없는 '소규모 옥외집회・시위의 경우', '국무총리를 대상으로 하는 옥외집회・시위가 아닌 경우'까지도 예외 없이 옥외집회・시위를 금지하고 있는바, 이는 입법목적 달성에 필요한 범위를 넘는 과도한 제한이다. 이 사건 금지장소 조항은 그 입법목적을 달성하는 데 필요한 최소한도의 범위를 넘어, 규제가 불필요하거나 또는 예외적으로 허용하는 것이 가능한 집회까지도 이를 일률적・전면적으로 금지하고 있다고 할 것이므로 침해의 최소성 원칙에 위배된다. … 따라서 이 사건 금지장소 조항은 과잉금지원칙을 위반하여 집회의 자유를 침해한다(헌재 2018.06.28. 2015헌가28 등).
② 【O】 집회의 자유는 집회의 시간, 장소, 방법과 목적을 스스로 결정할 권리를 보장한다. 집회의 자유에 의하여 구체적으로 보호되는 주요행위는 집회의 준비 및 조직, 지휘, 참가, 집회장소・시간의 선택이다(헌재 2003.10.30. 2000헌바67 등).

③ 【O】 이 사건 법률조항은 외교기관의 경계지점으로부터 반경 100미터 이내 지점에서의 집회 및 시위를 원칙적으로 금지하되, 그 가운데에서도 외교기관의 기능이나 안녕을 침해할 우려가 없다고 인정되는 세 가지의 예외적인 경우에는 이러한 집회 및 시위를 허용하고 있는바, 이 사건 법률조항으로 달성하고자 하는 공익은 외교기관의 기능과 안전의 보호라는 국가적 이익이며, 이 사건 법률조항은 법익충돌의 위험성이 없는 경우에는 외교기관 인근에서의 집회나 시위도 허용함으로써 구체적인 상황에 따라 상충하는 법익 간의 조화를 이루고 있다. 따라서 이 사건 법률조항이 청구인의 집회의 자유를 침해한다고 할 수 없다(헌재 2010.10.28. 2010헌마111).

④ 【X】 심판대상조항은 입법목적을 달성하는 데 필요한 최소한도의 범위를 넘어, 규제가 불필요하거나 또는 예외적으로 허용하는 것이 가능한 집회까지도 이를 일률적·전면적으로 금지하고 있으므로 침해의 최소성 원칙에 위배된다. 심판대상조항으로 달성하려는 공익이 제한되는 집회의 자유 정도보다 크다고 단정할 수는 없다고 할 것이므로 심판대상조항은 법익의 균형성 원칙에도 위배된다. 심판대상조항은 과잉금지원칙을 위반하여 집회의 자유를 침해한다(헌재 2018.05.31. 2013헌바322 등).

40 **집회의 자유에 대한 설명으로 가장 적절하지 않은 것은?** (다툼이 있는 경우 헌법재판소 판례에 의함)

2019 경찰 승진

① 집회의 자유에 있어서 그 공동의 목적은 '내적인 유대 관계'로 족하다.

② 「집회 및 시위에 관한 법률」의 옥외집회·시위의 사전신고제도는 협력의무로서의 신고이기 때문에 헌법 제21조 제2항의 사전허가금지에 위배되지 않는다.

③ 각급 법원의 경계 지점으로부터 100미터 이내의 장소에서 옥외집회 또는 시위를 할 경우 형사처벌한다고 규정한 「집회 및 시위에 관한 법률」 조항은 과잉금지원칙에 위반되지 않아 집회의 자유를 침해하지 않는다.

④ 집회의 자유의 보장 대상은 평화적, 비폭력적 집회에 한정된다.

지문분석 **난이도** □■■ **중** | **정답** ③ | **키워드** 집회의 자유 | **출제유형** 판례

① 【O】 구 「집회 및 시위에 관한 법률」에 '옥외집회'에 대한 정의규정은 있으나 '집회'에 대한 정의규정은 없음은 청구인의 주장과 같다. 그러나 일반적으로 집회는, 일정한 장소를 전제로 하여 특정 목적을 가진 다수인이 일시적으로 회합하는 것을 말하는 것으로 일컬어지고 있고, 그 공동의 목적은 '내적인 유대 관계'로 족하다고 할 것이다(헌재 2009.05.28. 2007헌바22).

② 【O】 구 「집회 및 시위에 관한 법률」 제6조 제1항은, 옥회집회를 주최하려는 자는 그에 관한 신고서를 옥외집회를 시작하기 720시간 전부터 48시간 전에 관할 경찰서장에게 제출하도록 하고 있다. 이러한 사전신고는 경찰관청 등 행정관청으로 하여금 집회의 순조로운 개최와 공공의 안전보호를 위하여 필요한 준비를 할 수 있는 시간적 여유를 주기 위한 것으로서, 협력의무로서의 신고라고 할 것이다. 결국, 구 「집회 및 시위에 관한 법률」 전체의 규정 체제에서 보면 법은 일정한 신고절차만 밟으면 일반적·원칙적으로 옥회집회 및 시위를 할 수 있도록 보장하고 있으므로, 집회에 대한 사전신고제도는 헌법 제21조 제2항의 사전허가금지에 반하지 않는다고 할 것이다(헌재 2009.05.28. 2007헌바22).

③ 【X】 단지 폭력적이거나 불법적인 옥외집회 · 시위의 가능성이 있다는 이유만으로 심판대상조항에 따라 법원 인근에서의 옥외집회를 일률적이고 절대적으로 금지하는 것이 정당화될 수 없다. 이런 사정을 종합하여 보면, 심판대상조항은 입법목적을 달성하는 데 필요한 최소한도의 범위를 넘어 규제가 불필요하거나 또는 예외적으로 허용 가능한 옥외집회 · 시위까지도 일률적 · 전면적으로 금지하고 있으므로, 침해의 최소성 원칙에 위배된다. 심판대상조항은 법관의 독립이나 법원의 재판에 영향을 미칠 우려가 있는 집회 · 시위를 제한하는 데 머무르지 않고, 각급 법원 인근의 모든 옥외집회를 전면적으로 금지함으로써 구체적 상황을 고려하여 상충하는 법익 사이의 조화를 이루려는 노력을 기울이지 않고 있다. 심판대상조항을 통해 달성하려는 공익과 집회의 자유에 대한 제약 정도를 비교할 때, 심판대상조항으로 달성하려는 공익이 제한되는 집회의 자유 정도보다 크다고 단정할 수 없으므로, 심판대상조항은 법익의 균형성 원칙에도 어긋난다. 심판대상조항은 과잉금지원칙을 위반하여 집회의 자유를 침해한다(헌재 2018.07.26. 2018헌바137).

④ 【O】 비록 헌법이 명시적으로 밝히고 있지는 않으나, 집회의 자유에 의하여 보호되는 것은 단지 '평화적' 또는 '비폭력적' 집회이다. 집회의 자유는 민주국가에서 정신적 대립과 논의의 수단으로서, 평화적 수단을 이용한 의견의 표명은 되지만, 폭력을 사용한 의견의 강요는 헌법적으로 보호되지 않는다(헌재 2003.10.30. 2000헌바67 등).

41 대학의 자치 및 자율성에 대한 설명으로 옳지 않은 것은? (다툼이 있는 경우 판례에 의함)

2016 지방직 7급

① 대학의 자치의 주체를 기본적으로 대학으로 본다고 하더라도 교수나 교수회의 주체성이 부정된다고 볼 수는 없고, 가령 학문의 자유를 침해하는 대학의 장에 대한 관계에서는 교수나 교수회가 주체가 될 수 있다.

② 대학의 장이 단과대학장을 보할 때 그 대상자의 추천을 받거나 선출의 절차를 거치지 아니하고, 해당 단과대학 소속 교수 또는 부교수 중에서 직접 지명하도록 하고 있는 것은 대학의 자율성을 침해하는 것이다.

③ 대학의 자율의 구체적인 내용은 법률이 정하는 바에 의하여 보장되며, 국가는 헌법 제31조 제6항에 따라 학교제도에 관한 전반적인 형성권과 규율권을 부여받는데, 규율의 정도는 그 시대와 각급 학교의 사정에 따라 다를 수밖에 없다.

④ 대학의 장 후보자를 추천할 때 해당 대학 교원의 합의된 방식과 절차에 따라 직접선거로 선정하는 경우, 해당 대학은 선거관리에 관하여 그 소재지를 관할하는 선거관리위원회법에 따른 구 · 시 · 군선거관리위원회에 선거관리를 위탁하여야 한다.

지문분석 **난이도** □■■ 중 | **정답** ② | **키워드** 대학의 자율성 | **출제유형** 판례

② 【X】 단과대학은 대학을 구성하는 하나의 조직 · 기관일 뿐이고, 단과대학장은 그 지위와 권한 및 중요도에서 대학의 장과 구별된다. 또한 대학의 장을 구성원들의 참여에 따라 자율적으로 선출한 이상, 하나의 보직에 불과한 단과대학장의 선출에 다시 한 번 대학교수들이 참여할 권리가 대학의 자율에서 당연히 도출된다고 보기 어렵다. 따라서 단과대학장의 선출에 참여할 권리는 대학의 자율에 포함된다고 볼 수 없어, 이 사건 심판대상조항에 의해 대학의 자율성이 침해될 가능성이 인정되지 아니한다(헌재 2014.01.28. 2011헌마239).

42 집회의 자유에 대한 설명으로 가장 적절하지 않은 것은? (다툼이 있는 경우 헌법재판소 판례에 의함)

2022 경찰 간부

① 「집회 및 시위에 관한 법률」에서 옥외집회나 시위가 사전신고한 범위를 뚜렷이 벗어나 신고제도의 목적달성을 심히 곤란하게 하고, 그로 인하여 질서를 유지할 수 없게 된 경우에 공공의 안녕질서 유지 및 회복을 위해 해산명령을 할 수 있도록 규정한 것은 청구인들의 집회의 자유를 침해한다고 볼 수 없다.

② 집회 장소가 바로 집회의 목적과 효과에 대하여 중요한 의미를 가지기 때문에, 누구나 '어떤 장소'에서 자신이 계획한 집회를 할 것인가를 원칙적으로 자유롭게 결정할 수 있어야만 집회의 자유가 비로소 효과적으로 보장되는 것이다.

③ 집회나 시위 해산을 위한 살수차 사용은 집회의 자유 및 신체의 자유에 대한 중대한 제한을 초래하므로 살수차 사용요건이나 기준은 법률에 근거를 두어야 하고, 살수차와 같은 위해성 경찰장비는 본래의 사용방법에 따라 지정된 용도로 사용되어야 하며 다른 용도나 방법으로 사용하기 위해서는 반드시 법령에 근거가 있어야 한다.

④ 대한민국을 방문하는 외국의 국가 원수를 경호하기 위하여 지정된 경호구역 안에서 서울종로경찰서장이 안전활동의 일환으로 청구인들의 삼보일배행진을 제지한 행위 등은 과잉금지원칙을 위반하여 청구인들의 집회의 자유 등을 침해한다.

지문분석 **난이도** □■■ **중** | **정답** ④ | **키워드** 집회의 자유 | **출제유형** 판례

① 【O】 신고범위를 뚜렷이 벗어난 집회·시위에 대한 해산명령에 불응하는 자를 처벌하도록 규정한 한 것은 과잉금지원칙을 위반하여 집회의 자유를 침해한다고 볼 수 없다(헌재 2016.09.29. 2015헌바309 등).

② 【O】 집회의 목적·내용과 집회의 장소는 일반적으로 밀접한 내적인 연관관계에 있기 때문에, 집회의 장소에 대한 선택이 집회의 성과를 결정짓는 경우가 적지 않다. 집회장소가 바로 집회의 목적과 효과에 대하여 중요한 의미를 가지기 때문에, 누구나 '어떤 장소에서' 자신이 계획한 집회를 할 것인가를 원칙적으로 자유롭게 결정할 수 있어야만 집회의 자유가 비로소 효과적으로 보장되는 것이다. 따라서 집회의 자유는 다른 법익의 보호를 위하여 정당화되지 않는 한, 집회장소를 항의의 대상으로부터 분리시키는 것을 금지한다(헌재 2003.10.30. 2000헌바67 등).

③ 【O】 집회나 시위 해산을 위한 살수차 사용은 집회의 자유 및 신체의 자유에 대한 중대한 제한을 초래하므로 살수차 사용요건이나 기준은 법률에 근거를 두어야 하고, 살수차와 같은 위해성 경찰장비는 본래의 사용방법에 따라 지정된 용도로 사용되어야 하며 다른 용도나 방법으로 사용하기 위해서는 반드시 법령에 근거가 있어야 한다. 혼합살수방법은 법령에 열거되지 않은 새로운 위해성 경찰장비에 해당하고 이 사건 지침에 혼합살수의 근거 규정을 둘 수 있도록 위임하고 있는 법령이 없으므로, 이 사건 지침은 법률유보원칙에 위배되고 이 사건 지침만을 근거로 한 이 사건 혼합살수행위 역시 법률유보원칙에 위배된다. 따라서 이 사건 혼합살수행위는 청구인들의 신체의 자유와 집회의 자유를 침해한다(헌재 2018.05.31. 2015헌마476).

④ 【X】 이 사건 공권력 행사는 경호대상자의 안전 보호 및 국가 간 친선관계의 고양, 질서유지 등을 위한 것이다. 돌발적이고 경미한 변수의 발생도 대비하여야 하는 경호의 특수성을 고려할 때, 경호활동에는 다양한 취약 요소들에 사전적·예방적으로 대비할 수 있는 안전조치가 충분히 이루어질 필요가 있고, 이 사건 공권력 행사는 집회장소의 장소적 특성과 미합중국 대통령의 이동경로, 집회 참가자와의 거리, 질서유지에 필요한 시간 등을 고려하여 경호 목적 달성을 위한 최소한의 범위에서 행해진 것으로 침해의 최소성을 갖추었다. 또한, 이 사건 공권력 행사로 인해 제한된 사익은 집회 또는 시위의 자유 일부에 대한 제한으로서 국가 간 신뢰를 공고히 하고 발전적인 외교관계를 맺으려는 공익이 위 제한되는 사익보다 덜 중요하다고 할 수 없다. 따라서 이 사건 공권력 행사는 과잉금지원칙을 위반하여 청구인들의 집회의 자유 등을 침해하였다고 할 수 없다(헌재 2021.10.28. 2019헌마1091).

43 학문과 예술의 자유에 대한 설명으로 옳지 않은 것은? (다툼이 있는 경우 판례에 의함) 2017 국회직 8급

① 대학교수가 반국가단체로서의 북한의 활동을 찬양·고무·선전 또는 이에 동조할 목적 아래 '한국전쟁과 민족통일'이란 논문을 제작·반포하거나 발표한 것은 헌법이 보장하는 학문의 자유의 범위 안에 있지 않다.

② 초·중·고교 교사는 수업의 자유를 내세워 헌법과 법률이 지향하는 자유민주적 기본질서를 침해할 수 없다.

③ 대학의 자치에 있어서 대학 전 구성원이 자율성을 갖지만, 대학·교수회·교수 모두가 단독, 혹은 중첩적으로 주체가 될 수는 없다.

④ 학교정화구역 내에서의 극장시설 및 영업을 일반적으로 금지하는 구 학교보건법 제6조 제1항은 표현·예술의 자유의 중요성을 간과하고 학교교육의 보호만을 과도하게 강조하였다.

⑤ 사립학교 교원이 선거범죄로 100만 원 이상의 벌금형을 선고받아 그 형이 확정되면 당연퇴직되도록 규정한 것은 교수의 자유를 침해하지 않는다.

지문분석 **난이도** ■■■ **상** | **정답** ③ | **키워드** 학문과 예술의 자유 | **출제유형** 판례

① **[O]** 대학교수인 피고인이 제작·반포한 '한국전쟁과 민족통일'이라는 제목의 논문 및 피고인이 작성한 강연 자료, 기고문 등의 이적표현물에 대하여, 그 반포·게재된 경위 및 피고인의 사회단체 활동 내용 등에 비추어 피고인이 절대적으로 누릴 수 있는 연구의 자유의 영역을 벗어나 헌법 제37조 제2항과 국가보안법 제7조 제1항, 제5항에 따른 제한의 대상이 되었고, 또한 피고인이 북한문제와 통일문제를 연구하는 학자로서 순수한 학문적인 동기와 목적 아래 위 논문 등을 제작·반포하거나 발표하였다고 볼 수 없을 뿐만 아니라, 피고인이 반국가단체로서의 북한의 활동을 찬양·고무·선전 또는 이에 동조할 목적 아래 위 논문 등을 제작·반포하거나 발표한 것이어서 그것이 헌법이 보장하는 학문의 자유의 범위 내에 있지 않다.(대판 2010.12.09. 2007도10121).

② **[O]** 수업의 자유는 무제한 보호되기는 어려우며 초·중·고등학교의 교사는 자신이 연구한 결과에 대하여 스스로 확신을 갖고 있다고 하더라도 그것을 학회에서 보고하거나 학술지에 기고하거나 스스로 저술하여 책자를 발행하는 것은 별론 수업의 자유를 내세워 함부로 학생들에게 여과없이 전파할 수는 없다고 할 것이고, 나아가 헌법과 법률이 지향하고 있는 자유민주적 기본질서를 침해할 수 없음은 물론 사회상규나 윤리도덕을 일탈할 수 없으며, 따라서 가치편향적이거나 반도덕적인 내용의 교육은 할 수 없는 것이라고 할 것이다(헌재 1992.11.12. 89헌마88).

③ **[X]** 대학의 자치의 주체를 기본적으로 대학으로 본다고 하더라도 교수나 교수회의 주체성이 부정된다고 볼 수는 없고, 가령 학문의 자유를 침해하는 대학의 장에 대한 관계에서는 교수나 교수회가 주체가 될 수 있고, 또한 국가에 의한 침해에 있어서는 대학 자체 외에도 대학 전구성원이 자율성을 갖는 경우도 있을 것이므로 문제되는 경우에 따라서 대학, 교수, 교수회 모두가 단독, 혹은 중첩적으로 주체가 될 수 있다고 보아야 할 것이다(헌재 2006.04.27. 2005헌마1047).

④ **[O]** 학교정화구역내의 극장 시설 및 영업을 금지하고 있는 것은 극장운영자의 표현의 자유 및 예술의 자유도 필요한 이상으로 과도하게 침해하고 있으며, 표현·예술의 자유의 보장과 공연장 및 영화상영관 등이 담당하는 문화국가형성의 기능의 중요성을 간과하고 있다. 따라서 이 사건 법률조항은 표현의 자유 및 예술의 자유를 침해하는 위헌적인 규정이다(헌재 2004.05.27. 2003헌가1).

⑤ **[O]** 사립학교 교원이 선거범죄로 100만 원 이상의 벌금형을 선고받아 그 형이 확정되면 당연퇴직 되도록 규정한 것은, 선거범죄를 범하여 형사처벌을 받은 교원에 대하여 일정한 신분상 불이익을 가하는 규정일 뿐 청구인의 연구·활동내용이나 그러한 내용을 전달하는 방식을 규율하는 것은 아니므로 청구인의 교수의 자유를 침해하지 아니한다(헌재 2008.04.24. 2005헌마857).

44 다음 중 헌법재판소의 판례의 태도로 가장 적절한 것은? 2017 경찰 승진

① 보호의무자 2인의 동의와 정신건강의학과 전문의 1인의 진단으로 정신질환자에 대한 보호입원이 가능하도록 한 정신보건법 조항은 보호입원 대상자의 신체의 자유를 과도하게 제한하는 등 과잉금지원칙을 위배하여 신체의 자유를 침해한다.

② 재판에 영향을 미칠 염려가 있거나 미치게 하기 위한 집회 또는 시위를 금지하고 이를 위반한 자를 형사처벌하는 구 「집회 및 시위에 관한 법률」 조항은 집회의 자유를 침해하지 않는다.

③ 미신고 시위에 대한 해산명령에 불응하는 자를 처벌하도록 규정한 「집회 및 시위에 관한 법률」 조항은 과잉금지원칙을 위반하여 집회의 자유를 침해한다.

④ 영업으로 성매매를 알선하는 행위를 처벌하는 성매매알선 등 행위의 처벌에 관한 법률 조항은 과잉금지원칙에 위배되어 이를 업으로 하고자 하는 사람들의 직업선택의 자유를 침해한다.

지문분석 **난이도** □■■ 중 | **정답** ① | **키워드** 기본권 종합 | **출제유형** 판례

① 【O】 보호의무자 2인의 동의와 정신건강의학과 전문의 1인의 진단으로 정신질환자에 대한 보호입원이 가능하도록 한 정신보건법 조항은, 목적이 정당하고 수단의 적절성도 인정되나, 침해의 최소성 원칙에 위배되며 법익의 균형성 요건도 충족하지 못하여 과잉금지원칙을 위반하여 신체의 자유를 침해한다(헌재 2016.09.29. 2014헌가9).

② 【X】 재판에 영향을 미칠 염려가 있거나 미치게 하기 위한 집회·시위를 사전적·전면적으로 금지하고 있을 뿐 아니라, 어떠한 집회·시위가 규제대상에 해당하는지를 판단할 수 있는 아무런 기준도 제시하지 아니함으로써 사실상 재판과 관련된 집단적 의견표명 일체가 불가능하게 되어 집회의 자유를 실질적으로 박탈하는 결과를 초래하므로 최소침해성 원칙에 반한다. 더욱이 이 사건 제2호 부분으로 인하여 달성하고자 하는 공익 실현 효과는 가정적이고 추상적인 반면, 이 사건 제2호 부분으로 인하여 침해되는 집회의 자유에 대한 제한 정도는 중대하므로 법익균형성도 상실하였다. 따라서 이 사건 제2호 부분은 과잉금지원칙에 위배되어 집회의 자유를 침해한다(헌재 2016.09.29. 2014헌가3).

③ 【X】 미신고 시위에 대한 해산명령에 불응하는 자를 처벌하도록 규정한 「집회 및 시위에 관한 법률」 조항은 과잉금지원칙을 위반하여 집회의 자유를 침해한다고 볼 수 없다(헌재 2016.09.29. 2014헌바492).

④ 【X】 성매매 영업알선행위를 처벌하는 성매매알선 등 행위의 처벌에 관한 법률 조항은 과잉금지원칙에 위배되어 직업선택의 자유를 침해하지 아니한다(헌재 2016.09.29. 2015헌바65).

45 표현의 자유에 관한 설명으로 가장 적절하지 않은 것은? (다툼이 있는 경우 판례에 의함) 2023 경찰 1차

① 구 「건강기능식품에 관한 법률」에 따른 심의는 형식적으로 식품의약품안전처장으로부터 위탁받은 한국건강기능식품협회에서 수행하고 있지만, 실질적으로 행정기관인 식품의약품안전처장이 자의로 개입할 가능성이 있어, 건강기능식품 기능성 광고 사전심의는 행정권이 주체가 된 사전심사로서 헌법이 금지하는 사전검열에 해당한다.

② 인터넷언론사가 선거운동기간 중 당해 홈페이지 게시판 등에 정당·후보자에 대한 지지·반대 등의 정보를 게시하는 경우 실명을 확인받도록 정한 「공직선거법」 조항은 인터넷언론사를 통한 정보의 특성과 우리나라 선거문화의 현실 등을 고려하고 선거의 공정성 확보를 위한 것으로, 게시판 이용자의 정치적 익명표현의 자유, 개인정보자기결정권 및 인터넷언론사의 언론의 자유를 침해한다고 볼 수 없다.

③ 변호사시험 성적을 합격자에게 공개하지 않도록 규정한 구 「변호사시험법」 조항은 과잉금지원칙에 위배하여 변호사시험 합격자의 알 권리를 침해한다.

④ 헌법 제21조 제4항은 '언론·출판은 타인의 명예나 권리 또는 공중도덕이나 사회윤리를 침해하여서는 아니 된다.'고 규정하고 있는 바, 이는 언론·출판의 자유에 따르는 책임과 의무를 강조하는 동시에 언론·출판의 자유에 대한 제한의 요건을 명시한 규정으로 볼 것이고, 헌법상 표현의 자유의 보호영역 한계를 설정한 것이라고는 볼 수 없다.

지문분석 **난이도** □■■ 중 | **정답** ② | **키워드** 표현의 자유 | **출제유형** 판례

① 【O】 건강기능식품 기능성광고 사전심의는 그 검열이 행정권(식약청)에 의하여 행하여진다 볼 수 있고, 헌법이 금지하는 사전검열에 해당하므로 헌법에 위반된다(헌재 2018.06.28. 2016헌가8).

② 【X】 인터넷언론사는 선거운동기간 중 당해 홈페이지 게시판 등에 정당·후보자에 대한 지지·반대 등의 정보를 게시하는 경우 실명을 확인받는 기술적 조치를 해야 하고, 행정안전부장관 및 신용정보업자는 실명인증자료를 관리하고 중앙선거관리위원회가 요구하는 경우 지체 없이 그 자료를 제출해야 하며, 실명확인을 위한 기술적 조치를 하지 아니하거나 실명인증의 표시가 없는 정보를 삭제하지 않는 경우 과태료를 부과하도록 정한 「공직선거법」 조항은 모두 헌법에 위반된다(헌재 2021.01.28. 2018헌마456).

③ 【O】 시험 성적이 공개될 경우 변호사시험 대비에 치중하게 된다는 우려가 있으나, 좋은 성적을 얻기 위해 노력하는 것은 당연하고 시험성적을 공개하지 않는다고 하여 변호사시험 준비를 소홀히 하는 것도 아니다. 오히려 시험성적을 공개하는 경우 경쟁력 있는 법률가를 양성할 수 있고, 각종 법조직역에 채용과 선발의 객관적 기준을 제공할 수 있다. 따라서 변호사시험 성적의 비공개는 기존 대학의 서열화를 고착시키는 등의 부작용을 낳고 있으므로 수단의 적절성이 인정되지 않는다. 또한 법학교육의 정상화나 교육 등을 통한 우수 인재 배출, 대학원 간의 과다경쟁 및 서열화 방지라는 입법목적은 법학전문대학원 내의 충실하고 다양한 교과과정 및 엄정한 학사관리 등과 같이 알 권리를 제한하지 않는 수단을 통해서 달성될 수 있고, 변호사시험 응시자들은 자신의 변호사시험 성적을 알 수 없게 되므로, 심판대상조항은 침해의 최소성 및 법익의 균형성 요건도 갖추지 못하였다. 따라서 심판대상조항은 과잉금지원칙에 위배하여 청구인들의 알 권리를 침해한다(헌재 2015.06.25. 2011헌마769등).

④ 【O】 음란표현이 언론·출판의 자유의 보호영역에 해당하지 아니한다고 해석할 경우 음란표현에 대하여는 언론·출판의 자유의 제한에 대한 헌법상의 기본원칙, 예컨대 명확성의 원칙, 검열 금지의 원칙 등에 입각한 합헌성 심사를 하지 못하게 될 뿐만 아니라, 기본권 제한에 대한 헌법상의 기본원칙, 예컨대 법률에 의한 제한, 본질적 내용의 침해금지 원칙 등도 적용하기 어렵게 되는 결과, 모든 음란표현에 대하여 사전 검열을 받도록 하고 이를 받지 않은 경우 형사처벌을 하거나, 유통목적이 없는 음란물의 단순소지를 금지하거나, 법률에 의하지 아니하고 음란물출판에 대한 불이익을 부과하는 행위 등에 대한 합헌성 심사도 하지 못하게 됨으로써, 결국 음란표현에 대한 최소한의 헌법상 보호마저도 부인하게 될 위험성이 농후하게 된다는 점을 간과할 수 없다. 이 사건 법률조항의 음란표현은 헌법 제21조가 규정하는 언론·출판의 자유의 보호영역 내에 있다고 볼 것인바, 종전에 이와 견해를 달리하여 음란표현은 헌법 제21조가 규정하는 언론·출판의 자유의 보호영역에 해당하지 아니한다는 취지로 판시한 우리 재판소의 의견(헌재 1998.04.30. 95헌가16, 판례집 10-1, 327, 340-341)을 변경한다(헌재 2009.05.28. 2006헌바109등).

46 표현의 자유에 대한 헌법재판소의 판시내용으로 적절하지 않은 것은? 2023 국회직 8급

① 법률에 의하지 않는 방송편성에 관한 간섭을 금지하고 그 위반행위를 처벌하는 「방송법」 규정은 과잉금지원칙에 위배되어 표현의 자유를 침해한다고 볼 수 없다.

② 「공직선거법」상 대통령선거 · 국회의원선거 · 지방선거가 순차적으로 맞물려 돌아가는 현실에서 선거일 전 180일부터 선거일까지 장기간 광고물을 설치 · 게시하는 행위를 금지 · 처벌하는 것은 후보자와 일반 유권자의 정치적 표현의 자유를 과도하게 제한하는 것은 아니다.

③ 선거일 전 90일부터 선거일까지 후보자 명의의 칼럼을 게재하는 인터넷 선거보도에 대해, 그것이 불공정하다고 볼 수 있는지 구체적으로 판단하지 않은 채 이를 일률적으로 금지하는 것은 과잉금지원칙에 위배되어 표현의 자유를 침해한다.

④ 타인에게 경제적 대가를 지급하고 변호사를 광고 · 홍보 · 소개하는 행위를 금지하는 '변호사 광고에 관한 규정'은 과잉금지원칙에 위배되어 표현의 자유를 침해한다.

⑤ 대한민국을 모욕할 목적을 가지고 국기를 손상 · 제거 · 오욕하는 행위를 국기모독죄로 처벌하는 것은 표현내용을 규제하는 것이 아니라 일정한 표현방법을 규제하는 것으로서 과잉금지원칙에 위배되어 표현의 자유를 침해한다고 볼 수 없다.

PART · 02

지문분석 **난이도** □■■ **중** | **정답** ② | **키워드** 표현의 자유 | **출제유형** 판례

① 【O】 방송의 자유는 민주주의의 원활한 작동을 위한 기초인바, 국가권력은 물론 정당, 노동조합, 광고주 등 사회의 여러 세력이 법률에 정해진 절차에 의하지 아니하고 방송편성에 개입한다면 국민 의사가 왜곡되고 민주주의에 중대한 위해가 발생하게 된다. 심판대상조항은 방송편성의 자유와 독립을 보장하기 위하여 방송에 개입하여 부당하게 영향력을 행사하는 '간섭'에 이르는 행위만을 금지하고 처벌할 뿐이고, 「방송법」과 다른 법률들은 방송 보도에 대한 의견 개진 내지 비판의 통로를 충분히 마련하고 있다. 따라서 심판대상조항이 과잉금지원칙에 반하여 표현의 자유를 침해한다고 볼 수 없다(헌재 2021.08.31. 2019헌바439).

② 【X】 「공직선거법」상 대통령선거, 국회의원선거, 지방선거가 순차적으로 맞물려 돌아가는 현실에 비추어 보면, 선거일 전 180일부터 선거일까지 장기간 동안 선거에 영향을 미치게 하기 위한 광고물의 설치 · 진열 · 게시 및 표시물의 착용을 금지 · 처벌하는 심판대상조항은 당초의 입법취지에서 벗어나 선거와 관련한 국민의 자유로운 목소리를 상시적으로 억압하는 결과를 초래할 수 있다. 이는 입법목적 달성을 위하여 반드시 필요한 최소한의 범위를 넘어서 후보자 및 일반 유권자의 정치적 표현의 자유를 과도하게 제한하는 것으로서 침해의 최소성을 충족하지 못한다. 심판대상조항은 과잉금지원칙에 반하여 정치적 표현의 자유를 침해하므로 헌법에 위반된다(헌재 2022.07.21. 2017헌가1 등).

③ 【O】 이 사건 시기제한조항은 선거일 전 90일부터 선거일까지 후보자 명의의 칼럼 등을 게재하는 인터넷 선거보도가 불공정하다고 볼 수 있는지에 대해 구체적으로 판단하지 않고 이를 불공정한 선거보도로 간주하여 선거의 공정성을 해치지 않는 보도까지 광범위하게 제한한다. 이 사건 시기제한조항의 입법목적을 달성할 수 있는 덜 제약적인 다른 방법들이 이 사건 심의기준 규정과 「공직선거법」에 이미 충분히 존재한다. 따라서 이 사건 시기제한조항은 과잉금지원칙에 반하여 청구인의 표현의 자유를 침해한다(헌재 2019.11.28. 2016헌마90).

④ 【O】 변호사광고에 대한 합리적 규제는 필요하지만, 광고표현이 지닌 기본권적 성질을 고려할 때 광고의 내용이나 방법적 측면에서 꼭 필요한 한계 외에는 폭넓게 광고를 허용하는 것이 바람직하다. 각종 매체를 통한 변호사 광고를 원칙적으로 허용하는 「변호사법」 제23조 제1항의 취지에 비추어 볼 때, 변호사등이 다양한 매체의 광고업자에게 광고비를 지급하고 광고하는 것은 허용된다고 할 것인데, 이러한 행위를 일률적으로 금지하는 위 규정은 수단의 적합성을 인정하기 어렵다. 위 규정으로 입법목적이 달성될 수 있을지 불분명한 반면, 변호사들이 광고업자에게 유상으로 광고를 의뢰하는 것이 사실상 금지되어 청구인들의 표현의 자유, 직업의 자유에 중대한 제한을 받게 되므로, 위 규정은 침해의 최소성 및 법익의 균형성도 갖추지 못하였다. 따라서 대가수수 광고금지 규정은 과잉금지원칙에 위반되어 청구인들의 표현의 자유와 직업의 자유를 침해한다(헌재 2022.05.26. 2021헌마619).

⑤ 【O】 국기는 국가의 역사와 국민성, 이상 등을 응축하고 헌법이 보장하는 질서와 가치를 담아 국가의 정체성을 표현하는 국가의 대표적 상징물이다. 심판대상조항은 국기를 존중, 보호함으로써 국가의 권위와 체면을 지키고, 국민들이 국기에 대하여 가지는 존중의 감정을 보호하려는 목적에서 입법된 것이다. 심판대상조항은 국기가 가지는 고유의 상징성과 위상을 고려하여 일정한 표현방법을 규제하는 것에 불과하므로, 국기모독 행위를 처벌한다고 하여 이를 정부나 정권, 구체적 국가기관이나 제도에 대한 비판을 허용하지 않거나 이를 곤란하게 하는 것으로 볼 수 없다. 그러므로 심판대상조항은 과잉금지원칙에 위배되어 청구인의 표현의 자유를 침해한다고 볼 수 없고, 표현의 자유의 본질적 내용을 침해한다고도 할 수 없다(헌재 2019.12.27. 2016헌바96).

47 집회의 자유에 관한 설명 중 가장 적절하지 <u>않은</u> 것은? (다툼이 있는 경우 판례에 의함) 2022 경찰 2차

① 집회의 자유는 집권세력에 대한 정치적 반대의사를 공동으로 표명하는 효과적인 수단으로서 현대사회에서 언론매체에 접근할 수 없는 소수집단에게 그들의 권익과 주장을 옹호하기 위한 적절한 수단을 제공한다.

② 대한민국을 방문하는 외국의 국가 원수를 경호하기 위하여 지정된 경호구역 안에서 서울종로경찰서장이 안전활동의 일환으로 청구인들의 삼보일배행진을 제지한 행위는 집회의 자유를 침해한다.

③ 집회 장소의 선택은 집회의 성과를 결정하는 주요 요인이 되므로, 집회 장소를 선택할 자유는 집회의 자유의 실질적 부분을 형성한다고 볼 수 있다.

④ 옥외집회·시위에 대한 경찰의 촬영행위는 증거보전의 필요성 및 긴급성, 방법의 상당성이 인정되는 때에는 헌법에 위반된다고 할 수 없으나, 경찰이 옥외집회 및 시위 현장을 촬영하여 수집한 자료의 보관·사용 등은 엄격하게 제한하여, 옥외집회·시위 참가자 등의 기본권 제한을 최소화해야 한다.

지문분석 **난이도** □■■ 중 | **정답** ② | **키워드** 언론·출판의 자유 | **출제유형** 판례

① 【O】 집회의 자유는 사회·정치현상에 대한 불만과 비판을 공개적으로 표출케 함으로써 정치적 불만이 있는 자를 사회에 통합하고 정치적 안정에 기여하는 기능을 한다. 특히 집회의 자유는 집권세력에 대한 정치적 반대의사를 공동으로 표명하는 효과적인 수단으로서 현대사회에서 언론매체에 접근할 수 없는 소수집단에게 그들의 권익과 주장을 옹호하기 위한 적절한 수단을 제공한다는 점에서, 소수의견을 국정에 반영하는 창구로서 그 중요성을 더해 가고 있다. 이러한 의미에서 집회의 자유는 소수의 보호를 위한 중요한 기본권인 것이다. 소수가 공동체의 정치적 의사형성과정에 영향을 미칠 수 있는 가능성이 보장될 때, 다수결에 의한 공동체의 의사결정은 보다 정당성을 가지며 다수에 의하여 압도당한 소수에 의하여 수용될 수 있는 것이다. 헌법이 집회의 자유를 보장한 것은 관용과 다양한 견해가 공존하는 다원적인 '열린 사회'에 대한 헌법적 결단인 것이다(헌재 2003.10.30. 2000헌바67 등).

② 【X】 이 사건 공권력 행사는 경호대상자의 안전 보호 및 국가 간 친선관계의 고양, 질서유지 등을 위한 것이다. 돌발적이고 경미한 변수의 발생도 대비하여야 하는 경호의 특수성을 고려할 때, 경호활동에는 다양한 취약 요소들에 사전적·예방적으로 대비할 수 있는 안전조치가 충분히 이루어질 필요가 있고, 이 사건 공권력 행사는 집회 장소의 장소적 특성과 미합중국 대통령의 이동경로, 집회 참가자와의 거리, 질서유지에 필요한 시간 등을 고려하여 경호 목적 달성을 위한 최소한의 범위에서 행해진 것으로 침해의 최소성을 갖추었다. 또한, 이 사건 공권력 행사로 인해 제한된 사익은 집회 또는 시위의 자유 일부에 대한 제한으로서 국가 간 신뢰를 공고히 하고 발전적인 외교관계를 맺으려는 공익이 위 제한되는 사익보다 덜 중요하다고 할 수 없다. 따라서 이 사건 공권력 행사는 과잉금지원칙을 위반하여 청구인들의 집회의 자유 등을 침해하였다고 할 수 없다(헌재 2021.10.28. 2019헌마1091).

③ 【O】 집회의 목적·내용과 집회의 장소는 일반적으로 밀접한 내적인 연관관계에 있기 때문에, 집회의 장소에 대한 선택이 집회의 성과를 결정짓는 경우가 적지 않다. 집회장소가 바로 집회의 목적과 효과에 대하여 중요한 의미를 가지기 때문에, 누구나 '어떤 장소에서' 자신이 계획한 집회를 할 것인가를 원칙적으로 자유롭게 결정할 수 있어야만 집회의 자유가 비로소 효과적으로 보장되는 것이다. 따라서 집회의 자유는 다른 법익의 보호를 위하여 정당화되지 않는 한, 집회장소를 항의의 대상으로부터 분리시키는 것을 금지한다(헌재 2003.10.30. 2000헌바67 등).

④ 【O】 수사란 범죄혐의의 유무를 명백히 하여 공소를 제기·유지할 것인가의 여부를 결정하기 위해 범인을 발견·확보하고 증거를 수집·보전하는 수사기관의 활동을 말한다. 경찰은 범죄행위가 있는 경우 이에 대한 수사로서 증거를 확보하기 위해 촬영행위를 할 수 있고, 범죄에 이르게 된 경위나 그 전후 사정에 관한 것이라도 증거로 수집할 수 있다. 경찰의 촬영행위는 일반적 인격권, 개인정보자기결정권, 집회의 자유 등 기본권 제한을 수반하는 것이므로 수사를 위한 것이라고 하더라도 필요최소한에 그쳐야 한다(헌재 2018.08.30. 2014헌마843).

48 표현의 자유에 관한 설명 중 가장 적절한 것은? (다툼이 있는 경우 판례에 의함) 2022 경찰 1차

① '익명표현'은 표현의 자유를 행사하는 하나의 방법으로서 그 자체로 규제되어야 하는 것은 아니고, 부정적 효과가 발생하는 것이 예상되는 경우에 한하여 규제될 필요가 있다.

② 헌법 제21조 제4항 전문은 '언론·출판은 타인의 명예나 권리 또는 공중도덕이나 사회윤리를 침해하여서는 아니 된다.'라고 규정하고 있는바, 이는 헌법상 표현의 자유의 보호영역에 대한 한계를 설정한 것이라고 보아야 한다.

③ '음란표현'은 헌법상 언론·출판의 자유의 보호영역 밖에 있다고 보아야 한다.

④ 인터넷언론사에 대하여 선거일 전 90일부터 선거일까지 후보자 명의의 칼럼이나 저술을 게재하는 보도를 제한하는 구 인터넷 선거보도 심의기준 등에 관한 규정은 인터넷 선거보도의 공정성과 선거의 공정성을 확보하려는 것이므로 후보자인 청구인의 표현의 자유를 침해하지 않는다.

지문분석 **난이도** □■■ 중 | **정답** ① | **키워드** 집회의 자유 | **출제유형** 판례

① 【O】 익명표현은 표현의 자유를 행사하는 하나의 방법으로서 그 자체로 규제되어야 하는 것은 아니고, 부정적 효과가 발생하는 것이 예상되는 경우에 한하여 규제될 필요가 있다(헌재 2021.01.28. 2018헌마456 등).

② 【X】 헌법 제21조 제4항은 '언론·출판은 타인의 명예나 권리 또는 공중도덕이나 사회윤리를 침해하여서는 아니 된다.'고 규정하고 있는바, 이는 언론·출판의 자유에 따르는 책임과 의무를 강조하는 동시에 언론·출판의 자유에 대한 제한의 요건을 명시한 규정으로 볼 것이고, 헌법상 표현의 자유의 보호영역 한계를 설정한 것이라고는 볼 수 없다(헌재 2009.05.28. 2006헌바109 등).

③ 【X】 이 사건 법률조항의 음란표현은 헌법 제21조가 규정하는 언론·출판의 자유의 보호영역 내에 있다고 볼 것인바, 종전에 이와 견해를 달리하여 음란표현은 헌법 제21조가 규정하는 언론·출판의 자유의 보호영역에 해당하지 아니한다는 취지로 판시한 우리 재판소의 의견을 변경한다(헌재 2009.05.28. 2006헌바109 등).

④ 【X】 이 사건 시기제한 조항은 선거일 전 90일부터 선거일까지 후보자 명의의 칼럼 등을 게재하는 인터넷 선거보도가 불공정하다고 볼 수 있는지에 대해 구체적으로 판단하지 않고 이를 불공정한 선거보도로 간주하여 선거의 공정성을 해치지 않는 보도까지 광범위하게 제한한다. 이 사건 시기제한 조항의 입법목적을 달성할 수 있는 덜 제약적인 다른 방법들이 이 사건 심의기준 규정과 「공직선거법」에 이미 충분히 존재한다. 따라서 이 사건 시기제한 조항은 과잉금지원칙에 반하여 청구인의 표현의 자유를 침해한다(헌재 2019.11.28. 2016헌마90).

49 예술의 자유에 관한 설명 중 가장 적절하지 않은 것은? (다툼이 있는 경우 판례에 의함) 2022 경찰 2차

① 구 「음반에 관한 법률」 제3조 제1항이 비디오물을 포함하는 음반제작자에 대하여 일정한 시설을 갖추어 문화공보부에 등록할 것을 명하는 것은 예술의 자유를 침해하는 것이다.

② 극장은 영상물·공연물 등 의사표현의 매개체를 일반 공중에게 표현하는 장소로서의 의미가 있으므로 극장의 자유로운 운영에 대한 제한은 공연물, 영상물이 지니는 표현물, 예술작품으로서의 성격에 기하여 표현의 자유 및 예술의 자유의 제한 효과도 가지고 있다.

③ 자신의 미적 감상 등을 문신시술을 통하여 시각적으로 표현할 수 있다는 측면에서 문신시술이 예술의 자유 또는 표현의 자유의 영역에 포함될 수 있다.

④ 헌법 제22조 제2항은 저작자·발명가·과학기술자와 예술가의 권리는 법률로써 보호한다고 하여 학문과 예술의 자유를 제도적으로 뒷받침해 주고 학문과 예술의 자유에 내포된 문화국가실현의 실효성을 높이기 위하여 저작자 등의 권리보호를 국가의 과제로 규정하고 있다.

지문분석 **난이도** □■■ 중 | **정답** ① | **키워드** 예술의 자유 | **출제유형** 판례

① 【X】 구 「음반에 관한 법률」 제3조 제1항이 비디오물을 포함하는 음반제작자에 대하여 일정한 시설을 갖추어 문화공보부에 등록할 것을 명하는 것은 음반제작에 필수적인 기본시설을 갖추지 못함으로써 발생하는 폐해방지 등의 공공복리 목적을 위한 것으로서 헌법상 금지된 허가제나 검열제와는 다른 차원의 규정이고, 예술의 자유나 언론·출판의 자유를 본질적으로 침해하였다거나 헌법 제37조 제2항의 과승금지의 원칙에 반한다고 할 수 없다(헌재 1993.05.13. 91헌바17).

② 【O】 극장의 자유로운 운영에 대한 제한은 공연물·영상물이 지니는 표현물, 예술작품으로서의 성격에 기하여 직업의 자유에 대한 제한으로서의 측면 이외에 표현의 자유 및 예술의 자유의 제한과도 관련성을 가지고 있다(헌재 2004.05.27. 2003헌가1 등).

③ 【O】 이 사건에서 청구인들은 의료인이 아니더라도 문신시술업을 합법적인 직업으로 영위할 수 있어야 함을 주장하고 있고, 심판대상 조항의 일차적 의도도 보건위생상 위해 가능성이 있는 행위를 규율하고자 하는 데 있으며, 심판대상 조항에 의한 예술의 자유 또는 표현의 자유의 제한은 문신시술업이라는 직업의 자유에 대한 제한을 매개로 하여 간접적으로 제약되는 것이라 할 것인바, 사안과 가장 밀접하고 침해의 정도가 큰 직업선택의 자유를 중심으로 심판대상 조항의 위헌 여부를 살피는 이상 예술의 자유와 표현의 자유 침해 여부에 대하여는 판단하지 아니한다(헌재 2022.03.31. 2017헌마1343 등).

④ 【O】 프로그램을 업무상 창작함에 있어서는 기획하는 법인 등과 작성하는 피용자가 모두 개입하게 된다. 그런데 헌법 제22조 제2항은 저작자·발명가·과학기술자와 예술가의 권리를 '법률로써' 보호한다고 규정하여 입법자에게 지식재산권을 형성할 수 있는 광범위한 입법형성권을 부여하고 있으므로, 프로그램을 업무상 창작하는 경우 어떠한 요건 하에서 누구에게 저작권을 귀속시킬지에 관하여는 입법자에게 광범위한 형성의 여지가 인정된다. 심판대상조항은 법인 등의 기획 하에 피용자가 업무상 프로그램을 작성하였고 계약 또는 근무규칙 등에 다른 정함이 없다는 요건 하에 당해 프로그램의 저작권을 법인 등에게 귀속하도록 규정하고 있다. 그러므로 이러한 내용의 심판대상조항이 입법형성권의 한계를 일탈하였는지 여부에 대해서 살펴볼 필요가 있다(헌재 2018.08.30. 2016헌가12).

50 대학의 자치에 관한 설명 중 가장 적절하지 않은 것은? (다툼이 있는 경우 판례에 의함) 2022 경찰 1차

① 대학 본연의 기능인 학술의 연구나 교수, 학생선발·지도 등과 관련된 교무·학사행정의 영역에서는 대학구성원의 결정이 우선한다고 볼 수 있으나, 대학의 재정, 시설 및 인사 등의 영역에서는 학교법인이 기본적인 윤곽을 결정하게 되므로, 대학구성원에게는 이러한 영역에 대한 참여권이 인정될 여지가 없다.

② 헌법 제31조 제4항이 규정하는 교육의 자주성 및 대학의 자율성은 헌법 제22조 제1항이 보장하는 학문의 자유의 확실한 보장을 위해 꼭 필요한 것으로서 대학에 부여된 헌법상 기본권인 대학의 자율권이므로, 국립대학인 청구인도 이러한 대학의 자율권의 주체로서 헌법소원심판의 청구인능력이 인정된다.

③ 대학의 자율성, 즉 대학의 자치란 대학이 그 본연의 임무인 연구와 교수를 외부의 간섭 없이 수행하기 위하여 인사·학사·시설·재정 등의 사항을 자주적으로 결정하여 운영하는 것을 말한다. 따라서 연구·교수활동의 담당자인 교수가 그 핵심주체라 할 것이나, 연구·교수활동의 범위를 좁게 한정할 이유가 없으므로 학생, 직원 등도 포함될 수 있다.

④ 이사회와 재경위원회에 일정 비율 이상의 외부인사를 포함하는 내용 등을 담고 있는 구 국립대학법인 서울대학교 설립·운영에 관한 법률 규정의 이른바 '외부인사 참여 조항'이 대학의 자율의 본질적인 부분을 침해하였다고 볼 수 없다.

지문분석 **난이도** □■■ **중** | **정답** ① | **키워드** 대학의 자율 | **출제유형** 판례

① 【X】 대체로 보자면, 대학 본연의 기능인 학술의 연구나 교수, 학생선발·지도 등과 관련된 교무·학사행정의 영역에서는 대학구성원의 결정이 우선한다고 볼 수 있으나, 학교법인으로서도 설립 목적을 구현하는 차원에서 조정적 개입은 가능하다고 할 것이고, 우리 법제상 학교법인에게만 권리능력이 인정되므로 각종 법률관계의 형성이나 법적 분쟁의 해결에는 법인이 대학을 대표하게 될 것이다. 한편, 대학의 재정, 시설 및 인사 등의 영역에서는 학교법인이 기본적인 윤곽을 결정하되, 대학구성원에게는 이러한 영역에 대하여 일정 정도 참여권을 인정하는 것이 필요하다(헌재 2013.11.28. 2007헌마1189 등).

② 【O】 헌재 2015.12.23. 2014헌마1149

③ 【O】 헌재 2013.11.28. 2007헌마1189 등

④ 【O】 학교법인의 이사회 등에 외부인사를 참여시키는 것은 다양한 이해관계자의 참여를 통해 개방적인 의사결정을 보장하고, 외부의 환경 변화에 민감하게 반응함과 동시에 외부의 감시와 견제를 통해 대학의 투명한 운영을 보장하기 위한 것이며, 대학 운영의 투명성과 공공성을 높이기 위해 정부도 의사형성에 참여하도록 할 필요가 있는 점, 사립학교의 경우 이사와 감사의 취임 시 관할청의 승인을 받도록 하고, 관련법령을 위반하는 경우 관할청이 취임 승인을 취소할 수 있도록 하고 있는 점 등을 고려하면, 외부인사 참여 조항은 대학의 자율의 본질적인 부분을 침해하였다고 볼 수 없다(헌재 2014.04.24. 2011헌마612).

CHAPTER
04 경제적 기본권

1 재산권

01 재산권 보장에 관한 설명으로 가장 적절하지 않은 것은? (다툼이 있는 경우 판례에 의함) 2015 경찰 승진

① 성매매에 제공되는 사실을 알면서 건물을 제공하는 행위를 한 자를 처벌하는 것은 집창촌에서 건물을 소유하거나 그 관리권한을 가지고 있는 자의 재산권을 침해한다.

② 재산권 보장은 사유재산의 처분과 그 상속을 포함하는 것이므로 유언자가 생전에 최종적으로 자신의 재산권에 대하여 처분할 수 있는 법적 가능성을 의미하는 유언의 자유는 헌법상 재산권의 보호를 받는다.

③ 국가 등의 양로시설 등에 입소하는 국가유공자에게 부가연금, 생활조정수당 등의 지급을 정지한다 하더라도 그 국가유공자의 재산권을 침해하는 것은 아니다.

④ 건설공사를 위하여 문화재 발굴허가를 받아 매장문화재를 발굴하는 경우에 그 발굴비용을 사업시행자가 부담하도록 하는 것은 재산권을 침해하지 않는다.

지문분석 **난이도** □■■ 중 | **정답** ① | **키워드** 재산권 | **출제유형** 판례

① 【X】 성매매에 제공되는 사실을 알면서 건물을 제공하는 행위를 한 자를 처벌하는 이 사건 법률조항에 의한 집창촌에서 건물을 소유하거나 그 관리권한을 가지고 있는 자의 기본권 제한은 헌법 제37조 제2항의 기본권 제한의 한계를 일탈하였다고 볼 수 없다(헌재 2006.06.29. 2005헌마1167).

② 【O】 우리 헌법의 재산권 보장은 사유재산의 처분과 그 상속을 포함하는 것인바, 유언자가 생전에 최종적으로 자신의 재산권에 대하여 처분할 수 있는 법적 가능성을 의미하는 유언의 자유는 생전증여에 의한 처분과 마찬가지로 헌법상 재산권의 보호를 받는다(헌재 2008.12.26. 2007헌바128).

③ 【O】 국가 등의 양로시설 등에 입소하는 국가유공자에게 부가연금, 생활조정수당 등의 지급을 정지하도록 한 규정으로 인하여 청구인들이 보훈원에서 보호를 받고 있는 동안 종전에 지급받던 부가연금이나 생활조정수당 등의 지급이 정지된다고 하더라도, 청구인들은 국가의 부담으로 시설보호를 받음으로써 거주비, 식비, 피복비의 대부분을 스스로 부담하지 않게 되어 사실상 종전에 지급받던 보상금 중 상당부분에 갈음하여 다른 형태의 보상을 받고 있다고 볼 수 있고, 또 위와 같은 시설보호를 받을 지의 여부는 청구인들의 선택에 달려 있다는 점 등을 고려하면, 이 사건 규정으로 인하여 청구인들의 재산권이 침해되었다고는 볼 수는 없으므로 이 사건 규정이 입법재량의 범위를 일탈하여 헌법에 위배된다고 할 수 없다(헌재 2000.06.01. 98헌마216).

④ 【O】 건설공사를 위하여 문화재발굴허가를 받아 매장문화재를 발굴하는 경우 그 발굴비용을 사업시행자로 하여금 부담하도록 한 것은 건설공사 과정에서 매장문화재의 발굴로 인하여 문화재 훼손 위험을 야기한 사업시행자에게 원칙적으로 발굴경비를 부담시킴으로써 각종 개발행위로 인한 무분별한 문화재 발굴로부터 매장문화재를 보호하는 것이어서 입법목적의 정당성, 방법의 적절성이 인정되고, 발굴조사비용 확대에 따른 위험은 사업계획 단계나 사업자금의 조달 과정에서 기업적 판단에 의해 위험요인의 하나로서 충분히 고려될 수 있는 것이고, 사업시행자가 발굴조사비용을 감당하기 어렵다고 판단하는 경우에는 더 이상 사업시행에 나아가지 아니할 선택권 또한 유보되어 있으며, 대통령령으로 정하는 경우에는 예외적으로 국가 등이 발굴조사비용을 부담할 수 있는 완화규정을 두고 있어 최소침해성 원칙, 법익균형성 원칙에도 반하지 아니하므로 과잉금지원칙에 위배되어 위헌이라고 볼 수 없다(헌재 2010.10.28. 2008헌바74).

02 재산권에 관한 설명으로 가장 적절하지 않은 것은? (다툼이 있는 경우 판례에 의함) 2016 경찰 승진

① 수용된 토지가 당해 공익사업에 필요 없게 되거나 이용되지 아니하였을 경우에 피수용자가 그 토지소유권을 회복할 수 있는 권리, 즉 환매권은 헌법이 보장하는 재산권의 내용에 포함되는 권리이다.

② 구 「문화재보호법」이 건설공사 과정에서 매장문화재의 발굴로 인하여 문화재훼손 위험을 야기한 사업시행자에게 원칙적으로 발굴경비를 부담시키는 것은 사업시행자의 재산권을 침해한다.

③ 일본국에 의하여 광범위하게 자행된 반인도적 범죄행위에 대하여 일본군위안부 피해자들이 일본에 대하여 가지는 배상청구권은 헌법상 보장되는 재산권에 해당한다.

④ 종래 보수연동제에 의하여 연금액의 조정을 받아오던 기존의 연금수급자에게 법률개정을 통해 물가연동제에 의한 연금액조정방식을 적용하도록 하는 것은 헌법에 위배되지 않는다.

지문분석 **난이도** □■■ **중** | **정답** ② | **키워드** 재산권 | **출제유형** 판례

① 【O】 수용된 재산이 당해 공공사업에 필요 없게 되거나 이용되지 아니하게 되었다면 수용의 헌법상 정당성과 공공사업자에 의한 재산권 취득의 근거가 장래를 향하여 소멸한다고 보아야 한다. 따라서 「토지수용법」 제71조 소정의 환매권은 헌법상의 재산권 보장규정으로부터 도출되는 것으로서 헌법이 보장하는 재산권의 내용에 포함되는 권리이다(헌재 1994.02.24. 92헌가15).

② 【X】 구 「문화재보호법」 제55조 제7항 제2문 및 제3문 중 각 '제55조 제1항 제2호에 관한 부분'은 건설공사 과정에서 매장문화재의 발굴로 인하여 문화재 훼손 위험을 야기한 사업시행자에게 원칙적으로 발굴경비를 부담시킴으로써, 각종 개발행위로 인한 무분별한 문화재 발굴로부터 매장문화재를 보호하는 것이어서 입법목적의 정당성, 방법의 적절성이 인정되고, 사업시행자가 발굴조사비용을 감당하기 어렵다고 판단하는 경우에는 더 이상 사업시행에 나아가지 아니할 수 있고, 대통령령으로 정하는 경우에는 예외적으로 국가 등이 발굴비용을 부담할 수 있는 완화규정을 두고 있어 최소침해성 원칙, 법익균형성 원칙에도 반하지 아니하므로, 과잉금지원칙에 위배되지 아니 한다(헌재 2011.07.28. 2009헌바244).

③ 【O】 일본국에 의하여 광범위하게 자행된 반인도적 범죄행위에 대하여 일본군위안부 피해자들이 일본에 대하여 가지는 배상청구권은 헌법상 보장되는 재산권이다(헌재 2011.08.30. 2006헌마788).

④ 【O】 물가연동제에 의한 연금액조정규정의 취지는 화폐가치의 하락 또는 일반적인 생활수준의 향상 등으로 인하여 연금의 실질적 구매력이 점점 떨어질 것에 대비하여 그 실질구매력을 유지시켜 주어 퇴직연금수급자의 생활안정을 기하기 위한 것이지, 퇴직연금수급권을 제한하거나 박탈하는 것이 아니며, 그 내용이 현저히 자의적이라고 볼 수 없다. 아울러 구 「공무원연금법」 제43조의2 제3항에 의하여 각 연도 공무원보수인상률과 물가상승률 등을 고려하여 재조정해 주는 보완장치도 마련하고 있다. 따라서 물가연동제에 의한 연금급여를 조정하고 있는 이 사건 조정규정 자체는 퇴직연금수급권자의 재산권, 행복추구권을 침해하거나 직업공무원제도의 근간을 훼손한 것이라고 볼 수는 없다(헌재 2005.06.30. 2004헌바42).

03 재산권에 대한 설명으로 옳지 않은 것을 모두 고른 것은? (다툼이 있는 경우 판례에 의함) 2017 경찰 승진

㉠ 재산권의 내용을 새로이 형성하는 법률이 합헌적이기 위해서는 장래에 적용될 법률이 헌법에 합치하여야 하고, 나아가 과거의 법적 상태에 의하여 부여된 구체적 권리에 대한 침해를 정당화하는 이유가 존재하여야 한다.
㉡ 배우자의 상속공제를 인정받기 위한 요건으로 배우자상속재산분할기한까지 배우자의 상속재산을 분할하여 신고할 것을 요구하면서 위 기한이 경과하면 일률적으로 배우자의 상속공제를 부인하고 있는 구 「상속세 및 증여세법」(2002.12.18. 법률 제6780호로 개정되고, 2010.1.1. 법률 제9916호로 개정되기 전의 것) 제19조 제2항은 배우자인 상속인의 재산권을 침해한다고 볼 수 없다.
㉢ 헌법이 보장하는 재산권의 내용과 한계를 정하는 법률이 재산권을 형성한다는 의미를 갖는다 하더라도, 이러한 법률이 사유재산제도나 사유재산을 부인하는 것은 재산권 보장규정의 침해를 의미하고 결코 재산권 형성적 법률유보라는 이유로 정당화될 수 없다.
㉣ 토지의 강한 사회성 내지 공공성으로 말미암아 토지재산권에는 다른 재산권에 비하여 보다 강한 제한과 의무가 부과되고 이에 대한 제한입법에는 입법자의 광범위한 입법형성권이 인정되므로, 과잉금지원칙에 의한 심사는 부적절하다.

① ㉠, ㉢　　② ㉠, ㉣
③ ㉡, ㉢　　④ ㉡, ㉣

지문분석 **난이도** ■■■ **상** | **정답** ④ | **키워드** 재산권 | **출제유형** 판례

㉠ 【O】 재산권의 내용을 새로이 형성하는 법률이 합헌적이기 위하여서는 장래에 적용될 법률이 헌법에 합치하여야 할 뿐만 아니라, 또한 과거의 법적 상태에 의하여 부여된 구체적 권리에 대한 침해를 정당화하는 이유가 존재하여야 하는 것이다(헌재 1999.04.29. 94헌바37).
㉡ 【X】 배우자의 상속공제를 인정받기 위한 요건으로 배우자상속재산분할기한까지 배우자의 상속재산을 분할하여 신고할 것을 요구하면서 위 기한이 경과하면 일률적으로 배우자의 상속공제를 부인하는 이 사건 법률조항은, 피상속인의 배우자가 상속공제를 받은 후에 상속재산을 상속인들에게 이전하는 방법으로 부의 무상이전을 시도하는 것을 방지하고 상속세에 대한 조세법률관계를 조기에 확정하기 위한 정당한 입법목적을 가진 것이나, 상속재산분할심판과 같이 상속에 대한 실체적 분쟁이 계속 중이어서 법정기한 내에 재산분할을 마치기 어려운 부득이한 사정이 있는 경우, 후발적 경정청구 등에 의해 그러한 심판의 결과를 상속세 산정에 추후 반영할 길을 열어두지도 않은 채, 위 기한이 경과하면 일률적으로 배우자 상속공제를 부인함으로써 비례원칙에 위배되어 청구인들의 재산권을 침해한다(헌재 2012.05.31. 2009헌바190).
㉢ 【O】 헌법이 보장하는 재산권의 내용과 한계를 정하는 법률은 재산권을 제한한다는 의미가 아니라 재산권을 형성한다는 의미를 갖는다. 이러한 재산권의 내용과 한계를 정하는 법률의 경우에도 사유재산제도나 사유재산을 부인하는 것은 재산권 보장규정의 침해를 의미하고, 결코 재산권 형성적 법률유보라는 이유로 정당화될 수 없다(헌재 1993.07.29. 92헌바20).
㉣ 【X】 토지재산권에 대한 제한입법은 토지의 강한 사회성 내지는 공공성으로 말미암아 다른 재산권에 비하여 보다 강한 제한과 의무가 부과될 수 있으나, 역시 다른 기본권에 대한 제한입법과 마찬가지로 과잉금지의 원칙(비례의 원칙)을 준수해야 한다(헌재 2012.07.26. 2009헌바328).

04 **헌법상 재산권의 보호대상에 해당되는 것으로만 묶인 것은?** (다툼이 있는 경우 헌법재판소 판례에 의함)

2019 경찰 승진

㉠ 환매권	㉡ 의료보험조합의 적립금
㉢ 상속권	㉣ 의료급여수급권
㉤ 「사학연금법」상 연금수급권	

① ㉠, ㉡, ㉢ ② ㉠, ㉢, ㉤
③ ㉡, ㉣, ㉤ ④ ㉢, ㉣, ㉤

지문분석 **난이도** □□■ **하** | **정답** ② | **키워드** 재산권 | **출제유형** 판례

㉠ **【O】** 「토지수용법」 제71조 소정의 환매권은 헌법상의 재산권 보장규정으로부터 도출되는 것으로서 헌법이 보장하는 재산권의 내용에 포함되는 권리이며, 피수용자가 손실보상을 받고 소유권의 박탈을 수인할 의무는 그 재산권의 목적물이 공공사업에 이용되는 것을 전제로 하기 때문에 위 헌법상 권리는 피수용자가 수용 당시 이미 정당한 손실보상을 받았다는 사실로 말미암아 부인되지 않는다(헌재 1994.02.24. 92헌가15 등).

㉡ **【X】** 「사회보험법」상의 지위는 청구권자에게 구체적인 급여에 대한 법적 권리가 인정되어 있는 경우에 한하여 재산권의 보호 대상이 된다. 그러나 이 사건 적립금의 경우, 법률이 조합의 해산이나 합병시 적립금을 청구할 수 있는 조합원의 권리를 규정하고 있지 않을 뿐만 아니라, 공법상의 권리인 「사회보험법」상의 권리가 재산권보장의 보호를 받기 위해서는 법적 지위가 사적 이익을 위하여 유용한 것으로서 권리주체에게 귀속될 수 있는 성질의 것이어야 하는데, 적립금에는 사법상의 재산권과 비교될 만한 최소한의 재산권적 특성이 결여되어 있다. 따라서 의료보험조합의 적립금은 헌법 제23조에 의하여 보장되는 재산권의 보호대상이라고 볼 수 없다(헌재 2000.06.29. 99헌마289).

㉢ **【O】** 상속권은 재산권의 일종이므로 상속제도나 상속권의 내용은 입법자가 입법정책적으로 결정하여야 할 사항으로서 원칙적으로 입법자의 입법형성의 자유에 속한다고 할 것이지만, 입법자가 상속제도와 상속권의 내용을 정함에 있어서 입법형성권을 자의적으로 행사하여 헌법 제37조 제2항이 규정하는 기본권 제한의 입법한계를 일탈하는 경우에는 그 법률조항은 헌법에 위반된다고 할 것이다(헌재 1998.08.27. 96헌가22 등).

㉣ **【X】** 청구인들이 침해되었다고 주장하는 의료급여수급권은 공공부조의 일종으로 순수하게 사회정책적 목적에서 주어지는 권리이다. 그렇다면 이는 개인의 노력과 금전적 기여를 통하여 취득되는 재산권의 보호대상에 포함된다고 보기 어렵고, 따라서 본인부담금제 및 선택병의원제를 규정한 이 사건 시행령 및 시행규칙 규정들로 인해 청구인들의 재산권이 침해된다고 할 수 없다(헌재 2009.09.24. 2007헌마1092).

㉤ **【O】** 「사학연금법」상 연금제도는 「공무원연금법」상 연금제도와 그 적용 대상이 서로 달라 각각 독립하여 운영되고 있을 뿐 동일한 사회적 위험에 대비하기 위한 하나의 통일적인 제도라고 할 것인바, 「사학연금법」상 각종 급여는 모두 사회보험에 입각한 사회보장적 급여로서의 성격을 가짐과 동시에 공로보상 내지 후불임금으로서의 성격도 함께 가지고, 특히 퇴직연금수급권은 사회보장적 급여인 동시에 경제적인 가치가 있는 권리로서 헌법 제23조에 의하여 보장되는 재산권으로서의 성격을 지닌다(헌재 2009.07.30. 2007헌바113).

05 재산권에 관한 설명 중 가장 적절한 것은? (다툼이 있는 경우 판례에 의함) 2020 경찰 승진

① 물건에 대한 재산권 행사에 비하여 동물에 대한 재산권 행사는 사회적 연관성과 사회적 기능이 적다 할 것이므로 이를 제한하는 경우 입법재량의 범위를 좁게 인정함이 타당하다.

② 건설공사를 위하여 문화재발굴허가를 받아 매장문화재를 발굴하는 경우 그 발굴비용을 사업시행자로 하여금 부담하게 하는 것은 문화재 보존을 위해 사업시행자에게 일방적인 희생을 강요하는 것이므로 재산권을 침해한다.

③ 토지의 가격이 취득일 당시에 비하여 현저히 상승한 경우 환매금액에 대한 협의가 성립하지 아니한 때에는 사업시행자로 하여금 환매금액의 증액을 청구할 수 있도록 한 공익사업을 위한 토지 등의 취득 및 보상에 관한 법률 조항은 환매권자의 재산권을 침해하지 아니한다.

④ 건축법을 위반한 건축주 등이 건축 허가권자로부터 위반건축물의 철거 등 시정명령을 받고도 그 이행을 하지 않는 경우 건축법 위반자에 대하여 시정명령 이행 시까지 반복적으로 이행강제금을 부과할 수 있도록 규정한 건축법 조항은 과잉금지의 원칙에 위배되어 건축법 위반자의 재산권을 침해한다.

지문분석 **난이도** □■■ **중** | **정답** ③ | **키워드** 재산권 | **출제유형** 판례

① 【X】 일반적인 물건에 대한 재산권 행사에 비하여 동물에 대한 재산권 행사는 사회적 연관성과 사회적 기능이 매우 크다 할 것이므로 이를 제한하는 경우 입법재량의 범위를 폭넓게 인정함이 타당하다. 그러므로 이 사건 법률조항이 과잉금지원칙을 위반하여 재산권을 침해하는지 여부를 살펴보되 심사기준을 완화하여 적용함이 상당하다(헌재 2013.10.24. 2012헌바431).

② 【X】 구 「문화재보호법」 제44조 제4항 제2문은 건설공사 과정에서 매장문화재의 발굴로 인하여 문화재 훼손 위험을 야기한 사업시행자에게 원칙적으로 발굴경비를 부담시킴으로써 각종 개발행위로 인한 무분별한 문화재 발굴로부터 매장문화재를 보호하는 것이어서 입법목적의 정당성, 방법의 적절성이 인정되고, 발굴조사비용 확대에 따른 위험은 사업계획단계나 사업자금의 조달 과정에서 기업적 판단에 의해 위험요인의 하나로서 충분히 고려될 수 있는 것이고, 사업시행자가 발굴조사비용을 감당하기 어렵다고 판단하는 경우에는 더 이상 사업시행에 나아가지 아니할 선택권 또한 유보되어 있으며, 대통령령으로 정하는 경우에는 예외적으로 국가 등이 발굴조사비용을 부담할 수 있는 완화규정을 두고 있어 최소침해성 원칙, 법익균형성 원칙에도 반하지 아니하므로 과잉금지원칙에 위배되어 위헌이라고 볼 수 없다(헌재 2010.10.28. 2008헌바74).

③ 【O】 이 사건 증액청구조항이 환매목적물인 토지의 가격이 통상적인 지가상승분을 넘어 현저히 상승하고 당사자 간 협의가 이루어지지 아니할 경우에 한하여 환매금액의 증액청구를 허용하고 있는 점, 환매권의 내용에 토지가 취득되지 아니하였다면 원소유자가 누렸을 법적 지위의 회복을 요구할 권리가 포함된다고 볼 수 없는 점, 개발이익은 토지의 취득 당시의 객관적 가치에 포함된다고 볼 수 없는 점, 환매권자가 증액된 환매금액의 지급의무를 부담하게 될 것을 우려하여 환매권을 행사하지 못하더라도 이는 사실상의 제약에 불과한 점 등에 비추어 볼 때, 위 조항이 재산권의 내용에 관한 입법형성권의 한계를 일탈하여 환매권자의 재산권을 침해한다고 볼 수 없다(헌재 2016.09.29. 2014헌바400).

④ 【X】 이 사건 법률조항은 '건축물의 안전과 기능, 미관을 향상시켜 공공복리의 증진을 도모하기 위한 것'으로 그 입법목적이 정당하고, 이러한 목적 달성을 위하여 시정명령에 불응하고 있는 건축법 위반자에 대하여 이행강제금을 부과함으로써 시정명령에 응할 것을 강제하고 있으므로 적절한 수단이 된다. 따라서 이 사건 법률조항은 과잉금지의 원칙에 위배되지 아니하므로 위반자의 재산권을 침해하지 아니한다(헌재 2011.10.25. 2009헌바140).

06 재산권에 대한 설명으로 옳은 것만을 〈보기〉에서 모두 고르면? (다툼이 있는 경우 판례에 의함)

2023 국회직 9급

ㄱ. 토지재산권에 대한 규제 조치는 헌법 제23조 제3항과 제37조 제2항에 의한 제한을 받는다.
ㄴ. 재산권 보장은 재산권을 보장한다는 의미와 법제도로서의 사유재산제도를 보장한다는 이중적 의미를 가지고 있다.
ㄷ. 재산권의 본질적 내용의 침해란 그 침해로 인하여 사유재산권이 유명무실해지거나 형해화 되어 재산권 보장의 궁극적 목적을 달성할 수 없는 경우를 말한다.
ㄹ. 헌법 제23조 제3항의 정당한 보상이란 원칙적으로 완전보상을 의미한다.

① ㄱ
② ㄴ
③ ㄴ, ㄷ
④ ㄱ, ㄴ, ㄷ
⑤ ㄱ, ㄴ, ㄷ, ㄹ

지문분석 **난이도** ■■■ **상** | **정답** ⑤ | **키워드** 교육을 받을 권리 | **출제유형** 판례

ㄱ 【O】 헌법 제23조 제3항의 재산권제한은 헌법 제37조 제2항의 일반적 기본권제한에 관한 특별조항에 해당하므로 토지재산권에 대한 규제 조치는 헌법 제23조 제3항만이 아니라 제37조 제2항에 규정된 기본권 제한의 목적·기본권 제한입법의 한계 등도 존중되어야 한다는 제한을 받는다.

ㄴ 【O】 재산권 보장은 개인이 현재 누리고 있는 재산권을 개인의 기본권으로 보장한다는 의미와 개인이 재산권을 향유할 수 있는 법제도로서의 사유재산제도를 보장한다는 이중적 의미를 가지고 있다(헌재 1993.07.29. 92헌바20).

ㄷ 【O】 토지재산권의 본질적인 내용이라는 것은 토지재산권의 핵이 되는 실질적 요소 내지 근본요소를 뜻하며, 따라서 재산권의 본질적인 내용을 침해하는 경우라고 하는 것은 그 침해로 사유재산권이 유명무실해지고 사유재산제도가 형해화(形骸化)되어 헌법이 재산권을 보장하는 궁극적인 목적을 달성할 수 없게 되는 지경에 이르는 경우라고 할 것이다.(헌재 1989.12.22. 88헌가13).

ㄹ 【O】 헌법 제23조 제3항에서 규정한 '정당한 보상'이란 원칙적으로 피수용재산의 객관적인 재산가치를 완전하게 보상하여야 한다는 완전보상을 뜻하는 것이다. 그러나 공익사업의 시행으로 지가가 상승하여 발생하는 개발이익은 궁극적으로는 국민 모두에게 귀속되어야 할 성질의 것이며, 완전보상의 범위에 포함되는 피수용토지의 객관적 가치 내지 피수용자의 손실이라고는 볼 수 없다(헌재 1991.02.11. 90헌바17 등).

07 헌법재판소가 헌법상 재산권으로 인정한 경우로 가장 적절한 것은? (다툼이 있는 경우 판례에 의함)
2021 경찰 승진

① 학교안전공제회가 관리·운용하는 학교안전공제 및 사고예방 기금
② 「사립학교교직원 연금법」상의 퇴직수당을 받을 권리
③ 약사의 한약조제권
④ 의료급여수급권

지문분석 **난이도** □□■ 하 | **정답** ② | **키워드** 재산권 | **출제유형** 판례

① 【X】 공제회가 관리·운용하는 기금은 학교안전사고보상공제 사업 등에 필요한 재원을 확보하고, 공제급여에 충당하기 위하여 설치 및 조성되는 것으로서 학교안전법령이 정하는 용도에 사용되는 것일 뿐, 각 공제회에 귀속되어 사적 유용성을 갖는다거나 원칙적 처분권이 있는 재산적 가치라고 보기 어렵고, 공제회가 갖는 기금에 대한 권리는 법에 의하여 정해진 대로 운영할 수 있는 법적 권능에 불과할 뿐 사적 이익을 위해 권리주체에게 귀속될 수 있는 성질의 것이 아니므로, 이는 헌법 제23조 제1항에 의하여 보호되는 공제회의 재산권에 해당되지 않는다(헌재 2015.07.30. 2014헌가7).

② 【O】 「사립학교교직원 연금법」상의 퇴직급여 및 퇴직수당을 받을 권리는 사회적 기본권의 하나인 사회보장수급권임과 동시에 경제적 가치가 있는 권리로서 헌법 제23조에 의하여 보장되는 재산권이다(헌재 2010.07.29. 2008헌가15).

③ 【X】 약사는 단순히 의약품의 판매뿐만 아니라 의약품의 분석, 관리 등의 업무를 다루며, 약사면허 그 자체는 양도·양수할 수 없고 상속의 대상도 되지 아니하며, 또한 약사의 한약조제권이란 그것이 타인에 의하여 침해되었을 때 방해를 배제하거나 원상회복 내지 손해배상을 청구할 수 있는 권리가 아니라 법률에 의하여 약사의 지위에서 인정되는 하나의 권능에 불과하고, 더욱이 의약품을 판매하여 얻게 되는 이익 역시 장래의 불확실한 기대이익에 불과한 것이므로, 구 약사법상 약사에게 인정된 한약조제권은 위 헌법조항들이 말하는 재산권의 범위에 속하지 아니한다(헌재 1997.11.27. 97헌바10).

④ 【X】 「의료급여법」상 의료급여수급권은 저소득 국민에 대한 공공부조의 일종으로 순수하게 사회정책적 목적에서 주어지는 권리이므로 개인의 노력과 금전적 기여를 통하여 취득되는 재산권의 보호대상에 포함된다고 보기 어렵다(헌재 2009.09.24. 2007헌마1092).

08 재산권에 관한 다음 설명 중 가장 옳지 <u>않은</u> 것은? 2024 법원직 9급

① 임차인이 계약갱신을 요구할 경우 임대인이 정당한 사유 없이 이를 거절하지 못하도록 한 주택임대차보호법 해당 조항은 재산권을 침해하지 않는다.
② 임차인이 3기의 차임액에 해당하는 금액에 이르도록 차임을 연체한 경우 임대인의 권리금 회수기회 보호의무가 발생하지 않도록 규정한 「상가건물 임대차보호법」 해당 조항은 재산권을 침해하지 않는다.
③ 헌법상 보장하고 있는 재산권은 경제적 가치가 있는 모든 공법상·사법상의 권리를 뜻한다.
④ 선거범죄로 당선이 무효로 된 사람에게 반환받은 기탁금과 보전받은 선거비용을 반환하도록 하는 구 「공직선거법」 해당 조항은 재산권을 침해한다.

지문분석 **난이도** □□■ **하** | **정답** ④ | **키워드** 재산권 | **출제유형** 판례

① 【O】 계약갱신요구 조항, 차임증액한도 조항, 손해배상 조항은 임차인 주거안정 보장을 위한 것으로 임차인의 주거이동률을 낮추고 차임 상승을 제한해 임차인의 주거안정을 도모할 수 있으므로 입법목적의 정당성 및 수단의 적합성이 인정된다. 임차인의 주거안정이라는 공익에 비해 임대인의 계약의 자유와 재산권 제한 정도가 크다고 볼 수 없어 법익 균형성도 인정된다. 따라서 이들 조항은 과잉금지원칙에 반하여 청구인들의 계약의 자유와 재산권을 침해한다고 볼 수 없다(헌재 2024.02.28. 2020헌마1343 등).

② 【O】 심판대상조항은 임차인이 임대차계약에 있어 임차인의 가장 기본적이고 주된 의무인 차임의 지급을 3기의 차임액에 해당하는 금액에 이르도록 이행하지 아니한 경우 임대인과 임차인 간의 신뢰관계가 깨졌다고 보아 당해 임차인을 권리금 회수기회 보호대상에서 제외함으로써 임대인과 임차인 양자 간의 이해관계를 조절하고 있는 것이라 할 수 있다. 심판대상조항은 입법형성권의 한계를 일탈하여 재산권을 침해한다고 할 수 없다(헌재 2023.06.29. 2021헌바264).

③ 【O】 우리 헌법이 보장하고 있는 재산권은 '경제적 가치가 있는 모든 공법상 · 사법상의 권리'이고, 이 때 재산권 보장에 의하여 보호되는 재산권은 '사적유용성 및 그에 대한 원칙적 처분권을 내포하는 재산가치가 있는 구체적 권리'를 의미한다(헌재 2008.12.26. 2005헌바34).

④ 【X】 이 사건 법률조항은 선거범죄를 억제하고 공정한 선거문화를 확립하고자 하는 목적으로 선거범에 대한 제재를 규정한 것인바, 선거범죄를 범하여 형사처벌을 받은 자에게 가할 불이익에 관하여는 기본적으로 입법자가 결정할 것이고, 이 사건 법률조항이 선고형에 따라 제재대상을 정함으로써 사소하고 경미한 선거범과 구체적인 양형사유가 있는 선거범을 제외하고 있는 등의 사정을 종합해 볼 때, 과잉금지원칙을 위반한 재산권침해라고 할 수 없다(헌재 2011.04.28. 2010헌바232).

09 **재산권에 대한 헌법재판소 결정으로 옳지 않은 것은?** 2015 국가직 7급

① 종전의 관행어업권자들에게 구 수산업법 시행일부터 2년 이내에 어업권원부에 등록을 하도록 하고 그 기간 내에 등록하지 아니한 경우 관행어업권을 소멸하게 하는 것은 지나친 재산권의 제한에 해당하지 아니한다.

② 물건에 대한 재산권 행사에 비하여 동물에 대한 재산권 행사는 사회적 연관성과 사회적 기능이 적다 할 것이므로 이를 제한하는 경우 입법재량의 범위를 좁게 인정함이 타당하다.

③ 「사립학교 교직원 연금법」상 퇴직급여 및 퇴직수당을 받을 권리는 사회적 기본권의 하나인 사회보장수급권인 동시에 경제적 가치가 있는 권리로서 헌법 제23조에 의하여 보장되는 재산권이다.

④ 수분양자가 아닌 개발사업자를 부과대상으로 하는 학교용지부담금에 관한 학교용지 확보 등에 관한 특례법 관련 조항은 교육의 기회를 균등하게 보장해야 한다는 공익과 개발사업자의 재산적 이익이라는 사익을 적절히 형량하고 있으므로 개발사업자의 재산권을 과도하게 침해하지 아니한다.

지문분석 **난이도** □■■ **중** | **정답** ② | **키워드** 재산권 | **출제유형** 판례

① 【O】 종전의 관행어업권자들에게 구 수산업법 시행일부터 2년 이내에 어업권원부에 등록을 하도록 하고 그 기간 내에 등록하지 아니한 경우 관행어업권을 소멸하게 하는 것은, 그 입법목적이 정당하고, 입법목적달성을 위하여 등록만을 하도록 요구하고 있으므로 그 방법도 적절하며, 종전의 관행어업권자들에게 구 수산업법 시행일로부터 2년 이내에 어업권원부에 등록을 하도록 함으로써 그 기간 내에 등록하지 아니한 관행어업권자의 관행어업권을 소멸하게 하는 것도 지나친 기본권 제한에 해당하지 아니한다(헌재 1999.07.22. 97헌바76).

② 【X】 일반적인 물건에 대한 재산권 행사에 비하여 동물에 대한 재산권 행사는 사회적 연관성과 사회적 기능이 매우 크다 할 것이므로 이를 제한하는 경우 입법재량의 범위를 폭넓게 인정함이 타당하다(헌재 2013.10.24. 2012헌바431).

③ 【O】 「사립학교 교직원 연금법」상의 퇴직급여 및 퇴직수당을 받을 권리는 사회적 기본권의 하나인 사회보장수급권임과 동시에 경제적 가치가 있는 권리로서 헌법 제23조에 의하여 보장되는 재산권이다(헌재 2010.07.29. 2008헌가15).

④ 【O】 수분양자가 아닌 개발사업자를 부과대상으로 하는 학교용지부담금에 관한 학교용지 확보 등에 관한 특례법 관련 조항에 의한 학교용지부담금은 학교용지 확보를 위한 새로운 재원의 마련이라는 정당한 입법목적을 달성하기 위한 적절한 수단으로서 교육의 기회를 균등하게 보장해야 한다는 공익과 개발사업자의 재산적 이익이라는 사익을 적절히 형량하고 있으므로 이 사건 법률조항은 개발사업자의 재산권을 과도하게 침해하지 아니한다(헌재 2008.09.25. 2007헌가1).

10 **재산권에 대한 설명으로 옳지 않은 것은?** (다툼이 있는 경우 판례에 의함) 2016 지방직 7급

① 재산권의 내용을 새로이 형성하는 법률이 합헌적이기 위해서는 장래에 적용될 법률이 헌법에 합치하여야 하고, 나아가 과거의 법적 상태에 의하여 부여된 구체적 권리에 대한 침해를 정당화하는 이유가 존재하여야 한다.

② 장기미집행 도시계획시설결정의 실효제도는 도시계획시설부지로 하여금 도시계획시설결정으로 인한 사회적 제약으로부터 벗어나게 하는 것으로서 결과적으로 개인의 재산권이 보다 보호되는 측면이 있는 것은 사실이며, 이와 같은 보호는 헌법상 재산권으로부터 당연히 도출되는 권리이다.

③ 재산권의 행사는 공공복리에 적합하도록 하여야 하며, 공공필요에 의한 재산권의 수용·사용 또는 제한 및 그에 대한 보상은 법률로써 하되, 정당한 보상을 지급하여야 한다.

④ 헌법상의 재산권은 토지소유자가 이용가능한 모든 용도로 토지를 사용할 권리나 가장 경제적 또는 효율적으로 사용할 수 있는 권리를 보장하는 것은 아니므로 입법자는 중요한 공익상의 이유로 토지를 일정용도로 사용하는 권리를 제한하거나 제외할 수 있다.

지문분석 **난이도** □□■ **하** | **정답** ② | **키워드** 재산권 | **출제유형** 판례

② 【X】 장기미집행 도시계획시설결정의 실효제도는 도시계획시설부지로 하여금 도시계획시설결정으로 인한 사회적 제약으로부터 벗어나게 하는 것으로서 결과적으로 개인의 재산권이 보다 보호되는 측면이 있는 것은 사실이나, 이와 같은 보호는 입법자가 새로운 제도를 마련함에 따라 얻게 되는 법률에 기한 권리일 뿐 헌법상 재산권으로부터 당연히 도출되는 권리는 아니다(헌재 2005.09.29. 2002헌바84).

11 재산권에 대한 헌법재판소의 판시내용으로 적절하지 않은 것은? 2023 국회직 8급

① 명의신탁재산 증여의제로 인한 증여세 납세의무자에게 신고의무 및 납부의무 위반에 대한 제재인 가산세까지 부과하도록 하면 납세의무자는 원래 부담하여야 할 세금 이외에 부가적인 금전적 부담을 지게 되므로 과잉금지원칙에 반하여 납세의무자의 재산권을 침해한다.

② 「댐건설관리법」은 댐사용권을 물권으로 보며 「댐건설관리법」에 특별한 규정이 있는 경우를 제외하고는 '부동산에 관한 규정'을 준용하도록 하고 있으므로 댐사용권은 사적유용성 및 그에 대한 원칙적 처분권을 내포하는 재산가치 있는 구체적 권리로서 헌법상 재산권 보장의 대상이 된다.

③ 입법자는 재산권의 내용을 형성함에 있어 광범한 입법재량을 가지고 있으므로 헌법재판소가 재산권의 내용을 형성하는 사회적 제약이 비례원칙에 부합하는지 여부를 판단함에 있어서는 이미 형성된 기본권을 제한하는 입법의 경우에 비하여 보다 완화된 기준에 의하여 심사한다.

④ 법률조항에 의한 재산권 제한이 헌법 제23조제1항, 제2항에 근거한 재산권의 내용과 한계를 정한 것인지, 아니면 헌법 제23조제3항에 근거한 재산권의 수용을 정한 것인지를 판단함에 있어서는 전체적인 재산권 제한의 효과를 종합적이고 유기적으로 파악하여 그 제한의 성격을 이해하여야 한다.

⑤ 분묘기지권의 시효취득에 관한 관습법에 따라 토지소유자가 분묘의 수호·관리에 필요한 상당한 범위 내에서 분묘기지가 된 토지 부분에 대한 소유권의 행사를 제한받게 되었더라도, 이를 과잉금지원칙에 위배되어 토지소유자의 재산권을 침해한다고 볼 수 없다.

지문분석 **난이도** □■■ 중 | **정답** ① | **키워드** 재산권 | **출제유형** 판례

① 【X】 심판대상조항은 원활한 조세행정을 위하여 명의신탁재산 증여의제로 인한 증여세 납세의무자에게 조세법상 부과된 신고의무·납부의무의 이행을 확보하고, 이를 성실하게 이행한 사람과 그렇지 않은 사람 사이에 조세부담의 공평을 기하며, 납부기한을 준수하지 아니하여 얻게 된 미납이자 상당액을 확보하기 위한 것이다. 또한 명의신탁으로 '조세회피의 목적'이 인정되는 경우에 한하여 증여의제가 되므로 '조세회피의 목적'이 없는 명의신탁의 경우에는 증여세 및 가산세가 부과되지 않고, 정당한 사유가 있는 경우 가산세가 감면 또는 면제되는 점을 고려할 때, 심판대상조항은 과잉금지원칙에 반하여 납세의무자의 재산권을 침해하지 아니한다(헌재 2022.11.24. 2019헌바167 등).

② 【O】 「댐건설관리법」은 댐사용권을 물권(物權)으로 보며, 「댐건설관리법」에 특별한 규정이 있는 경우를 제외하고는 부동산에 관한 규정을 준용하도록 한다(제29조). 댐사용권은 등록부에 공시하고 저당권의 대상이 되며(제32조), 댐사용권자는 설정된 댐사용권의 범위 내에서 저수 또는 유수의 배타적 사용권을 가지고 해당 댐의 저수를 사용하는 자로부터 사용료를 받을 수 있다(제35조). 이와 같이 댐사용권은 사적유용성 및 그에 대한 원칙적 처분권을 내포하는 재산가치 있는 구체적 권리라고 할 것인바, 헌법 제23조에 의한 재산권 보장의 대상이 된다(헌재 2022.10.27. 2019헌바44).

③ 【O】 입법자가 헌법 제23조 제1항 및 제2항에 의하여 재산권의 내용을 구체적으로 형성함에 있어서는, 헌법상의 재산권 보장의 원칙과 재산권의 제한을 요청하는 공익 등 재산권의 사회적 제약성을 비교 형량하여, 양 법익이 조화와 균형을 이루도록 하여야 하고, 입법자가 형성의 자유의 한계를 넘었는가 하는 것은 비례의 원칙에 의하여 판단하게 된다. 다만, 입법자는 재산권의 내용을 형성함에 있어 광범한 입법재량을 가지고 있으므로 재산권의 내용을 형성하는 사회적 제약이 비례원칙에 부합하는지 여부를 판단함에 있어서는, 이미 형성된 기본권을 제한하는 입법의 경우에 비하여 보다 완화된 기준에 의하여 심사한다(헌재 2011.10.25. 2009헌바234).

④ 【O】 심판대상조항에 의한 재산권 제한이 헌법 제23조 제1항, 제2항에 근거한 재산권의 내용과 한계를 정한 것인지, 아니면 헌법 제23조 제3항에 근거한 재산권의 수용을 정한 것인지를 판단함에 있어서는 그 대상이 된 재산권 하나하나에 대한 제한의 효과를 개별적으로 분석할 것이 아니라, 전체적인 재산권 제한의 효과를 종합적이고 유기적으로 파악하여 그 제한의 성격을 이해하여야 한다(헌재 2019.11.28. 2016헌마1115).

⑤ 【O】 비록 오늘날 전통적인 장묘문화에 일부 변화가 생겼다고 하더라도 우리 사회에는 분묘기지권의 기초가 된 매장문화가 여전히 자리 잡고 있고, 분묘를 모시는 자손들에게 분묘의 강제적 이장은 경제적 손실을 넘어 분묘를 매개로 형성된 정서적 애착관계 및 지역적 유대감의 상실로 이어질 수밖에 없으며, 이는 우리의 전통문화에도 배치되므로, 이 사건 관습법을 통해 분묘기지권을 보호해야 할 필요성은 여전히 존재한다. 따라서 이 사건 관습법은 과잉금지원칙에 위배되어 토지소유자의 재산권을 침해한다고 볼 수 없다(헌재 2020.10.29. 2017헌바208).

12 재산권에 관한 다음 설명 중 가장 옳지 않은 것은? (다툼이 있는 경우 헌법재판소 결정에 의함)

2016 법원직 9급

① 영화관 관람객이 입장권 가액의 100분의 3을 부담하도록 하는 영화상영관 입장권 부과금 제도는, 영화라는 특정 산업의 진흥에 직접적 근접성 및 책임성과 효용성이 인정되는 집단은 영화산업의 종사자들임에도 불구하고 영화관 관람객에 대해 부과하는 것으로서, 재정조달목적 부담금의 헌법적 허용 한계를 벗어나 영화관 관람객의 재산권을 침해하는 것이다.

② 개발사업자는 개발사업을 통해 이익을 얻었다는 점에서 개발사업 지역에서의 학교시설 확보라는 특별한 공익사업에 대해 밀접한 관련성을 가지고 있을 뿐만 아니라 이에 대해 일정한 부담을 져야 할 책임도 가지고 있는바, 개발사업자에 대한 학교용지부담금 부과는 평등원칙에 위배되지 아니하고, 개발사업자의 재산권을 과도하게 침해한다고 볼 수도 없다.

③ 선의취득의 인정 여부는 무권리자로부터의 동산의 양수인이 그 소유권을 취득하기 위한 요건의 문제에 불과하므로, 일정한 문화재에 대하여 선의취득을 배제하는 법률 규정에 의하여 그 동산 문화재의 양수인이 그 문화재의 소유권을 취득할 기회를 제한받는다고 하더라도 그와 같이 제한된 기회가 헌법 제23조 제1항에 의하여 보호되는 재산권에 해당한다고 볼 수는 없다.

④ 국가가 국민을 강제로 건강보험에 가입시키고 경제적 능력에 따라 보험료를 납부하도록 하는 것은 재산권에 대한 제한이 되지만, 이러한 제한은 정당한 국가목적을 달성하기 위하여 부득이한 것이고, 가입강제와 보험료의 차등부과로 인하여 달성되는 공익은 그로 인하여 침해되는 사익에 비하여 월등히 크다고 할 수 있으므로, 재산권을 침해한다고 볼 수 없다.

지문분석 **난이도** □■■ 중 | **정답** ① | **키워드** 재산권 | **출제유형** 판례

① 【X】 영화예술의 진흥과 한국영화산업의 발전이라는 공적 과제는 반드시 조세에 의하여만 재원이 조달되어야만 하는 국가의 일반적 과제라기보다 관련된 특정 집단으로부터 그 재원이 조달될 수 있는 특수한 공적 과제의 성격을 가진다. 그리고 영화상영관 관람객은 영화라는 단일 장르의 예술의 향유자로서 집단적 동질성이 있고, 집단적 책임성 및 집단적 효용성도 인정되므로 위와 같은 공적 과제에 대하여 특별히 밀접한 관련성이 있는 집단이다. 영화상영관 입장권에 대한 부과금 제도는 과잉금지원칙에 반하여 영화관 관람객의 재산권과 영화관 경영자의 직업수행의 자유를 침해하였다고 볼 수 없다(헌재 2008.11.27. 2007헌마860).

② 【O】 개발사업자는 개발사업을 통해 이익을 얻었다는 점에서 개발사업 지역에서의 학교시설 확보라는 특별한 공익사업에 대해 밀접한 관련성을 가지고 있을 뿐만 아니라 이에 대해 일정한 부담을 져야 할 책임도 가지고 있는바, 개발사업자에 대한 학교용지부담금 부과는 평등원칙에 위배되지 아니하며, 개발사업자의 재산권을 과도하게 침해하지 아니한다(헌재 2008.09.25. 2007헌가1).

③ 【O】 선의취득의 인정 여부는 무권리자로부터의 동산의 양수인이 그 소유권을 취득하기 위한 요건의 문제로서, 문화재청장이나 시·도지사가 지정한 문화재, 도난물품 또는 유실물(遺失物)인 사실이 공고된 문화재 및 출처를 알 수 있는 중요한 부분이나 기록을 인위적으로 훼손한 문화재의 선의취득을 배제하는 이 사건 선의취득 배제조항에 의하여 일정한 동산문화재의 양수인은 그 문화재의 소유권을 취득할 기회를 제한받을 뿐이며, 이러한 기회는 사적 유용성 및 그에 대한 원칙적 처분권을 내포하는 재산가치 있는 구체적 권리로서 헌법 제23조 제1항에 의하여 보호되는 재산권에 해당하지 아니한다(헌재 2009.07.30. 2007헌마870).

④ 【O】 국가가 국민을 강제로 건강보험에 가입시키고 경제적 능력에 따라 보험료를 납부하도록 하는 것은 행복추구권으로부터 파생하는 일반적 행동의 자유의 하나인 공법상의 단체에 강제로 가입하지 아니할 자유와 정당한 사유 없는 금전의 납부를 강제당하지 않을 재산권에 대한 제한이 되지만, 이러한 제한은 정당한 국가목적을 달성하기 위하여 부득이한 것이고, 가입강제와 보험료의 차등부과로 인하여 달성되는 공익은 그로 인하여 침해되는 사익에 비하여 월등히 크다고 할 수 있으므로, 위의 조항들이 헌법상의 행복추구권이나 재산권을 침해한다고 볼 수 없다(헌재 2003.10.30. 2000헌마801).

13 **다음 중 재산권에 대한 설명으로 옳은 것은?** (다툼이 있는 경우 헌법재판소 판례에 의함) 2016 국회직 9급

① 토지거래허가제는 위헌이다.
② 재건축사업 진행단계에 상관없이 임대인이 갱신거절권을 행사할 수 있도록 한 구 「상가건물 임대차보호법」 제10조 제1항 단서 제7호는 상가임차인의 재산권을 침해한다.
③ 토지수용 시에 개발이익이 포함되지 아니한 공시지가를 기준으로 보상하는 것은 합헌이다.
④ 강제집행권도 헌법상 보호되는 재산권에 속한다.
⑤ 자신의 토지를 장래에 건축이나 개발목적으로 사용할 수 있으리라는 기대가능성이나 신뢰 및 이에 따른 지가상승의 기회는 원칙적으로 재산권의 보호범위에 속한다.

PART · 02

지문분석 **난이도** ■■■ **상** | **정답** ③ | **키워드** 재산권 | **출제유형** 판례

① 【X】 토지거래허가제는 사유재산제도의 부정이 아니라 그 제한의 한 형태이고 토지의 투기적 거래의 억제를 위하여 그 처분을 제한함은 부득이한 것이므로 재산권의 본질적인 침해가 아니며, 헌법상의 경제조항에도 위배되지 아니하고 현재의 상황에서 이러한 제한수단의 선택이 헌법상의 비례의 원칙이나 과잉금지의 원칙에 위배된다고 할 수도 없다(헌재 1989.12.22. 88헌가13).

② 【X】 재건축사업 진행단계에 상관없이 임대인이 갱신거절권을 행사할 수 있도록 한 구 「상가건물 임대차보호법」 제10조 제1항 단서 제7호는 과도하게 상가임차인의 재산권을 침해한다고 볼 수 없다(헌재 2014.08.28. 2013헌바76).

③ 【O】 공익사업을 위한 토지수용의 경우 '부동산 가격공시 및 감정평가에 관한 법률'이 정한 공시지가를 기준으로 보상하도록 하는 것은 헌법 제23조 제3항이 규정한 정당보상의 원칙에 위배되지 않는다(헌재 2013.12.26. 2011헌바162).

④ 【X】 강제집행권은 국가가 보유하는 통치권의 한 작용으로서 민사사법권에 속하는 것이고, 채권자인 청구인들은 국가에 대하여 강제집행권의 발동을 구하는 공법상의 권능인 강제집행청구권만을 보유하고 있을 따름으로서 청구인들이 강제집행권을 침해받았다고 주장하는 권리는 헌법 제23조 제3항 소정의 재산권에 해당되지 아니한다(헌재 1998.05.28. 96헌마44).

⑤ 【X】 개발제한구역의 지정으로 인한 개발가능성의 소멸과 그에 따른 지가의 하락이나 지가상승률의 상대적 감소는 토지소유자가 감수해야 하는 사회적 제약의 범주에 속하는 것으로 보아야 한다. 자신의 토지를 장래에 건축이나 개발목적으로 사용할 수 있으리라는 기대가능성이나 신뢰 및 이에 따른 지가상승의 기회는 원칙적으로 재산권의 보호범위에 속하지 않는다(헌재 1998.12.24. 89헌마214).

14 **재산권의 공용수용(공용침해)에 관한 다음 설명 중 가장 옳지 <u>않은</u> 것은?** (다툼이 있는 경우 헌법재판소 결정에 의함) 2017 법원직 9급

① 공익사업의 시행으로 지가가 상승하여 발생하는 개발이익을 배제하고 손실보상액을 산정한다 하여 헌법이 규정한 정당보상의 원리에 어긋난다고 볼 수 없다.

② 헌법 제23조 제3항이 규정하는 '정당한 보상'이란 원칙적으로 피수용재산의 객관적인 가치를 완전하게 보상하는 것이어야 한다는 완전보상을 의미한다.

③ 공용수용으로 생업의 근거를 상실한 자에 대하여 상업용지 또는 상가분양권 등을 공급하는 생활대책은 헌법 제23조 제3항에 규정된 정당한 보상에 포함되므로 생활대책 수립여부는 입법자의 입법정책적 재량의 영역에 속하지 아니한다.

④ 수용의 주체가 민간기업이라는 것 자체만으로 공공필요성을 갖추지 못한 것으로 볼 수는 없다.

지문분석 **난이도** □■■ 중 | **정답** ③ | **키워드** 재산권 | **출제유형** 판례

① 【O】「공익사업법」 제67조 제2항은 보상액을 산정함에 있어 당해 공익사업으로 인한 개발이익을 배제하는 조항인데, 공익사업의 시행으로 지가가 상승하여 발생하는 개발이익은 사업시행자의 투자에 의한 것으로서 피수용자인 토지소유자의 노력이나 자본에 의하여 발생하는 것이 아니므로, 이러한 개발이익은 형평의 관념에 비추어 볼 때 토지소유자에게 당연히 귀속되어야 할 성질의 것이 아니고, 또한 개발이익은 공공사업의 시행에 의하여 비로소 발생하는 것이므로, 그것이 피수용 토지가 수용 당시 갖는 객관적 가치에 포함된다고 볼 수도 없다. 따라서 개발이익은 그 성질상 완전보상의 범위에 포함되는 피수용자의 손실이라고 볼 수 없으므로, 이러한 개발이익을 배제하고 손실보상액을 산정한다 하여 헌법이 규정한 정당한 보상의 원칙에 위반되지 않는다(헌재 2009.12.29. 2009헌바142).

② 【O】 헌법 제23조 제3항이 규정하는 정당한 보상이란 원칙적으로 피수용재산의 객관적 재산가치를 완전하게 보상하는 것이어야 한다는 완전보상을 의미한다(헌재 1995.04.20. 93헌바20).

③ 【X】 생활대책이라 함은 생업의 근거를 상실하게 된 자에 대하여 일정 규모의 상업용지 또는 상가분양권 등을 공급하는 제도를 의미하는 것으로 사용한다. 생활대책은 정당한 보상에 포함되는 것이라기보다는 정당한 보상에 부가하여 이주자들에게 종전의 생활상태를 회복시키기 위한 생활보상의 일환으로서 국가의 정책적인 배려에 의하여 마련된 제도이다. 그러므로 생활보상의 한 형태로서 청구인들이 주장하는 바와 같은 생활대책을 실시할 것인지 여부는 입법자의 입법정책적 재량의 영역에 속한다고 볼 것이다. 이 사건 법률조항은 수용대상 재산 자체 및 이에 부수하는 손실에 대한 보상과 폐업·휴업에 따른 영업손실 보상에 더하여 공익사업으로 인하여 생업의 기반을 상실하는 자에게 최소한도 이상의 보상금이 지급되도록 배려하고 있는바, 청구인들이 주장하는 생활대책과 같은 특정한 생활보상적인 내용의 보상을 규정하고 있지 않다는 것만으로는 헌법 제23조 제3항의 정당한 보상의 원칙에 위반하여 청구인들의 재산권을 침해한다고 볼 수 없다(헌재 2013.07.25. 2012헌바71).

④ 【O】 헌법 제23조 제3항은 정당한 보상을 전제로 하여 재산권의 수용 등에 관한 가능성을 규정하고 있지만, 재산권 수용의 주체를 한정하지 않고 있다. 위 헌법조항의 핵심은 당해 수용이 공공필요에 부합하는가, 정당한 보상이 지급되고 있는가 여부 등에 있는 것이지, 그 수용의 주체가 국가인지 민간기업인지 여부에 달려 있다고 볼 수 없다. 또한 국가 등의 공적 기관이 직접 수용의 주체가 되는 것이든 그러한 공적 기관의 최종적인 허부판단과 승인결정 하에 민간기업이 수용의 주체가 되는 것이든, 양자 사이에 공공필요에 대한 판단과 수용의 범위에 있어서 본질적인 차이를 가져올 것으로 보이지 않는다. 따라서 위 수용 등의 주체를 국가 등의 공적 기관에 한정하여 해석할 이유가 없다(헌재 2009.09.24. 2007헌바114).

15 헌법재판소가 재산권으로 인정한 경우를 O, 인정하지 <u>않은</u> 경우를 X로 표시한다면 가장 적절한 것은?
(다툼이 있는 경우 헌법재판소 판례에 의함) 2022 경찰 간부

가. 상공회의소의 의결권	나. 「국민연금법」상 사망일시금
다. 개인택시면허	라. 관행어업권
마. 건강보험수급권	바. 이동전화번호
사. 불법적인 사용의 경우에 인정되는 수용청구권	

① 가(○), 나(×), 다(○), 라(○), 마(×), 바(×), 사(○)
② 가(○), 나(○), 다(×), 라(×), 마(×), 바(○), 사(×)
③ 가(×), 나(○), 다(○), 라(×), 마(○), 바(×), 사(○)
④ 가(×), 나(×), 다(○), 라(○), 마(○), 바(×), 사(×)

PART · 02

지문분석 **난이도** □■■ **중** | **정답** ④ | **키워드** 재산권 | **출제유형** 판례

가 【X】 이 사건 법률조항은 기존의 상공회의소의 재산에 변동을 일으키지 않으므로 상공회의소에게는 어떠한 재산권의 침해도 없다. 또한 상공회의소의 의결권 또는 회원권은 상공회의소라는 법인의 의사형성에 관한 권리일 뿐 이를 따로 떼어 헌법상 보장되는 재산권이라고 보기 어렵고, 상공회의소의 재산은 법인인 상공회의소의 고유재산이지 회원들이 지분에 따라 반환받을 수 있는 재산이라고 보기 어려워서, 상공업자들의 재산권 제한과도 무관하다(헌재 2006.05.25. 2004헌가1).

나 【X】 사망일시금 제도는 유족연금 또는 반환일시금을 지급받지 못하는 가입자 등의 가족에게 사망으로 소요되는 비용의 일부를 지급함으로써 국민연금제도의 수혜범위를 확대하고자 하는 차원에서 도입되었는데, 국민연금제도가 사회보장에 관한 헌법규정인 제34조 제1항, 제2항, 제5항을 구체화한 제도로서, 「국민연금법」상 연금수급권 내지 연금수급기대권이 재산권의 보호대상인 사회보장적 급여라고 한다면 사망일시금은 사회보험의 원리에서 다소 벗어난 장제부조적·보상적 성격을 갖는 급여로 사망일시금은 헌법상 재산권에 해당하지 아니하므로, 이 사건 사망일시금 한도 조항이 청구인들의 재산권을 제한한다고 볼 수 없다(헌재 2019.02.28. 2017헌마432).

다 【O】 심판대상 조항은 감차사업구역 내에 있는 일반택시운송사업자로 하여금 택시운송사업의 양도를 금지하고 감차계획에 따른 감차보상만 신청할 수 있도록 함으로써 일반택시운송사업자의 직업수행의 자유와 재산권을 제한한다. 심판대상 조항이 과잉금지원칙을 위반하여 일반택시운송사업자의 직업수행의 자유와 재산권을 침해하는지 여부를 살펴본다(헌재 2019.09.26. 2017헌바467).

라 【O】 종래 인정되던 관행어업권에 대하여 2년 이내에 등록하여야 입어할 수 있도록 한 수산업법은 예외적으로 진정소급입법이 허용된다(헌재 1997.07.22. 97헌바76 등).

마 【O】 이 사건 법률조항은 피해자인 가입자 또는 피부양자에게 신속한 치료가 이루어질 수 있도록 공단이 먼저 보험급여를 실시하여 피해자의 건강보험수급권을 우선적으로 보장하는 한편, 가해자의 손해배상 전에 보험급여가 이루어져서 발생하게 되는 복잡한 권리·의무 관계를 간결하게 하여 민사법의 기본원리인 과실책임원칙을 달성하고, 구상권 행사를 통하여 건강보험 재정의 건전성을 유지하는 것을 목적으로 한다. 이 사건 법률조항이 의사의 의료사고에 대하여 그 특수성을 인정하여 별도로 규정하지 않았다 하더라도 재판과정에서 손해배상 책임의 발생 및 범위를 정함에 있어 의사의 과실정도 및 배상책임 제한 요소를 모두 고려하고 있고, 이 사건 법률조항은 공단, 피해자인 환자, 가해자인 의사 사이의 법률관계를 민사법의 기본원칙인 과실책임 및 구상권에 관한 일반원칙에 따라 적절하게 조정하고 있으며, 이러한 민사법상의 법익균형과 함께 건강보험 재정의 건전성을 도모하고자 하는 공익은 이로 인하여 제한되는 의사의 사익보다 중하므로, 이 사건 법률조항은 청구인의 직업수행의 자유 및 재산권을 침해하지 아니한다(헌재 2012.05.31. 2011헌바127).

바 【X】 이동전화번호를 구성하는 숫자가 개인의 인격 내지 인간의 존엄과 관련성을 가진다고 보기 어렵고, 이 사건 이행명령으로 인하여 청구인들의 개인정보가 청구인들의 의사에 반하여 수집되거나 이용되지 않으며, 이동전화번호는 유한한 국가자원으로서 청구인들의 번호이용은 사업자와의 서비스 이용계약 관계에 의한 것일 뿐이므로 이 사건 이행명령으로 청구인들의 인격권, 개인정보자기결정권, 재산권이 제한된다고 볼 수 없다(헌재 2013.07.25. 2011헌마63 등).

사 【X】 입법자에 의한 재산권의 내용과 한계의 설정은 기존에 성립된 재산권을 제한할 수도 있고, 기존에 없던 것을 새롭게 형성하는 것일 수도 있다. 이 사건 조항은 종전에 없던 재산권을 새로이 형성한 것에 해당되므로, 역으로 그 형성에 포함되어 있지 않은 것은 재산권의 범위에 속하지 않는다. 그러므로 청구인들이 주장하는바 '불법적인 사용의 경우에 인정되는 수용청구권'이란 재산권은 존재하지 않으므로, 이 사건 조항이 그러한 재산권을 제한할 수는 없다(헌재 2005.07.21. 2004헌바57).

16 **재산권에 관한 설명 중 가장 적절하지 않은 것은?** (다툼이 있는 경우 판례에 의함) 2022 경찰 승진

① 「국민연금법」상 연금수급권 내지 연금수급기대권이 재산권의 보호대상인 사회보장적 급여라고 한다면 사망일시금은 헌법상 재산권에 해당한다.

② 「공무원연금법」이 개정되어 시행되기 전에 청구인이 이미 퇴직하여 퇴직연금을 수급할 수 있는 기초를 상실한 경우에는 공무원퇴직연금의 수급요건을 재직기간 20년에서 10년으로 완화한 개정 「공무원연금법」 규정이 청구인의 재산권을 제한한다고 볼 수 없다.

③ '사업인정고시가 있은 후에 3년 이상 토지가 공익용도로 사용된 경우' 토지소유자에게 매수 혹은 수용청구권을 인정한 공익사업을 위한 토지 등의 취득 및 보상에 관한 법률의 조항을 통하여 인정되는 '수용청구권'은 사적유용성을 지닌 것으로서 재산의 사용, 수익, 처분에 관계되는 법적 권리이므로 헌법상 재산권에 포함된다.

④ 잠수기어업허가를 받아 키조개 등을 채취하는 직업에 종사한다고 하더라도 이는 원칙적으로 자신의 계획과 책임 하에 행동하면서 법제도에 의하여 반사적으로 부여되는 기회를 활용하는 것에 불과하므로 잠수기어업허가를 받지 못하여 상실된 이익 등 청구인 주장의 재산권은 헌법 제23조에서 규정하는 재산권의 보호범위에 포함된다고 볼 수 없다.

PART · 02

지문분석 **난이도** □■■ **중** | **정답** ① | **키워드** 재산권 | **출제유형** 판례

① 【X】 사망일시금 제도는 유족연금 또는 반환일시금을 지급받지 못하는 가입자 등의 가족에게 사망으로 소요되는 비용의 일부를 지급함으로써 국민연금제도의 수혜범위를 확대하고자 하는 차원에서 도입되었는데, 국민연금제도가 사회보장에 관한 헌법규정인 제34조 제1항, 제2항, 제5항을 구체화한 제도로서, 「국민연금법」상 연금수급권 내지 연금수급기대권이 재산권의 보호대상인 사회보장적 급여라고 한다면 사망일시금은 사회보험의 원리에서 다소 벗어난 장제부조적·보상적 성격을 갖는 급여로 사망일시금은 헌법상 재산권에 해당하지 아니하므로, 이 사건 사망일시금 한도 조항이 청구인들의 재산권을 제한한다고 볼 수 없다(헌재 2019.02.28. 2017헌마432).

② 【O】 심판대상 조항은 개정 법률의 적용대상을 법 시행일 당시 재직 중인 공무원으로 한정하여, 공무원의 재직기간이 10년 이상 20년 미만으로 동일하더라도 정년퇴직일이 2016.1.1. 이전인지 이후인지에 따라 퇴직연금의 지급을 달리하고 있으므로, 청구인의 평등권을 제한한다. 청구인은 심판대상 조항이 자신의 재산권 및 인간다운 생활을 할 권리도 침해한다고 주장하나, 「공무원연금법」이 개정되어 시행되기 전 청구인은 이미 퇴직하여 퇴직연금을 수급할 수 있는 기초를 상실한 상태이므로, 심판대상 조항이 청구인의 재산권 및 인간다운 생활을 할 권리를 제한한다고 볼 수 없다(헌재 2017.05.25. 2015헌마933).

③ 【O】 헌법이 보장하고 있는 재산권은 경제적 가치가 있는 모든 공법상·사법상의 권리를 뜻하며, 사적 유용성 및 그에 대한 원칙적인 처분권을 내포하는 재산가치 있는 구체적인 권리를 의미한다. 이 사건 조항을 통하여 인정되는 '수용청구권'은 사적유용성을 지닌 것으로서 재산의 사용, 수익, 처분에 관계되는 법적 권리이므로 헌법상 재산권에 포함된다고 볼 것이다(헌재 2005.07.21. 2004헌바57).

④ 【O】 이 사건의 경우 청구인이 잠수기어업허가를 받아 키조개 등을 채취하는 직업에 종사한다고 하더라도 이는 원칙적으로 자신의 계획과 책임하에 행동하면서 법제도에 의하여 반사적으로 부여되는 기회를 활용하는 것에 불과하므로 잠수기어업허가를 받지 못하여 상실된 이익 등 청구인 주장의 재산권은 헌법 제23조에서 규정하는 재산권의 보호범위에 포함된다고 볼 수 없다(헌재 2008.06.26. 2005헌마173)

17 **재산권에 관한 설명으로 가장 적절한 것은?** (다툼이 있는 경우 판례에 의함) 2023 경찰 2차

① 헌법의 재산권 보장은 사유재산의 사용과 그 처분을 포함하는 것인바, 유언자가 생전에 최종적으로 자신의 재산권에 대하여 처분할 수 있는 법적 가능성을 의미하는 유언의 자유가 생전 증여에 의한 처분과 마찬가지로 헌법상 재산권의 보호를 받는 것은 아니다.

② 환경개선부담금은 경유에 리터당 부과되는 교통・에너지・환경세와 달리 개별 경유차의 오염유발 수준을 고려하므로, 경유를 연료로 사용하는 자동차의 소유자로부터 환경개선부담금을 부과・징수하도록 정한 「환경개선비용 부담법」 조항이 과잉금지원칙을 위반하여 경유차 소유자의 재산권을 침해한다고는 볼 수 없다.

③ 회원제 골프장용 부동산의 재산세에 대하여 1천분의 40의 중과세율을 규정한 구 「지방세법」 조항은 모든 회원제 골프장을 동일하게 취급하고 있는바, 이는 회원제 골프장 운영자 등의 재산권을 침해하는 것으로서 과잉금지원칙에 반하여 헌법에 위반된다.

④ 전기통신금융사기의 피해자가 피해구제 신청을 하는 경우, 피해자의 자금이 송금・이체된 계좌 및 해당 계좌로부터 자금의 이전에 이용된 계좌를 지급정지하는 「전기통신금융사기 피해방지 및 피해금 환급에 관한 특별법」 조항은 과잉금지원칙을 위반하여 청구인의 재산권을 침해한다.

지문분석 **난이도** □■■ **중** | **정답** ② | **키워드** 재산권 | **출제유형** 판례

① **[X]** 우리 헌법의 재산권 보장은 사유재산의 처분과 그 상속을 포함하는 것인바, 유언자가 생전에 최종적으로 자신의 재산권에 대하여 처분할 수 있는 법적 가능성을 의미하는 유언의 자유는 생전증여에 의한 처분과 마찬가지로 헌법상 재산권의 보호를 받는다(헌재 2008.03.27. 2006헌바82).

② **[O]** 경유를 연료로 사용하는 자동차의 소유자로부터 환경개선부담금을 부과・징수하도록 정한 「환경개선비용 부담법」 조항은 과잉금지원칙을 위반하여 경유차 소유자의 재산권을 침해한다고는 볼 수 없다(헌재 2022.06.30. 2019헌바440).

③ **[X]** 회원제 골프장용 부동산의 재산세에 대하여 1천분의 40의 중과세율을 규정한 것은 과잉금지원칙에 반하여 회원제 골프장 운영자 등의 재산권을 침해하지 않는다(헌재 2020.03.26. 2016헌가17).

④ **[X]** 지급정지 조치를 받은 계좌명의인은 사기이용계좌에서 금원을 인출하는 것이 금지되어 사유 재산의 처분이 제한되므로, 지급정지조항은 재산권을 제한한다. 위와 같은 통신사기피해환급법 및 「민법」상의 구제수단 이외에, 이의제기 결과 사후적으로 전기통신금융사기와 무관함이 밝혀진 사기이용계좌의 명의인에게 지급정지 조치를 하였다는 사정만을 이유로 한 손해배상에 관한 별도의 규정을 두지 않았다고 하더라도 재산권에 대한 과도한 제한으로 볼 수 없다. 지급정지조항으로 인하여 이의제기 결과 사후적으로 전기통신금융사기와 무관함이 밝혀진 사기이용계좌의 명의인의 재산권이 일시적으로 제한되는 측면은 있으나, 그 제한의 정도가 전기통신금융사기 피해자를 실효적으로 구제하려는 공익에 비하여 결코 중하다고 볼 수 없다. 그러므로 지급정지조항으로 인하여 달성하려는 공익과 제한되는 사익 사이에 법익의 균형성도 인정된다. 따라서 지급정지조항은 과잉금지원칙을 위반하여 청구인의 재산권을 침해하지 아니한다(헌재 2022.06.30. 2019헌마579).

18 **재산권에 관한 설명으로 옳지 않은 것은?** (다툼이 있는 경우 헌법재판소 판례에 의함) 2023 소방 간부

① 회원제 골프장용 부동산의 재산세에 대하여 1천분의 40의 중과세율을 규정한 구 「지방세법」 조항은 회원권의 가격, 이용자 중 비회원의 비율, 비회원의 독자적 이용 가능성 등 골프장의 사치성 정도를 평가할 수 있는 다양한 요소들을 전혀 반영하지 아니하고 있으므로 회원제 골프장 운영자 등의 재산권을 침해한다.

② 초·중·고등학교 및 대학교 경계선으로부터 200미터 내로 설정된 학교환경위생정화구역 안에서 여관시설 및 영업행위를 금지하고 있는 「학교보건법」 조항은 재산권 제한의 범위나 정도는 초·중·고등학교 및 대학교의 건전한 교육환경의조성과 교육의 능률화라는 공익과 비교형량하여 볼 때, 재산권을 침해하는 것이라고 할 수 없다.

③ 법정이율을 연 5분으로 정한 「민법」 조항은 법정이율은 다른 법률의 정함이나 당사자 사이의 약정이 없는 경우에만 적용되고, 법정이율 고정제와 다른 방식으로 이러한 입법목적을 실현하면서 채무자의 재산권을 덜 제한하는 수단이 명백히 존재한다고 보기 어려우므로 채무자의 재산권을 침해하지 않는다.

④ 선출직 공무원으로서 받게 되는 보수가 기존의 연금에 미치지 못하는 경우에도 연금 전액의 지급을 정지하도록 정한 구 「공무원연금법」 규정 중 '지방의회의원'에 관한 부분은 과잉금지원칙에 위배되어 재산권을 침해한다.

⑤ 경북대학교 총장임용후보자선거의 후보자로 등록하려면 3,000만 원의 기탁금을 납부하고 제1차 투표에서 유효투표수의 100분의 15 이상을 득표한 경우에는 기탁금 전액을, 100분의 10 이상 100분의 15 미만을 득표한 경우에는 기탁금 반액을 반환하고, 반환되지 않은 기탁금은 경북대학교 발전 기금에 귀속하도록 정한 경북대학교 총장임용 후보자 선정 규정의 해당 조항은 재산권을 침해하지 않는다.

지문분석 **난이도** □■■ **중** | **정답** ① | **키워드** 재산권 | **출제유형** 판례

① 【X】 회원제 골프장의 회원권 가격 및 비회원의 그린피 등을 고려할 때 골프장 이용행위에 사치성이 없다고 단정할 수는 없고, 골프가 아직은 많은 국민들이 경제적으로 부담 없이 이용하기에는 버거운 고급 스포츠인 점을 부인할 수 없다. 따라서 심판대상조항에 의한 회원제 골프장에 대한 재산세 중과가 사치·낭비풍조를 억제하고 국민계층 간의 위화감을 해소하여 건전한 사회기풍을 조성하고자 하는 목적의 정당성을 상실하였다고 볼 수 없고, 심판대상조항은 위와 같은 목적을 달성하기 위한 적합한 수단이 된다. 과잉금지원칙에 반하여 회원제 골프장 운영자 등의 재산권을 침해한다고 볼 수 없다(헌재 2020.03.26. 2016헌가17).

② 【O】 이 사건 법률조항은 공익목적을 위하여 개별적·구체적으로 이미 형성된 구체적 재산권을 박탈하거나 제한하는 것이 아니므로, 보상을 요하는 헌법 제23조 제3항 소정의 수용·사용 또는 제한에 해당되는 것은 아니다. 이러한 재산권 제한의 범위나 정도는 초·중·고등학교 및 대학교의 건전한 교육환경의 조성과 교육의 능률화라는 공익과 비교형량 하여 볼 때 헌법에서 허용되지 아니한 과도한 제한이라고 할 수는 없다. 따라서 이 사건 법률조항이 재산권을 침해하는 것이라고 할 수 없다(헌재 2006.03.30. 2005헌바110).

③ 【O】 법정이율은 다른 법률의 정함이나 당사자 사이의 약정이 없는 경우에만 적용된다. 이율에 관한 표준 규범을 정립한다는 입법목적을 효과적으로 달성하기 위해서는 법률이 일정한 이율을 사전에 고지하여 당사자들에게 명확한 행위지침을 제시할 필요가 있다. 법정이율 고정제와 다른 방식으로 이러한 입법목적을 실현하면서 채무자의 재산권을 덜 제한하는 수단이 명백히 존재한다고 보기 어렵다. 따라서 「민법」 제379조는 채무자의 재산권을 침해하지 않는다(헌재 2017.05.25. 2015헌바421)

④ 【O】 월정수당은 지방자치단체에 따라 편차가 크고 안정성이 낮음에도 불구하고 심판대상조항은 연금을 대체할 만한 적정한 소득이 있다고 할 수 없는 경우에도 일률적으로 연금전액의 지급을 정지하여 지급정지제도의 본질 및 취지와 어긋나는 결과를 초래한다. 연금과 보수 중 일부를 감액하는 방식으로 선출직에 취임하여 보수를 받는 것이 생활보장에 더 유리하도록 하는 등 기본권을 덜 제한하면서 입법목적을 달성할 수 있는 다양한 방법이 있다. 따라서 심판대상조항은 과잉금지원칙에 위배되어 재산권을 침해한다(헌재 2022.01.27. 2019헌바161).

⑤ 【O】 제1차 투표에서 유효투표수의 100분의 15 이상을 득표한 경우에는 기탁금 전액을, 100분의 10 이상 100분의 15 미만을 득표한 경우에는 기탁금 반액을 반환하고, 반환되지 않은 기탁금은 경북대학교발전기금에 귀속하도록 정한 '경북대학교 총장임용후보자 선정 규정' 제20조 제2항 및 제3항(이하 두 조항을 합하여 '이 사건 기탁금귀속조항'이라 한다)이 청구인의 재산권을 침해하지 아니한다(헌재 2022.05.26. 2020헌마1219). 다만 대구교육대학교 총장임용후보자선거 후보자가 제1차 투표에서 최종 환산득표율의 100분의 15 이상을 득표한 경우에만 기탁금의 반액을 반환하도록 하고 반환하지 않는 기탁금은 대학 발전기금에 귀속되도록 규정한 '대구교육대학교 총장임용후보자 선정규정' 제24조 제2항(이하 '이 사건 기탁금귀속조항'이라 한다)이 과잉금지원칙에 위배되어 청구인의 재산권을 침해한다(헌재 2021.12.23. 2019헌마825).

19 재산권에 대한 설명으로 옳지 않은 것은? 2023 국가직 7급

① 환매권의 발생기간을 제한하고 있는 「공익사업을 위한 토지 등의 취득 및 보상에 관한 법률」 조항 중 '토지의 협의취득일 또는 수용의 개시일부터 10년 이내에' 부분의 위헌성은 헌법상 재산권인 환매권의 발생기간을 제한한 것 자체에 있다.

② 유언자가 생전에 최종적으로 자신의 재산권에 대하여 처분할 수 있는 법적 가능성을 의미하는 유언의 자유는 생전증여에 의한 처분과 마찬가지로 헌법상 재산권의 보호를 받는다.

③ 지방의회의원으로 선출되어 받게 되는 보수가 기존의 연금에 미치지 못하는 경우에도 연금 전액의 지급을 정지하도록 정한 구 「공무원연금법」 조항은, 연금을 대체할 만한 적정한 소득이 있다고 할 수 없는 경우에도 일률적으로 연금전액의 지급을 정지하여 지급정지제도의 본질 및 취지에 어긋나 과잉금지원칙에 위배되어 재산권을 침해한다.

④ 제1차 투표에서 유효투표수의 100분의 10 이상 100분의 15 미만을 득표한 경우에는 기탁금 반액을 반환하고, 반환되지 않은 기탁금은 국립대학교발전기금에 귀속하도록 정한 국립대학 총장임용후보자 선정 규정은, 후보자의 진지성과 성실성을 담보하기 위한 최소한의 제한이므로 총장임용후보자선거의 후보자의 재산권을 침해하지 않는다.

지문분석 **난이도** □■■ 중 | **정답** ① | **키워드** 재산권 | **출제유형** 판례

① 【X】 이 사건 법률조항의 환매권 발생기간 '10년'을 예외 없이 유지하게 되면 토지수용 등의 원인이 된 공익사업의 폐지 등으로 공공필요가 소멸하였음에도 단지 10년이 경과하였다는 사정만으로 환매권이 배제되는 결과가 초래될 수 있다. 다른 나라의 입법례에 비추어 보아도 발생기간을 제한하지 않거나 더 길게 규정하면서 행사기간 제한 또는 토지에 현저한 변경이 있을 때 환매거절권을 부여하는 등 보다 덜 침해적인 방법으로 입법목적을 달성하고 있다. 이 사건 법률조항은 침해의 최소성 원칙에 어긋난다. 결국 이 사건 법률조항은 헌법 제37조 제2항에 반하여 재산권을 침해한다. 이 사건 법률조항의 위헌성은 환매권의 발생기간을 제한한 것 자체에 있다기보다는 그 기간을 10년 이내로 제한한 것에 있다. 이 사건 법률조항의 위헌성을 제거하는 다양한 방안이 있을 수 있고 이는 입법재량 영역에 속한다(헌재 2020.11.26. 2019헌바131).

② 【O】 우리 헌법의 재산권 보장은 사유재산의 처분과 그 상속을 포함하는 것인바, 유언자가 생전에 최종적으로 자신의 재산권에 대하여 처분할 수 있는 법적 가능성을 의미하는 유언의 자유는 생전증여에 의한 처분과 마찬가지로 헌법상 재산권의 보호를 받는다(헌재 2008.12.26. 2007헌바128).
③ 【O】 지방의회의원이 받는 의정비 중 의정활동비는 의정활동 경비 보전을 위한 것이므로, 연금을 대체할 만한 소득이 있는지 여부는 월정수당을 기준으로 판단하여야 하는데, 월정수당은 지방자치단체에 따라 편차가 크고 안정성이 낮음에도 불구하고 심판대상조항은 연금을 대체할 만한 적정한 소득이 있다고 할 수 없는 경우에도 일률적으로 연금전액의 지급을 정지하여 지급정지제도의 본질 및 취지와 어긋나는 결과를 초래한다. 따라서 심판대상조항은 과잉금지원칙에 위배되어 재산권을 침해한다(헌재 2022.01.27. 2019헌바161).
④ 【O】 이 사건 기탁금귀속조항이 적용된 총장임용후보자선거에서 9명에 이르는 적지 않은 후보자가 후보자로 등록하였고, 이 중 3명의 후보자가 납부한 기탁금 전액 내지 반액을 반환받았다. 기탁금 반환 요건을 완화하면 기본권 제한은 완화되지만, 기탁금 납부 부담 또한 줄게 되어 후보자 난립 방지 및 후보자의 성실성 확보라는 목적은 달성하기 어려울 수 있다. 기탁금 반환 요건을 충족하지 못한 후보자들을 모두 불성실하다고 평할 수 없지만, 이러한 반환 요건을 둔 것은 이를 완화할 경우 우려되는 폐해를 막기 위한 불가피한 선택이자 후보자의 진지성과 성실성을 담보하기 위한 최소한의 제한이다. 따라서 이 사건 기탁금귀속조항은 청구인의 재산권을 침해하지 않는다(헌재 2022.05.26. 2020헌마1219).

20 재산권에 대한 설명으로 옳은 것만을 〈보기〉에서 모두 고르면? (다툼이 있는 경우 판례에 의함)

2024 국회직 8급

ㄱ. 「주택임대차보호법」상 임차인 보호 규정들이 임대인의 재산권을 침해하는지 여부를 심사함에 있어서는 비례의 원칙을 기준으로 심사하되, 보다 강화된 심사기준을 적용하여야 할 것이다.
ㄴ. 구 「민간임대주택에 관한 특별법」의 등록말소조항은 단기민간임대주택과 아파트 장기일반민간임대주택의 임대의무기간이 종료한 날 그 등록이 말소되도록 할 뿐이고, 종전임대사업자가 이미 받은 세제혜택 등을 박탈하는 내용이 없으므로 재산권이 제한된다고 볼 수 없다.
ㄷ. 도로 등 영조물 주변 일정 범위에서 광업권자의 채굴행위를 제한하는 구 「광업법」 조항은 헌법 제23조가 정하는 재산권에 대한 사회적 제약의 범위 내에서 광업권을 제한한 것으로 과잉금지원칙에 위배되지 않고 재산권의 본질적 내용도 침해하지 않는 것이어서 광업권자의 재산권을 침해하지 않는다.
ㄹ. 거주자가 건물을 신축하고 그 신축한 건물의 취득일부터 5년 이내에 해당 건물을 양도하는 경우로서 환산가액을 그 취득가액으로 하는 경우 양도소득 결정세액에 더하여 가산세를 부과하도록 하는 구 「소득세법」 조항은 재산권을 침해한다.
ㅁ. 「공무원연금법」에서 19세 미만인 자녀에 대하여 아무런 제한 없이 퇴직유족연금일시금을 선택할 수 있게 하고 또 그 금액도 다른 유족과 동일한 계산식에 따라 산출하게 한 것은 다른 유족의 재산권을 침해한다.

① ㄱ, ㄹ
② ㄱ, ㅁ
③ ㄴ, ㄷ
④ ㄱ, ㄴ, ㄹ
⑤ ㄴ, ㄷ, ㄹ, ㅁ

지문분석 **난이도** ■■■ **상** | **정답** ③ | **키워드** 재산권 | **출제유형** 판례

ㄱ 【X】 주택 임대차관계에서 임차인의 보호가 주거안정의 보장과 관련하여 중요한 공익적 목적이 되는 점을 고려할 때 주택 재산권에 대하여서도 토지 재산권만큼은 아니라도 상당한 정도의 사회적 구속성이 인정된다 할 것이다. 따라서 입법자는 주택 소유자의 해당 주택에 대한 사용·수익권의 행사 방법과 임대차계약의 내용 및 그 한계를 형성하는 규율을 할 수 있다고 할 것이므로, 주택임대차법상 임차인 보호 규정들이 임대인의 계약의 자유와 재산권을 침해하는지 여부를 심사함에 있어서는 보다 완화된 심사기준을 적용하여야 할 것이다. 따라서 계약갱신요구 조항, 차임증액한도 조항 및 손해배상 조항은 과잉금지원칙에 반하여 청구인들의 계약의 자유와 재산권을 침해한다고 볼 수 없다(헌재 2024.02.28. 2020헌마1343 등).

ㄴ 【O】 임대사업자가 종전 규정에 의한 세제혜택 또는 집값 상승으로 인한 이익 취득이라는 기대를 가졌다 하더라도 이는 당시의 법 제도에 대한 단순한 기대이익에 불과하다. 또한 등록말소조항은 단기민간임대주택과 아파트 장기일반민간임대주택의 임대의무기간이 종료한 날 그 등록이 말소되도록 할 뿐, 여기에 더하여 종전 임대사업자가 이미 받은 세제혜택 등을 박탈하는 내용을 담고 있지 아니하다. 따라서 등록말소조항으로 인해 청구인들의 재산권이 제한된다고 볼 수 없다. 임대사업자의 직업의 자유가 제한된다(헌재 2024.02.28. 2020헌마1482).

ㄷ 【O】 심판대상조항은 광업권이 정당한 토지사용권 등 공익과 충돌하는 것을 조정하는 정당한 입법목적이 있고, 도로와 일정 거리 내에서는 허가 또는 승낙 하에서만 채굴할 수 있도록 하는 것은 적절한 수단이 되며, 정당한 이유 없이 허가 또는 승낙을 거부할 수 없도록 하여 광업권이 합리적인 이유 없이 제한되는 일이 없도록 하므로 최소침해성의 원칙에도 부합하고, 실현하고자 하는 공익과 광업권의 침해 정도를 비교형량할 때 적정한 비례관계가 성립하므로 법익균형성도 충족된다. 결국 심판대상조항은 헌법 제23조가 정하는 재산권에 대한 사회적 제약의 범위 내에서 광업권을 제한한 것으로 비례의 원칙에 위배되지 않고 재산권의 본질적 내용도 침해하지 않는 것이어서 청구인의 재산권을 침해하지 않는다(헌재 2014.02.27. 2010헌바483).

ㄹ 【X】 심판대상조항은 건물을 신축하여 취득한 자가 환산가액 적용을 통하여 양도소득세의 부담을 회피하는 것을 방지하기 위한 것인바 그 입법목적은 정당하고, 해당 납세의무자에게 일정한 금액을 추가로 부과하는 것은 조세회피의 유인을 억제하는 데 기여할 수 있으므로 수단의 적합성도 인정된다. 따라서 심판대상조항은 과잉금지원칙을 위반하여 재산권을 침해하지 아니한다(헌재 2024.02.28. 2020헌가15).

ㅁ 【X】 심판대상조항은 10년 이상 재직한 공무원이 재직 중 사망한 경우 퇴직유족연금에 갈음하여 퇴직유족연금일시금을 지급받을 수 있는 선택권을 미성년 자녀인 유족에게 부여하는 내용의 규정이며, 퇴직유족연금일시금을 선택하는 자녀 외의 다른 유족의 퇴직유족연금 수급권을 제한하는 내용의 규정이 아니다. 따라서 심판대상조항에 따라 자녀인 유족이 퇴직연금일시금을 선택함으로써 결과적으로 다른 유족이 자녀의 퇴직연금 수급권을 이전받지 못하게 된다 하여도 이는 단순한 기대이익을 상실한 것에 불과하고, 이로써 재산권을 제한받는다고 할 수 없다. 따라서 심판대상조항에 대하여 청구인이 주장하는 재산권 침해가 있다고 보기 어렵다(헌재 2024.02.28. 2021헌바141).

2 직업선택의 자유

01 직업선택의 자유와 관련된 헌법재판소의 판시내용으로 가장 적절하지 않은 것은? 2015 경찰 승진

① 안경사의 안경제조행위 및 그 전제가 되는 도수측정행위를 허용하는 것은 안과의사의 의료권과 직업선택의 자유를 침해하는 것이 아니다.

② 초·중·고등학교 등 학교환경위생정화구역 안에서 노래연습장의 설치를 제한하는 것은 직업선택의 자유에 대한 과도한 침해이다.

③ 건설업자가 명의대여행위를 한 경우 그 건설업 등록을 필요적으로 말소하도록 규정한 것은 직업수행의 자유 및 재산권을 침해한다고 할 수 없다.

④ 청소년의 보호를 위하여 담배자판기설치의 제한은 반드시 필요하다고 할 것이고 이로 인하여 담배소매인의 직업 수행의 자유가 다소 제한되더라도 법익형량의 원리상 감수되어야 할 것이다.

지문분석 **난이도** □□■ **하** | **정답** ② | **키워드** 직업선택의 자유 | **출제유형** 판례

① **[O]** 안경사의 업무인 안경조제행위 및 그 전제가 되는 도수측정행위는 국민의 보건 및 의료향상행위로서 그것은 「의료법」 소정의 의료행위와는 별개의 법령에 의하여 안경사에 허용된 업무행위이며 「의료법」을 근거로 해서 그 가부를 논할 성질의 것이 아닐뿐더러, 안경사에게 허용된 자동굴절기기를 사용하여 하는 안경의 조제, 판매까지 안과의사가 전담하는 것이 공익상 필수적인 것이라고 하기는 어렵고, 안경사에게 한정된 범위 내의 시력검사를 허용하고 있는 심판대상규정이 안과의사의 전문적인 의료영역을 정면으로 침해하는 것이라고 할 수는 없고, 나아가 그 규정이 청구인의 직업선택(수행)의 자유를 침해하는 것이라고도 보기 어렵다(헌재 1993.11.25. 92헌마87).

② **[X]** 학생들이 자주 출입하고 학교에서 바라 보이는 학교환경위생정화구역 안에서 노래연습장 시설을 금지하면, 변별력과 의지력이 미약한 「초·중등교육법」상 각 학교(같은 법 제2조 제1호의 유치원은 제외한다)의 학생들을 노래연습장이 갖는 오락적인 유혹으로부터 차단하는 효과가 상당히 크다고 할 것이고, 학교환경위생정화위원회의 심의를 거쳐 학습과 학교보건위생에 나쁜 영향을 주지 않는다고 인정하는 경우에는 위 학교환경위생정화구역 중 상대정화구역 안에서의 노래연습장 시설은 허용되므로, 학교보건법 소정의 학교환경위생정화구역 안에서 노래연습장의 시설·영업을 금지하는 이 사건 시행령에 의한 직업행사 자유의 제한은 그 입법목적 달성을 위하여 필요한 정도를 넘어 과도하게 제한하는 것이라고 할 수 없다. 따라서 이 사건 시행령조항은 직업선택의 자유와 행복추구권으로부터 파생되는 일반적 행동자유권을 침해한 것으로 볼 수 없다(헌재 1999.07.22. 98헌마480).

③ **[O]** 건설업자가 명의대여행위를 한 경우 그 건설업 등록을 필요적으로 말소하도록 한 이 사건 법률조항은 건설업등록제도의 근간을 유지하고 부실공사를 방지하여 국민의 생명과 재산을 보호하려는 것으로 그 목적의 정당성이 인정되고, 또한 등록이 말소된 후에도 5년이 경과하면 다시 건설업등록을 할 수 있도록 하는 등 기본권 제한을 완화하는 규정을 두고 있음을 고려하면 피해최소성의 원칙에도 부합될 뿐 아니라, 유기적 일체로서의 건설공사의 특성으로 말미암아 경미한 부분의 명의대여행위라도 건축물 전체의 부실로 이어진다는 점을 고려할 때 이로 인해 명의대여행위를 한 건설업자가 더 이상 건설업을 영위하지 못하는 등 손해를 입는다고 하더라도 이를 두고 침해되는 사익이 더 중대하다고 할 수는 없으므로 청구인의 직업수행의 자유 및 재산권을 침해한다고 할 수 없다(헌재 2001.03.21. 2000헌바27).

④ **[O]** 자동판매기를 통한 담배판매는 구입자가 누구인지를 분별하는 것이 곤란하여 청소년의 담배구입을 막기 어렵고, 청소년이 쉽게 볼 수 있는 장소에 설치됨으로써 청소년에 대한 흡연유발효과도 매우 크다고 아니할 수 없으므로, 청소년의 보호를 위하여 자판기설치의 제한은 반드시 필요하다고 할 것이고, 이로 인하여 담배소매인의 직업수행의 자유가 다소 제한되더라도 법익형량의 원리상 감수되어야 할 것이다(헌재 1995.04.20. 92헌마264).

02 직업의 자유에 대한 설명으로 가장 적절하지 않은 것은? (다툼이 있는 경우 판례에 의함) 2017 경찰 승진

① 판매를 목적으로 모의총포를 소지하는 행위는 일률적으로 영업활동으로 볼 수는 없지만, 소지의 목적이나 정황에 따라 이를 영업을 위한 준비행위로 보아 영업활동의 일환으로 평가할 수 있으므로 직업의 자유의 보호범위에 포함될 수 있다.

② 변호사시험의 성적 공개를 금지하고 있는 변호사시험법 관련 조항은 변호사시험 합격자에 대하여 그 성적을 공개하지 않도록 규정하고 있을 뿐이고, 이러한 시험 성적의 비공개가 청구인들의 법조인으로서의 직역 선택이나 직업수행에 있어서 어떠한 제한을 두고 있는 것은 아니므로 청구인들의 직업선택의 자유를 제한하고 있다고 볼 수 없다.

③ 직업의 자유를 제한함에 있어서도 다른 기본권과 마찬가지로 헌법 제37조 제2항에서 정한 과잉금지의 원칙은 준수되어야 하므로, 직업수행의 자유를 제한하는 법령에 대한 위헌 여부를 심사하는 데 있어서 좁은 의미의 직업선택의 자유에 비하여 다소 완화된 심사기준을 적용할 수는 없다.

④ 어떠한 직업분야에 관하여 자격제도를 만들면서 그 자격요건을 어떻게 설정할 것인가에 관하여는 국가에게 폭넓은 입법재량권이 부여되어 있으므로, 다른 방법으로 직업의 자유를 제한하는 경우에 비하여 유연하고 탄력적인 심사가 필요하다.

지문분석 **난이도** □■■ 중 | **정답** ③ | **키워드** 직업의 자유 | **출제유형** 판례

① 【O】 판매를 목적으로 모의총포를 소지하는 행위 자체를 일률적으로 영업활동이라 볼 수는 없지만, 그 소지 목적이나 정황적 근거에 따라 소지행위가 영업을 위한 준비행위로서 영업활동의 일환으로 평가될 수 있고, 이 사건 법률조항에 의하여 금지되는 소지행위도 영업으로서 직업의 자유의 보호범위에 포함될 수 있다(헌재 2011.11.24. 2011헌바18).

② 【O】 변호사시험 성적을 합격자에게 공개하지 않도록 규정한 심판대상조항은 변호사시험 합격자에 대하여 그 성적을 공개하지 않도록 규정하고 있을 뿐이고, 이러한 시험 성적의 비공개가 청구인들의 법조인으로서의 직역 선택이나 직업수행에 있어서 어떠한 제한을 두고 있는 것은 아니므로 심판대상조항이 청구인들의 직업선택의 자유를 제한하고 있다고 볼 수 없다(헌재 2015.06.25. 2011헌마769).

③ 【X】 헌법재판소는 직업수행의 자유 제한의 경우에는 입법자의 재량의 여지가 많으므로, 그 제한을 규정하는 법령에 대한 위헌 여부를 심사하는데 있어서 좁은 의미의 직업선택의 자유에 비하여 상대적으로 폭넓은 법률상의 규제가 가능한 것으로 보아 다소 완화된 심사기준을 적용하여 왔다(헌재 2007.05.31. 2003헌마579).

④ 【O】 어떠한 직업분야에 관한 자격제도를 만들면서 그 자격요건을 어떻게 설정할 것인가에 관하여는 국가에게 폭넓은 입법재량권이 부여되어 있는 것이므로 다른 방법으로 직업선택의 자유를 제한하는 경우에 비하여 보다 유연하고 탄력적인 심사가 필요하다 할 것이다(헌재 2003.09.25. 2002헌마519).

03 직업의 자유에 대한 설명으로 옳지 않은 것은? (다툼이 있는 경우 판례에 의함) 2024 국회직 8급

① 「근로기준법」상 근로시간에 대한 주 52시간 상한제 조항은 연장근로 시간에 관한 사용자와 근로자 간의 계약 내용을 제한한다는 측면에서는 사용자와 근로자의 계약의 자유를 제한하고, 근로자를 고용하여 재화나 용역을 제공하는 사용자의 활동을 제한한다는 측면에서는 직업의 자유를 제한한다.

② 중개법인의 임원이 「공인중개사법」을 위반하여 300만 원 이상의 벌금형의 선고를 받고 3년이 지나지 아니한 자에 해당하는 경우 중개법인의 등록을 필요적으로 취소하도록 하는 것은 해당 중개법인의 직업의 자유를 침해한다.

③ 사업주로부터 위임을 받아 고용보험 및 산재보험에 관한 보험사무를 대행할 수 있는 기관의 자격을 일정한 기준을 충족하는 단체 또는 법인, 공인노무사, 세무사로 한정하고 있는 「고용보험 및 산업재해 보상보험의 보험료징수 등에 관한 법률」 조항은 개인 공인회계사의 직업의 자유를 침해한다고 볼 수 없다.

④ 「교육환경 보호에 관한 법률」상의 상대보호구역에서 「게임산업진흥에 관한 법률」상의 '복합유통게임제공업' 시설을 갖추고 영업을 하는 것을 원칙적으로 금지하는 것은 교육환경보호구역 안의 토지나 건물의 임차인 내지 복합유통게임제공업을 영위하고자 하는 자의 직업수행의 자유를 침해하지 아니한다.

⑤ 시내버스운송사업자가 사업계획 가운데 운행대수 또는 운행횟수를 증감하려는 때에는 국토교통부장관 또는 시・도지사의 인가를 받거나 신고하도록 하고 이를 위반한 경우 처벌하는 「여객자동차 운수사업법」 조항은 시내버스운송사업자의 직업수행의 자유를 침해한다고 볼 수 없다.

지문분석 **난이도** ■■■ **상** | **정답** ② | **키워드** 직업선택의 자유 | **출제유형** 판례

① 【O】 주 52시간 상한제조항은 연장근로시간에 관한 사용자와 근로자 간의 계약 내용을 제한한다는 측면에서는 사용자와 근로자의 계약의 자유를 제한하고, 근로자를 고용하여 재화나 용역을 제공하는 사용자의 활동을 제한한다는 측면에서는 직업의 자유를 제한한다. 주 52시간 상한제조항은 과잉금지원칙에 반하여 상시 5명 이상 근로자를 사용하는 사업주인 청구인의 계약의 자유와 직업의 자유, 근로자인 청구인들의 계약의 자유를 침해하지 않는다(헌재 2024.02.28. 2019헌마500).

② 【X】 심판대상조항은 적법하게 중개 업무를 영위할 것으로 기대되는 자들로 하여금 부동산중개업을 운영하게 함으로써 부동산거래시장의 전문성 및 공정성과 이에 대한 국민적 신뢰를 확보하기 위한 것인바, 그와 같은 입법목적은 정당하고, 수단의 적합성도 인정된다. 따라서 심판대상조항은 과잉금지원칙을 위반하여 중개법인의 직업의 자유를 침해하지 않는다(헌재 2024.02.28. 2022헌바109).

③ 【O】 심판대상조항이 규정하고 있는 단체, 법인이나 개인들은 사업주들의 접근이 비교적 용이하거나, 그 공신력과 신용도를 일정 수준 이상 담보할 수 있거나, 그 직무상 보험사무대행업무의 전문성이 있거나, 이미 상당수의 영세 사업장에서 사실상 보험사무대행업무를 수행하여 와서 보험사무대행기관으로 추가할 현실적 필요성이 있었다는 점에서 보험사무대행기관의 범위에 포함될 나름의 합리적인 이유를 갖고 있다고 볼 수 있다. 반면 개인 공인회계사의 경우는 그 직무와 보험사무대행업무 사이의 관련성이 높다고 보기 어렵고, 사업주들의 접근이 용이하다거나 보험사무대행기관으로 추가해야 할 현실적 필요성이 있다고 보기도 어렵다. 따라서 심판대상조항은 과잉금지원칙에 위배되어 청구인들의 직업수행의 자유를 침해한다고 볼 수 없다(헌재 2024.02.28. 2020헌마139).

④ 【O】 상대보호구역 설정조항과 이 사건 금지조항은, 학생들의 주요 활동공간인 학교주변의 일정 지역 중 최소한의 범위를 교육환경보호구역으로 설정하고, 그 구역 안에서는 학생의 보건·위생, 안전, 학습 등에 지장이 없도록 「청소년 보호법」상 청소년 유해업소인 '복합유통게임제공업'을 금지함으로써 학생들이 건강하고 쾌적한 환경에서 교육받을 수 있게 할 목적을 가진 것으로서, 상대보호구역 안에서는 지역위원회의 심의를 거쳐 학습과 교육환경에 나쁜 영향을 주지 아니한다고 인정하는 행위 및 시설은 허용될 수 있으므로, 이 조항으로 인하여 교육환경보호구역 안의 토지나 건물의 임차인 내지 '복합유통게임제공업'을 영위하고자 하는 사람이 받게 되는 직업수행의 자유 및 재산권의 제한은 과도한 것이라고 보기 어려우므로, 과잉금지원칙을 위반하여 직업수행의 자유 및 재산권을 침해하지 아니한다(헌재 2024.01.25. 2021헌바231).

⑤ 【O】 노선을 정하여 여객을 운송하는 시내버스운송사업에서 사업계획 가운데 운행대수 또는 운행횟수의 증감에 관한 사항은 시내버스의 운행거리, 배차간격, 배차시간 등에 영향을 미치는 것으로서, 원활한 운송체계를 확보하고 일반 공중의 교통편의성을 제공하기 위하여 관할관청이 파악해야 하는 필수적인 사항에 해당하고, 이에 이 사건 법률조항은 시내버스운송사업자가 운행대수 또는 운행횟수를 증감하려면 원칙적으로 관할관청으로부터 변경인가를 받도록 하면서도, 국토교통부령이 정하는 경미한 사항의 변경은 관할관청에 대한 신고만으로 사업계획을 변경할 수 있도록 정하고 있는바, 이 사건 법률조항은 직업수행의 자유를 침해하지 아니한다(헌재 2024.01.25. 2020헌마1144).

04 직업의 자유에 대한 설명 중 옳은 것을 모두 고른 것은? (다툼이 있는 경우 판례에 의함) 2018 경찰 승진

㉠ 직업의 선택 혹은 수행의 자유는 주관적 공권의 성격이 두드러진 것이므로 사회적 시장경제질서라고 하는 객관적 법질서의 구성요소가 될 수는 없다.

㉡ 로스쿨에 입학하는 자들에 대하여 학사 전공별, 출신 대학별로 로스쿨 입학정원의 비율을 각각 규정한 법학전문대학원 설치·운영에 관한 법률 조항은 변호사가 되기 위한 과정에 있어 필요한 전문지식을 습득할 수 있는 로스쿨에 입학하는 것을 제한할 뿐이므로 직업선택의 자유를 제한하는 것으로 보기 어렵다.

㉢ 경쟁의 자유는 기본권의 주체가 직업의 자유를 실제로 행사하는데에서 나오는 결과이므로 당연히 직업의 자유에 의하여 보장되고, 다른 기업과의 경쟁에서 국가의 간섭이나 방해를 받지 않고 기업활동을 할 수 있는 자유를 의미한다.

㉣ 이륜자동차를 운전하여 고속도로 또는 자동차전용도로를 통행한 자를 처벌하는 것은 퀵서비스 배달업자들의 직업수행의 자유를 제한하는 것이지만, 사고의 위험성과 사고결과의 중대성에 비추어 이를 기본권 침해라고 볼 수는 없다.

① ㉠　　② ㉢
③ ㉢, ㉣　　④ ㉡, ㉢

지문분석 **난이도** ■■■ 상 | **정답** ② | **키워드** 직업의 자유 | **출제유형** 판례

㉠ 【X】 직업의 선택 혹은 수행의 자유는 각자의 생활의 수요를 충족시키는 방편이 되고 또한 개성신장의 바탕이 된다는 점에서 주관적 공권의 성격이 두드러진 것이기는 하나, 다른 한편 국가의 사회질서와 경제질서가 형성된다는 점에서 사회적 시장경제질서라고 하는 객관적 법질서의 구성요소이기도 하다(헌재 1997.04.24. 95헌마273).
㉡ 【X】 로스쿨에 입학하는 자들에 대하여 학사 전공별로, 그리고 출신 대학별로 로스쿨 입학정원의 비율을 각각 규정한 것은 변호사가 되기 위하여 필요한 전문지식을 습득할 수 있는 로스쿨에 입학하는 것을 제한하는 것이기 때문에 직업교육장 선택의 자유 내지 직업선택의 자유를 제한한다고 할 것이다(헌재 2009.02.26. 2007헌마1262).
㉢ 【O】 경쟁의 자유는 기본권의 주체가 직업의 자유를 실제로 행사하는데에서 나오는 결과이므로 당연히 직업의 자유에 의하여 보장되고, 다른 기업과의 경쟁에서 국가의 간섭이나 방해를 받지 않고 기업활동을 할 수 있는 자유를 의미한다(헌재 1996.12.26. 96헌가18)
㉣ 【X】 이륜자동차 운전자의 고속도로 통행을 금지하는 것은 이륜자동차 운전자가 고속도로 등을 통행하는 것을 금지하고 있을 뿐, 퀵서비스 배달업의 직업수행행위를 직접적으로 제한하는 것이 아니고, 이로 인하여 청구인들이 퀵서비스 배달업의 수행에 지장을 받는 점이 있다고 하더라도, 그것은 고속도로 통행금지로 인하여 발생하는 간접적·사실상의 효과일 뿐이므로 이 사건 법률조항은 청구인들의 직업수행의 자유를 침해하지 않는다(헌재 2008.07.31. 2007헌바90).

05 **헌법상 직업의 자유에 대한 설명으로 가장 적절하지 않은 것은?** (다툼이 있는 경우 헌법재판소 판례에 의함) 2019 경찰 승진

① 직장선택의 자유는 국민의 권리로 보아야 하므로, 외국인은 직장선택의 자유를 향유할 수 없다.
② 직업결정의 자유나 전직의 자유에 비하여 직업수행의 자유에 대하여는 상대적으로 더욱 넓은 법률상의 규제가 가능하다.
③ 직업선택의 자유에는 자신이 원하는 직업 내지 직종에 종사하는데 필요한 전문지식을 습득하기 위한 직업교육장을 임의로 선택할 수 있는 '직업교육장 선택의 자유'도 포함된다.
④ 직업의 자유에 '해당 직업에 합당한 보수를 받을 권리'까지 포함되지 않는다.

지문분석 **난이도** □□■ 하 | **정답** ① | **키워드** 직업의 자유 | **출제유형** 판례

① 【X】 직업의 자유 중 이 사건에서 문제되는 직장 선택의 자유는 인간의 존엄과 가치 및 행복추구권과도 밀접한 관련을 가지는 만큼 단순히 국민의 권리가 아닌 인간의 권리로 보아야 할 것이므로 권리의 성질상 참정권, 사회권적 기본권, 입국의 자유 등과 같이 외국인의 기본권주체성을 전면적으로 부정할 수는 없고, 외국인도 제한적으로라도 직장 선택의 자유를 향유할 수 있다고 보아야 한다(헌재 2011.09.29. 2007헌마1083 등).
② 【O】 직업선택의 자유에는 직업결정의 자유, 직업종사(직업수행)의 자유, 전직의 자유 등이 포함되지만 직업결정의 자유나 전직의 자유에 비하여 직업종사(직업수행)의 자유에 대하여서는 상대적으로 더욱 넓은 법률상의 규제가 가능하다고 할 것이고 따라서 다른 기본권의 경우와 마찬가지로 국가안전보장·질서유지 또는 공공복리를 위하여 필요한 경우에는 제한이 가하여질 수 있는 것은 물론이지만 그 제한의 방법은 법률로써만 가능하고 제한의 정도도 필요한 최소한도에 그쳐야 하는 것 또한 의문의 여지가 없이 자명한 것이다(헌재 1993.05.13. 92헌마80).
③ 【O】 헌법 제15조에 의한 직업선택의 자유라 함은 자신이 원하는 직업 내지 직종을 자유롭게 선택하는 직업선택의 자유 뿐만 아니라 그가 선택한 직업을 자기가 결정한 방식으로 자유롭게 수행할 수 있는 직업수행의 자유를 포함한다. 그리고 직업선택의 자유에는 자신이 원하는 직업 내지 직종에 종사하는데 필요한 전문지식을 습득하기 위한 직업교육장을 임의로 선택할 수 있는 '직업교육장 선택의 자유'도 포함된다(헌재 2009.02.26. 2007헌마1262).

④ 【O】 청구인들은 이 사건 입법부작위로 인하여 직업의 자유, 평등권, 재산권, 행복추구권이 침해되었다고 주장한다. 그런데 시행령이 제정되지 않아 법관, 검사와 같은 보수를 받지 못한다 하더라도, 직업의 자유에 '해당 직업에 합당한 보수를 받을 권리'까지 포함되어 있다고 보기 어려우므로 청구인들의 직업선택이나 직업수행의 자유가 침해되었다고 할 수 없다(헌재 2004.02.26. 2001헌마718).

06 **직업의 자유에 관한 설명 중 가장 적절하지 <u>않은</u> 것은?** (다툼이 있는 경우 판례에 의함) 2020 경찰 승진

① 유치원 주변 학교환경위생 정화구역에서 성관련 청소년유해물건을 제작·생산·유통하는 청소년 유해업소를 예외 없이 금지하는 구 학교보건법 관련조항은 직업의 자유를 침해한 것이다.

② 연락운송 운임수입의 배분에 관한 협의가 성립되지 아니한 때에는 당사자의 신청을 받아 국토교통부장관이 결정한다는 도시철도법 규정은 도시철도운영자들의 행정절차법 에 따른 의견제출이 가능하고 국토부장관의 전문성과 객관성도 인정되므로 운임수입 배분에 관한 별도의 위원회를 구성하지 않는다 하더라도 직업수행의 자유를 침해하지 않는다.

③ 개인이 다수의 직업을 선택하여 동시에 행사하는 겸직의 자유는 직업의 자유에 포함된다.

④ 청원경찰이 법원에서 금고 이상의 형의 선고유예를 받은 경우 당연 퇴직하도록 규정한 조항은 청원경찰의 직업의 자유를 침해한다.

지문분석 **난이도** □□■ **하** | **정답** ① | **키워드** 직업의 자유 | **출제유형** 판례

① 【X】 이 사건 법률조항들은 유치원 주변 및 아직 유아 단계인 청소년을 유해한 환경으로부터 보호하고 이들의 건전한 성장을 돕기 위한 것으로 그 입법목적이 정당하고, 이를 위해서 유치원 주변의 일정구역 안에서 해당 업소를 절대적으로 금지하는 것은 그러한 유해성으로부터 청소년을 격리하기 위하여 필요·적절한 방법이며, 그 범위가 유치원 부근 200미터 이내에서 금지되는 것에 불과하므로, 청구인들의 직업의 자유를 침해하지 아니한다(헌재 2013.06.27. 2011헌바8 등).

② 【O】 국토교통부장관은 도시철도운영자에 대한 감독 및 조정기능을 담당하는 주무관청으로서 전문성과 객관성을 갖추고 있고, 당사자들은 행정절차법에 따라 의견제출이 가능하며, 공청회를 통한 의견 수렴도 가능하므로, 심판대상조항이 별도의 위원회를 구성하여 그 판단을 받도록 규정하지 않았다는 사정만으로 기본권을 덜 제한하는 수단을 간과하였다고 보기 어렵다. 심판대상조항으로 인해 제한되는 직업수행의 자유는 도시철도운영자 등이 연락운송 운임수입 배분을 자율적으로 정하지 못한다는 정도에 그치나, 이를 통해 달성되는 공익은 도시교통 이용자의 편의 증진에 이바지하는 것으로서 위와 같은 불이익에 비하여 더 중대하다. 따라서 심판대상조항은 과잉금지원칙을 위반하여 도시철도운영자 등의 직업수행의 자유를 침해하였다고 볼 수 없다(헌재 2019.06.28. 2017헌바135).

③ 【O】 헌법 제15조는 모든 국민은 직업선택의 자유를 가진다고 규정하고 있는데 그 뜻은 누구든지 자기가 선택한 직업에 종사하여 이를 영위하고 언제든지 임의로 그것을 바꿀 수 있는 자유와 여러 개의 직업을 선택하여 동시에 함께 행사할 수 있는 자유, 즉 겸직의 자유도 가질 수 있다는 것이다(헌재 1997.04.24. 95헌마90).

④ 【O】 심판대상조항은 청원경찰이 저지른 범죄의 종류나 내용을 불문하고 금고 이상의 형의 선고유예를 받게 되면 당연히 퇴직되도록 규정함으로써 청원경찰에게 공무원보다 더 가혹한 제재를 가하고 있으므로, 침해의 최소성 원칙에 위배된다. 심판대상조항은 청원경찰이 저지른 범죄의 종류나 내용을 불문하고 범죄행위로 금고 이상의 형의 선고유예를 받게 되면 당연히 퇴직되도록 규정함으로써 그것이 달성하려는 공익의 비중에도 불구하고 청원경찰의 직업의 자유를 과도하게 제한하고 있어 법익의 균형성 원칙에도 위배된다. 따라서, 심판대상조항은 과잉금지원칙에 반하여 직업의 자유를 침해한다(헌재 2018.01.25. 2017헌가26).

07 직업의 자유에 관한 설명으로 가장 적절하지 않은 것은? (다툼이 있는 경우 판례에 의함) 2023 경찰 2차

① 사회복무요원은 출·퇴근 근무를 원칙으로 하며 퇴근 이후에는 상대적으로 자유로운 생활관계를 형성하고 있는바, 사회복무요원이 '복무기관의 장의 허가 없이 다른 직무를 겸하는 행위'를 한 경우 경고처분하고, 경고처분 횟수가 더하여질 때마다 5일을 연장하여 복무하도록 하는 「병역법」 제33조 제2항은 사회복무요원인 청구인의 직업의 자유를 침해한다.

② 시설경비업을 허가받은 경비업자로 하여금 '허가받은 경비업무 외의 업무에 경비원을 종사하게 하는 것'을 금지하고, 이를 위반한 경비업자에 대한 허가를 취소하도록 정하고 있는 「경비업법」 제7조 제5항 중 '시설경비업무'에 관한 부분, 같은 법 제19조 제1항 제2호 중 '시설경비업무'에 관한 부분은 과잉금지원칙에 위반하여 시설경비업을 수행하는 경비업자의 직업의 자유를 침해한다.

③ 시각장애인만이 안마사 자격인정을 받을 수 있도록 규정한 「의료법」 제82조 제1항 중 '「장애인복지법」에 따른 시각장애인 중' 부분, 시·도지사로부터 안마사 자격인정을 받지 아니한 자는 안마시술소 또는 안마원을 개설할 수 없도록 규정한 「의료법」 제82조 제3항 중 제33조 제2항 제1호를 준용하는 부분은 비시각장애인인 청구인의 직업선택의 자유를 침해한다고 볼 수 없다.

④ 변호사의 자격이 있는 자에게 더 이상 세무사 자격을 부여하지 않는 구 「세무사법」 조항은 시행일 이후 변호사 자격을 취득한 청구인의 직업선택의 자유를 침해한다고 볼 수 없다.

지문분석 **난이도** □■■ **중** | **정답** ① | **키워드** 직업의 자유 | **출제유형** 판례

① 【X】 사회복무요원이 복무기관의 장의 허가 없이 다른 직무를 겸하는 행위를 한 경우 경고처분하고 경고처분 횟수가 더하여질 때마다 5일을 연장하여 복무하도록 하는 「병역법」 제33조 제2항 본문 제4호 후단은 사회복무요원인 청구인의 직업의 자유 내지 일반적 행동자유권을 침해하지 않는다(헌재 2022.09.29. 2019헌마938).

② 【O】 심판대상조항은 시설경비업을 허가받은 경비업자로 하여금 허가받은 경비업무 외의 업무에 경비원을 종사하게 하는 것을 금지하고, 이를 위반한 경비업자에 대한 허가를 취소함으로써 시설경비업무에 종사하는 경비원으로 하여금 경비업무에 전념하게 하여 국민의 생명·신체 또는 재산에 대한 위험을 방지하고자 하는 것으로 입법목적의 정당성 및 수단의 적합성은 인정된다. 그러나 심판대상조항은 침해의 최소성에 위배되고, 경비업무의 전념성을 중대하게 훼손하지 않는 경우에도 경비원에게 비경비업무를 수행하도록 하면 허가받은 경비업 전체를 취소하도록 하여 경비업을 전부 영위할 수 없도록 하는 것은 법익의 균형성에도 반한다. 따라서 심판대상조항은 과잉금지원칙에 위반하여 시설경비업을 수행하는 경비업자의 직업의 자유를 침해한다(헌재 2023.03.23. 2020헌가19).

③ 【O】 시각장애인만이 안마사 자격인정을 받을 수 있도록 규정한 「의료법」 제82조 제1항 중 '「장애인복지법」에 따른 시각장애인 중' 부분, 시·도지사로부터 안마사 자격인정을 받지 아니한 자는 안마시술소 또는 안마원을 개설할 수 없도록 규정한 「의료법」 제82조 제3항 중 제33조 제2항 제1호를 준용하는 부분이 비시각장애인인 청구인들의 직업선택의 자유와 평등권을 침해하지 않는다(헌재 2021.12.23. 2019헌마656).

④ 【O】 변호사의 자격이 있는 자에게 더 이상 세무사 자격을 부여하지 않는 이 사건 법률조항이 과잉금지원칙에 반하여 청구인들의 직업선택의 자유를 침해한다고 볼 수 없다(헌재 2021.07.15. 2018헌마279).

PART · 02

08 직업의 자유에 대한 설명으로 가장 적절하지 않은 것을 모두 고른 것은? (다툼이 있는 경우 판례에 의함) 2021 경찰 승진

㉠ 운전면허를 받은 사람이 자동차등을 이용하여 살인 또는 강간 등 범죄행위를 한 때 필요적으로 운전면허를 취소하도록 규정한 구 「도로교통법」 조항은 직업의 자유를 침해한다. ㉡ 청원경찰이 금고 이상의 형의 선고유예를 받은 경우 당연 퇴직되도록 규정한 「청원경찰법」 조항은 청원경찰의 직업의 자유를 침해하지 않는다. ㉢ 제조업의 직접생산공정업무를 근로자파견의 대상 업무에서 제외하는 파견근로자보호 등에 관한 법률 조항은 사용사업주의 직업수행의 자유를 침해한다. ㉣ 성인대상 성범죄로 형을 선고받아 확정된 자에게 그 형의 집행을 종료한 날부터 10년 동안 의료기관을 개설하거나 의료기관에 취업할 수 없도록 한 「아동·청소년의 성보호에 관한 법률」 조항은 직업선택의 자유를 침해한다.

① ㉠, ㉡
② ㉠, ㉣
③ ㉡, ㉢
④ ㉢, ㉣

지문분석 **난이도** ■■■ 상 | **정답** ③ | **키워드** 직업의 자유 | **출제유형** 판례

㉠ **[O]** 심판대상조항은 이에 그치지 아니하고 자동차 등을 이용하여 살인 또는 강간 등 행정안전부령이 정하는 범죄행위를 하기만 하면 범죄행위의 유형, 운전자의 형사처벌 여부, 자동차등이 이용된 범죄의 경중이나 그 위법성의 정도, 자동차등의 당해 범죄행위에 대한 기여도, 당해 범죄행위에 이르게 된 경위 등 제반사정을 전혀 고려할 여지없이 필요적으로 운전면허를 취소하도록 규정하고 있다. 그렇다면 임의적 운전면허 취소 또는 정지제도만으로도 철저한 단속, 엄격한 법집행 등을 함으로써 자동차등을 이용한 범죄의 근절이라는 입법목적을 효과적으로 달성할 수 있다. 따라서 심판대상조항은 침해의 최소성 원칙에 위반된다. 따라서 심판대상조항은 직업의 자유 내지 일반적 행동의 자유를 침해하여 헌법에 위반된다(헌재 2015.05.28. 2013헌가6).

㉡ **[X]** 심판대상조항은 청원경찰이 저지른 범죄의 종류나 내용을 불문하고 범죄행위로 금고 이상의 형의 선고유예를 받게 되면 당연히 퇴직되도록 규정함으로써 그것이 달성하려는 공익의 비중에도 불구하고 청원경찰의 직업의 자유를 과도하게 제한하고 있어 법익의 균형성 원칙에도 위배된다. 따라서, 심판대상조항은 과잉금지원칙에 반하여 직업의 자유를 침해한다(헌재 2018.01.25. 2017헌가26).

㉢ **[X]** 심판대상조항은 제조업의 핵심 업무인 직접생산공정업무의 적정한 운영을 기하고 근로자에 대한 직접고용 증진 및 적정임금 지급을 보장하기 위한 것으로 입법목적의 정당성 및 수단의 적합성이 인정된다. 또한, 제조업의 직접생산공정업무의 적정한 운영, 근로자의 직접고용 증진 및 적정임금 보장이라는 공익이 사용사업주가 제조업의 직접생산공정업무에 관하여 근로자파견의 역무를 제공받지 못하는 직업수행의 자유 제한에 비하여 작다고 볼 수 없으므로, 법익의 균형성도 충족된다. 따라서 심판대상조항이 제조업의 직접생산공정업무에 관하여 근로자파견의 역무를 제공받고자 하는 사업주의 직업수행의 자유를 침해한다고 볼 수 없다(헌재 2017.12.28. 2016헌바346).

㉣ **[O]** 이 사건 법률조항은 오직 성범죄 전과에 기초해 10년이라는 일률적인 기간 동안 취업제한의 제재를 부과하며, 이 기간 내에는 취업제한 대상자가 그러한 제재로부터 벗어날 수 있는 어떠한 기회도 존재하지 않는 점, 재범의 위험에 대한 사회적 차원의 대처가 필요하다 해도 이 위험의 경중에 대한 고려가 있어야 하는 점 등에 비추어 침해의 최소성 요건을 충족했다고 보기 힘들다. 이상과 같이 이 사건 법률조항은 그 목적의 정당성, 수단의 적합성이 인정되지만, 침해의 최소성과 법익의 균형성 원칙에 위반되어 청구인들의 직업선택의 자유를 침해한다(헌재 2014.01.28. 2012헌마431 등).

09 **직업의 자유에 대한 설명으로 가장 적절하지 않은 것은?** (다툼이 있는 경우 판례에 의함) 2021 경찰 승진

① 직업의 자유에는 해당 직업에 대한 합당한 보수를 받을 권리까지 포함되어 있다고 보기 어려우므로 자신이 원하는 수준보다 적은 보수를 법령에서 규정하고 있다고 하여 직업선택이나 직업수행의 자유가 침해된다고 할 수 없다.

② 국가정책에 따라 정부의 허가를 받은 외국인은 정부가 허가한 범위 내에서 소득활동을 할 수 있는 것이므로, 외국인이 국내에서 누리는 직업의 자유는 헌법에 의해서 부여된 기본권이 아닌 법률에 따른 정부의 허가에 의해 비로소 발생하는 권리이다.

③ 직업선택의 자유에는 자신이 원하는 직업 내지 직종에 종사하는데 필요한 전문지식을 습득하기 위한 직업교육장을 임의로 선택할 수 있는 '직업교육장 선택의 자유'도 포함된다.

④ 직장 선택의 자유는 인간의 존엄과 가치 및 행복추구권과도 밀접한 관련을 가지는 만큼 단순히 국민의 권리가 아닌 인간의 권리이기 때문에, 외국인도 국내에서 제한 없이 직장 선택의 자유를 향유할 수 있다고 보아야 한다.

지문분석 **난이도** □■■ 중 | **정답** ④ | **키워드** 직업의 자유 | **출제유형** 판례

① 【O】 직업의 자유에 '해당 직업에 합당한 보수를 받을 권리'까지 포함되어 있다고 보기 어려우므로 이 사건 법령조항이 청구인이 원하는 수준 보다 적은 봉급월액을 규정하고 있다고 하여 이로 인해 청구인의 직업선택이나 직업수행의 자유가 침해되었다고 할 수 없고, 위 조항은 경찰공무원인 경장의 봉급표를 규정한 것으로서 개성신장을 위한 행복추구권의 제한과는 직접적인 관련이 없으므로, 청구인의 위 주장들은 모두 이유 없다(헌재 2008.12.26. 2007헌마444).

② 【O】 이와 같이 헌법에서 인정하는 직업의 자유는 원칙적으로 대한민국 국민에게 인정되는 기본권이지, 외국인에게 인정되는 기본권은 아니다. 국가 정책에 따라 정부의 허가를 받은 외국인은 정부가 허가한 범위 내에서 소득활동을 할 수 있는 것이므로, 외국인이 국내에서 누리는 직업의 자유는 법률 이전에 헌법에 의해서 부여된 기본권이라고 할 수는 없고, 법률에 따른 정부의 허가에 의해 비로소 발생하는 권리이다(헌재 2014.08.28. 2013헌마359).

③ 【O】 헌법 제15조에 의한 직업선택의 자유라 함은 자신이 원하는 직업 내지 직종을 자유롭게 선택하는 직업선택의 자유뿐만 아니라 그가 선택한 직업을 자기가 결정한 방식으로 자유롭게 수행할 수 있는 직업수행의 자유를 포함한다. 그리고 직업선택의 자유에는 자신이 원하는 직업 내지 직종에 종사하는데 필요한 전문지식을 습득하기 위한 직업교육장을 임의로 선택할 수 있는 '직업교육장 선택의 자유'도 포함된다(헌재 2009.02.26. 2007헌마1262).

④ 【X】 직업의 자유 중 이 사건에서 문제되는 직장 선택의 자유는 인간의 존엄과 가치 및 행복추구권과도 밀접한 관련을 가지는 만큼 단순히 국민의 권리가 아닌 인간의 권리로 보아야 할 것이므로 외국인도 제한적으로라도 직장 선택의 자유를 향유할 수 있다고 보아야 한다. 청구인들이 이미 적법하게 고용허가를 받아 적법하게 우리나라에 입국하여 우리나라에서 일정한 생활관계를 형성, 유지하는 등, 우리 사회에서 정당한 노동인력으로서의 지위를 부여받은 상황임을 전제로 하는 이상, 이 사건 청구인들에게 직장 선택의 자유에 대한 기본권 주체성을 인정할 수 있다 할 것이다(헌재 2011.09.29. 2007헌마1083 등).

10 직업의 자유에 대한 설명으로 옳지 않은 것은? (다툼이 있는 경우 판례에 의함) 2020 지방직 7급

① 전문과목을 표시한 치과의원은 그 표시한 전문과목에 해당하는 환자만을 진료하여야 한다고 규정한 「의료법」 제77조 제3항은 과잉금지원칙을 위배하여 치과전문의인 청구인들의 직업수행의 자유를 침해한다.

② 법인의 임원이 학원의 설립·운영 및 과외교습에 관한 법률을 위반하여 벌금형을 선고받은 경우, 법인의 등록이 효력을 잃도록 규정하는 것은 과잉금지원칙을 위배하여 법인의 직업수행의 자유를 침해한다.

③ 헌법 제15조에서 보장하는 직업이란 생활의 기본적 수요를 충족시키기 위하여 행하는 계속적인 소득활동을 의미하고, 성매매는 그것이 가지는 사회적 유해성과는 별개로 성판매자의 입장에서 생활의 기본적 수요를 충족하기 위한 소득활동에 해당함을 부인할 수 없으나, 성매매자를 처벌하는 것은 과잉금지원칙에 반하지 않는다.

④ 변호사시험의 응시기회를 법학전문대학원의 석사학위 취득자의 경우 석사학위를 취득한 달의 말일부터 또는 석사학위 취득 예정자의 경우 그 예정기간 내 시행된 시험일부터 5년 내에 5회로 제한한 변호사시험법 규정은 응시기회의 획일적 제한으로 청구인들의 직업선택의 자유를 침해한다.

지문분석 **난이도** ■■■ **상** | **정답** ④ | **키워드** 직업의 자유 | **출제유형** 판례

① **[O]** 치과의원의 치과전문의가 표시한 전문과목 이외의 영역에서 치과일반의로서의 진료도 전혀 하지 못하는 데서 오는 사적인 불이익은 매우 크므로, 심판대상조항은 과잉금지원칙에 위배되어 청구인들의 직업수행의 자유를 침해한다(헌재 2015.05.28. 2013헌마799).

② **[O]** 이 사건 등록실효조항은 법인의 임원이 「학원법」을 위반하여 벌금형을 선고받으면 일률적으로 법인의 등록을 실효시키고 있고, 법인으로서는 대표자인 임원이건 그렇지 아니한 임원이건 모든 임원 개개인의 학원법위반 범죄와 형사처벌 여부를 항시 감독하여야만 등록의 실효를 면할 수 있게 되므로 학원을 설립하고 운영하는 법인에게 지나치게 과중한 부담을 지우고 있다. 또한 이로 인하여 법인의 등록이 실효되면 해당 임원이 더 이상 임원직을 수행할 수 없게 될 뿐 아니라, 학원법인 소속 근로자는 모두 생계의 위협을 받을 수 있으며, 갑작스러운 수업의 중단으로 학습자 역시 불측의 피해를 입을 수밖에 없으므로 이 사건 등록실효조항은 학원법인의 직업수행의 자유를 침해한다(헌재 2015.05.28. 2012헌마653).

③ **[O]** 헌법 제15조에서 보장하는 '직업'이란 생활의 기본적 수요를 충족시키기 위하여 행하는 계속적인 소득활동을 의미하고, 성매매는 그것이 가지는 사회적 유해성과는 별개로 성판매자의 입장에서 생활의 기본적 수요를 충족하기 위한 소득활동에 해당함을 부인할 수 없다 할 것이므로, 심판대상조항은 성판매자의 직업선택의 자유도 제한하고 있다. 심판대상조항은 개인의 성적 자기결정권, 사생활의 비밀과 자유, 직업선택의 자유를 침해하지 아니한다(헌재 2016.03.31. 2013헌가2).

④ **[X]** 장기간의 시험 준비로 인력 낭비가 문제되었던 사법시험의 폐해를 극복하고 교육을 통하여 법조인을 양성한다는 법학전문대학원의 도입취지를 살리기 위하여 응시기회에 제한을 두어 시험 합격률을 일정 비율로 유지하고, 법학전문대학원의 교육이 끝난 때로부터 일정기간 동안만 시험에 응시할 수 있게 한 것은 정당한 입법목적을 달성하기 위한 적절한 수단이다. 따라서 위 조항은 청구인들의 직업선택의 자유를 침해하지 아니한다(헌재 2016.09.29. 2016헌마47 등).

11 직업의 자유에 대한 설명으로 옳은 것은? (다툼이 있는 경우 헌법재판소 판례에 의함) 2017 국가직 7급 하반기

① 운전면허를 받은 사람이 다른 사람의 자동차를 훔친 경우 운전면허를 필요적으로 취소하게 하는 것은, 자동차 운행과정 에서 야기될 수 있는 교통상 위험과 장해를 방지함으로써 안전하고 원활한 교통을 확보하기 위한 것으로서, 자동차 절도라는 불법의 정도에 상응하는 제재수단에 해당하여 직업의 자유를 침해하지 않는다.

② 허위로 진료비를 청구해서 환자나 진료비 지급기관 등을 속여 사기죄로 금고 이상 형을 선고받고 그 형의 집행이 종료되지 아니하였거나 집행을 받지 않기로 확정되지 않은 의료인에 대하여 필요적으로 면허를 취소하도록 하는 것은, 의료인이 의료관련범죄로 인하여 형사처벌을 받는 경우 당해 의료인에 대한 국민의 신뢰가 손상될 수 있는 것을 방지하기 위한 것이지만, 의료인의 불법의 정도에 상응하는 제재수단을 선택할 수 있도록 임의적 면허취소 내지 면허정지를 규정해도 충분히 목적달성이 가능하므로, 과도하게 의료인의 직업의 자유를 침해하는 것이다.

③ 「마약류 관리에 관한 법률」을 위반하여 금고 이상의 실형을 선고받고, 그 집행이 끝나거나 면제된 날부터 20년이 지나지 않은 것을 택시운송사업의 종사자격의 결격사유 및 취소사유로 정하는 것은, 국민의 생명, 신체, 재산을 보호하고 시민들의 택시이용에 대한 불안감을 해소하며 도로교통에 관한 공공 안전을 확보하기 위한 것으로서, 택시의 특수성을 고려하면 장기간 동안 택시운송사업의 종사자격을 제한하는 것은 직업의 자유를 침해하지 아니한다.

④ 법인의 임원이 「학원의 설립 · 운영 및 과외교습에 관한 법률」을 위반하여 벌금형을 선고받은 경우 법인에 대한 학원설립 · 운영 등록이 효력을 잃도록 한 법률규정은, 학원을 설립하고 운영하는 법인에게 지나치게 과중한 부담을 지우고 있고, 이로 인하여 법인의 등록이 실효되면 해당 임원이 더 이상 임원직을 수행할 수 없게 될 뿐 아니라, 갑작스러운 수업의 중단으로 학습자 역시 불측의 피해를 입을 수밖에 없게 되어 학원법인의 직업수행의 자유를 침해한다.

지문분석 **난이도** ■■■ **상** | **정답** ④ | **키워드** 직업의 자유 | **출제유형** 판례

① 【X】 자동차 절취행위에 이르게 된 경위, 행위의 태양, 당해 범죄의 경중이나 그 위법성의 정도, 운전자의 형사처벌 여부 등 제반사정을 고려할 여지를 전혀 두지 아니한 채 다른 사람의 자동차등을 훔친 모든 경우에 필요적으로 운전면허를 취소하는 것은, 그것이 달성하려는 공익의 비중에도 불구하고 운전면허 소지자의 직업의 자유 내지 일반적 행동의 자유를 과도하게 제한하는 것이다. 그러므로 심판대상조항은 직업의 자유 내지 일반적 행동의 자유를 침해한다(헌재 2017.05.25. 2016헌가6).

② 【X】 허위로 진료비를 청구해서 환자나 진료비 지급기관 등을 속여 사기죄로 금고 이상 형을 선고받고 그 형의 집행이 종료되지 아니하였거나 집행을 받지 않기로 확정되지 않은 의료인에 대하여 필요적으로 면허를 취소하도록 하는 것은 과잉금지원칙에 위배되어 의료인의 직업의 자유를 침해한다고 볼 수 없다(헌재 2017.06.29. 2016헌바394).

③ 【X】 「마약류 관리에 관한 법률」을 위반하여 금고 이상의 실형을 선고받고, 그 집행이 끝나거나 면제된 날부터 20년이 지나지 않은 것을 택시운송사업의 종사자격의 결격사유 및 취소사유로 정하는 것은, 구체적 사안의 개별성과 특수성을 고려할 수 있는 여지를 일체 배제하고 그 위법의 정도나 비난 가능성의 정도가 미약한 경우까지도 획일적으로 20년이라는 장기간 동안 택시운송사업의 운전업무 종사자격을 제한하는 것이므로 침해의 최소성 원칙에 위배되며, 법익의 균형성 원칙에도 반한다. 따라서 심판대상조항은 청구인들의 직업선택의 자유를 침해한다(헌재 2015.12.23. 2014헌바446).

④ 【O】 사회통념상 벌금형을 선고받은 피고인에 대한 사회적 비난가능성이 그리 높다고 보기 어려운데도, 이 사건 등록실효조항은 법인의 임원이 학원법을 위반하여 벌금형을 선고받으면 일률적으로 법인의 등록을 실효시키고 있고, 법인으로서는 대표자인 임원이건 그렇지 아니한 임원이건 모든 임원 개개인의 학원법위반범죄와 형사처벌 여부를 항시 감독하여야만 등록의 실효를 면할 수 있게 되므로 학원을 설립하고 운영하는 법인에게 지나치게 과중한 부담을 지우고 있다. 그러므로 법인의 임원이 학원의 설립·운영 및 과외교습에 관한 법률을 위반하여 벌금형을 선고받은 경우 법인에 대한 학원설립·운영 등록이 효력을 잃도록 한 법률규정은 학원법인의 직업수행의 자유를 침해한다(헌재 2015.05.28. 2012헌마653).

12 직업의 자유에 대한 설명으로 옳지 않은 것은? (다툼이 있는 경우 헌법재판소의 판례에 의함)

2017 국회직 8급

① 20년 이상 관세행정 분야에서 근무한 자에게 일정한 절차를 거쳐 관세사 자격을 부여한 구 관세사법 규정은 헌법에 위반되지 않는다.

② 복수면허 의료인들에게 단수면허 의료인과 같이 하나의 의료기관만을 개설할 수 있다고 한 법률조항은 '다른 것을 같게' 대우하는 것으로 합리적인 이유를 찾기 어렵다.

③ 성적목적 공공장소침입죄로 형을 선고받아 확정된 자로 하여금 그 형의 집행을 종료한 날부터 10년 동안 의료기관을 제외한 아동·청소년 관련기관 등을 개설하거나 그에 취업할 수 없도록 하는 것은 직업선택의 자유를 침해한다.

④ 초등학교, 중학교, 고등학교의 학교환경위생정화구역 내에서의 당구장시설을 제한하면서 예외적으로 학습과 학교보건위생에 나쁜 영향을 주지 않는다고 인정하는 경우에 한하여 당구장 시설을 허용하도록 하는 것은 과도하게 직업의 자유를 침해한다.

⑤ 「마약류 관리에 관한 법률」을 위반하여 금고 이상의 실형을 선고받고 그 집행이 끝나거나 면제된 날부터 20년이 지나지 아니한 것을 택시운송사업의 운전업무 종사자격의 결격사유 및 취소사유로 정한 구 여객자동차 운수사업법 조항은 직업선택의 자유를 침해한다.

지문분석 **난이도** □■■ **중** | **정답** ④ | **키워드** 직업의 자유 | **출제유형** 판례

① 【O】 관세사자격을 부여함에 있어 공개경쟁시험제도를 통한 자격부여 이외에 20년 이상을 관세행정 분야에서 근무한 자라면 관세사로서의 직무수행을 위한 전문지식이 있다고 보아 일반직공무원으로 20년 이상 관세행정에 종사한 자에게 일정한 절차를 거쳐 관세사자격을 부여하는 특별전형제도도 아울러 택한 입법자의 정책적 판단은 입법목적의 정당성과 수단의 합리성이 인정되므로 전문분야 자격제도에 대한 입법형성권의 범위를 넘는 명백히 불합리한 것이라고 볼 수 없다(헌재 2001.01.18. 2000헌마364).

② 【O】 복수면허 의료인은 의과 대학과 한의과 대학을 각각 졸업하고, 의사와 한의사 자격 국가고시에 모두 합격하였다. 따라서 단수면허 의료인에 비하여 양방 및 한방의 의료행위에 대하여 상대적으로 지식 및 능력이 뛰어나거나, 그가 행하는 양방 및 한방의 의료행위의 내용과 그것이 인체에 미치는 영향 등에 대하여도 상대적으로 더 유용한 지식과 정보를 취득하고 이를 분석하여 적절하게 대처할 수 있다고 평가될 수 있다. 복수면허 의료인들에게 단수면허 의료인과 같이 하나의 의료기관만을 개설할 수 있다고 한 것은 '다른 것을 같게' 대우하는 것으로 합리적인 이유를 찾기 어렵다(헌재 2007.12.27. 2004헌마1021).

③ 【O】 취업제한조항이 성적목적 공공장소침입죄 전력만으로 그가 장래에 동일한 유형의 범죄를 저지를 것을 당연시하고, 10년 동안 일률적인 취업제한을 하고 있는 것은 침해의 최소성 원칙과 법익의 균형성 원칙에 위배된다. 따라서 성적목적 공공장소침입죄로 형을 선고받아 확정된 자로 하여금 그 형의 집행을 종료한 날부터 10년 동안 의료기관을 제외한 아동·청소년 관련기관 등을 개설하거나 그에 취업할 수 없도록 하는 취업제한조항은 직업선택의 자유를 침해한다(헌재 2016.10.27. 2014헌마709).

④ 【X】 초등학교, 중학교, 고등학교 기타 이와 유사한 교육기관의 경계선으로부터 200미터 이내에 설정되는 학교환경위생정화구역 내에서의 당구장시설을 제한하면서 예외적으로 학습과 학교보건위생에 나쁜 영향을 주지 않는다고 인정하는 경우에 한하여 당구장시설을 허용하도록 하는 것은 기본권 제한의 입법목적, 기본권 제한의 정도, 입법목적 달성의 효과 등에 비추어 필요한 정도를 넘어 과도하게 직업 (행사) 의 자유를 침해하는 것이라 할 수 없다(헌재 1997.03.27. 94헌마196).

⑤ 【O】 「마약류 관리에 관한 법률」을 위반하여 금고 이상의 실형을 선고받고 그 집행이 끝나거나 면제된 날부터 20년이 지나지 아니한 것을 택시운송사업의 운전업무 종사자격의 결격사유 및 취소사유로 정한 심판대상조항은 구체적 사안의 개별성과 특수성을 고려할 수 있는 여지를 일체 배제하고 그 위법의 정도나 비난 가능성의 정도가 미약한 경우까지도 획일적으로 20년이라는 장기간 동안 택시운송사업의 운전업무 종사자격을 제한하는 것이므로 침해의 최소성 원칙에 위배되며, 법익의 균형성 원칙에도 반한다. 따라서 직업선택의 자유를 침해한다(헌재 2015.12.23. 2014헌바446).

13 직업의 자유에 관한 설명 중 옳지 않은 것은? (다툼이 있는 경우 판례에 의함) 2017 변호사

① 직업의 개념표지 가운데 '계속성'과 관련하여서는 주관적으로 활동의 주체가 어느 정도 계속적으로 해당 소득활동을 영위할 의사가 있고, 객관적으로도 그러한 활동이 계속성을 띨 수 있으면 족한 것으로 휴가기간 중에 하는 일, 수습직으로서의 활동 따위도 포함된다.

② 국가 정책에 따라 정부의 허가를 받은 외국인은 정부가 허가한 범위 내에서 소득활동을 할 수 있는 것이므로, 외국인이 국내에서 누리는 직업의 자유는 법률 이전에 헌법에 의해서 부여된 기본권이라고 할 수는 없고, 법률에 따른 정부의 허가에 의해 비로소 발생하는 권리이다.

③ 직업의 자유에는 '해당 직업에 합당한 보수를 받을 권리'까지 포함되어 있어서 노동자는 동일하거나 동급, 동질의 유사 다른 직업군에서 수령하는 보수에 상응하는 보수를 요구할 수 있다.

④ 의료인이 '치료효과를 보장하는 등 소비자를 현혹할 우려가 있는 내용의 광고'를 한 경우 형사처벌하도록 규정한 「의료법」 조항은 의료인의 표현의 자유뿐만 아니라 직업수행의 자유도 동시에 제한한다.

⑤ 성인 대상 성범죄로 형을 선고받아 확정된 자로 하여금 그 형의 집행을 종료한 날부터 10년 동안 의료기관에 취업할 수 없도록 한 것은, 일정한 직업을 선택함에 있어 기본권 주체의 능력과 자질에 따른 제한이므로 이른바 '주관적 요건에 의한 좁은 의미의 직업선택의 자유'에 대한 제한에 해당한다.

지문분석 **난이도** □■■ **중** | **정답** ③ | **키워드** 직업의 자유 | **출제유형** 판례

① 【O】 직업의 개념표지들은 개방적 성질을 지녀 엄격하게 해석할 필요는 없는바, '계속성'과 관련하여서는 주관적으로 활동의 주체가 어느 정도 계속적으로 해당 소득활동을 영위할 의사가 있고, 객관적으로도 그러한 활동이 계속성을 띨 수 있으면 족하다고 해석되므로 휴가기간 중에 하는 일, 수습직으로서의 활동 따위도 이에 포함된다(헌재 2003.09.25. 2002헌마519).

② 【O】 국가 정책에 따라 정부의 허가를 받은 외국인은 정부가 허가한 범위 내에서 소득활동을 할 수 있는 것이므로, 외국인이 국내에서 누리는 직업의 자유는 법률 이전에 헌법에 의해서 부여된 기본권이라고 할 수는 없고, 법률에 따른 정부의 허가에 의해 비로소 발생하는 권리이다(헌재 2014.08.28. 2013헌마359).

③ 【X】 직업의 자유에 '해당 직업에 합당한 보수를 받을 권리'까지 포함되어 있다고 보기 어렵다(헌재 2004.02.26. 2001헌마718).

④ 【O】 광고물은 사상 · 지식 · 정보 등을 불특정 다수인에게 전파하는 것으로서 헌법 제21조 제1항이 보장하는 언론 · 출판의 자유에 의해 보호받는 대상이 되므로, 의료광고를 규제하는 심판대상조항은 청구인의 표현의 자유를 제한한다. 또한, 헌법 제15조는 직업수행의 자유 내지 영업의 자유를 포함하는 직업의 자유를 보장하고 있는바, 의료인 등이 의료서비스를 판매하는 영업활동의 중요한 수단이 되는 의료광고를 규제하는 심판대상조항은 직업수행의 자유도 동시에 제한한다. 의료법인 · 의료기관 또는 의료인이 '치료효과를 보장하는 등 소비자를 현혹할 우려가 있는 내용의 광고'를 한 경우 형사처벌하도록 규정한 「의료법」 조항은 과잉금지원칙을 위배하여 의료인 등의 표현의 자유나 직업수행의 자유를 침해한다고 볼 수 없다(헌재 2014.09.25. 2013헌바28).

⑤ 【O】 성인 대상 성범죄로 형을 선고받아 확정된 자로 하여금 그 형의 집행을 종료한 날부터 10년 동안 의료기관에 취업할 수 없도록 한 것은, 일정한 직업을 선택함에 있어 기본권 주체의 능력과 자질에 따른 제한이므로 이른바 '주관적 요건에 의한 좁은 의미의 직업선택의 자유'에 대한 제한에 해당한다(헌재 2016.03.31. 2013헌마585).

14 **직업의 자유와 재산권에 관한 설명으로 옳지 않은 것은?** (다툼이 있는 경우 헌법재판소 결정례에 의함)

2020 소방직 7급

① 헌법 제15조에 의한 직업선택의 자유에는 직업 수행의 자유, 전직의 자유, 직장선택의 자유 등도 포함되는 것으로 이해된다.

② ~~공용수용~~은 국민의 재산권을 그 의사에 반하여 강제적으로라도 취득해야 할 공익적 필요성이 있을 것, 법률에 의거할 것, 정당한 보상을 지급할 것의 요건을 모두 갖추어야 한다.

③ 객관적 사유에 의한 직업결정의 자유에 대한 제한은 월등하게 중요한 공익을 위하여 명백하고 확실한 위험을 방지하기 위한 경우에만 정당화될 수 있다.

④ 재산권 행사의 대상이 되는 객체가 지닌 사회적인 연관성과 사회적 기능이 크면 클수록 입법자에 의한 보다 더 광범위한 제한이 정당화된다.

⑤ 직업선택의 자유에 직업 내지 직종에 종사하는데 필요한 전문지식을 습득하기 위한 직업교육장을 임의로 선택할 수 있는 직업교육장 선택의 자유까지 포함되는 것은 아니다.

지문분석 **난이도** □■■ 중 | **정답** ⑤ | **키워드** 직업의 자유 | **출제유형** 판례

▶ 직업선택의 자유의 제한과 단계이론

제1단계 (직업수행의 자유 제한)	• 직업선택의 자유에 대한 제1단계 제한은 직업결정(선택)의 자유보다 그 침해가 경미한 직업수행의 자유를 제한하는 방법 예 백화점에서 실시하는 바겐세일의 회수와 기간 등의 제한, 택시의 합승행위 금지, 택시의 격일제 영업제도, 유흥업소 및 식당의 영업시간 제한, 판검사재직자의 개업 후 형사사건 수임제한, 18세 미만자의 당구장 출입제한 등이 이에 해당
제2단계 (주관적 사유에 의한 제한)	• 직업의 자유에 대한 제2단계 제한은 일정한 주관적 사유를 이유로 직업결정의 자유를 제한하는 방법(직업결정의 자유를 그 직업이 요구하는 일정한 자격과 결부시켜 제한하는 경우) 예 변호사가 되기 위해 사법시험합격을 요구하는 것, 의사가 되기 위해 의사고시합격을 요구하는 것, 특정대학에 입학하기 위해 일정 점수 이상의 학력고사성적을 요구하는 것 등이 이에 해당
제3단계 (객관적 사유에 의한 제한)	• 직업의 자유에 대한 제3단계 제한은 기본권 주체와는 무관한 어떤 객관적 사유를 이유로 직업결정의 자유를 제한하는 방법 예 거리제한, 겸업금지제한, 화약류의 제조 · 판매 · 운송 등을 제한하는 경우 등이 이에 해당 • 객관적 사유에 의한 직업결정의 자유의 제한은 직업의 자유보다 월등하게 더 중요한 공공의 이익에 대한 명백하고 현존하는 위험을 방어하기 위해서만 허용됨

① 【O】 헌법 제15조에 따라 모든 국민은 직업선택의 자유를 가진다. 따라서 국민은 누구나 자유롭게 자신이 종사할 직업을 선택하고, 그 직업에 종사하며, 이를 변경할 수 있다. 이에는 개인의 직업적 활동을 하는 장소 즉 직장을 선택할 자유도 포함된다(헌재 1989.11.20. 89헌가102).

② 【O】 우리 헌법의 재산권 보장에 관한 규정의 근본취지에 비추어 볼 때, 공공필요에 의한 재산권의 공권력적, 강제적 박탈을 의미하는 공용수용(公用收用)은 헌법상의 재산권 보장의 요청상 불가피한 최소한에 그쳐야 한다. 즉 공용수용은 헌법 제23조 제3항에 명시되어 있는 대로 국민의 재산권을 그 의사에 반하여 강제적으로라도 취득해야 할 공익적 필요성이 있을 것, 법률에 의거할 것, 정당한 보상을 지급할 것의 요건을 모두 갖추어야 한다(헌재 1995.02.23. 92헌바14).

③ 【O】 당사자의 능력이나 자격과 상관없는 객관적 사유에 의한 제한은 월등하게 중요한 공익을 위하여 명백하고 확실한 위험을 방지하기 위한 경우에만 정당화될 수 있고, 따라서 헌법재판소가 이 사건을 심사함에 있어서는 헌법 제37조 제2항이 요구하는바 과잉금지의 원칙, 즉 엄격한 비례의 원칙이 그 심사척도가 된다(헌재 2002.04.25. 2001헌마614).

④ 【O】 재산권에 대한 제한의 허용정도는 재산권행사의 대상이 되는 객체가 기본권의 주체인 국민 개개인에 대하여 가지는 의미와 다른 한편으로는 그것이 사회전반에 대하여 가지는 의미가 어떠한가에 달려 있다. 즉, 재산권 행사의 대상이 되는 객체가 지닌 사회적인 연관성과 사회적 기능이 크면 클수록 입법자에 의한 보다 광범위한 제한이 정당화 된다(헌재 1998.12.24. 89헌마214 등).

⑤ 【X】 헌법 제15조에 의한 직업선택의 자유라 함은 자신이 원하는 직업 내지 직종을 자유롭게 선택하는 직업선택의 자유뿐만 아니라 그가 선택한 직업을 자기가 결정한 방식으로 자유롭게 수행할 수 있는 직업수행의 자유를 포함한다. 그리고 직업선택의 자유에는 자신이 원하는 직업 내지 직종에 종사하는데 필요한 전문지식을 습득하기 위한 직업교육장을 임의로 선택할 수 있는 '직업교육장 선택의 자유'도 포함된다(헌재 2009.02.26. 2007헌마1262).

15 **직업의 자유에 포함되는 것만을 나열한 것은?** (다툼이 있는 경우 헌법재판소 판례에 의함)

2024 경찰 2차

① 기업의 설립과 경영의 자유를 의미하는 기업의 자유'와 '원하는 직장을 제공하여 줄 것을 청구할 권리

② 다른 기업과의 경쟁에서 국가의 간섭이나 방해를 받지 않고 기업활동을 할 수 있는 경쟁의 자유'와 '누구든지 자기가 선택한 직업에 종사하여 이를 영위하고 언제든지 임의로 그것을 바꿀 수 있는 자유

③ 여러 개의 직업을 선택하여 동시에 함께 행사할 수 있는 겸직의 자유'와 '사용자의 처분에 따른 직장 상실로부터 직접 보호하여 줄 것을 청구할 권리

④ 한번 선택한 직장의 존속 보호를 청구할 권리와 자신이 원하는 직업이나 직종에 종사하는 데 필요한 전문지식을 습득하기 위한 직업교육장을 임의로 선택할 수 있는 직업교육장 선택의 자유

지문분석 **난이도** ■■■ **상** | **정답** ② | **키워드** 직업의 자유 | **출제유형** 판례

① 【X】, ③ 【X】, ④ 【X】 기업의 설립과 경영의 자유를 의미하는 기업의 자유를 포함한다(헌재 1998. 10. 29. 97헌마345). 직장선택의 자유는 개인이 그 선택한 직업분야에서 구체적인 취업의 기회를 가지거나, 이미 형성된 근로관계를 계속 유지하거나 포기하는 데에 있어 국가의 방해를 받지 않는 자유로운 선택·결정을 보호하는 것을 내용으로 한다. 그러나 이 기본권은 원하는 직장을 제공하여 줄 것을 청구하거나, 한번 선택한 직장의 존속보호를 청구할 권리를 보장하지 않으며, 또한 사용자의 처분에 따른 직장 상실로부터 직접 보호하여 줄 것을 청구할 수도 없다(헌재 2002.11.28. 2001헌바50).

② 【O】 헌법 제15조는 모든 국민은 직업선택의 자유를 가진다고 규정하고 있는데 그 뜻은 누구든지 자기가 선택한 직업에 종사하여 이를 영위하고 언제든지 임의로 그것을 바꿀 수 있는 자유와 여러 개의 직업을 선택하여 동시에 함께 행사할 수 있는 자유, 즉 겸직의 자유도 가질 수 있다는 것이다(헌재 1997.04.24. 95헌마90).

16 **직업의 자유에 관한 다음 설명 중 가장 옳지 <u>않은</u> 것은?** (다툼이 있는 경우 헌법재판소 결정에 의함)

2016 법원직 9급

① 헌법 제15조에 따라 모든 국민은 직업의 자유를 가지지만, 국가는 국민의 신체와 재산의 보호와 밀접한 관련이 있는 직업들에 대해서는 공공의 이익을 위해 그 직업의 수행에 필요한 자격제도를 둘 수 있으며, 이때 그 구체적인 자격제도의 형성에 있어서는 입법자에게 광범위한 입법형성권이 인정되고, 다만 입법자가 합리적인 이유 없이 자의적으로 자격제도의 내용을 형성한 경우에만 그 자격제도가 헌법에 위반된다고 할 수 있다.

② 헌법 제15조가 규정하는 직업선택의 자유는 자신이 원하는 직업을 자유롭게 선택하는 좁은 의미의 '직업선택의 자유'와 그가 선택한 직업을 자기가 원하는 방식으로 자유롭게 수행할 수 있는 '직업수행의 자유'를 포함하는 직업의 자유를 의미한다.

③ 직업선택의 자유와 직업수행의 자유는 기본권 주체에 대한 그 제한의 효과가 다르기 때문에 제한에 있어서 적용되는 기준도 다르며, 특히 직업수행의 자유에 대한 제한의 경우 인격발현에 대한 침해의 효과가 일반적으로 직업선택 그 자체에 대한 제한에 비하여 작기 때문에 그에 대한 제한은 폭넓게 허용된다.

④ 직업의 자유를 제한함에 있어서도 다른 기본권과 마찬가지로 헌법 제37조 제2항에서 정한 과잉금지의 원칙은 준수되어야 하므로, 직업수행의 자유를 제한하는 법령에 대한 위헌 여부를 심사하는 데 있어서 좁은 의미의 직업선택의 자유에 비하여 다소 완화된 심사기준을 적용할 수는 없다.

지문분석 **난이도** □■■ 중 | **정답** ④ | **키워드** 직업의 자유 | **출제유형** 판례

① 【O】 구체적인 자격제도의 형성에 있어서는 입법자에게 광범위한 입법형성권이 인정되며, 입법자가 합리적인 이유 없이 자의적으로 자격제도의 내용을 규정한 것으로 인정되는 경우에만 그 자격제도가 헌법에 위반된다고 할 수 있다(헌재 2010.02.25. 2007헌마956).

② 【O】 헌법 제15조에 의한 직업선택의 자유는 자신이 원하는 직업을 자유롭게 선택하는 좁은 의미의 직업선택의 자유와 그가 선택한 직업을 자기가 원하는 방식으로 자유롭게 수행할 수 있는 직업수행의 자유를 포함하는 직업의 자유를 뜻한다(헌재 1998.03.26. 97헌마194).

③ 【O】 직업의 자유도 다른 기본권과 마찬가지로 절대적으로 보호되는 것이 아니라 공익상의 이유로 제한될 수 있음은 물론이다. 그런데 직업선택의 자유와 직업수행의 자유는 기본권 주체에 대한 그 제한의 효과가 다르기 때문에 제한에 있어서 적용되는 기준도 다르며, 특히 직업수행의 자유에 대한 제한의 경우 인격발현에 대한 침해의 효과가 일반적으로 직업선택 그 자체에 대한 제한에 비하여 작기 때문에 그에 대한 제한은 폭넓게 허용된다(헌재 2014.04.24. 2012헌바45).

④ 【X】 헌법재판소는 직업수행의 자유는 입법자의 재량의 여지가 많은 것으로, 그 제한을 규정하는 법령에 대한 위헌 여부를 심사하는데 있어서 좁은 의미의 직업선택의 자유에 비하여 상대적으로 폭넓은 법률상의 규제가 가능한 것으로 보아 다소 완화된 심사기준을 적용하여 왔다(헌재 2007.02.22. 2003헌마428).

PART · 02

17 **직업의 자유에 대한 설명으로 옳은 것을 〈보기〉에서 모두 고르면?** (다툼이 있는 경우 헌법재판소 판례에 의함) 2016 국회직 8급

㉠ 변호사 시험의 성적 공개를 금지하고 있는 변호사시험법 관련 조항은 변호사시험 합격자에 대하여 그 성적을 공개하지 않도록 규정하고 있을 뿐이고, 이러한 시험 성적의 비공개가 청구인들의 법조인으로서의 직역 선택이나 직업수행에 있어서 어떠한 제한을 두고 있는 것은 아니므로 청구인들의 직업선택의 자유를 제한하고 있다고 볼 수 없다.
㉡ 학원설립·운영자가 구 학원의 설립·운영 및 과외교습에 관한 법률을 위반하여 벌금형을 선고받은 경우 등록의 효력을 잃도록 규정하고 있는 것은 당사자의 능력이나 자격과는 하등 관련이 없는 객관적 사유에 의한 직업선택의 자유에 대한 제한이다.
㉢ 구 학원의 설립·운영 및 과외교습에 관한 법률을 위반하여 벌금형을 선고받은 후 1년이 지나지 아니한 자는 학원설립·운영의 등록을 할 수 없도록 규정한 구 학원의 설립·운영 및 과외교습에 관한 법률상의 등록결격조항은 각종 규율의 형해화를 막고 학습자를 보호하며 학원의 공적 기능을 유지하고자 하는 목적을 달성하기 위하여 필요한 것으로 과잉금지원칙에 위배되어 직업선택의 자유를 침해한다고 보기 어렵다.
㉣ 정원제로 사법시험의 합격자를 결정하는 방법은 개인이 주관적인 노력으로 획득할 수 있는 변호사로서의 자질과 능력을 검정하는 것이 아니라 변호사의 사회적 수급상황 등 객관적 사유에 의하여 직업선택의 자유를 제한하는 것이다.
㉤ 경비업을 경영하고 있는 자들이나 다른 업종을 경영하면서 새로이 경비업에 진출하고자 하는 자들로 하여금 경비업을 전문으로 하는 별개의 법인을 설립하지 않는 한 경비업과 그 밖의 업종을 겸영하지 못하도록 금지하는 것은 청구인들의 직업의 자유를 침해하는 것은 아니다.

① ㉠, ㉢ ② ㉡, ㉣ ③ ㉠, ㉡, ㉢
④ ㉠, ㉢, ㉤ ⑤ ㉢, ㉣, ㉤

지문분석 **난이도** ■■■ **상** | **정답** ① | **키워드** 직업의 자유 | **출제유형** 판례

㉠ 【O】 변호사시험의 성적 공개를 금지하는 것은, 변호사시험 합격자에 대하여 그 성적을 공개하지 않도록 규정하고 있을 뿐이고, 이러한 시험 성적의 비공개가 청구인들의 법조인으로서의 직역 선택이나 직업수행에 있어서 어떠한 제한을 두고 있는 것은 아니므로 직업선택의 자유를 제한하고 있다고 볼 수 없다(헌재 2015.06.25. 2011헌마769).

㉡ 【X】 학원설립·운영자는 「학원법」 위반으로 벌금형을 선고받을 경우 이 사건 효력상실 조항에 따라 그 등록은 효력을 잃게 되고, 다시 등록을 하지 않는 이상 학원을 설립·운영할 수 없게 된다. 이는 일정한 직업을 선택함에 있어 기본권 주체의 능력과 자질에 따른 제한으로서 이른바 '주관적 요건에 의한 좁은 의미의 직업선택의 자유의 제한'에 해당한다(헌재 2014.01.28. 2011헌바252).

㉢ 【O】 사교육비용이 점차 고액화함에 따라 「학원법」을 준수하지 아니하고 학원을 운영함으로써 높은 수익을 올릴 수 있는 데 반하여, 「학원법」을 위반하여 벌금형으로 처벌받은 후에도 즉시 다른 학원을 다시 설립·운영할 수 있다고 한다면, 「학원법」의 각종 규율은 형해화될 수밖에 없으며, 학습자를 보호하고 학원의 공적 기능을 유지하고자 하는 목적을 달성할 수 없으므로, 구 학원의 설립·운영 및 과외교습에 관한 법률을 위반하여 벌금형을 선고받은 후 1년이 지나지 아니한 자는 학원설립·운영의 등록을 할 수 없도록 규정한 이 사건 등록결격조항은 과잉금지원칙에 위배되어 직업선택의 자유를 침해한다고 보기 어렵다(헌재 2015.05.28. 2012헌마653).

㉣ 【X】 시험제도란 본질적으로 응시자의 자질과 능력을 측정하는 것이며, 합격자의 결정을 상대평가(정원제)와 절대평가 중 어느 것에 의할 것인지는 측정방법의 선택의 문제일 뿐이고, 이 사건 법률조항이 사법시험의 합격자를 결정하는 방법으로 정원제를 취한 이유는 상대평가라는 방식을 통하여 응시자의 자질과 능력을 검정하려는 것이므로 이는 객관적 사유가 아닌 주관적 사유에 의한 직업선택의 자유의 제한이다(헌재 2010.05.27. 2008헌바110).

㉤ 【X】 경비업을 경영하고 있는 자들이나 다른 업종을 경영하면서 새로이 경비업에 진출하고자 하는 자들로 하여금, 경비업을 전문으로 하는 별개의 법인을 설립하지 않는 한 경비업과 그밖의 업종을 겸영하지 못하도록 금지하는 것은, 과잉금지원칙을 위배하여 청구인들의 직업의 자유를 침해하는 것이다(헌재 2002.04.25. 2001헌마614).

18 **직업의 자유에 관한 설명 중 가장 적절하지 <u>않은</u> 것은?** (다툼이 있는 경우 판례에 의함) 2022 경찰 승진

① 직업선택의 자유에는 직업결정의 자유, 직업종사(직업수행)의 자유, 전직의 자유 등이 포함된다.

② 직장선택의 자유는 개인이 선택한 직업분야에서 구체적인 취업의 기회를 가지거나, 이미 형성된 근로관계를 계속 유지하거나 포기하는 데에 있어 국가의 방해를 받지 않는 자유로운 선택·결정을 보호하는 것을 내용으로 하는바, 이 기본권은 원하는 직장을 제공하여 줄 것을 청구하거나 한번 선택한 직장의 존속보호를 청구할 권리를 보장하며, 사용자의 처분에 따른 직장상실로부터 보호하여 줄 것을 청구할 권리도 보장한다.

③ 경쟁의 자유는 기본권의 주체가 직업의 자유를 실제로 행사하는 데에서 나오는 결과이므로 당연히 직업의 자유에 의하여 보장되고, 다른 기업과의 경쟁에서 국가의 간섭이나 방해를 받지 않고 기업활동을 할 수 있는 자유를 의미한다.

④ 헌법 제15조에서 보장하는 '직업'이란 생활의 기본적 수요를 충족시키기 위하여 행하는 계속적인 소득활동을 의미하는바, 성매매는 그것이 가지는 사회적 유해성과는 별개로 성판매자의 입장에서 생활의 기본적 수요를 충족하기 위한 소득활동에 해당함은 부인할 수 없으므로, 성매매를 한 자를 형사처벌하는 성매매알선 등 행위의 처벌에 관한 법률 조항은 성판매자의 직업선택의 자유를 제한한다.

지문분석 **난이도** □■■ 중 | **정답** ② | **키워드** 직업의 자유 | **출제유형** 판례

① 【O】 헌법 제15조의 직업선택의 자유에는 직업결정의 자유, 직업종사(직업수행)의 자유, 전직의 자유 등이 포함되지만, 직업결정의 자유나 전직의 자유에 비하여 직업종사(직업수행)의 자유에 대하여서는 상대적으로 더욱 넓은 법률상의 규제가 가능하다. 따라서 다른 기본권의 경우와 마찬가지로 국가안전보장·질서유지 또는 공공복리를 위하여 필요한 경우에는 법률로써 이를 제한할 수 있고, 그 제한의 정도는 필요·최소한에 그쳐야 하는 것이다(헌재 1999.09.16. 96헌마39).

② 【X】 직장선택의 자유는 개인이 그 선택한 직업분야에서 구체적인 취업의 기회를 가지거나, 이미 형성된 근로관계를 계속 유지하거나 포기하는 데에 있어 국가의 방해를 받지 않는 자유로운 선택·결정을 보호하는 것을 내용으로 한다. 그러나 이 기본권은 원하는 직장을 제공하여 줄 것을 청구하거나 한번 선택한 직장의 존속보호를 청구할 권리를 보장하지 않으며, 또한 사용자의 처분에 따른 직장 상실로부터 직접 보호하여 줄 것을 청구할 수도 없다(헌재 2002.11.28. 2001헌바50).

③ 【O】 직업의 자유는 영업의 자유와 기업의 자유를 포함하고, 이러한 영업 및 기업의 자유를 근거로 원칙적으로 누구나가 자유롭게 경쟁에 참여할 수 있다. 경쟁의 자유는 기본권의 주체가 직업의 자유를 실제로 행사하는 데에서 나오는 결과이므로 당연히 직업의 자유에 의하여 보장되고, 다른 기업과의 경쟁에서 국가의 간섭이나 방해를 받지 않고 기업활동을 할 수 있는 자유를 의미한다(헌재 1996.12.26. 96헌가18).

④ 【O】 헌법 제15조에서 보장하는 '직업'이란 생활의 기본적 수요를 충족시키기 위하여 행하는 계속적인 소득활동을 의미하고, 성매매는 그것이 가지는 사회적 유해성과는 별개로 성판매자의 입장에서 생활의 기본적 수요를 충족하기 위한 소득활동에 해당함을 부인할 수 없다 할 것이므로, 심판대상 조항은 성판매자의 직업선택의 자유도 제한하고 있다. 따라서 심판대상 조항은 개인의 성적자기결정권, 사생활의 비밀과 자유, 직업선택의 자유를 침해하지 아니한다(헌재 2016.03.31. 2013헌가2).

19 **직업의 자유에 대한 설명으로 가장 적절하지 <u>않은</u> 것은?** (다툼이 있는 경우 헌법재판소 판례에 의함)

2022 경찰 간부

① 유치원 주변 학교환경위생 정화구역에서 성관련 청소년유해물건을 제작·생산·유통하는 청소년유해업소를 예외 없이 금지하는 구 학교보건법 조항은 청구인들의 직업의 자유를 침해하지 않는다.

② 세무사법 위반으로 벌금형을 받은 세무사의 등록을 필요적으로 취소하도록 한 세무사법 조항은 벌금형의 집행이 끝나거나 집행을 받지 아니하기로 확정된 후 3년이 지난 때에 다시 세무사로 등록하여 활동할 수 있는 점 등에 비추어 볼 때 청구인의 직업선택의 자유를 침해하지 않는다.

③ 주류 판매업면허를 받은 자가 타인과 동업 경영을 하는 경우 관할 세무서장이 해당 주류 판매업자의 면허를 필요적으로 취소하도록 한 구 「주세법」 조항은 면허가 있는 자들끼리의 동업의 경우도 일률적으로 주류 판매업 면허를 취소하도록 규정하고 있으므로 주류 판매 면허업자의 직업의 자유를 침해한다.

④ 성매매는 그것이 가지는 사회적 유해성과는 별개로 성판매자의 입장에서 생활의 기본적 수요를 충족하기 위한 소득활동에 해당함을 부인할 수 없다 할 것이므로, 성매매알선 등 행위의 처벌에 관한 법률에서 성매매를 한 사람을 처벌하는 것은 성판매자의 직업선택의 자유도 제한하고 있다.

지문분석 **난이도** □■■ **중 | 정답** ③ **| 키워드** 직업의 자유 **| 출제유형** 판례

① 【O】 이 사건 법률조항들은 유치원 주변 및 아직 유아 단계인 청소년을 유해한 환경으로부터 보호하고 이들의 건전한 성장을 돕기 위한 것으로 그 입법목적이 정당하고, 이를 위해서 유치원 주변의 일정구역 안에서 해당 업소를 절대적으로 금지하는 것은 그러한 유해성으로부터 청소년을 격리하기 위하여 필요·적절한 방법이며, 그 범위가 유치원 부근 200미터 이내에서 금지되는 것에 불과하므로, 청구인들의 직업의 자유를 침해하지 아니한다(헌재 2013.06.27. 2011헌바8 등).

② 【O】 심판대상 조항은 세무사 직무의 공공성과 국민 신뢰의 확보 등을 유지하기 위한 것으로서, 세무사법 위반으로 벌금형을 받은 세무사에 한정하여 등록취소를 하고 있어 입법재량의 범위 내에 있을 뿐 아니라, 벌금형의 집행이 끝나거나 집행을 받지 아니하기로 확정된 후 3년이 지난 때에는 다시 세무사로 등록하여 활동할 수 있는 점 등을 고려하면, 심판대상 조항은 세무사인 청구인의 직업선택의 자유를 침해하지 않는다(헌재 2021.10.28. 2020헌바221).

③ 【X】 주류는 국민건강에 미치는 영향이 크고, 국가의 재정에도 직접 영향을 미치는 것이기 때문에 다른 상품과는 달리 특별히 법률을 제정하여 주류의 제조 및 판매에 걸쳐 폭넓게 국가의 규제를 받도록 하고 있다. 심판대상조항은 주류 유통질서의 핵심이라고 할 수 있는 주류 판매면허업자가 면허 허가 범위를 넘어 사업을 운영하는 것을 제한함으로써, 주류 판매업면허 제도의 실효성을 확보하고자 마련된 것이다. 국가의 관리 감독에서 벗어난 판매업자의 등장으로 유통 질서가 왜곡되는 것을 방지하고 규제의 효용성을 담보하기 위하여 필요하므로, 면허의 필요적 취소를 과도한 제한이라고 볼 수 없다. 따라서 이 조항은 주류 판매면허업자의 직업의 자유를 침해하지 않는다(헌재 2021.04.29. 2020헌바328).

④ 【O】 자신의 성뿐만 아니라 타인의 성을 고귀한 것으로 여기고 이를 수단화하지 않는 것은 모든 인간의 존엄과 평등이 전제된 공동체의 발전을 위한 기본전제가 되는 가치관이므로, 사회 전반의 건전한 성풍속과 성도덕이라는 공익적 가치는 개인의 성적자기결정권 등 기본권 제한의 정도에 비해 결코 작다고 볼 수 없어 법익균형성원칙에도 위배되지 아니한다. 따라서 심판대상 조항은 개인의 성적자기결정권, 사생활의 비밀과 자유, 직업선택의 자유를 침해하지 아니한다(헌재 2016.03.31. 2013헌가2).

20 **자격제와 직업의 자유에 대한 설명으로 가장 적절하지 <u>않은</u> 것은?** (다툼이 있는 경우 헌법재판소 판례에 의함) 2022 경찰 간부

① 의료인이 아닌 자의 무면허의료행위를 일률적·전면적으로 금지한 구「의료법」조항은 국민의 생명권과 건강권을 보호하고 국민의 보건에 관한 국가의 보호의무를 이행하기 위한 조치로서, 이러한 기본권의 제한은 비례의 원칙에 부합한다.

② 세무 관련 분야에서 전문성이 인정되는 자격증을 소지한 자를 7급 세무직 공무원 공개경쟁채용시험에서 우대하는 것은 업무상 전문성을 강화하고 자격증 소지 여부가 시험에서 우대를 고려할 객관적 근거가 되며, 가산점제도가 자격증 없는 자들의 응시기회 자체를 제한한다고 보기 어려우므로 과잉금지원칙에 반하지 않는다.

③ 법학전문대학원 입학자 중 법학 외의 분야 및 당해 법학전문대학원이 설치된 대학 외의 대학에서 학사학위를 취득한 자가 차지하는 비율이 입학자의 3분의 1 이상이 되도록 규정한 법학전문대학원 설치·운영에 관한 법률 조항은 직업의 자유를 침해하지 않는다.

④ 특정 직업분야에 관한 자격제도를 만들면서 그 자격요건을 어떻게 설정할 것인가는 그 입법재량의 폭이 좁다 할 것이므로 과잉금지원칙을 적용함에 있어서 다른 방법으로 직업선택의 자유를 제한하는 경우에 비해 보다 엄격한 심사가 필요하다.

지문분석 **난이도** □■■ **중** | **정답** ④ | **키워드** 직업의 자유 | **출제유형** 판례 및 이론

① 【O】 이 사건 법률조항들이 의료인이 아닌 자의 의료행위를 전면적으로 금지한 것은 매우 중대한 헌법적 법익인 국민의 생명권과 건강권을 보호하고 국민의 보건에 관한 국가의 보호의무(헌법 제36조 제3항)를 이행하기 위하여 적합한 조치로서, 위와 같은 중대한 공익이 국민의 기본권을 보다 적게 침해하는 다른 방법으로는 효율적으로 실현될 수 없으므로, 이 사건 법률조항들로 인한 기본권의 제한은 비례의 원칙에 부합하는 것으로서 헌법에 위반된다고 볼 수 없다(헌재 2010.07.29. 2008헌가19 등).

② 【O】 가산점제도는 가산 대상 자격증의 소지를 응시자격으로 하는 것이 아니고 일정한 요건하에 가산점을 부여하는 것이므로 자격증이 없는 자의 응시기회나 합격가능성을 원천적으로 제한하는 것으로 보기 어렵고, 가산점 여부가 시험 합격을 지나치게 좌우한다고 볼 근거도 충분치 아니하며, 채용 후 교육이나 경력자 채용으로는 적시에 충분한 전문인력을 확보할 수 있을 것으로 단정하기 어려우므로 피해의 최소성도 인정된다. 세무직 국가공무원의 업무상 전문성 강화라는 공익과 함께, 위와 같은 가산점 제도가 1993.12.31. 이후 유지되어 온 점, 자격증 없는 자들의 응시기회 자체가 박탈되거나 제한되는 것이 아닌 점, 가산점 부여를 위해서는 일정한 요건을 갖추도록 하고 있는 점 등을 고려하면 법익균형성이 인정된다(헌재 2020.06.25. 2017헌마1178).

③ 【O】 학사학위를 취득한 자에 한하여 법학전문대학원의 입학자격을 부여하고 있는 「법학전문대학원법」 제22조는 직업선택의 자유를 침해하지 않는다(헌재 2016.03.31. 2014헌마1046).

④ 【X】 세무사제도의 목적은 세무행정의 원활한 수행과 납세의무의 적정한 이행을 도모하는 것으로서(세무사법 제1조), 세무사제도는 자격제도의 하나이고 입법자에게는 그 자격요건을 정함에 있어서 광범위한 입법형성권이 인정되므로, 이 사건 법률조항이 세무사자격시험에 관해 규율하면서 합리적인 근거 없이 현저히 자의적으로 규정하고 있다고 인정되는 경우에만 헌법에 위반된다고 할 수 있다(헌재 2007.05.31. 2006헌마646).

21 **자격 · 면허 · 허가의 취소가 직업의 자유를 침해하는 경우가 <u>아닌</u> 것은?** (다툼이 있는 경우 헌법재판소 판례에 의함) 2023 경찰간부

① 아동학대관련범죄로 처벌받은 어린이집 원장 또는 보육교사의 자격을 행정청으로 하여금 취소할 수 있도록 규정한 「영유아보육법」상 조항

② 거짓이나 그 밖의 부정한 수단으로 운전면허를 받은 경우 부정취득하지 않은 기존 보유 운전면허까지 필요적으로 취소하도록 규정한 「도로교통법」상 조항

③ 조종면허를 받은 사람이 동력수상레저기구를 이용하여 범죄행위를 하는 경우 조종면허를 필요적으로 취소하도록 규정한 구 「수상레저안전법」상 조항

④ 시설경비업을 허가받은 경비업자로 하여금 허가받은 경비업무 외의 업무에 경비원을 종사하게 하는 것을 금지하고 이를 위반한 경비업자에 대한 허가를 취소하도록 규정한 「경비업법」상 조항

지문분석 **난이도** □■■ **중** | **정답** ① | **키워드** 직업의 자유 | **출제유형** 판례 및 이론

① 【X】 어린이집 원장 또는 보육교사는 6세 미만의 취학 전 아동인 영유아와 상시적으로 접촉하면서 긴밀한 생활관계를 형성하므로, 이들에 의한 아동학대관련범죄는 영유아의 신체 · 정서 발달에 치명적 영향을 미칠 수 있다. 어린이집의 안전성에 대한 사회적 신뢰를 지키고 영유아의 완전하고 조화로운 인격 발달을 도모하기 위해서는, 아동학대관련범죄로 처벌받은 어린이집 원장 또는 보육교사의 자격을 취소하여 보육현장에서 배제할 필요가 크다. 심판대상조항은 행정청에 자격취소에 관한 재량을 부여하는 임의적 규정이고, 재량권 행사의 당부를 법원에서 사후적으로 판단받을 수도 있다. 따라서 심판대상조항은 과잉금지원칙에 반하여 직업선택의 자유를 침해하지 아니한다(헌재 2023.05.25. 2021헌바234).

② 【O】 심판대상조항이 '부정 취득하지 않은 운전면허'까지 필요적으로 취소하도록 한 것은, 임의적 취소 · 정지 사유로 함으로써 구체적 사안의 개별성과 특수성을 고려하여 불법의 정도에 상응하는 제재수단을 선택하도록 하는 등 완화된 수단에 의해서도 입법목적을 같은 정도로 달성하기에 충분하므로, 피해의 최소성 원칙에 위배된다. 따라서 심판대상조항 중 각 '거짓이나 그 밖의 부정한 수단으로 받은 운전면허를 제외한 운전면허'를 필요적으로 취소하도록 한 부분은, 과잉금지원칙에 반하여 일반적 행동의 자유 또는 직업의 자유를 침해한다(헌재 2020.06.25. 2019헌가9 등).

③ 【O】 수상에서 일어날 수 있는 범죄행위의 종류는 매우 다양하고, 이러한 모든 범죄행위에 동력수상레저기구가 이용될 수 있으므로, 입법자로서는 동력수상레저기구가 이용된 범죄의 경중 등에 따라 그 제재의 정도를 달리할 수 있도록 임의적 면허취소사유로 규정하거나 반드시 조종면허를 취소할 필요가 인정되는 일정한 범죄를 한정하여 조종면허를 취소하도록 규정하였어야 함에도, 범죄행위의 유형, 경중이나 위법성의 정도, 동력수상레저기구의 당해 범죄행위에 대한 기여도 등 제반사정을 전혀 고려하지 않고 필요적으로 조종면허를 취소하도록 규정하였으므로 심판대상조항은 침해의 최소성 원칙에 위배되고, 심판대상조항에 따라 조종면허가 취소되면 면허가 취소된 날부터 1년 동안은 조종면허를 다시 받을 수 없게 되어 법익의 균형성 원칙에도 위배된다. 따라서 심판대상조항은 직업의 자유 및 일반적 행동의 자유를 침해한다(헌재 2015.07.30. 2014헌가13).

④ 【O】 비경비업무의 수행이 경비업무의 전념성을 직접적으로 해하지 아니하는 경우가 있음에도 불구하고, 심판대상조항은 경비업무의 전념성이 훼손되는 정도를 고려하지 아니한 채 경비업자가 경비원으로 하여금 비경비업무에 종사하도록 하는 것을 일률적 · 전면적으로 금지하고, 경비업자가 허가받은 시설경비업무 외의 업무에 경비원을 종사하게 한 때에는 필요적으로 경비업의 허가를 취소하도록 규정하고 있는 점, 등에 비추어 볼 때, 심판대상조항은 침해의 최소성에 위배되고, 경비업무의 전념성을 중대하게 훼손하지 않는 경우에도 경비원에게 비경비업무를 수행하도록 하면 허가받은 경비업 전체를 취소하도록 하여 경비업을 전부 영위할 수 없도록 하는 것은 법익의 균형성에도 반한다. 따라서 심판대상조항은 과잉금지원칙에 위반하여 시설경비업을 수행하는 경비업자의 직업의 자유를 침해한다(헌재 2023.03.23. 2020헌가19).

22 직업의 자유에 관한 설명 중 가장 적절한 것은? (다툼이 있는 경우 판례에 의함) 2016 국가직 7급

① 법학전문대학원에 입학하는 자들에 대하여 학사 전공별, 출신 대학별로 법학전문대학원 입학정원의 비율을 각각 규정한 「법학전문대학원 설치 · 운영에 관한 법률」 조항은 변호사가 되기 위한 과정에 있어 필요한 전문지식을 습득할 수 있는 법학전문대학원에 입학하는 것을 제한할 뿐이므로 직업선택의 자유를 제한하는 것으로 보기 어렵다.

② 등록기준을 법으로 정하고 일정한 등록기준을 충족시켜야 등록을 허용하는 건설업의 등록제는 소위 '객관적 사유에 의한 직업허가규정'에 속하는 것으로서 직업선택의 자유를 제한한다.

③ 유치원, 초 · 중 · 고등학교, 대학교 학교환경위생정화구역 내에 당구장시설을 하지 못하도록 제한하는 것은 직업행사의 자유를 침해하는 것이라 할 수 없다.

④ 운전면허를 받은 사람이 자동차를 이용하여 살인 또는 강간 등 행정안전부령이 정하는 범죄행위를 한 때 필요적으로 운전면허를 취소하도록 규정한 구 「도로교통법」 조항은 직업의 자유 및 일반적 행동자유권을 침해한다.

지문분석 **난이도** □■■ 중 | **정답** ④ | **키워드** 직업의 자유 | **출제유형** 판례

① 【X】 법 제26조 제2항은 법학전문대학원 입학자 중 법학 외의 분야에서 학사학위를 취득한 자가 차지하는 비율이 입학자의 3분의 1 이상이 되도록 해야 한다고 규정하고, 법 제26조 제3항은 법학전문대학원 입학자 중 당해 법학전문대학원이 설치된 대학 외의 대학에서 학사학위를 취득한 자가 차지하는 비율이 입학자의 3분의 1 이상이 되도록 해야 한다고 규정하고 있다. 헌법 제15조에 의한 직업선택의 자유라 함은 자신이 원하는 직업 내지 직종을 자유롭게 선택하는 직업선택의 자유뿐만 아니라 그가 선택한 직업을 자기가 결정한 방식으로 자유롭게 수행할 수 있는 직업수행의 자유를 포함한다. 그리고 직업선택의 자유에는 자신이 원하는 직업 내지 직종에 종사하는데 필요한 전문지식을 습득하기 위한 직업교육장을 임의로 선택할 수 있는 '직업교육장 선택의 자유'도 포함된다. 그런데 법 제26조 제2항 및 제3항이 로스쿨에 입학하는 자들에 대하여 학사 전공별로, 그리고 출신 대학별로 로스쿨 입학정원의 비율을 각각 규정한 것은 변호사가 되기 위하여 필요한 전문지식을 습득할 수 있는 로스쿨에 입학하는 것을 제한하는 것이기 때문에 직업교육장 선택의 자유 내지 직업선택의 자유를 제한한다고 할 것이다(헌결 2009.02.26. 2007헌마1262).

② 【X】 이 사건 법률조항은 '부정한 방법으로 건설업의 등록을 한 경우에 대하여' 건설업의 등록을 말소하도록 규정함으로써 건설업을 자유롭게 직업으로 삼을 수 있는 자유, 즉 청구인들의 직업선택의 자유를 제한하고 있다. 등록기준을 법으로 정하고 일정한 등록기준을 충족시켜야 등록을 허용하는 건설업의 등록제[「건설산업기본법」(이하 '법'이라 한다) 제9조, 제10조]는 '건설업'이란 직업의 정상적인 수행을 담보하기 위하여 요구되는 최소한의 요건을 규정하는 소위 '주관적 사유에 의한 직업허가규정'에 속하는 것으로서 직업선택의 자유를 제한하는 규정이다. 이와 마찬가지로, 등록자격을 갖추지 못한 자가 등록을 하여 건설업을 영위하는 경우에 대하여 등록을 사후적으로 박탈하는 이 사건 법률조항도 등록요건을 갖춘 자에게만 건설업이란 직업의 선택을 가능하게 하고자 하는 등록제도를 관철하기 위한 부수적 조항으로서, 직업행사의 방법을 규율하고자 하는 것이 아니라, 기술능력 · 자본금 · 시설 · 장비 등의 요건의 구속을 받지 않고 건설업을 직업으로서 자유롭게 선택하는 자유, 즉 직업선택의 자유에 대한 제한을 의미하는 것이다(헌결 2007.05.31. 2007헌바3).

③ 【X】

[1] 대학, 교육대학, 사범대학, 전문대학, 기타 이와 유사한 교육기관의 학생들은 변별력과 의지력을 갖춘 성인이어서 당구장을 어떻게 활용할 것인지는 이들의 자율적 판단과 책임에 맡길 일이고, 학교주변의 당구장시설 제한과 같은 타율적 규제를 가하는 것은 대학교육의 목적에도 어긋나고 대학교육의 능률화에도 도움이 되지 않으므로, 위 각 대학 및 이와 유사한 교육기관의 학교환경위생정화구역안에서 당구장시설을 하지 못하도록 기본권을 제한하는 것은 교육목적의 능률화라는 입법목적의 달성을 위하여 필요하고 적정한 방법이라고 할 수 없어 기본권제한의 한계를 벗어난 것이다.

[2] 유치원주변에 당구장시설을 허용한다고 하여도 이로 인하여 유치원생이 학습을 소홀히 하거나 교육적으로 나쁜 영향을 받을 위험성이 있다고 보기 어려우므로, 유치원 및 이와 유사한 교육기관의 학교환경위생정화구역 안에서 당구장시설을 하지 못하도록 기본권을 제한하는 것은 입법목적의 달성을 위하여 필요하고도 적정한 방법이라고 할 수 없어 역시 기본권제한의 한계를 벗어난 것이다.

[3] 초등학교, 중학교, 고등학교 기타 이와 유사한 교육기관의 학생들은 아직 변별력 및 의지력이 미약하여 당구의 오락성에 빠져 학습을 소홀히 하고 당구장의 유해환경으로부터 나쁜 영향을 받을 위험성이 크므로 이들을 이러한 위험으로부터 보호할 필요가 있는바, 이를 위하여 위 각 학교 경계선으로부터 200미터 이내에 설정되는 학교환경위생정화구역 내에서의 당구장시설을 제한하면서 예외적으로 학습과 학교보건위생에 나쁜 영향을 주지 않는다고 인정하는 경우에 한하여 당구장시설을 허용하도록 하는 것은 기본권제한의 입법목적, 기본권제한의 정도, 입법목적 달성의 효과 등에 비추어 필요한 정도를 넘어 과도하게 직업(행사)의 자유를 침해하는 것이라 할 수 없다(헌결 1997.03.27. 94헌마196).

④ 【O】 자동차 등을 범죄를 위한 수단으로 이용하여 교통상의 위험과 장해를 유발하고 국민의 생명과 재산에 심각한 위협을 초래하는 것을 방지하여 안전하고 원활한 교통을 확보함과 동시에 차량을 이용한 범죄의 발생을 막고자 하는 심판대상조항은 그 입법목적이 정당하고, 운전면허를 필요적으로 취소하도록 하는 것은 자동차등을 이용한 범죄행위의 재발을 일정 기간 방지하는 데 기여할 수 있으므로 이는 입법목적을 달성하기 위한 적정한 수단이다. 그러나 자동차등을 이용한 범죄를 근절하기 위하여 그에 대한 행정적 제재를 강화할 필요가 있다 하더라도 이를 임의적 운전면허 취소 또는 정지사유로 규정함으로써 불법의 정도에 상응하는 제재수단을 선택할 수 있도록 하여도 충분히 그 목적을 달성하는 것이 가능함에도, 심판대상조항은 이에 그치지 아니하고 필요적으로 운전면허를 취소하도록 하여 구체적 사안의 개별성과 특수성을 고려할 수 있는 여지를 일체 배제하고 있다. 나아가 심판대상조항 중 '자동차등을 이용하여' 부분은 포섭될 수 있는 행위 태양이 지나치게 넓을 뿐만 아니라, 하위법령에서 규정될 대상범죄에 심판대상조항의 입법목적을 달성하기 위해 반드시 규제할 필요가 있는 범죄행위가 아닌 경우까지 포함될 우려가 있어 침해의 최소성 원칙에 위배된다. 심판대상조항은 운전을 생업으로 하는 자에 대하여는 생계에 지장을 초래할 만큼 중대한 직업의 자유의 제약을 초래하고, 운전을 업으로 하지 않는 자에 대하여도 일상생활에 심대한 불편을 초래하여 일반적 행동의 자유를 제약하므로 법익의 균형성 원칙에도 위배된다. 따라서 심판대상조항은 직업의 자유 및 일반적 행동의 자유를 침해한다(위헌 헌결 2015.05.28. 2013헌가6).

CHAPTER

05 참정권 및 정치적 기본권

1 선거권과 선거제도

01 선거제도에 대한 설명으로 가장 적절하지 <u>않은</u> 것은? (다툼이 있는 경우 판례에 의함) 2017 경찰 승진

① 정당에 배분된 비례대표국회의원 의석수가 그 정당이 추천한 비례대표국회의원 후보자수를 넘는 때에는 그 넘는 의석은 공석으로 한다.

② 선거공영제의 내용은 우리의 선거문화와 풍토, 정치문화 및 국가의 재정상황과 국민의 법감정 등 여러 가지 요소를 종합적으로 고려하여 입법자가 정책적으로 결정할 사항으로서 넓은 입법형성권이 인정되는 영역이다.

③ 대통령선거에서 최고득표자가 2인이어서 국회가 당선인을 결정한 경우 국회의장은 이를 중앙선거관리위원회에 통고하고 중앙선거관리위원장이 그 당선을 공고한다.

④ 국회의원지역선거구의 공정한 획정을 위하여 중앙선거관리위원회에 국회의원선거구획정위원회를 둔다.

지문분석 **난이도** □■■ 중 | **정답** ③ | **키워드** 선거제도 | **출제유형** 판례 및 조문

① 【O】 정당에 배분된 비례대표국회의원의석수가 그 정당이 추천한 비례대표국회의원후보자수를 넘는 때에는 그 넘는 의석은 공석으로 한다(「공직선거법」 제189조 제5항).

② 【O】 선거공영제의 내용은 우리의 선거문화와 풍토, 정치문화 및 국가의 재정상황과 국민의 법감정 등 여러 가지 요소를 종합적으로 고려하여 입법자가 정책적으로 결정할 사항으로서 넓은 입법형성권이 인정되는 영역이라고 할 것이다(헌재 2011.04.28. 2010헌바232).

③ 【X】 대통령선거에서 최고득표자가 2인 이상인 때에는 중앙선거관리위원회의 통지에 의하여 국회는 재적의원 과반수가 출석한 공개회의에서 다수표를 얻은 자를 당선인으로 결정하고, 국회에서 당선인이 결정된 때에는 국회의장이 이를 공고하고, 지체없이 당선인에게 당선증을 교부하여야 한다(「공직선거법」 제187조 제2 · 3항).

④ 【O】 「공직선거법」 제24조 제1 · 2항

02 선거제도에 대한 설명으로 가장 적절하지 않은 것은? (다툼이 있는 경우 헌법재판소 판례에 의함)

2019 경찰 승진

① 비례대표국회의원 당선인이 「공직선거법」 제264조(당선인의 선거범죄로 인한 당선무효)의 규정에 의하여 당선이 무효로 된 때 비례대표국회의원 후보자명부상의 차순위 후보자의 승계를 부인하는 것은 과잉금지원칙에 위배하여 청구인들의 공무담임권을 침해한다.

② 선거범으로서 100만 원 이상의 벌금형의 선고를 받고 그 형이 확정된 후 5년을 경과하지 아니한 자 또는 형의 집행유예의 선고를 받고 그 형이 확정된 후 10년을 경과하지 아니한 자에게 선거권을 부여하지 않는 「공직선거법」 조항은 선거권을 침해하지 않는다.

③ 선거범죄로 당선이 무효로 된 자에게 이미 반환받은 기탁금과 보전 받은 선거비용을 다시 반환하도록 한 구 「공직선거법」 조항은 공무담임권을 제한하지 않는다.

④ 지역구국회의원선거에 있어서 선거구선거관리위원회가 당해 국회의원지역구에서 유효투표의 다수를 얻은 자를 당선인으로 결정하도록 한 「공직선거법」 조항은 청구인의 선거권을 침해한다.

지문분석 **난이도** □■■ 중 | **정답** ④ | **키워드** 선거제도 | **출제유형** 판례

① 【O】 심판대상조항은 비례대표국회의원 후보자명부상의 차순위 후보자의 승계까지 부인함으로써 선거를 통하여 표출된 선거권자들의 정치적 의사표명을 무시·왜곡하는 결과를 초래하고, 선거범죄에 관하여 귀책사유도 없는 정당이나 차순위 후보자에게 불이익을 주는 것은 필요 이상의 지나친 제재를 규정한 것이라고 보지 않을 수 없으므로, 과잉금지원칙에 위배하여 청구인들의 공무담임권을 침해한 것이다(헌재 2009.10.29. 2009헌마350 등).

② 【O】 선거권제한조항은 선거범죄를 방지하여 공정한 선거를 보장하고 진정한 주권자의 의사를 선거결과에 제대로 반영하기 위한 것으로서, 선거범 자신을 포함하여 일반 국민으로 하여금 선거의 공정성에 대한 의식을 제고하는 데 기여할 수 있다. 특히 선거권제한조항은 국회의원선거에 참여한 자로서 반드시 지켜야 할 기본적인 의무를 저버린 행위자까지 일정기간 그 공동체의 운용을 주도하는 통치조직의 구성에 직·간접적으로 참여하도록 하는 것은 바람직하지 않다는 인식과 이러한 반사회적 행위에 대한 사회적 제재의 의미도 가진다. 즉 선거권제한조항은 선거법을 위반한 행위에 대한 일종의 응보적 기능도 가진 것이다. 이러한 입법목적은 헌법 제37조 제2항의 공공복리를 위한 것으로서 그 정당성이 인정된다. 선거권제한조항은 과잉금지원칙을 위반하여 청구인의 선거권을 침해하고 있다고 할 수 없다. 다만 징역형의 집행유예 선고를 받은 경우는 제한기간이 벌금형의 경우보다 긴 10년이 되고, 이로써 각 선거마다 통상 2-3회에 걸쳐 선거권이 제한되기는 하나, 징역형은 벌금형보다 위반의 정도가 훨씬 무거운 것임을 고려하면, 벌금형의 경우보다 선거권이 통상 1회 정도 더 제한되는 것에 불과하여 이 역시 지나치게 장기간이라고 보기 어려우므로 과잉금지원칙을 위반하였다고 할 수 없다. 따라서 선거권제한조항이 과잉금지원칙을 위반하여 청구인들의 선거권을 침해하는 것은 아니다(헌재 2018.01.25. 2015헌마821 등).

③ 【O】 공무담임권은 국민이 공무담임에 관한 평등한 기회를 보장받는 권리로서 공직취임 기회의 자의적인 배제와 공무원 신분의 부당한 박탈을 금지하는 것을 그 보호영역으로 한다. 살피건대, 이 사건 법률조항에서 규정한 제재는 이미 선거에 입후보하여 당선된 사람 즉, 공직취임의 기회를 이미 보장받았던 사람을 대상으로 하는 것이라서 공직취임의 기회를 배제하는 내용이라고 볼 수 없고, 그 제재의 내용도 금전적 불이익의 부과뿐이라서 공무원 신분의 부당한 박탈에 관한 규정이라고 할 수 없으므로 공무담임권의 보호영역에 속하는 사항을 규정한 것이 아니다. 그리고 이 사건 법률조항은 선거범죄를 저질러 벌금 100만 원 이상의 형을 선고받은 당선자만을 제재대상으로 하고 있어 선거범죄를 저지르지 않고 선거를 치르려는 대부분의 후보자는 제재대상에 포함될 여지가 없으므로 청구인의 주장과 같이 자력이 충분하지 못한 국민의 입후보를 곤란하게 하는 효과를 갖는다고 할 수도 없다. 따라서 이 사건 법률조항에 의하여 공무담임권이 제한된다고 할 수 없다(헌재 2011.04.28. 2010헌바232).

④ 【X】 이 사건 법률조항이 소선거구 다수대표제를 규정하여 다수의 사표가 발생한다 하더라고 그 이유만으로 헌법상 요구된 선거의 대표성의 본질을 침해한다거나 그로 인해 국민주권원리를 침해하고 있다고 할 수 없고, 청구인의 평등권과 선거권을 침해한다고 할 수 없다(헌재 2016.05.26. 2012헌마374).

03 선거의 기본원칙에 대한 설명으로 옳지 않은 것은? (다툼이 있는 경우 헌법재판소 판례에 의함)

2016 국회직 8급

① 우리 헌법에 명시적으로 규정되어 있지 않지만 자유선거의 원칙은 민주국가의 선거제도에 내재하는 당연한 원리이다.

② 정당명부에 대한 별도의 투표가 없는 1인 1표제하에서의 비례대표제는 선거권자의 투표행위가 아니라 정당의 명부작성행위가 최종적 · 결정적인 의미를 갖게 되므로 직접선거의 원칙에 위배된다.

③ 선거인은 법령에서 정하는 언론사가 출구조사를 하는 경우를 제외하고, 투표한 후보자의 성명이나 정당명을 누구에게도 또한 어떠한 경우에도 진술할 의무가 없으며, 누구든지 선거일의 투표마감시각까지 이를 질문하거나 그 진술을 요구할 수 없다.

④ 입후보에 과도한 기탁금을 요구하거나 지나치게 높은 기탁금국고귀속비율을 정하는 것은 보통선거의 원칙에 위배된다.

⑤ 집행유예자에 대하여 선거권을 제한한다고 하여 보통선거의 원칙에 위반되는 것은 아니다.

지문분석 **난이도** □■■ 중 | **정답** ⑤ | **키워드** 선거의 기본원칙 | **출제유형** 판례 및 조문

▶ 대표제와 선거구제

대표제	다수대표제	절대 다수대표제(본질적 의미의 대표제)	과반수이상 득표자 1인 선출
		상대 다수대표제	한표라도 많은 득표자 1인 선출
	소수대표제	소수표를 얻은 경우에도 당선이 가능한 대표제	
	비례대표제	상대 다수 대표제의 보안으로 정당의 득표율(5석, 3% 저지조항)에 따라 의석배분	
	직능대표제	우리 헌정사상 채택한 바 없다.	
선거구제	소선거구제	한 선거구에서 1인의 대표선출, 대부분의 선거	
	중선거구제	한 선거구에서 2인~4인의 대표선출, 기초 지방의회의원 선거	
	대선거구제	한 선거구에서 5인의 대표선출, 현행 시행하고 있지 않다.	

① **[O]** 자유선거의 원칙은 비록 우리 헌법에 명문으로 규정되지는 아니하였지만 민주국가의 선거제도에 내재하는 법 원리로서, 국민주권의 원리, 의회민주주의의 원리 및 참정권에 관한 규정에서 그 근거를 찾을 수 있다(헌재 2001.08.30. 99헌바92).

② **[O]** 비례대표제를 채택하는 경우 직접선거의 원칙은 의원의 선출뿐만 아니라 정당의 비례적인 의석확보도 선거권자의 투표에 의하여 직접 결정될 것을 요구하는바, 비례대표의원의 선거는 지역구의원의 선거와는 별도의 선거이므로 이에 관한 유권자의 별도의 의사표시, 즉 정당명부에 대한 별도의 투표가 있어야 함에도 현행제도는 정당명부에 대한 투표가 따로 없으므로 결국 비례대표의원의 선출에 있어서는 정당의 명부작성행위가 최종적 · 결정적인 의의를 지니게 되고, 선거권자들의 투표행위로써 비례대표의원의 선출을 직접 · 결정적으로 좌우할 수 없으므로 직접선거의 원칙에 위배된다(헌재 2001.07.19. 2000헌마91).

③ **[O]** 선거인은 투표한 후보자의 성명이나 정당명을 누구에게도 또한 어떠한 경우에도 진술할 의무가 없으며, 누구든지 선거일의 투표마감시각까지 이를 질문하거나 그 진술을 요구할 수 없다. 다만, 텔레비전방송국 · 라디오방송국 · 신문 등의 진흥에 관한 법률 제2조제1호가목 및 나목에 따른 일간신문사가 선거의 결과를 예상하기 위하여 선거일에 투표소로부터 50미터 밖에서 투표의 비밀 이 침해되지 않는 방법으로 질문하는 경우에는 그러하지 아니하며 이 경우 투표마 감시각까지 그 경위와 결과를 공표할 수 없다(「공직선거법」 제167조 제2항).

④ **[O]** 선거제도를 지배하는 보통 · 평등 · 직접 · 비밀선거의 4가지 원칙(헌법 제41조 제1항, 제67조 제1항)이 실질적으로 얼마나 잘 보장되느냐가 선거제도의 성패를 가름하는 갈림길이 되는 것이며, 고액기탁금의 기탁제도는 바로 이와 같은 보통선거원칙 및 평등선거원칙과 관련이 있는 것이다(헌재 1991.03.11. 91헌마21).

⑤ **[X]** 집행유예자는 집행유예 선고가 실효되거나 취소되지 않는 한 교정시설에 구금되지 않고 일반인과 동일한 사회생활을 하고 있으므로, 그들의 선거권을 제한해야 할 필요성이 크지 않다. 따라서 집행유예자에 대하여 선거권을 제한하는 것은 선거권을 침해하고, 보통선거원칙에 위반하여 집행유예자를 차별취급하는 것이다(헌재 2014.01.28. 2012헌마409).

04 선거권과 선거제도에 관한 설명 중 가장 적절한 것은? (다툼이 있는 경우 판례에 의함) 2022 경찰 승진

① 지방자치단체의 장 선거권은 헌법 제24조에 의해 보호되는 기본권으로 인정된다.

② 선거권의 제한은 불가피하게 요청되는 개별적·구체적 사유가 존재함이 명백할 경우 정당화될 수 있으며, 막연하고 추상적인 위험이나 국가의 노력에 의해 극복될 수 없는 기술상의 어려움이나 장애 등을 사유로도 그 제한이 정당화될 수 있다.

③ 「주민등록법」상 주민등록을 할 수 없는 재외국민의 대통령 선거권 행사를 전면 부정하는 것은 헌법에 위배되지 않는다.

④ 민주주의 국가에서 국민주권과 대의제 민주주의의 실현수단으로서 선거권이 갖는 중요성으로 인해 입법자는 선거권을 최대한 보장하는 방향으로 입법을 하여야 하는 반면, 헌법재판소가 선거권을 제한하는 법률의 합헌성을 심사하는 경우 그 심사 강도는 완화하여야 한다.

지문분석 **난이도** □□■ **하** | **정답** ① | **키워드** 선거권과 선거제도 | **출제유형** 판례

① 【O】 주민자치제를 본질로 하는 민주적 지방자치제도가 안정적으로 뿌리내린 현 시점에서 지방자치단체의 장 선거권을 지방의회의원 선거권, 나아가 국회의원 선거권 및 대통령 선거권과 구별하여 하나는 법률상의 권리로, 나머지는 헌법상의 권리로 이원화하는 것은 허용될 수 없다. 그러므로 지방자치단체의 장 선거권 역시 다른 선거권과 마찬가지로 헌법 제24조에 의해 보호되는 기본권으로 인정하여야 한다(헌재 2016.10.27. 2014헌마797).

② 【X】 선거권의 제한은 불가피하게 요청되는 개별적·구체적 사유가 존재함이 명백할 경우에만 정당화될 수 있고, 막연하고 추상적인 위험이나 국가의 노력에 의해 극복될 수 있는 기술상의 어려움이나 장애 등을 사유로 그 제한이 정당화될 수 없다[헌재 2007.06.28. 2004헌마644·2005헌마360(병합)].

③ 【X】 주민등록이 되어 있는지 여부에 따라 선거인명부에 오를 자격을 결정하여 그에 따라 선거권 행사 여부가 결정되도록 함으로써 엄연히 대한민국의 국민임에도 불구하고 「주민등록법」상 주민등록을 할 수 없는 재외국민의 선거권 행사를 전면적으로 부정하고 있는 법 제37조 제1항은 어떠한 정당한 목적도 찾기 어려우므로 헌법 제37조 제2항에 위반하여 재외국민의 선거권과 평등권을 침해하고 보통선거원칙에도 위반된다[헌재 2007.06.28. 2004헌마644·2005헌마360(병합)].

④ 【X】 민주주의 국가에서 국민주권과 대의제 민주주의의 실현수단으로서 선거권이 갖는 중요성으로 인해 한편으로 입법자는 선거권을 최대한 보장하는 방향으로 입법을 하여야 하며, 또 다른 한편에서 선거권을 제한하는 법률의 합헌성을 심사하는 경우에는 그 심사의 강도도 엄격하여야 한다[헌재 2007.06.28. 2004헌마644·2005헌마360(병합)].

05 **선거에 대한 설명으로 옳지 않은 것은?** (다툼이 있는 경우 판례에 의함) 2015 국가직 7급

① 국회의원 비례대표 후보자 명단을 확정하기 위한 당내 경선에는 직접・평등・비밀 투표 등 일반적인 선거원칙이 그대로 적용되고 대리투표는 허용되지 않는다.

② 집행유예자의 경우와 달리 수형자는 그 범행의 불법성이 크다고 보아 그들에 대해 격리된 기간 동안 통치조직의 구성과 공동체의 나아갈 방향을 결정짓는 선거권을 정지시키는 것은 입법목적의 달성에 필요한 정도를 벗어난 과도한 것이 아니다.

③ 국회의원지역선거구 구역표 중 인구편차 상하 33⅓%의 기준을 넘어서는 선거구에 관한 부분은 지나친 투표가치의 불평등을 야기하여 위 선거구가 속한 지역에 주민등록을 마친 청구인들의 선거권과 평등권을 침해한다.

④ 지역농협은 기본적으로 사법인의 성격을 지니므로 조합장선거에서 선거운동을 하는 것은 선거권의 범위에 포함되지 않고, 선거운동의 방법에서 금전제공을 금지하는 것은 조합장 후보자의 일반적 행동의 자유를 침해하지 않는다.

지문분석 **난이도** □■■ **중** | **정답** ② | **키워드** 선거제도 | **출제유형** 판례

① 【O】 국회의원 비례대표 후보자 명단을 확정하기 위한 당내 경선은 정당의 대표자나 대의원을 선출하는 절차와 달리 국회의원 당선으로 연결될 수 있는 중요한 절차로서 직접투표의 원칙이 그러한 경선절차의 민주성을 확보하기 위한 최소한의 기준이 된다고 할 수 있는 점 등 제반 사정을 종합할 때, 당내 경선에도 직접・평등・비밀투표 등 일반적인 선거원칙이 그대로 적용되고 대리투표는 허용되지 않는다(대판 2013.11.28. 2013도5117).

② 【X】 집행유예자와 수형자의 선거권을 제한하는 것은 선거권을 침해하고 헌법 제41조 제1항 및 제67조 제1항이 규정한 보통선거원칙에 위반하여 집행유예자와 수형자를 차별취급하는 것이므로 평등의 원칙에도 어긋난다. 다만 수형자에 대한 선거권 제한의 위헌성은 지나치게 전면적・획일적으로 수형자의 선거권을 제한한다는 데 있으므로 헌법불합치 결정을 하였다(헌재 2014.01.28. 2012헌마409).

③ 【O】 국회의원지역선거구의 인구편차의 기준은 인구편차 상하33⅓%, 인구비례 2:1을 넘어서지 않아야 한다(헌재 2014.10.30. 2012헌마192).

④ 【O】 사법적인 성격을 지니는 농협의 조합장선거에서 조합장을 선출하거나 조합장으로 선출될 권리, 조합장선거에서 선거운동을 하는 것은 헌법에 의하여 보호되는 선거권의 범위에 포함되지 않는다. 지역농협의 조합장선거의 공정성을 담보하기 위해서는 당선되게 하거나 당선되지 못하게 할 목적으로 조합원 등에게 금품을 제공하는 행위를 금지할 필요가 있고, 이와 같은 조합원을 매수하는 행위를 금지하더라도 조합장선거에 출마한 후보자는 「농협법」 제50조 제4항에 규정된 방법으로 선거운동을 할 수 있으므로, 이 사건 금전제공 금지조항은 지역농협의 조합장선거에 관한 청구인의 일반적 행동의 자유를 지나치게 제한하는 것이라 할 수 없다(헌재 2012.02.23. 2011헌바154).

06 **「공직선거법」에 대한 설명으로 옳지 않은 것을 모두 고른 것은?** 2018 경정 승진

㉠ 20세 이상의 국민은 대통령 및 국회의원의 선거권이 있다.
㉡ 20세 이상의 국민은 국회의원의 피선거권이 있다.
㉢ 40세 이상의 국민은 누구든지 대통령의 피선거권이 있다.
㉣ 대통령선거에서 당선의 효력에 이의가 있는 경우, 정당 또는 후보자는 사안에 따라 당선인을 피고로 하거나 중앙선거관리위원장 또는 국무총리를 피고로 하여 대법원에 소를 제기할 수 있다.

① ㉠, ㉣　　② ㉡, ㉢　　③ ㉠, ㉡, ㉣　　④ ㉠, ㉡, ㉢, ㉣

지문분석 **난이도** ■■■ **상** | **정답** ④ | **키워드** 「공직선거법」 | **출제유형** 판례 및 조문

㉠ 【X】「공직선거법」 제15조 제1항 18세 이상의 국민은 대통령 및 국회의원의 선거권이 있다. 다만, 지역구국회의원의 선거권은 18세 이상의 국민으로서 제37조 제1항에 따른 선거인명부작성기준일 현재 다음 각 호의 어느 하나에 해당하는 사람에 한하여 인정된다.

㉡ 【X】 18세 이상의 국민은 국회의원의 피선거권이 있다.제3항 선거일 현재 계속하여 60일 이상(공무로 외국에 파견되어 선거일전 60일후에 귀국한 자는 선거인명부작성기준일부터 계속하여 선거일까지) 당해 지방자치단체의 관할구역 안에 주민등록(국내거소신고인명부에 올라 있는 경우를 포함한다. 이하 이 조에서 같다)이 되어 있는 주민으로서 18세 이상의 국민은 그 지방의회의원 및 지방자치단체의 장의 피선거권이 있다(「공직선거법」 제16조 제2항).

㉢ 【X】 선거일 현재 5년 이상 국내에 거주하고 있는 40세 이상의 국민은 대통령의 피선거권이 있다. 이 경우 공무로 외국에 파견된 기간과 국내에 주소를 두고 일정기간 외국에 체류한 기간은 국내거주기간으로 본다(동법 제16조 제1항).

㉣ 【X】 대통령선거 및 국회의원선거에 있어서 당선의 효력에 이의가 있는 정당(후보자를 추천한 정당에 한한다) 또는 후보자는 당선인결정일부터 30일 이내에 제52조 제1항 · 제3항 또는 제192조 제1항부터 제3항까지의 사유에 해당함을 이유로 하는 때에는 당선인을, 제187조(대통령당선인의 결정 · 공고 · 통지)제1항 · 제2항, 제188조(지역구국회의원당선인의 결정 · 공고 · 통지)제1항 내지 제4항, 제189조(비례대표국회의원의석의 배분과 당선인의 결정 · 공고 · 통지) 또는 제194조(당선인의 재결정과 비례대표국회의원의석 및 비례대표지방의회의원의석의 재배분) 제4항의 규정에 의한 결정의 위법을 이유로 하는 때에는 대통령선거에 있어서는 그 당선인을 결정한 중앙선거관리위원회위원장 또는 국회의장을, 국회의원선거에 있어서는 당해 선거구선거관리위원회위원장을 각각 피고로 하여 대법원에 소를 제기할 수 있다(동법 제223조 제1항).

07 **선거제도에 대한 설명으로 옳지 <u>않은</u> 것은?** (다툼이 있는 경우 판례에 의함) 2016 지방직 7급

① 대통령선거에 있어서 직업이나 학문 등의 사유로 자진 출국한 자들이 선거권을 행사하려고 하면 반드시 귀국해야 하고 귀국하지 않으면 선거권 행사를 못하도록 하는 것은 헌법이 보장하는 해외체류자의 국외 거주 · 이전의 자유, 직업의 자유, 공무담임권, 학문의 자유 등의 기본권을 희생하도록 강요한다는 점에서 부적절하다.

② 구 「공직선거법」에서 '대통령령으로 정하는 언론인'에 대하여 선거운동을 금지하는 것은 포괄위임금지원칙에 위배되고 언론인의 선거운동의 자유를 침해하는 것이다.

③ 선거인은 자신이 기표한 투표지를 공개할 수 없으며, 공개된 투표지는 무효로 한다.

④ 선거일의 투표마감시각 후 당선인결정전까지 지역구국회의원후보자가 사퇴 · 사망하거나 등록이 무효로 된 경우에는 개표결과 유효투표의 다수를 얻은 자를 당선인으로 결정하되, 사퇴 · 사망하거나 등록이 무효로 된 자가 유효투표의 다수를 얻은 때에는 차순위 득표자가 당선인이 된다.

지문분석 **난이도** □■■ **중** | **정답** ④ | **키워드** 선거제도 | **출제유형** 판례

④ 【X】 선거일의 투표마감시각 후 당선인결정전까지 지역구국회의원후보자가 사퇴 · 사망하거나 등록이 무효로 된 경우에는 개표결과 유효투표의 다수를 얻은 자를 당선인으로 결정하되, 사퇴 · 사망하거나 등록이 무효로 된 자가 유효투표의 다수를 얻은 때에는 그 국회의원지역구는 당선인이 없는 것으로 한다(「공직선거법」 제188조 제4항).

08 **선거운동과 정치적 표현의 자유에 관한 설명으로 가장 적절한 것은?** (다툼이 있는 경우 헌법재판소 판례에 의함) 2024 경찰 2차

① 「농업협동조합법」·「수산업협동조합법」에 의하여 설립된 조합(이하 '협동조합')의 상근직원에 대하여 선거운동을 금지하는 구 「공직선거법」 조항의 해당 부분은 정치적 의사표현 중 당선 또는 낙선을 위한 직접적인 활동만을 금지할 뿐이므로 협동조합 상근직원의 선거운동의 자유를 침해하지 않는다.

② 지방공사 상근직원의 선거운동을 금지하고, 이를 위반한 자를 처벌하는 「공직선거법」 조항의 해당 부분은 지방공사 상근직원에 대하여 '그 지위를 이용하여' 또는 '그 직무 범위 내에서' 하는 선거운동을 금지하는 방법만으로는 선거의 공정성이 충분히 담보될 수 없어 지방공사 상근직원의 선거운동의 자유를 침해하지 아니한다.

③ 안성시시설관리공단(이하 '공단')의 상근직원이, 당원이 아닌 자에게도 투표권을 부여하는 당내경선에서 경선운동을 할 수 없도록 금지·처벌하는 「공직선거법」 조항의 해당 부분은 당내경선의 공정성과 형평성 확보에 기여하여 공단 상근직원의 정치적 표현의 자유를 침해하지 않는다.

④ 광주광역시 광산구 시설관리공단(이하 '공단')의 상근직원이, 당원이 아닌 자에게도 투표권을 부여하는 당내경선에서 경선운동을 할 수 없도록 금지·처벌하는 「공직선거법」 조항의 해당 부분은, 공단의 상근직원은 공단의 경영에 관여하거나 실질적인 영향력을 미칠 수 있는 권한을 가지고 있고, 경선운동으로 인한 부작용과 폐해가 커서 공단 상근직원의 정치적 표현의 자유를 침해하지 아니한다.

PART · 02

지문분석 **난이도** ■■■ **상** | **정답** ① | **키워드** 선거운동과 정치적 표현의 자유 | **출제유형** 판례

① 【O】 협동조합이 가지는 공법인적 특성과 기능적 공공성에 더하여, 협동조합의 상근직원이 각 지역 주민들의 생활에 매우 밀접한 직무를 수행하고 있는 점 등을 고려해볼 때, 협동조합의 상근직원이 그 직을 그대로 유지한 채 선거운동을 할 경우에는 선거의 공정성·형평성이 저해될 우려가 있다. …(중략)… 심판대상조항은 정치적 의사표현 중 당선 또는 낙선을 위한 직접적인 활동만을 금지할 뿐이므로, 협동조합의 상근직원은 여전히 선거와 관련하여 일정 범위 내에서는 자유롭게 자신의 정치적 의사를 표현하면서 후보자에 대한 정보를 충분히 교환할 수 있다. 따라서 심판대상조항은 침해의 최소성 및 법익의 균형성을 충족한다. 결국 심판대상조항은 과잉금지원칙에 반하여 청구인들의 선거운동의 자유를 침해하지 않는다(헌재 2022.11.24. 2020헌마417).

② 【X】 지방공사 상근직원의 지위와 권한에 비추어 볼 때, 지방공사의 상근직원이 공직선거에서 선거운동을 한다고 하여 그로 인한 부작용과 폐해가 일반 사기업 직원의 경우보다 크다고 보기 어렵다. …(중략)… 직급에 따른 업무내용과 수행하는 개별·구체적인 직무의 성격을 고려하여 지방공사 상근직원 중 선거운동이 제한되는 주체의 범위를 최소화하거나, 지방공사 상근직원에 대하여 '그 지위를 이용하여' 또는 '그 직무 범위 내에서' 하는 선거운동을 금지하는 방법으로도 선거의 공정성이 충분히 담보될 수 있다. 결국 심판대상조항은 과잉금지원칙을 위반하여 지방공사 상근직원의 선거운동의 자유를 침해한다(헌재 2024.01.25. 2021헌가14).

③ 【X】 안성시시설관리공단의 상근직원은 안성시시설관리공단의 경영에 관여하거나 실질적인 영향력을 미칠 수 있는 권한을 가지고 있지 아니하므로, 경선운동을 한다고 하여 그로 인한 부작용과 폐해가 크다고 보기 어렵다. …(중략)… 정치적 표현의 자유의 중대한 제한에 비하여, 안성시시설관리공단의 상근직원이 당내경선에서 공무원에 준하는 영향력이 있다고 볼 수 없는 점 등을 고려하면 심판대상조항이 당내경선의 형평성과 공정성의 확보라는 공익에 기여하는 바가 크다고 보기 어렵다. 따라서 심판대상조항은 과잉금지원칙에 반하여 정치적 표현의 자유를 침해한다(헌재 2022.12.22. 2021헌가36).

④ 【X】 이 사건 공단의 상근직원은 이 사건 공단의 경영에 관여하거나 실질적인 영향력을 미칠 수 있는 권한을 가지고 있지 아니하므로, 경선운동을 한다고 하여 그로 인한 부작용과 폐해가 크다고 보기 어렵다. …(중략)… 정치적 표현의 자유의 중대한 제한에 비하여, 이 사건 공단의 상근직원이 당내경선에서 공무원에 준하는 영향력이 있다고 볼 수 없는 점 등을 고려하면 심판대상조항이 당내경선의 형평성과 공정성의 확보라는 공익에 기여하는 바가 크다고 보기 어렵다. 따라서 심판대상조항은 과잉금지원칙에 반하여 정치적 표현의 자유를 침해한다(헌재 2021.04.29. 2019헌가11).

09 선거권에 관한 설명 중 가장 적절하지 않은 것은? (다툼이 있는 경우 판례에 의함) 2020 경찰 승진

① 주민등록과 국내거소신고를 기준으로 지역구 국회의원 선거권을 인정하는 것은 해당 국민의 지역적 관련성을 확인하는 합리적인 방법으로, 주민등록이 되어 있지 않고 국내 거소신고도 하지 않은 재외국민의 임기만료 지역구 국회의원선거권을 인정하지 않은 것은 선거권을 침해한다고 볼 수 없다.

② 지역농협은 사법인에서 볼 수 없는 공법인적 특성을 많이 가지고 있으므로, 지역농협의 조합장 선거에서 조합장을 선출하거나 조합장으로 선출될 권리, 조합장선거에서 선거운동을 하는 것도 헌법에 의하여 보호되는 선거권의 범위에 포함된다.

③ 선거일 현재 선거범으로서 100만 원 이상의 벌금형의 선고를 받고 그 형이 확정된 후 5년 또는 형의 집행유예의 선고를 받고 그 형이 확정된 후 10년을 경과하지 아니한 사람은 선거권이 없다.

④ 지역구 국회의원 선거에서 예비후보자의 기탁금 액수를 해당 선거의 후보자등록 시 납부해야 하는 기탁금의 100분의 20으로 설정한 것은 입법재량의 범위를 벗어난 것으로 볼 수 없다.

지문분석 **난이도** □■■ 중 | **정답** ② | **키워드** 선거권 | **출제유형** 판례 및 조문

① 【O】 전국을 단위로 선거를 실시하는 대통령선거와 비례대표국회의원선거에 투표하기 위해서는 국민이라는 자격만으로 충분한 데 반해, 특정한 지역구의 국회의원선거에 투표하기 위해서는 '해당 지역과의 관련성'이 인정되어야 한다. 주민등록과 국내거소신고를 기준으로 지역구국회의원선거권을 인정하는 것은 해당 국민의 지역적 관련성을 확인하는 합리적인 방법이다. 따라서 선거권조항과 재외선거인 등록신청조항이 재외선거인의 임기만료지역구국회의원선거권을 인정하지 않은 것이 재외선거인의 선거권을 침해하거나 보통선거원칙에 위배된다고 볼 수 없다(헌재 2014.07.24. 2009헌마256 등).

② 【X】 사법적인 성격을 지니는 농협의 조합장선거에서 조합장을 선출하거나 조합장으로 선출될 권리, 조합장선거에서 선거운동을 하는 것은 헌법에 의하여 보호되는 선거권의 범위에 포함되지 않는다(헌재 2012.02.23. 2011헌바154).

③ 【O】

> 「공직선거법」 제18조(선거권이 없는 자) ① 선거일 현재 다음 각 호의 어느 하나에 해당하는 사람은 선거권이 없다.
>
> 3. 선거범, 「정치자금법」 제45조(정치자금부정수수죄) 및 제49조(선거비용관련 위반행위에 관한 벌칙)에 규정된 죄를 범한 자 또는 대통령·국회의원·지방의회의원·지방자치단체의 장으로서 그 재임 중의 직무와 관련하여 「형법」(「특정범죄가중처벌 등에 관한 법률」 제2조에 의하여 가중처벌되는 경우를 포함한다) 제129조(수뢰, 사전수뢰) 내지 제132조(알선수뢰)·특정범죄가중처벌 등에 관한 법률 제3조(알선수재)에 규정된 죄를 범한 자로서, 100만 원 이상의 벌금형의 선고를 받고 그 형이 확정된 후 5년 또는 형의 집행유예의 선고를 받고 그 형이 확정된 후 10년을 경과하지 아니하거나 징역형의 선고를 받고 그 집행을 받지 아니하기로 확정된 후 또는 그 형의 집행이 종료되거나 면제된 후 10년을 경과하지 아니한 자(형이 실효된 자도 포함한다)

④ 【O】 예비후보자 기탁금조항은 예비후보자의 무분별한 난립을 막고 책임성과 성실성을 담보하기 위한 것으로서, 입법목적의 정당성과 수단의 적합성이 인정된다. 따라서 예비후보자 기탁금조항은 청구인의 공무담임권을 침해하지 않는다(헌재 2017.10.26. 2016헌마623).

10 **다음 중 선거권이 인정되는 사람은?** 2017 서울시 7급

① 피성년후견인
② 강도죄로 2년 징역에 5년의 집행유예를 선고받은 뒤, 유예 기간이 종료된 후 1년 지난 자
③ 「국민투표법」 위반 범죄로 300만 원의 벌금형이 확정된 후 4년이 지난 자
④ 「정치자금법」 제45조(정치자금부정수수죄) 위반 범죄로 2년 징역에 5년의 집행유예를 선고받고 형이 확정된 뒤 9년이 지난 자

지문분석 **난이도** □□■ **하** | **정답** ② | **키워드** 선거권 | **출제유형** 조문

② 【O】
① 【X】, ③ 【X】, ④ 【X】 「공직선거법」 제18조에 따라 선거권이 없다.

「공직선거법」 제18조(선거권이 없는 자) ① 선거일 현재 다음 각 호의 어느 하나에 해당하는 사람은 선거권이 없다.
1. 금치산선고를 받은 자
2. 1년 이상의 징역 또는 금고의 형의 선고를 받고 그 집행이 종료되지 아니하거나 그 집행을 받지 아니하기로 확정되지 아니한 사람. 다만, 그 형의 집행유예를 선고받고 유예기간 중에 있는 사람은 제외한다.
3. 선거범, 「정치자금법」 제45조(정치자금부정수수죄) 및 제49조(선거비용관련 위반행위에 관한 벌칙)에 규정된 죄를 범한 자 또는 대통령·국회의원·지방의회의원·지방자치단체의 장으로서 그 재임중의 직무와 관련하여 「형법」(특정범죄가중처벌 등에 관한 법률 제2조에 의하여 가중처벌되는 경우를 포함한다) 제129조(수뢰, 사전수뢰) 내지 제132조(알선수뢰)·특정범죄가중처벌 등에 관한 법률 제3조(알선수재)에 규정된 죄를 범한 자로서, 100만 원이상의 벌금형의 선고를 받고 그 형이 확정된 후 5년 또는 형의 집행유예의 선고를 받고 그 형이 확정된 후 10년을 경과하지 아니하거나 징역형의 선고를 받고 그 집행을 받지 아니하기로 확정된 후 또는 그 형의 집행이 종료되거나 면제된 후 10년을 경과하지 아니한 자(형이 실효된 자도 포함한다)
4. 법원의 판결 또는 다른 법률에 의하여 선거권이 정지 또는 상실된 자
② 제1항 제3호에서 '선거범'이라 함은 제16장 벌칙에 규정된 죄와 「국민투표법」 위반의 죄를 범한 자를 말한다.

11 **선거권과 선거제도에 대한 설명으로 옳은 것을 〈보기〉에서 모두 고르면?** (다툼이 있는 경우 헌법재판소의 판례에 의함) 2017 국회직 8급

〈보기〉

㉠ 평등선거의 원칙과 선거권 보장의 중요성을 감안할 때, 범죄자의 선거권을 제한할 필요가 있다 하더라도 그가 저지른 범죄의 경중을 전혀 고려하지 않고 수형자와 집행유예자 모두의 선거권을 제한하는 것은 침해의 최소성원칙에 어긋난다.

㉡ 임기만료에 의한 공직선거에서 투표소를 오후 6시에 닫도록 한 것이 투표권의 자유로운 행사를 침해하는 것인가는 총 투표시간, 투표시간 보장 장치, 선거일 전 투표의 기회 보장 여부 등 투표제도 전반을 종합적으로 살펴야 할 것이므로 이는 선거권의 침해가 아니다.

㉢ 부재자투표 개시시간을 오전 10시부터로 정한 것은 투표관리 효율성의 도모와 행정부담 축소 외에 투표의 인계 · 발송절차의 지연위험 등과는 무관한 반면에, 부재자투표자에게는 학업이나 직장업무로 인한 사실상 선거권행사에 중대한 제한이 되므로 선거권과 평등권을 침해하는 것이다.

㉣ 선거운동기간 중 공개장소에서 비례대표국회의원후보자의 연설 · 대담을 금지하는 것은 지역구국회의원후보자와 차별하는 것이며, 정당의 재정적 능력에 따른 선거운동기회를 부당하게 제한하여 선거운동의 자유 및 정당활동의 자유를 침해한다.

㉤ 자치구 · 시 · 군의회의원 선거구 획정에서는 국회의원 선거구 획정에서 요구되는 기준보다 더 완화된 인구편차 허용기준을 적용하는 것이 타당하고, 인구비례 · 지역대표성 등 고려할 사정이 유사한 시 · 도의회의원 선거구 획정에서의 선례 또한 평균인구수로부터 상하 50%의 편차를 허용기준으로 삼았으므로, 이와 동일한 기준에 따르는 것이 상당하다.

① ㉠, ㉡, ㉢　② ㉠, ㉡, ㉤　③ ㉠, ㉣, ㉤
④ ㉡, ㉢, ㉣　⑤ ㉡, ㉢, ㉤

지문분석 **난이도** ■■■ 상 | **정답** ⑤ | **키워드** 선거권과 선거제도 | **출제유형** 판례

㉠ 【X】 보통선거원칙 및 그에 기초한 선거권을 법률로써 제한하는 것은 필요 최소한에 그쳐야 한다. 집행유예자와 수형자의 선거권 제한은 범죄자가 범죄의 대가로 선고받은 자유형의 본질에서 당연히 도출되는 것이 아니므로, 범죄자의 선거권 제한 역시 보통선거원칙에 기초하여 필요 최소한의 정도에 그쳐야 한다. 심판대상조항의 입법목적에 비추어 보더라도, 구체적인 범죄의 종류나 내용 및 불법성의 정도 등과 관계없이 일률적으로 선거권을 제한하여야 할 필요성이 있다고 보기는 어렵다. 범죄자가 저지른 범죄의 경중을 전혀 고려하지 않고 수형자와 집행유예자 모두의 선거권을 제한하는 것은 침해의 최소성원칙에 어긋난다(헌재 2014.01.28. 2012헌마409).

㉡ 【O】 실질적으로 투표권을 자유로이 행사할 수 있는 기회가 충분히 보장되어 있는가는 투표종료시간이 언제로 정해져 있는지, 그 한 가지만을 보고 판단할 수 없는 성질의 것이고, 총 투표시간이 어느 정도인지, 투표시간의 보장을 위하여 어떠한 장치가 강구되어 있는지, 선거일 전 투표의 기회가 어느 정도로 보장되어 있는지 투표제도 전반을 종합적으로 살펴 판단하여야 할 것이다. 투표소를 선거일 오후 6시에 닫도록 한 것은 과잉금지원칙에 반하여 선거권을 침해한다고 볼 수 없다(헌재 2013.07.25. 2012헌마815).

㉢ 【O】 투표개시시간을 일과시간 이내인 오전 10시부터로 정한 것은 투표시간을 줄인 만큼 투표관리의 효율성을 도모하고 행정부담을 줄이는 데 있고, 그 밖에 부재자투표의 인계·발송절차의 지연위험 등과는 관련이 없다. 이에 반해 일과시간에 학업이나 직장업무를 하여야 하는 부재자투표자는 이 사건 투표시간조항 중 투표개시시간 부분으로 인하여 일과시간 이전에 투표소에 가서 투표할 수 없게 되어 사실상 선거권을 행사할 수 없게 되는 중대한 제한을 받는다. 따라서 이 사건 투표시간조항 중 투표개시시간 부분은 수단의 적정성, 법익균형성을 갖추지 못하므로 과잉금지원칙에 위배하여 청구인의 선거권과 평등권을 침해하는 것이다(헌재 2012.02.23. 2010헌마601).

㉣ 【X】 선거운동기간 중 공개장소에서 비례대표국회의원후보자의 연설·대담을 금지하는 것은 선거운동의 자유 및 정당활동의 자유를 침해하지 않으며, 평등권을 침해하지 않는다(헌재 2013.10.24. 2012헌마311).

㉤ 【O】 자치구·시·군의원은 주로 지역적 사안을 다루는 지방의회의 특성상 지역대표성도 겸하고 있고, 우리나라는 도시와 농어촌 간의 인구격차가 크고 각 분야에 있어서의 개발불균형이 현저하므로, 자치구·시·군의원 선거구 획정에 있어서는 행정구역, 지역대표성 등 2차적 요소도 인구비례의 원칙 못지않게 함께 고려해야 할 필요성이 크다. 인구편차 상하 33⅓%(인구비례 2 : 1)의 기준을 적용할 경우 자치구·시·군의원의 지역대표성과 각 분야에 있어서의 지역 간 불균형 등 2차적 요소를 충분히 고려하기 어려운 반면, 인구편차 상하50%(인구비례 3 : 1)를 기준으로 하는 방안은 2차적 요소를 보다 폭넓게 고려할 수 있다. 인구편차 상하 60%의 기준에서 곧바로 인구편차 상하 33⅓%의 기준을 채택하는 경우 선거구를 조정하는 과정에서 예기치 않은 어려움에 봉착할 가능성이 크므로, 현재의 시점에서 자치구·시·군의원 선거구 획정과 관련하여 헌법이 허용하는 인구편차의 기준을 인구편차 상하50%(인구비례 3 : 1)로 변경하는 것이 타당하다(헌재 2018.06.28. 2014헌마166).

12 선거권과 선거제도에 대한 설명으로 옳은 것을 모두 고른 것은? (다툼이 있는 경우 판례에 의함)

2018 경정 승진

> ㉠ 대통령선거에 있어서는 중앙선거관리위원회가 유효투표의 다수를 얻은 자를 당선인으로 결정하고, 이를 당선인에게 통지하여야 한다. 다만, 후보자가 1인인 때에는 그 득표수가 선거권자총수의 3분의 1 이상에 달하여야 당선인으로 결정한다.
> ㉡ 집행유예자와 수형자의 선거권 제한은 범죄자가 범죄의 대가로 선고받은 자유형의 본질에서 당연히 도출되는 것이 아니므로, 범죄자의 선거권 제한 역시 보통선거원칙에 기초하여 필요 최소한의 정도에 그쳐야 한다.
> ㉢ 선거운동의 자유는 선거권 행사의 전제 내지 선거권의 중요한 내용을 이룬다고 할 수 있으므로, 선거운동의 제한은 후보자에 관한 정보에 자유롭게 접근할 수 있는 권리를 제한하는 것으로서 선거권, 곧 참정권의 제한으로 파악될 수도 있다.
> ㉣ 후보자의 배우자가 그와 함께 다니는 사람 중에서 지정한 1명에게도 명함을 교부할 수 있도록 한 「공직선거법」 규정은 평등권을 침해하지 않는다.

① ㉠, ㉡　　② ㉠, ㉣
③ ㉡, ㉢　　④ ㉡, ㉢, ㉣

지문분석 **난이도** ■■■ 상 | **정답** ③ | **키워드** 선거권과 선거제도 | **출제유형** 판례

㉠ 【X】 대통령선거에 있어서는 중앙선거관리위원회가 유효투표의 다수를 얻은 자를 당선인으로 결정하고, 이를 국회의장에게 통지하여야 한다. 다만, 후보자가 1인인 때에는 그 득표수가 선거권자총수의 3분의 1 이상에 달하여야 당선인으로 결정한다(「공직선거법」 제187조 제1항).

㉡ 【O】 보통선거원칙 및 그에 기초한 선거권을 법률로써 제한하는 것은 필요 최소한에 그쳐야 한다. 집행유예자와 수형자의 선거권 제한은 범죄자가 범죄의 대가로 선고받은 자유형의 본질에서 당연히 도출되는 것이 아니므로, 범죄자의 선거권 제한 역시 보통선거원칙에 기초하여 필요 최소한의 정도에 그쳐야 한다(헌재 2009.10.29. 2007헌마1462).

㉢ 【O】 선거운동의 자유는 널리 선거과정에서 자유로이 의사를 표현할 자유로서 표현의 자유의 한 형태이기도 하므로 언론, 출판, 집회, 결사의 자유를 보장한 헌법 제21조에 의하여도 보호받는다. 한편, 선거권이 제대로 행사되기 위하여는 후보자에 대한 정보의 자유교환이 필연적으로 요청되므로, 선거운동의 자유는 선거권 행사의 전제 내지 선거권의 중요한 내용을 이룬다. 그러므로 선거운동의 제한은 후보자에 관한 정보에 자유롭게 접근할 수 있는 권리를 제한하는 것으로서 선거권, 곧 참정권의 제한으로 파악될 수도 있다(헌재 2006.07.27. 2004헌마215).

㉣ 【X】 「공직선거법」 제60조의3 제2항 중 제1호에 의하여 배우자 없는 예비후보자가 불리한 상황에서 선거운동을 하는데, 이 사건 3호 법률조항은 배우자가 그와 함께 다니는 사람 중에서 지정한 1명까지 보태어 명함을 교부하고 지지를 호소할 수 있도록 함으로써 배우자 유무에 따른 차별효과를 지나치게 커지게 한다. 또한 이 사건 3호 법률조항에서 배우자가 그와 함께 다니는 1명을 지정함에 있어 아무런 범위의 제한을 두지 아니하는 것은, 명함 본래의 기능에 부합하지 아니할 뿐만 아니라, 명함교부의 주체를 배우자나 직계존·비속 본인에게만 한정하고 있는 이 사건 1호 법률조항의 입법취지에도 맞지 않는다. 따라서 위 법률조항은 예비후보자의 선거운동의 강화에만 치우친 나머지, 배우자의 유무라는 우연적인 사정에 근거하여 합리적 이유 없이 배우자 없는 예비후보자와 배우자 있는 예비후보자를 지나치게 차별취급하여 청구인의 평등권을 침해한다(헌재 2013.11.28. 2011헌마267).

13 **다음 사례에 대한 설명으로 옳지 않은 것은?** 2023 국가직 7급

> 「공직선거법」 조항이 한국철도공사와 같이 정부가 100분의 50 이상의 지분을 가지고 있는 기관의 상근직원은 선거운동을 할 수 없도록 규정하고 있음에도 불구하고, 甲은 한국철도공사 상근직원으로서, 특정 정당과 그 정당의 후보자에대한 지지를 호소하는 내용의 메일을 한국철도공사 경기지부 소속 노조원에게 발송하였다는 이유로 기소되었다. 甲은 소송 계속 중 자신의 선거운동을 금지하고 있는 「공직선거법」 조항에 대하여 위헌법률심판제청신청을 하였으나 기각되자, 「헌법재판소법」 제68조 제2항의 헌법소원심판을 청구하였다.

① 선거운동의 자유는 선거권 행사의 전제 내지 선거권의 중요한 내용을 이룬다고 할 수 있으므로, 甲에 대한 선거운동의 제한은 선거권의 제한으로도 파악될 수 있다.

② 위 「공직선거법」 조항은 한국철도공사 상근직원의 직급이나 직무의 성격에 대한 검토 없이 일률적으로 모든 상근직원의 선거운동을 전면적으로 금지하는 것으로 선거운동의 자유를 침해한다.

③ 선거운동의 자유는 선거의 공정성이라는 또 다른 가치를 위하여 무제한 허용될 수는 없는 것이고, 선거운동이 허용되거나 금지되는 사람의 인적 범위는 입법자가 재량의 범위 내에서 직무의 성질과 내용 등 제반 사정을 종합적으로 검토하여 정할 사항이므로 제한입법의 위헌여부에 대하여는 다소 완화된 심사기준이 적용되어야 한다.

④ 선거운동의 자유는 널리 선거과정에서 자유로이 의사를 표현할 자유의 일환이므로 표현의 자유의 한 태양이기도 한데, 이러한 정치적 표현의 자유는 선거과정에서의 선거운동을 통하여 국민이 정치적 의견을 자유로이 발표, 교환함으로써 비로소 그 기능을 다하게 된다 할 것이므로 선거운동의 자유는 헌법이 정한 언론·출판·집회·결사의 자유 및 보장규정에 의한 보호를 받는다.

지문분석 **난이도** ■■■ **상** | **정답** ③ | **키워드** 선거권과 선거제도 | **출제유형** 판례

① 【O】 우리 헌법은 참정권의 내용으로서 모든 국민에게 법률이 정하는 바에 따라 선거권을 부여하고 있는데, 선거권이 제대로 행사되기 위하여는 후보자에 대한 정보의 자유교환이 필연적으로 요청된다 할 것이므로, 선거운동의 자유는 선거권 행사의 전제 내지 선거권의 중요한 내용을 이룬다고 할 수 있고, 따라서 선거운동의 제한은 선거권의 제한으로도 파악될 수 있을 것이다(헌재 2018.02.22. 2015헌바124).

② 【O】 한국철도공사 상근직원의 지위와 권한에 비추어볼 때, 특정 개인이나 정당을 위한 선거운동을 한다고 하여 그로 인한 부작용과 폐해가 일반 사기업 직원의 경우보다 크다고 보기 어려우므로, 직급이나 직무의 성격에 대한 검토 없이 일률적으로 모든 상근직원에게 선거운동을 전면적으로 금지하고 이에 위반한 경우 처벌하는 것은 선거운동의 자유를 지나치게 제한하는 것이다. 더욱이 그 직을 유지한 채 공직선거에 입후보할 수 없는 상근임원과 달리, 한국철도공사의 상근직원은 그 직을 유지한 채 공직선거에 입후보하여 자신을 위한 선거운동을 할 수 있음에도 타인을 위한 선거운동을 전면적으로 금지하는 것은 과도한 제한이다. 따라서 심판대상조항은 선거운동의 자유를 침해한다(헌재 2018.02.22. 2015헌바124).

③ 【X】 선거운동의 자유도 무제한일 수는 없는 것이고, 선거의 공정성이라는 또 다른 가치를 위하여 어느 정도 선거운동의 주체, 기간, 방법 등에 대한 규제가 행하여지지 않을 수 없다. 다만 선거운동은 국민주권 행사의 일환일 뿐 아니라 정치적 표현의 자유의 한 형태로서 민주사회를 구성하고 움직이게 하는 요소이므로 그 제한입법의 위헌여부에 대하여는 엄격한 심사기준이 적용되어야 할 것이다(헌재 2018.02.22. 2015헌바124).

④ 【O】 선거운동의 자유는 널리 선거과정에서 자유로이 의사를 표현할 자유의 일환이므로 표현의 자유의 한 태양이기도 한데, 이러한 정치적 표현의 자유는 선거과정에서의 선거운동을 통하여 국민이 정치적 의견을 자유로이 발표, 교환함으로써 비로소 그 기능을 다하게 된다 할 것이므로 선거운동의 자유는 헌법이 정한 언론·출판·집회·결사의 자유 및 보장규정에 의한 보호를 받는다(헌재 2018.02.22. 2015헌바124).

14 정치자금에 관한 설명으로 옳지 않은 것은? (다툼이 있는 경우 판례에 의함) 2019 소방직 7급

① 정당의 정치적 의사결정은 정당에게 정치자금을 제공하는 개인이나 단체에 의하여 현저하게 영향을 받을 수 있으므로 사인이 정당에 정치자금을 기부하는 것 그 자체를 막을 필요는 없으나, 누가 정당에 대하여 영향력을 행사하려고 하는지, 즉 정치적 이익과 경제적 이익의 연계는 원칙적으로 공개되어야 한다.

② 노동단체의 정치자금 기부를 금지한 법률조항은 노동단체가 단지 단체교섭 및 단체협약 등의 방법으로 '근로조건의 향상'이라는 본연의 과제만을 수행해야 하고 그 외의 모든 정치적 활동을 해서는 안 된다는 사고에 바탕을 둔 것으로, 헌법상 보장된 정치적 자유의 의미 및 그 행사 가능성을 공동화시키는 것이다.

③ 노동조합이 단결권에 의하여 보호받는 고유한 활동영역을 떠나서 개인이나 다른 사회단체와 마찬가지로 정치적 의사를 표명하거나 정치적으로 활동하는 경우에는 모든 개인과 단체를 똑같이 보호하는 일반적인 기본권인 의사표현의 자유 등의 보호를 받을 뿐이다.

④ 누구든지 단체와 관련된 자금으로 정치자금을 기부할 수 없다는 법률조항에서 '단체와 관련된 자금'은 단체가 자신의 이름을 사용하여 주도적으로 모집·조성한 자금도 포함되는지의 여부가 불분명하므로 명확성원칙에 반한다.

⑤ 누구든지 단체와 관련된 자금으로 정치자금을 기부할 수 없도록 한 법률조항은 단체의 정치자금 기부를 통한 정치활동이 민주적 의사형성 과정을 왜곡하거나 선거의 공정을 해하는 것을 방지하고, 단체 구성원의 의사에 반하는 정치자금 기부로 인하여 단체 구성원의 정치적 의사표현의 자유가 침해되는 것을 방지하기 위한 것이다.

지문분석 **난이도** ■■■ 상 | **정답** ④ | **키워드** 「정치자금법」 | **출제유형** 판례

① **【O】** 정당의 정치적 의사결정은 정당에게 정치자금을 제공하는 개인이나 단체에 의하여 현저하게 영향을 받을 수 있으므로, 사인이 정당에 정치자금을 기부하는 것 그 자체를 막을 필요는 없으나, 누가 정당에 대하여 영향력을 행사하려고 하는지, 즉 정치적 이익과 경제적 이익의 연계는 원칙적으로 공개되어야 한다. 유권자는 정당의 정책을 결정하는 세력에 관하여 알아야 하고, 정치자금의 제공을 통하여 정당에 영향력을 행사하려는 사회적 세력의 실체가 정당의 방향이나 정책과 일치하는가를 스스로 판단할 수 있는 기회를 가져야 한다(헌재 1999.11.25. 95헌마154).

② **【O】** 노동단체가 단지 단체교섭 및 단체협약 등의 방법으로 '근로조건의 향상'이라는 본연의 과제만을 수행해야 하고 그 외의 모든 정치적 활동을 해서는 안 된다는 사고에 바탕을 둔 이 사건 법률조항의 입법목적은, 법의 개정에 따라 그 근거를 잃었을 뿐만 아니라 헌법상 보장된 정치적 자유의 의미 및 그 행사가능성을 공동화시키는 것이다(헌재 1999.11.25. 95헌마154).

③ **【O】** 노동조합이 근로자의 근로조건과 경제조건의 개선이라는 목적을 위하여 활동하는 한, 헌법 제33조의 단결권의 보호를 받지만, 단결권에 의하여 보호받는 고유한 활동영역을 떠나서 개인이나 다른 사회단체와 마찬가지로 정치적 의사를 표명하거나 정치적으로 활동하는 경우에는 모든 개인과 단체를 똑같이 보호하는 일반적인 기본권인 의사표현의 자유 등의 보호를 받을 뿐이다(헌재 1999.11.25. 95헌마154).

④ **【X】** 이 사건 기부금지 조항의 '단체'란 '공동의 목적 내지 이해관계를 가지고 조직적인 의사형성 및 결정이 가능한 다수인의 지속성 있는 모임'을 말하고, '단체와 관련된 자금'이란 단체의 명의로, 단체의 의사결정에 따라 기부가 가능한 자금으로서 단체의 존립과 활동의 기초를 이루는 자산은 물론이고, 단체가 자신의 이름을 사용하여 주도적으로 모집, 조성한 자금도 포함된다고 할 것인바, 그 의미가 불명확하여 죄형법정주의의 명확성원칙에 위반된다고 할 수 없다(헌재 2010.12.28. 2008헌바89).

⑤ 【O】 이 사건 기부금지 조항은 단체의 정치자금 기부금지 규정에 관한 탈법행위를 방지하기 위한 것으로서, 단체의 정치자금 기부를 통한 정치활동이 민주적 의사형성과정을 왜곡하거나, 선거의 공정을 해하는 것을 방지하고, 단체 구성원의 의사에 반하는 정치자금 기부로 인하여 단체 구성원의 정치적 의사표현의 자유가 침해되는 것을 방지하는 것인바, 정당한 입법목적 달성을 위한 적합한 수단에 해당한다(헌재 2010.12.28. 2008헌바89).

15 **정치자금에 대한 설명으로 옳은 것은?** (다툼이 있는 경우 판례에 의함) 2020 국회직 9급

① 헌법은 '선거에 관한 경비는 법률이 정하는 경우를 제외하고는 정당 또는 후보자에게 부담시킬 수 없다.'라고 규정함으로써 선거공영제를 채택하고 있다.

② 당비는 정당의 당헌·당규 등에 의하여 정당의 당원이 부담하는 금전으로서 유가증권이나 그 밖의 물건을 제외한다.

③ 국회의원 개인은 후원회를 둘 수 있지만 정당은 후원회를 둘 수 없다.

④ 야당의 정치자금 모집을 가능하게 하기 위하여 타인의 명의나 가명으로 하는 정치자금 기부를 허용한다.

⑤ 법인 또는 단체는 정치자금을 기부할 수 있다.

지문분석 **난이도** □□■ **하** | **정답** ① | **키워드** 「정치자금법」 | **출제유형** 판례 및 조문

① 【O】 선거운동은 각급 선거관리위원회의 관리 하에 법률이 정하는 범위안에서 하되, 균등한 기회가 보장되어야 한다(헌법 제116조 제1항). 선거에 관한 경비는 법률이 정하는 경우를 제외하고는 정당 또는 후보자에게 부담시킬 수 없다(동조 제2항).

② 【X】 '당비'라 함은 명목여하에 불구하고 정당의 당헌·당규 등에 의하여 정당의 당원이 부담하는 금전이나 유가증권 그 밖의 물건을 말한다(「정치자금법」 제3조 제3호).

③ 【X】 정치자금 중 당비는 반드시 당원으로 가입해야만 납부할 수 있어 일반 국민으로서 자신이 지지하는 정당에 재정적 후원을 하기 위해 반드시 당원이 되어야 하므로, 「정당법」상 정당 가입이 금지되는 공무원 등의 경우에는 자신이 지지하는 정당에 재정적 후원을 할 수 있는 방법이 없다. 나아가 정당제 민주주의 하에서 정당에 대한 재정적 후원이 전면적으로 금지됨으로써 정당이 스스로 재정을 충당하고자 하는 정당활동의 자유와 국민의 정치적 표현의 자유에 대한 제한이 매우 크다고 할 것이므로, 이 사건 법률 조항은 정당의 정당활동의 자유와 국민의 정치적 표현의 자유를 침해한다(헌재 2015.12.23. 2013헌바168).

④ 【X】 누구든지 타인의 명의나 가명 또는 그 성명 등 인적 사항을 밝히지 아니하고 기탁금을 기탁할 수 없다. 이 경우 기탁자의 성명 등 인적 사항을 공개하지 아니할 것을 조건으로 기탁할 수 있다(정지자금법 제22조 제3항).

⑤ 【X】 외국인, 국내·외의 법인 또는 단체는 정치자금을 기부할 수 없다(「정치자금법」 제31조 제1항). 누구든지 국내·외의 법인 또는 단체와 관련된 자금으로 정치자금을 기부할 수 없다(동조 제2항).

16 재외국민의 참정권에 관한 설명 중 옳은 것(O)과 옳지 않은 것(X)을 올바르게 조합한 것은? (다툼이 있는 경우 판례에 의함) 2023 경찰 승진

㉠ 단지 주민등록이 되어 있는지 여부에 따라 선거인명부에 오를 자격을 결정하여 그에 따라 선거권 행사 여부가 결정되도록 함으로써 엄연히 대한민국의 국민임에도 불구하고 「주민등록법」상 주민등록을 할 수 없는 재외국민의 선거권 행사를 전면적으로 부정하고 있는 것은 재외국민의 선거권을 침해하고 보통선거원칙에도 위반된다.
㉡ '외국의 영주권을 취득한 재외국민'과 같이 법령의 규정상 주민등록이 불가능한 재외국민인 주민의 지방선거 피선거권을 부인하도록 한 규정은 국내거주 재외국민의 공무담임권을 침해한다.
㉢ 주민등록이 되어 있지 않고 국내거소신고도 하지 않은 재외국민에게 국회의원 재・보궐선거의 선거권을 인정하지 않은 「공직선거법」상 재외선거인 등록신청조항은, 선거제도를 현저히 불합리하거나 불공정하게 형성한 것이므로 그 재외국민의 선거권을 침해하고 보통선거원칙에도 위배된다.
㉣ 주권자인 국민의 지위에 아무런 영향을 미칠 수 없는 주민등록 여부만을 기준으로 하여 주민등록을 할 수 없는 재외국민의 국민투표권 행사를 전면적으로 배제하도록 한 규정은 주민등록이 되어 있지 않은 재외국민의 국민투표권을 침해한다.
㉤ 특정한 지역구의 국회의원선거에 투표하기 위해서는 국민이라는 자격만으로 충분하므로, 주민등록이 되어 있지 않고 국내거소신고도 하지 않은 재외국민에게 임기만료지역구국회의원선거권을 인정하지 않은 것은 그 재외국민의 선거권을 침해하고 보통선거원칙에도 위배된다.

① ㉠ ○, ㉡ ○, ㉢ ×, ㉣ ×, ㉤ ○
② ㉠ ○, ㉡ ○, ㉢ ○, ㉣ ×, ㉤ ×
③ ㉠ ×, ㉡ ×, ㉢ ○, ㉣ ×, ㉤ ○
④ ㉠ ○, ㉡ ×, ㉢ ×, ㉣ ○, ㉤ ×
⑤ ㉠ ○, ㉡ ○, ㉢ ×, ㉣ ○, ㉤ ×

지문분석 **난이도** ■■■ **상** | **정답** ⑤ | **키워드** 참정권 | **출제유형** 판례

㉠ 【O】 단지 주민등록이 되어 있는지 여부에 따라 선거인명부에 오를 자격을 결정하여 그에 따라 선거권 행사 여부가 결정되도록 함으로써 엄연히 대한민국의 국민임에도 불구하고 「주민등록법」상 주민등록을 할 수 없는 재외국민의 선거권 행사를 전면적으로 부정하고 있는 것은 어떠한 정당한 목적도 찾기 어려우므로 헌법 제37조 제2항에 위반하여 재외국민의 선거권과 평등권을 침해하고 보통선거원칙에도 위반된다(헌재 2007.06.28. 2004헌마644).
㉡ 【O】 '외국의 영주권을 취득한 재외국민'과 같이 주민등록을 하는 것이 법령의 규정상 아예 불가능한 자들이라도 지방자치단체의 주민으로서 오랜 기간 생활해 오면서 그 지방자치단체의 사무와 얼마든지 밀접한 이해관계를 형성할 수 있고, 주민등록이 아니더라도 그와 같은 거주 사실을 공적으로 확인할 수 있는 방법은 존재한다는 점, 나아가 법 제16조 제2항이 국회의원 선거에 있어서는 주민등록 여부와 관계없이 18세 이상의 국민이라면 누구든지 피선거권을 가지는 것으로 규정함으로써 국내거주 여부를 불문하고 재외국민도 국회의원 선거의 피선거권을 가진다는 사실에 비추어, 주민등록만을 기준으로 함으로써 주민등록이 불가능한 재외국민인 주민의 지방선거 피선거권을 부인하는 법 제16조 제3항은 헌법 제37조 제2항에 위반하여 국내거주 재외국민의 공무담임권을 침해한다(헌재 2007.06.28. 2004헌마644).

ⓒ 【X】 입법자는 재외선거제도를 형성하면서, 잦은 재·보궐선거는 재외국민으로 하여금 상시적인 선거체제에 직면하게 하는 점, 재외 재·보궐선거의 투표율이 높지 않을 것으로 예상되는 점, 재·보궐선거 사유가 확정될 때마다 전 세계 해외 공관을 가동하여야 하는 등 많은 비용과 시간이 소요된다는 점을 종합적으로 고려하여 재외선거인에게 국회의원의 재·보궐선거권을 부여하지 않았다고 할 것이고, 이와 같은 선거제도의 형성이 현저히 불합리하거나 불공정하다고 볼 수 없다. 따라서 재외선거인 등록신청조항은 재외선거인의 선거권을 침해하거나 보통선거원칙에 위배된다고 볼 수 없다(헌재 2014.07.24. 2009헌마256).

ⓓ 【O】 대의기관의 선출주체가 곧 대의기관의 의사결정에 대한 승인주체가 되는 것은 당연한 논리적 귀결이다. 재외선거인은 대의기관을 선출할 권리가 있는 국민으로서 대의기관의 의사결정에 대해 승인할 권리가 있으므로, 국민투표권자에는 재외선거인이 포함된다고 보아야 한다. 또한, 국민투표는 선거와 달리 국민이 직접 국가의 정치에 참여하는 절차이므로, 국민투표권은 대한민국 국민의 자격이 있는 사람에게 반드시 인정되어야 하는 권리이다. 이처럼 국민의 본질적 지위에서 도출되는 국민투표권을 추상적 위험 내지 선거기술상의 사유로 배제하는 것은 헌법이 부여한 참정권을 사실상 박탈한 것과 다름없다. 따라서 재외선거인의 국민투표권을 제한한 「국민투표법」 조항은 재외선거인의 국민투표권을 침해한다(헌재 2014.07.24. 2009헌마256).

ⓔ 【X】 지역구국회의원은 국민의 대표임과 동시에 소속지역구의 이해관계를 대변하는 역할을 하고 있다. 전국을 단위로 선거를 실시하는 대통령선거와 비례대표국회의원선거에 투표하기 위해서는 국민이라는 자격만으로 충분한 데 반해, 특정한 지역구의 국회의원선거에 투표하기 위해서는 '해당 지역과의 관련성'이 인정되어야 한다. 주민등록과 국내거소신고를 기준으로 지역구국회의원선거권을 인정하는 것은 해당 국민의 지역적 관련성을 확인하는 합리적인 방법이다. 따라서 재외선거인의 임기만료지역구 국회의원선거권을 인정하지 않은 것이 재외선거인의 선거권을 침해하거나 보통선거원칙에 위배된다고 볼 수 없다(헌재 2014.07.24. 2009헌마256).

17 **참정권에 관한 설명 중 가장 적절하지 <u>않은</u> 것은?** (다툼이 있는 경우 판례에 의함) 2016 국가직 7급

① 「정당법」상의 당원의 자격이 없는 자는 국민투표에 관한 운동을 할 수 없다.

② 재외투표기간 개시일에 임박하여 또는 재외투표기간 중에 재외선거사무 중지결정이 있었고 그에 대한 재개결정이 없었던 예외적인 상황에서 재외투표기간 개시일 이후에 귀국한 재외선거인 및 국외부재자신고인에 대하여 국내에서 선거일에 투표할 수 있도록 하는 절차를 마련하지 않았더라도 선거권을 침해하지 않는다.

③ 헌법재판소는 지방자치단체의 장이 금고 이상의 형을 선고받고 그 형이 확정되지 아니한 경우 부단체장이 그 권한을 대행하도록 규정한 「지방자치법」 조항이 지방자치단체장의 공무담임권을 침해한다고 판단하였다.

④ 공직선거에 후보자로 등록하고자 하는 자가 제출하여야 하는 범죄경력에 이미 실효된 금고 이상의 형까지 포함시키도록 정한 「공직선거법」 조항은 실효된 금고 이상의 형의 범죄경력을 가진 후보자의 공무담임권을 침해하지 않는다.

지문분석 **난이도** □■■ **중** | **정답** ② | **키워드** 참정권 | **출제유형** 판례

① 【O】「국민투표법」 제28조(운동을 할 수 없는 자) ①「정당법」상의 당원의 자격이 없는 자는 운동을 할 수 없다.
② 【X】 심판대상조항은 형식적으로 재외선거인등의 선거권 자체를 부정하지는 아니하지만, 일정한 경우에는 사실상 재외선거인등의 선거권을 부정하는 것과 다름없는 결과를 초래할 수 있다. 따라서 심판대상조항이 재외선거인등의 선거권을 침해하는지 여부는 과잉금지원칙에 따라 심사한다. 심판대상조항과 달리 재외투표기간이 종료된 후 선거일이 도래하기 전까지의 기간 내에 재외투표관리관이 재외선거인등 중 실제로 재외투표를 한 사람들의 명단을 중앙선거관리위원회에 보내거나 중앙선거관리위원회를 경유하여 관할 구·시·군선거관리위원회에 보내어 선거일 전까지 투표 여부에 관한 정보를 확인하는 방법을 상정할 수 있으며, 현재의 기술 수준으로도 이와 같은 방법이 충분히 실현가능한 것으로 보인다. 이로 인해 관계 공무원 등의 업무부담이 가중될 수 있을 것이나, 이는 인력 확충 및 효율적인 관리 등 국가의 노력으로 극복할 수 있는 어려움에 해당한다. 심판대상조항을 통해 달성하고자 하는 선거의 공정성은 매우 중요한 가치이다. 그러나 선거의 공정성도 결국에는 선거인의 선거권이 실질적으로 보장될 때 비로소 의미를 가진다. 심판대상조항의 불충분·불완전한 입법으로 인한 청구인의 선거권 제한을 결코 가볍다고 볼 수 없으며, 이는 심판대상조항으로 인해 달성되는 공익에 비해 작지 않다. 따라서 심판대상조항은 과잉금지원칙에 위배되어 청구인의 선거권을 침해한다(헌결 2022.01.27. 2020헌마895).
③ 【O】 금고 이상의 형을 선고받았더라도 불구속상태에 있는 이상 자치단체장이 직무를 수행하는 데는 아무런 지장이 없으므로 부단체장으로 하여금 그 권한을 대행시킬 직접적 필요가 없다는 점, 혹시 그러한 직무정지의 필요성이 인정된다 하더라도, 형이 확정될 때까지 기다리게 되면 자치단체행정의 원활한 운영에 상당한 위험이 초래될 것으로 명백히 예상된다거나 회복할 수 없는 공익이 침해될 우려가 있는 제한적인 경우로 한정되어야 한다는 점, 금고 이상의 형을 선고받은 범죄가 해당 자치단체장에 선출되는 과정에서 또는 선출된 이후 자치단체장의 직무에 관련하여 발생하였는지 여부, 고의범인지 과실범인지 여부 등 해당 범죄의 유형과 죄질에 비추어 형이 확정되기 전이라도 미리 직무를 정지시켜야 할 이유가 명백한 범죄를 저질렀을 경우로만 한정할 필요도 있는 점 등에 비추어 볼 때, 이 사건 법률조항은 필요최소한의 범위를 넘어선 기본권제한에 해당할 뿐 아니라, 이 사건 법률조항으로 인하여 해당 자치단체장은 불확정한 기간 동안 직무를 정지당함은 물론 주민들에게 유죄가 확정된 범죄자라는 선입견까지 주게 되고, 더욱이 장차 무죄판결을 선고받게 되면 이미 침해된 공무담임권은 회복될 수도 없는 등의 심대한 불이익을 입게 되므로, 법익균형성 요건 또한 갖추지 못하였다. 따라서, 이 사건 법률조항은 자치단체장인 청구인의 공무담임권을 침해한다(헌불 헌결 2010.09.02. 2010헌마418).
④ 【O】 청구인들은 이 사건 법률조항으로 인하여 공무담임권이 침해된다고 주장하나, 이 사건 법률조항은 후보자 선택을 제한하거나 실효된 금고 이상의 형의 범죄경력을 가진 후보자의 당선기회를 봉쇄하는 것이 아니므로 공무담임권과는 직접 관련이 없다. 그러므로 이 사건 법률조항이 청구인들의 공무담임권을 침해한다고 볼 수 없다(헌결 2008.04.24. 2006헌마402).

18 **갑(甲)은 현재 미국 뉴욕주에 거주하는 재외국민으로서 국내에 주민등록은 물론 거소신고도 되어 있지 <u>않은</u> 사람이다. 「공직선거법」상 갑(甲)이 외국에 거주하면서도 행사할 수 있는 참정권을 〈보기〉에서 모두 고르면?** (다툼이 있는 경우 헌법재판소 판례에 의함) 2016 국회직 8급

〈보기〉

㉠ 대통령선거권
㉡ 임기만료에 따른 비례대표국회의원선거권
㉢ 임기만료에 따른 비례대표지방의회의원선거권
㉣ 국회의원 재·보궐선거권
㉤ 국민투표권

① ㉠, ㉡, ㉣　② ㉠, ㉡, ㉤　③ ㉠, ㉡, ㉢, ㉤
④ ㉠, ㉢, ㉣, ㉤　⑤ ㉡, ㉢, ㉣, ㉤

지문분석 **난이도** □■■ 중 | **정답** ② | **키워드** 참정권 | **출제유형** 조문

㉠ 【O】, ㉡ 【O】 주민등록이 되어 있는 사람으로서 다음 각 호의 어느 하나에 해당하여 외국에서 투표하려는 선거권자(지역구국회의원선거에서는 「주민등록법」 제6조 제1항 제3호에 해당하는 사람과 같은 법 제19조 제4항에 따라 재외국민으로 등록·관리되는 사람은 제외한다)는 대통령선거와 임기만료에 따른 국회의원선거를 실시하는 때마다 선거일 전 150일부터 선거일 전 60일까지(이하 이 장에서 '국외부재자신고기간'이라 한다) 서면·전자우편 또는 중앙선거관리위원회 홈페이지를 통하여 관할 구·시·군의 장에게 국외부재자 신고를 하여야 한다. 이 경우 외국에 머물거나 거주하는 사람은 공관을 경유하여 신고하여야 한다(「공직선거법」 제218조의4 제1항).

㉤ 【O】 19세 이상의 국민은 투표권이 있다(「국민투표법」 제7조).

19 **선거제도에 대한 설명으로 가장 옳은 것은?** 2019 서울시 7급

① 선거구 간 인구편차의 허용한계와 관련하여, 광역의회의원선거는 시·도 선거구의 평균 인구수를 기준으로 상하 60%의 인구편차(인구비례 4 : 1)가 허용한계이다.

② 선거일 현재 1년 이상의 징역 또는 금고의 형의 선고를 받고 그 집행이 종료되지 아니하거나 그 집행을 받지 아니하기로 확정되지 아니한 사람은 선거권이 없다. 다만, 그 형의 집행유예를 선고받고 유예기간 중에 있는 사람은 제외한다.

③ 비례대표제를 채택하더라도 직접선거의 원칙이 의원의 선출뿐만 아니라 정당의 비례적인 의석확보까지 선거권자의 투표에 의하여 직접 결정될 것을 요구하지는 않는다.

④ 「공직선거법」상 선거일 현재 40세 이상의 국민은 대통령의 피선거권이 있고, 20세 이상의 국민은 국회의원의 피선거권이 있다.

지문분석 **난이도** □□■ 하 | **정답** ② | **키워드** 선거제도 | **출제유형** 판례 및 조문

① 【X】 인구편차 상하 50%를 기준으로 하는 방안은 투표가치의 비율이 인구비례를 기준으로 볼 때의 등가의 한계인 2 : 1의 비율에 그 50%를 가산한 3 : 1 미만이 되어야 한다는 것으로서 인구편차 상하 33⅓%를 기준으로 하는 방안보다 2차적 요소를 폭넓게 고려할 수 있고, 인구편차 상하 60%의 기준에서 곧바로 인구편차 상하 33⅓%의 기준을 채택하는 경우 시·도의원지역구를 조정함에 있어 예기치 않은 어려움에 봉착할 가능성이 매우 크므로, 현시점에서는 시·도의원지역구 획정에서 허용되는 인구편차 기준을 인구편차 상하 50%(인구비례 3 : 1)로 변경하는 것이 타당하다(헌재 2018.06.28. 2014헌마189).

② 【O】 1년 이상의 징역 또는 금고의 형의 선고를 받고 그 집행이 종료되지 아니하거나 그 집행을 받지 아니하기로 확정되지 아니한 사람(다만, 그 형의 집행유예를 선고받고 유예기간 중에 있는 사람은 제외한다)은 선거일 현재 선거권이 없다(「공직선거법」 제18조 제1항 제2호).

③ 【X】 역사적으로 직접선거의 원칙은 중간선거인의 부정을 의미하였고, 다수대표제하에서는 이러한 의미만으로도 충분하다고 할 수 있다. 그러나 비례대표제하에서 선거결과의 결정에는 정당의 의석배분이 필수적인 요소를 이룬다. 그러므로 비례대표제를 채택하는 한 직접선거의 원칙은 의원의 선출뿐만 아니라 정당의 비례적인 의석확보도 선거권자의 투표에 의하여 직접 결정될 것을 요구하는 것이다(헌재 2001.07.19. 2000헌마91 등).

④ 【X】 선거일 현재 5년 이상 국내에 거주하고 있는 40세 이상의 국민은 대통령의 피선거권이 있다. 이 경우 공무로 외국에 파견된 기간과 국내에 주소를 두고 일정기간 외국에 체류한 기간은 국내거주기간으로 본다(「공직선거법」 제16조 제1항). 18세 이상의 국민은 국회의원의 피선거권이 있다(동조 제2항).

20 선거운동에 관한 다음 설명 중 가장 적절하지 않은 것은? (다툼이 있는 경우 판례에 의함) 2015 경찰 승진

① 선거운동은 원칙적으로 선거기간 개시일부터 선거일 전일까지에 한하여 할 수 있지만, 선거일이 아닌 때에 문자메시지를 전송하는 방법으로 선거운동을 하는 경우에는 그러하지 아니하다.

② 노동조합은 그 명의로 선거운동을 할 수 있으나, 향우회·종친회 등 개인간의 사적 모임은 그 명의 또는 그 대표의 명의로 선거운동을 할 수 없다.

③ 예비후보자의 배우자가 함께 다니는 사람 중에서 지정한 자도 선거운동을 위하여 명함 교부 및 지지호소를 할 수 있도록 한 「공직선거법」 관련 조항 중'배우자'관련 부분이 배우자가 없는 예비후보자의 평등권을 침해하는 것은 아니다.

④ 특정후보자를 당선시킬 목적의 유무에 관계없이 당선되지 못하게 하기 위한 행위 일체를 선거운동으로 규정하여 이를 규제하는 것은 헌법에 합치된다.

지문분석 **난이도** □■■ 중 | **정답** ③ | **키워드** 선거운동 | **출제유형** 판례 및 조문

① 【O】 선거운동은 선거기간 개시일부터 선거일 전일까지에 한하여 할 수 있다(「공직선거법」 제59조). 다만, 문자메시지를 전송하는 방법으로 선거운동을 하는 경우. 이 경우 자동 동보통신의 방법(동시 수신대상자가 20명을 초과하거나 그 대상자가 20명 이하인 경우에도 프로그램을 이용하여 수신자를 자동으로 선택하여 전송하는 방식을 말한다. 이하 같다)으로 전송할 수 있는 자는 후보자와 예비후보자에 한하되, 그 횟수는 8회(후보자의 경우 예비후보자로서 전송한 횟수를 포함한다)를 넘을 수 없으며, 중앙선거관리위원회규칙에 따라 신고한 1개의 전화번호만을 사용하여야 한다(동조 제2호).

② 【O】 「공직선거법」 제87조 제1항 제3호

③ 【X】 예비후보자의 배우자가 함께 다니는 사람 중에서 지정한 자도 선거운동을 위하여 명함교부 및 지지호소를 할 수 있도록 한 이 사건 3호 법률조항은, 배우자가 있는 예비후보자는 독자적으로 선거운동을 할 수 있는 선거운동원 1명을 추가로 지정하는 효과를 누릴 수 있게 된다. 이것은 명함 본래의 기능에 부합하지 아니할 뿐만 아니라, 선거운동 기회균등의 원칙에 반하고, 예비후보자의 선거운동의 강화에만 치우친 나머지, 배우자의 유무라는 우연적인 사정에 근거하여 합리적 이유 없이 배우자 없는 예비후보자를 차별 취급하는 것이므로, 이 사건 3호 법률조항은 청구인의 평등권을 침해한다(헌재 2013.11.28. 2011헌마267).

④ 【O】 당선의 목적유무라는 것은 객관적으로 명백하게 판정하기 어려운 기준인데 이에 따라 차별적 규제를 한다면, 일부 후보자들이 제3자편의 낙선운동을 상대 후보자를 비방하는 데 암묵적으로 악용할 우려가 있다. 나아가 이러한 불분명한 기준의 도입은 단속기관의 자의가 개입할 여지를 열어주어 선거의 공정을 해할 우려도 있다. 따라서 특정 후보자를 당선시킬 목적의 유무에 관계없이, 당선되지 못하게 하기 위한 행위 일체를 선거운동으로 규정하여 이를 규제하는 것은 불가피한 조치로서 그 목적의 정당성과 방법의 적정성이 인정된다(헌재 2001.08.30. 2000헌마121).

21 **선거제도에 관한 설명 중 가장 적절하지 않은 것은?** (다툼이 있는 경우 판례에 의함) 2022 경찰 1차

① 대통령선거에서 대통령후보자가 1인일 때에는 그 득표수가 선거권자 총수의 3분의 1 이상이 아니면 대통령으로 당선될 수 없다.

② 「공직선거법」상 선거일 현재 1년 이상의 징역 또는 금고의 형의 선고를 받고 그 집행이 종료되지 아니하거나 그 집행을 받지 아니하기로 확정되지 아니한 사람 및 그 형의 집행유예를 선고받고 유예기간 중에 있는 사람은 선거권이 없다.

③ 지방자치단체의 장 선거권을 지방의회의원 선거권, 나아가 국회의원 선거권 및 대통령 선거권과 구별하여 하나는 법률상의 권리로, 나머지는 헌법상의 권리로 이원화하는 것은 허용될 수 없으므로 지방자치단체의 장 선거권 역시 다른 선거권과 마찬가지로 헌법 제24조에 의해 보호되는 기본권으로 인정하여야 한다.

④ 방송광고, 후보자 등의 방송연설, 방송시설주관 후보자연설의 방송, 선거방송토론위원회 주관 대담·토론회의 방송에서 한국수화언어 또는 자막의 방영을 재량사항으로 규정한 「공직선거법」 조항이 자의적으로 비청각장애인과 청각장애인인 청구인을 달리 취급하여 청구인의 평등권을 침해한다고 보기는 어렵다.

지문분석 **난이도** □■■ **중** | **정답** ② | **키워드** 선거제도 | **출제유형** 조문 +판례

① **[O]** 헌법 제67조 ③ 대통령후보자가 1인일 때에는 그 득표수가 선거권자 총수의 3분의 1 이상이 아니면 대통령으로 당선될 수 없다.

② **[X]**

> 「공직선거법」 제18조(선거권이 없는 자)
> ① 선거일 현재 다음 각 호의 어느 하나에 해당하는 사람은 선거권이 없다.
> 1. 금치산선고를 받은 자
> 2. 1년 이상의 징역 또는 금고의 형의 선고를 받고 그 집행이 종료되지 아니하거나 그 집행을 받지 아니하기로 확정되지 아니한 사람. 다만, 그 형의 집행유예를 선고받고 유예기간 중에 있는 사람은 제외한다.

③ **[O]** 주민자치제를 본질로 하는 민주적 지방자치제도가 안정적으로 뿌리내린 현 시점에서 지방자치단체의 장 선거권을 지방의회의원선거권, 더 나아가 국회의원선거권 및 대통령선거권과 구별하여 하나는 법률상의 권리로, 나머지는 헌법상의 권리로 이원화하는 것은 허용될 수 없다. 그러므로 지방자치단체의 장 선거권 역시 다른 선거권과 마찬가지로 헌법 제24조에 의해 보호되는 헌법상의 권리로 인정하여야 할 것이다(헌재 2016.10.27. 2014헌마797).

④ **[O]** 현 단계에서 수화방송 등을 어떠한 예외도 없이 반드시 실시하여야만 하는 의무사항으로 규정할 경우 후보자의 선거운동의 자유와 방송사업자의 보도·편성의 자유를 제한하는 문제가 있을 수 있다는 점 등을 종합하면, 비록 심판대상 조항이 수화방송 등을 할 수 없는 예외사유를 보다 제한적으로 구체화하여 규정하는 것이 바람직하다고 볼 수는 있겠지만, 이 사건에서 심판대상 조항이 입법자의 입법형성의 범위를 벗어난 것으로서 청구인들의 참정권, 평등권 등 헌법상 기본권을 침해하는 정도의 것이라고 볼 수 없다(헌재 2009.05.28. 2006헌마285).

22 참정권에 대한 설명으로 옳지 않은 것은? (다툼이 있는 경우 헌법재판소 결정에 의함) 2017 국가직 5급

① 민주국가에서의 국민주권의 원리는 무엇보다도 대의기관의 선출을 의미하는 선거와 일정사항에 대한 국민의 직접적 결단을 의미하는 국민투표에 의하여 실현된다.

② 지방자치단체의 장 선거권 역시 국회의원·대통령·지방의회 의원 선거권과 마찬가지로 헌법에 의해 보호되는 기본권으로 인정하여야 한다.

③ 부재자투표시간을 오전 10시부터 오후 4시까지로 정하고 있는 법률규정은 투표함관리의 효율성과 안정성을 위해 필요 하므로 헌법에 합치된다.

④ 집행유예자와 수형자 모두를 구체적인 범죄의 종류나 내용 및 불법성의 정도 등과 관계없이 일률적으로 선거권을 제한하는 것은 헌법에 위배된다.

지문분석 **난이도** □□■ **하** | **정답** ③ | **키워드** 참정권 | **출제유형** 판례

① 【O】 민주국가에서의 국민주권의 원리는 무엇보다도 대의기관의 선출을 의미하는 선거와 일정사항에 대한 국민의 직접적 결정을 의미하는 국민투표에 의하여 실현된다(헌재 1999.05.27. 98헌마214).

② 【O】 주민자치제를 본질로 하는 민주적 지방자치제도가 안정적으로 뿌리내린 현 시점에서 지방자치단체의 장 선거권을 지방의회의원 선거권, 나아가 국회의원 선거권 및 대통령 선거권과 구별하여 하나는 법률상의 권리로, 나머지는 헌법상의 권리로 이원화하는 것은 허용될 수 없다. 그러므로 지방자치단체의 장 선거권 역시 다른 선거권과 마찬가지로 헌법 제24조에 의해 보호되는 기본권으로 인정하여야 한다(헌재 2016.10.27. 2014헌마797).

③ 【X】 부재자투표시간을 오전 10시부터 오후 4시까지로 정하고 있는 「공직선거법」 규정 중 '투표개시시간인 오전 10시 부분'은 헌법에 합치되지 않으며, '투표종료시간인 오후 4시 부분'은 합헌이다(헌재 2012.02.23. 2010헌마601).

④ 【O】 헌재 2014.1.28. 2012헌마409

23 선거제도 및 선거원칙에 관한 설명으로 가장 적절하지 않은 것은? (다툼이 있는 경우 판례에 의함)
2016 경찰 승진

① 국회의원 지역선거구에 있어, 전국 선거구의 최대인구수와 최소인구수의 비율이 3 : 1 이하로 유지되면 평등선거의 원칙에 위배되지 않는다.

② 평등선거의 원칙은 투표의 수적인 평등을 의미할 뿐만 아니라 투표의 성과가치의 평등, 즉 1표의 투표가치가 대표자 선정이라는 선거 결과에 대하여 기여한 정도에 있어서도 평등하여야 함을 의미한다.

③ 선거구획정은 특단의 불가피한 사정이 없는 한 인접지역이 1개의 선거구를 구성하도록 함이 상당하며, 이는 선거구획정에 관한 국회의 입법재량권의 한계이기도 하다.

④ 직접선거는 의원의 선출뿐만 아니라 정당의 의석획득도 선거권자의 의사에 따라 직접 이루어져야 함을 의미한다.

지문분석 **난이도** □■■ **중** | **정답** ① | **키워드** 선거제도 및 선거원칙 | **출제유형** 판례

① 【X】 인구편차 상하 33⅓%를 넘어 인구편차를 완화하는 것은 지나친 투표가치의 불평등을 야기하는 것으로, 이는 대의민주주의의 관점에서 바람직하지 아니하고, 국회를 구성함에 있어 국회의원의 지역대표성이 고려되어야 한다고 할지라도 이것이 국민주권주의의 출발점인 투표가치의 평등보다 우선시 될 수는 없다. 특히, 현재는 지방자치제도가 정착되어 지역대표성을 이유로 헌법상 원칙인 투표가치의 평등을 현저히 완화할 필요성이 예전에 비해 크지 아니하다. 또한, 인구편차의 허용기준을 완화하면 할수록 과대대표되는 지역과 과소대표되는 지역이 생길 가능성 또한 높아지는데, 이는 지역정당구조를 심화시키는 부작용을 야기할 수 있다. 같은 농·어촌 지역 사이에서도 나타날 수 있는 이와 같은 불균형은 농·어촌 지역의 합리적인 변화를 저해할 수 있으며, 국토의 균형발전에도 도움이 되지 아니한다. 나아가, 인구편차의 허용기준을 점차로 엄격하게 하는 것이 외국의 판례와 입법추세임을 고려할 때, 우리도 인구편차의 허용기준을 엄격하게 하는 일을 더 이상 미룰 수 없다. 이러한 사정들을 고려할 때, 현재의 시점에서 헌법이 허용하는 인구편차의 기준을 인구편차 상하 33⅓%를 넘어서지 않는 것으로 봄이 타당하다. 따라서 심판대상 선거구 구역표 중 인구편차 상하 33⅓%(2:1)의 기준을 넘어서는 선거구에 관한 부분은 위 선거구가 속한 지역에 주민등록을 마친 청구인들의 선거권 및 평등권을 침해한다(헌재 2014.10.30. 2012헌마190).

② 【O】 평등선거의 원칙(原則)은 평등의 원칙이 선거제도에 적용된 것으로서 투표의 수적 평등, 즉 복수투표제 등을 부인하고 모든 선거인에게 1인 1표(one man, one vote)를 인정함을 의미할 뿐만 아니라, 투표의 성과가치)의 평등, 즉 1표의 투표가치가 대표자 선정이라는 선거의 결과에 대하여 기여한 정도에 있어서도 평등하여야 함(one vote, one value)을 의미한다(헌재 1995.12.07. 95헌마224).

③ 【O】 선거구의 획정은 사회적·지리적·역사적·경제적·행정적 연관성 및 생활권 등을 고려하여 특단의 불가피한 사정이 없는 한 인접지역이 1개의 선거구를 구성하도록 함이 상당하며, 이 또한 선거구 획정에 관한 국회의 재량권의 한계이다(헌재 1995.12.07. 95헌마224).

④ 【O】 직접선거의 원칙은 의원의 선출 뿐만 아니라 정당의 비례적인 의석확보도 선거권자의 투표에 의하여 직접 결정될 것을 요구한다(헌재 2001.07.19. 2000헌마91).

24 **선거권 또는 선거제도에 대한 설명으로 가장 적절하지 않은 것은?** (다툼이 있는 경우 판례에 의함)

2021 경찰 승진

① 1년 이상의 징역형 선고를 받고 그 집행이 종료되지 않은 사람의 선거권을 제한하는 「공직선거법」 조항은 선거권을 침해하지 않는다.

② 집행유예기간 중인 사람의 선거권을 제한하고 있는 「공직선거법」 조항은 과잉금지원칙에 위반하여 선거권을 침해한다.

③ 선거 후보자의 배우자가 그와 함께 다니는 사람 중에서 지정한 1명도 명함 교부를 할 수 있도록 한 「공직선거법」 조항은 배우자의 유무라는 우연한 사정에 근거하여 차별 취급하고 있으므로 배우자 없는 후보자의 평등권을 침해한다.

④ 재외선거인으로 하여금 선거를 실시할 때마다 재외선거인 등록신청을 하도록 한 「공직선거법」 상 재외선거인 등록신청 조항은 재외선거인의 선거권을 침해한다.

지문분석 **난이도** □■■ **중** | **정답** ④ | **키워드** 선거권 또는 선거제도 | **출제유형** 판례

① 【O】 심판대상조항은 공동체 구성원으로서 기본적 의무를 저버린 수형자에 대하여 사회적 · 형사적 제재를 부과하고, 수형자와 일반국민의 준법의식을 제고하기 위한 것이다. 법원의 양형관행을 고려할 때 1년 이상의 징역형을 선고받은 사람은 공동체에 상당한 위해를 가하였다는 점이 재판 과정에서 인정된 자이므로, 이들에 한해서는 사회적 · 형사적 제재를 가하고 준법의식을 제고할 필요가 있다. 따라서 심판대상조항은 과잉금지원칙을 위반하여 청구인의 선거권을 침해하지 아니한다(헌재 2017.05.25. 2016헌마292 등).

② 【O】 심판대상조항은 집행유예자와 수형자에 대하여 전면적 · 획일적으로 선거권을 제한하고 있다. 심판대상조항의 입법목적에 비추어 보더라도, 구체적인 범죄의 종류나 내용 및 불법성의 정도 등과 관계없이 일률적으로 선거권을 제한하여야 할 필요성이 있다고 보기는 어렵다. 범죄자가 저지른 범죄의 경중을 전혀 고려하지 않고 수형자와 집행유예자 모두의 선거권을 제한하는 것은 침해의 최소성원칙에 어긋난다. 특히 집행유예자는 집행유예 선고가 실효되거나 취소되지 않는 한 교정시설에 구금되지 않고 일반인과 동일한 사회생활을 하고 있으므로, 그들의 선거권을 제한해야 할 필요성이 크지 않다. 따라서 심판대상조항은 청구인들의 선거권을 침해하고, 보통선거원칙에 위반하여 집행유예자와 수형자를 차별취급하는 것이므로 평등원칙에도 어긋난다(헌재 2014.01.28. 2012헌마409 등).

③ 【O】 이 사건 3호 법률조항은, 명함 고유의 특성이나 가족관계의 특수성을 반영하여 단독으로 명함교부 및 지지호소를 할 수 있는 주체를 예비후보자의 배우자나 직계존 · 비속 본인에게 한정하고 있는 이 사건 1호 법률조항에 더하여, 배우자가 그와 함께 다니는 사람 중에서 지정한 1명까지 보태어 명함교부 및 지지호소를 할 수 있도록 하여 배우자 유무에 따른 차별효과를 크게 한다. 이것은 명함 본래의 기능에 부합하지 아니할 뿐만 아니라, 선거운동 기회균등의 원칙에 반하고, 예비후보자의 선거운동의 강화에만 치우친 나머지, 배우자의 유무라는 우연적인 사정에 근거하여 합리적 이유 없이 배우자 없는 예비후보자를 차별 취급하는 것이므로, 이 사건 3호 법률조항은 청구인의 평등권을 침해한다(헌재 2013.11.28. 2011헌마267).

④ 【X】 재외선거인의 등록신청서에 따라 재외선거인명부를 작성하는 방법은 해당 선거에서 투표할 권리가 있는지 확인함으로써 투표의 혼란을 막고, 선거권이 있는 재외선거인을 재외선거인명부에 등록하기 위한 합리적인 방법이다. 따라서 재외선거인 등록신청조항이 재외선거권자로 하여금 선거를 실시할 때마다 재외선거인 등록신청을 하도록 규정한 것이 재외선거인의 선거권을 침해한다고 볼 수 없다(헌재 2014.07.24. 2009헌마256 등).

25 **참정권에 대한 설명 중 가장 적절하지 <u>않은</u> 것은?** (다툼이 있는 경우 판례에 의함) 2018 경찰 승진

① 지역농협은 사법인에서 볼 수 없는 공법인적 특성을 많이 가지고 있으므로, 지역농협의 조합장 선거에서 조합장을 선출하거나 조합장으로 선출될 권리, 조합장선거에서 선거운동을 하는 것은 헌법에 의하여 보호되는 선거권의 범위에 포함된다.

② 부재자투표시간을 오전 10시부터 오후 4시까지로 규정한 구 「공직선거법」 조항 중 '오전 10시에 열고' 부분은 일과시간에 학업이나 직장업무를 하여야 하는 부재자투표자가 일과시간 이전에 투표소에 가서 투표할 수 없게 되어 사실상 선거권을 행사할 수 없게 하므로 과잉금지원칙에 위반되고, '오후 4시에 닫는다.' 부분은 투표당일 부재자투표의 인계 · 발송 절차를 밟을 수 있도록 함으로써 부재자투표의 인계 · 발송절차가 지연되는 것을 막고 투표관리의 효율성을 제고하며 투표함의 관리위험을 경감하기 위한 것이므로 헌법에 위반되지 않는다.

③ 대통령선거경선후보자가 당내경선 과정에서 탈퇴함으로써 후원회를 둘 수 있는 자격을 상실한 때에는 후원회로부터 후원받은 후원금 전액을 국고에 귀속하도록 하고 있는 구 「정치자금법」 조항은 평등권을 침해한다.

④ 주민투표권 행사를 위한 요건으로 주민등록을 요구함으로써 국내거소신고만 할 수 있고 주민등록을 할 수 없는 국내거주 재외국민에 대하여 주민투표권을 인정하지 않고 있는 주민투표법 조항은 국내거주 재외국민의 평등권을 침해한다.

지문분석 **난이도** ■■■ **상** | **정답** ① | **키워드** 참정권 | **출제유형** 판례

① 【X】 사법적인 성격을 지니는 농협의 조합장선거에서 조합장을 선출하거나 조합장으로 선출될 권리, 조합장선거에서 선거운동을 하는 것은 헌법에 의하여 보호되는 선거권의 범위에 포함되지 않는다(헌재 2012.02.23. 2011헌바154).

② 【O】 부재자투표시간을 오전 10시부터 오후 4시까지로 규정한 구 「공직선거법」 조항 중 '오전 10시에 열고' 부분은 일과시간에 학업이나 직장업무를 하여야 하는 부재자투표자가 일과시간 이전에 투표소에 가서 투표할 수 없게 되어 사실상 선거권을 행사할 수 없게 하므로 과잉금지원칙에 위반되고, '오후 4시에 닫는다.' 부분은 투표당일 부재자투표의 인계·발송 절차를 밟을 수 있도록 함으로써 부재자투표의 인계·발송절차가 지연되는 것을 막고 투표관리의 효율성을 제고하며 투표함의 관리위험을 경감하기 위한 것이므로 헌법에 위반되지 않는다(헌재 2012.02.23. 2010헌마601).

③ 【O】 경선을 포기한 대통령선거경선후보자에 대하여도 정치자금의 적정한 제공이라는 입법목적을 실현할 필요가 있는 것이며, 이들에 대하여 후원회로부터 지원받은 후원금 총액을 회수함으로써 경선에 참여한 대통령선거경선후보자와 차별하는 이 사건 법률조항의 차별은 합리적인 이유가 있는 차별이라고 하기 어렵다(헌재 2009.12.29. 2007헌마1412).

④ 【O】 주민투표권 행사를 위한 요건으로 주민등록을 요구함으로써 국내거소신고만 할 수 있고 주민등록을 할 수 없는 국내거주 재외국민에 대하여 주민투표권을 인정하지 않고 있는 것은 주민등록만을 요건으로 주민투표권의 행사 여부가 결정되도록 함으로써 '주민등록을 할 수 없는 국내거주 재외국민'을 '주민등록이 된 국민인 주민'에 비해 차별하고 있고, 나아가 '주민투표권이 인정되는 외국인'과의 관계에서도 차별을 행하고 있는바, 그와 같은 차별에 아무런 합리적 근거도 인정될 수 없으므로 국내거주 재외국민의 헌법상 기본권인 평등권을 침해하는 것으로 위헌이다(헌재 2007.06.28. 2004헌마643).

26 **선거권 및 선거제도에 대한 설명으로 가장 적절하지 않은 것은?** (다툼이 있는 경우 헌법재판소 판례에 의함) 2022 경찰 간부

① 선거는 주권자인 국민이 그 주권을 행사하는 통로이므로 국민의 의사를 제대로 반영하고, 국민의 자유로운 선택권을 보장하여야 하며, 정당의 공직선거 후보자의 결정과정이 민주적이어야 한다.

② 선거권의 평등은 투표가치의 평등을 의미하므로 자치구·시·군의원 선거구 획정에서 인구비례의 원칙 이외에 행정구역, 지세, 교통 등 2차적 요소들을 고려하여야 한다.

③ 선거구구역표는 전체가 불가분의 일체를 이루는 것으로서 어느 한 부분에 위헌적 요소가 있다면 선거구구역표 전체가 위헌적 하자가 있는 것으로 보아야 한다.

④ 지역농협은 사법인에서 볼 수 없는 공법인적 특성을 많이 갖고 있으므로 지역농협의 조합장선거에서 조합장을 선출하거나 조합장으로 선출될 권리, 조합장선거에서 선거운동을 하는 것도 헌법에 의해 보호되는 선거권의 범위이다.

지문분석 **난이도** □■■ **중** | **정답** ④ | **키워드** 선거권 및 선거제도 | **출제유형** 판례

① 【O】 헌법 제1조가 천명하고 있는 국민주권의 원리는 국민의 합의로 국가권력을 조직한다는 것이다. 이를 위해서는 주권자인 국민이 정치과정에 참여하는 기회가 되도록 폭넓게 보장될 것이 요구된다. 대의민주주의를 원칙으로 하는 오늘날의 민주정치 아래에서 국민의 참여는 기본적으로 선거를 통하여 이루어지므로 선거는 주권자인 국민이 그 주권을 행사하는 통로라고 할 수 있다(헌재 2018.01.25. 2015헌마821 등).

② 【O】 자치구/시/군의원지역구는 인구/행정구역/지체/교통 그 밖의 조건을 고려하여 확정한다(「공직선거법」 제26조 제2항).

③ 【O】 선거구구역표는 각 선거구가 서로 유기적으로 관련을 가짐으로써 한 부분에서의 변동은 다른 부분에서도 연쇄적으로 영향을 미치는 성질을 가진다. 이러한 의미에서 선거구구역표는 전체가 불가분의 일체를 이루는 것으로서 어느 한 부분에 위헌적인 요소가 있다면, 선거구구역표 전체가 위헌의 하자를 갖는 것이라고 보아야 한다(헌재 2014.10.30. 2012헌마192 등).

④ 【X】 심판대상 조항들이 조합장선거 후보자의 피선거권과 선거인인 조합원의 후보자 선택권을 침해한다고 주장하나, 사법인적인 성격을 지니는 농협 · 축협의 조합장선거에서 조합장을 선출하거나 선거운동을 하는 것은 헌법에 의하여 보호되는 선거권의 범위에 포함되지 아니한다(헌재 2012.02.23. 2011헌바154).

27 선거제도에 대한 설명으로 가장 적절하지 <u>않은</u> 것은? (다툼이 있는 경우 판례에 의함) 2021 경찰 승진

① 지역구국회의원 예비후보자에게 지역구국회의원이 납부할 기탁금의 100분의 20에 해당하는 금액을 기탁금으로 납부 하도록 정한 「공직선거법」 조항은 공무담임권을 침해하지 않는다.

② 소선거구 다수대표제를 규정하여 다수의 사표가 발생한다 하더라도 그 이유만으로 헌법상 요구된 선거의 대표성의 본질을 침해한다고 할 수 없다.

③ 헌법재판소는 시 · 도의회의원 지역선거구 획정과 관련하여 헌법이 허용하는 인구편차의 기준을 인구편차 상하 50%(인구비례 3 : 1)로 변경하였다.

④ 국회의원선거에 있어서 선거의 효력에 관하여 이의가 있는 선거인 · 정당(후보자를 추천한 정당에 한한다) 또는 후보자는 선거일로부터 45일 이내에 헌법재판소에 소를 제기할 수 있다.

지문분석 **난이도** □■■ **중** | **정답** ④ | **키워드** 선거제도 | **출제유형** 판례

① 【O】 예비후보자 기탁금조항은 예비후보자의 무분별한 난립을 막고 책임성과 성실성을 담보하기 위한 것으로서, 입법목적의 정당성과 수단의 적합성이 인정된다. 또한 예비후보자 기탁금제도보다 덜 침해적인 다른 방법이 명백히 존재한다고 할 수 없고, 일정한 범위의 선거운동이 허용된 예비후보자의 기탁금 액수를 해당 선거의 후보자등록 시 납부해야 하는 기탁금의 100분의 20인 300만 원으로 설정한 것은 입법재량의 범위를 벗어난 것으로 볼 수 없으므로 침해의 최소성원칙에 위배되지 아니한다. 그리고 위 조항으로 인하여 예비후보자로 등록하려는 사람의 공무담임권 제한은 이로써 달성하려는 공익보다 크다고 할 수 없어 법익의 균형성 원칙에도 반하지 않는다. 따라서 예비후보자 기탁금조항은 청구인의 공무담임권을 침해하지 않는다(헌재 1996.06.13. 94헌마118 등).

② 【O】 이 사건 법률조항이 소선거구 다수대표제를 규정하여 다수의 사표가 발생한다 하더라도 그 이유만으로 헌법상 요구된 선거의 대표성의 본질을 침해한다거나 그로 인해 국민주권원리를 침해하고 있다고 할 수 없고, 청구인의 평등권과 선거권을 침해한다고 할 수 없다(헌재 2016.05.26. 2012헌마374).

③ 【O】 현재의 시점에서 시 · 도의원지역구 획정과 관련하여 헌법이 허용하는 인구편차의 기준을 인구편차 상하 50%(인구비례 3 : 1)로 변경하는 것이 타당하다(헌재 2018.06.28. 2014헌마189).

④ 【X】 대통령선거 및 국회의원선거에 있어서 선거의 효력에 관하여 이의가 있는 선거인 · 정당(후보자를 추천한 정당에 한한다) 또는 후보자는 선거일부터 30일 이내에 당해 선거구선거관리위원회위원장을 피고로 하여 대법원에 소를 제기할 수 있다(「공직선거법」 제222조 제1항).

28 선거쟁송에 대한 설명으로 옳지 않은 것은? 2015 지방직 7급

① 지방의회의원의 선거에서는 선거소청을 인정하지만, 국회의원선거에서는 선거소청을 인정하지 않는다.

② 시·도지사선거에 대한 효력에 이의가 있는 경우 정당은 소청절차를 경유하지 않고, 대법원에 소송을 제기할 수 있다.

③ 국회의원선거에서 당선의 효력에 이의가 있는 후보자가 후보등록무효의 사유를 제기하는 경우 당선인을 피고로 하여 대법원에 소송을 제기할 수 있다.

④ 소청이나 소장을 접수한 선거관리위원회 또는 대법원이나 고등법원은 선거쟁송에 있어 선거에 관한 규정에 위반된 사실이 있는 때라도 선거의 결과에 영향을 미쳤다고 인정하는 때에 한하여 선거의 전부나 일부의 무효 또는 당선의 무효를 결정하거나 판결한다.

지문분석 **난이도** □□■ **하** | **정답** ② | **키워드** 선거쟁송 | **출제유형** 조문

② 【X】 시·도지사선거에 대한 효력에 이의가 있는 경우 선거인·정당·후보자는 중앙선거관리위원회에 먼저 소청한 후에 소청에 불복이 있을 경우 대법원에 소송을 제기할 수 있다.

▶ **선거소송과 당선소송**

	선거소송(「공직선거법」 제222조)	**당선소송**(「공직선거법」 제223조)
사 유	선거의 효력에 관하여 이의가 있을 때	당선의 효력에 관하여 이의가 있을 때
원 고	선거인, 정당, 후보자	정당, 후보자
피 고	관할 선관위 위원장 대통령선거: 중선위 위원장	• 대통령선거: 당선인, 중선위 위원장, 국회의장 • 국회의원선거: 당선인, 관할 선관위 위원장 • 지방의회의원, 지방자치단체장 선거: 당선인, 관할 선관위 위원장 • 당선인이 사퇴·사망한 경우: 대통령선거의 경우 법무부장관 그 외에는 관할 고등검찰청 검사장
법 원	• 대법원: 대통령, 국회의원, 시·도지사선거, 비례대표 시·도의원선거 • 관할 고등법원: 지역구 시·도의원선거, 자치구·시·군의 장 선거	
기 간	• 대통령선거·국회의원선거: 선거일로부터 30일 이내 • 지방의회의원·지방자치단체장 선거: 선거일로부터 14일 이내 소청 ⇨ 소청결정서를 받은 날로부터 10일 이내 소송제기	• 대통령·국회의원선거: 당선인 결정일로부터 30일 이내 • 지방의회의원·지방자치단체장 선거: 선거일로부터 14일 이내 소청 ⇨ 소청결정서를 받은 날로부터 10일 이내 소송제기

29 **선거제도 및 정당제도와 관련한 다음의 서술에서 빈칸에 들어갈 말이 옳게 짝지어진 것은?** (다툼이 있는 경우 판례에 의함) 2017 서울시 7급

> ㄱ. 헌법 제7조 제1항의 '공무원은 국민전체에 대한 봉사자이며, 국민에 대해 책임을 진다.'라는 규정, 제45조의 '국회의원은 국회에서 직무상 행한 발언과 표결에 관하여 국회 외에서 책임을 지지 아니한다.'라는 규정 및 제46조 제2항의 '국회의원은 국가이익을 우선하여 양심에 따라 직무를 행한다.'라는 규정들을 종합하여 볼 때, 헌법은 국회의원을 (　　)위임의 원칙하에 두었다고 할 것이다.
> ㄴ. 헌법재판소는 후보자의 배우자가 그와 함께 다니는 사람 중에서 지정한 1명도 명함 교부를 할 수 있도록 한 공직선 거법(2010.1.25. 법률 제9974호로 개정된 것) 제93조 제1항 제1호 중 제60조의 3 제2항 제3호 가운데 후보자의 배우자가 그와 함께 다니는 사람 중에서 지정한 1명 부분은 평등권을 (　　　　　　)고 보고 있다.
> ㄷ. 「공직선거법」상 후보자등록을 신청하는 자는 등록신청 시에 후보자 1명마다 일정 금액의 기탁금을 중앙선거관리위원회의 규칙으로 정하는 바에 따라 관할선거구선거관리위원회에 납부하여야 하는데 특히 대통령선거는 기탁금이 (　　　　)이다.

① 기속 – 침해하지 않는다 – 3억 원
② 자유 – 침해한다 – 3억 원
③ 자유 – 침해하지 않는다 – 1억 5천만 원
④ 무기속 – 침해한다 – 2억 원

지문분석 **난이도** ■■■ **상** | **정답** ② | **키워드** 선거제도 및 정당제도 | **출제유형** 판례

ㄱ 헌법 제7조 제1항의 '공무원은 국민전체에 대한 봉사자이며, 국민에 대해 책임을 진다.'라는 규정, 제45조의 '국회의원은 국회에서 직무상 행한 발언과 표결에 관하여 국회 외에서 책임을 지지 아니한다.'라는 규정 및 제46조 제2항의 '국회의원은 국가이익을 우선하여 양심에 따라 직무를 행한다.'라는 규정들을 종합하여 볼 때, 헌법은 국회의원을 자유위임의 원칙하에 두었다고 할 것이다(헌재 1994.04.28. 92헌마153).

ㄴ 후보자의 배우자가 그와 함께 다니는 사람 중에서 지정한 1명도 명함 교부를 할 수 있도록 한 것은 배우자의 유무라는 우연한 사정에 근거하여 합리적 이유 없이 배우자 없는 후보자와 배우자 있는 후보자를 차별 취급하므로 평등권을 침해한다(헌재 2016.09.29. 2016헌마287).

ㄷ 「공직선거법」 제56조 제1항 제1호에 따라 대통령선거의 기탁금 3억 원이다.

30 **국민투표권에 대한 설명으로 옳지 않은 것은?** (다툼이 있는 경우 판례에 의함) 2019 국가직 7급

① 「정당법」상의 당원의 자격이 없는 자는 국민투표에 관한 운동을 할 수 없다.

② 출입국관리 관계 법령에 따라 대한민국에 계속 거주할 수 있는 자격을 갖춘 외국인으로서 지방자치단체의 조례로 정한 사람은 국민투표권을 가진다.

③ 국회의원선거권자인 재외선거인에게 국민투표권을 인정하지 않은 것은 국회의원선거권자의 헌법개정안 국민투표 참여를 전제하고 있는 헌법 제130조 제2항의 취지에 부합하지 않는다.

④ 특정의 국가정책에 대하여 다수의 국민들이 국민투표를 원하고 있음에도 불구하고 대통령이 이러한 희망과는 달리 국민투표에 회부하지 아니한다고 하여도 이를 헌법에 위반된다고 할 수 없고, 국민에게 특정의 국가정책에 관하여 국민투표에 회부할 것을 요구할 권리가 인정된다고 할 수도 없다.

지문분석 **난이도** □□■ **하** | **정답** ② | **키워드** 국민투표권 | **출제유형** 판례

① 【O】 「국민투표법」 제28조(운동을 할 수 없는 자) 제1항 「정당법」상의 당원의 자격이 없는 자는 운동을 할 수 없다.

② 【X】 주민투표법 제5조(주민투표권) 제1항 19세 이상의 주민 중 제6조 제1항에 따른 투표인명부 작성기준일 현재 다음 각 호의 어느 하나에 해당하는 사람에게는 주민투표권이 있다. 다만, 「공직선거법」 제18조에 따라 선거권이 없는 사람에게는 주민투표권이 없다.

2. 출입국관리 관계 법령에 따라 대한민국에 계속 거주할 수 있는 자격(체류자격변경허가 또는 체류기간연장허가를 통하여 계속 거주할 수 있는 경우를 포함한다)을 갖춘 외국인으로서 지방자치단체의 조례로 정한 사람

③ 【O】 헌법 제130조 제2항에 의하면 헌법개정안 국민투표는 '국회의원선거권자' 과반수의 투표와 투표자의 과반수의 찬성을 얻도록 규정하고 있는바, 헌법은 헌법개정안 국민투표권자로서 국회의원선거권자를 예정하고 있다. 재외선거인은 임기만료에 따른 비례대표국회의원선거에 참여하고 있으므로, 재외선거인에게 국회의원선거권이 있음은 분명하다. 「국민투표법」 조항이 국회의원선거권자인 재외선거인에게 국민투표권을 인정하지 않은 것은 국회의원선거권자의 헌법개정안 국민투표 참여를 전제하고 있는 헌법 제130조 제2항의 취지에도 부합하지 않는다(헌재 2014.07.24. 2010헌마394).

④ 【O】 헌법 제72조는 대통령에게 국민투표의 실시 여부, 시기, 구체적 부의사항, 설문내용 등을 결정할 수 있는 임의적인 국민투표발의권을 독점적으로 부여한 것이다. 따라서 특정의 국가정책에 대하여 다수의 국민들이 국민투표를 원하고 있음에도 불구하고 대통령이 이러한 희망과는 달리 국민투표에 회부하지 아니한다고 하여도 이를 헌법에 위반된다고 할 수 없고, 국민에게 특정의 국가정책에 관하여 국민투표에 회부할 것을 요구할 권리가 인정된다고 할 수도 없다. 결국 헌법 제72조의 국민투표권은 대통령이 어떠한 정책을 국민투표에 부의한 경우에 비로소 행사가 가능한 기본권이라 할 수 있다(헌재 2013.11.29. 2012헌마166).

31 국민투표권에 관한 헌법재판소의 판시내용이다. 가장 적절하지 않은 것은? 2017 경찰 승진

① 국민투표권이란 국민이 국가의 특정한 사안에 대해 직접 결정권을 행사하는 권리로서, 각종 선거에서의 선거권 및 피선거권과 더불어 국민의 참정권의 한 내용을 이루는 헌법상 기본권이다.

② 헌법 제72조에 의한 중요정책에 관한 국민투표는 국가안위에 관계되는 사항에 관하여 대통령이 제시한 구체적인 정책에 대한 주권자인 국민의 승인절차이다.

③ 대의기관의 선출주체가 곧 대의기관의 의사결정에 대한 승인주체가 되는 것이 원칙이나, 국민투표권자의 범위가 대통령선거권자·국회의원선거권자와 반드시 일치할 필요는 없다.

④ 헌법 제130조 제2항에 의한 헌법개정에 대한 국민투표는 대통령 또는 국회가 제안하고 국회의 의결을 거쳐 확정된 헌법개정안에 대하여 주권자인 국민이 최종적으로 그 승인 여부를 결정하는 절차이다.

지문분석 **난이도** □■■ **중** | **정답** ③ | **키워드** 국민투표권 | **출제유형** 판례

① 【O】 국민투표권이란 국민이 국가의 특정 사안에 대해 직접 결정권을 행사하는 권리로서, 각종 선거에서의 선거권 및 피선거권과 더불어 국민의 참정권의 한 내용을 이루는 헌법상 기본권이다(헌재 2014.07.24. 2010헌마394).

② 【O】 헌법 제72조에 의한 중요정책에 관한 국민투표는 국가안위에 관계되는 사항에 관하여 대통령이 제시한 구체적인 정책에 대한 주권자인 국민의 승인절차라 할 수 있다(헌재 2014.07.24. 2010헌마394).

③ 【X】 대의기관의 선출주체가 곧 대의기관의 의사결정에 대한 승인주체가 되는 것은 당연한 논리적 귀결이므로, 국민투표권자의 범위는 대통령선거권자·국회의원선거권자와 일치되어야 한다(헌재 2014.07.24. 2010헌마394).

④ 【O】 헌법 제130조 제2항에 의한 헌법개정에 관한 국민투표는 대통령 또는 국회가 제안하고 국회의 의결을 거쳐 확정된 헌법개정안에 대하여 주권자인 국민이 최종적으로 그 승인 여부를 결정하는 절차이다(헌재 2014.07.24. 2010헌마394).

구분	제72조 국민투표	제130조 국민투표
성격	plebiscite	referendum
대상	중요정책	헌법개정
필수성여부	임의적	필수적
부의여부에 대한 대통령재량	자유재량	의무
정족수	헌법상 규정없음	국회의원선거권자 과반수투표와 투표자 과반수찬성

32 국민투표권에 관한 설명 중 가장 적절하지 않은 것은? (다툼이 있는 경우 판례에 의함) 2020 경찰 승진

① 국회의원선거권자인 재외선거인에게 국민투표권을 인정하지 않은 것은 국회의원선거권자의 헌법개정안 국민투표 참여를 전제하고 있는 헌법 제130조 제2항의 취지에 부합하지 않는다.

② 대법원은 국민투표에 관하여 「국민투표법」 또는 동법에 의하여 발하는 명령에 위반하는 사실이 있는 경우라도 국민투표의 결과에 영향을 미쳤다고 인정하는 때에 한하여 국민투표의 전부 또는 일부의 무효를 판결한다.

③ 「정당법」상의 당원의 자격이 없는 자는 국민투표에 관한 운동을 할 수 없다.

④ 대의기관의 선출주체가 곧 대의기관의 의사결정에 대한 승인 주체가 되는 것이 원칙이나, 국민투표권자의 범위가 대통령선거권자, 국회의원선거권자와 반드시 일치할 필요는 없다.

PART · 02

지문분석 **난이도** □□■ **하** | **정답** ④ | **키워드** 국민투표권 | **출제유형** 판례 및 조문

① 【O】 헌법 제130조 제2항에 의하면 헌법개정안 국민투표는 '국회의원선거권자' 과반수의 투표와 투표자의 과반수의 찬성을 얻도록 규정하고 있는바, 헌법은 헌법개정안 국민투표권자로서 국회의원선거권자를 예정하고 있다. 재외선거인은 임기만료에 따른 비례대표국회의원선거에 참여하고 있으므로, 재외선거인에게 국회의원선거권이 있음은 분명하다. 「국민투표법」 조항이 국회의원선거권자인 재외선거인에게 국민투표권을 인정하지 않은 것은 국회의원선거권자의 헌법개정안 국민투표 참여를 전제하고 있는 헌법 제130조 제2항의 취지에도 부합하지 않는다(헌재 2014.07.24. 2009헌마256 등).

② 【O】 대법원은 제92조의 규정에 의한 소송에 있어서 국민투표에 관하여 이 법 또는 이 법에 의하여 발하는 명령에 위반하는 사실이 있는 경우라도 국민투표의 결과에 영향이 미쳤다고 인정하는 때에 한하여 국민투표의 전부 또는 일부의 무효를 판결한다(「국민투표법」 제93조).

③ 【O】 「정당법」상의 당원의 자격이 없는 자는 운동을 할 수 없다(「국민투표법」 제28조 제1항).

④ 【X】 헌법 제72조의 중요정책 국민투표와 헌법 제130조의 헌법개정안 국민투표는 대의기관인 국회와 대통령의 의사결정에 대한 국민의 승인절차에 해당한다. 대의기관의 선출주체가 곧 대의기관의 의사결정에 대한 승인주체가 되는 것은 당연한 논리적 귀결이다(헌재 2014.07.24. 2009헌마256 등).

33 국민투표권에 대한 설명으로 가장 적절하지 않은 것은? (다툼이 있는 경우 판례에 의함) 2017 경찰 승진

① 「신행정수도 후속대책을 위한 연기·공주지역 행정중심복합도시 건설을 위한 특별법」이 수도를 분할하는 국가정책을 집행하는 내용을 가지고 있고 대통령이 이를 추진하고 집행하기 이전에 그에 관한 국민투표를 실시하지 아니하였다면 국민투표권이 행사될 수 있는 계기인 대통령의 중요정책 국민투표 부의가 행해지지 않았다고 하더라도 청구인들의 국민투표권이 행사될 수 있을 정도로 구체화되었다고 할 수 있으므로 그 침해의 가능성이 인정된다.

② 대통령이 국민투표를 정치적 무기화하고 정치적으로 남용할 수 있는 위험성이 있다는 점을 고려하면, 국민투표부의권의 헌법 제72조는 대통령에 의한 국민투표의 정치적 남용을 방지할 수 있도록 엄격하고 축소적으로 해석되어야 한다.

③ 국민투표는 선거와 달리 국민이 직접 국가의 정치에 참여하는 절차이므로, 국민투표권은 대한민국 국민의 자격이 있는 사람에게 반드시 인정되어야 하는 권리이다.

④ 헌법의 개정은 반드시 국민투표를 거쳐야 하므로 국민은 헌법개정에 관하여 찬반투표로 그 의견을 표명할 권리를 가지는데, 헌법개정사항인 수도의 이전을 헌법개정의 절차를 밟지 아니하고 단지 단순 법률의 형태로 실현시킨 것은 헌법 제130조에 따라 헌법개정에 있어서 국민이 가지는 참정권적 기본권인 국민투표권을 침해한다.

지문분석 **난이도** □■■ **중** | **정답** ① | **키워드** 국민투표권 | **출제유형** 판례

① 【X】「신행정수도 후속대책을 위한 연기·공주지역 행정중심복합도시 건설을 위한 특별법」이 설사 수도를 분할하는 국가정책을 집행하는 내용을 가지고 있고 대통령이 이를 추진하고 집행하기 이전에 그에 관한 국민투표를 실시하지 아니하였다고 하더라도 국민투표권이 행사될 수 있는 계기인 대통령의 중요정책 국민투표 부의가 행해지지 않은 이상 청구인들의 국민투표권이 행사될 수 있을 정도로 구체화되었다고 할 수 없으므로 그 침해의 가능성은 인정되지 않는다(헌재 2005.11.24. 2005헌마579).

② 【O】 헌법 제72조는 대통령에게 국민투표의 실시 여부, 시기, 구체적 부의사항, 설문내용 등을 결정할 수 있는 임의적인 국민투표발의권을 독점적으로 부여함으로써, 대통령이 단순히 특정 정책에 대한 국민의 의사를 확인하는 것을 넘어서 자신의 정책에 대한 추가적인 정당성을 확보하거나 정치적 입지를 강화하는 등, 국민투표를 정치적 무기화하고 정치적으로 남용할 수 있는 위험성을 안고 있다. 이러한 점을 고려할 때, 대통령의 부의권을 부여하는 헌법 제72조는 가능하면 대통령에 의한 국민투표의 정치적 남용을 방지할 수 있도록 엄격하고 축소적으로 해석되어야 한다(헌재 2004.05.14. 2004헌나1).

③ 【O】 국민투표는 선거와 달리 국민이 직접 국가의 정치에 참여하는 절차이므로, 국민투표권은 대한민국 국민의 자격이 있는 사람에게 반드시 인정되어야 하는 권리이다(헌재 2014.07.24. 2009헌마256).

④ 【O】 헌법개정사항인 수도의 이전을 헌법개정 절차를 밟지 아니하고 단지 단순법률의 형태로 실현시킨 것은 헌법 제130조에 따라 헌법개정에 있어서 국민이 가지는 참정권적 기본권인 국민투표권의 행사를 배제한 것이므로 동 권리를 침해하고 있다(헌재 2004.10.21. 2004헌마554).

34 국민투표에 관한 다음 설명 중 가장 옳지 않은 것은? (다툼이 있는 경우 헌법재판소 결정에 의함)

2016 법원직 9급

① 대통령이 국정운영에 위기를 맞이하여 이를 타개하는 방법으로 자신에 대한 국민의 재신임을 묻기 위해 이를 헌법 제72조의 국민투표에 회부하는 것은 인정되지 않는다.

② 주민등록을 할 수 없는 재외국민의 국민투표권 행사를 전면적으로 배제하고 있는 「국민투표법」 제14조 제1항은 국민투표권을 침해한다.

③ 「신행정수도 후속대책을 위한 연기·공주지역 행정중심복합도시 건설을 위한 특별법」이 수도를 분할하는 국가정책을 집행하는 내용을 가지고 있고 대통령이 이를 추진하고 집행하기 이전에 그에 관한 국민투표를 실시하지 아니하였다면 국민투표권이 행사될 수 있는 계기인 대통령의 중요정책 국민투표 부의가 행해지지 않았다고 하더라도 청구인들의 국민투표권이 행사될 수 있을 정도로 구체화되었다고 할 수 있으므로 그 침해의 가능성이 인정된다.

④ 헌법 제72조의 국민투표 부의제는 대통령의 임의적 국민투표제이지만, 헌법개정안에 대한 국민투표제는 필요적 국민투표제이다.

지문분석 **난이도** □□■ **하** | **정답** ③ | **키워드** 국민투표 | **출제유형** 판례

① **【O】** 국민투표의 본질상 '대표자에 대한 신임'은 국민투표의 대상이 될 수 없으며, 우리 헌법에서 대표자의 선출과 그에 대한 신임은 단지 선거의 형태로써 이루어져야 한다. 대통령이 자신에 대한 재신임을 국민투표의 형태로 묻고자 하는 것은 헌법 제72조에 의하여 부여받은 국민투표부의권을 위헌적으로 행사하는 경우에 해당하는 것으로, 국민투표제도를 자신의 정치적 입지를 강화하기 위한 정치적 도구로 남용해서는 안 된다는 헌법적 의무를 위반한 것이다(헌재 2004.05.14. 2004헌나1).

② **【O】** 재외선거인은 대의기관을 선출할 권리가 있는 국민으로서 대의기관의 의사결정에 대해 승인할 권리가 있으므로, 국민투표권자에는 재외선거인이 포함된다고 보아야 한다. 또한, 국민투표는 선거와 달리 국민이 직접 국가의 정치에 참여하는 절차이므로, 국민투표권은 대한민국 국민의 자격이 있는 사람에게 반드시 인정되어야 하는 권리이다. 이처럼 국민의 본질적 지위에서 도출되는 국민투표권을 추상적 위험 내지 선거기술상의 사유로 배제하는 것은 헌법이 부여한 참정권을 사실상 박탈한 것과 다름없다. 따라서 「국민투표법」 조항은 재외선거인의 국민투표권을 침해한다(헌재 2014.07.24. 2009헌마256).

③ **【X】** 특정의 국가정책에 대하여 다수의 국민들이 국민투표를 원하고 있음에도 불구하고 대통령이 이러한 희망과는 달리 국민투표에 회부하지 아니한다고 하여도 이를 헌법에 위반된다고 할 수 없고 국민에게 특정의 국가정책에 관하여 국민투표에 회부할 것을 요구할 권리가 인정된다고 할 수도 없다. 설사 수도를 분할하는 국가정책을 집행하는 내용을 가지고 있고 대통령이 이를 추진하고 집행하기 이전에 그에 관한 국민투표를 실시하지 아니하였다고 하더라도 국민투표권이 행사될 수 있는 계기인 대통령의 중요정책 국민투표 부의가 행해지지 않은 이상 청구인들의 국민투표권이 행사될 수 있을 정도로 구체화되었다고 할 수 없으므로 그 침해의 가능성은 인정되지 않는다(헌재 2005.11.24. 2005헌마579).

④ **【O】** 헌법 제72조의 '대통령은 필요하다고 인정할 때에는 외교·국방·통일 기타 국가안위에 관한 중요정책을 국민투표에 붙일 수 있다'는 규정은 대통령에게 국민투표의 실시 여부, 시기, 구체적 부의사항, 설문내용 등을 결정할 수 있는 임의적인 국민투표발의권을 독점적으로 부여하고 있다.

구분	대상	발의	성격	정족수
헌법 제130조 국민투표	헌법개정	대통령, 국회의원 재적 과반수	필수적 국민투표	규정 있음
헌법 제72조 국민투표	중요정책	대통령	임의적 국민투표	규정 없음

2 공무담임권과 공무원제도

01 공무원의 정치적 자유에 관한 설명 중 가장 적절하지 <u>않은</u> 것은? (다툼이 있는 경우 판례에 의함)

2015 경찰 승진

① 공무원에 대하여 국가의 정책에 대한 반대·방해행위를 금지한 구국가공무원 복무규정이 헌법상 과잉금지원칙에 반하여 공무원의 정치적 표현의 자유를 침해한다고 할 수 없다.

② 선거관리위원회 공무원에게 요청되는 엄격한 정치적 중립성을 고려한다고 하더라도 위 공무원에 대하여 특정 정당이나 후보자를 지지·반대하는 단체에의 가입·활동 등을 금지하는 것은 해당 공무원의 정치적 표현의 자유를 침해하는 것이다.

③ 초·중등학교 교원에 대해서는 정당가입과 선거운동의 자유를 금지하면서 대학 교원에게 이를 허용하는 것은 합리적 차별이므로 헌법상 평등권을 침해한다고 할 수 없다.

④ 선거에서 중립성이 요구되는 공무원은 원칙적으로 좁은 의미의 직업공무원은 물론이고, 적극적인 정치활동을 통하여 국가에 봉사하는 정치적 공무원을 포함하지만, 국회의원과 지방의회의원은 위 공무원의 범위에 포함되지 않는다.

지문분석 **난이도** □■■ 중 | **정답** ② | **키워드** 공무담임권 및 공무원제도 | **출제유형** 판례

② 【X】 공무원은 공직자인 동시에 국민의 한 사람이기도 하므로 국민전체에 대한 봉사자로서의 지위와 기본권을 향유하는 기본권주체로서의 지위라는 이중적 지위를 가지는바, 공무원이라고 하여 기본권이 무시되거나 경시되어서는 안 되지만, 공무원의 신분과 지위의 특수성상 공무원에 대해서는 일반 국민에 비해 보다 넓고 강한 기본권 제한이 가능하게 된다. 특히 선거관리위원회는 민주주의의 근간이 되는 선거와 투표, 정당 사무에 대한 관리업무를 행하는 기관이라는 점에서 선관위 공무원은 다른 어떤 공무원보다도 정치적으로 중립적인 입장에 서서 공정하고 객관적으로 직무를 수행할 의무를 지닌다. 이 사건 규정들은 선관위 공무원에 대하여 특정 정당이나 후보자를 지지·반대하는 단체에의 가입·활동 등을 금지함으로써 선관위 공무원의 정치적 표현의 자유 등을 제한하고 있으나, 선관위 공무원에게 요청되는 엄격한 정치적 중립성에 비추어 볼 때 선관위 공무원이 특정한 정치적 성향을 표방하는 단체에 가입·활동한다는 사실 자체만으로 그 정치적 중립성과 직무의 공정성, 객관성이 의심될 수 있으므로 이 사건 규정들은 선관위 공무원의 정치적 표현의 자유 등을 침해한다고 할 수 없다(헌재 2012.03.29. 2010헌마97).

02 공무담임권에 관한 설명으로 옳은 것은 모두 몇 개인가? (다툼이 있는 경우 헌법재판소 판례에 의함)

2024 경찰 2차

㉠ 지방자치단체 공무원이 연구기관이나 교육기관 등에서 연수하기 위한 휴직기간은 2년 이내로 한다고 규정한 「지방공무원법」 조항은 연수휴직 기간의 상한을 제한하는 내용으로, 공직취임의 기회를 배제하거나 공무원 신분을 박탈하는 것과 관련이 없으므로, 휴직조항으로 인하여 법학전문대학원에 진학하려는 9급 지방공무원의 공무담임권이 침해될 가능성을 인정하기 어렵다.

㉡ 농업협동조합장이 지방의회의원선거 후보자가 되려면 지방의회의원의 임기만료일 전 90일까지 그 직에서 해임되도록 규정한 구 「지방의회의원선거법」 조항은, 특정 계층의 여과된 이익과 전문가적 경험을 지방자치에서 조화있게 반영시키려는 것으로서 농업협동조합장의 공무담임권을 침해하지 않는다.

㉢ 회계책임자가 「공직선거법」이나 「정치자금법」 소정의 조항을 위반하여 300만 원 이상의 벌금형을 선고받아 확정된 경우, 후보자의 당선이 무효로 되도록 규정한 「공직선거법」 조항은 후보자의 관리 · 감독책임 없음을 입증하여 면책될 가능성조차 부여하지 않아, 책임주의 원칙에 위배되어 국회의원 당선자의 공무담임권을 침해한다.

㉣ 아동 · 청소년대상 성범죄는 재범 위험성이 높고 시간이 지나도 공무수행을 맡기기에 충분할 만큼 국민의 신뢰가 회복되기 어려우므로, 아동 · 청소년 이용음란물임을 알면서 이를 소지한 죄로 형을 선고받아 그 형이 확정된 사람은 일반직공무원으로 임용될 수 없도록 규정한 「국가공무원법」 및 「지방공무원법」 조항은 그 형이 확정된 사람의 공무담임권을 침해하지 않는다.

① 1개 ② 2개
③ 3개 ④ 4개

지문분석 **난이도** ■■■ 상 | **정답** ① | **키워드** 공무담임권 | **출제유형** 판례

㉠ 【O】 교육받을 권리로부터 공무원이 휴직하여 법학전문대학원에서 수학할 것을 보장받을 권리가 도출된다고 할 수 없으므로 휴직조항으로 인하여 교육받을 권리가 침해될 가능성은 없다. 휴직조항은 공직 취임이나 공무원 신분과 관련이 없으므로 공무담임권을 제한하지 않는다. 청구인은 연수휴직이 2년까지 가능한 지방자치단체 공무원과 연수휴직이 3년까지 가능한 교육공무원 사이의 차별 취급이 부당하다고 주장하나, 지방자치단체 공무원과 교육공무원은 비교대상이 되기 어려울 뿐만 아니라 교육공무원이라도 법조인 양성을 목적으로 하는 법학전문대학원에 진학하기 위하여 당연히 연수휴직을 할 수 있는 것은 아니므로, 청구인이 주장하는 평등권 침해가 발생할 가능성이 인정되지 않는다. 따라서 휴직조항에 대한 심판청구는 기본권 침해의 가능성이 인정되지 아니한다(헌재 2024.02.28. 2020헌마1377).

㉡ 【X】 그렇다면 이 사건 심판의 대상 중 농업협동조합, 수산업협동조합, 축산업협동조합, 산림조합, 엽연초생산협동조합, 인삼협동조합의 조합장에 관한 부분은 헌법에 위반되고 그 나머지 부분 즉 농지개량조합의 조합장 부분은 헌법에 위반되지 않는다고 할 것인 바(문제의 조문 중 각 그 상근 임·직원 부분은 심판의 대상에서 제외), 결국 이 사건 청구인들 중 농지개량조합장인 청구인 윤○문을 제외한 나머지 청구인들의 경우는 모두 이유있어 인용할 것이고 동 청구인의 청구는 그 이유없어 이를 기각하기로하여 주문과 같이 결정한다(헌재 1991.03.11. 90헌마28).

ⓒ 【X】 [1] 이 사건 법률조항은 후보자에게 회계책임자의 형사책임을 연대하여 지게 하는 것이 아니라, 선거의 공정성을 해치는 객관적 사실(회계책임자의 불법행위)에 따른 선거결과를 교정하는 것에 불과하고, 또한 후보자는 공직선거법을 준수하면서 공정한 경쟁이 되도록 할 의무가 있는 자로서 후보자 자신뿐만 아니라 최소한 회계책임자 등에 대하여는 선거범죄를 범하지 않도록 지휘·감독할 책임을 지는 것이므로, 이 사건 법률조항은 후보자 '자신의 행위'에 대하여 책임을 지우고 있는 것에 불과하기 때문에, 헌법상 자기책임의 원칙에 위반되지 아니한다(헌재 2010. 3. 25. 2009헌마170).

[2] 회계책임자와 후보자는 선거에 임하여 분리하기 어려운 운명공동체라고 보아 회계책임자의 행위를 곧 후보자의 행위로 의제함으로써 선거부정 방지를 도모하고자 한 입법적 결단이 현저히 잘못되었거나 부당하다고 보기 어려운 이상, 감독상의 주의의무 이행이라는 면책사유를 인정하지 않고 후보자에게 법정 연대책임을 지우는 제도를 형성한 것이 반드시 필요 이상의 지나친 규제를 가하여 가혹한 연대책임을 부과함으로써 후보자의 공무담임권을 침해한다고 볼 수 없다(헌재 2010.03.25. 2009헌마170).

ⓓ 【X】 심판대상조항은 아동·청소년과 관련이 없는 직무를 포함하여 모든 일반직공무원에 임용될 수 없도록 하므로, 제한의 범위가 지나치게 넓고 포괄적이다. 또한, 심판대상조항은 영구적으로 임용을 제한하고, 결격사유가 해소될 수 있는 어떠한 가능성도 인정하지 않는다. 그런데 아동·청소년이용음란물소지죄로 형을 선고받은 경우라고 하여도 범죄의 종류, 죄질 등은 다양하므로, 개별 범죄의 비난가능성 및 재범 위험성 등을 고려하여 상당한 기간 동안 임용을 제한하는 덜 침해적인 방법으로도 입법목적을 충분히 달성할 수 있다. 따라서 심판대상조항은 과잉금지원칙에 위배되어 청구인들의 공무담임권을 침해한다(헌재 2023.06.29. 2020헌마1605 등).

03 공무담임권에 대한 설명으로 가장 적절하지 않은 것은? (다툼이 있는 경우 헌법재판소 판례에 의함)

2019 경찰 승진

① 사립대학 교원이 국회의원으로 당선된 경우 임기개시일 전까지 그 직을 사직하도록 규정한 「국회법」 조항은 청구인의 공무담임권을 침해하지 않는다.

② 금고 이상의 형의 선고유예를 받고 그 기간 중에 있는 자를 임용결격사유로 삼고, 위 사유에 해당하는 자가 임용되더라도 이를 당연무효로 하는 구 「국가공무원법」 조항은 공무담임권을 침해하지 않는다.

③ 국·공립학교 채용시험의 동점자처리에서 국가유공자 등 및 그 유족·가족에게 우선권을 주도록 하고 있는 국가유공자 등 예우 및 지원에 관한 법률 등의 해당 조항들은 일반 응시자들이 국·공립학교 채용시험의 동점자처리에서 심각한 불이익을 당하기 때문에 일반 응시자들의 공무담임권을 침해한다.

④ 지방자치단체의 장이 공소 제기된 후 구금상태에 있는 경우 부단체장이 그 권한을 대행하도록 규정한 「지방자치법」 조항은 지방자치단체의 장의 공무담임권을 침해하지 않는다.

지문분석 **난이도** □■■ 중 | **정답** ③ | **키워드** 공무담임권 | **출제유형** 판례

① 【O】 국회의원의 직무수행에 있어 공정성과 전념성을 확보하여 국회가 본연의 기능을 충실히 수행할 수 있도록 하는 것은 대의제 민주주의를 성공적으로 운영하기 위한 발판이고, 사립대학에 재학 중인 학생들이 충실한 수업과 지도를 받을 수 있도록 함으로써 대학교육을 정상화하는 것은 미래의 인적 자원을 양성하는 초석이 되는 것인 바, 앞서 본 사정들을 종합할 때 입법자가 이와 같은 공익을 국회의원으로 당선된 사립대학 교원이 교원의 직을 사직하여야 하는 것으로 인해 발생하는 공무담임권 및 직업선택의 자유에 대한 제한보다 중시한다고 해서 법익 간의 형량을 그르쳤다고 할 수는 없다. 따라서 심판대상조항은 법익의 균형성 원칙에도 위반되지 않는다(헌재 2015.04.30. 2014헌마621).

② 【O】 이 사건 법률조항은 금고 이상의 형의 선고유예의 판결을 받아 그 기간 중에 있는 사람이 공무원으로 임용되는 것을 금지하고 이러한 사람이 공무원으로 임용되더라도 그 임용을 당연무효로 하는 것으로서, 공직에 대한 국민의 신뢰를 보장하고 공무원의 원활한 직무수행을 도모하기 위하여 마련된 조항이다. 청구인과 같이 임용결격사유에도 불구하고 임용된 임용결격공무원은 상당한 기간 동안 근무한 경우라도 적법한 공무원의 신분을 취득하여 근무한 것이 아니라는 이유로 「공무원연금법」상 퇴직급여의 지급대상이 되지 못하는 등 일정한 불이익을 받기는 하지만, 재직기간 중 사실상 제공한 근로에 대하여는 그 대가에 상응하는 금액의 반환을 부당이득으로 청구하는 등의 민사적 구제수단이 있는 점을 고려하면, 공직에 대한 국민의 신뢰보장이라는 공익과 비교하여 임용결격공무원의 사익 침해가 현저하다고 보기 어렵다. 따라서 이 사건 법률조항은 입법자의 재량을 일탈하여 공무담임권을 침해한 것이라고 볼 수 없다(헌재 2016.07.28. 2014헌바437).

③ 【X】 이 사건 동점자처리조항에 의하여 일반 응시자들은 국·공립학교 채용시험의 동점자처리에서 불이익을 당할 수도 있으므로 일반 응시자들의 공무담임권이 제한된다고 할 것이나, 이는 국가유공자와 그 유·가족의 생활 안정을 도모하고 이를 통해 국민의 애국정신함양과 민주사회 발전에 이바지한다고 하는 공공복리를 위한 불가피한 기본권 제한에 해당하며, 앞서 본 바와 같이 비례의 원칙 내지 과잉금지의 원칙에 위반된 것으로 볼 수 없고, 기본권의 본질적인 내용을 침해한다고도 할 수 없다. 따라서 이 사건 동점자처리조항은 일반 응시자들의 공무담임권을 침해하지 아니한다(헌재 2006.06.29. 2005헌마44).

④ 【O】 형사재판을 위하여 신체가 구금되어 정상적이고 시의적절한 직무를 수행하기 어려운 상황에 처한 자치단체장을 직무에서 배제시킴으로써 자치단체행정의 원활하고 효율적인 운영을 도모하는 한편 주민의 복리에 초래될 것으로 예상되는 위험을 미연에 방지하려는 이 사건 법률조항의 입법목적은 입법자가 추구할 수 있는 정당한 공익이라 할 것이고, 이를 실현하기 위하여 해당 자치단체장을 구금상태가 해소될 때까지 잠정적으로 그 직무에서 배제시키는 것은 일응 유효·적절한 수단이라고 볼 수 있다. 따라서 이 사건 법률조항은 청구인의 공무담임권을 제한함에 있어 과잉금지원칙에 위배되지 않는다(헌재 2011.04.28. 2010헌마474).

04 **공무담임권에 관한 설명 중 가장 적절한 것은?** (다툼이 있는 경우 판례에 의함) 2020 경찰 승진

① 공무담임권은 공직취임의 기회균등을 요구하지만, 취임한 뒤 승진할 때에도 균등한 기회 제공을 요구하지는 않는다.

② 지방자치단체의 장이 금고 이상의 형을 선고받고 그 형이 확정되지 아니한 경우 부단체장이 그 권한을 대행하도록 규정한 「지방자치법」 조항은 지방자치단체장의 공무담임권을 침해한다.

③ 국방부 등의 보조기관에 근무할 수 있는 기회를 현역군인에게만 부여하고 군무원에게는 부여하지 않는 법률조항은 군무원의 공무담임권을 침해한다.

④ 공무원의 재임 기간 동안 충실한 공무 수행을 담보하기 위하여 공무원의 퇴직급여 및 공무상 재해보상을 보장할 것까지 공무담임권의 보호영역에 포함된다고 본다.

지문분석 **난이도** □■■ **중** | **정답** ② | **키워드** 공무담임권 | **출제유형** 판례

① 【X】 공무담임권은 공직취임의 기회 균등뿐만 아니라 취임한 뒤 승진할 때에도 균등한 기회 제공을 요구한다. 청구인의 경우 군 복무기간이 승진소요 최저연수에 포함되지 않으므로 공무원으로 근무하다가 군 복무를 한 사람보다 더 오래 재직하여야 승진임용절차가 진행된다. 또 군 복무기간이 경력평정에서도 일부만 산입되므로 경력평정점수도 상대적으로 적게 부여된다. 이는 승진임용절차 개시 및 승진임용점수 산정과 관련된 법적 불이익에 해당하므로, 승진경쟁인원 증가에 따라 승진 가능성이 낮아지는 사실상의 불이익 문제나 단순한 내부승진인사 문제와 달리 공무담임권의 제한에 해당한다(헌재 2018.07.26. 2017헌마1183).

② 【O】 선거에 의하여 주권자인 국민으로부터 직접 공무담임권을 위임받는 자치단체장의 경우, 그와 같이 공무담임권을 위임한 선출의 정당성이 무너지거나 공무담임권 위임의 본지를 배반하는 직무상 범죄를 저질렀다면, 이러한 경우에도 계속 공무를 담당하게 하는 것은 공무담임권 위임의 본지에 부합된다고 보기 어렵다. 그러므로, 위 두 사유에 해당하는 범죄로 자치단체장이 금고 이상의 형을 선고받은 경우라면, 그 형이 확정되기 전에 해당 자치단체장의 직무를 정지시키더라도 무죄추정의원칙에 직접적으로 위배된다고 보기 어렵고, 과잉금지의 원칙도 위반하였다고 볼 수 없으나, 위 두 가지 경우 이외에는 금고 이상의 형의 선고를 받았다는 이유로 형이 확정되기 전에 자치단체장의 직무를 정지시키는 것은 무죄추정의 원칙과 과잉금지의 원칙에 위배된다(헌재 2010.09.02. 2010헌마418).

③ 【X】 공무담임권의 보호영역에는 일반적으로 공직취임의 기회보장, 신분박탈, 직무의 정지가 포함되는 것일 뿐, 여기서 더 나아가 공무원이 특정의 장소에서 근무하는 것 또는 특정의 보직을 받아 근무하는 것을 포함하는 일종의 '공무수행의 자유'까지 그 보호영역에 포함된다고 보기는 어렵다. 따라서 이 사건 법률조항이 특정직공무원으로서 군무원인 청구인들의 공무담임권을 제한하는 것은 아니다(헌재 2008.06.26. 2005헌마1275).

④ 【X】 헌법 제25조의 공무담임권이 공무원의 재임 기간 동안 충실한 공무 수행을 담보하기 위하여 공무원의 퇴직급여 및 공무상 재해보상을 보장할 것까지 그 보호영역으로 하고 있다고 보기 어렵고, 행복추구권은 행복을 추구하기 위하여 필요한 급부를 국가에 대하여 적극적으로 요구할 수 있음을 내용으로 하는 것이 아니므로(헌재 2003.11.27. 2003헌바39), 심판대상조항으로 인한 공무담임권 및 행복추구권의 제한은 문제되지 않는다(헌재 2014.06.26. 2012헌마459).

05 **공무담임권 및 공무원제도에 대한 설명으로 가장 적절하지 않은 것은?** (다툼이 있는 경우 판례에 의함)

2021 경찰 승진

① 지방자치단체의 장이 '공소 제기된 후 구금상태에 있는 경우' 부단체장이 그 권한을 대행하도록 규정한 「지방자치법」 조항은 지방자치단체장의 공무담임권을 침해하지 않는다.

② 공무담임권의 보호영역에는 공직취임기회의 자의적인 배제뿐만 아니라 공무원 신분의 부당한 박탈이나 권한의 부당한 정지, 승진시험의 응시제한이나 이를 통한 승진기회의 보장 등이 포함된다.

③ 공무담임권은 국민이 국가나 공공단체의 구성원으로서 직무를 담당할 수 있는 권리를 뜻하고, 여기서 직무를 담당한다는 것은 공무담임에 관하여 능력과 적성에 따라 평등한 기회를 보장받는 것을 의미한다.

④ 공무원의 신분이나 직무와 관련이 없는 범죄의 경우에도 퇴직급여 등을 제한하는 것은 공무원범죄를 예방하고 공무원이 재직 중 성실히 근무하도록 유도하는 입법목적을 달성하는 데 적합한 수단이라고 볼 수 없다.

지문분석 **난이도** □■■ **중** | **정답** ② | **키워드** 공무담임권 및 공무원제도 | **출제유형** 판례

① 【O】 형사재판을 위하여 신체가 구금되어 정상적이고 시의적절한 직무를 수행하기 어려운 상황에 처한 자치단체장을 직무에서 배제시킴으로써 자치단체행정의 원활하고 효율적인 운영을 도모하는 한편 주민의 복리에 초래될 것으로 예상되는 위험을 미연에 방지하려는 이 사건 법률조항의 입법목적은 입법자가 추구할 수 있는 정당한 공익이라 할 것이고, 이를 실현하기 위하여 해당 자치단체장을 구금상태가 해소될 때까지 잠정적으로 그 직무에서 배제시키는 것은 일응 유효·적절한 수단이라고 볼 수 있다. 따라서 이 사건 법률조항은 청구인의 공무담임권을 제한함에 있어 과잉금지원칙에 위배되지 않는다(헌재 2011.04.28. 2010헌마474).

② 【X】 공무담임권의 보호영역에는 공직취임 기회의 자의적인 배제뿐 아니라, 공무원 신분의 부당한 박탈이나 권한(직무)의 부당한 정지도 포함된다. 다만, '승진시험의 응시제한'이나 이를 통한 승진기회의 보장 문제는 공직신분의 유지나 업무수행에는 영향을 주지 않는 단순한 내부 승진인사에 관한 문제에 불과하여 공무담임권의 보호영역에 포함된다고 보기는 어렵다고 할 것이다(헌재 2010.03.25. 2009헌마538).

③ 【O】 공무담임권은, 국민이 국가나 공공단체의 구성원으로서 직무를 담당할 수 있는 권리를 뜻하고, 여기서 직무를 담당한다는 것은 공무담임에 관하여 능력과 적성에 따라 평등한 기회를 보장받는 것을 의미한다(헌재 2018.07.26. 2017헌마1183).

④ 【O】 공무원의 신분이나 직무상 의무와 관련이 없는 범죄의 경우에도 퇴직급여 등을 제한하는 것은, 공무원범죄를 예방하고 공무원이 재직 중 성실히 근무하도록 유도하는 입법목적을 달성하는 데 적합한 수단이라고 볼 수 없다. 나아가 이 사건 법률조항은 퇴직급여에 있어서는 「국민연금법」상의 사업장 가입자에 비하여, 퇴직수당에 있어서는 「근로기준법」상의 근로자에 비하여 각각 차별대우를 하고 있는바, 이는 자의적인 차별에 해당한다(헌재 2007.03.29. 2005헌바33).

06 직업공무원제도에 관한 설명 중 가장 적절하지 <u>않은</u> 것은? (다툼이 있는 경우 판례에 의함)

2016 경찰 승진

① 국민이 공무원으로 임용된 경우에 있어서 그가 정년까지 근무할 수 있는 권리는 헌법의 공무원 신분보장규정에 의하여 보호되는 기득권으로서 그 침해 내지 제한은 신뢰보호의 원칙에 위배되지 않는 범위 내에서만 가능하다 할 것이다.

② 직제폐지에 따른 직권면직을 규정한 「지방공무원법」 제62조 제1항 제3호는 직업공무원제도에 위반되지 않는다.

③ 국·공립학교 채용시험의 동점자 처리에서 국가유공자 등 및 그 유족·가족에게 우선권을 주도록 하고 있는 국가유공자 등 예우 및 지원에 관한 법률의 해당 조항에 의하여 일반 응시자들은 국·공립학교 채용시험의 동점자 처리에서 불이익을 당하며 이는 일반 응시자들의 공무담임권을 침해한다.

④ 입법자는 직업공무원제도에 관하여'최소한의 보장'의 원칙의 한계 안에서 폭넓은 입법형성의 자유를 가진다.

지문분석 **난이도** □■■ **중** | **정답** ③ | **키워드** 직업공무원제도 | **출제유형** 판례

① 【O】 국민이 공무원으로 임용된 경우에 있어서 그가 정년까지 근무할 수 있는 권리는 헌법의 공무원신분보장 규정에 의하여 보호되는 기득권으로서 그 침해 내지 제한은 신뢰보호의 원칙에 위배되지 않는 범위 내에서만 가능하다고 할 것이다(헌재 1994.04.28. 91헌바15).
② 【O】 지방자치단체의 직제가 폐지된 경우에 해당 공무원을 직권면직할 수 있도록 규정하고 있는 「지방공무원법」 제62조 제1항 제3호가 직업공무원제도를 위반하지 않는다(헌재 2004.11.25. 2002헌바8).
③ 【X】 국·공립학교 채용시험의 동점자처리에서 국가유공자 등 및 그 유족·가족에게 우선권을 주도록 하고 있는 국가유공자 등 예우 및 지원에 관한 법률 등의 해당 조항들이 일반 응시자들의 공무담임권을 침해하지 않는다(헌재 2006.06.29. 2005헌마44).
④ 【O】 직업공무원제도는 바로 헌법이 보장하는 제도적 보장중의 하나임이 분명하므로 입법자는 직업공무원제도에 관하여 '최소한 보장'의 원칙의 한계안에서 폭넓은 입법형성의 자유를 가진다(헌재 1997.04.24. 95헌바48).

07 **직업공무원제도에 대한 헌법재판소 결정으로 옳지 <u>않은</u> 것은?** 2016 국가직 7급

① 직업공무원제도란 정권교체에 따른 국가작용의 중단과 혼란을 예방하고 일관성 있는 공무수행의 독자성을 유지하기 위하여 헌법과 법률에 의하여 공무원의 신분이 보장되는 공직구조에 관한 제도이다.
② 직업공무원제에서 말하는 공무원은 국가 또는 공공단체와 근로관계를 맺고 이른바 공법상 특별권력관계 내지 특별행정법관계 아래 공무를 담당하는 것을 직업으로 하는 협의의 공무원을 의미하고 정치적 공무원이나 임시적 공무원은 포함되지 않는다.
③ 직업공무원제도는 헌법이 보장하는 제도적 보장 중의 하나로서 입법자는 직업공무원제도에 관하여 '최대한 보장'의 원칙 하에서 입법형성의 자유를 가진다.
④ 직업공무원제도는 공무원으로 하여금 특정 정당이나 특정 상급자를 위하여 충성하는 것이 아니라 국민전체의 봉사자로서 법에 따라 그 소임을 다할 수 있게 함으로써 국가기능의 측면에서 정치적 안정의 유지에 기여하는 제도이다.

지문분석 **난이도** □□■ **하** | **정답** ③ | **키워드** 직업공무원제도 | **출제유형** 판례

① 【O】 헌재 1997.04.24. 95헌바48
② 【O】 헌재 1989.12.18., 89헌마32
③ 【X】 직업공무원제도는 헌법이 보장하는 제도적 보장중의 하나임이 분명하므로 입법자는 직업공무원제도에 관하여 '최소한 보장'의 원칙의 한계안에서 폭넓은 입법형성의 자유를 가진다(헌재 1997.04.24. 95헌바48).
④ 【O】 헌재 1997.04.24. 95헌바48

08 공무원제도에 대한 설명으로 옳지 않은 것은? (다툼이 있는 경우 판례에 의함) 2020 국회직 9급

① 공무원을 직권면직 할 수 있는 사유에는 직제의 폐지도 포함된다.
② 공무원에 대하여 직무수행 중 정치적 주장을 표시·상징하는 복장 등 착용행위를 금지한 국가공무원 복무규정은 공무원의 정치적 표현의 자유를 필요 이상으로 제한하여 헌법에 위반된다.
③ '지방자치단체의 장은 다른 지방자치단체의 장의 동의를 얻어 그 소속 공무원을 전입할 수 있다.' 라는 「지방공무원법」 규정은 해당 공무원 본인의 동의가 필요하다는 것을 전제로 해석할 때 헌법에 합치한다.
④ '공무원은 직무의 내외를 불문하고 그 품위가 손상되는 행위를 하여서는 안 된다.'라고 한 「국가공무원법」 규정은 '품위' 등 그 용어의 사전적 의미가 명백하고 그 수범자인 평균적인 공무원은 이를 충분히 예측할 수 있어 명확성원칙에 위배되지 않는다.
⑤ 입법자는 공무원의 정년을 행정조직, 직제의 변경 또는 예산의 감소 등 제반사정을 고려하여 합리적인 범위 내에서 조정할 수 있다.

지문분석 **난이도** □■■ 중 | **정답** ② | **키워드** 직업공무원제도 | **출제유형** 판례 및 조문

① 【O】 임용권자는 공무원이 직제와 정원의 개폐 또는 예산의 감소 등에 따라 폐직(廢職) 또는 과원(過員)이 되었을 때 직권으로 면직시킬 수 있다(「국가공무원법」 제70조 제1항 제3호).
② 【X】 위 규정들은 공무원의 근무기강을 확립하고 공무원의 정치적 중립성을 확보하려는 입법목적을 가진 것으로서, 공무원이 직무 수행 중 정치적 주장을 표시·상징하는 복장 등을 착용하는 행위는 그 주장의 당부를 떠나 국민으로 하여금 공무집행의 공정성과 정치적 중립성을 의심하게 할 수 있으므로 공무원이 직무수행 중인 경우에는 그 활동과 행위에 더 큰 제약이 가능하다고 하여야 할 것인 바, 위 규정들은 오로지 공무원의 직무수행 중의 행위만을 금지하고 있으므로 침해의 최소성원칙에 위배되지 아니한다. 따라서 위 규정들은 과잉금지원칙에 반하여 공무원의 정치적 표현의 자유를 침해한다고 할 수 없다(헌재 2012.05.31. 2009헌마705 등).
③ 【O】 「지방공무원법」 제29조의3은 '지방자치단체의 장은 다른 지방자치단체의 장의 동의를 얻어 그 소속 공무원을 전입할 수 있다.라고만 규정하고 있어, 이러한 전입에 있어 지방공무원 본인의 동의가 필요한지에 관하여 다툼의 여지없이 명백한 것은 아니나, 위 법률조항을, 해당 지방공무원의 동의 없이도 지방자치단체의 장 사이의 동의만으로 지방공무원에 대한 전출 및 전입명령이 가능하다고 풀이하는 것은 헌법적으로 용인되지 아니하며, 헌법 제7조에 규정된 공무원의 신분보장 및 헌법 제15조에서 보장하는 직업선택의 자유의 의미와 효력에 비추어 볼 때 위 법률조항은 해당 지방공무원의 동의가 있을 것을 당연한 전제로 하여 그 공무원이 소속된 지방자치단체의 장의 동의를 얻어서만 그 공무원을 전입할 수 있음을 규정하고 있는 것으로 해석하는 것이 타당하고, … 위 법률조항은 헌법에 위반되지 아니한다(헌재 2002.11.28. 98헌바101 등).
④ 【O】 이 사건 법률조항이 공무원 징계사유로 규정한 품위손상행위는 '주권자인 국민으로부터 수임 받은 공무를 수행함에 손색이 없는 인품에 어울리지 않는 행위를 함으로써 공무원 및 공직 전반에 대한 국민의 신뢰를 떨어뜨릴 우려가 있는 경우'를 일컫는 것으로 해석할 수 있고, 그 수범자인 평균적인 공무원은 이를 충분히 예측할 수 있다. 따라서 이 사건 법률조항은 명확성원칙에 위배되지 아니한다. 이 사건 법률조항이 공무원의 일반적 행동의 자유를 과도하게 제한한다고 보기 어려우므로, 과잉금지원칙에 위배되지 아니한다(헌재 2016.02.25. 2013헌바435).
⑤ 【O】 공무원이 정년까지 근무할 수 있는 권리는 헌법의 공무원신분보장규정에 의하여 보호되는 기득권으로서 그 침해 내지 제한은 신뢰보호의 원칙에 위배되지 않는 범위 내에서만 가능하다고 할 것인 즉 기존의 정년규정을 변경하여 임용 당시의 공무원법상의 정년까지 근무할 수 있다는 기대 내지 신뢰를 합리적 이유 없이 박탈하는 것은 위 공무원신분 보장규정에 위배된다 할 것이나, 임용당시의 공무원법상의 정년까지 근무할 수 있다는 기대와 신뢰는 절대적인 권리로서 보호되어야만 하는 것은 아니고 행정조직, 직제의 변경 또는 예산의 감소 등 강한 공익상의 정당한 근거에 의하여 좌우될 수 있는 상대적이고 가변적인 것이라 할 것이므로 입법자에게는 제반사정을 고려하여 합리적인 범위 내에서 정년을 조정할 입법형성권이 인정된다(헌재 2000.12.14. 99헌마112 등).

09 공무원제도 및 공무담임권에 대한 설명으로 가장 적절한 것은? (다툼이 있는 경우 판례에 의함)

2018 경정 승진

① 경찰공무원이 자격정지 이상의 형의 선고유예를 받은 경우 당연퇴직하도록 규정하고 있는 구 「경찰공무원법」 조항은 공무담임권을 침해하지 않는다.

② 지방자치단체의 직제가 폐지된 경우에 해당 공무원을 직권면직할 수 있도록 규정하고 있는 「지방공무원법」 조항은 헌법상 직업공무원제도를 위반한 것이다.

③ 지방자치단체의 장으로 하여금 당해 지방자치단체의 관할구역과 겹치는 선거구역에서 실시되는 지역구 국회의원선거에 입후보하고자 하는 경우 당해 선거의 선거일 전 120일까지 그 직을 사퇴하도록 한 「공직선거법」 조항은 해당 지방자치단체장의 평등권을 침해하지 않는다.

④ 공무원 또는 공무원이었던 자가 재직 중의 사유로 금고 이상의 형을 받은 때에는 대통령령이 정하는 바에 의하여 퇴직급여 및 퇴직수당의 일부를 감액하여 지급하도록 한 「공무원연금법」 조항은 평등원칙에 위배되지 않는다.

지문분석 **난이도** □■■ **중** | **정답** ③ | **키워드** 공무담임권 및 공무원제도 | **출제유형** 판례

① 【X】 자격정지의 형을 선고받은 청원경찰이 이 사건 법률조항에 따라 당연퇴직되어 입게 되는 직업의 자유에 대한 제한이라는 불이익이 자격정지의 형을 선고받은 자를 청원경찰직에서 당연퇴직시킴으로써 청원경찰에 대한 국민의 신뢰를 제고하고 청원경찰로서의 성실하고 공정한 직무수행을 담보하려는 공익에 비하여 더 중하다고 볼 수는 없으므로, 법익균형성도 지켜지고 있다. 따라서 이 사건 법률조항은 과잉금지원칙을 위반하여 청구인의 직업의 자유를 침해하지 아니한다(헌재 2011.10.25. 2011헌마85).

② 【X】 「지방공무원법」 제62조는 직제의 폐지로 인해 직권면직이 이루어지는 경우 임용권자는 인사위원회의 의견을 듣도록 하고 있고, 면직기준으로 임용형태 · 업무실적 · 직무수행능력 · 징계처분사실 등을 고려하도록 하고 있으며, 면직기준을 정하거나 면직대상을 결정함에 있어서 반드시 인사위원회의 의결을 거치도록 하고 있는바, 이는 합리적인 면직기준을 구체적으로 정함과 동시에 그 공정성을 담보할 수 있는 절차를 마련하고 있는 것이라 볼 수 있다. 그렇다면 이 사건 규정이 직제가 폐지된 경우 직권면직을 할 수 있도록 규정하고 있다고 하더라도 이것이 직업공무원제도를 위반하고 있다고는 볼 수 없다(헌재 2004.11.25. 2002헌바8).

③ 【O】 단체장의 지위와 권한, 지역 주민들에 대한 영향력을 고려할 때, 위 규정들만으로 관할지역의 지역구 국회의원선거 출마를 의식한 단체장의 다양한 직 · 간접적 선심행정 내지 부당한 법집행을 모두 예방할 수 있다거나 선거의 공정성과 직무전념성이라는 이 사건 조항의 입법목적을 충분히 달성할 수 있다고 볼 수 없다. 따라서 이 사건 조항은 위 규정들과는 별도로 단체장의 지위와 권한의 남용을 방지하고 그 입법목적을 달성하기 위하여 필요하다고 볼 것이다. 그렇다면 2003헌마106 결정의 위 부분 판시는 이러한 견해와 저촉되는 한도 내에서 이를 변경하기로 한다(헌재 2006.07.27. 2003헌마758, 2005헌마72).

④ 【X】 입법자로서는 입법목적을 달성함에 반드시 필요한 범죄의 유형과 내용 등으로 그 범위를 한정하여 규정함이 최소침해성의 원칙에 따른 기본권 제한의 적절한 방식이다. 단지 금고 이상의 형을 받았다는 이유만으로 이미 공직에서 퇴출당할 공무원에게 더 나아가 일률적으로 그 생존의 기초가 될 퇴직급여 등까지 반드시 감액하도록 규정한다면 그 법률조항은 침해되는 사익에 비해 지나치게 공익만을 강조한 입법이라고 아니할 수 없다(헌재 2007.03.29. 2005헌바33).

10 공무원제도 및 공무담임권에 관한 다음 설명 중 가장 옳지 <u>않은</u> 것은? (다툼이 있는 경우 헌법재판소 결정에 의함) 2017 법원직 9급

① 직업공무원제도는 헌법이 보장하는 제도적 보장 중의 하나이므로 입법자는 직업공무원제도에 관하여 '최소한의 보장'의 원칙의 한계 안에서 폭 넓은 입법형성의 자유를 가진다.
② 직제가 폐지된 때에 공무원을 직권면직시킬 수 있도록 규정한 「지방공무원법」의 조항은 공무원의 귀책사유 없이도 그 신분을 박탈할 수 있도록 하여 신분보장을 중추적 요소로 하는 직업공무원제도를 위반한 것으로 볼 수 있다.
③ 금고 이상의 형의 '선고유예'를 받은 경우에 공무원직에서 당연히 퇴직하는 것으로 정한 「지방공무원법」의 조항은 과실범의 경우마저 당연퇴직 사유에서 제외하지 않아 최소침해성의 원칙에 반하므로 공무담임권을 침해하여 위헌이다.
④ 직업공무원제도가 적용되는 공무원은 국가 또는 공공단체와 근로관계를 맺고 특별행정법관계 아래 공무를 담당하는 것을 직업으로 하는 협의의 공무원을 말하며 정치적 공무원이나 임시적 공무원은 포함되지 않는다.

지문분석 **난이도** □■■ **중** | **정답** ② | **키워드** 공무담임권 및 공무원제도 | **출제유형** 판례

① 【O】 직업공무원제도는 헌법이 보장하는 제도적 보장중의 하나임이 분명하므로 입법자는 직업공무원제도에 관하여 '최소한 보장'의 원칙의 한계안에서 폭넓은 입법형성의 자유를 가진다(헌재 1997.04.24. 95헌바48).
② 【X】 지방자치단체의 직제가 폐지된 경우에 해당 공무원을 직권면직할 수 있도록 규정하고 있는 「지방공무원법」 제62조 제1항 제3호는 직업공무원제도를 위반하고 있다고는 볼 수 없다(헌재 2004.11.25. 2002헌바8).
③ 【O】 공무원이 금고 이상의 형의 선고유예를 받은 경우에는 공무원직에서 당연히 퇴직하는 것으로 규정하고 있는 이 사건 법률조항은 금고 이상의 선고유예의 판결을 받은 모든 범죄를 포괄하여 규정하고 있을 뿐 아니라, 심지어 오늘날 누구에게나 위험이 상존하는 교통사고 관련 범죄 등 과실범의 경우마저 당연퇴직의 사유에서 제외하지 않고 있으므로 최소침해성의 원칙에 반한다(헌재 2002.08.29. 2001헌마788).
④ 【O】 직업공무원제도에서 말하는 공무원은 국가 또는 공공단체와 근로관계를 맺고 이른바 공법상 특별권력관계 내지 특별행정법관계 아래 공무를 담당하는 것을 직업으로 하는 협의의 공무원을 말하며 정치적 공무원이라든가 임시적 공무원은 포함되지 않는 것이다(헌재 1989.12.18. 89헌마32).

11 **공무원제도에 관한 설명으로 가장 적절하지 않은 것은?** (다툼이 있는 경우 판례에 의함) 2023 경찰 1차

① 선거에서 중립의무가 있는 구 「공직선거 및 선거부정방지법」 제9조의 '공무원'이란 원칙적으로 국가와 지방자치단체의 모든 공무원 즉, 좁은 의미의 직업공무원은 물론이고, 대통령, 국무총리, 국무위원, 지방자치단체의 장을 포함한다.

② 국회의원과 지방의회의원은 정당의 대표자이자 선거운동의 주체로서의 지위로 말미암아 선거에서의 정치적 중립성이 요구될 수 없으므로 구 「공직선거 및 선거부정방지법」 제9조의 '공무원'에 해당하지 않는다.

③ 선거에서 대통령의 중립의무는 헌법 제7조 제2항이 보장하는 직업공무원제도로부터 나오는 헌법적 요청이다.

④ 직업공무원제도는 헌법과 법률에 의하여 공무원의 신분이 보장되는 공직구조에 관한 제도이며, 여기서 말하는 공무원에는 정치적 공무원이라든가 임시적 공무원은 포함되지 않는다.

지문분석 **난이도** □■■ **중** | **정답** ③ | **키워드** 헌법상 국민의 권리와 의무 | **출제유형** 판례

①, ②【O】「공직선거법」 제9조의 '공무원'이란, 위 헌법적 요청을 실현하기 위하여 선거에서의 중립의무가 부과되어야 하는 모든 공무원 즉, 구체적으로 '자유선거원칙'과 '선거에서의 정당의 기회균등'을 위협할 수 있는 모든 공무원을 의미한다. 그런데 사실상 모든 공무원이 그 직무의 행사를 통하여 선거에 부당한 영향력을 행사할 수 있는 지위에 있으므로, 여기서의 공무원이란 원칙적으로 국가와 지방자치단체의 모든 공무원 즉, 좁은 의미의 직업공무원은 물론이고, 적극적인 정치활동을 통하여 국가에 봉사하는 정치적 공무원(예컨대, 대통령, 국무총리, 국무위원, 도지사, 시장, 군수, 구청장 등 지방자치단체의 장)을 포함한다. 특히 대통령, 지방자치단체의 장 등에게는 다른 공무원보다도 선거에서의 정치적 중립성이 특히 요구된다. 다만, 국회의원과 지방의회의원은 정당의 대표자이자 선거운동의 주체로서의 지위로 말미암아 선거에서의 정치적 중립성이 요구될 수 없으므로, 「공직선거법」 제9조의 '공무원'에 해당하지 않는다(헌재 2004.05.14. 2004헌나1)

③【X】 헌법 제7조 제1항은 국민주권주의와 대의민주주의를 바탕으로 공무원을 '국민 전체에 대한 봉사자'로 규정하고 공무원의 공익실현의무를 천명하고 있고, 헌법 제69조는 대통령의 공익실현의무를 다시 한 번 강조하고 있다. 대통령은 '국민 전체'에 대한 봉사자이므로 특정 정당, 자신이 속한 계급·종교·지역·사회단체, 자신과 친분 있는 세력의 특수한 이익 등으로부터 독립하여 국민 전체를 위하여 공정하고 균형 있게 업무를 수행할 의무가 있다. 대통령의 공익실현의무는 「국가공무원법」 제59조, 「공직자윤리법」 제2조의2 제3항, '부패방지 및 국민권익위원회의 설치와 운영에 관한 법률'(다음부터 '부패방지권익위법'이라 한다) 제2조 제4호 가목, 제7조 등 법률을 통해 구체화되고 있다(헌재 2017.03.10. 2016헌나1). 따라서 대통령의 선거에서 중립의무의 근거는 헌법 제7조 제1항이 근거가 된다.

④【O】 직업공무원제도에서 말하는 공무원은 국가 또는 공공단체와 근로관계를 맺고 이른바 공법상 특별권력관계 내지 특별행정법관계 아래 공무를 담당하는 것을 직업으로 하는 협의의 공무원을 말하며 정치적 공무원이라든가 임시적 공무원은 포함되지 않는 것이다(헌재 1989.12.18. 89헌마32).

12 **공무원에 대한 설명으로 옳지 않은 것은?** (다툼이 있는 경우 헌법재판소 판례에 의함) 2017 국가직 7급 하반기

① 공무원이란 직접 또는 간접적으로 국민에 의하여 선출 또는 임용되어 국가나 공공단체와 공법상의 근무관계를 맺고 공공적 업무를 담당하고 있는 사람들을 가리킨다고 할 수 있고, 공무원도 각종 노무의 대가로 얻는 수입에 의존하여 생활하는 사람이라는 점에서는 통상적인 의미의 근로자적인 성격을 지니고 있으므로, 헌법 제33조제2항 역시 공무원의 근로자적 성격을 인정하는 것을 전제로 규정하고 있다.

② 공무원에게 직무의 내외를 불문하고 품위유지의무를 부과하고 품위손상행위를 공무원에 대한 징계사유로 규정한 법률조항은, '품위가 손상되는 행위'라는 가치개념을 사용하여 어떠한 행위가 여기에 해당하는지 객관적으로 특정하거나 예측할 수 없게 하고, 공무원에 대한 징계사유를 지나치게 광범위하게 규정하여 직무와 관련 없는 사적 영역에서의 행위도 징계 사유로 삼을 수 있도록 하고 있으므로, 명확성원칙 및 과잉 금지원칙에 위배된다.

③ 직업공무원제도는 모든 공무원으로 하여금 어떤 특정 정당이나 특정 상급자를 위하여 충성하는 것이 아니라 국민 전체에 대한 봉사자로서 법에 따라 그 소임을 다할 수 있게 함으로써 공무원 개인의 권리나 이익을 보호함에 그치지 아니하고 나아가 국가 기능의 측면에서 정치적 안정의 유지에 기여하도록 하는 제도이며, 입법자는 직업공무원제도에 관하여 '최소한 보장'의 원칙의 한계 안에서 폭넓은 입법형성의 자유를 가진다.

④ 공무원은 공인으로서의 지위와 사인으로서의 지위, 국민 전체에 대한 봉사자로서의 지위와 기본권을 향유하는 기본권 주체로서의 지위라는 이중적 지위를 가지므로 공무원이라고 하여 기본권이 무시되거나 경시되어서는 안 되지만, 공무원의 신분과 지위의 특수성상 공무원에 대해서는 일반 국민에 비해 보다 넓고 강한 기본권 제한이 가능하다.

지문분석 **난이도** □□■ **하** | **정답** ② | **키워드** 공무담임권 및 공무원제도 | **출제유형** 판례

② 【X】 입법취지, 용어의 사전적 의미 및 법원의 해석 등을 종합할 때 이 사건 법률조항이 공무원 징계사유로 규정한 품위손상행위는 '주권자인 국민으로부터 수임받은 공무를 수행함에 손색이 없는 인품에 어울리지 않는 행위를 함으로써 공무원 및 공직 전반에 대한 국민의 신뢰를 떨어뜨릴 우려가 있는 경우'를 일컫는 것으로 해석할 수 있고, 그 수범자인 평균적인 공무원은 이를 충분히 예측할 수 있다. 따라서 이 사건 법률조항은 명확성원칙에 위배되지 아니한다(헌재 2016.02.25. 2013헌바435).

13 공무담임권에 대한 설명으로 옳지 않은 것은? (다툼이 있는 경우 헌법재판소의 판례에 의함)

2017 국회직 8급

① 비례대표국회의원선거의 경우 후보자 1명마다 1,500만 원이라는 기탁금액은 비례대표제의 취지를 실현하기 위해 필요한 최소한의 액수보다 지나치게 과다한 액수이다.

② 지방자치단체의 장이 금고 이상의 형을 선고받고 그 형이 확정되지 아니한 경우 부단체장이 그 권한을 대행하도록 규정한 「지방자치법」 조항은 해당 자치단체장의 공무담임권을 침해한다.

③ 5급 공채시험 응시연령의 상한을 '32세까지'로 제한한 것은 기본권 제한을 최소한도에 그치도록 요구하는 헌법 제37조 제2항에 부합된다고 보기 어렵다.

④ 공무원의 신분이나 직무상 의무와 관련이 없는 범죄의 경우에도 퇴직급여 등을 제한하는 것은, 공무원범죄를 예방하고 공무원이 재직 중 성실히 근무하도록 유도하는 입법목적을 달성하는 데 적합한 수단이다.

⑤ 지방자치단체의 장이 그 임기 중에 그 직을 사퇴하여 대통령선거, 국회의원선거, 지방의회의원선거 및 다른 지방자치단체의 장 선거에 입후보할 수 없도록 하는 것은 공무담임권을 침해한다.

지문분석 **난이도** □■■ 중 | **정답** ④ | **키워드** 공무담임권 | **출제유형** 판례

① 【O】 비례대표국회의원선거 기탁금조항은 그 입법목적이 정당하고, 기탁금 요건을 마련하는 것은 그 입법목적을 달성하기 위한 적합한 수단에 해당된다. 그러나 정당에 대한 선거로서의 성격을 가지는 비례대표국회의원선거는 인물에 대한 선거로서의 성격을 가지는 지역구국회의원선거와 근본적으로 그 성격이 다르고, 비례대표 기탁금조항은 「공직선거법」상 허용된 선거운동을 통하여 선거의 혼탁이나 과열을 초래할 여지가 지역구국회의원선거보다 훨씬 적다고 볼 수 있음에도 지역구국회의원선거에서의 기탁금과 동일한 고액의 기탁금을 설정하고 있어 최소성원칙과 법익균형성원칙에도 위반되어 공무담임권을 침해한다(헌재 2016.12.29. 2015헌마1160).

② 【O】 헌재 2010.09.02. 2010헌마418

③ 【O】 헌재 2008.05.29. 2007헌마1105

④ 【X】 공무원의 신분이나 직무상 의무와 관련이 없는 범죄의 경우에도 퇴직급여 등을 제한하는 것은, 공무원범죄를 예방하고 공무원이 재직 중 성실히 근무하도록 유도하는 입법목적을 달성하는 데 적합한 수단이라고 볼 수 없다(헌재 2007.03.29. 2005헌바33).

⑤ 【O】 헌재 1999.05.27. 98헌마214

14 공무담임권에 대한 설명으로 가장 적절하지 않은 것은? (다툼이 있는 경우 헌법재판소 판례에 의함)

2022 경찰 간부

① 금고 이상의 형의 선고유예 판결을 받아 그 기간 중에 있는 사람이 공무원으로 임용되는 것을 금지하고 이러한 사람이 공무원으로 임용되더라도 그 임용을 당연무효로 하는 것은 해당 공무원의 공무담임권을 침해하지 않는다.

② 공무담임권의 보호영역에는 공직취임 기회의 자의적인 배제뿐 아니라, 공무원 신분의 부당한 박탈이나 권한의 부당한 정지도 포함된다.

③ 부사관으로 최초로 임용되는 사람의 최고연령을 27세로 정한 「군인사법」 조항은 군 조직의 특수성, 군 조직 내에서 부사관의 상대적 지위 및 역할 등을 고려하더라도 과잉금지원칙에 위배되어 공무담임권을 침해한다.

④ 주민등록을 하는 것이 법령의 규정상 아예 불가능한, 재외국민인 주민의 지방선거 피선거권을 부인하는 구 「공직선거법」 조항은 국내거주 재외국민의 공무담임권을 침해한다.

지문분석 **난이도** □□■ **하** | **정답** ③ | **키워드** 공무담임권 | **출제유형** 판례

① 【O】 금고 이상의 형의 선고유예를 받고 그 기간 중에 있는 자를 임용결격사유로 삼고, 위 사유에 해당하는 자가 임용되더라도 이를 당연무효로 하는 구 「국가공무원법」 조항은 공무담임권을 침해하지 않는다(헌재 2016.07.28. 2014헌바437).

② 【O】 공무담임권의 보호영역에는 공직취임의 기회의 자의적인 배제뿐 아니라, 공무원 신분의 부당한 박탈까지 포함되는 것이라고 할 것이다. …그 직무수행에 대한 국민의 신뢰, 공무원직에 대한 신용 등을 유지하고, 그 직무의 정상적인 운영을 확보하며, 공무원범죄를 사전에 예방하고, 공직사회의 질서를 유지하고자 함에 그 목적이 있는 것이다. 이러한 입법목적은 입법자가 추구할 수 있는 헌법상 정당한 공익이라고 할 것이다. 공무원이 금고 이상의 형의 선고유예를 받은 경우에는 공무원직에서 당연히 퇴직하는 것으로 규정하고 있는 이 사건 법률조항은 금고 이상의 선고유예의 판결을 받은 모든 범죄를 포괄하여 규정하고 있을 뿐 아니라, 심지어 오늘날 누구에게나 위험이 상존하는 교통사고 관련 범죄 등 과실범의 경우마저 당연퇴직의 사유에서 제외하지 않고 있으므로 최소침해성의 원칙에 반한다[헌재 2002.08.29. 2001헌마788 · 2002헌마173(병합)].

③ 【X】 「군인사법」상 부사관으로 최초 임용되는 사람의 최고연령을 27세로 정한 것은 공무담임권을 침해하는 것이 아니다(헌재 2014.09.25. 2011헌마414).

④ 【O】 국내에 주민등록이 되어 있지 아니한 국내거주 재외국민에 대해서 그 체류기간을 불문하고 전면적, 획일적으로 선거권 · 피선거권을 박탈하는 것은 위헌이다[헌재 2007.06.28. 2004헌마644 · 2005헌마360(병합)].

15 공무담임권에 관한 설명 중 가장 적절하지 않은 것은? (다툼이 있는 경우 판례에 의함) 2022 경찰 1차

① 공무담임권은 국가 등에게 능력주의를 존중하는 공정한 공직자 선발을 요구할 수 있는 권리라는 점에서 직업선택의 자유보다는 그 기본권의 효과가 현실적 · 구체적이므로, 공직을 직업으로 선택하는 경우에 있어서 직업선택의 자유는 공무담임권을 통해서 그 기본권 보호를 받게 된다고 할 수 있으므로 공무담임권을 침해하는지 여부를 심사하는 이상 이와 별도로 직업선택의 자유 침해 여부를 심사할 필요는 없다.

② 공무담임권의 보호영역에는 일반적으로 공직취임의 기회보장, 신분박탈, 직무의 정지가 포함될 뿐이고 '승진시험의 응시제한'이나 이를 통한 승진기회의 보장 문제는 공직신분의 유지나 업무수행에는 영향을 주지 않는 단순한 내부 승진인사에 관한 문제에 불과하여 공무담임권의 보호영역에 포함된다고 보기 어렵다.

③ 서울교통공사는 공익적인 업무를 수행하기 위한 지방공사이나 서울특별시와 독립적인 공법인으로서 경영의 자율성이 보장되고, 서울교통공사의 직원의 신분도 「지방공무원법」이 아닌 지방공기업법과 정관에서 정한 바에 따르는 등, 서울교통공사의 직원이라는 직위가 헌법 제25조가 보장하는 공무담임권의 보호영역인 '공무'의 범위에는 해당하지 않는다.

④ 금고 이상의 형의 선고유예를 받고 그 기간 중에 있는 자를 임용결격사유로 삼고, 위 사유에 해당하는 자가 임용되더라도 이를 당연무효로 하는 구 「국가공무원법」 조항은 입법자의 재량을 일탈하여 청구인의 공무담임권을 침해한다.

지문분석 **난이도** □■■ **중** | **정답** ④ | **키워드** 공무담임권 | **출제유형** 판례

① **[O]** 공무담임권은 국가 등에게 능력주의를 존중하는 공정한 공직자 선발을 요구할 수 있는 권리라는 점에서 직업선택의 자유보다는 그 기본권의 효과가 현실적 · 구체적이므로, 공직을 직업으로 선택하는 경우에 있어서 직업선택의 자유는 공무담임권을 통해서 그 기본권 보호를 받게 된다고 할 수 있으므로 공무담임권을 침해하는지 여부를 심사하는 이상 이와 별도로 직업선택의 자유 침해 여부를 심사할 필요는 없다(헌재 2006.03.30. 2005헌마598).

② **[O]** 공무담임권의 보호영역에는 일반적으로 공직취임의 기회보장, 신분박탈, 직무의 정지가 포함될 뿐이고 청구인이 주장하는 '승진시험의 응시제한'이나 이를 통한 승진기회의 보장 문제는 공직신분의 유지나 업무수행에는 영향을 주지 않는 단순한 내부 승진인사에 관한 문제에 불과하여 공무담임권의 보호영역에 포함된다고 보기는 어려우므로 결국 이 사건 심판대상 규정은 청구인의 공무담임권을 침해한다고 볼 수 없다(헌재 2007.06.28. 2005헌마1179).

③ **[O]** 서울교통공사는 공익적인 업무를 수행하기 위한 지방공사이나, 서울특별시와 독립적인 공법인으로서 경영의 자율성이 보장되고, 수행 사업도 국가나 지방자치단체의 독점적 성격을 갖는다고 보기 어려우며, 서울교통공사의 직원의 신분도 「지방공무원법」이 아닌 지방공기업법과 정관에서 정한 바에 따르는 등, 서울교통공사의 직원이라는 직위가 헌법 제25조가 보장하는 공무담임권의 보호영역인 '공무'의 범위에는 해당하지 않는다(헌재 2021.02.25. 2018헌마174).

④ **[X]** 이 사건 법률조항은 금고 이상의 형의 선고유예의 판결을 받아 그 기간 중에 있는 사람이 공무원으로 임용되는 것을 금지하고 이러한 사람이 공무원으로 임용되더라도 그 임용을 당연무효로 하는 것으로서, 공직에 대한 국민의 신뢰를 보장하고 공무원의 원활한 직무수행을 도모하기 위하여 마련된 조항이다. 따라서 이 사건 법률조항은 입법자의 재량을 일탈하여 공무담임권을 침해한 것이라고 볼 수 없다(헌재 2016.07.28. 2014헌바437).

16 공무원제도 및 공무담임권에 대한 설명으로 가장 적절하지 않은 것은? (다툼이 있는 경우 판례에 의함)

2022 경찰 승진

① 경찰공무원이 자격정지 이상의 형의 선고유예를 받은 경우 공무원직에서 당연퇴직하도록 규정하고 있는 구 「경찰공무원법」 조항은 자격정지 이상의 선고유예 판결을 받은 모든 범죄를 포괄하여 규정하고 있을 뿐만 아니라 심지어 오늘날 누구에게나 위험이 상존하는 교통사고 관련범죄 등 과실범의 경우마저 당연퇴직의 사유에서 제외하지 않고 있으므로 최소침해성의 원칙에 반한다.

② 헌법 제7조가 정하고 있는 직업공무원제도는 공무원이 집권세력의 논공행상의 제물이 되는 엽관제도를 지양하며 정권교체에 따른 국가작용의 중단과 혼란을 예방하고 일관성 있는 공무수행의 독자성을 유지하기 위하여 헌법과 법률에 의하여 공무원의 신분이 보장되도록 하는 공직구조에 관한 제도로 공무원의 정치적 중립과 신분보장을 그 중추적 요소로 한다.

③ 공무원이거나 공무원이었던 사람이 재직 중의 사유로 금고 이상의 형을 받거나 형이 확정된 경우 퇴직급여 및 퇴직수당의 일부를 감액하여 지급함에 있어 그 이후 형의 선고의 효력을 상실하게 하는 특별사면 및 복권을 받은 경우를 달리 취급하는 규정을 두지 아니한 구 「공무원연금법」 규정은 합리적인 이유가 없다고 할 것이므로 청구인의 재산권 및 인간다운 생활을 할 권리를 침해한다.

④ 형사사건으로 기소된 국가공무원을 직위해제할 수 있도록 규정한 구 「국가공무원법」의 규정에 의한 공무담임권의 제한은 잠정적이고 그 경우에도 공무원의 신분은 유지되고 있다는 점에서 공무원에게 가해지는 신분상 불이익과 보호하려는 공익을 비교할 때 공무집행의 공정성과 그에 대한 국민의 신뢰를 유지하고자 하는 공익이 더욱 크므로 이 사건 법률조항은 공무담임권을 침해하지 않는다.

지문분석 **난이도** □■■ 중 | **정답** ③ | **키워드** 공무담임권 및 공무원제도 | **출제유형** 판례

① **【O】** 경찰공무원이 자격정지 이상의 형의 선고유예를 받은 경우 공무원직에서 당연퇴직하도록 규정하고 있는 이 사건 법률조항은 자격정지 이상의 선고유예 판결을 받은 모든 범죄를 포괄하여 규정하고 있을 뿐만 아니라 심지어 오늘날 누구에게나 위험이 상존하는 교통사고 관련범죄 등 과실범의 경우마저 당연퇴직의 사유에서 제외하지 않고 있으므로 최소침해성의 원칙에 반한다. 이 사건 법률조항은 헌법 제25조의 공무담임권을 침해한 위헌법률이다(헌재 2004.09.23. 2004헌가12).

② **【O】** 우리 헌법 제7조가 정하고 있는 직업공무원제도는 공무원이 집권세력의 논공행상의 제물이 되는 엽관제도를 지양하며 정권교체에 따른 국가작용의 중단과 혼란을 예방하고 일관성 있는 공무수행의 독자성을 유지하기 위하여 헌법과 법률에 의하여 공무원의 신분이 보장되도록 하는 공직구조에 관한 제도로 공무원의 정치적 중립과 신분보장을 그 중추적 요소로 한다(헌재 2004.11.25. 2002헌바8).

③ **【X】** 공무원이 범죄행위로 형사처벌을 받은 경우 국민의 신뢰가 손상되고 공직 전체에 대한 신뢰를 실추시켜 공공의 이익을 해하는 결과를 초래하는 것은 그 이후 특별사면 및 복권을 받아 형의 선고의 효력이 상실된 경우에도 마찬가지이다. 또한, 형의 선고의 효력을 상실하게 하는 특별사면 및 복권을 받았다 하더라도 그 대상인 형의 선고의 효력이나 그로 인한 자격상실 또는 정지의 효력이 장래를 향하여 소멸되는 것에 불과하고, 형사처벌에 이른 범죄사실 자체가 부인되는 것은 아니므로, 공무원 범죄에 대한 제재수단으로서의 실효성을 확보하기 위하여 특별사면 및 복권을 받았다 하더라도 퇴직급여 등을 계속 감액하는 것을 두고 현저히 불합리하다고 평가할 수 없다. 따라서 심판대상 조항은 그 합리적인 이유가 인정되는바, 재산권 및 인간다운 생활을 할 권리를 침해한다고 볼 수 없어 헌법에 위반되지 아니한다(헌재 2020.04.23. 2018헌바402).

④ **【O】** 이 사건 법률조항의 입법목적은 형사소추를 받은 공무원이 계속 직무를 집행함으로써 발생할 수 있는 공직 및 공무집행의 공정성과 그에 대한 국민의 신뢰를 해할 위험을 예방하기 위한 것으로 정당하고, 직위해제는 이러한 입법목적을 달성하기에 적합한 수단이다. 이 사건 법률조항에 의한 공무담임권의 제한은 잠정적이고 그 경우에도 공무원의 신분은 유지되고 있다는 점에서 공무원에게 가해지는 신분상 불이익과 보호하려는 공익을 비교할 때 공무집행의 공정성과 그에 대한 국민의 신뢰를 유지하고자 하는 공익이 더욱 크다. 따라서 이 사건 법률조항은 공무담임권을 침해하지 않는다(헌재 2006.05.25. 2004헌바12).

17 **공무원제도 및 공무담임권에 관한 설명 중 가장 적절하지 않은 것은?** (다툼이 있는 경우 판례에 의함)

2023 경찰 승진

① 경찰공무원이 자격정지 이상의 형의 선고유예를 받은 경우 공무원직에서 당연퇴직하도록 규정하고 있는 구 「경찰공무원법」 조항은 입법자의 입법형성재량의 범위 내에서 입법된 것이므로 공무담임권을 침해하지 않는다.

② 헌법 제7조가 정하고 있는 직업공무원제도는 공무원이 집권세력의 논공행상의 제물이 되는 엽관제도를 지양하며 정권교체에 따른 국가작용의 중단과 혼란을 예방하고 일관성 있는 공무수행의 독자성을 유지하기 위하여 헌법과 법률에 의하여 공무원의 신분이 보장되도록 하는 공직구조에 관한 제도로 공무원의 정치적 중립과 신분보장을 그 중추적 요소로 한다.

③ 지방자치단체의 직제가 폐지된 경우에 해당 공무원을 직권면직 할 수 있도록 규정하고 있는 「지방공무원법」 조항은 직업공무원제도에 위반되지 않는다.

④ 직업공무원제도는 헌법이 보장하는 제도적 보장 중의 하나이므로 입법자는 직업공무원제도에 관하여 '최소한 보장' 의 원칙의 한계 안에서 폭넓은 입법형성의 자유를 가진다.

지문분석 **난이도** □■■ **중** | **정답** ① | **키워드** 공무담임권 및 공무원제도 | **출제유형** 판례

① 【X】 경찰공무원이 자격정지 이상의 형의 선고유예를 받은 경우 공무원직에서 당연퇴직하도록 규정하고 있는 이 사건 법률조항은 자격정지 이상의 선고유예 판결을 받은 모든 범죄를 포괄하여 규정하고 있을 뿐만 아니라 심지어 오늘날 누구에게나 위험이 상존하는 교통사고 관련범죄 등 과실범의 경우마저 당연퇴직의 사유에서 제외하지 않고 있으므로 최소침해성의 원칙에 반한다. 또한, 오늘날 사회국가 원리에 입각한 공직제도의 중요성이 강조되면서 개개 공무원의 공무담임권 보장의 중요성은 더욱 큰 의미를 가지고 있다. 일단 공무원으로 채용된 공무원을 퇴직시키는 것은 공무원이 장기간 쌓은 지위를 박탈해 버리는 것이므로 같은 입법목적을 위한 것이라고 하여도 당연퇴직 사유를 임용결격사유와 동일하게 취급하는 것은 타당하다고 할 수 없다. 따라서 이 사건 법률조항은 헌법 제25조의 공무담임권을 침해한 위헌 법률이다(위헌 헌결 2004.09.23. 2004헌가12).

② 【O】 「지방공무원법」 제62조 제1항 제3호에서 지방자치단체의 직제가 폐지된 경우에 행할 수 있도록 하고 있는 직권면직은 행정조직의 효율성을 높이기 위한 제도로서 행정수요가 소멸하거나 조직의 비대화로 효율성이 저하되는 경우 불가피하게 이루어지게 된다. 한편, 우리 헌법 제7조가 정하고 있는 직업공무원제도는 공무원이 집권세력의 논공행상의 제물이 되는 엽관제도를 지양하며 정권교체에 따른 국가작용의 중단과 혼란을 예방하고 일관성 있는 공무수행의 독자성을 유지하기 위하여 헌법과 법률에 의하여 공무원의 신분이 보장되도록 하는 공직구조에 관한 제도로 공무원의 정치적 중립과 신분보장을 그 중추적 요소로 한다(헌결 2004.11.25. 2002헌바8).

③ 【O】 행정조직의 개폐에 관한 문제에 있어 입법자가 광범위한 입법형성권을 가진다 하더라도 행정조직의 개폐로 인해 행해지는 직권면직은 보다 직접적으로 해당 공무원들의 신분에 중대한 위협을 주게 되므로 직제 폐지 후 실시되는 면직절차에 있어서는 보다 엄격한 요건이 필요한데, 이와 관련하여 「지방공무원법」 제62조는 직제의 폐지로 인해 직권면직이 이루어지는 경우 임용권자는 인사위원회의 의견을 듣도록 하고 있고, 면직기준으로 임용형태 · 업무실적 · 직무수행능력 · 징계처분사실 등을 고려하도록 하고 있으며, 면직기준을 정하거나 면직대상을 결정함에 있어서 반드시 인사위원회의 의결을 거치도록 하고 있는바, 이는 합리적인 면직기준을 구체적으로 정함과 동시에 그 공정성을 담보할 수 있는 절차를 마련하고 있는 것이라 볼 수 있다. 그렇다면 이 사건 규정이 직제가 폐지된 경우 직권면직을 할 수 있도록 규정하고 있다고 하더라도 이것이 직업공무원제도를 위반하고 있다고는 볼 수 없다(헌결 2004.11.25. 2002헌바8).

④ 【O】 직업공무원제도는 헌법이 보장하는 제도적 보장중의 하나임이 분명하므로 입법자는 직업공무원제도에 관하여 '최소한 보장'의 원칙의 한계 안에서 폭넓은 입법형성의 자유를 가진다. 따라서 입법자가 동장의 임용의 방법이나 직무의 특성 등을 고려하여 이 사건 법률조항에서 동장의 공직상의 신분을 「지방공무원법」상 신분보장의 적용을 받지 아니하는 별정직공무원의 범주에 넣었다 하여 바로 그 법률조항부분을 위헌이라고 할 수는 없다 (헌결 1997.04.24. 95헌바48)

18 **정치적 기본권에 관한 설명으로 옳고 그름의 표시**(O, X)**가 모두 바르게 된 것은?** (다툼이 있는 경우 판례에 의함) 2023 경찰 1차

> ㉠ 「국가공무원 복무규정」 조항이 금지하는 정치적 주장을 표시 또는 상징하는 행위에서의 '정치적 주장'이란 정당 활동이나 선거와 직접적으로 관련되거나 특정 정당과의 밀접한 연계성을 인정할 수 있는 경우 등 정치적 중립성을 훼손할 가능성이 높은 주장에 한정된다고 해석되므로, 명확성원칙에 위배되지 아니한다.
> ㉡ 「국가공무원법」 제65조 제1항 중 '그 밖의 정치단체'에 관한 부분은 명확성원칙에 위배되어 공무원의 정치적 표현의 자유 및 결사의 자유를 침해한다.
> ㉢ 피성년후견인인 국가공무원은 당연퇴직한다고 규정한 「국가공무원법」 조항은 성년후견이 개시되지는 않았으나 동일한 정도의 정신적 장애가 발생한 국가공무원의 경우와 비교할 때 사익의 제한 정도가 과도하여 과잉금지원칙에 위반되므로 공무담임권을 침해한다.
> ㉣ 금고이상의 선고유예를 받고 그 기간 중에 있는 자를 임용결격 사유로 삼고 위 사유에 해당하는 자가 임용되더라도 이를 당연무효로 하는 구 「국가공무원법」 조항은, 입법자의 재량을 일탈하여 공무담임권을 침해한 것이라고 볼 수 없다.

① ㉠ ○ ㉡ ○ ㉢ ○ ㉣ ○
② ㉠ ○ ㉡ × ㉢ ○ ㉣ ×
③ ㉠ ○ ㉡ × ㉢ × ㉣ ○
④ ㉠ × ㉡ ○ ㉢ × ㉣ ○

지문분석 **난이도** □■■ **중** | **정답** ① | **키워드** 정치적 기본권 | **출제유형** 판례

㉠ 【O】 위 규정들이 금지하는 '정치적 주장을 표시 또는 상징하는 행위'에서의 '정치적 주장'이란, 정당활동이나 선거와 직접적으로 관련되거나 특정 정당과의 밀접한 연계성을 인정할 수 있는 경우 등 공무원의 정치적 중립성을 훼손할 가능성이 높은 주장에 한정된다고 해석되므로, 명확성원칙에 위배되지 아니한다(헌재 2012.05.31. 2009헌마705등).

㉡ 【O】 초·중등학교의 교육공무원이 정치단체의 결성에 관여하거나 이에 가입하는 행위를 금지한 「국가공무원법」(2008.03.28. 법률 제8996호로 개정된 것) 제65조 제1항 중 '「국가공무원법」 제2조 제2항 제2호의 교육공무원 가운데 「초·중등교육법」 제19조 제1항의 교원은 그 밖의 정치단체의 결성에 관여하거나 이에 가입할 수 없다.' 부분(이하 '「국가공무원법」조항 중 '그 밖의 정치단체'에 관한 부분'이라 한다)이 나머지 청구인들의 정치적 표현의 자유 및 결사의 자유를 침해한다(헌재 2020.04.23. 2018헌마551).

㉢ 【O】 심판대상조항이 달성하고자 하는 공익은 우리 헌법상 사회국가원리에 입각한 공무담임권 보장과 조화를 이루는 정도에 한하여 중요성이 인정될 수 있다. 그런데 심판대상조항은 성년후견이 개시되지는 않았으나 동일한 정도의 정신적 장애가 발생한 국가공무원의 경우와 비교할 때 사익의 제한 정도가 과도하고, 성년후견이 개시되었어도 정신적 제약을 극복하여 후견이 종료될 수 있고, 이 경우 법원에서 성년후견 종료심판을 하고 있다는 사실에 비추어 보아도 사익의 제한 정도가 지나치게 가혹하다. 또한 심판대상조항처럼 국가공무원의 당연퇴직사유를 임용결격사유와 동일하게 규정하려면 국가공무원이 재직 중 쌓은 지위를 박탈할 정도의 충분한 공익이 인정되어야 하나, 이 조항이 달성하려는 공익은 이에 미치지 못한다. 따라서 심판대상조항은 과잉금지원칙에 반하여 공무담임권을 침해한다(헌재 2022.12.22. 2020헌가8).

㉣ 【O】 헌법재판소는 선고유예를 받은 공무원을 당연퇴직 대상으로 한 「국가공무원법」 규정을 위헌이라고 판단한 바 있다. 위 특례법 제7조 제5항 본문이 특별채용된 모든 당연퇴직공무원에 대하여 일률적으로 경력 및 호봉을 불산입하도록하고, '선고유예'를 받은 경우를 달리 취급하지 않은 위 특례법은 위 판례가 나오기 이전에 제정된 것으로서, 그 주안점은 당연퇴직사유의 경중에 따라 비난가능성이 낮은 사실상 공무원들을 선별적으로 구제하거나 더 두텁게 보호하고자 하는데 있는 것이 아니라 당연퇴직사유의 경중을 떠나 그 사유가 있음에도 불구하고 이를 간과하고 사실상 공무원으로 계속 근무하도록 방치한 행정부에 대한 비난과 이에 따라 당연퇴직되었음을 알지 못한 채 그 이후로도 계속 근무한 공무원들의 근로의 대가나 지위에 대한 장기간의 신뢰를 일부나마 보호하기 위한 반성적 고려에 있는 것이다. 따라서 당연퇴직사유의 경중에 따라 그 사유발생 이후에 계속 근무한 공무원들의 직무수행의 질이나 경력, 지위 등이 결정되거나 달라지는 것은 아니므로, 특별채용된 모든 당연퇴직공무원에 대하여 일률적으로 경력 및 호봉을 불산입하도록 규정한 위 특례법 제7조 제5항 본문이 '선고유예'를 받은 경우를 달리 취급하지 않음으로써 당연퇴직사유의 경중을 고려하지 않고 그 사유발생 이후의 사실상의 근무경력을 기준으로 하여 퇴직보상금의 지급액, 특별채용시 반영할 호봉을 정하였다고 하더라도 그 기준이 지나치게 불합리하거나 자의적이어서 청구인의 평등권을 침해한 것이라고 할 수 없다(헌재 2004.06.24. 2003헌바111).

19 **공무원제도 및 공무담임권에 관한 설명으로 옳지 <u>않은</u> 것은?** (다툼이 있는 경우 헌법재판소 판례에 의함) 2023 소방 간부

① 헌법 제7조 제2항에서 공무원의 신분은 법률이 정하는 바에 의하여 보장된다고 규정함으로써 직업공무원제도에 따른 공무원 신분 법정주의를 천명하고 있을 뿐 징계처분 등을 받은 검사에 대하여 행정소송제도 외 추가적으로 소청절차를 마련해야 한다는 입법의무를 도출하기 어렵다.

② 직제가 폐지된 때에 공무원을 직권면직시킬 수 있도록 규정한 「지방공무원법」의 조항은 공무원의 귀책사유 없이도 그 신분을 박탈할 수 있도록 하여 신분보장을 중추적 요소로 하는 직업공무원 제도에 위반된다.

③ 금고 이상의 형의 '선고유예'를 받은 경우에 공무원직에서 당연히 퇴직하는 것으로 정한 「지방공무원법」의 조항은 과실범의 경우마저 당연퇴직 사유에서 제외하지 않아 최소침해성의 원칙에 반하여 공무담임권을 침해한다.

④ 선출직 공무원이 될 피선거권과 직업공무원이 될 권리를 포함하는 헌법 제25조의 공무담임권이 헌법 제7조의 규정 내용과 유기적 연관을 맺고 있다면, 헌법 제7조 제2항의 보장 내용이 직업공무원제도를 보장하는 성격을 띤다는 사실만으로 「헌법재판소법」 제68조 제1항의 헌법소원심판으로 구제될 수 있는 '공무담임권의 보호영역'에 포함되지 않을 이유는 없다.

⑤ 세무직 국가공무원 공개경쟁채용시험에서 일정한 가산점을 부여하는 제도는 가산 대상 자격증을 소지하지 아니한 사람들에 대하여는 공직으로의 진입에 장애를 초래하여 공무담임권을 제한하는 측면이 있지만, 전문적 업무 능력을 갖춘 사람을 우대하여 직업공무원제도의 능력주의를 구현하는 측면이 있으므로 과잉금지원칙 위반 여부를 심사할 때 이를 고려할 필요가 있다.

지문분석 **난이도** □■■ 중 | **정답** ② | **키워드** 공무원제도 및 공무담임권 | **출제유형** 판례

① 【O】 헌법 제7조 제2항에서 공무원의 신분은 법률이 정하는 바에 의하여 보장된다고 규정함으로써 직업공무원제도에 따른 공무원 신분 법정주의를 천명하고 있을 뿐 징계처분 등을 받은 검사에 대하여 행정소송제도 외 추가적으로 소청절차를 마련해야 한다는 입법의무를 도출하기 어렵고, 헌법 제11조 제1항의 평등원칙이 검사의 징계처분 등에 대한 구제절차를 다른 공무원과 완전히 동일하게 규율할 것을 명하는 것으로 보기도 어렵다. 따라서 헌법 제7조 제2항, 제11조 제1항의 해석상으로도 검사의 징계처분 등에 대한 소청을 심사·결정하기 위한 소청심사위원회를 두어야 할 의무가 도출된다고 할 수 없다(헌재 2021.06.22. 2021헌마569).

② 【X】 직업공무원제도 하에서 입법자는 직제폐지로 생기는 유휴인력을 직권면직하여 행정의 효율성 이념을 달성하고자 할 경우에도 직업공무원제도에 따른 공무원의 권익이 손상되지 않도록 조화로운 입법을 하여야 하는데, 직제가 폐지되면 해당 공무원은 그 신분을 잃게 되므로 직제폐지를 이유로 공무원을 직권면직할 때는 합리적인 근거를 요하며, 직권면직이 시행되는 과정에서 합리성과 공정성이 담보될 수 있는 절차적 장치가 요구된다. 이 사건 규정이 직제가 폐지된 경우 직권면직을 할 수 있도록 규정하고 있다고 하더라도 이것이 직업공무원제도를 위반하고 있다고는 볼 수 없다(헌재 2004.11.25. 2002헌바8).

③ 【O】 위 규정은 금고 이상의 선고유예의 판결을 받은 모든 범죄를 포괄하여 규정하고 있을 뿐 아니라, 심지어 오늘날 누구에게나 위험이 상존하는 교통사고 관련 범죄 등 과실범의 경우마저 당연퇴직의 사유에서 제외하지 않고 있으므로 최소침해성의 원칙에 반한다. 따라서 이 사건 법률조항은 과잉금지원칙에 위배하여 공무담임권을 침해하는 조항이라고 할 것이다(헌재 2003.10.30. 2002헌마684 등).

④ 【O】 선출직 공무원이 될 피선거권과 직업공무원이 될 권리를 포함하는 헌법 제25조의 공무담임권이 헌법 제7조의 규정 내용과 유기적 연관을 맺고 있다면, 헌법 제7조 제2항의 보장 내용이 직업공무원제도를 보장하는 성격을 띤다는 사실만으로 「헌법재판소법」 제68조 제1항의 헌법소원심판으로 구제될 수 있는 '공무담임권의 보호영역'에 포함되지 않을 이유는 없다(헌재 2021.06.24. 2020헌마1614).

⑤ 【O】 세무직 국가공무원 공개경쟁채용시험에서 가산점을 부여하는 심판대상조항으로 인하여 제한되는 기본권은 공직취임의 기회와 관련된다는 점에서 공무담임권이라 볼 수 있다. 이 사건 가산점제도는 가산 대상 자격증을 소지하지 아니한 사람들에 대하여는 공직으로의 진입에 장애를 초래하지만, 변호사, 공인회계사, 세무사의 업무능력을 갖춘 사람을 우대하여 헌법 제7조에서 보장하는 직업공무원제도의 능력주의를 구현하는 측면이 있으므로 헌법 제37조 제2항에 따른 과잉금지원칙 위반 여부를 심사할 때 이를 고려할 필요가 있다. 따라서 심판대상조항은 과잉금지원칙에 위반되어 청구인의 공무담임권을 침해하지 아니한다(헌재 2020.06.25. 2017헌마1178).

20 공무담임권에 대한 설명으로 가장 적절한 것은? (다툼이 있는 경우 헌법재판소 판례에 의함) 2023 경찰간부

① 미성년자에 대하여 성범죄를 범하여 형을 선고받아 확정된 자와 성인에 대한 성폭력범죄를 범하여 벌금 100만 원 이상의 형을 선고받아 확정된 자는 「초 · 중등교육법」상의 교원에 임용될 수 없도록 한 부분은 그 제한의 범위가 지나치게 넓고 포괄적이어서 공무담임권을 침해한다.

② 「국가공무원법」 해당 조항 중 「아동복지법」 제17조 제2호 가운데 아동에게 성적 수치심을 주는 성희롱 등의 성적 학대행위로 형을 선고받아 그 형이 확정된 사람은 일반직 공무원으로 임용될 수 없도록 한 부분은 아동 · 청소년 대상 성범죄의 재범률을 고려해 볼 때 공무담임권을 침해하지 않는다.

③ 비위공무원에 대한 징계를 통해 불이익을 줌으로써 공직기강을 바로 잡고 공무수행에 대한 국민의 신뢰를 유지하고자 하는 공익은 제한되는 사익 이상으로 중요하므로, 공무원이 감봉 처분을 받은 경우 12월간 승진임용을 제한하는 「국가공무원원법」 조항 중 '승진임용'에 관한 부분은 공무담임권을 침해하지 않는다.

④ 피성년후견인인 국가공무원은 당연퇴직한다고 정한 구 「국가공무원법」 조항 중 '피성년후견인'에 관한 부분은 정신상의 장애로 직무를 감당할 수 없는 국가공무원을 부득이 공직에서 배제하는 불가피한 조치로서 공무담임권을 침해하지 않는다.

지문분석 **난이도** □■■ **중** | **정답** ③ | **키워드** 공무원제도 및 공무담임권 | **출제유형** 판례

① 【X】 아동 · 청소년과 상시적으로 접촉하고 밀접한 생활관계를 형성하여 이를 바탕으로 교육과 상담이 이루어지고 인성발달의 기초를 형성하는 데 지대한 영향을 미치는 초 · 중등학교 교원의 업무적인 특수성과 중요성을 고려해 본다면, 최소한 초 · 중등학교 교육현장에서 성범죄를 범한 자를 배제할 필요성은 어느 공직에서보다 높다고 할 것이고, 아동 · 청소년 대상 성범죄의 재범률까지 고려해 보면 미성년자에 대하여 성범죄를 범한 자는 교육현장에서 원천적으로 차단할 필요성이 매우 크다. 이처럼 이 사건 결격사유조항은 성범죄를 범하는 대상과 확정된 형의 정도에 따라 성범죄에 관한 교원으로서의 최소한의 자격기준을 설정하였다고 할 것이고, 같은 정도의 입법목적을 달성하면서도 기본권을 덜 제한하는 수단이 명백히 존재한다고 볼 수도 없으므로, 이 사건 결격사유조항은 과잉금지원칙에 반하여 청구인의 공무담임권을 침해하지 아니한다(헌재 2019.07.25. 2016헌마754).

② 【X】 심판대상조항은 아동과 관련이 없는 직무를 포함하여 모든 일반직공무원 및 부사관에 임용될 수 없도록 하므로, 제한의 범위가 지나치게 넓고 포괄적이다. 또한, 심판대상조항은 영구적으로 임용을 제한하고, 결격사유가 해소될 수 있는 어떠한 가능성도 인정하지 않는다. 아동에 대한 성희롱 등의 성적 학대행위로 형을 선고받은 경우라고 하여도 범죄의 종류, 죄질 등은 다양하므로, 개별 범죄의 비난가능성 및 재범 위험성 등을 고려하여 상당한 기간 동안 임용을 제한하는 덜 침해적인 방법으로도 입법목적을 충분히 달성할 수 있다. 따라서 심판대상조항은 과잉금지원칙에 위배되어 청구인의 공무담임권을 침해한다(헌재 2022.11.24. 2020헌마1181).

③ 【O】 징계처분에 따른 승진임용 제한기간을 정함에 있어서는 일반적으로 승진임용에 소요되는 기간을 고려하여 적어도 공무원 징계처분의 취지와 효력을 담보할 수 있는 기간이 설정될 필요가 있다. 감봉의 경우 12개월간 승진임용이 제한되는데 이는 종래 18개월이었던 것을 축소한 것이며, 강등 · 정직(18개월)이나 견책(6개월)과의 균형을 고려하면 과도하게 긴 기간이라고 보기는 어렵다. 비위공무원에 대한 징계를 통해 불이익을 줌으로써 공직기강을 바로 잡고 공무수행에 대한 국민의 신뢰를 유지하고자 하는 공익은 제한되는 사익 이상으로 중요하다. 이 사건 승진조항은 과잉금지원칙을 위반하여 청구인의 공무담임권을 침해하지 않는다(헌재 2022.03.31. 2020헌마211).

④ 【X】 심판대상조항은 성년후견이 개시되지는 않았으나 동일한 정도의 정신적 장애가 발생한 국가공무원의 경우와 비교할 때 사익의 제한 정도가 과도하고, 성년후견이 개시되었어도 정신적 제약을 극복하여 후견이 종료될 수 있고, 이 경우 법원에서 성년후견 종료심판을 하고 있다는 사실에 비추어 보아도 사익의 제한 정도가 지나치게 가혹하다. 또한 심판대상조항처럼 국가공무원의 당연퇴직사유를 임용결격사유와 동일하게 규정하려면 국가공무원이 재직 중 쌓은 지위를 박탈할 정도의 충분한 공익이 인정되어야 하나, 이 조항이 달성하려는 공익은 이에 미치지 못한다. 따라서 심판대상조항은 과잉금지원칙에 반하여 공무담임권을 침해한다(헌재 2022.12.22. 2020헌가8).

21 다음 사례에 관한 설명으로 가장 적절하지 않은 것은? (다툼이 있는 경우 판례에 의함) 2023 경찰2차

> 甲은 지방자치단체장으로 2006. 7. 1. 재직하고 있는 자로서 다음 지방자치단체장 선거에도 신분을 유지한 채로 출마하고자 하였다. 그런데 당시 「공직선거법」 제86조 제1항 및 제255조 제1항에서는 공무원이 '선거운동의 기획에 참여하거나 그 기획의 실시에 관여하는 행위'를 못하도록 하였고, 이를 위반한 경우 처벌하도록 규정하고 있었다. 이에 甲은 위 조항이 자신의 기본권을 침해한다며 헌법소원심판을 청구하였다.

① 위 사례는 하나의 규제로 인하여 청구인 甲의 정치적 표현의 자유와 공무담임권이 동시에 제약을 받을 수 있는 기본권경합에 해당한다.

② 선거운동의 기획행위는 공직 출마를 곧바로 제한하는 것이어서 정치적 표현의 자유보다는 공무담임권과 더 밀접한 관계가 있으므로 위 사례는 청구인 甲의 공무담임권을 침해하고 있는지 여부를 중심으로 해결한다.

③ 위 「공직선거법」 제86조 제1항 및 제255조 제1항은 '선거운동', '기획', '참여', '관여'라는 약간의 불명확성을 지닌 구성요건을 사용하여 법관의 보충적인 해석이 필요하다고 하더라도 헌법이 요구하는 죄형법정주의의 명확성의 원칙에 위배된다고 할 수 없다.

④ 공무원이라 하더라도 그 지위를 이용하지 않고 사적인 지위에서 선거운동의 기획행위를 하는 것까지 금지하는 것은 선거의 공정성을 보장하려는 입법목적을 달성하기 위한 합리적인 차별취급이라고 볼 수 없으므로 위 조항은 청구인 甲의 평등권을 침해한다.

지문분석 **난이도** □■■ **중** | **정답** ② | **키워드** 공무담임권 | **출제유형** 판례

① 【O】, ② 【X】 선거운동의 자유는 널리 선거과정에서 자유로이 의사를 표현할 자유의 일환으로 정치적 표현의 자유의 한 태양인바, 이 사건 법률조항은 공무원에 대하여 '선거운동의 기획에 참여하거나 그 기획의 실시에 관여하는 행위'(이하 이를 '선거운동의 기획행위'라고 한다)를 금지함으로써 공무원의 정치적 표현의 자유를 제한하고 있다고 볼 것이다. 한편 공무원이 공직선거의 출마예정자일 경우 이 사건 법률조항은 입후보를 위한 선거운동의 기획행위를 금지한다는 측면에서 공무담임권(피선거권)을 제한하는 측면도 있다. 이 사건에서 정치적 표현의 자유와 공무담임권의 제한은 하나의 규제로 인하여 동시에 제약을 받을 수 있는 기본권경합의 성격을 지니는바, 선거운동의 기획행위는 공직출마를 곧바로 제한하는 것은 아니어서 공무담임권보다는 정치적 표현의 자유와 더 밀접한 관계에 있으므로, 이 사건 법률조항이 비례의 원칙에 위배하여 청구인의 정치적 표현의 자유를 침해하고 있는지 여부를 중심으로 살펴보기로 한다(헌재 2008.05.29. 2006헌마1096).

③ 【O】 이 사건 법률조항이 그 조문에 '선거운동', '기획', '참여', '관여'라는 약간의 불명확성을 지닌 구성요건을 사용하여 법관의 보충적인 해석이 필요하다고 하더라도 그 점만으로 헌법이 요구하는 죄형법정주의의 명확성의 원칙에 위배된다고 할 수 없다(헌재 2008.05.29. 2006헌마1096).

④ 【O】 이 사건 법률조항이 공무원이라 하더라도 그 지위를 이용하지 않고 사적인 지위에서 선거운동의 기획행위를 하는 것까지 금지하는 것은 선거의 공정성을 보장하려는 입법목적을 달성하기 위한 합리적인 차별취급이라고 볼 수 없으므로 평등권을 침해한다(헌재 2008.05.29. 2006헌마1096).

CHAPTER

06 청구권적 기본권

1 청원권

01 청원권에 관한 설명 중 가장 적절한 것은? (다툼이 있는 경우 판례에 의함) 2024 경찰 승진

① 청원권은 공권력과의 관계에서 일어나는 여러 가지 이해관계, 의견, 희망 등에 관하여 적법한 청원을 한 모든 국민에게 그 주관관서인 국가기관이 청원을 수리할 뿐만 아니라 이를 심사하여 청원자에게 그 처리결과를 통지할 것을 요구할 수 있는 권리를 말한다.

② 정부에 제출된 정부의 정책에 관계되는 청원의 심사와는 달리, 정부에 회부된 정부의 정책에 관계되는 청원의 심사는 반드시 국무회의의 심의를 거쳐야 하는 것은 아니다.

③ 국회에 청원하는 방법을 정한 「국회법」 조항 중 '국회규칙으로 정하는 기간 동안 국회규칙으로 정하는 일정한 수 이상의 국민의 동의를 받아' 부분은 국회규칙으로 규정될 내용 및 범위의 기본사항을 구체적으로 규정하고 있지 않아 그 대강을 예측할 수 없으므로 포괄위임금지원칙에 위반되어 청원권을 침해한다.

④ 청원이 단순한 호소나 요청이 아닌 구체적인 권리행사로서의 성질을 갖더라도 그에 대한 국가기관의 거부행위가 당연히 헌법소원의 대상이 되는 공권력의 행사라고 할 수는 없다.

지문분석 **난이도** □■■ 중 | **정답** ① | **키워드** 청원권 | **출제유형** 판례 및 조문

① 【O】 헌법은 제26조 제1항에서 '모든 국민은 법률이 정하는 바에 의하여 국가기관에 문서로 청원할 권리를 가진다.'라고 하여 청원권을 보장하고 있는바 청원권은 공권력과의 관계에서 일어나는 여러 가지 이해관계, 의견, 희망 등에 관하여 적법한 청원을 한 모든 국민에게 국가기관이(그 주관관서가) 청원을 수리할 뿐만 아니라 이를 심사하여 청원자에게 그 처리결과를 통지할 것을 요구할 수 있는 권리를 말한다(헌재 2023.03.23. 2018헌마460 등).

② 【X】

> 헌법 제89조 다음 사항은 국무회의의 심의를 거쳐야 한다.
> 15. 정부에 제출 또는 회부된 정부의 정책에 관계되는 청원의 심사

③ 【X】 국민의 의견을 효과적으로 반영하여 청원제도의 목적을 높은 수준으로 달성하기 위해서는 국회가 국회의 한정된 자원과 심의역량 등을 고려하여 국민동의기간이나 인원 등 국민동의 요건을 탄력적으로 정할 필요가 있으므로, 그 구체적인 내용을 하위법령에 위임할 필요성이 인정된다. 아울러 국회규칙에서는 국회가 처리할 수 있는 범위 내에서 국민의 의견을 취합하여 국민 다수가 동의하는 의제가 효과적으로 국회의 논의 대상이 될 수 있도록 적정한 수준으로 구체적인 국민동의 요건과 절차가 설정될 것임을 예측할 수 있다. 따라서 국민동의조항은 포괄위임금지원칙에 위반되어 청원권을 침해하지 않는다(헌재 2023.03.23. 2018헌마460 등).

④ 【X】 청구인의 청원이 단순한 호소나 요청이 아닌 구체적인 권리행사로서의 성질을 갖는 경우라면 그에 대한 위 피청구인의 거부행위는 청구인의 법률관계나 법적 지위에 영향을 미치는 것으로서 당연히 헌법소원의 대상이 되는 공권력의 행사라고 할 수 있을 것이다(헌재 2004.10.28. 2003헌마898).

02 **청원권에 대한 설명으로 가장 적절하지 않은 것은?** (다툼이 있는 경우 헌법재판소 판례에 의함)

2025 경찰 간부

① 국회에 청원하는 방법으로 국회의원의 소개를 받도록 정한 구 「국회법」 조항은 무책임한 청원서의 제출을 예방하여 청원 심사의 실효성을 확보하는 것으로서 청원권을 침해하였다고 볼 수 없다.
② 국회에 청원하는 방법을 '국회규칙으로 정하는 기간 동안 국회규칙으로 정하는 일정한 수 이상의 국민의 동의를 받아'라고 규정한 「국회법」 조항은, 국회가 한정된 자원과 심의역량 등을 고려하여 국민 동의 요건을 탄력적으로 정하도록 그 구체적인 내용을 하위법령에 위임할 필요성이 인정된다.
③ 국회에 청원하는 방법을 '국회규칙으로 정하는 기간 동안 국회규칙으로 정하는 일정한 수 이상의 국민의 동의를 받아'라고 규정한 「국회법」 조항은, 국회규칙에서는 국회가 처리할 수 있는 범위 내에서 국민의 의견을 취합하여 국민 다수가 동의하는 의제가 효과적으로 국회의 논의 대상이 될 수 있도록 적정한 수준으로 구체적인 국민 동의 요건과 절차가 설정될 것임을 예측할 수 있어, 포괄위임금지원칙에 위반되지 않는다.
④ 국회 전자청원시스템에 등록된 청원서가 등록일부터 30일 이내에 100명 이상의 찬성을 받아 일반인에게 공개되면, 공개된 날부터 30일 이내에 10만 명 이상의 동의를 받은 경우 국민동의 청원으로 접수된 것으로 보는 「국회법」 및 「국회청원심사규칙」 조항은 의원 소개조항에 더하여 추가적으로 요건과 절차를 규정하고 있는 것으로 입법형성의 한계를 위반한 것이다.

지문분석 **난이도** □■■ **중** | **정답** ④ | **키워드** 청원권 | **출제유형** 판례

① 【O】 헌법재판소는 구 의원소개조항의 목적이 무책임한 청원서의 제출을 예방하여 청원 심사의 실효성을 확보하려는 데에 있는 점, 입법자는 청원권의 구체적 입법형성에 있어 광범위한 재량권을 가지고 있는 점, 청원의 소개의원은 1인으로 족한 점 등을 감안할 때, 위 조항이 입법형성의 재량의 범위를 넘어 청원권을 침해하였다고 볼 수 없다고 판단한 바 있다(헌재 2023.03.23. 2018헌마460 등).
② 【O】, ③ 【O】 국민의 의견을 효과적으로 반영하여 청원제도의 목적을 높은 수준으로 달성하기 위해서는 국회가 국회의 한정된 자원과 심의역량 등을 고려하여 국민동의기간이나 인원 등 국민동의의 요건을 탄력적으로 정할 필요가 있으므로, 그 구체적인 내용을 하위법령에 위임할 필요성이 인정된다. 아울러 국회규칙에서는 국회가 처리할 수 있는 범위 내에서 국민의 의견을 취합하여 국민 다수가 동의하는 의제가 효과적으로 국회의 논의 대상이 될 수 있도록 적정한 수준으로 구체적인 국민동의의 요건과 절차가 설정될 것임을 예측할 수 있다. 따라서 국민동의 조항은 포괄위임금지원칙에 위반되어 청원권을 침해하지 않는다(헌재 2023.03.23. 2018헌마460 등).
④ 【X】 국민동의법령조항들은 의원소개조항에 더하여 추가적으로 국민의 동의를 받는 방식으로 국회에 청원하는 방법을 허용하면서 그 구체적인 요건과 절차를 규정하고 있는 것으로, 청원권의 구체적인 입법형성에 해당한다. …(중략)… 국회에 대한 청원은 법률안 등과 같이 의안에 준하여 위원회 심사를 거쳐 처리되고, 다른 행정부 등 국가기관과 달리 국회는 합의제 기관이라는 점에서 청원 심사의 실효성을 확보할 필요성 또한 크다. 이와 같은 점에서 국민동의법령조항들이 설정하고 있는 청원찬성·동의를 구하는 기간 및 그 인원수는 불합리하다고 보기 어렵다. 따라서 국민동의법령조항들은 입법재량을 일탈하여 청원권을 침해하였다고 볼 수 없다(헌재 2023.03.23. 2018헌마460 등).

03 청원에 대한 설명으로 옳지 않은 것은? (다툼이 있는 경우 판례에 의함) 2016 국가직 7급

① 정부에 제출 또는 회부된 정부의 정책에 관계되는 청원의 심사는 국무회의의 심의사항이다.
② 헌법에서는 청원에 대하여 심사할 의무만을 규정하므로 국가기관은 청원에 대하여 그 결과를 통지하여야 할 의무를 지지 않는다.
③ 국회에 청원을 하려는 자는 국회의원의 소개를 얻어서, 지방의회에 청원을 하려는 자는 지방의회의원의 소개를 받아 청원서를 제출하도록 하는 것은 청원권을 침해하지 아니한다.
④ 청원이 「청원법」상 처리기간 이내에 처리되지 아니하는 경우 청원인은 청원을 관장하는 기관에 이의신청을 할 수 있다.

지문분석 **난이도** □□■ **하** | **정답** ② | **키워드** 청원권 | **출제유형** 판례 및 조문

① 【O】 헌법 제89조 제15호
② 【X】 헌법 제26조와 「청원법」의 규정에 의할 때, 헌법상 보장된 청원권은 공권력과의 관계에서 일어나는 여러 가지 이해관계, 의견, 희망 등에 관하여 적법한 청원을 한 모든 국민에게, 국가기관이 청원을 수리·심사하여 그 결과를 통지할 것을 요구할 수 있는 권리를 말하므로, 청원서를 접수한 국가기관은 이를 수리·심사하여 그 결과를 통지하여야 할 헌법에서 유래하는 작위의무를 지고 있고, 이에 상응하여 청원인에게는 청원에 대하여 위와 같은 적정한 처리를 할 것을 요구할 수 있는 권리가 있다(헌재 2004.05.27. 2003헌마851).
③ 【O】 헌재 1999.11.25. 97헌마54, 헌재 2006.06.29. 2005헌마604
④ 【O】 「청원법」 제9조의2

04 다음 중 청원권에 대한 설명으로 옳은 것은? (다툼이 있는 경우 헌법재판소 판례에 의함) 2016 국회직 9급

① 모든 국민은 법률이 정하는 바에 의하여 국가기관에 문서로 청원할 권리를 가지고, 국가는 청원에 대하여 심사할 의무를 지므로 청원인이 기대한 바에 미치지 못하는 처리내용은 헌법소원의 대상이 되는 공권력의 불행사이다.
② 청원권의 보호범위에는 청원사항의 처리결과에 심판서나 재결서에 준하여 이유를 명시할 것까지를 요구하는 것을 포함하는 것은 아니다.
③ 청원권은 특히 국회와 국민의 유대를 지속시켜 주는 수단이기 때문에 국회의 경우에는 국회의원의 소개를 받아서 청원을 하여야 하지만, 지방의회의 경우에는 지방의회의원의 소개를 얻지 않고서 가능하다.
④ 동일인이 동일한 내용의 청원서를 동일한 기관에 2건 이상 제출하거나 2 이상의 기관에 제출한 때에는 청원에 대한 심사 의무가 발생하지 않는다.
⑤ 청원서를 접수한 기관은 청원사항이 그 기관이 관장하는 사항이 아니라고 인정되는 때에는 청원인에게 청원서를 반려하여야 한다.

지문분석 **난이도** □■■ **중** | **정답** ② | **키워드** 청원권 | **출제유형** 판례 및 조문

① 【X】 청원의 처리내용이 청원인이 기대한 바에 미치지 않는다고 하더라도 헌법소원의 대상이 되는 공권력의 불행사가 있다고 볼 수 없다(헌재 2004.05.27. 2003헌마851).
② 【O】 헌법 제26조와 「청원법」 규정에 의할 때 헌법상 보장된 청원권은 공권력과의 관계에서 일어나는 여러 가지 이해관계, 의견, 희망 등에 관하여 적법한 청원을 한 모든 국민에게, 국가기관이(그 주관관서가) 청원을 수리할 뿐만 아니라, 이를 심사하여, 청원자에게 적어도 그 처리결과를 통지할 것을 요구할 수 있는 권리를 말한다. 그러나 청원권의 보호범위에는 청원사항의 처리결과에 심판서나 재결서에 준하여 이유를 명시할 것까지를 요구하는 것은 포함되지 아니한다고 할 것이다. 왜냐하면 국민이면 누구든지 널리 제기할 수 있는 민중적 청원제도는 재판청구권 기타 준사법적 구제청구와는 완전히 성질을 달리하는 것이기 때문이다. 그러므로 청원소관서는 「청원법」이 정하는 절차와 범위 내에서 청원사항을 성실·공정·신속히 심사하고 청원인에게 그 청원을 어떻게 처리하였거나 처리하려 하는지를 알 수 있을 정도로 결과통지함으로써 충분하다고 할 것이다(헌재 1994.02.24. 93헌마213).
③ 【X】 지방의회에 청원을 하려는 자는 지방의회의원의 소개를 받아 청원서를 제출하여야 한다(「지방자치법」 제73조 제1항).
④ 【X】 동일인이 동일한 내용의 청원서를 동일한 기관에 2건 이상 제출하거나 2 이상의 기관에 제출한 때에는 나중에 접수된 청원서는 이를 반려할 수 있으며(「청원법」 제8조), 청원을 수리한 기관은 성실하고 공정하게 청원을 심사·처리하여야 한다(「청원법」 제9조 제1항).
⑤ 【X】 청원서를 접수한 기관은 청원사항이 그 기관이 관장하는 사항이 아니라고 인정되는 때에는 그 청원사항을 관장하는 기관에 청원서를 이송하고 이를 청원인에게 통지하여야 한다(「청원법」 제7조 제3항).

05 **청구권적 기본권에 관한 설명으로 옳지 않은 것은?** (다툼이 있는 경우 헌법재판소 결정에 의함)

2020 소방직 7급

① 군인 또는 군무원이 아닌 국민은 대한민국의 영역 안에서는 중대한 군사상 기밀·초병·초소·유독음식물공급·포로·군용물에 관한 죄중 법률이 정한 경우와 비상계엄이 선포된 경우를 제외하고는 군사법원의 재판을 받지 아니한다.
② 형사피의자 또는 형사피고인으로서 구금되었던 자가 법률이 정하는 불기소처분을 받거나 무죄판결을 받은 때에는 법률이 정하는 바에 의하여 국가에 정당한 보상을 청구할 수 있다.
③ 타인의 범죄행위로 인하여 생명·신체에 대한 피해를 받은 국민은 법률이 정하는 바에 의하여 국가로부터 구조를 받을 수 있다.
④ 국회나 지방의회에 대한 청원에 국회의원이나 지방의회의원의 소개를 얻도록 규정한 법률조항은 청원심사의 효율성을 확보하기 위한 적절한 수단이지만, 의원 모두가 소개되기를 거절한 경우에 청원권을 행사할 수 없게 된다는 점에서 헌법에 위반된다.
⑤ 국민참여재판을 받을 권리는 헌법 제27조 제1항에서 규정한 헌법과 법률이 정한 법관에 의한 재판을 받을 권리의 보호범위에 속한다고 볼 수 없다.

지문분석 **난이도** □■■ **중** | **정답** ④ | **키워드** 청원권 | **출제유형** 판례 및 조문

① 【O】 군인 또는 군무원이 아닌 국민은 대한민국의 영역 안에서는 중대한 군사상 기밀·초병·초소·유독음식물 공급·포로·군용물에 관한 죄 중 법률이 정한 경우와 비상계엄이 선포된 경우를 제외하고는 군사법원의 재판을 받지 아니한다(헌법 제27조 제2항).

② 【O】 형사피의자 또는 형사피고인으로서 구금되었던 자가 법률이 정하는 불기소처분을 받거나 무죄판결을 받은 때에는 법률이 정하는 바에 의하여 국가에 정당한 보상을 청구할 수 있다(헌법 제28조).

③ 【O】 타인의 범죄행위로 인하여 생명·신체에 대한 피해를 받은 국민은 법률이 정하는 바에 의하여 국가로부터 구조를 받을 수 있다(헌법 제30조).

④ 【X】

[1] 청원권의 구체적 내용은 입법활동에 의하여 형성되며, 입법형성에는 폭넓은 재량권이 있으므로 입법자는 청원의 내용과 절차는 물론 청원의 심사·처리를 공정하고 효율적으로 행할 수 있게 하는 합리적인 수단을 선택할 수 있는 바, 의회에 대한 청원에 국회의원의 소개를 얻도록 한 것은 청원 심사의 효율성을 확보하기 위한 적절한 수단이다. 또한 청원은 일반의안과 같이 처리되므로 청원서 제출단계부터 의원의 관여가 필요하고, 의원의 소개가 없는 민원의 경우에는 진정으로 접수하여 처리하고 있으며, 청원의 소개의원은 1인으로 족한 점 등을 감안할 때 이 사건 법률조항이 국회에 청원을 하려는 자의 청원권을 침해한다고 볼 수 없다(헌재 2006.06.29. 2005헌마604).

[2] 지방의회에 청원을 할 때에 지방의회 의원의 소개를 얻도록 한 것은 의원이 미리 청원의 내용을 확인하고 이를 소개하도록 함으로써 청원의 남발을 규제하고 심사의 효율을 기하기 위한 것이고, 지방의회 의원 모두가 소개의원이 되기를 거절하였다면 그 청원내용에 찬성하는 의원이 없는 것이므로 지방의회에서 심사하더라도 인용가능성이 전혀 없어 심사의 실익이 없으며, 청원의 소개의원도 1인으로 족한 점을 감안하면 이러한 정도의 제한은 공공복리를 위한 필요·최소한의 것이라고 할 수 있다(헌재 1999.11.25. 97헌마54).

⑤ 【O】 우리 헌법상 헌법과 법률이 정한 법관에 의한 재판을 받을 권리는 직업법관에 의한 재판을 주된 내용으로 하는 것이므로 국민참여재판을 받을 권리가 헌법 제27조 제1항에서 규정한 재판을 받을 권리의 보호범위에 속한다고 볼 수 없다(헌재 2009.11.26. 2008헌바12).

06 **현행 「청원법」 규정에 대한 설명으로 가장 적절하지 <u>않은</u> 것은?** 2022 경찰 간부

① 청원기관의 장은 청원이 감사·수사·재판·행정심판·조정·중재 등 다른 법령에 의한 조사·불복 또는 구제절차가 진행 중인 사항인 경우에는 처리를 하지 아니할 수 있다.

② 공개청원을 접수한 청원기관의 장은 접수일부터 15일 이내에 청원심의회의 심의를 거쳐 공개 여부를 결정하고 결과를 청원인에게 알려야 한다.

③ 청원기관의 장은 청원을 접수한 때에는 특별한 사유가 없으면 60일 이내에 처리결과를 청원인에게 알려야 한다. 이 경우 공개청원의 처리결과는 온라인청원시스템에 공개하여야 한다.

④ 청원은 청원서에 청원인의 성명과 주소 또는 거소를 적고 서명한 문서(전자문서 및 전자거래 기본법에 따른 전자문서를 포함한다)로 하여야 한다.

지문분석 **난이도** □□■ **하** | **정답** ③ | **키워드** 청원권 | **출제유형** 판례 및 조문

① 【O】

「청원법」 제6조(청원 처리의 예외) 청원기관의 장은 청원이 다음 각 호의 어느 하나에 해당하는 경우에는 처리를 하지 아니할 수 있다. 이 경우 사유를 청원인(제11조 제3항에 따른 공동청원의 경우에는 대표자를 말한다)에게 알려야 한다.
1. 국가기밀 또는 공무상 비밀에 관한 사항
2. 감사·수사·재판·행정심판·조정·중재 등 다른 법령에 의한 조사·불복 또는 구제절차가 진행 중인 사항

② 【O】「청원법」 제13조(공개청원의 공개 여부 결정 통지 등) 제1항 공개청원을 접수한 청원기관의 장은 접수일부터 15일 이내에 청원심의회의 심의를 거쳐 공개 여부를 결정하고 결과를 청원인(공동청원의 경우 대표자를 말한다)에게 알려야 한다.

③ 【X】

「청원법」 제21조(청원의 처리 등) 제1항 청원기관의 장은 청원심의회의 심의를 거쳐 청원을 처리하여야 한다. 다만, 청원심의회의 심의를 거칠 필요가 없는 사항에 대해서는 심의를 생략할 수 있다.
제2항 청원기관의 장은 청원을 접수한 때에는 특별한 사유가 없으면 90일 이내(제13조 제1항에 따른 공개청원의 공개 여부 결정기간 및 같은 조 제2항에 따른 국민의 의견을 듣는 기간을 제외한다)에 처리결과를 청원인(공동청원의 경우 대표자를 말한다)에게 알려야 한다. 이 경우 공개청원의 처리결과는 온라인청원시스템에 공개하여야 한다.

④ 【O】「청원법」 제9조(청원방법) 제1항 청원은 청원서에 청원인의 성명(법인인 경우에는 명칭 및 대표자의 성명을 말한다)과 주소 또는 거소를 적고 서명한 문서(전자문서 및 전자거래 기본법에 따른 전자문서를 포함한다)로 하여야 한다.

07 **청원권에 관한 설명 중 가장 적절한 것은?** (다툼이 있는 경우 판례에 의함) 2023 경찰 승진

① 의원의 소개를 얻어야만 국회에 청원을 할 수 있도록 하는 것은 의원의 소개가 없는 한 국민이 국회에 자신의 이해관계나 국정에 관하여 의견을 진술할 권리인 청원권 자체를 박탈하는 결과가 되므로 청원권의 본질적인 내용을 침해하고 있다.

② 「청원법」은 국민이 편리하게 청원권을 행사하고 국민이 제출한 청원이 객관적이고 공정하게 처리되도록 함을 그 목적으로 하므로, 동일인이 같은 내용의 청원서를 같은 청원기관에 2건 이상 제출한 반복청원의 경우라도 청원기관의 장은 나중에 제출된 청원서를 반려하거나 종결처리하여서는 아니 된다.

③ 청원사항의 처리결과에 심판서나 재결서에 준하여 이유를 명시할 것을 요구하는 것은 청원권의 보호범위에 포함되지 않는다.

④ 헌법은 '정부에 제출 또는 회부된 정부의 정책에 관계되는 청원의 심사'를 국무회의의 심의 사항으로 규정하지 않고 있다.

지문분석 **난이도** □■■ **중** | **정답** ③ | **키워드** 청원권 | **출제유형** 판례

① 【X】 이 사건 법률조항이 의회에 대한 청원에 의원의 소개를 얻도록 한 목적은 무책임한 청원서의 제출과 남용을 예방하여 청원 심사의 실효성을 확보하려는 것으로서, 청원은 일반의안과 같은 심사절차를 거치므로 청원서 제출단계에서부터 의원의 관여가 필요하며, 청원의 소개의원이 되려는 의원이 단 한 명도 없는 경우에까지 청원서를 제출할 수 있도록 하여 이를 심사할 실익은 없다 할 것이다. 또한 국회는 의원의 소개를 얻지 못한 민원들을 진정으로 접수하여 처리하는 점, 청원의 소개의원은 1인으로 족한 점 등을 감안할 때, 이 사건 법률조항이 입법형성의 재량의 범위를 넘었다고 볼 수 없으므로, 이 사건 법률조항은 청구인의 청원권을 침해하지 아니한다(헌결 2012.11.29. 2012헌마330).

② 【X】「청원법」 제16조 (반복청원 및 이중청원) 제2항 동일인이 같은 내용의 청원서를 2개 이상의 청원기관에 제출한 경우 소관이 아닌 청원기관의 장은 청원서를 소관 청원기관의 장에게 이송하여야 한다. 이 경우 반복청원의 처리에 관하여는 제1항을 준용한다. ③ 청원기관의 장은 제1항 및 제2항의 청원(반복청원을 포함한다)이 같은 내용의 청원인지 여부에 대해서는 해당 청원의 성격, 종전 청원과의 내용적 유사성·관련성 및 종전 청원과 같은 답변을 할 수밖에 없는 사정 등을 종합적으로 고려하여 결정하여야 한다.

③ 【O】 헌법 제26조와 「청원법」 규정에 의할 때 헌법상 보장된 청원권은 공권력과의 관계에서 일어나는 여러 가지 이해관계, 의견, 희망 등에 관하여 적법한 청원을 한 모든 국민에게, 국가기관이(그 주관관서가) 청원을 수리할 뿐만 아니라, 이를 심사하여, 청원자에게 적어도 그 처리결과를 통지할 것을 요구할 수 있는 권리를 말한다. 그러나 청원권의 보호범위에는 청원사항의 처리결과에 심판서나 재결서에 준하여 이유를 명시할 것까지를 요구하는 것은 포함되지 아니한다고 할 것이다(헌결 1994.02.24. 93헌마213).

④ 【X】

> 헌법 제89조 다음 사항은 국무회의의 심의를 거쳐야 한다.
> 15. 정부에 제출 또는 회부된 정부의 정책에 관계되는 청원의 심사

08 청원권에 관한 설명으로 가장 적절한 것은? (다툼이 있는 경우 판례에 의함) 2023 경찰 1차

① 수용자가 발송하는 서신이 국가기관에 대한 청원적 성격을 가지고 있는 경우에 교도소장의 허가를 받도록 한 것은, 교도소 수용자가 수용생활 중 부당한 대우를 당하여 국가기관에 이에 대한 조사와 시정을 요구할 목적으로 서신을 보내는 경우 이를 사전에 교도소장의 허가를 받도록 요구하는 것으로 수용자에게 보장된 청원권을 침해하는 것이다.

② 국회에 청원을 하려고 하는 자는 국회의원의 소개를 얻도록 한 「국회법」 조항은 행정편의적 목적을 위하여 국민의 청원권 행사를 의원 개인의 판단에 맡겨 놓아 사실상 청원권을 박탈하고 본질적인 내용을 침해하는 것이다.

③ 청원서를 접수한 국가기관은 이를 수리·심사하여 그 결과를 통지하여야 할 헌법에서 유래하는 작위의무를 지고 있고, 이에 상응하여 청원인에게는 청원에 대하여 위와 같은 적정한 처리를 할 것을 요구할 수 있는 권리가 있다.

④ 청원서를 접수한 국가기관은 청원사항을 성실·공정·신속히 심사하고 청원인에게 그 청원을 어떻게 처리하였는지 알 수 있을 정도로 결과통지하여야 하므로, 만일 그 처리내용이 청원인이 기대한 바에 미치지 않는다면 헌법소원의 대상이 되는 공권력의 불행사에 해당한다.

지문분석 **난이도** □■■ 중 | **정답** ③ | **키워드** 청원권 | **출제유형** 판례

① 【X】 교도소의 수용자가 청원하는 경우 교도소장의 허가를 받게 하는 것은 합헌이다(헌재 2001.11.29. 99헌마713).
② 【X】 국회에 청원을 할 때 의원의 소개를 얻어 청원서를 제출하도록 한 「국회법」 제123조 제1항이 국회에 청원을 하려는 자의 청원권을 침해하지 아니한다(헌재 2006.06.29. 2005헌마604).
③ 【O】 헌법 제26조와 「청원법」의 규정에 의할 때, 헌법상 보장된 청원권은 공권력과의 관계에서 일어나는 여러 가지 이해관계, 의견, 희망 등에 관하여 적법한 청원을 한 모든 국민에게, 국가기관이 청원을 수리·심사하여 그 결과를 통지할 것을 요구할 수 있는 권리를 말하므로, 청원서를 접수한 국가기관은 이를 수리·심사하여 그 결과를 통지하여야 할 헌법에서 유래하는 작위의무를 지고 있고, 이에 상응하여 청원인에게는 청원에 대하여 위와 같은 적정한 처리를 할 것을 요구할 수 있는 권리가 있다(헌재 2004.05.27. 2003헌마851).
④ 【X】 헌법상 보장된 청원권은 공권력과의 관계에서 일어나는 여러 가지 이해관계, 의견, 희망 등에 관하여 적법한 청원을 한 모든 당사자에게 국가기관이 청원을 수리할 뿐만 아니라 이를 심사하여 청원자에게 그 처리결과를 통지할 것을 요구할 수 있는 권리를 말하나, 청원사항의 처리결과에 심판서나 재결서에 준하여 이유를 명시할 것까지를 요구하는 것은 청원권의 보호범위에 포함되지 아니하므로 청원 소관관서는 「청원법」이 정하는 절차와 범위 내에서 청원사항을 성실·공정·신속히 심사하고 청원인에게 그 청원을 어떻게 처리하였거나 처리하려고 하는지를 알 수 있는 정도로 결과통지함으로써 충분하고, 비록 그 처리내용이 청원인이 기대하는 바에 미치지 않는다고 하더라도 헌법소원의 대상이 되는 공권력의 행사 내지 불행사라고는 볼 수 없다(헌재 1997.07.16. 93헌마239).

09 **청원권에 대한 설명으로 가장 적절한 것은?** (다툼이 있는 경우 헌법재판소 판례에 의함) 2023 경찰간부

① 국가유공자가 철도청장에게 자신을 기능직공무원으로 임용하여 줄 것을 청원하는 경우에 취업보호대상자의 기능직공무원 채용의무비율 규정이 있는 때에는 그 국가유공자가 채용시험 없이 바로 자신을 임용해 줄 것을 요구할 수 있는 구체적인 신청권을 갖고 있는 것으로 볼 수 있다.
② 정부에 제출 또는 회부된 정부의 정책에 관계되는 청원의 심사는 국무회의의 심의를 거쳐야 한다.
③ 국민이 여러 가지 이해관계 또는 국정에 관해서 자신의 의견이나 희망을 해당 기관에 직접 진술하여야 하며, 본인을 대리하거나 중개하는 제3자를 통해 진술하는 것은 청원권으로서 보호되지 않는다.
④ 「청원법」에 따르면 청원기관의 장은 청원이 허위의 사실로 타인으로 하여금 형사처분 또는 징계처분을 받게 하는 사항에 해당하는 경우에는 처리를 하지 아니한다.

지문분석 **난이도** □■■ 중 | **정답** ② | **키워드** 청원권 | **출제유형** 판례

① 【X】 국민의 신청에 대한 행정청의 거부행위가 헌법소원심판의 대상인 공권력의 행사가 되기 위해서는 국민이 행정청에 대하여 신청에 따른 행위를 해 줄 것을 요구할 수 있는 권리가 있어야 한다. 구 「국가유공자 등 예우 및 지원에 관한 법률」과 동법시행령은 국가기관의 취업보호대상자에 대한 우선채용에 대해서 규정하면서 기능직공무원 정원의 20퍼센트를 취업보호대상자로 우선 채용하도록 하고 있을 뿐, 구체적인 신청절차나 채용기준 및 방법 등에 관한 구체적인 내용을 규정하고 있지 아니하다. 따라서 청구인이 취업보호대상자의 기능직공무원 채용의무비율 규정만을 근거로 피청구인 철도청장에 대해 「국가공무원법」에 따른 채용시험 없이 바로 자신을 임용해 줄 것을 요구할 수 있는 구체적인 신청권을 갖고 있는 것으로 볼 수는 없다(헌재 2004.10.28. 2003헌마898).

② 【O】

> 헌법 제89조 다음 사항은 국무회의의 심의를 거쳐야 한다.
> 15. 정부에 제출 또는 회부된 정부의 정책에 관계되는 청원의 심사

③ 【X】 우리 헌법 제26조에서 '모든 국민은 법률이 정하는 바에 의하여 국가기관에 문서로 청원할 권리를 가진다. 국가는 청원에 대하여 심사할 의무를 진다.'고 하여 청원권을 기본권으로 보장하고 있으므로 국민은 여러 가지 이해관계 또는 국정에 관하여 자신의 의견이나 희망을 해당 기관에 직접 진술하는 외에 그 본인을 대리하거나 중개하는 제3자를 통해 진술하더라도 이는 청원권으로서 보호된다(헌재 2012.04.24. 2011헌바40).

④ 【X】

> 「청원법」 제6조(청원 처리의 예외) 청원기관의 장은 청원이 다음 각 호의 어느 하나에 해당하는 경우에는 처리를 하지 아니할 수 있다. 이 경우 사유를 청원인(제11조제3항에 따른 공동청원의 경우에는 대표자를 말한다)에게 알려야 한다.
> 3. 허위의 사실로 타인으로 하여금 형사처분 또는 징계처분을 받게 하는 사항

10 청원권에 대한 설명으로 옳은 것은? 2023 국가직 7급

① 현행헌법규정에 의하면 청원은 문서 또는 구두(口頭)로 할 수 있다.
② 국민은 지방자치단체와 그 소속 기관에 청원을 제출할 수 있다.
③ 청원서의 일반인에 대한 공개를 위해 30일 이내에 100명 이상의 찬성을 받도록 하고, 청원서가 일반인에게 공개되면 그로부터 30일 이내에 10만 명 이상의 동의를 받도록 한 「국회청원심사규칙」 조항은 청원의 요건을 지나치게 까다롭게 설정하여 국민의 청원권을 침해한다.
④ 국민은 공무원의 위법·부당한 행위에 대한 시정이나 징계의 요구를 청원할 수 없다.

지문분석 **난이도** □□■ 하 | **정답** ② | **키워드** 청원권 | **출제유형** 판례

① 【X】 헌법 제26조 ① 모든 국민은 법률이 정하는 바에 의하여 국가기관에 문서로 청원할 권리를 가진다.

② 【O】

> 「청원법」 제4조(청원기관) 이 법에 따라 국민이 청원을 제출할 수 있는 기관(이하 '청원기관'이라 한다)은 다음 각 호와 같다.
> 2. 지방자치단체와 그 소속 기관

③ 【X】 국민동의법령조항들이 청원서의 일반인에 대한 공개를 위해 30일 이내에 100명 이상의 찬성을 받도록 한 것은 일종의 사전동의제도로서, 중복게시물을 방지하고 비방, 욕설, 혐오표현, 명예훼손 등 부적절한 청원을 줄이며 국민의 목소리를 효율적으로 담아내고자 함에 그 취지가 있다. 다음으로, 청원서가 일반인에게 공개되면 그로부터 30일 이내에 10만 명 이상의 동의를 받도록 한 것은 국회의 한정된 심의 역량과 자원의 효율적 배분을 고려함과 동시에, 일정 수준 이상의 인원에 해당하는 국민 다수가 관심을 갖고 동의하는 의제가 논의 대상이 되도록 하기 위한 것이다. 따라서 국민동의법령조항들은 입법재량을 일탈하여 청원권을 침해하였다고 볼 수 없다(헌재 2023.03.23. 2018헌마460 등).

④ 【X】

> 「청원법」 제5조(청원사항) 국민은 다음 각 호의 어느 하나에 해당하는 사항에 대하여 청원기관에 청원할 수 있다.
> 2. 공무원의 위법·부당한 행위에 대한 시정이나 징계의 요구

11 청원에 대한 설명으로 옳지 않은 것은? 2023 국회직 9급

① 헌법은 모든 국민에게 법률이 정하는 바에 의하여 국가기관에 문서로 청원할 권리를 부여하고, 국가에 청원에 대하여 심사할 의무를 부여한다.
② 「국회법」은 청원의 심사를 본회의의 직무로 규정한다.
③ 국회의 전문위원은 위원회에서 청원에 관련하여 검토보고를 하거나 관련자료의 수집・조사・연구를 수행한다.
④ 국회의장은 국회가 심의 중인 청원에 대해 국회의원에게 본회의에서 5분자유발언을 하게 할 수 있다.
⑤ 국회에 청원을 하려는 자는 의원의 소개를 받거나 국회규칙으로 정하는 기간 동안 일정한 수 이상의 국민의 동의를 받아 청원서를 제출하여야 한다.

지문분석 **난이도** □■■ 중 | **정답** ② | **키워드** 청원권 | **출제유형** 판례

① 【O】 헌법 제26조 ① 모든 국민은 법률이 정하는 바에 의하여 국가기관에 문서로 청원할 권리를 가진다. ② 국가는 청원에 대하여 심사할 의무를 진다.
② 【X】 「국회법」 제36조(상임위원회의 직무) 상임위원회는 그 소관에 속하는 의안과 청원 등의 심사, 그 밖에 법률에서 정하는 직무를 수행한다.
③ 【O】 「국회법」 제42조(전문위원과 공무원) ④ 전문위원은 위원회에서 의안과 청원 등의 심사, 국정감사, 국정조사, 그 밖의 소관 사항과 관련하여 검토보고 및 관련 자료의 수집・조사・연구를 수행한다.
④ 【O】 「국회법」 제105조(5분 자유발언) ① 의장은 본회의가 개의된 경우 그 개의시부터 1시간을 초과하지 아니하는 범위에서 의원에게 국회가 심의 중인 의안과 청원, 그 밖의 중요한 관심 사안에 대한 의견을 발표할 수 있도록 하기 위하여 5분 이내의 발언(이하 '5분 자유발언'이라 한다)을 허가할 수 있다. 다만, 의장은 당일 본회의에서 심의할 의안이 여러 건 있는 경우 등 효율적인 의사진행을 위하여 필요하다고 인정하는 경우에는 각 교섭단체 대표의원과 협의하여 개의 중에 5분 자유발언을 허가할 수 있다.
⑤ 【O】 「국회법」 제123조(청원서의 제출) ① 국회에 청원을 하려는 자는 의원의 소개를 받거나 국회규칙으로 정하는 기간 동안 국회규칙으로 정하는 일정한 수 이상의 국민의 동의를 받아 청원서를 제출하여야 한다.

2 재판청구권

01 청구권적 기본권과 관련된 법 규정으로 가장 적절하지 않은 것은? 2022 경찰 간부

① 「청원법」 규정에 의하면 청원기관의 장은 공개청원의 공개결정일부터 60일간 청원사항에 관하여 국민의 의견을 들어야 한다.

② 「형사보상 및 명예회복에 관한 법률」 규정에 의하면 형사보상청구는 무죄재판이 확정된 사실을 안 날부터 3년, 무죄재판이 확정된 때부터 5년 이내에 하여야 한다.

③ 「형사보상 및 명예회복에 관한 법률」 규정에 의하면 형사보상을 받을 자는 다른 법률에 따라 손해배상을 청구하는 것이 금지되지 아니한다.

④ 「범죄피해자 보호법」 규정에 의하면 구조금의 신청은 해당 구조대상 범죄피해의 발생을 안 날부터 3년이 지나거나 해당 구조대상 범죄피해가 발생한 날부터 10년이 지나면 할 수 없다.

지문분석 **난이도** □■■ 중 | **정답** ① | **키워드** 청구권적 기본권 | **출제유형** 판례

① 【X】 「청원법」 제13조(공개청원의 공개 여부 결정 통지 등) ② 청원기관의 장은 공개청원의 공개결정일부터 30일간 청원사항에 관하여 국민의 의견을 들어야 한다.

② 【O】 무죄판결을 받은 피고인은 무죄재판이 확정된 사실을 안 날로부터 3년, 확정된 때로부터 5년 이내에 법원에 보상을 청구해야 한다(「형사보상 및 명예회복에 관한 법률」 제8조). 형사보상 여부는 합의부에서 재판한다. 법원의 기각결정뿐 아니라 보상결정에 대해서도 즉시 항고할 수 있다.

③ 【O】 「형사보상 및 명예회복에 관한 법률」 제6조(손해배상과의 관계) ① 이 법은 보상을 받을 자가 다른 법률에 따라 손해배상을 청구하는 것을 금지하지 아니한다.

④ 【O】 「범죄피해자 보호법」 제25조(구조금의 지급신청) ② 구조금지급신청은 해당 구조대상 범죄피해의 발생을 안 날부터 3년이 지나거나 해당 구조대상 범죄피해가 발생한 날부터 10년이 지나면 할 수 없다.

02 청원권 및 재판청구권에 대한 설명으로 가장 적절하지 않은 것은? (다툼이 있는 경우 판례에 의함) 2017 경찰 승진

① 청원이 단순한 호소나 요청이 아닌 구체적인 권리행사로서의 성질을 갖는 경우라면, 그에 대한 국가기관의 거부행위는 헌법소원의 대상이 되는 공권력의 행사라고 할 수 있다.

② 재판청구권에 '피고인 스스로 치료감호를 청구할 수 있는 권리'가 포함된다고 보기 어렵고, 피고인에게까지 치료감호청구권을 주어야만 절차의 적법성이 담보되는 것은 아니므로 치료감호청구권자를 검사로 한정하는 법률규정은 재판청구권을 침해하지 않는다.

③ 공권력이나 사인에 의해 기본권이 침해당하거나 침해당할 위험에 처해 있을 경우 재판청구권에 기하여 이에 대한 구제나 그 예방을 요청할 수 있으므로, 재판청구권은 다른 기본권의 보장을 위한 기본권이라는 성격을 가진다.

④ 국민참여재판을 받을 권리는 직업법관에 의한 재판을 받을 권리를 주된 내용으로 하는 헌법 제27조 제1항에서 규정한 재판을 받을 권리의 보호범위에 속한다.

지문분석 **난이도** □□■ 하 | **정답** ④ | **키워드** 청원권 및 재판청구권 | **출제유형** 판례

① 【O】 청구인의 청원이 단순한 호소나 요청이 아닌 구체적인 권리행사로서의 성질을 갖는 경우라면 그에 대한 위 피청구인의 거부행위는 청구인의 법률관계나 법적 지위에 영향을 미치는 것으로서 당연히 헌법소원의 대상이 되는 공권력의 행사라고 할 수 있을 것이다. 청구인의 청원이 구체적인 권리행사로서의 성질을 갖지 아니한 단순한 청원인 경우 이에 대한 거부의 회신이 헌법소원의 대상이 되는 공권력의 행사 또는 불행사라고 할 수 없다(헌재 2004.10.28. 2003헌마898).

② 【O】 '피고인 스스로 치료감호를 청구할 수 있는 권리'가 헌법상 재판청구권의 보호범위에 포함된다고 보기는 어렵고, 검사뿐만 아니라 피고인에게까지 치료감호 청구권을 주어야만 절차의 적법성이 담보되는 것도 아니므로, 치료감호 청구권자를 검사로 한정한 구 치료감호법 조항이 재판청구권을 침해하거나 적법절차의 원칙에 반한다고 볼 수 없다(헌재 2010.04.29. 2008헌마622).

③ 【O】 재판청구권은 공권력이나 사인에 의해서 기본권이 침해당하거나 침해당할 위험에 처해 있을 경우 이에 대한 구제나 그 예방을 요청할 수 있는 권리라는 점에서 다른 기본권의 보장을 위한 기본권이라는 성격을 가지고 있다(헌재 2009.10.29. 2008헌바101).

④ 【X】 헌법과 법률이 정한 법관에 의한 재판을 받을 권리는 직업법관에 의한 재판을 주된 내용으로 하는 것이므로, 국민참여재판을 받을 권리가 헌법 제27조 제1항에서 규정한 재판을 받을 권리의 보호범위에 속한다고 볼 수 없다(헌재 2015.07.30. 2014헌바447).

PART · 02

03 재판청구권에 관한 헌법 제27조의 규정으로 옳고 그름의 표시(O, X)가 바르게 된 것은? 2023 경찰 2차

㉠ 모든 국민은 법률이 정한 법관에 의하여 공개재판을 받을 권리를 가진다.
㉡ 군인 또는 군무원이 아닌 국민은 대한민국의 영역 안에서는 중대한 군사상 기밀 · 초병 · 초소 · 유독 음식물공급 · 포로 · 군용물에 관한 죄 중 법률이 정한 경우와 계엄, 긴급명령이 선포된 경우를 제외하고는 군사법원의 재판을 받지 아니한다.
㉢ 모든 국민은 신속한 재판을 받을 권리를 가진다. 형사피고인은 정당한 이유가 없는 한 지체없이 공정한 재판을 받을 권리를 가진다.
㉣ 형사피고인은 유죄의 판결이 확정될 때까지는 무죄로 추정된다.

① ㉠ ○ ㉡ ○ ㉢ ○ ㉣ ×
② ㉠ × ㉡ ○ ㉢ × ㉣ ○
③ ㉠ ○ ㉡ × ㉢ ○ ㉣ ○
④ ㉠ × ㉡ × ㉢ × ㉣ ○

지문분석 **난이도** □□■ 하 | **정답** ④ | **키워드** 재판청구권 | **출제유형** 판례

㉠ 【X】 제1항 모든 국민은 헌법과 법률이 정한 법관에 의하여 법률에 의한 재판을 받을 권리를 가진다.
㉡ 【X】 제2항 군인 또는 군무원이 아닌 국민은 대한민국의 영역 안에서는 중대한 군사상 기밀 · 초병 · 초소 · 유독 음식물공급 · 포로 · 군용물에 관한 죄 중 법률이 정한 경우와 비상계엄이 선포된 경우를 제외하고는 군사법원의 재판을 받지 아니한다.
㉢ 【X】 제3항 모든 국민은 신속한 재판을 받을 권리를 가진다. 형사피고인은 상당한 이유가 없는 한 지체없이 공개재판을 받을 권리를 가진다.
㉣ 【O】 제4항 형사피고인은 유죄의 판결이 확정될 때까지는 무죄로 추정된다.

04 재판청구권에 대한 설명으로 가장 적절하지 않은 것은? (다툼이 있는 경우 헌법재판소 판례에 의함)

2019 경찰 승진

① 우리 헌법상 재판을 받을 권리의 보호범위에는 배심재판을 받을 권리가 포함되지 않는다.

② 심리불속행 상고기각판결의 경우 판결이유를 생략할 수 있도록 규정한 상고심절차에 관한 특례법 조항은 헌법 제27조 제1항에서 보장하는 재판청구권 등을 침해하지 않는다.

③ 소환된 증인 또는 그 친족 등이 보복을 당할 우려가 있는 경우 재판장은 당해 증인의 인적 사항의 전부 또는 일부를 공판조서에 기재하지 않게 할 수 있고, 이때 증인의 인적사항이 증인신문의 모든 과정에서 공개되지 아니하도록 한 특정범죄신고자 등 보호법 조항들 및 피고인을 퇴정시키고 증인신문을 행할 수 있도록 규정한 같은 법 조항들은 피고인의 공정한 재판을 받을 권리를 침해하지 않는다.

④ 현역병의 군대 입대 전 범죄에 대한 군사법원의 재판권을 규정하고 있는 「군사법원법」 조항은 일반법원에서 재판받을 권리를 봉쇄하므로, 재판청구권을 침해하여 헌법에 위반된다.

지문분석 **난이도** □■■ **중** | **정답** ④ | **키워드** 재판청구권 | **출제유형** 판례

① 【O】 형사소송절차에서 국민참여재판제도는 사법의 민주적 정당성과 신뢰를 높이기 위하여 배심원이 사실심 법관의 판단을 돕기 위한 권고적 효력을 가지는 의견을 제시하는 제한적 역할을 수행하게 되고, 헌법상 재판을 받을 권리의 보호범위에는 배심재판을 받을 권리가 포함되지 아니한다(헌재 2014.01.28. 2012헌바298).

② 【O】 심리불속행 상고기각판결에 이유를 기재한다고 해도, 현실적으로 '상고심 절차에 관한 특례법' 제4조의 심리속행사유에 해당하지 않는다는 정도의 이유기재에 그칠 수밖에 없고, 나아가 그 이상의 이유기재를 하게 하더라도 이는 법령해석의 통일을 주된 임무로 하는 상고심에게 불필요한 부담만 가중시키는 것으로서 심리불속행제도의 입법취지에 반하는 결과를 초래할 수 있으므로, '상고심 절차에 관한 특례법' 제5조 제1항 중 제4조에 관한 부분이 재판청구권 등을 침해하여 위헌이라고 볼 수 없다(헌재 2008.05.29. 2007헌마1408).

③ 【O】 피고인 퇴정조항에 의하여 피고인 퇴정 후 증인신문을 하는 경우에도 피고인은 여전히 「형사소송법」 제161조의2에 의하여 반대신문권이 보장되고, 이때 변호인이 반대신문 전에 피고인과 상의하여 반대신문사항을 정리하면 피고인의 반대신문권이 실질적으로 보장될 수 있는 점, 인적사항이 공개되지 아니한 증인에 대하여는 증인신문 전에 수사기관 작성의 조서나 증인 작성의 진술서 등의 열람·복사를 통하여 그 신문 내용을 어느 정도 예상할 수 있고, 변호인이 피고인과 상의하여 반대신문의 내용을 정리한 후 반대신문할 수 있는 점 등에 비추어, 기본권 제한의 정도가 특정범죄의 범죄신고자 등 증인 등을 보호하고 실체적 진실의 발견에 이바지하는 공익에 비하여 크다고 할 수 없어 법익의 균형성도 갖추고 있으며, 기본권 제한에 관한 피해의 최소성 역시 인정되므로, 공정한 재판을 받을 권리를 침해한다고 할 수 없다(헌재 2010.11.25. 2009헌바57).

④ 【X】 군대는 각종 훈련 및 작전수행 등으로 인해 근무시간이 정해져 있지 않고 집단적 병영(兵營) 생활 및 작전위수(衛戍) 구역으로 인한 생활공간적인 제약 등, 군대의 특수성으로 인하여 일단 군인신분을 취득한 군인이 군대 외부의 일반법원에서 재판을 받는 것은 군대 조직의 효율적인 운영을 저해하고, 현실적으로도 군인이 수감 중인 상태에서 일반법원의 재판을 받기 위해서는 상당한 비용·인력 및 시간이 소요되므로 이러한 군의 특수성 및 전문성을 고려할 때 군인신분 취득 전에 범한 죄에 대하여 군사법원에서 재판을 받도록 하는 것은 합리적인 이유가 있다(헌재 2009.07.30. 2008헌바162).

05 **재판청구권에 관한 설명 중 가장 적절하지 않은 것은?** (다툼이 있는 경우 판례에 의함) 2020 경찰 승진

① 군사시설 중 전투용에 공하는 시설을 손괴한 일반 국민이 평시에 군사법원에서 재판을 받도록 하는 것은 법관에 의한 재판을 받을 권리를 침해하는 것이다.

② 취소소송의 제소기간을 처분 등이 있음을 안 때로부터 90일 이내로 규정한 것은 지나치게 짧은 기간이라고 보기 어렵고 행정법 관계의 조속한 안정을 위해 필요한 방법이므로 재판청구권을 침해하지 않는다.

③ 수형자가 국선대리인인 변호사를 접견하는데 교도소장이 그 접견내용을 녹음 기록하였다고 해도 재판을 받을 권리를 침해하는 것은 아니다.

④ 헌법과 법률이 정한 법관에 의한 재판을 받을 권리는 직업법관에 의한 재판을 주된 내용으로 하는 것이므로 국민참여재판을 받을 권리는 그 보호범위에 속하지 않는다.

지문분석 **난이도** □■■ **중** | **정답** ③ | **키워드** 재판청구권 | **출제유형** 판례

① 【O】 군인 또는 군무원이 아닌 국민에 대한 군사법원의 예외적인 재판권을 정한 헌법 제27조 제2항에 규정된 군용물에는 군사시설이 포함되지 않는다. 그렇다면 '군사시설' 중 '전투용에 공하는 시설'을 손괴한 일반 국민이 항상 군사법원에서 재판받도록 하는 이 사건 법률조항은, 비상계엄이 선포된 경우를 제외하고는 '군사시설'에 관한 죄를 범한 군인 또는 군무원이 아닌 일반 국민은 군사법원의 재판을 받지 아니하도록 규정한 헌법 제27조 제2항에 위반되고, 국민이 헌법과 법률이 정한 법관에 의한 재판을 받을 권리를 침해한다(헌재 2013.11.28. 2012헌가10).

② 【O】 '처분 등이 있음을 안 날'을 기산점으로 정하여 취소소송의 제소기간에 제한을 둔 것은 법률관계의 조속한 확정을 위한 것으로 입법목적이 정당하다. 처분 등이 위법할 수 있다는 의심을 갖는데 있어 처분 등이 있음을 안 때로부터 90일의 기간은 지나치게 짧은 기간이라고 보기 어렵고, '처분 등이 있음'을 안 시점은 비교적 객관적이고 명확하게 특정할 수 있으므로 이를 제소기간의 기산점으로 둔 것은 행정법 관계의 조속한 안정을 위해 필요하고 효과적인 방법이다. 따라서 '처분 등이 있음을 안 날'을 제소기간의 기산점으로 정한 심판대상조항은 재판청구권을 침해하지 아니한다(헌재 2018.06.28. 2017헌바66).

③ 【X】 수형자와 변호사와의 접견내용을 녹음, 녹화하게 되면 그로 인해 제3자인 교도소 측에 접견내용이 그대로 노출되므로 수형자와 변호사는 상담과정에서 상당히 위축될 수밖에 없고, 특히 소송의 상대방이 국가나 교도소 등의 구금시설로서 그 내용이 구금시설 등의 부당처우를 다투는 내용일 경우에 접견내용에 대한 녹음, 녹화는 실질적으로 당사자대등의 원칙에 따른 무기평등을 무력화시킬 수 있다. 이 사건에 있어서 청구인과 헌법소원사건의 국선대리인인 변호사의 접견내용에 대해서는 접견의 목적이나 접견의 상대방 등을 고려할 때 녹음, 기록이 허용되어서는 아니 될 것임에도, 이를 녹음, 기록한 행위는 청구인의 재판을 받을 권리를 침해한다(헌재 2013.09.26. 2011헌마398).

④ 【O】 우리 헌법상 헌법과 법률이 정한 법관에 의한 재판을 받을 권리는 직업법관에 의한 재판을 주된 내용으로 하는 것이므로 국민참여재판을 받을 권리가 헌법 제27조 제1항에서 규정한 재판을 받을 권리의 보호범위에 속한다고 볼 수 없다(헌재 2009.11.26. 2008헌바12).

06 재판청구권에 대한 설명으로 가장 적절하지 않은 것은? (다툼이 있는 경우 판례에 의함) 2021 경찰 승진

① 과학기술의 발전으로 인해 기존의 확정판결에서 인정된 사실과는 다른 새로운 사실이 드러난 경우를 「민사소송법」상 재심의 사유로 인정하고 있지 않는 「민사소송법」 조항은 입법자의 합리적인 재량의 범위를 벗어나 재판청구권을 침해한다고 할 수 없다.

② 사법보좌관에 의한 소송비용액 확정결정절차를 규정한 「법원조직법」 조항은 소송비용액 확정절차의 경우에 이의절차 등 법관에 의한 판단을 거치도록 하고 있기 때문에 헌법 제27조 제1항에 위반되지 않는다.

③ 헌법과 법률이 정한 법관에 의한 재판을 받을 권리는 직업법관에 의한 재판을 주된 내용으로 하는 것이므로, 국민참여재판을 받을 권리가 헌법 제27조 제1항에서 규정한 재판을 받을 권리의 보호범위에 속한다고 볼 수 없다.

④ 재심제도의 규범적 형성에 있어서는 재판의 적정성과 정의의 실현이라는 법치주의의 요청에 의해 입법자의 입법형성의 자유가 축소된다.

지문분석 **난이도** □■■ 중 | **정답** ④ | **키워드** 재판청구권 | **출제유형** 판례

① 【O】 과학의 진전을 통하여 기존의 확정판결에서 인정된 사실과는 다른 새로운 사실이 발견된다 하더라도, 이는 확정판결 이후 언제라도 일어날 수 있는 일이므로 이를 재심사유로 인정하는 것은 확정판결에 기초하여 형성된 복잡·다양한 사법적(私法的) 관계들을 항시 불안전한 상태로 두는 것이라 할 수 있다. 또한, 시효제도 등 다소간 실체적 진실의 희생이나 양보 하에 법적 안정성을 추구하는 여러 법적 제도들이 있다는 점 등을 함께 고려해 볼 때, 이 사건 법률조항은 입법자의 합리적인 재량의 범위를 벗어나 재판청구권 내지 평등권을 침해한다고 할 수 없다(헌재 2009.04.30. 2007헌바121).

② 【O】 헌법 제27조 제1항의 재판청구권 보장과 관련하여 최소한 법관이 사실을 확정하고 법률을 해석·적용하는 재판을 받을 권리를 보장할 것이 요구되므로 사법보좌관의 처분에 대한 이의절차가 중요하다. 「법원조직법」 제54조 제3항 등에서는 사법보좌관의 처분에 대한 이의신청을 허용함으로써 동일 심급 내에서 법관으로부터 다시 재판받을 수 있는 권리를 보장하고 있는데, 이 사건 조항에 의한 소송비용액 확정결정절차의 경우에도 이러한 이의절차에 의하여 법관에 의한 판단을 거치도록 함으로써 법관에 의한 사실확정과 법률해석의 기회를 보장하고 있다. 따라서 사법보좌관에게 소송비용액 확정결정절차를 처리하도록 한 이 사건 조항이 그 입법재량권을 현저히 불합리하게 또는 자의적으로 행사하였다고 단정할 수 없으므로 헌법 제27조 제1항에 위반된다고 할 수 없다(헌재 2009.02.26. 2007헌바8 등).

③ 【O】 우리 헌법상 헌법과 법률이 정한 법관에 의한 재판을 받을 권리는 직업법관에 의한 재판을 주된 내용으로 하는 것이므로 국민참여재판을 받을 권리가 헌법 제27조 제1항에서 규정한 재판을 받을 권리의 보호범위에 속한다고 볼 수 없다(헌재 2009.11.26. 2008헌바12).

④ 【X】 재심이나 준재심은 확정판결이나 화해조서 등에 대한 특별한 불복방법이고, 확정판결에 대한 법적 안정성의 요청은 미확정판결에 대한 그것보다 훨씬 크다고 할 것이므로 재심을 청구할 권리가 헌법 제27조에서 규정한 재판을 받을 권리에 당연히 포함된다고 할 수 없고 어떤 사유를 재심사유로 하여 재심이나 준재심을 허용할 것인가는 입법자가 확정된 판결이나 화해조서에 대한 법적 안정성, 재판의 신속, 적정성, 법원의 업무부담 등을 고려하여 결정하여야 할 입법정책의 문제이다(헌재 1996.03.28. 93헌바27).

07 재판을 받을 권리에 대한 설명으로 옳지 않은 것은? (다툼이 있는 경우 판례에 의함) 2021 국가직 7급

① 재판청구권에는 민사재판, 형사재판, 행정재판뿐만 아니라 헌법재판을 받을 권리도 포함되므로, 헌법상 보장되는 기본권인 '공정한 재판을 받을 권리'에는 '공정한 헌법재판을 받을 권리'도 포함된다.

② 헌법 제27조제1항의 재판을 받을 권리는 신분이 보장되고 독립된 법관에 의한 재판의 보장을 주된 내용으로 하므로 국민참여재판을 받을 권리는 헌법 제27조제1항에서 규정하는 재판받을 권리의 보호범위에 속하지 아니한다.

③ 공정한 재판을 받을 권리 속에는 신속하고 공개된 법정의 법관의 면전에서 모든 증거자료가 조사・진술되고 이에 대하여 피고인이 공격・방어할 수 있는 기회가 보장되는 재판, 원칙적으로 당사자주의와 구두변론주의가 보장되어 당사자가 공소사실에 대한 답변과 입증 및 반증을 하는 등 공격, 방어권이 충분히 보장되는 재판을 받을 권리가 포함되어 있다.

④ 형사피해자에게 약식명령을 고지하지 않도록 규정한 것은 형사피해자의 재판절차진술권과 정식재판청구권을 침해하는 것으로서, 입법자가 입법재량을 일탈・남용하여 형사피해자의 재판을 받을 권리를 침해하는 것이다.

지문분석 **난이도** □■■ **중** | **정답** ④ | **키워드** 재판청구권 | **출제유형** 판례

① 【O】 헌법 제27조는 국민의 재판청구권을 보장하고 있는데, 여기에는 공정한 재판을 받을 권리가 포함되어 있다. 그런데 재판청구권에는 민사재판, 형사재판, 행정재판뿐만 아니라 헌법재판을 받을 권리도 포함되므로, 헌법상 보장되는 기본권인 '공정한 재판을 받을 권리'에는 '공정한 헌법재판을 받을 권리'도 포함된다(헌재 2016.11.24. 2015헌마902).

② 【O】 헌법과 법률이 정한 법관에 의한 재판을 받을 권리는 직업법관에 의한 재판을 주된 내용으로 하는 것이므로, 국민참여재판을 받을 권리가 헌법 제27조 제1항에서 규정한 재판을 받을 권리의 보호범위에 속한다고 볼 수 없다(헌재 2015.07.30. 2014헌바447).

③ 【O】 공정한 재판을 받을 권리 속에는 신속하고 공개된 법정의 법관의 면전에서 모든 증거자료가 조사・진술되고 이에 대하여 피고인이 공격・방어할 수 있는 기회가 보장되는 재판, 즉 원칙적으로 당사자주의와 구두변론주의가 보장되어 당사자가 공소사실에 대한 답변과 입증 및 반증하는 등 공격・방어권이 충분히 보장되는 재판을 받을 권리가 포함되어 있다(헌재 1996.12.26. 94헌바1).

④ 【X】 약식명령은 경미하고 간이한 사건을 대상으로 하기 때문에, 대부분 범죄사실에 다툼이 없는 경우가 많고, 형사피해자도 이미 범죄사실을 충분히 인지하고 있어, 범죄사실에 대한 별도의 확인 없이도 얼마든지 법원이나 수사기관에 의견을 제출할 수 있으며, 직접 범죄사실의 확인을 원하는 경우에는 소송기록의 열람・등사를 신청하는 것도 가능하므로, 형사피해자가 약식명령을 고지받지 못한다고 하여 형사재판절차에서의 참여기회가 완전히 봉쇄되어 있다고 볼 수 없다. 따라서 이 사건 고지조항은 형사피해자의 재판절차진술권을 침해하지 않는다(헌재 2019.09.26. 2018헌마1015).

08 재판청구권에 대한 설명으로 가장 적절하지 않은 것은? (다툼이 있는 경우 헌법재판소 판례에 의함)

2025 경찰 간부

① 상속개시 후 인지 또는 재판의 확정에 의하여 공동상속인이 된 자의 상속분가액지급청구권의 제척기간을 정하고 있는 「민법」 제999조 제2항의 '상속권의 침해행위가 있은 날부터 10년' 중 「민법」 제1014조에 관한 부분은 입법형성의 한계를 일탈하여 재판청구권을 침해한다.

② 피고인이 정식재판을 청구한 사건에 대하여는 약식명령의 형보다 중한 종류의 형을 선고하지 못한다고 규정하고 있는 「형사소송법」 조항은 공정한 재판을 받을 권리를 침해한다고 볼 수 없다.

③ 「조세범 처벌절차법」에 따른 통고처분을 행정쟁송의 대상에서 제외시킨 「국세기본법」 제55조 제1항 단서 제1호는 재판청구권을 침해한다고 할 수 없다.

④ 시장・군수・구청장은 급여비용의 지급을 청구한 의료급여기관이 「의료법」 또는 「약사법」 해당 조항을 위반하였다는 사실을 수사기관의 수사결과로 확인한 경우에는 해당 의료급여기관이 청구한 급여비용의 지급을 보류할 수 있다고 규정하고 있는 「의료급여법」 해당 조항은 의료급여기관 개설자의 재판청구권을 침해한다.

지문분석 **난이도** □■■ **중** | **정답** ④ | **키워드** 재판청구권 | **출제유형** 판례

① 【O】 '침해행위가 있은 날'부터 10년 후에 인지 또는 재판의 확정이 이루어진 경우에도 추가된 공동상속인이 상속분가액지급청구권을 원천적으로 행사할 수 없도록 하는 것은, '가액반환의 방식'이라는 우회적・절충적 형태를 통해서라도 인지된 자의 상속권을 뒤늦게나마 보상해 주겠다는 상속분가액지급청구권의 입법취지에 반하며, 추가된 공동상속인의 권리구제 실효성을 완전히 박탈하는 결과를 초래한다. …(중략)… 심판대상조항은 입법형성의 한계를 일탈하여 청구인의 재산권과 재판청구권을 침해한다(헌재 2024.06.27. 2021헌마1588).

② 【O】 심판대상조항은 피고인의 정식재판청구에 대한 불이익변경금지원칙 적용에 따른 문제점을 해소하면서 피고인의 정식재판청구권 행사를 보장하기 위해 도입된 것이다. 또한 형사소송법 제457조의2 제2항은 피고인이 정식재판을 청구한 사건에 대하여 약식명령의 형과 동종의 중한 형을 선고하는 경우에는 판결서에 양형의 이유를 적도록 함으로써 법관으로 하여금 양형 판단 시 신중을 기하도록 하고 있다. 이는 피고인의 정식재판청구권 행사가 위축되는 것을 최소화하면서 동시에 피고인이 정식재판청구권 행사를 남용하는 것을 방지하여 사법의 효율성을 도모한 것으로, 심판대상조항이 약식명령에 대하여 피고인만이 정식재판을 청구한 사건에 불이익변경금지원칙을 적용하지 아니하였다는 이유만으로 재판청구권에 관한 합리적인 입법형성권의 범위를 일탈하여 공정한 재판을 받을 권리를 침해한다고 볼 수 없다(헌재 2024.05.30. 2021헌바6 등).

③ 【O】 「조세범 처벌절차법」에 따른 통고처분은 형벌의 비범죄화 정신에 접근하는 제도로서 형벌적 제재의 불이익을 감면해주는 제도이다. 심판대상조항으로 인해 통고처분을 받은 당사자가 행정쟁송을 제기하는 등으로 적극적・능동적으로 다툴 수는 없지만, 통고받은 벌금상당액을 납부하지 않음으로써 고발, 나아가 형사재판절차로 이행되게 하여, 여기에서 재판절차에 따라 법관에 의한 판단을 받을 수 있으므로, 당사자에게는 정식재판의 절차도 보장되어 있다. 「조세범 처벌절차법」에 따른 통고처분에 대하여 형사절차와 별도의 행정쟁송절차를 두는 것은 신속한 사건 처리를 저해할 수 있고, 절차의 중복과 비효율을 초래할 수 있다. 위와 같은 점을 종합하여 보면, 「조세범 처벌절차법」에 따른 통고처분에 대하여 행정쟁송을 배제하고 있는 입법적 결단이 현저히 불합리하다고 보기 어렵다. 따라서 심판대상조항이 청구인의 재판청구권을 침해한다고 할 수 없다(헌재 2024.04.25. 2022헌마251).

④ 【X】 제청법원은 심판대상조항이 의료급여기관 개설자의 재판청구권 및 직업수행의 자유를 제한한다는 취지도 위헌제청의 이유로 기재하고 있다. 먼저 심판대상조항은 의료급여비용의 지급보류처분에 관한 실체법적 근거규정으로서 권리구제절차 내지 소송절차에 관한 규정이 아니므로, 이로 인하여 재판청구권이 침해될 여지는 없다. 그리고 직업수행의 자유 제한 주장은 심판대상조항이 재산권을 제한한다는 주장과 다르지 아니하므로, 이는 재산권 침해 여부 판단에서 함께 살펴보고 별도로 판단하지 아니한다. …(중략)… 심판대상조항은 과잉금지원칙에 반하여 의료급여기관 개설자의 재산권을 침해한다(헌재 2024.06.27. 2021헌가19).

09 재판을 받을 권리에 대한 설명으로 가장 옳은 것은? (다툼이 있는 경우 헌법재판소 판례에 의함)

2017 서울시 7급

① 법원 직권으로 원고에게 소송비용에 대한 담보제공을 명할 수 있도록 하고, 원고가 담보를 제공하지 않을 경우 변론 없이 판결로 소를 각하할 수 있다고 규정한 「민사소송법」 조항은 재판청구권을 침해하지 않는다.

② 국민참여재판을 받을 권리도 헌법 제27조 제1항에서 규정한 재판을 받을 권리의 보호범위에 속한다.

③ 행정심판절차의 구체적 형성에 관한 입법자의 입법형성의 한계를 고려할 때, 필요적 전심절차로 규정되어 있는 경우 뿐만 아니라 임의적 전심절차로 규정되어 있는 경우에도 반드시 사법절차가 준용되어야 한다.

④ 재심도 재판절차 중의 하나이므로 재심청구권은 헌법 제27조에서 규정한 재판을 받을 권리에 당연히 포함된다.

지문분석 **난이도** □■■ 중 | **정답** ① | **키워드** 재판청구권 | **출제유형** 판례

① 【O】 법원 직권으로 원고에게 소송비용에 대한 담보제공을 명할 수 있도록 하고, 원고가 담보를 제공하지 않을 경우 변론 없이 판결로 소를 각하할 수 있다고 규정한 「민사소송법」 조항은 재판청구권을 침해하지 않는다(헌재 2016.02.25. 2014헌바366).

② 【X】 헌법과 법률이 정한 법관에 의한 재판을 받을 권리는 직업법관에 의한 재판을 주된 내용으로 하는 것이므로, 국민참여재판을 받을 권리가 헌법 제27조 제1항에서 규정한 재판을 받을 권리의 보호범위에 속한다고 볼 수 없다(헌재 2015.07.30. 2014헌바447).

③ 【X】 헌법 제107조 제3항은 행정심판절차의 구체적 형성을 입법자에게 맡기고 있지만, 행정심판은 어디까지나 재판의 전심절차로서만 기능하여야 한다는 점과 행정심판절차에 사법절차가 준용되어야 한다는 점은 헌법이 직접 요구하고 있으므로 여기에 입법적 형성의 한계가 있다. 따라서 입법자가 행정심판을 전심절차가 아니라 종심절차로 규정함으로써 정식재판의 기회를 배제하거나, 어떤 행정심판을 필요적 전심절차로 규정하면서도 그 절차에 사법절차가 준용되지 않는다면 이는 헌법 제107조 제3항, 나아가 재판청구권을 보장하고 있는 헌법 제27조에도 위반된다 할 것이다. 반면 어떤 행정심판절차에 사법절차가 준용되지 않는다 하더라도 임의적 전치제도로 규정함에 그치고 있다면 위 헌법조항에 위반된다 할 수 없다(헌재 2000.06.01. 98헌바8).

④ 【X】 재심청구권은 헌법 제27조에서 규정한 재판을 받을 권리에 당연히 포함된다고 할 수 없으며, 어떤 사유를 재심사유로 정하여 재심을 허용할 것인가는 입법자가 확정판결에 대한 법적 안정성, 재판의 신속·적정성, 법원의 업무부담 등을 고려하여 결정하여야 할 입법정책의 문제이다(헌재 2004.12.16. 2003헌바105).

10 재판청구권에 대한 설명으로 가장 적절하지 않은 것은? (다툼이 있는 경우 헌법재판소 판례에 의함)

2022 경찰 간부

① 사법보좌관의 지급명령에 대한 이의신청기간을 2주 이내로 규정한 「민사소송법」 조항은 재판청구권을 침해한다.

② 특허무효심결에 대한 소(訴)는 심결의 등본을 송달받은 날로부터 30일 이내에 제기하도록 규정한 「특허법」 조항은 재판청구권을 침해하지 않는다.

③ 국가배상사건인 당해사건 확정판결에 대해 헌법재판소 위헌결정을 이유로 한 재심의 소를 제기할 경우 재심제기기간을 재심사유를 안 날부터 30일 이내로 한 「헌법재판소법」 조항은 재판청구권을 침해하지 않는다.

④ 즉시항고 제기기간을 3일로 제한하고 있는 「형사소송법」 조항은 재판청구권을 침해한다.

지문분석 **난이도** □□■ **하** | **정답** ① | **키워드** 재판청구권 | **출제유형** 판례

① 【X】 사법보좌관의 지급명령에 대한 이의신청 기간을 2주 이내로 규정한 「민사소송법」 제470조 제1항 중 '사법보좌관의 지급명령'에 관한 부분(이하 '이 사건 「민사소송법」 조항'이라 한다)이 재판청구권을 침해하지 않는다(헌재 2020.12.23. 2019헌바353).

② 【O】 특허권의 효력 여부에 대한 분쟁은 신속히 확정할 필요가 있는 점, 특허무효심판에 대한 심결은 「특허법」이 열거하고 있는 무효사유에 대해 「특허법」이 정한바 「특허법」과 절차에 따라 청구인과 특허권자가 다툰 후 심결의 이유를 기재한 서면에 의하여 이루어지는 것이므로, 당사자가 그 심결에 대하여 불복할 것인지를 결정하고 이를 준비하는 데 그리 많은 시간이 필요하지 않은 점, 「특허법」은 심판장으로 하여금 30일의 제소기간에 부가기간을 정할 수 있도록 하고 있고, 제소기간 도과에 대하여 추후보완이 허용되기도 하는 점 등을 종합하여 보면, 이 사건 제소기간 조항이 정하고 있는 30일의 제소기간이 지나치게 짧아 특허무효심결에 대하여 소송으로 다투고자 하는 당사자의 재판청구권 행사를 불가능하게 하거나 현저히 곤란하게 한다고 할 수 없으므로, 재판청구권을 침해하지 아니한다(헌재 2018.08.30. 2017헌바258).

③ 【O】 재심에 있어 제소기간을 둘 것인가 등은 확정판결에 대한 법적 안정성, 재판의 신속 · 적정성 등을 고려하여 결정하여야 할 입법정책의 문제로, 위헌결정을 이유로 한 재심의 소에서 재심제기기간을 둔 것이 입법형성권을 현저히 일탈하였다고 볼 수 없다. 그리고 위헌결정을 받은 당사자는 스스로 재심사유가 있음을 충분히 알거나 알 수 있는 점, 위헌결정을 이유로 한 재심의 소를 제기하기 위하여 관련 기록이나 증거를 면밀히 검토할 필요가 크지 않은 점, 30일의 재심제기기간은 불변기간이어서 추후보완이 허용되는 점 등을 종합하면, 재심사유가 있음을 안 날로 30일이라는 재심제기기간이 재심청구를 현저히 곤란하게 하거나 사실상 불가능하게 할 정도로 짧다고 보기도 어렵다. 심판대상 조항은 재판청구권을 침해하지 않는다(헌재 2020.09.24. 2019헌바130).

④ 【O】 「형사소송법」상 즉시항고 제기기간을 민사재판의 즉시항고 제기기간보다 단기인 3일로 정하고 있는 것은 즉시항고 제기기간을 지나치게 짧게 정함으로써 실질적으로 즉시항고 제기를 어렵게 하고, 즉시항고 제도를 단지 형식적이고 이론적인 권리로서만 기능하게 하므로, 입법재량의 한계를 일탈하여 재판청구권을 침해한다[헌재 2018.12.27. 2015헌바77 · 2015헌마832(병합)].

11 **재판청구권에 대한 설명으로 옳지 않은 것은?** (다툼이 있는 경우 판례에 의함) 2015 국가직 7급

① 수형자인 청구인이 국선대리인인 변호사를 접견하는데 교도소장이 그 접견내용을 녹음, 기록한 행위는 청구인의 재판을 받을 권리를 침해하는 것이다.

② 공판기일의 소송절차로서 공판조서에 기재된 것은 그 조서만으로써 증명한다고 하여 공판조서의 절대적 증명력을 규정한 「형사소송법」 제56조가 재판을 받을 권리를 침해하는 것은 아니다.

③ 국민의 형사재판 참여에 관한 법률에서 정하는 대상사건에 해당하는 피고인은 국민참여재판을 받을 헌법상 권리를 가진다.

④ 「헌법재판소법」 제68조 제1항 본문 중 '법원의 재판을 제외하고는' 부분에 대하여 헌법재판소는 '법원의 재판'에 헌법재판소가 위헌으로 결정한 법령을 적용함으로써 국민의 기본권을 침해한 재판이 포함되는 것으로 해석하는 한도 내에서 헌법에 위반된다고 본다.

지문분석 **난이도** □■■ **중** | **정답** ③ | **키워드** 재판청구권 | **출제유형** 판례

① 【O】 수형자와 변호사와의 접견내용을 녹음, 녹화하게 되면 그로 인해 제3자인 교도소 측에 접견내용이 그대로 노출되므로 수형자와 변호사는 상담과정에서 상당히 위축될 수밖에 없고, 특히 소송의 상대방이 국가나 교도소 등의 구금시설로서 그 내용이 구금시설 등의 부당처우를 다투는 내용일 경우에 접견내용에 대한 녹음, 녹화는 실질적으로 당사자대등의 원칙에 따른 무기평등을 무력화시킬 수 있다. 이 사건에 있어서 청구인과 헌법소원 사건의 국선대리인인 변호사의 접견내용에 대해서는 접견의 목적이나 접견의 상대방 등을 고려할 때 녹음, 기록이 허용되어서는 아니될 것임에도, 이를 녹음, 기록한 행위는 청구인의 재판을 받을 권리를 침해한다(헌재 2013.09.26. 2011헌마398).

② 【O】 공판조서의 절대적 증명력은 공판기일의 소송절차에 한하여 인정되는 점, 「형사소송법」은 공판조서 기재의 정확성을 담보하기 위해 작성주체, 방식, 기재요건 등에 관하여 엄격히 규정하고 있고, 피고인 등으로 하여금 공판조서에 대한 열람 또는 등사 등을 통하여 기재 내용에 대한 이의를 진술할 수 있도록 함으로써 기본권 침해를 최소화하고 있으며, 이 사건 법률조항으로 인한 기본권 제한이 상소심에서의 심리지연 등으로 인한 피해보다 크다고 볼 수 없으므로, 피해의 최소성과 함께 법익균형성의 요건도 갖추었다 할 것이므로, 이 사건 법률조항이 청구인의 재판을 받을 권리를 침해한다고 볼 수 없다(헌재 2012.04.24. 2010헌바379).

③ 【X】 우리 헌법상 헌법과 법률이 정한 법관에 의한 재판을 받을 권리는 직업법관에 의한 재판을 주된 내용으로 하는 것이므로 국민참여재판을 받을 권리가 헌법 제27조 제1항에서 규정한 재판을 받을 권리의 보호범위에 속한다고 볼 수 없다(헌재 2009.11.26. 2008헌바12).

④ 【O】 「헌법재판소법」 제68조 제1항은 국민의 기본권(평등권 및 재판청구권 등)의 관점에서는 입법형성권의 헌법적 한계를 넘는 위헌적인 법률조항이라고 할 수 없다. 「헌법재판소법」 제68조 제1항이 원칙적으로 헌법에 위반되지 아니한다고 하더라도, 법원이 헌법재판소가 위헌으로 결정하여 그 효력을 전부 또는 일부 상실하거나 위헌으로 확인된 법률을 적용함으로써 국민의 기본권을 침해한 경우에도 법원의 재판에 대한 헌법소원이 허용되지 않는 것으로 해석한다면, 위 법률조항은 그러한 한도 내에서 헌법에 위반된다(헌재 1997.12.24. 96헌마172).

12 재판을 받을 권리에 관한 설명으로 가장 적절한 것은? (다툼이 있는 경우 헌법재판소 판례에 의함)

2024 경찰 2차

① 피고인이 정식재판을 청구한 사건에 대하여는 약식명령의 형보다 중한 종류의 형을 선고하지 못하도록 하는 「형사소송법」 조항은 불이익변경금지원칙을 적용하지 않아 과잉금지원칙에 위반되어 피고인의 공정한 재판을 받을 권리를 침해한다.

② 기피신청이 소송의 지연을 목적으로 함이 명백한 경우에는 그러한 신청을 받은 법원 또는 법관이 스스로 신속하게 신청을 기각할 수 있도록 하는 「형사소송법」 조항은, 소송절차의 지연을 목적으로 한 기피신청의 남용을 방지하여 형사소송절차의 신속성의 실현이라는 공익을 달성하기 위한 것으로 헌법 제27조 제1항, 제37조 제2항에 위반된다고 할 수 없다.

③ 교정시설의 장이 미결수용자에게 교정시설 내 규율위반에 대해 징벌을 부과한 뒤 그 규율위반 내용 및 징벌처분 결과 등을 관할 법원에 양형 참고자료로 통보한 것은, 법관이 양형에 참고할 수 있는 자료로 작용할 수 있어 미결수용자의 공정한 재판을 받을 권리를 제한한다.

④ 영상물에 수록된 '19세 미만 성폭력범죄피해자'의 진술에 관하여 조사과정에 동석하였던 신뢰관계인의 법정진술에 의하여 그 성립의 진정함이 인정된 경우에도 증거능력을 인정할 수 있도록 정한 「성폭력범죄의 처벌 등에 관한 특례법」 조항 중 해당 부분은, 피고인의 형사절차상 권리의 보장과 미성년 피해자의 보호 사이의 조화를 도모한 것으로 피고인의 공정한 재판을 받을 권리를 침해하지 않는다.

지문분석 **난이도** ■■■ **상** | **정답** ② | **키워드** 재판청구권 | **출제유형** 판례

① 【X】 심판대상조항은 피고인의 정식재판청구에 대한 불이익변경금지원칙 적용에 따른 문제점을 해소하면서 피고인의 정식재판청구권 행사를 보장하기 위해 도입된 것이다. 또한 형사소송법 제457조의2 제2항은 피고인이 정식재판을 청구한 사건에 대하여 약식명령의 형과 동종의 중한 형을 선고하는 경우에는 판결서에 양형의 이유를 적도록 함으로써 법관으로 하여금 양형 판단 시 신중을 기하도록 하고 있다. 이는 피고인의 정식재판청구권 행사가 위축되는 것을 최소화하면서 동시에 피고인이 정식재판청구권 행사를 남용하는 것을 방지하여 사법의 효율성을 도모한 것으로, 심판대상조항이 약식명령에 대하여 피고인만이 정식재판을 청구한 사건에 불이익변경금지원칙을 적용하지 아니하였다는 이유만으로 재판청구권에 관한 합리적인 입법형성권의 범위를 일탈하여 공정한 재판을 받을 권리를 침해한다고 볼 수 없다(헌재 2024.05.30. 2021헌바6 등).

② 【O】 형사소송절차에서 당사자 일방의 기피신청이 소송의 지연을 목적으로 하는 것이 분명한 경우에도 당해 법관을 배제시키고 새로운 재판부를 구성하여 기피 신청에 대한 재판을 하게 하면서 그 재판이 확정될 때까지 소송절차의 진행을 정지시킨다면, 그로 인하여 소송절차가 지연될 것이고 기피신청의 남용을 방지하기 어려울 것이므로 이 사건 법률조항들의 입법목적은 정당하고, 이를 달성하기 위하여 채택한 방법도 적절하다. 따라서 이 사건 법률조항들은 헌법 제27조 제1항, 제37조 제2항에 위반된다고 할 수 없다(헌재 2009.12.29. 2008헌바124).

③ 【X】 청구인은 이 사건 통보행위로 인하여 형사재판에서 양형상 불이익을 받게 되므로 공정한 재판을 받을 권리가 침해된다고 주장한다. 그런데 교정시설의 장이 미결수용자의 교정시설 내 규율위반 내용 및 징벌처분 결과를 법원에 통보한다고 하더라도 이는 법관이 양형에 참고할 수 있는 자료 중 하나로 작용할 수 있을 뿐이고, 그 내용이 공개된 법정에서 양형을 위한 증거조사의 대상이 되는 데에 어떠한 장애가 되거나, 이와 관련한 청구인의 공격·방어권 행사에 영향을 미치는 것은 아니다. 청구인은 그 내용이 양형에 불리하게 작용하지 않도록 자신에게 유리한 주장을 하거나 반증을 제출할 수 있다. 따라서 이 사건 통보행위가 청구인의 공정한 재판을 받을 권리를 제한한다고 보기 어렵다. 이 사건 통보행위는 과잉금지원칙에 위배되어 청구인의 개인정보자기결정권을 침해하였다고 볼 수 없다(헌재 2023.09.26. 2022헌마926).

④ 【X】 성폭력범죄의 특성상 영상물에 수록된 미성년 피해자 진술이 사건의 핵심 증거인 경우가 적지 않음에도 심판대상조항은 진술증거의 오류를 탄핵할 수 있는 효과적인 방법인 피고인의 반대신문권을 보장하지 않고 있다. 심판대상조항은 영상물로 그 증거방법을 한정하고 신뢰관계인 등에 대한 신문 기회를 보장하고 있기는 하나 위 증거의 특성 및 형성과정을 고려할 때 이로써 원진술자에 대한 반대신문의 기능을 대체하기는 어렵다. 그 결과 피고인은 사건의 핵심 진술증거에 관하여 충분히 탄핵할 기회를 갖지 못한 채 유죄 판결을 받을 수 있는바, 그로 인한 방어권 제한의 정도는 매우 중대하다. …(중략)… 우리 사회에서 미성년 피해자의 2차 피해를 방지하는 것이 중요한 공익에 해당함에는 의문의 여지가 없다. 그러나 심판대상조항으로 인한 피고인의 방어권 제한의 중대성과 미성년 피해자의 2차 피해를 방지할 수 있는 여러 조화적인 대안들이 존재함을 고려할 때, 심판대상조항이 달성하려는 공익이 제한되는 피고인의 사익보다 우월하다고 쉽게 단정하기는 어렵다. 따라서 심판대상조항은 과잉금지원칙을 위반하여 공정한 재판을 받을 권리를 침해한다(헌재 2021.12.23. 2018헌바524).

13 재판청구권에 대한 설명으로 가장 적절한 것은? (다툼이 있는 경우 헌법재판소 판례에 의함)

2023 경찰간부

① 「범죄인인도법」 제3조가 법원의 범죄인인도심사를 서울고등법원의 전속관할로 하고 그 심사결정에 대한 불복절차를 인정하지 않은 것은 재판청구권을 침해한다.

② '피고인 스스로 치료감호를 청구할 수 있는 권리'뿐만 아니라 '법원으로부터 직권으로 치료감호를 선고받을 수 있는 권리'는 헌법상 재판청구권의 보호범위에 포함된다.

③ 행정심판이 재판의 전심절차로서 기능할 뿐만 아니라 사실확정에 관한 한 사실상 최종심으로 기능하더라도 재판청구권을 침해하는 것은 아니다.

④ 「국세기본법」 해당 조항 중 「주세법」 규정에 따른 의제주류판매업면허의 취소처분에 대하여 필요적 행정심판전치주의를 채택한 것이 재판청구권을 침해하는 것은 아니다.

지문분석 **난이도** ■■■ **상** | **정답** ④ | **키워드** 재판청구권 | **출제유형** 판례

① 【X】 이 사건에서 설사 범죄인인도를 형사처벌과 유사한 것이라 본다고 하더라도, 이 사건 법률조항이 적어도 법관과 법률에 의한 한 번의 재판을 보장하고 있고, 그에 대한 상소를 불허한 것이 적법절차원칙이 요구하는 합리성과 정당성을 벗어난 것이 아닌 이상, 그러한 상소 불허 입법이 입법재량의 범위를 벗어난 것으로서 재판청구권을 과잉 제한하는 것이라고 보기는 어렵다(헌재 2003.01.30. 2001헌바95).

② 【X】 법원이 직권으로 치료감호를 선고할 수 있는지 여부는 재판청구권의 적극적 측면은 물론 소극적 측면에도 해당하지 않는다. 따라서 청구인이나 제청법원이 주장하는 '피고인 스스로 치료감호를 청구할 수 있는 권리' 뿐만 아니라 '법원으로부터 직권으로 치료감호를 선고받을 수 있는 권리'는 헌법상 재판청구권의 보호범위에 포함된다고 보기 어렵다(헌재 2021.01.28. 2019헌가24 등).

③ 【X】 헌법 제107조 제3항은 '재판의 전심절차로서 행정심판을 할 수 있다. 행정심판의 절차는 법률로 정하되, 사법절차가 준용되어야 한다.'고 규정하고 있으므로, 입법자가 행정심판을 전심절차가 아니라 종심절차로 규정함으로써 정식재판의 기회를 배제하거나, 어떤 행정심판을 필요적 전심절차로 규정하면서도 그 절차에 사법절차가 준용되지 않는다면 이는 헌법 제107조 제3항, 나아가 재판청구권을 보장하고 있는 헌법 제27조에도 위반된다(헌재 2000.06.01.98헌바8).

④ 【O】 「주세법」의 규정 중 주세의 부과·징수에 관한 부분과 주류의 제조·유통과정을 규율하기 위한 부분은 모두 국가재정 확보 및 국민보건 향상이라는 「주세법」의 입법목적을 달성하는 데 있어서 유기적·체계적으로 관련되어 있다. 「주세법」에 따른 의제주류판매업면허취소처분에 대한 불복절차에 관하여는, 주류의 특성, 주류의 제조 및 유통과정에 대한 지식과 「주세법」의 관련 내용, 주류의 제조·유통과정에서 부과되는 각종 조세에 관한 관련법령의 내용 등을 감안하여야 하는 전문성과 기술성이 요구되고, 대량·반복적으로 이루어지는 주류판매업면허 및 그 취소처분에 관한 행정의 통일성을 기하여야 하므로, 행정소송 전에 먼저 행정심판을 거치게 하는 것이 적절하다. 따라서 심판대상조항이 재판청구권을 침해한다고 할 수 없다(헌재 2016.12.29. 2015헌바229).

14 재판청구권에 관한 설명 중 가장 적절하지 않은 것은? (다툼이 있는 경우 판례에 의함) 2022 경찰 1차

① 헌법은 '군인 또는 군무원이 아닌 국민은 대한민국의 영역 안에서는 중대한 군사상 기밀·초병·초소·유독음식물공급·포로·군용물에 관한 죄 중 법률이 정한 경우와 비상계엄이 선포된 경우를 제외하고는 군사법원의 재판을 받지 아니한다.'고 규정하고 있다.

② 소환된 증인 또는 그 친족 등이 보복을 당할 우려가 있는 경우, 재판장은 피고인을 퇴정시키고 증인신문을 행할 수 있도록 규정한 특정범죄신고자 등 보호법 조항은 피고인의 「형사소송법」상의 반대신문권을 제한하고 있어 피고인의 공정한 재판을 받을 권리를 침해한다.

③ 법관기피신청이 소송의 지연을 목적으로 함이 명백한 경우에 신청을 받은 법원 또는 법관은 결정으로 이를 기각할 수 있도록 규정한 「형사소송법」 제20조 제1항이 헌법상 보장되는 공정한 재판을 받을 권리를 침해하는 것은 아니다.

④ 형사재판에 계속 중인 사람에 대하여 출국을 금지할 수 있다고 규정한 「출입국관리법」 제4조 제1항 제1호는 유죄를 근거로 형사재판에 계속 중인 사람에게 사회적 비난 내지 응보적 의미의 제재를 가하려는 것이라고 보기 어려우므로 무죄추정의 원칙에 위배된다고 볼 수 없다.

지문분석 **난이도** □■■ 중 | **정답** ② | **키워드** 재판청구권 | **출제유형** 조문 +판례

① 【O】 헌법 제27조 ② 군인 또는 군무원이 아닌 국민은 대한민국의 영역 안에서는 중대한 군사상 기밀·초병·초소·유독음식물공급·포로·군용물에 관한 죄 중 법률이 정한 경우와 비상계엄이 선포된 경우를 제외하고는 군사법원의 재판을 받지 아니한다.

② 【X】 피고인 퇴정조항에 의하여 피고인 퇴정 후 증인신문을 하는 경우에도 피고인은 여전히 「형사소송법」 제161조의2에 의하여 반대신문권이 보장되고, 이때 변호인이 반대신문 전에 피고인과 상의하여 반대신문사항을 정리하면 피고인의 반대신문권이 실질적으로 보장될 수 있는 점, 기본권 제한의 정도가 특정범죄의 범죄신고자 등 증인 등을 보호하고 실체적 진실의 발견에 이바지하는 공익에 비하여 크다고 할 수 없어 법익의 균형성도 갖추고 있으며, 기본권 제한에 관한 피해의 최소성 역시 인정되므로, 공정한 재판을 받을 권리를 침해한다고 할 수 없다 (헌재 2010.11.25. 2009헌바57).

③ 【O】 심판대상 조항은 절차에 위반되거나 소송절차 지연을 목적으로 하는 기피신청의 남용을 방지하여 형사소송절차의 신속성의 실현이라는 공익을 달성하고자 하는 것으로 그 입법목적이 정당하고, 심판대상 조항이 도모하는 형사소송 절차의 신속성이라는 공익적 법익은 기피신청을 기각당한 당사자가 입는 불이익보다 훨씬 크다고 할 것이어서 심판대상 조항은 법익의 균형성도 갖추고 있다고 할 것이므로, 위 법률조항은 헌법 제37조 제2항의 비례의 원칙에 위반된다고 할 수 없어 공정한 재판을 받을 권리를 침해하였다고 할 수 없다(헌재 2006.07.27. 2005헌바58).

④ 【O】 심판대상 조항은 형사재판에 계속 중인 사람이 국가의 형벌권을 피하기 위하여 해외로 도피할 우려가 있는 경우 법무부장관으로 하여금 출국을 금지할 수 있도록 하는 것일 뿐으로, 무죄추정의 원칙에서 금지하는 유죄인정의 효과로서의 불이익, 즉 유죄를 근거로 형사재판에 계속 중인 사람에게 사회적 비난 내지 응보적 의미의 제재를 가하려는 것이라고 보기 어렵다. 따라서 심판대상 조항은 무죄추정의 원칙에 위배된다고 볼 수 없다(헌재 2015.09.24. 2012헌바302).

15 재판을 받을 권리에 관한 설명 중 가장 적절하지 않은 것은? (다툼이 있는 경우 판례에 의함) 기출변형

(2015 법무사 · 2014 국가직 7급)

① 교원징계재심위원회의 재심결정에 대하여 교원에게만 행정소송을 제기할 수 있도록 하고 학교법인을 제외한 것은 학교법인의 재판청구권을 침해한다.

② 우리 헌법상 헌법과 법률이 정한 법관에 의한 재판을 받을 권리라 함은 직업법관에 의한 재판을 주된 내용으로 하는 것이므로 '국민참여재판을 받을 권리'가 헌법 제27조 제1항에서 규정한 재판을 받을 권리의 보호범위에 속한다고 볼 수 없다.

③ 현역병의 군대 입대 전 범죄에 대한 군사법원의 재판권을 규정하고 있는 「군사법원법」의 관련규정은 현역 복무 중인 군인의 재판청구권을 침해하지 아니한다.

④ 형사실체법상으로 직접적인 보호법익의 주체로 해석되지 않는 자는 문제되는 범죄 때문에 법률상 불이익을 받게 되는 자라 하더라도 헌법상 형사피해자의 재판절차진술권의 주체가 될 수 없다.

지문분석 **난이도** ■■■ **상** | **정답** ④ | **키워드** 재판청구권 | **출제유형** 판례

① 【O】 교원이 제기한 민사소송에 대하여 응소하거나 피고로서 재판절차에 참여함으로써 자신의 권리를 주장하는 것은 어디까지나 상대방인 교원이 교원지위법이 정하는 재심절차와 행정소송절차를 포기하고 민사소송을 제기하는 경우에 비로소 가능한 것이므로 이를 들어 학교법인에게 자신의 침해된 권익을 구제받을 수 있는 실효적인 권리구제절차가 제공되었다고 볼 수 없고, 교원지위부존재확인 등 민사소송절차도 교원이 처분의 취소를 구하는 재심을 따로 청구하거나 또는 재심결정에 불복하여 행정소송을 제기하는 경우에는 민사소송의 판결과 재심결정 또는 행정소송의 판결이 서로 모순·저촉될 가능성이 상존하므로 이 역시 간접적이고 우회적인 권리구제수단에 불과하다. 그리고 학교법인에게 재심결정에 불복할 제소권한을 부여한다고 하여 이 사건 법률조항이 추구하는 사립학교 교원의 신분보장에 특별한 장애사유가 생긴다든가 그 권리구제에 공백이 발생하는 것도 아니므로 이 사건 법률조항은 분쟁의 당사자이자 재심절차의 피청구인인 학교법인의 재판청구권을 침해한다(헌재 2006.02.23. 2005헌가7).

② 【O】 우리 헌법상 헌법과 법률이 정한 법관에 의한 재판을 받을 권리는 직업법관에 의한 재판을 주된 내용으로 하는 것이므로 국민참여재판을 받을 권리가 헌법 제27조 제1항에서 규정한 재판을 받을 권리의 보호범위에 속한다고 볼 수 없다(헌재 2009.11.26. 2008헌바12).

③ 【O】 현역병의 군대 입대 전 범죄에 대한 군사법원의 재판권을 규정하고 있는 「군사법원법」 제2조 제2항 중 제1항 제1호의 '「군형법」 제1조 제2항의 현역에 복무하는 병' 부분이 재판청구권을 침해하여 헌법에 위반되지 않는다(헌재 2009.07.30. 208헌바162).

④ 【X】 헌법상 재판절차진술권의 주체인 형사피해자의 개념은 반드시 형사실체법상의 보호법익을 기준으로 한 피해자의 개념에 의존할 필요가 없고, 형사실체법상으로는 직접적인 보호법익의 주체로 해석되지 않는 자라 하더라도 문제되는 범죄 때문에 법률상의 불이익을 받게 되는 자라면 헌법상 형사피해자의 재판절차진술권의 주체가 될 수 있다고 할 것인바, 청구인은 청구외 회사와의 사이에 존재하였던 대리점계약의 일방당사자로서 청구외 회사의 이 사건 불공정거래행위라는 범죄로 인하여 위와 같은 대리점계약상의 지위를 상실하는 법률상의 불이익을 받고 있으므로, 청구인이 비록 「공정거래법」이라는 형사실체법상의 보호법익의 주체는 아니라고 하더라도 헌법상 재판절차진술권의 주체인 피해자에는 해당한다고 보아야 한다(헌재 1995.07.21. 94헌마136).

16 **대한민국의 과거사 정리 과업과 관련한 기본권 침해 여부에 대해 가장 적절하지 않은 것은?** (다툼이 있는 경우 헌법재판소 판례에 의함) 2022 경찰 간부

① 특수임무수행 등으로 인하여 입은 피해에 대해 특수임무수행자보상심의회의 보상금 등 지급결정에 대해 동의한 때에는 재판상 화해가 성립된다고 보는 「특수임무수행자 보상에 관한 법률」상 조항은 재판청구권을 침해한다.

② 5·18 민주화운동 보상심의위원회의 보상금지급결정에 동의하면 정신적 손해에 관한 부분도 재판상 화해가 성립된 것으로 보는 구 「광주민주화운동 관련자 보상에 관한 법률」상 조항은 국가배상청구권을 침해한다.

③ 진실·화해를 위한 과거사정리 기본법상 민간인 집단희생사건, 중대한 인권침해·조작의혹사건에 「민법」상 소멸시효 조항의 객관적 기산점이 적용되도록 하는 것은 청구인들의 국가배상청구권을 침해한다.

④ 부마민주항쟁을 이유로 30일 미만 구금된 자를 보상금 또는 생활지원금의 지급대상에서 제외하는 부마민주항쟁 관련자의 명예훼손 및 보상 등에 관한 법률상 조항은 청구인의 평등권을 침해한다.

지문분석 **난이도** □■■ **중** | **정답** ①, ④ | **키워드** 재판청구권 | **출제유형** 판례

① 【X】 보상금 등의 지급결정에 동의한 때에는 특수임무수행 등으로 인하여 입은 피해에 대하여 재판상 화해가 성립된 것으로 보는 「특수임무수행자 보상에 관한 법률」 제17조의2는 재판청구권 침해가 아니다(헌재 2011.02.24. 2010헌바199).

② 【O】 5·18 민주화운동과 관련하여 보상금 지급 결정에 동의하면 '정신적 손해'에 관한 부분도 재판상 화해가 성립된 것으로 보는 구 「광주민주화운동 관련자 보상 등에 관한 법률」 제16조 제2항 가운데 '광주민주화운동과 관련하여 입은 피해' 중 '정신적 손해'에 관한 부분 및 구 「5·18 민주화운동 관련자 보상 등에 관한 법률」 제16조 제2항 가운데 '5·18 민주화운동과 관련하여 입은 피해' 중 '정신적 손해'에 관한 부분이 국가배상청구권을 침해한다(헌재 2021.05.27. 2019헌가17).

③ 【O】 「헌법재판소법」 제68조 제2항에 따른 헌법소원이 인용된 경우 당해 소송사건에만 재심을 허용하는 「헌법재판소법」 제75조 제7항, 비형벌조항에 대한 위헌결정의 효력을 장래효 원칙으로 정한 「헌법재판소법」 제75조 제6항 중 '제68조 제2항에 따른 헌법소원을 인용하는 경우 제47조를 준용'하는 부분이 「진실·화해를 위한 과거사정리 기본법」 제2조 제1항 제3호, 제4호에 규정된 '민간인 집단희생사건'과 '중대한 인권침해·조작의혹사건' 피해자의 유족의 재판청구권을 침해하지 않는다(헌재 2021.11.25. 2020헌바401).

④ 【X】 부마민주항쟁을 이유로 30일 미만 구금된 자를 보상금 또는 생활지원금의 지급대상에서 제외하는 「부마민주항쟁 관련자의 명예회복 및 보상 등에 관한 법률」 제21조 제1항과 제22조 제1항이 청구인의 평등권을 침해하지 않는다(헌재 2019.04.11. 2016헌마418).

3 형사보상청구권

01 형사보상청구권에 대한 설명으로 옳지 않은 것은? 2016 국가직 7급

① 형사피의자로 구금되었다가 법률이 정하는 불기소처분을 받은 자는 법률이 정하는 바에 의하여 형사보상청구권을 행사할 수 있다.

② 형사보상을 청구할 수 있는 자가 그 청구를 하지 아니하고 사망하였을 때에는 그 상속인이 이를 청구할 수 있다.

③ 1개의 재판으로 경합범의 일부에 대하여 무죄재판을 받고 다른 부분에 대하여 유죄재판을 받았을 경우 법원은 보상청구의 전부를 인용하여야 한다.

④ 다른 법률에 따라 손해배상을 받을 자가 같은 원인에 대하여 「형사보상 및 명예회복에 관한 법률」에 따른 보상을 받았을 때에는 그 보상금의 액수를 빼고 손해배상의 액수를 정하여야 한다.

지문분석 **난이도** □□■ 하 | **정답** ③ | **키워드** 형사보상청구권 | **출제유형** 조문

① 【O】 형사피의자 또는 형사피고인으로서 구금되었던 자가 법률이 정하는 불기소처분을 받거나 무죄판결을 받은 때에는 법률이 정하는 바에 의하여 국가에 정당한 보상을 청구할 수 있다(헌법 제28조).
② 【O】「형사보상 및 명예회복에 관한 법률」 제3조 제1항
③ 【X】 1개의 재판으로 경합범의 일부에 대하여 무죄재판을 받고 다른 부분에 대하여 유죄재판을 받았을 경우에는 법원은 재량으로 보상청구의 전부 또는 일부를 기각할 수 있다(「형사보상 및 명예회복에 관한 법률」 제4조 제3호).
④ 【O】「형사보상 및 명예회복에 관한 법률」 제6조 제3항

02 형사보상청구권에 대한 설명으로 가장 적절하지 않은 것은? (다툼이 있는 경우 판례에 의함)
2018 경찰 승진

① 형사피의자로 구금되었다가 법률이 정하는 불기소처분을 받은 자도 형사보상청구권을 행사할 수 있다.

② 형사보상의 청구에 대하여 한 보상의 결정에 대하여는 불복을 신청할 수 없도록 하여 형사보상의 결정을 단심재판으로 규정한 「형사보상법」 조항은 형사보상청구권 및 재판청구권을 침해한다.

③ 형사보상의 청구는 무죄재판이 확정된 때로부터 3년 이내에 하여야 한다.

④ 「형사보상법」은 보상을 받을 자가 다른 법률에 따라 손해배상을 청구하는 것을 금지하지 아니한다.

지문분석 **난이도** □□■ 하 | **정답** ③ | **키워드** 형사보상청구권 | **출제유형** 조문

① 【O】「형사보상 및 명예회복에 관한 법률」 제27조
② 【O】 헌재 2010.10.28. 2008헌마514
③ 【X】 형사보상청구는 무죄재판이 확정된 사실을 안 날부터 3년, 무죄재판이 확정된 때부터 5년 이내에 하여야 한다(「형사보상 및 명예회복에 관한 법률」 제8조).
④ 【O】「형사보상 및 명예회복에 관한 법률」 제6조 제1항

03 형사보상청구권에 대한 설명으로 가장 적절한 것은? (다툼이 있는 경우 판례에 의함) 2021 경찰 승진

① 형사보상 결정에 대하여는 불복을 신청할 수 없도록 하여 형사보상의 결정을 단심재판으로 규정한 「형사보상법」 조항은 형사보상청구권을 침해한다.

② 형사보상청구는 무죄재판이 확정된 때로부터 1년 이내에 하여야 한다.

③ 형사피의자로서 구금되었던 자에게 보상을 하는 것이 선량한 풍속 그 밖에 사회질서에 위배된다고 인정할 특별한 사정이 있는 경우라도 피의자보상의 전부를 지급하여야 한다.

④ 형사보상제도에 따라 형사보상금을 수령한 피고인은 다시 「국가배상법」에 의한 손해배상을 청구할 수 없다.

지문분석 **난이도** □□■ **하** | **정답** ① | **키워드** 형사보상청구권 | **출제유형** 판례 및 조문

① 【O】 보상액의 산정에 기초되는 사실인정이나 보상액에 관한 판단에서 오류나 불합리성이 발견되는 경우에도 그 시정을 구하는 불복신청을 할 수 없도록 하는 것은 형사보상청구권 및 그 실현을 위한 기본권으로서의 재판청구권의 본질적 내용을 침해하는 것이라 할 것이고, 나아가 법적안정성만을 지나치게 강조함으로써 재판의 적정성과 정의를 추구하는 사법제도의 본질에 부합하지 아니하는 것이다. 또한, 불복을 허용하더라도 즉시항고는 절차가 신속히 진행될 수 있고 사건수도 과다하지 아니한데다 그 재판내용도 비교적 단순하므로 불복을 허용한다고 하여 상급심에 과도한 부담을 줄 가능성은 별로 없다고 할 것이어서, 이 사건 불복금지조항은 형사보상청구권 및 재판청구권을 침해한다고 할 것이다(헌재 2010.10.28. 2008헌마514 등).

② 【X】 보상청구는 무죄재판이 확정된 사실을 안 날부터 3년, 무죄재판이 확정된 때부터 5년 이내에 하여야 한다(「형사보상 및 명예회복에 관한 법률」 제8조).

③ 【X】 보상을 하는 것이 선량한 풍속이나 그 밖에 사회질서에 위배된다고 인정할 특별한 사정이 있는 경우에는 피의자보상의 전부 또는 일부를 지급하지 아니할 수 있다(「형사보상 및 명예회복에 관한 법률」 제27조 제2항 제3호).

④ 【X】 이 법은 보상을 받을 자가 다른 법률에 따라 손해배상을 청구하는 것을 금지하지 아니한다(「형사보상 및 명예회복에 관한 법률」 제6조 제1항). 제3항 다른 법률에 따라 손해배상을 받을 자가 같은 원인에 대하여 이 법에 따른 보상을 받았을 때에는 그 보상금의 액수를 빼고 손해배상의 액수를 정하여야 한다.

04 형사보상에 관한 설명 중 가장 적절하지 않은 것은? (다툼이 있는 경우 판례에 의함) 2022 경찰 1차

① 형사보상의 청구에 대한 보상의 결정에 대하여는 불복을 신청할 수 없도록 단심재판으로 규정한 「형사보상법」 조항은 형사보상인용결정의 안정성을 유지하고, 신속한 형사보상절차의 확립을 통해 형사보상에 관한 국가예산 수립의 안정성을 확보하며, 나아가 상급법원의 부담을 경감하고자 하는 데 그 목적이 있으므로 청구인들의 형사보상청구권을 침해하지 않는다.

② 형사보상의 청구를 무죄재판이 확정된 때로부터 1년 이내에 하도록 규정하고 있는 「형사보상법」 조항은 입법재량의 한계를 일탈하여 청구인의 형사보상청구권을 침해한다.

③ 「형사보상 및 명예회복에 관한 법률」에 따르면 본인이 수사 또는 심판을 그르칠 목적으로 거짓 자백을 하거나 다른 유죄의 증거를 만듦으로써 기소, 미결구금 또는 유죄재판을 받게 된 것으로 인정된 경우에는 법원은 재량으로 보상청구의 전부 또는 일부를 기각할 수 있다.

④ 국가의 형사사법행위가 고의・과실로 인한 것으로 인정되는 경우에는 국가배상청구 등 별개의 절차에 의하여 인과관계 있는 모든 손해를 배상받을 수 있으므로, 형사보상절차로써 인과관계 있는 모든 손해를 보상하지 않는다고 하여 반드시 부당하다고 할 수는 없다.

PART・02

지문분석 **난이도** □■■ 중 | **정답** ① | **키워드** 형사보상청구권 | **출제유형** 조문, 판례

① 【X】 보상액의 산정에 기초되는 사실인정이나 보상액에 관한 판단에서 오류나 불합리성이 발견되는 경우에도 그 시정을 구하는 불복신청을 할 수 없도록 하는 것은 형사보상청구권 및 그 실현을 위한 기본권으로서의 재판청구권의 본질적 내용을 침해하는 것이라 할 것이고, 나아가 법적안정성만을 지나치게 강조함으로써 재판의 적정성과 정의를 추구하는 사법제도의 본질에 부합하지 아니하는 것이다. 또한, 불복을 허용하더라도 즉시항고는 절차가 신속히 진행될 수 있고 사건수도 과다하지 아니한 데다 그 재판내용도 비교적 단순하므로 불복을 허용한다고 하여 상급심에 과도한 부담을 줄 가능성은 별로 없다고 할 것이어서, 이 사건 불복금지조항은 형사보상청구권 및 재판청구권을 침해한다고 할 것이다(헌재 2010.10.28. 2008헌마514 등).

② 【O】 형사보상청구권은 국가의 형사사법작용에 의해 신체의 자유라는 중대한 법익을 침해받은 국민을 구제하기 위하여 헌법상 보장된 국민의 기본권이므로 일반적인 사법상의 권리보다 더 확실하게 보호되어야 할 권리이다. 그럼에도 불구하고 아무런 합리적인 이유 없이 그 청구기간을 1년이라는 단기간으로 제한한 것은 입법목적 달성에 필요한 정도를 넘어선 것이라고 할 것이다. 따라서 이 사건 법률조항은 입법재량의 한계를 일탈하여 청구인의 형사보상청구권을 침해한 것이다(헌재 2010.07.29. 2008헌가4).

③ 【O】

> 「형사보상 및 명예회복에 관한 법률」 제4조(보상하지 아니할 수 있는 경우) 다음 각 호의 어느 하나에 해당하는 경우에는 법원은 재량으로 보상청구의 전부 또는 일부를 기각할 수 있다.
> 1. 「형법」 제9조(형사미성년자) 및 제10조(심신장애인) 제1항의 사유로 무죄재판을 받은 경우
> 2. 본인이 수사 또는 심판을 그르칠 목적으로 거짓 자백을 하거나 다른 유죄의 증거를 만듦으로써 기소, 미결구금 또는 유죄재판을 받게 된 것으로 인정된 경우
> 3. 1개의 재판으로 경합범의 일부에 대하여 무죄재판을 받고 다른 부분에 대하여 유죄재판을 받았을 경우

④ 【O】 형사피고인 등으로서 적법하게 구금되었다가 후에 무죄판결 등을 받음으로써 발생하는 신체의 자유 제한에 대한 보상은 형사사법절차에 내재하는 불가피한 위험으로 인한 피해에 대한 보상으로서, 국가의 위법・부당한 행위를 전제로 하는 국가배상과는 그 취지 자체가 상이한 것이고, 따라서 그 보상 범위도 손해배상의 범위와 동일하여야 하는 것이 아니다. 국가의 형사사법행위가 고의・과실로 인한 것으로 인정되는 경우에는 국가배상청구 등 별개의 절차에 의하여 인과관계 있는 모든 손해를 배상받을 수 있으므로, 형사보상절차로써 인과관계 있는 모든 손해를 보상하지 않는다고 하여 반드시 부당하다고 할 수는 없을 것이다(헌재 2010.10.28. 2008헌마514 등).

05 형사보상청구권에 관한 설명으로 가장 적절하지 않은 것은? (다툼이 있는 경우 판례에 의함)

2023 경찰 2차

① 「형사보상 및 명예회복에 관한 법률」은 법원의 형사보상 결정에 대하여는 1주일 이내에 즉시항고를 할 수 있으나, 형사보상청구기각 결정에 대하여는 즉시항고를 할 수 없다고 규정하고 있다.
② 형사피의자 또는 형사피고인으로서 구금되었던 자가 법률이 정하는 불기소처분을 받거나 무죄판결을 받은 때에는 법률이 정하는 바에 의하여 국가에 정당한 보상을 청구할 수 있다.
③ 형사보상청구는 무죄재판이 확정된 사실을 안 날부터 3년, 무죄재판이 확정된 때부터 5년 이내에 하여야 한다.
④ 무죄판결이 확정된 피고인에게 국선변호인 보수를 기준으로 소송비용의 보상을 청구할 수 있는 권리는 구금되었음을 전제로 하는 헌법 제28조의 형사보상청구권과는 달리 헌법적 차원의 권리라고 볼 수는 없고, 입법자가 입법의 목적, 국가의 경제적 · 사회적 · 정책적 사정들을 참작하여 제정하는 법률에 적용요건, 적용대상, 범위 등 구체적인 사항이 규정될 때 비로소 형성되는 법률상의 권리에 불과하다.

지문분석 **난이도** □□■ 하 | **정답** ① | **키워드** 형사보상청구권 | **출제유형** 조문, 판례

① 【X】

> 「형사보상 및 명예회복에 관한 법률」 제20조(불복신청)
> 제1항 제17조 제1항에 따른 보상결정에 대하여는 1주일 이내에 즉시항고(卽時抗告)를 할 수 있다.
> 제2항 제17조 제2항에 따른 청구기각 결정에 대하여는 즉시항고를 할 수 있다.

② 【O】 헌법 제28조 형사피의자 또는 형사피고인으로서 구금되었던 자가 법률이 정하는 불기소처분을 받거나 무죄판결을 받은 때에는 법률이 정하는 바에 의하여 국가에 정당한 보상을 청구할 수 있다.
③ 【O】 「형사보상 및 명예회복에 관한 법률」 제8조(보상청구의 기간) 보상청구는 무죄재판이 확정된 사실을 안 날부터 3년, 무죄재판이 확정된 때부터 5년 이내에 하여야 한다.
④ 【O】 이 사건 법률조항이 규정하고 있는 '소송비용'의 보상은 형사사법절차에 내재된 위험에 의해 발생되는 손해를 국가가 보상한다는 취지에서 비롯된 것이다. 그러나 구금되었음을 전제로 하는 헌법 제28조의 형사보상청구권과는 달리 소송비용의 보상을 청구할 수 있는 권리는 헌법적 차원의 권리라고 볼 수는 없고, 입법자가 입법의 목적, 국가의 경제적 · 사회적 · 정책적 사정들을 참작하여 제정하는 법률에 적용요건, 적용대상, 범위 등 구체적인 사항이 규정될 때 비로소 형성되는 법률상의 권리에 불과하다(헌재 2012.03.29. 2011헌바19).

06 형사보상청구권에 관한 설명 중 가장 적절하지 않은 것은? (다툼이 있는 경우 판례에 의함)

2023 경찰 승진

① 비용보상청구권의 제척기간을 무죄판결이 확정된 날부터 6개월로 제한한 구 「형사소송법」은 과잉금지원칙에 위반되어 청구인의 재판청구권 및 재산권을 침해하지 않는다.

② 「형사소송법」은 비용보상 청구를 무죄판결이 확정된 사실을 안 날부터 3년, 무죄판결이 확정된 때부터 5년 이내에 하여야 한다고 규정하고 있다.

③ 헌법 제28조는 '불기소처분을 받거나 무죄판결을 받은 때' 구금에 대한 형사보상을 청구할 수 있는 권리를 헌법상 기본권으로 명시하고 있으므로, 외형상·형식상으로 무죄재판이 없었다면 형사사법절차에 내재하는 불가피한 위험으로 인하여 국민의 신체의 자유에 관한 피해가 발생하였다 하더라도 형사보상청구권을 인정할 수 없다.

④ 형사보상은 국가배상과는 그 취지 자체가 상이하므로 형사보상절차로서 인과관계 있는 모든 손해를 보상하지 않는다고 하여 반드시 부당하다고 할 수 없다.

지문분석 **난이도** □■■ **중** | **정답** ③ | **키워드** 형사보상청구권 | **출제유형** 조문, 판례

① **【O】** 이 사건 법률조항이 비용보상청구에 관한 제척기간을 규정한 것은 비용보상에 관한 국가의 채무관계를 조속히 확정하여 국가재정을 합리적으로 운영하기 위한 것으로 입법목적의 정당성 및 수단의 적합성이 인정된다. 비용보상청구권은 그 보상기준이 법령에 구체적으로 정해져 있어 비용보상청구인은 특별한 증명책임이나 절차적 의무의 부담 없이 객관적 재판 진행상황에 관한 간단한 소명만으로 권리의 행사가 가능하므로 이 사건 법률조항에 규정된 제척기간이 현실적으로 비용보상청구권 행사를 불가능하게 하거나 현저한 곤란을 초래할 정도로 지나치게 짧다고 단정할 수 없다. 이 사건 법률조항을 통해 달성하려고 하는 비용보상에 관한 국가 채무관계를 조기에 확정하여 국가재정을 합리적으로 운영한다는 공익이 청구인 등이 입게 되는 경제적 불이익에 비해 작다고 단정하기도 어려워 법익의 균형성도 갖추었다. 따라서 이 사건 법률조항은 과잉금지원칙에 위반되어 청구인의 재판청구권 및 재산권을 침해하지는 않는다(헌재 2015.04.30. 2014헌바408).

② **【O】** 「형사소송법」 제194조의2(무죄판결과 비용보상) 제1항 국가는 무죄판결이 확정된 경우에는 당해 사건의 피고인이었던 자에 대하여 그 재판에 소요된 비용을 보상하여야 한다.
제194조의3(비용보상의 절차 등) ① 제194조의2 제1항에 따른 비용의 보상은 피고인이었던 자의 청구에 따라 무죄판결을 선고한 법원의 합의부에서 결정으로 한다. ② 제1항에 따른 청구는 무죄판결이 확정된 사실을 안 날부터 3년, 무죄판결이 확정된 때부터 5년 이내에 하여야 한다.

③ **【X】** 헌법 제28조의 형사보상청구권이 국가의 형사사법작용에 의하여 신체의 자유가 침해된 국민에게 그 구제를 인정하여 국민의 기본권 보호를 강화하는 데 그 목적이 있는 점에 비추어 보면, 외형상·형식상으로 무죄재판이 없다고 하더라도 형사사법절차에 내재하는 불가피한 위험으로 인하여 국민의 신체의 자유에 관하여 피해가 발생하였다면 형사보상청구권을 인정하는 것이 타당하다. 심판대상조항은 소송법상 이유 등으로 무죄재판을 받을 수는 없으나 그러한 사유가 없었더라면 무죄재판을 받을 만한 현저한 사유가 있는 경우 그 절차에서 구금되었던 개인 역시 형사사법절차에 내재하는 불가피한 위험으로 인하여 신체의 자유에 피해를 입은 것은 마찬가지이므로 국가가 이를 마땅히 책임져야 한다는 고려에서 마련된 규정이다(헌재 2022.02.24. 2018헌마998).

④ **【O】** 헌재 2010.10.28. 2008헌마514

07 형사보상청구권에 대한 설명으로 가장 적절하지 않은 것은? (다툼이 있는 경우 헌법재판소 판례에 의함)

2023 경찰간부

① 외형상·형식상으로 무죄의 재판이 없는 경우에는 형사사법절차에 내재하는 불가피한 위험으로 인하여 국민의 신체의 자유에 관하여 피해가 발생하였더라도 형사보상청구권을 인정할 수는 없다.

② 형사보상청구는 무죄재판이 확정된 사실을 안 날부터 3년, 무죄재판이 확정된 때부터 5년 이내에 하여야 한다.

③ 「형사보상 및 명예회복에 관한 법률」에 따른 보상을 받을 자가 같은 원인에 대하여 다른 법률에 따라 손해배상을 받은 경우에 그 손해배상의 액수가 「형사보상 및 명예회복에 관한 법률」에 따라 받을 보상금의 액수와 같거나 그보다 많을 때에는 보상하지 아니한다.

④ 사형 집행에 대한 보상을 할 때에는 집행 전 구금에 대한 보상금 외에 3천만 원 이내에서 모든 사정을 고려하여 법원이 타당하다고 인정하는 금액을 더하여 보상하며, 이 경우 본인의 사망으로 인하여 발생한 재산상의 손실액이 증명되었을 때에는 그 손실액도 보상한다.

지문분석 **난이도** □■■ **중** | **정답** ① | **키워드** 형사보상청구권 | **출제유형** 조문, 판례

① 【X】 헌법 제28조의 형사보상청구권이 국가의 형사사법작용에 의하여 신체의 자유가 침해된 국민에게 그 구제를 인정하여 국민의 기본권 보호를 강화하는 데 그 목적이 있는 점에 비추어 보면, 외형상·형식상으로 무죄재판이 없다고 하더라도 형사사법절차에 내재하는 불가피한 위험으로 인하여 국민의 신체의 자유에 관하여 피해가 발생하였다면 형사보상청구권을 인정하는 것이 타당하다(헌재 2022.02.24. 2018헌마998 등).

② 【O】 「형사보상 및 명예회복에 관한 법률」 제8조(보상청구의 기간) 보상청구는 무죄재판이 확정된 사실을 안 날부터 3년, 무죄재판이 확정된 때부터 5년 이내에 하여야 한다.

③ 【O】 「형사보상 및 명예회복에 관한 법률」 제6조(손해배상과의 관계) ② 이 법에 따른 보상을 받을 자가 같은 원인에 대하여 다른 법률에 따라 손해배상을 받은 경우에 그 손해배상의 액수가 이 법에 따라 받을 보상금의 액수와 같거나 그보다 많을 때에는 보상하지 아니한다. 그 손해배상의 액수가 이 법에 따라 받을 보상금의 액수보다 적을 때에는 그 손해배상 금액을 빼고 보상금의 액수를 정하여야 한다.

④ 【O】 「형사보상 및 명예회복에 관한 법률」 제5조(보상의 내용) ③ 사형 집행에 대한 보상을 할 때에는 집행 전 구금에 대한 보상금 외에 3천만 원 이내에서 모든 사정을 고려하여 법원이 타당하다고 인정하는 금액을 더하여 보상한다. 이 경우 본인의 사망으로 인하여 발생한 재산상의 손실액이 증명되었을 때에는 그 손실액도 보상한다.

08 형사보상에 대한 설명으로 가장 적절하지 않은 것은? (다툼이 있는 경우 판례에 의함) 2025 경찰 간부

① 헌법상 형사보상청구권은 국가의 형사사법절차에 내재하는 불가피한 위험에 의하여 국민의 신체의 자유에 관하여 형사사법기관의 귀책사유로 인해 피해가 발생한 경우 국가에 대하여 정당한 보상을 청구할 수 있는 권리로서, 실질적으로 국민의 재판청구권과 밀접하게 관련된 중대한 기본권이다.

② 판결 주문에서 무죄가 선고된 경우뿐만 아니라 판결 이유에서 무죄로 판단된 경우에도 미결구금 가운데 무죄로 판단된 부분의 수사와 심리에 필요하였다고 인정된 부분에 관하여는 보상을 청구할 수 있다.

③ 원판결의 근거가 된 가중처벌규정에 대하여 헌법재판소의 위헌결정이 있었음을 이유로 개시된 재심절차에서, 공소장의 교환적 변경을 통해 위헌결정된 가중처벌규정보다 법정형이 가벼운 처벌규정으로 적용법조가 변경되어 피고인이 무죄판결을 받지는 않았으나 원판결보다 가벼운 형으로 유죄판결이 확정됨에 따라 원판결에 따른 구금형집행이 재심판결에서 선고된 형을 초과하게 된 경우, 재심판결에서 선고된 형을 초과하여 집행된 구금에 대하여 보상요건을 규정하지 아니한 「형사보상 및 명예회복에 관한 법률」 제26조 제1항은 평등권을 침해한다.

④ 피고인이 대통령긴급조치 제9호 위반으로 제1, 2심에서 유죄판결을 선고받고 상고하여 상고심에서 구속집행이 정지된 한편 대통령긴급조치 제9호가 해제됨에 따라 면소판결을 받아 확정된 다음 사망한 경우 피고인의 처는 형사보상을 청구할 수 있다.

지문분석 **난이도** □■■ 중 | **정답** ① | **키워드** 형사보상청구권 | **출제유형** 판례

① 【X】 헌법상 형사보상청구권은 국가의 형사사법절차에 내재하는 불가피한 위험에 의하여 국민의 신체의 자유에 관하여 피해가 발생한 경우 형사사법기관의 귀책사유를 따지지 않고 국가에 대하여 정당한 보상을 청구할 수 있는 권리로서, 실질적으로 국민의 신체의 자유와 밀접하게 관련된 중대한 기본권이다(헌재 2022.02.24. 2018헌마998 등).

② 【O】 「형사보상법」 조항은 입법 취지와 목적 및 내용 등에 비추어 재판에 의하여 무죄의 판단을 받은 자가 재판에 이르기까지 억울하게 미결구금을 당한 경우 보상을 청구할 수 있도록 하기 위한 것이므로, 판결 주문에서 무죄가 선고된 경우뿐만 아니라 판결 이유에서 무죄로 판단된 경우에도 미결구금 가운데 무죄로 판단된 부분의 수사와 심리에 필요하였다고 인정된 부분에 관하여는 보상을 청구할 수 있고, 다만 「형사보상법」 제4조 제3호를 유추적용하여 법원의 재량으로 보상청구의 전부 또는 일부를 기각할 수 있을 뿐이다(대결 2016.03.11. 2014모2521).

③ 【O】 원판결의 근거가 된 가중처벌규정에 대하여 헌법재판소의 위헌결정이 있었음을 이유로 개시된 재심절차에서, 공소장의 교환적 변경을 통해 위헌결정된 가중처벌규정보다 법정형이 가벼운 처벌규정으로 적용법조가 변경되어 피고인이 무죄판결을 받지는 않았으나 원판결보다 가벼운 형으로 유죄판결이 확정됨에 따라 원판결에 따른 구금형 집행이 재심판결에서 선고된 형을 초과하게 된 이 사건과 같은 경우, 소송법상 이유로 무죄재판을 받을 수는 없으나 그러한 사유가 없었다면 무죄재판을 받았을 것임이 명백하고 원판결의 형 가운데 재심절차에서 선고된 형을 초과하는 부분의 전부 또는 일부에 대해서는 결과적으로 부당한 구금이 이루어진 것으로 볼 수 있다는 점에서 심판대상조항이 형사보상 대상으로 규정하고 있는 경우들과 본질적으로 다르다고 보기 어렵다. …(중략)… 그럼에도 불구하고 심판대상조항이 이 사건에서 문제되는 경우를 형사보상 대상으로 규정하지 아니한 것은 현저히 자의적인 차별로서 평등원칙을 위반하여 청구인들의 평등권을 침해한다(헌재 2022.02.24. 2018헌마998 등).

④ 【O】 피고인이 대통령긴급조치 제9호 위반으로 제1, 2심에서 유죄판결을 선고받고 상고하여 상고심에서 구속집행이 정지된 한편 대통령긴급조치 제9호가 해제됨에 따라 면소판결을 받아 확정된 다음 사망하였는데, 그 후 피고인의 처(妻) 甲이 형사보상을 청구한 사안에서, 甲은 대통령긴급조치 제9호 위반으로 피고인이 구금을 당한 데 대한 보상을 청구할 수 있다(대결 2013.04.18. 2011초기689).

PART · 02

4 국가배상청구권

01 국가배상청구권에 대한 설명으로 가장 적절한 것은? (다툼이 있는 경우 판례에 의함) 2021 경찰 승진

① 「국가배상법」에 따른 손해배상의 소송은 배상심의회에 배상신청을 하여야만 제기할 수 있다.

② 「국가배상법」에 소멸시효에 관한 규정을 두지 않고 소멸시효에 관해서는 「민법」 규정을 준용하도록 한 「국가배상법」 조항은 헌법에 위반되지 않는다.

③ 국가배상청구의 요건인 '공무원의 직무'에는 권력적 작용, 비권력적 작용 이외에 사경제주체의 활동도 포함된다.

④ 「국가배상법」상 소정의 '공무원'은 국가공무원과 지방공무원에 국한하고, 공무를 수탁 받은 사인은 포함되지 않는다.

지문분석 **난이도** □□■ **하** | **정답** ② | **키워드** 국가배상청구권 | **출제유형** 판례 및 조문

① 【X】 이 법에 따른 손해배상의 소송은 배상심의회(이하 '심의회'라 한다)에 배상신청을 하지 아니하고도 제기할 수 있다(「국가배상법」 제9조).

② 【O】 「국가배상법」에 소멸시효에 관한 규정을 두지 않고 소멸시효에 관해서는 「민법」 규정을 준용하도록 한 「국가배상법」 조항은 헌법에 위반되지 않는다.

③ 【X】 「국가배상법」이 정한 배상청구의 요건인 '공무원의 직무'에는 권력적 작용만이 아니라 행정지도와 같은 비권력적 작용도 포함되며 단지 행정주체가 사경제주체로서 하는 활동만 제외된다(대판 1998.07.10. 96다38971).

④ 【X】 「국가배상법」 제2조 소정의 '공무원'이라 함은 「국가공무원법」이나 「지방공무원법」에 의하여 공무원으로서의 신분을 가진 자에 국한하지 않고, 널리 공무를 위탁받아 실질적으로 공무에 종사하고 있는 일체의 자를 가리키는 것으로서, 공무의 위탁이 일시적이고 한정적인 사항에 관한 활동을 위한 것이어도 달리 볼 것은 아니다(대법원 2001.01.05. 98다39060).

02 국가배상청구권에 관한 설명 중 가장 적절한 것은? (다툼이 있는 경우 판례에 의함) 2022 경찰 2차

① 구 「국가배상법」 제8조가 '국가 또는 지방자치단체의 손해배상책임에 관하여는 이 법의 규정에 의한 것을 제외하고는 「민법」의 규정에 의한다.'고 규정하여, 소멸시효에 관하여 별도의 규정을 두지 아니함으로써 국가배상청구권에도 소멸시효에 관한 일반 「민법」 제766조가 적용되게 된 것은 입법자의 입법재량 범위를 벗어난 것으로 국가배상청구권의 본질적인 내용을 침해한다고 볼 수 있다.

② 당초 유효한 법률에 근거한 공무원의 직무집행이 사후에 그 근거가 되는 법률에 대한 헌법재판소의 위헌결정으로 위법하게 된 경우, 이에 이르는 과정에 있어 공무원의 고의, 과실을 어느 정도 인정할 수 있고, 그로써 국가의 청구인들에 대한 손해배상책임이 성립한다고 볼 수 있다.

③ 「국가배상법」 조항이 국가배상청구권의 성립요건으로서 공무원의 고의 또는 과실을 규정한 것은 법률로 이미 형성된 국가배상청구권의 행사 및 존속을 제한할 뿐만 아니라, 국가배상청구권의 내용을 새롭게 형성하는 것이라고 할 것이므로, 「국가배상법」 조항이 국가배상청구권의 성립요건으로서 공무원의 고의 또는 과실을 요구함으로써 무과실책임을 인정하지 않은 것은 입법형성의 범위를 벗어나 헌법 제29조에서 규정한 국가배상청구권을 침해한다.

④ 특수임무수행자는 보상금 등 산정과정에서 국가 행위의 불법성이나 구체적인 손해 항목 등을 주장·입증할 필요가 없고 특수임무수행자의 과실이 반영되지도 않으며, 국가배상청구에 상당한 시간과 비용이 소요되는 데 반해 보상금 등 지급결정은 비교적 간이·신속한 점까지 고려하면, 「특수임무수행자 보상에 관한 법률」이 정한 보상금을 지급받는 것이 국가배상을 받는 것에 비해 일률적으로 과소 보상된다고 할 수 없으므로 국가배상청구권 또는 재판청구권을 침해한다고 보기 어렵다.

지문분석 **난이도** □■■ **중** | **정답** ④ | **키워드** 국가배상청구권 | **출제유형** 판례

① **[X]** 「국가배상법」 제8조는 그것이 헌법 제29조 제1항이 규정하는 국가배상청구권을 일부 제한하고 있다 하더라도 일정한 요건 하에 그 행사를 제한하고 있는 점에서 그 본질적인 내용에 대한 침해라고는 볼 수 없을뿐더러, 앞에서 본 바와 같이 그 제한의 목적과 수단 및 방법에 있어서 정당하고 상당한 것이며 그로 인하여 침해되는 법익과의 사이에 입법자의 자의라고 볼 정도의 불균형이 있다고 볼 수도 없어서 기본권 제한의 한계를 규정한 헌법 제37조 제2항에 위반된다고 볼 수도 없다(헌재 2011.09.29. 2010헌바116).

② **[X]** 형벌에 관한 법령이 헌법재판소의 위헌결정으로 소급하여 효력을 상실하였거나 법원에서 위헌·무효로 선언된 경우, 그 법령이 위헌으로 선언되기 전에 그 법령에 기초하여 수사가 개시되어 공소가 제기되고 유죄판결이 선고되었더라도, 그러한 사정만으로 수사기관의 직무행위나 법관의 재판상 직무행위가 「국가배상법」 제2조 제1항에서 말하는 공무원의 고의 또는 과실에 의한 불법행위에 해당하여 국가의 손해배상책임이 발생한다고 볼 수는 없다(대판 2014.10.27. 2013다217962).

③ **[X]** 이러한 점들을 고려할 때, 이 사건 법률조항이 국가배상청구권의 성립요건으로서 공무원의 고의 또는 과실을 규정한 것을 두고 입법형성의 범위를 벗어나 헌법 제29조에서 규정한 국가배상청구권을 침해한다고 보기는 어렵다(헌재 2020.03.26. 2016헌바55 등).

④ **[O]** 보상금 등의 지급결정에 동의한 때에는 특수임무수행 등으로 인하여 입은 피해에 대하여 재판상 화해가 성립된 것으로 보는 「특수임무수행자 보상에 관한 법률」 제17조의2는 재판청구권 침해가 아니다(헌재 2011.02.24. 2010헌바199).

03 국가배상청구권에 관한 설명으로 가장 적절하지 않은 것은? (다툼이 있는 경우 판례에 의함)

2023 경찰 2차

① 군인・군무원・경찰공무원 기타 법률이 정하는 자가 전투・훈련 등 직무집행과 관련하여 받은 손해에 대하여는 법률이 정하는 보상 외에 국가 또는 공공단체에 공무원의 직무상 불법행위로 인한 정당한 배상을 청구할 수 있다.

② 특수임무수행자 등이 보상금 등의 지급결정에 동의한 때에는 특수임무수행 또는 이와 관련한 교육훈련으로 입은 피해에 대하여 재판상 화해가 성립된 것으로 보는 「특수임무수행자 보상에 관한 법률」 제17조의2 가운데 특수임무수행 또는 이와 관련한 교육훈련으로 입은 피해 중 '정신적 손해'에 관한 부분이 과잉금지원칙을 위반하여 국가배상청구권을 침해한다고 보기 어렵다.

③ 국가배상청구권의 성립 요건으로서 공무원의 고의 또는 과실을 규정함으로써 무과실책임을 인정하지 않은 「국가배상법」 조항이 입법자의 입법형성권의 자의적 행사로서 국가배상청구권을 침해한다고 볼 수 없다.

④ 「국가배상법」은 외국인이 피해자인 경우에는 해당 국가와 상호보증이 있을 때에만 「국가배상법」을 적용한다고 규정하고 있다.

지문분석 **난이도** □■■ 중 | **정답** ① | **키워드** 국가배상청구권 | **출제유형** 판례

① 【X】 헌법 제29조 제2항 군인・군무원・경찰공무원 기타 법률이 정하는 자가 전투・훈련 등 직무집행과 관련하여 받은 손해에 대하여는 법률이 정하는 보상 외에 국가 또는 공공단체에 공무원의 직무상 불법행위로 인한 배상은 청구할 수 없다.

② 【O】 특수임무수행자 등이 보상금 등의 지급결정에 동의한 때에는 특수임무수행 또는 이와 관련한 교육훈련으로 입은 피해에 대하여 재판상 화해가 성립된 것으로 보는 「특수임무수행자 보상에 관한 법률」 제17조의2 가운데 특수임무수행 또는 이와 관련한 교육훈련으로 입은 피해 중 '정신적 손해'에 관한 부분은 국가배상청구권 또는 재판청구권을 침해하지 않는다(헌재 2021.09.30. 2019헌가28).

③ 【O】 국가배상청구권의 성립 요건으로서 공무원의 고의 또는 과실을 규정함으로써 무과실책임을 인정하지 않은 구 「국가배상법」 제2조 제1항 본문 중 '고의 또는 과실로' 부분은 헌법상 국가배상청구권을 침해하지 않는다(헌재 2020.03.26. 2016헌바55).

④ 【O】 「국가배상법」 제7조(외국인에 대한 책임) 이 법은 외국인이 피해자인 경우에는 해당 국가와 상호 보증이 있을 때에만 적용한다.

04 국가배상청구권에 대한 설명으로 가장 적절한 것은? (다툼이 있는 경우 판례에 의함) 2023 경찰간부

① 「국가배상법」에 따른 손해배상의 소송은 배상심의회에 배상신청을 하지 아니하면 제기할 수 없다.

② 5·18 민주화운동과 관련하여 사망하거나 행방불명된 자 및 상이를 입은 자 또는 그 유족이 적극적·소극적 손해의 배상에 상응하는 보상금 등 지급결정에 동의하였다는 사정만으로 재판상 화해의 성립을 간주하는 것은 국가배상청구권에 대한 과도한 제한이다.

③ 법관의 재판에 법령의 규정을 따르지 않은 잘못이 있다면 이로써 바로 그 재판상 직무행위가 「국가배상법」에서 말하는 위법한 행위로 되어 국가의 손해배상책임이 발생하는 것이다.

④ 행위의 근거가 된 법률조항에 대하여 위헌결정이 선고된 경우에는 위 법률조항에 따라 행위한 당해 공무원에게 고의 또는 과실이 있는 것이므로 국가배상책임이 성립한다.

지문분석 **난이도** □■■ 중 | **정답** ② | **키워드** 국가배상청구권 | **출제유형** 판례

① 【X】 「국가배상법」 제9조(소송과 배상신청의 관계) 이 법에 따른 손해배상의 소송은 배상심의회(이하 '심의회'라 한다)에 배상신청을 하지 아니하고도 제기할 수 있다.

② 【O】 5·18 보상법 및 같은 법 시행령의 관련조항을 살펴보면 정신적 손해배상에 상응하는 항목은 존재하지 아니하고, 보상심의위원회가 보상금 등 항목을 산정함에 있어 정신적 손해를 고려할 수 있다는 내용도 발견되지 아니한다. 그럼에도 불구하고 심판대상조항은 정신적 손해에 대해 적절한 배상이 이루어지지 않은 상태에서, 5·18 민주화운동과 관련하여 사망하거나 행방불명된 자 및 상이를 입은 자 또는 그 유족이 적극적·소극적 손해의 배상에 상응하는 보상금 등 지급결정에 동의하였다는 사정만으로 재판상 화해의 성립을 간주하고 있다. 이는 국가배상청구권에 대한 과도한 제한이고, 해당 손해에 대한 적절한 배상이 이루어졌음을 전제로 하여 국가배상청구권 행사를 제한하려 한 5·18 보상법의 입법목적에도 부합하지 않는다. 따라서 이 조항이 5·18 보상법상 보상금 등의 성격과 중첩되지 않는 정신적 손해에 대한 국가배상청구권의 행사까지 금지하는 것은 국가배상청구권을 침해한다(헌재 2021.05.27. 2019헌가17).

③ 【X】 법관이 행하는 재판사무의 특수성과 그 재판과정의 잘못에 대하여는 따로 불복절차에 의하여 시정될 수 있는 제도적 장치가 마련되어 있는 점 등에 비추어 보면, 법관의 재판에 법령의 규정을 따르지 아니한 잘못이 있다 하더라도 이로써 바로 그 재판상 직무행위가 「국가배상법」 제2조 제1항에서 말하는 위법한 행위로 되어 국가의 손해배상책임이 발생하는 것은 아니고, 그 국가배상책임이 인정되려면 당해 법관이 위법 또는 부당한 목적을 가지고 재판을 하는 등 법관이 그에게 부여된 권한의 취지에 명백히 어긋나게 이를 행사하였다고 인정할 만한 특별한 사정이 있어야 한다고 해석함이 상당하다(대판 2001.04.24. 2000다16114).

④ 【X】 일반적으로 법률이 헌법에 위반된다는 사정은 헌법재판소의 위헌결정이 있기 전에는 객관적으로 명백한 것이라고 할 수 없어 법률이 헌법에 위반되는지 여부를 심사할 권한이 없는 공무원으로서는 행위 당시의 법률에 따를 수밖에 없다 할 것이므로, 행위의 근거가 된 법률조항에 대하여 위헌결정이 선고된다 하더라도 위 법률조항에 따라 행위한 당해 공무원에게는 고의 또는 과실이 있다 할 수 없어 국가배상책임은 성립되지 아니한다(헌재 2014.04.24. 2011헌바56).

05 국가배상청구권에 관한 설명 중 옳은 것을 모두 고른 것은? (다툼이 있는 경우 판례에 의함)

2024 경찰 승진

㉠ 국가배상청구권의 성립요건으로서 공무원의 고의 또는 과실을 규정한 것은 원활한 공무집행을 위한 입법정책적 고려에 따라 법률로 이미 형성된 국가배상청구권의 행사 및 존속을 제한한 것이다.
㉡ 청구기간 내에 제기된 헌법소원심판청구 사건에서 헌법재판소 재판관이 청구기간을 오인하여 각하결정을 한 경우, 이에 대한 불복절차 내지 시정절차가 없는 때에는 국가배상책임을 인정할 수 있다.
㉢ 법률이 헌법에 위반되는지 여부를 심사할 권한이 없는 공무원으로서는 행위 당시의 법률에 따를 수밖에 없으므로, 행위의 근거가 된 법률조항에 대하여 행위 후에 위헌결정이 선고되더라도 위 법률조항에 따라 행위한 당해 공무원에게는 고의 또는 과실이 있다 할 수 없어 국가배상책임은 성립되지 아니한다.
㉣ 보상금 등의 지급결정에 동의한 때 '민주화운동과 관련하여 입은 피해'에 대해 재판상 화해의 성립을 간주하는 구 「민주화운동 관련자 명예회복 및 보상 등에 관한 법률」 조항은 적극적·소극적 손해에 관한 부분에 있어서는 민주화운동 관련자와 유족의 국가배상청구권을 침해하지 않는다.

① ㉠, ㉢　　② ㉡, ㉢
③ ㉠, ㉡, ㉣　　④ ㉡, ㉢, ㉣

지문분석 **난이도** □■■ 중 | **정답** ④ | **키워드** 국가배상청구권 | **출제유형** 판례

㉠ 【X】 심판대상조항이 국가배상청구권의 성립요건으로서 공무원의 고의 또는 과실을 규정한 것은 법률로 이미 형성된 국가배상청구권의 행사 및 존속을 제한한다고 보기 보다는 국가배상청구권의 내용을 형성하는 것이라고 할 것이므로, 헌법상 국가배상제도의 정신에 부합하게 국가배상청구권을 형성하였는지의 관점에서 심사하여야 한다. 이 사건 법률조항이 국가배상청구권의 성립요건으로서 공무원의 고의 또는 과실을 규정한 것을 두고 입법형성의 범위를 벗어나 헌법 제29조에서 규정한 국가배상청구권을 침해한다고 보기는 어렵다(헌재 2020.03.26. 2016헌바55 등).
㉡ 【O】 재판에 대하여 불복절차 내지 시정절차 자체가 없는 경우에는 부당한 재판으로 인하여 불이익 내지 손해를 입은 사람은 국가배상 이외의 방법으로는 자신의 권리 내지 이익을 회복할 방법이 없으므로, 이와 같은 경우에는 위에서 본 배상책임의 요건이 충족되는 한 국가배상책임을 인정하지 않을 수 없다 할 것이다(대판 2003.07.11. 99다24218).
㉢ 【O】 헌법재판소는, 일반적으로 법률이 헌법에 위반된다는 사정은 헌법재판소의 위헌결정이 있기 전에는 객관적으로 명백한 것이라고 할 수 없어 법률이 헌법에 위반되는지 여부를 심사할 권한이 없는 공무원으로서는 행위 당시의 법률에 따를 수밖에 없다 할 것이므로, 행위의 근거가 된 법률조항에 대하여 위헌결정이 선고된다 하더라도 위 법률조항에 따라 행위한 당해 공무원에게는 고의 또는 과실이 있다 할 수 없어 국가배상책임은 성립되지 아니한다(헌재 2014.04.24. 2011헌바56).
㉣ 【O】 민주화보상법상 보상금 등에는 적극적·소극적 손해에 대한 배상의 성격이 포함되어 있는바, 관련자와 유족이 위원회의 보상금 등 지급결정이 일응 적절한 배상에 해당된다고 판단하여 이에 동의하고 보상금 등을 수령한 경우 보상금 등의 성격과 중첩되는 적극적·소극적 손해에 대한 국가배상청구권의 추가적 행사를 제한하는 것은, 동일한 사실관계와 손해를 바탕으로 이미 적절한 배상을 받았음에도 불구하고 다시 동일한 내용의 손해배상청구를 금지하는 것이므로, 이를 지나치게 과도한 제한으로 볼 수 없다(헌재 2018.08.30. 2014헌바180 등).

5 범죄피해자구조청구권

01 범죄피해자구조청구권에 대한 설명으로 가장 적절하지 않은 것은? 2015 경찰 승진

① 범죄피해자구조청구권이라 함은 타인의 범죄행위로 인하여 생명·신체에 대한 피해를 입은 국민이 가해자로부터 충분한 배상을 받지 못한 경우에 국가에 대하여 경제적 구조를 청구할 수 있는 권리를 말한다.

② 범죄피해자구조는 피해자가 사망한 경우에는 유족이, 중상해 등을 당한 경우에는 본인이 청구한다.

③ 「범죄피해자 보호법」에 의할 때 외국인이 구조피해자이거나 유족인 경우에는 구조를 청구할 수 없다.

④ 구조대상 범죄피해란 대한민국의 영역 안에서 또는 대한민국의 영역 밖에 있는 대한민국의 선박이나 항공기 안에서 행하여진 사람의 생명 또는 신체를 해치는 죄에 해당하는 행위로 인하여 사망하거나 장해 또는 중상해를 입은 것을 말한다.

PART · 02

지문분석 **난이도** □□■ **하** | **정답** ③ | **키워드** 범죄피해자구조청구권 | **출제유형** 조문

③ 【X】 이 법은 외국인이 구조피해자이거나 유족인 경우에는 해당 국가의 상호보증이 있는 경우에만 적용한다(「범죄피해자 보호법」 제23조).

④ 【O】 '구조대상 범죄피해'란 대한민국의 영역 안에서 또는 대한민국의 영역 밖에 있는 대한민국의 선박이나 항공기 안에서 행하여진 사람의 생명 또는 신체를 해치는 죄에 해당하는 행위(「형법」 제9조, 제10조 제1항, 제12조, 제22조 제1항에 따라 처벌되지 아니하는 행위를 포함하며, 같은 법 제20조 또는 제21조제1항에 따라 처벌되지 아니하는 행위 및 과실에 의한 행위는 제외한다)로 인하여 사망하거나 장해 또는 중상해를 입은 것을 말한다(「범죄피해자 보호법」 제3조 제1항 제4호).

02 범죄피해자구조청구권에 대한 설명으로 가장 적절하지 않은 것은? (다툼이 있는 경우 판례에 의함) 2018 경찰 승진

① 범죄피해자구조금을 받을 권리는 그 구조결정이 해당 신청인에게 송달된 날로부터 2년간 행사하지 않으면 시효로 인하여 소멸된다.

② 범죄피해자구조청구권의 대상이 되는 범죄피해에 해외에서 발생한 범죄피해의 경우를 포함하고 있지 아니한 것이 현저하게 불합리한 자의적 차별이라고 볼 수 없어 평등의 원칙에 위배되지 아니한다.

③ 자기 또는 타인의 형사사건의 수사 또는 재판에서 고소·고발 등 수사단서를 제공하거나 진술, 증언 또는 자료를 제출하다가 구조피해자가 된 경우에 범죄피해구조금을 지급한다.

④ 범죄피해구조금을 받을 권리는 그 2분의 1 상당액에 한하여 양도 또는 담보로 제공하거나 압류할 수 있다.

지문분석 **난이도** □■■ **중** | **정답** ④ | **키워드** 범죄피해자구조청구권 | **출제유형** 조문

① 【O】「범죄피해자 보호법」 제31조
② 【O】 헌재 2011.12.29. 2009헌마354
③ 【O】「범죄피해자 보호법」 제16조 제2호
④ 【X】 구조금을 받을 권리는 양도하거나 담보로 제공하거나 압류할 수 없다(「범죄피해자 보호법」 제32조).

03 **범죄피해자구조청구권에 관한 설명 중 가장 적절한 것은?** (다툼이 있는 경우 판례에 의함)

2020 경찰 승진

① 범죄피해자구조청구권은 생명, 신체에 대한 피해를 입은 경우에 적용되는 것은 물론이고 재산상 피해를 입은 경우에도 적용된다.
② 범죄행위 당시 구조피해자와 가해자 사이에 사실상의 혼인관계가 있는 경우에도 구조피해자에게 구조금을 지급한다.
③ 범죄피해구조금을 받을 권리는 그 구조결정이 해당 신청인에게 송달된 날부터 1년간 행사하지 아니하면 시효로 인하여 소멸된다.
④ 헌법재판소는 범죄피해자구조청구권의 대상이 되는 범죄피해에 해외에서 발생한 범죄피해의 경우를 포함하고 있지 아니한 것이 현저하게 불합리한 자의적인 차별이라고 볼 수 없어 평등원칙에 위배되지 아니한다고 결정하였다.

지문분석 **난이도** □■■ **중** | **정답** ④ | **키워드** 범죄피해자구조청구권 | **출제유형** 판례 및 조문

① 【X】 '구조대상 범죄피해'란 대한민국의 영역 안에서 또는 대한민국의 영역 밖에 있는 대한민국의 선박이나 항공기 안에서 행하여진 사람의 생명 또는 신체를 해치는 죄에 해당하는 행위(「형법」 제9조, 제10조 제1항, 제12조, 제22조 제1항에 따라 처벌되지 아니하는 행위를 포함하며, 같은 법 제20조 또는 제21조 제1항에 따라 처벌되지 아니하는 행위 및 과실에 의한 행위는 제외한다)로 인하여 사망하거나 장해 또는 중상해를 입은 것을 말한다(「범죄피해자 보호법」 제3조 제1항 제4호).
② 【X】 범죄행위 당시 구조피해자와 가해자 사이에 부부(사실상의 혼인관계를 포함한다)관계인 경우 구조금을 지급하지 아니한다(동법 제19조 제1항 제1호).
③ 【X】 구조금을 받을 권리는 그 구조결정이 해당 신청인에게 송달된 날부터 2년간 행사하지 아니하면 시효로 인하여 소멸된다(동법 제31조).
④ 【O】 국가의 주권이 미치지 못하고 국가의 경찰력 등을 행사할 수 없거나 행사하기 어려운 해외에서 발생한 범죄에 대하여는 국가에 그 방지책임이 있다고 보기 어렵고, 상호보증이 있는 외국에서 발생한 범죄피해에 대하여는 국민이 그 외국에서 피해구조를 받을 수 있으며, 국가의 재정에 기반을 두고 있는 구조금에 대한 청구권 행사대상을 우선적으로 대한민국의 영역 안의 범죄피해에 한정하고, 향후 해외에서 발생한 범죄피해의 경우에도 구조를 하는 방향으로 운영하는 것은 입법형성의 재량의 범위 내라고 할 것이다. 따라서 범죄피해자구조청구권의 대상이 되는 범죄피해에 해외에서 발생한 범죄피해의 경우를 포함하고 있지 아니한 것이 현저하게 불합리한 자의적인 차별이라고 볼 수 없어 평등원칙에 위배되지 아니한다(헌재 2011.12.29. 2009헌마354).

04 **범죄피해자구조청구권에 관한 설명 중 가장 적절하지 않은 것은?** (다툼이 있는 경우 판례에 의함)

2022 경찰 승진

① 타인의 범죄행위로 인하여 생명·신체에 대한 피해를 받은 국민은 법률이 정하는 바에 의하여 국가로부터 구조를 받을 수 있다.

② 「범죄피해자 보호법」 제17조 제2항의 유족구조금은 사람의 생명 또는 신체를 해치는 죄에 해당하는 행위로 인하여 사망한 피해자 또는 그 유족들에 대한 손해배상을 목적으로 하는 것으로서, 위 범죄행위로 인한 손해를 전보하기 위하여 지급된다는 점에서 불법행위로 인한 적극적 손해의 배상과 같은 종류의 금원이라고 봄이 타당하다.

③ 「범죄피해자 보호법」에 따르면 구조금의 지급신청은 해당 구조대상 범죄피해의 발생을 안 날부터 3년이 지나거나 해당 구조대상 범죄피해가 발생한 날부터 10년이 지나면 할 수 없다.

④ 「범죄피해자 보호법」에 따르면 국가는 구조피해자나 유족이 해당 구조대상 범죄피해를 원인으로 하여 손해배상을 받았으면 그 범위에서 구조금을 지급하지 아니한다.

PART · 02

지문분석 **난이도** □■■ 중 | **정답** ② | **키워드** 범죄피해자구조청구권 | **출제유형** 조문 + 판례

① 【O】 헌법 제30조 타인의 범죄행위로 인하여 생명·신체에 대한 피해를 받은 국민은 법률이 정하는 바에 의하여 국가로부터 구조를 받을 수 있다.

② 【X】 「범죄피해자 보호법」에 의한 범죄피해 구조금 중 위 법 제17조 제2항의 유족구조금은 사람의 생명 또는 신체를 해치는 죄에 해당하는 행위로 인하여 사망한 피해자 또는 그 유족들에 대한 손실보상을 목적으로 하는 것으로서, 위 범죄행위로 인한 손실 또는 손해를 전보하기 위하여 지급된다는 점에서 불법행위로 인한 소극적 손해의 배상과 같은 종류의 금원이라고 봄이 타당하다(대판 2017.11.09. 2017다228083).

③ 【O】 「범죄피해자 보호법」 제25조(구조금의 지급신청) ② 제1항에 따른 신청은 해당 구조대상 범죄피해의 발생을 안 날부터 3년이 지나거나 해당 구조대상 범죄피해가 발생한 날부터 10년이 지나면 할 수 없다.

④ 【O】 「범죄피해자 보호법」 제21조(손해배상과의 관계) ① 국가는 구조피해자나 유족이 해당 구조대상 범죄피해를 원인으로 하여 손해배상을 받았으면 그 범위에서 구조금을 지급하지 아니한다.

05 **범죄피해자구조청구권 및 「범죄피해자 보호법」에 대한 설명으로 가장 적절한 것은?** (다툼이 있는 경우 헌법재판소 판례에 의함) 2023 경찰간부

① 구조대상 범죄피해를 받은 사람 또는 그 유족과 가해자 사이의 관계, 그 밖의 사정을 고려하여 구조금의 전부 또는 일부를 지급하는 것이 사회통념에 위배된다고 인정될 때에는 구조금의 전부 또는 일부를 지급하지 아니한다.

② 국가의 주권이 미치지 못하고 국가의 경찰력 등을 행사할 수 없거나 행사하기 어려운 해외에서 발생한 범죄에 대하여 국가에 그 방지책임이 없다고 보기는 어렵다.

③ 구조대상 범죄피해를 받은 사람이나 유족이 해당 구조대상 범죄피해를 원인으로 하여 「국가배상법」이나 그 밖의 법령에 따른 급여 등을 받을 수 있는 경우에는 대통령령으로 정하는 바에 따라 구조금을 지급하지 아니한다.

④ 범죄피해 구조금의 지급신청은 해당 구조대상 범죄피해의 발생을 안 날부터 2년간 행사하지 아니하면 시효로 인하여 소멸된다.

지문분석 **난이도** □■■ **중** | **정답** ③ | **키워드** 범죄피해자구조청구권 | **출제유형** 조문 + 판례

① 【X】「범죄피해자 보호법」 제19조(구조금을 지급하지 아니할 수 있는 경우) ⑥ 구조피해자 또는 그 유족과 가해자 사이의 관계, 그 밖의 사정을 고려하여 구조금의 전부 또는 일부를 지급하는 것이 사회통념에 위배된다고 인정될 때에는 구조금의 전부 또는 일부를 지급하지 아니할 수 있다.

② 【X】 국가의 주권이 미치지 못하고 국가의 경찰력 등을 행사할 수 없거나 행사하기 어려운 해외에서 발생한 범죄에 대하여는 국가에 그 방지책임이 있다고 보기 어렵고, 상호보증이 있는 외국에서 발생한 범죄피해에 대하여는 국민이 그 외국에서 피해구조를 받을 수 있으며, 국가의 재정에 기반을 두고 있는 구조금에 대한 청구권 행사대상을 우선적으로 대한민국의 영역 안의 범죄피해에 한정하고, 향후 해외에서 발생한 범죄피해의 경우에도 구조를 하는 방향으로 운영하는 것은 입법형성의 재량의 범위 내라고 할 것이다. 따라서 범죄피해자구조청구권의 대상이 되는 범죄피해에 해외에서 발생한 범죄피해의 경우를 포함하고 있지 아니한 것이 현저하게 불합리한 자의적인 차별이라고 볼 수 없어 평등원칙에 위배되지 아니한다(헌재 2011.12.29. 2009헌마354).

③ 【O】「범죄피해자 보호법」 제20조(다른 법령에 따른 급여 등과의 관계) 구조피해자나 유족이 해당 구조대상 범죄피해를 원인으로 하여 「국가배상법」이나 그 밖의 법령에 따른 급여 등을 받을 수 있는 경우에는 대통령령으로 정하는 바에 따라 구조금을 지급하지 아니한다.

④ 【X】「범죄피해자 보호법」 제31조(소멸시효) 구조금을 받을 권리는 그 구조결정이 해당 신청인에게 송달된 날부터 2년간 행사하지 아니하면 시효로 인하여 소멸된다.

06 **범죄피해자구조청구권에 대한 설명으로 가장 적절하지 <u>않은</u> 것은?** (다툼이 있는 경우 헌법재판소 판례에 의함) 2025 경찰 간부

① 범죄피해자구조청구권이라 함은 타인의 범죄행위로 말미암아 생명을 잃거나 신체상의 피해를 입은 국민이나 그 유족이 가해자로부터 충분한 피해배상을 받지 못한 경우에 국가에 대하여 일정한 보상을 청구할 수 있는 권리이며, 그 법적 성격은 생존권적 기본권으로서의 성격을 가지는 청구권적 기본권이다.

② 구 「범죄피해자구조법」 조항에서 범죄피해가 발생한 날부터 5년이 경과한 경우에는 구조금의 지급신청을 할 수 없다고 규정한 것은 오늘날 여러 정보에 대한 접근이 용이해진 점 등에 비추어 보면 합리적인 이유가 있다고 할 것이어서 평등원칙에 위반되지 아니한다.

③ 「범죄피해자 보호법」에 따르면 "범죄피해자"란 타인의 범죄행위로 피해를 당한 사람과 그 배우자(사실상의 혼인관계를 제외한다), 4촌이내의 직계혈족 및 형제자매를 말한다.

④ 「범죄피해자 보호법」상 구조피해자나 유족이 해당 구조대상 범죄피해를 원인으로 하여 「국가배상법」이나 그 밖의 법령에 따른 급여등을 받을 수 있는 경우에는 대통령령으로 정하는 바에 따라 구조금을 지급하지 아니한다.

지문분석 **난이도** □■■ **중** | **정답** ③ | **키워드** 범죄피해자구조청구권 | **출제유형** 판례

① **[O]** 헌법 제30조는 "타인의 범죄행위로 인하여 생명·신체에 대한 피해를 받은 국민은 법률이 정하는 바에 의하여 국가로부터 구조를 받을 수 있다."라고 규정하고 있다. 범죄피해자구조청구권이라 함은 타인의 범죄행위로 말미암아 생명을 잃거나 신체상의 피해를 입은 국민이나 그 유족이 가해자로부터 충분한 피해배상을 받지 못한 경우에 국가에 대하여 일정한 보상을 청구할 수 있는 권리이며, 그 법적 성격은 생존권적 기본권으로서의 성격을 가지는 청구권적 기본권이라고 할 것이다(헌재 2011.12.29. 2009헌마354).

② **[O]** 위 법률조항은 제척기간을 범죄피해가 발생한 날부터 5년으로 정하고 있는바, 오늘날 현대사회에서 인터넷의 보급 등 교통·통신수단이 상대적으로 매우 발달하여 여러 정보에 대한 접근이 용이해진 점과 일반 국민의 권리의식이 신장된 점 등에 비추어 보면, 그 5년이라는 기간이 지나치게 단기라든지 불합리하여 범죄피해자의 구조청구권 행사를 현저히 곤란하게 하거나 사실상 불가능하게 하는 것으로는 볼 수 없다.비록 범죄피해자 보호법 제25조가 그 신청기간을 범죄피해발생일부터 10년으로 확장하였지만, 이 역시 입법재량의 범위 내라고 할 수 있을 뿐이고, 종래 그 기간을 5년으로 정한 것 자체가 불합리하다고 보기는 어렵다고 할 것이다(헌재 2011.12.29. 2009헌마354).

③ **[X]**

> **「범죄피해자 보호법」 제3조(정의)**
> ① 이 법에서 사용하는 용어의 뜻은 다음과 같다.
> 1. "범죄피해자"란 타인의 범죄행위로 피해를 당한 사람과 그 배우자(사실상의 혼인관계를 포함한다), 직계친족 및 형제자매를 말한다.
>
> ② 제1항 제1호에 해당하는 사람 외에 범죄피해 방지 및 범죄피해자 구조 활동으로 피해를 당한 사람도 범죄피해자로 본다.

④ **[O]** 「범죄피해자 보호법」 제20조(다른 법령에 따른 급여 등과의 관계) 구조피해자나 유족이 해당 구조대상 범죄피해를 원인으로 하여 「국가배상법」이나 그 밖의 법령에 따른 급여 등을 받을 수 있는 경우에는 대통령령으로 정하는 바에 따라 구조금을 지급하지 아니한다.

CHAPTER

07 사회적 기본권

1 사회적 기본권과 인간다운 생활권

01 사회적 기본권에 대한 설명으로 가장 적절하지 않은 것은? (다툼이 있는 경우 판례에 의함)

2018 경찰 승진

① 근로자가 사업주의 지배관리 아래 출퇴근하던 중 발생한 사고로 부상 등이 발생한 경우에만 업무상 재해로 인정하는 「산업재해보상보험법」 조항은 평등원칙에 위배되지 아니한다.

② 「공무원연금법」 상 퇴직연금의 수급자가 「사립학교 교직원연금법」 제3조의 학교기관으로부터 보수 기타 급여를 지급받고 있는 경우 퇴직연금의 지급을 정지하도록 한 「공무원연금법」 조항은 헌법에 위배되지 않는다.

③ 사회적 기본권의 성격을 가지는 연금수급권은 국가에 대하여 적극적으로 급부를 요구하는 것이므로 법률에 의한 형성을 필요로 한다.

④ 청원경찰의 복무에 관하여 「국가공무원법」 제66조 제1항을 준용함으로써 노동운동을 금지하는 「청원경찰법」 조항은 국가기관이나 지방자치단체 이외의 곳에서 근무하는 청원경찰인 청구인들의 근로3권을 침해한다.

지문분석 **난이도** □■■ **중** | **정답** ① | **키워드** 사회적 기본권 | **출제유형** 판례

① 【X】 근로자가 사업주의 지배관리 아래 출퇴근하던 중 발생한 사고로 부상 등이 발생한 경우만 업무상 재해로 인정하는 것은 합리적 이유 없이 비혜택근로자를 자의적으로 차별하는 것이므로, 헌법상 평등원칙에 위배된다 (헌재 2016.09.29. 2014헌바254).

② 【O】 헌재 2000.06.29. 98헌바106

③ 【O】 「공무원연금법」상의 연금수급권과 같은 사회보장수급권은 헌법 제34조의 규정으로부터 도출되는 사회적 기본권의 하나이며, 따라서 국가에 대하여 적극적으로 급부를 요구하는 것이므로 헌법규정만으로는 이를 실현할 수 없고, 법률에 의한 형성을 필요로 한다(헌재 2012.08.23. 2010헌바425).

④ 【O】 헌재 2017.09.28. 2015헌마653

02 사회적 기본권에 대한 설명으로 옳지 않은 것은? (다툼이 있는 경우 판례에 의함) 2015 지방직 7급

① 국가는 생활능력 없는 국민을 보호할 의무가 있다는 헌법 규정은 모든 국가기관을 기속하지만, 그 기속의 의미는 입법부 또는 행정부의 경우와 헌법재판소의 경우가 동일하지 않다.

② 사회적 기본권은 입법과정이나 정책결정과정에서 사회적 기본권에 규정된 국가목표의 무조건적인 최우선적 배려가 아니라 단지 적절한 고려를 요청하는 것이다.

③ 국가는 사회적 기본권에 의하여 제시된 국가의 의무와 과제를 국가의 현실적인 재정·경제능력의 범위 내에서 다른 국가과제와의 조화와 우선순위결정을 통하여 이행할 수밖에 없다.

④ 사회적 기본권에 관한 법률유보는 주로 권리의 내용을 구체화하는 기본권구체화적 법률유보를 의미하기 때문에, 국회가 사회적 기본권을 구체화하는 입법의무를 게을리 할 경우 헌법재판소는 결정의 형식으로 스스로 입법할 수 있다.

지문분석 **난이도** □□■ **하** | **정답** ④ | **키워드** 사회적 기본권 | **출제유형** 판례

④ 【X】 국가기관간의 권력분립원칙에 비추어 볼 때 다만 헌법이 스스로 국가기관에게 특정한 의무를 부과하는 경우에 한하여, 헌법재판소는 헌법재판의 형태로써 국가기관이 특정한 행위를 하지 않은 부작위의 위헌성을 확인할 수 있을 뿐이다(헌재 2002.12.18. 2002헌마52).

03 사회적 기본권에 대한 설명으로 옳지 않은 것은? (다툼이 있는 경우 판례에 의함) 2015 국가직 7급

① 모든 국민은 인간다운 생활을 할 권리를 가지며 국가는 생활능력 없는 국민을 보호할 의무가 있다는 헌법의 규정은 모든 국가기관을 기속하지만, 그 기속의 의미는 적극적·형성적 활동을 하는 입법부 또는 행정부의 경우와 헌법재판에 의한 사법적 통제기능을 하는 헌법재판소에 있어서 동일하지 아니하다.

② 근로의 권리가 '일할 자리에 관한 권리'만이 아니라 '일할 환경에 관한 권리'도 내포하고 있는바, 후자는 건강한 작업환경, 일에 대한 정당한 보수, 합리적인 근로조건의 보장을 요구할 수 있는 권리를 포함한다.

③ 교원 재임용의 심사요소로 학생교육·학문연구·학생지도를 언급하되 이를 모두 필수요소로 강제하지 않는 「사립학교법」 제53조의2 제7항 전문은 교원의 신분에 대한 부당한 박탈을 방지함과 동시에 대학의 자율성을 도모한 것으로서 교원지위법정주의에 위반되지 아니한다.

④ 국가 또는 지방자치단체의 정책결정에 관한 사항이나 기관의 관리·운영에 관한 사항으로서 근무조건과 직접 관련되지 아니하는 사항을 공무원노동조합의 단체교섭대상에서 제외하고 있는 공무원의 「노동조합설립 및 운영 등에 관한 법률」 제8조 제1항 단서 중 '직접' 부분은 명확성원칙에 위반된다.

지문분석 **난이도** □■■ **중** | **정답** ④ | **키워드** 사회적 기본권 | **출제유형** 판례

① 【O】 모든 국민은 인간다운 생활을 할 권리를 가지며 국가는 생활능력없는 국민을 보호할 의무가 있다는 헌법의 규정은 입법부와 행정부에 대하여는 국민소득, 국가의 재정능력과 정책 등을 고려하여 가능한 범위안에서 최대한으로 모든 국민이 물질적인 최저생활을 넘어서 인간의 존엄성에 맞는 건강하고 문화적인 생활을 누릴 수 있도록 하여야 한다는 행위의 지침 즉 행위규범으로서 작용하지만, 헌법재판에 있어서는 다른 국가기관 즉 입법부나 행정부가 국민으로 하여금 인간다운 생활을 영위하도록 하기 위하여 객관적으로 필요한 최소한의 조치를 취할 의무를 다하였는지의 여부를 기준으로 국가기관의 행위의 합헌성을 심사하여야 한다는 통제규범으로 작용하는 것이다(헌재 1997.05.29. 94헌마33).

② 【O】 근로의 권리가 '일할 자리에 관한 권리'만이 아니라 '일할 환경에 관한 권리'도 함께 내포하고 있는바, 후자는 인간의 존엄성에 대한 침해를 방어하기 위한 자유권적 기본권의 성격도 갖고 있어 건강한 작업환경, 일에 대한 정당한 보수, 합리적인 근로조건의 보장 등을 요구할 수 있는 권리 등을 포함한다고 할 것이므로 외국인 근로자라고 하여 이 부분에까지 기본권 주체성을 부인할 수는 없다(헌재 2007.08.30. 2004헌마670).

③ 【O】 교원 재임용의 심사요소로 학생교육·학문연구·학생지도를 언급하되 이를 모두 필수요소로 강제하지 않는「사립학교법」 제53조의2 제7항 전문은 교원의 신분에 대한 부당한 박탈을 방지함과 동시에 대학의 자율성을 도모한 것으로서 교원지위법정주의에 위반되지 아니한다(헌재 2014.04.24. 2012헌바336).

④ 【X】 국가 또는 지방자치단체의 정책결정에 관한 사항은 일정한 목적 실현을 위해 국가 또는 지방자치단체가 법령 등에 근거하여 자신의 권한과 책임으로 행하여야 할 사항을 의미하고, 기관의 관리·운영에 관한 사항은 법령 등에 근거하여 설치, 조직된 기관이 그 목적 달성을 위하여 해당 기관의 판단과 책임에 따라 업무를 처리하도록 정해져 있는 사항을 의미하며, 이 사항들 중 근무조건과 '직접' 관련되어 교섭대상이 되는 사항은 공무원이 공무를 제공하는 조건이 되는 사항 그 자체를 의미하는 것이므로, 이 사건 규정에서 말하는 공무원노조의 비교섭대상은 정책결정에 관한 사항과 기관의 관리·운영에 관한 사항 중 그 자체가 공무를 제공하는 조건이 되는 사항을 제외한 사항이 될 것이다. 따라서 이 사건 규정상의 '직접'의 의미가 법집행 기관의 자의적인 법집행을 초래할 정도로 불명확하다고 볼 수 없으므로 명확성원칙에 위반된다고 볼 수 없다(헌재 2013.06.27. 2012헌바169).

04 사회적 기본권에 대한 설명으로 가장 옳지 않은 것은? 2019 서울시 7급

① 교원 재임용의 심사요소로 학생교육·학문연구·학생지도를 언급하되 이를 모두 필수요소로 강제하지 않는「사립학교법」 제53조의2 제7항 전문은 교원의 신분에 대한 부당한 박탈을 방지함과 동시에 대학의 자율성을 도모한 것으로서 교원지위법정주의에 위반되지 아니한다.

② 국가 또는 지방자치단체의 정책결정에 관한 사항이나 기관의 관리 ·운영에 관한 사항으로서 근무조건과 직접 관련되지 아니하는 사항을 공무원노동조합의 단체교섭 대상에서 제외하고 있는「공무원의 노동조합 설립 및 운영 등에 관한 법률」 제8조 제1항 단서 중 '직접' 부분은 명확성 원칙에 위반된다.

③ 모든 국민은 인간다운 생활을 할 권리를 가지며 국가는 생활능력 없는 국민을 보호할 의무가 있다는 헌법의 규정은 모든 국가기관을 기속하지만, 그 기속의 의미는 적극적·형성적 활동을 하는 입법부 또는 행정부의 경우와 헌법재판에 의한 사법적 통제기능을 하는 헌법재판소에 있어서 동일하지 아니하다.

④ 헌법 제32조 제1항이 규정하는 근로의 권리는 사회적 기본권으로서 국가에 대하여 직접 일자리를 청구하거나 일자리에 갈음하는 생계비의 지급청구권을 의미하는 것이 아니라 고용증진을 위한 사회적·경제적 정책을 요구할 수 있는 권리에 그치며, 근로의 권리로부터 국가에 대한 직접적인 직장존속청구권이 도출되는 것도 아니다.

지문분석 **난이도** ■■■ **상** | **정답** ② | **키워드** 사회적 기본권 | **출제유형** 판례

① 【O】 학교법인은 다양한 교육수요에 적합한 강의전담교원과 연구전담교원을 재량적으로 임용할 수 있는바, 강의전담교원에 대한 재임용 심사는 직무의 성질상 학생교육이 주된 평가기준이 되어야 할 것인데 법에서 학문연구에 대한 평가를 강제한다면 적절한 평가가 이루어질 수 없을 것이고, 반대로 연구전담교원에 대한 재임용 심사에서 학문연구가 아닌 학생교육에 대한 평가를 강제한다면 역시 불합리할 것이다. 따라서 이 사건 법률조항이 교원재임용 심사에 학생교육·학문연구·학생지도라는 3가지 기준을 예시하는 한편 이를 바탕으로 대학이 객관적이고 적절한 평가기준을 마련할 수 있도록 한 것은, 교원의 신분에 대한 부당한 박탈을 방지함과 동시에 대학의 자율성을 도모한 것으로서 교원지위법정주의에 위반되지 아니한다(헌재 2014.04.24. 2012헌바336).

② 【X】 이 사건 규정에서 말하는 공무원노조의 비교섭 대상은 정책결정에 관한 사항과 기관의 관리·운영에 관한 사항 중 그 자체가 공무를 제공하는 조건이 되는 사항을 제외한 사항이 될 것이다. 따라서 이 사건 규정 상의 '직접'의 의미가 법집행 기관의 자의적인 법집행을 초래할 정도로 불명확하다고 볼 수 없으므로 명확성원칙에 위반된다고 볼 수 없다(헌재 2013.06.27. 2012헌바169).

③ 【O】 모든 국민은 인간다운 생활을 할 권리를 가지며 국가는 생활능력 없는 국민을 보호할 의무가 있다는 헌법의 규정은 모든 국가기관을 기속하지만, 그 기속의 의미는 적극적·형성적 활동을 하는 입법부 또는 행정부의 경우와 헌법재판에 의한 사법적 통제기능을 하는 헌법재판소에 있어서 동일하지 아니하다(헌재 1997.05.29. 94헌마33).

④ 【O】 헌법 제32조 제1항이 규정하는 근로의 권리는 사회적 기본권으로서 국가에 대하여 직접 일자리를 청구하거나 일자리에 갈음하는 생계비의 지급청구권을 의미하는 것이 아니라 고용증진을 위한 사회적·경제적 정책을 요구할 수 있는 권리에 그치며, 근로의 권리로부터 국가에 대한 직접적인 직장존속청구권이 도출되는 것도 아니다(헌재 2011.07.28. 2009헌마408).

05 **사회보장수급권에 관한 설명 중 가장 적절하지 <u>않은</u> 것은?** (다툼이 있는 경우 판례에 의함)

2016 경찰 승진

① 「공무원연금법」상 퇴직연금의 수급자가 「사립학교교직원연금법」 제3조의 학교기관으로부터 보수 기타 급여를 지급받고 있는 경우, 그 기간 중 퇴직연금의 지급을 정지하도록 한 것은 기본권 제한의 입법한계를 일탈한 것으로 볼 수 없다.

② 휴직자에게 직장가입자의 자격을 유지시켜 휴직전월의 표준보수월액을 기준으로 보험료를 부과하는 것은 사회국가원리에 위배되지 않는다.

③ 「공무원연금법」상의 연금수급권은 국가에 대하여 적극적으로 급부를 요구하는 것이므로 헌법규정만으로는 실현될 수 없고, 법률에 의한 형성을 필요로 한다.

④ 국민연금의 급여수준은 납입한 연금보험료의 금액을 기준으로 결정하여야 하며, 한 사람의 수급권자에게 여러 종류의 수급권이 발생한 경우에는 중복하여 지급해야 한다.

지문분석 **난이도** □■■ **중** | **정답** ④ | **키워드** 사회보장수급권 | **출제유형** 판례

① 【O】「공무원연금법」상 퇴직연금의 수급자가 「사립학교교직원연금법」 제3조의 학교기관으로부터 보수 기타 급여를 지급받는 경우 퇴직연금의 지급을 정지하도록 한 「공무원연금법」 제47조 제1호 규정이 기본권 제한의 입법한계를 일탈하여 헌법에 위반되지 않는다(헌재 2000.06.29. 98헌바106).

② 【O】「국민건강보험법」 제63조 제2항이 휴직자도 직장가입자의 자격을 유지함을 전제로 기존의 보험료 부담을 그대로 지우고 있는 것은 일시적 · 잠정적 근로관계의 중단에 불과한 휴직제도의 본질, 휴직자에 대한 보험급여의 필요성, 별도의 직장가입자인 배우자 등이 있는 휴직자와 그렇지 않은 휴직자간의 형평성, 보험공단의 재정부담 등 여러 가지 사정을 고려한 것으로서, 입법형성의 범위 내에서 합리적으로 결정한 것이라 볼 수 있으므로 사회국가원리에 어긋난다거나 휴직자의 사회적 기본권 내지 평등권 등을 침해한다고 볼 수 없다(헌재 2003.06.26. 2001헌마699).

③ 【O】「공무원연금법」상의 퇴직급여, 유족급여 등 각종 급여를 받을 권리, 즉 연금수급권은 사회적 기본권의 하나인 사회보장수급권의 성격과 재산권의 성격을 아울러 지니고 있다고 하겠다. 연금수급권의 헌법적 보장과 그 한계 헌법 제34조 제1항은 '모든 국민은 인간다운 생활을 할 권리를 가진다.'고 하고, 제2항은 '국가는 사회보장 · 사회복지의 증진에 노력할 의무를 진다.고 규정하고 있는바, 이 법상의 연금수급권과 같은 사회보장수급권은 이 규정들로부터 도출되는 사회적 기본권의 하나이다. 이와 같이 사회적 기본권의 성격을 가지는 연금수급권은 국가에 대하여 적극적으로 급부를 요구하는 것이므로 헌법규정만으로는 이를 실현할 수 없고, 법률에 의한 형성을 필요로 한다(헌재 1999.04.29. 97헌마333).

④ 【X】 국민연금의 급여수준은 수급권자가 최저생활을 유지하는데 필요한 금액을 기준으로 결정해야 할 것이지 납입한 연금보험료의 금액을 기준으로 결정하거나 여러 종류의 수급권이 발생하였다고 하여 반드시 중복하여 지급해야 할 것은 아니다(헌재 2000.06.01. 97헌마190).

06 **사회적 기본권에 대한 설명으로 가장 적절하지 않은 것은?** (다툼이 있는 경우 판례에 의함)

2017 경찰 승진

① 인간다운 생활을 할 권리 중 최소한의 물질적 생활의 유지 이상의 급부를 요구할 수 있는 구체적인 권리는 법률을 통하여 구체화할 때에 비로소 인정되는 법률적 차원의 권리이다.

② '의무교육은 무상으로 한다'는 헌법 제31조 제3항은 초등교육에 관하여는 직접적인 효력규정으로서, 이로부터 개인은 국가에 대하여 초등학교의 입학금 · 수업료 등을 면제받을 수 있는 헌법상의 권리를 가진다.

③ 부모의 자녀교육권이란 부모의 자기결정권이라는 의미에서 보장되는 자유가 아니라, 자녀의 보호와 인격발현을 위하여 부여되는 것이므로, 자녀의 행복이란 관점에서 교육방향을 결정하라는 행위지침을 의미할 뿐 부모의 기본권이라고는 볼 수 없다.

④ 헌법상 보장되고 있는 학문의 자유 또는 교육을 받을 권리의 규정에서 교사의 수업권(授業權)이 파생되는 것으로 해석하여 기본권에 준하는 것으로 간주하더라도, 수업권을 내세워 국민의 수학권(修學權)을 침해할 수는 없다.

지문분석 **난이도** □■■ **중** | **정답** ③ | **키워드** 사회적 기본권 | **출제유형** 판례

① 【O】 인간의 존엄에 상응하는 생활에 필요한 '최소한의 물질적인 생활'의 유지에 필요한 급부를 요구할 수 있는 구체적인 권리가 상황에 따라서는 직접 도출될 수 있다고 할 수는 있어도, 동 기본권이 직접 그 이상의 급부를 내용으로 하는 구체적인 권리를 발생케 한다고는 볼 수 없다고 할 것이다. 이러한 구체적 권리는 국가가 재정형편 등 여러 가지 상황들을 종합적으로 감안하여 법률을 통하여 구체화할 때에 비로소 인정되는 법률적 차원의 권리라고 할 것이다(헌재 1995.07.21. 93헌가14).

② 【O】 의무교육의 실시범위와 관련하여 의무교육의 무상원칙을 규정한 헌법 제31조 제3항은 초등교육에 관하여는 직접적인 효력규정으로서 개인이 국가에 대하여 입학금 · 수업료 등을 면제받은 수 있는 헌법상의 권리라고 볼 수 있다(헌재 1991.02.11. 90헌가27).

③ 【X】 '부모의 자녀에 대한 교육권'은 비록 헌법에 명문으로 규정되어 있지는 아니하지만, 이는 모든 인간이 국적과 관계없이 누리는 양도할 수 없는 불가침의 인권으로서 혼인과 가족생활을 보장하는 헌법 제36조 제1항, 행복추구권을 보장하는 헌법 제10조 및 '국민의 자유와 권리는 헌법에 열거되지 아니한 이유로 경시되지 아니한다.' 라고 규정하는 헌법 제37조 제1항에서 나오는 중요한 기본권이다. 부모의 자녀교육권은 다른 기본권과는 달리, 기본권의 주체인 부모의 자기결정권이라는 의미에서 보장되는 자유가 아니라, 자녀의 보호와 인격발현을 위하여 부여되는 기본권이다. 다시 말하면, 부모의 자녀교육권은 자녀의 행복이란 관점에서 보장되는 것이며, 자녀의 행복이 부모의 교육에 있어서 그 방향을 결정하는 지침이 된다(헌재 2000.04.27. 98헌가16).

④ 【O】 헌법상 보장되고 있는 학문의 자유 또는 교육을 받을 권리의 규정에서 교사의 수업권이 파생되는 것으로 해석하여 기본권에 준하는 것으로 간주하더라도 수업권을 내세워 수학권을 침해할 수는 없으며 국민의 수학권의 보장을 위하여 교사의 수업권은 일정범위 내에서 제약을 받을 수밖에 없는 것이다(헌재 1992.11.12. 89헌마88).

07 **인간다운 생활을 할 권리에 대한 설명으로 가장 적절하지 <u>않은</u> 것은?** (다툼이 있는 경우 헌법재판소 판례에 의함) 2023 경찰간부

① 재혼을 유족연금수급권 상실사유로 규정한 구 「공무원연금법」 해당 조항 중 '유족연금'에 관한 부분은 입법재량의 한계를 벗어나 재혼한 배우자의 인간다운 생활을 할 권리를 침해하였다고 볼 수 없다.

② 연금보험료를 낸 기간이 그 연금보험료를 낸 기간과 연금보험료를 내지 아니한 기간을 합산한 기간의 3분의 2보다 짧은 경우 유족연금 지급을 제한한 구 「국민연금법」 해당 조항 중 '유족연금'에 관한 부분은 인간다운 생활을 할 권리를 침해한다고 볼 수 없다.

③ 「노인장기요양보험법」은 요양급여의 실시와 그에 따른 급여비용 지급에 관한 기본적이고도 핵심적인 사항을 이미 법률로 규정하고 있으므로, '시설 급여비용의 구체적인 산정방법 및 항목 등에 관하여 필요한 사항'을 보건복지부령에 위임하였다고 하여 그 자체로 법률유보원칙에 반한다고 볼 수는 없다.

④ 생계급여를 지급함에 있어 자활사업 참가조건의 부과를 유예 할 수 있는 대상자를 정하면서 입법자가 '대학원에 재학 중인 사람'과 '부모에게 버림받아 부모를 알 수 없는 사람'을 포함 시키지 않은 것은 인간다운 생활을 보장하기 위한 조치를 취함에 있어서 국가가 실현해야 할 객관적 내용의 최소한도의 보장에 이르지 못한 것이다.

지문분석 **난이도** □■■ **중** | **정답** ④ | **키워드** 인간다운 생활을 할 권리 | **출제유형** 판례

① 【O】 심판대상조항이 배우자의 재혼을 유족연금수급권 상실사유로 규정한 것은 배우자가 재혼을 통하여 새로운 부양관계를 형성함으로써 재혼 상대방 배우자를 통한 사적 부양이 가능해짐에 따라 더 이상 사망한 공무원의 유족으로서의 보호의 필요성이나 중요성을 인정하기 어렵다고 보았기 때문이다. 이는 한정된 재원의 범위 내에서 부양의 필요성과 중요성 등을 고려하여 유족들을 보다 효과적으로 보호하기 위한 것이므로, 입법재량의 한계를 벗어나 재혼한 배우자의 인간다운 생활을 할 권리와 재산권을 침해하였다고 볼 수 없다(헌재 2022.08.31. 2019헌가31).

② 【O】 국민연금제도는 자기 기여를 전제로 하지 않고 국가로부터 소득을 보장받는 순수한 사회부조형 사회보장제도가 아니라, 가입자의 보험료를 재원으로 하여 가입기간, 기여도 및 소득수준 등을 고려하여 소득을 보장받는 사회보험제도이므로, 입법자가 가입기간의 상당 부분을 성실하게 납부한 사람의 유족만을 유족연금 지급대상에 포함시키기 위하여 '연금보험료를 낸 기간이 그 연금보험료를 낸 기간과 연금보험료를 내지 아니한 기간을 합산한 기간의 3분의 2'(이하 '연금보험료 납입비율'이라 한다)보다 짧은 경우 유족연금 지급을 제한한 것이 입법재량의 한계를 일탈하였을 정도로 불합리하다고 보기 어렵다. 따라서 심판대상조항이 인간다운 생활을 할 권리 및 재산권을 침해한다고 볼 수 없다(헌재 2020.05.27. 2018헌바129).

③ 【O】 급여비용을 정함에 있어서는 요양보험의 재정 수준, 가입자의 보험료 및 본인부담금 등 부담수준, 요양급여의 수요와 요구되는 요양급여의 수준 등을 종합적으로 고려하여 정하여야 할 것이고 이러한 요소들은 사회적·경제적 여건에 따라 변화할 수 있다. 따라서 요양급여비용의 구체적인 산정방법 및 항목 등을 미리 법률에 상세하게 규정하는 것은 입법기술상 매우 어렵다. 「노인장기요양보험법」(이하 '법'이라 한다)은 요양급여의 실시와 그에 따른 급여비용 지급에 관한 기본적이고도 핵심적인 사항을 이미 법률로 규정하고 있다. 따라서 '시설 급여비용의 구체적인 산정방법 및 항목 등에 관하여 필요한 사항'을 반드시 법률에서 직접 정해야 한다고 보기는 어렵고, 이를 보건복지부령에 위임하였다고 하여 그 자체로 법률유보원칙에 반한다고 볼 수는 없다(헌재 2021.08.31. 2019헌바73).

④ 【X】 입법자가 이 사건 시행령조항을 제정함에 있어 '대학원에 재학 중인 사람'과 '부모에게 버림받아 부모를 알 수 없는 사람'을 조건 부과 유예의 대상자에 포함시키지 않았다고 하더라도, 그러한 사정만으로 국가가 청구인의 인간다운 생활을 보장하기 위한 조치를 취함에 있어서 국가가 실현해야 할 객관적 내용의 최소한도의 보장에도 이르지 못하였다거나 헌법상 용인될 수 있는 재량의 범위를 명백히 일탈하였다고는 보기는 어렵다. 따라서 생계급여제도 이외에도 의료급여와 같은 각종 급여제도 등을 통하여서도 인간의 존엄에 상응하는 생활에 필요한 '최소한의 물질적인 생활'을 유지하는 데 도움을 받을 수 있는 점 등을 종합하여 보면, 이 사건 시행령조항은 청구인의 인간다운 생활을 할 권리도 침해하지 않는다(헌재 2017.11.30. 2016헌마448).

08 인간다운 생활을 할 권리에 관한 설명으로 가장 적절하지 않은 것은? (다툼이 있는 경우 판례에 의함)

2023 경찰 2차

① 인간다운 생활을 할 권리로부터 인간의 존엄에 상응하는 생활에 필요한 '최소한의 물질적인 생활'의 유지에 필요한 급부를 요구할 수 있는 구체적인 권리가 상황에 따라서는 직접 도출될 수 있어도, 동 기본권이 직접 그 이상의 급부를 내용으로 하는 구체적인 권리까지 발생케 한다고 볼 수 없다.

② 국가가 행하는 최저생활보장 수준이 국민의 인간다운 생활을 보장하기 위한 객관적인 내용의 최소한을 보장하고 있는지 여부는 특정한 법률에 의한 급부만을 가지고 판단하여서는 아니되고, 국가가 최저생활보장을 위하여 지급하는 각종 급여나 각종 부담의 감면 등을 총괄한 수준으로 판단하여야 한다.

③ 직장가입자가 소득월액보험료를 일정 기간 이상 체납한 경우 그 체납한 보험료를 완납할 때까지 국민건강보험공단이 그 가입자 및 피부양자에 대하여 보험급여를 실시하지 아니할 수 있도록 한 구 「국민건강보험법」 조항은 해당 직장가입자인 청구인의 인간다운 생활을 할 권리를 침해한 것이라고 볼 수 없다.

④ 구치소·치료감호시설에 수용 중인 자에 대하여 「국민기초생활 보장법」에 의한 중복적인 보장을 피하기 위하여 기초생활보장제도의 보장단위인 개별가구에서 제외하기로 한 입법자의 판단은 헌법상 용인될 수 있는 재량의 범위를 일탈하여 구치소·치료감호시설에 수용 중인 자인 청구인의 인간다운 생활을 할 권리를 침해한다.

지문분석 **난이도** □■■ **중** | **정답** ④ | **키워드** 인간다운 생활을 할 권리 | **출제유형** 판례

① 【O】 인간다운 생활을 할 권리로부터는 인간의 존엄에 상응하는 생활에 필요한 '최소한의 물질적인 생활'의 유지에 필요한 급부를 요구할 수 있는 구체적인 권리가 상황에 따라서는 직접 도출될 수 있다고 할 수는 있어도, 동 기본권이 직접 그 이상의 급부를 내용으로 하는 구체적인 권리를 발생케 한다고는 볼 수 없다(헌재 2003.05.15. 2002헌마90).

② 【O】 국가가 행하는 최저생활보장수준이 그 재량의 범위를 명백히 일탈하였는지 여부, 즉 인간다운 생활을 보장하기 위한 객관적인 내용의 최소한을 보장하고 있는지 여부는 특정한 법률에 의한 생계급여만을 가지고 판단하여서는 안 되고, 다른 법령에 의거하여 국가가 최저생활보장을 위하여 지급하는 각종 급여나 각종 부담의 감면 등을 총괄한 수준으로 판단하여야 한다(헌재 2019.12.27. 2017헌마1299).

③ 【O】 직장가입자가 소득월액보험료를 일정 기간 이상 체납한 경우 그 체납한 보험료를 완납할 때까지 국민건강보험공단이 그 가입자 및 피부양자에 대하여 보험급여를 실시하지 아니할 수 있도록 한 것은 청구인의 인간다운 생활을 할 권리나 재산권을 침해하지 아니한다(헌재 2020.04.23. 2017헌바244).

④ 【X】 「형의 집행 및 수용자의 처우에 관한 법률」 및 「치료감호법」에 의한 구치소·치료감호시설에 수용 중인 자는 당해 법률에 의하여 생계유지의 보호와 의료적 처우를 받고 있으므로 이러한 구치소·치료감호시설에 수용 중인 자에 대하여 「국민기초생활 보장법」에 의한 중복적인 보장을 피하기 위하여 개별가구에서 제외하기로 한 입법자의 판단이 헌법상 용인될 수 있는 재량의 범위를 일탈하여 인간다운 생활을 할 권리와 보건권을 침해한다고 볼 수 없다(헌재 2012.02.23. 2011헌마123).

09 **생존권적 기본권에 관한 설명으로 가장 적절하지 않은 것은?** (다툼이 있는 경우 판례에 의함)

2023 경찰 경채 2차

① 사회보장수급권은 개인에게 직접 주어지는 헌법적 차원의 권리이며, 사회적 기본권의 하나이다.

② 8촌 이내 혈족 사이의 혼인금지조항을 위반한 혼인을 전부 무효로 하는 「민법」 조항은 과잉금지원칙을 위배하여 혼인의 자유를 침해한다.

③ 입양신고 시 신고사건 본인이 시·읍·면에 출석하지 아니하는 경우에는 신고사건 본인의 신분증명서를 제시하도록 한 「가족관계등록법」 규정은 입양당사자의 가족생활의 자유를 침해한다고 보기 어렵다.

④ 직장가입자가 소득월액보험료를 일정 기간 이상 체납한 경우 그 체납한 보험료를 완납할 때까지 국민건강보험공단이 그 가입자 및 피부양자에 대하여 보험급여를 실시하지 아니할 수 있도록 한 것은 인간다운 생활을 할 권리나 재산권을 침해하지 아니한다.

지문분석 **난이도** □■■ **중** | **정답** ① | **키워드** 생존권적 기본권 | **출제유형** 판례

① 【X】 사회보장수급권은 헌법 제34조 제1항 및 제2항 등으로부터 개인에게 직접 주어지는 헌법적 차원의 권리라거나 사회적 기본권의 하나라고 볼 수는 없고, 다만 위와 같은 사회보장·사회복지 증진의무를 포섭하는 이념적 지표로서의 인간다운 생활을 할 권리를 실현하기 위하여 입법자가 입법재량권을 행사하여 제정하는 사회보장입법에 그 수급요건, 수급자의 범위, 수급액 등 구체적인 사항이 규정될 때 비로소 형성되는 법률적 차원의 권리에 불과하다 할 것이다(헌재 2003.07.24. 2002헌바51).

② 【O】 이 사건 무효조항의 입법목적은 가령 직계혈족 및 형제자매 사이의 혼인과 같이 근친혼이 가족제도의 기능을 심각하게 훼손하는 경우에 한정하여 무효로 하고 그 밖의 근친혼에 대하여는 혼인이 소급하여 무효가 되지 않고 혼인의 취소를 통해 장래를 향하여 해소할 수 있도록 규정함으로써 기왕에 형성된 당사자나 자녀의 법적 지위를 보장하더라도 충분히 달성할 수 있다. 그럼에도 이 사건 무효조항은 이 사건 금혼조항을 위반한 경우를 전부 무효로 하고 있으므로 침해최소성과 법익균형성에 반한다. 따라서 이 사건 무효조항은 과잉금지원칙에 위배하여 혼인의 자유를 침해한다(헌재 2022.10.27. 2018헌바115).

③ 【O】 이 사건 법률조항은 입양의 당사자가 출석하지 않아도 입양신고를 하여 가족관계를 형성할 수 있는 자유를 보장하면서도, 출석하지 아니한 당사자의 신분증명서를 제시하도록 하여 입양당사자의 신고의사의 진실성을 담보하기 위한 조항이다. 신분증명서를 부정사용하여 입양신고가 이루어질 경우 「형법」에 따라 형사처벌되고, 그렇게 이루어진 허위입양은 언제든지 입양무효확인의 소를 통하여 구제받을 수 있다. 비록 출석하지 아니한 당사자의 신분증명서를 요구하는 것이 허위의 입양을 방지하기 위한 완벽한 조치는 아니라고 하더라도 이 사건 법률조항이 원하지 않는 가족관계의 형성을 방지하기에 전적으로 부적합하거나 매우 부족한 수단이라고 볼 수는 없다. 따라서 이 사건 법률조항이 입양당사자의 가족생활의 자유를 침해한다고 보기 어렵다(헌재 2022.11.24. 2019헌바108).

④ 【O】 가입자들에 대한 안정적인 보험급여 제공을 보장하기 위해서는 보험료 체납에 따른 보험재정의 악화를 방지할 필요가 있다. 보험료 체납에 대하여 보험급여 제한과 같은 제재를 가하지 않는다면, 가입자가 충분한 자력이 있음에도 보험료를 고의로 납부하지 않은 채 보험급여만을 받고자 하는 도덕적 해이가 만연하여 건강보험제도 자체의 존립이 위태로워질 수 있다. 따라서 심판대상조항은 청구인의 인간다운 생활을 할 권리나 재산권을 침해하지 아니한다(헌재 2020.04.23. 2017헌바244).

10 사회보장수급권에 관한 다음 설명 중 가장 옳지 않은 것은? (다툼이 있는 경우 헌법재판소 결정에 의함)

2016 법원직 9급

① 입법자는 「공무원연금법」상 연금수급권의 구체적 내용을 정함에 있어 반드시 「민법」상 상속의 법리와 순위에 따라야 하는 것이 아니라 공무원연금제도의 목적 달성에 알맞도록 독자적으로 규율할 수 있다.

② 공무원과는 달리 산재보험에 가입한 근로자의 통상의 출·퇴근 재해를 업무상 재해로 인정하지 않더라도 입법자의 입법형성의 한계를 벗어난 자의적인 차별은 아니다.

③ 「공무원연금법」상의 각종 급여는 후불임금으로서의 성격을 띠므로, 그에 관한 입법자의 입법재량은 일반적인 재산권과 유사하게 제한된다.

④ 공무원이 유족 없이 사망하였을 경우, 연금수급자의 범위를 직계존·비속으로만 한정하는 것은 공무원의 형제자매 등 다른 상속권자들의 재산권을 침해한 것으로 볼 수 없다.

지문분석 **난이도** □■■ **중** | **정답** ③ | **키워드** 사회보장수급권 | **출제유형** 판례

① 【O】「공무원연금법」상의 퇴직급여, 유족급여 등 각종 급여를 받을 권리, 즉 연금수급권에는 사회적 기본권의 하나인 사회보장수급권의 성격과 재산권의 성격이 불가분적으로 혼재되어 있으므로, 입법자로서는 연금수급권의 구체적 내용을 정함에 있어 반드시 「민법」상 상속의 법리와 순위에 따라야 하는 것이 아니라 공무원연금제도의 목적 달성에 알맞도록 독자적으로 규율할 수 있고, 여기에 필요한 정책판단·결정에 관하여는 입법자에게 상당한 정도로 형성의 자유가 인정된다(헌재 1999.04.29. 97헌마333).

② 【O】공무원과는 달리 산재보험에 가입한 근로자의 통상의 출·퇴근 재해를 업무상 재해로 인정하고 있지 아니하더라도 그것이 현저히 불합리하여 입법자의 입법형성의 한계를 벗어난 자의적인 차별이라고 볼 수 없다(헌재 2013.09.26. 2012헌가16).

③ 【X】「공무원연금법」상의 각종 급여는 기본적으로 모두 사회보장적 급여로서의 성격을 가짐과 동시에 공로보상 내지 후불임금으로서의 성격도 함께 가지며 특히 퇴직연금수급권은 경제적 가치 있는 권리로서 헌법 제23조에 의하여 보장되는 재산권으로서의 성격을 가지는데 다만, 그 구체적인 급여의 내용, 기여금의 액수 등을 형성하는 데에 있어서는 직업공무원제도나 사회보험원리에 입각한 사회보장적 급여로서의 성격으로 인하여 일반적인 재산권에 비하여 입법자에게 상대적으로 보다 폭넓은 재량이 헌법상 허용된다고 볼 수 있다(헌재 2005.06.30. 2004헌바42).

④ 【O】공무원이 유족 없이 사망하였을 경우, 연금수급자의 범위를 직계존비속으로만 한정하고 있는 「공무원연금법」 규정은 공무원의 형제자매 등 다른 상속권자들의 재산권(상속권)을 침해하지 않는다(헌재 2014.05.29. 2012헌마555).

11 사회적 기본권에 대한 설명으로 가장 적절하지 않은 것은? (다툼이 있는 경우 헌법재판소 판례에 의함)

2022 경찰 간부

① 사실혼 배우자에게 상속권을 인정하지 않는 「민법」 제1003조 제1항 중 '배우자' 부분이 사실혼 배우자의 상속권 및 평등권을 침해하고, 헌법 제36조 제1항에 위반된다.

② 가족제도에 관한 전통문화란 가족제도에 관한 헌법이념인 개인의 존엄과 양성평등에 반하는 것이어서는 안 된다는 한계가 도출되므로 어떤 가족제도가 개인의 존엄과 양성평등에 반한다면 헌법 제9조를 근거로 그 헌법적 정당성을 주장할 수는 없다.

③ 악취가 배출되는 사업장이 있는 지역을 악취관리지역으로 지정함으로써 악취방지를 위한 예방적·관리적 조처를 할 수 있도록 한 것은 헌법상 국가와 국민의 환경보전의무를 바탕으로 주민의 건강과 생활환경의 보전을 위하여 사업장에서 배출되는 악취를 규제·관리하기 위한 적합한 수단이다.

④ 교도소 수용자들의 자살을 방지하기 위하여 독거실 내 화장실 창문에 안전철망을 설치한 행위는 수형자의 환경권 등 기본권을 침해하지 않는다.

지문분석 **난이도** □■■ **중** | **정답** ① | **키워드** 사회적 기본권 | **출제유형** 판례

① 【X】 이 사건 법률조항이 사실혼 배우자에게 상속권을 인정하지 아니하는 것은 상속인에 해당하는지 여부를 객관적인 기준에 의하여 파악할 수 있도록 함으로써 상속을 둘러싼 분쟁을 방지하고, 상속으로 인한 법률관계를 조속히 확정시키며, 거래의 안전을 도모하기 위한 것이다. 사실혼 배우자는 혼인신고를 함으로써 상속권을 가질 수 있고, 증여나 유증을 받는 방법으로 상속에 준하는 효과를 얻을 수 있으며, 「근로기준법」, 「국민연금법」 등에 근거한 급여를 받을 권리 등이 인정된다. 따라서 이 사건 법률조항이 사실혼 배우자의 상속권을 침해한다고 할 수 없다(헌재 2014.08.28. 2013헌바119).

② 【O】 우리 헌법은 제정 당시부터 특별히 혼인의 남녀동권을 헌법적 혼인질서의 기초로 선언함으로써 우리 사회 전래의 가부장적인 봉건적 혼인질서를 더 이상 용인하지 않겠다는 헌법적 결단을 표현하였으며, 현행헌법에 이르러 양성평등과 개인의 존엄은 혼인과 가족제도에 관한 최고의 가치규범으로 확고히 자리잡았다. 한편, 헌법 전문과 헌법 제9조에서 말하는 '전통', '전통문화'란 역사성과 시대성을 띤 개념으로서 헌법의 가치질서, 인류의 보편가치, 정의와 인도정신 등을 고려하여 오늘날의 의미로 포착하여야 하며, 가족제도에 관한 전통·전통문화란 적어도 그것이 가족제도에 관한 헌법이념인 개인의 존엄과 양성의 평등에 반하는 것이어서는 안 된다는 한계가 도출되므로, 전래의 어떤 가족제도가 헌법 제36조 제1항이 요구하는 개인의 존엄과 양성평등에 반한다면 헌법 제9조를 근거로 그 헌법적 정당성을 주장할 수는 없다(헌재 2005.02.03. 2001헌가9 등).

③ 【O】 악취관리지역 지정요건 중 하나로 '악취와 관련된 민원이 1년 이상 지속되고, 악취가 제7조 제1항에 따른 배출허용기준을 초과하는 지역'을 정한 구 「악취방지법」 제6조 제1항 제1호가 명확성원칙에 위반되지 않고, 악취관리지역 내 악취배출시설 운영자인 청구인들의 직업수행의 자유를 침해하지 않아 헌법에 위반되지 않는다(헌재 2020.12.23. 2019헌바25).

④ 【O】 교정시설 내 자살사고는 수용자 본인이 생명을 잃는 중대한 결과를 초래할 뿐만 아니라 다른 수용자들에게도 직접적으로 부정적인 영향을 미치고 나아가 교정시설이나 교정정책 전반에 대한 불신을 야기할 수 있다는 점에서 이를 방지할 필요성이 매우 크고, 그에 비해 청구인에게 가해지는 불이익은 채광·통풍이 다소 제한되는 정도에 불과하다. 따라서 이 사건 설치행위는 청구인의 환경권 등 기본권을 침해하지 아니한다(헌재 2014.06.26. 2011헌마150).

12 인간다운 생활을 할 권리에 관한 설명 중 가장 적절하지 않은 것은? (다툼이 있는 경우 판례에 의함)

2022 경찰 1차

① 국가가 인간다운 생활을 보장하기 위한 헌법적 의무를 다하였는지의 여부가 사법적 심사의 대상이 된 경우에는, 국가가 최저생활보장에 관한 입법을 전혀 하지 아니하였다든가 그 내용이 현저히 불합리하여 헌법상 용인될 수 있는 재량의 범위를 명백히 일탈한 경우에 한하여 헌법에 위반된다.

② 65세 미만의 일정한 노인성 질병이 있는 사람의 장애인 활동지원급여 신청자격을 제한하는 「장애인활동 지원에 관한 법률」 제5조 제2호 본문 중 '「노인장기요양보험법」 제2조 제1호에 따른 노인 등' 가운데 '65세 미만의 자로서 치매·뇌혈관성질환 등 대통령령으로 정하는 노인성 질병을 가진 자'에 관한 부분은 합리적 이유가 있다고 할 것이므로 평등원칙에 위반되지 않는다.

③ 업무상 질병으로 인한 업무상 재해에 있어 업무와 재해 사이의 상당인과관계에 대한 입증책임을 이를 주장하는 근로자나 그 유족에게 부담시키는 「산업재해보상보험법」 규정이 근로자나 그 유족의 사회보장수급권을 침해한다고 볼 수 없다.

④ 「공무원연금법」에 따른 퇴직연금일시금을 지급받은 사람 및 그 배우자를 기초연금 수급권자의 범위에서 제외하는 것은 한정된 재원으로 노인의 생활안정과 복리향상이라는 「기초연금법」의 목적을 달성하기 위한 것으로서 합리성이 인정되므로 인간다운 생활을 할 권리를 침해한다고 볼 수 없다.

지문분석 **난이도** □■■ **중** | **정답** ② | **키워드** 인간다운 생활을 할 권리 | **출제유형** 판례

① 【O】 국가가 인간다운 생활을 보장하기 위한 헌법적 의무를 다하였는지의 여부가 사법적 심사의 대상이 된 경우에는, 국가가 최저생활보장에 관한 입법을 전혀 하지 아니하였다든가 그 내용이 현저히 불합리하여 헌법상 용인될 수 있는 재량의 범위를 명백히 일탈한 경우에 한하여 헌법에 위반된다고 할 수 있다(헌재 2004.10.28. 2002헌마328).

② 【X】 65세 미만의 비교적 젊은 나이인 경우, 일반적 생애주기에 비추어 자립 욕구나 자립지원의 필요성이 높고, 질병의 치료효과나 재활의 가능성이 높은 편이므로 노인성 질병이 발병하였다고 하여 곧 사회생활이 객관적으로 불가능하다거나, 가내에서의 장기요양의 욕구·필요성이 급격히 증가한다고 평가할 것은 아니다. 또한 활동지원급여와 장기요양급여는 급여량 편차가 크고, 사회활동 지원 여부 등에 있어 큰 차이가 있다. 그럼에도 불구하고 65세 미만의 장애인 가운데 일정한 노인성 질병이 있는 사람의 경우 일률적으로 활동지원급여 신청자격을 제한한 데에 합리적 이유가 있다고 보기 어려우므로 심판대상 조항은 평등원칙에 위반된다(헌재 2020.12.23. 2017헌가22 등).

③ 【O】 입증책임분배에 있어 권리의 존재를 주장하는 당사자가 권리근거사실에 대하여 입증책임을 부담한다는 것은 일반적으로 받아들여지고 있고, 통상적으로 업무상 재해를 직접 경험한 당사자가 이를 입증하는 것이 용이하다는 점을 감안하면, 이러한 입증책임의 분배가 입법재량을 일탈한 것이라고는 보기 어렵다. 근로자 측이 현실적으로 부담하는 입증책임이 근로자 측의 보호를 위한 산업재해보상보험제도 자체를 형해화시킬 정도로 과도하다고 보기도 어렵다. 따라서 심판대상 조항이 사회보장수급권을 침해한다고 볼 수 없다(헌재 2015.06.25. 2014헌바269).

④ 【O】 심판대상 조항의 입법목적의 합리성, 다른 법령상의 사회보장체계, 공무원에 대한 후생복지제도 등을 종합적으로 고려할 때, 국가가 노인의 최저생활보장에 관한 입법을 함에 있어 그 내용이 현저히 불합리하여 헌법상 용인될 수 있는 재량의 범위를 일탈하였다고 보기 어려우므로, 심판대상 조항이 「공무원연금법」에 따른 퇴직연금일시금을 받은 사람과 그 배우자의 인간다운 생활을 할 권리를 침해한다고 할 수 없다(헌재 2020.05.27. 2018헌바398).

13 인간다운 생활을 할 권리에 관한 설명 중 가장 적절하지 않은 것은? (다툼이 있는 경우 판례에 의함)

2022 경찰 2차

① 인간다운 생활을 할 권리는 자연인의 권리이므로 법인에게는 인정되지 않고, 또한 국민의 권리이므로 원칙적으로 외국인에게는 인정되지 아니한다.

② 인간다운 생활을 할 권리에 관한 헌법상 규정은 모든 국가기관을 기속하지만, 그 기속의 의미는 적극적 · 형성적 활동을 하는 입법부 또는 행정부의 경우와 헌법재판에 의한 사법적 통제기능을 하는 헌법재판소에 있어서 동일하지 아니하다.

③ 주거환경개선사업 및 주택재개발사업의 시행으로 철거되는 주택의 소유자에 대해서는 임시수용시설의 설치 등을 사업시행자의 의무로 규정한 반면, 도시환경정비사업의 경우에는 이와 같은 규정을 두지 아니한 것은 청구인의 인간다운 생활을 할 권리를 제한한다.

④ 국가가 인간다운 생활을 보장하기 위한 헌법적 의무를 다하였는지의 여부가 사법적 심사의 대상이 된 경우에는, 국가가 최저생활보장에 관한 입법을 전혀 하지 아니하였다든지, 그 내용이 현저히 불합리하여 헌법상 용인될 수 있는 재량의 범위를 명백히 일탈한 경우에 한하여 헌법에 위반된다고 보아야 한다.

지문분석 **난이도** □■■ 중 | **정답** ③ | **키워드** 인간다운 생활을 할 권리 | **출제유형** 판례

① 【O】 헌법 제34조 제1항의 인간다운 생활권의 주체는 국민이다. 이때의 국민 중에는 자연인만이 포함되고 법인은 포함되지 않는다.

② 【O】 인간다운 생활을 할 권리에 관한 헌법의 규정은 모든 국가기관을 기속하지만, 그 기속의 의미는 적극적 · 형성적 활동을 하는 입법부 또는 행정부의 경우와 헌법재판에 의한 사법적 통제기능을 하는 헌법재판소에 있어서 동일하지 아니하다. 위와 같은 헌법의 규정이, 입법부나 행정부에 대하여는 국민소득, 국가의 재정능력과 정책 등을 고려하여 가능한 범위 안에서 최대한으로 모든 국민이 물질적인 최저생활을 넘어서 인간의 존엄성에 맞는 건강하고 문화적인 생활을 누릴 수 있도록 하여야 한다는 행위의 지침, 즉 행위규범으로서 작용하지만, 헌법재판에 있어서는 다른 국가기관, 즉 입법부나 행정부가 국민으로 하여금 인간다운 생활을 영위하도록 하기 위하여 객관적으로 필요한 최소한의 조치를 취할 의무를 다하였는지를 기준으로 국가기관의 행위의 합헌성을 심사하여야 한다는 통제규범으로 작용하는 것이다(헌재 1997.05.29. 94헌마33).

③ 【X】 주거환경개선사업 및 주택재개발사업의 시행으로 철거되는 주택의 소유자에 대해서는 임시수용시설의 설치 등을 사업시행자의 의무로 규정한 반면, 도시환경정비사업의 경우에는 이와 같은 규정을 두지 아니한 「도시 및 주거환경정비법」 제36조 제1항 본문 중 '소유자'에 관한 부분이 평등원칙에 위반되지 않는다. 또한 이 사건 법률조항은 국가에 대하여 최소한의 물질적 생활을 요구할 수 있음을 내용으로 하는 인간다운 생활을 할 권리의 향유와는 관련이 없고, 이 사건 법률조항으로 인하여 거주지를 이전하여야 하는 것은 아니므로 거주이전의 자유와도 관련이 없다(헌재 2014.03.27. 2011헌바396).

④ 【O】 국가가 인간다운 생활을 보장하기 위한 헌법적 의무를 다하였는지의 여부가 사법적 심사의 대상이 된 경우에는, 국가가 최저생활보장에 관한 입법을 전혀 하지 아니하였다든가 그 내용이 현저히 불합리하여 헌법상 용인될 수 있는 재량의 범위를 명백히 일탈한 경우에 한하여 헌법에 위반된다고 할 수 있다(헌재 2004.10.28. 2002헌마328).

14 **인간다운 생활을 할 권리에 대한 설명으로 가장 적절하지 <u>않은</u> 것은?** (다툼이 있는 경우 헌법재판소 판례에 의함) 2025 경찰 간부

① 공영방송은 사회·문화·경제적 약자나 소외계층이 마땅히 누려야 할 문화에 대한 접근기회를 보장하여 인간다운 생활을 할 권리를 실현하는 기능을 수행하므로 우리 헌법상 그 존립가치와 책무가 크다.

② 재요양을 받는 경우에 재요양 당시의 임금을 기준으로 휴업급여를 산정하도록 한 구 「산업재해보상보험법」 조항은 진폐근로자의 인간다운 생활을 할 권리를 침해하지 아니한다.

③ 공무원에게 재해보상을 위하여 실시되는 급여의 종류로 휴업급여 또는 상병보상연금 규정을 두고 있지 않은 「공무원 재해보상법」 제8조가 인간다운 생활을 할 권리를 침해할 정도에 이르렀다고 할 수는 없다.

④ 자동차사고 피해가족 중 유자녀에 대한 대출을 규정한 구 「자동차손해배상 보장법 시행령」 조항 중 '유자녀의 경우에는 생계유지 및 학업을 위한 자금의 대출' 부분은, 대출을 신청한 법정대리인이 상환의무를 부담하지 않으므로, 유자녀의 아동으로서의 인간다운 생활을 할 권리를 침해한다.

지문분석 **난이도** □■■ 중 | **정답** ④ | **키워드** 인간다운 생활을 할 권리 | **출제유형** 판례

① 【O】 공영방송은 민주주의를 실현하기 위한 필수조건인 다양하고 민주적인 여론을 매개하고, 공적 정보를 제공함으로써 시민의 알 권리를 보장하며, 사회·문화·경제적 약자나 소외계층이 마땅히 누려야 할 문화에 대한 접근기회를 보장하여 인간다운 생활을 할 권리를 실현하는 기능을 수행하므로 우리 헌법상 그 존립가치와 책무가 크다(헌재 2024.05.30. 2023헌마820 등).

② 【O】 진폐근로자라 하더라도 노동능력을 상실한 정도의 장해에 이르지 않는 한 재취업을 할 수 있고, 재취업한 사업장의 임금이 최초 진폐진단 시의 평균임금에 증감을 거쳐 산정된 금액보다 더 큰 경우도 얼마든지 상정할 수 있으므로, 재요양 당시의 임금을 기준으로 휴업급여를 산정하도록 한 것이 반드시 진폐근로자에게 불리하다고 단정할 수도 없다. …(중략)… 이 사건 휴업급여조항은 그 내용이 현저히 불합리하여 헌법상 용인될 수 있는 재량의 범위를 명백히 일탈한 경우에 해당하지 아니하므로, 인간다운 생활을 할 권리를 침해하지 아니한다(헌재 2024.04.25. 2021헌바316).

③ 【O】 청구인의 인간다운 생활을 할 권리가 침해되었는지 여부는 그에게 지급되는 재해보상의 실질을 가진 급여를 모두 포함하여도 공무상 부상 또는 질병으로 인해 발생한 소득 공백이 보전되고 있지 않은지 여부를 살펴보아야 한다. 공무상 질병 또는 부상으로 인한 공무원의 병가 및 공무상 질병휴직 기간에는 봉급이 전액 지급되고, 그 휴직기간이 지나면 직무에 복귀할 수도 있으며, 직무 복귀가 불가능하여 퇴직할 경우 장해급여를 지급받을 수도 있다. …(중략)… 이를 종합하면, 심판대상조항이 현저히 불합리하여 인간다운 생활을 할 권리를 침해할 정도에 이르렀다고 할 수는 없다(헌재 2024.02.28. 2020헌마1587).

④ 【X】 심판대상조항이 유자녀에게 상환의무를 지우고 있는 것은 유자녀에게 대출금이 지급되며, 이는 유자녀의 생활 곤란을 위해 사용될 것임이 예정된 금전이기 때문이다. 대출을 신청하는 자는 친권자 내지 후견인인 반면, 상환의무를 부담하는 자는 유자녀로서 이러한 이원화구조를 취함에 따라 법정대리인과 유자녀 간의 이해충돌이라는 부작용이 일부 발생할 가능성이 있지만, 이를 이유로 생활자금 대출 사업 전체를 폐지하면, 대출로라도 생활자금의 조달이 필요한 유자녀에게 불이익이 돌아가게 될 수 있다. 심판대상조항이 청구인의 아동으로서의 인간다운 생활을 할 권리를 아동의 최선의 이익이라는 입법재량의 한계를 일탈하여 침해하였다고 보기 어렵다(헌재 2024.04.25. 2021헌마473).

2 교육을 받을 권리

01 대학의 자율성에 관한 설명으로 옳은 것은 모두 몇 개인가? (다툼이 있는 경우 헌법재판소 판례에 의함)

2024 경찰 2차

㉠ 학칙의 제정 또는 개정에 관한 사항 등 대학평의원회의 심의사항을 규정한 「고등교육법」 조항은 연구와 교육 등 대학의 중심적 기능에 관한 자율적 의사결정을 방해한다고 볼 수 있어, 국·공립대학 교수회 및 교수들의 대학의 자율권을 침해한다.

㉡ 대학의 학문과 연구 활동에서 중요한 역할을 담당하는 교원에게 그와 관련된 영역에서 주도적인 역할을 인정하는 것은 대학의 자율성의 본질에 부합하고 필요하며, 그것은 교육과 연구에 관한 사항은 모두 교원이 전적으로 결정할 수 있어야 한다는 의미이다.

㉢ 서울대학교 2023학년도 저소득 학생특별전형의 모집인원을 모두 수능위주 전형으로 선발하도록 정한 '서울대학교 2023학년도 대학 신입학생 입학전형 시행계획'은 저소득학생 특별전형에 응시하고자 하는 수험생들의 기회를 불합리하게 박탈하였고, 이는 대학의 자율성의 범위 내에 있는 것으로 볼 수 없다.

㉣ '대통령긴급조치 제9호'는 학생의 모든 집회·시위와 정치관여행위를 금지하고, 위반자에 대하여는 주무부장관이 학생의 제적을 명하고 소속 학교의 휴업, 휴교, 폐쇄 조치를 할 수 있도록 규정하여, 학생의 집회·시위의 자유, 학문의 자유와 대학의 자율성 내지 대학자치의 원칙을 본질적으로 침해한다.

① 1개　　② 2개
③ 3개　　④ 4개

지문분석 **난이도** ■■■ **상** | **정답** ① | **키워드** 대학의 자율성 | **출제유형** 판례

㉠ 【X】 이 사건 심의조항은 대학 구성원이 학교 운영의 기본사항에 대한 의사결정 과정에 참여할 수 있는 기회를 절차적으로 보장하는 것으로서, 연구에 관한 사항은 대학평의원회의 심의사항에서 제외하고 있는 점, 교육과정 운영에 관한 사항은 대학평의원회의 자문사항에 해당하는 점, 심의결과가 대학의 의사결정을 기속하지 않는 점 등을 고려할 때 이 사건 심의조항이 연구와 교육 등 대학의 중심적 기능에 관한 자율적 의사결정을 방해한다고 볼 수 없으며, 학교운영이 민주적 절차에 따라 공정하고 투명하게 이루어질 수 있도록 하기 위한 것으로서 합리적 이유가 인정된다. 따라서 이 사건 심의조항이 국·공립대학 교수회 및 교수들의 대학의 자율권을 침해한다고 볼 수 없다(헌재 2023.10.26. 2018헌마872).

㉡ 【X】 대학의 학문과 연구 활동에서 중요한 역할을 담당하는 교원에게 그와 관련된 영역에서 주도적인 역할을 인정하는 것은 대학의 자율성의 본질에 부합하고 필요하나, 이것이 교육과 연구에 관한 사항은 모두 교원이 전적으로 결정할 수 있어야 한다는 의미는 아니다. 대학평의원회의 심의·자문사항은 제한적이고, 교원의 인사에 관한 사항에 대해서는 교원으로 구성되는 대학인사위원회가 심의하는 점, 대학평의원회의 심의결과는 대학의 의사결정을 기속하는 효력이 없는 점을 종합하면, 이 사건 구성제한조항으로 인하여 교육과 연구에 관한 사항의 결정에 교원이 주도적 지위를 가질 수 없게 된다고 볼 수 없다. 이 사건 구성제한조항은 대학의 의사결정에 영향을 받는 다양한 구성원들의 자유로운 논의와 의사결정 참여를 보장하기 위한 것으로서 합리적 이유가 있다고 할 것이므로, 국·공립대학 교수회 및 교수들의 대학의 자율권을 침해한다고 볼 수 없다(헌재 2023.10.26. 2018헌마872).

㉢ 【X】 피청구인이 전형방법을 선택함에 있어 일정한 자율성을 누린다 하더라도 선택된 전형방법은 사회통념적 가치기준에 적합한 합리적인 방법이어야 한다. 고등교육법 시행령 제35조 제1항은 대학 입학전형자료로 학생부 기록, 수능 성적, 대학별고사의 성적 등의 자료를 활용할 수 있다고 규정하고 있고, 수능은 입학전형자료로 활용하기 위해 도입된 지 20년이 넘은 제도로서 대학교육에 필요한 수학 능력을 측정하는 공인된 시험이라는 점은 주지의 사실이다. 따라서 수능 성적으로 학생을 선발하는 전형방법은 사회통념적 가치기준에 적합한 합리적인 방법 중 하나이다. 이와 같이 농어촌학생 특별전형과 저소득학생 특별전형의 전형방법을 동일하게 정하여야 하는 것은 아니고, 수능 성적이 사회통념적 가치기준에 적합한 합리적인 입학전형자료 중 하나인 이상, 이 사건 입시계획이 저소득학생 특별전형에서 학생부 기록 등을 반영함이 없이 수능 성적만으로 학생을 선발하도록 정하였다 하더라도, 이는 대학의 자율성의 범위 내에 있는 것으로서 저소득학생의 응시기회를 불합리하게 박탈하고 있다고 보기 어렵다(헌재 2022.09.29. 2021헌마929).

㉣ 【O】 긴급조치 제9호 제1항 다호, 제5항에서는 허가받지 않은 학생의 모든 집회·시위와 정치관여행위를 금지하고, 이를 위반한 자에 대하여는 주무부장관이 학생의 제적을 명하고 소속 학교의 휴업, 휴교, 폐쇄조치를 할 수 있도록 규정하였다. 이는 집회·시위의 자유, 학문의 자유와 대학의 자율성 내지 대학자치의 원칙을 본질적으로 침해하는 것이며, 행위자의 소속 학교나 단체 등에 대한 불이익을 규정하여, 자기가 결정하지 않은 것이나 결정할 수 없는 것에 대하여는 책임을 지지 않고 책임부담의 범위도 스스로 결정한 결과 내지 그와 상관관계가 있는 부분에 국한됨을 의미하여 책임의 한정원리로 기능하는 헌법상의 자기책임의 원리(헌재 2009.12.29. 2008헌바139, 판례집 21-2하, 800, 811; 헌재 2010.06.24. 2007헌바101등, 판례집 22-1하, 417, 432 참조)에도 위반된다. 따라서 긴급조치 제9호는 입법목적의 정당성과 방법의 적절성을 갖추지 못하였을 뿐 아니라 죄형법정주의에 위배되고, 헌법개정권력의 행사와 관련한 참정권, 표현의 자유, 집회·시위의 자유, 영장주의 및 신체의 자유, 학문의 자유 등 국민의 기본권을 지나치게 제한하거나 침해하므로 헌법에 위반된다(헌재 2013.03.21. 2010헌바132등).

02 다음 설명 중 가장 옳지 않은 것은? 2024 법원직 9급

① 헌법상 초등교육에 대한 의무교육과는 달리 중등교육의 단계에 있어서는 어느 범위에서 어떠한 절차를 거쳐 어느 시점에서 의무교육으로 실시할 것인가는 입법자의 형성의 자유에 속하는 사항으로서 국회가 입법정책적으로 판단하여 법률로 구체적으로 규정할 때에 비로소 헌법상의 권리로서 구체화되는 것으로 보아야 한다.

② 헌법 제31조 제6항의 취지는 교육에 관한 기본정책 또는 기본방침을 최소한 국회가 입법절차를 거쳐 제정한 법률(이른바 형성적 의미의 법률)로 규정함으로써 국민의 교육을 받을 권리가 행정관계에 의하여 자의적으로 무시되거나 침해 당하지 않도록 하고, 교육의 자주성과 중립성도 유지하려는 것이나, 반면 교육제도에 관한 기본방침을 제외한 나머지 세부적인 사항까지 반드시 형성적 의미의 법률만으로 정하여야 하는 것은 아니다.

③ 헌법 제31조 제4항은 '교육의 자주성 · 전문성 · 정치적 중립성 및 대학의 자율성은 법률이 정하는 바에 의하여 보장된다.'고 규정하는 한편 제31조 제6항은 '학교교육 및 평생교육을 포함한 교육제도와 그 운영, 교육재정 및 교원의 지위에 관한 기본적인 사항은 법률로 정한다.'라고 규정함으로써 교육의 물적기반이 되는 교육제도와 아울러 교육의 인적 기반으로서 가장 중요한 교원의 근로기본권을 포함한 모든 지위에 관한 기본적인 사항을 국민의 대표기관인 입법부의 권한으로 규정하고 있다. 헌법 제31조 제6항은 단순히 교원의 권익을 보장하기 위한 규정이라거나 교원의 지위를 행정 권력에 의한 부당한 침해로부터 보호하는 것만을 목적으로 한 규정이 아니고, 국민의 교육을 받을 기본권을 실효성있게 보장하기 위한 것까지 포함하여 교원의 지위를 법률로 정하도록 한 것이다. 그러므로 위 헌법조항을 근거로 하여 제정되는 법률에는 교원의 신분보장, 경제적 · 사회적 지위 보장 등 교원의 권리에 해당하는 사항만 규정할 수 있을 뿐 교원의 기본권을 제한하는 사항은 규정할 수 없다.

④ '교원의 지위에 관한 기본적인 사항은 법률로 정한다.고' 규정한 헌법 제31조 제6항에서 말하는 '법률'이라 함은 국민의 대표자로서 민주적 정당성을 가진 국회가 제정하는 형식적 의미의 법률을 의미한다. 헌법이 교육의 물적 기반인 교육 제도 이외에도 인적 기반인 교원의 지위를 특별히 국회가 제정하는 법률로 정하도록 한 것은 그에 관한 사항을 행정부의 결정에 맡겨두거나 전적으로 사적자치의 영역에만 귀속시킬 수 없을 만큼, 교육을 담당하는 교원들의 지위에 관한 문제가 교육본연의 사명을 완수함에 있어서 중대한 의미를 갖는다고 보았기 때문이다.

지문분석 **난이도** □■■ 중 | **정답** ③ | **키워드** 교육을 받을 권리 | **출제유형** 판례

① 【O】 헌법상 초등교육에 대한 의무교육과는 달리 중등교육의 단계에 있어서는 어느 범위에서 어떠한 절차를 거쳐 어느 시점에서 의무교육으로 실시할 것인가는 입법자의 형성의 자유에 속하는 사항으로서 국회가 입법정책적으로 판단하여 법률로 구체적으로 규정할 때에 비로소 헌법상의 권리로서 구체화되는 것으로 보아야 한다(헌재 1991.02.11. 90헌가27).

② 【O】 헌법 제31조 제6항의 취지는 교육에 관한 기본정책 또는 기본방침을 최소한 국회가 입법절차를 거쳐 제정한 법률(이른바 형성적 의미의 법률)로 규정함으로써 국민의 교육을 받을 권리가 행정관계에 의하여 자의적으로 무시되거나 침해당하지 않도록 하고, 교육의 자주성과 중립성도 유지하려는 것이나, 반면 교육제도에 관한 기본방침을 제외한 나머지 세부적인 사항까지 반드시 형성적 의미의 법률만으로 정하여야 하는 것은 아니다(헌재 1991.02.11. 90헌가27).

③ 【X】 우리 헌법 제31조 제4항은 '교육의 자주성 · 전문성 · 정치적 중립성 및 대학의 자율성은 법률이 정하는 바에 의하여 보장된다.'고 규정하는 한편 제31조 제6항은 '학교교육 및 평생교육을 포함한 교육제도와 그 운영, 교육재정 및 교원의 지위에 관한 기본적인 사항은 법률로 정한다.'라고 규정함으로써 교육의 물적기반이 되는 교육제도와 아울러 교육의 인적기반으로서 가장 중요한 교원의 근로기본권을 포함한 모든 지위에 관한 기본적인 사항을 국민의 대표기관인 입법부의 권한으로 규정하고 있다. 헌법 제31조 제6항은 단순히 교원의 권익을 보장하기 위한 규정이라거나 교원의 지위를 행정권력에 의한 부당한 침해로부터 보호하는 것만을 목적으로 한 규정이 아니고, 국민의 교육을 받을 기본권을 실효성있게 보장하기 위한 것까지 포함하여 교원의 지위를 법률로 정하도록 한 것이다. 그러므로 위 헌법조항을 근거로 하여 제정되는 법률에는 교원의 신분보장 · 경제적 · 사회적 지위보장 등 교원의 권리에 해당하는 사항뿐만 아니라 국민의 교육을 받을 권리를 저해할 우려있는 행위의 금지 등 교원의 의무에 관한 사항도 당연히 규정할 수 있는 것이므로 결과적으로 교원의 기본권을 제한하는 사항까지도 규정할 수 있게 되는 것이다(헌재 1991.07.22. 89헌가106).

④ 【O】 '교원의 지위에 관한 기본적인 사항은 법률로 정한다.'고 규정한 헌법 제31조 제6항의 구체적인 내용을 대학교원과 관련하여 보면 다음과 같다. 위 헌법조항에서 말하는 '법률'이라 함은 국민의 대표자로서 민주적 정당성을 가진 국회가 제정하는 형식적 의미의 법률을 의미한다. 헌법이 교육의 물적 기반인 교육제도 이외에도 인적 기반인 교원의 지위를 특별히 국회가 제정하는 법률로 정하도록 한 것은 그에 관한 사항을 행정부의 결정에 맡겨두거나 전적으로 사적자치의 영역에만 귀속시킬 수 없을 만큼, 교육을 담당하는 교원의 지위에 관한 문제가 교육 본연의 사명을 완수함에 있어서 중대한 의미를 갖는다고 보았기 때문이다(헌재 2006.05.25. 2004헌바72).

03 **교육을 받을 권리에 관한 설명 중 가장 적절한 것은?** (다툼이 있는 경우 판례에 의함) 2024 경찰 승진

① 헌법 제31조 제1항에서 보장되는 교육의 기회균등권은 '특히 경제적 약자가 실질적인 평등교육을 받을 수 있도록 국가가 적극적 정책을 실현해야 한다는 것'을 의미하므로 이로부터 국민이 직접 실질적 평등교육을 위한 교육비를 청구할 권리가 도출된다고 할 수 있다.

② 부모의 자녀교육권은 기본권의 주체인 부모의 자기결정권이라는 의미에서 보장되는 자유일 뿐만 아니라 자녀의 보호와 인격발현을 위하여 부여되는 기본권이다.

③ 한자를 국어과목에서 분리하여 초등학교 재량에 따라 선택적으로 가르치도록 하는 것은, 국어교과의 내용으로 한자를 배우고 일정 시간 이상 필수적으로 한자교육을 받음으로써 교육적 성장과 발전을 통해 자아를 실현하고자 하는 학생들의 자유로운 인격발현권을 제한하기는 하나 학부모의 자녀교육권을 제한하는 것은 아니다.

④ 교원의 지위를 포함한 교육제도 등의 법정주의를 규정하고 있는 헌법 제31조 제6항은 교원의 기본권보장 내지 지위보장뿐만 아니라 교원의 기본권을 제한하는 근거가 될 수도 있다.

지문분석 **난이도** □■■ 중 | **정답** ④ | **키워드** 교육을 받을 권리 | **출제유형** 판례

① 【X】 헌법 제31조 제1항에서 보장되는 교육의 기회균등권은 '정신적 · 육체적 능력 이외의 성별 · 종교 · 경제력 · 사회적 신분 등에 의하여 교육을 받을 기회를 차별하지 않고, 즉 합리적 차별사유 없이 교육을 받을 권리를 제한하지 아니함과 동시에 국가가 모든 국민에게 균등한 교육을 받게 하고 특히 현 경제적 약자가 실질적인 평등교육을 받을 수 있도록 적극적 정책을 실해야 한다는 것'을 의미하므로, 실질적인 평등교육을 실현해야 할 국가의 적극적인 의무가 인정되지만, 이러한 의무조항으로부터 국민이 직접 실질적 평등교육을 위한 교육비를 청구할 권리가 도출되는 것은 아니다(헌재 2003.11.27. 2003헌바39).

② 【X】 부모의 자녀교육권은 다른 기본권과는 달리, 기본권의 주체인 부모의 자기결정권이라는 의미에서 보장되는 자유가 아니라, 자녀의 보호와 인격발현을 위하여 부여되는 기본권이다. 다시 말하면, 부모의 자녀교육권은 자녀의 행복이란 관점에서 보장되는 것이며, 자녀의 행복이 부모의 교육에 있어서 그 방향을 결정하는 지침이 된다(헌재 2009.10.29. 2008헌마635).

③ 【X】 이 사건 한자 관련 고시는 한자를 국어과목에서 분리하여 학교 재량에 따라 선택적으로 가르치도록 하고 있으므로, 국어교과의 내용으로 한자를 배우고 일정 시간 이상 필수적으로 한자교육을 받음으로써 교육적 성장과 발전을 통해 자아를 실현하고자 하는 학생들의 자유로운 인격발현권을 제한한다. 또한 학부모는 자녀의 개성과 능력을 고려하여 자녀의 학교교육에 관한 전반적인 계획을 세우고, 자신의 인생관 · 사회관 · 교육관에 따라 자녀를 교육시킬 권리가 있는바, 이 사건 한자 관련 고시는 자녀의 올바른 성장과 발전을 위하여 한자교육이 반드시 필요하고 국어과목 시간에 이루어져야 한다고 생각하는 학부모의 자녀교육권도 제한할 수 있다(헌재 2016.11.24. 2012헌마854).

④ 【O】 이 헌법조항에 근거하여 교원의 지위를 정하는 법률을 제정함에 있어서는 교원의 기본권보장 내지 지위보장과 함께 국민의 교육을 받을 권리를 보다 효율적으로 보장하기 위한 규정도 반드시 함께 담겨 있어야 할 것이다. 그러므로 위 헌법조항을 근거로 하여 제정되는 법률에는 교원의 신분보장 · 경제적 · 사회적 지위보장 등 교원의 권리에 해당하는 사항 뿐만 아니라 국민의 교육을 받을 권리를 저해할 우려있는 행위의 금지 등 교원의 의무에 관한 사항도 당연히 규정할 수 있는 것이므로 결과적으로 교원의 기본권을 제한하는 사항까지도 규정할 수 있게 되는 것이다(헌재 1991.07.22. 89헌가106).

04 **교육권 또는 교육을 받을 권리에 대한 설명으로 가장 적절하지 않은 것은?** (다툼이 있는 경우 판례에 의함) 2021 경찰 승진

① 학교 내 · 외의 교육영역에서 국가는 헌법 제31조에 의하여 원칙적으로 독립된 독자적인 교육권한을 부여받았고, 학교 밖의 교육영역에서는 원칙적으로 부모의 교육권보다 국가의 교육권한이 우위를 차지한다.

② 부모의 자녀에 대한 교육권은 비록 헌법에 명문으로 규정되어 있지는 않지만, 이는 모든 인간이 국적과 관계없이 누리는 양도할 수 없는 불가침의 인권이다.

③ 학교용지부담금의 부과대상을 수분양자가 아닌 개발사업자로 규정하고 있는 구 학교용지 확보 등에 관한 특례법 조항은 의무교육의 무상원칙에 위배되지 않는다.

④ 의무교육의 무상성에 관한 헌법상 규정은 의무교육의 비용을 오로지 국가 또는 지방자치단체의 예산, 즉 조세로 해결해야 함을 의미하는 것은 아니다.

지문분석 **난이도** □■■ **중** | **정답** ① | **키워드** 교육을 받을 권리 | **출제유형** 판례

① 【X】 자녀의 교육은 헌법상 부모와 국가에게 공동으로 부과된 과제이므로 부모와 국가의 상호연관적인 협력관계를 필요로 한다. .… 자녀의 양육과 교육에 있어서 부모의 교육권은 교육의 모든 영역에서 존중되어야 하며, 다만, 학교 교육의 범주 내에서는 국가의 교육권한이 헌법적으로 독자적인 지위를 부여받음으로써 부모의 교육권과 함께 자녀의 교육을 담당하지만, 학교 밖의 교육영역에서는 원칙적으로 부모의 교육권이 우위를 차지한다(헌재 2000.04.27. 98헌가16 등).

② 【O】 '부모의 자녀에 대한 교육권'은 비록 헌법에 명문으로 규정되어 있지는 아니하지만, 이는 모든 인간이 누리는 불가침의 인권으로서 혼인과 가족생활을 보장하는 헌법 제36조 제1항, 행복추구권을 보장하는 헌법 제10조 및 '국민의 자유와 권리는 헌법에 열거되지 아니한 이유로 경시되지 아니한다.'고 규정하는 헌법 제37조 제1항에서 나오는 중요한 기본권이다(헌재 2000.04.27. 98헌가16 등).

③ 【O】 의무교육의 무상성에 관한 헌법상 규정은 교육을 받을 권리를 보다 실효성 있게 보장하기 위해 의무교육 비용을 학령 아동 보호자의 부담으로부터 공동체 전체의 부담으로 이전하라는 명령일 뿐 의무교육의 모든 비용을 조세로 해결해야 함을 의미하는 것은 아니므로, 학교용지부담금의 부과대상을 수분양자가 아닌 개발사업자로 정하고 있는 이 사건 법률조항은 의무교육의 무상원칙에 위배되지 아니한다(헌재 2008.09.25. 2007헌가1).

④ 【O】 의무교육의 무상성에 관한 헌법상 규정은 교육을 받을 권리를 보다 실효성 있게 보장하기 위해 의무교육 비용을 학령 아동 보호자의 부담으로부터 공동체 전체의 부담으로 이전하라는 명령일 뿐 의무교육의 모든 비용을 조세로 해결해야 함을 의미하는 것은 아니므로, 학교용지부담금의 부과대상을 수분양자가 아닌 개발사업자로 정하고 있는 이 사건 법률조항은 의무교육의 무상원칙에 위배되지 아니한다(헌재 2008.09.25. 2007헌가1).

05 **교육을 받을 권리에 대한 설명으로 옳지 <u>않은</u> 것은?** (다툼이 있는 경우 판례에 의함) 2021 국가직 7급

① 초·중등학교 교사인 청구인들이 교육과정에 따라 학생들을 가르치고 평가하여야 하는 법적인 부담이나 제약을 받는다고 하더라도 이는 헌법상 보장된 기본권에 대한 제한이라고 보기 어렵다.

② 학교의 급식활동은 의무교육에 있어서 필수불가결한 교육 과정이고 이에 소요되는 경비는 의무교육의 실질적인 균등보장을 위한 본질적이고 핵심적인 항목에 해당하므로, 급식에 관한 경비를 전면무상으로 하지 않고 그 일부를 학부모의 부담으로 정하고 있는 것은 의무교육의 무상원칙에 위배된다.

③ 교육을 받을 권리가 국가에 대하여 특정한 교육제도나 시설의 제공을 요구할 수 있는 권리를 뜻하는 것은 아니므로, 대학의 구성원이 아닌 사람이 대학도서관에서 도서를 대출할 수 없거나 열람실을 이용할 수 없더라도 교육을 받을 권리가 침해된다고 볼 수 없다.

④ 학문의 자유와 대학의 자율성에 따라 대학이 학생의 선발 및 전형 등 대학입시제도를 자율적으로 마련할 수 있다 하더라도, 국민의 '균등하게 교육을 받을 권리'를 위해 대학의 자율적 학생 선발권은 일정부분 제약을 받을 수 있다.

지문분석 **난이도** □■■ **중** | **정답** ② | **키워드** 교육을 받을 권리 | **출제유형** 판례

① 【O】 법률이 교사의 학생교육권(수업권)을 인정하고 보장하는 것은 헌법상 당연히 허용된다 할 것이나, 초·중등학교에서의 학생교육은 교사 자신의 인격의 발현 또는 학문과 연구의 자유를 위한 것이라기보다는 교사의 직무에 기초하여 초·중등학교의 교육목표를 실현하기 위한 것이므로, 교사인 청구인들이 이 사건 교육과정에 따라 학생들을 가르치고 평가하여야 하는 법적인 부담이나 제한을 받는다고 하더라도 이는 헌법상 보장된 기본권에 대한 제한이라고 보기 어려워 기본권침해 가능성이 인정되지 아니한다(헌재 2021.05.27. 2018헌마1108).

② 【X】 학교급식은 학생들에게 한 끼 식사를 제공하는 영양공급 차원을 넘어 교육적인 성격을 가지고 있지만, 이러한 교육적 측면은 기본적이고 필수적인 학교 교육 이외에 부가적으로 이루어지는 식생활 및 인성교육으로서의 보충적 성격을 가지므로 의무교육의 실질적인 균등보장을 위한 본질적이고 핵심적인 부분이라고까지는 할 수 없다. 이 사건 법률조항들은 비록 중학생의 학부모들에게 급식 관련 비용의 일부를 부담하도록 하고 있지만, 학부모에게 급식에 필요한 경비의 일부를 부담시키는 경우에 있어서도 학교급식 실시의 기본적 인프라가 되는 부분은 배제하고 있으며, 국가나 지방자치단체의 지원으로 학부모의 급식비 부담을 경감하는 조항이 마련되어 있고, 특히 저소득층 학생들을 위한 지원방안이 마련되어 있다는 점 등을 고려해 보면, 이 사건 법률조항들이 입법형성권의 범위를 넘어 헌법상 의무교육의 무상원칙에 반하는 것으로 보기는 어렵다(헌재 2012.04.24. 2010헌바164).

③ 【O】 교육을 받을 권리가 국가에 대하여 특정한 교육제도나 시설의 제공을 요구할 수 있는 권리를 뜻하는 것은 아니므로, 청구인이이 사건 도서관에서 도서를 대출할 수 없거나 열람실을 이용할 수 없더라도 청구인의 교육을 받을 권리가 침해된다고 볼 수 없다(헌재 2016.11.24. 2014헌마977).

④ 【O】 헌법 제22조 제1항이 보장하고 있는 학문의 자유와 헌법 제31조 제4항에서 보장하고 있는 대학의 자율성에 따라 대학이 학생의 선발 및 전형 등 대학입시제도를 자율적으로 마련할 수 있다 하더라도, 이러한 대학의 자율적 학생 선발권을 내세워 국민의 '균등하게 교육을 받을 권리'를 침해할 수 없으며, 이를 위해 대학의 자율권은 일정부분 제약을 받을 수 있다(헌재 2017.12.28. 2016헌마649).

06 **교육을 받을 권리에 대한 설명으로 가장 옳지 않은 것은?** (다툼이 있는 경우 판례에 의함)

2017 서울시 7급

① 공개경쟁을 통한 입학시험제도는 합헌이지만, 능력이 떨어지는 사람에 대하여 국가는 이들을 교육하기 위한 적극적 배려를 하여야 한다.

② 학원설립등록의무를 부과하고 이를 어긴 경우 처벌하도록 규정하는 것은 행복추구권, 직업선택의 자유를 침해한다고 볼 수 없다.

③ 교육의 의무의 주체는 학령아동의 친권자 또는 그 후견인이다.

④ 학교용지부담금의 부과대상을 수분양자가 아닌 개발사업자로 정하고 있는 구 학교용지 확보 등에 관한 특례법 조항은 의무 교육의 무상원칙에 위배된다.

지문분석 **난이도** □□■ **하** | **정답** ④ | **키워드** 교육을 받을 권리 | **출제유형** 판례

④ 【X】 의무교육의 무상성에 관한 헌법상 규정은 교육을 받을 권리를 보다 실효성 있게 보장하기 위해 의무교육 비용을 학령아동 보호자의 부담으로부터 공동체 전체의 부담으로 이전하라는 명령일 뿐 의무교육의 모든 비용을 조세로 해결해야 함을 의미하는 것은 아니므로, 학교용지부담금의 부과대상을 수분양자가 아닌 개발사업자로 정하고 있는 것은 의무교육의 무상원칙에 위배되지 아니한다(헌재 2008.09.25. 2007헌가1).

07 **교육기본권에 대한 설명으로 옳지 않은 것은?** (다툼이 있는 경우 판례에 의함) 2017 국가직 7급

① 교육을 받을 권리가 국가에 대하여 특정한 교육제도나 시설의 제공을 요구할 수 있는 권리를 뜻하는 것은 아니다.

② 조례에 의한 규제가 지역 여건이나 환경 등 그 특성에 따라 다르게 나타나는 것은 헌법이 지방자치단체의 자치입법권을 인정한 이상 당연히 예상되는 결과이나, 고등학생들이 학원 교습시간과 관련하여 자신들이 거주하는 지역의 학원조례조항으로 인하여 다른 지역 주민들에 비하여 더한 규제를 받게 되었다면 평등권이 침해되었다고 볼 수 있다.

③ 고시 공고일을 기준으로 고등학교에서 퇴학된 날로부터 6월이 지나지 아니한 자를 고등학교 졸업학력 검정고시를 받을 수 있는 자의 범위에서 제외하는 것은, 국민의 교육을 받을 권리 중 그 의사와 능력에 따라 균등하게 교육받을 것을 국가로부터 방해받지 않을 권리, 즉 자유권적 기본권을 제한하는 것이므로, 그 제한에 대하여는 과잉금지원칙에 따른 심사를 하여야 한다.

④ 교원의 정치활동은 교육수혜자인 학생의 입장에서는 수업권의 침해로 받아들여질 수 있다는 점에서 초·중등학교 교육공무원의 정당가입 및 선거운동을 제한하는 것은 헌법적으로 정당화 될 수 있다.

PART · 02

지문분석 **난이도** □□■ **하** | **정답** ② | **키워드** 교육을 받을 권리 | **출제유형** 판례

② 【X】 조례에 의한 규제가 지역의 여건이나 환경 등 그 특성에 따라 다르게 나타나는 것은 헌법이 지방자치단체의 자치입법권을 인정한 이상 당연히 예상되는 불가피한 결과이므로, 학교교과교습학원 및 교습소의 교습시간을 05:00부터 22:00까지 규정하고 있는 '서울특별시 학원의 설립·운영 및 과외교습에 관한 조례' 조항으로 인하여 청구인들이 다른 지역의 주민들에 비하여 더한 규제를 받게 되었다 하더라도 평등권이 침해되었다고 볼 수는 없다(헌재 2009.10.29. 2008헌마635).

08 **종업원의 복리를 위하여 기업체 A가 출연하여 설립한 자율형 사립고 B는 2014학년도 신입생 모집요강을 작성하면서, A기업 임직원 자녀 전형 70 %, 사회배려자 전형 20 %, 일반전형 10 %를 각각 배정하였다. 2013.9.13. B가 관할 교육감으로부터 신입생모집요강을 승인받아, 2013.9.16. 모집요강을 공고하자 A기업 임직원이 아닌 일반인 甲과 2015년 졸업예정자인 甲의 아들 중학생 乙은 2013.12.3. 이 내용을 알게 되어 2014.2.24. B와 관할 교육감을 피청구인으로 하여 헌법소원심판을 청구하였다. 이 사례에서 헌법재판소 결정으로 옳은 것은?** 2016 국가직 7급

① B의 신입생 모집요강이 A기업 임직원 자녀 전형에 70 %를 배정하고 일반전형에 10 %를 배정하여 모집비율을 달리 정하고 있는 것은 지나치게 자의적이어서 乙을 불합리하게 차별한 것이다.

② 乙은 기본권 침해의 현재성이 인정되지 않아 乙의 청구는 부적법하다.

③ 乙의 교육 받을 권리의 제한은 문제되지 아니한다.

④ 乙은 교육감의 신입생 모집요강 승인처분의 직접적인 상대방이 아니므로 자기관련성이 인정되지 않아 부적법하다.

지문분석 **난이도** □□■ 하 | **정답** ③ | **키워드** 교육을 받을 권리 | **출제유형** 판례

① 【X】 이 사건 입학전형요강이 비록 충남○○고(B)의 신입생 모집에 있어 ○○(A기업) 임직원 자녀 전형에 70%를 배정하고 일반전형에 10%를 배정하여 모집비율을 달리 정하고 있더라도, 이는 충남○○고가 기업형 자사고라는 특성에 기인한 것으로서 합리적인 이유가 있으므로, 피청구인의 이 사건 승인처분이 지나치게 자의적이어서 청구인들을 불합리하게 차별한 것이라고 볼 수 없다(헌재 2015.11.26. 2014헌마145).

② 【X】 피청구인(교육감)은 모집정원의 70%를 임직원 자녀 전형에 배정하고 일반 전형에는 모집정원의 10%만을 배정한 이 사건 입학전형요강을 승인하였는바, 이러한 일반 전형 비율은 사실상 임직원 자녀 이외의 학생들이 충남○○고에 진학할 수 있는 기회를 배제한 것이나 다름없다. 이러한 불이익은 충남○○고에 진학하려는 학생들에게 있어 단순한 사실적·간접적 불이익이 아니며 법적 불이익이 발생한 것이라 봄이 상당하므로, 이 사건 승인처분은 2015학년도 졸업예정자인 청구인 8과 9(乙)의 기본권을 침해할 가능성이 있다(헌재 2015.11.26. 2014헌마145).

③ 【O】 헌법 제31조 제1항은 '모든 국민은 능력에 따라 균등하게 교육을 받을 권리를 가진다.'고 규정하여 국민의 교육을 받을 권리를 보장하고 있다. 그런데 특정 교육시설에 참여할 수 있는 기회를 늘려 달라고 요구하거나, 입학전형에서 불리하다는 이유로 타인의 교육시설 참여 기회를 제한해 달라고 요구하는 것이 균등한 취학기회 보장을 목표로 하는 교육을 받을 권리의 내용이라고 볼 수는 없다. 청구인들은 이 사건 승인처분에 의하여 고등학교 진학 기회 자체가 봉쇄되거나 박탈된 것이 아니며, 여전히 다른 고등학교에 진학할 수 있고, 충남○○고(B)의 경우 기존의 일반고등학교를 자사고로 변경한 것이 아니라 추가적으로 고등학교를 신설한 것으로서 청구인들의 고등학교 진학기회를 축소시킨 것도 아니므로, 이 사건 승인처분과 관련하여서는 헌법 제31조 제1항의 교육을 받을 권리의 제한이 문제되지 아니한다(헌재 2015.11.26. 2014헌마145).

④ 【X】 청구인 8과 9(乙)는 2015년도 졸업예정자로서 2014학년도 입학전형요강과 직접적인 관련은 없다고 할 것이나, 2015학년도 입학전형에서도 동일한 비율로 선발인원이 배정될 것이 충분히 예측가능하고, 2015학년도 입학전형요강이 공고되기를 기다려 그 승인처분을 다투게 한다면 권리구제의 실효성을 기대할 수 없으므로, 이 사건 입학전형요강과 그 승인처분이 위 청구인들에게 미치는 효과나 진지성의 정도 등을 고려할 때, 입시 준비 중인 위 청구인들에게 기본권침해의 자기관련성이 인정된다고 봄이 상당하다(헌재 2015.11.26. 2014헌마145).

09 **교육을 받을 권리에 대한 설명으로 가장 적절하지 않은 것은?**(다툼이 있는 경우 헌법재판소 판례에 의함) 2022 경찰 간부

① 대학수학능력시험의 문항 수 기준 70%를 한국교육방송공사 교재와 연계하여 출제하는 것이 대학수학능력시험을 준비하는 자들의 능력에 따라 균등하게 교육을 받을 권리를 직접 제한한다고 보기는 어렵다.

② 학문의 자유와 대학의 자율성에 따라 대학이 학생의 선발 및 전형 등 대학입시제도를 자율적으로 마련할 수 있다 하더라도 이를 내세워 국민의 교육받을 권리를 침해할 수 없다.

③ 학교폭력예방 및 대책에 관한 법률에서 학교폭력 가해학생에 대하여 수개의 조치를 병과할 수 있도록 하고, 출석정지기간의 상한을 두지 아니한 부분은 과잉금지원칙에 위배되어 청구인들의 학습의 자유를 침해한다.

④ 2년제 전문대학의 졸업자에게만 대학·산업대학 또는 원격대학의 편입학 자격을 부여하고, 3년제 전문대학의 2년 이상 과정 이수자에게는 편입학 자격을 부여하지 않는 것은 교육을 받을 권리를 침해하지 않는다.

지문분석 **난이도** □■■ **중** | **정답** ③ | **키워드** 교육을 받을 권리 | **출제유형** 판례

① 【O】 고등학교 교사들은 고등학교 교육과정의 내용과 수준에 맞는 교육을 실시하면 되고, 이 사건 계획에 따라 그 이상의 교육 또는 고등학교 교육과정에 포함되지 않는 다른 내용의 교육을 실시하여야 하는 의무를 부담하게 되는 것이 아니다. 고등학교 교사들이 이 사건 계획에 따라 EBS 교재를 참고하여 하는 부담을 질 수는 있지만, 이는 사실상의 부담에 불과할 뿐 EBS 교재를 참고하여야 하는 법적 의무를 부담하는 것도 아니다. 따라서 심판대상계획은 고등학교 교사인 청구인들에 대해 기본권 침해 가능성이 인정되지 않는다(헌재 2018.02.22. 2017헌마691).

② 【O】 헌법 제31조 제4항은 '교육의 자주성 · 전문성 · 정치적 중립성 및 대학의 자율성은 법률이 정하는 바에 의하여 보장된다.'라고 규정하여 교육의 자주성 · 대학의 자율성을 보장하고 있다. 이는 대학에 대한 공권력 등 외부세력의 간섭을 배제하고 대학구성원 자신이 대학을 자주적으로 운영할 수 있도록 함으로써 대학으로 하여금 연구와 교육을 자유롭게 하여 진리탐구와 지도적 인격의 도야라는 대학의 기능을 충분히 발휘할 수 있도록 하기 위한 것이다. 교육의 자주성이나 대학의 자율성은 헌법 제22조 제1항이 보장하고 있는 학문의 자유의 확실한 보장수단으로 꼭 필요한 것으로서, 이는 대학에 부여된 헌법상의 기본권이다. 따라서 서울대학교는 다른 국가기관 내지 행정기관과는 달리 기본권의 주체라는 점도 중요하게 다루어져야 한다. 여기서 대학의 자율은 대학시설의 관리 · 운영만이 아니라 학사관리 등 전반적인 사항에 미치므로, 연구와 교육의 내용, 방법 및 대상은 물론 교과과정의 편성, 학생의 선발 및 그 전형도 대학의 자율의 범위에 속해야 하고 따라서 입학시험제도도 자주적으로 마련될 수 있어야 한다(헌재 1992.10.01. 92헌마68 등).

③ 【X】 이 사건 징계조치 조항에서 수개의 조치를 병과하고 출석정지기간의 상한을 두지 않음으로써 구체적 사정에 따라 다양한 조치를 취할 수 있도록 한 것은, 피해학생의 보호 및 가해학생의 선도 · 교육을 위하여 바람직하다고 할 것이고, 이 사건 징계조치 조항보다 가해학생의 학습의 자유를 덜 제한하면서, 피해학생에게 심각한 피해와 지속적인 영향을 미칠 수 있는 학교폭력에 구체적 · 탄력적으로 대처하고, 피해학생을 우선적으로 보호하면서 가해학생도 선도 · 교육하려는 입법 목적을 이 사건 징계조치 조항과 동일한 수준으로 달성할 수 있는 입법의 대안이 있다고 보기 어렵다. 따라서 이 사건 징계조치 조항이 가해학생에 대하여 수개의 조치를 병과할 수 있도록 하고 출석정지조치를 취함에 있어 기간의 상한을 두고 있지 않다고 하더라도, 가해학생의 학습의 자유에 대한 제한이 입법목적 달성에 필요한 최소한의 정도를 넘는다고 볼 수 없다(헌재 2019.04.11. 2017헌바140 등).

④ 【O】 이 사건 법률조항은 대학에 편입학하기 위하여는 전문대학을 졸업할 것을 요구하고 있어, '3년제 전문대학의 2년 이상 과정을 이수한 자'는 편입학을 할 수 없다. 우선 '3년제 전문대학의 2년 이상 과정을 이수한 자'를 '2년제 전문대학을 졸업한 자'와 비교하여 보면 객관적인 과정인 졸업이라는 요건을 갖추지 못하였다. 또한, '4년제 대학에서 2년 이상 과정을 이수한 자'와 비교하여 보면, 「고등교육법」이 그 목적과 운영방법에서 전문대학과 대학을 구별하고 있는 이상, 전문대학 과정의 이수와 대학과정의 이수를 반드시 동일하다고 볼 수 없어, 3년제 전문대학의 2년 이상 과정을 이수한 자에게 편입학 자격을 부여하지 아니한 것이 현저하게 불합리한 자의적인 차별이라고 볼 수 없다. 나아가 평생교육을 포함한 교육시설의 입학자격에 관하여는 입법자에게 광범위한 형성의 자유가 있다고 할 것이어서, 3년제 전문대학의 2년 이상의 이수자에게 의무교육기관이 아닌 대학에의 일반편입학을 허용하지 않는 것이 교육을 받을 권리나 평생교육을 받을 권리를 본질적으로 침해하지 않는다(헌재 2010.11.25. 2010헌마144).

10 교원의 노동3권에 관한 다음 설명 중 가장 옳지 않은 것은? (다툼이 있는 경우 헌법재판소 결정에 의함)

2016 법원직 9급

① 「교원의 노동조합 설립 및 운영 등에 관한 법률」 시행령(2013. 3. 23. 대통령령 제24447호로 개정된 것) 제9조 제1항 중 「노동조합 및 노동관계조정법」 시행령 제9조 제2항에 관한 부분(이하 '법외노조통보 조항'이라 한다)은 시정요구 및 법외노조통보라는 별도의 집행행위를 예정하고 있으므로, 법외노조통보 조항에 대한 헌법소원은 기본권 침해의 직접성이 인정되지 아니한다.

② 「교원의 노동조합 설립 및 운영 등에 관한 법률」의 적용을 받는 교원의 범위를 초・중등학교에 재직 중인 교원으로 한정하고 있는 「교원의 노동조합 설립 및 운영 등에 관한 법률」(2010. 3. 17. 법률 제10132호로 개정된 것) 제2조가 교원의 근로조건과 직접 관련이 없는 교원이 아닌 사람을 교원노조의 조합원 자격에서 배제하는 것이 단결권의 지나친 제한이라고 볼 수 없다.

③ 고용노동부장관의 청구인 전국교직원노동조합에 대한 2013.9.23.자 시정요구(이하 '이 사건 시정요구'라 한다)는 청구인 전국교직원노동조합의 권리・의무에 변동을 일으키는 행정행위에 해당하나, 청구인 전교조는 이 사건 시정요구에 대하여 다른 불복절차를 거치지 아니하고 곧바로 헌법소원심판을 청구하였으므로, 이에 대한 헌법소원은 보충성 요건을 결하였다.

④ 교원이 아닌 사람이 교원노조에 일부 포함되어 있다는 이유로 이미 설립신고를 마치고 활동 중인 노동조합을 법외노조로 하도록 정하는 것은 과잉금지의 원칙에 반한다고 할 것이다.

지문분석 **난이도** □■■ 중 | **정답** ④ | **키워드** 근로3권 | **출제유형** 판례

① **[O]** 「교원의 노동조합 설립 및 운영 등에 관한 법률」 시행령(2013.03.23. 대통령령 제24447호로 개정된 것) 제9조 제1항 중 「노동조합 및 노동관계조정법」 시행령 제9조 제2항에 관한 부분(이하 '법외노조통보 조항'이라 한다)은 시정요구 및 법외노조통보라는 별도의 집행행위를 예정하고 있으므로, 법외노조통보 조항에 대한 헌법소원은 기본권 침해의 직접성이 인정되지 아니한다(헌재 2015.05.28. 2013헌마671).

② **[O]** 「교원의 노동조합 설립 및 운영 등에 관한 법률」의 적용을 받는 교원의 범위를 초・중등학교에 재직 중인 교원으로 한정하고 있는 「교원의 노동조합 설립 및 운영 등에 관한 법률」(2010.03.17. 법률 제10132호로 개정된 것, 이하 「교원노조법」이라 한다) 제2조(이하 '이 사건 법률조항'이라 한다)는 단결권을 침해하지 아니한다(헌재 2015.05.28. 2013헌마671).

③ **[O]** 고용노동부장관의 청구인 전국교직원노동조합에 대한 2013.9.23.자 시정요구(이하 '이 사건 시정요구'라 한다)는 청구인 전국교직원노동조합(이하 '전교조'라 한다)의 권리・의무에 변동을 일으키는 행정행위에 해당하나, 청구인 전교조는 이 사건 시정요구에 대하여 다른 불복절차를 거치지 아니하고 곧바로 헌법소원심판을 청구하였으므로, 이에 대한 헌법소원은 보충성 요건을 결하였다(헌재 2015.05.28. 2013헌마671).

④ **[X]** 교원이 아닌 사람이 교원노조에 일부 포함되어 있다는 이유로 이미 설립신고를 마치고 활동 중인 노동조합을 법외노조로 할 것인지 여부는 법외노조통보 조항이 정하고 있고, 법원은 법외노조통보 조항에 따른 행정당국의 판단이 적법한 재량의 범위 안에 있는 것인지 충분히 판단할 수 있으므로, 이미 설립신고를 마친 교원노조의 법상 지위를 박탈할 것인지 여부는 이 사건 법외노조통보 조항의 해석 내지 법 집행의 운용에 달린 문제라 할 것이므로 과잉금지원칙에 위반되지 않는다(헌재 2015.05.28. 2013헌마671).

11 교육을 받을 권리에 관한 설명으로 가장 적절하지 않은 것은? (다툼이 있는 경우 판례에 의함)

2023 경찰 1차

① 검정고시로 고등학교 졸업학력을 취득한 사람들(검정고시 출신자)의 수시모집 지원을 제한하는 내용의 국립교육대학교 수시모집 입시요강은 검정고시 출신자를 합리적인 이유 없이 차별함으로써 균등하게 교육을 받을 권리를 침해한다.

② 헌법은 국가의 교육권한과 부모의 교육권의 범주 내에서 학생에게도 자신의 교육에 관하여 스스로 결정할 권리, 즉 자유롭게 교육을 받을 권리를 부여하고, 학생은 국가의 간섭을 받지 아니하고 자신의 능력과 개성, 적성에 맞는 학교를 자유롭게 선택할 권리를 가진다.

③ 헌법 제31조 제3항의 의무교육 무상의 원칙은 교육을 받을 권리를 보다 실효성 있게 보장하기 위하여 의무교육 비용을 학령아동의 보호자 개개인의 직접적 부담에서 공동체 전체의 부담으로 이전하라는 명령일 뿐, 의무교육의 비용을 오로지 국가 또는 지방자치단체의 예산으로 해결해야 함을 의미하는 것은 아니다.

④ 학교폭력 가해학생에 대해서 수개의 조치를 병과하고 출석정지 기간의 상한을 두지 않은 「학교폭력예방 및 대책에 관한 법률」 조항은 피해학생의 보호에만 치중하여 가해학생에 대해 무기한 내지 지나치게 장기간의 출석정지조치가 취해지는 경우 가해 학생에게 가혹한 결과가 초래될 수 있어 학교폭력 가해학생의 자유롭게 교육을 받을 권리를 침해한다.

지문분석 **난이도** □■■ **중** | **정답** ④ | **키워드** 교육을 받을 권리 | **출제유형** 판례

① 【O】 고졸검정고시 또는 '고등학교 입학자격 검정고시'에 합격했던 자는 해당 검정고시에 다시 응시할 수 없도록 응시자격을 제한한 전라남도 교육청 공고는 교육을 받을 권리 침해이다(헌재 2012.05.31. 2010헌마139).

② 【O】 학부모가 자녀를 교육시킬 학교를 선택할 권리인 학교선택권도 자녀에 대한 부모교육권에 포함된다(헌재 1995.02.23. 91헌마204).

③ 【O】 수분양자를 부과대상으로 하는 구 학교용지부담금제도가 의무교육의 무상성에 반한다는 위와 같은 설시는 의무교육의 대상인 학력아동의 보호자(친권자 또는 후견인)로부터 의무교육의 비용을 징수해서는 안된다는 취지에 불과하다. 즉 의무교육무상에 관한 헌법 제31조 제3항은 교육을 받을 권리를 보다 실효성 있게 보장하기 위하여 의무교육 비용을 학령아동의 보호자 개개인의 직접적 부담에서 공동체 전체의 부담으로 이전하라는 명령일 뿐이고 의무교육의 비용을 오로지 국가 또는 지방자치단체의 예산, 즉 조세로 해결해야 함을 의미하는 것은 아니다. 따라서 의무교육의 대상인 수분양자가 아닌 개발사업자에게 학교용지부담금을 부과하고 그 재원으로 의무교육 시설을 마련하도록 하는 이 사건 법률조항은 더 이상 헌법 제31조 제3항의 의무교육의 무상성과는 관계가 없다(헌재 2008.09.25. 2007헌가1).

④ 【X】 이 사건 징계조치 조항에서 수개의 조치를 병과하고 출석정지기간의 상한을 두지 않음으로써 구체적 사정에 따라 다양한 조치를 취할 수 있도록 한 것은, 피해학생의 보호 및 가해학생의 선도·교육을 위하여 바람직하다고 할 것이고, 이 사건 징계조치 조항보다 가해학생의 학습의 자유를 덜 제한하면서, 피해학생에게 심각한 피해와 지속적인 영향을 미칠 수 있는 학교폭력에 구체적·탄력적으로 대처하고, 피해학생을 우선적으로 보호하면서 가해학생도 선도·교육하려는 입법 목적을 이 사건 징계조치 조항과 동일한 수준으로 달성할 수 있는 입법의 대안이 있다고 보기 어렵다. 따라서 이 사건 징계조치 조항이 가해학생에 대하여 수개의 조치를 병과할 수 있도록 하고 출석정지조치를 취함에 있어 기간의 상한을 두고 있지 않다고 하더라도, 가해학생의 학습의 자유에 대한 제한이 입법 목적 달성에 필요한 최소한의 정도를 넘는다고 볼 수 없다(헌재 2019.04.11. 2017헌바140등).

12 **교육을 받을 권리에 대한 설명으로 가장 적절한 것은?** (다툼이 있는 경우 헌법재판소 판례에 의함)

2023 경찰간부

① 검정고시응시자격을 제한하는 것은 국민의 교육받을 권리 중 그 의사와 능력에 따라 균등하게 교육을 받을 것을 국가로부터 방해받지 않을 권리를 제한하는 것이므로 과소보호금지의 원칙에 따른 심사를 받아야 할 것이다.

② 고시 공고일을 기준으로 고등학교에서 퇴학된 날로부터 6월이 지나지 아니한 자를 고등학교 졸업학력 검정고시를 받을 수 있는 자의 범위에서 제외하고 있는 '고등학교 졸업학력 검정고시 규칙'의 조항은 교육을 받을 권리를 침해한다.

③ 자율형 사립고등학교(이하 '자사고'라 함)와 일반고등학교(이하 '일반고'라 함)가 동시선발을 하게 되면 해당 자사고의 교육에 적합한 학생을 선발하는 데 지장이 있고 자사고의 사학운영의 자유를 침해하므로 자사고를 후기학교로 정하여 신입생을 일반고와 동시에 선발하도록 한 「초·중등교육법 시행령」 해당 조항은 국가가 학교 제도를 형성할 수 있는 재량 권한의 범위를 일탈하였다.

④ '서울대학교 2023학년도 대학 신입학생 입학전형 시행계획' 중 저소득학생 특별전형의 모집인원을 모두 수능위주전형으로 선발하도록 정한 부분이 저소득학생 특별전형에 응시하고자 하는 수험생들의 기회를 불합리하게 박탈하는 것은 아니다.

지문분석 **난이도** □■■ **중** | **정답** ④ | **키워드** 교육을 받을 권리 | **출제유형** 판례

① 【X】 검정고시 응시자격을 제한하는 것은, 국민의 교육받을 권리 중 그 의사와 능력에 따라 균등하게 교육받을 것을 국가로부터 방해받지 않을 권리, 즉 자유권적 기본권을 제한하는 것이므로, 그 제한에 대하여는 헌법 제37조 제2항의 비례원칙에 의한 심사, 즉 과잉금지원칙에 따른 심사를 받아야 할 것이다(헌재 2012.05.31. 2010헌마139 등).

② 【X】 심판대상조항이 추구하는 공익은 고등학교 퇴학자의 고졸검정고시 응시 증가를 억제하여 정규 학교교육과정의 이수를 유도함으로써 공교육의 내실화를 도모하고자 하는 것으로, 달성하려는 공익이 제한받는 사익보다 큰 점 등을 종합하여 보면, 심판대상조항은 청구인들의 교육을 받을 권리를 침해한다고 볼 수 없다(헌재 2022.05.26. 2020헌마1512).

③ 【X】 개별 자사고에 적합한 학생을 선발함에 있어서 핵심적 요소는 선발 방법인바, 자사고와 일반고가 동시선발하더라도 해당 학교의 장이 입학전형 방법을 정할 수 있으므로 해당 자사고의 교육에 적합한 학생을 선발하는 데 지장이 없고, 시행령은 입학전형 실시권자나 학생 모집 단위 등도 그대로 유지하여 자사고의 사학운영의 자유 제한을 최소화하였다. 또한 일반고 경쟁력 강화만으로 고교서열화 및 입시경쟁 완화에 충분하다고 단정할 수 없다. 따라서 이 사건 동시선발 조항은 국가가 학교 제도를 형성할 수 있는 재량 권한의 범위 내에 있다(헌재 2019.04.11. 2018헌마221).

④ 【O】 저소득학생 특별전형과 달리 농어촌학생 특별전형은 학생부종합전형으로 실시된다. 저소득학생 특별전형과 농어촌학생 특별전형은 그 목적, 지원자들 특성 등이 동일하지 아니하므로, 전형방법을 반드시 동일하게 정해야 한다고 볼 수 없다. 수능 성적으로 학생을 선발하는 전형방법이 사회통념적 가치기준에 적합한 합리적인 방법인 이상, 대입제도 공정성을 강화하기 위해 수능위주전형 비율을 높이면서 농어촌학생 특별전형과 달리 저소득학생 특별전형에서는 모집인원 전체를 수능위주전형으로 선발한다고 하더라도, 이것이 저소득학생의 응시기회를 불합리하게 박탈하는 것이라고 보기는 어렵다. 결국 이 사건 입시계획은 청구인의 균등하게 교육을 받을 권리를 침해하지 않는다(헌재 2022.09.29. 2021헌마929).

13 교육제도에 대한 설명으로 옳지 않은 것은? 2023 지방직 7급

① 학교법인 운영의 투명성, 효율성은 사립학교 및 그에 의해 수행되는 교육의 공공성과 직결되므로, 이를 제고하기 위하여 사적 자치를 넘어서는 새로운 제도를 형성하거나 학교법인의 자율적인 조직구성권 및 학교운영권에 공법적 규제를 가하는 것까지도 교육이나 사학의 자유의 본질적 내용을 침해하지 않는 한 궁극적으로는 입법자의 형성의 자유에 속하는 것으로 허용된다 할 것이다.

② 헌법재판소는 비록 헌법에 명문의 규정은 없지만 학교법인을 설립하고 이를 통하여 사립학교를 설립·경영하는 것을 내용으로 하는 사학의 자유가 헌법 제10조, 제31조제1항, 제4항에서 도출되는 기본권임을 확인한 바 있다.

③ 우리나라는 사립학교도 공교육체계에 편입시켜 국가 등의 지도·감독을 받도록 함과 동시에 그 기능에 충실하도록 많은 재정적 지원과 각종 혜택을 부여하고 있는바, 목적의 달성이 불가능하여 그 존재 의의를 상실한 학교법인은 적법한 절차를 거쳐 해산시키는 것이 필요하므로 구 「사립학교법」상의 해산명령조항은 과잉금지원칙에 반하지 않는다.

④ 대학의 자율성에 대한 침해 여부를 심사함에 있어서는 대학의 자치보장을 위하여 엄격한 심사를 하여야 하므로, 입법자가 입법형성의 한계를 넘는 자의적인 입법을 하였는지 여부만을 판단하여서는 아니된다.

PART · 02

지문분석 **난이도** □■■ 중 | **정답** ④ | **키워드** 교육제도 | **출제유형** 판례

① 【O】 헌법 제31조 제6항은 학교 교육 제도와 그 운영에 관해서 법률에 위임하고 있으며, 이러한 헌법의 위임에 따라 제정된 「교육기본법」, 「초·중등교육법」 등의 교육관련 법률들은 학교 및 교육의 거의 모든 영역에 걸쳐 사립학교를 공립학교와 동일하게 규율하고 있다. 학교법인은 교육의 실시를 목적으로 설립되고 고도의 공공성을 지닌 사립학교를 설치·경영한다는 점에서 사법인이라는 그 법적 형식에도 불구하고 대단히 공익적인 역할을 수행한다. 학교법인 운영의 투명성, 효율성은 사립학교 및 그에 의해 수행되는 교육의 공공성과 직결되므로, 이를 제고하기 위하여 사적 자치를 넘어서는 새로운 제도를 형성하거나 학교법인의 자율적인 조직구성권 및 학교운영권에 공법적 규제를 가하는 것까지도 교육이나 사학의 자유의 본질적 내용을 침해하지 않는 한 궁극적으로는 입법자의 형성의 자유에 속하는 것으로 허용된다 할 것이다(헌재 2013.11.28.2007헌마1189).

② 【O】 헌법재판소는 비록 헌법에 명문의 규정은 없지만 학교법인을 설립하고 이를 통하여 사립학교를 설립·경영하는 것을 내용으로 하는 사학의 자유가 헌법 제10조, 제31조 제1항, 제4항에서 도출되는 기본권임을 확인한 바 있다(헌재 2001.01.18.99헌바63; 헌재 2016.02.25.2013헌마692참조). 개인의 설립·경영이 허용(「유아교육법」 제2조, 제7조 제3호)되는 유치원의 경우, 설립·경영자인 개인에게 사립학교 운영의 자유가 인정된다(헌재 2019.07.25. 2017헌마1038).

③ 【O】 이 사건 해산명령조항은 학교법인으로 하여금 사립학교의 설치·경영이라는 목적 달성에 충실하도록 하며, 비정상적으로 운영되는 사립학교의 존립 가능성을 사전에 차단함으로써, 전체 교육의 수준을 일정 수준 이상으로 유지하기 위한 것이다. 학교법인이 목적의 달성이 불가능하다면 그 자체로 해당 학교법인은 이미 존재의의를 상실한 것이다. 특히 우리나라는 사립학교도 공교육체계에 편입시켜 국가 등의 지도·감독을 받도록 함과 동시에 그 기능에 충실하도록 많은 재정적 지원과 각종 혜택을 부여하고 있다. 따라서 목적의 달성이 불가능하여 그 존재 의의를 상실한 학교법인은 적법한 절차를 거쳐 해산시키는 것이 필요하고, 이를 그대로 존치시키는 것은 사회 전체적으로 볼 때 바람직하지 않다. 학교법인에 대한 해산명령은 학교법인에게 설립목적을 제대로 유지·계승할 수 있는 기회를 주었음에도 제대로 시정되지 아니하였을 때 내려지는 최후의 제재수단으로서 그 전에 청문절차도 거쳐야 한다. 이 사건 해산명령조항에 따라 학교법인이 해산됨으로써 달성할 수 있는 공익이, 학교법인 해산으로 인하여 발생하게 될 불이익보다 작다고 할 수도 없다. 따라서 이 사건 해산명령조항은 과잉금지원칙에 반하지 않는다(헌재 2018.12.27. 2016헌바217).

④ 【X】 대학의 자율도 헌법상의 기본권이므로 기본권제한의 일반적 법률유보의 원칙을 규정한 헌법 제37조 제2항에 따라 제한될 수 있고, 대학의 자율의 구체적인 내용은 법률이 정하는 바에 의하여 보장되며, 또한 국가는 헌법 제31조 제6항에 따라 모든 학교제도의 조직, 계획, 운영, 감독에 관한 포괄적인 권한 즉, 학교제도에 관한 전반적인 형성권과 규율권을 부여받았다고 할 수 있고, 다만 그 규율의 정도는 그 시대의 사정과 각급 학교에 따라 다를 수밖에 없는 것이므로 교육의 본질을 침해하지 않는 한 궁극적으로는 입법권자의 형성의 자유에 속하는 것이라 할 수 있다. 따라서 「교육공무원법」 제24조 제4항 본문 및 제1호, 제6항, 제7항 중 위원회의 구성・운영 등에 관하여 필요한 사항은 대통령령으로 정하되 부분, 제24조의2 제4항, 제24조의3 제1항이 대학의 자유를 제한하고 있다고 하더라도 그 위헌 여부는 입법자가 기본권을 제한함에 있어 헌법 제37조 제2항에 의한 합리적인 입법한계를 벗어나 자의적으로 그 본질적 내용을 침해하였는지 여부에 따라 판단되어야 할 것이다(헌재 2006.04.27. 2005헌마1047).

3 근로의 권리와 근로3권

01 근로기본권에 대한 설명으로 옳지 <u>않은</u> 것은? (다툼이 있는 경우 판례에 의함) 2016 지방직 7급

① 청원경찰의 복무에 관하여 「국가공무원법」 제66조 제1항을 준용함으로써 노동운동을 금지하는 「청원경찰법」 제5조 제4항 중 「국가공무원법」 제66조 제1항 가운데 '노동운동' 부분을 준용하는 부분이 국가기관이나 지방자치단체 이외의 곳에서 근무하는 청원경찰인 청구인들의 근로3권을 침해하지 않는다.

② 「교원의 노동조합 설립 및 운영 등에 관한 법률」의 적용을 받는 교원의 범위를 초・중등학교에 재직 중인 교원으로 한정하고 해직교원을 제외하는 것은 전국교직원노동조합 및 해직교원들의 단결권을 침해하지 않는다.

③ 월급근로자로서 6개월이 되지 못한 자를 해고예고제도의 적용예외 사유로 규정하고 있는 「근로기준법」 조항은 근무기간이 6개월 미만인 월급근로자의 근로의 권리를 침해하고 평등원칙에 위배된다.

④ 단체협약의 해석 또는 이행방법에 관하여 관계 당사자 간에 의견의 불일치가 있는 때에는 당사자 쌍방 또는 단체협약에 정하는 바에 의하여 어느 일방이 노동위원회에 그 해석 또는 이행방법에 관한 견해의 제시를 요청할 수 있다.

지문분석 **난이도** □■■ 중 | **정답** ① | **키워드** 근로기본권 | **출제유형** 판례

① 【X】 청심판대상조항의 위헌성은 모든 청원경찰에 대해 획일적으로 근로3권 전부를 제한하는 점에 있으며, 입법자는 청원경찰의 구체적 직무내용, 근무장소의 성격, 근로조건이나 신분보장 등 여러 요소들을 고려하여 심판대상조항의 위헌성을 제거할 재량을 가진다. 그런데 만약 심판대상조항에 대해 단순위헌결정을 하여 즉시 효력을 상실시킨다면, 청원경찰의 근로3권 행사를 제한할 근거규정이 모두 사라지게 되고, 이로 말미암아 근로3권의 제한이 필요한 청원경찰까지 근로3권 모두를 행사하게 되는 혼란이 발생할 우려가 있다. 그러므로 심판대상조항에 대하여는 헌법불합치결정을 선고하고, 입법자의 개선입법이 있을 때까지 잠정적용을 명하기로 한다. 입법자는 늦어도 2018. 12. 31.까지 개선입법을 하여야 하며, 그때까지 개선입법이 이루어지지 않으면 심판대상조항은 2019. 1. 1.부터 그 효력을 상실한다.(헌재 2017.09.28. 2015헌마653).

02 근로의 권리에 대한 설명으로 옳지 않은 것은? (다툼이 있는 경우 헌법재판소 판례에 의함)

2016 국회직 8급

① 헌법 제32조 제6항의 '법률이 정하는 바에 의하여 우선적으로 근로의 기회가 부여되는 대상'이 누구인가에 대하여 헌법재판소는 국가유공자, 상이군경, 전몰군경의 유가족, 국가유공자의 유가족, 상이군경의 유가족이 포함된다고 판시하고 있다.

② 근로의 권리는 사회적 기본권으로서 국가에 대하여 직접 일자리를 청구하거나 일자리에 갈음하는 생계비의 지급청구권을 의미하는 것이 아니라 고용증진을 위한 사회적·경제적 정책을 요구할 수 있는 권리에 그치는 것이다.

③ 해고예고제도는 근로관계의 존속이라는 근로자보호의 본질적 부분과 관련되는 것이 아니므로, 해고예고제도를 둘 것인지 여부, 그 내용 등에 대해서는 상대적으로 넓은 입법형성의 여지가 있다.

④ 헌법재판소는 외국인에게 헌법상의 근로의 권리를 전면적으로 인정하기는 어렵다고 하더라도 일할 환경에 관한 권리는 기본권으로 보장된다고 판시하였다.

⑤ 6월 미만으로 근무한 월급근로자에 대하여 「근로기준법」상의 해고예고제도의 적용을 배제하는 것은 월급근로자의 근로의 권리를 침해하고 평등원칙에도 위배되어 헌법에 위반된다.

지문분석 **난이도** ■■■ **상** | **정답** ① | **키워드** 근로의 권리 | **출제유형** 판례

① 【X】 헌법 제32조 제6항의 대상자는 조문의 문리해석대로 '국가유공자', '상이군경', 그리고 '전몰군경의 유가족'이라고 봄이 상당하다(헌재 2006.02.23. 2004헌마675).

② 【O】 헌법 제32조 제1항이 규정하는 근로의 권리는 사회적 기본권으로서 국가에 대하여 직접 일자리를 청구하거나 일자리에 갈음하는 생계비의 지급청구권을 의미하는 것이 아니라 고용증진을 위한 사회적·경제적 정책을 요구할 수 있는 권리에 그친다(헌재 2011.07.28. 2009헌마408).

③ 【O】 헌재 2001.07.19. 99헌마663

④ 【O】 근로의 권리가 '일할 자리에 관한 권리'만이 아니라 '일할 환경에 관한 권리'도 함께 내포하고 있는바, 후자는 인간의 존엄성에 대한 침해를 방어하기 위한 자유권적 기본권의 성격도 갖고 있어 건강한 작업환경, 일에 대한 정당한 보수, 합리적인 근로조건의 보장 등을 요구할 수 있는 권리 등을 포함한다고 할 것이므로 외국인 근로자라고 하여 이 부분에까지 기본권 주체성을 부인할 수는 없다(헌재 2007.08.30. 2004헌마670).

⑤ 【O】 6개월 미만 근무한 월급근로자 또한 전직을 위한 시간적 여유를 갖거나 실직으로 인한 경제적 곤란으로부터 보호받아야 할 필요성이 있다. 그럼에도 불구하고 합리적 이유 없이 '월급근로자로서 6개월이 되지 못한자'를 해고예고제도의 적용대상에서 제외한 이 사건 법률조항은 근무기간이 6개월 미만인 월급근로자의 근로의 권리를 침해하고, 평등원칙에도 위배된다(헌재 2015.12.23. 2014헌바3).

03 근로의 권리에 관한 설명 중 가장 적절하지 <u>않은</u> 것은? (다툼이 있는 경우 판례에 의함) 2022 경찰 2차

① 헌법 제32조 및 제33조에 각 규정된 근로기본권은 근로자의 근로조건을 개선함으로써 그들의 경제적·사회적 지위의 향상을 기하기 위한 것으로서 자유권적 기본권으로서의 성격보다는 생존권 내지 사회적 기본권으로서의 측면이 보다 강한 것으로서 그 권리의 실질적 보장을 위해서는 국가의 적극적인 개입과 뒷받침이 요구되는 기본권이다.

② 근로의 권리는 사회적 기본권으로서 국가에 대하여 직접 일자리를 청구하거나 일자리에 갈음하는 생계비의 지급을 청구할 수 있는 권리를 의미하는 것이 아니라 고용증진을 위한 사회적·경제적 정책을 요구할 수 있는 권리에 그치며, 근로의 권리로부터 국가에 대한 직접적인 직장존속청구권이 도출되는 것도 아니다.

③ 매월 1회 이상 정기적으로 지급하는 상여금 등 및 복리후생비의 일부를 새롭게 최저임금에 산입하도록 한 「최저임금법」상 산입조항은 헌법상 용인될 수 있는 입법재량의 범위를 명백히 일탈하였다고 볼 수 없으므로 근로자들의 근로의 권리를 침해하지 아니한다.

④ 퇴직급여제도가 갖는 사회보장적 급여의 성격과 근로자의 장기간 복무 및 충실한 근무를 유도하는 기능을 감안하더라도, 소정근로시간이 1주간 15시간 미만인 이른바 '초단시간근로자'에 대해 퇴직급여제도 적용대상에서 제외하는 것은 '근로조건의 기준은 인간의 존엄성을 보장하도록 법률로 정하도록 규정'한 헌법 제32조 제3항에 위배된다.

지문분석 **난이도** □■■ **중** | **정답** ④ | **키워드** 근로의 권리 | **출제유형** 판례

① 【O】 헌법 제32조 및 제33조에 각 규정된 근로기본권은 근로자의 근로조건을 개선함으로써 그들의 경제적·사회적 지위의 향상을 기하기 위한 것으로서 자유권적 기본권으로서의 성격보다는 생존권 내지 사회권적 기본권으로서의 측면이 보다 강한 것으로서 그 권리의 실질적 보장을 위해서는 국가의 적극적인 개입과 뒷받침이 요구되는 기본권이다(헌재 1991.07.22. 89헌가106).

② 【O】 근로의 권리는 사회적 기본권으로서, 국가에 대하여 직접 일자리를 청구하거나 일자리에 갈음하는 생계비의 지급청구권을 의미하는 것이 아니라, 고용증진을 위한 사회적·경제적 정책을 요구할 수 있는 권리에 그친다(헌재 2002.11.28. 2001헌바50).

③ 【O】 매월 1회 이상 정기적으로 지급하는 상여금 등 및 복리후생비의 일부를 최저임금에 산입하도록 한 「최저임금법」 제6조 제4항 제2호, 제3호 나목(이하 모두 합하여 '이 사건 산입조항'이라 한다), 「최저임금법」 부칙 제2조(이하 '이 사건 부칙조항'이라 한다)가 적법절차원칙, 명확성원칙 및 포괄위임금지원칙에 위배되어 근로자의 근로의 권리를 침해하지 않는다(헌재 2021.12.23. 2018헌마629 등).

④ 【X】 4주간을 평균하여 1주간의 소정근로시간이 15시간 미만인 근로자, 즉 이른바 '초단시간근로자'를 퇴직급여제도의 적용대상에서 제외하고 있는 「근로자퇴직급여 보장법」 제4조 제1항 단서 중 '4주간을 평균하여 1주간의 소정근로시간이 15시간 미만인 근로자'에 관한 부분(이하 '심판대상 조항'이라 한다)이 근로조건의 기준은 인간의 존엄성을 보장하도록 법률로 정하도록 한 헌법 제32조 제3항에 위배되지 않는다[헌재 2021.11.25. 2015헌바334·2018헌바42(병합)].

04 근로의 권리에 관한 설명 중 가장 적절하지 않은 것은? (다툼이 있는 경우 판례에 의함) 2022 경찰 1차

① 근로의 권리는 국가의 개입·간섭을 받지 않고 자유로이 근로를 할 자유와, 국가에 대하여 근로의 기회를 제공하는 정책을 수립해 줄 것을 요구할 수 있는 권리 등을 기본적인 내용으로 하고 있고, 이때 근로의 권리는 근로자를 개인의 차원에서 보호하기 위한 권리로서 개인인 근로자가 근로의 권리의 주체가 되는 것이고, 노동조합은 그 주체가 될 수 없다.

② 일용근로자로서 3개월을 계속 근무하지 아니한 자를 해고예고제도의 적용제외사유로 규정하고 있는 「근로기준법」 규정은 일용근로자인 청구인의 근로의 권리를 침해하지 않는다.

③ 청원경찰의 복무에 관하여 「국가공무원법」의 해당 조항을 준용함으로써 노동운동을 금지하는 「청원경찰법」의 해당 조항 중 「국가공무원법」의 해당 조항 가운데 '노동운동' 부분을 준용하는 부분은 국가기관이나 지방자치단체 이외의 곳에서 근무하는 청원경찰인 청구인들의 근로3권을 침해한다.

④ 공항·항만 등 국가중요시설의 경비업무를 담당하는 특수경비원에게 경비업무의 정상적인 운영을 저해하는 일체의 쟁의행위를 금지하는 「경비업법」의 해당 조항은 특수경비원의 단체행동권을 박탈하여 근로3권을 규정하고 있는 헌법 제33조 제1항에 위배된다.

PART · 02

지문분석 **난이도** □■■ 중 | **정답** ④ | **키워드** 근로의 권리 | **출제유형** 판례

① 【O】 헌법 제32조 제1항은 '모든 국민은 근로의 권리를 가진다. 국가는 사회적·경제적 방법으로 근로자의 고용의 증진과 적정임금의 보장에 노력하여야 하며, 법률이 정하는 바에 의하여 최저임금제를 시행하여야 한다.'라고 규정하고 있다. 이는 국가의 개입·간섭을 받지 않고 자유로이 근로를 할 자유와, 국가에 대하여 근로의 기회를 제공하는 정책을 수립해 줄 것을 요구할 수 있는 권리 등을 기본적인 내용으로 하고 있고, 이때 근로의 권리는 근로자를 개인의 차원에서 보호하기 위한 권리로서 개인인 근로자가 근로의 권리의 주체가 되는 것이고, 노동조합은 그 주체가 될 수 없는 것으로 이해되고 있다(헌재 2009.02.26. 2007헌바27).

② 【O】 해고예고는 본질상 일정기간 이상을 계속하여 사용자에게 고용되어 근로제공을 하는 것을 전제로 하는데, 일용근로자는 계약한 1일 단위의 근로기간이 종료되면 해고의 절차를 거칠 것도 없이 근로관계가 종료되는 것이 원칙이므로, 그 성질상 해고예고의 예외를 인정한 것에 상당한 이유가 있다. 따라서 심판대상 조항이 청구인의 근로의 권리를 침해한다고 보기 어렵다(헌재 2017.05.25. 2016헌마640).

③ 【O】 청원경찰은 일반근로자일 뿐 공무원이 아니므로 원칙적으로 헌법 제33조 제1항에 따라 근로3권이 보장되어야 한다. 청원경찰은 제한된 구역의 경비를 목적으로 필요한 범위에서 경찰관의 직무를 수행할 뿐이며, 그 신분보장은 공무원에 비해 취약하다. 또한 국가기관이나 지방자치단체 이외의 곳에서 근무하는 청원경찰은 근로조건에 관하여 공무원뿐만 아니라 국가기관이나 지방자치단체에 근무하는 청원경찰에 비해서도 낮은 수준의 법적 보장을 받고 있으므로, 이들에 대해서는 근로3권이 허용되어야 할 필요성이 크다. 이상을 종합하여 보면, 심판대상 조항이 모든 청원경찰의 근로3권을 전면적으로 제한하는 것은 과잉금지원칙을 위반하여 청구인들의 근로3권을 침해하는 것이다(헌재 2017.09.28. 2015헌마653).

④ 【X】 이 사건 법률조항은 특수경비원들이 관리하는 국가중요시설의 안전을 도모하고 방호혼란을 방지하려고 하는 것이므로 그 목적의 정당성을 인정할 수 있고, 특수경비원의 쟁의행위를 금지함으로써 위와 같은 입법목적에 기여할 수 있다 할 것이므로 수단의 적합성도 인정할 수 있다. 따라서 이 사건 법률조항은 과잉금지원칙에 위배되지 아니하므로 헌법에 위반되지 아니한다(헌재 2009.10.29. 2007헌마1359).

05 근로의 권리에 관한 설명 중 가장 적절하지 않은 것은? (다툼이 있는 경우 판례에 의함) 2023 경찰 승진

① 계속근로기간 1년 미만인 근로자가 퇴직급여를 청구할 수 있는 권리는 헌법 제32조 제1항에 의하여 보장된다고 보기는 어렵다.

② 사용자로 하여금 2년을 초과하여 기간제근로자를 사용할 수 없도록 한 「기간제 및 단시간근로자 보호 등에 관한 법률」조항은 근로의 권리 침해 문제를 발생시키지 않는다.

③ 현행헌법은 근로의 권리와 관련하여 여자와 연소자 근로의 특별한 보호를 명문으로 규정하고 있다.

④ 연차유급휴가에 관한 권리는 인간의 존엄성을 보장받기 위한 최소한의 근로조건을 요구할 수 있는 권리가 아니므로 근로의 권리의 내용에 포함되지 않는다.

지문분석 **난이도** □■■ **중** | **정답** ④ | **키워드** 근로의 권리 | **출제유형** 판례

① 【O】 헌법 제32조 제1항이 규정하는 근로의 권리는 사회적 기본권으로서 국가에 대하여 직접 일자리를 청구하거나 일자리에 갈음하는 생계비의 지급청구권을 의미하는 것이 아니라 고용증진을 위한 사회적·경제적 정책을 요구할 수 있는 권리에 그치며, 근로의 권리로부터 국가에 대한 직접적인 직장존속청구권이 도출되는 것도 아니다. 나아가 근로자가 퇴직급여를 청구할 수 있는 권리도 헌법상 바로 도출되는 것이 아니라 「퇴직급여법」 등 관련 법률이 구체적으로 정하는 바에 따라 비로소 인정될 수 있는 것이므로 계속근로기간 1년 미만인 근로자가 퇴직급여를 청구할 수 있는 권리가 헌법 제32조 제1항에 의하여 보장된다고 보기는 어렵다(헌결 2011.07.28. 2009헌마408).

② 【O】 청구인들은 심판대상조항이 기존 직장에서 계속 근무하기를 원하는 기간제근로자들에게 정규직으로 전환되지 않는 한 2년을 초과하여 계속적으로 근무할 수 없도록 함으로써 직업선택의 자유, 근로의 권리를 침해하고 있다고 주장한다. 이러한 청구인들의 주장은 기간제근로자라 하더라도 한 직장에서 계속해서 일할 자유를 보장해야(근로관계의 존속보장) 한다는 취지로 읽힌다. 그런데 헌법 제15조 직업의 자유와 제32조 근로의 권리는 국가에게 단지 사용자의 처분에 따른 직장 상실에 대하여 최소한의 보호를 제공해 줄 의무를 지울 뿐이고, 여기에서 직장 상실로부터 근로자를 보호하여 줄 것을 청구할 수 있는 권리가 나오지는 않는다. 따라서 직업의 자유, 근로의 권리 침해 문제는 이 사건에서 발생하지 않는다. 다만, 청구인들이 위와 같은 주장을 하는 것은 심판대상조항이 청구인들로 하여금 기간제근로자로서 2년을 근무하는 이상 동일한 직장에서 동일한 사용자와의 사이에 2년을 초과하여 기간제 근로계약을 체결할 수 없도록 하고 있는 것에 기인한 것인데, 일반적으로 사용자와 근로자 사이의 고용관계는 양자 사이의 근로계약을 통해 형성된다는 점에서 심판대상조항은 2년을 초과하여 기간제 근로계약을 체결할 자유, 즉 헌법 제10조로부터 파생되어 나오는 계약의 자유를 제한하고 있다고 볼 수 있으므로 아래에서는 이에 대해 살펴본다(헌결 2013.10.24. 2010헌마219).

③ 【O】 헌법 제32조 ④ 여자의 근로는 특별한 보호를 받으며, 고용·임금 및 근로조건에 있어서 부당한 차별을 받지 아니한다. ⑤ 연소자의 근로는 특별한 보호를 받는다

④ 【X】헌법 제32조 제3항은 위와 같은 근로의 권리가 실효적인 것이 될 수 있도록 '근로조건의 기준은 인간의 존엄성을 보장하도록 법률로 정한다.'고 하여 근로조건 법정주의를 규정하고 있고, 연차유급휴가는 근로자의 건강하고 문화적인 생활의 실현에 이바지할 수 있도록 여가를 부여하는 데 그 목적이 있는 것으로, 인간의 존엄성을 보장하기 위한 합리적인 근로조건에 해당하므로 연차유급휴가에 관한 권리는 근로의 권리의 내용에 포함된다(헌결 2015.05.28. 2013헌마619).

06 근로의 권리에 대한 설명으로 가장 적절하지 않은 것은? (다툼이 있는 경우 헌법재판소 판례에 의함)

2023 경찰간부

① 매월 1회 이상 정기적으로 지급하는 상여금 등이나 복리후생비는 그 성질이나 실질적 기능 면에서 기본급과 본질적인 차이가 있다고 보기 어려우므로, 기본급과 마찬가지로 이를 최저임금에 산입하는 것은 그 합리성을 수긍할 수 있다.

② 최저임금의 적용을 위해 주(週) 단위로 정해진 근로자의 임금을 시간에 대한 임금으로 환산할 때, 해당 임금을 1주 동안의 소정근로시간 수와 법정 주휴시간 수를 합산한 시간 수로 나누도록 한 「최저임금법」 시행령 해당 조항은 사용자의 계약의 자유 및 직업의 자유를 침해한다.

③ 고용허가를 받아 국내에 입국한 외국인근로자의 출국만기보험금을 출국 후 14일 이내에 지급하도록 한 「외국인근로자의 고용 등에 관한 법률」의 해당 조항 중 '피보험자등이 출국한 때부터 14일 이내' 부분이 청구인들의 근로의 권리를 침해한다고 보기 어렵다.

④ '가구 내 고용활동'에 대해서는 「근로자퇴직급여 보장법」을 적용하지 않도록 규정한 같은 법 제3조 단서 중 '가구 내 고용 활동' 부분은 합리적 이유가 있는 차별로서 평등원칙에 위배되지 아니한다.

PART · 02

지문분석 **난이도** □■■ **중** | **정답** ② | **키워드** 근로의 권리 | **출제유형** 판례

① **[O]** 이 사건 산입조항 및 부칙조항은 근로자들이 실제 지급받는 임금과 최저임금 사이의 괴리를 극복하고, 근로자 간 소득격차 해소에 기여하며, 최저임금 인상으로 인한 사용자의 부담을 완화하고자 한 것이다. 매월 1회 이상 정기적으로 지급하는 상여금 등이나 복리후생비는 그 성질이나 실질적 기능 면에서 기본급과 본질적인 차이가 있다고 보기 어려우므로, 이를 최저임금에 산입하는 것은 그 합리성을 수긍할 수 있다. … 따라서 이 사건 산입조항 및 부칙조항이 입법재량의 범위를 일탈하여 청구인 근로자들의 근로의 권리를 침해한다고 볼 수 없다(헌재 2021.12.23. 2018헌마629 등).

② **[X]** 비교대상 임금에는 주휴수당이 포함되어 있고, 주휴수당은 「근로기준법」에 따라 주휴시간에 대하여 당연히 지급해야 하는 임금이라는 점을 감안하면, 비교대상 임금을 시간급으로 환산할 때 소정근로시간 수 외에 법정 주휴시간 수까지 포함하여 나누도록 하는 것은 그 합리성을 수긍할 수 있다. 「근로기준법」이 근로자에게 유급주휴일을 보장하도록 하고 있다는 점을 고려할 때, 소정근로시간 수와 법정 주휴시간 수 모두에 대하여 시간급 최저임금액 이상을 지급하도록 하는 것이 그 자체로 사용자에게 지나치게 가혹하다고 보기는 어렵다. 따라서 이 사건 시행령조항은 과잉금지원칙에 위배되어 사용자의 계약의 자유 및 직업의 자유를 침해한다고 볼 수 없다(헌재 2020.06.25. 2019헌마15).

③ **[O]** 불법체류자는 임금체불이나 폭행 등 각종 범죄에 노출될 위험이 있고, 그 신분의 취약성으로 인해 강제 근로와 같은 인권침해의 우려가 높으며, 행정관청의 관리 감독의 사각지대에 놓이게 됨으로써 안전사고 등 각종 사회적 문제를 일으킬 가능성이 있다. 또한 단순기능직 외국인근로자의 불법체류를 통한 국내 정주는 일반적으로 사회통합 비용을 증가시키고 국내 고용 상황에 부정적 영향을 미칠 수 있다. 따라서 이 사건 출국만기보험금이 근로자의 퇴직 후 생계 보호를 위한 퇴직금의 성격을 가진다고 하더라도 불법체류가 초래하는 여러 가지 문제를 고려할 때 불법체류 방지를 위해 그 지급시기를 출국과 연계시키는 것은 불가피하므로 심판대상조항이 청구인들의 근로의 권리를 침해한다고 보기 어렵다(헌재 2016.03.31. 2014헌마367).

④ **[O]** 가사사용인도 근로자에 해당하지만, 제공하는 근로가 가정이라는 사적 공간에서 이루어지는 특수성이 있다. 그런데 「퇴직급여법」은 사용자에게 여러 의무를 강제하고 국가가 사용자를 감독하고 위반 시 처벌하도록 규정하고 있다. 가구 내 고용활동에 대하여 다른 사업장과 동일하게 「퇴직급여법」을 적용할 경우 이용자 및 이용자 가족의 사생활을 침해할 우려가 있음은 물론 국가의 관리 감독이 제대로 이루어지기도 어렵다. … 이를 종합하면 심판대상조항이 가사사용인을 일반 근로자와 달리 「퇴직급여법」의 적용범위에서 배제하고 있다 하더라도 합리적 이유가 있는 차별로서 평등원칙에 위배되지 아니한다(헌재 2022.10.27. 2019헌바454).

07 근로의 권리 및 근로3권에 관한 설명 중 가장 적절하지 않은 것은? (다툼이 있는 경우 판례에 의함)

2024 경찰 승진

① 헌법 제32조 근로의 권리는 근로자를 개인의 차원에서 보호하기 위한 권리로서 개인인 근로자가 근로의 권리의 주체가 되는 것이고, 노동조합은 그 주체가 될 수 없다.

② 근로관계 종료 전 사용자로 하여금 근로자에게 해고예고를 하도록 하는 것은 개별 근로자의 근로조건이라 할 수 없으므로 해고예고에 관한 권리는 근로의 권리의 내용에 포함되지 않는다.

③ 근로자의 단결권이 근로자 단결체로서 사용자와의 관계에서 특별한 보호를 받아야 할 경우에는 근로3권에 관한 헌법 제33조가 우선적으로 적용되지만, 그렇지 않은 통상의 결사 일반에 대한 문제일 경우에는 헌법 제21조 제2항이 적용되므로 노동조합에도 헌법 제21조 제2항의 결사에 대한 허가제금지원칙이 적용된다.

④ 사인 간 기본권 충돌의 경우 입법자에 의한 규제와 개입은 개별 기본권 주체에 대한 기본권 제한의 방식으로 흔하게 나타나며, 근로계약이 사적 계약관계라는 이유로 국가가 개입할 수 없다고 볼 것은 아니다.

지문분석 **난이도** □■■ 중 | **정답** ② | **키워드** 근로의 권리 및 근로3권 | **출제유형** 판례

① 【O】 헌법 제32조 제1항은 '모든 국민은 근로의 권리를 가진다. 국가는 사회적·경제적 방법으로 근로자의 고용의 증진과 적정임금의 보장에 노력하여야 하며, 법률이 정하는 바에 의하여 최저임금제를 시행하여야 한다.'라고 규정하고 있다. 이는 국가의 개입·간섭을 받지 않고 자유로이 근로를 할 자유와, 국가에 대하여 근로의 기회를 제공하는 정책을 수립해 줄 것을 요구할 수 있는 권리 등을 기본적인 내용으로 하고 있고, 이 때 근로의 권리는 근로자를 개인의 차원에서 보호하기 위한 권리로서 개인인 근로자가 근로의 권리의 주체가 되는 것이고, 노동조합은 그 주체가 될 수 없는 것으로 이해되고 있다(헌재 2009.02.26. 2007헌바27).

② 【X】 「근로기준법」에 마련된 해고예고제도는 근로조건의 핵심적 부분인 해고와 관련된 사항일 뿐만 아니라, 근로자가 갑자기 직장을 잃어 생활이 곤란해지는 것을 막는 데 목적이 있으므로, 근로자의 인간 존엄성을 보장하기 위한 합리적 근로조건에 해당한다. 따라서 근로관계 종료 전 사용자로 하여금 근로자에게 해고예고를 하도록 하는 것은 개별 근로자의 인간 존엄성을 보장하기 위한 최소한의 근로조건 가운데 하나에 해당하므로, 해고예고에 관한 권리는 근로의 권리의 내용에 포함된다(헌재 2015.12.23. 2014헌바3).

③ 【O】 노동3권 중 근로자의 단결권은 결사의 자유가 근로의 영역에서 구체화된 것으로서, 근로자의 단결권에 대해서는 헌법 제33조가 우선적으로 적용된다. 근로자의 단결권도 국민의 결사의 자유 속에 포함되나, 헌법이 노동3권과 같은 특별 규정을 두어 별도로 단결권을 보장하는 것은 근로자의 단결에 대해서는 일반 결사의 경우와 다르게 특별한 보장을 해준다는 뜻으로 해석된다. 따라서 근로자의 단결권이 근로자 단결체로서 사용자와의 관계에서 특별한 보호를 받아야 할 경우에는 헌법 제33조가 우선적으로 적용되지만, 그렇지 않은 통상의 결사 일반에 대한 문제일 경우에는 헌법 제21조 제2항이 적용되므로 노동조합에도 헌법 제21조 제2항의 결사에 대한 허가제금지원칙이 적용된다(헌재 2012.03.29. 2011헌바53).

④ 【O】 사인간 기본권 충돌의 경우 입법자에 의한 규제와 개입은 개별 기본권 주체에 대한 기본권 제한의 방식으로 흔하게 나타나며, 노사관계의 경우도 마찬가지이다. 예컨대, 사용자와 근로자는 근로계약 체결단계에서부터 계약상 의무 위반에 이르기까지 「근로기준법」, 「최저임금법」 등 노동 관계법령에 의한 국가적 개입을 받고 있으며, 이러한 국가의 개입이 기본권을 침해하는지 여부가 문제될 수는 있으나, 사적 계약관계라는 이유로 국가가 개입할 수 없다고 볼 것은 아니다(헌재 2022.05.26. 2012헌바66).

08 **근로3권에 관한 설명 중 가장 적절하지 않은 것은?** (다툼이 있는 경우 판례에 의함) 2016 경찰 승진

① 헌법은 근로자의 단결권·단체교섭권·단체행동권을 보장하고 있다.

② 국가의 행정관청이 사법상 근로계약을 체결한 경우 국가는 그러한 근로계약관계에 있어서 사업주로서 단체교섭의 당사자의 지위에 있는 사용자에 해당한다.

③ 헌법재판소는 단결권·단체교섭권·단체행동권의 자유권적 성격을 강조하여 그 법적 성격을 근로3권은 '사회적 보호기능을 담당하는 자유권' 또는 '사회권적 성격을 띤 자유권'이라고 밝힌 바 있다.

④ 헌법재판소는 소극적 단결권은 헌법 제33조 제1항의 단결권에 포함된다고 보고 있다.

지문분석 **난이도** □■■ **중** | **정답** ④ | **키워드** 근로3권 | **출제유형** 판례

① 【O】 근로자는 근로조건의 향상을 위하여 자주적인 단결권·단체교섭권 및 단체행동권을 가진다(헌법 제33조 제1항).

② 【O】 국가의 행정관청이 사법상 근로계약을 체결한 경우 그 근로계약관계의 권리·의무는 행정주체인 국가에 귀속되므로, 국가는 그러한 근로계약관계에 있어서 「노동조합 및 노동관계조정법」 제2조 제2호에 정한 사업주로서 단체교섭의 당사자의 지위에 있는 사용자에 해당한다(대판 2008.09.11. 2006다40935).

③ 【O】 근로3권은 국가공권력에 대하여 근로자의 단결권의 방어를 일차적인 목표로 하지만, 근로3권의 보다 큰 헌법적 의미는 근로자단체라는 사회적 반대세력의 창출을 가능하게 함으로써 노사관계의 형성에 있어서 사회적 균형을 이루어 근로조건에 관한 노사간의 실질적인 자치를 보장하려는 데 있다. 근로자는 노동조합과 같은 근로자단체의 결성을 통하여 집단으로 사용자에 대항함으로써 사용자와 대등한 세력을 이루어 근로조건의 형성에 영향을 미칠 수 있는 기회를 가지게 되므로 이러한 의미에서 근로3권은 '사회적 보호기능을 담당하는 자유권' 또는 '사회권적 성격을 띤 자유권'이라고 말할 수 있다(헌재 1998.02.27. 94헌바13).

④ 【X】 헌법 제33조 제1항은 '근로자는 근로조건의 향상을 위하여 자주적인 단결권·단체교섭권 및 단체행동권을 가진다.'고 규정하고 있다. 여기서 헌법상 보장된 근로자의 단결권은 단결할 자유만을 가리킬 뿐이고, 단결하지 아니할 자유 이른바 소극적 단결권은 이에 포함되지 않는다고 보는 것이 우리 재판소의 선례라고 할 것이다(헌재 2005.11.24. 2002헌바95).

09 **근로의 권리 및 근로3권에 관한 설명 중 가장 적절하지 않은 것은?** (다툼이 있는 경우 판례에 의함) 2020 경찰 승진

① 근로자에게 보장된 단결권의 내용에는 단결할 자유뿐만 아니라 노동조합을 결성하지 아니할 자유나 노동조합에 가입을 강제당하지 아니할 자유, 그리고 가입한 노동조합을 탈퇴할 자유도 포함된다.

② 근로의 권리는 국민의 권리이므로 외국인은 그 주체가 될 수 없는 것이 원칙이나, 근로의 권리 중 일할 환경에 관한 권리에 대해서는 외국인의 기본권 주체성을 인정할 수 있다.

③ 근로의 권리는 사회적 기본권으로서, 국가에 대하여 직접 일자리를 청구하거나 일자리에 갈음하는 생계비의 지급청구권을 의미하는 것이 아니라, 고용증진을 위한 사회적 경제적 정책을 요구할 수 있는 권리에 그치는 것이다.

④ 교원노조를 설립하거나 가입하여 활동할 수 있는 자격을 초 중등 교원으로 한정함으로써 교육공무원이 아닌 대학 교원에 대해서 근로기본권의 핵심인 단결권조차 전면적으로 부정한 법률 조항은그 입법목적의 정당성을 인정하기 어렵고, 수단의 적합성 역시 인정할 수 없다.

지문분석 **난이도** ■■■ **상** | **정답** ① | **키워드** 근로3권 | **출제유형** 판례

① 【X】 근로자가 노동조합을 결성하지 아니할 자유나 노동조합에 가입을 강제당하지 아니할 자유, 그리고 가입한 노동조합을 탈퇴할 자유는 근로자에게 보장된 단결권의 내용에 포섭되는 권리로서가 아니라 헌법 제10조의 행복추구권에서 파생되는 일반적 행동의 자유 또는 제21조 제1항의 결사의 자유에서 그 근거를 찾을 수 있다(헌재 2005.11.24. 2002헌바95 등).

② 【O】 근로의 권리가 '일할 자리에 관한 권리'만이 아니라 '일할 환경에 관한 권리'도 함께 내포하고 있는바, 후자는 인간의 존엄성에 대한 침해를 방어하기 위한 자유권적 기본권의 성격도 갖고 있어 건강한 작업환경, 일에 대한 정당한 보수, 합리적인 근로조건의 보장 등을 요구할 수 있는 권리 등을 포함한다고 할 것이므로 외국인 근로자라고 하여 이 부분에까지 기본권 주체성을 부인할 수는 없다(헌재 2007.08.30. 2004헌마670).

③ 【O】 근로의 권리는 사회적 기본권으로서 국가에 대하여 직접 일자리를 청구하거나 일자리에 갈음하는 생계비의 지급청구권을 의미하는 것이 아니라 고용증진을 위한 사회적·경제적 정책을 요구할 수 있는 권리에 그치며, 근로의 권리로부터 국가에 대한 직접적인 직장존속청구권이 도출되는 것도 아니다(헌재 2011.07.28. 2009헌마408).

④ 【O】 심판대상조항으로 인하여 교육공무원 아닌 대학 교원들이 향유하지 못하는 단결권은 헌법이 보장하고 있는 근로3권의 핵심적이고 본질적인 권리이다. 심판대상조항의 입법목적이 재직 중인 초·중등교원에 대하여 교원노조를 인정해 줌으로써 교원노조의 자주성과 주체성을 확보한다는 측면에서는 그 정당성을 인정할 수 있을 것이나, 교원노조를 설립하거나 가입하여 활동할 수 있는 자격을 초·중등교원으로 한정함으로써 교육공무원이 아닌 대학 교원에 대해서는 근로기본권의 핵심인 단결권조차 전면적으로 부정한 측면에 대해서는 그 입법목적의 정당성을 인정하기 어렵고, 수단의 적합성 역시 인정할 수 없다. 또 최근 들어 대학 사회가 다층적으로 변화하면서 대학 교원의 사회·경제적 지위의 향상을 위한 요구가 높아지고 있는 상황에서 단결권을 행사하지 못한 채 개별적으로만 근로조건의 향상을 도모해야 하는 불이익은 중대한 것이므로, 심판대상조항은 과잉금지원칙에 위배된다(헌재 2018.08.30. 2015헌가38).

10 근로의 권리와 근로 3권에 대한 설명으로 가장 적절하지 않은 것은? (다툼이 있는 경우 판례에 의함)

2021 경찰 승진

① 근로자가 최저임금을 청구할 수 있는 권리는 헌법상 바로 도출되는 것이 아니라 「최저임금법」 등 관련 법률이 구체적으로 정하는 바에 따라 비로소 인정될 수 있다.

② 헌법 제32조 제1항이 규정한 근로의 권리는 개인 근로자뿐만 아니라 노동조합도 그 주체가 될 수 있다.

③ 헌법 제33조 제1항의 단결권에는 개별 근로자가 노동조합 등 근로자단체를 조직하거나 그에 가입하여 활동할 수 있는 개별적 단결권뿐만 아니라 근로자단체가 존립하고 활동할 수 있는 집단적 단결권도 포함된다.

④ 근로의 권리로부터 국가에 대한 직접적인 직장존속청구권이 도출되는 것은 아니다.

지문분석 **난이도** □■■ 중 | **정답** ② | **키워드** 근로3권 | **출제유형** 판례

① 【O】 헌법 제32조 제1항 후단은 '국가는 사회적 · 경제적 방법으로 근로자의 고용의 증진과 적정임금의 보장에 노력하여야 하며, 법률이 정하는 바에 의하여 최저임금제를 시행하여야 한다.'라고 규정하고 있어서 근로자가 최저임금을 청구할 수 있는 권리도 헌법상 바로 도출되는 것이 아니라 「최저임금법」 등 관련 법률이 구체적으로 정하는 바에 따라 비로소 인정될 수 있다(헌재 2012.10.25. 2011헌마307).

② 【X】 이는 국가의 개입 · 간섭을 받지 않고 자유로이 근로를 할 자유와, 국가에 대하여 근로의 기회를 제공하는 정책을 수립해 줄 것을 요구할 수 있는 권리 등을 기본적인 내용으로 하고 있고, 이 때 근로의 권리는 근로자를 개인의 차원에서 보호하기 위한 권리로서 개인인 근로자가 근로의 권리의 주체가 되는 것이고, 노동조합은 그 주체가 될 수 없는 것으로 이해되고 있다(헌재 2009.02.26. 2007헌바27).

③ 【O】 근로3권 중 단결권에는 개별 근로자가 노동조합 등 근로자단체를 조직하거나 그에 가입하여 활동할 수 있는 개별적 단결권뿐만 아니라 근로자단체가 존립하고 활동할 수 있는 집단적 단결권도 포함된다(헌재 2015.05.28. 2013헌마671).

④ 【O】 근로의 권리는 사회적 기본권으로서 국가에 대하여 직접 일자리를 청구하거나 일자리에 갈음하는 생계비의 지급청구권을 의미하는 것이 아니라 고용증진을 위한 사회적 · 경제적 정책을 요구할 수 있는 권리에 그치며, 근로의 권리로부터 국가에 대한 직접적인 직장존속청구권이 도출되는 것도 아니다(헌재 2011.07.28. 2009헌마408).

11 근로의 권리와 근로3권에 대한 설명으로 옳지 <u>않은</u> 것은? (다툼이 있는 경우 판례에 의함)

2017 비상계획관 하반기

① 월급근로자로서 6개월이 되지 못한 자를 해고예고제도의 적용예외 사유로 규정하고 있는 「근로기준법」은 근무기간이 6개월 미만인 월급 근로자의 근로의 권리를 침해하고 평등원칙에 위배된다.

② 단체협약에는 2년을 초과하는 유효기간을 정할 수 없으며, 2년의 기간을 초과하는 유효기간을 정한 경우에 그 유효기간은 2년으로 한다.

③ 헌법상 공무원인 근로자는 법률이 정하는 자에 한하여 근로3권을 갖는 것으로 규정하였지만, 「국가공무원법」은 사실상 노무에 종사하는 공무원에 한정하여 노동운동이나 그 밖에 공무 외의 일을 위한 집단 행위를 허용하고 있다.

④ 「교원의 노동조합의 설립 및 운영 등에 관한 법률」에 의하면 사립학교 교원은 단결권과 단체교섭권이 인정되고 쟁의행위는 금지되지만, 국공립학교 교원은 근로3권이 모두 부인된다.

지문분석 **난이도** □■■ 중 | **정답** ④ | **키워드** 근로3권 | **출제유형** 판례

① 【O】 합리적 이유 없이 '월급근로자로서 6개월이 되지 못한자'를 해고예고제도의 적용대상에서 제외한 것은 근무기간이 6개월 미만인 월급근로자의 근로의 권리를 침해하고, 평등원칙에도 위배된다(헌재 2015.12.23. 2014헌바3).

② 【O】 「노동조합 및 노동관계조정법」 제32조 제1 · 2항

③ 【O】 공무원은 노동운동이나 그 밖에 공무 외의 일을 위한 집단 행위를 하여서는 아니 된다. 다만, 사실상 노무에 종사하는 공무원은 예외로 한다(「국가공무원법」 제66조 제1항).

④ 【X】 기존에는 국공립학교 및 사립학교 교원의 근로3권이 인정되지 않았으나, 「교원의 노동조합 설립 및 운영 등에 관한 법률」로 인하여 쟁의행위를 제외한 단결권과 단체교섭권은 인정된다.

12 근로의 권리 또는 근로3권에 대한 설명으로 옳지 않은 것은? (다툼이 있는 경우 헌법재판소 판례에 의함) 2017 국가직 7급 하반기

① 헌법 제37조 제2항에 의하여 근로자의 근로3권에 대해 일부 제한이 가능하다 하더라도, '공무원 또는 주요방위사업체 근로자'가 아닌 근로자의 근로3권을 전면적으로 부정하는 것은 본질적 내용 침해금지에 위반된다.

② 헌법상 근로의 권리는 '일할 자리에 관한 권리'만이 아니라 '일할 환경에 관한 권리'도 의미하는데, '일할 환경에 관한 권리'는 인간의 존엄성에 대한 침해를 방어하기 위한 권리로서 외국인에게도 인정되며, 건강한 작업환경, 일에 대한 정당한 보수, 합리적인 근로조건의 보장 등을 요구할 수 있는 권리 등을 포함한다.

③ 정직기간을 연가일수에서 공제할 때 어떠한 비율에 따라 공제할 것인지에 관하여는 입법자에게 재량이 부여되어 있기 때문에, 정직처분을 받은 공무원에 대하여 정직일수를 연차 유급휴가인 연가일수에서 공제하도록 규정하는 법령조항은 공무원인 근로자의 근로의 권리를 침해하지 않는다.

④ 국회는 헌법 제33조 제2항에 따라 공무원인 근로자에게 단결권 · 단체교섭권 · 단체행동권을 인정할 것인가의 여부, 어떤 형태의 행위를 어느 범위에서 인정할 것인가 등에 대하여 필요한 한도에서만 공무원의 근로3권을 제한할 수 있을 뿐 광범위한 입법형성의 자유를 갖는 것은 아니다.

지문분석 **난이도** □□■ 하 | **정답** ④ | **키워드** 근로3권 | **출제유형** 판례

④ 【X】 국회는 헌법 제33조 제2항에 따라 공무원인 근로자에게 단결권 · 단체교섭권 · 단체행동권을 인정할 것인가의 여부, 어떤 형태의 행위를 어느 범위에서 인정할 것인가 등에 대하여 광범위한 입법형성의 자유를 가진다(헌재 2008.12.26. 2005헌마971).

13 **근로3권에 관한 설명으로 가장 적절하지 않은 것은?** (다툼이 있는 경우 판례에 의함) 2023 경찰 2차

① 노동조합을 설립할 때 행정관청에 설립신고서를 제출하게 하고 그 요건을 충족하지 못하는 경우 설립신고서를 반려하도록 하고 있는 「노동조합 및 노동관계조정법」 조항의 노동조합 설립신고서 반려제도가 헌법 제21조 제2항 후단에서 금지하는 결사에 대한 허가제라고 볼 수 없다.

② 법령 등에 의하여 국가 또는 지방자치단체가 그 권한으로 행하는 정책결정에 관한 사항, 임용권의 행사 등 그 기관의 관리·운영에 관한 사항으로서 근무조건과 직접 관련되지 아니하는 사항을 공무원노동조합의 단체교섭 대상에서 제외하고 있는 「공무원의 노동조합 설립 및 운영 등에 관한 법률」 조항이 명확성의 원칙에 위반되는 것은 아니다.

③ 근로자들의 단체행동권은 집단적 실력행사로서 위력의 요소를 가지고 있으므로, 사용자의 재산권이나 직업의 자유, 경제활동의 자유를 현저히 침해하고, 거래질서나 국가 경제에 중대한 영향을 미치는 일정한 단체행동권의 행사에 대하여는 제한이 가능하다.

④ 「노동조합 및 노동관계조정법」상 「방위사업법」에 의하여 지정된 주요 방위산업체에 종사하는 근로자 중 전력, 용수 및 주로 방산물자를 생산하는 업무에 종사하는 자는 단체교섭을 할 수 없다.

지문분석 **난이도** □■■ **중** | **정답** ④ | **키워드** 근로3권 | **출제유형** 판례

① 【O】 이 사건 법률조항은 노동조합 설립에 있어 「노동조합법」상의 요건 충족 여부를 사전에 심사하도록 하는 구조를 취하고 있으나, 이 경우 「노동조합법」상 요구되는 요건만 충족되면 그 설립이 자유롭다는 점에서 일반적인 금지를 특정한 경우에 해제하는 허가와는 개념적으로 구분되고, 더욱이 행정관청의 설립신고서 수리 여부에 대한 결정은 재량 사항이 아니라 의무 사항으로 그 요건 충족이 확인되면 설립신고서를 수리하고 그 신고증을 교부하여야 한다는 점에서 단체의 설립 여부 자체를 사전에 심사하여 특정한 경우에 한해서만 그 설립을 허용하는 '허가'와는 다르다. 따라서 이 사건 법률조항의 노동조합 설립신고서 반려제도가 헌법 제21조 제2항 후단에서 금지하는 결사에 대한 허가제라고 볼 수 없다(헌재 2012.03.29. 2011헌바53).

② 【O】 국가 또는 지방자치단체의 정책결정에 관한 사항이나 기관의 관리·운영에 관한 사항으로서 근무조건과 직접 관련되지 아니하는 사항을 공무원노동조합의 단체교섭대상에서 제외하고 있는 「공무원의 노동조합 설립 및 운영 등에 관한 법률」은 명확성원칙에 위반되지 않는다(헌재 2013.06.27. 2012헌바169).

③ 【O】 근로자 집단의 단체행동권 행사는 단순히 개인적 차원의 권리 행사가 아니라 일시에 집단적으로 행해지는 실력행사로써 상대방에 대한 통일적 압력으로 작용하게 되므로 위력의 요소를 가지고 있다. 단체행동권의 행사는 사업의 계속·존속을 좌우할 수 있는 막대한 영향력을 가질 수 있으며, 이는 해당 사업장에 한정된 문제가 아니라 해당 사업장과 거래관계에 있는 다수 기업의 존속 등 제3자의 이해와도 연관된다. 또한 동종·다수의 사업장간 연대에 기초한 단체행동권 행사는 산업구조는 물론 국가 경제활동 전반에 영향을 미칠 수 있다. 따라서 단체행동권 행사라는 이유로 무조건 형사책임이나 민사책임이 면제된다고 보기는 어려우며, 사용자의 재산권이나 직업의 자유, 경제활동의 자유를 현저히 침해하고, 거래질서나 국가 경제에 중대한 영향을 미치는 일정한 단체행동권의 행사에 대한 제한은 가능하다(헌재 2022.05.26. 2012헌바66).

④ 【X】

> 헌법 제33조 제1항 근로자는 근로조건의 향상을 위하여 자주적인 단결권·단체교섭권 및 단체행동권을 가진다.
> 제2항 공무원인 근로자는 법률이 정하는 자에 한하여 단결권·단체교섭권 및 단체행동권을 가진다.
> 제3항 법률이 정하는 주요방위산업체에 종사하는 근로자의 단체행동권은 법률이 정하는 바에 의하여 이를 제한하거나 인정하지 아니할 수 있다.
>
> 「노동조합 및 노동관계조정법」 제41조(쟁의행위의 제한과 금지) 제2항 「방위사업법」에 의하여 지정된 주요 방위산업체에 종사하는 근로자 중 전력, 용수 및 주로 방산물자를 생산하는 업무에 종사하는 자는 쟁의행위를 할 수 없으며 주로 방산물자를 생산하는 업무에 종사하는 자의 범위는 대통령령으로 정한다.

14 근로의 권리와 근로 3권에 대한 설명으로 가장 옳은 것은? (다툼이 있는 경우 판례에 의함)

2017 서울시 7급

① 해고예고제도는 근로자의 인간 존엄성을 보장하기 위한 합리적 근로조건에 해당한다고 보기 힘들므로, 해고예고에 관한 권리는 근로자가 향유하는 근로의 권리의 내용에 포함되지 않는다.

② 「노동조합법」상의 근로자성이 인정되는 한, 출입국관리 법령에 따라 취업활동을 할 수 있는 체류자격을 받지 아니한 외국인근로자도 노동조합을 설립하거나 노동조합에 가입할 수 있다.

③ 하나의 사업 또는 사업장에 두 개 이상의 노동조합이 있는 경우 단체교섭에 있어 그 창구를 단일화하도록 하고 교섭대표가 된 노동조합에게만 단체교섭권을 부여하고 있는 교섭창구단일화제도는 노사의 자율성을 부정하는 것이므로 단체교섭권을 침해하는 것이다.

④ 노동조합으로 하여금 행정관청이 요구하는 경우 결산 결과와 운영 상황을 보고하도록 하고 그 위반 시 과태료에 처하도록 하는 것은 노동조합의 단결권을 침해한다.

지문분석 **난이도** □■■ 중 | **정답** ② | **키워드** 근로3권 | **출제유형** 판례

① 【X】 해고예고제도는 근로조건의 핵심적 부분인 해고와 관련된 사항일 뿐만 아니라, 근로자가 갑자기 직장을 잃어 생활이 곤란해지는 것을 막는 데 목적이 있으므로 근로자의 인간 존엄성을 보장하기 위한 최소한의 근로조건으로서 근로의 권리의 내용에 포함된다(헌재 2015.12.23. 2014헌바3).

② 【O】 대판 2015.06.25. 2007두4995

③ 【X】 하나의 사업 또는 사업장에 두개 이상의 노동조합이 있는 경우 단체교섭에 있어 그 창구를 단일화하도록 하고, 교섭대표가 된 노동조합에게만 단체교섭권을 부여하고 있는 것은 과잉금지원칙을 위반하여 청구인들의 단체교섭권을 침해한다고 볼 수 없다(헌재 2012.04.24. 2011헌마338).

④ 【X】 노동조합으로 하여금 행정관청이 요구하는 경우 결산 결과와 운영 상황을 보고하도록 하고 그 위반 시 과태료에 처하도록 하는 것은 노동조합의 단결권을 침해하지 아니한다(헌재 2013.07.25. 2012헌바116).

15 근로3권에 대한 설명으로 옳지 않은 것은? (다툼이 있는 경우 헌법재판소 결정에 의함) 2017 국가직 5급

① 노동조합을 설립할 때에 행정관청에 설립신고서를 제출하도록 하고 그 요건을 충족하지 못하는 경우 설립신고서를 반려 하도록 규정하고 있는 「노동조합법」 규정은 「노동조합법」상 요구 되는 요건만 충족하면 노동조합의 설립이 자유롭다는 점에서 헌법에서 금지하는 결사에 대한 허가제에 해당하지 않는다.

② 근로자가 노동조합을 결성하지 아니할 자유나 노동조합에 가입을 강제당하지 아니할 자유는 단결권의 내용에 포섭되는 것이 아니라, 일반적 행동자유권 또는 결사의 자유에서 그 근거를 찾을 수 있다.

③ 「교원의 노동조합 설립 및 운영 등에 관한 법률」의 적용을 받는 교원의 범위를 초·중등학교에 재직 중인 교원으로 한정하고 있는 것은 전국교직원노동조합 및 해직 교원들의 단결권을 침해하지 아니한다.

④ 노동조합이 당해 사업장에 종사하는 근로자의 3분의 2 이상을 대표하고 있을 때에는 근로자가 그 노동조합의 조합원이 될 것을 고용조건으로 하는 단체협약의 체결을 부당노동행위의 예외로 하는 법률규정은, 노동조합의 적극적 단결권이 근로자 개인의 단결하지 않을 자유보다 중시된다고 할 수 없고 노동조합에게 위와 같은 조직강제권을 부여하는 것은 근로자의 단결하지 아니할 자유의 본질적인 내용을 침해하는 것이므로 근로자의 단결권을 보장한 헌법에 위반된다.

지문분석 **난이도** ■■■ 상 | **정답** ④ | **키워드** 근로3권 | **출제유형** 판례

① 【O】 헌법 제21조 제2항 후단의 결사의 자유에 대한 '허가제'란 행정권이 주체가 되어 예방적 조치로 단체의 설립 여부를 사전에 심사하여 일반적인 단체 결성의 금지를 특정한 경우에 한하여 해제함으로써 단체를 설립할 수 있게 하는 제도, 즉 사전 허가를 받지 아니한 단체 결성을 금지하는 제도를 말한다. 그런데 이 사건 법률조항은 노동조합 설립에 있어 「노동조합법」상의 요건 충족 여부를 사전에 심사하도록 하는 구조를 취하고 있으나, 이 경우 「노동조합법」상 요구되는 요건만 충족되면 그 설립이 자유롭다는 점에서 일반적인 금지를 특정한 경우에 해제하는 허가와는 개념적으로 구분된다는 점에서 단체의 설립 여부 자체를 사전에 심사하여 특정한 경우에 한해서만 그 설립을 허용하는 '허가'와는 다르다. 따라서 이 사건 법률조항의 노동조합 설립신고서 반려제도가 헌법 제21조 제2항 후단에서 금지하는 결사에 대한 허가제라고 볼 수 없다(헌재 2012.03.29. 2011헌바53).

② 【O】 근로자가 노동조합을 결성하지 아니할 자유나 노동조합에 가입을 강제당하지 아니할 자유, 그리고 가입한 노동조합을 탈퇴할 자유는 근로자에게 보장된 단결권의 내용에 포섭되는 권리로서가 아니라 헌법 제10조의 행복추구권에서 파생되는 일반적 행동의 자유 또는 제21조 제1항의 결사의 자유에서 그 근거를 찾을 수 있다(헌재 2005.11.24. 2002헌바95).

③ 【O】 「교원의 노동조합 설립 및 운영 등에 관한 법률」 의 적용을 받는 교원의 범위를 초·중등학교에 재직 중인 교원으로 한정하고 있는 것은 전국교직원노동조합 및 해직 교원들의 단결권을 침해하지 아니한다(헌재 2015.05.28. 2013헌마671).

④ 【X】 노동조합의 적극적 단결권은 근로자 개인의 단결하지 않을 자유보다 중시된다고 할 것이고, 또 노동조합에게 조직강제권을 부여한다고 하여 이를 근로자의 단결하지 아니할 자유의 본질적인 내용을 침해하는 것으로 단정할 수는 없다(헌재 2005.11.24. 2002헌바95).

16 근로3권에 대한 설명으로 옳지 않은 것은? (다툼이 있는 경우 판례에 의함) 2019 지방직 7급

① 교섭창구단일화제도는 노동조합의 교섭력을 담보하여 교섭의 효율성을 높이고 통일적인 근로조건을 형성하기 위한 불가피한 제도라는 점에서 노동조합의 조합원들이 향유할 단체교섭권을 침해한다고 볼 수 없다.

② 단결권은 '사회적 보호기능을 담당하는 자유권' 또는 '사회권적 성격을 띤 자유권'으로서의 성격을 가지고 있다.

③ 청원경찰의 복무에 관하여 「국가공무원법」 제66조 제1항을 준용함으로써 노동운동을 금지하는 「청원경찰법」 제5조 제4항 중 「국가공무원법」 제66조제1항 가운데 '노동운동' 부분을 준용하는 부분은 국가기관이나 지방자치단체 이외의 곳에서 근무하는 청원경찰의 근로3권을 침해한다.

④ 「교원의 노동조합 설립 및 운영 등에 관한 법률」에 의하면 사립학교 교원은 단결권과 단체교섭권이 인정되고 단체행동권이 금지되지만, 국·공립학교 교원은 근로3권이 모두 부인된다.

지문분석 **난이도** □■■ 중 | **정답** ④ | **키워드** 근로3권 | **출제유형** 판례

① 【O】 「노동조합 및 노동관계조정법」상의 교섭창구단일화제도는 근로조건의 결정권이 있는 사업 또는 사업장 단위에서 복수노동조합과 사용자 사이의 교섭절차를 일원화하여 효율적이고 안정적인 교섭체계를 구축하고, 소속 노동조합과 관계없이 조합원들의 근로조건을 통일하기 위한 것으로, 교섭대표노동조합이 되지 못한 소수 노동조합의 단체교섭권을 제한하고 있지만, 소수노동조합도 교섭대표노동조합을 정하는 절차에 참여하게 하여 교섭대표노동조합이 사용자와 대등한 입장에 설 수 있는 기반이 되도록 하고 있으며, 그러한 실질적 대등성의 토대 위에서 이뤄낸 결과를 함께 향유하는 주체가 될 수 있도록 하고 있으므로 노사대등의 원리 하에 적정한 근로조건의 구현이라는 단체교섭권의 실질적인 보장을 위한 불가피한 제도라고 볼 수 있다. 따라서 위 「노동조합 및 노동관계조정법」 조항들이 과잉금지원칙을 위반하여 청구인들의 단체교섭권을 침해한다고 볼 수 없다(헌재 2012.04.24. 2011헌마338).

② 【O】 근로자는 노동조합과 같은 근로자단체의 결성을 통하여 집단으로 사용자에 대항함으로써 사용자와 대등한 세력을 이루어 근로조건의 형성에 영향을 미칠 수 있는 기회를 갖게 된다는 의미에서 단결권은 '사회적 보호기능을 담당하는 자유권' 또는 '사회권적 성격을 띤 자유권'으로서의 성격을 가지고 있고 일반적인 시민적 자유권과는 질적으로 다른 권리로서 설정되어 헌법상 그 자체로서 이미 결사의 자유에 대한 특별법적인 지위를 승인받고 있다(헌재 2005.11.24. 2002헌바95 등).

③ 【O】 청원경찰은 일반근로자일 뿐 공무원이 아니므로 원칙적으로 헌법 제33조 제1항에 따라 근로3권이 보장되어야 한다. 청원경찰은 제한된 구역의 경비를 목적으로 필요한 범위에서 경찰관의 직무를 수행할 뿐이며, 그 신분보장은 공무원에 비해 취약하다. 또한 국가기관이나 지방자치단체 이외의 곳에서 근무하는 청원경찰은 근로조건에 관하여 공무원뿐만 아니라 국가기관이나 지방자치단체에 근무하는 청원경찰에 비해서도 낮은 수준의 법적 보장을 받고 있으므로, 이들에 대해서는 근로3권이 허용되어야 할 필요성이 크다. 그럼에도 심판대상조항은 군인이나 경찰과 마찬가지로 모든 청원경찰의 근로3권을 획일적으로 제한하고 있다. 이상을 종합하여 보면, 심판대상조항이 모든 청원경찰의 근로3권을 전면적으로 제한하는 것은 과잉금지원칙을 위반하여 청구인들의 근로3권을 침해하는 것이다(헌재 2017.09.28. 2015헌마653).

④ 【X】 '교원'이란 「초·중등교육법」 제19조제1항에서 규정하고 있는 교원을 말한다. 다만, 해고된 사람으로서 「노동조합 및 노동관계조정법」 제82조제1항에 따라 노동위원회에 부당노동행위의 구제신청을 한 사람은 「노동위원회법」 제2조에 따른 중앙노동위원회(이하 '중앙노동위원회'라 한다)의 재심판정이 있을 때까지 교원으로 본다(「교원의 노동조합 설립 및 운영 등에 관한 법률」 제2조).

17 **근로3권에 대한 설명으로 옳은 것은?** (다툼이 있는 경우 판례에 의함) 2015 서울시 7급

① 헌법 제33조 제1항이 '근로자는 근로조건의 향상을 위하여 자주적인 단결권, 단체교섭권, 단체행동권을 가진다.' 고 규정하여 비록 단체협약체결권을 명시하고 있지 않지만, 단체교섭권에는 단체협약체결권이 포함되어 있다고 보아야 한다.

② 노동조합을 설립할 때 행정관청에 설립신고서를 제출하게하고 그 요건을 충족하지 못한 경우 설립신고서를 반려하도록 한 규정은 근로자의 단결권을 침해하는 것이다.

③ 법률이 정하는 주요방위산업체에 종사하는 근로자의 근로3권은 법률이 정하는 바에 의하여 이를 제한하거나 인정하지 아니할 수 있다.

④ 쟁의행위는 업무의 저해라는 속성상 그 자체로 「형법」상의 여러 가지 범죄의 구성요건에 해당될 수 있음에도 불구하고 그것이 정당성을 가지는 경우에는 형사책임이 면제되지만, 민사상 손해배상책임은 면제되지 아니한다.

지문분석 **난이도** □■■ **중** | **정답** ① | **키워드** 근로3권 | **출제유형** 판례

① 【O】 헌법 제33조 제1항이 '근로자는 근로조건의 향상을 위하여 자주적인 단결권, 단체교섭권, 단체행동권을 가진다.고 규정하여 근로자에게 '단결권, 단체교섭권, 단체행동권'을 기본권으로 보장하는 뜻은 근로자가 사용자와 대등한 지위에서 단체교섭을 통하여 자율적으로 임금 등 근로조건에 관한 단체협약을 체결할 수 있도록 하기 위한 것이다. 비록 헌법이 위 조항에서 '단체협약체결권'을 명시하여 규정하고 있지 않다고 하더라도 근로조건의 향상을 위한 근로자 및 그 단체의 본질적인 활동의 자유인 '단체교섭권'에는 단체협약체결권이 포함되어 있다고 보아야 한다(헌재 1998.02.27. 94헌바13).

② 【X】 노동조합 설립신고에 대한 심사와 그 신고서 반려는 근로자들이 자주적이고 민주적인 단결권을 행사하도록 하기 위한 것으로서 만약 노동조합의 설립을 단순한 신고나 등록 등으로 족하게 하고, 노동조합에 요구되는 자주성이나 민주성 등의 요건에 대해서는 사후적으로 차단하는 제도만을 두게 된다면, 「노동조합법」상의 특권을 누릴 수 없는 자들에게까지 특권을 부여하는 결과를 야기하게 될 뿐만 아니라 노동조합의 실체를 갖추지 못한 노동조합들이 난립하는 사태를 방지할 수 없게 되므로 노동조합이 그 설립 당시부터 노동조합으로서 자주성 등을 갖추고 있는지를 심사하여 이를 갖추지 못한 단체의 설립신고서를 반려하도록 하는 것은 과잉금지원칙에 위반되어 근로자의 단결권을 침해한다고 볼 수 없다(헌재 2012.03.29. 2011헌바53).

③ 【X】 법률이 정하는 주요방위산업체에 종사하는 근로자의 단체행동권은 법률이 정하는 바에 의하여 이를 제한하거나 인정하지 아니할 수 있다(헌법 제33조 제3항).

④ 【X】 쟁의행위는 업무의 저해라는 속성상 그 자체 시민형법상의 여러 가지 범죄의 구성요건에 해당될 수 있음에도 불구하고 그것이 정당성을 가지는 경우에는 형사책임이 면제되며, 민사상 손해배상 책임도 발생하지 않는다. 이는 헌법 제33조에 당연히 포함된 내용이라 할 것이며, 정당한 쟁의행위의 효과로서 민사 및 형사면책을 규정하고 있는 현행 「노동조합 및 노동관계조정법」 제3조와 제4조 및 구 「노동쟁의조정법」 제8조, 구 「노동조합법」 제2조 등은 이를 명문으로 확인한 것이라 하겠다(헌재 1998.07.16. 97헌바23).

18 헌법상 근로3권에 관한 설명 중 가장 적절한 것은? (다툼이 있는 경우 판례에 의함) 2023 경찰 승진

① 헌법 제33조 제1항이 '근로자는 근로조건의 향상을 위하여 자주적인 단결권, 단체교섭권, 단체행동권을 가진다.'고 규정하여 '단체협약체결권'을 명시하여 규정하고 있지 않다고 하더라도 '단체교섭권'에는 단체협약체결권이 포함되어 있다고 보아야 한다.

② 헌법재판소는 소방공무원을 노동조합 가입대상에서 제외한 「공무원의 노동조합 설립 및 운영 등에 관한 법률」조항이 소방공무원들의 단결권을 침해한다고 판단하였다.

③ 「교원의 노동조합 설립 및 운영 등에 관한 법률」의 적용을 받는 교원의 범위를 초・중등학교에 재직 중인 교원으로 한정하고 있는 동법 조항은 과잉금지원칙에 위배된다.

④ 교육공무원이 아닌 대학 교원의 단결권을 인정하지 않는 것은 헌법에 위배되지만, 교육공무원인 대학 교원의 단결권을 인정하지 않는 것은 헌법에 위배되지 않는다.

지문분석 **난이도** □■■ **중** | **정답** ① | **키워드** 노동3권 | **출제유형** 판례

① 【O】 헌법 제33조 제1항이 '근로자는 근로조건의 향상을 위하여 자주적인 단결권, 단체교섭권, 단체행동권을 가진다.고 규정하여 근로자에게 '단결권, 단체교섭권, 단체행동권'을 기본권으로 보장하는 뜻은 근로자가 사용자와 대등한 지위에서 단체교섭을 통하여 자율적으로 임금 등 근로조건에 관한 단체협약을 체결할 수 있도록 하기 위한 것이다. 비록 헌법이 위 조항에서 '단체협약체결권'을 명시하여 규정하고 있지 않다고 하더라도 근로조건의 향상을 위한 근로자 및 그 단체의 본질적인 활동의 자유인 '단체교섭권'에는 단체협약체결권이 포함되어 있다고 보아야 한다(헌재 1998.02.27. 94헌바13).

② 【X】 심판대상조항은 소방공무원이 그 업무의 성격상 사회공공의 안녕과 질서유지에 미치는 영향력이 크고, 그 책임 및 직무의 중요성, 신분 및 근로조건의 특수성이 인정되므로, 노동조합원으로서의 지위를 가지고 업무를 수행하는 것이 적절하지 아니하다고 보아 노동조합 가입대상에서 제외한 것이다. 소방공무원은 화재를 예방・경계하거나 진압하고, 화재, 재난・재해 그 밖의 위급한 상황에서의 구조・구급활동 등을 통하여 국민의 생명・신체 및 재산을 보호하는 업무를 수행하며, 소방행정의 기능은 현대사회가 복잡 다양화하고 각종 사고가 빈발함에 따라 그 역할이 확대되어 오늘날 소방행정은 재난관리의 중심적인 업무를 수행하는바, 현시점에서 노동기본권을 보장함으로 말미암아 예상되는 사회적 폐해가 너무 크다. 또한 소방공무원은 특정직 공무원으로서 「소방공무원법」에 의하여 신분보장이나 대우 등 근로조건의 면에서 일반직공무원에 비하여 두텁게 보호받고 있다. 따라서 심판대상조항이 헌법 제33조 제2항의 입법형성권의 한계를 일탈하여 소방공무원인 청구인의 단결권을 침해한다고 볼 수 없다(헌재 2008.12.26. 2006헌마462).

③ 【X】 이 사건 법률조항은 대내외적으로 교원노조의 자주성과 주체성을 확보하여 교원의 실질적 근로조건 향상에 기여한다는 데 그 입법목적이 있는 것으로 그 목적이 정당하고, 교원노조의 조합원을 재직 중인 교원으로 한정하는 것은 이와 같은 목적을 달성하기 위한 적절한 수단이라 할 수 있다. 교원노조는 교원을 대표하여 단체교섭권을 행사하는 등 교원의 근로조건에 직접적이고 중대한 영향력을 행사하고, 교원의 근로조건의 대부분은 법령이나 조례 등으로 정해지므로 교원의 근로조건과 직접 관련이 없는 교원이 아닌 사람을 교원노조의 조합원 자격에서 배제하는 것이 단결권의 지나친 제한이라고 볼 수 없고, 교원으로 취업하기를 희망하는 사람들이 「노동조합 및 노동관계조정법」(이하 「노동조합법」이라 한다)에 따라 노동조합을 설립하거나 그에 가입하는 데에는 아무런 제한이 없으므로 이들의 단결권이 박탈되는 것도 아니다. 이 사건 법률조항 단서는 교원의 노동조합 활동이 임면권자에 의하여 부당하게 제한되는 것을 방지함으로써 교원의 노동조합 활동을 보호하기 위한 것이고, 해직 교원에게도 교원노조의 조합원 자격을 유지하도록 할 경우 개인적인 해고의 부당성을 다투는 데 교원노조의 활동을 이용할 우려가 있으므로, 해고된 사람의 교원노조 조합원 자격을 제한하는 데에는 합리적 이유가 인정된다. 한편, 교원이 아닌 사람이 교원노조에 일부 포함되어 있다는 이유로 이미 설립신고를 마치고 활동 중인 노동조합을 법외노조로 할 것인지 여부는 법외노조통보 조항이 정하고 있고, 법원은 법외노조통보 조항에 따른 행정당국의 판단이 적법한 재량의 범위 안에 있는 것인지 충분히 판단할 수 있으므로, 이미 설립신고를 마친 교원노조의 법상 지위를 박탈할 것인지 여부는 이 사건 법외노조통보 조항의 해석 내지 법 집행의 운용에 달린 문제라 할 것이다. 따라서 이 사건 법률조항은 침해의 최소성에도 위반되지 않는다. 이 사건 법률조항으로 인하여 교원 노조 및 해직 교원의 단결권 자체가 박탈된다고 할 수는 없는 반면, 교원이 아닌 자가 교원노조의 조합원 자격을 가질 경우 교원노조의 자주성에 대한 침해는 중대할 것이어서 법익의 균형성도 갖추었으므로, 이 사건 법률조항은 과잉금지원칙에 어긋나지 아니하여 청구인들의 단결권을 침해하지 아니한다(헌재 2015.05.28. 2013헌마671).

④ 【X】 대학 교원을 교육공무원 아닌 대학 교원과 교육공무원인 대학 교원으로 나누어, 각각의 단결권 침해가 헌법에 위배되는지 여부에 관하여 본다. 먼저, 심판대상조항으로 인하여 교육공무원 아닌 대학 교원들이 향유하지 못하는 단결권은 헌법이 보장하고 있는 근로3권의 핵심적이고 본질적인 권리이다. 심판대상조항의 입법목적이 재직 중인 초·중등교원에 대하여 교원노조를 인정해 줌으로써 교원노조의 자주성과 주체성을 확보한다는 측면에서는 그 정당성을 인정할 수 있을 것이나, 교원노조를 설립하거나 가입하여 활동할 수 있는 자격을 초·중등교원으로 한정함으로써 교육공무원이 아닌 대학 교원에 대해서는 근로기본권의 핵심인 단결권조차 전면적으로 부정한 측면에 대해서는 그 입법목적의 정당성을 인정하기 어렵고, 수단의 적합성 역시 인정할 수 없다. 설령 일반 근로자 및 초·중등교원과 구별되는 대학 교원의 특수성을 인정하더라도, 대학 교원에게도 단결권을 인정하면서 다만 해당 노동조합이 행사할 수 있는 권리를 다른 노동조합과 달리 강한 제약 아래 두는 방법도 얼마든지 가능하므로, 단결권을 전면적으로 부정하는 것은 필요 최소한의 제한이라고 보기 어렵다. 또 최근 들어 대학 사회가 다층적으로 변화하면서 대학 교원의 사회·경제적 지위의 향상을 위한 요구가 높아지고 있는 상황에서 단결권을 행사하지 못한 채 개별적으로만 근로조건의 향상을 도모해야 하는 불이익은 중대한 것이므로, 심판대상조항은 과잉금지원칙에 위배된다. 다음으로 교육공무원인 대학 교원에 대하여 보더라도, 교육공무원의 직무수행의 특성과 헌법 제33조 제1항 및 제2항의 정신을 종합해 볼 때, 교육공무원에게 근로3권을 일체 허용하지 않고 전면적으로 부정하는 것은 합리성을 상실한 과도한 것으로서 입법형성권의 범위를 벗어나 헌법에 위반된다(헌재 2018.8.30. 2015헌가38).

19 근로3권에 대한 설명으로 가장 적절한 것은? (다툼이 있는 경우 판례에 의함) 2023 경찰간부

① 「교원의 노동조합 설립 및 운영 등에 관한 법률」의 적용대상을 「초·중등교육법」 제19조 제1항의 교원이라고 규정함으로써 「고등교육법」에서 규율하는 대학 교원들의 단결권을 인정하지 않는 것은 그 입법목적의 정당성을 인정하기 어렵다.

② 출입국관리법령에서 외국인고용제한규정을 두고 있으므로 취업자격 없는 외국인은 「노동조합 및 노동관계조정법」상의 근로자의 범위에 포함되지 아니한다.

③ 근로자가 노동조합을 결성하지 아니할 자유나 노동조합에 가입을 강제당하지 아니할 자유, 그리고 가입한 노동조합을 탈퇴할 자유는 근로자에게 보장된 단결권의 내용에 포섭되는 권리이다.

④ 공항·항만 등 국가중요시설의 경비업무를 담당하는 특수경비원에게 경비업무의 정상적인 운영을 저해하는 일체의 쟁의행위를 금지하는 「경비업법」 해당 조항에 의한 단체행동권의 제한은 근로3권에 관한 헌법 제33조 제2항과 제3항의 개별유보조항에 의한 제한이다.

지문분석 **난이도** □■■ 중 | **정답** ① | **키워드** 노동3권 | **출제유형** 판례

① 【O】 교원노조를 설립하거나 가입하여 활동할 수 있는 자격을 초·중등교원으로 한정함으로써 교육공무원이 아닌 대학 교원에 대해서는 근로기본권의 핵심인 단결권조차 전면적으로 부정한 측면에 대해서는 그 입법목적의 정당성을 인정하기 어렵고, 수단의 적합성 역시 인정할 수 없다. 설령 일반 근로자 및 초·중등교원과 구별되는 대학 교원의 특수성을 인정하더라도, 대학 교원에게도 단결권을 인정하면서 다만 해당 노동조합이 행사할 수 있는 권리를 다른 노동조합과 달리 강한 제약 아래 두는 방법도 얼마든지 가능하므로, 단결권을 전면적으로 부정하는 것은 필요 최소한의 제한이라고 보기 어렵다. 또 최근 들어 대학 사회가 다층적으로 변화하면서 대학 교원의 사회·경제적 지위의 향상을 위한 요구가 높아지고 있는 상황에서 단결권을 행사하지 못한 채 개별적으로만 근로조건의 향상을 도모해야 하는 불이익은 중대한 것이므로, 심판대상조항은 과잉금지원칙에 위배된다. 다음으로 교육공무원인 대학 교원에 대하여 보더라도, 교육공무원의 직무수행의 특성과 헌법 제33조 제1항 및 제2항의 정신을 종합해 볼 때, 교육공무원에게 근로3권을 일체 허용하지 않고 전면적으로 부정하는 것은 합리성을 상실한 과도한 것으로서 입법형성권의 범위를 벗어나 헌법에 위반된다(헌재 2018.08.30. 2015헌가38).

② 【X】 출입국관리 법령에서 외국인고용제한규정을 두고 있는 것은 취업활동을 할 수 있는 체류자격(이하 '취업자격'이라고 한다) 없는 외국인의 고용이라는 사실적 행위 자체를 금지하고자 하는 것뿐이지, 나아가 취업자격 없는 외국인이 사실상 제공한 근로에 따른 권리나 이미 형성된 근로관계에서 근로자로서의 신분에 따른 노동관계법상의 제반 권리 등의 법률효과까지 금지하려는 것으로 보기는 어렵다. 따라서 타인과의 사용종속관계 하에서 근로를 제공하고 그 대가로 임금 등을 받아 생활하는 사람은 「노동조합법」상 근로자에 해당하고, 「노동조합법」상의 근로자성이 인정되는 한, 그러한 근로자가 외국인인지 여부나 취업자격의 유무에 따라 「노동조합법」상 근로자의 범위에 포함되지 아니한다고 볼 수는 없다(대판 2015.06.25. 2007두4995).

③ 【X】 헌법 제33조 제1항은 '근로자는 근로조건의 향상을 위하여 자주적인 단결권·단체교섭권 및 단체행동권을 가진다.'고 규정하고 있다. 여기서 헌법상 보장된 근로자의 단결권은 단결할 자유만을 가리킬 뿐이고, 단결하지 아니할 자유 이른바 소극적 단결권은 이에 포함되지 않는다고 보는 것이 우리 재판소의 선례라고 할 것이다. 그렇다면 근로자가 노동조합을 결성하지 아니할 자유나 노동조합에 가입을 강제당하지 아니할 자유, 그리고 가입한 노동조합을 탈퇴할 자유는 근로자에게 보장된 단결권의 내용에 포섭되는 권리로서가 아니라 헌법 제10조의 행복추구권에서 파생되는 일반적 행동의 자유 또는 제21조 제1항의 결사의 자유에서 그 근거를 찾을 수 있다(헌재 2005.11.24. 2002헌바95 등).

④ 【X】 헌법 제33조 제1항에서는 근로자의 단결권·단체교섭권 및 단체행동권을 보장하고 있는바, 현행헌법에서 공무원 및 법률이 정하는 주요방위산업체에 종사하는 근로자와는 달리 특수경비원에 대해서는 단체행동권 등 근로3권의 제한에 관한 개별적 제한규정을 두고 있지 않다고 하더라도, 헌법 제37조 제2항의 일반유보조항에 따른 기본권제한의 원칙에 의하여 특수경비원의 근로3권 중 하나인 단체행동권을 제한할 수 있다. 따라서 이 사건 법률조항은 과잉금지원칙에 위배되지 아니하므로 헌법에 위반되지 아니한다(헌재 2009.10.29. 2007헌마1359).

4 환경권

01 환경권에 대한 설명으로 가장 적절하지 않은 것은? (다툼이 있는 경우 헌법재판소 판례에 의함)

2023 경찰간부

① 국가가 국민의 건강하고 쾌적한 환경에서 생활할 권리에 대한 보호의무를 다하지 않았는지 여부를 헌법재판소가 심사할 때에는 국가가 이를 보호하기 위하여 적어도 적절하고 효율적인 최소한의 보호조치를 취하였는가 하는 이른바 '과소보호금지원칙'의 위반 여부를 기준으로 삼아야 한다.
② 헌법 제35조 제1항은 '모든 사람은 건강하고 쾌적한 환경에서 생활할 권리를 침해받지 아니하며, 국가는 환경보전을 위하여 노력하여야 한다.' 라고 규정하고 있다.
③ 환경권을 행사함에 있어 국민은 국가로부터 건강하고 쾌적한 환경을 향유할 수 있는 자유를 침해당하지 않을 권리를 행사할 수 있고, 일정한 경우 국가에 대하여 건강하고 쾌적한 환경에서 생활할 수 있도록 요구할 수 있는 권리가 인정되기도 하는바, 환경권은 그 자체 종합적 기본권으로서의 성격을 지닌다.
④ 일상생활에서 소음을 제거·방지하여 '정온한 환경에서 생활할 권리'는 환경권의 한 내용을 구성한다.

지문분석 **난이도** □■■ **중** | **정답** ② | **키워드** 환경권 | **출제유형** 판례, 조문

① 【O】 국가가 국민의 건강하고 쾌적한 환경에서 생활할 권리에 대한 보호의무를 다하지 않았는지 여부를 헌법재판소가 심사할 때에는 국가가 이를 보호하기 위하여 적어도 적절하고 효율적인 최소한의 보호조치를 취하였는가 하는 이른바 '과소보호금지원칙'의 위반 여부를 기준으로 삼아야 한다(헌재 2019.12.27. 2018헌마730).
② 【X】 헌법 제35조 제1항 모든 국민은 건강하고 쾌적한 환경에서 생활할 권리를 가지며, 국가와 국민은 환경보전을 위하여 노력하여야 한다.
③ 【O】 환경권을 행사함에 있어 국민은 국가로부터 건강하고 쾌적한 환경을 향유할 수 있는 자유를 침해당하지 않을 권리를 행사할 수 있고, 일정한 경우 국가에 대하여 건강하고 쾌적한 환경에서 생활할 수 있도록 요구할 수 있는 권리가 인정되기도 하는바, 환경권은 그 자체 종합적 기본권으로서의 성격을 지닌다(헌재 2019.12.27. 2018헌마730).
④ 【O】 '건강하고 쾌적한 환경에서 생활할 권리'를 보장하는 환경권의 보호대상이 되는 환경에는 자연환경뿐만 아니라 인공적 환경과 같은 생활환경도 포함되므로(환경정책기본법 제3조), 일상생활에서 소음을 제거·방지하여 '정온한 환경에서 생활할 권리'는 환경권의 한 내용을 구성한다(헌재 2019.12.27. 2018헌마730).

02 환경권에 관한 설명 중 가장 적절하지 않은 것은? (다툼이 있는 경우 판례에 의함) 2022 경찰 1차

① 「공직선거법」이 정온한 생활환경이 보장되어야 할 주거지역에서 출근 또는 등교 이전 및 퇴근 또는 하교 이후 시간대에 확성장치의 최고출력 내지 소음을 제한하는 등 사용시간과 사용지역에 따른 수인한도 내에서 확성장치의 최고출력 내지 소음 규제기준에 관한 규정을 두지 아니한 것은 청구인의 건강하고 쾌적한 환경에서 생활할 권리를 침해한다.

② 독서실과 같이 정온을 요하는 사업장의 실내소음 규제기준을 만들어야 할 입법의무가 헌법의 해석상 곧바로 도출된다고 보기는 어렵다.

③ 환경권의 내용과 행사는 법률에 의해 구체적으로 정해지는 것이기는 하나(헌법 제35조 제2항), 이 헌법조항의 취지는 특별히 명문으로 헌법에서 정한 환경권을 입법자가 그 취지에 부합하도록 법률로써 내용을 구체화하도록 한 것이지 환경권이 완전히 무의미하게 되는데도 그에 대한 입법을 전혀 하지 아니하거나, 어떠한 내용이든 법률로써 정하기만 하면 된다는 것은 아니다.

④ 국가가 국민의 건강하고 쾌적한 환경에서 생활할 권리에 대한 보호의무를 다하지 않았는지 여부를 헌법재판소가 심사할 때에는 국가가 이를 보호하기 위하여 적어도 적절하고 효율적인 최소한의 보호조치를 취하였는가 하는 이른바 '과잉입법금지원칙' 내지 '비례의 원칙'의 위반 여부를 기준으로 삼아야 한다.

지문분석 **난이도** □■■ **중** | **정답** ④ | **키워드** 환경권 | **출제유형** 판례

① 【O】 심판대상 조항이 선거운동의 자유를 감안하여 선거운동을 위한 확성장치를 허용할 공익적 필요성이 인정된다고 하더라도 정온한 생활환경이 보장되어야 할 주거지역에서 출근 또는 등교 이전 및 퇴근 또는 하교 이후 시간대에 확성장치의 최고출력 내지 소음을 제한하는 등 사용시간과 사용지역에 따른 수인한도 내에서 확성장치의 최고출력 내지 소음 규제기준에 관한 규정을 두지 아니한 것은, 국민이 건강하고 쾌적하게 생활할 수 있는 양호한 주거환경을 위하여 노력하여야 할 국가의 의무를 부과한 헌법 제35조 제3항에 비추어 보면, 적절하고 효율적인 최소한의 보호조치를 취하지 아니하여 국가의 기본권 보호의무를 과소하게 이행한 것으로서, 청구인의 건강하고 쾌적한 환경에서 생활할 권리를 침해하므로 헌법에 위반된다(헌재 2019.12.27. 2018헌마730).

② 【O】 정온을 요하는 사업장의 실내소음 규제기준을 마련할 것인지 여부나 소음을 제거·방지할 수 있는 다양한 수단과 방법 중 어떠한 방법을 채택하고 결합할 것인지 여부는 당시의 기술 수준이나 경제적·사회적·지역적 여건 등을 종합적으로 고려하지 않을 수 없으므로, 독서실과 같이 정온을 요하는 사업장의 실내소음 규제기준을 만들어야 할 입법의무가 헌법의 해석상 곧바로 도출된다고 보기도 어렵다(헌재 2017.12.28. 2016헌마45).

③ 【O】 환경권의 내용과 행사는 법률에 의해 구체적으로 정해지는 것이기는 하나(헌법 제35조 제2항), 이 헌법조항의 취지는 특별히 명문으로 헌법에서 정한 환경권을 입법자가 그 취지에 부합하도록 법률로써 내용을 구체화하도록 한 것이지 환경권이 완전히 무의미하게 되는데도 그에 관한 입법을 전혀 하지 아니하거나, 어떠한 내용이든 법률로써 정하기만 하면 된다는 것은 아니다. 그러므로 일정한 요건이 충족될 때 환경권 보호를 위한 입법이 없거나 현저히 불충분하여 국민의 환경권을 침해하고 있다면 헌법재판소에 그 구제를 구할 수 있다고 해야 할 것이다(헌재 2020.03.26. 2017헌마1281).

④ 【X】 심판대상조항이 선거운동의 자유를 감안하여 선거운동을 위한 확성장치를 허용할 공익적 필요성이 인정된다고 하더라도 정온한 생활환경이 보장되어야 할 주거지역에서 출근 또는 등교 이전 및 퇴근 또는 하교 이후 시간대에 확성장치의 최고출력 내지 소음을 제한하는 등 사용시간과 사용지역에 따른 수인한도 내에서 확성장치의 최고출력 내지 소음 규제기준에 관한 규정을 두지 아니한 것은, 국민이 건강하고 쾌적하게 생활할 수 있는 양호한 주거환경을 위하여 노력하여야 할 국가의 의무를 부과한 헌법 제35조 제3항에 비추어 보면, 적절하고 효율적인 최소한의 보호조치를 취하지 아니하여 국가의 기본권 보호의무를 과소하게 이행한 것으로서, 청구인의 건강하고 쾌적한 환경에서 생활할 권리를 침해하므로 헌법에 위반된다(헌재 2019.12.27. 2018헌마730).

03 환경권에 관한 설명으로 가장 적절하지 않은 것은? (다툼이 있는 경우 판례에 의함) 2023 경찰 경채 2차

① 환경권은 생명·신체의 자유를 보호하는 토대를 이루며, 궁극적으로 '삶의 질' 확보를 목표로 하는 권리이다.

② 환경권을 행사함에 있어 국민은 국가로부터 건강하고 쾌적한 환경을 향유할 수 있는 자유를 침해당하지 않을 권리를 행사할 수 있고, 일정한 경우 국가에 대하여 건강하고 쾌적한 환경에서 생활할 수 있도록 요구할 수 있는 권리가 인정되기도 하는 바, 환경권은 그 자체 종합적 기본권으로서의 성격을 지닌다.

③ 환경침해는 사인에 의해서 빈번하게 유발되므로 입법자가 그 허용 범위에 관해 정할 필요가 있는 점, 환경피해는 생명·신체의 보호와 같은 중요한 기본권적 법익 침해로 이어질 수 있는 점 등을 고려할 때, 일정한 경우 국가는 사인인 제3자에 의한 국민의 환경권 침해에 대해서도 적극적으로 기본권 보호조치를 취할 의무를 부담한다.

④ 국가가 국민의 건강하고 쾌적한 환경에서 생활할 권리에 관한 보호의무를 다하지 않았는지를 헌법재판소가 심사할 때에는 국가가 이를 보호하기 위하여 적절하고 효율적인 최대한의 보호조치를 취하였는가 여부를 기준으로 삼아야 한다.

지문분석 **난이도** □■■ **중** | **정답** ④ | **키워드** 환경권 | **출제유형** 판례

① 【O】 헌법은 '모든 국민은 건강하고 쾌적한 환경에서 생활할 권리를 가지며, 국가와 국민은 환경보전을 위하여 노력하여야 한다.'고 규정하여(제35조 제1항) 국민의 환경권을 보장함과 동시에 국가에게 국민이 건강하고 쾌적하게 생활할 수 있는 양호한 환경을 유지하기 위하여 노력하여야 할 의무를 부여하고 있다. 이러한 환경권은 생명·신체의 자유를 보호하는 토대를 이루며, 궁극적으로 '삶의 질' 확보를 목표로 하는 권리이다(헌재 2019.12.27. 2018헌마730).

② 【O】 환경권을 행사함에 있어 국민은 국가로부터 건강하고 쾌적한 환경을 향유할 수 있는 자유를 침해당하지 않을 권리를 행사할 수 있고, 일정한 경우 국가에 대하여 건강하고 쾌적한 환경에서 생활할 수 있도록 요구할 수 있는 권리가 인정되기도 하는바, 환경권은 그 자체 종합적 기본권으로서의 성격을 지닌다(헌재 2019.12.27. 2018헌마730).

③ 【O】 국가가 국민의 기본권을 적극적으로 보장하여야 할 의무가 인정된다는 점, 헌법 제35조 제1항이 국가와 국민에게 환경보전을 위하여 노력하여야 할 의무를 부여하고 있는 점, 환경침해는 사인에 의해서 빈번하게 유발되므로 입법자가 그 허용 범위에 관해 정할 필요가 있다는 점, 환경피해는 생명·신체의 보호와 같은 중요한 기본권적 법익 침해로 이어질 수 있다는 점 등을 고려할 때, 일정한 경우 국가는 사인인 제3자에 의한 국민의 환경권 침해에 대해서도 적극적으로 기본권 보호조치를 취할 의무를 진다(헌재 2019.12.27. 2018헌마730).

④ 【X】 국가가 국민의 건강하고 쾌적한 환경에서 생활할 권리에 대한 보호의무를 다하지 않았는지 여부를 헌법재판소가 심사할 때에는 국가가 이를 보호하기 위하여 적어도 적절하고 효율적인 최소한의 보호조치를 취하였는가 하는 이른바 '과소보호금지원칙'의 위반 여부를 기준으로 삼아야 한다(헌재 2019.12.27. 2018헌마730).

04 환경권에 대한 설명으로 가장 적절하지 <u>않은</u> 것은? (다툼이 있는 경우 헌법재판소 판례에 의함)

2025 경찰 간부

① 환경침해는 사인에 의해서 빈번하게 유발되므로 입법자가 그 허용 범위에 관해 정할 필요가 있다는 점, 환경피해는 생명·신체의 보호와 같은 중요한 기본권적 법익 침해로 이어질 수 있다는 점 등을 고려할 때, 일정한 경우 국가는 사인인 제3자에 의한 국민의 환경권 침해에 대해서도 적극적으로 기본권 보호조치를 취할 의무를 진다.

② 구「동물보호법」 제33조 제3항 제5호가 동물장묘업 등록에 관하여「장사 등에 관한 법률」 제17조 외에 다른 지역적 제한사유를 규정하지 않았다는 사정만으로 동물장묘시설에 관한 건축신고가 이루어진 지역에 사는 청구인들의 환경권을 보호하기 위한 입법자의 의무를 과소하게 이행하였다고 평가할 수는 없다.

③ 헌법 제35조 제1항은 국민의 환경권의 보장, 국가와 국민의 환경보전의무를 규정하고 있는데, 이는 국가뿐만 아니라 국민도 오염방지와 오염된 환경의 개선에 관한 책임을 부담함을 의미한다.

④ 학교시설에서의 유해중금속 등 유해물질의 예방 및 관리기준을 규정한「학교보건법 시행규칙」 해당 조항에 마사토 운동장에 대한 규정을 두지 아니한 것은 과잉금지원칙에 위반하여 마사토운동장이 설치된 고등학교에 재학 중이던 학생인 청구인의 환경권을 침해하지 아니한다.

지문분석 **난이도** □■■ **중** | **정답** ④ | **키워드** 환경권 | **출제유형** 판례

① 【O】 국가가 국민의 기본권을 적극적으로 보장하여야 할 의무가 인정된다는 점, 헌법 제35조 제1항이 국가와 국민에게 위하여 노력하여야 할 의무를 부여환경보전을 하고 있는 점, 환경침해는 사인에 의해서 빈번하게 유발되므로 입법자가 그 허용 범위에 관해 정할 필요가 있다는 점, 환경피해는 생명·신체의 보호와 같은 중요한 기본권적 법익 침해로 이어질 수 있다는 점 등을 고려할 때, 일정한 경우 국가는 사인인 제3자에 의한 국민의 환경권 침해에 대해서도 적극적으로 기본권 보호조치를 취할 의무를 진다(헌재 2019.12.27. 2018헌마730).

② 【O】「동물보호법」,「장사 등에 관한 법률」, '동물장묘업의 시설설치 및 검사기준' 등 관계규정에서 동물장묘시설의 설치제한 지역을 상세하게 규정하고, 매연, 소음, 분진, 악취 등 오염원 배출을 규제하기 위한 상세한 시설 및 검사기준을 두고 있는 등의 사정을 고려할 때, 심판대상조항에서 동물장묘업 등록에 관하여 '장사 등에 관한 법률' 제17조 외에 다른 지역적 제한사유를 규정하지 않았다는 사정만으로 청구인들의 환경권을 보호하기 위한 입법자의 의무를 과소하게 이행하였다고 평가할 수는 없다. 따라서 심판대상조항은 청구인들의 환경권을 침해하지 않는다(헌재 2020.03.26. 2017헌마1281).

③ 【O】 헌법 제35조 제1항은 국민의 환경권의 보장, 국가와 국민의 환경보전의무를 규정하고 있다. 이는 국가뿐만 아니라 국민도 오염방지와 오염된 환경의 개선에 관한 책임을 부담함을 의미한다(헌재 2012.08.23. 2010헌바167).

④ 【X】「학교보건법」 시행규칙과 관련 고시의 내용을 전체적으로 보면 필요한 경우 학교의 장이 마사토 운동장에 대한 유해중금속 등의 점검을 실시하는 것이 가능하고, 또한 토양환경보전법령에 따른 학교용지의 토양 관리체제, 교육부 산하 법정기관이 발간한 운동장 마감재 조성 지침 상의 권고, 학교장이나 교육감에게 학교 운동장의 유해물질 관리를 의무화하고 있는 각 지방자치단체의 조례 등을 통해 마사토 운동장에 대한 유해중금속 등 유해물질의 관리가 이루어지고 있다. 심판대상조항에 마사토 운동장에 대한 기준이 도입되지 않았다는 사정만으로 국민의 환경권을 보호하기 위한 국가의 의무가 과소하게 이행되었다고 평가할 수는 없다. 따라서 심판대상조항은 청구인의 환경권을 침해하지 아니한다(헌재 2024.04.25. 2020헌마107).

5 혼인과 가족생활의 권리

01 혼인과 가족제도에 대한 설명으로 가장 적절하지 않은 것은? (다툼이 있는 경우 판례에 의함)

2021 경찰 승진

① 혼인 종료 후 300일 이내에 출생한 자를 전(前)남편의 친생자로 추정함으로써 친생부인의 소를 거치도록 하는 「민법」 조항은 혼인과 가족생활에 관한 기본권을 침해한다.
② 부모가 자녀의 이름을 지어주는 것은 자녀의 양육과 가족생활을 위하여 필수적인 것이고, 가족생활에 핵심적 요소라 할 수 있으므로, 부모가 자녀의 이름을 지을 자유는 혼인과 가족생활을 보장하는 헌법 제36조 제1항과 행복추구권을 보장하는 헌법 제10조에 의하여 보호받는다.
③ 원칙적으로 3년 이상 혼인 중인 부부만이 친양자 입양을 할 수 있도록 규정하여 독신자는 친양자 입양을 할 수 없도록 한 구 「민법」 조항은 독신자의 가족생활의 자유를 침해한다.
④ 1세대 3주택 이상에 해당하는 주택에 대하여 양도소득세 중과세를 규정하고 있는 구 소득세법 조항은 헌법 제36조 제1항이 정하고 있는 혼인에 따른 차별금지원칙에 위배되고, 혼인의 자유를 침해한다.

지문분석 **난이도** □■■ **중** | **정답** ③ | **키워드** 혼인과 가족제도 | **출제유형** 판례

① 【O】 혼인 종료 후 300일 내에 출생한 자녀가 전남편의 친생자가 아님이 명백하고, 전남편이 친생추정을 원하지도 않으며, 생부가 그 자를 인지하려는 경우에도, 그 자녀는 전남편의 친생자로 추정되어 가족관계등록부에 전남편의 친생자로 등록되고, 이는 엄격한 친생부인의 소를 통해서만 번복될 수 있다. 그 결과 심판대상조항은 이혼한 모와 전남편이 새로운 가정을 꾸리는 데 부담이 되고, 자녀와 생부가 진실한 혈연관계를 회복하는 데 장애가 되고 있다. 이와 같이 「민법」 제정 이후의 사회적 · 법률적 · 의학적 사정변경을 전혀 반영하지 아니한 채, 이미 혼인관계가 해소된 이후에 자가 출생하고 생부가 출생한 자를 인지하려는 경우마저도, 아무런 예외 없이 그 자를 전남편의 친생자로 추정함으로써 친생부인의 소를 거치도록 하는 심판대상조항은 입법형성의 한계를 벗어나 모가 가정생활과 신분관계에서 누려야 할 인격권, 혼인과 가족생활에 관한 기본권을 침해한다(헌재 2015.04.30. 2013헌마623).
② 【O】 부모가 자녀의 이름을 지어주는 것은 자녀의 양육과 가족생활을 위하여 필수적인 것이고, 가족생활의 핵심적 요소라 할 수 있으므로, '부모가 자녀의 이름을 지을 자유'는 혼인과 가족생활을 보장하는 헌법 제36조 제1항과 행복추구권을 보장하는 헌법 제10조에 의하여 보호받는다(헌재 2016.07.28. 2015헌마964).
③ 【X】 「입양특례법」에서는 독신자도 일정한 요건을 갖추면 양친이 될 수 있도록 규정하고 있으나, 입양의 대상, 요건, 절차 등에서 「민법」상의 친양자 입양과 다른 점이 있으므로, 「입양특례법」과 달리 「민법」에서 독신자의 친양자 입양을 허용하지 않는 것에는 합리적인 이유가 있다. 따라서 심판대상조항은 독신자의 평등권을 침해한다고 볼 수 없다(헌재 2013.09.26. 2011헌가42).
④ 【O】 혼인으로 새로이 1세대를 이루는 자를 위하여 상당한 기간 내에 보유 주택수를 줄일 수 있도록 하고 그러한 경과규정이 정하는 기간 내에 양도하는 주택에 대해서는 혼인 전의 보유 주택수에 따라 양도소득세를 정하는 등의 완화규정을 두는 것과 같은 손쉬운 방법이 있음에도 이러한 완화규정을 두지 아니한 것은 최소침해성원칙에 위배된다고 할 것이고, 이 사건 법률조항으로 인하여 침해되는 것은 헌법이 강도 높게 보호하고자 하는 헌법 제36조 제1항에 근거하는 혼인에 따른 차별금지 또는 혼인의 자유라는 헌법적 가치라 할 것이므로 이 사건 법률조항이 달성하고자 하는 공익과 침해되는 사익 사이에 적절한 균형관계를 인정할 수 없어 법익균형성원칙에도 반한다. 결국 이 사건 법률조항은 과잉금지원칙에 반하여 헌법 제36조 제1항이 정하고 있는 혼인에 따른 차별금지원칙에 위배되고, 혼인의 자유를 침해한다(헌재 2011.11.24. 2009헌바146).

02 혼인과 가족생활에 대한 설명으로 옳지 않은 것은? (다툼이 있는 경우 판례에 의함) 2017 비상계획관 하반기

① 배우자로부터 증여를 받은 때에 '300만 원에 결혼년수를 곱하여 계산한 금액에 3천만 원을 합한 금액'을 증여세과세가액에서 공제하도록 규정한 구 상속세법 조항은 혼인과 가족생활 보장 및 양성 평등의 원칙에 반한다.

② 혼인 종료 후 300일 이내에 출생한 자를 전남편의 친생자로 추정하는 「민법」 조항은 모가 가정생활과 신분에서 누려야 할 인격권과 가족생활에 관한 기본권을 침해한다.

③ 부모가 자녀의 이름을 지을 자유는 혼인과 가족생활을 보장하는 헌법 제36조 제1항과 행복추구권을 보장하는 헌법 제10조에 의하여 보호받는다.

④ 원칙적으로 3년 이상 혼인 중인 부부만이 친양자 입양을 할 수 있도록 규정하여 독신자는 친양자 입양을 할 수 없도록 하는 것은 독신자가 가족생활을 스스로 결정하고 형성할 수 있는 자유를 침해하지 않는다.

지문분석 **난이도** □■■ 중 | **정답** ① | **키워드** 혼인과 가족제도 | **출제유형** 판례

① 【X】 배우자로부터 증여를 받은 때에 '300만 원에 결혼년수를 곱하여 계산한 금액에 3천만 원을 합한 금액'을 증여세과세가액에서 공제하도록 규정한 증여재산공제 조항은 부부간 증여의 경우 일정한 혜택을 부여한 규정이고, 남녀를 구별하지 않고 적용되는 규정이므로, 헌법상 혼인과 가족생활 보장 및 양성의 평등원칙에 반한다고 할 수 없다(헌재 2012.12.27. 2011헌바132).

② 【O】 「민법」 제정 이후의 사회적·법률적·의학적 사정변경을 전혀 반영하지 아니한 채, 이미 혼인관계가 해소된 이후에 자가 출생하고 생부가 출생한 자를 인지하려는 경우마저도, 아무런 예외 없이 그 자를 전남편의 친생자로 추정함으로써 친생부인의 소를 거치도록 하는 심판대상조항은 입법형성의 한계를 벗어나 모가 가정생활과 신분관계에서 누려야 할 인격권, 혼인과 가족생활에 관한 기본권을 침해한다(헌재 2015.04.30. 2013헌마623).

③ 【O】 부모가 자녀의 이름을 지어주는 것은 자녀의 양육과 가족생활을 위하여 필수적인 것이고, 가족생활의 핵심적 요소라 할 수 있으므로, '부모가 자녀의 이름을 지을 자유'는 혼인과 가족생활을 보장하는 헌법 제36조 제1항과 행복추구권을 보장하는 헌법 제10조에 의하여 보호받는다(헌재 2016.07.28. 2015헌마964).

④ 【O】 원칙적으로 3년 이상 혼인 중인 부부만이 친양자 입양을 할 수 있도록 규정하여 독신자는 친양자 입양을 할 수 없도록 한 것은 과잉금지원칙에 위반하여 독신자의 가족생활의 자유를 침해한다고 볼 수 없다(헌재 2013.09.26. 2011헌가42).

03 혼인과 가족제도에 대한 설명으로 옳은 것만을 모두 고른 것은? (다툼이 있는 경우 판례에 의함)

2017 국가직 7급

ㄱ. 부부 자산소득 합산과세제도는 헌법 제11조제1항에서 보장하는 평등원칙을 혼인과 가족생활에서 더 구체화함으로써 혼인한 자의 차별을 금지하고 있는 헌법 제36조 제1항에 위반된다.
ㄴ. 친생부인의 소의 제척기간을 규정한 「민법」 제847조 제1항 중 '부가 그 사유가 있음을 안 날로부터 2년 내' 부분은 친생부인의 소의 제척기간에 관한 입법재량의 한계를 일탈하지 않은 것으로서 헌법에 위반되지 아니한다.
ㄷ. 혼인 종료 후 300일 이내에 출생한 자를 전남편의 친생자로 추정하는 「민법」 제844조제2항 중 '혼인관계 종료의 날로부터 300일 이내에 출생한 자'에 관한 부분은 모가 가정생활과 신분관계에서 누려야 할 인격권, 혼인과 가족생활에 관한 기본권을 침해하지 아니한다.
ㄹ. 육아휴직제도의 헌법적 근거를 헌법 제36조제1항에서 구한다고 하더라도 육아휴직신청권은 헌법 제36조 제1항 등으로부터 개인에게 직접 주어지는 헌법적 차원의 권리라고 볼 수는 없다.

① ㄱ, ㄴ
② ㄷ, ㄹ
③ ㄱ, ㄴ, ㄹ
④ ㄴ, ㄷ, ㄹ

지문분석 **난이도** ■■■ **상** | **정답** ③ | **키워드** 혼인과 가족제도 | **출제유형** 판례

헌법에 위배되지 않는 경우	헌법에 위배되는 경우
① 부 또는 모가 사망한 때에는 그 사망을 안 날로부터 1년 내에 검사를 상대로 하여 인지에 대한 이의 또는 인지청구의 소를 제기할 수 있도록 규정한 「민법」 제864조 ② 개정된 「민법」 제999조 제2항 중 '상속권의 침해행위가 있은 날부터 10년' 부분	① 동성동본금혼제 ② 3월이내 한정승인을 하지 않으면 단순상속승인으로 간주하는 「민법」 제1026조 제2호 ③ 친생부인의 소 제소기간을 1년으로 제한하는 「민법」 제847조 제1항 ④ 상속회복청구권의 행사기간을 상속 개시일로부터 10년의 제척기간으로 규정한 「민법」 제999조 제2항 ⑤ 부부자산소득 합산과세 ⑥ 호주제 ⑦ 간통죄 처벌 규정 ⑧ 「민법」 제844조 제2항 중 '혼인관계종료의 날로부터 300일 내에 출생한 자'에 관한 부분 ⑨ 종합부동산세의 과세방법을 인별이 아니라 세대별 합산

ㄱ【O】 부부의 자산소득을 합산하여 과세하도록 규정하고 있는 소득세법 제61조 제1항은 헌법 제36조 제1항에 위반된다(헌재 2002.08.29. 2001헌바82).
ㄴ【O】 친생부인의 소의 제척기간을 규정한 「민법」 제847조 제1항 중 '부가 그 사유가 있음을 안 날로부터 2년 내' 부분은 친생부인의 소의 제척기간에 관한 입법재량의 한계를 일탈하지 않은 것으로서 헌법에 위반되지 아니한다(헌재 2015.03.26. 2012헌바357).
ㄷ【X】 혼인 종료 후 300일 이내에 출생한 자를 전남편의 친생자로 추정하는 「민법」 제844조제2항 중 '혼인관계 종료의 날로부터 300일 이내에 출생한 자'에 관한 부분은, 아무런 예외 없이 그 자를 전남편의 친생자로 추정함으로써 친생부인의 소를 거치도록 하는 심판대상조항은 입법형성의 한계를 벗어나 모가 가정생활과 신분관계에서 누려야 할 인격권, 혼인과 가족생활에 관한 기본권을 침해한다(헌재 2015.04.30. 2013헌마623).
ㄹ【O】 육아휴직신청권은 헌법 제36조 제1항 등으로부터 개인에게 직접 주어지는 헌법적 차원의 권리라고 볼 수는 없고, 입법자가 입법의 목적, 수혜자의 상황, 국가예산, 전체적인 사회보장수준, 국민정서 등 여러 요소를 고려하여 제정하는 입법에 적용요건, 적용대상, 기간 등 구체적인 사항이 규정될 때 비로소 형성되는 법률상의 권리이다(헌재 2008.10.30. 2005헌마1156).

04 보건권에 관한 설명 중 옳지 않은 것은 모두 몇 개인가? (다툼이 있는 경우 판례에 의함) 2022 경찰 2차

> ㉠ 우리 헌법은 1948년 제헌헌법에서 '가족의 건강은 국가의 특별한 보호를 받는다.'라고 규정한 이래 1962년 제3공화국 헌법에서 '모든 국민은 보건에 관하여 국가의 보호를 받는다.'라고 정하여 현행헌법까지 이어져 오고 있다.
> ㉡ 치료감호 청구권자를 검사로 한정하고, 피고인의 치료감호 청구권을 따로 인정하지 않은 구 치료감호법 조항은 국민의 보건에 관한 권리를 침해하는 것이다.
> ㉢ 국가의 국민보건에 관한 보호의무를 명시한 헌법 제36조 제3항에 의한 권리를 헌법소원을 통하여 주장할 수 있는 자는 직접 자신의 보건이나 의료문제가 국가에 의해 보호 받지 못하고 있는 의료수혜자적 지위에 있는 국민이라고 할 것이므로, 의료시술자적 지위에 있는 안과의사가 자기 고유의 업무범위를 주장하여 다투는 경우에는 위 헌법규정을 원용할 수 없다.
> ㉣ 무면허 의료행위를 일률적, 전면적으로 금지하고 이를 위반한 경우 그 치료결과에 관계없이 형사처벌을 받게 하는 「의료법」 조항은 헌법 제10조가 규정하는 인간으로서의 존엄과 가치를 보장하고 헌법 제36조 제3항이 규정하는 국민보건에 관한 국가의 보호의무를 다하고자 하는 것으로서, 국민의 생명권, 건강권, 보건권 및 그 신체활동의 자유 등을 보장하는 규정이지, 이를 제한하는 규정이라고 할 수 없다.

① 1개 ② 2개 ③ 3개 ④ 4개

지문분석 **난이도** ■■■ 상 | **정답** ① | **키워드** 보건권 | **출제유형** 판례

㉠ 【O】 헌법 제36조 제1항의 연혁을 살펴보면, 제헌헌법 제20조에서 '혼인은 남녀동권(男女同權)을 기본으로 하며, 혼인의 순결과 가족의 건강은 국가의 특별한 보호를 받는다.'고 규정한 것이 그 시초로서, 헌법제정 당시부터 평등원칙과 남녀평등을 일반적으로 천명하는 것(제헌헌법 제8조)에 덧붙여 특별히 혼인의 남녀동권을 헌법적 혼인질서의 기초로 선언한 것은 우리 사회 전래의 혼인・가족제도는 인간의 존엄과 남녀평등을 기초로 하는 혼인・가족제도라고 보기 어렵다는 판단하에 근대적・시민적 입헌국가를 건설하려는 마당에 종래의 가부장적인 봉건적 혼인질서를 더 이상 용인하지 않겠다는 헌법적 결단의 표현으로 보아야 할 것이다. 이러한 헌법의 의지는 1980년 헌법에서 더욱 강화되었다. 양성평등 명령이 혼인관계뿐만 아니라 모든 가족생활로 확장되었고, 양성평등에 더하여 개인의 존엄까지 요구하였다. 여기에 현행헌법은 국가의 보장의무를 덧붙임으로써 이제 양성평등과 개인의 존엄은 혼인과 가족제도에 관한 최고의 가치규범으로 확고히 자리잡았다(헌재 2005.02.03. 2001헌가9 등).

㉡ 【X】 '피고인 스스로 치료감호를 청구할 수 있는 권리'가 헌법상 재판청구권의 보호범위에 포함된다고 보기는 어렵고, 검사뿐만 아니라 피고인에게까지 치료감호 청구권을 주어야만 절차의 적법성이 담보되는 것도 아니므로, 이 사건 법률조항이 청구인의 재판청구권을 침해하거나 적법절차의 원칙에 반한다고 볼 수 없다(헌재 2010.04.29. 2008헌마622).

㉢ 【O】 과학기술자의 특별보호를 명시한 헌법 제22조 제2항은 과학・기술의 자유롭고 창조적인 연구개발을 촉진하여 이론과 실제 양면에 있어서 그 연구와 소산을 보호함으로써 문화창달을 제고하려는 데 그 목적이 있는 것이므로, 이는 국민의 건강을 보호증진함을 목적으로 국민의료에 관한 사항을 규정한 「의료법」에 의하여 보호되는 의료인과는 보호의 차원이 다르고, 또한 국가의 국민보건에 관한 보호의무를 명시한 헌법 제36조 제3항에 의한 권리를 헌법소원을 통하여 주장할 수 있는 자는 직접 자신의 보건이나 의료문제가 국가에 의해 보호받지 못하고 있는 의료 수혜자적 지위에 있는 국민이라고 할 것이므로 청구인과 같은 의료시술자적 지위에 있는 안과의사가 자기 고유의 업무범위를 주장하여 다투는 경우에는 위 헌법규정을 원용할 수 없다(헌재 1993.11.25. 92헌마87).

㉣ 【O】 이 사건 「의료법」 조항들이 단순한 무면허 의료행위를 처벌하는 것과 달리 이 사건 「보건범죄단속에 관한 특별조치법」 조항은 영리의 목적으로 무면허 의료행위를 업으로 한 경우 이를 가중처벌하는바, 양자는 모두 '의료인이 아니면 의료행위를 할 수 없으며'라는 규정을 위반한 경우 이를 처벌하는 점에서는 동일하고 단지 의료행위를 영리의 목적으로 업으로 하였느냐 여부에 따라 처벌의 정도를 달리한 것에 불과하므로 이 사건 「보건범죄단속에 관한 특별조치법」 조항의 위헌 여부를 판단함에 있어 위에서 살펴본 이 사건 「의료법」 조항들의 위헌 여부 논의와 달리할 이유가 없다(헌재 2013.6.27. 2010헌바488).

05 혼인과 가족생활에 관한 권리에 대한 설명으로 가장 적절하지 <u>않은</u> 것은? (다툼이 있는 경우 판례에 의함) 2023 경찰 2차

① 헌법 제36조 제1항은 혼인과 가족에 관련되는 공법 및 사법의 모든 영역에 영향을 미치는 헌법원리 내지 원칙규범으로서의 성격도 가진다.

② 태어난 즉시 '출생등록 될 권리'는 헌법상의 기본권이 아니라 법률상의 권리이므로 '혼인 중 여자와 남편 아닌 남자 사이에서 출생한 자녀에 대한 생부의 출생신고'를 허용하도록 규정하지 아니한 「가족관계의 등록 등에 관한 법률」 조항이 혼인외 출생자인 청구인들의 태어난 즉시 '출생등록 될 권리'를 침해하는 것은 아니다.

③ 사실혼 배우자는 혼인신고를 함으로써 상속권을 가질 수 있고, 증여나 유증을 받는 방법으로 상속에 준하는 효과를 얻을 수 있으며, 「근로기준법」, 「국민연금법」 등에 근거한 급여를 받을 권리 등이 인정된다는 측면에서 볼 때, 사실혼 배우자에게 상속권을 인정하지 않는 「민법」 조항이 사실혼 배우자인 청구인의 상속권을 침해하는 것은 아니다.

④ 부모가 자녀의 이름을 지어주는 것은 자녀의 양육과 가족생활을 위하여 필수적인 것이고, 가족생활의 핵심적 요소라 할 수 있으므로, '부모가 자녀의 이름을 지을 자유'는 혼인과 가족생활을 보장하는 헌법 제36조 제1항과 행복추구권을 보장하는 헌법 제10조에 의하여 보호받는다.

지문분석 **난이도** □■■ **중** | **정답** ② | **키워드** 보건권 | **출제유형** 판례

① 【O】 헌법 제36조 제1항은 '혼인과 가족생활은 개인의 존엄과 양성의 평등을 기초로 성립되고 유지되어야 하며, 국가는 이를 보장한다.'라고 규정하고 있는데, 헌법 제36조 제1항은 혼인과 가족생활을 스스로 결정하고 형성할 수 있는 자유를 기본권으로서 보장하고, 혼인과 가족에 대한 제도를 보장한다. 그리고 헌법 제36조 제1항은 혼인과 가족에 관련되는 공법 및 사법의 모든 영역에 영향을 미치는 헌법원리 내지 원칙규범으로서의 성격도 가진다(헌재 2002.08.29. 2001헌바82).

② 【X】 이와 같은 태어난 즉시 '출생등록될 권리'는 앞서 언급한 기본권 등(=헌법 제10조의 인간의 존엄과 가치 및 행복추구권으로부터 도출되는 일반적 인격권을 실현하기 위한 기본적인 전제로서 헌법 제10조뿐만 아니라, 헌법 제34조 제1항의 인간다운 생활을 할 권리, 헌법 제36조 제1항의 가족생활의 보장, 헌법 제34조 제4항의 국가의 청소년 복지향상을 위한 정책실시의무 등)의 어느 하나에 완전히 포섭되지 않으며, 이들을 이념적 기초로 하는 헌법에 명시되지 아니한 독자적 기본권으로서, 자유로운 인격실현을 보장하는 자유권적 성격과 아동의 건강한 성장과 발달을 보장하는 사회적 기본권의 성격을 함께 지닌다(헌재 2023.03.23. 2021헌마975).

③ 【O】 이 사건 법률조항이 사실혼 배우자에게 상속권을 인정하지 아니하는 것은 상속인에 해당하는지 여부를 객관적인 기준에 의하여 파악할 수 있도록 함으로써 상속을 둘러싼 분쟁을 방지하고, 상속으로 인한 법률관계를 조속히 확정시키며, 거래의 안전을 도모하기 위한 것이다. 사실혼 배우자는 혼인신고를 함으로써 상속권을 가질 수 있고, 증여나 유증을 받는 방법으로 상속에 준하는 효과를 얻을 수 있으며, 「근로기준법」, 「국민연금법」 등에 근거한 급여를 받을 권리 등이 인정된다. 따라서 이 사건 법률조항이 사실혼 배우자의 상속권을 침해한다고 할 수 없다(헌재 2014.08.28. 2013헌바119).

④ 【O】 부모가 자녀의 이름을 지어주는 것은 자녀의 양육과 가족생활을 위하여 필수적인 것이고, 가족생활의 핵심적 요소라 할 수 있으므로, '부모가 자녀의 이름을 지을 자유'는 혼인과 가족생활을 보장하는 헌법 제36조 제1항과 행복추구권을 보장하는 헌법 제10조에 의하여 보호받는다(헌재 2016.07.28. 2015헌마964).

06 다음 설명 중 가장 옳지 않은 것은? 2024 법원직 9급

① 「민법」상 친생추정제도는 자의 복리를 위해 매우 중요한 제도이다.

② 태어난 즉시 '출생등록될 권리'는 헌법에 명시되지 아니한 독자적 기본권으로서, 자유로운 인격실현을 보장하는 자유권적 성격과 아동의 건강한 성장과 발달을 보장하는 사회적 기본권의 성격을 함께 지닌다.

③ 혼인 중인 여자와 남편 아닌 남자 사이에서 출생한 자녀에 대한 생부의 출생신고를 허용하도록 규정하지 않은 「가족관계의 등록 등에 관한 법률」 해당 조항은 혼인 외 출생자들의 태어난 즉시 '출생등록될 권리'를 침해한다.

④ 혼인 중인 여자와 남편 아닌 남자 사이에서 출생한 자녀에 대한 생부의 출생신고를 허용하도록 규정하지 않은 「가족관계의 등록 등에 관한 법률」 해당 조항은 합리적 이유 없이 혼인 외 출생자의 신고의무를 모에게만 부과하고, 생부에게는 출생신고를 하도록 규정하지 않고 있어 평등원칙에 반한다.

지문분석 **난이도** ■■■ **상** | **정답** ④ | **키워드** 혼인과 가족제도 | **출제유형** 판례

① 【O】 출생과 동시에 자에게 안정된 법적 지위를 부여함으로써 자의 출생 시 법적 보호의 공백을 없앴다는 측면에서 친생추정은 여전히 자의 복리를 위하여 매우 중요하다. 이와 같이 「민법」 제정 이후의 사회적·법률적·의학적 사정변경을 전혀 반영하지 아니한 채, 이미 혼인관계가 해소된 이후에 자가 출생하고 생부가 출생한 자를 인지하려는 경우마저도, 아무런 예외 없이 그 자를 전남편의 친생자로 추정함으로써 친생부인의 소를 거치도록 하는 심판대상조항은 입법형성의 한계를 벗어나 모가 가정생활과 신분관계에서 누려야 할 인격권, 혼인과 가족생활에 관한 기본권을 침해한다(헌재 2015.04.30. 2013헌마623).

② 【O】 태어난 즉시 '출생등록될 권리'는 앞서 언급한 기본권 등의 어느 하나에 완전히 포섭되지 않으며, 이들을 이념적 기초로 하는 헌법에 명시되지 아니한 독자적 기본권으로서, 자유로운 인격실현을 보장하는 자유권적 성격과 아동의 건강한 성장과 발달을 보장하는 사회적 기본권의 성격을 함께 지닌다(헌재 2023.03.23. 2021헌마975).

③ 【O】 심판대상조항들은 입법형성권의 한계를 넘어서서 실효적으로 출생등록될 권리를 보장하고 있다고 볼 수 없으므로, 혼인 중 여자와 남편 아닌 남자 사이에서 출생한 자녀에 해당하는 혼인 외 출생자인 청구인들의 태어난 즉시 '출생등록될 권리'를 침해한다(헌재 2023.03.23. 2021헌마975).

④ 【X】 심판대상조항들이 혼인 중인 여자와 남편 아닌 남자 사이에서 출생한 자녀의 경우에 혼인 외 출생자의 신고의무를 모에게만 부과하고, 남편 아닌 남자인 생부에게 자신의 혼인 외 자녀에 대해서 출생신고를 할 수 있도록 규정하지 아니한 것은 모는 출산으로 인하여 그 출생자와 혈연관계가 형성되는 반면에, 생부는 그 출생자와의 혈연관계에 대한 확인이 필요할 수도 있고, 그 출생자의 출생사실을 모를 수도 있다는 점에 있으며, 이에 따라 「가족관계등록법」은 모를 중심으로 출생신고를 규정하고, 모가 혼인 중일 경우에 그 출생자는 모의 남편의 자녀로 추정하도록 한 「민법」의 체계에 따르도록 규정하고 있는 점에 비추어 합리적인 이유가 있다. 그렇다면, 심판대상조항들은 생부인 청구인들의 평등권을 침해하지 않는다(헌재 2023.03.23. 2021헌마975).

07 혼인과 가족생활의 보장에 관한 설명 중 가장 적절하지 않은 것은? (다툼이 있는 경우 판례에 의함)

2023 경찰 승진

① 1991. 1. 1.부터 그 이전에 성립된 계모자 사이의 법정혈족관계를 소멸시키도록 한 「민법」 부칙 조항은 계자의 친부와 계모의 혼인에 따라 가족생활을 자유롭게 형성할 권리를 침해하지 않는다.

② 헌법재판소는 원칙적으로 3년 이상 혼인 중인 부부만이 친양자 입양을 할 수 있도록 규정하여 독신자는 친양자 입양을 할 수 없도록 한 것이 독신자의 가족생활의 자유를 침해하지 않는다고 하면서, 편친 가정에 대한 사회적 편견 내지 불안감 때문에 독신자 가정에서 양육되는 자녀는 성장 과정에서 사회적으로 어려움을 겪게 될 가능성이 높다는 점을 그 근거의 하나로 제시하고 있다.

③ 헌법 제36조 제1항이 국가에게 자녀 양육을 지원할 의무를 부과하고 있고 해당 헌법 조항에서 육아휴직제도의 헌법적 근거를 찾을 수 있으므로, 육아휴직신청권은 헌법으로부터 개인에게 직접 주어지는 헌법적 차원의 권리라고 볼 수 있다.

④ 헌법에서 규정하는 '혼인'이란 양성이 평등하고 존엄한 개인으로서 자유로운 의사의 합치에 의하여 생활공동체를 이루는 것을 의미하므로, 법적으로 승인되지 아니한 사실혼은 헌법 제36조 제1항의 보호범위에 포함된다고 보기 어렵다.

지문분석 **난이도** □□■ **하** | **정답** ③ | **키워드** 혼인과 가족제도 | **출제유형** 판례

① 【O】 이 사건 법률조항은 계자의 친부와 계모의 혼인의사를 일률적으로 계자에 대한 입양 또는 그 대리의 의사로 간주하기는 어려우므로, 계자의 친부와 계모의 혼인에 따라 가족생활을 자유롭게 형성할 권리를 침해하지 아니하고, 또한 개인의 존엄과 양성평등에 반하는 전래의 가족제도를 개선하기 위한 입법이므로 가족제도를 보장하는 헌법 제36조 제1항에 위반된다고 볼 수도 없다(헌결 2011.02.24. 2009헌바89).

② 【O】 [1] 현실적인 측면에서 보더라도, 편친 가정에 대한 사회적 편견 내지 불안감 때문에 독신자 가정에서 양육되는 자녀는 성장 과정에서 사회적으로 어려움을 겪게 될 가능성이 높으며 이로 인해 양육에 부정적인 영향이 미칠 수 있다. 기혼자 가정은 이러한 사회적 편견에서 벗어나 있고 부모가 모두 존재하여 양자에게 보다 균형감 있는 가정환경을 제공해 준다는 점에서 양자 복리의 증진에 보다 유리함은 부인할 수 없다. 「입양특례법」에서는 독신자도 일정한 요건을 갖추면 양친이 될 수 있도록 규정하고 있으나, 입양의 대상, 요건, 절차 등에서 「민법」상의 친양자 입양과 다른 점이 있으므로, 「입양특례법」과 달리 「민법」에서 독신자의 친양자 입양을 허용하지 않는 것에는 합리적인 이유가 있다. 따라서 심판대상조항은 독신자의 평등권을 침해한다고 볼 수 없다.
[2] 독신자 가정은 기혼자 가정에 비하여 양자의 양육에 있어 불리할 가능성이 높다. 또한 독신자를 양친으로 하면 처음부터 편친가정을 이루게 하고 사실상 혼인 외 자를 만드는 결과가 발생하므로, 편친가정에 대한 사회적 편견 내지 불안감으로 인하여 양자의 양육에 부정적인 영향이 미칠 수 있다. 이처럼 친양자의 양친을 기혼자로 한정하면 양자가 사회적 편견으로부터 벗어나 더 나은 양육환경에서 성장할 수 있게 되므로 양자의 복리가 증진될 가능성이 높아진다. 따라서 독신자를 친양자의 양친에서 제외하는 것은 친양자제도의 입법목적을 달성하기 위한 적절한 수단이라 할 것이다. 심판대상조항은 과잉금지원칙에 위반하여 독신자의 가족생활의 자유를 침해한다고 볼 수 없다(헌결 2013.09.26. 2011헌가42).

③ 【X】 육아휴직신청권은 헌법 제36조 제1항 등으로부터 개인에게 직접 주어지는 헌법적 차원의 권리라고 볼 수는 없고, 입법자가 입법의 목적, 수혜자의 상황, 국가예산, 전체적인 사회보장수준, 국민정서 등 여러 요소를 고려하여 제정하는 입법에 적용요건, 적용대상, 기간 등 구체적인 사항이 규정될 때 비로소 형성되는 법률상의 권리이다(헌결 2008.10.30. 2005헌마1156).

④ 【O】 청구인은 사실혼 배우자에게 상속권을 인정하지 않는 것이 헌법 제36조 제1항의 국가의 혼인제도 보장의무 위반이라고 주장한다. 그러나 헌법 제36조 제1항에서 규정하는 '혼인'이란 양성이 평등하고 존엄한 개인으로서 자유로운 의사의 합치에 의하여 생활공동체를 이루는 것으로서 법적으로 승인받은 것을 말하므로, 법적으로 승인되지 아니한 사실혼은 헌법 제36조 제1항의 보호범위에 포함된다고 보기 어렵다. 따라서 이 사건 법률조항은 헌법 제36조 제1항에 위반되지 않는다(헌결 2014.08.28. 2013헌바119).

08 혼인과 가족생활에 대한 설명으로 가장 적절한 것은? (다툼이 있는 경우 판례에 의함) 2023 경찰간부

① 8촌 이내의 혈족 사이에서는 혼인할 수 없도록 하는 「민법」 제809조 제1항은 입법목적의 달성에 필요한 범위를 넘는 과도한 제한으로서 침해의 최소성을 충족하지 못하므로 혼인의 자유를 침해한다.

② 육아휴직신청권은 비록 헌법에 명문으로 규정되어 있지는 아니하지만, 이는 모든 인간이 누리는 불가침의 인권으로서 혼인과 가족생활을 보장하는 헌법 제36조 제1항, 행복추구권을 보장하는 헌법 제10조 및 '국민의 자유와 권리는 헌법에 열거되지 아니한 이유로 경시되지 아니한다.'고 규정한 헌법 제 37조 제1항에서 나오는 중요한 기본권이다.

③ 헌법 제36조 제1항은 혼인과 가족을 보호해야 한다는 국가의 일반적 과제를 규정하였을 뿐, 청구인들의 주장과 같이 양육비 채권의 집행권원을 얻었음에도 양육비 채무자가 이를 이행하지 아니하는 경우 그 이행을 용이하게 확보하도록 하는 내용의 구체적이고 명시적인 입법의무를 부여하였다고 볼 수 없다.

④ 대한민국 국민으로 태어난 아동은 태어난 즉시 '출생등록될 권리'를 가지며, 이러한 권리는 '법 앞에 국민으로 인정받을 권리'로서 법률로써 제한할 수 있을 뿐이다.

지문분석 **난이도** □■■ **중** | **정답** ③ | **키워드** 혼인과 가족제도 | **출제유형** 판례

① **[X]** 이 사건 금혼조항은 근친혼으로 인하여 가까운 혈족 사이의 상호관계 및 역할, 지위와 관련하여 발생할 수 있는 혼란을 방지하고 가족제도의 기능을 유지하기 위한 것으로서 정당한 입법목적 달성을 위한 적합한 수단에 해당한다. 그렇다면 이 사건 금혼조항은 과잉금지원칙에 위배하여 혼인의 자유를 침해하지 않는다(헌재 2022.10.27. 2018헌바115).

② **[X]** 육아휴직신청권은 헌법 제36조 제1항 등으로부터 개인에게 직접 주어지는 헌법적 차원의 권리라고 볼 수는 없고, 입법자가 입법의 목적, 수혜자의 상황, 국가예산, 전체적인 사회보장수준, 국민정서 등 여러 요소를 고려하여 제정하는 입법에 적용요건, 적용대상, 기간 등 구체적인 사항이 규정될 때 비로소 형성되는 법률상의 권리이다(헌재 2008.10.30. 2005헌마1156).

③ **[O]** 우선 헌법 제36조 제1항은 혼인과 가족을 보호해야 한다는 국가의 일반적 과제를 규정하였을 뿐, 청구인들의 주장과 같이 양육비 채권의 집행권원을 얻었음에도 양육비 채무자가 이를 이행하지 아니하는 경우 그 이행을 용이하게 확보하도록 하는 내용의 구체적이고 명시적인 입법의무를 부여하였다고 볼 수 없다. 기타 인간다운 생활을 할 권리 등을 천명하고 있는 헌법 제34조 제1항, 재산권 보장을 규정하고 있는 헌법 제23조 제1항 등 다른 헌법조항을 살펴보아도 청구인들의 주장과 같은 법률의 입법에 대한 구체적·명시적인 입법위임은 존재하지 아니한다. 이 사건 심판청구는 헌법소원의 대상이 될 수 없는 진정입법부작위를 심판대상으로 한 것으로서 부적법하다(헌재 2021.12.23. 2019헌마168).

④ **[X]** 현대사회에서 개인이 국가가 운영하는 제도를 이용하려면 주민등록과 같은 사회적 신분을 갖추어야 하고, 사회적 신분의 취득은 개인에 대한 출생신고에서부터 시작한다. 대한민국 국민으로 태어난 아동은 태어난 즉시 '출생등록될 권리'를 가진다. 이러한 권리는 '법 앞에 인간으로 인정받을 권리'로서 모든 기본권 보장의 전제가 되는 기본권이므로 법률로써도 이를 제한하거나 침해할 수 없다(대결 2020.06.08. 2020스575).

09 **혼인과 가족생활에 대한 설명으로 가장 적절하지 않은 것은?** (다툼이 있는 경우 헌법재판소 판례에 의함) 2025 경찰 간부

① 혼인의사의 합의가 없음을 원인으로 혼인무효판결을 받았으나 혼인무효사유가 한쪽 당사자나 제3자의 범죄행위로 인한 경우에 해당하지 않는 사람에 대해서는 가족관계등록부 재작성 신청권이 인정되지 않고, 정정된 가족관계등록부가 보존되도록 한 '가족관계등록부의 재작성에 관한 사무처리지침' 조항 중 '혼인무효'에 관한 부분은 혼인과 가족생활을 스스로 결정하고 형성할 수 있는 자유를 제한한다.

② 입법자는 혼인 및 가족관계가 가지는 고유한 특성 등을 두루 고려하여, 사회의 기초단위이자 구성원을 보호하고 부양하는 자율적공동체로서의 가족의 순기능이 더욱 고양될 수 있도록 혼인과 가정을 보호하고 개인의 존엄과 양성의 평등에 기초한 혼인·가족제도를 실현해야 한다.

③ 부부의 자산소득을 합산하여 과세하도록 규정하고 있는 「소득세법」 제61조 제1항이 자산소득합산과세의 대상이 되는 혼인한 부부를 혼인하지 않은 부부나 독신자에 비하여 차별취급하는 것은 헌법상 정당화되지 아니하기 때문에 헌법 제36조 제1항에 위반된다.

④ 혼인한 등록의무자 모두 배우자가 아닌 본인의 직계존·비속의재산을등록 하도록 「공직자윤리법」이 개정되었음에도 불구하고, 개정 전 「공직자윤리법」 조항에 따라 이미 배우자의 직계존·비속의 재산을 등록한 혼인한 여성 등록의무자는 종전과 동일하게 계속해서 배우자의 직계존·비속의 재산을 등록하도록 규정한 같은 법 부칙 제2조는그 목적의 정당성을 인정할 수 없다.

지문분석 **난이도** □■■ **중** | **정답** ① | **키워드** 혼인과 가족생활 | **출제유형** 판례

① **[X]** 청구인은 심판대상조항이 사생활의 비밀과 자유, 혼인과 가족생활에 관한 기본권, 행복추구권, 평등권도 침해한다고 주장한다. 그러나 심판대상조항은 신분등록제도에 관한 규정일 뿐, 혼인과 가족생활을 스스로 결정하고 형성할 수 있는 자유를 제한하고 있다고 볼 수 없고, 사생활의 비밀과 자유는 개인정보자기결정권의 근거조항이며, 행복추구권이나 평등권 침해 주장은 심판대상조항이 등록부 재작성 신청권자를 한정한 것이 과도하여 개인정보자기결정권을 침해한다는 주장과 다르지 않으므로, 이에 관하여도 별도로 판단하지 않는다. 심판대상조항은 과잉금지원칙을 위반하여 청구인의 개인정보자기결정권을 침해하지 않는다(헌재 2024.01.25. 2020헌마65).

② **[O]** 입법자는 혼인 및 가족관계가 가지는 고유한 특성, 예컨대 계속적·포괄적 생활공동체, 당사자의 의사와 관계없는 친족 등 신분관계의 형성과 확장가능성, 구성원 상호간의 이타(利他)적 유대관계의 성격이나 상호 신뢰·협력의 중요성, 시대와 사회의 변화에 따른 공동체의 다양성 증진 및 인식·기능의 변화 등을 두루 고려하여, 사회의 기초단위이자 구성원을 보호하고 부양하는 자율적 공동체로서의 가족의 순기능이 더욱 고양될 수 있도록 혼인과 가정을 보호하고, 개인의 존엄과 양성의 평등에 기초한 혼인·가족제도를 실현해야 한다(헌재 2022.10.27. 2018헌바115).

③ **[O]** 부부간의 인위적인 자산 명의의 분산과 같은 가장행위 등은 「상속세 및 증여세법」상 증여의제규정 등을 통해서 방지할 수 있고, 부부의 공동생활에서 얻어지는 절약가능성을 담세력과 결부시켜 조세의 차이를 두는 것은 타당하지 않으며, 자산소득이 있는 모든 납세의무자 중에서 혼인한 부부가 혼인하였다는 이유만으로 혼인하지 않은 자산소득자보다 더 많은 조세부담을 하여 소득을 재분배하도록 강요받는 것은 부당하며, 부부 자산소득 합산과세를 통해서 혼인한 부부에게 가하는 조세부담의 증가라는 불이익이 자산소득합산과세를 통하여 달성하는 사회적 공익보다 크다고 할 것이므로, 소득세법 제61조 제1항이 자산소득합산과세의 대상이 되는 혼인한 부부를 혼인하지 않은 부부나 독신자에 비하여 차별취급하는 것은 헌법상 정당화되지 아니하기 때문에 헌법 제36조 제1항에 위반된다(헌재 2002.08.29. 2001헌바82).

④ **[O]** 이 사건 부칙조항은 개정 전 「공직자윤리법」 조항이 혼인관계에서 남성과 여성에 대한 차별적 인식에 기인한 것이라는 반성적 고려에 따라 개정 공직자윤리법 조항이 시행되었음에도 불구하고, 일부 혼인한 여성 등록의무자에게 이미 개정 전 공직자윤리법 조항에 따라 재산등록을 하였다는 이유만으로 남녀차별적인 인식에 기인하였던 종전의 규정을 따를 것을 요구하고 있다. …(중략)… 이는 성별에 의한 차별금지 및 혼인과 가족생활에서의 양성의 평등을 천명하고 있는 헌법에 정면으로 위배되는 것으로 그 목적의 정당성을 인정할 수 없다. 따라서 이 사건 부칙조항은 평등원칙에 위배된다(헌재 2021.09.30. 2019헌가3).

10 **혼인과 가족생활에 관한 설명으로 가장 적절한 것은?** (다툼이 있는 경우 헌법재판소 판례에 의함)

2024 경찰 2차

① 태아의 성별고지 행위는 그 자체로 태아를 포함하여 누구에게도 해가 되는 행위가 아니지만, 보다 풍요롭고 행복한 가족생활을 영위하도록 하기 위해 진료과정에서 알게 된 태아에 대한 성별 정보는 낙태방지를 위하여 임신 32주 이전에는 고지하지 못하도록 금지하여야 할 이유가 있다.

② 당사자 사이에 혼인의사의 합의가 없음을 원인으로 하는 혼인무효판결에 의한 가족관계등록부 정정신청으로 해당 가족관계등록부가 정정된 때, '그 혼인무효사유가 한쪽 당사자나 제3자의 범죄행위로 인한 경우'에 한정하여 등록부 재작성 신청권을 부여한 '가족관계등록부의 재작성에 관한 사무처리지침' 조항은 혼인과 가족생활을 스스로 결정하고 형성할 수 있는 자유를 제한한다.

③ 국가에게 혼인과 가족생활의 보호자로서 부모의 자녀양육을 지원할 헌법상 과제가 부여되어 있다 하더라도, 그로부터 곧바로 헌법이 국가에게 자녀를 양육하는 모든 병역의무 이행자들의 출퇴근 복무를 보장하여 자녀가 있는 대체복무요원들까지 합숙복무의 예외를 인정하여야 할 명시적인 입법의무를 부여하였다고 할 수는 없다.

④ '혼인 중 여자와 남편 아닌 남자 사이에서 출생한 자녀에 대한 생부의 출생신고'를 허용하도록 규정하지 아니한 「가족관계의 등록 등에 관한 법률」 조항은 과잉금지원칙을 위배하여 생부인 청구인들의 가족생활의 자유를 침해한다.

지문분석 **난이도** □■■ **중** | **정답** ③ | **키워드** 혼인과 가족 | **출제유형** 판례

① 【X】 부모가 태아의 성별을 알고자 하는 것은 본능적이고 자연스러운 욕구로, 태아의 성별을 비롯하여 태아에 대한 모든 정보에 접근을 방해받지 않을 권리는 부모로서 누려야 할 마땅한 권리이다. 태아의 성별고지 행위는 그 자체로 태아를 포함하여 누구에게도 해가 되는 행위가 아니므로, 보다 풍요롭고 행복한 가족생활을 영위하도록 하기 위해 진료과정에서 알게 된 태아에 대한 성별 정보를 굳이 임신 32주 이전에는 고지하지 못하도록 금지하여야 할 이유는 없는 것이다. 따라서 심판대상조항은 과잉금지원칙을 위반하여 부모가 태아의 성별 정보에 대한 접근을 방해받지 않을 권리를 침해한다(헌재 2024.02.28. 2022헌마356 등).

② 【X】 청구인은 심판대상조항이 사생활의 비밀과 자유, 혼인과 가족생활에 관한 기본권, 행복추구권, 평등권도 침해한다고 주장한다. 그러나 심판대상조항은 신분등록제도에 관한 규정일 뿐, 혼인과 가족생활을 스스로 결정하고 형성할 수 있는 자유를 제한하고 있다고 볼 수 없고, 사생활의 비밀과 자유는 개인정보자기결정권의 근거조항이며, 행복추구권이나 평등권 침해 주장은 심판대상조항이 등록부 재작성 신청권자를 한정한 것이 과도하여 개인정보자기결정권을 침해한다는 주장과 다르지 않으므로, 이에 관하여도 별도로 판단하지 않는다. 심판대상조항은 과잉금지원칙을 위반하여 청구인의 개인정보자기결정권을 침해하지 않는다(헌재 2024.01.25. 2020헌마65).

③ 【O】 국가에게 혼인과 가족생활의 보호자로서 부모의 자녀양육을 지원할 헌법상 과제가 부여되어 있다 하더라도, 그로부터 곧바로 헌법이 국가에게 자녀를 양육하는 모든 병역의무 이행자들의 출퇴근 복무를 보장하여 자녀가 있는 대체복무요원들까지 합숙복무의 예외를 인정하여야 할 명시적인 입법의무를 부여하였다고 할 수는 없다. 입법자는 병역의무자의 합숙의무에 관한 입법을 함에 있어 제도의 목적, 대상 병역의 복무형태와 수행업무 및 지위, 병역 인력운영 상황, 국민정서 등 제반 사정을 고려하여야 하므로, 병역의무자에 대한 출퇴근 허용 요건이나 허용 대상, 허용 기간 등을 어떻게 정할 것인지는 상당 부분 입법자의 재량에 맡겨져 있다고 보아야 한다(헌재 2024.05.30. 2021헌마117 등).

④ 【X】 생부인 청구인들은 침해되는 기본권으로 양육권 및 가족생활의 자유도 주장하고 있다. 심판대상조항들은 출생신고에 관한 조항으로서 생부인 청구인들이 혼인 외 출생자인 청구인들을 양육하는 것을 직접 제한하지 아니한다. 아울러 생부가 생래적 혈연관계에 있는 그 자녀와 가족관계를 형성하는 것은 민법상 친생추정과 부인, 인지에 관한 규정들에 의하여 제한되는 것일 뿐, 심판대상조항들에 의하여 제한되는 것이 아니다. …(중략)… 혼인 중 여자와 남편 아닌 남자 사이에서 출생한 자녀에 해당하는 혼인 외 출생자인 청구인들의 태어난 즉시 '출생등록될 권리'를 침해한다(헌재 2023.03.23. 2021헌마975).

CHAPTER

08 국민의 기본적 의무

01 헌법상 국민의 권리와 의무에 대한 헌법재판소 결정으로 옳지 않은 것은? 2016 국가직 7급

① 학교운영지원비를 학교회계 세입항목에 포함시키도록 하는 것은 헌법 제31조 제3항에 규정되어 있는 의무교육의 무상원칙에 위반되지 않는다.

② 조세의 부과·징수로 인해 납세의무자의 사유재산에 관한 이용·수익·처분권이 중대한 제한을 받게 되는 경우에는 재산권의 침해가 될 수 있다.

③ 국방의 의무는 「병역법」에 의하여 군복무에 임하는 등의 직접적인 병력형성의무만을 가리키는 것이 아니라, 향토예비군 설치법, 「민방위기본법」 등에 의한 간접적인 병력형성의무도 포함하며, 병력형성 이후 군 작전 명령에 복종하고 협력하여야 할 의무도 포함한다.

④ 헌법 제39조 제2항의 병역의무 이행으로 인한 '불이익한 처우'라 함은 단순한 사실상·경제상의 불이익을 모두 포함하는 것이 아니라 법적인 불이익을 의미한다.

지문분석 **난이도** □□■ **하** | **정답** ① | **키워드** 헌법상 국민의 권리와 의무 | **출제유형** 판례

① **[X]** 학교운영지원비는 그 운영상 교원연구비와 같은 교사의 인건비 일부와 학교회계직원의 인건비 일부 등 의무교육과정의 인적기반을 유지하기 위한 비용을 충당하는데 사용되고 있다는 점, 학교회계의 세입상 현재 의무교육기관에서는 국고지원을 받고 있는 입학금, 수업료와 함께 같은 항에 속하여 분류되고 있음에도 불구하고 학교운영지원비에 대해서만 학생과 학부모의 부담으로 남아있다는 점, 학교운영지원비는 기본적으로 학부모의 자율적 협찬금의 외양을 갖고 있음에도 그 조성이나 징수의 자율성이 완전히 보장되지 않아 기본적이고 필수적인 학교 교육에 필요한 비용에 가깝게 운영되고 있다는 점 등을 고려해보면 이 사건 세입조항은 헌법 제31조 제3항에 규정되어 있는 의무교육의 무상원칙에 위배되어 헌법에 위반된다(현재 2012.08.23. 2010헌바220).

② **[O]** 헌법 제23조 제1항이 보장하고 있는 사유재산권은 사유재산에 관한 임의적인 이용, 수익, 처분권을 본질로 하기 때문에 사유재산의 처분금지를 내용으로 하는 입법조치는 원칙으로 재산권에 관한 입법형성권의 한계를 일탈하는 것일 뿐만 아니라 조세의 부과·징수는 국민의 납세의무에 기초하는 것으로서 원칙으로 재산권의 침해가 되지 않는다고 하더라도 그로 인하여 납세의무자의 사유재산에 관한 이용, 수익, 처분권이 중대한 제한을 받게 되는 경우에는 그것도 재산권의 침해가 될 수 있는 것이다(현재 1997.12.24. 96헌가19).

③ **[O]** 국방의 의무라 함은 북한을 포함한 외부의 적대세력의 직접적 간접적인 침략행위로부터 국가의 독립을 유지하고 영토를 보전하기 위한 의무로서 현대전이 고도의 과학기술과 정보를 요구하고 국민전체의 협력을 필요로 하는 이른바 총력전인 점에 비추어 단지 「병역법」 등에 의하여 군복무에 임하는 등의 직접적인 병력형성의무만을 가리키는 것으로 좁게 볼 것이 아니라, 「향토예비군설치법」, 「민방위기본법」, 「비상대비자원관리법」, 「병역법」 등에 의한 간접적인 병력형성의무 및 병력형성이후 군작전명령에 복종하고 협력하여야 할 의무도 포함하는 넓은 의미의 것으로 보아야 할 것이다(현재 1995.12.28. 91헌마80).

④ **[O]** 헌법 제39조 제2항은 병역의무의 이행을 이유로 불이익한 처우를 하는 것을 금지하고 있을 뿐이고, 이 조항에서 금지하는 '불이익한 처우'라 함은 단순한 사실상, 경제상의 불이익을 모두 포함하는 것이 아니라 법적인 불이익을 의미하는 것이다(현재 2003.06.26. 2002헌마484).

02 국민의 기본의무에 관한 설명 중 옳은 것을 모두 고른 것은? (다툼이 있는 경우 판례에 의함)

2020 경찰 승진

> ㉠ 조세의 부과 · 징수로 인해 납세의무자의 사유재산에 관한 이용 · 수익 처분권이 중대한 제한을 받게 되는 경우에는 재산권의 침해가 될 수 있다.
> ㉡ 공무원 시험의 응시자격을 '군복무를 필한 자'라고 하여 군복무 중에는 그 응시기회를 제한하는 것은 병역의무의 이행을 이유로 불이익을 주는 것이다.
> ㉢ 병역의무는 국민 전체의 인간으로서의 존엄과 가치를 보장하기 위한 것이므로, 양심적 병역거부자의 양심의 자유가 국방의 의무보다 우월한 가치라고 할 수 없다.
> ㉣ 학교운영지원비를 학교회계 세입항목에 포함시키도록 하는 것은 헌법 제31조 제3항에 규정되어 있는 의무교육의 무상원칙에 위반되지 않는다.

① ㉠, ㉡　　② ㉠, ㉢
③ ㉡, ㉣　　④ ㉢, ㉣

지문분석 **난이도** ■■■ **상** | **정답** ② | **키워드** 국민의 기본의무 | **출제유형** 판례

㉠ 【O】 헌법 제23조 제1항이 보장하고 있는 사유재산권은 사유재산에 관한 임의적인 이용, 수익, 처분권을 본질로 하기 때문에 사유재산의 처분금지를 내용으로 하는 입법조치는 원칙으로 재산권에 관한 입법형성권의 한계를 일탈하는 것일 뿐만 아니라 조세의 부과 · 징수는 국민의 납세의무에 기초하는 것으로서 원칙으로 재산권의 침해가 되지 않는다고 하더라도 그로 인하여 납세의무자의 사유재산에 관한 이용, 수익, 처분권이 중대한 제한을 받게 되는 경우에는 그것도 재산권의 침해가 될 수 있는 것이다(헌재 1997.12.24. 96헌가19 등).

㉡ 【X】 이 사건 공고는 현역군인 신분자에게 다른 직종의 시험응시기회를 제한하고 있으나 이는 병역의무 그 자체를 이행하느라 받는 불이익으로서 병역의무 중에 입는 불이익에 해당될 뿐, 병역의무의 이행을 이유로 한 불이익은 아니므로 이 사건 공고로 인하여 현역군인이 타 직종에 시험응시를 하지 못하는 것은 헌법 제39조 제2항에서 금지하는 '불이익한 처우'라 볼 수 없다(헌재 2007.05.31. 2006헌마627).

㉢ 【O】 이 사건 법률조항은 바로 이와 같이 가장 기본적인 국민의 국방의 의무를 구체화하기 위하여 마련된 것이다. 그리고 이와 같은 병역의무가 제대로 이행되지 않아 국가의 안전보장이 이루어지지 않는다면 국민의 인간으로서의 존엄과 가치도 보장될 수 없음은 불을 보듯 명확한 일이다. 따라서 병역의무는, 궁극적으로는 국민 전체의 인간으로서의 존엄과 가치를 보장하기 위한 것이라 할 것이고, 피고인의 양심의 자유가 위와 같은 헌법적 법익보다 우월한 가치라고는 할 수 없다(헌재 2004.10.28. 2004헌바61 등).

㉣ 【X】 학교운영지원비는 그 운영상 교원연구비와 같은 교사의 인건비 일부와 학교회계직원의 인건비 일부 등 의무교육과정의 인적기반을 유지하기 위한 비용을 충당하는데 사용되고 있다는 점, 학교회계의 세입상 현재 의무교육기관에서는 국고지원을 받고 있는 입학금, 수업료와 함께 같은 항에 속하여 분류되고 있음에도 불구하고 학교운영지원비에 대해서만 학생과 학부모의 부담으로 남아있다는 점, 학교운영지원비는 기본적으로 학부모의 자율적 협찬금의 외양을 갖고 있음에도 그 조성이나 징수의 자율성이 완전히 보장되지 않아 기본적이고 필수적인 학교 교육에 필요한 비용에 가깝게 운영되고 있다는 점 등을 고려해보면 이 사건 세입조항은 헌법 제31조 제3항에 규정되어 있는 의무교육의 무상원칙에 위배되어 헌법에 위반된다(헌재 2012.08.23. 2010헌바220).

03 국민의 기본적 의무에 관한 설명 중 옳은 것을 모두 고른 것은? (다툼이 있는 경우 판례에 의함)

2022 경찰 2차

ㄱ 납세의 의무, 국방의 의무, 근로의 의무는 제헌헌법에서부터 규정되었고, 교육을 받게 할 의무는 1962년 제3공화국 헌법에서 처음 규정되었다.
ㄴ 국방의 의무는 직접적인 병력형성의 의무뿐만 아니라 「향토예비군설치법」, 「민방위기본법」 등에 의한 간접적인 병력형성 의무 및 병력형성 이후 군작전 명령에 복종하고 협력하여야 할 의무를 포함하는 것이다.
ㄷ 「향토예비군설치법」에 따라 예비군훈련소집에 응하여 훈련을 받는 것은 국민의 의무를 다하는 것일 뿐만 아니라 국가나 공익목적을 위하여 특별한 희생을 하는 것이므로 보상하여야 한다.
ㄹ 조세는 국가 또는 지방자치단체가 재정수요를 충족시키거나 경제적·사회적 특수정책의 실현을 위하여 국민 또는 주민에 대하여 아무런 특별한 반대급부 없이 강제적으로 부과징수하는 과징금을 의미한다.

① ㄱ, ㄴ, ㄷ
② ㄱ, ㄴ, ㄹ
③ ㄱ, ㄷ, ㄹ
④ ㄴ, ㄷ

지문분석 **난이도** □■■ **중** | **정답** ② | **키워드** 국민의 기본의무 | **출제유형** 판례

ㄱ **[O]** 교육을 받을 권리와 의무는 국민이 인간으로서의 존엄과 가치를 가지며 행복을 추구하고(헌법 제10조) 인간다운 생활을 영위하는 데(헌법 제34조 제1항) 필수적인 전제이자 다른 기본권을 의미있게 행사하기 위한 기초이고, 민주국가에서 교육을 통한 국민의 능력과 자질의 향상은 바로 그 나라의 번영과 발전의 토대가 되는 것이므로, 헌법이 교육을 국가의 중요한 과제로 규정하고 있는 것이다(헌재 1992.11.12. 89헌마88). 따라서 1962년 3공화국 헌법에서 처음 의무규정이 도입되었다.
ㄴ **[O]** 헌법 제39조에서 정하는 국방의무는 외부 적대세력의 직·간접적인 침략행위로부터 국가의 독립을 유지하고 영토를 보전하기 위한 의무로서 ① 「병역법」에 의하여 군복무에 임하는 등의 직접적인 병력형성 의무, ② 「병역법」, 「향토예비군설치법」, 「민방위기본법」, 「비상대비자원관리법」 등에 의한 간접적인 병력형성 의무, ③ 병력형성 이후 군작전명령에 복종하고 협력하여야 할 의무도 포함하는 개념이다(헌재 1995.12.28. 91헌마80; 2002.11.28. 2002헌바45).
ㄷ **[X]** 청구인은 헌법 제39조 제2항 및 「향토예비군설치법」 제11조의 규정취지에 비추어 청구인과 같이 교육훈련을 위하여 소집된 예비군에게도 동원훈련을 위하여 소집된 예비군에 준하는 보상이 행해져야 한다고 주장하나, 헌법 제39조 제2항은 병역의무를 이행한 사람에게 보상조치를 취할 의무를 국가에게 지우는 것이 아니라 법문 그대로 병역의무의 이행을 이유로 불이익한 처우를 하는 것을 금지하고 있을 뿐이고, 이 조항에서 금지하는 '불이익한 처우'라 함은 단순한 사실상, 경제상의 불이익을 모두 포함하는 것이 아니라 법적인 불이익을 의미하는 것으로 이해하여야 하므로, 이와 같은 의미를 갖는 헌법 제39조 제2항으로부터 피청구인의 청구인에 대한 훈련보상비 지급의무가 도출된다고 할 수 없다(헌재 2003.06.26. 2002헌마484)
ㄹ **[O]** 조세는 국가가 재정수요를 충족시키거나 경제적·사회적 특수정책의 실현을 위하여 국민에 대하여 아무런 특별한 반대급부 없이 강제적으로 부과징수하는 과징금을 의미한다(헌재 2008.09.25. 2005헌바81).

정인영

주요 약력

현) 박문각 공무원 헌법 강사
전) 에듀윌 공무원학원 행정법·헌법 전임
메가 공무원학원 행정법·헌법 전임
공단기 공무원학원 행정법·헌법 전임
윈플스 공무원학원 행정법·헌법 전임
윌비스 공무원학원 행정법·헌법 전임
베리타스 공무원학원 행정법·헌법 전임

주요 저서

쎄르파 헌법 기본서
쎄르파 헌법 통치구조 기본서
쎄르파 헌법 단원별 기출문제
쎄르파 행정법 총론 Ⅰ·Ⅱ
쎄르파 행정법 총론 기출 및 예상문제
쎄르파 행정법 총론 오엑스
쎄르파 행정법 각론
쎄르파 행정법 각론 기출 및 예상문제
쎄르파 헌법 오엑스
쎄르파 헌법 조문집

정인영 쎄르파 헌법 ✧✦ 단원별 기출문제

초판 인쇄 2024. 9. 5. | **초판 발행** 2024. 9. 10. | **편저자** 정인영
발행인 박 용 | **발행처** (주)박문각출판 | **등록** 2015년 4월 29일 제2019-000137호
주소 06654 서울시 서초구 효령로 283 서경 B/D 4층 | **팩스** (02)584-2927
전화 교재 문의 (02)6466-7202

저자와의 협의하에 인지생략

정가 39,000원
ISBN 979-11-7262-199-5